DuMont's
Handbuch für Künstler

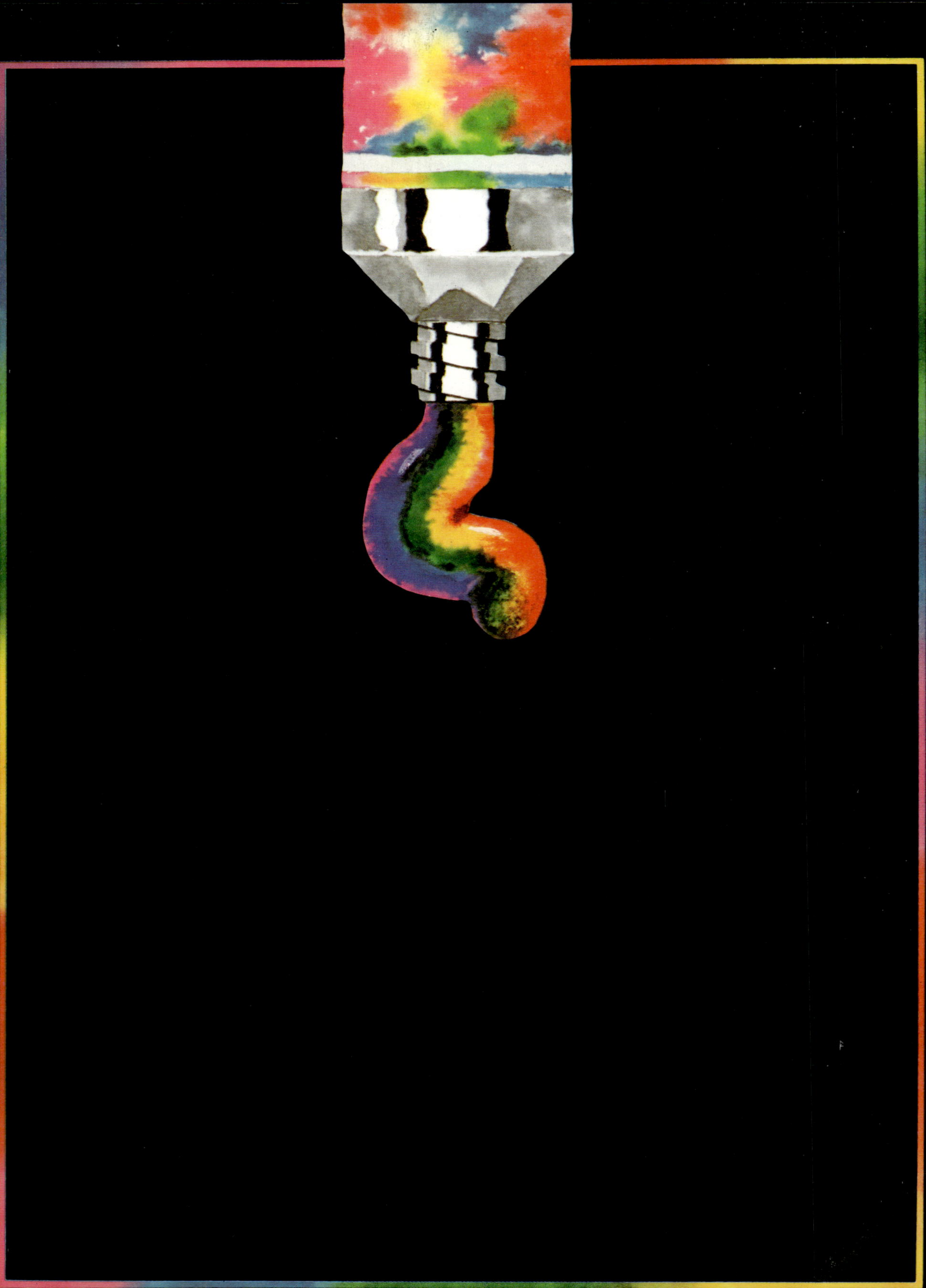

DuMont's

Handbuch für Künstler

Techniken und Materialien

Malerei und Zeichnung

Öl · Acryl · Tempera · Aquarell · Gouache · Pastell · Kreide
Kohle · Feder und Tusche · Fresko · Spritzpistole

Graphik und Design

Photographie · Druck- und Reproduktionstechniken

Plastik

Stein · Holz · Schaumstoff · Metall · Modellieren · Kinetik
Plexiglas · Licht · Chrom und Spiegel · Papier

Herausgegeben von Stan Smith und H. F. Ten Holt

DuMont Buchverlag Köln

Aus dem Englischen von Erwin Peters und Sascha Mantscheff

Für die deutsche Ausgabe durchgesehen und auf den neuesten Stand gebracht von Horst Hahn und Bettina Gruber

Satz: Rasch, Bramsche

ISBN 3-7701-1621-6 Printed in Hong Kong

Herausgegeben von

Frisco Ten Holt

Stan Smith

mit der Beratung und Hilfe von

Henry Abercrombie
Jane Ackroyd
Doug Allsop
Colin Blanchard
Mark Churchill
Valerie Ewens
William Furlong
Mark Harrington
Ben Johnson
John Kaine
Geraldine Knight
Rudy Leenders
Andrew Logan
Brian Mason
Barry Midgley
Guy Roddon
Jenny Rodwell
Adrian Searle
Kamran Shodja
David Winfield

Inhalt

Malen und Zeichnen

Graphik-Design

Plastik

Vorwort

Seit der Entwicklung des Fernsehens, des Farbdrucks und mit der Zunahme subventionierter Ausstellungen hat sich die Kunst zu einem festen Bestandteil unseres Alltagslebens entwickelt. Eltern versuchen heutzutage nicht mehr, ihren Kindern künstlerische Ambitionen auszureden – als ich selbst die Schule verließ, wurde ich vor die Wahl gestellt, entweder eine Banklehre anzutreten oder das Haus zu verlassen. Tausende künstlerisch ambitionierter Menschen beschäftigen sich heute mit den schönen Künsten, arbeiten im Verlagsgewerbe oder in den Massenmedien. Weitere Tausende studieren an Akademien, Polytechnika und Hochschulen. Eine ganze Armee künstlerisch Begabter plagt sich mit allen möglichen Jobs in Fabriken, Ladengeschäften und Büros ab – nicht etwa, daß sie nun davon träumten, einmal das große, mit einem Preis ausgezeichnete Gemälde zu schaffen oder auf die Titelseite einer Zeitschrift zu kommen, sondern weil sie irgendwie hoffen, daß sie einmal etwas Druckfähiges entwerfen könnten, oder sich darauf freuen, am Wochenende eine schöne Landschaft zu malen.

Der Grund dieser Renaissance des Interesses an der Kunst ist nicht so schwer zu verstehen. In unserem elektronischen Zeitalter, in dem die Computertechnologie in zunehmendem Maße den menschlichen Faktor zu verdrängen droht, wird die Ausübung menschlicher Kunstfertigkeit oder Selbstdarstellung zu etwas Lebenswichtigem. Bilder, ob es sich nun um die beweglichen des Films oder um stillstehende handelt, sind ebenfalls zu einem integrierten Bestandteil unseres Lebens geworden. Denken wir an unsere Kindheit zurück, dann spüren wir zuweilen noch den unwiderstehlichen Drang, unsere Hoffnungen, Träume und Phantasien in Bildern auszudrücken; fast als einen Mechanismus zur Selbstverteidigung. Beim Künstler, so meint man, setzt sich dieser Prozeß fort: Der Künstler sei ein freier Mensch, der die totale Rückbesinnung praktiziere oder, wenn man es so sehen will, eine absolute berufliche Befriedigung in allem seinem Tun erfahre, unabhängig vom materiellen Erfolg, der seine Mühen wohl krönen wird.

Wie wird man zum Künstler? Es ist mir nicht immer klar, wie dies geschieht – einfach deshalb, weil es so viele verschiedene Wege gibt. Gleich, um welches künstlerische Medium es sich handelt – die Maler, Bildhauer, Illustratoren, Photographen, Karikaturisten und Designer entstammen einem breiten Spektrum unterschiedlichster sozialer Schichten, Berufe und Interessen.

Die meisten Künstler – aber keineswegs alle – haben Kunst in irgendeiner Weise studiert: an Kunstschulen, durch Fernlehrgänge oder mittels einer Ausbildung in einem Studio oder einer Werbeagentur. Oftmals beginnen Leute auf Umwegen, als Packer oder mit einer einfachen Büroarbeit; sie nehmen jeden Job an, der einen schmalen Zugang zum Traumberuf eröffnen kann. Manche beginnen mit einem Grundkurs an einer Hochschule und hoffen dann, leichter eine Arbeit im Studio finden zu können. Nur wenige sind ausgesprochene Wunderkinder, denen nach kurzer Ausbildung ein raketenartiger Start möglich ist, ohne daß sie jemals die Tiefen jenes breiten Sumpfes durchwaten müßten, den Selbstzweifel, Frustration und Armut bilden.

Gleich, welcher Gruppe Sie nun selbst angehören mögen, dieses Handbuch kann Ihnen als zuverlässiger Führer dienen, den Sie immer wieder befragen können. Denn aller Ausbildung, die Sie genossen haben mögen, zum Trotz: Die Praxis der Kunst ist in allen ihren Zweigen unstrukturierter als die jeglichen anderen Berufes. Wenn Sie, wie ich, diesen Beruf unabhängig und ohne feste vertragliche Bindung ausüben, dann entscheiden Sie auch selbst, wie Sie sich den Tag einteilen. Der Aufbau Ihres Studios, die Zusammenstellung Ihrer Materialien, der Ausrüstung und der Arbeitstechniken kennt im unaufhörlichen Prozeß des Selbststudiums keine Grenzen. Wenn Sie Student sind, dann sollten Sie sich nicht der trügerischen Hoffnung hingeben, daß Sie innerhalb der vier Wände einer Kunstschule alles erfahren können, was es im unendlichen Bereich Ihres Faches zu lernen gibt.

In diesem Buch vermittelt daher ein Team praktizierender professioneller Künstler eine unglaubliche Menge an Informationen über künstlerische Techniken, die Schritt für Schritt in einer klaren Sprache verdeutlicht werden. Ebenso werden in diesem Buch Eigenarten und Verwendungsmöglichkeiten der Materialien und der Ausrüstungen behandelt.

Die wichtigste Erfahrung, die ich in meiner künstlerischen Laufbahn machen konnte, heißt: Immer »am Ball bleiben« und niemals den Mut verlieren, wenn alles ganz anders wird, als man es sich erhoffte. In solchen Augenblicken, oder vielleicht am nächsten Tag, wird Ihnen dieses Buch sicherlich bei der Lösung des Problems behilflich sein.

Dieser Band wird Ihnen, wie ich hoffe, gerade dabei eine zuverlässige Stütze sein.

PAUL HOGARTH

Malen und Zeichnen

1

Entwicklung von Künstlermaterialien

Geschichte. Holz, Leinwand, Grundierung, Farben, Medien, Pigmente und Farben, Federn und Stifte.

1 **Künstlermaterialien** Geschichte

Seit der Mensch der Vorgeschichte die festen und noch unentwickelten Pigmente direkt auf die rauhen Wände seiner Höhlen aufmalte und aufkratzte, wurde eine unglaubliche Vielfalt von Farben und Untergründen zum Malen und Zeichnen entwickelt.

Steinplatten, Fliesen, Kupferplatten, Leder, Holz, Papier, Leinwand und in jüngerer Zeit auch Kunststoffe – alles wurde verwendet.

Holz Holz wurde von den Ägyptern bereits um 2000 v. Chr. verwendet und war bei den Malern des Mittelalters und sogar der Renaissance noch immer sehr beliebt. Es hatte eindeutige Vorteile: Man fand es überall, es war solide und konnte leicht transportiert werden. Je nach Gegend wurden unterschiedliche Holzarten verwendet. Deutsche Maler malten vornehmlich auf Lindenholz, die italienischen auf Pappelholz, die niederländischen bevorzugten Eiche und die südfranzösischen Walnuß.

Leinwand Obwohl schon die Ägypter Untergründe aus Gewebe verwendeten, setzte der Stoffgrund sich erst durch, als die Maler religiöser Motive ihn im 15. Jh. zu benutzen begannen. Der gewebte Untergrund hatte den Vorteil, größer sein zu können als der aus Holz. Das erste große Leinwandgemälde mit einem religiösen Thema ist wahrscheinlich Tizians *Himmelfahrt Marias* aus dem frühen 16. Jh. (1518). Die Leinwand ist heute der bekannteste und beliebteste gewebte Untergrund.

Grundierungen Die meisten Untergründe bedürfen einer Vorbereitung zum Auftragen der Farben. Die zu diesem Zweck aufgebrachte Grundierung sorgt nicht nur für eine feste, glatte Oberfläche, sondern beeinflußt auch die Farbe und die Struktur des fertigen Gemäldes.

Grundierungen bestehen aus einer Füllmasse und einem Bindemittel. Die wichtigsten Bindemittel sind Grundierleim, Öl oder eine emulgierte Mischung aus beiden. Der mittelalterliche niederländische Füllstoff war Kalk – Kalziumkarbonat –, gemischt mit tierischem Leim, während die Italiener einen Kreidegrund – Kalziumsulfat – als Füller bevorzugten.

Gegen Ende des 16. Jh.s benützten manche Maler Füller, die eine dunklere Grundierung von roten oder braunen Tönen ergaben, wobei sie sie in helleren Farbtönen übermalten und die Farbe der Grundierung oft als Schatten stehenließen.

Händler sahen sich vor einen neuen Bedarf gestellt, und im 17. Jh. konnten Künstler schon fertige Grundierungen oder bereits grundierte Malgründe kaufen.

Farbe Farbe besteht aus einem feinen Farbpigment, das mit einem Bindemittel und einem Verdünnungsmittel (wie Terpentin oder Wasser) zu einer glatten Paste vermischt wird.

Pigmente und Farbskalen Die Farbskala, die dem Maler zur Verfügung stand, erweiterte und verbesserte sich im Lauf der Jahrhunderte zusehends, wobei es im 13. und im 19. Jh. geradezu explosionsartige Fortschritte gab.

Die Farbskala der Höhlenbewohner von Lascaux in Frankreich beschränkte sich auf schwarze, weiße, gelbe und braune Farbtöne, die man durch Verbrennung von Holz und Knochen sowie aus Kalk und farbigen Erden herstellte.

Die Ägypter der Bronzezeit benutzten metallene Werkzeuge, um natürliche Minerale zu Pulver zu zerstampfen, aus dem sie dann Malpasten herstellten. Aus Realgar gewannen sie Bronzefarbe; Rot stellten sie aus Zinnober her, Blau aus Azurit, Grün aus Malachit und Gelb aus gelber Arsenblende.

Die Ägypter waren auch diejenigen, die entdeckten, daß die Farbe mancher Minerale sich ändert, wenn sie erhitzt oder in der Keramik gebrannt werden. Sowohl blaue Glasfritte als auch Bleiweiß kamen von den Töpfern, und sie waren die

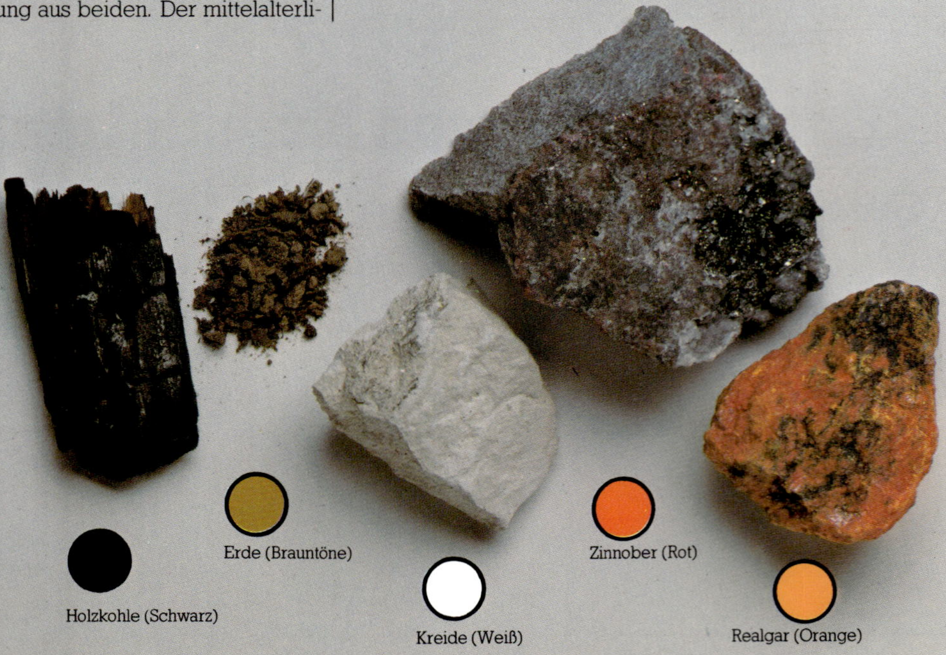

Pigmente Bis zum frühen 19. Jh., in dem sich die Farbskala der Künstler dank industrieller Entwicklungen erheblich erweiterte, stellte man Farbpigmente vorwiegend aus natürlichen oder leicht erhältlichen Substanzen her. Aus Holzkohle z. B. gewann man Schwarz, aus Erden verschiedene Brauntöne und aus Kreide Weiß. Diese kannten bereits die Künstler der Höhlenmalereien. Die alten Ägypter kannten den natürlichen Zinnober, Orange gewannen sie aus Realgar, Grün aus Malachit, Gelb aus gelber Arsenblende und Blau aus Azurit. Die Römer fertigten Tyrus-Purpur aus Wellhornschnecken, und aus Grünspan machten sie ein bläulich-grünes Pigment. Ultramarin, im Mittelalter bereits sehr beliebt, wurde aus zerstampftem Lapislazuli gewonnen.

ersten anorganischen Pigmente. Die blaue Glasfritte verschwand um etwa 700 n. Chr., aber das Bleiweiß, das den Kalk ersetzte, überlebte als einziges weißes Pigment, das in der Malerwerkstatt verwendet wurde, bis man um 1830 Zinkweiß und 1916 Titanweiß entdeckte.

Wenngleich die Römer hinsichtlich der Tuchfärberei ein deutliches Farbbewußtsein bewiesen (sie entwickelten den berühmten Tyrus-Purpur aus Wellhornschnecken und Indigo aus bestimmten Pflanzen), so kann man von ihnen doch nicht behaupten, daß sie die Farbpalette des Künstlers wesentlich erweitert hätten. Allerdings haben sie den Grünspan korrodierter Kupferbleche zur Herstellung eines bläulich-grünen Pigments verwendet.

Im 13. Jh. wurde die Skala der Farben sowohl hinsichtlich des Umfangs als auch der Farbintensität wesentlich erweitert und verbessert. Genau wie bei den Ägyptern leisteten auch hier Handwerker anderer Berufe ihren Beitrag: Bleizinngelb kam von den Glasern, Krapprot von den Tuchfärbern.

Zwei der Farben, die man als »Prunkfarben« bezeichnen kann, kamen von den Arabern: Zinnoberrot und Ultramarin. Das Zinnoberrot, eine Kombination von Schwefel und Quecksilber, hatte ein tieferes Rot als der in der Natur vorkommende Zinnober; das lebhafte Ultramarinblau wurde durch Zerstampfen des Halbedelsteins Lapislazuli gewonnen. Viele Gemälde aus dem Mittelalter verdanken ihre Wirkungskraft zu einem großen Teil dem Kontrast zwischen diesen beiden Farben.

Abgesehen von der Entdeckung des intensiven Preußischblau durch einen Berliner Tuchfärber im Jahre 1704 und dem Ersatz des Bleizinngelb durch Neapelgelb um 1750, entwickelte die Farbskala sich bis zum 19. Jh. nur dürftig, doch dann kam es zu einer explosionsartigen Entwicklung neuer Farben.

Dafür waren die sich rasch entwickelnden Industrien der Chemie und der Färbereien verantwortlich. Kadmiumgelb wurde zu Beginn des Jahrhunderts entwickelt; Chromgelb folgte 1820. Im Jahre 1828 stellte man synthetisches Ultramarin aus einer Mischung her, in der Sodaasche, Holzkohle und Schwefel enthalten waren. Grünerde, das tiefgrüne Pigment mit blauem Unterton, wurde 1838 entdeckt. Kobaltgelb tauchte 1861 auf, und darauf folgten wenigstens neun weitere Gelbpigmente. Diese erweiterten, vermischt mit Preußischblau, den Umfang der verfügbaren Grüntönungen erheblich.

Die stumpflila Malvenfarbe (Mauve), die erstmals 1856 aus Teer hergestellt wurde, war die Vorgängerin vieler tieferer Purpurfarben aus demselben Grundstoff. Purpur wurde zur geschätzten Modefarbe. Die Königin Victoria kleidete sich in Purpur, und die Präraffaeliten verwendeten die Farbe in ihren Gemälden ausgiebig.

Viele Künstler machen auch heute noch selbst ihre Farben an, wobei sie Pigmente mit verschiedenen Bindemitteln mischen und die Mischungsverhältnisse ihren eigenen Bedürfnissen anpassen. Aber schon zur Zeit der Renaissance begannen Farbenhändler und Hersteller von Artikeln für den Künstlerbedarf mit der Produktion von fertigen Materialien und Werkzeugen zum Zeichnen und Malen.

Bindemittel Die Bindemittel, welche die Pigmente auf den vorbereiteten Malgründen haften lassen, sorgen dafür, daß die endgültigen Farben sowohl mischbar als auch leichter zu handhaben sind. Sie enthalten Wachs, Leim, Eiweiß, Öl und – in jüngerer Zeit – Acrylharze.

Wachs und Leim sind zwei der frühesten Bindemittel. Die enkaustische Malerei, bei der die Farbpigmente mit Wachs verschmolzen wurden, war in der Antike verbreitet, doch geriet sie im 8. Jh. aus der Mode.

Jahrtausendelang mischte man Gummiarabikum oder Tragant mit feingemahlenen Pigmenten, um daraus wasserlösliche Würfel herzustellen; diese dienten für eine Art der Malerei, die sich zu allen Zeiten großer Beliebtheit erfreute – der Aquarellmalerei.

Eitempera war im Mittelalter weit verbreitet. Das Eigelb machte die Farbe kräftig, geschmeidig und wasserfest;

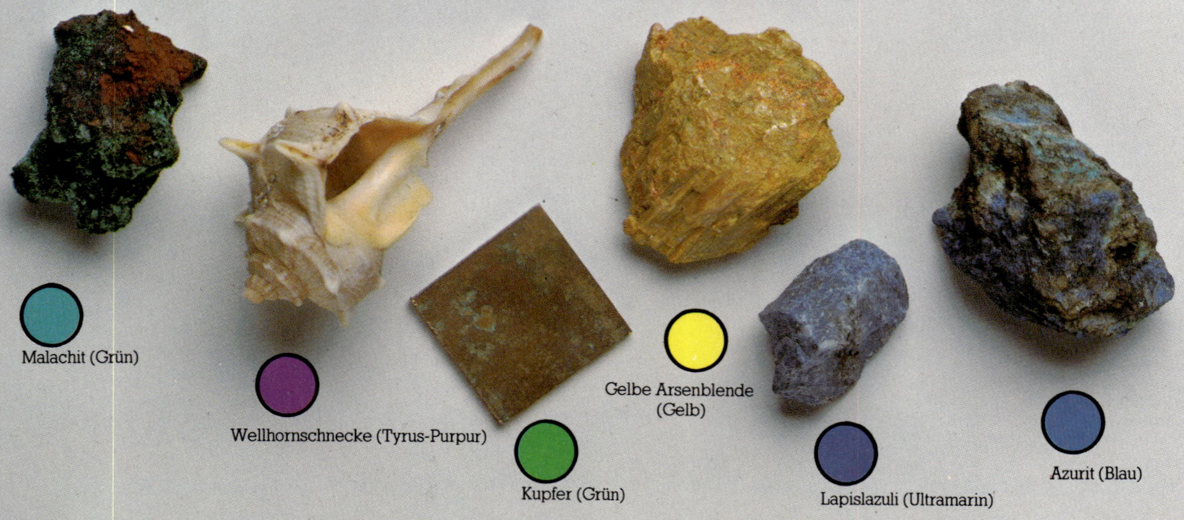

dadurch wurde die Temperafarbe besonders brauchbar zum Auftrag auf Holzpaneelen. In geschlagenem Eiweiß gelöste Pigmente wurden insbesondere zur Illuminierung von kostbaren Manuskripten verwendet.

Einiges weist darauf hin, daß Öl als Bindemittel bereits im 12. Jh. in Deutschland und im 13. Jh. in Norwegen verwendet wurde; im 14. Jh. entdeckte man, daß Blei und Öloxide, mit Öl vermischt, das Trocknen beschleunigten, so daß der Maler schneller arbeiten konnte.

Aber erst im 15. Jh. führte der flämische Maler und Erneuerer Jan van Eyck (ca. 1390–1441) die Ölfarben, wie wir sie heute kennen, allgemein ein. Bei einem seiner zahlreichen Versuche setzte er Leinsamen- und Nußöl zu einer Art von Terpentin zusammen, um festzustellen, ob das so erhaltene Bindemittel im Atelier, ohne Einwirkung der Sonne, schneller und rißfrei trocknen würde. Das Experiment gelang.

Stifte und Pinsel Werkzeuge zum Zeichnen von Linien und Zeichengeräte, für den Maler ebenso wichtig wie für den Kalligraphen und Schreiber, haben eine Geschichte, die ebenso lang ist wie die Geschichte des Malens selbst – jedenfalls, wenn man die angespitzten Steine einbezieht, die die Künstler der Höhlenmalerei zum Anreißen der Konturen ihrer Gemälde benutzten.

Die alten Griechen, Ägypter und Römer stellten sich Federn aus Schilf her, mit denen sie auf Papyrus und Pergament schrieben. Später fertigten die Römer Bronzefedern, die unseren modernen Federn erstaunlich ähnlich sehen. Der Federkiel wurde ab etwa 700 n. Chr. einige Jahrhunderte hindurch allgemein gebraucht, bis Anfang des 19. Jh.s die Stahlfeder erfunden wurde.

Bleistifte sind eine verhältnismäßig späte Entwicklung. Viele große Künstler, darunter auch Albrecht Dürer (1471–1528), verwendeten eine Mischung aus Blei und Zinn, den sogenannten Silberstift, der eines speziell vorbereiteten Untergrundes bedurfte. Der erste Bleistift im modernen Sinn wurde 1662 aus Graphit, Gummiarabikum, Harz und Leim hergestellt. (Bis zum Jahre 1789 glaubte man, daß Graphit – eine Form des Kohlenstoffs – eine Art Blei sei; daher die Bezeichnung Bleistift.)

Faber gründete 1761 die erste Bleistiftfabrik. Er mischte zwei Teile Graphit mit einem Teil Schwefel. Einen weiteren Vorläufer des modernen Bleistifts entwickelte der französische Künstler Conté im 18. Jh. Er preßte eine härtende Mischung von Graphit, Ton, Wasser und Kleister in die Rille eines Holzes.

Trotz Industrialisierung haben sich einige traditionelle Verfahren behaupten können – reines Ultramarin kann man auch im Zeitalter der Chemie nur dadurch gewinnen, daß man Lapislazuli zerstampft, und die beste Leinwand wird noch immer aus reinem Leinen hergestellt.

Bindemittel Malfarben bestehen aus Pigment, Bindemittel und Verdünnungsmittel. Das zermahlene Pigment wird mit dem Bindemittel gemischt. Bienenwachs, geschmolzen und mit Pigment vermischt, wurde in Ägypten und Rom verwendet, doch geriet diese Technik im 8. Jh. in Vergessenheit. Gummiarabikum, das Bindemittel für Wasserfarben, ist seit ältester Zeit bekannt. Ei war im Mittelalter das beliebteste Bindemittel. Eigelb diente zum Malen auf Holztafeln, während geschlagenes Eiweiß bei der Illuminierung von Manuskripten verwendet wurde. Öle wie Leinöl wurden im 15. Jh. beliebt und haben sich seither behauptet. Acrylbindemittel, die seit 1945 hergestellt werden, haben viele Vorteile. Sie sind deckfähig, trocknen schnell, sind zäh und leicht zu verarbeiten. Diese Eigenschaften haben der Malerei neue Dimensionen erschlossen.

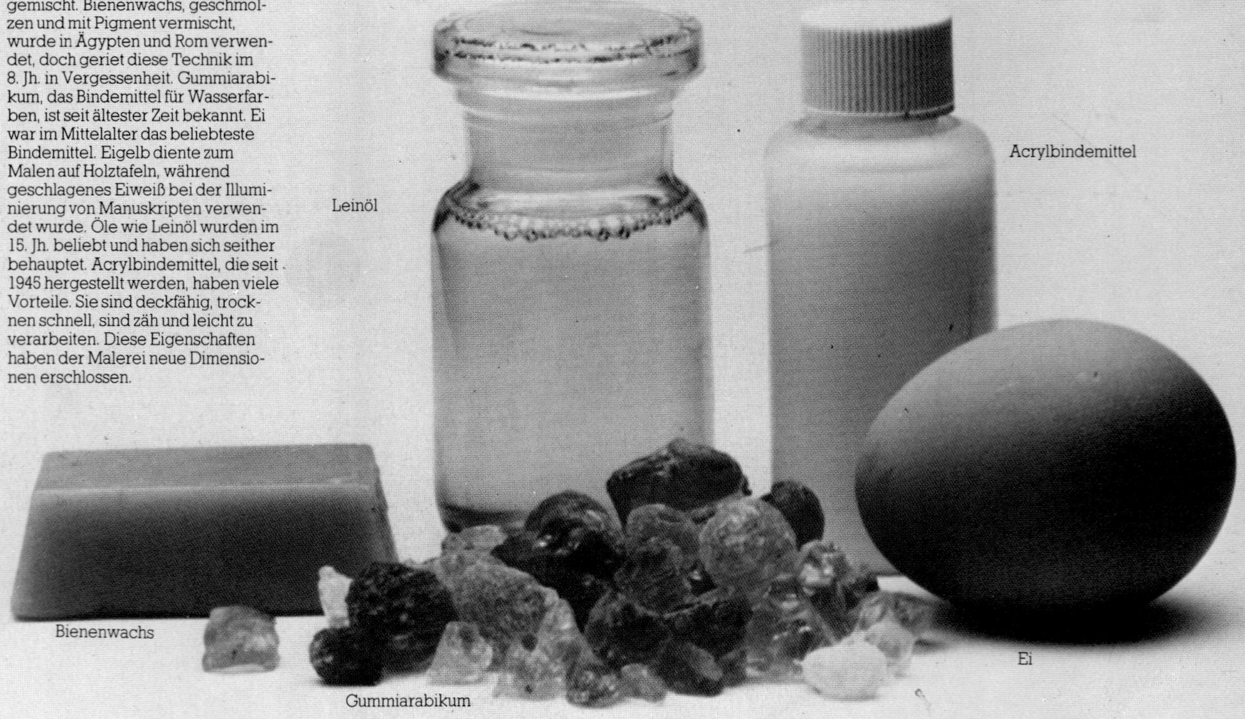

2

Grundlagen des Malens und Zeichnens

Geschichte. Gestalt und Form. Proportionen. **Perspektive:** Grundlagen, Geschichte. **Farbe:** Theorie und Grundlagen.

2 Grundlagen des Zeichnens Geschichte

Künstlerische Regeln und Prinzipien wurden nach ausgiebigen Experimenten formuliert, und natürlich sollte man sie kennen, auch, wenn man sie durchbrechen oder ignorieren möchte. Das Objekt und die Intuition sowie das Gefühl des Künstlers sollten stets die Oberhand behalten – nicht die Regeln.

Gestalt und Form

Die Künstler der europäischen Renaissance beschäftigten sich eingehend mit den Regeln der Proportionen, doch die Gestaltung des Raumes zwischen den Objekten in einem Bild ist ebenso bedeutsam wie die Geschlossenheit dieser Objekte selbst. Gestalt ist ein Teil der Form, und ein künstlerisches Werk kann als Ausdruck von Form und persönlicher Beziehung verstanden werden.

Die Formen eines Kunstwerkes bilden seine einzelnen Hauptteile, Gestalten oder Gruppierungen. Die Form ist das Ergebnis der künstlerischen Absicht, der Anordnung, des Entwurfs und der Komposition, und dabei spielt der Gebrauch des Materials eine große Rolle.

Proportionen

Im allgemeinen kommt es auf die richtige Perspektive an, und demzufolge müssen auch die Proportionen stimmen, um die Illusion des Realistischen zu erzeugen. In diesem Zusammenhang bedeutet »realistisch« das Bewirken eines Eindrucks der Geschlossenheit oder des Dreidimensionalen. In jeder Bildkomposition ist die Proportion das mathematische Verhältnis der Einzelteile zum Ganzen oder zueinander. Der »Goldene Schnitt« z. B. ist ein allgemeines Proportionsgesetz, das zuerst in der Architektur und später in der Malerei und Bildhauerei zur Anwendung kam.

Der Goldene Schnitt wurde erstmals von Vitruv in seiner Abhandlung *De Architectura* ausgearbeitet, um Normen für die Verhältnisse von Säulen, Räumen und Gebäuden zu entwickeln. Er basiert auf dem Konzept des Verhältnisses zwischen zwei ungleichen Teilen eines Ganzen, wobei der kleinere Teil sich zum größeren genau so verhält wie der größere zum Ganzen.

Beim Zeichnen von Figuren sorgt der Goldene Schnitt für ein kontinuierliches Halbieren der Körperlänge und der Längenabschnitte, die sich aus jeder vorausgegangenen Teilung ergeben. Er schreibt z. B. vor, daß der Abstand vom Fuß bis zum Knie gleich der halben Länge des ganzen Beines und daß das ganze Bein gleich der halben Länge des ganzen Körpers ist.

Der Goldene Schnitt diente auch zur Bestimmung der idealen Proportionen eines Rechtecks, dessen lange Seite in einem bestimmten Verhältnis zur Diagonalen eines Quadrats der kurzen Seite stehen muß – im Verhältnis 5 zu 8, oder genauer: 0,618 zu 1. Die Höhe entspricht fünf Achteln der Länge.

Während der Renaissance wurde der Goldene Schnitt als die »Göttliche Proportion« bezeichnet; Leonardo da Vinci (1452–1519) hatte 1509 darüber ein Buch gleichen Titels illustriert und veröffentlicht. Albrecht Dürer (1471–1528) schrieb eine Abhandlung über die Anwendung der Proportionen beim Zeichnen von Gestalten.

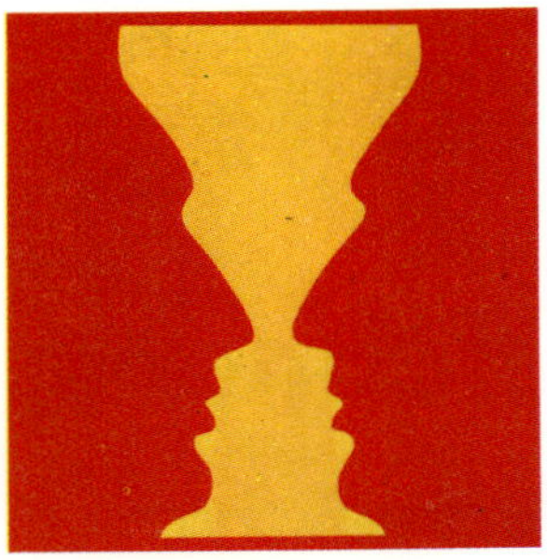
1

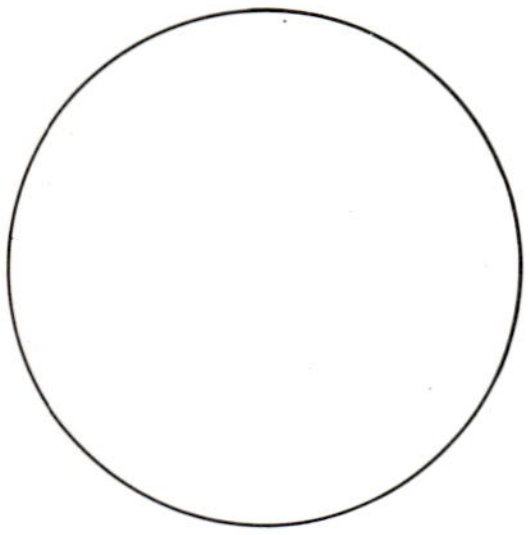
2

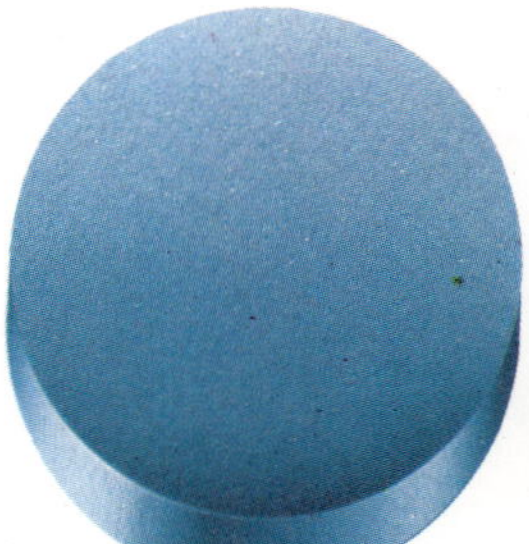
3

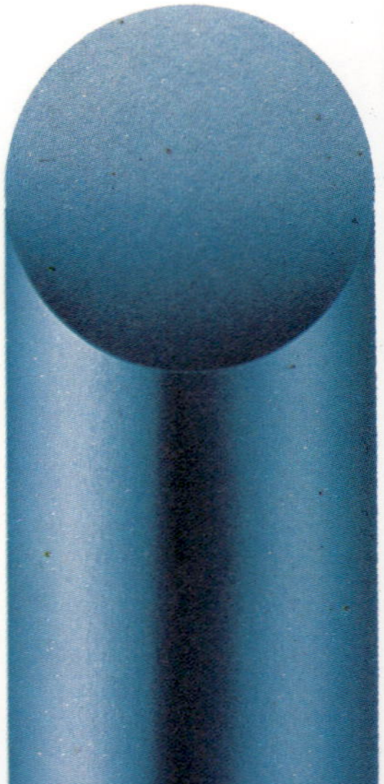
4

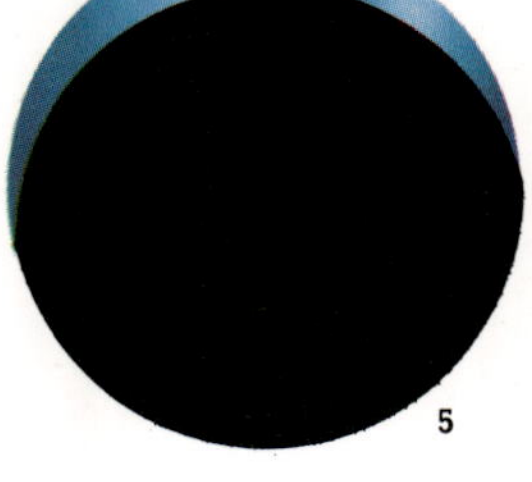
5

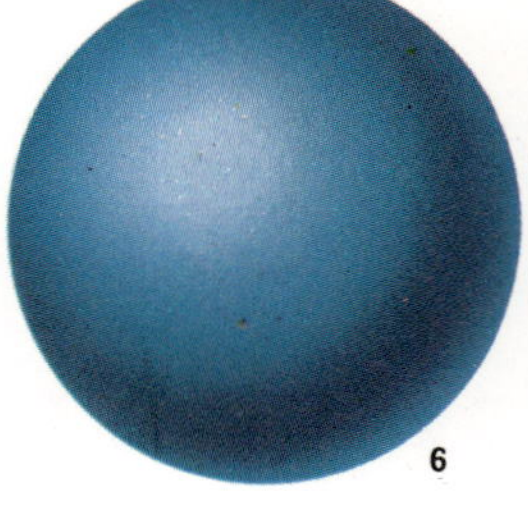
6

Gestalt und Form Gestalt und Form sind zwei Grundelemente in jeder Kunst. Beide sind nicht absolut denkbar; vielmehr hängen sie vom Auge des Betrachters und von der Geschicklichkeit des Künstlers ab. Je nach Eindruck kann der Betrachter in diesem Bild (**1**) zwei Gesichtsprofile oder eine Vase sehen. Zu den Hauptaufgaben des Künstlers gehört es, die Gestalt zu formen. Der Kreis (**2**) kann z. B. zur Scheibe werden (**3**), zum Loch (**5**), zur Kugel (**6**) oder, wenn man weitere Linien – zwei gerade und einen Halbkreis – hinzufügt, zu einem Zylinder (**4**).

Der Goldene Schnitt Dieses (in der Renaissance besonders bedeutsame) Prinzip bestimmt die idealen, »naturgemäßen« Proportionen eines Rechtecks, dessen Seiten zueinander im Verhältnis 5:8 stehen.

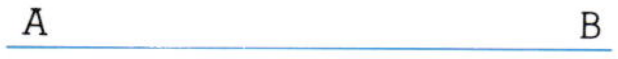

1. Teile die Linie A–B in zwei Abschnitte gleicher Länge.

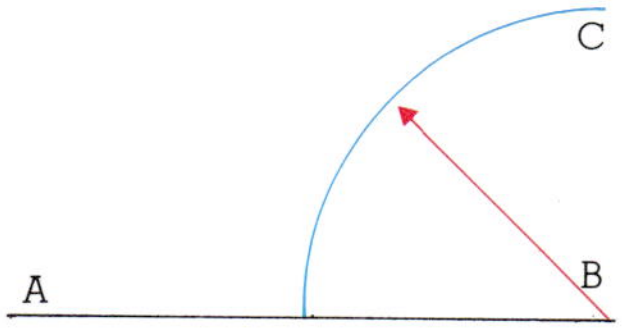

2. Setze den Zirkel auf B an und zeichne über A–B einen Bogen von der Mitte zum Punkt C.

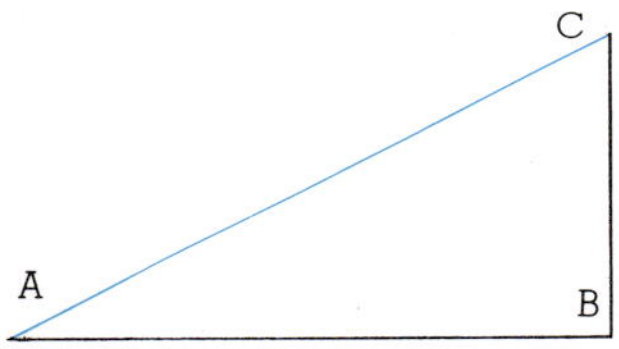

3. Verbinde C mit den Punkten A und B. So entsteht ein rechtwinkliges Dreieck.

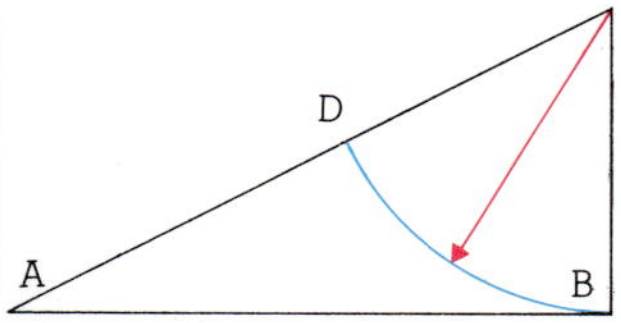

4. Zeichne mit dem Zirkel auf C einen Bogen von B aus zum Schnittpunkt D mit der Geraden A–C.

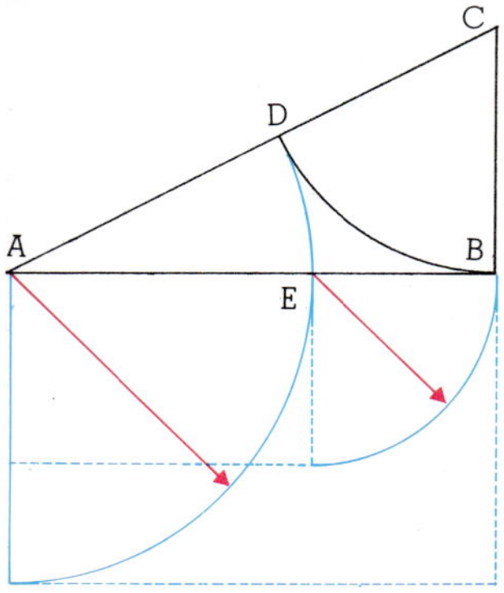

5. Zeichne mit dem Zirkel um A einen Bogen, der die Strecke A–B am Punkt E schneidet. Nun verhält sich E–B zu A–E wie A–E zu A–B. Das gestrichelte blaue Rechteck entspricht der Regel des Goldenen Schnitts.

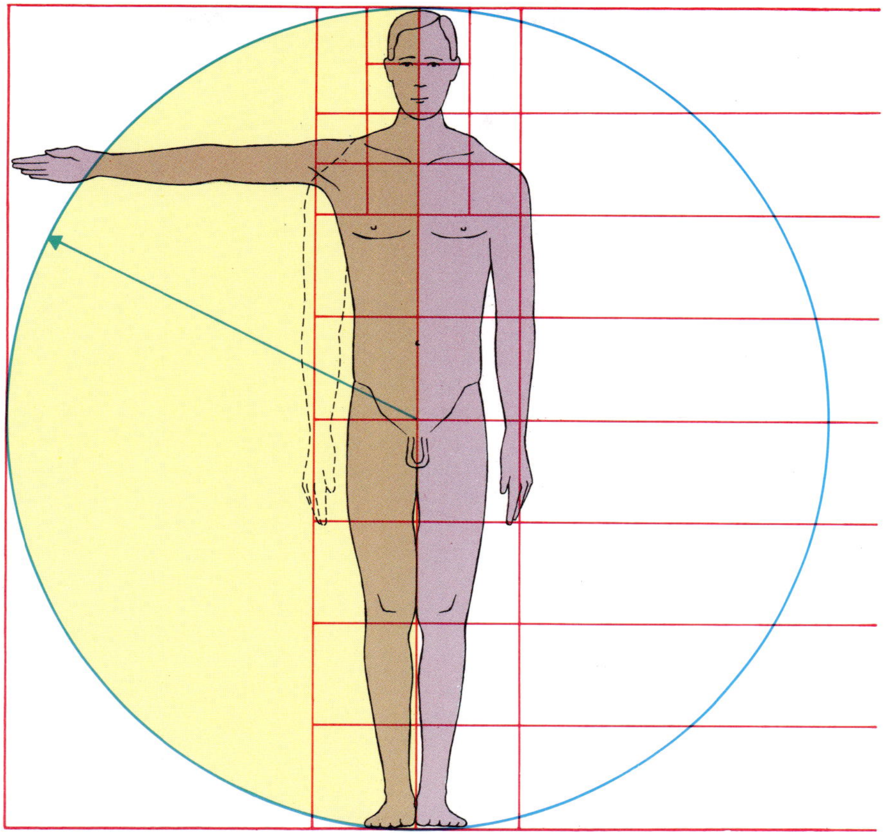

Proportion Die Regeln und Gesetze der Proportion beschäftigten die Künstler seit jeher. Während der Renaissance begannen Künstler wie Leonardo da Vinci und Albrecht Dürer, die Prinzipien der Proportion auf den menschlichen Körper anzuwenden. Sie fanden heraus, daß der Körper in acht gleiche Abschnitte unterteilt ist, die in etwa der Regel des Goldenen Schnitts entsprechen. Der Kopf zum Beispiel, gemessen vom Kinn bis zur Schädeldecke, entspricht einem Achtel der Höhe des ganzen Körpers, und der Nabel befindet sich in einer Höhe von fünf Achteln der Körperlänge über dem Boden. Diese proportionale Körpereinteilung ist für den Künstler ein wichtiges Kontrollinstrument.

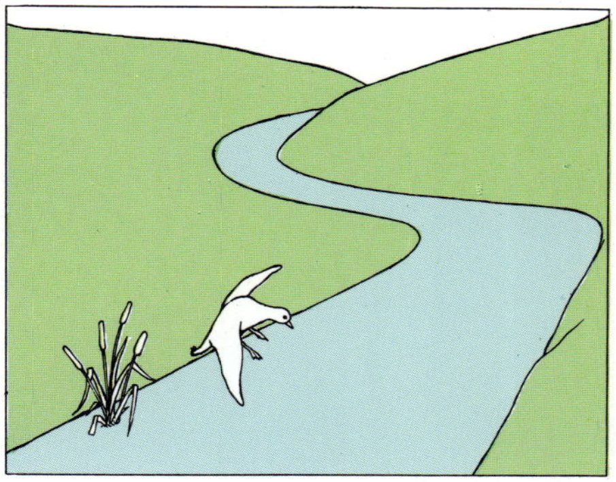

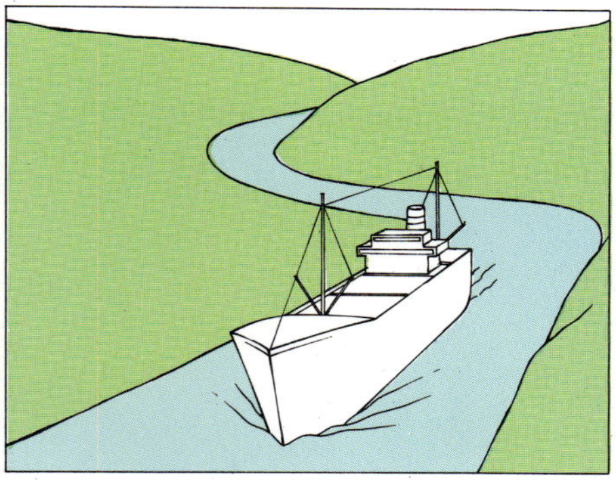

Maßstab Beim Malen ist das Maßverhältnis besonders wichtig. Der Maßstab eines Gemäldes oder einer Zeichnung kann durch die Figuren im Vordergrund stark beeinflußt werden. Diese beiden Bilder haben zum Beispiel den gleichen Hintergrund, doch die Größenverhältnisse wirken unterschiedlich, je nachdem, ob im Vordergrund ein Vogel oder ein Schiff zu sehen ist.

2 **Perspektive** Entwicklung und Grundlagen

Perspektive ist eine Methode zur Erzeugung der Illusion des Dreidimensionalen bei Objekten, die auf zweidimensionalen Flächen gezeichnet sind. Obwohl die perspektivische Darstellung eine wichtige Technik ist, sollte sie niemals wichtiger sein als das gezeichnete Motiv.

Grundlagen

Das Auge des Künstlers oder die Stelle, von der aus das Objekt gesehen und gezeichnet wird, bezeichnet man als Standort. Die Linie, die den Horizont darstellt, bezeichnet man als Augenhöhe oder auch als Horizont.

Die Ebene, auf der der Maler steht, ist die Grundebene. Die Perspektive entsteht auf der Bildebene (auch Perspektivebene genannt). Diese steht senkrecht zum Blickpunkt, und wo sie die Grundebene schneidet, hat man die Grundlinie.

Das Blickzentrum oder der Hauptpunkt ist der Punkt auf der Bildebene, der dem Augpunkt genau gegenüberliegt; man ermittelt ihn, indem man sich die kürzeste gerade Linie zwischen dem Standort und der Bildebene gezogen denkt.

Fluchtpunkte sind jene Punkte, auf die parallele Linien zuzustreben scheinen; ein Bild kann einen Fluchtpunkt oder mehrere haben. Ein Meßpunkt ist ein Punkt auf einer Fluchtlinie, von dem aus Linien auf die Bildebene projiziert sind, so daß die Höhen und Breiten gemessen werden können.

Perspektive läßt sich in die Kategorien Luft- und Linearperspektive unterteilen. Luftperspektive hat etwas mit der Wirkung der Atmosphäre auf Objekte im Raum zu tun – man sieht das z. B. an der Farbintensität, die um so schwächer wird, je weiter der Gegenstand entfernt ist.

Verschiedene Aspekte der Linearperspektive gibt es beim Betrachten eines Würfels. Verläuft eine seiner Flächen parallel zur Bildebene, dann scheinen alle parallelen Linien einem gemeinsamen Fluchtpunkt zuzustreben, und das Bild zeigt, was man als Parallel- oder Einpunktperspektive bezeichnet.

In der Zweipunkt- oder Winkelperspektive ist der Würfel so aufgestellt, daß zwei seiner Flächen schräg zur Bildebene stehen und die parallelen Linien auf zwei Fluchtpunkte zuzustreben scheinen. Bei der Dreipunkt- oder Schrägperspektive ist der Würfel in der Weise schräg zur Bildebene aufgestellt, daß die parallelen Linien seiner wiedergegebenen Flächen nicht nur auf zwei Fluchtpunkte am Horizont zulaufen, sondern außerdem noch auf einen dritten über oder unter der Augenhöhe. Es kann in einem Bild so viele Fluchtpunkte geben, wie es Systeme von parallel verlaufenden Linien gibt. Ein terrestrischer Fluchtpunkt liegt unterhalb der Augenhöhe, der Himmelsfluchtpunkt oberhalb.

Krümmungsperspektive ist, wie der Name schon sagt, die Perspektive auf einer gekrümmten Bildebene. Zylindrische Perspektive oder Panoramaperspektive zeigt das Bild wie ein Panorama, und die Bildebene kann hier ein Zylinder sein. Sphärische Perspektive ist auf eine sphärische Bildebene projiziert. (Ein Beispiel dazu liefert die Photographie mit einem Weitwinkelobjektiv; gerade Linien erscheinen hier zu den Seiten hin zunehmend gekrümmt.) Bilder in einem Konvexspiegel zeigen dies, wie im Gemälde *Giovanni Arnolfini mit seiner Frau* von Jan van Eyck (ca. 1390–1441) und das *Selbstporträt* von Francesco Parmigianino (1503–1540).

Perspektive Bei der Einpunktperspektive sind nur zwei Flächen des Würfels sichtbar, und die Fluchtlinien streben alle auf einen Fluchtpunkt zu. Die Zweipunktperspektive zeigt dagegen drei Würfelflächen, und die Fluchtlinien laufen in zwei Fluchtpunkten zusammen. Befindet sich der Würfel ober- oder unterhalb der Augenhöhe des Betrachters, entstehen drei Fluchtpunkte.

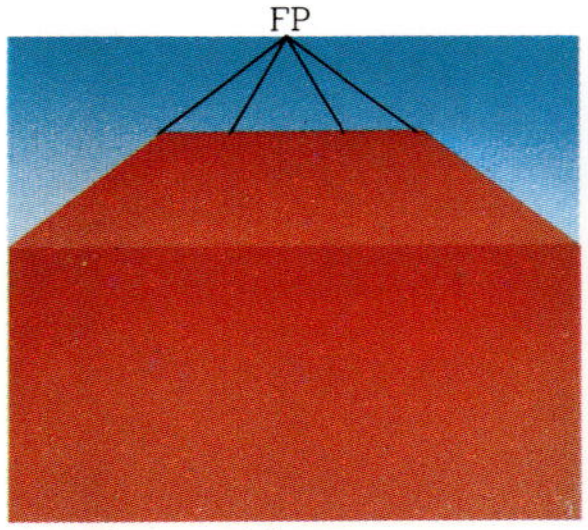

Einpunktperspektive

FP = Fluchtpunkt

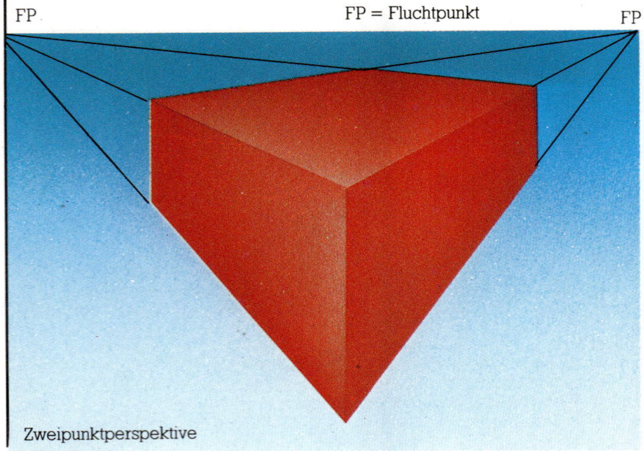

Zweipunktperspektive

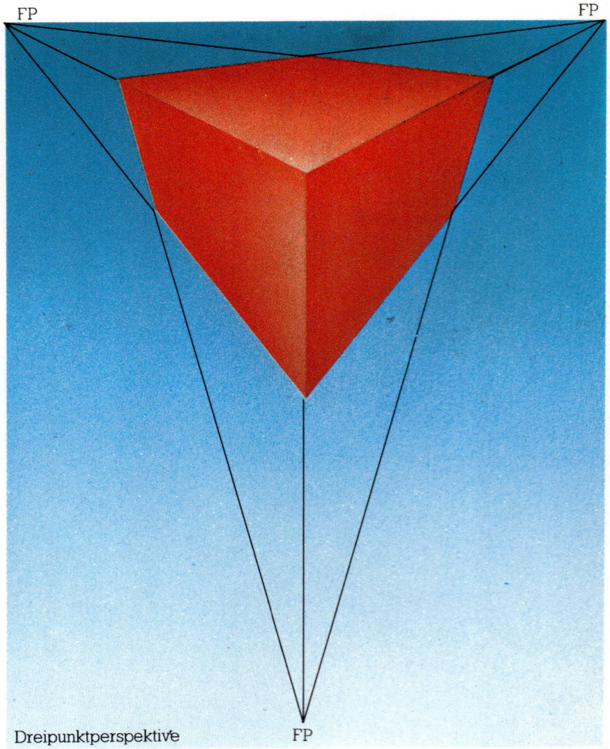

Dreipunktperspektive

Geschichte

Die alten Ägypter versuchten die perspektivische Wiedergabe, indem sie Objekte einander überlappen ließen, und sie suggerierten Entfernung, indem sie die Objekte größer, kleiner, höher, niedriger oder in verschiedenen Ebenen zeichneten. Die Griechen kannten im 6. Jh. v. Chr. einige Grundlagen der Perspektive und waren mit der perspektivischen Verkürzung vertraut. Im nächsten Jahrhundert wandten sie die Luftperspektive an, indem sie durch Schattenwiedergabe eine Grundebene andeuteten. Die Römer wandten ebenfalls eine Luft- bzw. Atmosphärperspektive mit sich verändernden Farben und mit Schatten an, um dadurch die Illusion von Entfernung und Tiefe hervorzurufen.

Dennoch sollte es noch bis zur Renaissance dauern, ehe die Perspektive zu einem System zusammengefaßt wurde, das in gewisser Hinsicht bis in unsere Tage gültig ist. Zu den Pionieren gehörten die Architekten Brunelleschi (1377–1446) und Alberti (1404–1472) sowie der Maler Paolo Uccello (1396–1475). Leonardo da Vinci übertrug den perspektivischen Raum in ein formelles lineares Netzgitter. Seine Studie zur *Anbetung der Heiligen Drei Könige* (ca. 1481) beweist sein Wissen um die Einpunktperspektive.

Das Suchen nach den Regeln der Perspektive dauerte lange, und es wurden verschiedene Wege beschritten. Albertis Konzept war richtig, aber technisch nur schwer anwendbar. Es beinhaltete das Messen von Entfernungen mit einem Plan von Quadraten mit verbindenden Diagonalen – den Schichtpunkten. Albrecht Dürer verwendete 1525 ein Netzgitter, Kratikulation genannt, aber erst Vignola vereinfachte die Praxis des perspektivischen Zeichnens im Jahre 1583. De Vries benutzte schließlich 1630 Dürers Theorie und leitete Regeln zur Ermittlung der Fluchtpunkte ab.

Solche Versuche zeigten ihren Einfluß in der Malerei. Uccellos *Vase* wurde entsprechend dem System der Proportionen und Fluchtpunkte gezeichnet, das Brunelleschi und Alberti festgelegt hatten. Michelangelo da Caravaggio setzt in seinem *Abendmahl zu Emmaus*, dramatisch durch die schwungvollen Konturen und Farben, viele Fluchtpunkte ein. Dennoch verstanden Maler wie Piero della Francesca (ca. 1415–1492) und Vermeer (1632–1675) bis hin zu Canaletto (1697–1768), daß es nicht möglich ist, all das, was das Auge wahrnimmt, ohne einige Verzerrung auf einer zweidimensionalen Fläche wiederzugeben – man denke nur einmal an die unlösbare Aufgabe, eine Weltkarte korrekt zweidimensional zu zeichnen. So vermieden sie nach Möglichkeit an den Randflächen ihrer Gemälde geometrische Muster, die zu Verzerrungen führen mußten.

Doch alles hat sich geändert. Moderne Maler sprengen oftmals die Gesetze der Perspektive, um Gestalt und Raum zu verändern. Oder sie verwenden wie der niederländische Maler Piet Mondrian (1872–1944) Farbfelder und geometrische Muster, um gewisse Empfindungen und Gedanken auszudrücken. Manche gehen sogar noch weiter und lehnen jedes System von Regeln ab.

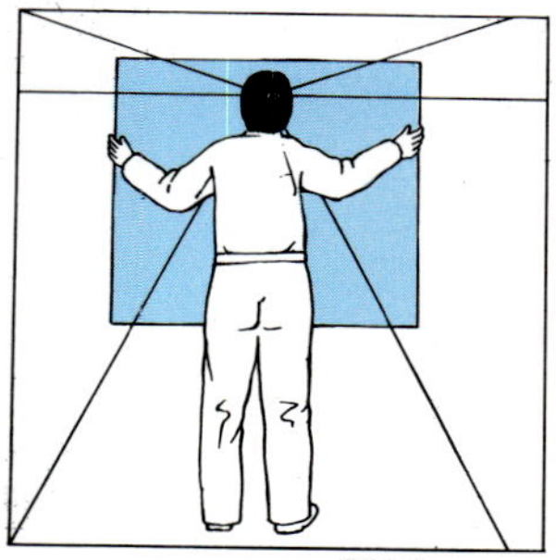

Bildebene Die Bildebene ist eine gedachte transparente Fläche zwischen dem Künstler und seinem Motiv.

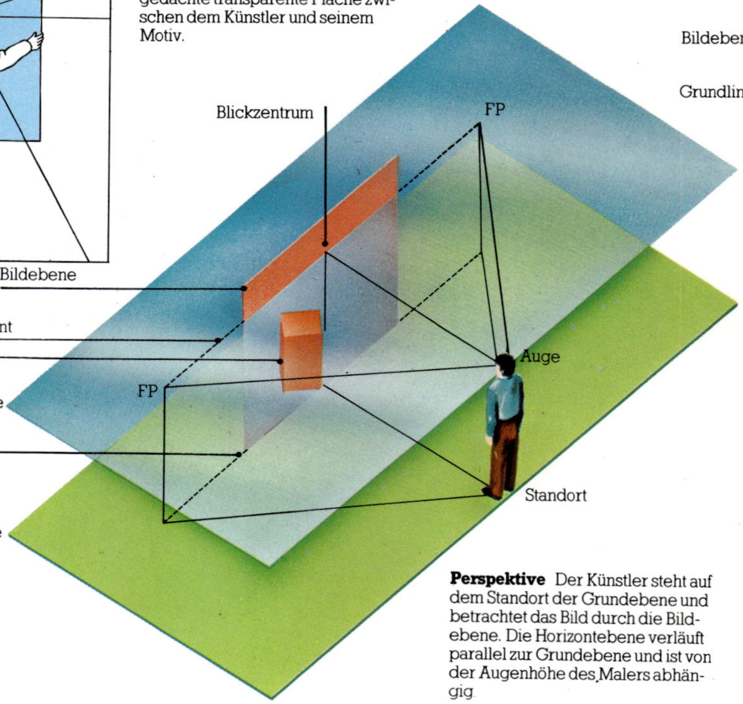

FP = Fluchtpunkt

Perspektive Der Künstler steht auf dem Standort der Grundebene und betrachtet das Bild durch die Bildebene. Die Horizontebene verläuft parallel zur Grundebene und ist von der Augenhöhe des Malers abhängig.

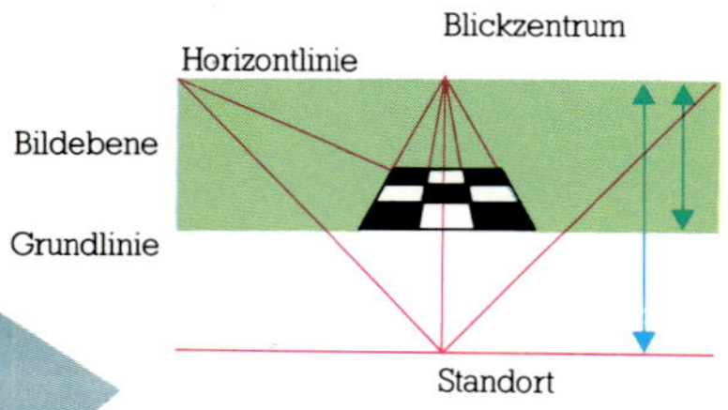

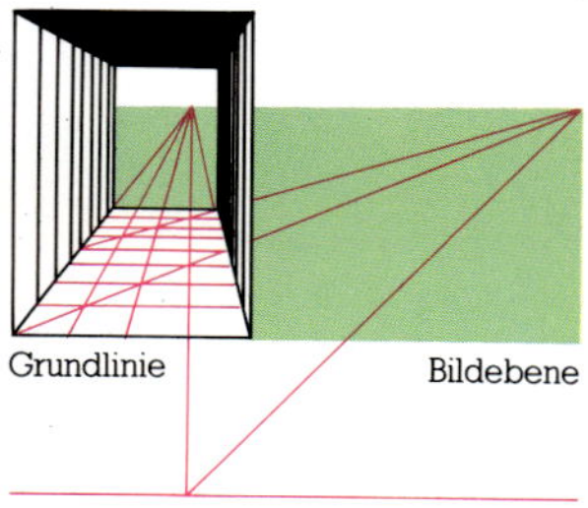

Perspektivisch zeichnen Diese Diagramme illustrieren, wie man zwei- und dreidimensionale Formen perspektivisch wiedergibt. Der Winkel von 45° bleibt konstant, die variablen Elemente sind der Standort, Grund- und Horizontlinie. Ähnliche Prinzipien gelten für die perspektivische Wiedergabe drei- und zweidimensionaler Figuren (**oben und darüber**).

2 Farbe Theorien und Grundlagen

Rein wissenschaftliche Prinzipien, die sich auf direktes und reflektiertes Licht unterschiedlicher Farben beziehen – und somit auf die verschiedenen Wellenlängen –, sind eher eine Sache für den Physiker als für den ausübenden Künstler; aber das hat Künstler nicht vom Versuch abhalten können, eigene »wissenschaftliche« Theorien zur Farbharmonie zu entwickeln, ebensowenig wie es Wissenschaftler daran hinderte, die Werke der Künstler aufgrund deren subjektiver Farbauffassung theoretisch zu analysieren.

Alle Maler verwenden Farben und deren Eigenschaften dazu, um gewünschte Effekte zu erzielen. Sogar die Römer benutzten z. B. Farben, um Perspektive anzudeuten, während die Maler der Renaissance – insbesondere die der venezianischen Schule – warme und kühle Farbtöne nebeneinander brachten, um Form und Gestalt zu unterstreichen.

Den (nach der umstrittenen Farbenlehre Goethes von 1810) ersten Versuch, eine Sammlung von Regeln auf der Basis angewandter Wissenschaft zu formulieren, machte Michel-Eugène Chevreul aus Paris. Er leitete die Färberabteilung der Gobelin-Teppichmanufaktur. Im Jahre 1838 veröffentlichte er eine Abhandlung unter dem Titel *Die Prinzipien von Harmonie und Kontrast bei Farben.* Er beschrieb die Harmonie ähnlicher Farben und die von Kontrastfarben; daneben hatte er Tabellen mit sekundären Farbeffekten entworfen.

Der Kritiker und Kunsthistoriker Charles Blanc folgte Chevreul 1867 mit seiner *Grammaire des Arts de Dessin.* Der Amerikaner Ogden Rood arrangierte in seinem Buch *Modern Chromatics* (1879) Farbkombinationen zu Paaren und Dreiergruppen, um den Prinzipien der Harmonie auf die Spur zu kommen. David Sutter meinte in *Les Phénomènes de la Vision* (1880), daß es möglich sein müsse, die Gesetze ästhetischer Harmonie ebenso zu erlernen wie musikalische Harmonien.

Delacroix (1798–1863) und die Impressionisten standen unter dem Einfluß von Chevreul. So verwandte z. B. Seurat (1859–1891) Chevreuls Prinzipien in seinen Gemälden *Une Baignade* und *La Grande Jatte.* Er bedeckte seine Leinwand mit winzigen Farbtupfern – Pointillismus –, die so gewählt waren, daß sie, aus einiger Entfernung betrachtet, der Farbharmonielehre von Chevreul entsprachen.

Im 20. Jahrhundert spielen die Farbtheorien keine so große Rolle mehr. Eine Gruppe revolutionärer postimpressionistischer Maler, darunter Henri Matisse (1869–1954), André Derain (1880–1954), Maurice de Vlaminck (1876–1958), Raoul Dufy (1877–1953) und Georges Rouault (1871–1958) entfernte sich von den alten Meistern und wies gewisse Prinzipien, einschließlich dem des Zerlegens der Farbe, zurück. Ein Kritiker bezeichnete sie als *Les Fauves* – wegen der wilden Zügellosigkeit, mit der sie die Farbe und zuweilen auch die Form verwandten. Die »Fauve«-Technik bestand darin, in brillanten, explosiven Farben das auszudrücken, was der Künstler als die inneren Eigenschaften des Motivs verstand; die tatsächliche Erscheinung blieb Nebensache. Auf Farbe reagierten sie

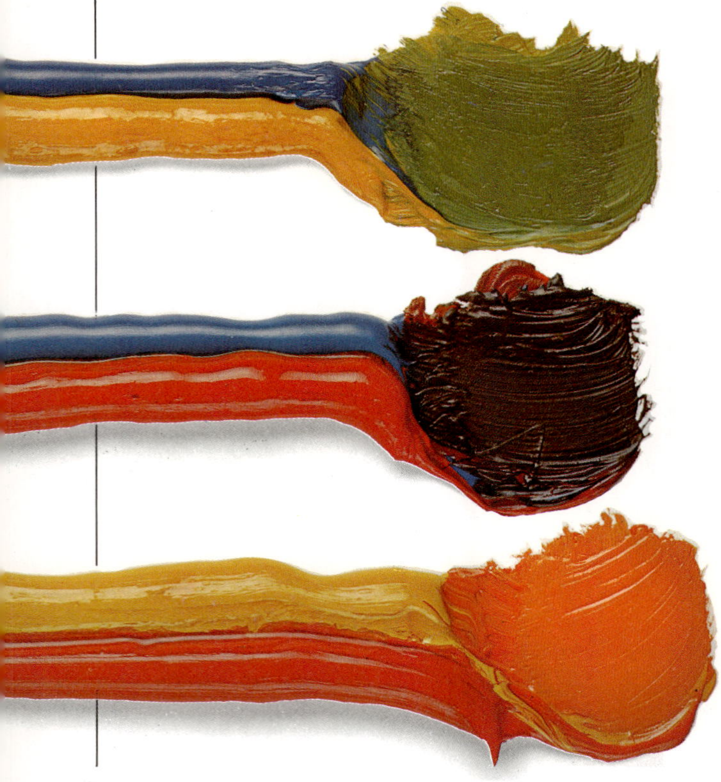

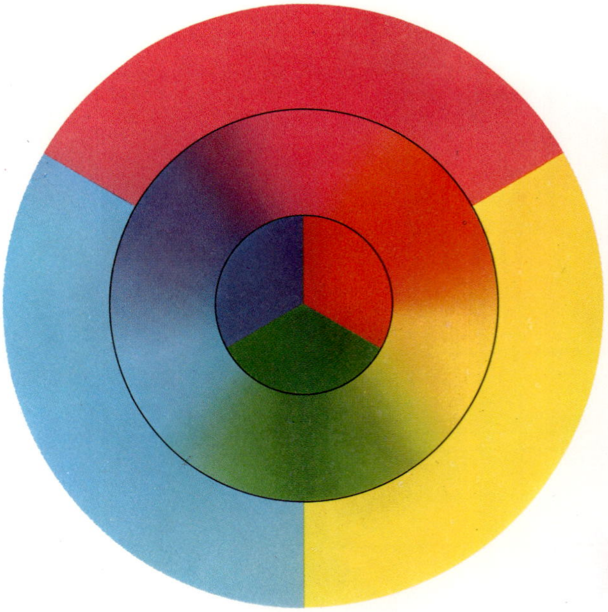

Mischen von Farben Durch das Mischen von Farben (**links**) entstehen neue Farben und Farbschattierungen. Die Grundfarben sind Rot, Blau und Gelb (**links**). Rot und Gelb ergibt Orange; Blau und Gelb ergibt Grün; Rot und Blau ergibt keine klar definierte Farbe, sondern ein bräunliches Purpur.

Farbkreis Der Farbkreis (**oben**) deutet die Farben an, die man durch Kombination der einzelnen Grundfarben erhält.

emotionell; sie gebrauchten sie ohne die theoriebezogenen Vorschriften, die die Künstler früher beeinflußt hatten.

Viele Künstler finden nur abfällige Worte über solche Theorien. Renoir (1841–1891) behauptete, daß die Natur die Theorien zunichte gemacht hätte. Cézanne (1839–1906), Kandinsky (1866–1944) und Matisse meinten, daß Theorien sich nur schwer aufstellen ließen – und noch schwerer sei es, sie aufrechtzuerhalten.

Piet Mondrian (1872–1944), 1917 Mitbegründer des architektonischen Stils *De Stijl*, wollte eine rein logische Kunst schaffen. Er schloß alle Sekundärfarben, Diagonalen und Rundungen aus und zeichnete nur rechteckige Farbflächen in den Grundfarben oder Schwarz und Weiß, von schweren schwarzen Linien begrenzt.

Optische Illusionskunst oder »Op Art«, wie sie in den sechziger Jahren genannt wurde, ist ein Stil, in dem scharfrandige, abstrakte Muster eine »blendende« Bewegungsillusion hervorrufen. Wenn Farbe gegenüber Schwarz und Weiß bevorzugt wird und gewisse Komplementärfarben nebeneinandergestellt werden, wird der Blendeffekt noch verstärkt. Die Op Art hat im Textildesign mit großem Erfolg Eingang gefunden.

Trotz aller Farbtheorien muß jeder in An- oder Ablehnung einer solchen Theorie seinen individuellen Stil finden.

Farbe und Licht Weißes Licht ist eine Mischung der verschiedenen Farben des Spektrums. Läßt man weißes Licht durch ein Prisma fallen, werden die Spektralfarben wieder getrennt. Jede Farbe repräsentiert Lichtwellen einer eigenen Frequenz.

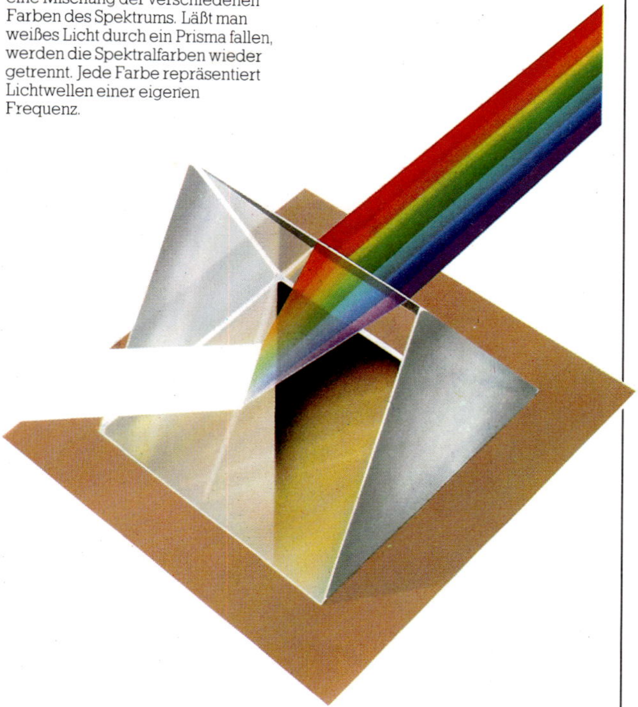

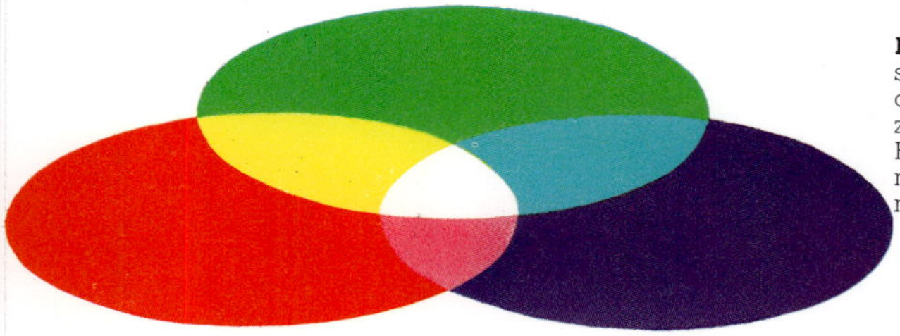

Additive Grundfarben Rotes, grünes und blaues Licht werden als additive Grundfarben bezeichnet; wenn man sie übereinander projiziert, so erhält man weißes Licht. Für den Künstler ist es besonders wichtig, daß er sich der Farbproportionen des Lichtes bewußt ist. Mischt man zwei Grundfarben, entsteht eine dritte Farbe. Diese bezeichnet man als Komplementärfarbe der jeweiligen dritten Grundfarbe. Gelb ist also die Komplementärfarbe zu Blau.

Farbbaum Jede Farbe kann in verschiedene Farbtöne unterteilt werden. Die Tönung entsteht durch hinzugefügte weiße oder schwarze Farbe. Der Farbbaum (**rechts**) zeigt nur die wichtigsten Farbkombinationen.

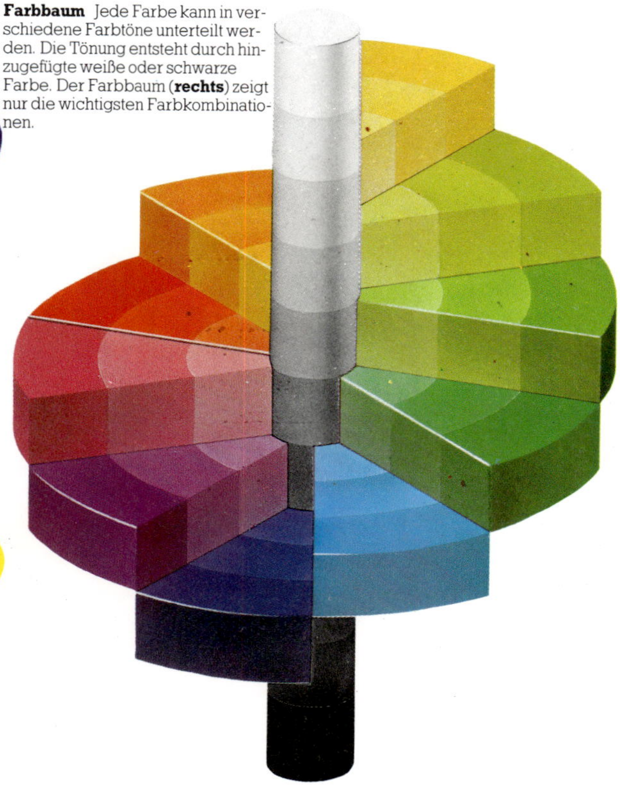

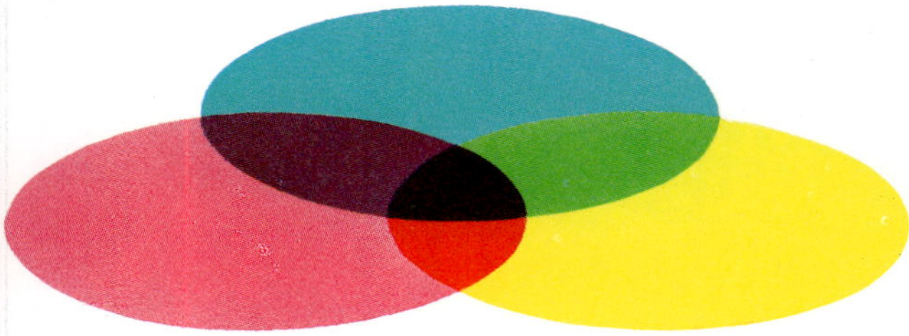

Subtraktive Grundfarben Die Farben, die bei der Mischung zweier additiver Grundfarben entstehen, werden als subtraktive Grundfarben bezeichnet. Die Farben, die so entstehen, sind Cyan (eine Mischung von Blau und Grün ohne Rot), Gelb (eine Mischung von Rot und Grün ohne Blau) und Magenta (Rot und Blau ohne Grün). Läßt man weißes Licht durch Filter aller drei subtraktiven Grundfarben fallen, entsteht Schwarz.

Farbtöne und -werte Der Farbcomputer (**unten**) ist für den Künstler ein wertvolles Instrument zur Identifizierung von Farben und zum Erhalt komplementärer Farbharmonien. Farbharmonien erhält man, indem man entweder nah verwandte Töne derselben Farbe oder Komplementärfarben verwendet. Die drehbare Farbscheibe führt dem Künstler die Farbharmonien vor Augen. Der Computer gibt nicht den vollen Umfang wieder, hat sich aber als Führer bewährt. Die Rückseite des Farbcomputers verdeutlicht verschiedene Farbmischungen.

Farbwahrnehmung Die individuelle Farbwahrnehmung wird durch die Hintergrundfarbe beeinflußt (**rechts**).

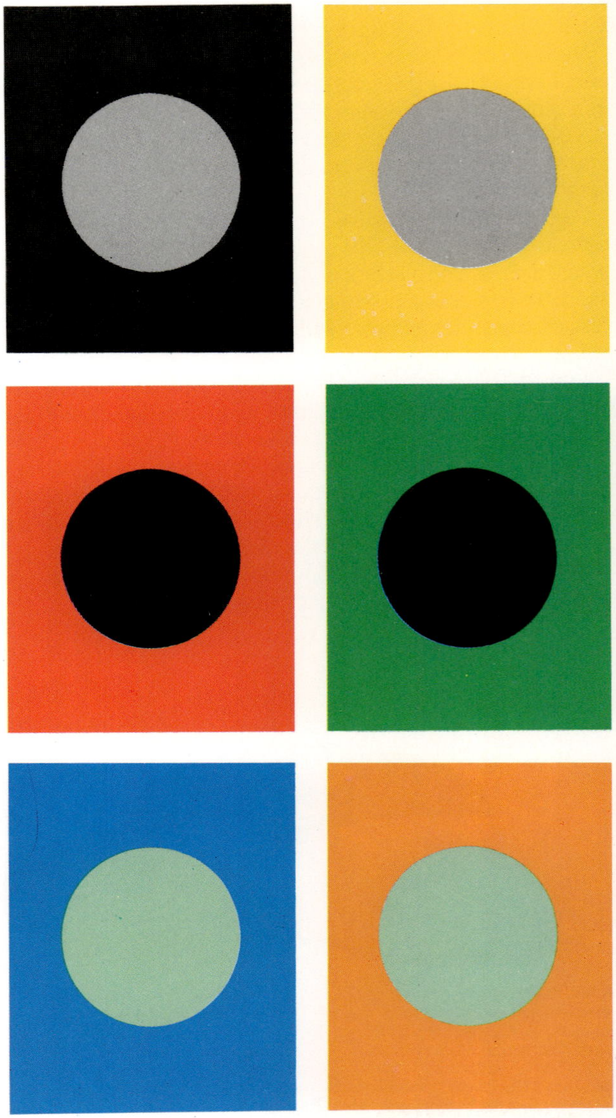

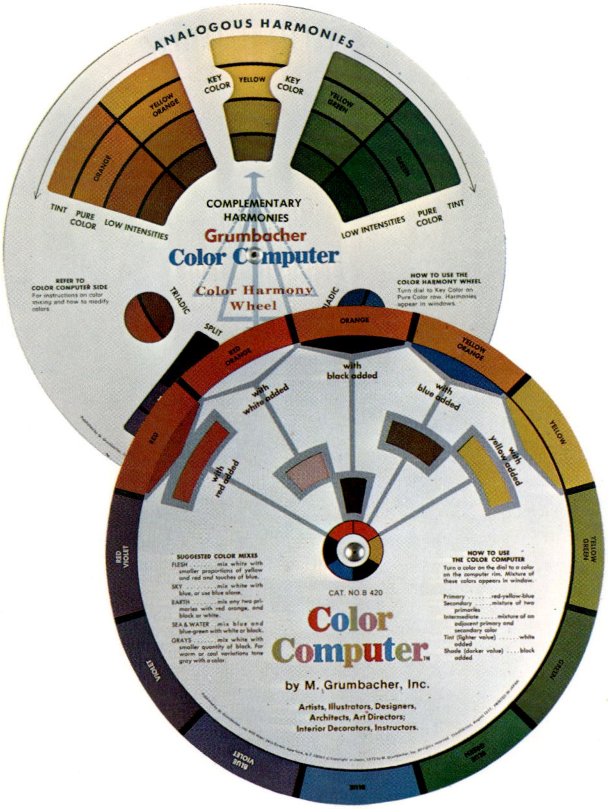

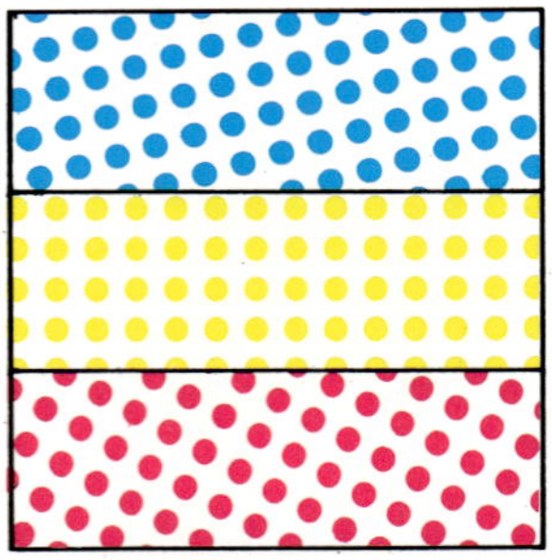

Entwicklungsfarben 1. Beim Farbvergrößern werden die Farben durch Verwendung winziger Pünktchen von Cyan, Gelb und Magenta erzeugt.

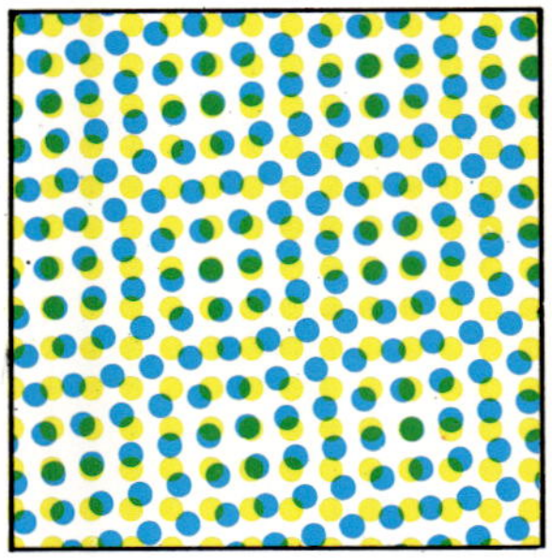

2. Cyan und Gelb ergeben Grün.

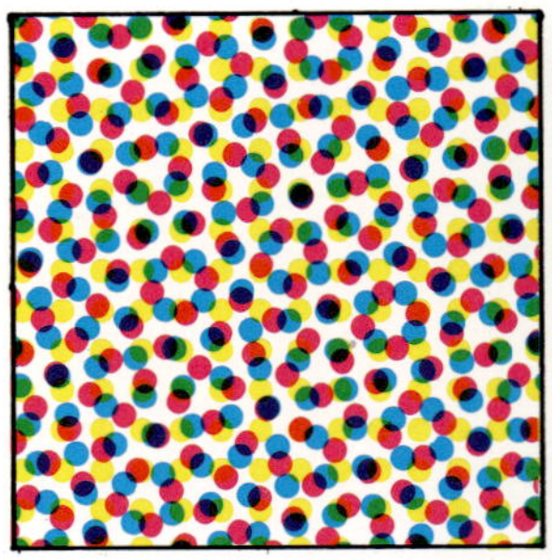

3. Hier sind alle Entwicklungsfarben kombiniert worden.

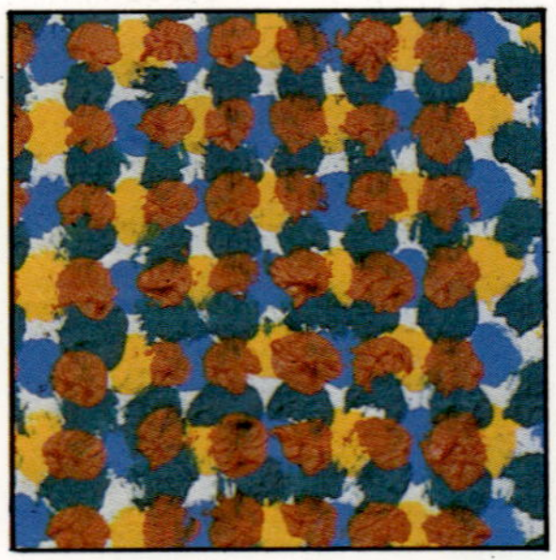

Pointillismus Mit Hilfe der Pointillismustechnik werden augenscheinlich feste Farben und subtile Tonunterschiede erzeugt.

3

Ölmalerei

Geschichte. Zusammensetzung und Eigenschaften: Bindemittel, Verdünner, Firnisse, Malmittel, Sikkative. **Untergrund:** Gewebe, Holz oder Papier, Metall. **Vorbereitung der Leinwand:** Vorleimung, Grundierung. **Ausrüstung:** Farben, Pinsel, Spachtel, Paletten, Aufstecknäpfchen, Malstock, Staffeleien. **Techniken.**

3 | **Ölmalerei** Geschichte

Der flämische Maler Jan van Eyck (ca. 1390–1441) wurde als der Begründer der Ölmalerei bezeichnet; und wenngleich die Kunsthistoriker über die Richtigkeit dieser Behauptung streiten mögen – schließlich wurde Öl als Bindemittel für Pigmente ja schon lange vorher verwendet –, so waren seine Entdeckungen und Techniken doch gewiß die Grundlagen dieser Kunst.

Als van Eyck um 1420 einmal feststellte, daß eines seiner Eitemperagemälde sich in der Sonne aufgelöst hatte, suchte er experimentell nach einem Öl, das auch im Schatten trocknen konnte. Er fand eine Mischung von wenig Brügger Weißfirnis, einer Art von Terpentin, mit Lein- oder Nußöl. Zunächst verwendete er diese für Tempera, in der die Pigmente mit Eigelb gemischt waren, doch dann begann er, seine rohen Pigmente direkt mit der Ölmischung anzumachen.

Was er so erhielt, trocknete nicht nur auch außerhalb der Sonne zufriedenstellend, sondern die Farben ließen sich in transparenten Schichten oder Lasuren auftragen, wodurch seine Gemälde ein selbständiges Leuchten bekamen. Außerdem stellte er fest, daß er Schattierungen und Farben korrigieren konnte, ohne ihren ursprünglichen Glanz zu beeinträchtigen.

Ein Nachfolger van Eycks, Antonello da Messina (1430 bis 1479), brachte die Ölmalerei nach Venedig, wo es Giovanni Bellini (1430–1516) gelang, ähnlich schöne Flächen und glänzende Farben zu erhalten wie van Eyck. Doch erst ein Schüler Bellinis, Tizian (1490–1576), begann, die »neue« Öltechnik in ihren ganzen Möglichkeiten zu entwickeln.

Er begann mit dem Auftragen einer dünnen monochromen Farbschicht, danach malte er darüber die helleren Teile mit dickerer Deckfarbe. Schatten wurden ganz dünn aufgetragen, und Lasuren in transparenten Farben verliehen dem Ganzen eine glänzende Tiefe. Die Brillanz, der Fluß des Entwurfs und die Tiefe der Farbtöne waren die Meilensteine seiner »klassischen« Technik.

Der nächste bemerkenswerte Fortschritt der Ölmalerei kam mit Rubens (1577–1640). Er ging von einer weißen Grundierung mit einer mageren ockerfarbigen Imprimitur aus, darüber zeichnete er sein Bild mit dunkleren Farben auf, und dieses übermalte er noch mit kühlen, teilweise deckenden Halbtönen, durch die man noch einen Teil der darunterliegenden Farbschicht erkennen konnte. Die dunklen Schatten auf der einen Seite der Halbtöne und die helleren, glänzenderen Töne auf der anderen Seite waren dünne Farbschichten, die teilweise mit transparenter Lasur überzogen wurden.

Der von Rubens beeinflußte Rembrandt (1606–1669) malte oftmals ganze Teile seiner Bilder mit einer einzigen Farbe, die später mit Lasuren und deckenden Pinselstrichen überzogen wurde. Seine Grisaillemethode – das Überziehen von weißen oder grauen Figuren mit hellen Farblasuren – wurde im 18. Jh. zu einer beliebten Technik, die u. a. von Reynolds (1723–1792) angewandt wurde.

Manche Maler glaubten, daß solch eine komplizierte Lasurtechnik, wenn sie nicht von der Hand eines Meisters stammte, zu Schwere und zu einem Mangel an Spontaneität führen müsse. Zwei Künstler, die sich dagegen wandten und zum freieren, direkteren Stil von Rubens – wenn auch nicht genau zu seinen Verfahren – zurückkehrten, waren der englische Maler Gainsborough (1727–1788) und der spanische Meister Goya (1746–1828).

Im 18. Jh. füllten Farbenhändler bereits fertige Ölfarben in Blasen ab – die Vorläufer der Metalltuben des 19. Jh.s. Das war ein Segen für die Pioniere der Landschaftsmalerei, die ihre Bilder in der freien Natur malten, wie Constable (1776–1837), aber manche Künstler und Kunsthistoriker bedauerten diese Aufgabe der absoluten Kontrolle der Farbtöne, die nach ihrer Ansicht nur dadurch möglich war, daß handwerklich geschulte Maler ihre Farben nach bewährten Rezepten im eigenen Atelier herstellten.

Dennoch führten der wachsende Umfang, die Flexibilität und die Möglichkeit zum Kauf fertiger Farben zugleich zur Einführung neuer, unmittelbarer Techniken und zu neuen Normen der Kunstfertigkeit. Als herausragender Künstler der Freilichtmalerei und durch seine Analyse des »zerlegten« Lichtes wurde William Turner (1775–1851) zum direkten Vorläufer der Impressionisten.

Das wesentlichste Merkmal der Impressionisten, zu denen Monet (1840–1926), Cézanne (1839–1906), Pissarro (1831–1903) und Sisley (1839–1899) gehörten, war ihre Technik, in der Farbstriche oder -tupfer nebeneinandergesetzt wurden, um sich erst im Auge des Betrachters zu den beabsichtigten Farbtönen zu vermischen. Da sie sich bemühten, in hellen Farben zu malen, verwendeten sie nur wenige Erdfarben und überhaupt kein Schwarz.

Gleich zu Beginn des 20. Jh.s brachten die Überlegungen der Impressionisten und die sehr subjektiven, traditionsverachtenden Techniken von van Gogh (1853–1890) und Gauguin (1848–1903) zahlreiche Künstler zu der Ansicht, daß es »die einzig richtige« Malmethode überhaupt nicht gibt.

Dennoch ist es für den Maler immer noch unerläßlich, einiges über die Möglichkeiten und die Grenzen seiner Medien zu lernen, ehe er einen persönlichen Stil entwickeln kann.

Der Kontrast der angewandten Techniken und Verfahren war nie größer als heute. Auf der einen Seite wenden Künstler wie Salvador Dali (geb. 1904) eine Technik an, bei der sie Farbschichten in einer Weise auftragen, die unmittelbar auf van Eyck zurückzuführen ist. Auf der anderen Seite haben Künstler wie die abstrakten Expressionisten, und hier insbesondere Jackson Pollock (1912–1956), die Möglichkeiten der Ölmalerei um früher nicht einmal geahnte Verfahren erweitert, z. B. durch das Schleudern von Farben auf den Untergrund, wobei die Farben herablaufen können.

Die Ölmalerei setzt aber noch immer ein hohes Maß an Erfahrung und Wissen voraus. So beeinflussen z. B. die Konsistenz der Farbe und ihre Anwendung die Lebensdauer des Gemäldes.

Ölfarben Zusammensetzung und Eigenschaften

Zunächst einmal bestehen Künstler-Ölfarben aus Farben oder Pigmenten, die mit Bindemitteln wie Leinöl und Mohnöl vermischt sind; die Bindemittel oxidieren in der Luft und bilden eine feste Haut, in der die Farbpartikel gleichmäßig verteilt sind.

Unter dem trocknenden Öl bilden sich Gase, die sich einen Ausgang durch die Oberschicht suchen, wodurch diese porös wird und weiterem Sauerstoff den Zugang zu den unteren Schichten ermöglicht. So setzt sich der Prozeß fort, bis sich eine feste Haut gebildet hat.

Wenn Farbe in einzelnen Schichten aufgetragen wird, dann muß die erste trocken sein, ehe man eine weitere aufträgt. Die zweite oder folgende enthält im allgemeinen mehr Öl als die voraufgegangene. Dieser Prozeß ist als das »Fett-auf-mager-Prinzip« bekannt. Die Farbfläche kann unterschiedlich sein, je nach der Menge der vom Maler verwendeten Öle und Verdünner.

Bindemittel

Leinöl ist das meistverbreitete Bindemittel, das es in verschiedenen Ausführungen und Qualitäten gibt.

Um rohes Leinöl zu erhalten, muß man Flachs dünsten, ehe man die Samen auspreßt. Es entsteht Öl einer guten Qualität, aber es ist dunkel und eignet sich für die meisten Malzwecke nur bedingt.

Das beste Öl erhält man, indem man die Flachssamen kalt preßt, doch das ist sehr kostspielig und äußerst schwierig. Der beste Ersatz ist raffiniertes Leinöl, das durch Bleichen und Reinigen von Öl aus gedünstetem Flachs mit Schwefelsäure und Wasser entsteht (die Schwefelsäure und das Wasser werden wieder entfernt). Es variiert von strohgelb bis ambergolden oder tiefgolden. Es ist besser, ein Öl aus dem mittleren Bereich zu verwenden, da es durch den Alterungsprozeß nachdunkelt.

Standöl entsteht, indem man Leinöl unter Hitze in einem Vakuum behandelt. Es trocknet zu einem weichen, emailartigen Film, der frei von Pinselstrichen ist und nicht wie andere Leinöle nachdunkelt, und kann mit Terpentin verdünnt werden.

Leinöl wurde früher im Freien raffiniert – oxidiert, gebleicht und verdickt –, indem man es in Glasbehältern mehrere Wochen lang in der Sonne stehen ließ.

Mohnöl, das man durch Auspressen von Mohnsamen erhält, besitzt, solange es frisch ist, eine sehr helle Farbe. Doch es trocknet nur langsam und reißt beim Altern leichter als Leinöl.

Walnußöl, das durch Auspressen frischer Walnüsse entsteht, ist blaß, dünnflüssig und trocknet fast so schnell wie Leinöl. Aber es ist teuer, schwer erhältlich und kann nicht über längere Zeit gelagert werden.

Es gibt noch viele weitere, natürlich trocknende Pflanzenöle, die sich zur Malerei eignen; dazu gehören Safloröl, Tung- oder Holzöl und Nelkenöl, doch sind sie hinsichtlich ihrer Vielseitigkeit nicht mit Lein- und Mohnöl zu vergleichen.

Für künstlich trocknende Öle müssen Pflanzenölen Chemikalien wie Mangan oder Kobalt zugegeben werden. Werden diese nicht im richtigen Verhältnis gemischt, kann es zu Rissen kommen. Fertigmischungen sind im Handel erhältlich.

Verdünner

Lösungs- und Verdünnungsmittel werden zum Verdünnen von Ölfarben und Firnissen verwendet, damit diese die zum Malen richtige Konsistenz bekommen. Zu den üblichen gehören Terpentin, Lavendelöl, gereinigtes Petroleum, Benzol und Aceton.

Ein ideales Verdünnungsmittel sollte gleichmäßig verdunsten, sich gut mit den Bestandteilen der Farbe mischen, die unteren Farbschichten nicht auflösen, seine Verdunstungsgase dürfen die Gesundheit nicht beeinträchtigen, der Geruch sollte vom getrockneten Farbfilm schnell verschwinden, und schließlich sollte es nicht feuergefährlich sein.

Das ideale Verdünnungsmittel ist noch immer das Terpentin, das durch Destillierung des Piniensaftes gewonnen wird.

Es gibt große Qualitätsunterschiede. Terpentin für den Künstlerbedarf ist das Edelterpentin, das doppelt destilliert und gereinigt ist; es darf kein Ring oder Fleck zurückbleiben, wenn man es auf Löschpapier tröpfelt. Es ist im Handel unter der Bezeichnung »Edelterpentin« erhältlich.

Zwei weitere Arten von Terpentin, die ihre natürliche Klebe- oder Verharzungseigenschaft behalten, werden häufig von Kunstmalern verwendet: das Venezianische Terpentin, das aus dem Harz von Lärchenbäumen gewonnen wird, und das Straßburger Terpentin aus dem Harz der Tiroler Edeltanne.

Terpentinersatz, der aus Rohöl gewonnen wird, hat ähnliche Eigenschaften wie echtes Terpentin; der Ersatz kommt in Industriefarben zur Verwendung. Wenngleich er keine Rückstände hinterläßt und durch Altern nicht verdirbt, ist er doch bei Malern nicht beliebt. Er besitzt einen unangenehmen Benzingeruch und kann nicht zusammen mit Dammarfirnis verwendet werden.

Firnisse

Firnisse werden als Pigmentbindemittel für Lasuren und als Schutzüberzug für fertige Gemälde benutzt.

Man unterteilt sie in Hart- und Weichfirnis: Hartfirnis erhält man, wenn das Harz in einem Öl, wie z. B. Leinöl, gelöst ist; bei Weichfirnis dient Terpentin als Lösungsmittel.

Eine einfache Firnislösung, die man sich im Atelier selbst herstellen kann, bietet viele Verwendungsmöglichkeiten. Einen Schlußfirnis trägt man als letzte Schicht auf das trockene Bild auf. Er bildet eine Schutzschicht. Retuschierfirnis enthält mehr Terpentin und glänzt weniger. Harzfirnis wird den Tubenfarben hinzugefügt, um bessere Lasuren zu erhalten. Isolierfirnis zum Übermalen erst kurz getrockneter Ölfarben verhält sich wie ein Leim zwischen den Schichten und ermöglicht Übermalen und Korrekturen ohne Beeinflussung der Unterschicht.

Dammarfirnis, der aus in Terpentin gelöstem Dammarharz besteht, bleibt länger farblos als andere übliche Firnisarten, da er keine Verunreinigung enthält. Man kann ihn im Farbenhandel fertig kaufen oder selbst herstellen. Dazu zerbröckelt man das Harz und legt es in einen Gazebeutel, der in eine Flasche mit Terpentinöl gehängt wird. Der Beutel darf das Glas der Flasche, die abgedeckt sein muß, damit kein Staub eindringen kann, nicht berühren. Nach zwei bis drei Tagen ist die Lösung gebrauchsfertig.

Zur Herstellung von Dammarfirnis als Malmittel für Lasuren mischt man neun Teile Firnis mit neun Teilen Terpentin, vier Teilen Standöl und zwei Teilen Venezianischen Terpentins. Wenn das Malmittel zum Übermalen verwendet wird, muß noch ein wenig Standöl beigefügt werden, um eine öligere, flexiblere Oberfläche zu erhalten. Ein einfaches, dickes Firnismalmittel für glänzende Lasuren erhält man durch Zusatz von einem Teil Standöl zu drei Teilen Venezianischen Terpentins.

Mastixharz, in Terpentin gelöst, ist leichter zu verarbeiten als Dammarfirnis, doch vergilbt dieser Firnis nach einiger Zeit. Mastix und Sandarak waren die in der frühen Malerei meistverwendeten Harze. Das von einem nordafrikanischen Baum stammende Sandarak ist sehr hart, und eine einfache Lösung ergibt sich nur durch starke Lösungsmittel wie beispielsweise Alkohol; man kann es aber auch zu einem Firnis »kochen«, indem es in erhitztem Öl aufgelöst wird. Die dadurch entstehende Oberfläche ist sehr spröde.

Schellack ergibt einen starken, harten, aber flexiblen Firnis. Er wird hauptsächlich beim Malen als Vorleimung für einen zu porösen Untergrund verwendet. Man kann den Firnis selbst herstellen, indem man zerbröckelten weißen oder braunen Schellack in Alkohol legt – Mischungsverhältnis: ein Teil Harz auf sieben Teile des Lösungsmittels – und die Mischung bis zur vollständigen Auflösung des Schellacks schüttelt.

Synthetische Gelatine zum Mischen mit Tubenfarben ist im Handel erhältlich. Synthetische Harze bilden den Grundstoff der meisten unserer Lacke, Farben und Firnisse. Zu den chemischen Harzen gehören Polyester, Vinyl, Epoxid, Kunststoffe sowie – für den Maler besonders wichtig – Alkyd- und Acrylharze.

Alkydfarben werden u. a. von Winsor und Newton, Lukas und Schmincke hergestellt. Sie können mit Terpentin oder Alkohol verdünnt und zusammen mit Ölmalmitteln verwendet werden. Ihr Hauptvorteil besteht darin, daß sie innerhalb von 18 Stunden trocknen und riß- und gilbbeständig sind. Sollte schnelles Trocknen aus irgendeinem Grund unerwünscht sein, dann läßt es sich durch Zusatz eines Öldestillates verzögern.

Malmittel

Wachs, welches Ölfirnissen beigegeben wird, führt zu einer matten Oberfläche. Diese ist sehr empfindlich. Durch Reiben wird sie geschmeidig und leuchtend.

Malmittel aus Bienenwachs erhält man durch Erwärmung von einem Teil zerbröckelten weißen Bienenwachses und drei

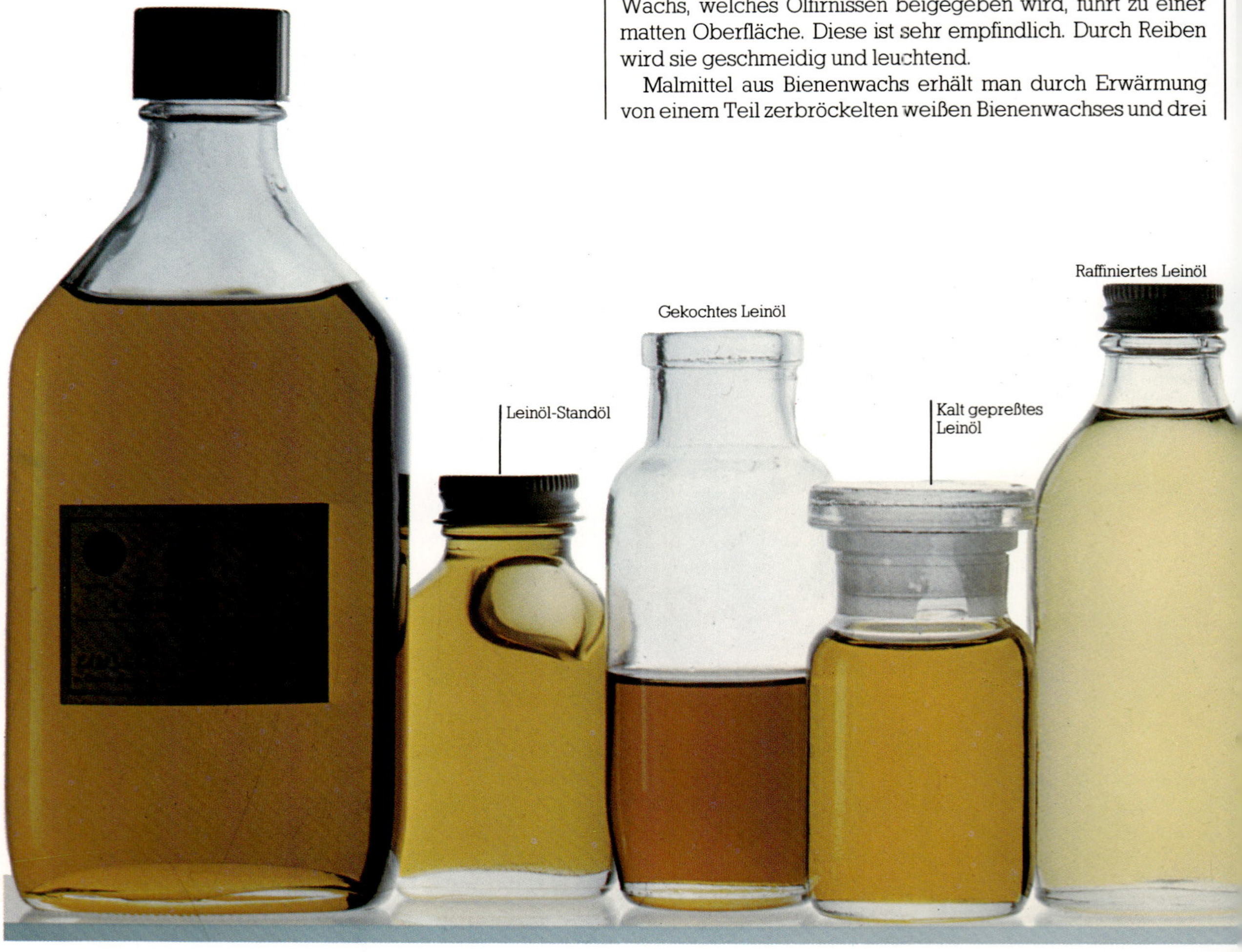

Teilen Terpentin. Die Mischung wird bis zur vollständigen Auflösung umgerührt und nach dem Erkalten in einen flachen Behälter gefüllt.

Bienenwachs-Ölmalmittel ist dickflüssig, dunkel und trübt Pigmente, die damit gemischt werden. Es ist ein trocknendes Malmittel, das zum dicken Farbauftrag zu einer dickeren und zum Lasieren zu einer dünneren Farbe angerührt werden kann. Das Trockenelement darin ist Bleiglätte, ein Bleioxid. Dieses schwere, gelbe Pulver ist giftig und deshalb mit Vorsicht zu verwenden. Man mischt zehn Teile von rohem Leinöl, zwei Teile Bienenwachs und ein sechzehntel Teil Bleiglätte. Die Bleiglätte wird zunächst mit ganz wenig Öl vermischt und das restliche Öl in einem großen Metallbehälter langsam angewärmt. Der nächste Vorgang muß unter einer Absaugkappe oder im Freien erfolgen, damit man sich durch entstehende Dämpfe nicht gefährdet. Die Bleiglätte und kleine Bröckchen des Bienenwachses werden in das warme Öl gegeben, das unter ständigem Umrühren auf 250° C erhitzt wird, so lange, bis die Mischung dunkel aussieht und braune Dämpfe entweichen. Zum Abkühlen wird die Mischung in einen weithalsigen Behälter gefüllt und abgedeckt. Die Flüssigkeit erstarrt wie Wachs.

Hierzulande sind Malmittel in drei Trocknungsstufen erhältlich. Sie bestehen aus einer Emulsion von gekochtem Leinöl, Mastixfirnis und Sikkativen (Standöl).

Sikkative

Sikkative oder Trockenstoffe sind Metallsalze, vermischt mit normaler Farbe und Firnis. Sie können die Haltbarkeit der Farbe negativ beeinflussen, aber es gibt sie fast ebensolange wie Trockenöle. Manche Pigmente sind natürliche Schnelltrockner, die nur sehr kleine Mengen von Sikkativen – Blei, Kobalt oder Mangan – benötigen. Die dünnen Lasuren vieler alter Meister enthalten sie. Bilder, in deren Farben ausschließlich Sikkative verwendet wurden, sollten, gleich nachdem sie einigermaßen trocken sind, mit einer dünnen Schicht von Schutzfirnis überzogen werden. Ein normales Gemälde kann einige Monate Zeit zum Trocknen brauchen, ehe es gefirnißt werden darf.

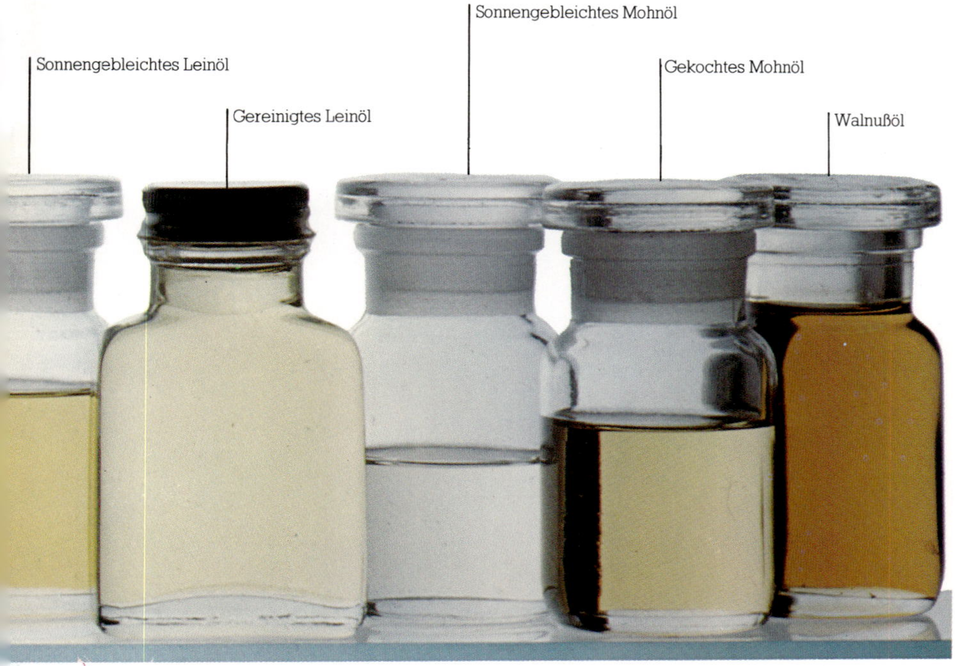

Trocknende Öle für Ölmalerei
Leinöl ist das am weitesten verbreitete und vielseitigste Bindemittel der Ölmalerei. Man erhält es in verschiedenen Formen zur Verwendung als Binde- oder Malmittel. Konsistenz, Textur und Trockenzeit der Ölfarbe hängen vom verwendeten Öl ab. Leinöl-Standöl verzögert das Trocknen, aber es verbessert die Viskosität der Farbe, während gekochtes Leinöl den Trockenprozeß beschleunigt. Kaltgepreßte und raffinierte Öle machen das Gemälde transparenter, trocknen aber relativ langsam. Sonnengebleichtes Leinöl und Mohnöl verbessern die Viskosität der Farbe, aber Leinöl trocknet schneller. Mohnöl hat den Vorteil, hell zu sein und blasse Farben frisch und klar zu halten. Walnußöl ist nicht so beliebt wie Leinöl, obwohl es fast ebenso schnell trocknet. Es ist teurer, schwerer erhältlich und nicht lange haltbar.

Zusätze für Firnisse und Firnis-Malmittel Harzfirnisse können als Schutzschicht auf das fertige Gemälde aufgetragen oder mit Lösungsmitteln, Ölen, Wachsen und Farben gemischt werden. Sie verändern die Transparenz oder Plastizität der Farbe und beeinflussen ihre Trockenzeit und die Flexibilität der Oberfläche. Möchte man verschiedene Grundfirnisse und Firnis-Malmittel selbst herstellen, dann benötigt man folgende Substanzen (von **links** nach **rechts**): Kopalfirnis, Leinöl, Terpentin, Dammarfirnis, Standöl, Venezianisches Terpentinharz, Schellack, Alkohol, Dammarharz, Bienenwachs, Bleiglätte. Terpentinersatz kann bei der Firnisherstellung nicht an Stelle von Terpentin verwendet werden. Er ist zu scharf und kann beim Trocknen die Farben verändern. Ebenso darf man ihn nicht mit Dammarharz gebrauchen, da dieses sich in Terpentinersatz nicht löst.

Firnis-Malmittel
1 Teil Kopalfirnis
1 Teil Leinöl
1 Teil Terpentin
Man fülle die abgemessenen Bestandteile in eine saubere, trockene Flasche und schüttele gründlich, bis die Flüssigkeiten vermischt sind. Es entsteht ein dickes Firnis-Malmittel, welches schnell trocknet und erforderlichenfalls verdünnt werden kann.

Dammarfirnis
1 Teil zerbröckeltes Dammarharz
4 Teile Terpentin
Das Dammarharz wird in einem Gazebeutel derart in ein Glas mit Terpentin gehängt, daß es die Wände nicht berührt. Das Glas wird gegen Staub durch einen Deckel geschützt und bleibt zwei oder drei Tage lang stehen. Allmählich löst sich das Harz auf, und es entsteht ein Firnis, der beim Altern nicht vergilbt. Dieser Prozeß wird durch gelegentliches Bewegen des Gazebeutels beschleunigt.

Dammarfirnis-Malmittel
9 Teile Dammarfirnis
9 Teile Terpentin
4 Teile Standöl
2 Teile Venezianisches Terpentin
Man fülle alle Substanzen in eine saubere, trockene Flasche, die bis zur vollständigen Auflösung kräftig geschüttelt wird. Das Malmittel trocknet schneller, wenn man pro Liter Flüssigkeit zwei Tropfen Kobalt-Sikkativ hinzugibt. Dammarfirnis-Malmittel ist klar und dient zur Lasur bei dünner Farbe.

Standöl-Malmittel
1 Teil Standöl
3 Teile Venezianisches Terpentin
Man füllt die Flüssigkeiten in eine Flasche und schüttelt so lange, bis sie gut vermischt sind. Dieses Malmittel sorgt beim Trocknen dafür, daß Glanz und Brillanz der Farbe erhalten bleiben.

Schellackfirnis
1 Teil Schellack (weiß oder braun)
7 Teile Alkohol
Der Schellack wird in einer Flasche unter ständigem Schütteln im Alkohol aufgelöst. Er kann als Verdünnungsmittel, als Fixativ und für Grundierungen, die zu stark absorbieren, verwendet werden.

Bienenwachs-Malmittel
1 Teil weißes Bienenwachs
3 Teile Terpentin
Bienenwachs und Terpentin werden in einem Topf allmählich erwärmt und bis zur Auflösung des Wachses umgerührt. Normalerweise verleiht das Wachs im Malmittel der Farbe eine matte Oberfläche, diese kann aber auch poliert werden, um zu glänzen.

Bienenwachs-Öl-Malmittel
10 Teile Natur-Leinöl
2 Teile Bienenwachs
$\frac{1}{16}$ Teil Bleiglätte
Ein wenig vom Öl wird mit der Bleiglätte gemischt (Vorsicht, Bleiglätte ist giftig!) und der Rest in einem Metallbehälter langsam angewärmt. Bleiglätte und das klein zerbröckelte Bienenwachs werden dem warmen Öl zugegeben und unter ständigem Rühren auf 250° C erhitzt. Der giftigen Dämpfe wegen muß dies im Freien oder unter einer Absaugkappe geschehen. Nach dem Abkühlen wird die Substanz in eine weithalsige Flasche gefüllt. Die Flüssigkeit erstarrt wie Wachs. Als Malmittel kann es zum Andicken von Farben zur Impastotechnik dienen oder zu dünnen Farben für Lasuren hinzugefügt werden.

Terpentin

Leinöl

Kopalfirnis

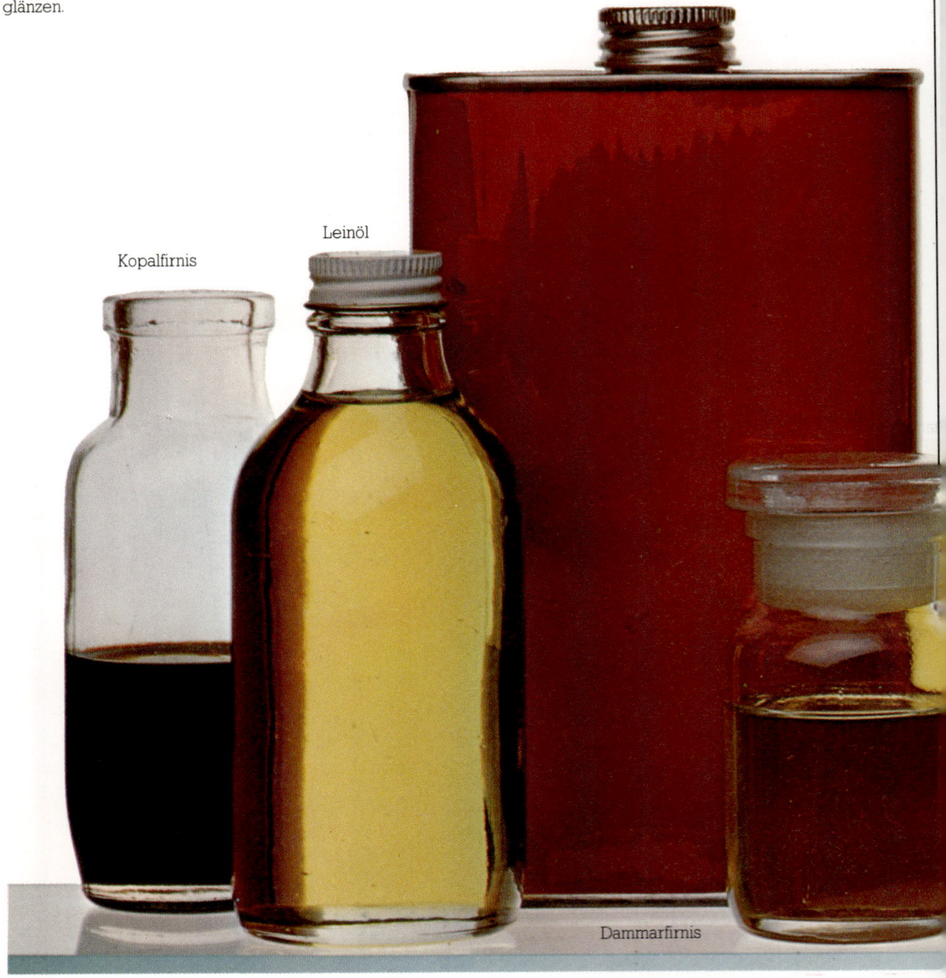

Dammarfirnis

Zur Ölmalerei bietet der Fachhandel heutzutage zahlreiche Hilfsmittel an. Malmittel und Lösungsmittel verdünnen die Farbe, so daß sie leichter aufgetragen werden kann, und verkürzen oder verlängern deren Trocknungsprozeß. Firnisse schützen das Gemälde oder können ebenfalls als Malmittel mit nasser Farbe und Öl gemischt werden.

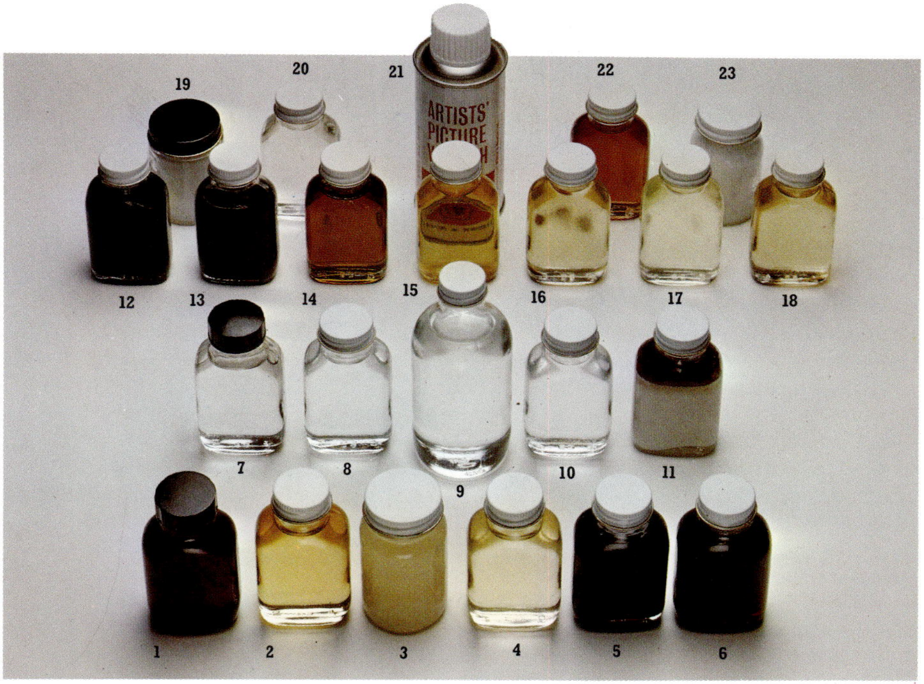

Kopal-Öl-Malmittel (**1, 2**) verleihen dem Gemälde Transparenz und Glanz und beschleunigen das Trocknen. Ölbindemittel (**3**) verdünnen die Farbe und erleichtern das Auftragen. Das gezeigte Beispiel ist hell und eignet sich insbesondere für helle Farben und Weiß. Opal-Malmittel (**4**) läßt die Farbe matt erscheinen und trocknet relativ langsam. Ölfarben-Malmittel (**5, 6**) wurde speziell als Farbverdünner entwickelt und reißt und vergilbt nicht. Liquin ist ebenfalls ein Verdünnungsmittel, und durch seine Viskosität und kurze Trockenzeit eignet es sich besonders für die Detailarbeit. Terpentin (**9, 10**) und Erdöldestillate (**11**) werden allein oder mit Öl und Firnis gemischt verwendet, um die Konsistenz der nassen Farbe zu beeinflussen. Reinigungsmittel (**7, 8**) lösen den Schmutz von der trockenen Bildoberfläche, ohne das Bild zu zerstören, während Farbenferner und Lösungsmittel (**17**) hart gewordene Farben auflösen und entfernen. Gemäldefirnis (**12**) ist klar, trocknet schnell und dient als Schutzüberzug. Kristall-Dammarfirnis (**13**) und Papierfirnis (**14**) schützen das Bild mit starkem Glanzüberzug. Mastixfirnis (**15**) glänzt ebenfalls, trocknet aber zu einem spröderen Film. Hitzebeständiger Firnis (**16**) und witterungsbeständiger Firnis (**18, 20**) sind für extreme Umstände vorgesehen. Ersterer kann als Malmittel für Ölfarben auf Porzellan oder Glas benutzt werden, wohingegen Kopalfirnis nur Verwendung finden sollte, wenn das Gemälde völlig trocken ist. Retuschierfirnis (**22**) wird während des Malens oder für gerade fertiggestellte Gemälde benutzt. Wachsfirnisse (**19, 23**) geben dem vollendeten Bild einen feinen Glanz. Firnis in Spraydosen (**21**) erleichtert das Auftragen.

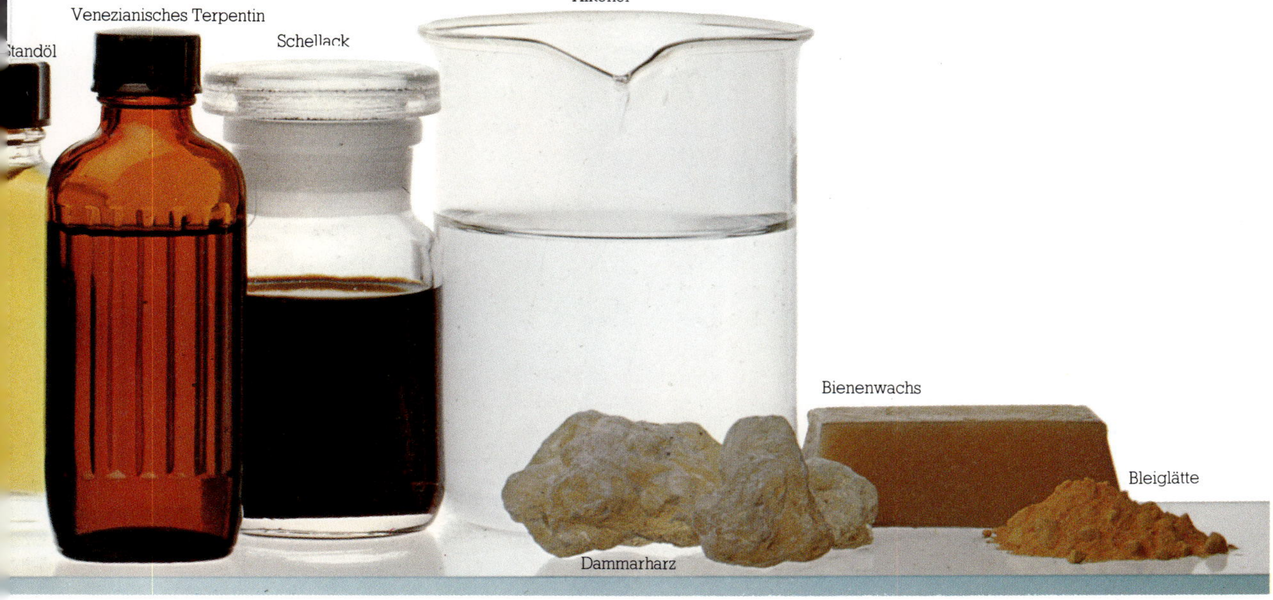

3 | **Ölmalerei** Untergrund

Gewebe

Die beliebtesten Untergründe zur Ölmalerei sind Gewebe, die auf einen Holzrahmen – den Keilrahmen – gespannt werden, sowie Paneele aus Holz oder Karton. Doch auch jede andere Fläche, die grundiert und vorgeleimt werden kann, um Farbe aufzunehmen, beispielsweise Papier oder dünne Blechplatten, eignet sich.

Die Bezeichnung »Leinwand« wird eigentlich für alle gespannten Gewebe verwendet. Malleinwand kann aus Leinen in verschiedenen Gewebearten hergestellt werden; Baumwollgewebe und ähnliches kann ungebleichtes Kaliko, Segeltuch oder Köperstoff sein; ferner gibt es Mischgewebe aus Leinen und Baumwolle, Jute oder Kunstfasern.

Leinen gilt als das beste Malgewebe, insbesondere wenn es feingewebt und knotenfrei ist – zugleich ist es aber auch das teuerste. Doch mancher Maler, dem es auf die Textur ankommt, bevorzugt gröberes Gewebe. Zu den preiswerteren Leinen gehört Rupfen bzw. Juteleinen; infolge der gröberen Struktur bedarf es aber einer stärkeren Grundierung.

Baumwollgewebe läßt sich schwerer spannen und ist nicht so leicht zu grundieren. Doch man kann es auch fertig grundiert kaufen, und wenngleich die Oberfläche schwach ist, so eignet es sich doch gut für bestimmte Techniken.

Leinen-Baumwoll-Gewebe sind nicht so gut wie reine Baumwolle. Die gemischten Fäden absorbieren den Leim, das Öl und die Pigmente unterschiedlich, was zur Verspannung der Oberfläche führen kann. Juteleinen bedarf einer starken Grundierung und wird nach einiger Zeit spröde.

Es gibt auch viele Gewebe aus Kunstfaser. Manche sind bereits fertig mit einem Acrylharz vorbereitet im Handel. Sie sind billiger, leichter, heller und chemischen Einflüssen gegenüber beständiger als Naturfasern. Über ihre Haltbarkeit (einschließlich der Neigung, spröde zu werden) weiß man nicht viel.

Malleinwand aus Leinen- oder Baumwollgewebe ist im Handel erhältlich; man bekommt sie in Rollen oder zugeschnitten, fertig vorgeleimt und grundiert. Nicht wenige Künstler stellen sich die Leinwand lieber, ihren Bedürfnissen entsprechend, selber her. Malfertige Leinwand wird entweder einfach oder doppelt grundiert verkauft. Die doppelt grundierte ist etwas steifer, aber deshalb nicht unbedingt haltbarer als die dünnere, weicher grundierte Leinwand.

Wird die Leinwand selber aufgezogen, dann benötigt man dazu folgende Hilfsmittel: Keilrahmen oder Unterlage, Lineal, Messer, ein Paar Spannzangen sowie eine Heftmaschine (Takker) oder Hammer und Spannägel.

Zu dem Keilrahmen gehören die passenden Holzkeile, die in die Nuten an den Ecken eingeschlagen werden, wodurch die Leinwand erforderlichenfalls nachgespannt oder gelockert werden kann. Man prüfe, ob die Ecken des Keilrahmens genau zusammenpassen und der Rahmen auch rechtwinklig zusammengebaut ist.

Dazu mißt man entweder die beiden Diagonalen, die gleich lang sein müssen, oder überprüft die inneren Winkel mit Hilfe eines rechten Winkels. Die Leinwand wird entlang eines Lineals zugeschnitten, wobei auf allen Seiten ein überstehender Rand von jeweils etwa 4 cm mit einberechnet werden muß.

Nun wird der Keilrahmen so auf die Leinwand gelegt, daß das Gewebe parallel zu den Seiten verläuft. Das Tuch wird über eine Seite des Rahmens herumgezogen und am Rand dieser Seite angeheftet. Danach wird die Leinwand mit den Spannzangen auf der gegenüberliegenden Seite herumgezogen und ebenfalls angeheftet. Genauso verfährt man an den beiden anderen Seiten, bis die Leinwand straff und geschmeidig anliegt. Die Eckfalten müssen glatt am Rahmen anliegen, damit der Keilrahmen später gut in den Bildrahmen paßt. Wenn das Aufziehen sorgsam erfolgte, dann erübrigt sich das Nachspannen oder Lockern mit Hilfe der Keile.

Leinwand kann auch mit Kleber auf Holz oder Hartfaserplatte aufgeleimt werden, so daß ein Keilrahmen sich erübrigt; doch das sollte man aus technischen Gründen lieber dem Fachmann überlassen.

Auch Jutegewebe kann man auf eine Hartfaserplatte leimen, um dieser eine Textur zu verleihen. Alle Unebenheiten müssen dabei herausgebürstet und die Ränder und Ecken auf der Rückseite verleimt werden.

Holz oder Papier

Die Geschichte von Holz als Malgrund ist älter als die der Leinwand. Nur gründlich getrocknetes und vorbehandeltes Holz sollte verwendet werden, weil es sich sonst wellen kann und leicht reißt. Um dem vorzubeugen, muß es auf der Rückseite durch aufgeleimte oder verschraubte Leisten verstärkt werden.

Sperrholzplatten mit einer Mahagonioberfläche sind tauglich; sie sollten wenigstens fünf Holzlagen, möglichst aber acht haben. Auch wenn es nicht so leicht rissig wird wie massives Holz, sollte es verstärkt werden.

Spanholzplatten sind entweder aus Holzschnitzeln hergestellt, die mit einem Harz- oder Ölbindemittel zusammengepreßt sind, oder es handelt sich um Hartfaserplatten, die einer gründlichen Vorleimung bedürfen. Die Ecken und Ränder dieser Platten fransen schneller aus, aber das Material verzieht sich weniger als Holz und bedarf keiner Verstärkung.

Spanplatte, die mit Alkohol abgewaschen wurde, kann ungrundiert bemalt werden, aber es ist besser, auch sie vorzuleimen und zu grundieren; dieselbe Behandlung auf der Rückseite verhindert, daß die Platte sich später wölbt.

Einfache Pappe wird aus Holz und Abfallpapier hergestellt. Sie ist nicht sehr beständig und taugt als Untergrund nicht viel. Buchbinderpappe dagegen, eine geschichtete Graupappe, eignet sich recht gut, wenn sie auf beiden Seiten vorgeleimt wird. Man kann sie auch mit Gewebe bekleben.

Auch Malpappe muß auf beiden Seiten vorgeleimt und durch Rückleisten versteift werden. Viele Künstler wie Toulouse-Lautrec (1864–1901), Walter Sickert (1860–1942) und der aus Deutschland stammende George Grosz (1893–1959) malten auf Malpappe, wobei sie das natürliche Braun des Untergrundes als Teil des Bildes verwendeten.

Papier mit rauher Oberfläche kann auf Pappe aufgeleimt und mit Kasein als Bindemittel für Ölfarben grundiert werden. Manche Maler verwenden auch glattes, mit Gelatine verleimtes Papier für kleine Gemälde und Farbstudien. Auf Papier aufgetragene Ölfarben können nach einer Weile abblättern und sich wölben. Doch dagegen gibt es spezielle Methoden der Konservierung.

Metall

Die niederländischen Maler verwendeten seit van Eycks Zeiten Metallbleche für kleine, feingezeichnete Ölgemälde. Meist war das Material Kupfer. Mit Zink und Aluminium wurde in den letzten Jahren zunehmend experimentiert; Eisen- oder Stahlbleche verursachen Probleme durch Korrosion und chemische Veränderung. Metalluntergrund bedarf keiner Vorleimung, muß aber aufgerauht werden, damit die Farbe haftet.

Metall ist der einzige Untergrund, der nicht vom Öl in der Grundierung getrennt werden muß. Alle übrigen Arten von Untergrund bedürfen einer Vorleimung. Das Öl zersetzt nämlich die Fasern der Leinwand, nachdem es sie zuvor weich und zerbrechlich gemacht hat.

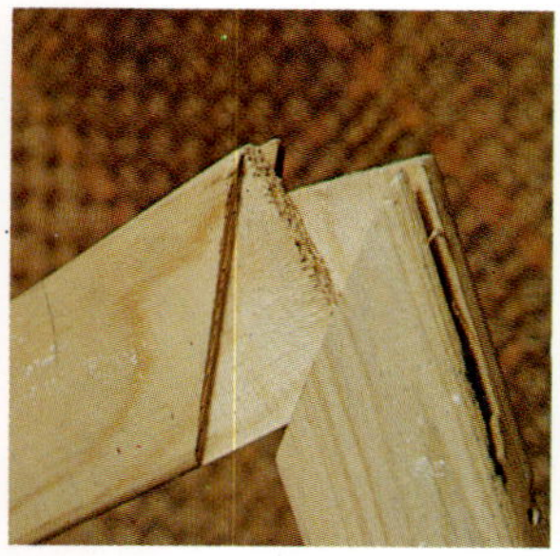

Aufziehen der Leinwand
1. Die Enden der Keilrahmenleisten werden zu Winkeln zusammengefügt.

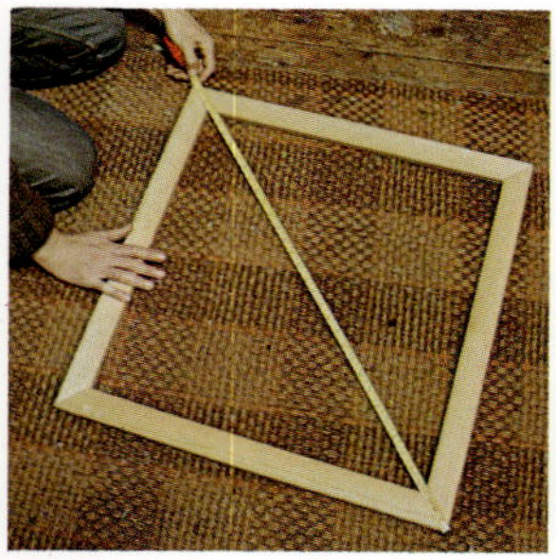

2. Die Rechtwinkligkeit des Rahmens wird überprüft, indem man die Diagonalen mißt, die von gleicher Länge sein müssen.

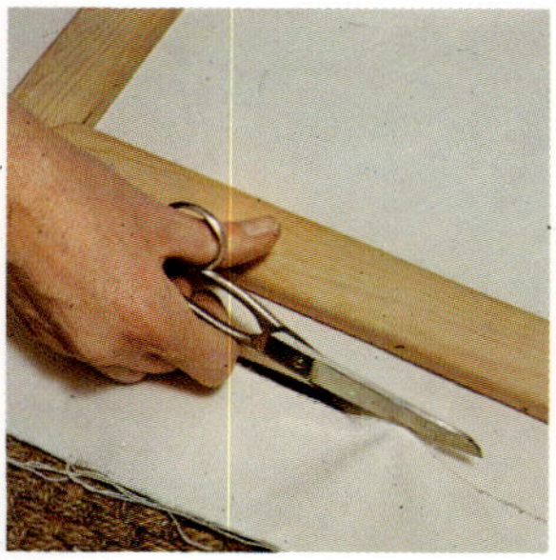

3. Die unter den Keilrahmen gelegte Leinwand wird so zugeschnitten, daß auf allen Seiten etwa 4 cm Gewebe überstehen.

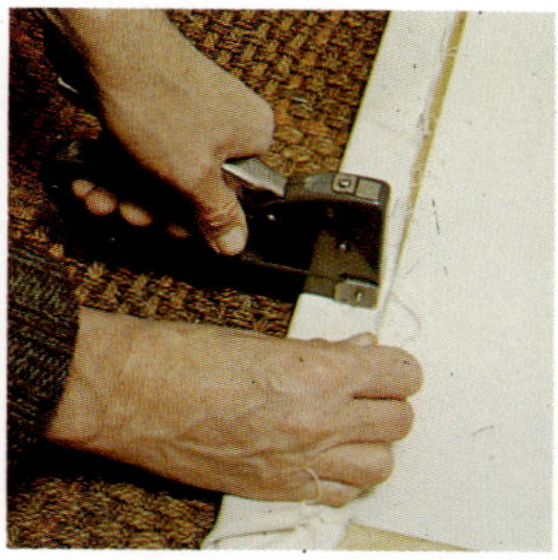

4. Das überstehende Gewebe wird umgeschlagen und auf der Rückseite des Keilrahmens angeheftet. Dabei muß die Leinwand straff gehalten werden.

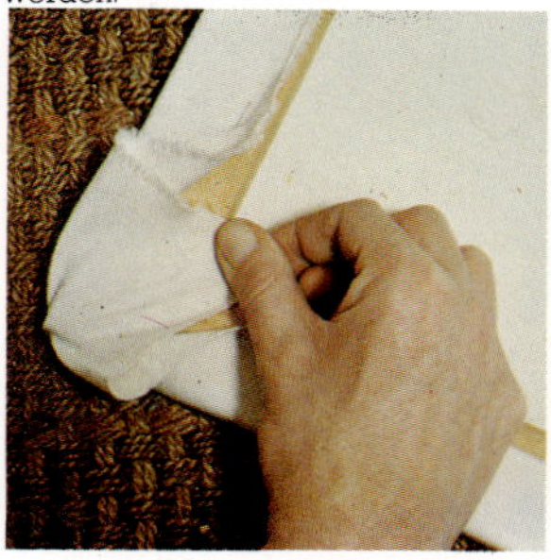

5. Die Leinwand wird diagonal über die Ecken gezogen, wobei die Vorderseite straff bleibt, und ebenfalls angeheftet.

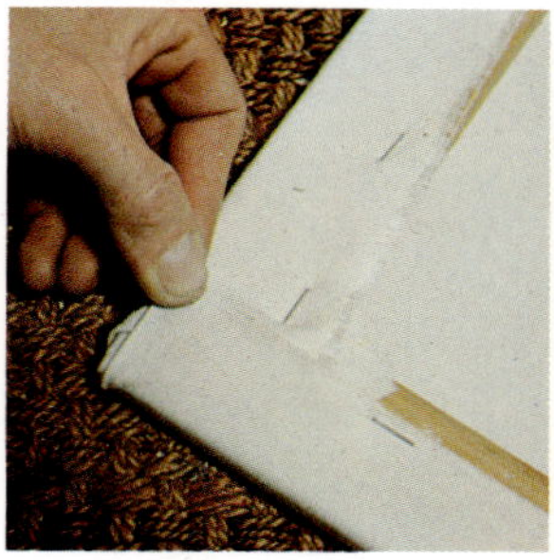

6. Die verbleibenden Zipfel der Leinwand werden so gefaltet, daß sie keinen Wulst bilden, und mit weiteren Heftnadeln befestigt.

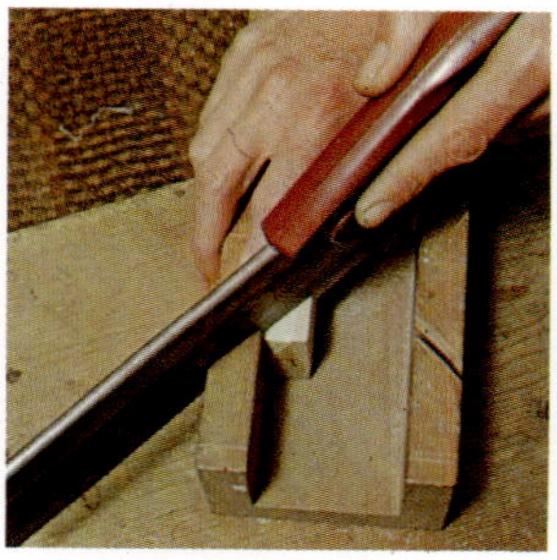

Rückenverstärkung eines Paneels
1. Die beiden Enden einer Leiste werden auf Gehrung gesägt.

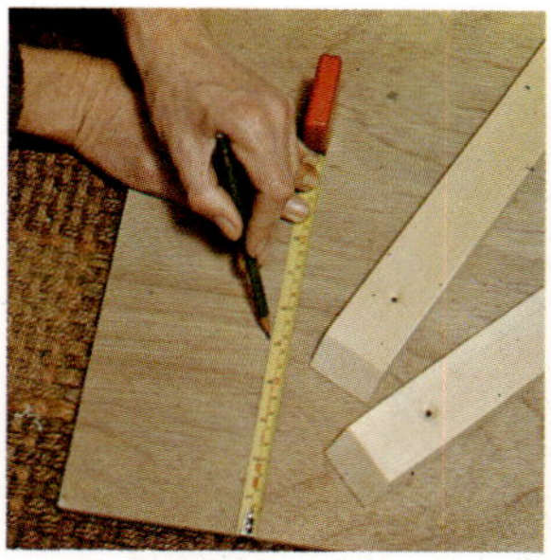

2. In die Leisten werden Löcher für die Holzschrauben gebohrt, die mehrere Zentimeter vom Rand des Paneels entfernt sein sollten.

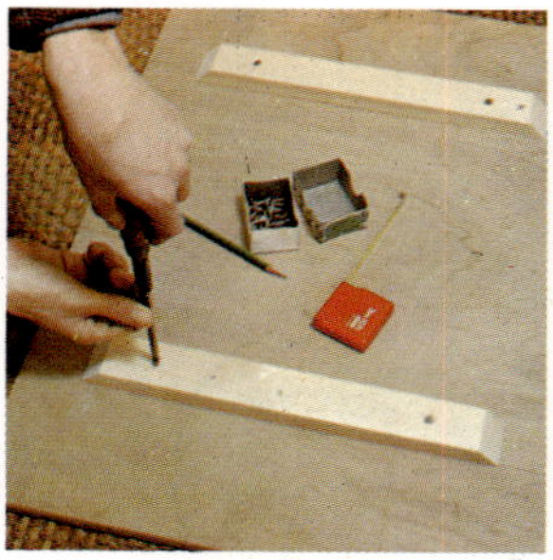

3. Die Leisten werden, parallel zu den Seiten, genau auf die markierten Stellen gelegt und fest verschraubt.

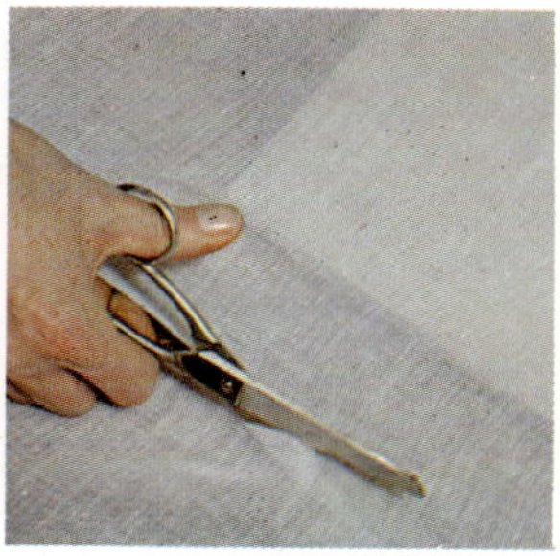

Aufziehen von Gewebe auf Malgrund 1. Man schneidet das Gewebe so aus, daß auf jeder Seite etwa 5 cm überstehen.

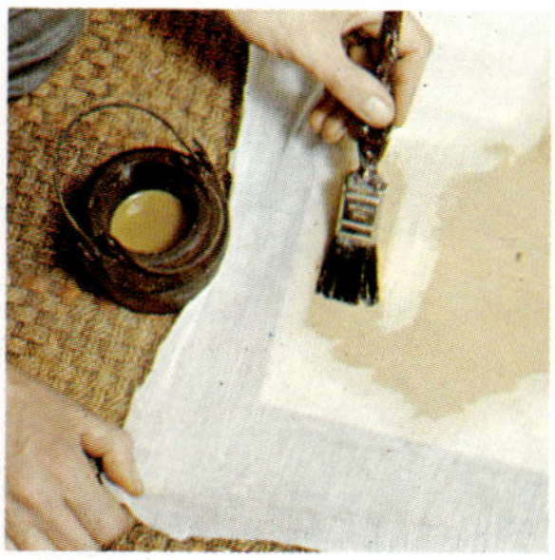

2. Das Gewebe wird glatt auf den Untergrund aufgelegt und mit Leim überstrichen. Vorsicht, es dürfen sich keine Falten bilden.

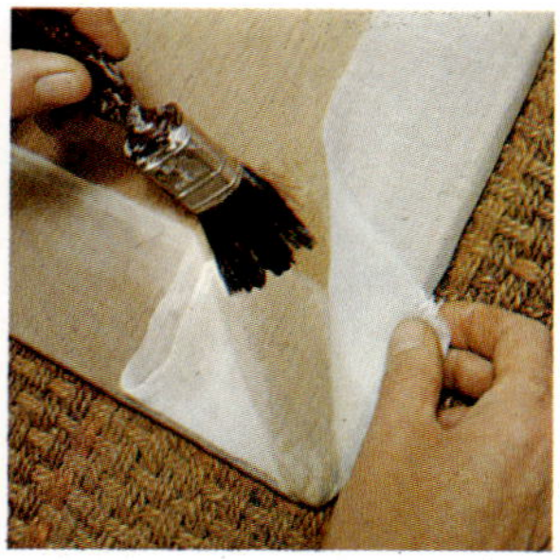

3. Die überstehenden Ränder und Ecken werden nach hinten umgeschlagen und auf der Rückseite verleimt.

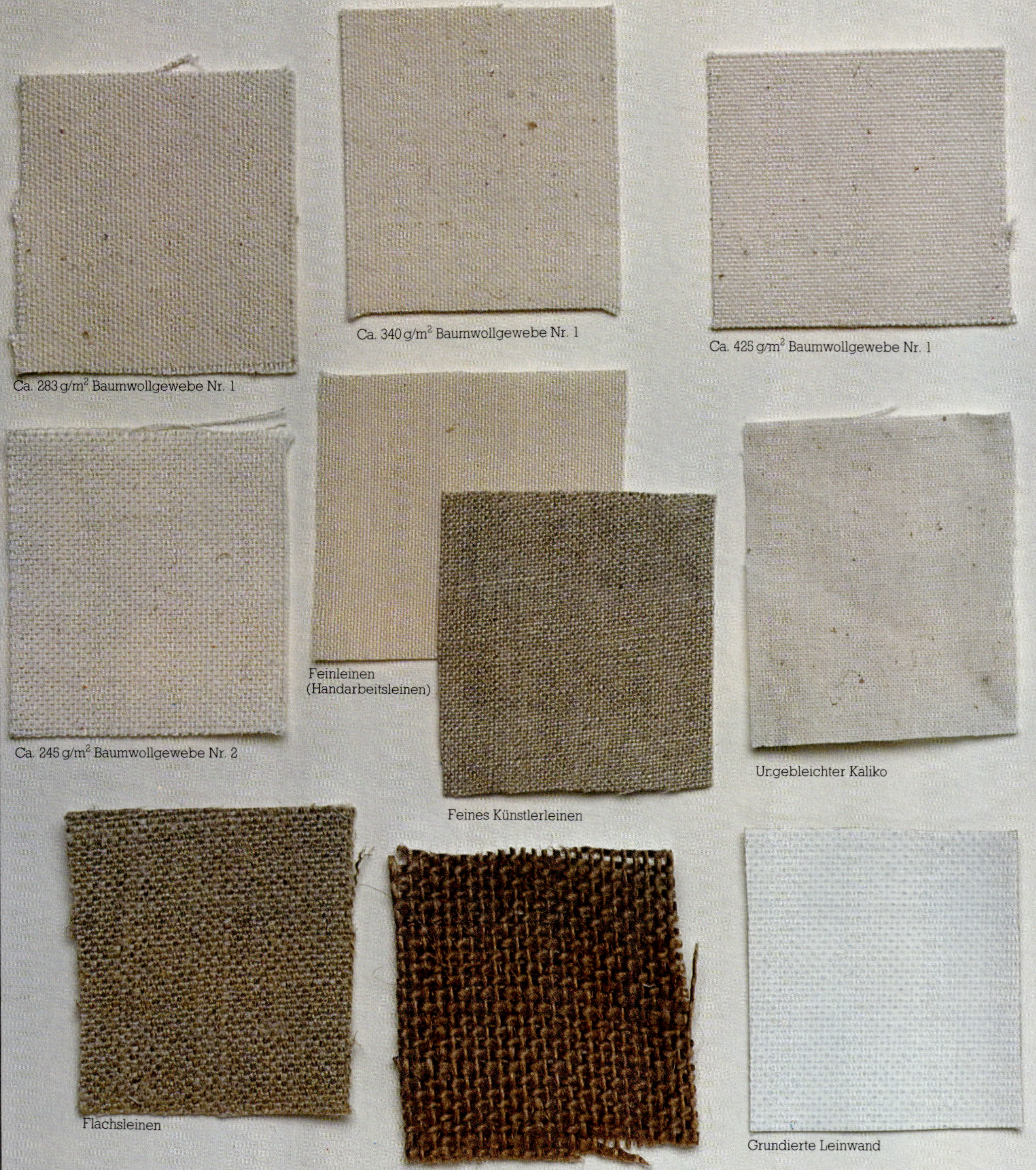

Ca. 283 g/m² Baumwollgewebe Nr. 1

Ca. 340 g/m² Baumwollgewebe Nr. 1

Ca. 425 g/m² Baumwollgewebe Nr. 1

Ca. 245 g/m² Baumwollgewebe Nr. 2

Feinleinen (Handarbeitsleinen)

Feines Künstlerleinen

Ungebleichter Kaliko

Flachsleinen

Grobes Jutegewebe

Grundierte Leinwand

Gewebeuntergrund für Ölmalerei
Die traditionelle Leinwand ist der beliebteste Malgrund für die Ölmalerei. Geringes Gewicht und Flexibilität sind große Vorteile des Gewebes beispielsweise gegenüber dem Holz; besonders, wenn es sich um großflächige Arbeiten handelt. Je nach gewünschten Farbtönen und Texturen werden verschiedene Gewebearten benutzt. Leinen ist der beliebteste Stoffgrund. Wegen seines feinen Gewebes kann es leicht aufgespannt werden. Aus Preisgründen hat sich auch das ungleichmäßige Baumwollgewebe durchgesetzt. Es ist aber nicht so leicht aufzuspannen und kann durchhängen. Baumwollgewebe ist in verschiedenen Gewichten sowie feineren oder gröberen Strukturen erhältlich. Kaliko ähnelt dem Baumwollgewebe und besitzt dieselben Nachteile. Jute- und Flachsgewebe sind brauchbar, vorausgesetzt, ein grober Untergrund ist erwünscht. Fertig grundierte Leinwand ist teuer und schwerer aufzuspannen, da sie nicht so flexibel wie das unvorbereitete Gewebe ist, aber man erspart sich mit ihr eine Menge Arbeit.

Karton Die meisten Kartonarten eignen sich zur Ölmalerei, vorausgesetzt, sie werden vor dem Auftragen der Farben sorgfältig grundiert.

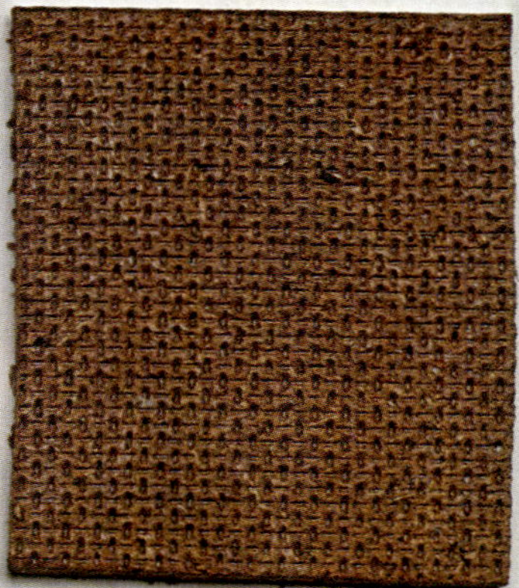

Rohe Hartfaserplatte

Spanplatte

Karton

Hartfaserplatten Beide Seiten der Hartfaserplatte können nach dem Grundieren bemalt werden, je nachdem, ob man einen glatten oder einen rauhen Malgrund wünscht.

Metalle Da Metall von der Farbe nicht angegriffen wird, bedarf es keiner Grundierung. Es muß jedoch aufgerauht werden, damit die Farbe haftet. Mit Ausnahme des traditionellen Kupferbleches wurden Metalle nicht oft verwendet. Manche, insbesondere Eisenmetalle, sind zur Ölmalerei einfach untauglich, weil chemische Einflüsse die Farbtöne verändern.

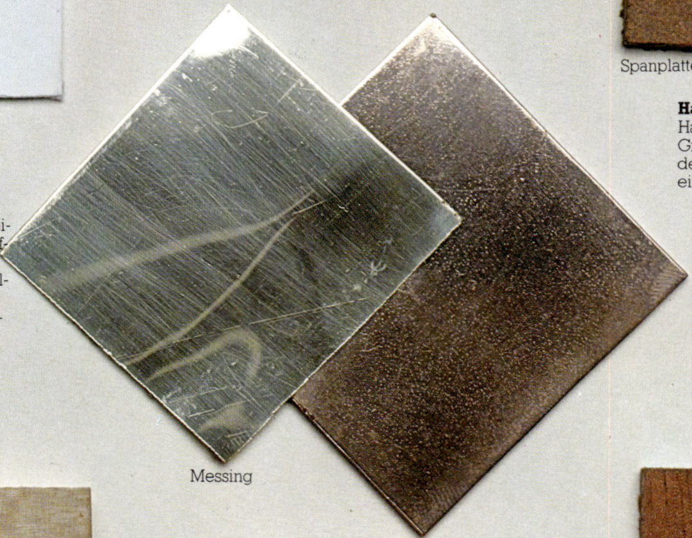

Messing

Kupfer

Sperrholz

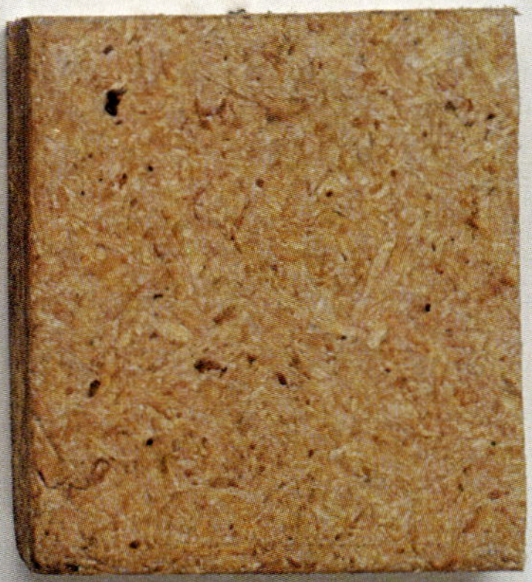

Spanholzplatte

Mahagoni

Holz Holz als Malgrund hat den Nachteil, daß es schnell Risse und Wellen bekommt. Auch stark getrocknete Harthölzer wie Mahagoni bedürfen einer guten Grundierung und müssen auf der Rückseite durch Holzleisten verstärkt werden. Nur Spanholzplatten und dickes Sperrholz sind stabiler und bedürfen keiner Verstärkung. Werden Holzpaneele zu größeren Flächen zusammengeleimt, muß der Verlauf der Maserung beachtet werden, damit die Teile durch ein späteres Verziehen nicht auseinanderbrechen. Die rauhe Oberfläche von Holz bietet der Grundierung ausreichenden Halt, doch wünscht man eine gröbere Textur, kann es mit Gewebe überzogen werden.

3 | **Ölmalerei** Vorbereitung der Leinwand

Vorleimung
Die gängigste Art der Vorleimung besteht im Auftragen einer weichen Leimlösung. Das beste, aber zugleich teuerste Mittel ist Hasen- oder Kaninchenleim. Knochenleim wird am häufigsten verwendet.

Man zerbröckelt den Knochenleim in kaltem Wasser und rührt so lange, bis eine weiche Paste entsteht. Das Mischungsverhältnis ist sieben Teile Wasser auf ein Teil Leim. Dann wird das Ganze erwärmt, bis der Leim völlig aufgelöst ist. Noch warm, wird der Leim auf die Leinwand aufgetragen, bis das Gewebe völlig naß ist. Nach dem Trocknen wird eine zweite Schicht aufgebracht.

Zur Herstellung von Kaseinleim schüttet man Kaseinpulver in kaltes Wasser, auch wieder im Verhältnis ein Teil Leim auf sieben Teile Wasser, und rührt bis zur vollständigen Auflösung um. Kaseinleim muß noch am Tage des Anmachens verbraucht werden. Er widersteht Feuchtigkeit besser als andere Leimarten, ist aber empfindlicher.

Grundierung
Die Grundierung ist die Schicht zwischen der Vorleimung und dem eigentlichen Gemälde; sie sorgt für eine brauchbare Oberfläche und schützt die Leinwand oder den sonstigen Untergrund vor dem Öl der Farben. Schon fertige Grundierfarben auf Öl- oder Acrylbasis sind im Handel erhältlich.

Ölgrundierung sollte man in zwei Schichten auftragen. Eine hervorragende Leinwandgrundierung erhält man aus sechs Teilen Terpentin und einem Teil Leinöl, die so lange umgerührt werden, bis die Mischung dick und cremig ist. Die zweite Schicht sollte etwa zwölf Stunden nach der ersten aufgetragen werden. Falls die Grundierung nach vier bis sechs Wochen noch nicht völlig trocken ist besteht die Möglichkeit, eine dünne Schicht Schellackfirnis aufzutragen, auf der nach dem Trocknen gemalt werden kann.

Gips- oder Kreidegrundierung dient bis heute der Tempera- und Ölmalerei. Aber sie wird beim Trocknen spröde und reißt schnell. Man mischt einen Teil Kreide mit einem Teil erwärmten Leims. Ein wenig von beiden Bestandteilen wird gesondert zu einer weichen Paste angerührt, dann wird der Rest langsam hinzugefügt und umgerührt, bis die Mischung eine cremige Konsistenz besitzt.

Emulsionsgrundierungen sind Mischungen von weißem Pigment, in Leim und Öl emulgiert. Die Emulsion trocknet rasch – eine damit beschichtete Leinwand kann nach einer Woche benutzt werden –, sie absorbiert besser als eine Ölgrundierung und ist flexibler als Kreidegrund. Wer auf einem getönten Untergrund arbeiten will, der kann auch Pigment hinzufügen. Man mischt einen Teil Kreide mit einem Teil Zinkoxid und einem Teil heißen Leims. Dabei nimmt man nur einen Teil des Leims zur Herstellung einer Paste, und in diese Mischung schlägt man langsam, Tropfen um Tropfen, die Hälfte des Leinöls bis zur vollständigen Auflösung. Dann wird der Rest des heißen Leims hinzugefügt. Die Grundierung muß warm gehalten und bald verwendet werden.

Acrylgrundierung ist jetzt sowohl für Ölfarben als auch für Acrylfarben erhältlich und kann ohne Vorleimung direkt auf den Untergrund aufgetragen werden.

Bestandteile von Grundierungen
Will man einen Malgrund für Ölfarben verwenden, dann bedarf es zur Vorbereitung zweier Arbeitsgänge; die rohe Leinwand muß zunächst vorgeleimt werden und dann eine aus zwei oder drei Schichten bestehende Grundierung erhalten. Die folgenden Zutaten werden zur Vorleimung und zur Herstellung verschiedener Grundierungen verwendet: Terpentin, Leinöl, Grundierweiß, Kreide oder andere weiße Pigmente, Leimkristalle und Zinkoxid. Die Grundierung muß das Gewebe der Leinwand vor dem Öl der Farben schützen und zugleich für eine glatte, helle Malfläche sorgen. Die weiße Grundierung kann durch farbige Pigmente getönt werden. Die pulverisierten Bestandteile machen die Mischung zähflüssiger und müssen trocken aufbewahrt werden, während das weiße Pigment die Brillanz der hellen Grundierung erhöht.

Terpentin

Rezepte zur Herstellung von Grundierungen Aus den hier gezeigten Substanzen lassen sich alle drei Arten von Grundierungen für Ölfarben herstellen: Ölgrundierung, Kreidegrundierung und Emulsionsgrundierung. Eine Grundierung, die Öl enthält, wird beim Trocknen weniger spröde als eine, die nur aus Leim und Pulver besteht. Mehr Pulver macht die Mischung dicker und weniger flexibel. Die einzelnen Schichten sollten immer in dünnen Lagen nacheinander aufgetragen werden, denn eine einzelne dicke Schicht reißt beim Trocknen schneller und nimmt die Farbe nicht gut an.

Vorleim
1 Becher Leimkristalle
7 Becher Wasser
Die Leimkristalle werden in erhitztem Wasser bis zur Auflösung umgerührt. Der dabei entstehende Vorleim sollte noch warm auf die Leinwand aufgetragen werden.

Ölgrundierung
6 Teile Terpentin
1 Teil Leinöl
Grundierweiß nach Gefühl
Terpentin und Leinöl werden vermischt und langsam unter ständigem Umrühren auf das Grundierweiß geschüttet; Rühren fortsetzen, bis die Mischung eine dicke, cremige Konsistenz besitzt. In zwei dünnen Schichten auftragen, die zweite erst, nachdem die erste trocken ist.

Kreidegrundierung
1 Teil Kreide
1 Teil Leimkristalle
Der Leim wird langsam erwärmt und ein wenig davon zur Kreide gegeben und umgerührt. Allmählich den Rest des Leims nachgießen, bis die vorerst dicke Paste geschmeidig und cremig wird. Kreidegrund sorgfältig in dünnen Lagen auftragen, da er sonst reißt. Zur Erhöhung der Brillanz kann noch weißes Pigment hinzugefügt werden.

Emulsionsgrundierung
1 Teil Kreide
1 Teil Zinkoxid
1 Teil Leim
½ Teil Leinöl
Ein Teil des Leims wird mit der Kreide und dem Zinkoxid zu einer Paste gemischt und das Leinöl unter Schlagen tropfenweise hinzugegeben. Anschließend den restlichen Leim beimischen. Die Emulsion bis zur Verwendung warm halten.

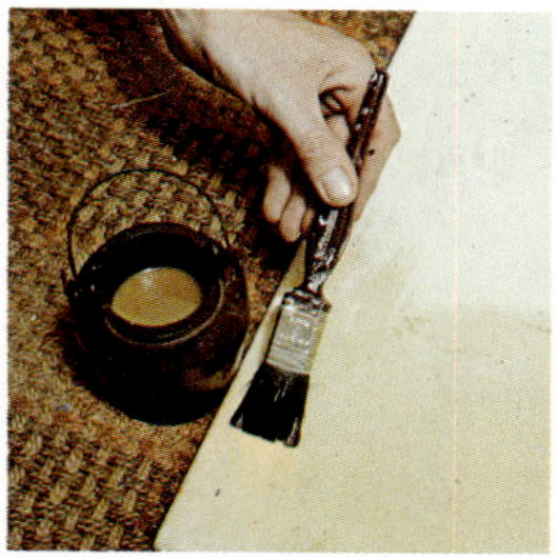

Auftragen von Vorleim und Grundierung auf Leinwand 1. Man erwärmt den Vorleim und bürstet ihn kreuzweise in die Leinwand ein.

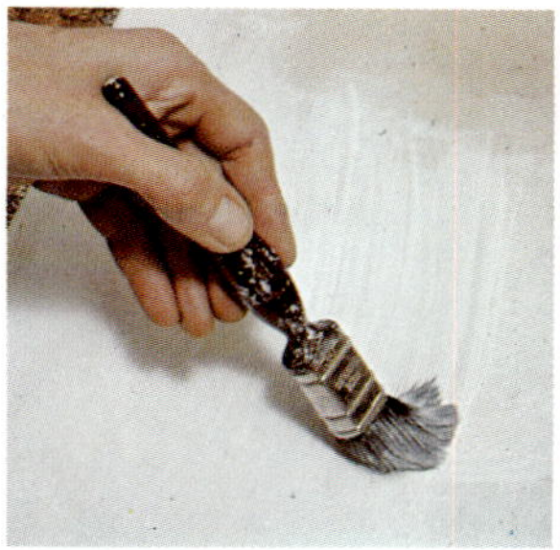

2. Nach dem Trocknen des Vorleims wird die Grundierung in mehreren dünnen Schichten gleichmäßig aufgetragen.

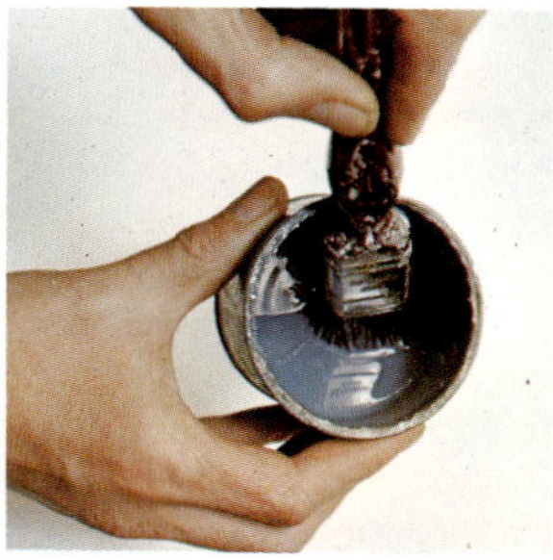

Abtönen einer weißen Grundierung 1. Farbe in einem Glas mit viel Terpentin mischen.

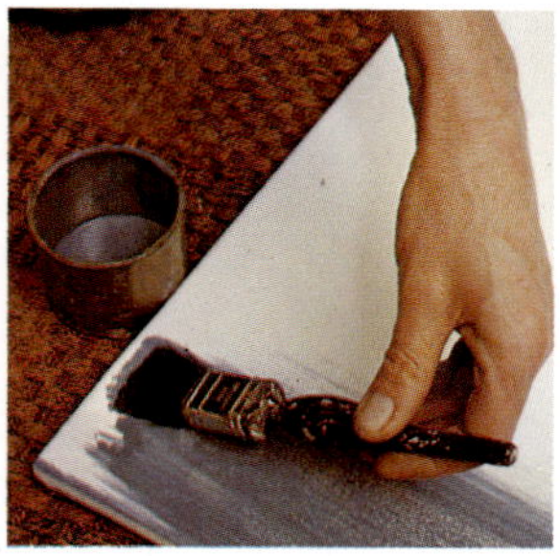

2. Die Farbe wird reichlich über den weißen Grund gestrichen, so daß die ganze Fläche mit nasser Farbe bedeckt ist.

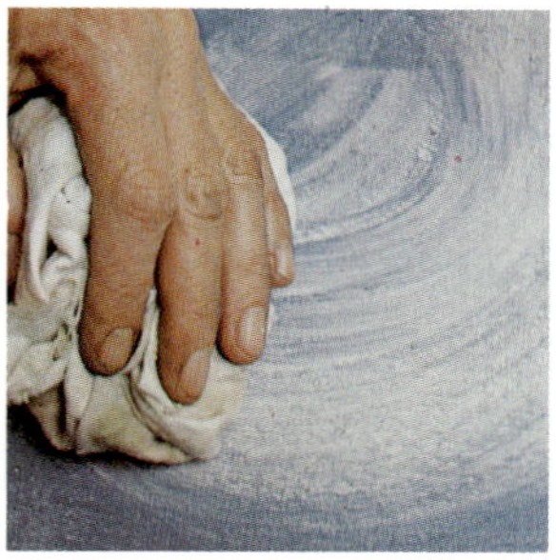

3. Leinwand mindestens einmal mit einem trockenen Lappen abreiben, wobei eine Farbtönung zurückbleibt.

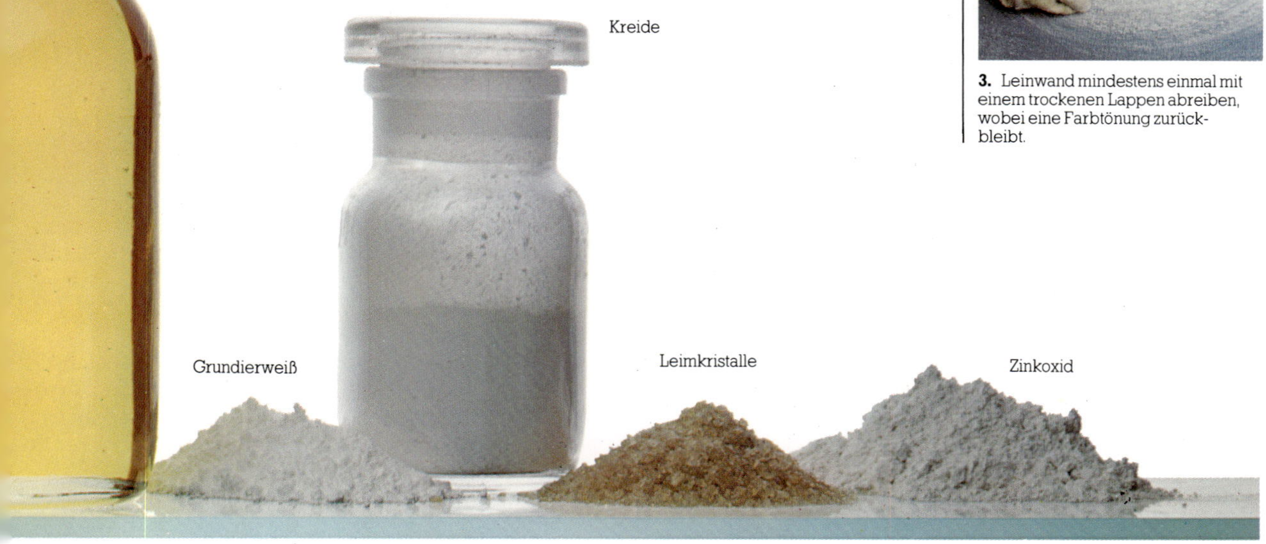

3 **Ölmalerei** Ausrüstung

Farben
Zwei Arten von fertigen Ölfarben werden heute verkauft. Man bezeichnet die teuren als »Künstlerölfarben« und die billigeren als »Studienfarben«. Die Studienfarben enthalten Pigmente einer geringeren Qualität und dürften auch nicht so haltbar sein.

Ganz allgemein werden für Ölfarben die gleichen Pigmente verwendet wie für Wasserfarben, Gouachefarben, Tempera- und Acrylfarben. Nur drei Pigmente zeigen sich verhältnismäßig unbeeinflußt von Bedingungen, die die Eigenschaften der übrigen Pigmente verändern: Hitze, Licht, Säuren oder Basen. Die drei Pigmente sind Kohlenschwarz, Kobalt und Chromoxidgrün.

Am dauerhaftesten sind natürliche Erdfarben wie gelber Ocker, Grüne Erde, rohe und gebrannte Siena, rohe und gebrannte Umbra, Hellrot, Indischrot, Venezianischrot und natürliches Ultramarin. Zu den künstlichen mineralischen Pigmenten gehören Kobaltgelb, Kadmiumfarben, Chromoxidgrün und Kobaltblau. Organische Pigmente werden eingeteilt in tierische: Sepia, Karmin, Indischgelb; in pflanzliche: Gummigutt, Krapp, Saftgrün, Indigo und künstliche: Preußischblau. Besonders wichtig ist es, Weißpigmente von bester Qualität zu verwenden, da fast alle Farben regelmäßig mit ihnen gemischt werden.

Die meisten Pigmente sind gegenüber chemischen Einflüssen und Witterungsverhältnissen empfindlich. So kann sich z. B. Bleiweiß, ein metallisches Pigment, durch Schwefeldämpfe in der Luft entfärben. Durch gilbendes Öl kann aus Chromgelb Grün werden. Starkes Sonnenlicht läßt Krapp, Sepia und Karmin dunkler werden. Pigmente auf metallischer Basis wie Kadmium werden schwarz, wenn sie mit Sulfiden gemischt werden, und sollten nicht mit bestimmten synthetischen Farben wie Zinnober und Ultramarin in Berührung kommen.

Manche Fertigfarben enthalten ein Übermaß an Öl, wodurch ihre Lagerfähigkeit verbessert werden soll; obwohl man dieses Öl herausziehen kann, indem die Farbe auf eine absorbierende Fläche aufgetragen wird, reiben viele Maler dennoch einige ihrer Farben lieber selbst an. Dabei fügen sie so viel Öl hinzu, wie sie benötigen, um mit Texturen und der Pigmentmischung experimentieren zu können.

Rohe Pigmente kann man beim Künstlerfachhandel kaufen, ebenso wie das benötigte Zubehör zum Anreiben der Farben im Do-it-yourself-Verfahren: eine Glasplatte oder einen alten Litho-Stein, einen Stampfer und ein Spachtelmesser. Man gießt ausreichend Bindemittel auf das Pigmentpulver, welches auf einer Glasplatte liegt, und verrührt es mit dem Spachtelmesser zu einer Paste, und zwar so lange, bis eine gleichmäßige Konsistenz entsteht, wobei man zwischendurch mit dem Stampfer Druck ausübt. Die fertige Farbe kann in einem Fläschchen aufbewahrt werden; sollte sie lange lagern, dann kann man sie mit einer Wasserschicht abdecken.

Pinsel
Pinsel zur Ölmalerei werden im allgemeinen aus gebleichten Schweineborsten oder Rotmarderhaar hergestellt.

Die Schweineborste hat gespaltene Enden, die die Farbe auf dem Pinsel halten. Das ist ein Vorteil der Schweineborste gegenüber dem Marderhaar. Marderhaarpinsel ergeben aber einen geschmeidigeren Pinselstrich und sind im allgemeinen dünner und kleiner.

Die Grundformen der üblichen Pinsel für die Ölmalerei sind: kurz, katzenzungenförmig, mittellang und rund. Die kurzen Pinsel haben kurze Borsten mit flachen Enden; die Borsten der Katzenzungenpinsel laufen spitz zu und eignen sich daher gut für feine Striche; Rundpinsel sehen den Katzenzungenpinseln ähnlich, sind jedoch breiter und eiförmig; lange Pinsel aus Marderhaar für Ölmalerei haben ähnliche Eigenschaften wie die flachen Borstenpinsel; Ränderpinsel eignen sich zum Malen gerader Säume, werden aber heutzutage nicht mehr so häufig verwendet.

Breite, geschmeidige Dachshaarpinsel verwendet man zur Glättung von Pinselstrichen und zur Feinvertreibung nasser Farben.

Pinsel sollten nach Beendigung der Tagesarbeit grundsätzlich gereinigt werden. Man wäscht sie in Terpentin oder Terpentinersatz aus und trocknet sie durch Ausschlagen, wobei der feuchte Haarkörper mit den Fingern nachgeformt wird. Es besteht auch die Möglichkeit, sie in einer starken Seifenlösung auszuwaschen. Hinterher muß die Seife unter fließendem warmem Wasser ausgespült werden.

Pinsel, in denen sich Farbe über längere Zeit verkrustet hat, können mit Firnisentferner gereinigt werden. Dieses aggressive Mittel verkürzt allerdings ihre Lebensdauer.

Niemals sollte ein nasser Pinsel so hingelegt werden, daß seine Borsten oder Haare den Boden oder die Seiten eines Behälters berühren.

Sonstiges Zubehör zur Ölmalerei
Spachtel Spachtel aus flexiblem Stahl gibt es in vielerlei Formen und Größen. Sie dienen zum Mischen der Farben auf der Palette. Ebenso verwendet man Malmesser mit sehr dünnen, feingeformten Blättern und langen Holzgriffen, um die Farbe direkt auf die Leinwand aufzutragen.
Paletten Paletten können oval oder rechteckig sein; es gibt sie in Holz, Blech, Porzellan oder Glas. Ein Daumenloch dient zum bequemen Halten beim Malen auf der Staffelei.

Holzpaletten sollten zuerst noch einmal gründlich mit Leinöl getränkt werden, damit sie nicht das Öl der Farben aufsaugen. Gegenwärtig sind auch Einwegpaletten mit farbbeständigen Abziehblättern aus Papier im Handel erhältlich.
Aufstecknäpfchen Bei ihnen handelt es sich um offene Metallnäpfchen zum Aufnehmen von Öl und Terpentin, die auf den Rand der Palette geschoben werden können. Im Atelier dürfte es aber bequemer sein, die in Fläschchen aufbewahrten Flüssigkeiten in Griffweite zu haben.
Malstöcke Ein Malstock besteht traditionell aus einem Stock mit einer gepolsterten Spitze, die man auf die Leinwand auflegt, um so den malenden Arm zu unterstützen. Obwohl man sie auch kaufen kann, ist es üblich, sich seinen Malstock selbst herzustellen.
Staffeleien Diese unterscheiden sich besonders hinsichtlich ihrer Größe und ihres Gewichts. Die bequemste ist wohl die

traditionelle Atelierstaffelei, an der der Maler während der Arbeit sitzen kann; doch auch eine leichte Ausführung genügt den meisten Ansprüchen.

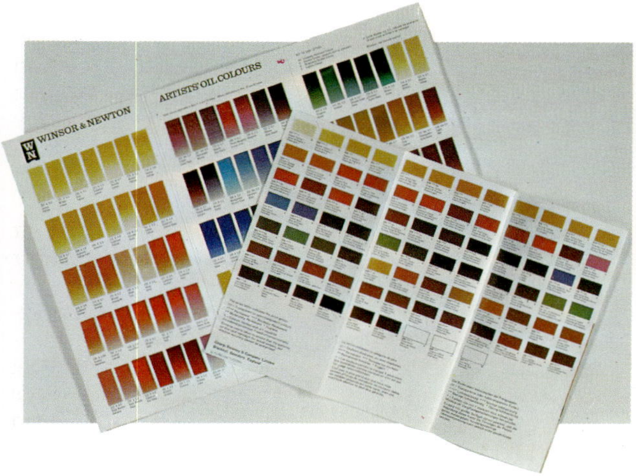

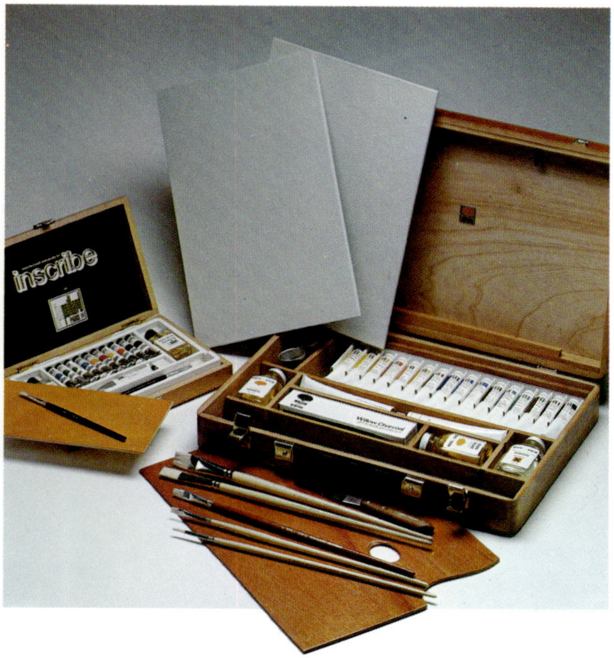

1

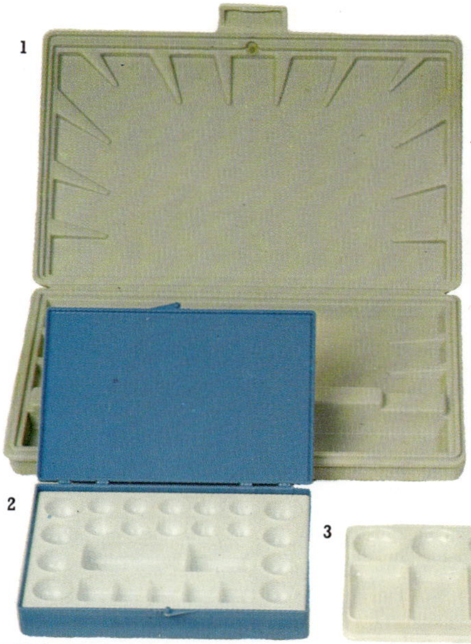

2

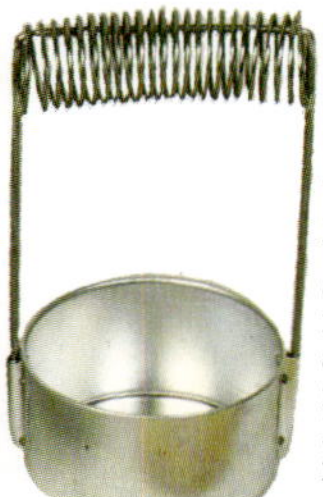

Malkästen Malkästen (**oben**) mit der Grundausrüstung für Ölmalerei gibt es in verschiedenen Größen und Ausführungen. Sie sind sehr teuer, leisten aber bei der Arbeit unterwegs dennoch gute Dienste. Ein Pinselhalter (**links**) ist praktisch, zumal man ihn an einer kleinen Staffelei aufhängen kann. Die Pinsel werden in diesem Halter so befestigt, daß die Borsten in Terpentin hängen und feucht bleiben.

5

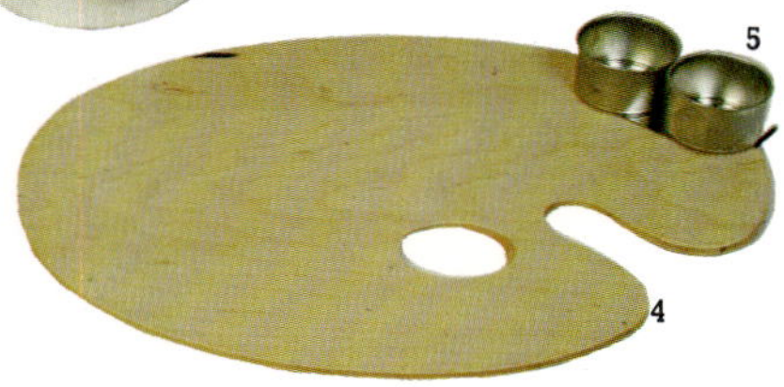

4

3

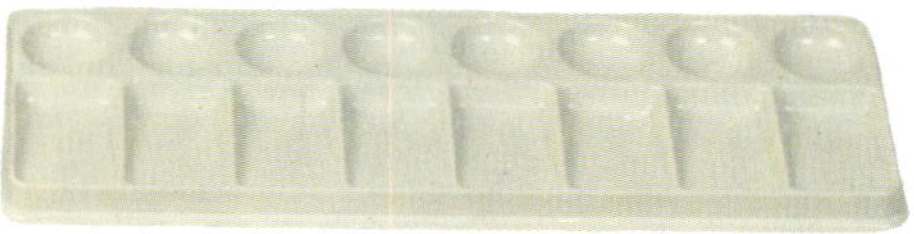

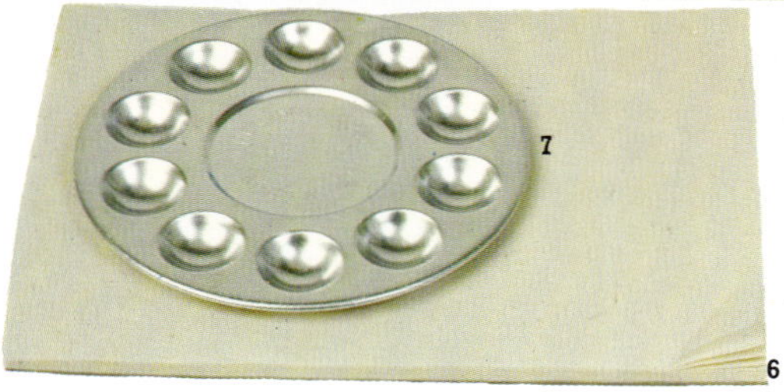

7

6

8

Farben und Paletten Obwohl die im Fachhandel erhältlichen Tubenfarben eine relativ junge Entwicklung in der Geschichte der Ölmalerei sind, haben die Forschungen der Farbchemiker seit dem 19. Jh. zu einer enormen Skala von Farben geführt, sowohl auf der Basis natürlicher als auch synthetischer Pigmente. Die Art des Pigments beeinflußt die Kosten der Farben. Die Farbkarten der Hersteller (oben) enthalten Kodierungen zur Andeutung der Preise und Angaben über die Haltbarkeit der Farben.
Die traditionelle Malerpalette für die Staffelei ist eine Holzplatte mit Daumenloch und einer Einkerbung zum Halten (**4**, **8**). Kleine Aufsetznäpfchen für Malmittel und Terpentin (**5**) können mit Klammern auf der Palette befestigt werden. Palettenkästen (**1**, **2**) sind zweckmäßig beim Malen im Freien. In ihnen kann die mit Farben besetzte Palette transportiert werden. Paletten mit Vertiefungen gibt es in Kunststoff (**3**), Aluminium (**7**) und Porzellan; sie eignen sich zum Mischen dünner Farben für Lasuren. Papierpaletten (**6**) sind Einwegpaletten; man kann das Papier blattweise abreißen und erspart sich damit mühevolles Reinigen.

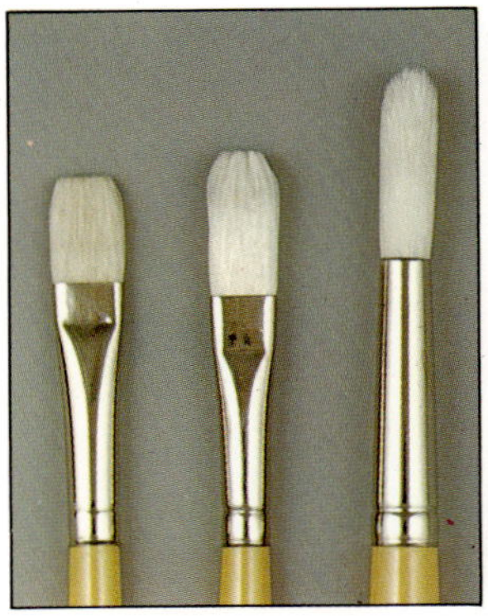

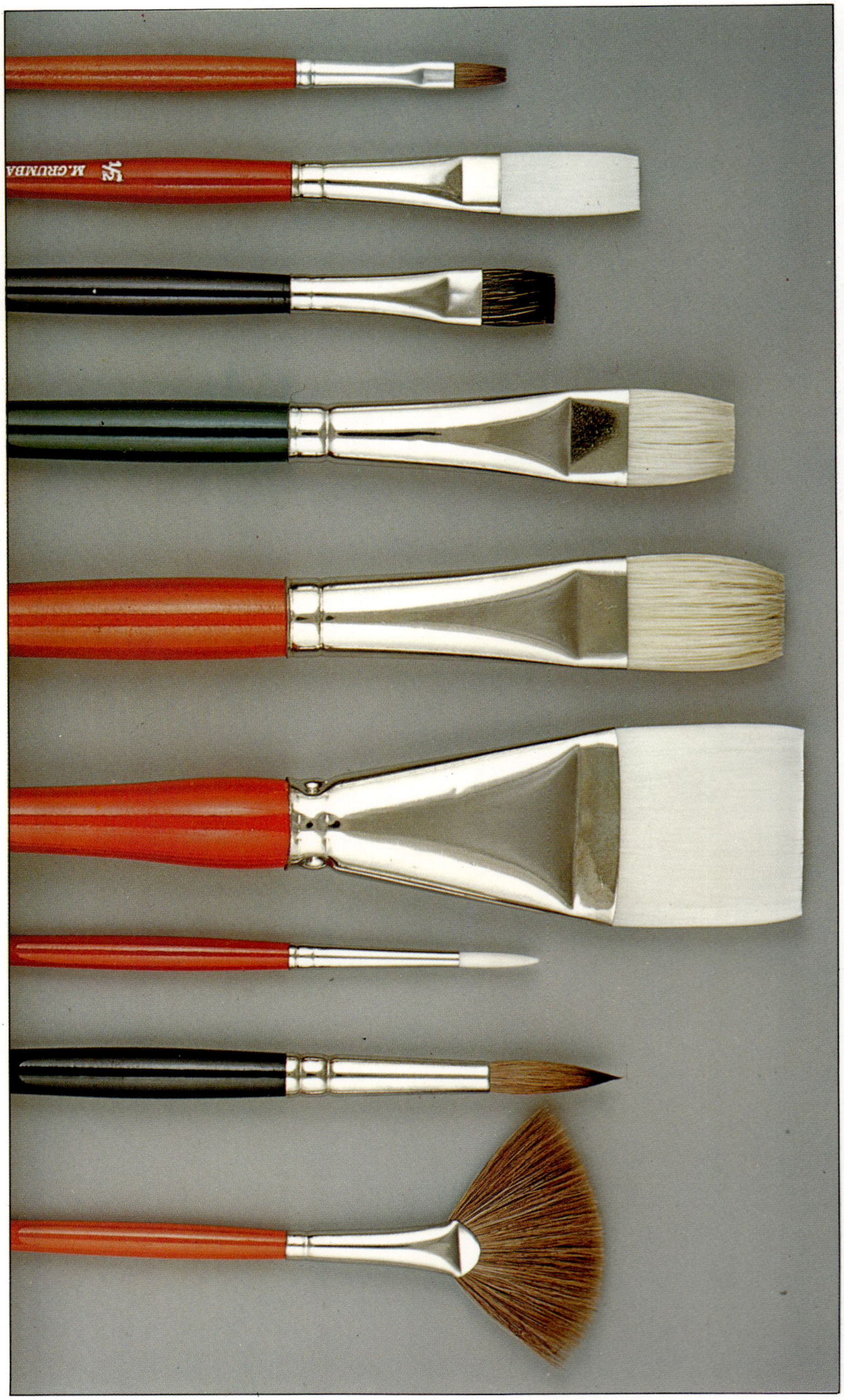

Pinsel für Ölmalerei Die drei Grundausführungen sind **oben** zu sehen. Flachpinsel (**links**) sind sehr vielseitig, da man mit der flachen Pinselseite breite Striche ziehen kann und feine Linien und Tupfer mit der Seite oder Spitze der Borsten. Katzenzungenpinsel (**Mitte**) laufen zur Mitte hin etwas zu und sind für glatte, abgerundete Striche geeignet. Runde Haarpinsel (**rechts**) sind praktisch zum Auftragen dünner Farben und zum Bemalen großer Flächen ohne Details. Es gibt zahlreiche verschiedene Pinsel (**rechts**), die hinsichtlich ihrer Borsten und Größe unterschieden werden. Schweineborsten oder Marderhaare sind die besten, doch inzwischen wurden auch verschiedene gleichwertige synthetische Materialien zur Pinselherstellung entwickelt. Flachpinsel gibt es in kurzer, mittlerer und langer Ausführung. Die hier gezeigten Beispiele sind (von **oben** nach **unten**): Rotmarder-Schlepper, Kunstfaser-Flachpinsel, Rotmarder-Flachpinsel, Schweineborsten-Flachpinsel kurz, Schweineborsten-Flachpinsel mittel, Kunstfaser-Firnispinsel, Kunstfaser-Rundpinsel, Rotmarder-Rundpinsel, Rotmarder-Fächerpinsel. Fächerpinsel erleichtern durch auseinanderstrebende Borsten das Verteilen und Mischen nasser Farben. Schweineborsten sind für den großflächigen, dicken Farbauftrag und Marderhaare für Detailarbeiten geeignet. Kunstfasern variieren hinsichtlich ihrer Qualität, manche sind recht kräftig, aber nicht so starr wie Schweineborsten. Zum gleichmäßigen, glatten Farbauftragen sollte der Pinsel fest in der Hand liegen und leicht in alle Richtungen geführt werden können, um Farben zu vertreiben und Spuren des Pinselstrichs zu beseitigen.

Malstock und Spachtel Der Malstock (**1**) ist ein wertvolles Hilfsmittel für eine sichere Hand; man kann ihn fertig kaufen, aber er läßt sich auch leicht selbst herstellen. Er unterstützt die Hand, die den Pinsel führt, beim Malen von Details. Der Malstock besteht aus einem Bambusrohr oder Holzstab, an dessen Ende ein Stoffballen zum Auflegen befestigt ist. Man hält ihn schräg vor den Malgrund und läßt den Ballen leicht darauf ruhen, wobei die Leinwand nicht durch zu starken Druck belastet werden darf. Spachtel oder Malmesser werden ganz unterschiedlich eingesetzt. Die breiten abgerundeten Spachtel (**2**, **6**) federn über die ganze Länge, und mit ihnen kann man beim Mischen der Farben auf der Palette einigen Druck ausüben. Die lange Seite kann zum Abkratzen nasser Farbe ohne Beschädigung der Leinwand oder deren Grundierung verwendet werden. Malmesser mit kleinen, rautenförmigen Blättern (**3**, **4**, **5**) werden zum Auftragen dickerer Farben benutzt; beliebt vor allem für Malereien im impressionistischen Stil. Ein Kunststoffspachtel (**7**) ist ebenfalls praktisch.

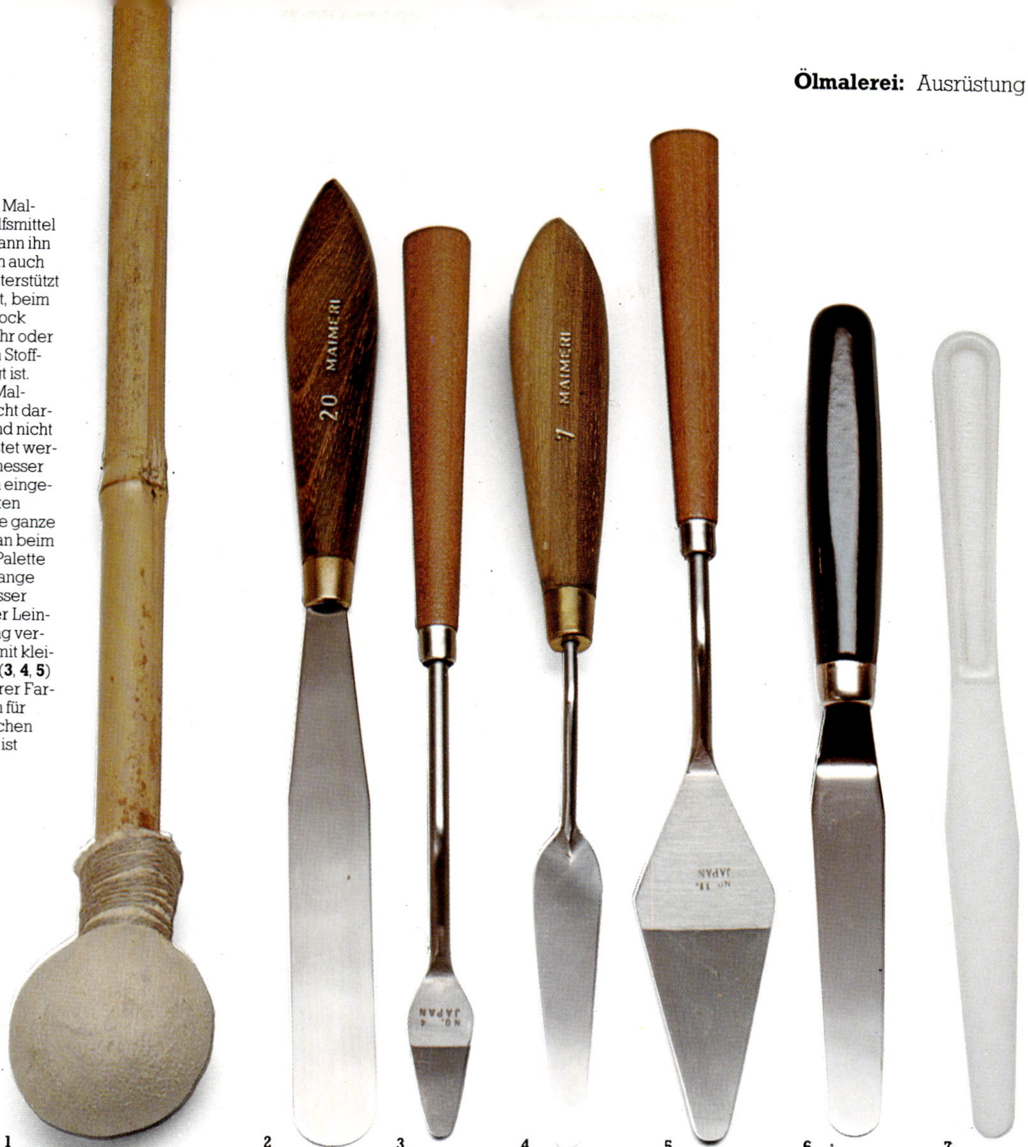

1 2 3 4 5 6 7

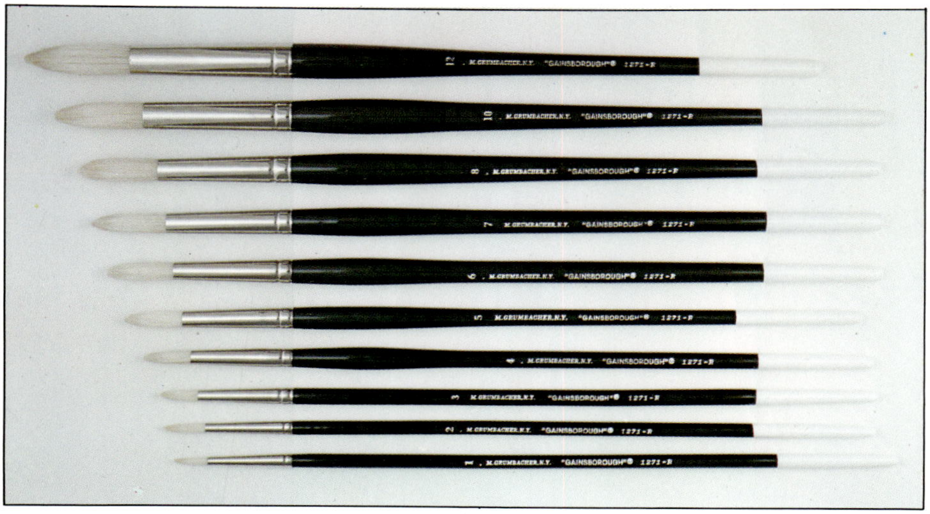

Pinselgrößen Pinsel werden in Serien von unterschiedlicher Größe und gleicher Zusammensetzung gefertigt. Hier wird z. B. eine Serie von Schweineborstenpinseln in zehn verschiedenen Größen gezeigt, wobei der kleinste Pinsel die Nr. 1 und der größte die Nr. 12 trägt. Dasselbe gilt für alle Formen und Borstenarten. Die benutzte Form und Borstenart des Pinsels ist von der individuellen Maltechnik abhängig.

Staffeleien zur Ölmalerei Die Staffelei gibt dem Malgrund festen Halt und gehört zu den wichtigsten Ausrüstungsgegenständen aller Maler. Moderne Staffeleien variieren in Größe, Gewicht und Aussehen. Wenn die Staffelei ständig im Atelier steht, darf sie schwer sein und aus langlebigem Hartholz wie Buche bestehen. Ist der Arbeitsraum klein, dann empfiehlt sich eine zusammenklappbare Staffelei, die leicht weggeräumt werden kann. Eine Alternative stellen die teuren, nicht so stabilen leichtgewichtigen Alu-Staffeleien dar. Tragbare Klappstaffeleien (Feldstaffelei) eignen sich besonders zur Freilichtmalerei. Die Kombination Zeichentisch-Staffelei (**1**) aus Hartholz ist kompakt, leichtgewichtig und für reisende Maler oder solche mit Platzmangel besonders praktisch. Nach dem Ausziehen der Beine kann aus dem Zeichentisch leicht eine Staffelei entstehen. Die Beine werden auf die gewünschte Höhe und Position eingestellt, und der Leinwandträger wird in angenehmer Höhe in einen geeigneten Winkel gebracht. Zusätzlich besitzt die Staffelei eine Lade, in der man Farben und Pinsel aufbewahren kann.

Sehr beliebt ist die traditionelle Atelierstaffelei mit Bank (**3**). Obwohl sie viel Raum benötigt, wird sie doch gerne von Malern benutzt, die im Sitzen arbeiten. Der Winkel der Staffelei ist leicht verstellbar, und die Leinwand wird von hölzernen Gleitböken gehalten. Die Tischstaffelei (**4**) kann auf einen niedrigen Tisch oder hohen Stuhl gestellt werden.

Sie ist für den Transport zusammenklappbar, benötigt wenig Platz und kann nach hinten oder vorn in den gewünschten Arbeitswinkel eingestellt werden. Zur Arbeit im Freien empfiehlt sich die Feldstaffelei (**5**). Sie hat Teleskopbeine, die leicht auf die gewünschte Höhe eingestellt werden können, und ist recht stabil. Eine größere Staffelei zur Arbeit im Haus ist die zusammenklappbare Radialstaffelei (**7**), die, den Bedürfnissen der jeweiligen Arbeit ent-

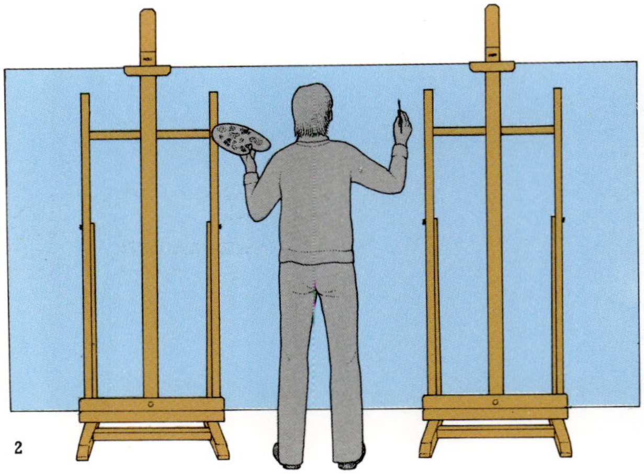

2

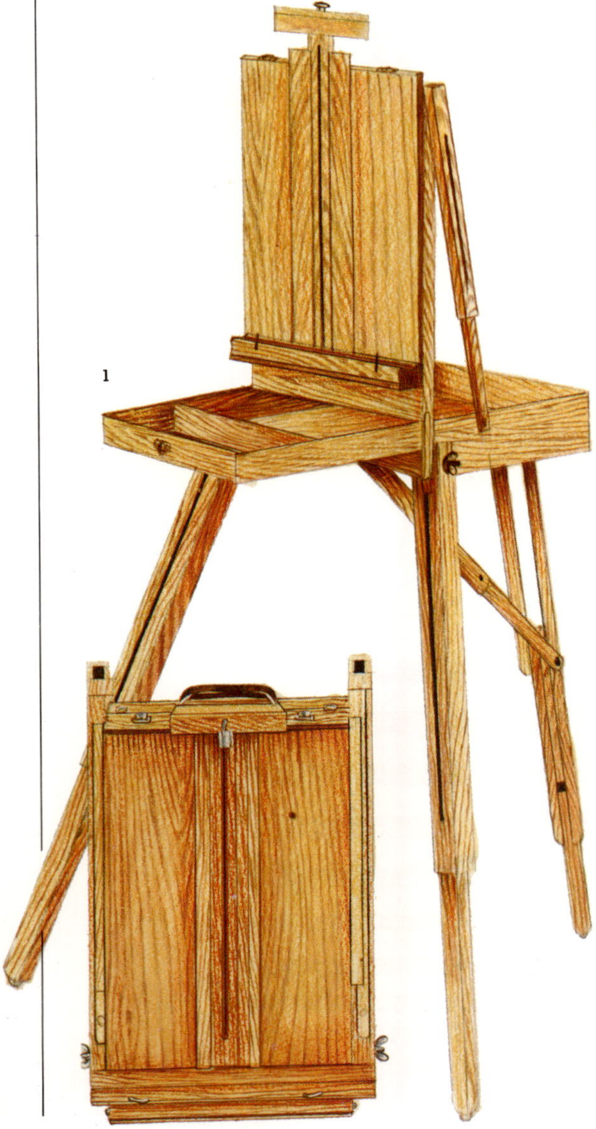

1

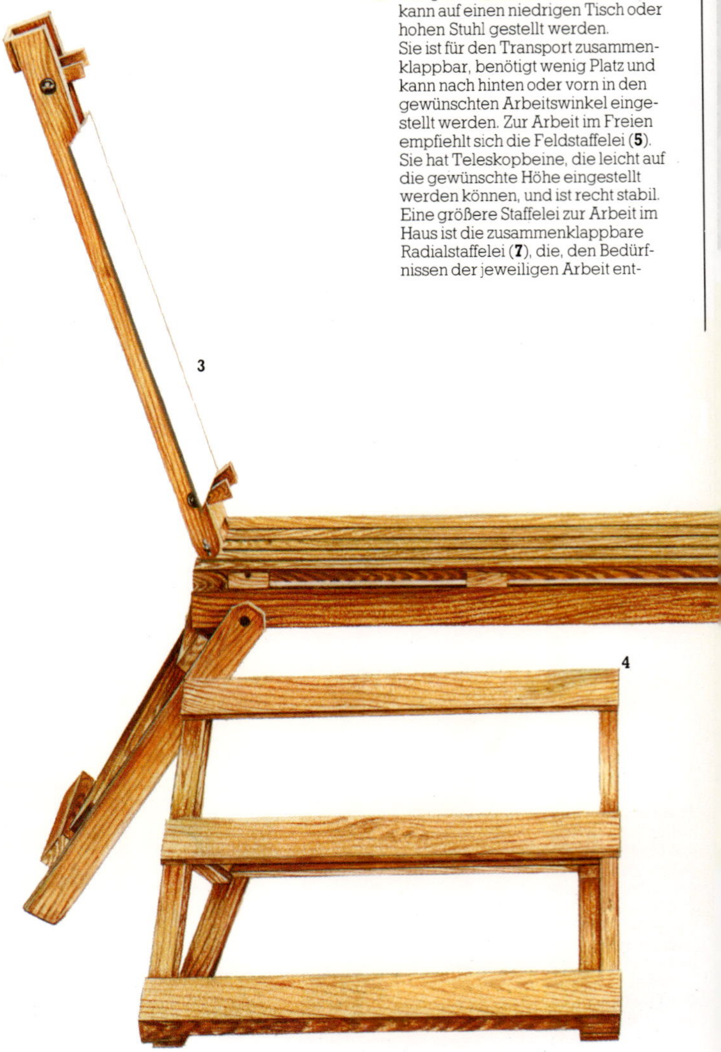

3

4

sprechend, nach vorn oder hinten geneigt werden kann. Die Atelierstaffelei (**6**) leistet gute Dienste bei großen Leinwänden. Eine sehr breite Leinwand kann erforderlichenfalls auf zwei dieser Staffeleien (**2**) gestellt werden. Der verstellbare senkrechte Rahmen kann so eingestellt werden, daß die Leinwand mehr als einen Meter über dem Boden steht, und der Halterahmen kann, der Arbeit entsprechend, vorwärts oder rückwärts geneigt werden. Eine Atelierstaffelei ist für die Arbeit mit kleinen Leinwänden ungeeignet. Sie ist zu schwer, nimmt eine Menge Platz ein und ist nicht zusammenklappbar.

6

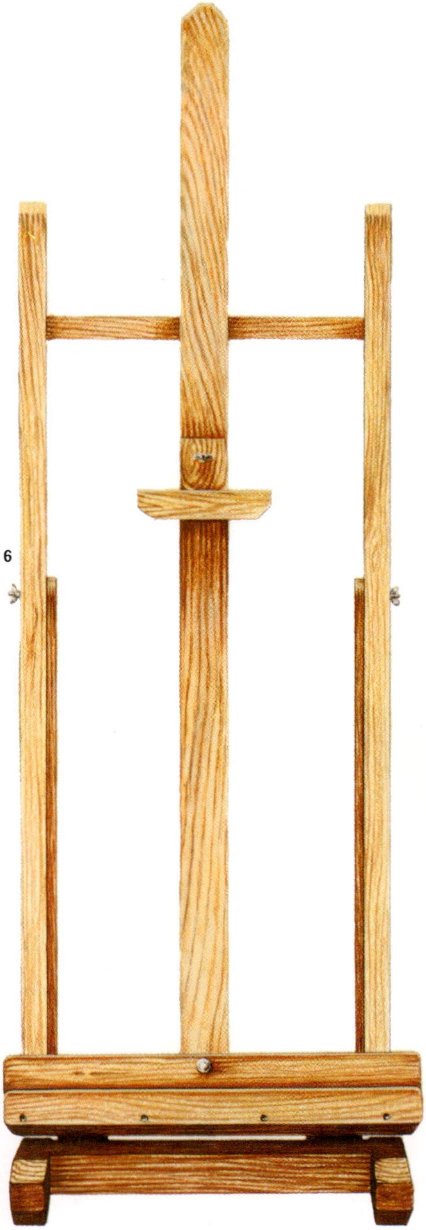

7

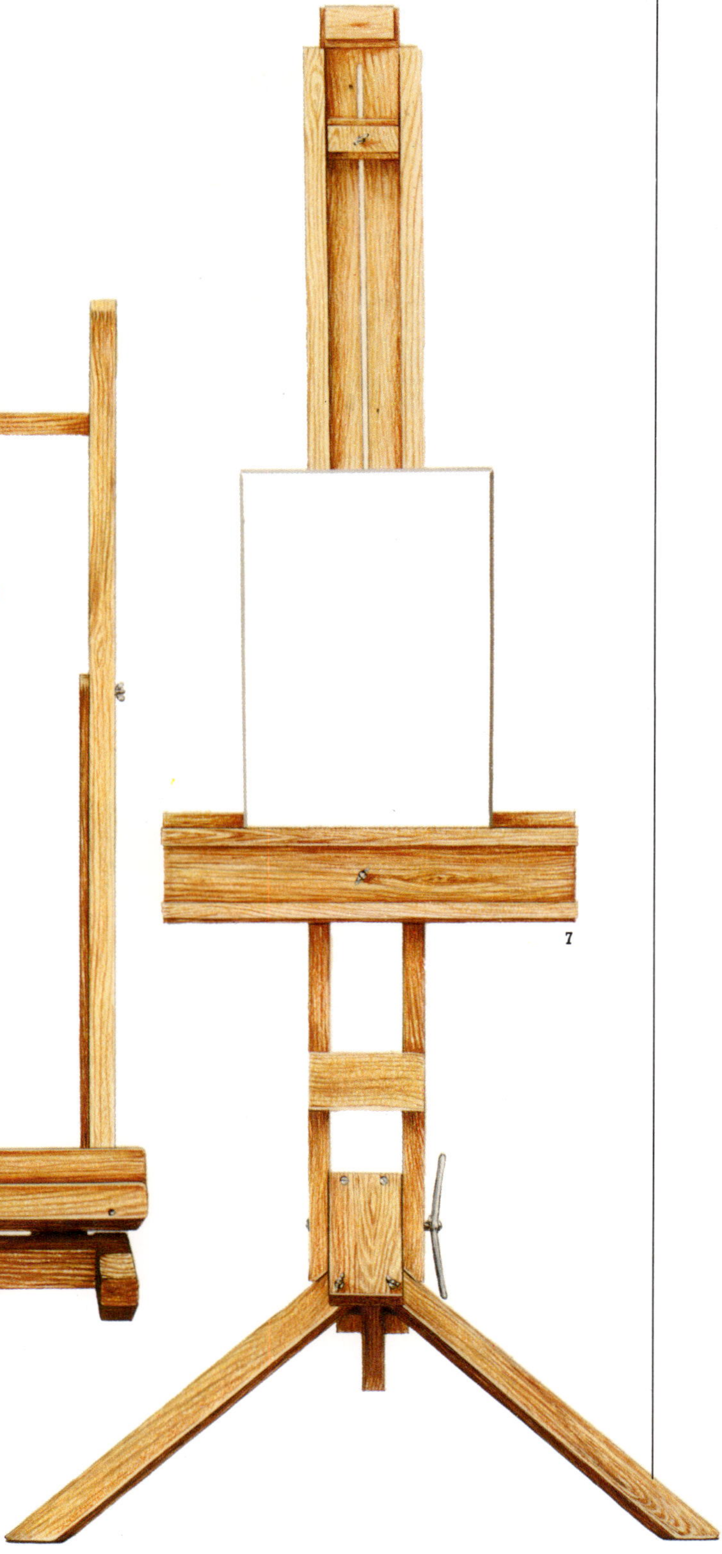

5

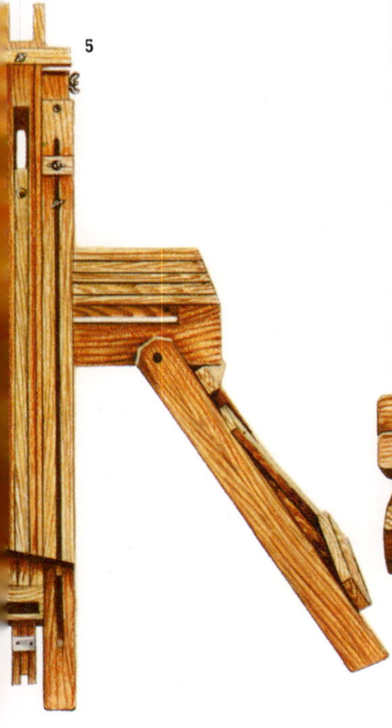

3 Ölmalerei Techniken

Ganz oberflächlich betrachtet, gibt es zwei gegensätzliche Arten der Ölmalerei: das sorgfältig aufgebaute Gemälde, das in Wochen, Monaten oder gar Jahren entstand, und die Primamalerei, bei der der Maler sich bemüht, den ersten Eindruck seines Motivs aus dem Stegreif wiederzugeben. Meist entsteht ein Gemälde der letztgenannten Gattung in einer einzigen Sitzung, ohne voraufgehende Zeichen- oder Entwurfsstufe.

Tizian wandte diese Direktmethode an, er trug seine Farben sofort auf, ohne eine Skizze anzufertigen. Er malte gewissermaßen zeichnenderweise.

Einer der Hauptwesenszüge der modernen Primamalerei ist die Naß-in-Naß-Technik. Während die erste Schicht noch naß ist, malt oder lasiert der Maler darüber, wobei er die Farben absichtlich ineinander überlaufen läßt. Diese Technik ist klar erkennbar in dem Gemälde *Der Pfeifer* von Edouard Manet (1832–1883) im Jeu-de-Paume-Museum in Paris. Glatte Farbflächen kontrastieren hier zu den dick aufgetragenen Farben der Schärpe und der Gamaschen.

Monet war ein führender Exponent der Primamalerei. Wie van Gogh nahm er seine Leinwand mit zu den Motiven, oft genug ins Freie, und malte rasch ohne oder mit nur wenig Untermalung. Sisley, Gauguin und Cézanne verwendeten feste Striche von Deckfarben zusammen mit zahlreichen Varianten des Vertreibens und der Lasuren. Schon Turner begriff lange vor den Impressionisten die Vorteile der Primamalerei, wie aus seinen flüssigen Landschaftsstudien ersichtlich wird. Der englische Maler L. S. Lowry (1887–1976) vermischte zuweilen dicke Farben, während sie noch naß waren, so auch in seinen *Yachten bei Lytham.*

»Grattage« mit Ölfarben ist eine weitere Technik, die von Max Ernst (1891–1976) eingeführt wurde. Dabei wird auf der nassen, glatten Deckfarbe eine plastische Textur gebildet. Ein Blatt nichtabsorbierenden Papiers wird daraufgelegt, leicht gegen die Farbe angedrückt und dann wieder abgezogen.

Die planmäßige und vorskizzierte Ölmalerei geht auf van Eyck zurück. Zu den bedeutenden Praktikern dieser Technik gehören Rubens, David, Turner, Degas und Salvador Dali. Diese Maler zeichneten ihre Entwürfe entweder mit Zeichenkohle so auf, daß sie mit einer dünnen Lasur überzogen werden konnten, ohne die Linien zu verdecken, oder malten die Umrisse mit dünnen Pinselstrichen auf die Leinwand.

Manche Maler fertigen zunächst gesondert eine genaue Zeichnung an, die dann mit Hilfe eines Netzgitters auf den Malgrund übertragen wird. Zeichnung wie Malgrund werden dabei in Quadrate eingeteilt, und was in einem Quadrat der Zeichnung zu sehen ist, wird maßgerecht in das entsprechende Quadrat des Malgrundes übernommen.

Imprimitur ist eine Methode, die Zeichnung auf dem Malgrund mit einer ersten durchsichtigen Schicht neutraler Farben und Farbtöne zu überziehen, um so einen Ausgangspunkt für helles und schattiertes Übermalen zu haben. Rembrandt und die Grisaillemaler nach ihm imprimierten in grauen und weißen Farbtönen, über die sie dünne Lasuren legten, sowie mit dunklen Farbtönen für die Schatten.

Lasuren reflektieren Licht von der darunter befindlichen Farbe, wodurch das Gemälde eine glänzende, dreidimensionale Charakteristik bekommt. Das Malmittel sollte Bienenwachs enthalten statt Leinöl, da es sonst leicht verläuft. Lasuren können über die Imprimitur, über Impasto und über Deckfarben gelegt werden. Tizian und El Greco (1541–1614) malten üppige rote Vorhänge, indem sie Lasuren über Imprimitur und Impasto anbrachten.

»Impasto« ist mit dem Spachtel oder Pinsel dick aufgetragene Farbe, die einen dreidimensionalen Effekt hervorruft. Im allgemeinen wird sie mit Lasuren überzogen, aber manche Maler haben ganze Bilder aus Impastos angefertigt und so eine starke Textur erzielt. Impasto läßt sich am besten mit Harz-Malmittel mischen.

Man kann auch eine helle Deckfarbe ungleichmäßig auf eine dunklere auftupfen, so daß die untere Farbe durchscheint. Dies kann durch Kreisbewegungen des Pinsels, durch Tupfen, Tüpfeln, Klecksen, Streichen und auch mit dem Handballen, den Fingern oder mit einem Tuch geschehen.

Nicht alle Ölgemälde müssen unbedingt gefirnißt werden. Die meisten erleiden keinen Schaden, wenn sie unter günstigen Bedingungen aufgehängt werden; außerdem vergilbt Firnis mit der Zeit. Will man aber einen Schutzfirnis auf das Bild auftragen, dann sollte man wenigstens etwa sechs Monate warten, bis das Bild wirklich trocken ist. Für einen Glanzüberzug verwendet man Firnis aus weichem Harz; einen matteren Überzug erhält man durch Wachsfirnis.

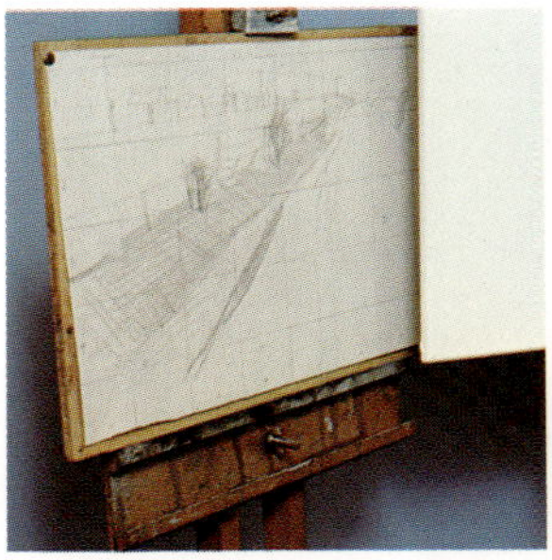

Gitternetz anlegen 1. Die Zeichnung wird mit einem feinem Netz von Quadraten überzogen und neben die Leinwand gestellt.

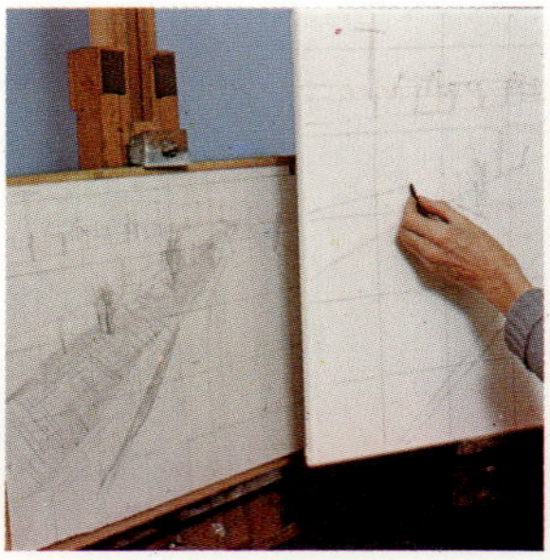

3. Nun wird die Zeichnung in die entsprechenden Quadrate der Leinwand übertragen, wobei das Gitternetz die Proportionen bestimmt.

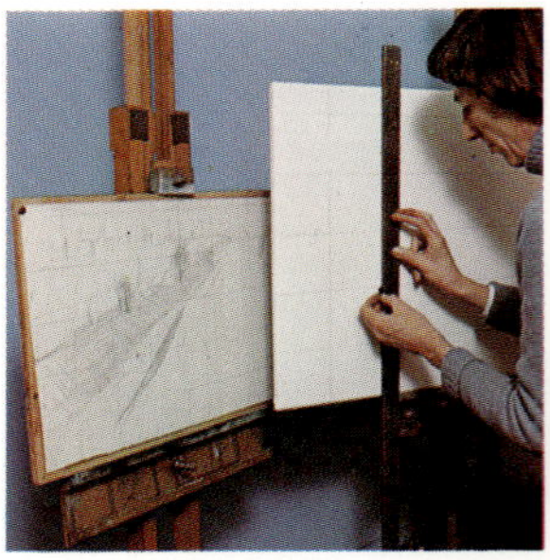

2. Auch auf die Leinwand wird jetzt ein Gitternetz gezeichnet – gleich groß, vergrößert oder verkleinert.

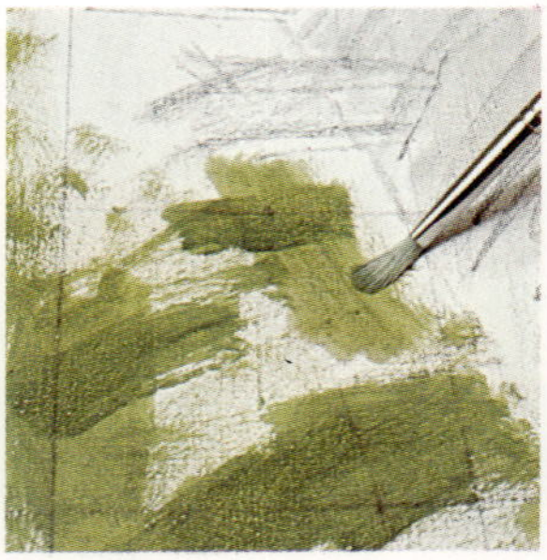

Untermalen 1. Man beginnt mit der Anlage der Grundtonwerte, wobei die Farbe stark mit Terpentin verdünnt wird.

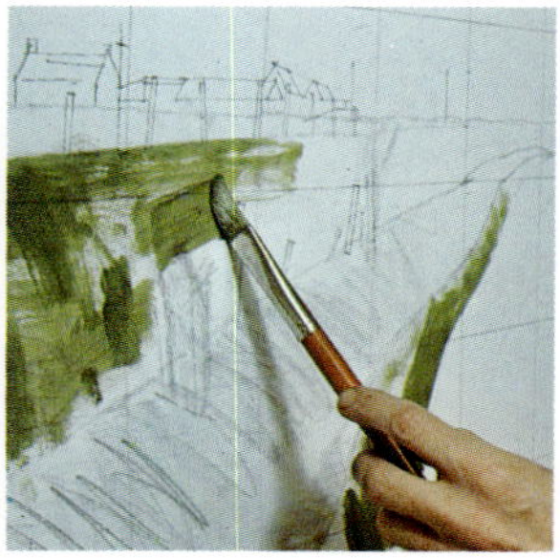

2. So lange mit dieser Arbeit fortfahren und den gezeichneten Linien folgen, bis die Hauptformen sich abzuzeichnen beginnen.

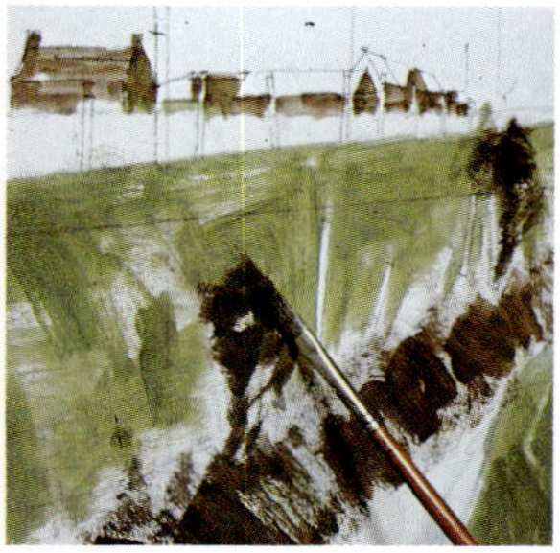

3. Verdünnte Farbe in einem anderen Ton verwenden, um dunklere Flächen in anderer Farbe zu gestalten; mit der Detaillierung beginnen.

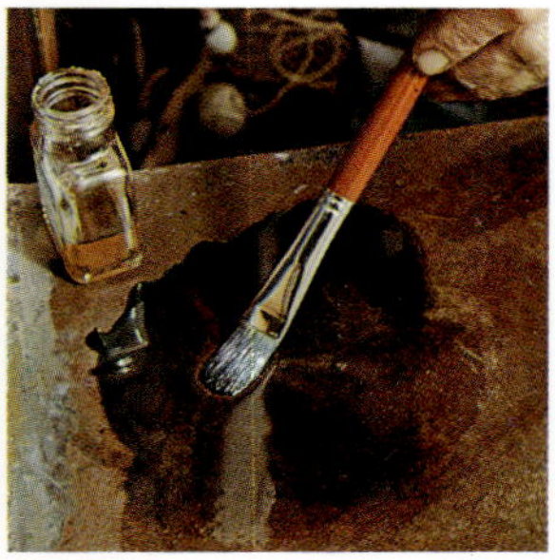

Lasur 1. Farbe zur Lasur mit Malmittel mischen, nicht nur mit Terpentin, so daß die Konsistenz dünn, aber ölig ist.

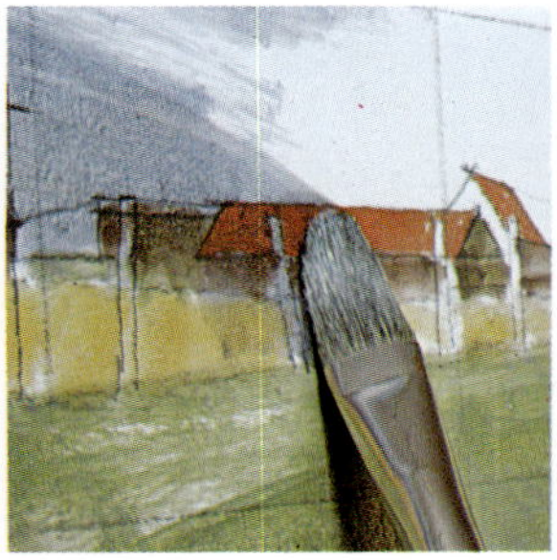

2. Lasur dünn über die getrocknete Untermalung auftragen, um einen transparenten Farbfilm zu bilden.

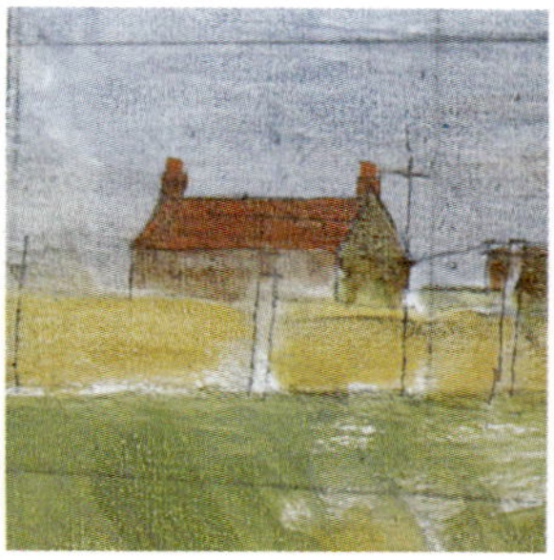

3. Die unteren Farben scheinen durch die Lasur, aber die Farbtöne sind verändert.

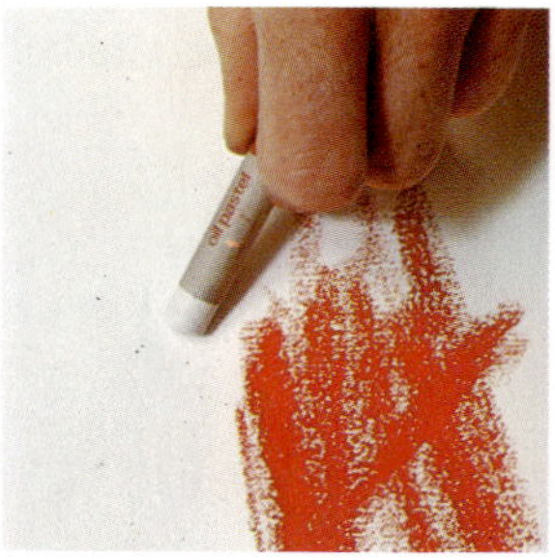

Lasur über Zeichenkreide 1. Ölkreide direkt und mit variierender Strichdicke auf die Leinwand zeichnen.

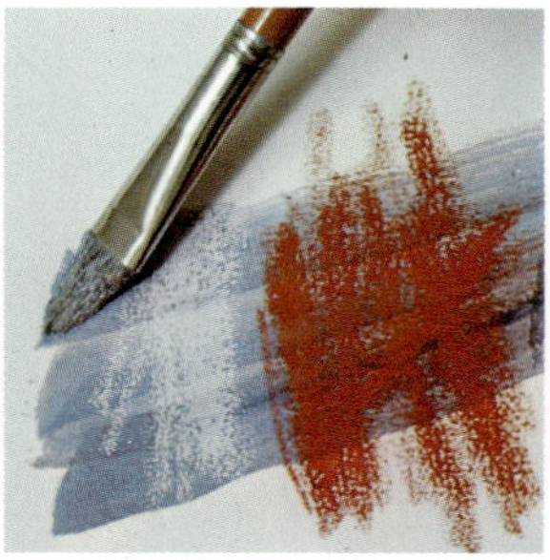

2. Farbe mit Malmittel mischen, um eine transparente Lasur herzustellen, und dünn auf die Kreidezeichnung auftragen.

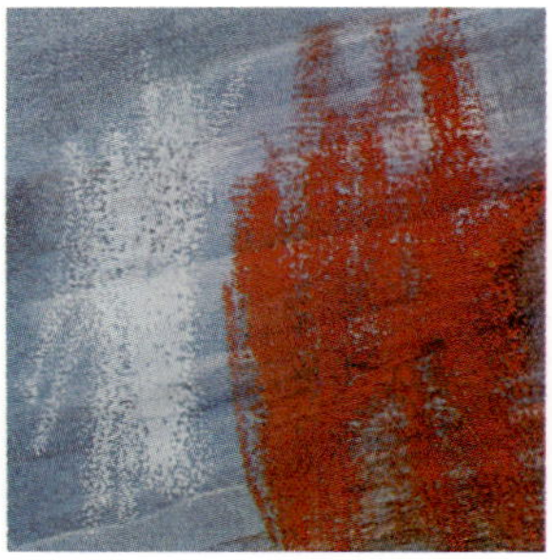

3. Dicke Kreideflächen scheinen klar durch die dünne Farbschicht hindurch, schwächere bilden einen texturierten Glanz.

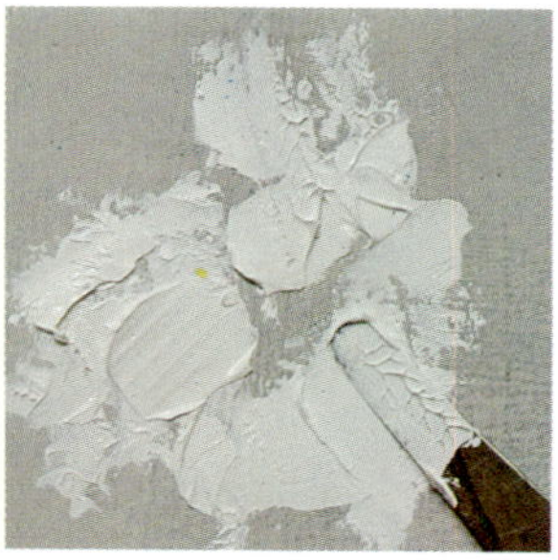

Lasur über Impasto 1. Dicke Farbe mit einem Malmesser auftragen, so daß sie eine rauhe Textur bildet, und austrocknen lassen.

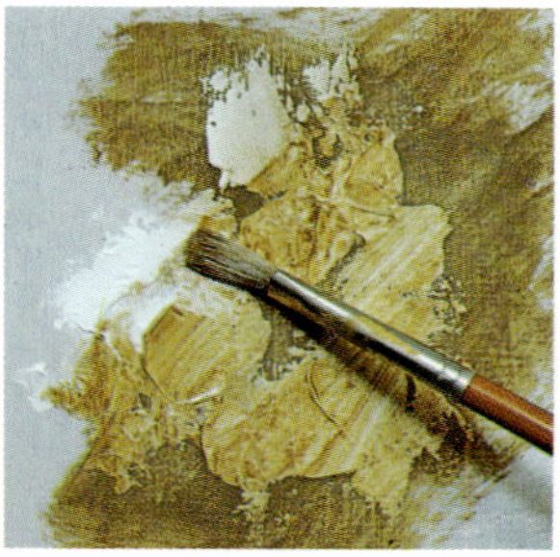

2. Dünne Farbe für Lasur mischen, die leicht über die Impastofarbe gepinselt wird und sich auf der rauhen Oberfläche absetzt.

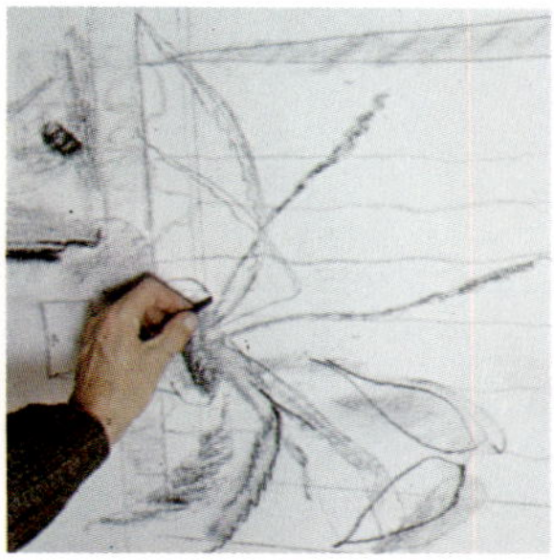

Unterzeichnen mit Zeichenkohle
1. Bildkomposition möglichst genau mit Zeichenkohle auftragen.

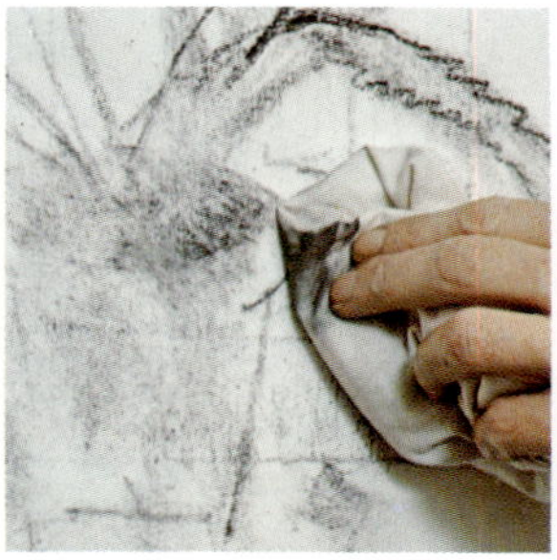

2. Zeichnung leicht mit einem sauberen Lappen vom Staub der Zeichenkohle befreien, bevor mit dem Malen begonnen wird.

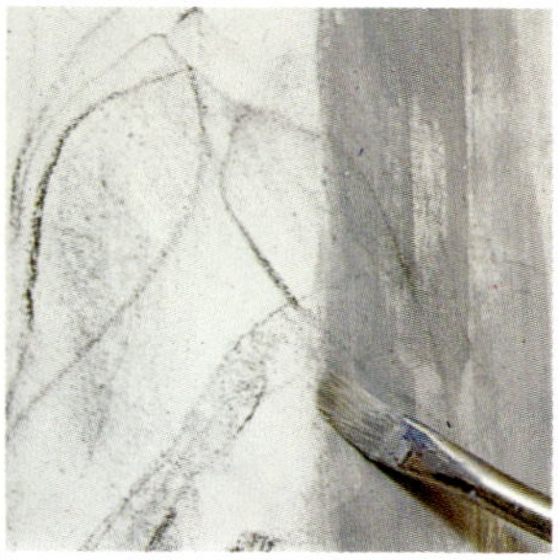

3. Große Flächen im Grundton mit verdünnter Farbe bestreichen, so daß die Zeichnung noch durchscheint.

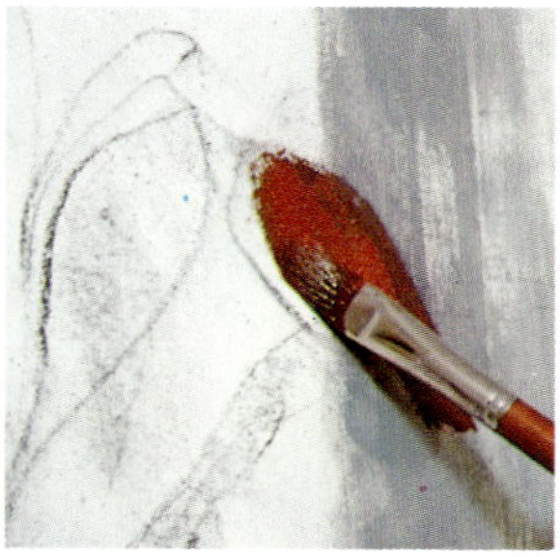

4. Dickere Farbe verwenden, um die Hauptfarben und Grundformen sichtbar zu machen.

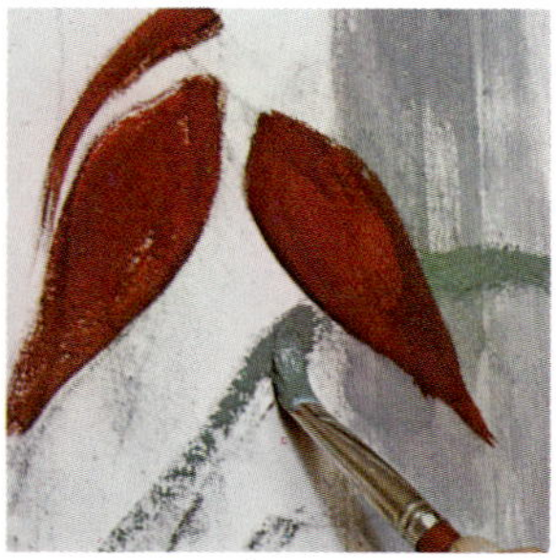

5. Mit fortschreitender Gestaltung des Gemäldes muß die Zeichnung verschwinden.

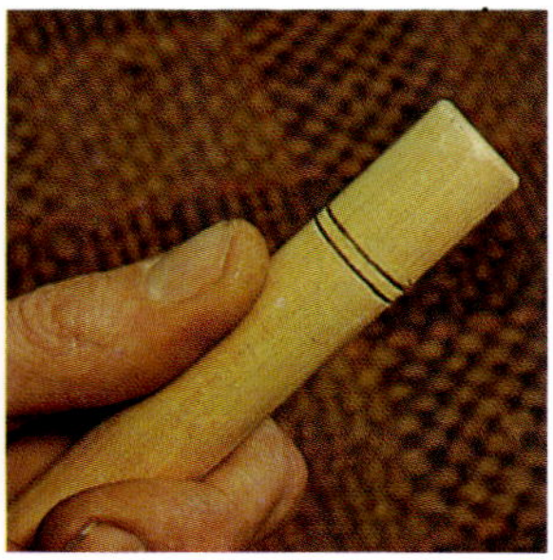

Herstellung eines Malstocks
1. Zwei schmale Kerben in etwa 3 cm Entfernung vor dem Ende eines 1 m langen runden Stocks schneiden.

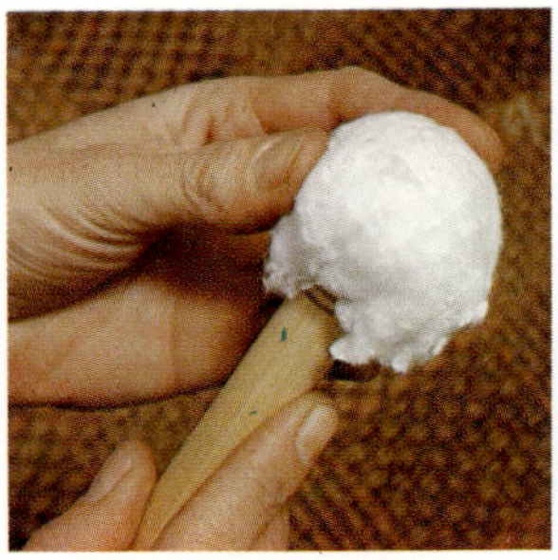

2. Baumwolle um das Stockende legen und so zurechtzupfen, daß sie einen weichen Ball bildet.

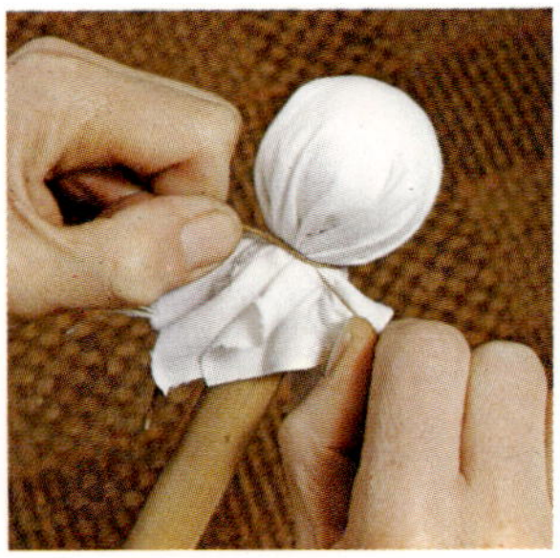

3. Einen sauberen Lappen über die Baumwolle stülpen und mit einer Schnur so festbinden, daß die Kerben den Ball gut festhalten.

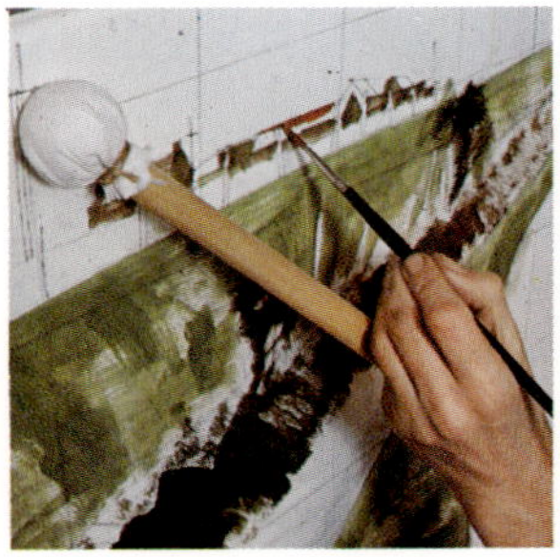

4. Beim Arbeiten ruht der weiche Ball auf der Leinwand oder auf dem Rahmen, so daß die malende Hand durch den Stock stabilisiert wird.

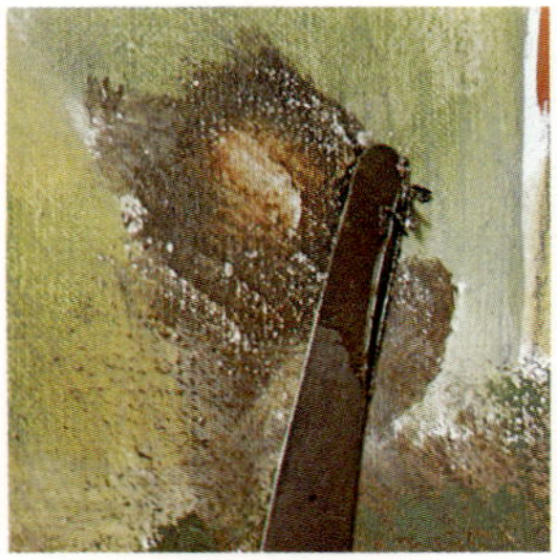

Schaben und wischen 1. Zum erneuten Bemalen eines Malgrundes muß die Farbe mit einem Spachtel heruntergeschabt werden.

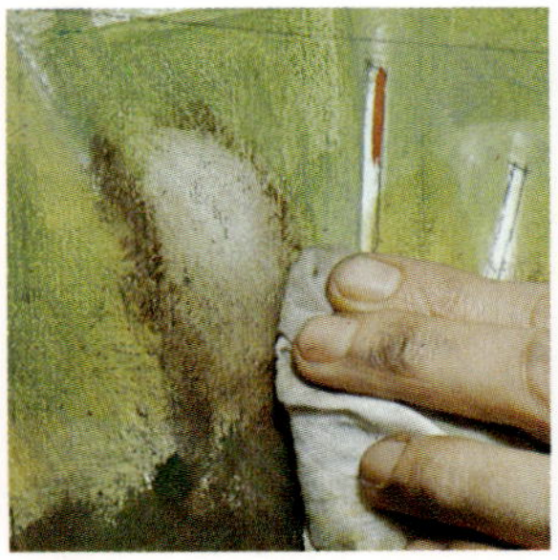

2. Die geschabte Fläche wird mit einem terpentingetränkten Tuch von der Farbe befreit.

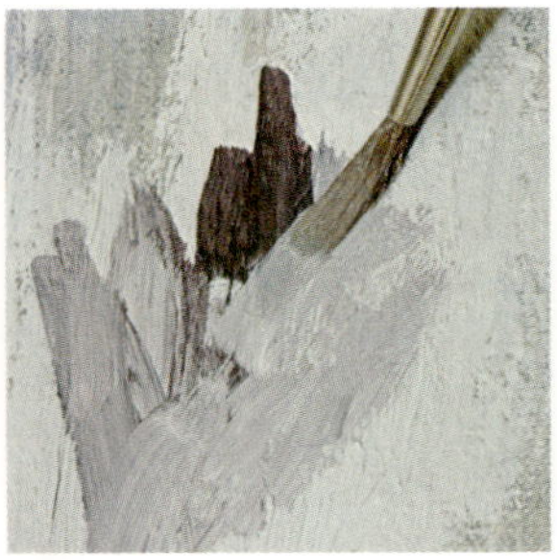

Naß-in-Naß-Malen 1. In die aufgetragene nasse Farbe eine zweite geben und mit dem Pinsel vermischen.

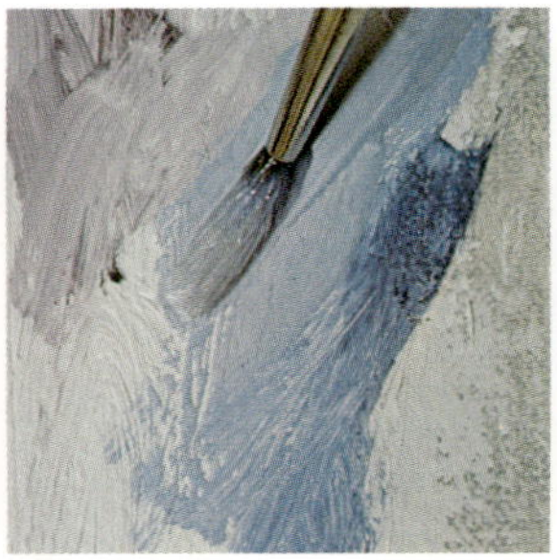

2. Mit allen weiteren Farben in gleicher Weise verfahren.

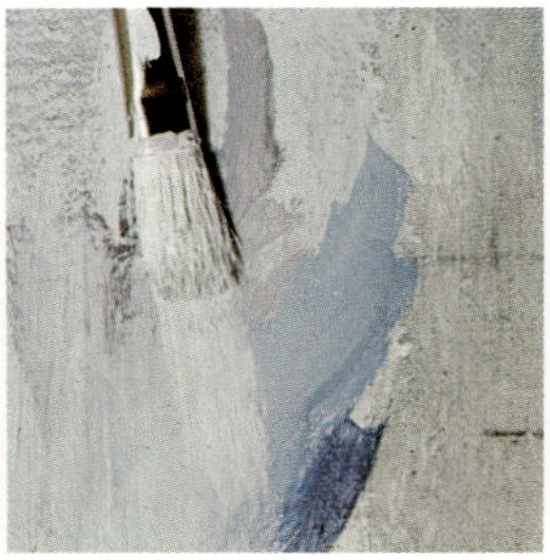

3. Erst wenn der gewünschte Effekt erreicht ist, die Farbe auftrocknen lassen.

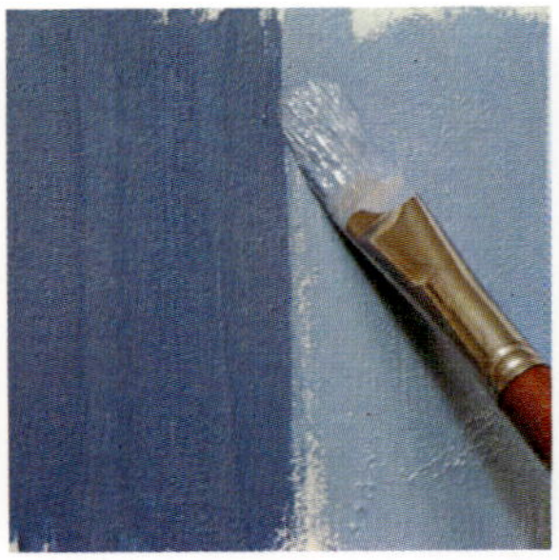

Mischen mit dem Fächerpinsel
1. Hier liegen zwei Farbstreifen mit unterschiedlichen Tönen nebeneinander auf der Leinwand.

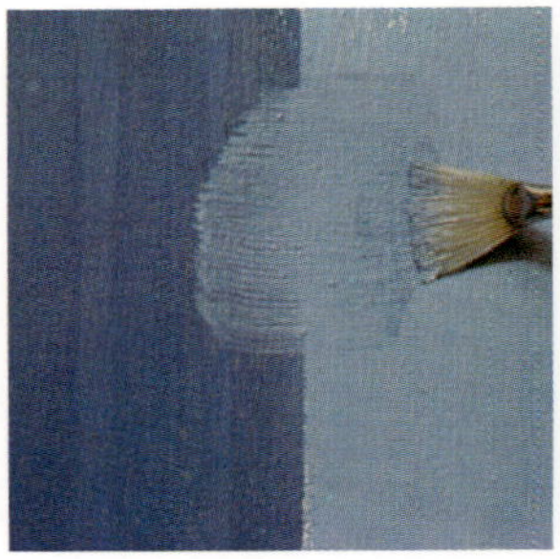

2. Mit dem Fächerpinsel locker über die Grenzlinie fahren und die jeweils überschüssige Farbe vom Pinsel abwischen.

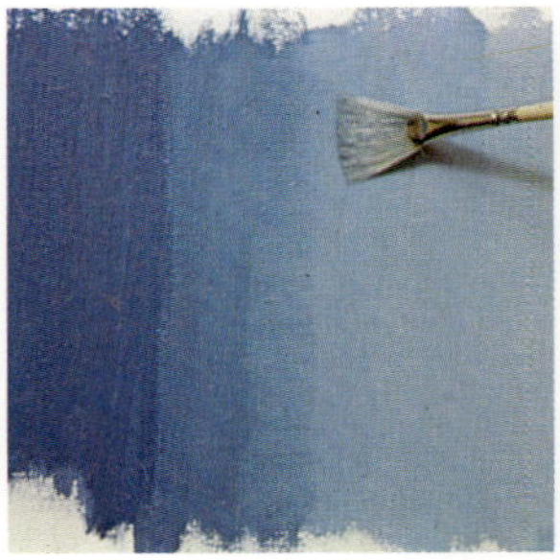

3. Die Farbstreifen werden so lange bearbeitet, bis sie sanft ineinander übergehen.

4. Die fertige Fläche zeigt einen weichen Übergang im Tonbereich. Diese Technik ist auch mit unterschiedlichen Farben anzuwenden.

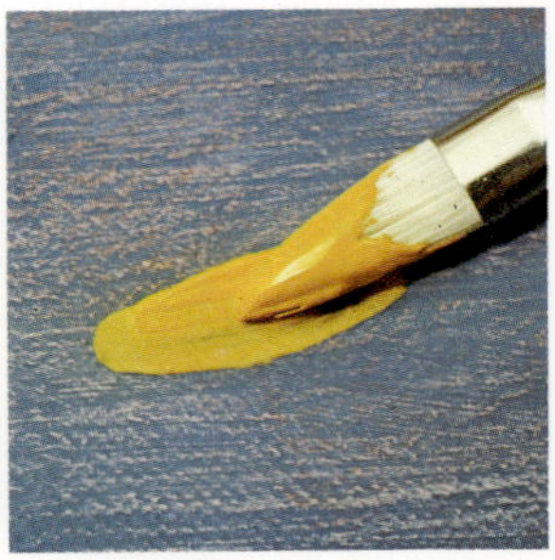

Pinselstrich 1. Der Pinselstrich hängt von Form und Borsten des Pinsels ab. Hier sehen wir einen Katzenzungenpinsel mit Schweineborsten.

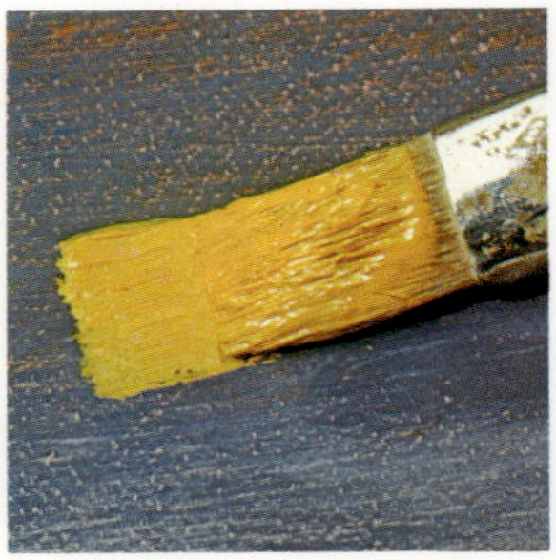

2. Dieser Flachpinsel besitzt ebenfalls gespaltene Schweineborsten, die die Farbe gut festhalten.

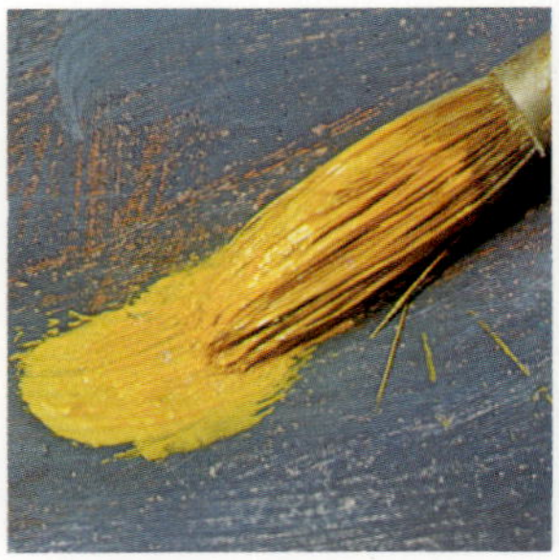

3. Die wichtigsten Pinselformen sind: flach, katzenzungenförmig und rund. Dieser Rundpinsel ist mit Schweineborsten ausgerüstet.

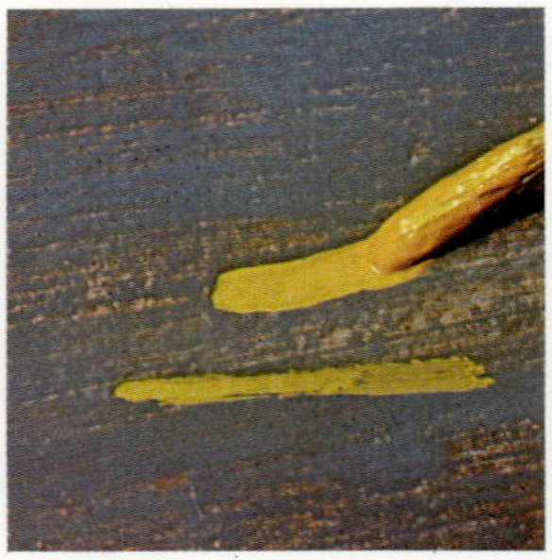

4. Der kleinere Rundpinsel mit Marderhaaren dient für kleine Flächen. Marderhaar ergibt einen weichen Pinselstrich.

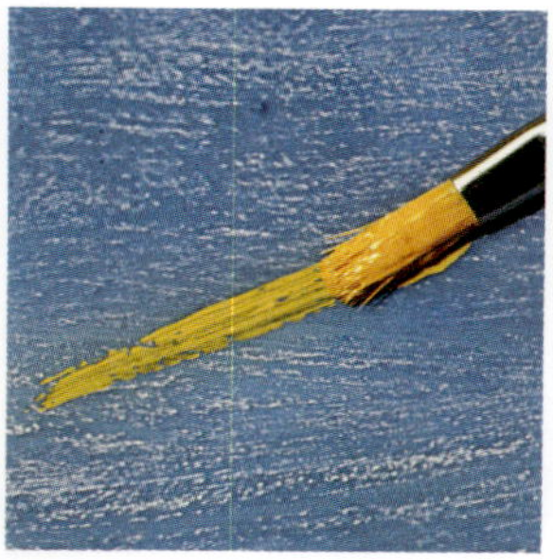

5. Dieser kleine Schweineborstenpinsel ist für lange Striche geeignet. Seine Borsten sind an der Spitze nach innen gebogen.

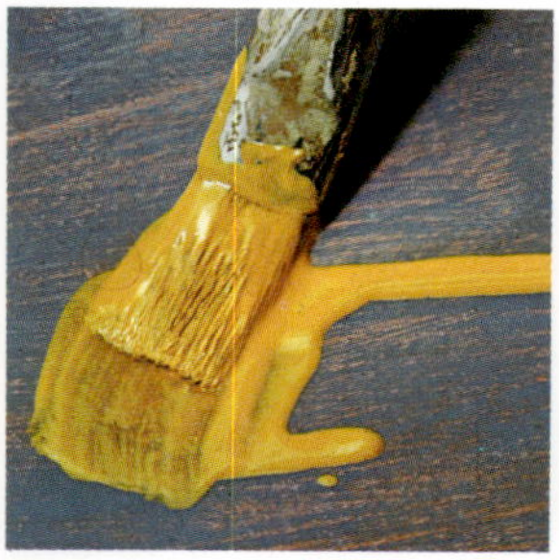

6. Dieser große Schweineborstenpinsel läßt die Farbe tropfen.

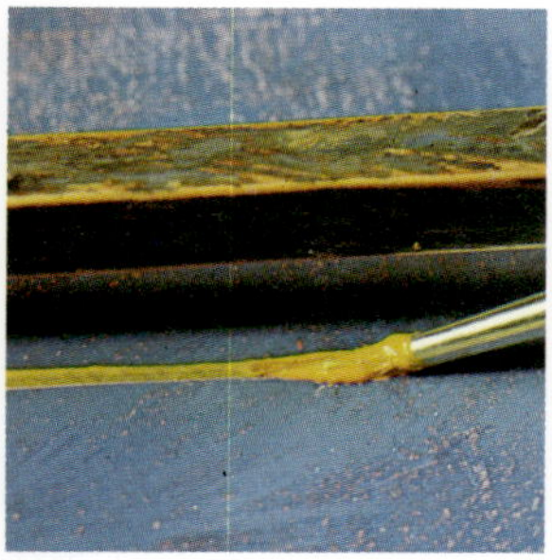

7. Der feine Marderhaarpinsel kann zusammen mit dem Lineal benutzt werden.

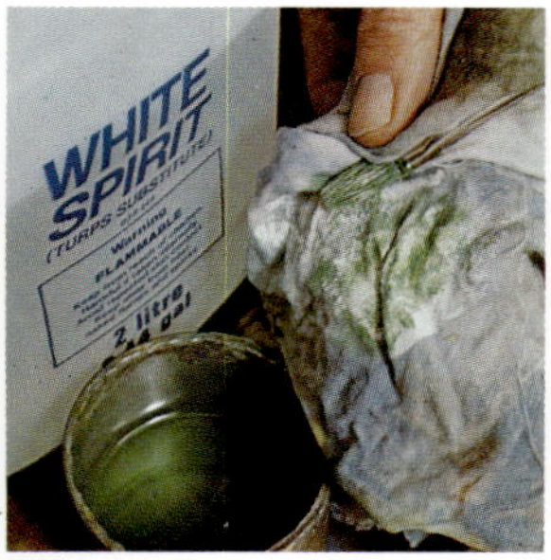

Reinigen des Pinsels 1. Der Pinsel wird in Terpentin getaucht und behutsam mit einem Lappen abgewischt.

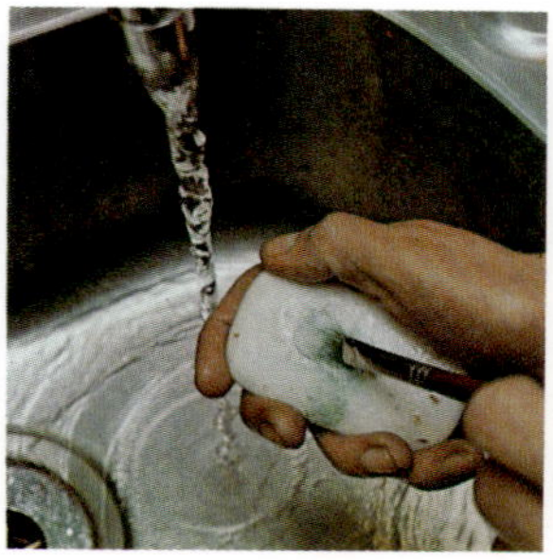

2. Die Borsten werden unter fließendem Wasser mit Seife gereinigt.

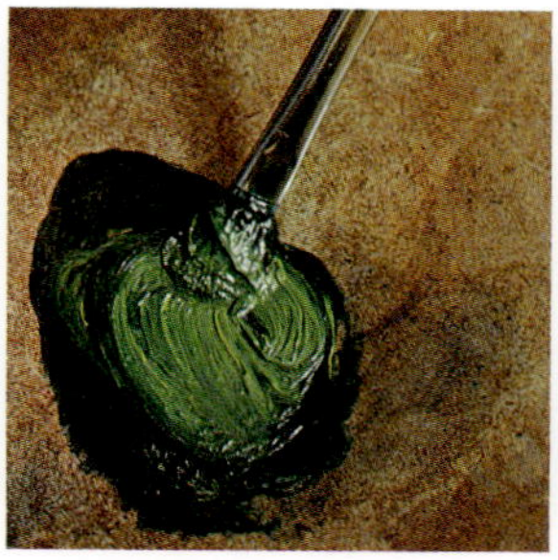

Impasto mit dem Pinsel 1. Den zu mischenden Farben wird nur so viel Terpentin hinzugegeben, daß sie geschmeidig werden.

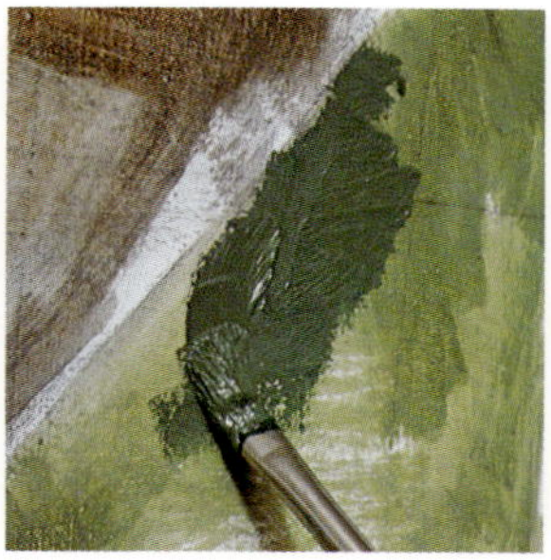

2. Die Farbe wird mit dem Pinsel dick auf die Leinwand aufgetragen; wobei der Pinselstrich eine deutliche Strichmarkierung aufweist.

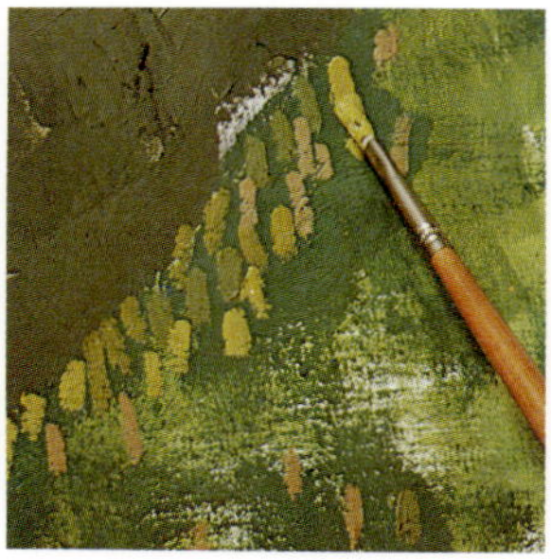

3. Nun wird das Impasto mit kleinen, dicken Tupfern in verschiedenen Farben aufgetragen.

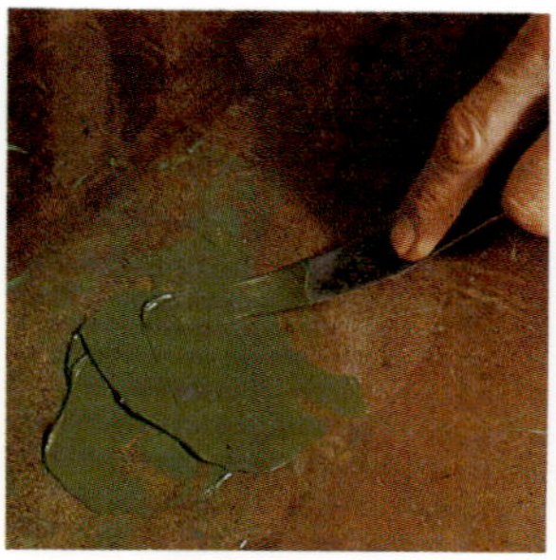

Impasto mit dem Spachtel 1. Auf der Palette wird mit dem Spachtel eine dicke Farbe gemischt.

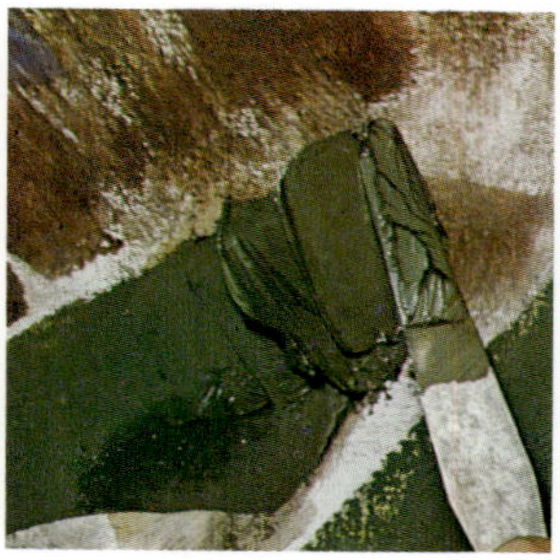

2. Diese wird mit dem Spachtel auf die Leinwand gedrückt und plastisch gestaltet.

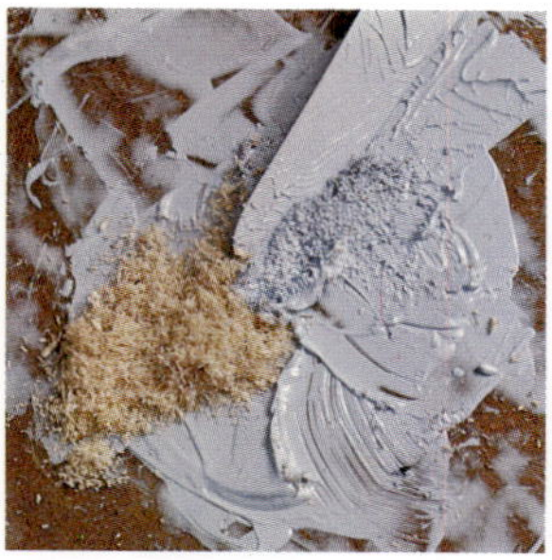

Sägemehl mit Farbe mischen
1. Auf der Palette werden Farbe und Sägemehl gründlich vermischt.

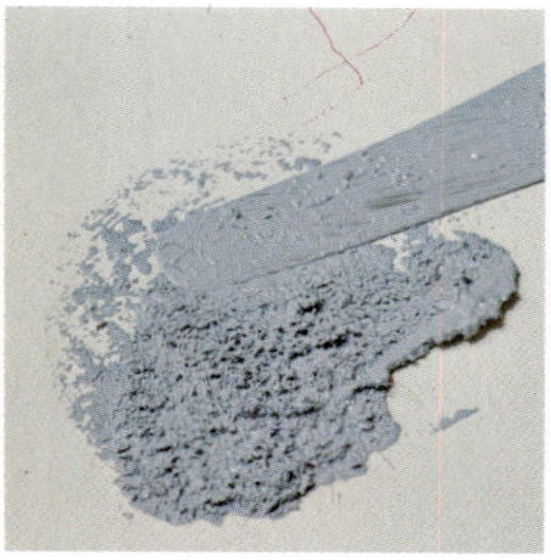

2. Die dicke, nicht zu trockene Farbe wird auf die Leinwand aufgetragen und in das Gewebe gedrückt, damit sie gründlich haftet.

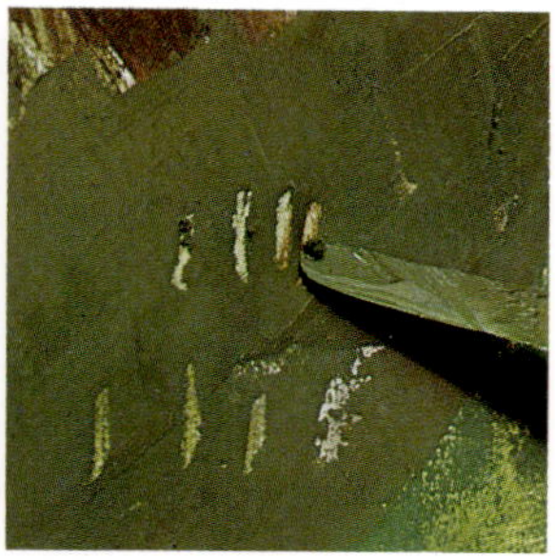

Kratztexturen 1. Mit dem Ende des Spachtels werden sichtbare Spuren in die dicke, nasse Farbe eingekratzt.

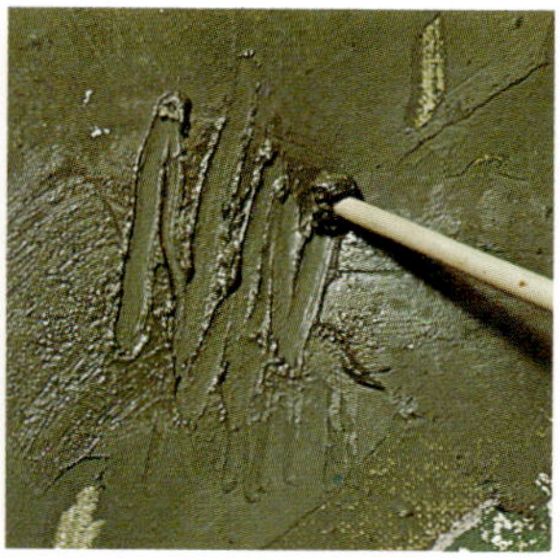

2. Die Farbe kann auch mit einem anderen Gegenstand, z. B. einem Stock oder dem Holz des Pinsels, strukturiert werden.

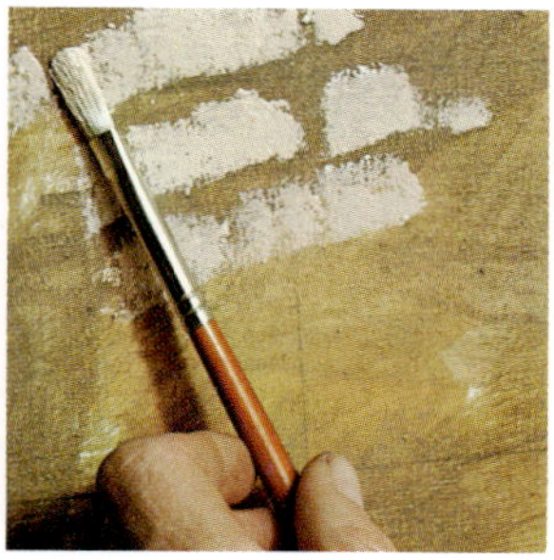

Tupfer Der Pinsel wird mit ziemlich trockener Farbe über die vorhandene Farbschicht gerollt oder getupft.

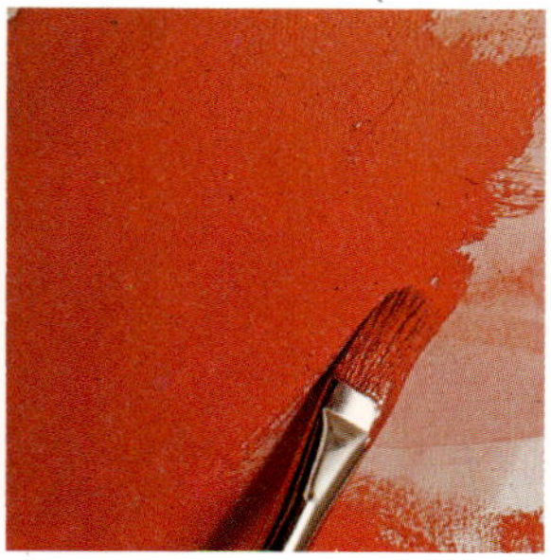

Grattage mit Papier 1. Die mit Öl und Terpentin verdünnte Farbe wird gleichmäßig aufgetragen.

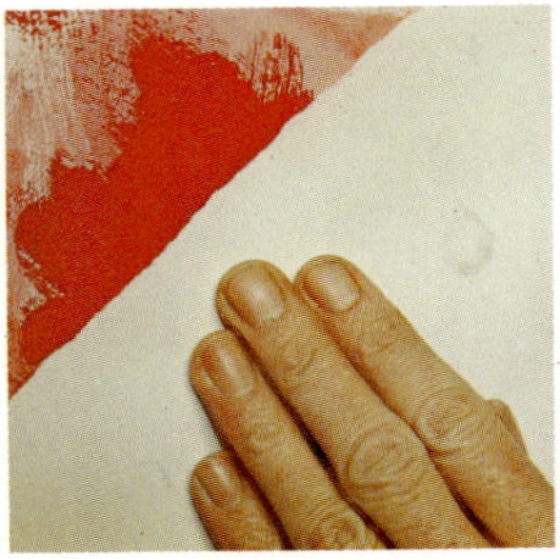

2. Dann wird ein Blatt Papier leicht auf die Farbe aufgedrückt, wobei die Fingerspitzen das Papier behutsam reiben.

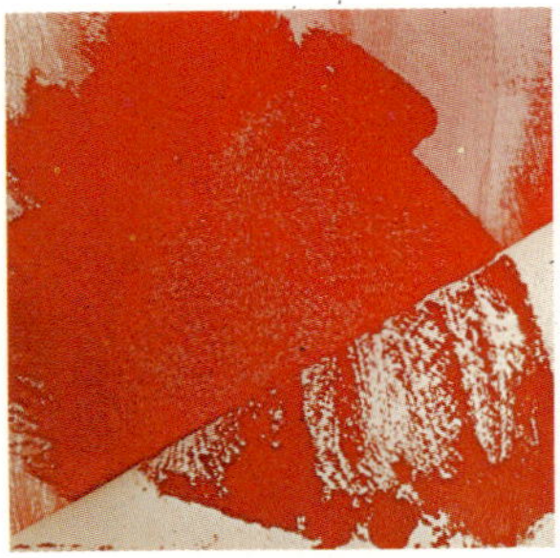

3. Das abgezogene Papier hinterläßt in der Farbe ein »Abziehmuster«.

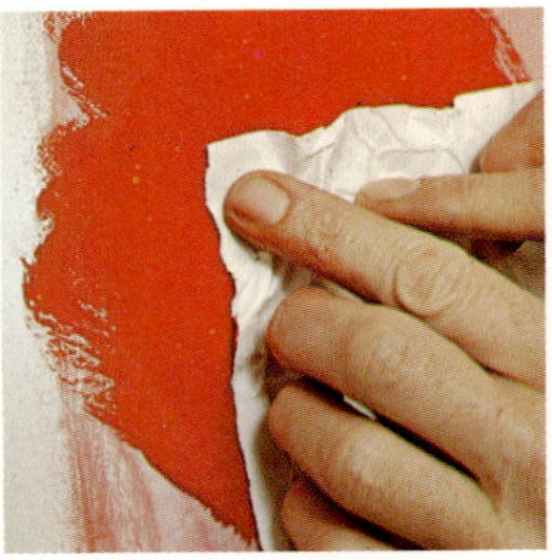

Grattage mit zerknittertem Papier
1. Zerknautschtes Papier wird auf die Farbfläche aufgedrückt.

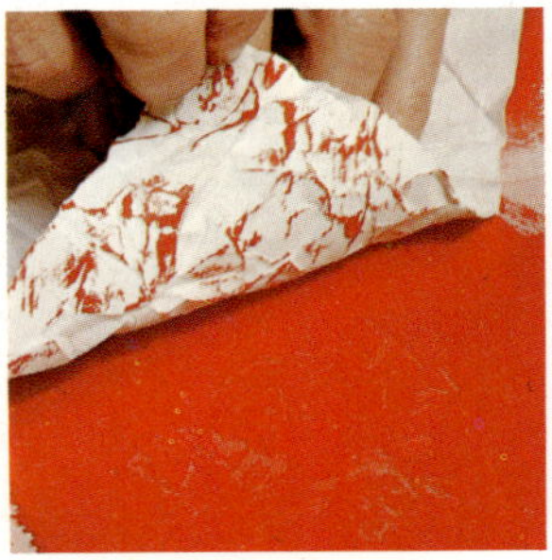

2. Nimmt es nicht genug Farbe auf, wird das Ganze mit sauberem Papier wiederholt.

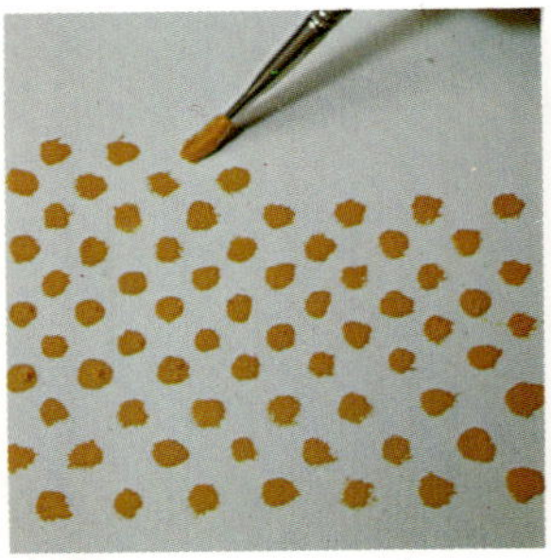

Pointillismus 1. Mit der Spitze eines feinen Pinsels legt man ein Punktmuster auf dem Malgrund an.

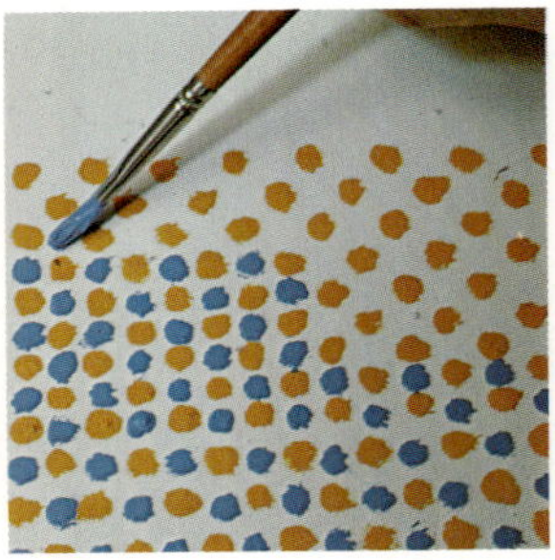

2. Die Fläche wird nun mit Punkten einer anderen Farbe versehen, die sich nicht überlappen dürfen.

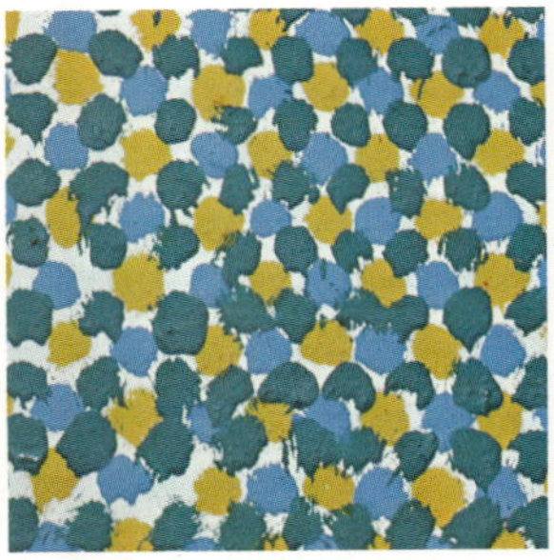

3. Mit einer dritten Farbe werden die weißen Stellen bedeckt, wobei sich die Punkte langsam überlappen.

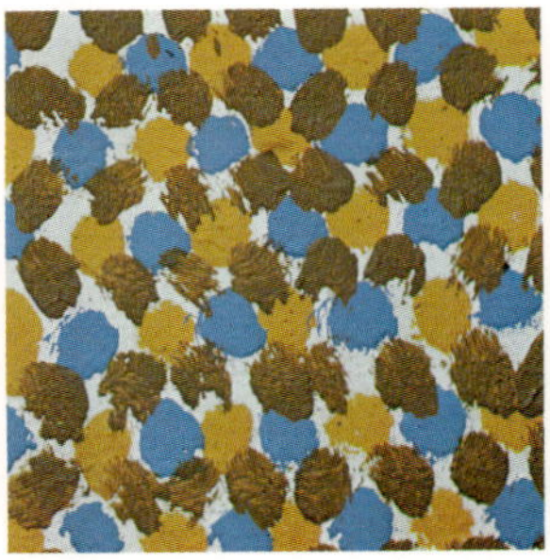

4. Das Verhältnis von warmen und kalten, hellen und dunklen Tönen verändert den Eindruck der punktierten Fläche.

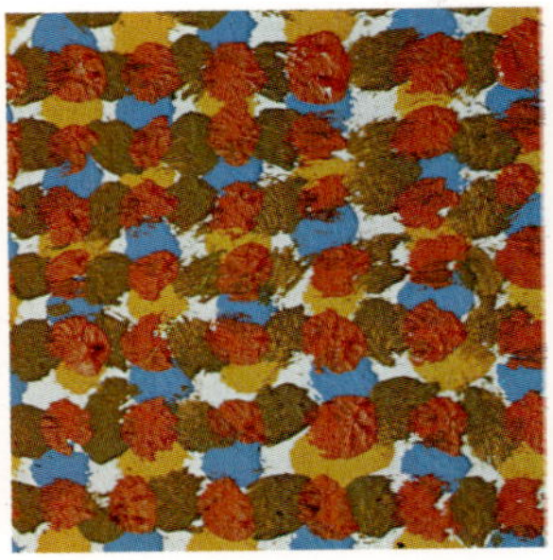

5. Nun wird das Ganze mit einer vierten Farbe überarbeitet. Die Zahl der möglichen Farben ist praktisch unbegrenzt.

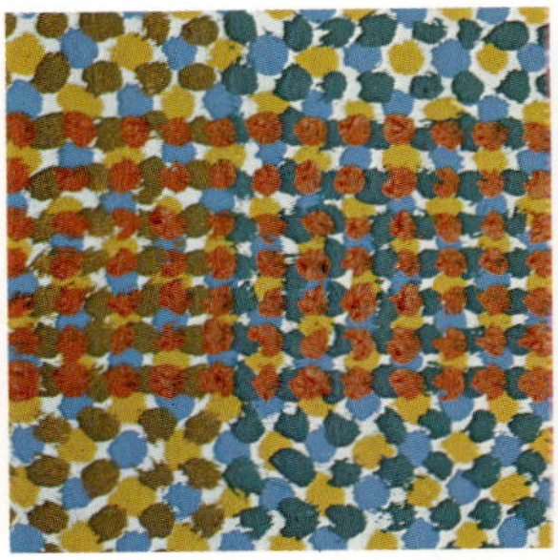

6. Verschiedene Stufen des Prozesses verdeutlichen, wie die Farben sich allmählich ändern und immer mehr verschmelzen.

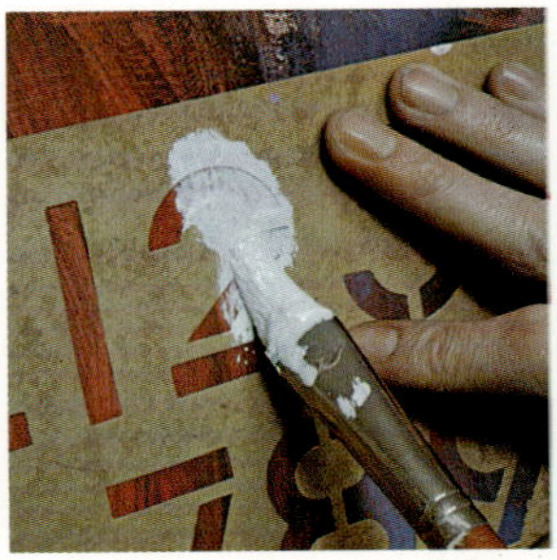

Schablonenmalen 1. Die Schablone wird fest gegen den Untergrund angedrückt und mit trockener Farbe bestrichen.

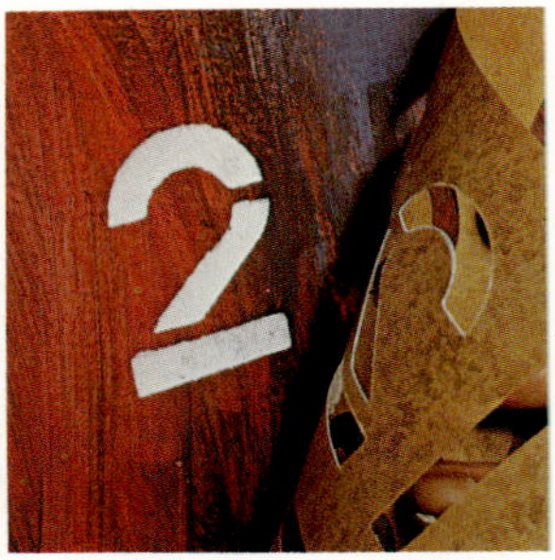

2. Nach dem vorsichtigen Abziehen müssen die Ränder der Farbe scharf hervortreten – bei zu nasser Farbe verschwimmen sie.

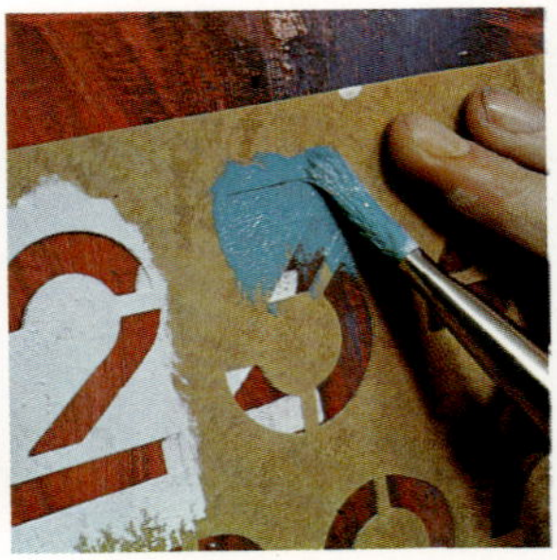

3. Das Ganze wird beliebig oft wiederholt, wobei die untere Farbe bei sich überlappenden Mustern nicht beschädigt werden darf.

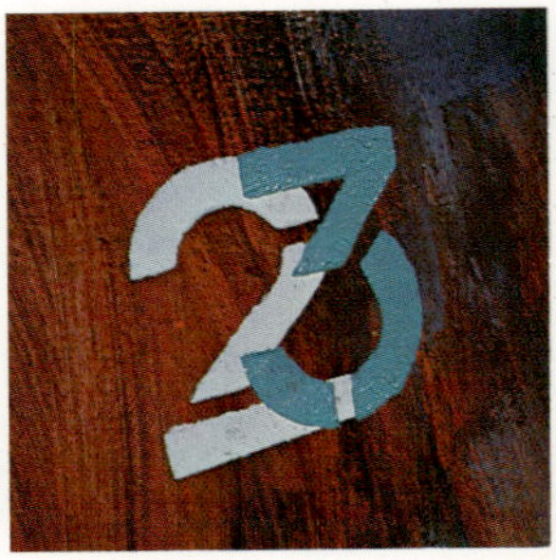

4. Der Handel bietet Schablonen für Buchstaben und Zahlen an, andere lassen sich aus dünnem Material selbst herstellen.

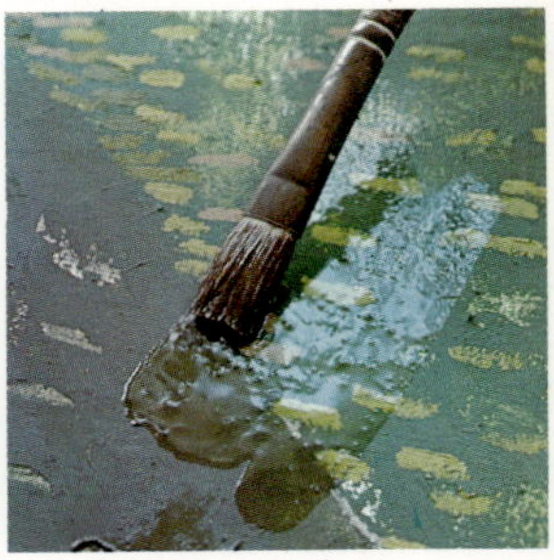

Firnissen Der Firnis wird gleichmäßig aufgetragen, wobei der Pinsel fast parallel zur Leinwand gehalten wird.

4

Acrylmalerei

Entwicklung und Eigenschaften. Untergrund: Leinwand, Holz, Metalle, Papier und Karton, Außenmauern. **Farben und Ausrüstung. Techniken:** Lasuren, Farbflächen, Pinselauftrag, scharfe Ränder und Zeichnung mit Linien, Impasto, Spritzverfahren, Reinigen, Firnissen.

4 **Acrylfarben** Entwicklung und Eigenschaften

Man bezeichnet Farben, deren Pigmente in synthetischen Harzen gebunden sind, im allgemeinen als Acrylfarben – auch dann, wenn das Harz kein Acrylharz, sondern z. B. ein Polyvinylacetat ist.

Acrylfarben entstanden aus dem Bedürfnis, mit witterungsbedingten Problemen fertig zu werden. Künstler, die in den zwanziger Jahren in Mexiko arbeiteten, stellten fest, daß Ölfarben und Freskomalereien keine ausreichende Lebensdauer besaßen. Für bestimmte Arbeiten wie beispielsweise Wandmalerei brauchten sie eine Farbe, die sowohl schnell trocknete als auch unter allen Klimabedingungen stabil blieb.

Bemerkenswerte Pioniere der künstlerischen Anwendung von Acrylfarben waren der Maler und Illustrator José Clemente Orozco (1883–1949), Diego Rivera (1886–1957) – bekannt durch seine Wandmalereien – und David Alfaro Siqueiros (1896–1974). Siqueiros schrieb als Delegierter des amerikanischen Künstlerkongresses in New York einen Beitrag über *Das mexikanische Kunstexperiment.* Kurz darauf, im Jahre 1936, gründete er eine experimentelle Künstlerwerkstatt, die seinen Namen trug. Hier konnten Maler sich mit dem neuen Medium Acrylfarben beschäftigen.

Fast alle traditionellen künstlerischen Verfahren werden heutzutage noch angewandt. Bevor die Acrylfarben erfunden wurden, verwendeten die Maler über 400 Jahre lang dieselben Materialien. Anfangs benutzten sie Acrylfarben ähnlich wie die traditionellen Farben nur für herkömmliche Malerei, aber schon bald entdeckten sie ihre speziellen Eigenschaften und dehnten den Anwendungsbereich auf die Wandmalerei aus.

Acrylfarben haben hinsichtlich Dispersion und Farbsubstanz eine gewisse Ähnlichkeit mit Aquarellfarben, Gouache und Tempera. Sie trocknen gleichmäßig, matt auf und können mit Acrylmalmittel, Wasser oder mit beiden verdünnt werden. Ihr großer Vorteil liegt darin, daß sie trotz Verdünnung mit Wasser innerhalb weniger Minuten trocknen. Wenn sie einmal getrocknet sind, verändern sie sich weder hinsichtlich der Farbe noch in der Textur. Die Oberfläche ist versiegelt, und der Maler kann weitere Farben oder eine Lasur auftragen, ohne daß eine Schicht sich verändert. Jede Schicht bleibt ausreichend porös, um ein vollständiges Auftrocknen zu ermöglichen. Sie haftet gut, bildet eine nahezu unverwüstliche Fläche und ist gegenüber chemischen Einflüssen und Oxidation beständig. Sowohl Acryl- als auch PVA-Farben sind stabil, reflektieren kein Licht und decken, auch wenn sie zum Erzielen von Transparenz verdünnt werden. Soll schnelles Auftrocknen verzögert werden, dann muß die Farbe mit einem geeigneten Verzögerer oder reinem Glyzerin vermischt werden. Um 1950 wurden Acrylfarben nur in den USA verkauft und von Malern wie Jackson Pollock (1912–1956), Mark Rothko (1903–1970), Kenneth Noland (geb. 1929) und Robert Motherwell (geb. 1913) verwendet.

Erst in den sechziger Jahren kamen Acrylfarben in Europa in nennenswertem Umfang auf. Heutzutage benutzen fast alle Künstler unter anderem Acrylfarben.

Acrylmalerei Farben und Ausrüstung

Normalerweise gehören etwa 15 Farben zur Grundausstattung. Schmincke, Lascaux und Dr. Schönfeld bieten ein umfangreiches Farbsortiment an. PVA-Farben sind zwar billiger, doch fehlt ihnen die Beständigkeit. Zu den wichtigsten Farben gehören: Schwarz, Weiß, Zitronengelb, Ocker, Siena Natur, Venezianischrot, Kadmiumrot, Echtviolett, Cölinblau, Kobaltblau, Ultramarin, Grüne Erde, Deckgrün und Chromoxidgrün stumpf. Als Ergebnis jüngerer Farbforschung entstanden auch neue Farben wie z. B. Phtalogrün und Dioxazinpurpur.

Gouachefarben können auf der Palette mit Acrylmalmittel gemischt werden. Hierdurch können Farbschichten übereinander aufgetragen werden, ohne die jeweils unteren zu beeinflussen. Normalerweise wäre dies mit Gouache nicht möglich.

Abgesehen von den Materialien, die im Zusammenhang mit der jeweiligen Technik erörtert werden, verwendet man beim Malen mit Acrylfarben die auch sonst übliche Ausrüstung (Spachtel, Staffeleien, Paletten usw.). Allerdings ist es leichter, Acrylfarbenreste von weißen Kunststoffpaletten zu entfernen als von Holzpaletten. Aquarellpinsel aus Marderhaar eignen sich am besten, um Detailarbeiten auszuführen. Jedoch trocknet die Acrylfarbe so schnell, daß die Pinsel unverzüglich nach jeder Benutzung in warmem Wasser gründlich gereinigt werden müssen. Ein völlig hart gewordener Pinsel muß etwa zwölf Stunden in Spiritus einweichen; dann kann die Farbe mit den Fingerspitzen herausgerieben und in einer starken Seifenlösung ausgewaschen werden.

Spritzpistolen müssen gründlich gereinigt und ständig gewartet werden. Klecksen bedeutet, daß die Nadel an einem harten Pigmentteil hängt oder die Farbe verdünnt werden muß. Tritt die Farbe unregelmäßig aus, so ist die Nadel entweder nicht richtig zentriert, oder sie sitzt zu straff. Auch kann die Düse ausgeleiert oder das Pigment darin eingetrocknet sein; im letzteren Fall muß sie lange eingeweicht und gereinigt werden. Eine verbogene Nadel oder eine beschädigte Düse führen zu einem unsymmetrischen Spritzmuster. Das Mundstück kann verstopfen; um es zu reinigen, muß es aufgeschraubt und nach dem Herausdrehen der Düse durchgeblasen werden. Dies kann auch mit Hilfe eines steifen Pinsels, eines feuchten fusselfreien Lappens oder eines Zahnstochers geschehen.

Acrylfarben, Malmittel, Firnisse
Neben den Produkten von Schmincke oder Lukas haben auch ausländische Acrylfarben Eingang in den deutschen Markt gefunden. Mit Malmittel oder Verzögerer (**1**) ist jede Acrylfarbe auch für große einfarbige Farbflächen geeignet. Die Leinwand sollte mit einer Acrylgrundierung (**3**) oder Kreidegrundierung (**4**) versehen sein. Malmittel gibt es in glänzender (**5**, **7**, **11**, **13**) oder matter (**6**, **10**) Textur. Verzögerungsmalmittel (**16**) läßt die Farbe langsamer trocknen. Ebenso wie Malmittel können auch Firnisse matt (**8**, **9**) oder glänzend sein. Acrylfirnisse sind normalerweise unlöslich. Ebenso nützlich sind Gel-Malmittel (**15**) und Netzmittel (**14**).

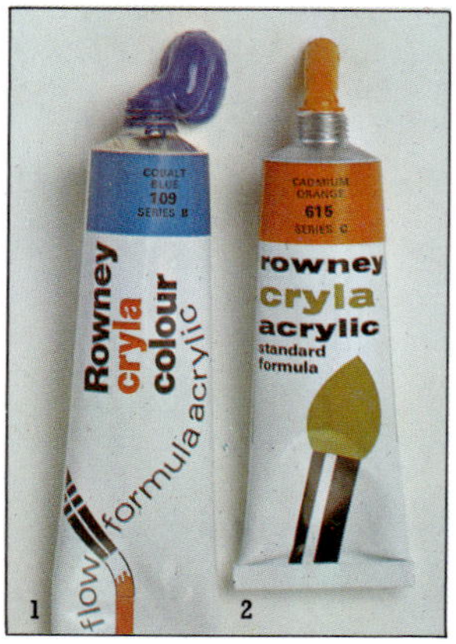

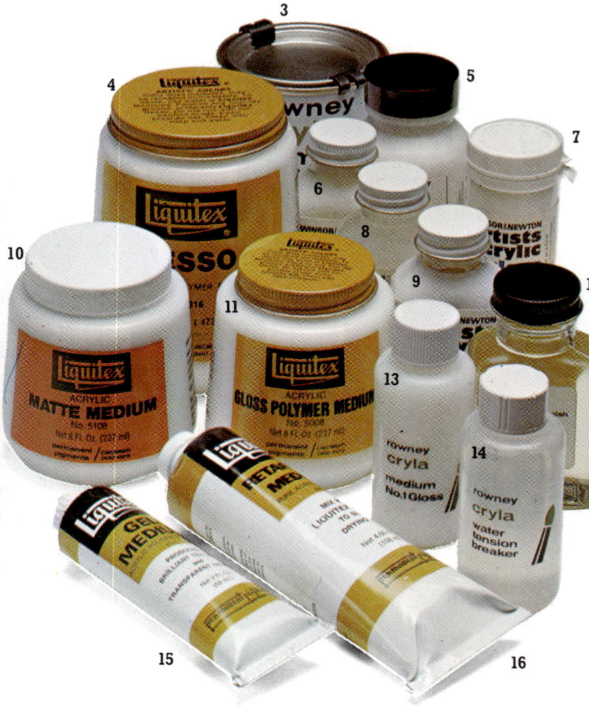

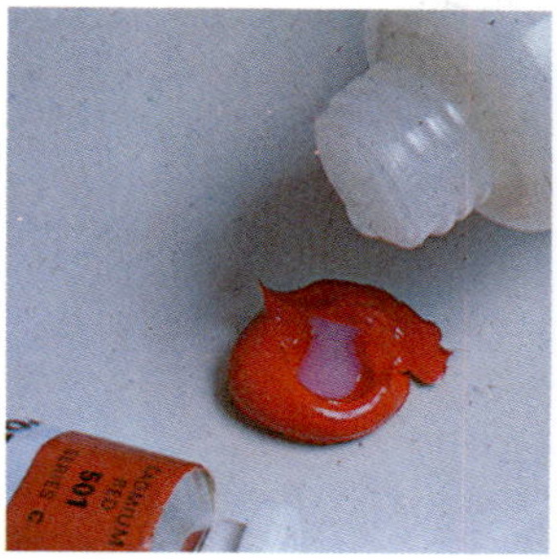

Verdünnen von Tubenfarbe mit Malmittel 1. Etwas Farbe auf die Palette ausdrücken und ein wenig Malmittel hinzufügen.

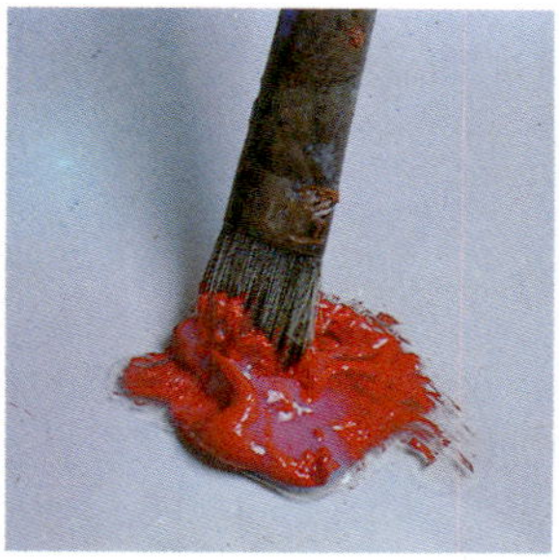

2. Das mit dem Pinsel vermischte Malmittel gibt der Farbe ein glänzendes oder mattes Aussehen und kann mit Wasser verdünnt werden.

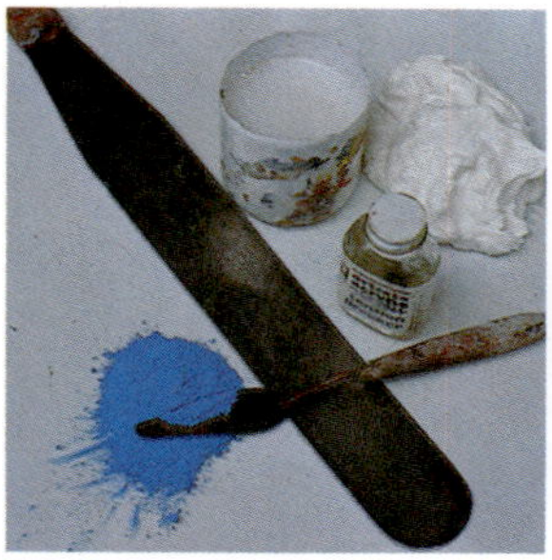

Anreiben von Acrylfarbe 1. Größere Farbmengen können mit rohem Acrylmalmittel, Gel und Pigmenten (pulverisiert oder flüssig) selbst hergestellt werden.

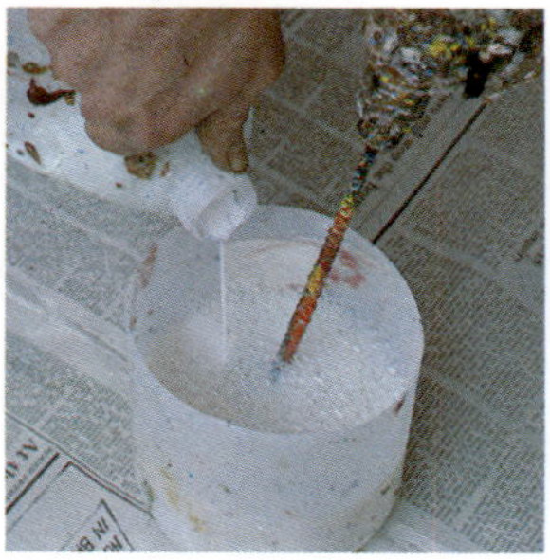

2. Zur Herstellung des Gels wird zum flüssigen Acrylmalmittel langsam Verdickungsmittel hinzugeschüttet.

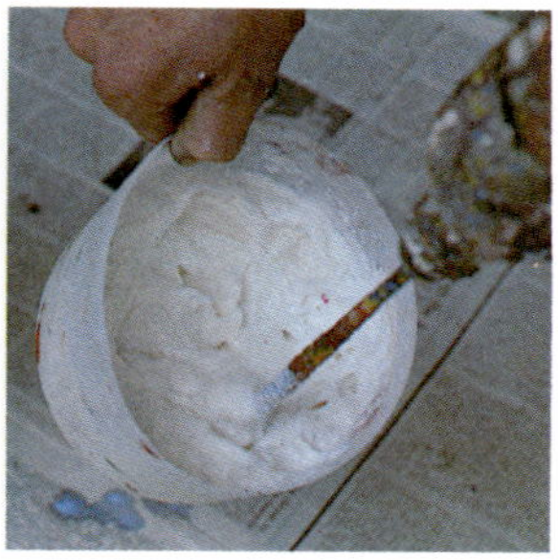

3. Unter kräftigem Rühren nicht zu viel Verdickungsmittel zusetzen und die Mischung etwa 8–12 Stunden lang zum Gelieren stehenlassen.

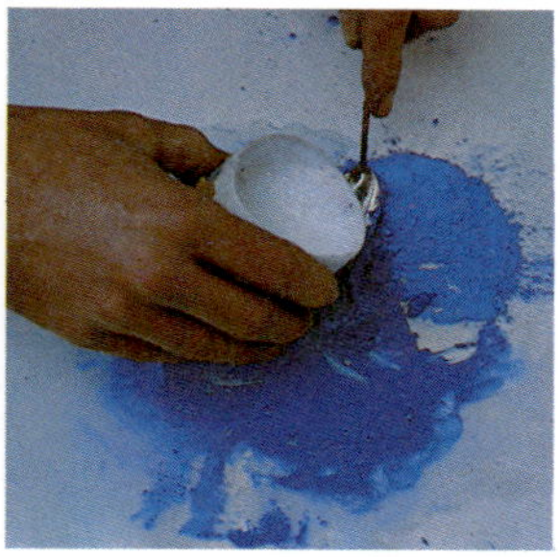

4. Zum Anreiben der Farbe werden das Pigmentpulver und flüssiges Acrylmalmittel auf der Palette mit dem Spachtel vermischt.

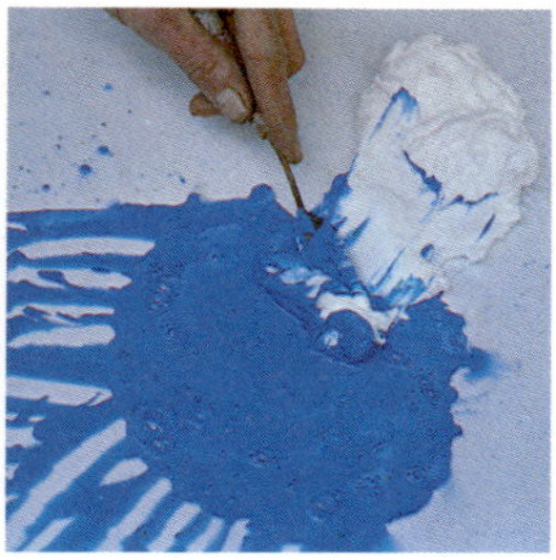

5. Einige Tropfen Wasser hinzufügen und das Gel allmählich beigeben, bis die Farbe die richtige Konsistenz besitzt.

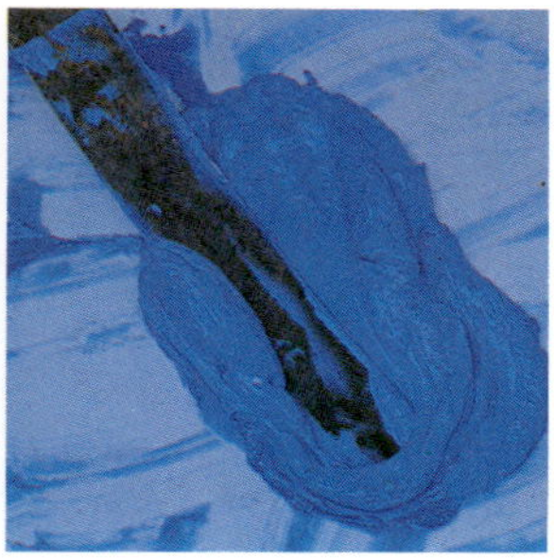

6. Die fertige Farbe ist dick und geschmeidig und kann auf Wunsch mit Wasser verdünnt werden.

4 Acrylmalerei Untergrund

Acrylfarbe läßt sich auf nahezu jeden Untergrund auftragen. Grundierung ist nicht unbedingt erforderlich, aber ratsam. Eine Acrylgrundierschicht besteht aus einem Acrylmalmittel, gemischt mit Titanweiß; sie wird in zwei oder drei dünnen Schichten aufgetragen. Ein nichtgrundierter Malgrund führt zu matten Farben.

Soll die Farbe trotz Grundierung nicht glänzen, so muß sie mit Wasser verdünnt werden. Ölgrundierte und emulsionsgrundierte Leinwand taugt nicht zu Acrylmalerei. Polymere Grundiermittel werden oftmals als Polymer-Gips-Grundiermittel bezeichnet, doch handelt es sich dabei nicht um einen echten Kreide-Leim-Gips, der völlig absorbierend wirkt.

Leinwand
Alle Leinwandarten eignen sich für Acrylfarben. Eine Vorleimung ist nicht erforderlich. Ungrundierte Leinwand sollte nicht straff aufgezogen werden, denn sie zieht sich unter dem Einfluß von Grundierung oder Farbe noch zusammen.

Verwendet man eine Leinwand mit sehr grobem Gewebe wie Juteleinen, dann ist ein Acrylmalmittel erforderlich; es ist glänzend und matt erhältlich und kann mit Wasser verdünnt benutzt werden. Die matte Variante wird auch als Schlußfirnis verwendet. Zusätzlich gibt es Lasurmalmittel, die einen transparenten Effekt haben.

Holz
Acrylfarben und Holzpaneele vertragen sich gut miteinander; es lassen sich natürliches Holz, Sperrholz, Preßholz und Hartfaserplatten verwenden. Die letzteren müssen rückenverstärkt werden, damit sie sich nicht verziehen; die glatte Fläche sollte vor dem Bemalen aufgerauht und mit Acrylgrundierung bestrichen werden.

Metalle
Von allen Metallen eignen sich Kupfer und Zink als Malgrund für Acrylfarben am besten. Aufrauhen, grundieren und entfetten empfiehlt sich.

Papier und Karton
Acrylfarben können – mit und ohne Grundierung – auf fast jede Art von Karton und dickem Papier aufgetragen werden. Papier kann sich unter dem Gewicht der Grundierung wölben und sollte – falls große Flächen vorgesehen sind – über einen Rahmen gespannt werden.

Außenwände
Außenwände bedürfen im allgemeinen einiger Vorbereitung. Acrylfarben eignen sich hier besonders gut, da sie wetterbeständiger sind als normale Ölfarben und kein Licht reflektieren.

Vorbereiten des Malgrundes für Acrylfarben Die normale Grundierung verbindet sich nicht mit Acrylfarben. Acrylgrundierung ist eine Mischung aus Acrylmalmittel und Titanweiß. Fertige Grundierungen sind nicht teuer, daher empfiehlt es sich, den Malgrund gründlich mit zwei oder drei Schichten zu bedekken, die jeweils vor dem Auftragen der folgenden trocknen müssen. Die grundierte Malfläche besitzt nach dem Trocknen etwa den Glanz einer Eierschale, während die ungrundierte gleichmäßig matt erscheint, weil der Malgrund das Pigment absorbiert.

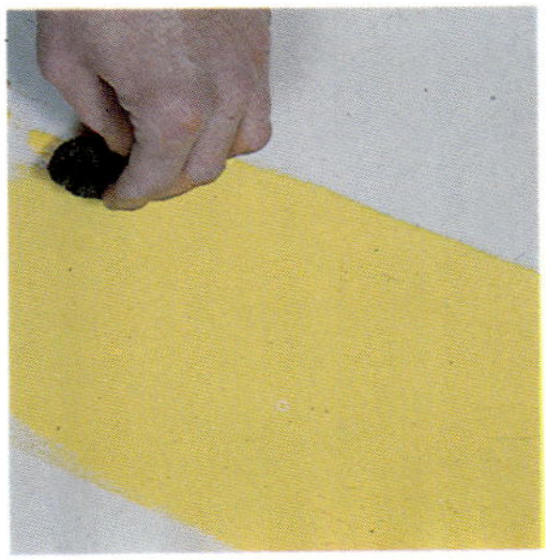

Malen auf unvorbereiteter Leinwand 1. Die Farbe wird so verdünnt, daß sie gut fließt, und mit einem Schwämmchen gleichmäßig aufgetragen.

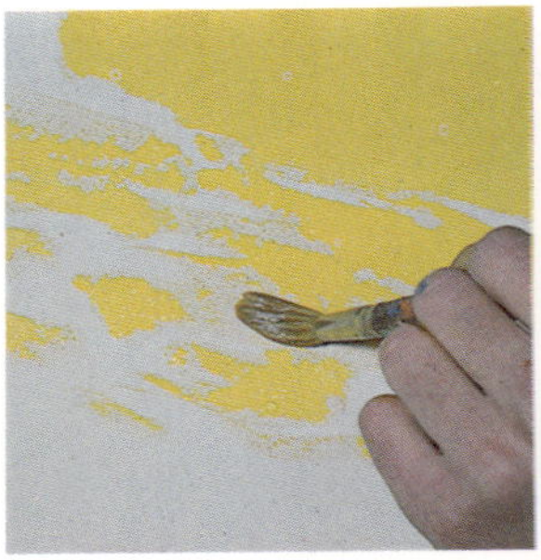

2. Derselbe Vorgang mit dem Pinsel benötigt mehr Zeit.

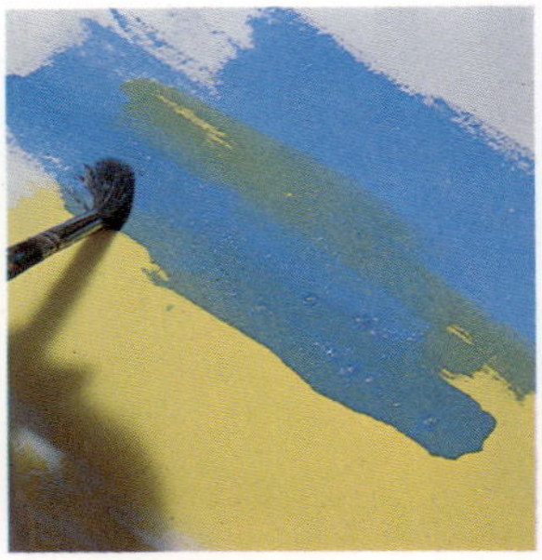

3. Werden mehrere Farben verwendet, muß man bedenken, daß sie sich an ihren Grenzen vermischen.

Acrylmalerei Techniken

Acrylfarben sind ähnlich transparent wie Aquarellfarben. In ihnen schimmert ein weißer Grund durch, ohne daß es einer weiteren weißen Übermalung bedarf. Die Farben werden, mit Wasser oder Acrylmalmittel vermischt, transparent.

Lasuren
Acrylfarbe zum Lasieren, mit Wasser oder Lasiermalmittel verdünnt, wird in den ersten Malphasen verwendet. Das Malmittel wird auf der Palette tröpfchenweise in die Mulde eines Farbhäufchens hinzugegeben und mit einem nassen Pinsel

oder einem Spachtel gründlich vermischt. Werden mehrere Farben mit Malmittel versetzt, dann sollten sie erst auf der Palette gemischt und dann mit Malmittel verdünnt werden. Die Farbe wird so dünn auf die Leinwand aufgetragen, daß der Untergrund durchscheint; folgende Schichten können erst dann aufgetragen werden, wenn die vorige trocken ist. Eine sehr wäßrige Farbe braucht eventuell ein wenig Gel- oder Matt-Malmittel, damit sie ihre Adhäsionseigenschaft nicht verliert.

Farbflächen

Einige Acrylfarben können ohne Verdünnungsmittel aufgetragen werden. Dies muß in mehreren Deckschichten mit dem Pinsel oder dem Spachtel geschehen. Rowney's Flow Formula und Lascaux-Farben eignen sich z. B. sehr gut für große, dekkende Flächen, da sie sich gut verteilen. Stark verdünnte Flow Formula, die auf nichtgrundierte Leinwand aufgetragen wird, läßt das Gewebe als Teil des fertigen Bildes noch erkennen.

Pinselauftrag

Die Spuren des Pinselstrichs werden beseitigt, indem man eine zarte Schicht verdünnter Farbe in das Gewebe der Leinwand eindringen läßt und anschließend mit einem trockenen Lappen darüber reibt. Nach ein paar Minuten wird eine zweite hellere oder dunklere Schicht und nach dem Trocknen eine dritte gleichmäßig aufgetragen.

Viele Stile und Techniken sind mit Acrylfarben möglich. Dabei kann der Pinselstrich zu einem typischen Merkmal werden. Zum Beispiele nutzt der englische Maler Tom Phillips Tüpfel, Schraffierungen und trockenen Pinselauftrag, um besondere Effekte zu erzielen; scharfe Farbgrenzen erhalten seine Bilder durch Maskierung mit Klebeband. Sein Acrylgemälde *Benches*, das Postkartenbilder wiedergibt, mißt 2,74 × 1,22 m und besteht aus drei einzelnen Leinwänden. Er trug die ganze Farbe – 19 Aqua-Tec-Farben – mit langen, stumpfen Schriftpinseln auf.

Die Trockenpinseltechniken, wie sie bei Öl- und Wasserfarben zur Anwendung kommen, lassen sich sowohl mit verdünnter als auch mit unverdünnter Acrylfarbe praktizieren. Der Pinsel wird trockengehalten, und seine Borsten werden während des Malens unter leichtem Druck gefächert.

Scharfe Ränder und Zeichnung mit Linien

Entlang der aufgezeichneten Linien wird Klebeband auf den Untergrund geklebt. Die Farbe kann nun ohne große Vorsicht bis über das Klebeband aufgetragen werden. Während sie trocknet, wird es sorgfältig abgezogen, wobei ein scharfer Rand entsteht. Dieses Verfahren kann nun an einer anderen Linie wiederholt werden. Auch sehr feine Linien lassen sich mit Hilfe der Klebebandmaskierung ziehen. Die verdünnte Farbe wird dabei mit weichen Haarpinseln aufgetragen.

Impasto

Der englische Maler John Bratby (geb. 1928) fertigt seine Impastobilder, indem er Acrylfarbe direkt aus der Tube auf die Leinwand drückt. Obwohl dieses Verfahren eine lange Trockenzeit benötigt, haftet die Farbe doch sofort auf dem Untergrund. Impastogemälde können mit Acrylfarben leichter und schneller als mit Ölfarben angefertigt werden. Eine texturierte Paste für Impastos kann auf den Untergrund aufgetragen und übermalt werden, aber sie ist nicht wie Farbe zu gebrauchen und gibt nicht die typischen Stilmerkmale eines Malers wieder.

Spritzverfahren

Acrylfarben können in Spritzpistolen wie Öl-, Gouache- und Wasserfarben verwendet werden.

Spritzpistolen sind Präzisionsinstrumente, die extrem feine Linien und Schattierungen erzeugen und somit photographische Effekte hervorrufen können. Geräte, die für delikate Arbeiten verwendet werden, haben einen nur sehr kleinen Farbbehälter, der mit einem Tropfer oder mit dem Pinsel gefüllt wird. Spritzpistolen für größere Arbeiten besitzen eine weitere Düse und einen großen Farbbehälter. Noch größere Ausführungen werden zum Spritzen riesiger Flächen verwendet; dabei muß die Farbe so stark verdünnt werden, bis sie in etwa die Konsistenz von Milch besitzt.

Ehe der Farbbehälter gefüllt wird, bläst man Luft durch die leere Spritzpistole, um Feuchtigkeit und Staub zu beseitigen. Die Pistole wird wie ein Federhalter in verschiedenen Winkeln zum Papier gehalten, je nach gewünschtem Effekt. Der Knopf wird für die Luftzufuhr heruntergedrückt und zur Farbregulierung nach hinten gezogen. Will man die Farbe wechseln, dann muß der Farbbehälter entleert und mit Wasser gefüllt werden, das so lange verspritzt wird, bis alle Farbreste herausgespült wurden.

Für feine Linien sollte die Spritzpistole ganz nahe an das Papier gehalten und der Betätigungsknopf sehr leicht nach hinten gezogen werden. Für gerade Linien wird das Mundstück an einem Lineal entlanggeführt. Farben mit fein zermahlenem Pigment sind für feine Arbeiten am besten geeignet.

Flache, gleichmäßige Farbabschnitte erhält man, wenn Deckfarben aus etwa 10 cm Abstand in parallelen Streifen aufgespritzt werden, wobei jeder Streifen den vorhergegangenen leicht überlappt.

Für Flächen mit abgestuften Farbtönen muß vom hellsten bis zum dunkelsten Ton, wiederum in parallelen Linien, gearbeitet werden, wobei man den Farbknopf für den ersten Streifen nur wenig nach hinten zieht und jedem weiteren Streifen etwas mehr Farbe zugibt. Eine Abstufung wird ebenfalls erreicht, indem man zuerst den helleren und danach den dunkleren Ton einer Farbe verwendet. Transparente Farben eignen sich am besten für das Abstufen und Verschmelzen verschiedener Farben. Um Fleck- oder Sprenkeleffekte zu erzielen, muß man auf die Spritzpistole eine spezielle Fleckkappe aufsetzen oder den Luftdruck reduzieren; es besteht auch die Möglichkeit, einfach den Bedienungsknopf nach hinten zu ziehen, ohne ihn nach unten zu drücken.

Durch Masken kann man verhindern, daß andere Teile des Bildes bespritzt werden. Um mit ihnen spezielle Formen und Ränder herzustellen, muß das gewünschte Muster mit Hilfe eines spitzen Messers leicht aus dem Maskierfilm, einer durchsichtigen selbstklebenden Folie, ausgeschnitten werden. Die ausgeschnittenen Folienteile werden herausgenommen, so daß man die Form aufspritzen kann. Später können diese Folienteile auf die Farbe aufgeklebt werden, um sie zu schützen, während man eine andere Form spritzt. Einen weichen oder harten Rand erzielt man mit Hilfe eines dünnen Kartons, der auf die gewünschte Form zugeschnitten wird. Der Kartonrand wird knapp über den Malgrund gehalten und nach jedem Spritzvorgang verschoben. Je näher er an den Malgrund gehalten wird, desto schärfer wird der Saum.

Maskierflüssigkeit kann als Schutz dünn auf jene Stellen aufgetragen werden, die nicht bespritzt werden sollen. Komplizierte Muster aus feinen Linien und Punkten können in den Maskierfilm eingeritzt werden, so daß die Farbe hier durchdringt. Nachdem sie trocken ist, wird die Maske leicht mit einem Radiergummi gerieben und abgezogen.

Weitere Maskenformen sind als Schablonen in vielen Formen und Mustern erhältlich.

Reinigen und Firnissen

Acrylgemälde sind wasserfest und können mit Seifenwasser gereinigt und danach mit klarem Wasser abgespült werden. Obwohl Firnissen nicht erforderlich ist, sollte man Wandbilder durch einen matten Acrylfirnis schützen. Der Firnis kann mit Hilfe von Terpentin wieder entfernt werden.

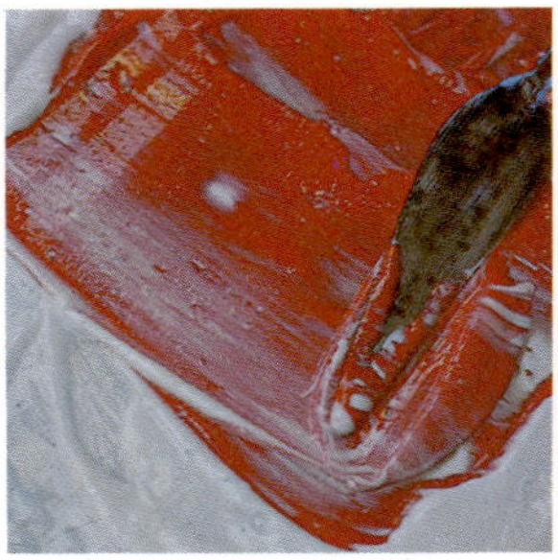

Lasur 1. Man verdünnt etwas Farbe mit viel Gel oder Malmittel, wobei der Farbwert herabgesetzt wird.

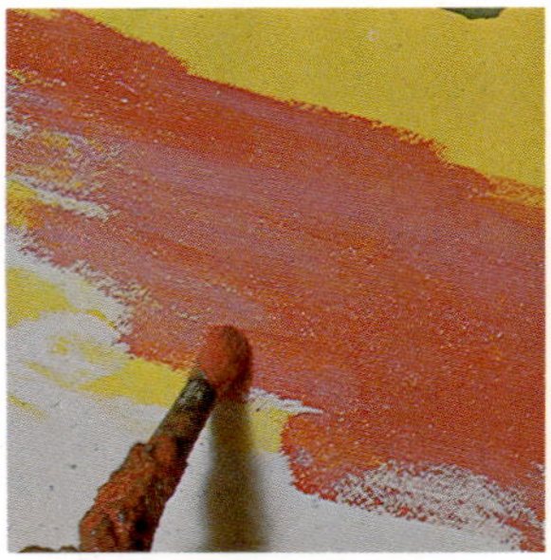

2. Die mit weichem Pinsel aufgetragene Acrylfarbe trocknet schnell und kann daher schichtweise in jeder Dicke aufgemalt werden.

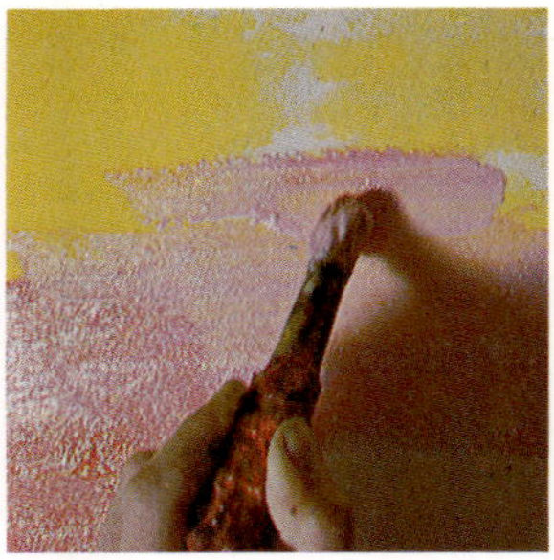

3. Eine transparentere Lasur erhält man durch zusätzliches Malmittel. Beachten, daß die Farbe dadurch auch schwächer wird.

4. Lasuren können in dünnen Schichten über die Farbe gelegt oder dick aufgetragen werden, um den Pinselstrich anzudeuten.

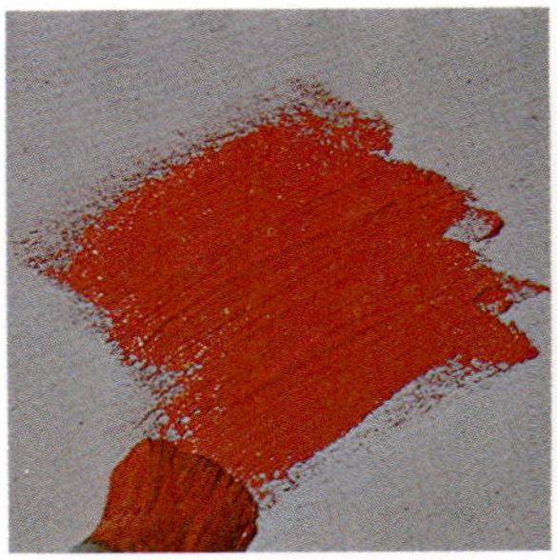

Auftragen einer gleichmäßigen Deckfarbe 1. Eine breite Fläche pastoser Farbe wird mit einem weichen Pinsel aufgetragen.

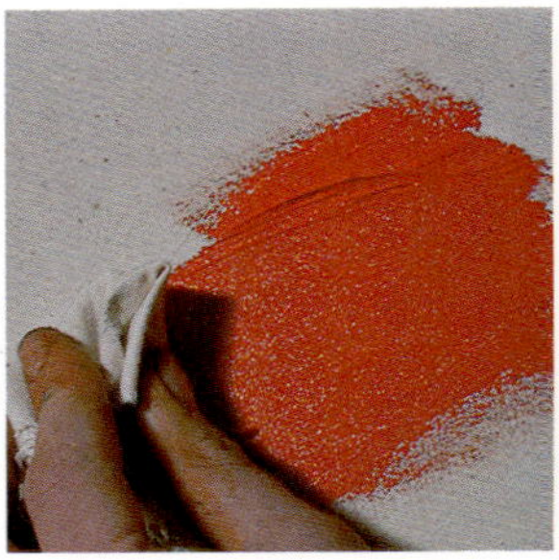

2. Die Farbe mit einem sauberen, trockenen Lappen in den Untergrund drücken, wobei die Spuren des Pinselstrichs geglättet werden.

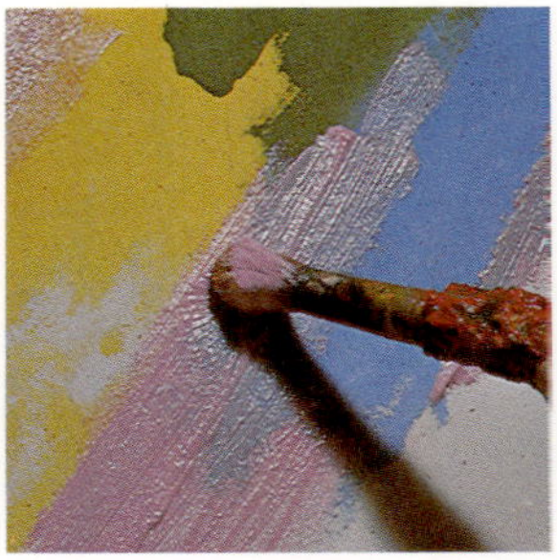

3. Die nicht mit Malmittel verdünnte Farbe deckt sofort.

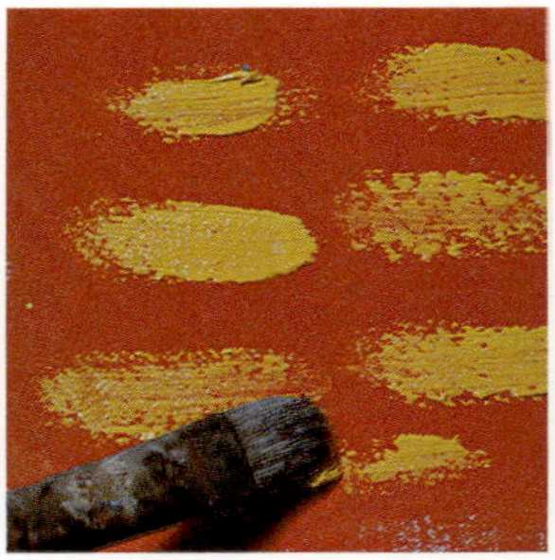

Auftragen gebrochener Farben
Die mit dem Pinsel aufgenommene unverdünnte Farbe wird leicht auf die Malfläche aufgetragen.

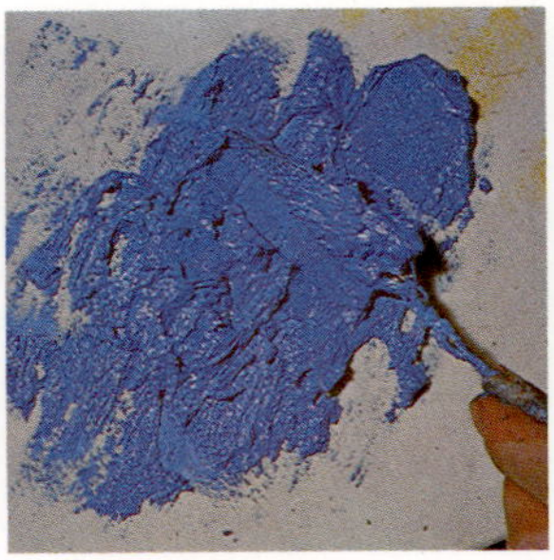

Auftragen von Impasto 1. Die Farbe wird direkt aus der Tube oder mit zusätzlichem Gel mit dem Spachtel über die Leinwand verteilt.

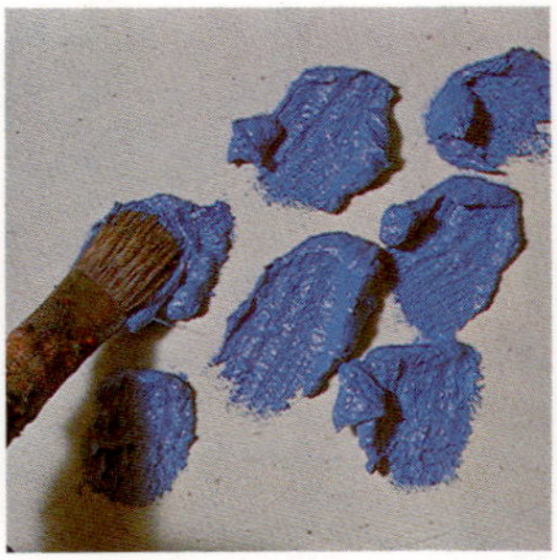

2. Dicke Farbmassen werden mit dem Pinsel aufgetragen. Hierfür eignen sich Acrylfarben besonders, denn sie haften gut und trocknen schnell.

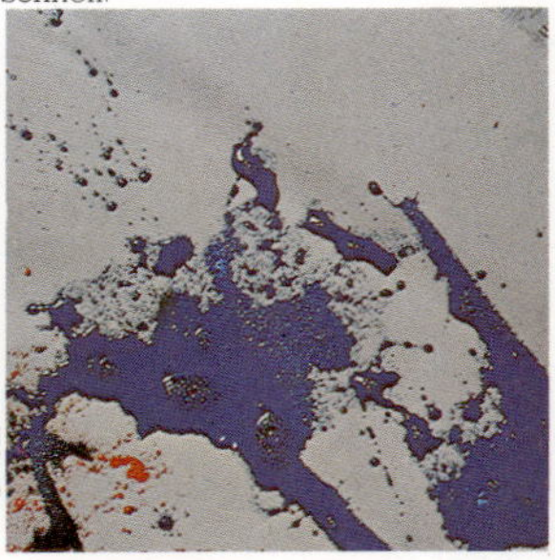

Klecksen 1. Farbe in kleinem Behälter stark verdünnen. Diesen über die Leinwand halten und mit dem Pinsel Farbe über den Rand drücken.

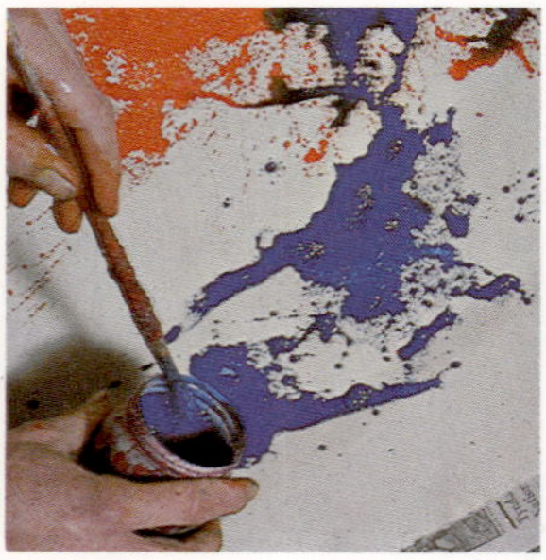

2. Es entsteht ein unregelmäßiges Muster.

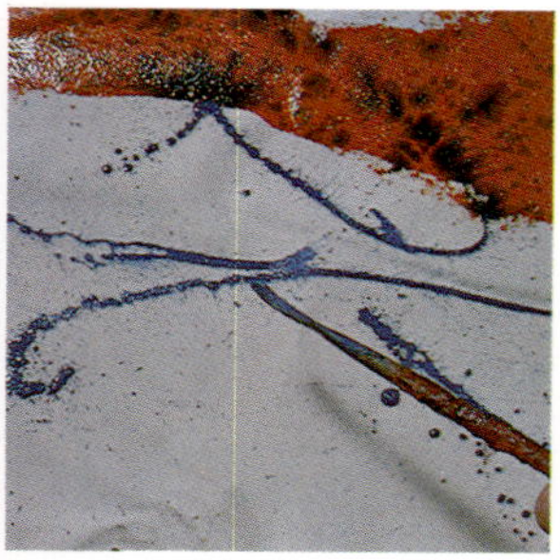

3. Fein verspritzte Linienmuster und Tropfen erhält man durch Ausklopfen eines nassen Pinsels über der Leinwand.

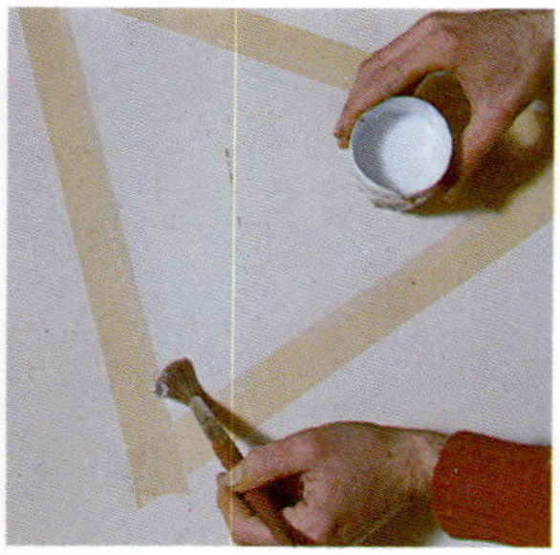

Maskieren mit Klebeband 1. Mit dem Klebeband umsäumt man das Muster; ersteres wird mit verdünntem Malmittel überstrichen.

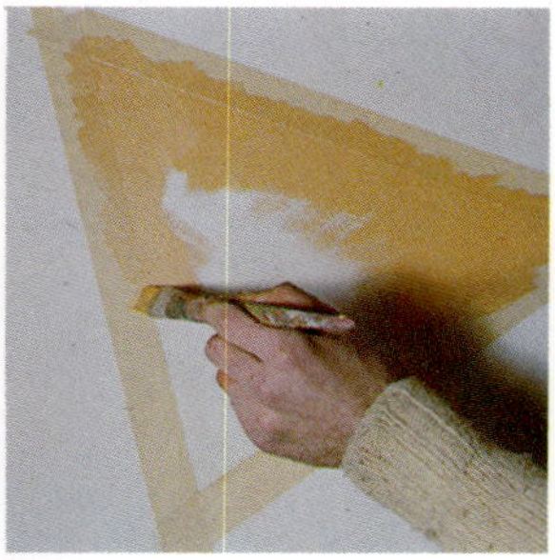

2. Nun wird die maskierte Fläche, vom Klebeband zur Mitte hin, gleichmäßig mit Farbe übermalt.

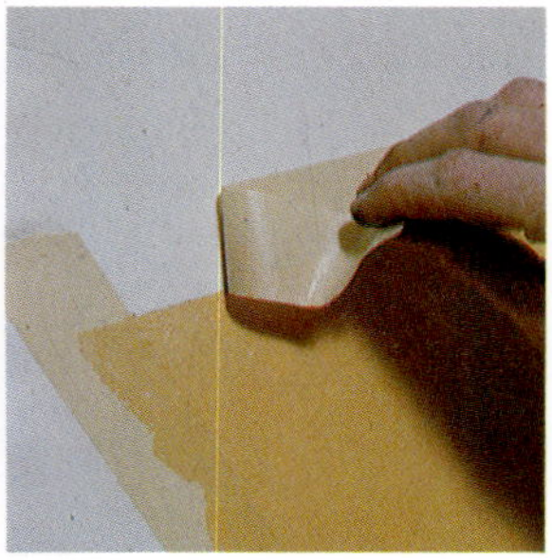

3. Nach dem Trocknen wird das Klebeband an einer Ecke angehoben und vorsichtig von der Leinwand abgezogen.

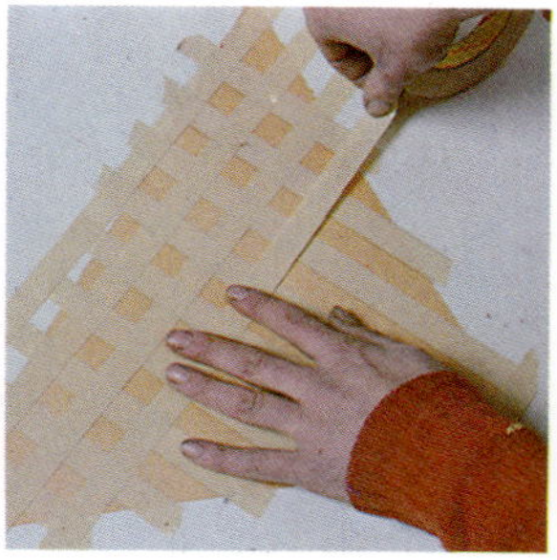

4. Weitere Klebebänder werden angebracht und mit verdünntem Malmittel überstrichen. Trocknen lassen.

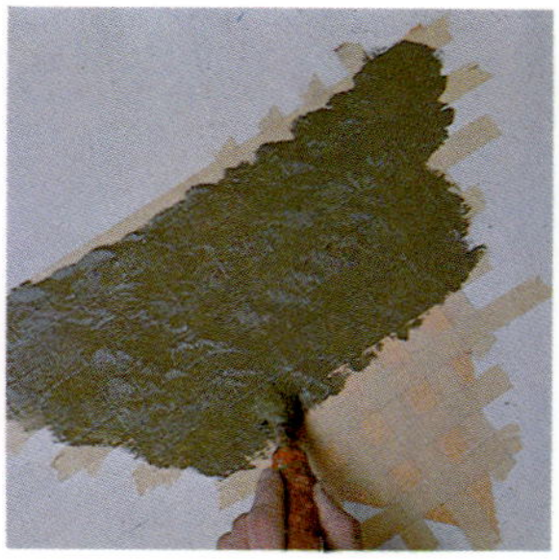

5. Maskierte Fläche mit einer anderen, nicht zu nassen Farbe übermalen, wobei die Ränder der Maske nicht beschädigt weden dürfen.

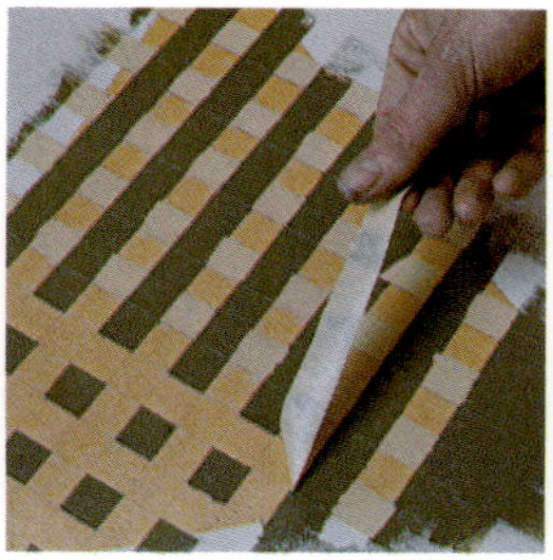

6. Mit dieser Methode kann man eine beliebige Anzahl von Schichten aufbauen, nur muß die Farbe vor jeder Maskierung trocken sein.

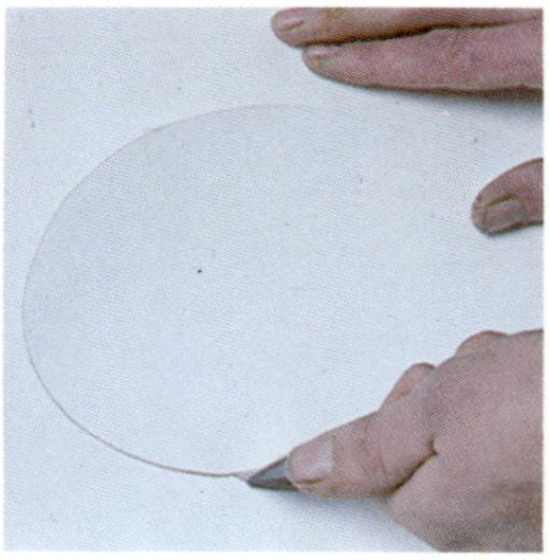

Maskieren mit Karton 1. Das Muster wird aus einem dünnen Halbkarton ausgeschnitten. Maskierfilm oder Klebeband verwenden.

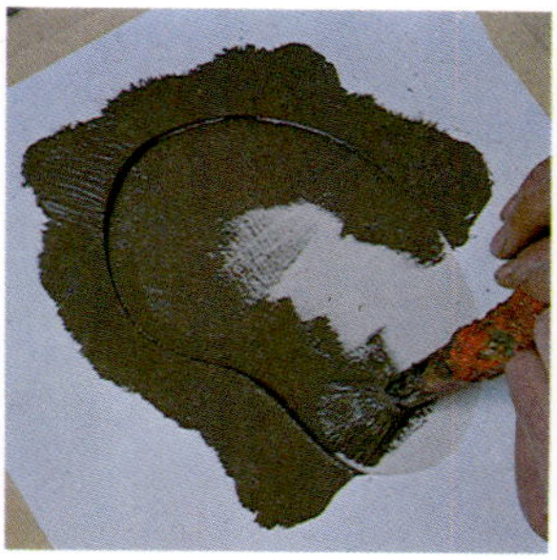

2. Maske fest gegen die Leinwand andrücken und das Muster mit nicht zu nasser Farbe übermalen. Von den Rändern ausgehend arbeiten.

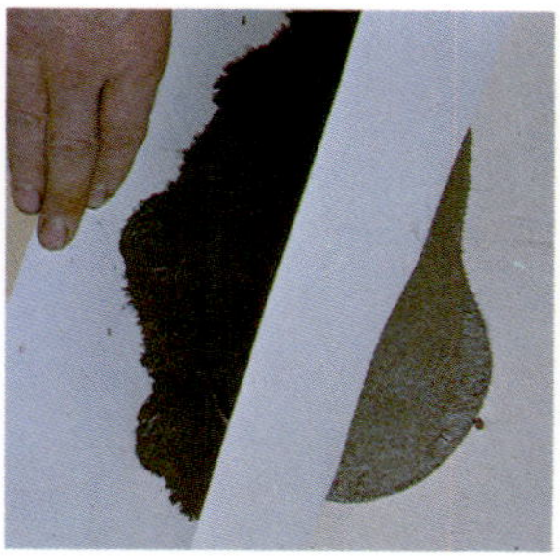

3. Beim Abheben des Kartons sollte die gemalte Fläche auf Sauberkeit und Schärfe überprüft werden.

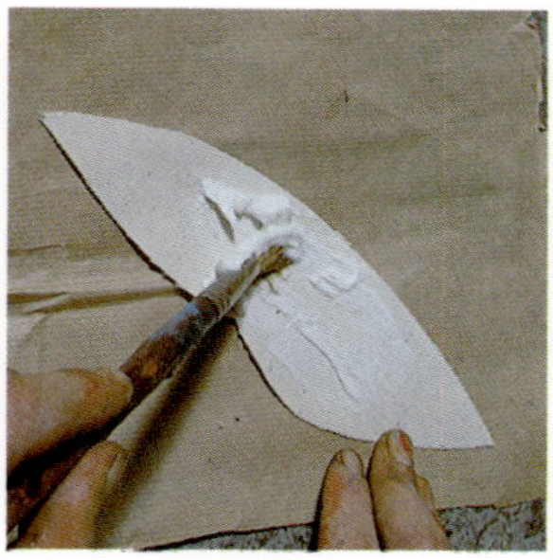

Collage mit Malmittel 1. Muster aus Stoff ausschneiden und eine Seite mit Acrylmalmittel bestreichen.

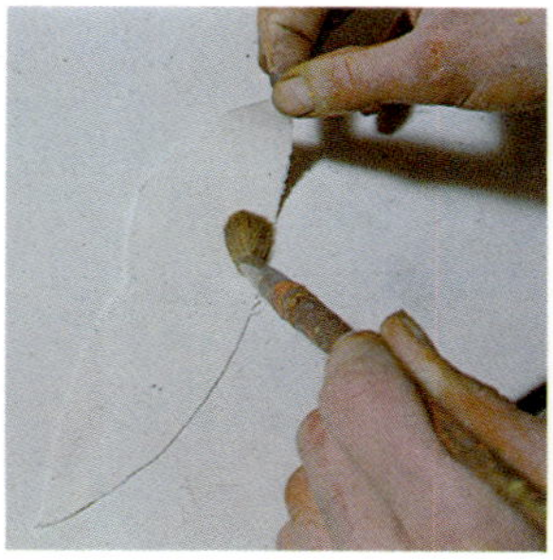

2. Stoffmuster mit der klebenden Seite auf die gespannte Leinwand drücken und mit einem sauberen, trockenen Pinsel überstreichen.

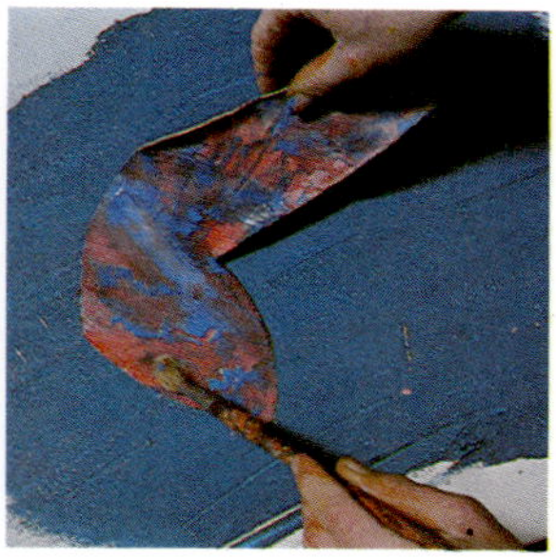

Farbcollage Collage ist auch mit Acrylfarbe möglich, welche klebende Eigenschaften besitzt.

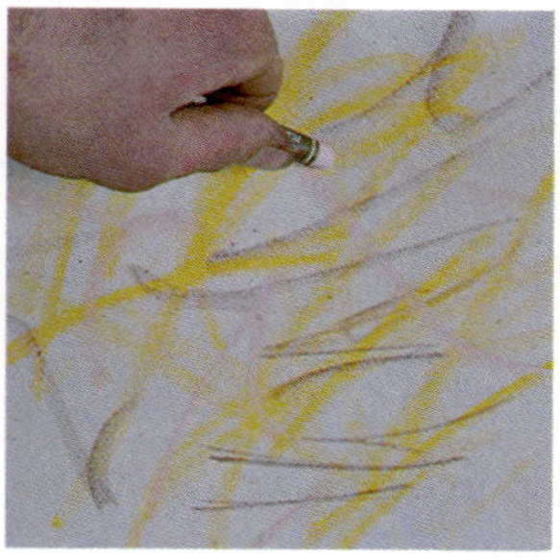

Acrylfarbe über Ölkreide 1. Mit Ölkreide auf die Leinwand zeichnen. Die Kreidestriche müssen recht dick sein.

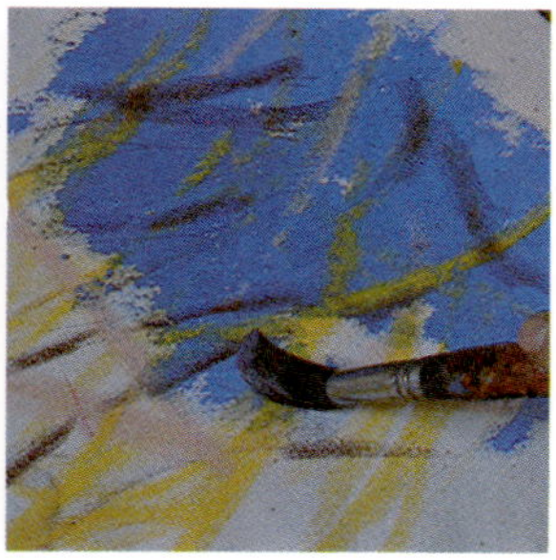

2. Farbe mit viel Wasser verdünnen und mit einem großen, weichen Pinsel über die Ölkreide streichen.

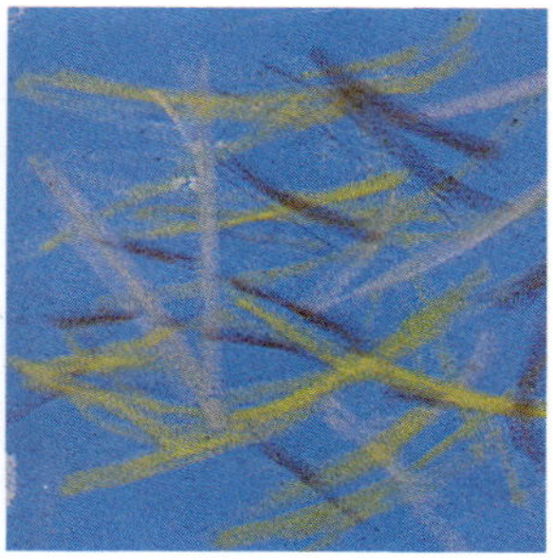

3. Die Ölkreide widersteht der Farbe, und die Zeichnung ist durch die dünne Farbschicht hindurch deutlich sichtbar.

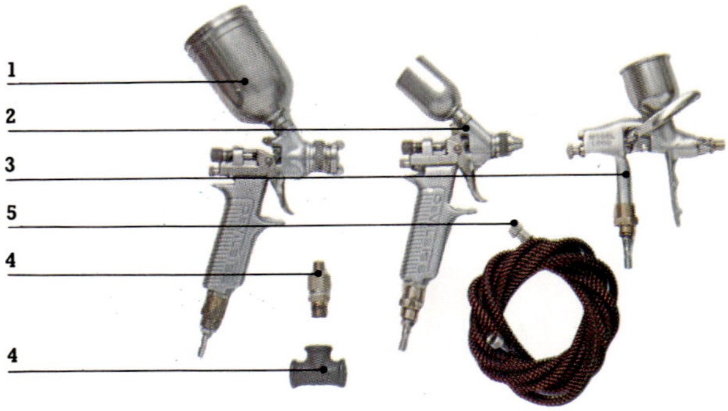

Spritzpistolen Spritzpistolen für Acrylfarben besitzen große Düsen und Farbbehälter. Die Abbildungen (**1**, **2** und **3**) zeigen unterschiedliche Modelle mit verschieden großen Farbbehältern. Wichtig sind die Verbindungsstücke (**4**) und der Schlauch mit den Tüllen (**5**).

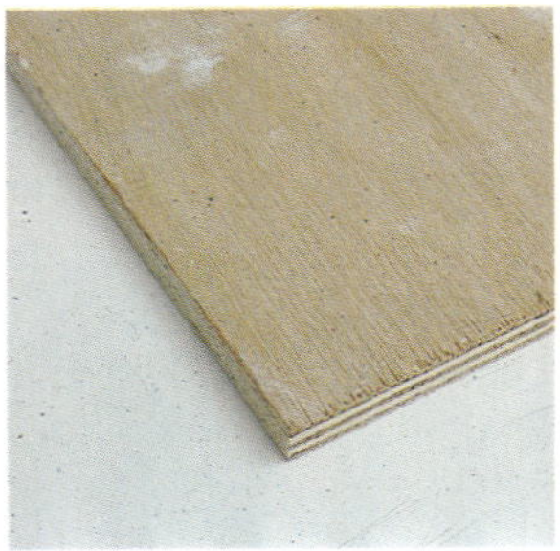

Maskieren 1. Durch unterschiedliche Masken – z. B. aus Holz, Papier oder Klebeband – können viele verschiedene Effekte erzielt werden.

2. Die auf den Malgrund gelegte Holzmaske bewirkt einen weichen Rand.

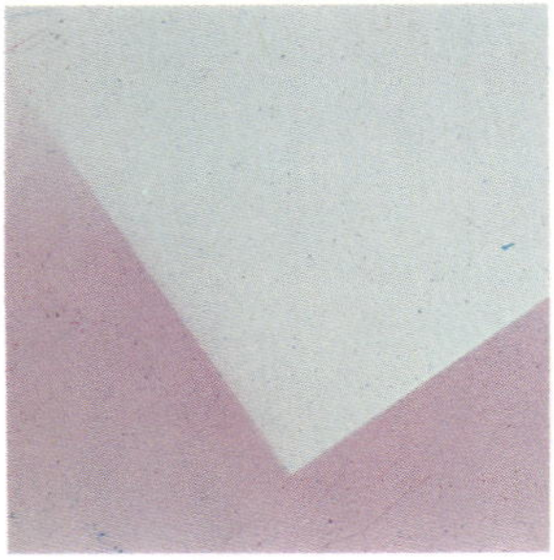

3. Der durch die Papiermaske entstehende Rand ist schärfer, da sie dünner als Holz ist.

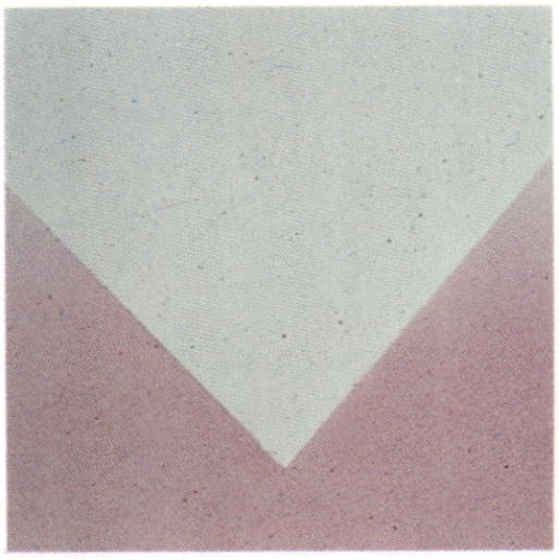

4. Mit Klebeband und Papiermaske erhält man die schärfsten Randlinien.

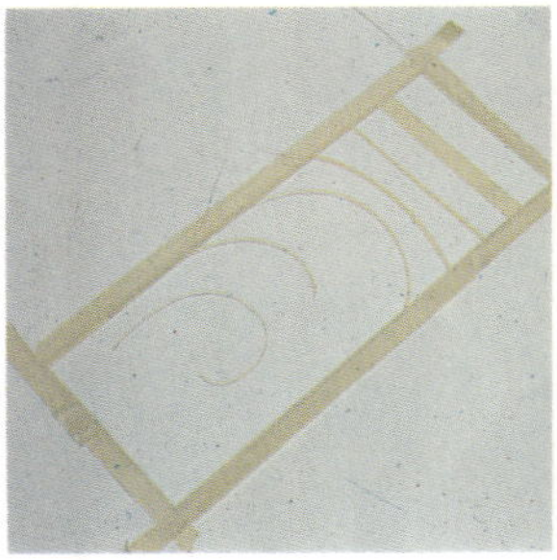

5. Die vorgesehene Fläche wird maskiert.

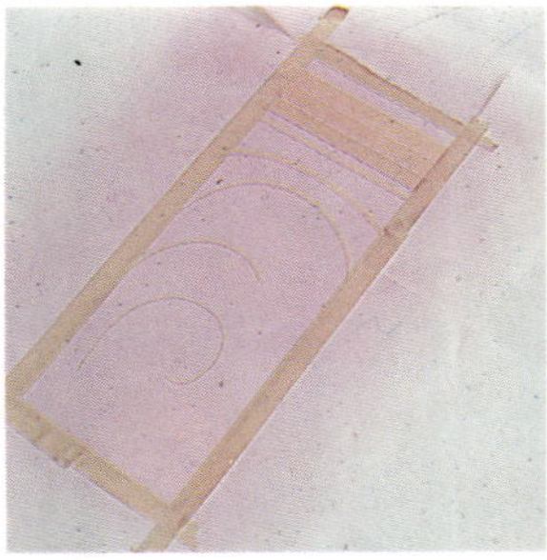

6. Durch horizontales und vertikales Spritzen trägt man eine gleichmäßige Farbschicht auf die maskierte Fläche auf.

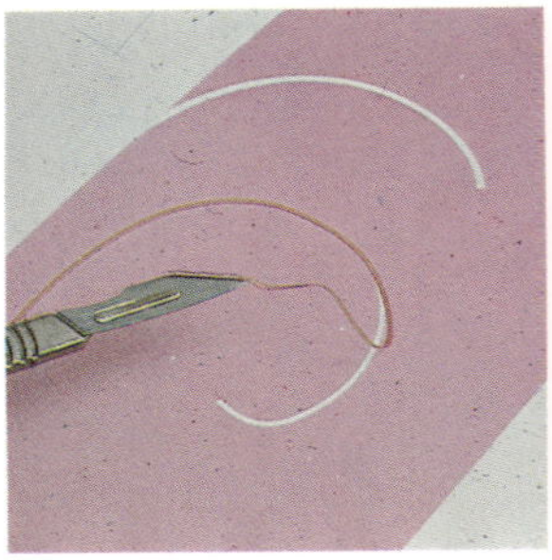

7. Nach dem Trocknen der Farbe wird das Klebeband sorgfältig abgehoben.

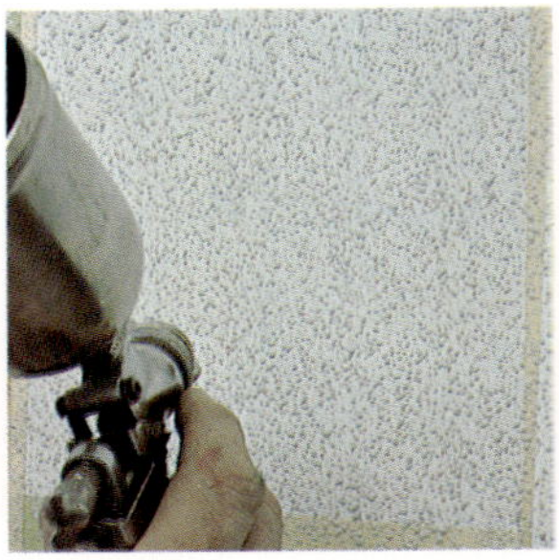

8. Maskierflüssigkeit kann mit der Spritzpistole zum Erhalten eines Musters aufgespritzt werden.

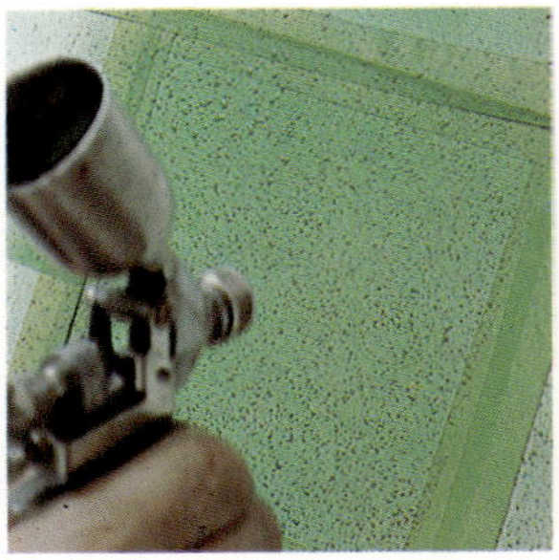

9. Die getrocknete Maskierflüssigkeit wird mit einer Farbschicht überspritzt.

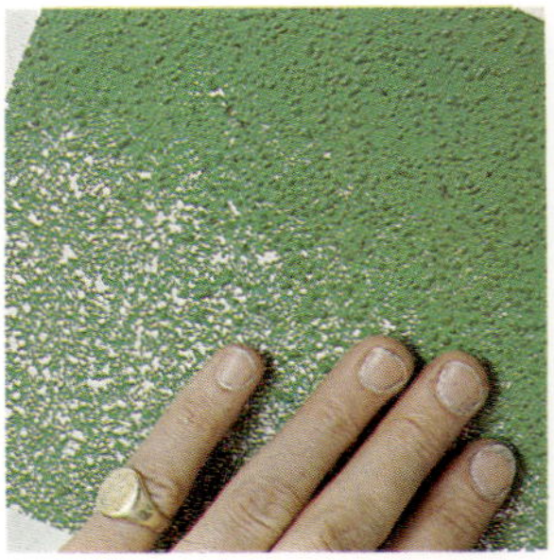

10. Nach dem Trocknen der Farbe die Maskierflüssigkeit mit der Hand abreiben. Zurück bleibt ein ausgeprägtes Sprenkelmuster.

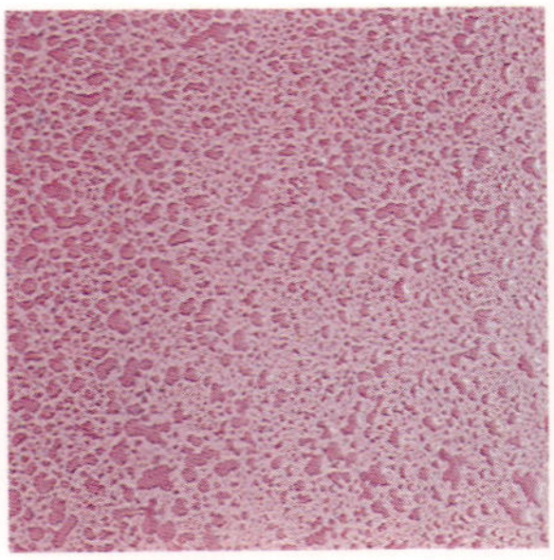

Fleckenmuster 1. Spritzt man Farbe auf einen mit Wasser besprenkelten Untergrund, entsteht ein anderer Effekt.

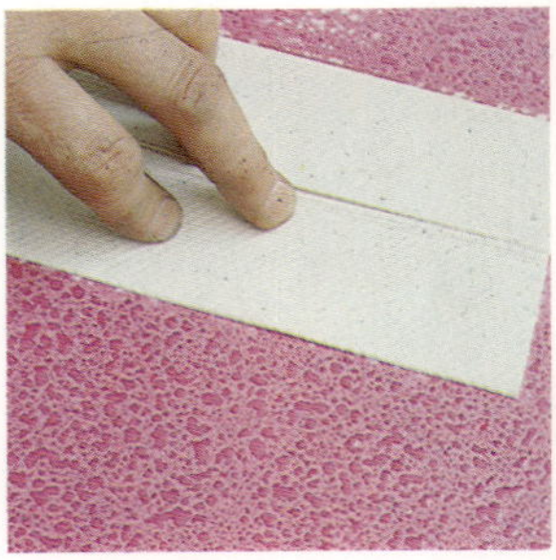

2. Nachdem die Farbe trocken ist, wird das Wasser mit Löschpapier oder einem Schwamm aufgesaugt.

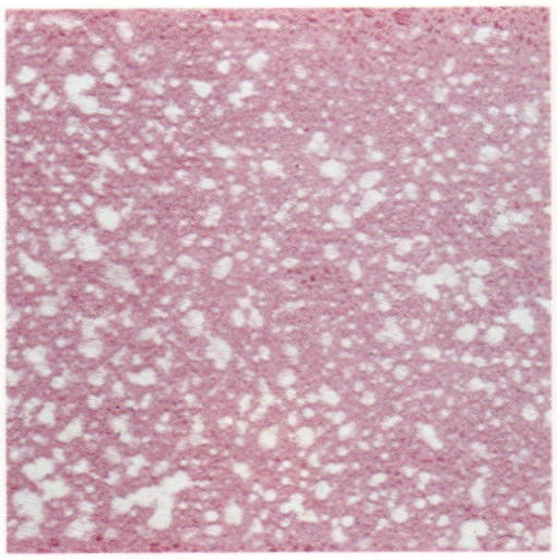

3. So entsteht ein Fleckenmuster.

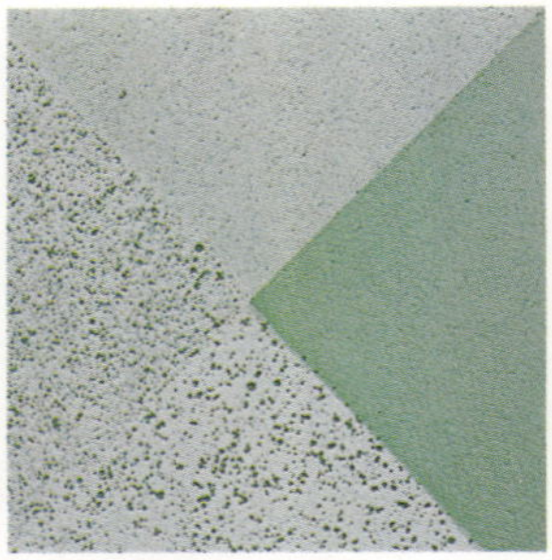

Unterschiedlicher Druck Beim Spritzen mit unterschiedlichem Druck entstehen gleichmäßige Farbflächen oder Tüpfel.

5

Tempera

Geschichte und Grundlagen. Ausrüstung und Techniken:
Pigmente, Eitempera, Malgründe, Vorleimung, Grundierung.

5 **Tempera** Geschichte und Grundlagen

Das traditionelle Verfahren der Temperamalerei beruht auf der Verwendung von Farbpigmenten, vermischt mit Eigelb und verdünnt mit destilliertem Wasser. Nachdem Temperafarbe auf den Malgrund aufgetragen ist, verdunstet das Wasser, und Eigelb und Pigmente erstarren zu einer harten, dünnen Farbschicht. Temperafarben sind weniger geschmeidig als Ölfarben und können, da sie sehr schnell trocknen, nicht ineinandergemalt werden; aber sie trocknen viel getreuer als Ölfarben zu den ursprünglichen Farbtönen der Pigmente, so daß der Maler sehr genau bestimmen kann, welche Farben sein Bild schließlich zeigen wird. Außerdem vergilbt Tempera nicht im Laufe der Zeit und dunkelt nicht nach.

Öl, Wachs oder Gummiarabikum können zur Dispersion von Eigelb und Pigmenten hinzugefügt werden, so daß eine Emulsion entsteht, die das Medium flexibler macht und der fertigen Arbeit einen zusätzlichen Glanz verleiht. Zweifellos war es diese Gewohnheit, die den flämischen Meister Jan van Eyck (ca. 1390–1441) darauf brachte, so erfolgreich mit einer reinen Ölfarbe zu experimentieren. Die brillanten Resultate verdrängten während der Renaissance die Tempera zugunsten der Ölfarben.

Alle Künstler der Antike aus Babylon, dem mykenischen Griechenland und China verwendeten Temperafarben. Temperagemälde schmücken Grabsteine in Ägypten, die frühchristlichen Katakomben und die Altäre der byzantinischen Kirchen.

Auch der erste bedeutende florentinische Künstler, Giotto (1266–1337), berühmt wegen seiner märchenhaften Fresken in den Kapellen von Assisi und Padua, arbeitete mit Tempera. Die erste Beschreibung der Methode, reines Eigelb mit Pigmenten zu vermischen, stammt von Cennini (ca. 1390) und geht wahrscheinlich auf Giottos Atelier zurück.

Diese frühen Meister schufen ihre Gemälde, indem sie die Tempera Schicht um Schicht auf einen Kreidegrund auftrugen. Oftmals begannen sie mit einer grünen Unterschicht, wie es noch deutlich bei einer unvollendeten Arbeit von Cima de Conegliano (1459–1517) zu erkennen ist. Die *Verkündigung* belegt jene jahrhundertealte Frische der Tempera. Sie wurde im späten 14. Jh. von dem Katalonier Pedro Serra (1345–1405) gemalt. Die Vielseitigkeit der Tempera wird vom Werk von Fra Angelico (1387–1455) bewiesen; er trug Schichten verschiedener Farben auf, um seinen Hintergründen Tiefe und den Gesichtern seiner Heiligen fast überirdische Eigenschaften zu verleihen. Piero della Francesca (1410–1492) baute zuerst die Konturen seiner Figuren auf, dann malte er die Hintergründe in zarten Tönen und beendete seine Gemälde mit einer einzigen, schweren Farbschicht in den endgültigen Farben. Das Gemälde *Christi Geburt* verdeutlicht seinen Tempestil. Andere Maler aus derselben Zeit, wie Duccio (1255–1319) mit seinem Gemälde *Christus heilt den Blinden* und Pietro Lorenzetti (er malte zwischen 1320 und 1345) in der *Madonna mit den Engeln,* bauten ihre endgültigen Farben in Schichten auf.

Sandro Botticelli (1446–1510), ein weiterer florentinischer Meister, überzog den gezeichneten Entwurf mit neutralen Farben, wobei er tiefere Töne aufbaute. Durch diese Methode erreichte er die überwältigende physische Schönheit und feinste Detailzeichnung seines Meisterwerks *Die Geburt der Venus.*

Während des größten Teils des 17. und 18. Jh.s wurde die Tempera weitgehend ignoriert. Ihre Wiederbelebung geht auf den englischen Maler Samuel Palmer (1805–1881) zurück, der dramatische Effekte erzielte, indem er in manchen Teilen seiner Gemälde Farbschichten übereinanderlegte und in anderen Teilen die Farben bis auf den Kreidegrund abkratzte. Zur gleichen Zeit führten auch der Österreicher Gustav Klimt (1862–1918), der Schweizer Arnold Böcklin (1827–1901) und der Franzose Gustave Moreau (1826–1898) die Temperatechniken wieder ein.

Der amerikanische Maler Andrew Wyeth (geb. 1917) verleiht einigen seiner Temperagemälden eine Leuchtkraft, die der der Verwendung von Ölfarben nahezu gleichkommt. Zusammen mit seinem Zeitgenossen Ben Shan (1898–1969) haben Wyeth und die amerikanische Schule moderner Kunstmaler den Temperafarben zu einer neuen Popularität verholfen.

Tempera Ausrüstung

Pigmente

Die meisten Pigmente vertragen sich bei der Herstellung von Temperafarben gut mit Eidotter. Sie lassen sich leichter verarbeiten, wenn sie zuerst mit destilliertem Wasser zu einer dikken Paste verrührt und dann in luftdichten Behältern aufbewahrt werden. Wenn Sie Ihr Farbsortiment zusammenstellen, berücksichtigen Sie, daß manche Pigmente wie Französisch-Ultramarin, zu einer Paste angerührt, verhärten. Weißpigmente müssen immer direkt mit dem Eidotter vermischt werden. Das giftige Zinkweiß und Chrompigmente sollte man nicht verwenden, ebenso Heliogenblau, weil es sich mit dem Eigelb nicht verträgt. Preußischblau und Alizarin-Krapplack ergeben keine haltbare Wasserpaste, wenn nicht ein wenig Alkohol hinzugefügt wird.

Es empfiehlt sich nicht, gebrauchsfertige Temperafarbe zu kaufen. Zunächst einmal ist es nicht sonderlich schwierig, Temperafarben anzureiben, und wenn Sie Ihre Farben selber herstellen, dann können Sie viel mehr Farbtöne erzeugen, als es zu kaufen gibt.

Daneben trocknen fabrikmäßig hergestellte Farben langsamer, und das kann dazu führen, daß beim Auftragen einer neuen Farbschicht die untere Schicht abgehoben wird.

Die Pigmente müssen nicht unbedingt fertig gemischt in Fläschchen aufbewahrt werden. Manche Maler mischen Pigment, Ei und Wasser in einem Arbeitsgang auf der Palette, und das erweist sich sogar als notwendig, wenn Weiß oder Ultramarin angesetzt werden.

Eitempera Ei ist das klassische Bindemittel für Temperafarben. Der Eidotter enthält Eiweiß, ein klebriges Protein, welches an der Luft hart wird, ein nichttrocknendes Öl und Lezithin, eine fettige Substanz, welche die Flüssigkeit zu einer stabilen Mixtur vereinigt. Das alles führt zu einer ausgezeichneten Malemulsion, wenn es mit Pigment und destilliertem Wasser vermischt wird. Verwenden Sie immer frische Hühnereier – je frischer das Ei ist, desto länger braucht die Emulsion zum Absetzen. Man trennt den Dotter vollständig vom Eiweiß und trocknet ihn mit Fließpapier. Danach wird die Dotterhaut mit einer Nadel angestochen und das Eigelb in den Mischbehälter gefüllt. Destilliertes Wasser wird nun hinzugefügt und so lange mit einem Glasstab umgerührt, bis sich eine zähe Flüssigkeit gebildet hat.

Die meisten Pigmente vermischen sich zu gleichen Teilen hervorragend mit dem Eidotter. Beispiele sind: Ultramarin, Kadmiumgelb, Scharlachrot, Indischrot, Gelbocker, Umbra natur und Elfenbeinschwarz.

Beim Mischen von Cölinblau, Kadmiumrot, Chromoxidgrün und Zinkweiß verwendet man ¾ Teile Ei auf ein Teil der Paste. Setzt man Titanweiß, Venezianischrot, gebrannte Umbra, Siena natur oder gebrannt an, dann kommen 1¼ Teile Ei auf ein Teil der Paste.

Man sollte nur so viel Farbe ansetzen, wie man benötigt – sie wird sich nicht einmal bis zum nächsten Tag halten. Alles muß peinlich sauber gehalten werden. Alle Reste von Ei müssen aus den Mischbehältern entfernt werden, und es darf kein Ei in die Pigmentpasten geraten, denn das würde zu harten Klumpen oder völliger Unbrauchbarkeit führen.

Zum Mischen kleiner Mengen eignet sich eine Pipette. Die Pigmentpaste wird auf eine Papierpalette gelegt und die Mischung aus Eigelb und destilliertem Wasser unter ständigem Umrühren mit einem Kunststoffspachtel hinzugefügt.

Durch Aufstreichen einer dünnen Farbschicht auf eine Glasplatte kann die Gebrauchsfähigkeit der Farbe überprüft werden. Wenn sie sich nach dem Auftrocknen wie eine dünne Folie abziehen läßt, kann sie verwendet werden. Reißt sie dagegen, dann muß man noch etwas mehr Eigelb hinzufügen.

Malgründe

Gut abgelagertes, völlig trockenes Holz ist als Malgrund ideal, aber schwer erhältlich und teuer. Holz, das mit Chemikalien getrocknet wurde, sollte man nicht verwenden. Weichholz und Sperrholz sind ungeeignet, da sie sich verziehen.

Die besten Malgründe sind Spanholzplatten, Hartfaserplatten und Malpappen – man bekommt sie überall relativ preiswert. Die Tafeln werden mit feinem Schmirgelpapier aufgerauht und dann mit Methylalkohol abgewischt. Damit sie sich nicht verziehen, wird die Rückseite gründlich mit Leim bestrichen.

Nur feingewebte Leinwand eignet sich; sie wird so straff aufgespannt wie bei der Ölmalerei oder auf eine Hartfaserplatte geklebt. Die Rückseite der Platte muß ebenfalls gründlich geleimt werden, damit sie sich nicht verzieht.

Vorleimung

Vor der Grundierung wird der Malgrund mit Kaninchenleim oder Kölner Leim vorgeleimt. Kaninchenleim eignet sich am besten, aber er ist recht teuer. Man mischt ihn im Verhältnis 1:10 mit Wasser, bevor er mit dem Pinsel aufgetragen wird.

Ein Teil Leim wird über Nacht mit zehn Teilen Wasser vermischt stehengelassen, dann auf Körpertemperatur erwärmt und aufgetragen.

Einen guten Vorleim kann man auch herstellen, indem man sechs Gelatineblätter 15 Minuten lang in 500 ml Wasser einweicht. Erwärmen, bis die Gelatine sich auflöst, dann auftragen. Über Nacht trocknen lassen.

Grundierung

Bei allen Temperagemälden wird die Leinwand oder Malpappe zuvor mit Kreidegrund grundiert. Für Malpappe stellt man die Grundierung aus Naturgips her, welcher so lange mit einem warmen Vorleim verrührt wird, bis die Lösung gesättigt ist. Eventuelle Klümpchen mit einem Löffel zerdrücken. Dann auf die Malpappe zwischen vier und acht Schichten auftragen, wobei dazwischen jeweils etwa 20 Minuten Trockenzeit eingeplant werden müssen. Einige Tage trocknen lassen, ehe die Grundierung mit einem feuchten Tuch glattgerieben und poliert wird.

Für Leinwandgrundierung wird die Kreidegrundierung wie zuvor beschrieben angesetzt, aber auf jeweils drei Teile Naturgips kommt noch ein Teil Zinkweiß. Ein Eßlöffel Leinöl auf 250 ml Kreidegrundierung verhindert, daß die Leinwand Risse bekommt.

Zubehör

Man verwendet Papierpaletten oder eine leicht zu reinigende Glaspalette. Für größere Mengen von fertiger Farbe benutzt man am besten Porzellannäpfchen, ferner werden ein Kunststoffspachtel zum Mischen, Augentropfer sowie ein umfangreiches Sortiment von Haarpinseln benötigt. Temperafarbe darf nicht in einen Metallbehälter gefüllt werden, der rosten könnte.

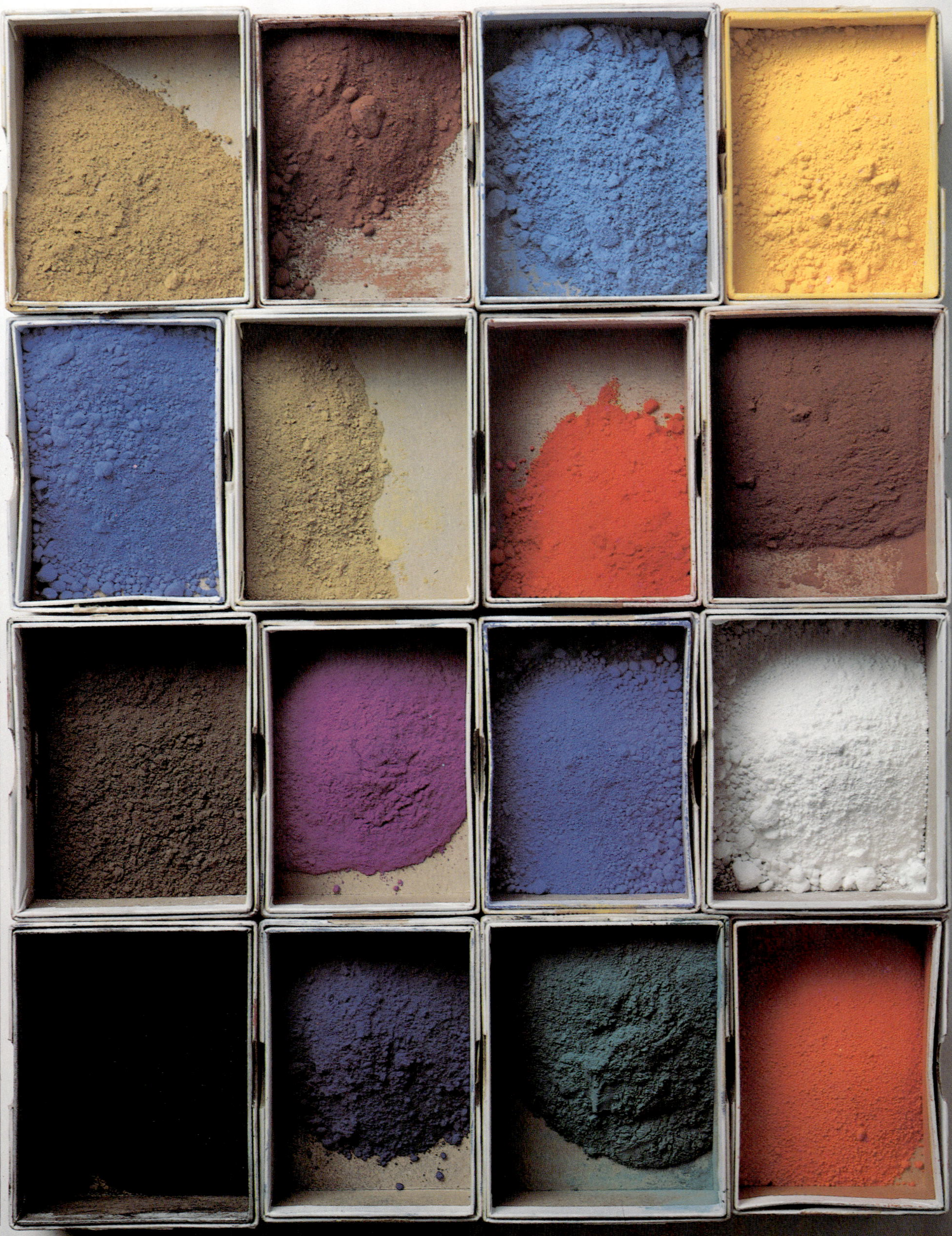

Pigmente Temperafarbe wird hergestellt durch Mischen eines pulverisierten Pigments mit einer Eilösung. Vielerlei Pigmente (**links**) können zur Herstellung von Temperafarben in zahlreichen Farbtönen dienen. Fertige Tempera (**unten**) bietet der Fachhandel in nur wenigen Farbtönen an. Für den Maler empfiehlt es sich im allgemeinen, Temperafarben kurz vor dem Gebrauch selbst anzumachen, zumal die Tubenfarben nicht so schnell trocknen wie die selbst hergestellten. Der Hauptvorteil der Eigenproduktion besteht darin, daß der Maler die Farbtöne genau auf seinen Bedarf abstimmen kann.

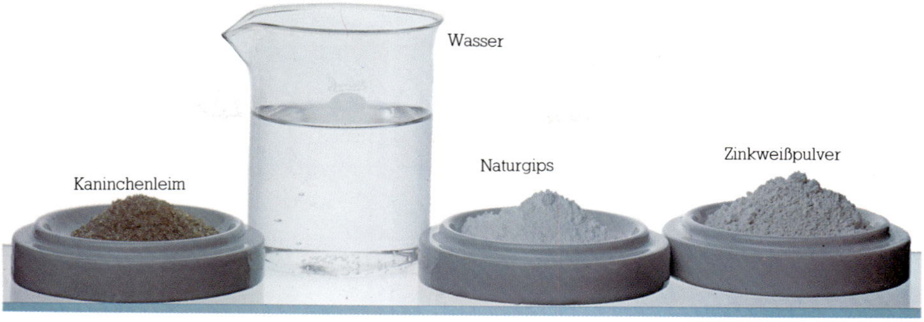

Leim und Naturgips Der Vorleim wird mit 1 Teil Kaninchenleim und 10 Teilen Wasser hergestellt. Zur Herstellung eines Kreidegrundes, der vor dem Bemalen einer Leinwand mit Temperafarben aufgetragen werden muß, benötigt man Naturgips und Zinkweiß. Ein wenig Leinöl verhindert, daß die Leinwand Risse bekommt.

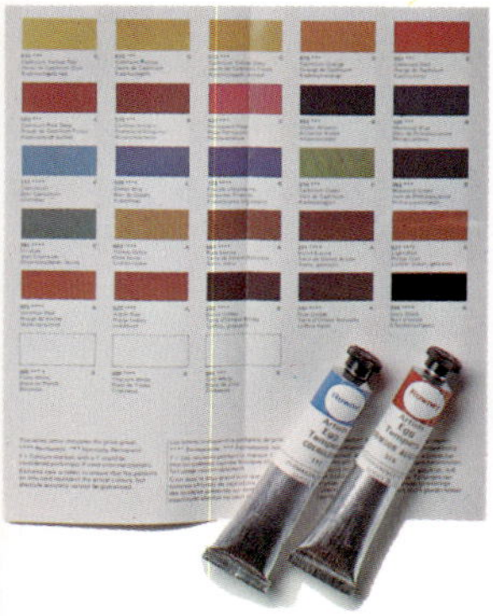

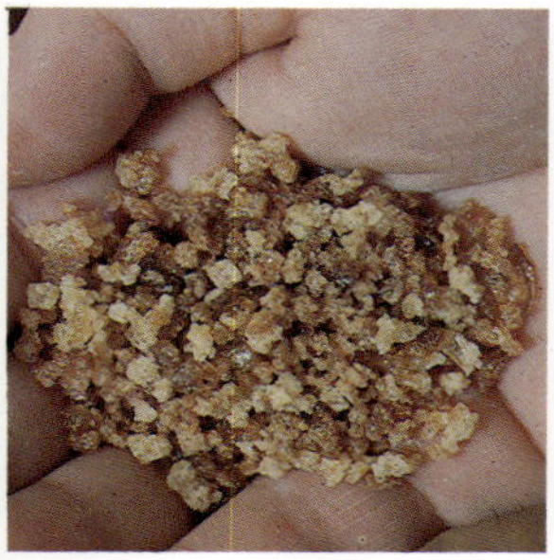

Herstellung von Vorleim 1. Leimkristalle müssen im Verhältnis 1: 10 über Nacht in Wasser einweichen.

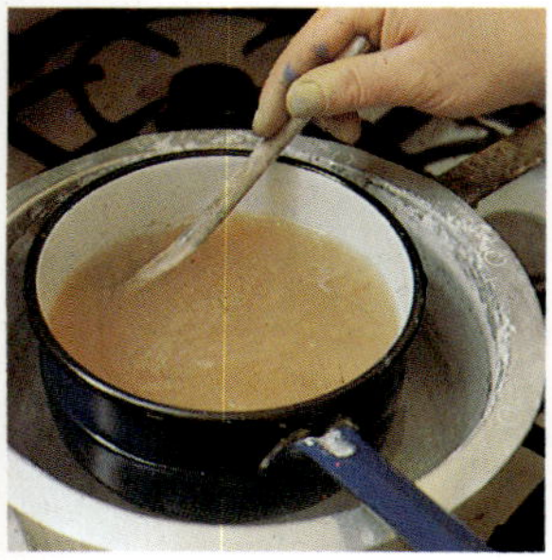

2. Der Topf mit dem Leim wird in einem Wasserbad erwärmt, bis die Kristalle sich aufgelöst haben. Vorsicht, der Leim darf nicht sieden.

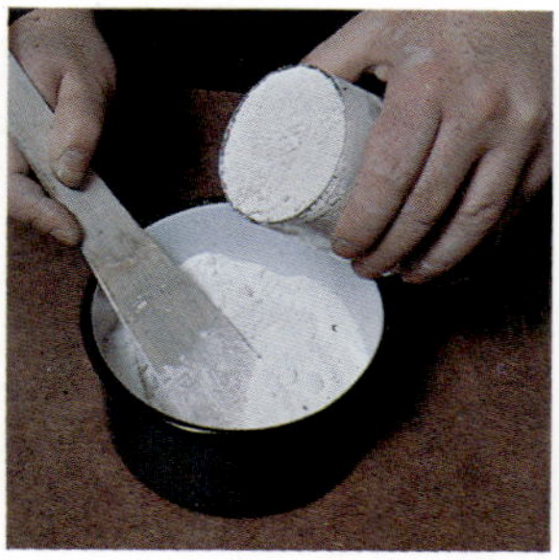

Vorbereitung des Kreidegrundes
1. Man mischt 1 Teil Naturgips mit 1 Teil Titanweiß. Emailtopf und Holzspachtel verwenden.

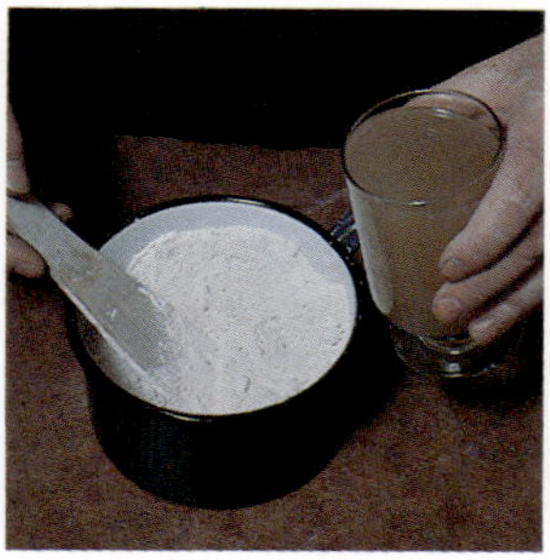

2. Ist das Pulver gründlich vermischt, gibt man die gleiche Menge Vorleim hinzu – also Mischverhältnis 1: 1.

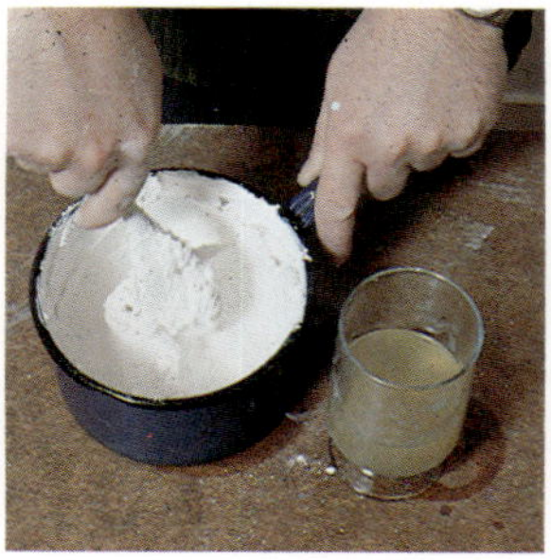

3. So viel Vorleim zusetzen, daß eine dicke Paste entsteht. Gut umrühren und aufpassen, daß sich keine Luftbläschen bilden.

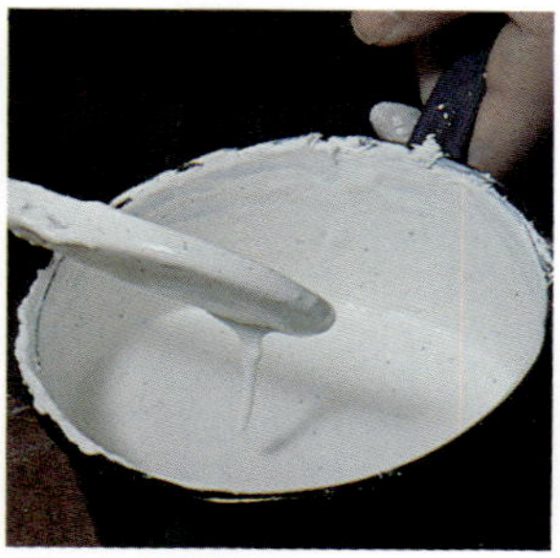

4. So lange Vorleim hinzugeben, bis eine cremig-flüssige Mischung entsteht – sich bildende Klumpen werden durch ein Tuch gesiebt.

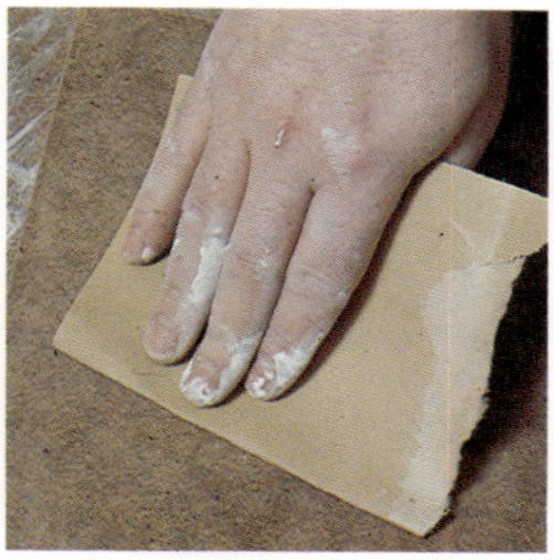

Vorbereitung von Malpappe 1. Die Oberfläche der Platte wird leicht geschmirgelt, damit der Kreidegrund besser haftet.

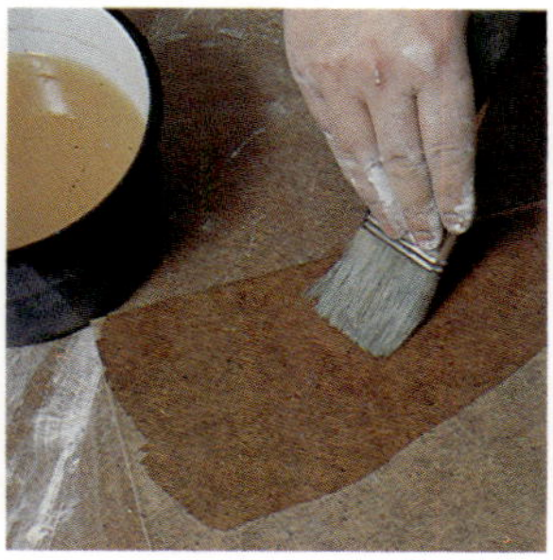

2. Oberfläche und Plattenrückseite gleichmäßig mit Leim bestreichen und vollständig auftrocknen lassen.

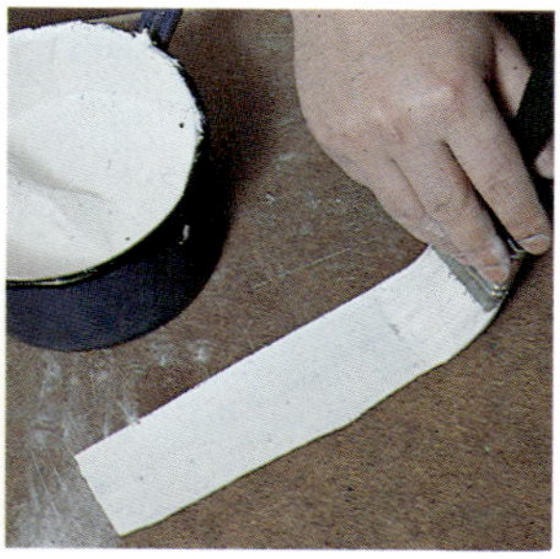

3. Kreidegrundierung gleichmäßig erst in eine Richtung, dann quer dazu auftragen.

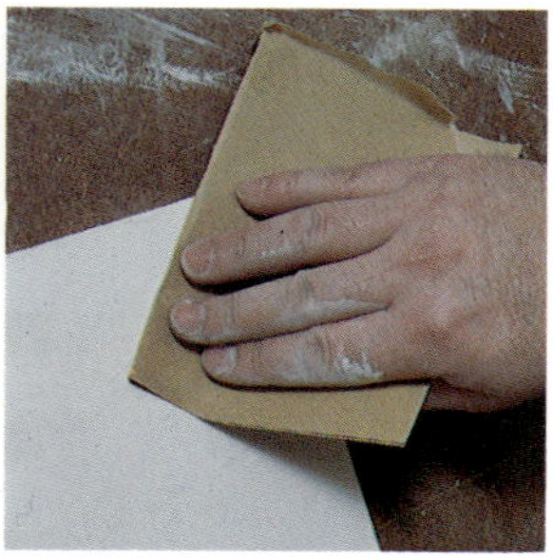

4. Die trockene Grundierung (6 bis 8 Schichten) leicht mit feinkörnigem Sandpapier schmirgeln. Auch die Rückseite der Platte grundieren.

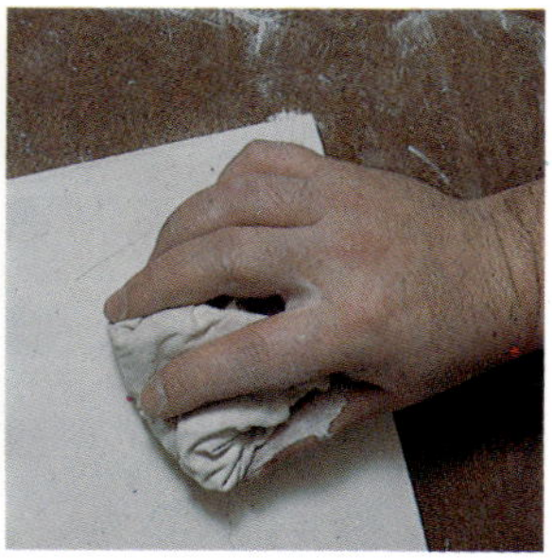

5. Die Oberfläche wird vor dem Bemalen mit einem feuchten Leinenlappen poliert und gesäubert.

Zubehör zur Temperamalerei
Eine Papierpalette eignet sich am besten zum Mischen und Auftragen von Temperafarben, weil ihre Oberfläche am leichtesten von Farb- oder Eiresten gereinigt werden kann, indem man das obere Blatt abreißt. Zum Mischen der Farbe verwendet man eine Pipette, um Paste und Ei auf die Palette zu tröpfeln und dann mit dem Kunststoffspachtel zu verreiben. Braucht man größere Farbmengen, so kann man diese in einem Porzellannapf ansetzen und aufbewahren. Ebenso gut wie ein Kunststoffspachtel kann ein Glasstab zum Mischen der Farbe verwendet werden.

Breite Pinsel zur Temperamalerei
Für Detailarbeiten in Tempera verwendet man am besten die gleichen Pinsel wie zur Öl- oder Aquarellmalerei. Breitere Pinsel (**rechts**) eignen sich gut zum Bemalen größerer Flächen, vor allem mit Vorleim oder Kreidegrund. Legt man mit ihnen größere Farbflächen an, sollte der Pinsel nicht so steif sein, daß er untere Schichten beschädigt. Zu den brauchbaren Größen und Sorten gehören: Rindsohrenhaar 4 cm (**1**), weiße, ungebleichte Borste 4 cm (**2**), weiße Borste 2,5 cm (**3**), Kamelhaar 4 cm (**4**) und Dachshaar 5 cm (**5**).

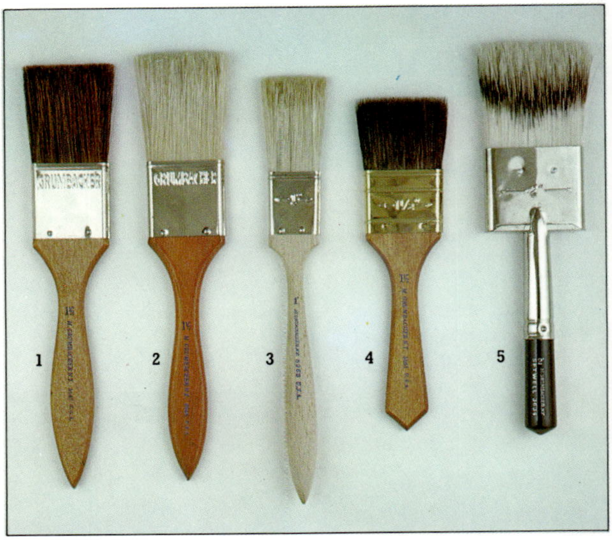

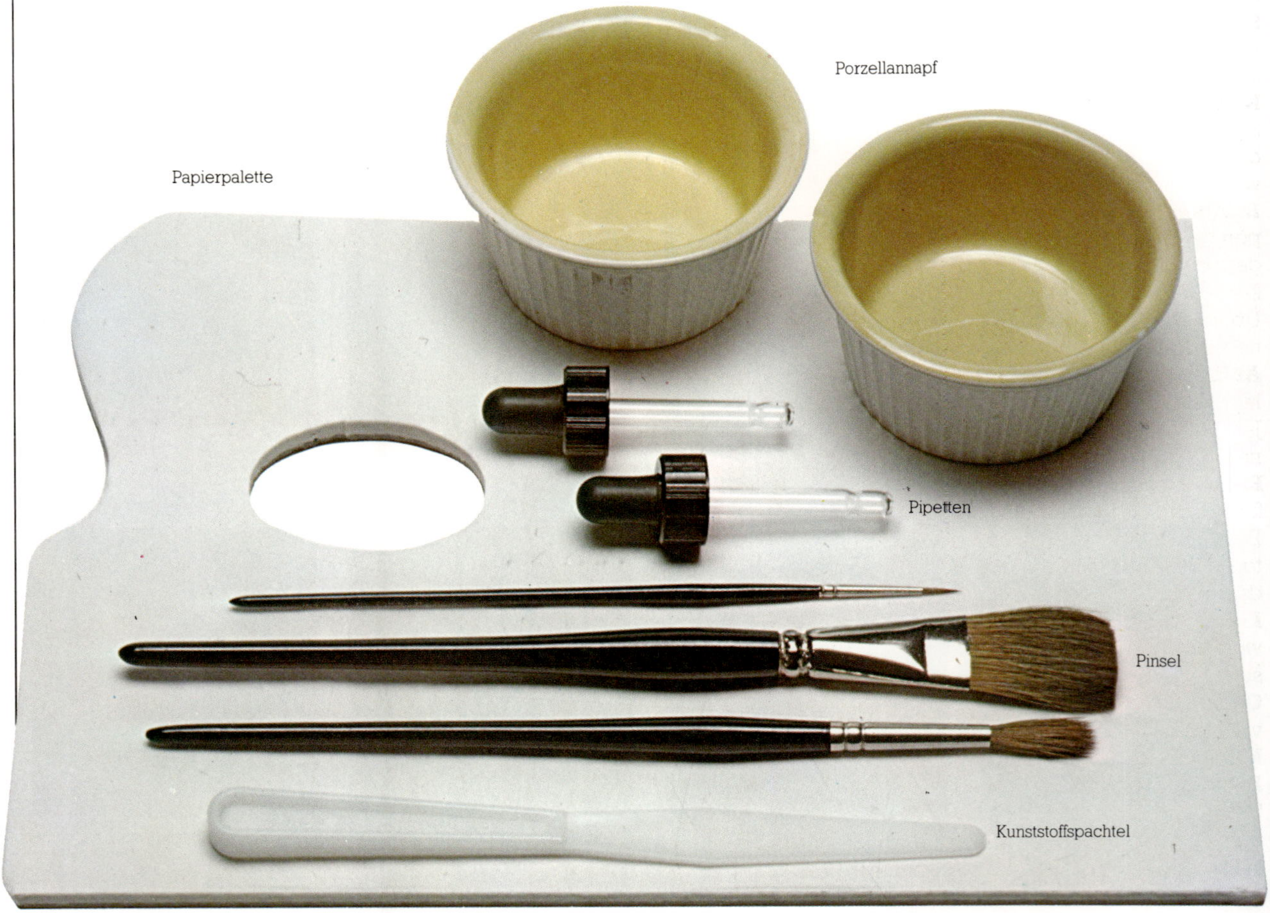

Tempera Techniken

Beim Temperamalen sollte man methodisch vorgehen. Die Farben eignen sich nicht so gut wie Ölfarben zur spontanen Arbeit. Das Bild bedarf der Planung, wobei die Reihenfolge festgelegt wird, in der man die Farben mischt und verwendet.

Es ist vernünftig, zuerst den Entwurf auf den Malgrund zu zeichnen. Verwenden Sie Zeichenkohle, Silberstift oder Wasserfarbe, niemals Bleistift – der kann später durchschimmern.

Zum Auftragen der Farbe nur feine Haarpinsel gebrauchen. Neben Ihnen sollte ein Behälter mit destilliertem (oder abgekochtem) Wasser stehen, in das der Pinsel regelmäßig eingetaucht wird. Niemals den Pinsel überladen, das führt zu einem pastosen, unschönen Farbauftrag; wenn die Temperafarbschicht dicker als 1 mm ist, haftet sie nicht.

Malen Sie mit dem Pinsel nur in eine Richtung. Nicht sofort wieder über dieselbe Stelle streichen; die untere Schicht würde verletzt und klumpen.

Lasuren Tempera ist für transparente Lasuren ideal, da eine beliebige Anzahl von Schichten übereinander angebracht werden kann. Tragen Sie Lasuren in raschen Pinselstrichen auf, bevor die Farbe getrocknet ist.

Trockenstreichen Pinsel in die Farbe tauchen, dann die Hälfte zwischen Daumen und Zeigefinger herausdrücken. Das ergibt einen feinen, parallelen, durchscheinenden Strich.

Schraffierung Das ist Schattieren mit parallelen Linien – die traditionelle Temperamethode. Ein feines Liniengewebe kann sehr eindrucksvoll wirken.

Klecksen Tauchen Sie den Pinsel in dünne Farbe, schlagen Sie ihn über dem Malgrund aus. Stellen, auf die keine Tröpfchen fallen sollen, können mit Papierschablonen geschützt werden.

Entfernen von Farbe Halten Sie immer einen feuchten Lappen bereit, um noch frische Farbe abwischen zu können. Aufgetrocknete Farbe muß mit einem Messer abgekratzt werden. Zeichnen Sie niemals auf einem bemalten Untergrund. Ist Überzeichnen notwendig, dann geschieht das mit einem feinen, spitzen Pinsel und sehr dünner Farbe.

Aufbewahrung In chemischer Hinsicht bleibt Temperafarbe lange Zeit trocken. Fertige Arbeiten sollten mindestens ein Jahr lang durch eine Glasplatte geschützt werden, welche keinen direkten Kontakt zur Malfläche hat.

Ei-Öl-Emulsionen Hinzugefügtes Öl verleiht der Temperafarbe einige Eigenschaften, die denen der Ölfarbe gleichen. Die Farbe trocknet langsamer auf, man kann naß in naß arbeiten, wobei lebendige, texturartige Kontraste entstehen, und das fertige Bild besitzt mehr Glanz.

Eidotter und Leinöl Geben Sie einen Teelöffel Öl tropfenweise zum Eidotter; danach mit destilliertem Wasser vermischen, ehe die Pigmentpaste hinzugefügt wird.

Ganzes Ei und Leinöl Mischen, wie zuvor beschrieben, dann vier Tropfen klaren Essig beigeben und schlagen, ehe die Mischung mit der Pigmentpaste zu gleichen Teilen erfolgt.

Eidotter, Standöl und Dammarfirnis Einen Eidotter, einen Teelöffel Standöl und einen Teelöffel Dammarfirnis mischen; dann die Pigmentpaste hinzufügen. Dies trocknet hart auf, lasiert gut und reißt nicht auf gespannter Leinwand, wie es bei reiner Eitempera geschehen kann.

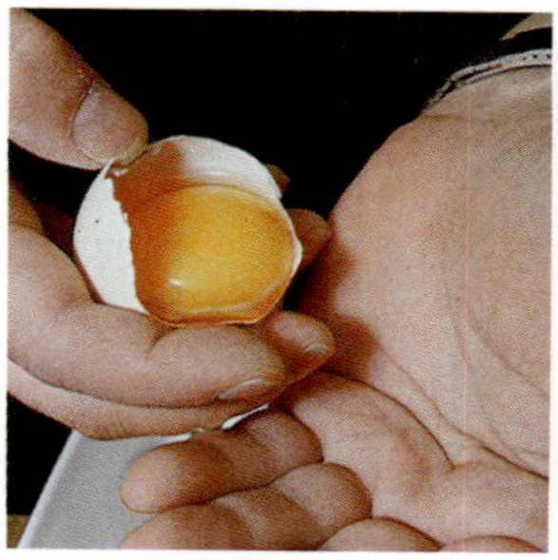

Ei als Bindemittel 1. Ei mit einer Hand vorsichtig aufklopfen und Dotter mit Eiweiß auf die andere Handfläche ausfließen lassen.

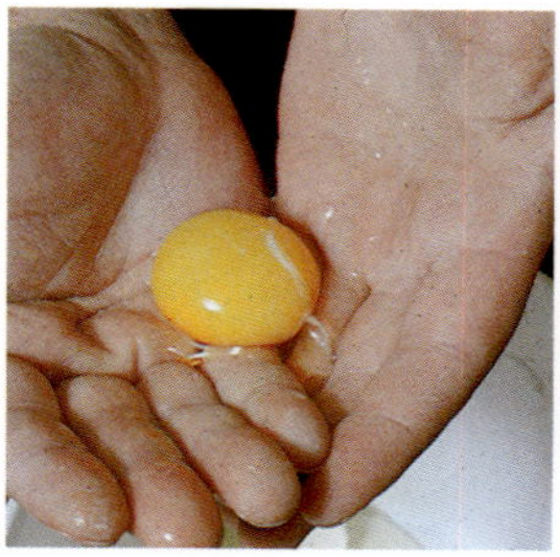

2. Der Dotter wird abwechselnd von der einen Handfläche auf die andere gerollt, damit das Eiweiß zwischen den Fingern abfließt.

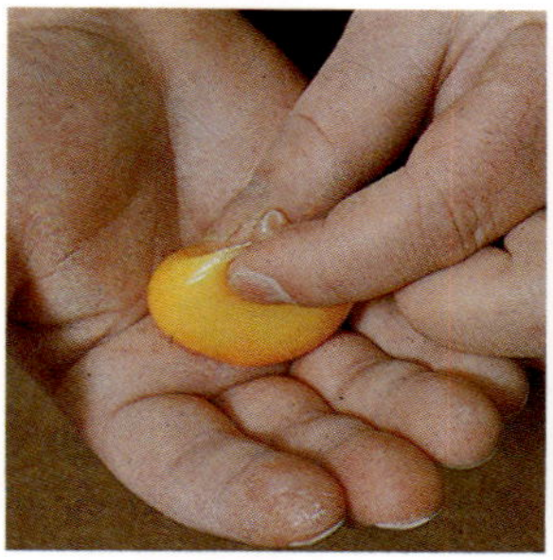

3. Ist der Dotter vom Eiweiß getrennt, wird er vorsichtig aus der Handfläche gehoben, ohne die Außenhaut zu beschädigen.

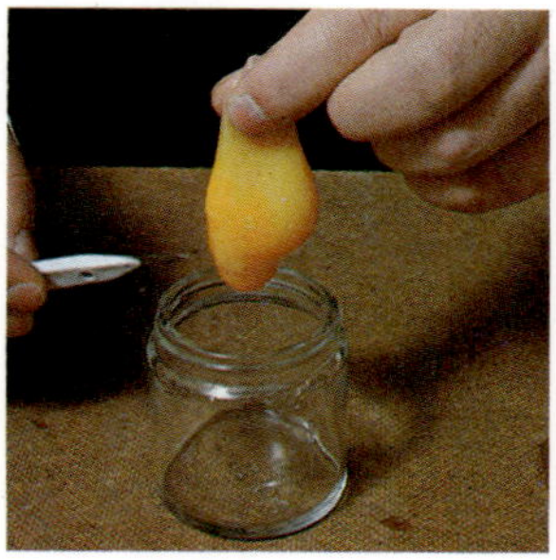

4. Nun wird er über ein kleines Fläschchen gehalten und so angestochen, daß das Eigelb in das Glas fließt.

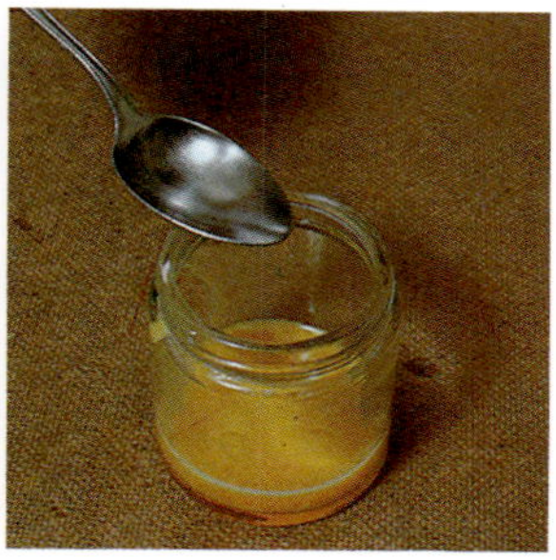

5. Mit einem Löffel Wasser hinzufügen, jeweils nur kleine Mengen, und das Ganze rühren.

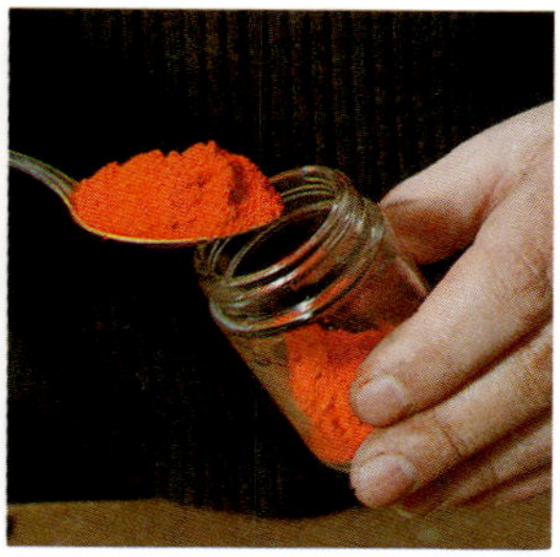

Herstellung einer Pigmentpaste
1. Ein kleiner Glasbehälter wird halbvoll mit trockenem Pigmentpulver aufgefüllt.

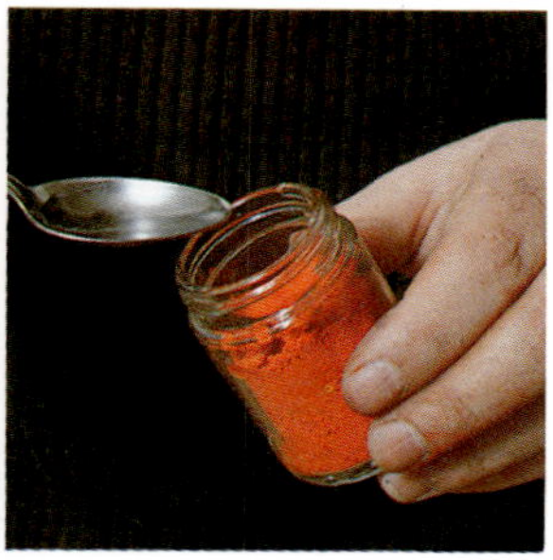

2. So viel Wasser hinzufügen, daß eine zähe Paste entsteht.

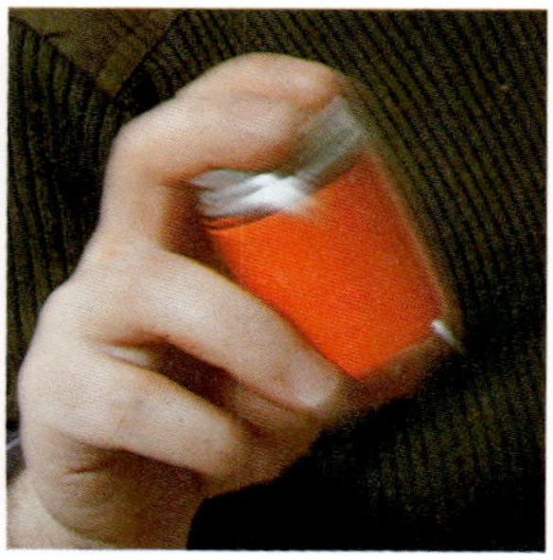

3. Der Behälter wird verschlossen und so lange kräftig geschüttelt, bis eine steife, pastose Mischung entsteht.

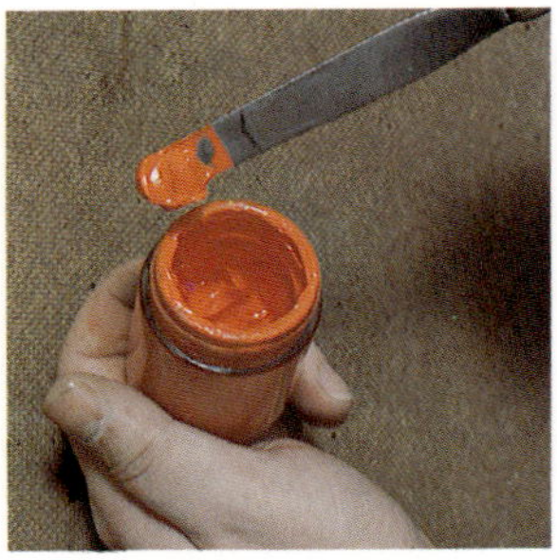

4. Einige Pigmente trocknen schnell und sind äußerst kurzlebig. Diese werden bei Bedarf auf der Palette gemischt.

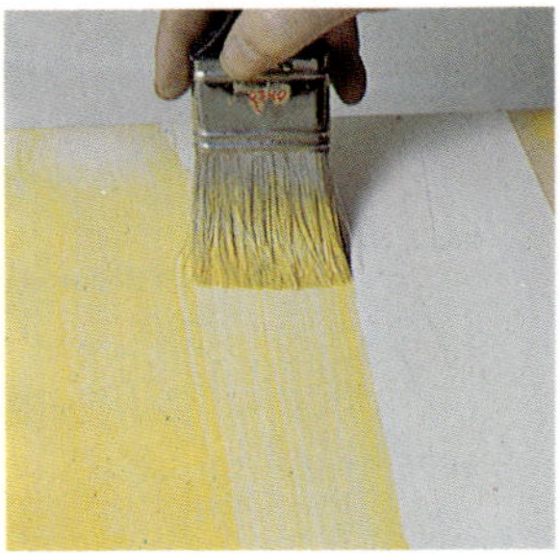

Dünner Farbüberzug 1. Die mit Wasser verdünnte Farbe wird mit dem Pinsel gleichmäßig horizontal auf den Malgrund aufgetragen.

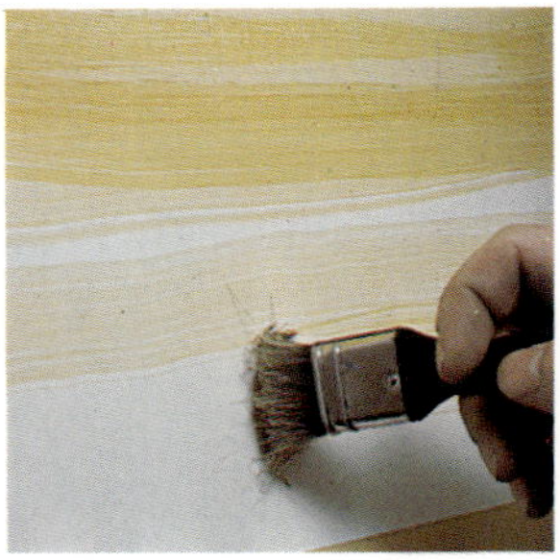

2. Für einen streifigen, texturierten Farbüberzug verwendet man einen kürzeren und trockneren Pinsel.

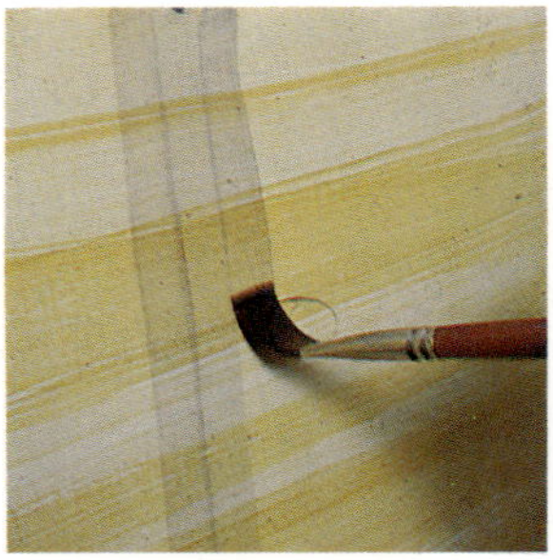

3. Überzieht man das Ganze mit einer anderen Farbe, so schimmert die untere Schicht durch.

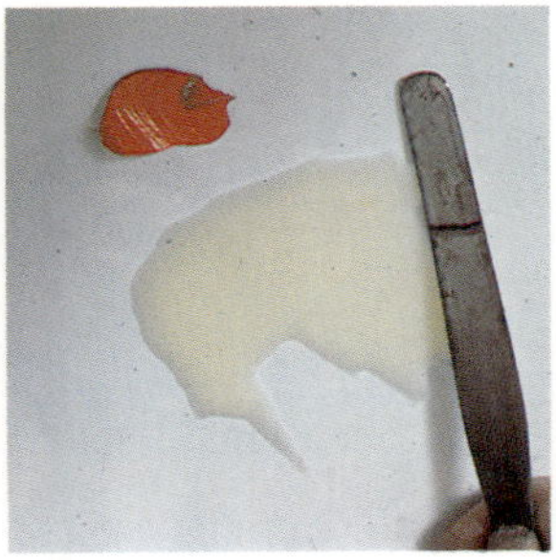

Mischen von Pigmentpaste mit Eigelbbinder 1. Je eine kleine Menge beider Substanzen auf eine saubere Glasplatte geben.

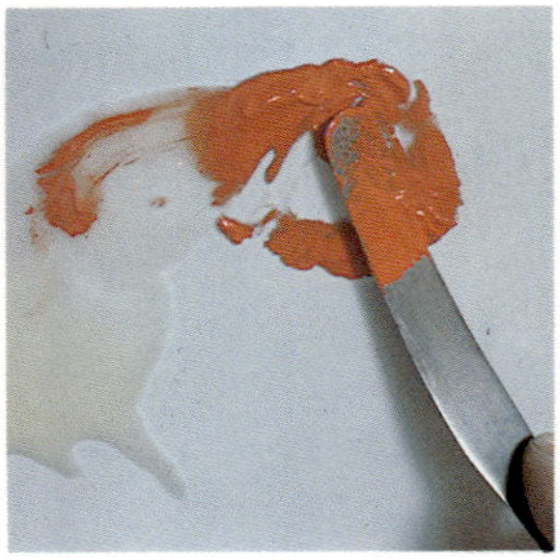

2. Ein wenig von beidem wird gründlich mit dem Spachtel vermischt.

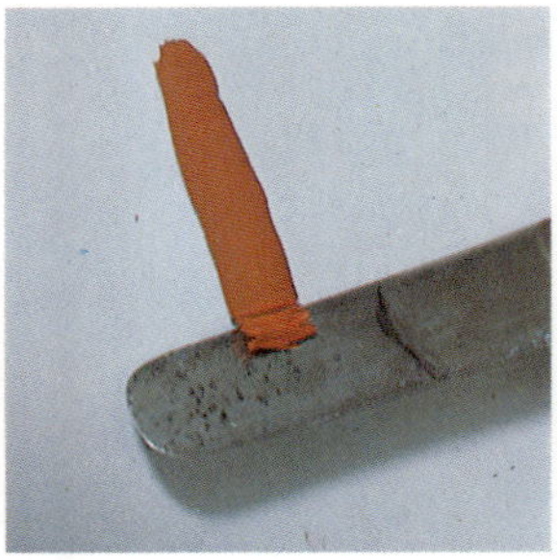

3. Läßt sich ein auf Glas aufgemalter Streifen nach dem Trocknen wie eine Folie abziehen, dann besitzt die Mischung genug Bindekraft.

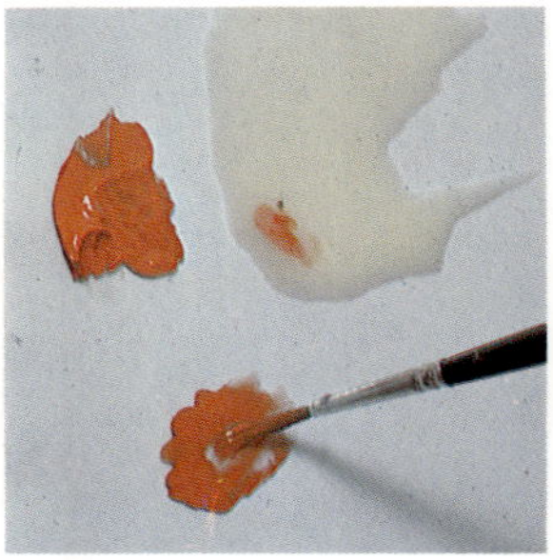

4. Die Farbe kann auch während des Malens mit dem Pinsel gemischt werden.

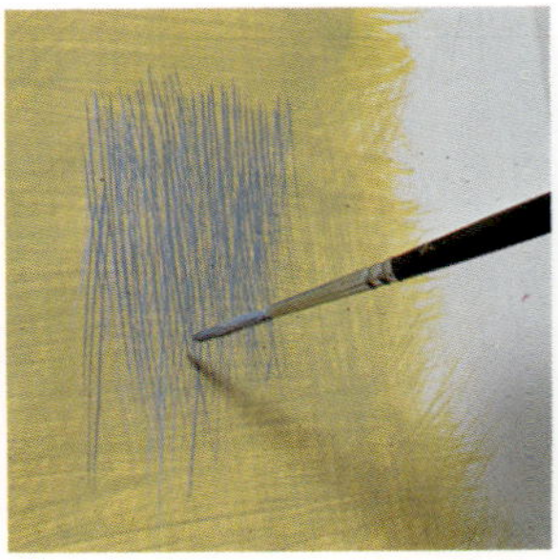

Kreuzschraffierung 1. Um eine engmaschige Textur zu erhalten, werden zarte Pinselstriche zuerst in die eine, dann in die andere Richtung gezogen.

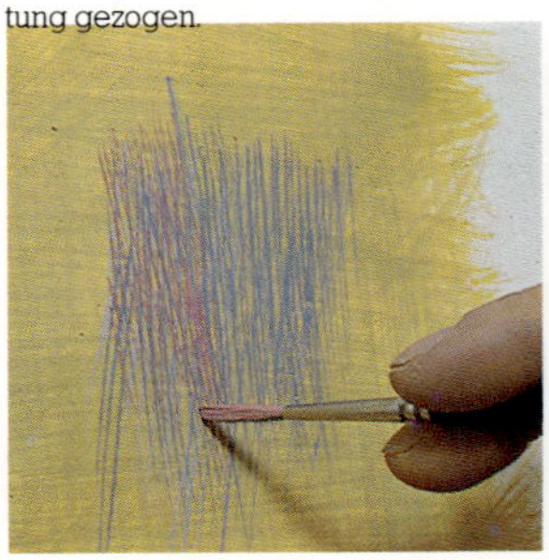

2. Um einen lebendigeren Effekt zu erzielen, wiederholt man die Kreuzschraffierung in einer anderen Farbe.

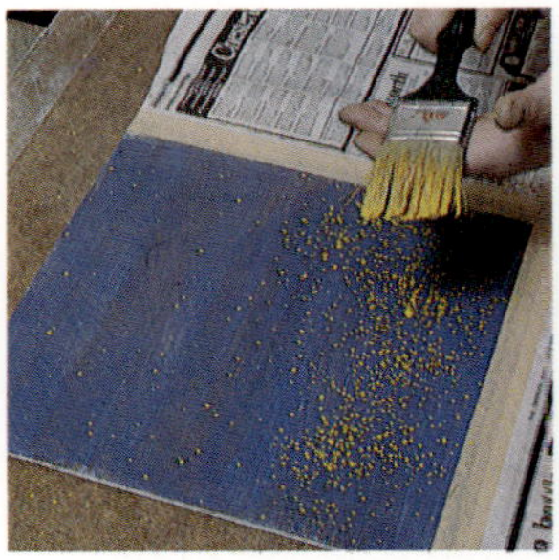

Aufklecksen 1. Hierfür schlägt man die Zwinge des nassen Pinsels über dem Untergrund gegen die Handfläche.

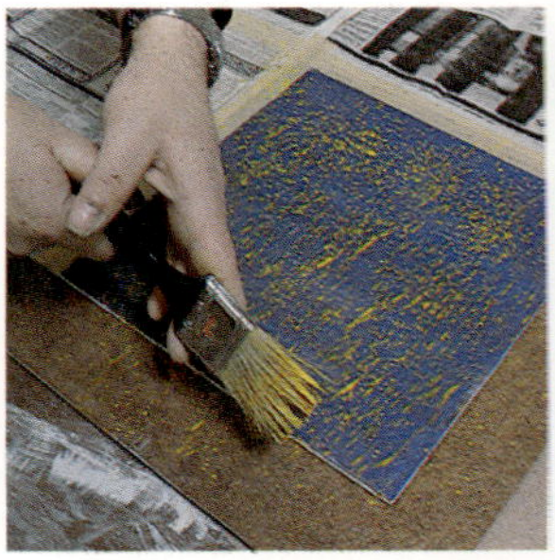

2. Auch von der Seite her wird Farbe auf den Malgrund gespritzt, um längliche Spritzer anstelle von runden zu erhalten.

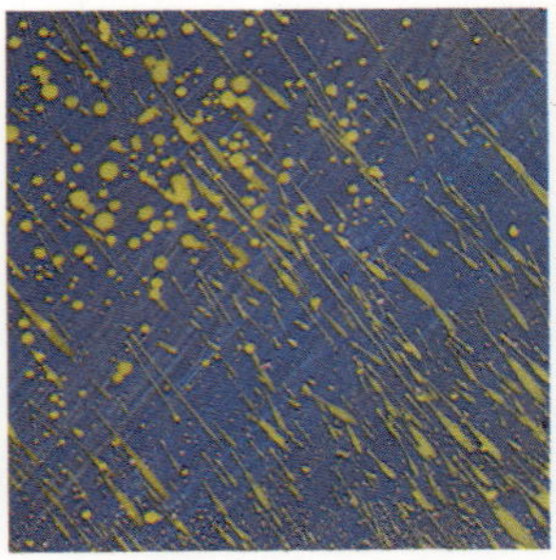

3. Hier sieht man den Unterschied zwischen Spritzern, die von oben und von der Seite kamen.

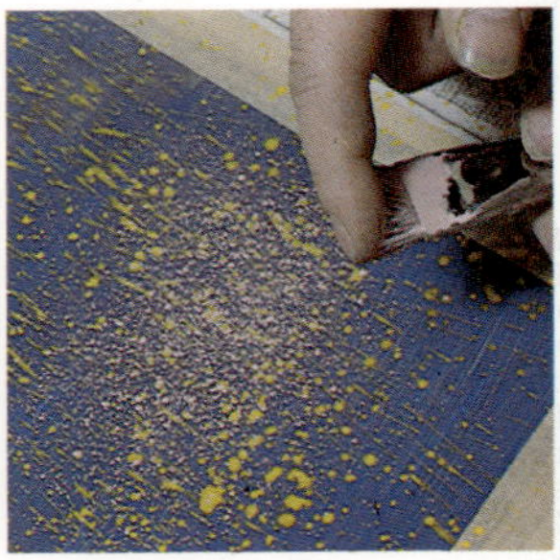

4. Mit einem kurzen Borstenpinsel, naß am Zeigefinger vorbeigestrichen, entsteht ein feineres Spritzmuster.

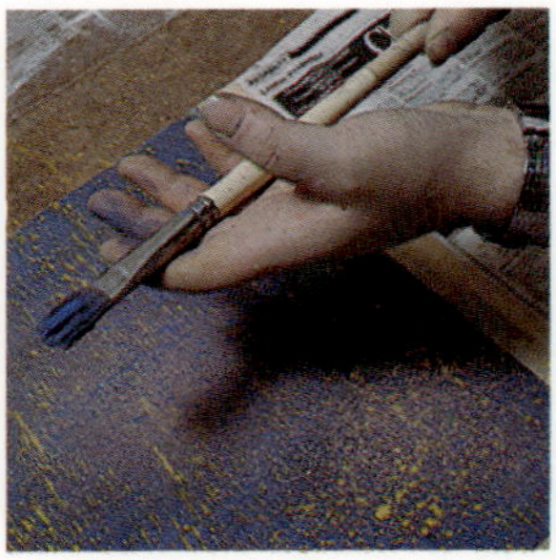

5. Auch ein kleiner Pinsel kann zum Aufspritzen verwendet werden, wobei man die Pinselzwinge gegen die offene Hand schlägt.

6. Mit der schnell trocknenden Temperafarbe kann ein dichtes Muster aufgebaut werden, ohne daß die Farben ineinander laufen.

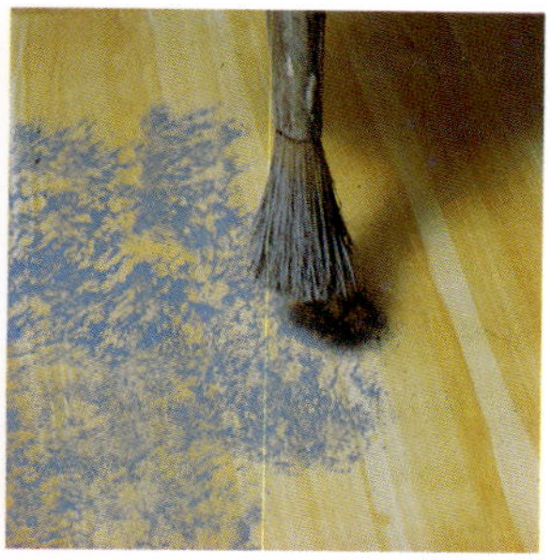

Tüpfeln Die nicht zu nasse Farbe wird mit dem Pinsel auf den Malgrund aufgetupft – das entstehende Muster ist von der Pinselart abhängig.

Ei-Öl-Emulsionszutaten Ei-Öl-Emulsionen ergeben mehr Glanz als reine Temperafarben. Zur Steigerung des Glanzes muß noch mehr Öl und Firnis zugegeben werden. Die folgenden Ingredienzen benötigt man für verschiedene Ei-Öl-Emulsionen (von **links** nach **rechts**): Ei, Leinöl, Standöl, Dammarfirnis, klaren Essig, Nelkenöl.

Ei-Öl-Emulsionen Der Zusatz von Öl zum Eibindemittel für Tempera verändert einige ihrer Eigenschaften. Sie gleicht sich der Ölfarbe an, glänzt mehr und ergibt nach dem Trocknen eine härtere Oberfläche. Allerdings müssen diese Emulsionen mit Sorgfalt angesetzt und behandelt werden – die Ingredienzen und Utensilien müssen absolut sauber sein, denn durch Verunreinigung könnte sich das Öl absetzen. Zum Mischen der verschiedenen Emulsionsarten empfiehlt es sich, die Ingredienzen in eine Flasche oder einen verschraubbaren Behälter zu füllen und kräftig zu schütteln. Emulsionen können – je nach Verwendungszweck – sowohl mit Eigelb als auch mit ganzen Eiern angesetzt werden.
Man sollte die Eigenschaften der Streichbarkeit, des Bindens und des Trocknens ebenso wie die Flexibilität, das Gilben und die Haftfähigkeit jeweils sorgfältig überprüfen.

Eigelb-Leinöl-Emulsion
Zutaten
1 Eidotter
1 Teelöffel Leinöl
Destilliertes Wasser
Das Leinöl wird tropfenweise im Verhältnis 3 : 1 zum Eidotter gegeben. Mit dem Glasstab umrühren und im selben Verhältnis destilliertes Wasser hinzugeben. Auch das Wasser wird tropfenweise mit einer Pipette hinzugefügt, um das Emulgieren zu unterstützen.

Emulsion aus Eigelb, Standöl und Dammarfirnis
Zutaten
1 Eidotter
1 Teelöffel Standöl
1 Teelöffel Dammarfirnis
Destilliertes Wasser
Die Emulsion wird ebenso wie die zuvor beschriebene gemischt. Dann fügt man zur vorbereiteten Emulsion annähernd die gleiche Menge Pigmentpaste hinzu. Anfangs muß die Farbe sehr dünn aufgetragen werden. Sie trocknet besonders hart auf, und ihre glänzende Oberschicht kann noch verstärkt werden, indem man sie mit einem Seidentuch poliert. Werden mehrere Farbschichten aufgetragen, sollte man für jede folgende Schicht noch etwa einen Tropfen Öl hinzufügen, um die erforderliche Flexibilität zu erhalten. Diese Emulsion bedarf keiner Firnisschicht.

Emulsion aus ganzem Ei und Leinöl
Zutaten
1 Ei
1 Teelöffel Leinöl
4 Tropfen klaren Essigs
Man verrührt Dotter und Eiweiß, fügt das Leinöl und den klaren Essig tropfenweise hinzu und rührt die Mischung kräftig um. Die so entstandene Farbe ist nicht so klar wie reine Tempera, kann nicht poliert werden, trocknet aber zu einer harten Schicht auf. In etwa gleichem Verhältnis wird Pigmentpaste hinzugefügt und erforderlichenfalls mit destilliertem Wasser verdünnt.

Emulsion aus ganzem Ei, Dammarfirnis und Nelkenöl
Zutaten
1 Ei
¾ Teelöffel Dammarfirnis
20 Tropfen Nelkenöl
Destilliertes Wasser
Man gibt ein ganzes Ei in eine verschraubbare Flasche. Der Pegel wird angezeichnet, der Deckel aufgeschraubt und die Flasche geschüttelt. Ein zweiter Strich wird in 1¼ der Höhe des ersten gezogen. Die Flasche wird bis zur Markierung mit Dammarfirnis und 20 Tropfen Nelkenöl aufgefüllt. Erneut kräftig schütteln. Einen weiteren Strich in etwa 12facher Höhe der Mischung anbringen, mit destilliertem Wasser auffüllen. Deckel aufschrauben und kräftig schütteln. Diese Emulsion muß mit einem trockenen Pulverpigment zu einer Paste verrieben werden. Die Paste kann nur durch mehr Emulsion verdünnt werden. Man verwendet sie zum Bedecken einer großen Fläche mit dünner Farbe.

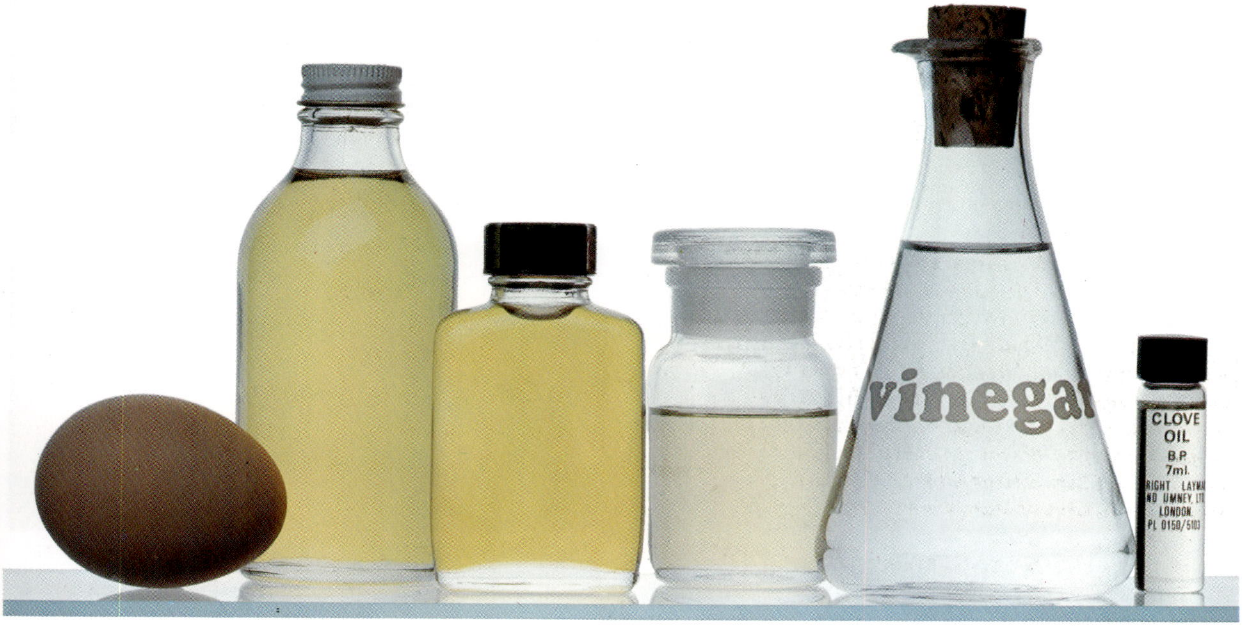

Schaben 1. Man malt zwei Schichten glatter, deckender Farben und läßt sie mindestens einen Tag lang trocknen.

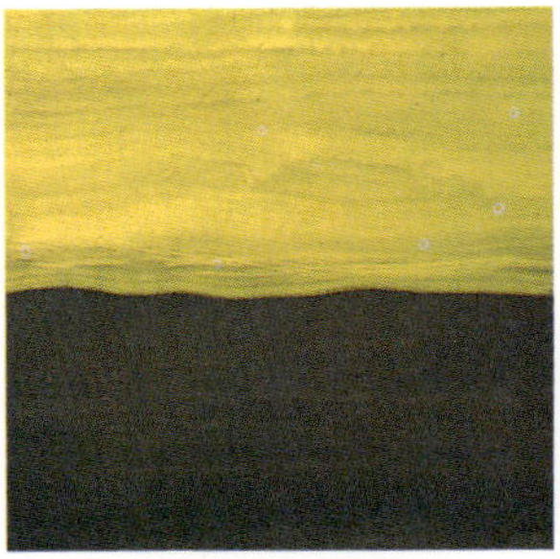

2. Farben wechseln, d. h. jede Schicht mit der anderen Farbe übermalen; die Farbe muß glatt und deckend sein. Trocknen lassen.

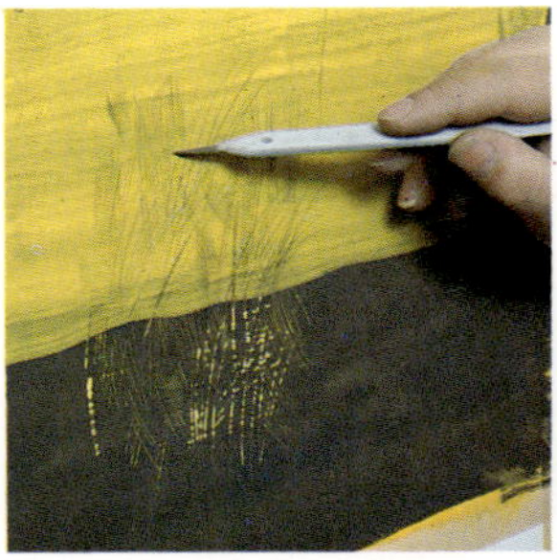

3. Um die Farbe der Unterschicht freizulegen, wird die obere Farbschicht leicht mit einem Messer oder einer Rasierklinge abgeschabt.

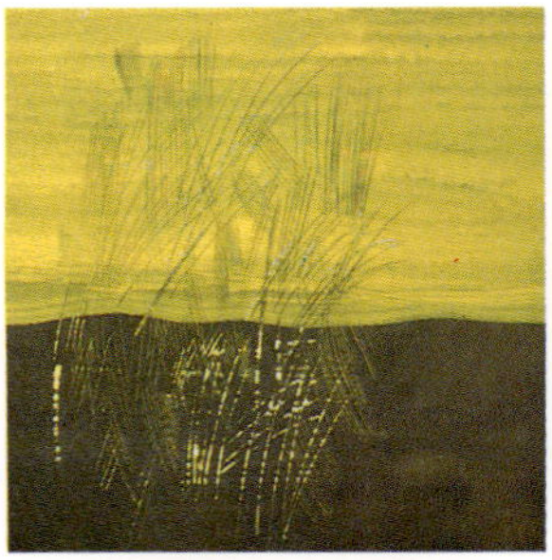

4. Um den Effekt gezeichneter Linien in den verschiedenen Farben hervorzurufen, wird das Schaben fortgesetzt.

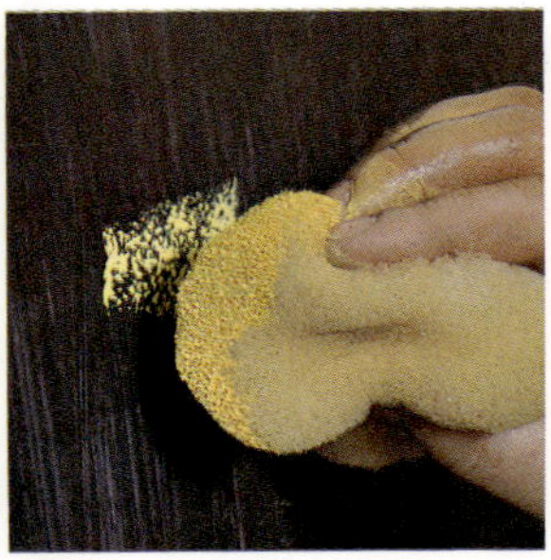

Schwammtechnik 1. Über eine gleichmäßige Farbfläche wird mit einem Schwämmchen eine Kontrastfarbe aufgetupft.

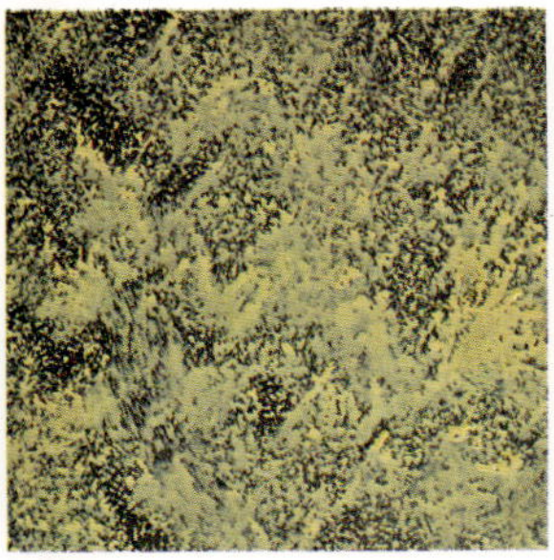

2. Auf der ersten Schicht zeigt sich deutlich die gesprenkelt-granulierte Textur des Schwamms.

3. Durch wiederholtes Tupfen mit dem Schwamm können auch gleichmäßige Farbschichten aufgebaut werden.

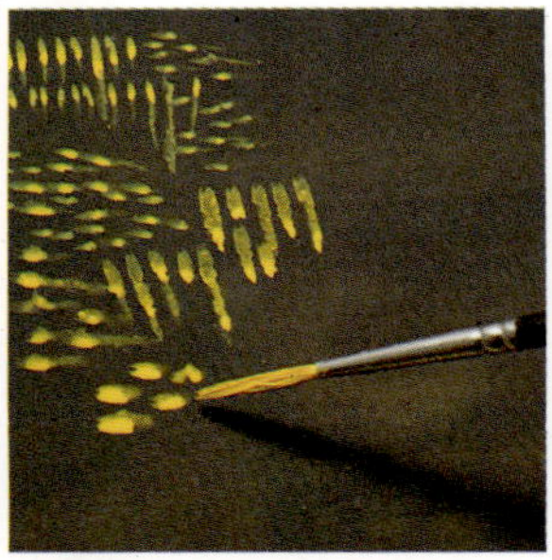

Punktieren Die Pinselfläche wird gleichmäßig auf die Farbfläche aufgetupft. Größere Tupfen entstehen durch verstärkten Pinseldruck.

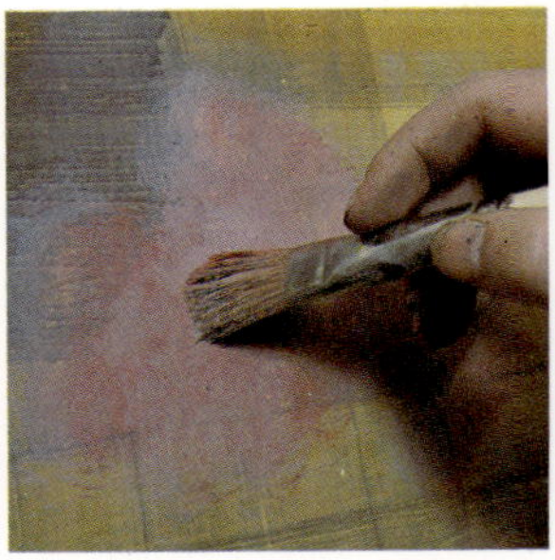

Lasieren 1. Eine bereits gemalte Schicht wird mit einem nicht zu vollen Pinsel mit Kreisbewegungen leicht übermalt.

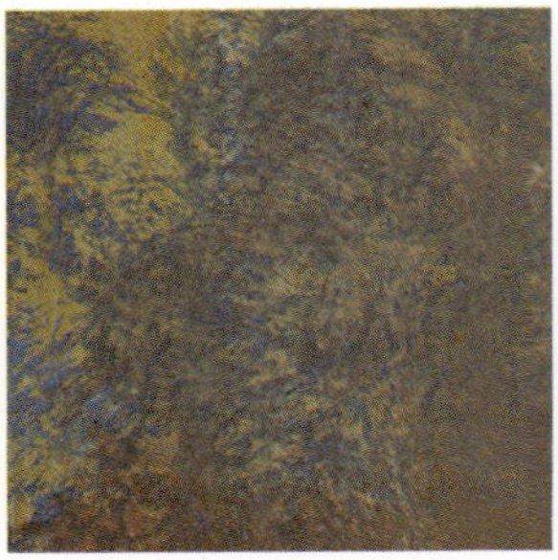

2. Ein dünner Überzug auf einer getüpfelten Farbfläche läßt die Textur sanfter erscheinen und die unteren Farbtöne verschmelzen.

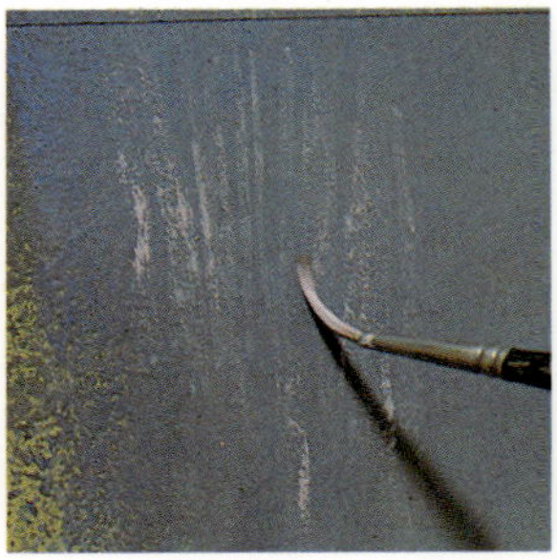

Trockener Pinselstrich 1. Streicht man mit dem fast trockenen, farbarmen Pinsel über den Malgrund, entstehen zarte Pinselspuren.

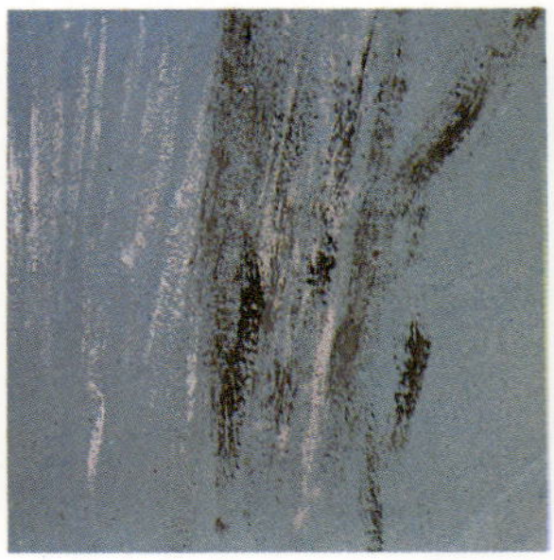

2. Mit dem trockenen Pinsel erhält man eine federartige Textur. Diese Methode kann mit einer beliebigen Farbanzahl wiederholt werden.

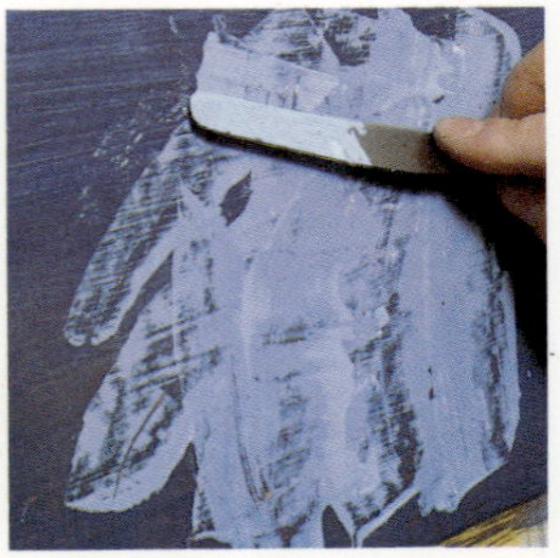

Farbauftrag mit dem Spachtel
Man mischt eine zähflüssige Farbe und drückt sie mit dem Spachtel auf.

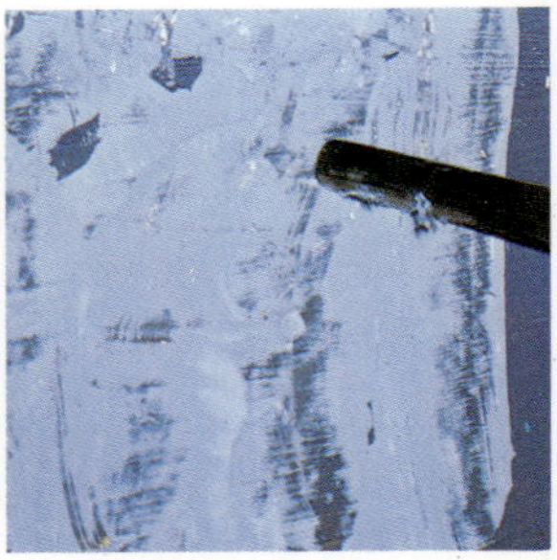

Schaben mit dem Spachtel
Um Farbe abzuschaben, muß der Spachtel im spitzen Winkel zum Malgrund gehalten werden.

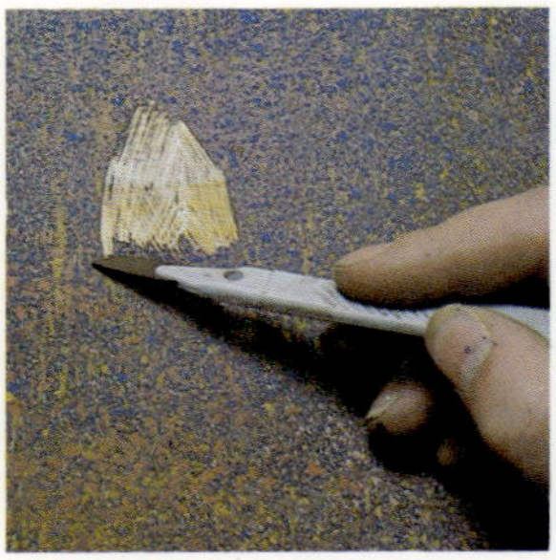

Anbringen von Korrekturen 1. Die trockene Farbe wird vorsichtig mit einem Messer abgekratzt.

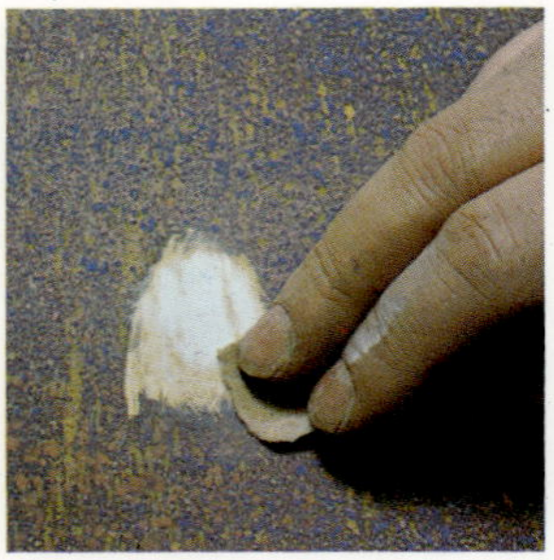

2. Abgekratzte Stellen leicht schmirgeln, um den Kreidegrund freizulegen, und den dabei entstehenden Staub abwischen.

6

Aquarell

Geschichte. Bildträger. Aufspannen des Papiers. Ausrüstung: Farben, Pinsel, Staffeleien, Wasser. **Techniken:** Primamalerei, Lavieren, Tüpfeln, Vertreiben, Trockentechnik.

6 **Aquarell** Geschichte

Transparenz und die zarte Harmonie der verwaschenen Farben mit kräftigeren Tönen und lichteren Stellen, die dadurch entstehen, daß das Papier unbemalt bleibt oder nur leicht lasiert wird, sind die wesentlichsten Eigenschaften der »reinen« Aquarellmalerei.

Die Farben können nicht wie Öl oder andere Deckfarben auf den Malgrund aufgetragen werden. Es ist z. B. nicht möglich, Fehler einfach zu übermalen. Der Maler muß daher die Technik des Aquarellmalens gründlich beherrschen, um ein befriedigendes Resultat zu erzielen.

Schon zur Zeit der alten Ägypter diente Wasser als Verdünnungsmittel für vielerlei Farbsorten wie Leimfarben, Tempera, Fresko und Gouache. Echte Wasserfarben bestehen dagegen nur aus einem sehr fein zermahlenen Pigment und Gummiarabikum als Bindemittel.

Das wasserlösliche Gummiarabikum fungiert hier als eine Art Firnis, der den Farben Leuchtkraft und Transparenz verleiht.

Zuweilen werden dem Wasser beim Anmachen der Farben auch noch andere Substanzen beigegeben, zum Beispiel Zukkersaft und Glyzerin. Der Zuckersaft dient als Weichmacher. der das Bild geschmeidiger macht. Das Glyzerin verleiht den Farben zusätzliche Leuchtkraft und verhindert, daß sie bei warmem Wetter zu schnell auftrocknen.

Weißpigmente kommen in der reinen Aquarellmalerei nicht zur Anwendung. Werden sie trotzdem zugesetzt, dann entsteht eine andere Art von Farben – Gouache.

Während viele Illustratoren des Mittelalters reine – d. h. transparente – Wasserfarben für kleinere Arbeiten und Manuskripte verwendeten, fügten andere Deckfarben hinzu, um einen Untergrund zu erhalten, der das Auftragen von Blattgold ermöglichte. Der erste Maler, der die Bedeutung des Mediums Aquarell für größere Arbeiten erkannte, war Albrecht Dürer (1471–1528). Neben den kraftvollen Linien und deckenden Passagen gehört die unübertroffene Transparenz der Wasserfarben zu den wesentlichen Merkmalen seiner Arbeiten.

Einer der ersten englischen Kunstmaler, welche die Aquarelltechnik wirkungsvoll zu nutzen verstanden, war John White. Whites Kunstfertigkeit, alle Möglichkeiten der Wasserfarben für seine Zeichnungen zu nutzen, veranlaßte einige Historiker, ihn als den »Vater der englischen Aquarellmalerei« anzuerkennen.

Tatsächlich wurde die Aquarellmalerei auf dem europäischen Kontinent unter der Bezeichnung »die englische Kunst« bekannt, aber erst nahezu zweihundert Jahre später, gegen Ende des achtzehnten Jahrhunderts, erblühte die Kunst der Aquarellmalerei in vollem Glanz. Als bedeutende Künstler seien hier genannt: Paul Sandby (1725–1809), William Blake (1757–1827), Thomas Girtin (1755–1802), J. M. W. Turner (1755–1851), John Crome (1763–1821), John Sell Cotman (1782–1842), John Varley (1778–1842), David Cox (1783–1859) und Peter de Wint (1784–1849).

Nur diejenigen, die die Grundtechnik beherrschen und die Grenzen des Mediums kennen, können von den Regeln abweichen und neue Stile entwickeln. So verstand zum Beispiel Thomas Girtin die durch die Wasserfarben auferlegten Beschränkungen als eine Herausforderung und verringerte als Reaktion darauf die Zahl seiner Farben. Er verwendete nur fünf Ausgangsfarben: Gelbocker, gebrannte Siena, Hellrot, Bergblau und Elfenbeinschwarz. Er trug die Farben zart auf und ließ jede Farbe trocknen, bevor er die nächste aufbrachte; so baute er tiefe Tonstufen und Kontraste auf. Wie die meisten Maler der englischen Schule beließ er manche Stellen des Papiers weiß, um helles Licht wiederzugeben; doch gelegentlich durchbrach er diese Regel, indem er für einen Glanzpunkt Gouache verwendete.

William Blake entwickelte eine Technik, die eine gewisse Ähnlichkeit mit dem Offsetdruck besitzt: Er malte seine ersten Farbschichten auf wasserunempfindlichen Flächen auf, wie Glas, Porzellan oder Glanzpapier, die er anschließend auf sein Malpapier preßte. Nachdem der »Druck« getrocknet war, überarbeitete er ihn mit Deckfarben, um das Bild auszuarbeiten und zu beleben.

J. M. W. Turner veränderte die Farben, während sie noch naß waren, vertrieb und kratzte auf schwerem Papier, bis Glanz- und Leuchteffekte entstanden – auf den ersten Blick kaum als Aquarellfarben erkennbar. Er vermischte Techniken und paßte sie einander an. In *Tintern Abbey* baute er starke Kontraste in den Farbtönen mit durchgehenden und unterbrochenen Farben auf. Schwere Naß-in-Naß-Technik, Lasuren und Trockenverfahren finden sich in den Harmonien des *Kilgarran Castle,* während *Venice from the Ciudecca* durch seinen zarten, nassen Farbauftrag und die sensiblen Deckfarbentupfer lebt.

Das Viktorianische Zeitalter erlebte einen Aufschwung der Aquarellmalerei, insbesondere in England. Manche Künstler aus jener Zeit, darunter auch John Eberett Millais (1829–1896), konnten die Aquarellkopien ihrer größeren Ölgemälde leicht verkaufen. Aquarellfarben wurden bereits von van Dyck (1599–1641), Gainsborough (1727–1788) und Constable (1776–1837) im entgegengesetzten Sinn verwendet – nämlich zur Anfertigung kleiner Farbskizzen für spätere große Ölgemälde.

Die amerikanische Aquarelltradition, wenngleich sie nicht so alt wie die englische ist, basiert auf den Arbeiten herausragender Künstler wie beispielsweise Winslow Homer (1830–1910). Die Tradition wurde fortgesetzt von Thomas Eakins (1844–1916), Edward Hopper (1882–1967) und Andrew Wyeth (geb. 1917). Ben Shahn (1898–1969) verwendete das Medium mit großer Geschicklichkeit zur Darstellung sozialer Ideen, wie aus seinem 1966 gemalten Porträt von *Martin Luther King* ersichtlich wird.

Die englische Tradition wurde von so überragenden Künstlern wie Edward Burra (1905–1976), Paul Nash (1889–1946) und David Jones (geb. 1895) fortgesetzt. In Deutschland verwendete Paul Klee (1879–1940), einer der Begründer des Bauhauses, Wasserfarben für manche seiner bedeutendsten Bilder. Sein *Motiv von Hammamet* zeigt die verblüffende Verwendung der Farben, die in kleinen, unscharfen, sorgfältig proportionierten Tönungen kontrastieren und die Textur des Papiers offenbaren.

Der Unterschied zwischen den schönen Künsten und der Kunst des Illustrators, welcher nie richtig schroff war, verschwamm erst recht im 19. Jh. mit der Erfindung der Halbton-Reproduktion. Durch das Überlagern roter, gelber und blauer Druckfarben, zur Produktion vieler Farbtöne durch Filter zerlegt, wurde es möglich, auch Illustrationen ganzfarbig wiederzugeben. Wasserfarben erwiesen sich hier als besonders geeignet und ermöglichten es, Bücher mit farbigen Abbildungen in riesigen Mengen zu verhältnismäßig niedrigen Preisen auf den Markt zu bringen. Zu den zahlreichen Künstlern, die ihre Illustrationsoriginale mit Wasserfarben kolorierten, gehörten Rackham (1867–1939) und Edmund Dulac (1882–1953). Dulac kolorierte viele seiner Tuschezeichnungen. Durch die Druckwiedergabe wirkten die Wasserfarben weicher, da das Schwarz der Tusche im Dreifarbendruckverfahren nicht wiedergegeben werden konnte und so die zarten Farbtöne innerhalb der sie umsäumenden Linien noch stärker hervortraten.

Aquarell Bildträger

Der meistverwandte Bildträger für Aquarellfarben ist Papier, das zu diesem Zweck in vielerlei Gewichten und Texturen hergestellt wird.

Läßt man die vielen billigen Papiersorten für Schulzwecke und Kindermalblöcke außer acht, dann verbleiben drei Hauptkategorien von echtem Aquarellpapier: heißgepreßt oder HP, kaltgepreßt oder CP (für »Cold Pressed«) und rauh.

Heißgepreßtes Papier ist sehr geschmeidig und eignet sich gut zum Auftrag von Linien und Wasserfarben. Manche Maler finden es zu glatt für reines Aquarellmalen. Kaltgepreßtes Papier ist aufgrund seiner unterschiedlichen Verwendungsmöglichkeiten am beliebtesten. Seine halbrauhe Oberfläche nimmt große, gleichmäßige Farbflächen gut an, und mit einem halbwegs trockenen Pinsel kann auch die rauhe Oberfläche des Papiers hervorgehoben werden, so daß auf demselben Papier glatte und rauhe Stellen nebeneinander auftreten können. Auch feine Detailarbeiten sind auf kaltgepreßtem Papier möglich.

Rauhes Papier widerstrebt dem Pinselstrich. Das führt zu einem gesprenkelten Effekt, da sich das Pigment in den unteren Teilen des Bildträgers absetzt und der Rest weiß bleibt.

Handgeschöpfte Papiere sind die besten und teuersten. Zur Hauptsache bestehen sie aus reinen Leinenfasern, die ohne Zusatz oder nur mit neutralisierten Chemikalien gebleicht werden. Sie sind nur auf einer Seite mit dem Wasserzeichen geleimt.

Japanische Reispapiere, empfindlich und absorbierend, sind auch in Europa erhältlich. Viele europäische Maler haben es für besonders feine Arbeiten verwendet. Zu den hierzulande erhältlichen Papieren gehören Kozo, Mitsumata und Gambi. Kozo ist das stärkste Reispapier.

Getönte Papiere werden zuweilen ebenfalls verwendet, insbesondere für kleine Motive, aber die Papiertönung ist weniger haltbar als die aufgetragenen Farben, und so verfälscht der sich ändernde Grundton im Laufe der Zeit den Eindruck des Bildes. Viele Maler tönen das Papier lieber selbst, indem sie Wasserfarben mit einem Schwamm auf das Papier auftragen.

Das Gewicht oder die Dicke des Aquarellpapiers ist ebenso wichtig wie die Beschaffenheit seiner Oberfläche. Man mißt das Papiergewicht in Gramm je m^2. Bei einem 180-g-Papier ist beispielsweise ein Quadratmeter 180 g schwer.

Leichtere Papiere sollten aufgespannt werden, damit sie sich durch die Nässe nicht wölben. Schwere Papiere dagegen können auf einer harten Unterlage befestigt und gleich bemalt werden.

Im allgemeinen nehmen Gewicht und Preis des Papiers im gleichen Verhältnis zu wie die Formate der zugeschnittenen Blätter, so daß der Maler, der ein schweres Papier in kleinem Format wünscht, gezwungen ist, das Papier selbst zuzuschneiden. Das umfangreichste Angebot an verschiedenen Papiergewichten gibt es im Format 75 × 55 cm.

Zu den bekannten Herstellern von Markenpapieren gehören: d'Arches, Fabriano, Hahnemühle, Schöller und Whatman.

Ein gutes Papier für Anfänger ist das maschinengefertigte 200-g-Papier von Hahnemühle. Es ist stark, hält sich gut beim Zeichnen und Radieren und läßt sich leicht aufspannen, wenn man sehr naß malen will.

Aquarellpapier sollte möglichst trocken gelagert werden. Feuchtigkeit kann durch chemische Verunreinigung zu Flekken führen. Diese Stellen nehmen später keine Farbe mehr auf.

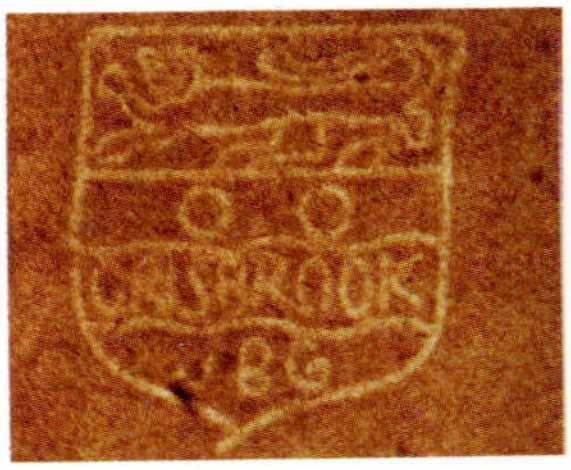

Aquarellpapier Gute handgeschöpfte oder maschinengefertigte Aquarellpapiere haben ein deutlich sichtbares Wasserzeichen (**links**). Auf der zu bemalenden rechten Seite des Papiers erkennt man das Wasserzeichen richtig herum. Das Papier gibt es in dreierlei Ausführung (**unten, v.l.n.r.**): heißgepreßt (mit recht glatter Oberfläche), kaltgepreßt (mit halbrauher Fläche) und rauh.

Sorten des Aquarellpapiers Viele Papierhersteller fertigen hervorragende Aquarellpapiere. Eine Auswahl davon ist **unten** abgebildet. Nachdem man sich für eine Papiersorte entschieden hat, wählt man Gewicht, Textur und Farbton. Im allgemeinen dürfte weißes Papier bevorzugt werden. Wird eine Farbtönung gewünscht, kann sie mit Wasserfarben aufgetragen werden; doch es gibt auch gute getönte Papiere zu kaufen. Bei der Wahl der Textur stellt sich die Frage, wieviel Weiß durch die Farbe hindurch noch sichtbar bleiben soll. Ein glattes Papier wird die Farbe überall gleichmäßig annehmen, während auf dem grobkörnigen Papier winzige Fleckchen weiß bleiben.

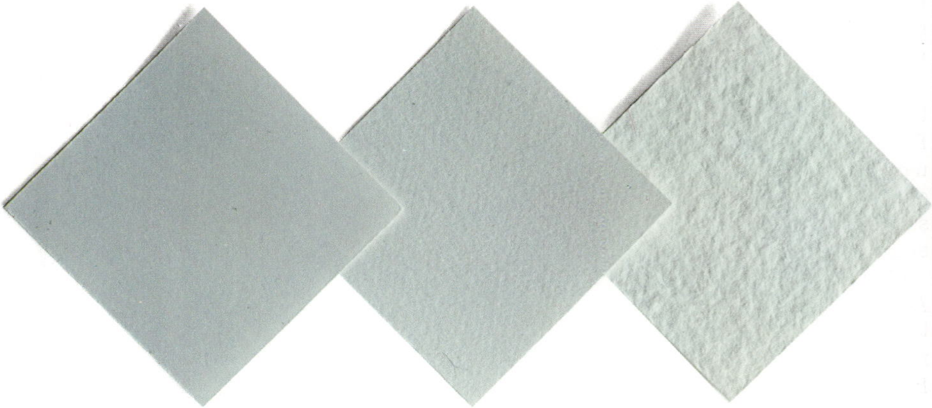

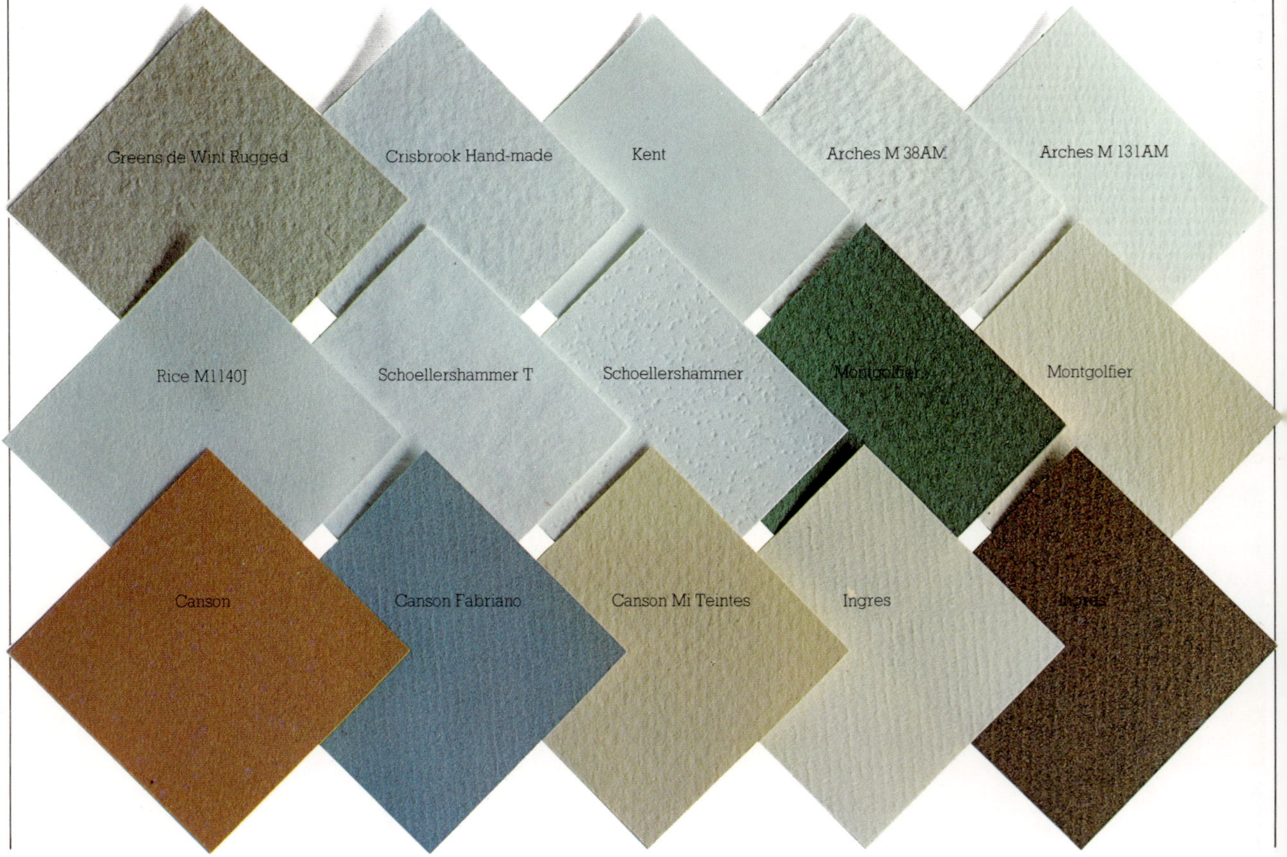

Aquarell Aufspannen des Papiers

Leichtere Papiere, die sich beim Verwaschen der Farben wellen, sollten vor Verwendung aufgespannt werden. Dazu gibt es unterschiedliche Verfahren.

Das einfachste Hausmittel besteht darin, das Papier in eine Schale mit Wasser zu legen, so daß es gut naß wird. Dann zieht man es am Rand heraus, schüttelt das überschüssige Wasser ab und legt es mit der Malseite nach oben auf ein Zeichenbrett, das nach Möglichkeit auf allen Seiten wenigstens noch 5 cm unter dem Papier herausragen sollte. Die Ränder werden mit Hilfe gummierter, brauner Papierstreifen auf der Unterlage festgeklebt und an jeder Ecke mit Reißbrettstiften angeheftet. Beim Trocknen wird sich das Papier anlegen und glätten.

Zur Arbeit im Freien verwenden manche Maler eine leichte Holztafel, die kleiner als das Aquarellpapier ist. Zwei oder drei Blatt feuchten Papiers werden auf die Platte gelegt, die Ränder umgefaltet und mit Klemmen befestigt. Das Papier wird nach dem Trocknen und dem Lösen der Klemmen durch die Faltstellen gehalten. Außerdem kann man ein bemaltes Blatt abziehen, ohne die darunterliegenden Blätter zu beschädigen.

Gebrauchsfertig präparierte Aquarellblöcke – leichtes Aquarellpapier, durch Rundumleimung auf Karton befestigt – lassen sich bequem handhaben. Hier braucht das Papier natürlich nicht gespannt zu werden. Allerdings sind diese Blöcke teurer als lose Blätter.

Blöcke kann man auch selbst herstellen, indem man das Aquarellpapier im Lumbeckverfahren rundum auf einem Karton verleimt. Dieser sollte ebenfalls, damit er sich nicht verzieht, auf der Rückseite geleimt werden.

Spezielle Spannrahmen, mit deren Hilfe schwereres Papier aufgespannt und straff gehalten wird, gibt es im Fachhandel; die Ränder des Blattes werden darin – ähnlich wie die Leinwand auf einem Keilrahmen – zwischen einem Innen- und einem Außenrahmen eingeklemmt. Aber selbst bei geübten Aquarellmalern kann sich das Papier noch verziehen.

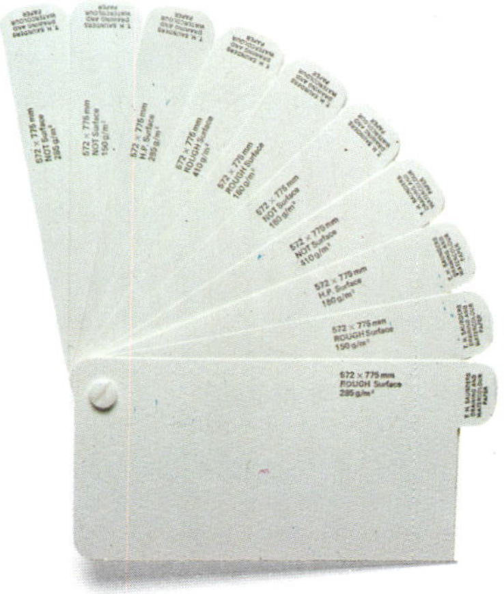

Papiermuster Viele Hersteller geben Musterheftchen heraus, wie z. B. diesen Musterfächer, der das Vergleichen von Gewichten und Texturen der verschiedenen Sorten erleichtert.

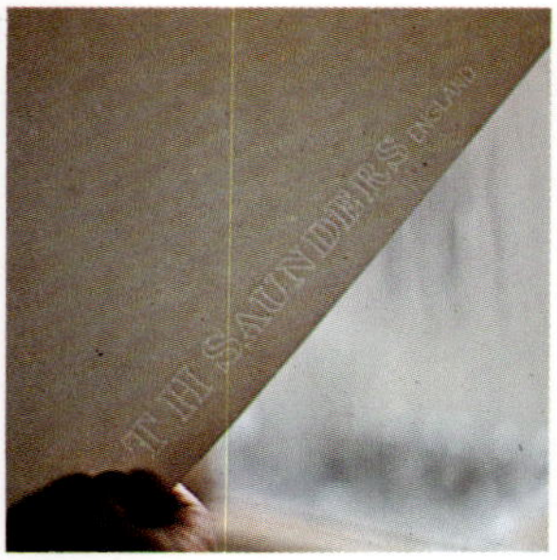

Aufspannen von Papier 1. Um die richtige Papierseite herauszufinden, muß man es gegen Licht halten und das Wasserzeichen überprüfen.

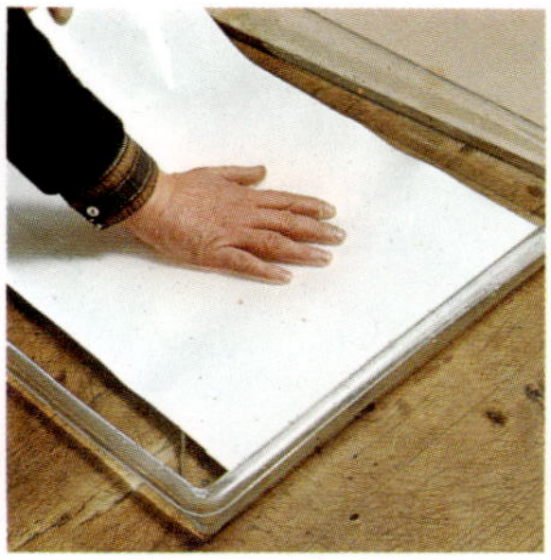

3. Das Papier wird in eine Schale mit klarem Wasser getaucht. Die Einweichzeit richtet sich nach der jeweils benutzten Papiersorte.

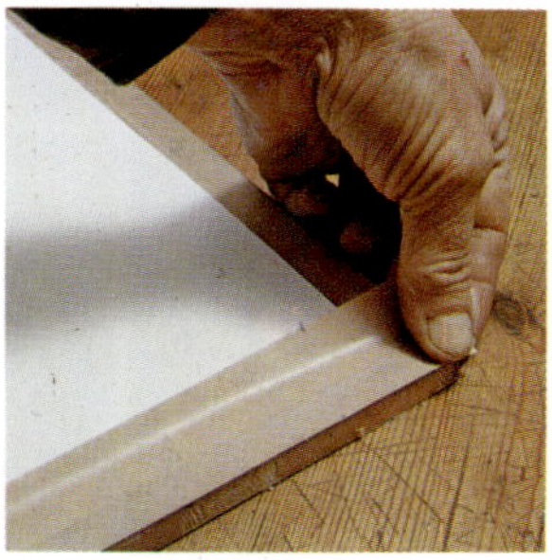

5. Nach dem Abtrocknen wird das Papier auf die Platte gelegt und am Rand mit Papierklebestreifen befestigt.

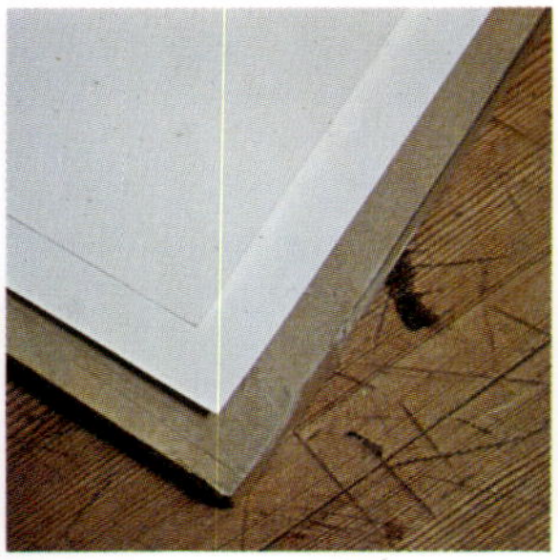

2. Nun wird das Papier so zugeschnitten, daß auf der Unterlage noch ein genügend breiter Rand zum Aufkleben freibleibt.

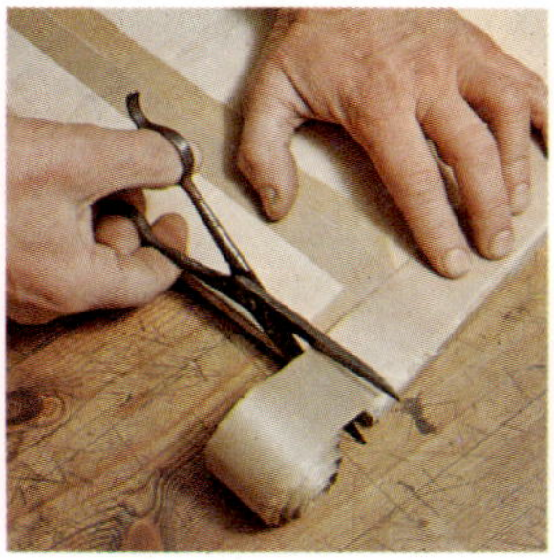

4. Von einer Rolle mit gummiertem Papierklebestreifen schneidet man vier Streifen in der Länge der Seiten zu.

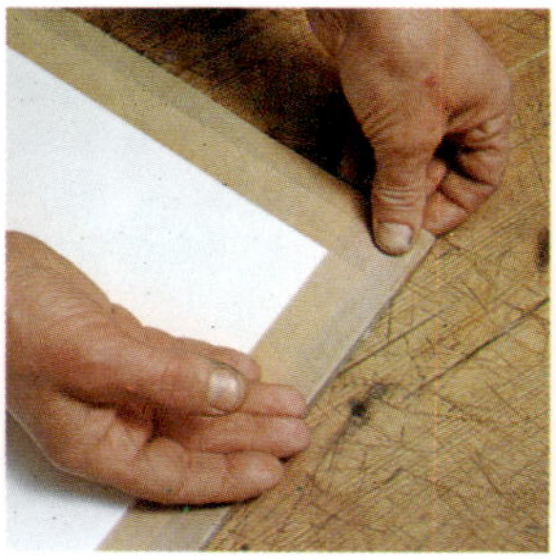

6. Beim Ankleben der restlichen Seiten muß darauf geachtet werden, daß das Papier flach aufliegt.

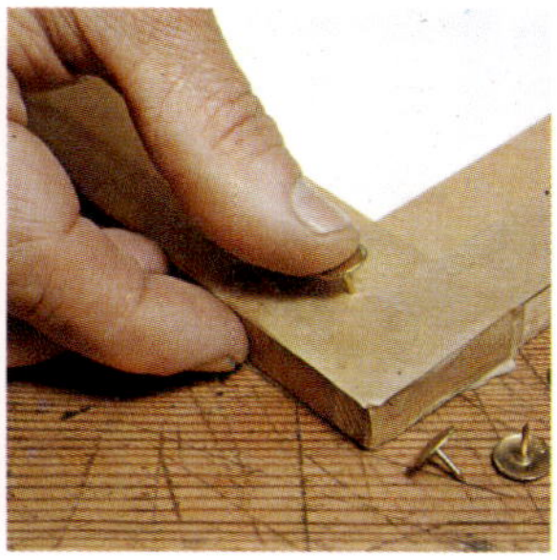

7. Nachdem jede Papierecke mit einem Reißbrettstift befestigt wurde, läßt man das Blatt trocknen.

6 **Aquarell** Ausrüstung

Farben

Beim Kauf von Aquarellfarben erkennt man Qualitätsunterschiede deutlicher am Preis als bei allen anderen Farben. Große und billige Farbkästen mit zahlreichen Farbtönen sind für die ernsthafte Aquarellmalerei völlig wertlos, da die Farben mehr Bindemittel als Pigmente enthalten und sehr unbeständig sind. »Studienfarben«, die in kleineren Näpfchen oder Tuben von namhaften Herstellern erhältlich sind, eignen sich zum Üben und Experimentieren. Aber wirklich brauchbar und zuverlässig sind nur die echten »Künstlerfarben«; sie haben die Transparenz, den Glanz und die Beständigkeit, die der Aquarellmaler benötigt, gleich ob er nun Berufs- oder Hobbymaler ist.

In diesem teuren Qualitätsbereich gibt es keine wesentlichen Unterschiede. Namhafte deutsche Hersteller sind u. a.: Schmincke (Horadam), Dr. Schoenfeld und Kreul.

Trockentabletten und Halbfeuchtnäpfchen werden heutzutage nur noch selten verwendet; Halbnäpfchen, ebenfalls halbfeucht, sind die bekannteste Form. Farben der besten Qualität sind entweder einzeln in weißen Näpfchen oder in Malkästen mit Klapp-Paletten zu kaufen.

Pastenförmige Wasserfarben in Tuben werden von Malern bevorzugt, die große Farbflächen anlegen wollen. Völlig flüssige Wasserfarben gibt es in Fläschchen, zusammen mit einem Augentropfer, der das Auftragen auf die Palette erleichtert. Mit den Tubenfarben kann man natürlich wesentlich schneller arbeiten, da sonst mit dem Pinsel jeweils Farbe und Wasser erst gründlich gemischt werden müssen.

Für den Anfänger ist es am besten, wenn er sich auf nur wenige Farbtöne beschränkt, mit denen er nicht nur die nötige Erfahrung im Farbenmischen erlangt, sondern die zugleich zu einer gewissen Harmonie und Beständigkeit in den fertigen Bildern führen.

Einige Pigmente auf chemischer Basis verfärben das Papier schnell und lassen auf ihm keine transparente Aquarellschicht entstehen. Diese »Färbemittel«, die für gewisse Vorhaben ganz nützlich sein mögen, können leicht erkannt werden: Man trägt die Farbe dick auf Papier auf und läßt sie trocknen. Danach wird das Papier unter fließendem Wasser abgespült. »Färbepigmente« werden sich zäh behaupten.

Puristen – und experimentierfreudige Maler – können ihre Wasserfarben auch selbst herstellen, wenngleich es ein zeitraubendes Verfahren ist. Man benötigt dazu äußerst fein zermahlenes Pigment von bester Qualität, eine flache Glasscheibe, einen Mörser, einen Kunststoffspachtel, Gummiarabikum, Glyzerin, destilliertes Wasser, gereinigte Ochsengalle, Zuckersirup und Karbolsäurelösung.

Man gibt auf das Glas einen Teil der gemischten Zucker- und Glyzerinlösung, zwei oder drei Teile Gummiarabikum sowie ein paar Tropfen gereinigte Ochsengalle. Dann zieht man diese Flüssigkeiten mit dem Spachtel in das daneben aufgeschüttete kleine Pigmenthäufchen und vermischt das Ganze zu einer steifen Paste. Anschließend wird die Mischung im Mörser noch einmal gründlich zerstampft, vermischt und dann in ein Näpfchen gefüllt.

Pinsel

Die Geduld des Pinselherstellers wird auf das gröbste beansprucht, wenn er die Ansprüche des Aquarellmalers voll befriedigen soll. Dieser verlangt flache oder spitze Pinsel, mit denen er makellos verwaschen, feinste Haarstriche ziehen und größere Farbmengen in einem einzigen, gleichmäßigen Pinselstrich auftragen kann.

Für die verschiedenen Pinselgrößen, die benötigt werden, eignet sich in geradezu perfekter Weise das Schweifhaar des sibirischen Colinsky-Rotmarders. Zwar gehören die daraus gefertigten Pinsel zu den teuersten, aber sie haben auch die längste Lebensdauer – jedenfalls wenn sie sachgemäß behandelt werden.

Die ganz dünnen Pinsel (Größen 000, 00 und 0) werden kaum benötigt. Pinsel beginnen im allgemeinen mit der Größe 1 und gehen bis Größe 12. Der Anfänger kann mit einem Satz Rundpinseln der Größen 4, 8 und 12 sowie mit Flachpinseln von 1,25 cm oder 2,5 cm Breite anfangen. Die Wahl ist vom individuellen Vorhaben abhängig.

Auch chinesische Schweineborstenpinsel sind wieder erhältlich: langstielig (Bambus), mit eng gefaßten Haaren für feinste Linien und Punkte.

Staffeleien

Es gibt viele verschiedene Staffeleien, und die meisten können auch für das Aquarellmalen benutzt werden. Die Aquarellmalerei läßt sich am besten ausführen, wenn alles auf kleinstem Raum untergebracht werden kann; entweder mit aufgespanntem Bildträger auf einem Tisch im Atelier, auf den Knien oder auf einer leichten, speziell dafür vorgesehenen Feldstaffelei.

Aquarellstaffeleien sind von der tragbaren Staffelei, die mit einem Gurt um den Hals gehalten wird, dem Skizzierbrett bis hin zu den patentierten, zusammenklappbaren Holz- oder Aluminiumgestellen, sogar in Ausführungen als Materialkoffer, der zugleich als Klappstuhl verwendbar ist, im Handel erhältlich.

Wasser

Von allen Materialien ist das Wasser das wichtigste Bindeglied. Wenn irgend möglich, sollte man destilliertes Wasser verwenden. Zu hartes oder zu weiches Wasser kann einem hinsichtlich des Papiers oder der Farben ganz üble Streiche spielen. Arbeiten Sie im Freien, dann nehmen Sie sich Wasser in einer großen verschraubbaren Flasche mit, und füllen Sie es immer in zwei Behälter – einen zum Auswaschen der Pinsel und einen zum Auflösen der Farben. Mit schmuddeligem Wasser, in dem die Pinsel gesäubert wurden, kann man keine klare Farbe mehr herstellen.

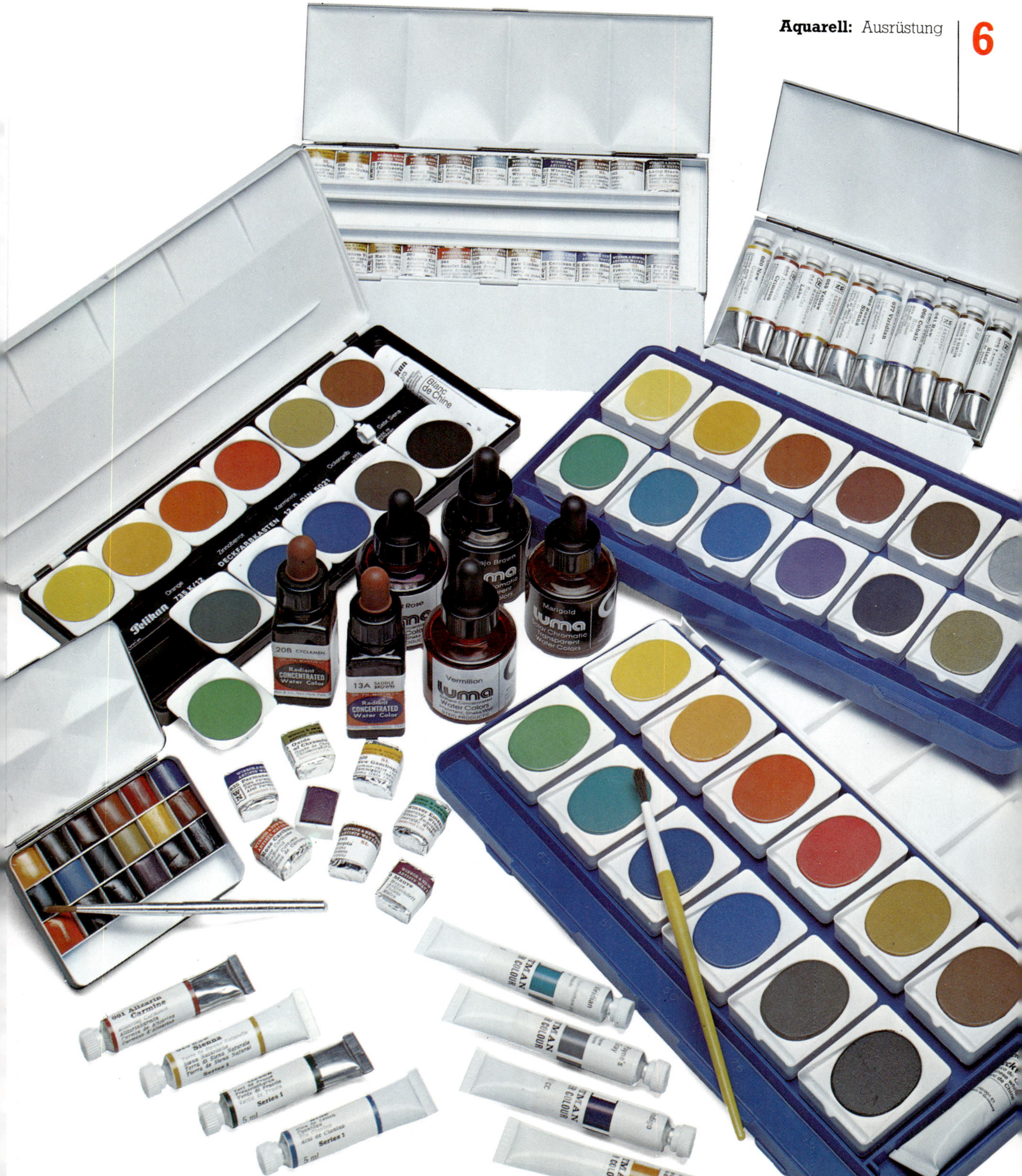

Aquarellfarben Aquarellfarben sind sowohl in fertig zusammengestellten Malkästen als auch in losen Näpfchen oder Tuben im Handel erhältlich. Näpfchen (**oben**, **Mitte**, **Mitte links**) gibt es lose oder in Sätzen. Die Malkästen (**links**, **rechts**) dienen zugleich als Palette. Fläschchen mit konzentrierten Wasserfarben (**Mitte**) haben im Verschluß meist einen Tropfer, Tubenfarben (**vorn**, **hinten rechts**) werden auf der Palette ausgedrückt.

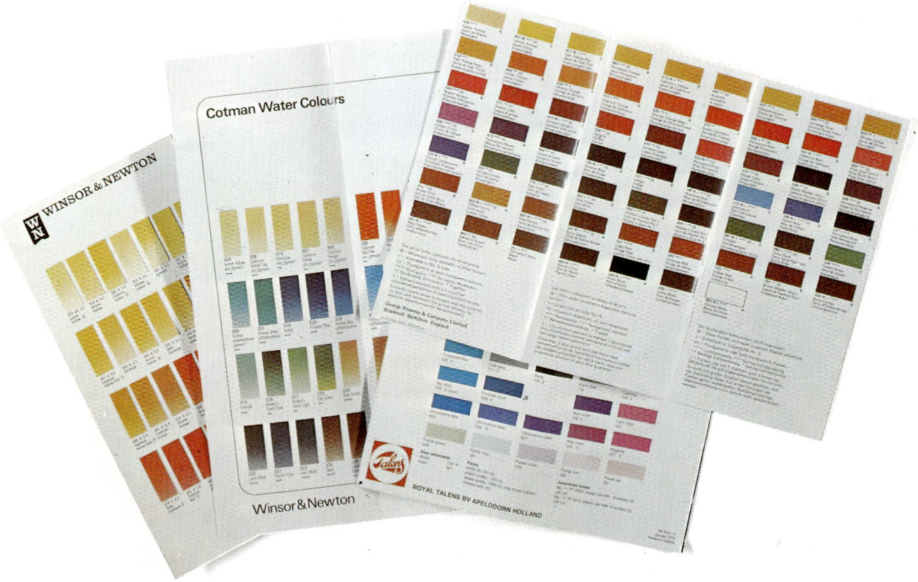

Aquarellfarben und Pinsel
Die Farbkarten (**links**) verdeutlichen das reichhaltige Aquarellfarbenangebot. Die Hersteller bieten qualitativ unterschiedliche Farbsortimente an. Für die billigen Farben werden billige Pigmente verwendet, aber auch die Qualitätsfarben unterscheiden sich voneinander in Fließverhalten und Beständigkeit. Weiche Marderpinsel eignen sich für die verschiedenen Techniken am besten. Eine Auswahl von Pinseln der Größe 5 aus verschiedenen Serien (**unten**) verdeutlicht die Unterschiede. Die Qualität eines Pinsels zeigt sich daran, daß er in angefeuchtetem Zustand nach Verbiegen der Spitze wieder in seine Ausgangsform zurückschnellt; minderwertige Pinsel bleiben gekrümmt.

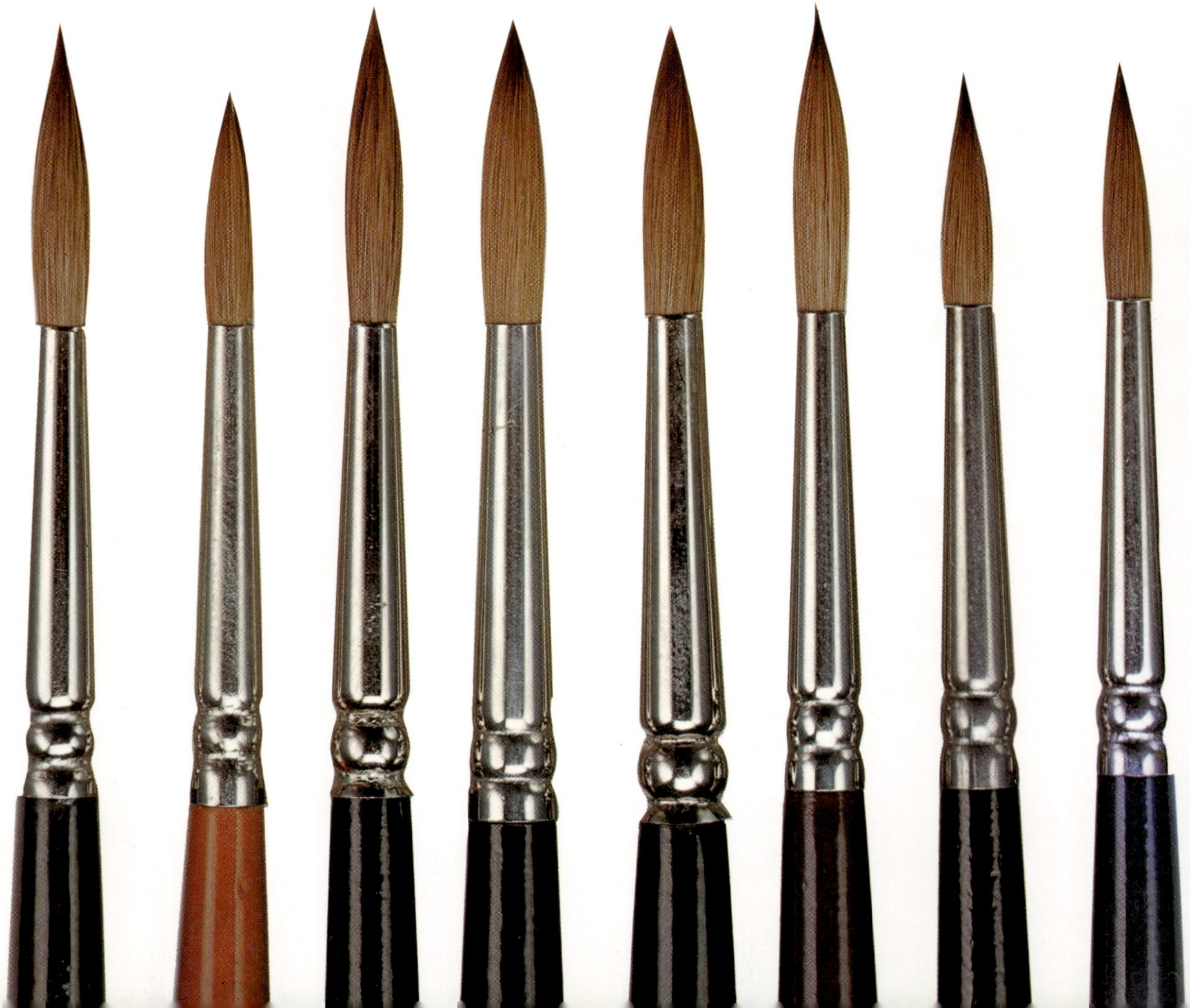

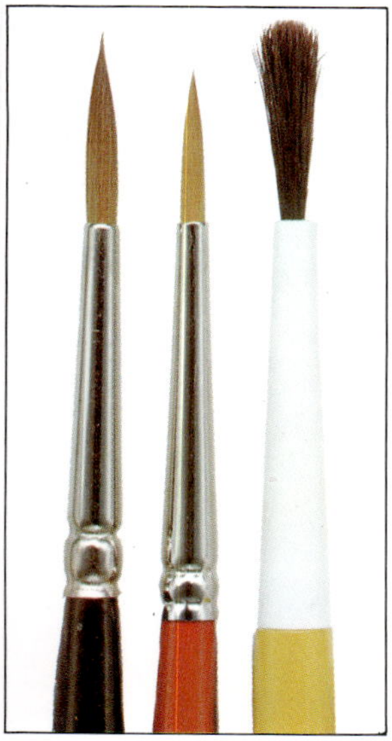

Pinselsorten Viele Aquarellkästen enthalten Pinsel von schlechter Qualität, wie man (**links**) in einem Vergleich (**v.l.n.r.**) zwischen dem besten Marderpinsel, einem Marder-Imitationspinsel und der billigsten Pinselsorte, die oftmals im Malkasten liegt, erkennt. Die Pinselserie (**rechts**) zeigt die unterschiedlichen Größen einer zusammengehörigen Reihe. Japanische Bambuspinsel (**rechts unten**) eignen sich zur Flächen- und Detailarbeit. Ein ganzes Pinselsortiment für Wasserfarben ist **unten** wiedergegeben (**v.l.n.r.**): Lavierpinsel, feiner synthetischer runder Haarpinsel, breiter synthetischer runder Haarpinsel, Mischfasern rund, Ochsenhaar rund, Fehhaar rund, Marder-Fächerpinsel, feines Marderhaar rund.

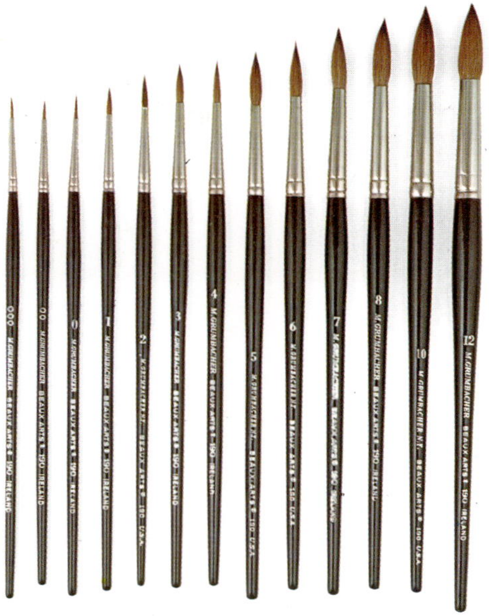

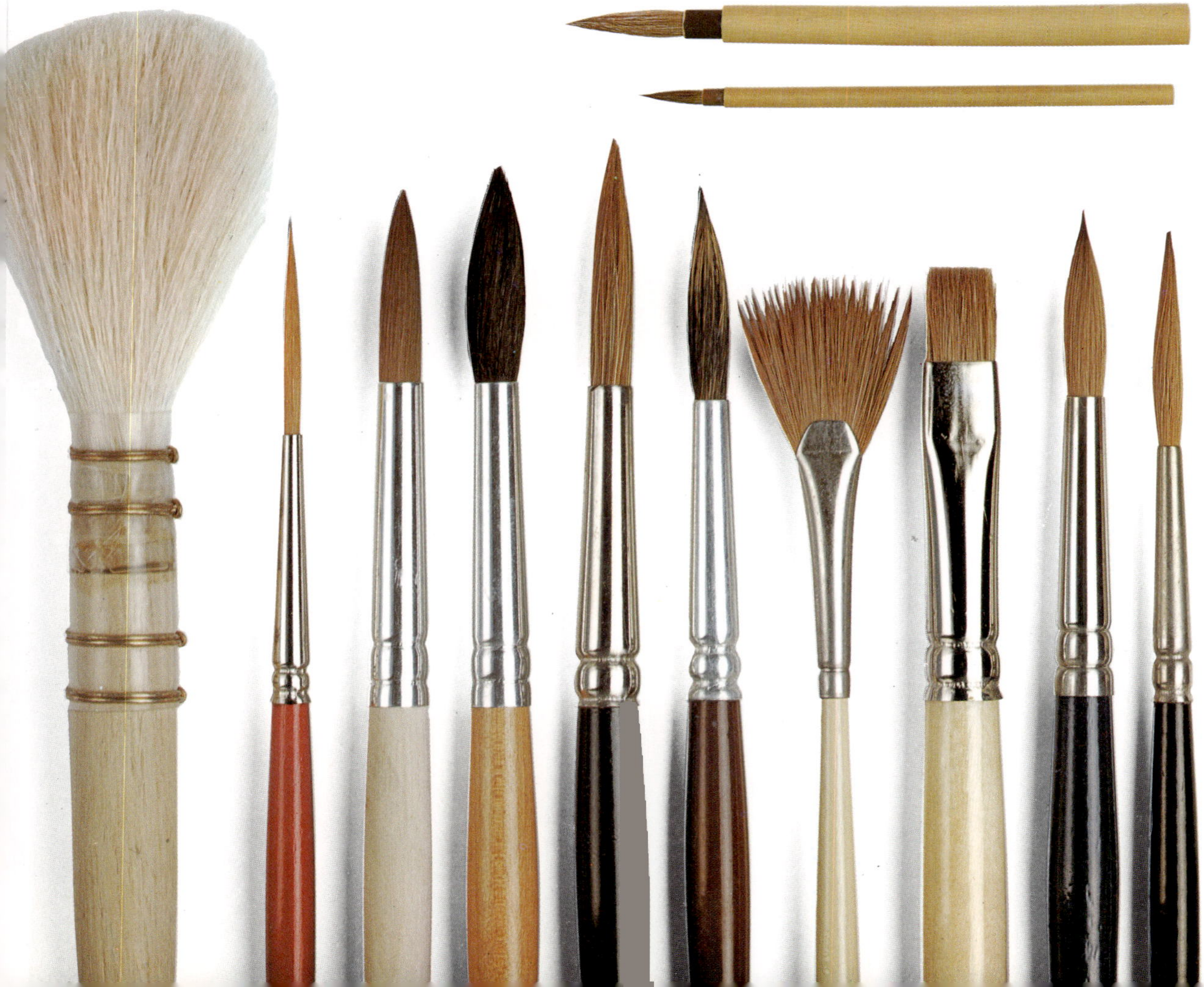

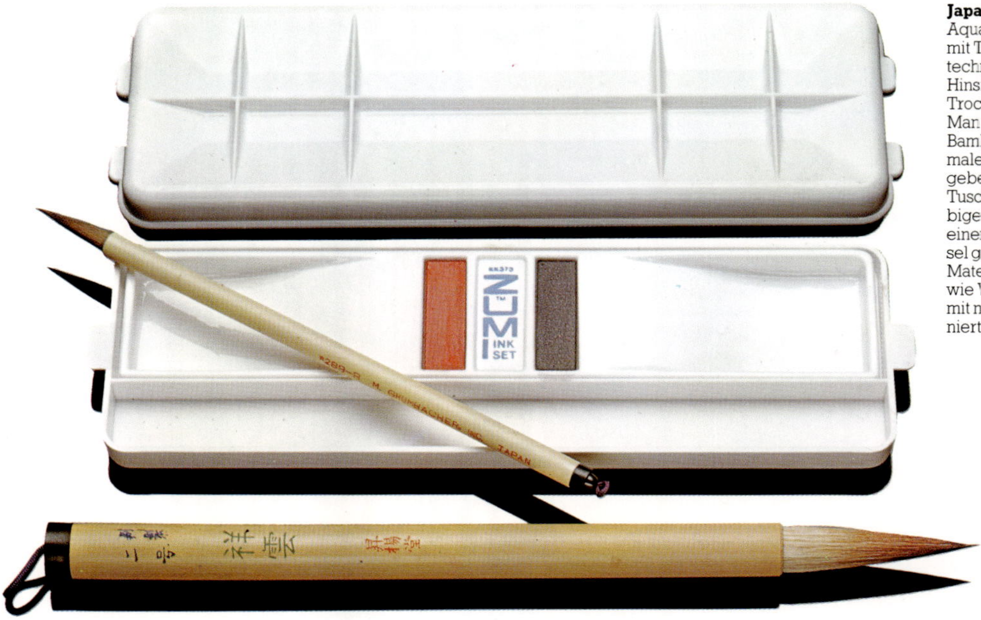

Japanische Tuschen und Pinsel Aquarelltechniken sind traditionell mit Tuschezeichnungen und Laviertechniken verbunden. In gewisser Hinsicht kombiniert das Malen mit Trockentusche diese beiden Arten. Man verwendet weiche Pinsel mit Bambusgriffen, die sowohl breit malen als auch feinste Linien wiedergeben können. Dieser kleine Tuschesatz (**links**) enthält eine farbige und schwarze Tusche sowie einen feinen Bambuspinsel. Die Pinsel gibt es in mehreren Größen. Die Materialien können wie Tusche oder wie Wasserfarbe gehandhabt oder mit normaler Aquarellfarbe kombiniert werden.

Lappen und Schwämmchen Da der extreme Farbfluß zu den charakteristischen Merkmalen der Aquarellmalerei gehört, sind Läppchen und Schwämmchen (**unten**) zum Abtupfen und Verreiben der Farbe wichtige Hilfsmittel. Mit dem Schwamm betupfte Farbe erhält eine volle, rauhe Textur.

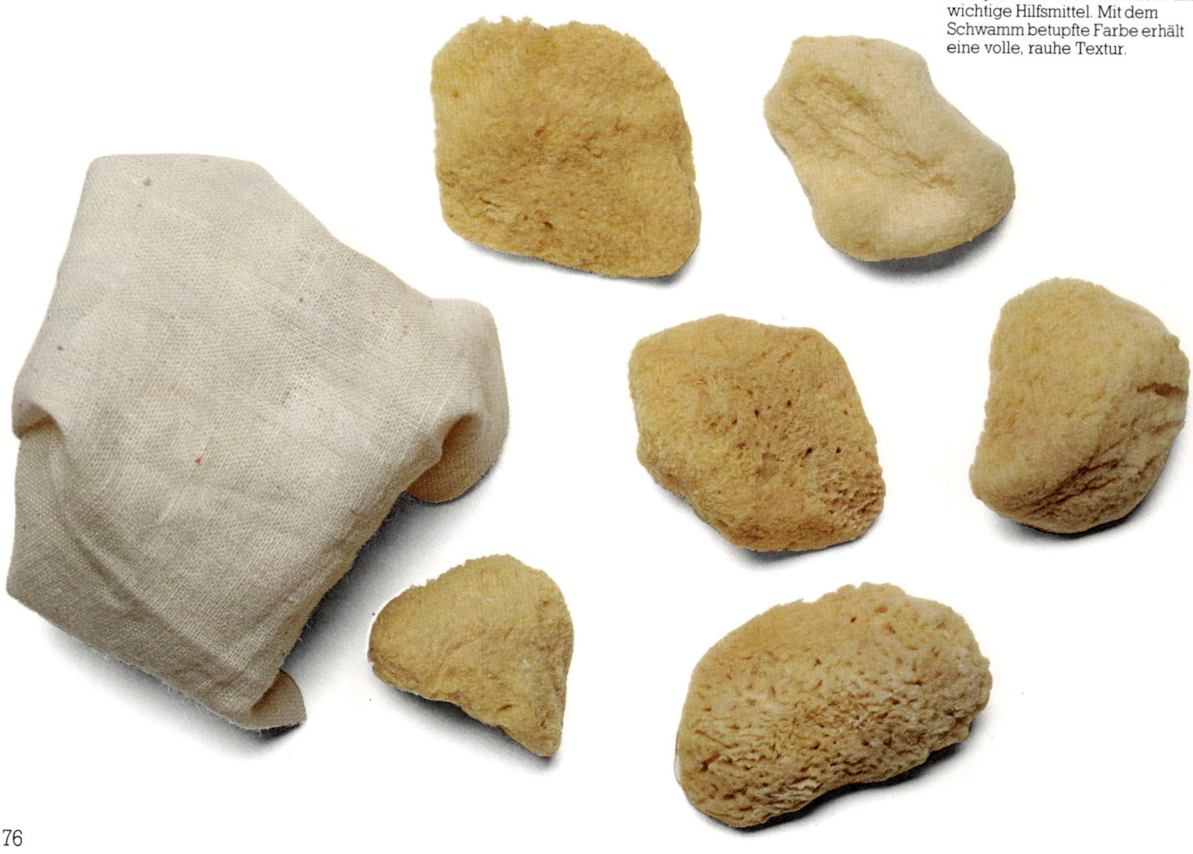

Prinzipien der Aquarellmalerei
Das wesentliche Merkmal der Aquarellmalerei, wodurch sie sich von anderen Techniken unterscheidet, sind die durch Zusatz von Wasser und nicht von Weiß abgeschwächten Farbtonwerte; die Farbe ist also immer transparent, wie diese beiden Beispiele mit unterschiedlichen Wasserfarblösungen (**rechts**) verdeutlichen. Einen intensiven Farbton auf dem Papier erhält man durch geringe Wasserzugabe. Doch die traditionelle Aquarelltechnik ermöglicht den Aufbau der Farbintensität durch sukzessives Auftragen schwacher, verdünnter und transparenter Farbschichten, wobei Glanzlichter vom hell verbliebenen Papier dargestellt werden. Außerdem bleibt die Brillanz des weißen Papiers durch die dünnen Farbschichten hindurch wirksam, und das Aquarell behält seine Klarheit und Leuchtkraft.

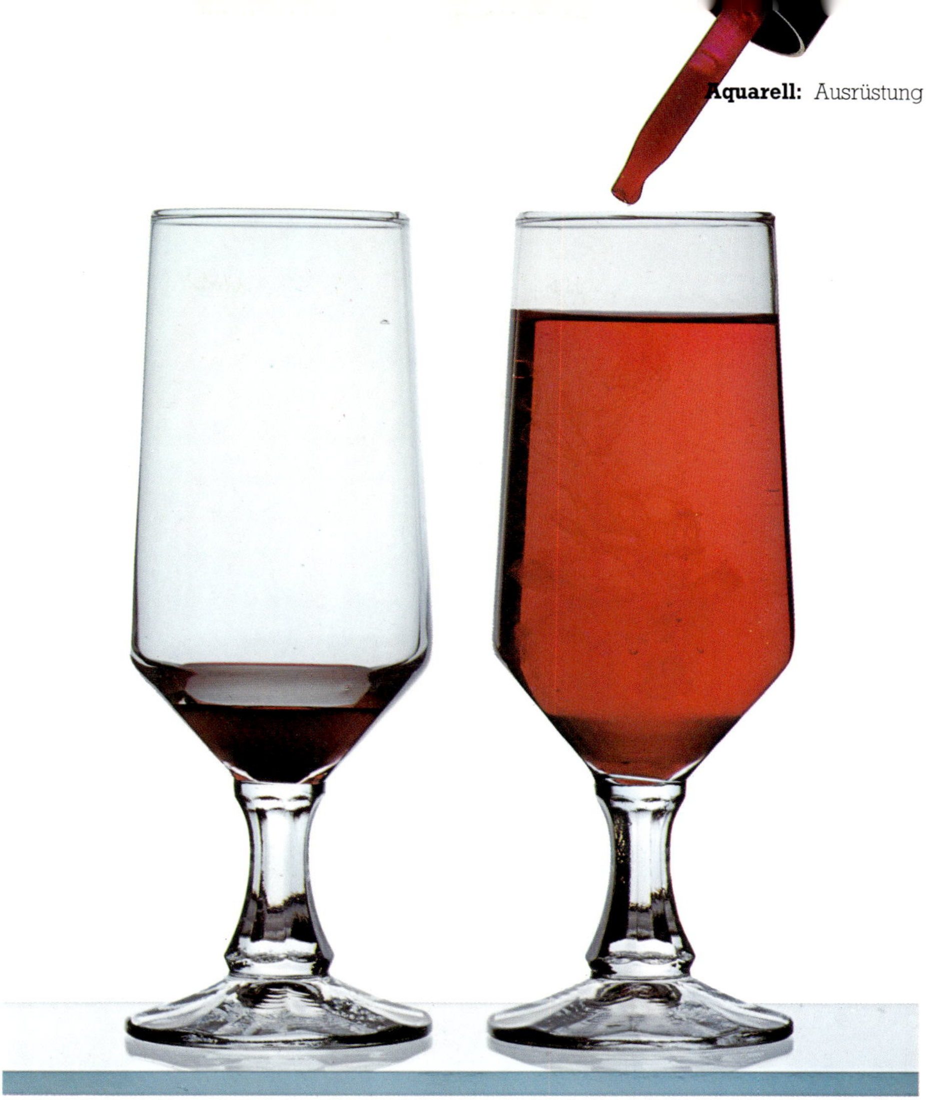

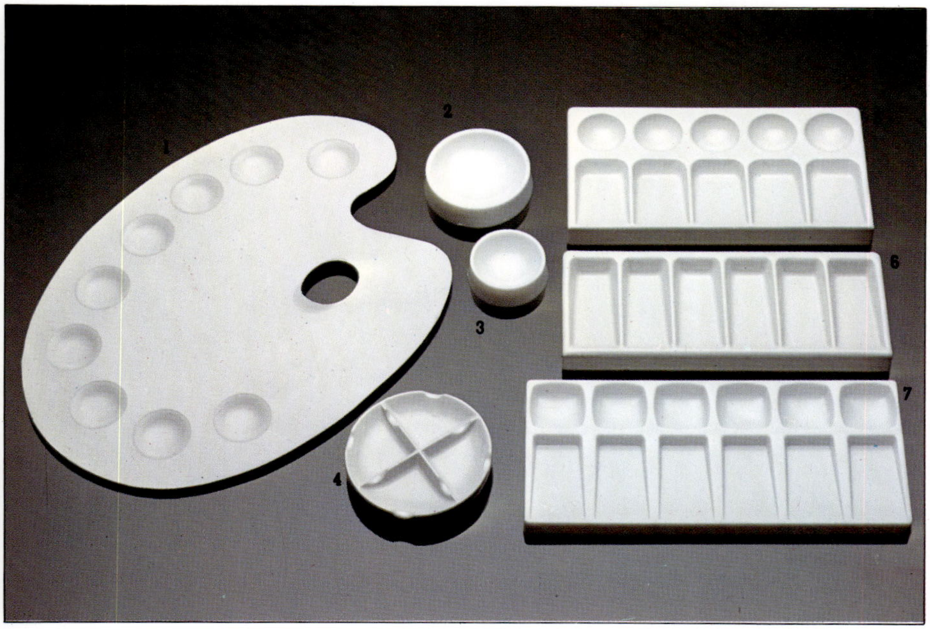

Paletten Zum Anmischen von Wasserfarben muß man eine abgesetzte oder vertiefte Palette verwenden, so daß jede erforderliche Wassermenge hinzugefügt werden kann, ohne daß die Farben zusammenfließen. Paletten aus Keramik, Kunststoff oder Metall können verwendet werden und sind in vielerlei Formen und Größen erhältlich. Je nach Bedarf benutzt man für jede Farbe gesonderte Näpfchen (**2**, **3**) oder größere Paletten mit mehreren Vertiefungen (**4**, **5**, **6**, **7**). Die traditionelle nierenförmige Palette (**1**), die während des Malens in der Hand gehalten wird, mag für Arbeiten im Freien recht brauchbar sein, aber im Atelier sind alle Palettenformen eigentlich gleichwertig.

Staffeleien zur Aquarellmalerei
Bevor man sich eine Staffelei anschafft, sollte ihr späterer Verwendungszweck bedacht werden. Die besten Atelierstaffeleien können zum Zeichnen waagerecht eingestellt werden. Die im Freien arbeitenden Maler bevorzugen ein einfaches Zeichenbrett mit Block oder leicht zusammenklappbare Staffeleien. Manche Feldstaffeleien eignen sich zugleich zum Transport der Materialien. Alle leichten Staffeleien, die im Freien benutzt werden, sollten unter den Beinen Dorne haben, damit der Wind sie nicht umbläst. Die aus hartem Buchenholz bestehende Zeichenstaffelei (**1**) besitzt Gummibällchen unter den Beinen, kann aber auch mit Dornen versehen werden. Die verstellbaren Beine ermöglichen das Arbeiten in jeder gewünschten Höhe und in jedem beliebigen Winkel. Sie wiegt nur etwa 1,6 kg. Die Zeichenstaffelei aus Aluminium (**2**) ist etwas größer und läßt sich ebenfalls beliebig einstellen. Die Gummiauflagen unter den Beinen sorgen allerdings nicht für genügend Stabilität. Die zusammenklappbare Tischstaffelei aus Aluminium (**3**) ist extrem leicht und sehr gut zu transportieren. Auch die hölzerne Radialstaffelei fürs Atelier (**4**) ist zusammenklappbar und läßt sich nach vorn und hinten sowie in waagerechte Position schwenken. Eine starke Flügelmutter sorgt für stabile Einstellung. Die Kombistaffelei (**5**) aus Buchenholz ist zusammenklappbar, kann als Zeichentisch benutzt werden und eignet sich daher besonders gut für enge Raumverhältnisse. Die benutzte Leinwand kann waagerecht, senkrecht oder in jeden Zwischenwinkel eingestellt werden; wird sie als Zeichentisch verwendet, dann kann der für alle Zeichenbretter geeignete Rahmen in die bequemste Arbeitshöhe gebracht werden. Ein nützlicher Ausrüstungsgegenstand für die Freilichtmalerei ist die Kombination Feldhocker mit Tasche (**6**), die mit Hilfe des Gurtes leicht transportiert werden kann. Sämtliche Materialien sind in der Tasche verstaubar. Ein anderes Hilfsmittel für die Freilichtmalerei ist die Zeichenstaffelei mit Klapphocker (**7**). Diese vielseitige,

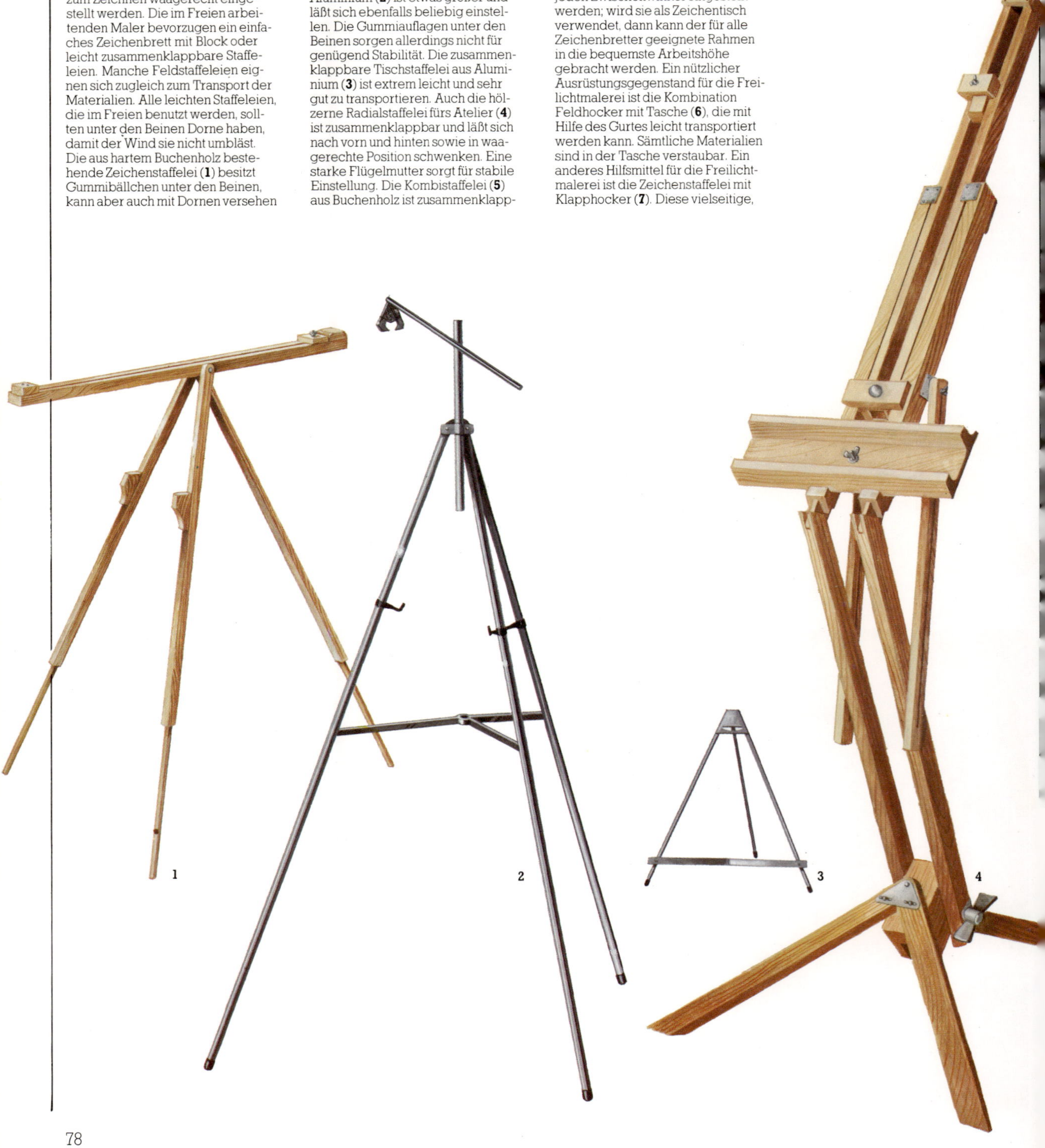
1 2 3 4

zusammenklappbare und leicht zu transportierende Feldstaffelei eignet sich für Leinwand, Block, Rahmen und Zeichenbrett und läßt sich beliebig einstellen.

Zeichenbrett mit Haltegurt Beim Zeichnen beweglicher Objekte erweist sich dieses Zeichenbrett als sehr praktisch. Der Gurt wird so um den Nacken gelegt, daß der Maler beide Hände zum Arbeiten benutzen und gleichzeitig mit dieser Staffelei auch einige Schritte weitergehen kann.

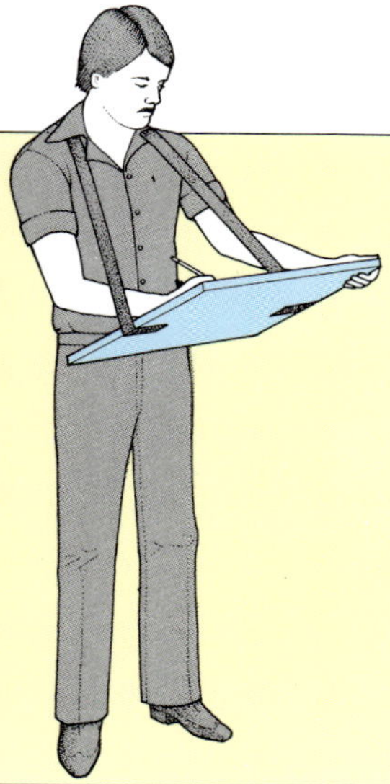

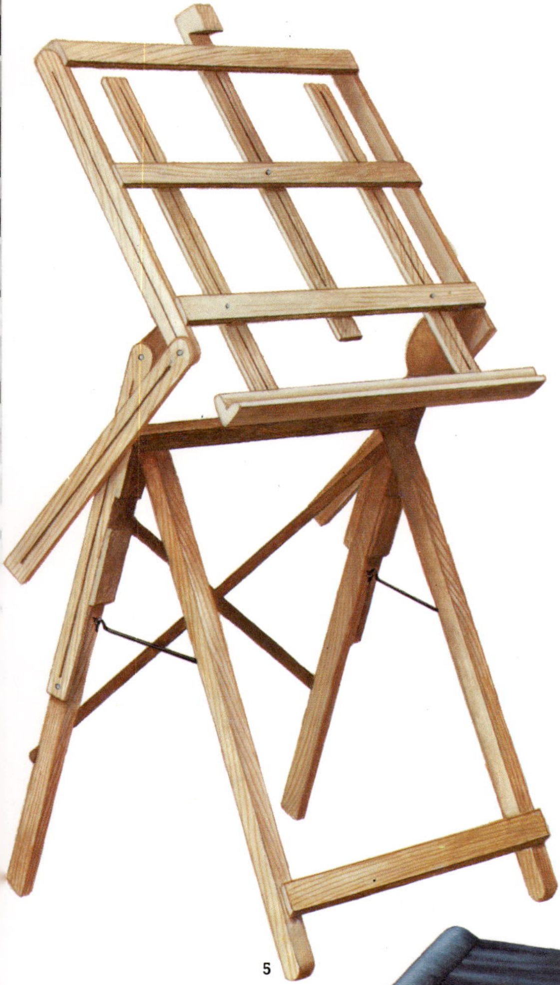

5

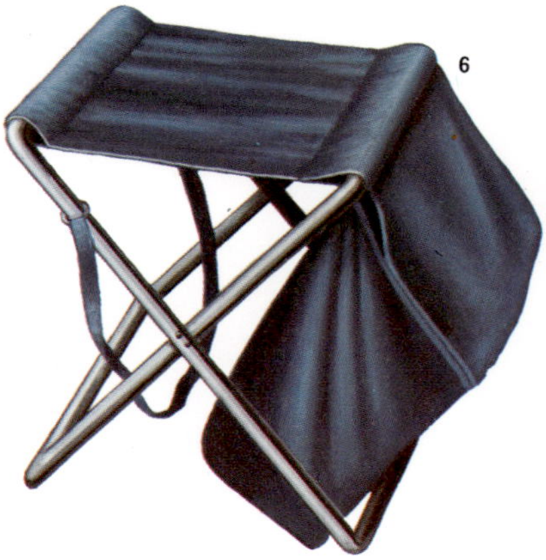

6

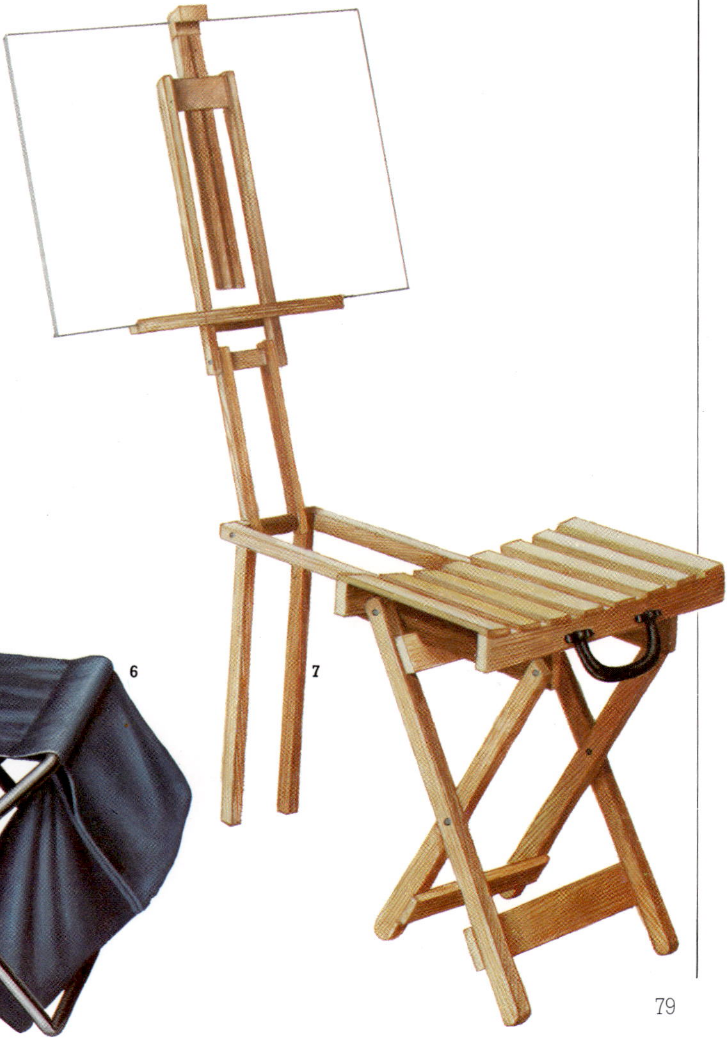

7

6 **Aquarell** Techniken

Primamalerei Auf Anhieb den gewünschten Effekt zu erzielen – d. h. *alla prima* malen – gehört zu den schwierigsten Techniken der Aquarellmalerei. Diese weitverbreitete, repräsentative Technik basiert auf zwei Schritten: Man fertigt zuerst eine hauchdünne, aber sorgfältige Bleistiftzeichnung an und trägt dann die Farben so auf, daß das Papier an den Stellen, an denen Glanzlichter entstehen sollen, unbemalt bleibt.

Bei der Aquarellmalerei werden jeweils dunklere Farben auf hellere aufgetragen – niemals umgekehrt. Und genaugenommen sollte man höchstens drei Farbschichten übereinander anbringen; sonst entstehen Schmutzfarben. Dunkle Farbtöne können, gleich nachdem das Bild fertig ist, noch ein wenig aufgehellt werden, indem man vorsichtig mit einem feuchten Schwämmchen, Löschpapier oder Papiertaschentuch über die Stelle wischt. Ist das Bild ganz trocken, dann können zu dunkle Farbtöne evtl. mit einem scharfen Messer durch Kratzen in verschiedene Richtungen noch ein wenig aufgehellt werden.

Lavieren Das Hauptmerkmal aller Aquarellgemälde ist die lavierte Farbfläche, die leichte Tonschwankungen in derselben Farbe oder subtile Übergänge von einem Farbton zum anderen zeigt.

Um einen lavierten Effekt zu erreichen, wird die zu bemalende Fläche angefeuchtet; man benutzt einen großen, flachen Pinsel und mischt genügend Farbe an – meist braucht man mehr als vermutet. Das muß so schnell geschehen, daß die Pinselstriche ineinander überfließen.

Üben Sie mit schräggehaltenem Bildträger, so daß die Striche nach unten ineinander überfließen; dabei sollten alle Pinselstriche horizontal verlaufen. Tupfen Sie den unteren Saum der Verwaschung mit einem trockenen Pinsel, Lappen oder Papiertaschentuch ab. Befeuchten Sie komplizierte Säume oder Linien, um die herum die Verwaschung angelegt wurde, um ein Verlaufen der Farben zu verhindern.

Man kann abgestuft lavieren, indem jeweils die Farbe der folgenden Pinselstriche verstärkt wird. Dabei den dunkelsten Streifen am besten zuerst auftragen und berücksichtigen, daß die Farbe beim Trocknen etwas heller wird.

Für mehrfarbiges Lavieren werden zuerst die Farben angemischt. Nicht mehr als drei verwenden. Jede Farbe muß auftrocknen, ehe die nächste aufgetragen wird. Nachdem sie alle getrocknet sind, werden sie mit einem feuchten Pinsel oder Schwämmchen verrieben. Auf diese Weise bleibt das Unmittelbare und Delikate der Farben erhalten.

Tüpfeln Dabei werden Farben in einzelnen Pünktchen aufgetragen, welche sich im Auge des Betrachters zu einem Farbton vermischen. Der Impressionist Georges Seurat, durch seinen Pointillismus bekannt, wandte diese Technik besonders wirkungsvoll an. Man kann die Tüpfelchen als Kontrast oder Verwaschung anbringen, aber auch auf einer Verwaschung. Verwenden Sie einen feinen Pinsel, wobei Sie von außen her zur Mitte hin arbeiten.

Vertreiben Dabei tragen Sie die Farbe mit einer reibenden Bewegung auf, um sie von allen Richtungen in das Papier einzutreiben. Hierbei kommt die Textur des Bildträgers besonders wirkungsvoll zur Geltung.

Trockentechnik Dazu benötigt man ein Minimum an Farbe auf einer feinen Pinselspitze, wodurch eine hervorragende Detaillierung entsteht. Aber der trockene Pinsel wird auch – vor allem in der Landschaftsmalerei – verwendet, um breite Effekte zu erzielen. Man drückt die Pinselhaare direkt unterhalb der Zwinge mit Daumen und Zeigefinger auseinander. Die Farbe erscheint in feinen, voneinander getrennten Linien.

Weitere Techniken Federzeichnung und zarte Aquarellfarben werden häufig zusammen verwendet, wobei die Linien die Umrisse angeben und die verwaschenen Farben zusammenhalten. Es besteht auch die Möglichkeit, zuerst die Aquarellfarben aufzutragen, um sie anschließend durch harte Linien zu bestimmen und zu schattieren.

Schwämmchen werden von vielen Malern nicht nur dazu verwendet, breite Verwaschungen aufzutragen, sondern auch zum Aufhellen von Farbtönen. Dazu muß man natürlich einen völlig sauberen Schwamm verwenden. Die Farbe wird angefeuchtet und dann sanft mit dem halbtrockenen Schwamm »einmassiert«. Einige Minuten ruhen lassen und dann das überschüssige Wasser mit Löschpapier aufsaugen. Der Prozeß kann erforderlichenfalls wiederholt werden, bis der richtige Farbton erreicht ist.

Ein Radiergummi kann behilflich sein, um die Intensität einer Verwaschung zu mindern. Aber die Farbe muß vollständig trokken und der Radiergummi absolut sauber sein. Das Papiergewebe wird beim Anwenden dieser Methode abgehoben.

Ein gleichmäßiges Tüpfelmuster kann mit Hilfe einer Zahnbürste aufgetragen werden. Man benetzt dazu die Bürste mit einigermaßen trockener Farbe, hält sie über das Papier und zieht einen Messerrücken an den Borstenspitzen vorbei. Werden bestimmte Teile des Papiers maskiert, kann man mit diesem Verfahren ganze Bilder »malen«.

Sowohl Gummiarabikum als auch Seife dürfen der Farbe beigemischt werden, um das »Abschaben« zu erleichtern. Seife ermöglicht es, auf einem Untergrund (z. B. Glas oder Kunststoff) zu malen, der sonst Wasserfarben abweist. Eine weitere Verwendungsmöglichkeit besteht darin, Direktabdrücke von natürlichen Dingen anzufertigen, z. B. von Blumen, Gräsern, Blättern oder Federn. Eine Seite dieser Gegenstände wird mit Seife beschichtet, danach mit Farbe bestrichen und nun auf das Papier gepreßt. Dieses Verfahren ist zuweilen so effektiv, daß der Abdruck keiner Retusche bedarf.

Maskierflüssigkeit dient dazu, Teile des Papiers unberührt zu lassen, um schnell eine Farbschicht aufzutragen; sie kann anschließend wieder abgezogen werden. Kerzenwachs als Maske bleibt als integrierter Bestandteil des Bildes zurück.

Zu den Aquarelltechniken zählen auch Spritzverfahren, mittels deren man Farben vom dünnen Strich bis hin zur breiten Fläche auftragen kann. Meist kommt dieses Verfahren allerdings in kommerziellen Arbeiten zur Anwendung.

Aquarelltechniken Die beiden kritischen Elemente der Aquarellmalerei heißen Papier und Farbe. Beim Aquarell ist das Papier nicht nur Bildträger, sondern beeinflußt auch die Wirkung der transparenten Farbe. Das Weiß des Papiers kann als Weiß im Gemälde und zum Aufhellen der Farbtöne dienen. Die fundamentale Aquarelltechnik ist das Lavieren. Lavierte Farben sind dünne Schichten durchsichtiger Farben auf dem gespannten Papier. Nach dem Trocknen kann die Farbe mit einer anderen überzogen werden, wodurch sie allmählich dunkler wird. Es gibt verschiedene Arten des Lavierens. Beim Flächenlavieren überzieht man eine Fläche, die für einen einzelnen Pinselstrich zu groß ist, mit einem gleichmäßigen Farbton. Abgestuftes Lavieren ist dem in gewisser Hinsicht ähnlich, jedoch wird die Farbe durch Verwendung verschiedener Tönungen allmählich dunkler. Beim mehrfarbigen Lavieren werden verschiedene Farben kombiniert, so daß sie ineinanderfließen.
Bei der Aquarellmalerei besteht eine besonders enge Bindung zwischen Maltechnik und Farbwahl. Es dürfen nicht zu viele Ausgangsfarben benutzt werden. Ja, die bewußte Beschränkung auf wenige Farben besitzt sogar Vorteile. In diesem Genre kommt es für den Maler ganz besonders darauf an, mit den verwendeten Farben zu experimentieren und zu üben, um alle ihre Eigenschaften kennenzulernen. Wenn Sie meinen, eine neue Farbe zu benötigen, dann versuchen Sie, diese durch Mischen herzustellen. Ein wesentlicher Vorteil der beschränkten Zahl besteht in der einheitlichen Grundstimmung des Bildes. Der englische Aquarellmaler Thomas Girtin kam für die meisten seiner Bilder mit nur fünf Farben aus – Hellrot, lichter Ocker, gebrannte Siena, Blau und Elfenbeinschwarz. Durch Mischen und Verwendung dunkler und heller Lasur bewies Girtin die Vielseitigkeit des Mediums. Ein etwas umfangreicheres Farbsortiment könnte zwei verschiedene Rottöne enthalten (z. B. Kadmiumrot und Alizarinrot), zwei Gelbtöne (z. B. lichten Ocker und Kadmiumgelb), zwei Grüntöne (etwa Chromoxidgrün stumpf und Kadmiumgrün) und zwei Blautöne (wie Ultramarin und Cölinblau). Umbra gebrannt und Elfenbeinschwarz vervollständigen die Palette.

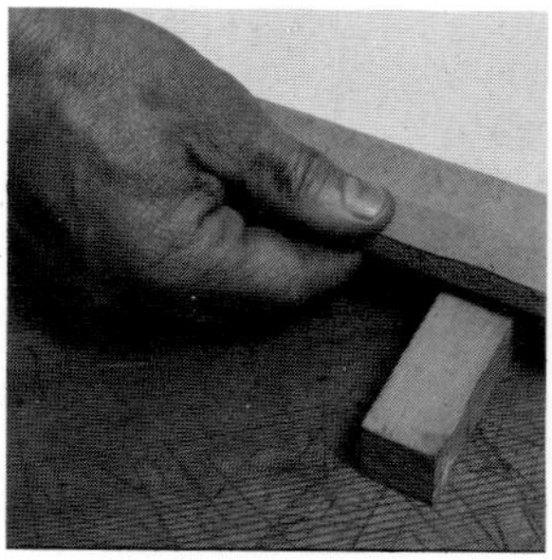

Breitflächiges Lavieren 1. Man erhöht eine Seite des Zeichenbretts mit Hilfe einer Holzleiste.

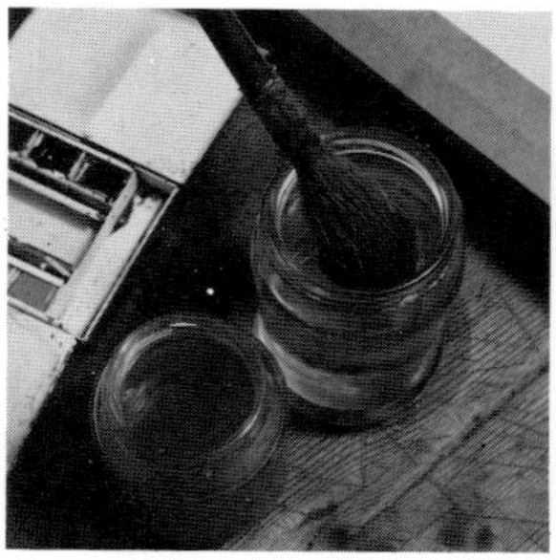

2. Nun werden zwei Gefäße mit Wasser bereitgestellt, eines mit ganz sauberem zum Anfeuchten des Papiers.

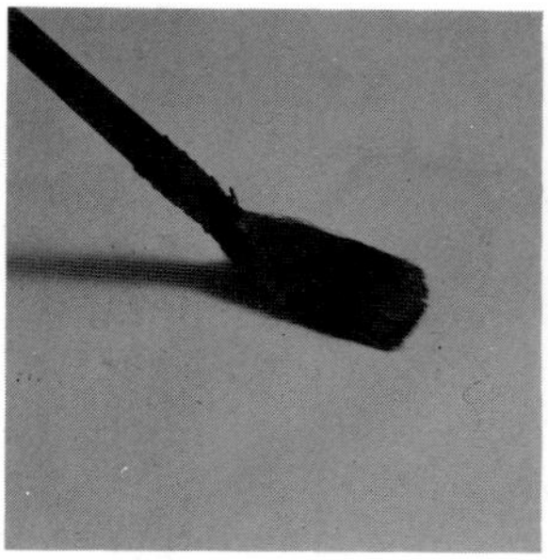

3. Mit einem großen Pinsel und sauberem Wasser wird das Papier gut angefeuchtet. Gut feucht heißt natürlich nicht klatschnaß!

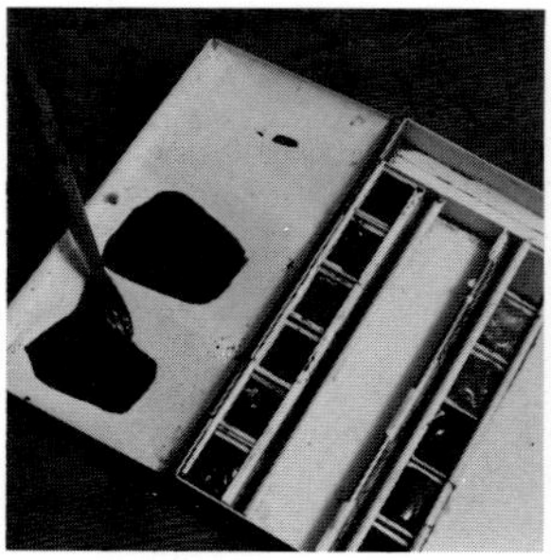

4. So viel Farbe mit Wasser verdünnen, daß die ganze Fläche gleichmäßig getönt werden kann.

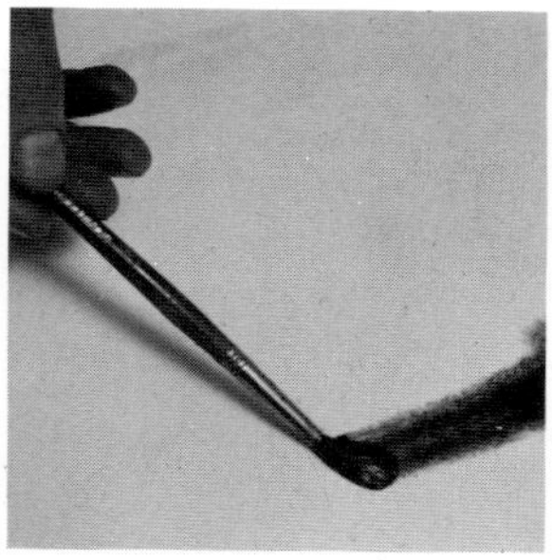

5. Ein breiter Farbstrich wird auf das feuchte Papier aufgetragen, wobei gleichmäßig in nur eine Richtung gearbeitet wird.

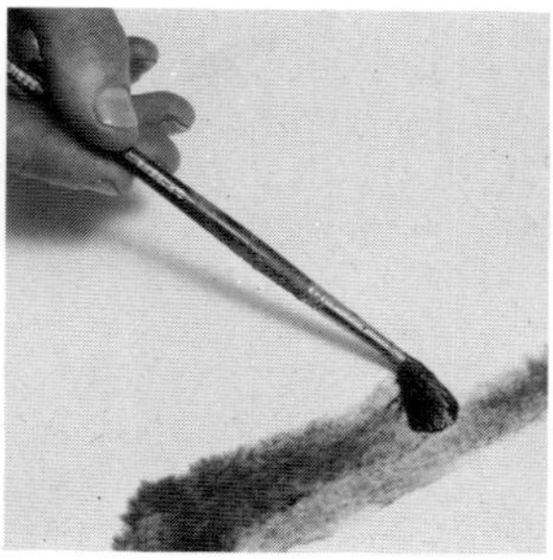

6. Ein zweiter Farbstrich kommt genau unter den ersten, wobei in die entgegengesetzte Richtung gestrichen wird.

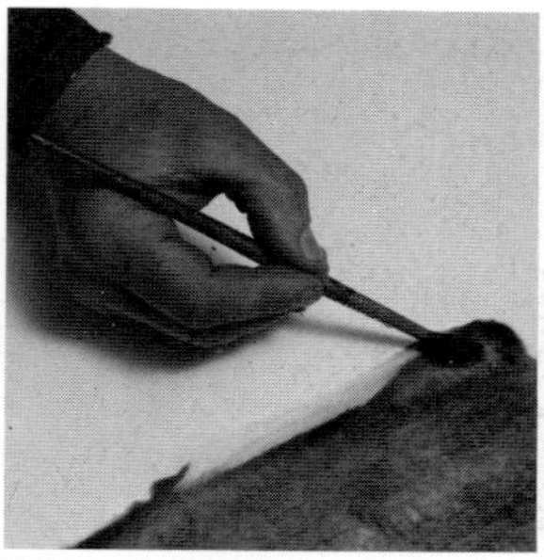

7. Man arbeitet in breiten Farbstrichen von einer Seite zur anderen, bis die ganze Fläche schließlich mit Farbe bedeckt ist.

Abgestuftes Lavieren 1. Durch rauhes (**links**) oder grobes (**rechts**) Papier wird die Wirkung des abgestuften Lavierens verändert.

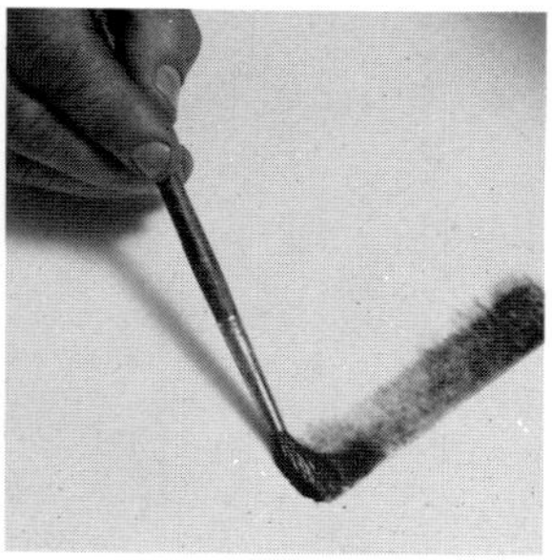

Auftrag einer Abstufung 1. Auf das angefeuchtete Papier wird ein schmaler Farbstrich in voller Farbkraft aufgetragen.

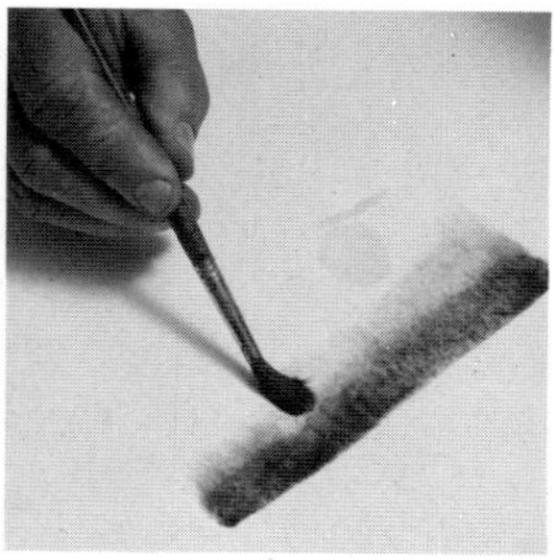

2. Nun werden zunehmend schwächere Farben untereinander angebracht.

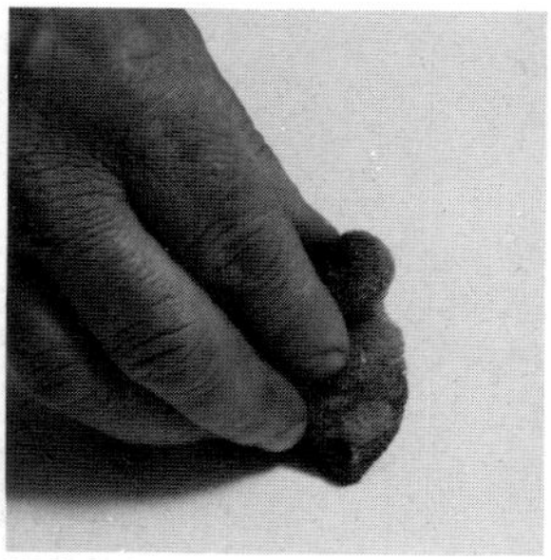

Mehrfarbiges Lavieren
1. Das Papier wird mit einem Schwämmchen und sauberem Wasser angefeuchtet.

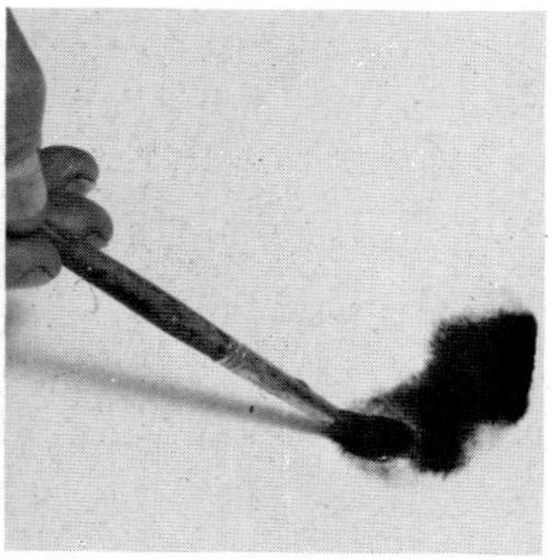

2. Die angemischte Farbe wird aufgetragen, wobei man sie so vom Pinsel laufen läßt, daß ein unregelmäßiger Fleck entsteht.

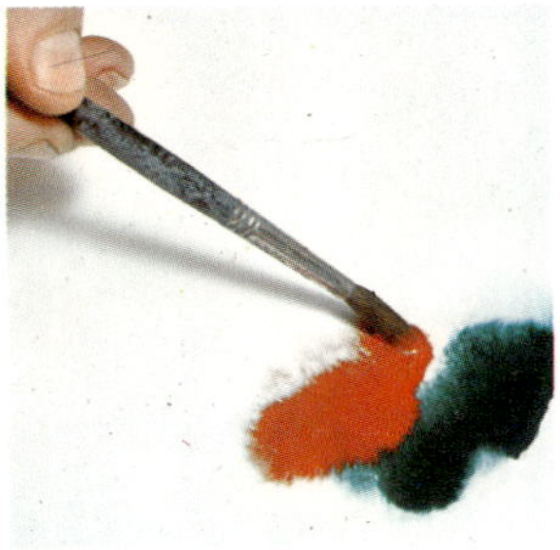

3. Eine zweite angemischte Farbe wird wie die erste aufgetragen. Sie dürfen ineinander übergehen, sich aber nicht überdecken.

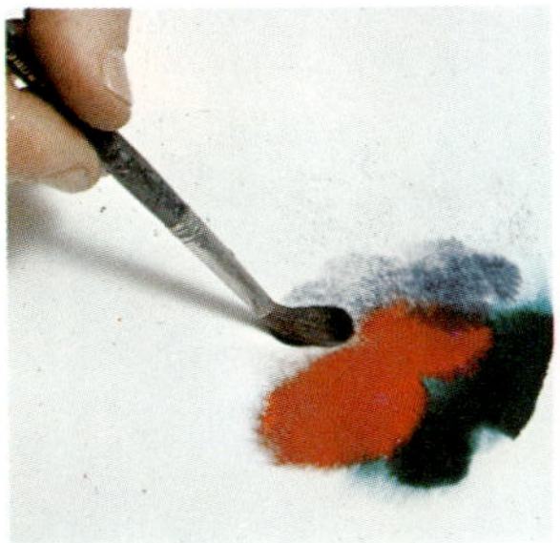

4. Derselbe Vorgang wird mit einer beliebigen Farbanzahl wiederholt, wobei die Farbe vor jeder Veränderung getrocknet sein muß.

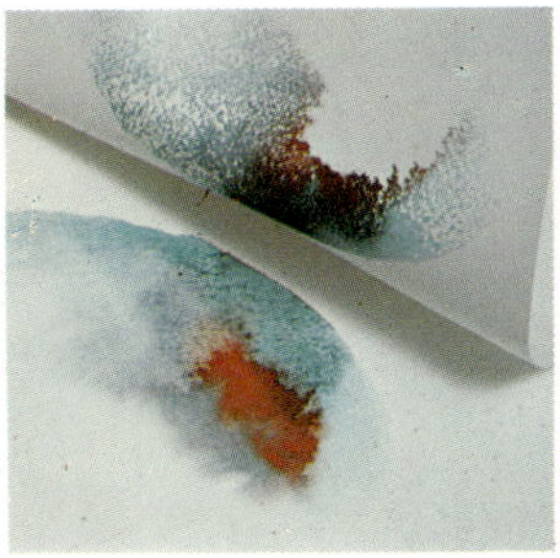

5. Falls die Farbe zu intensiv oder zu naß ist, kann sie behutsam mit einem Fließpapier abgetupft werden.

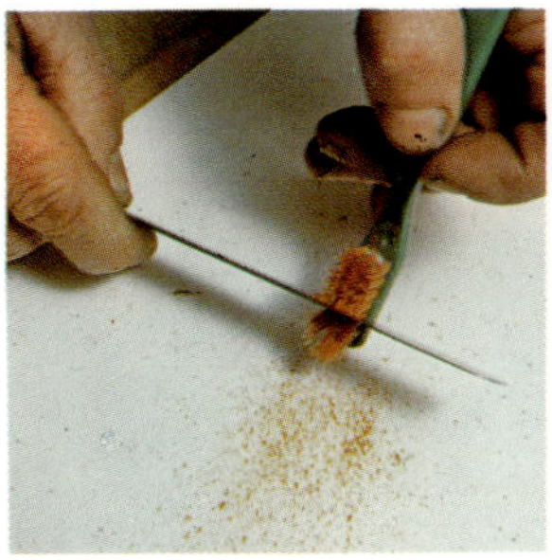

Sprenkeln Die auf einer Zahnbürste befindliche Farbe wird aufgespritzt, indem man mit einem Messer leicht über ihre Borsten fährt.

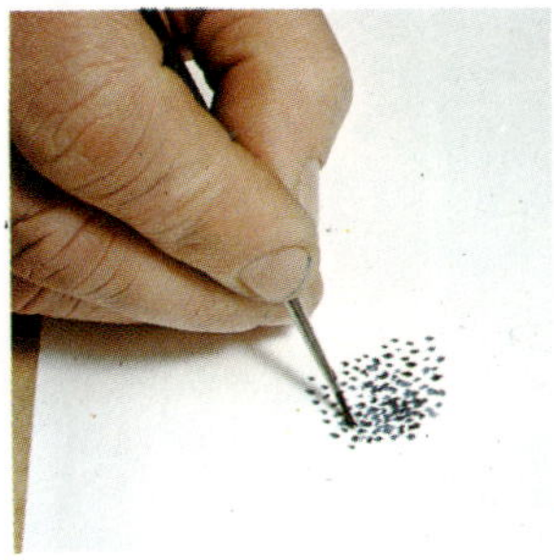

Tüpfeln Mit einem feinen Pinsel trägt man winzige Farbtüpfelchen auf. Druck und Pinselgröße bestimmen die Form der Farbpunkte.

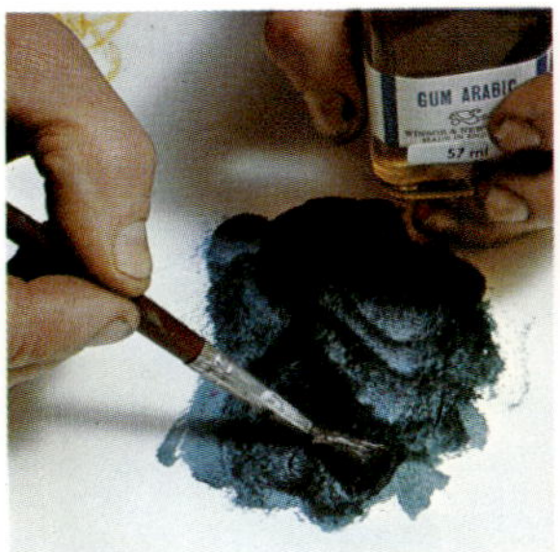

Verdicken von Farbe Durch Gummiarabikum wird eine Farbe dicker. Werden Farben auf dem Papier gemischt, entstehen klarere Strukturen.

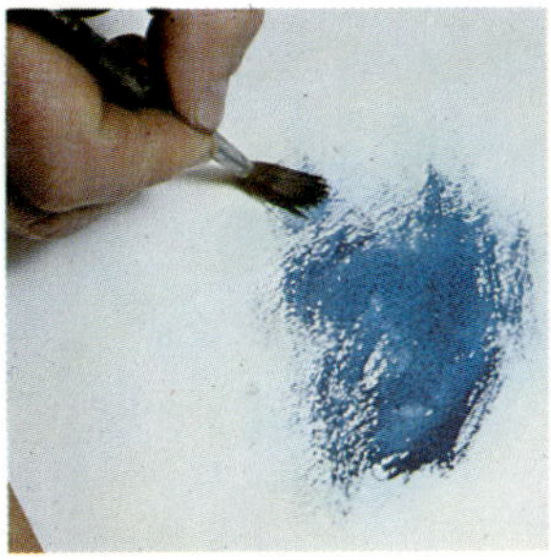

Vertreiben Relativ trockene Farbe wird mit dem Pinsel in Kreisbewegungen über das Papier vertrieben.

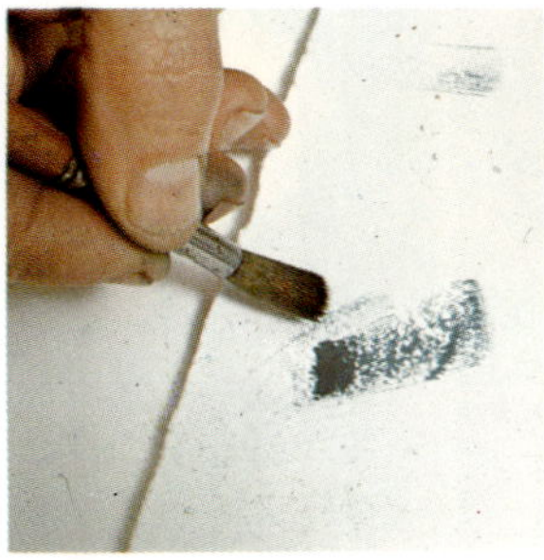

Trockenpinsel 1. Der nasse Pinsel wird zunächst auf einem Löschpapier fast trockengerieben.

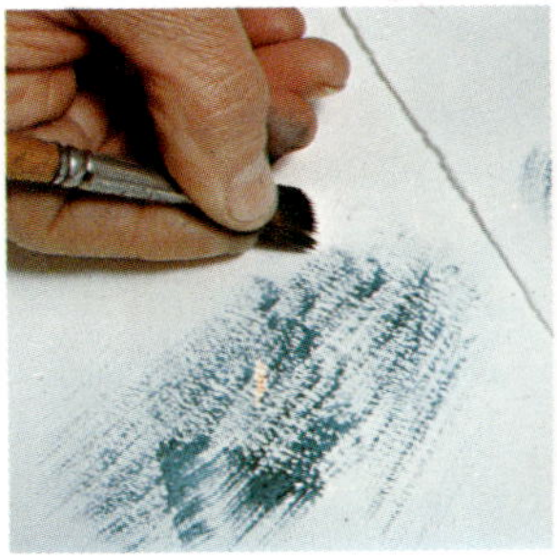

2. Während man die Pinselhaare zwischen Daumen und Zeigefinger fächert, wird der Pinsel über das Papier gezogen.

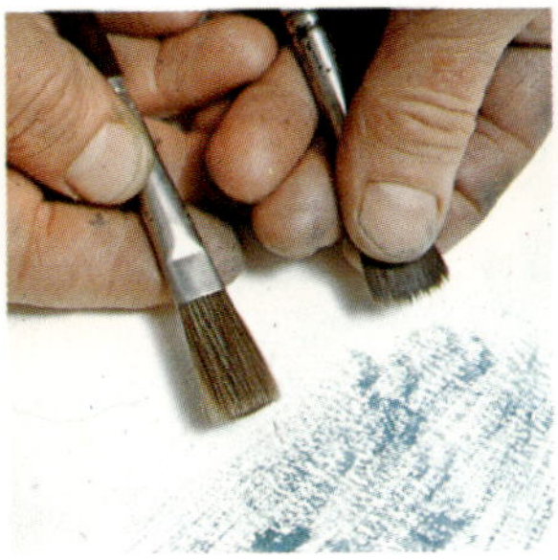

3. Zur Trockentechnik verwendet man entweder einen runden Haarpinsel, der fächerartig gehalten wird, oder einen Flachpinsel.

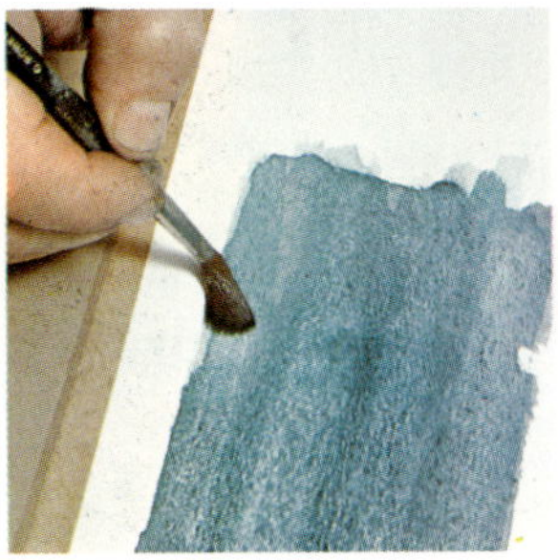

Lavieren und Linien ziehen 1. Mit einem breiten Pinsel wird eine verwaschene Fläche angelegt.

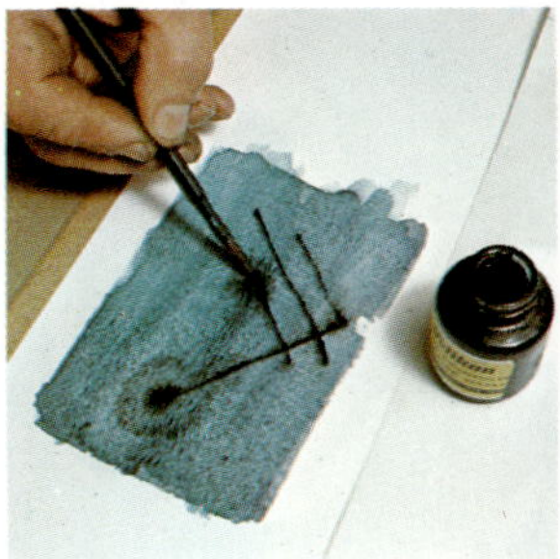

2. Mit der Tuschefeder werden jetzt Linien über die lavierte Fläche gezogen. Je trockener der Bildgrund, desto schärfer die Linien.

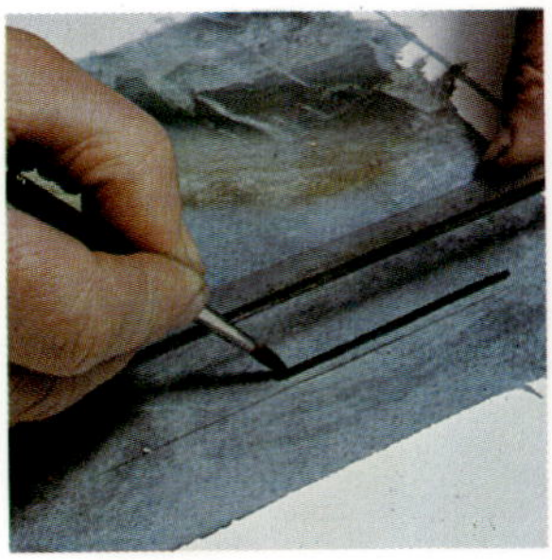

3. Zum Erhalten einer geraden Linie auf noch feuchtem Untergrund wird der Pinselstrich an einem Lineal entlang gezogen.

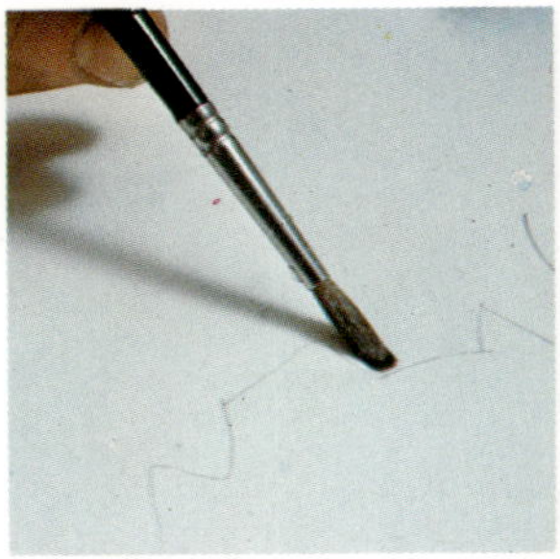

Lavieren um einen komplizierten Rand herum 1. Das Papier wird um eine dünne Bleistiftlinie herum angefeuchtet.

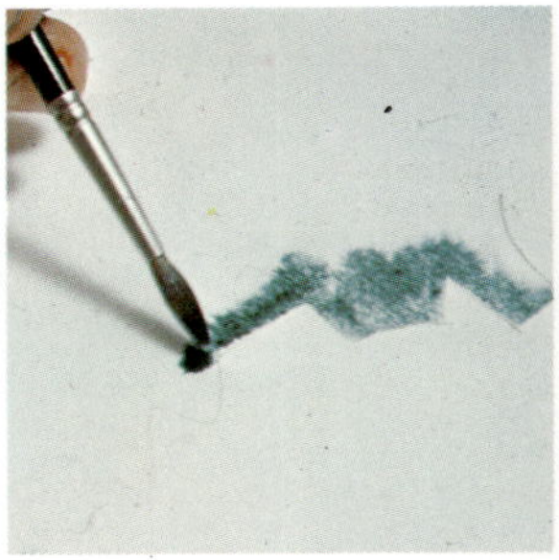

2. Jetzt trägt man nahe an der Randlinie Farbe auf das feuchte Papier auf, die sich langsam bis zur gezeichneten Linie ausbreitet.

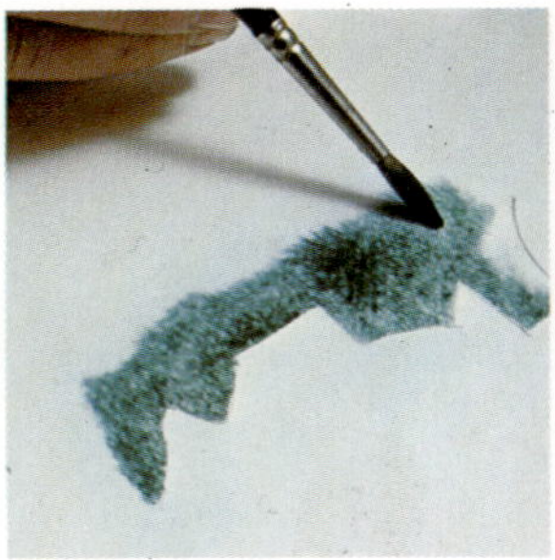

3. Nachdem die Randzone ausreichend gefärbt ist, arbeitet man mit breitem Strich von der Linie weg.

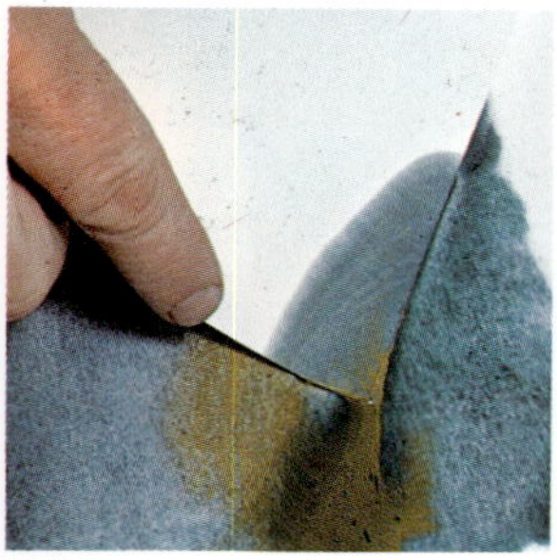

Löschpapier Mit Löschpapier kann der Farbfluß gesteuert und eine bestimmte Farbzone geschützt werden.

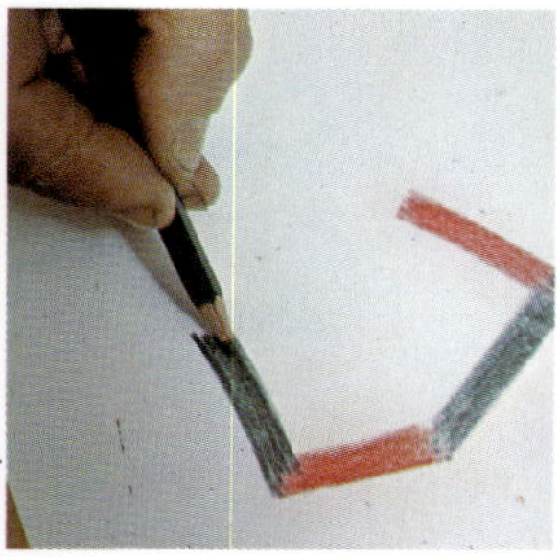

Wasserfarb-Malstifte 1. Diese Stifte werden genau wie die sonst üblichen Kreidestifte gehandhabt.

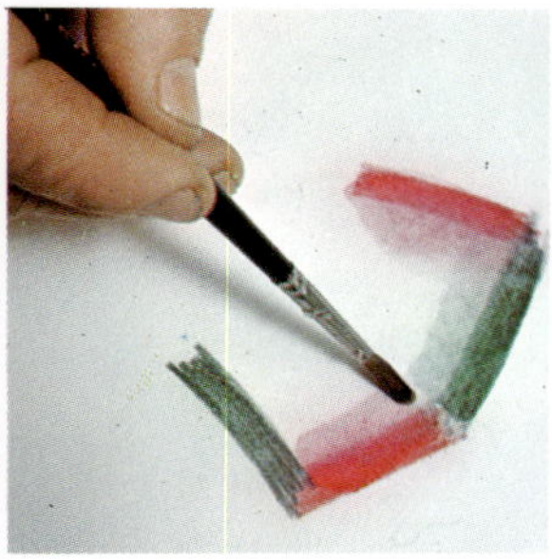

2. Die Farbe wird mit einem angefeuchteten Pinsel über das Papier verteilt; sofern erforderlich, noch mehr Wasser auftragen.

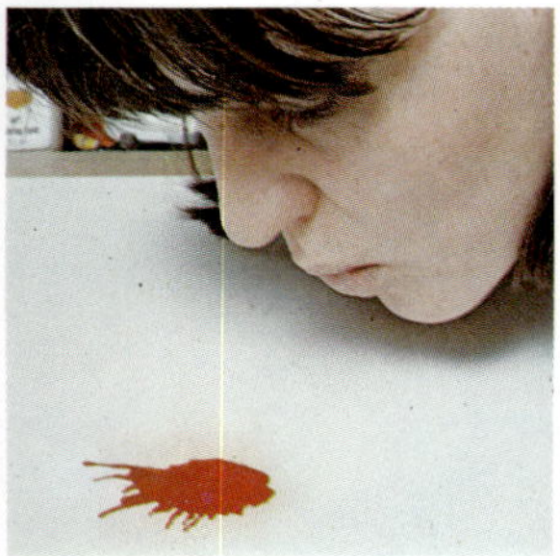

Kleckse blasen Bläst man von der Seite über einen aufgetragenen nassen Farbklecks, entstehen »Spinnenbeine«.

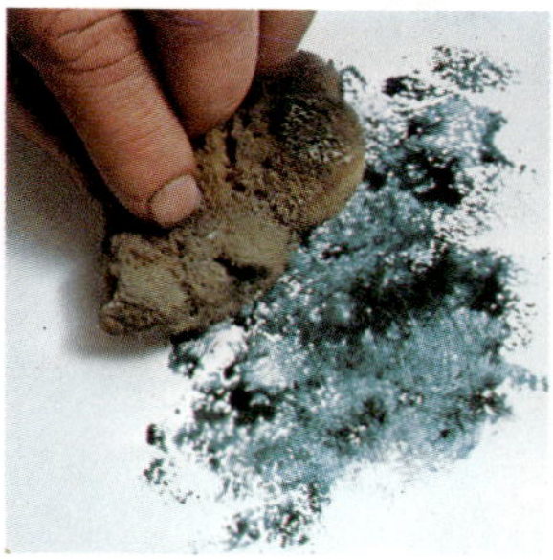

Schwammtupfen Tupft man mit einem farbdurchtränkten Schwämmchen über das Papier, entsteht eine marmorierte Farbfläche.

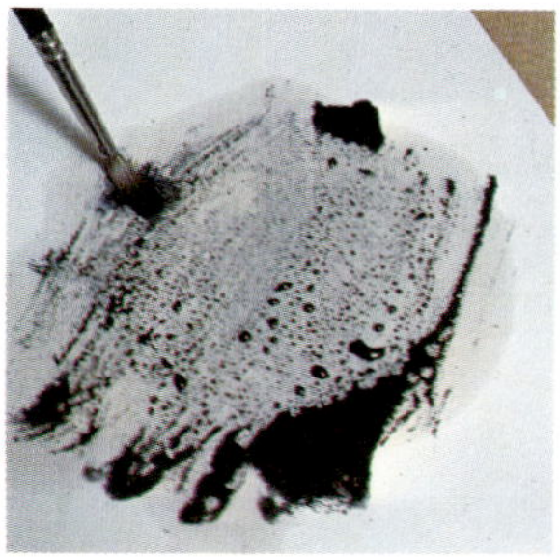

Wasser auf Öl Auf das mit Terpentinersatz bestrichene Papier wird Wasserfarbe aufgetragen. Das Öl stößt die wässerige Farbe ab.

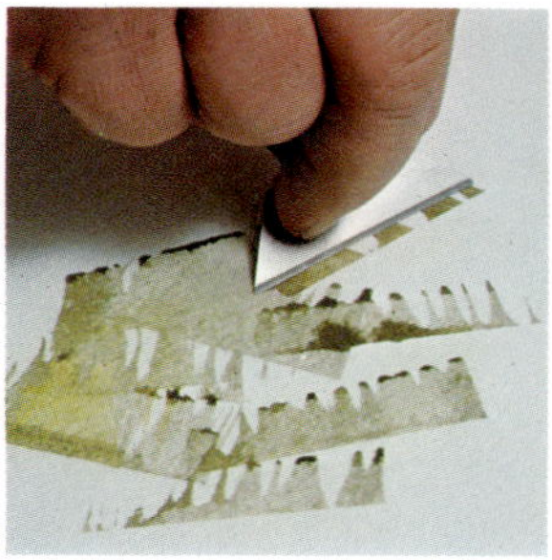

Malen mit einer Messerklinge Die in Farbe eingetauchte Klinge wird flach über das Papier gezogen.

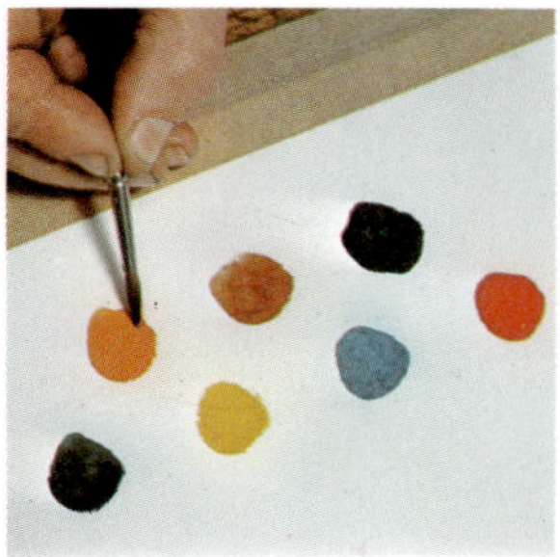

Untersuchung der Färbekraft
1. Man malt mit jeder Farbe ein rundes Muster auf einen Teststreifen des zu bemalenden Papiers auf.

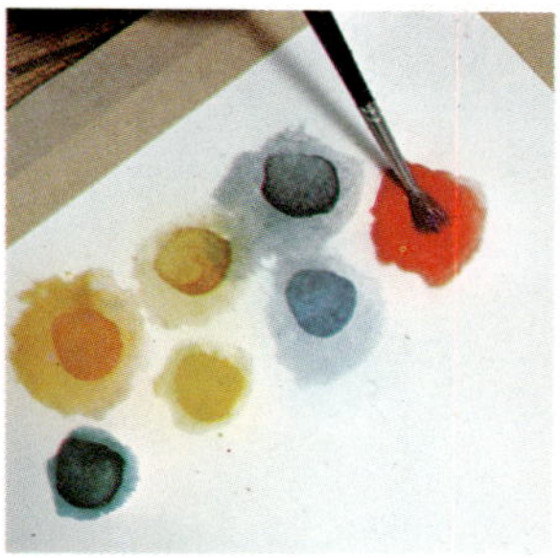

2. Man läßt die Farbe trocknen und streicht danach mit einem sauberen, nassen Pinsel über jeden Farbfleck.

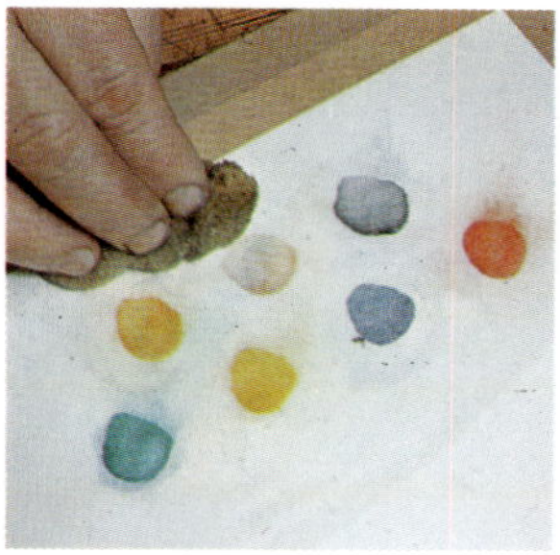

3. Nun wird die Farbe mit sauberem Wasser abgewaschen.

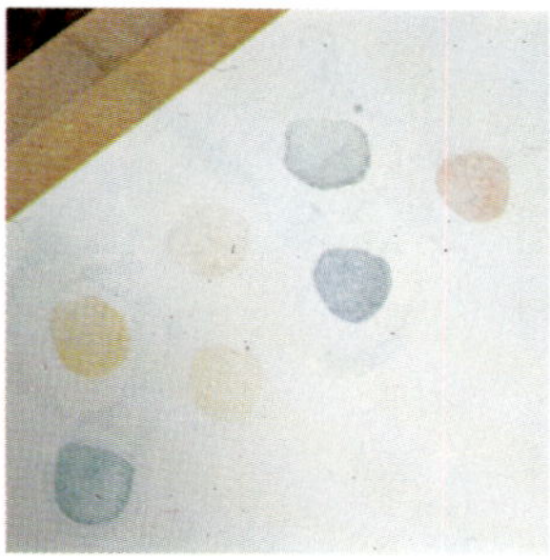

4. Man läßt das Papier völlig austrocknen, damit man erkennen kann, welche Farben die größte Färbekraft besitzen.

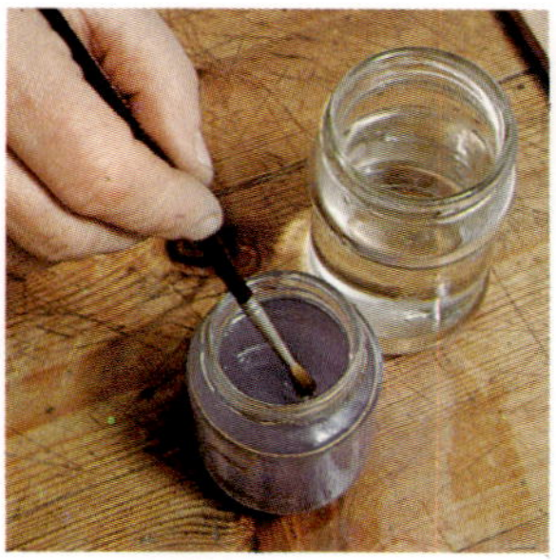

Säubern der Pinsel 1. Man wäscht den schmutzigen Pinsel in einem Gefäß mit sauberem Wasser gründlich aus.

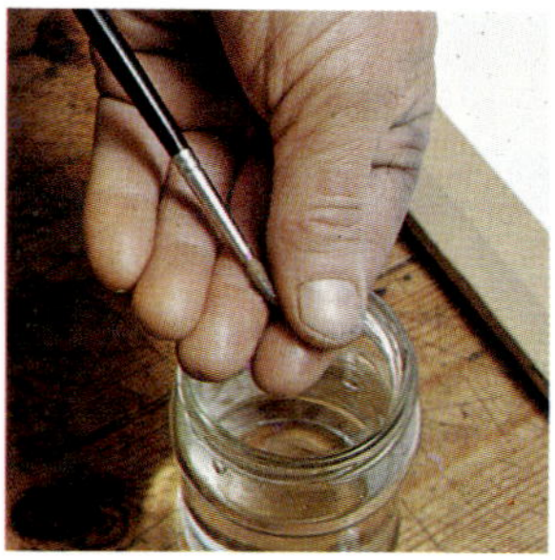

2. Um sie nach dem Waschen wieder in die richtige Form zu bringen, zieht man die Haare sanft zwischen Daumen und Zeigefinger hindurch.

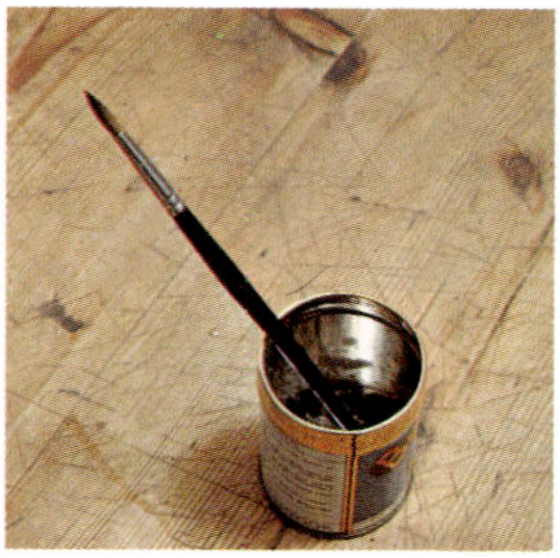

3. Zum Trocknen wird der Pinsel mit den Haaren nach oben aufgestellt. Als Ständer eignet sich jedes schmale Gefäß.

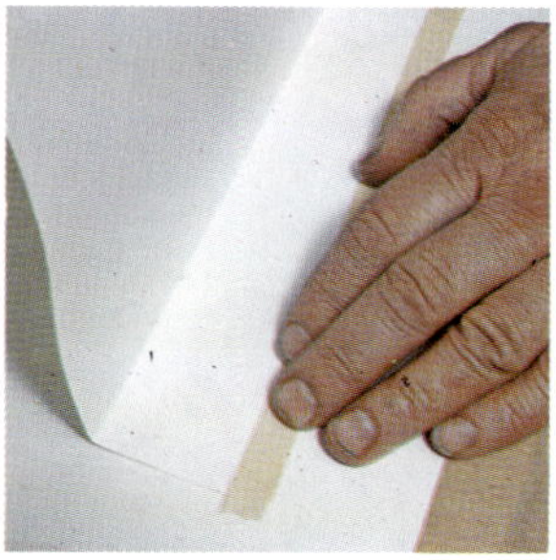

Stempeln mit Papier 1. Ein Blatt Papier wird derart auf ein anderes geklebt, daß es hin und her geschlagen werden kann.

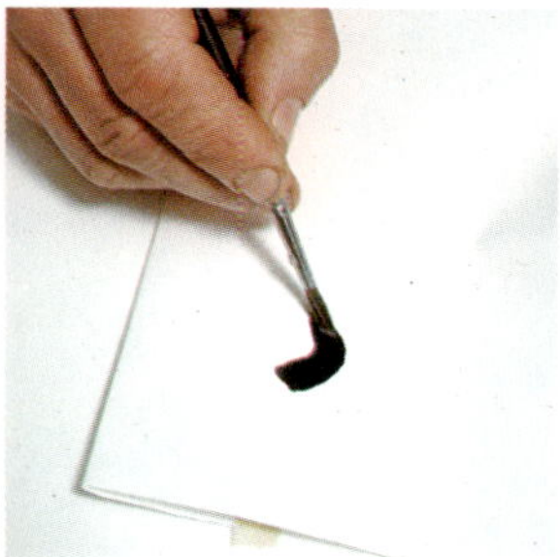

2. Mit dem Pinsel malt man nunmehr ein kleines Muster auf das zurückgeschlagene Papier.

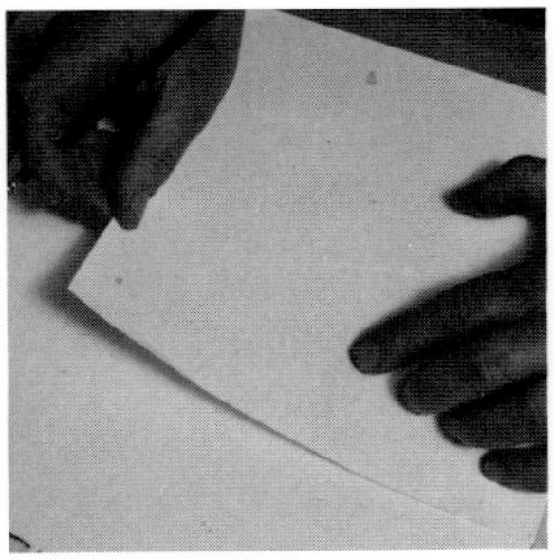

3. Das bemalte Papier wird heruntergeklappt und leicht angedrückt, so daß sich die nasse Farbe auf dem unteren Papier abdrückt.

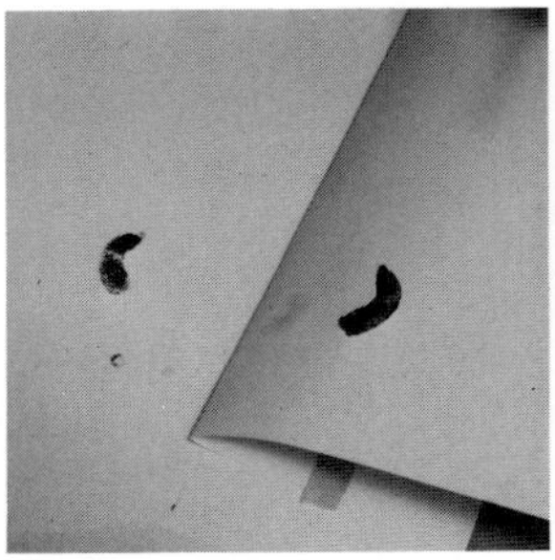

4. Das obere Papier wird wieder zurückgeklappt, und auf dem unteren erkennen wir den spiegelverkehrten Abdruck.

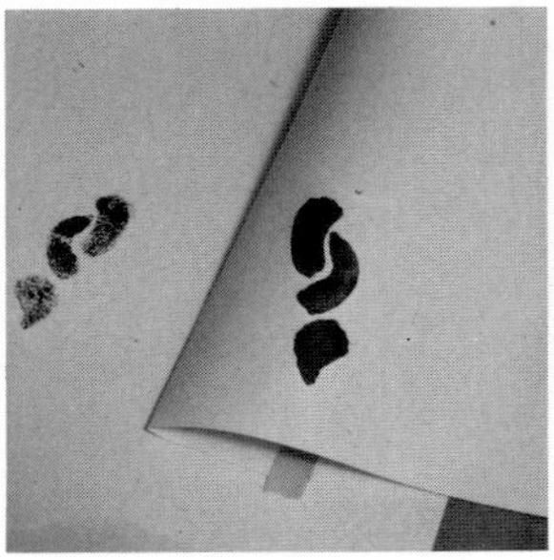

5. Der Vorgang wird nun mit anderen Farben wiederholt, um ganze Farbmuster aufzubauen.

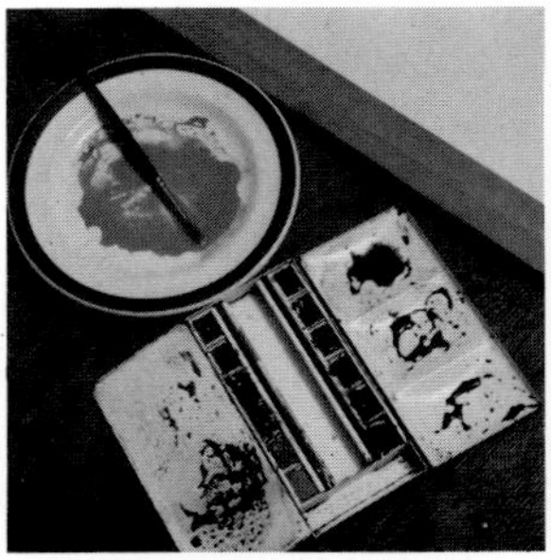

Auftrag nasser auf trockene Farbe
1. Verschiedene Farben werden angemischt.

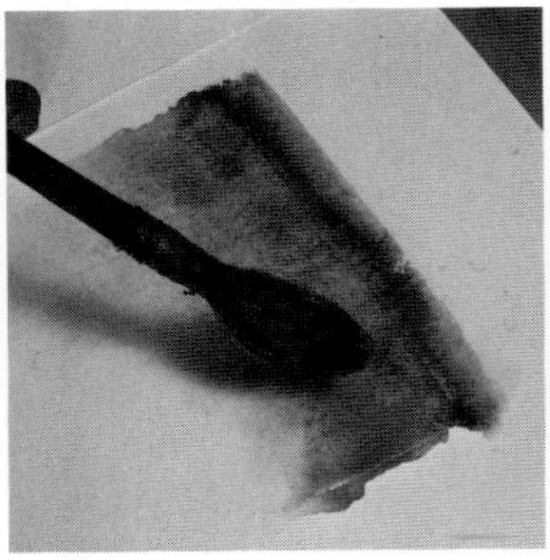

2. Eine verwaschene Fläche aus mehreren Farbstreifen wird nach dem Trocknen mit einem sauberen, nassen Pinsel angefeuchtet.

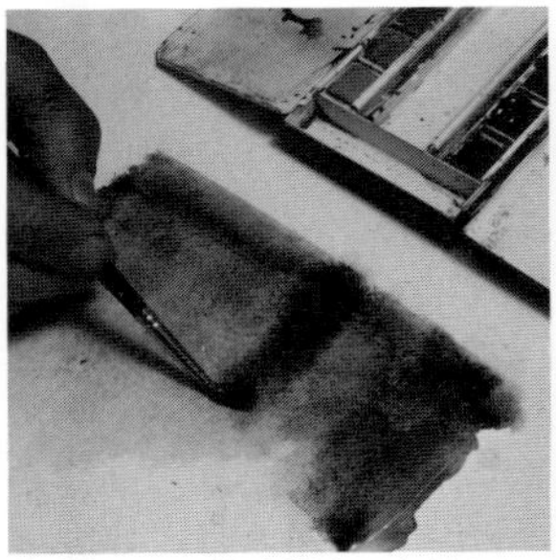

3. Die untere Farbfläche wird jetzt behutsam mit breiten, kontrastfarbigen Streifen überzogen, ohne die unteren Farben zu verletzen.

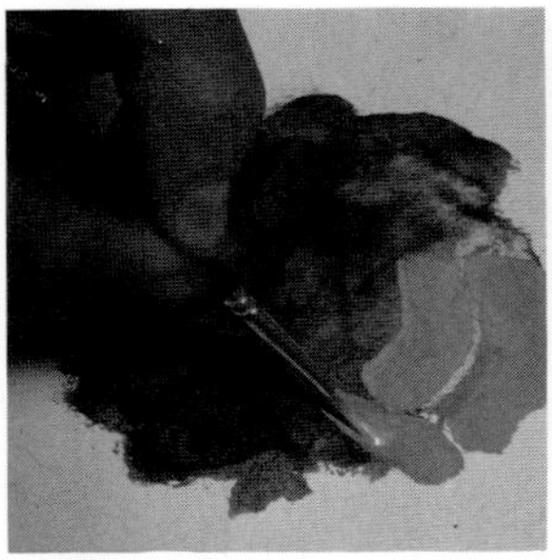

Abwaschen 1. Eine Fläche wird mit Wasserfarbe bedeckt und nach dem Trocknen teilweise dick mit Gouache überzogen,

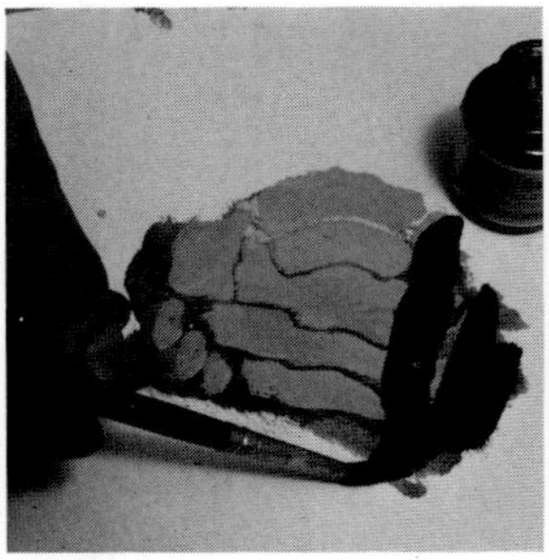

2. Nach dem Trocknen wird das ganze Muster mit breiten, unregelmäßigen, wasserfesten Tuschestreifen überzogen.

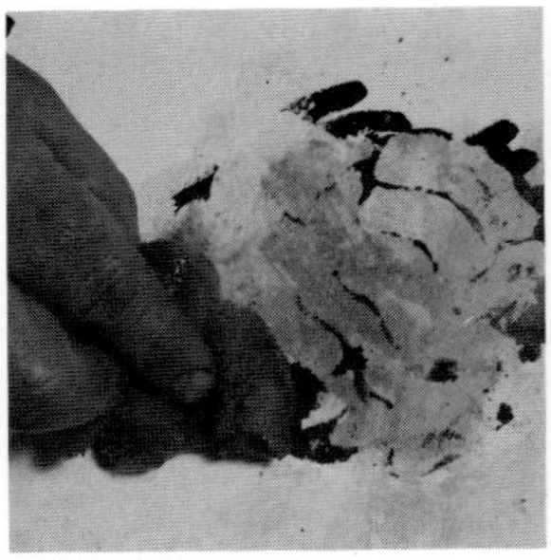

3. Ist das Muster trocken, wird unter fließendem Wasser abgespült. Zurück bleiben Wasserfarb-, Gouache und Tuschespuren.

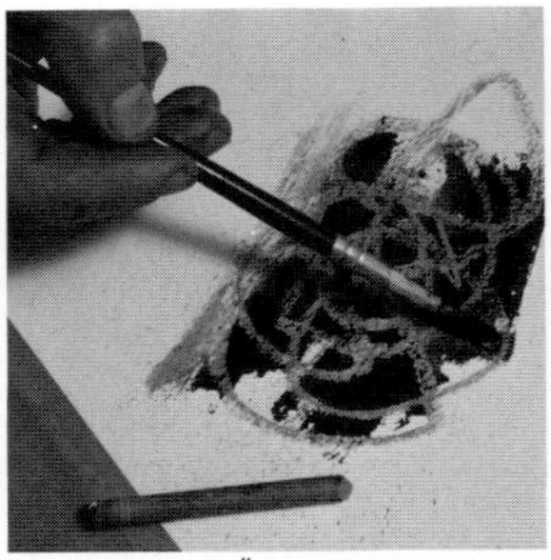

Maskieren mit Ölkreide Auf dem Papier wird mit Ölkreide ein Muster gezeichnet und mit Wasserfarben übermalt.

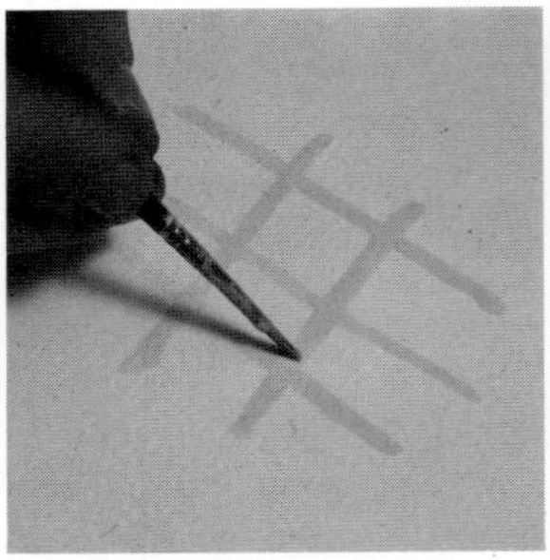

Maskieren mit Flüssigkeit 1. Mit frischer Maskierflüssigkeit – damit das Papier nicht vergilbt – wird ein Muster aufgemalt.

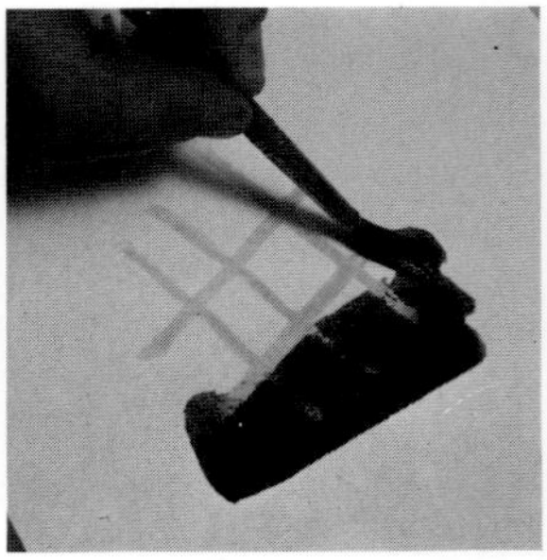

2. Nach dem Auftrocknen wird es mit Wasserfarben übermalt. Es ist wichtig, daß die Wasserfarbe völlig trocken ist, bevor man fortfährt.

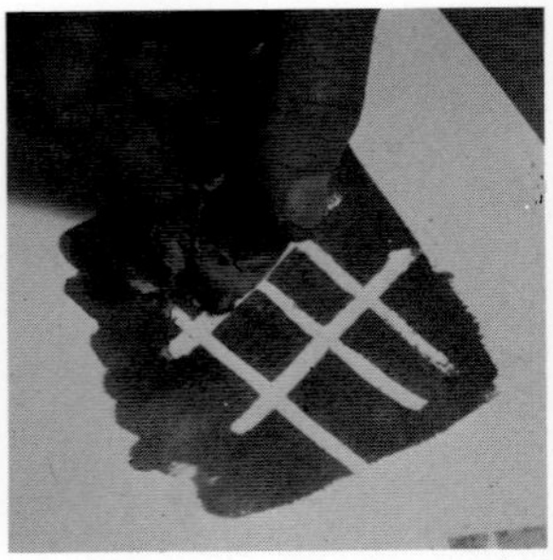

3. Mit einem weichen Radiergummi wird die Maskierflüssigkeit entfernt. Ist die Farbe noch nicht trocken, schmiert sie.

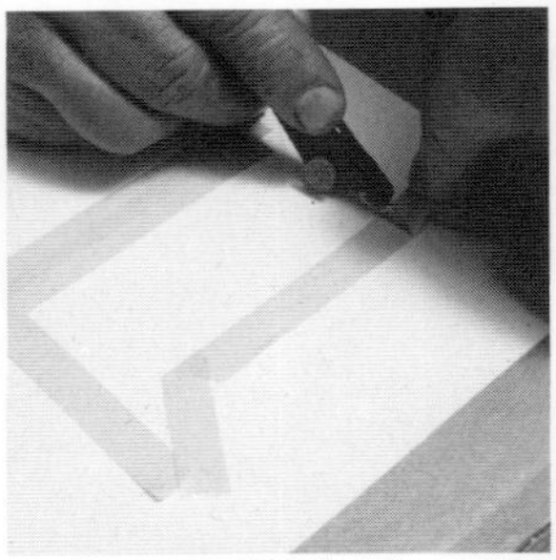

Maskieren mit Klebeband
1. Nachdem die Grenzen des aufgezeichneten Musters abgedeckt wurden, wird das Papier angefeuchtet.

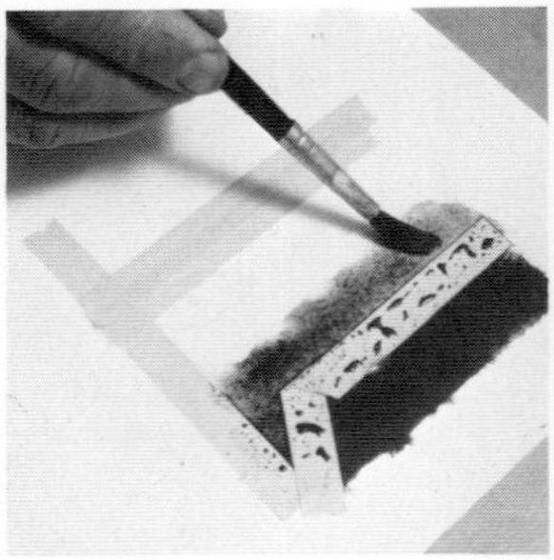

2. Wasserfarbe wird über das Klebeband und das angefeuchtete Papier gebürstet. Der Farbauftrag kann ein- oder mehrfarbig sein.

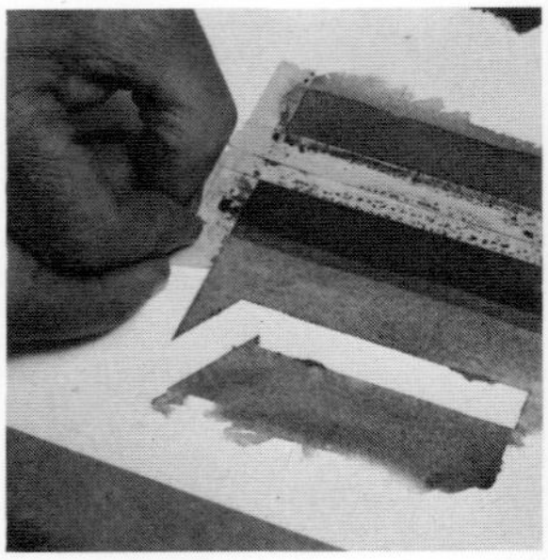

3. Nach dem Farbauftrag zieht man den Klebestreifen vorsichtig ab, ohne dabei die obere Papierschicht zu beschädigen.

7

Gouache

Geschichte. Materialien: Bildträger, Grundierungen, Pinsel, Farben. **Techniken:** Vertreiben, Kratzen, Auftragen von Deckfarben, Impasto, Vermischen.

7 **Gouache** Geschichte

Gegen Ende des 14. Jh.s entdeckte irgendwo in Europa ein Mönch, daß die sich ergebende Deckfarbe ihre Ausschmückung mit Goldfarben wesentlich brillanter zur Geltung bringt, wenn den üblichen, transparenten Wasserfarben Zinkweiß beigemischt wird.

Damit etablierte sich die Gouache als eigenständiges Medium, wenngleich sie wie Fresko und Tempera eigentlich zur Familie der Wasserfarben gehört, deren Gebrauch bereits in der Antike verbreitet war.

Über die Bedeutung des Begriffs im Zusammenhang mit der Farbzusammenstellung sind sich die Maler nicht so recht einig. Nur eine Definition wird allgemein anerkannt, zumal sie genug Raum läßt, alle übrigen Definitionen einzuschließen – Gouache ist schlichtweg eine deckende Wasserfarbe.

Durch ihre Deckfähigkeit unterscheidet sich Gouache erheblich von der reinen, transparenten Wasserfarbe, und die mit ihr verbundene Wirkung und Pinseltechnik gleicht der matter Ölfarben.

Aber Gouache trocknet schneller und eignet sich deshalb besonders zur unvorbereiteten Primamalerei.

Wie überall, sind auch in der Malerei Regeln dazu da, um von denjenigen durchbrochen zu werden, die die Grundtechniken beherrschen. Die Gouachetechnik bedarf von allen Arten der Malerei der wenigsten Regeln. Solange die Fläche eines Bildes größtenteils deckende Wasserfarben aufweist, wird man es als Gouache bezeichnen, auch dann, wenn es sich um Mischtechniken mit anderen Farben handelt. Einzelne Maler haben technisch hervorragende Resultate erzielt, indem sie Gouachefarben, reine Aquarellfarben, Tusche, Zeichenkohle, Pastell und sogar Bleistift im selben Bild verwendeten.

Im Gegensatz zu Aquarell und Tempera, die beide ihr Leuchten von dem hellen, reflektierenden Untergrund erhalten, entsteht die Intensität der Gouache ausschließlich durch die Reflektionskraft der Pigmente in der Oberfläche des Gemäldes. Da die flachen, kontrastierenden Farben im wesentlichen so erscheinen, wie das Auge sie sieht, eignet sich Gouache besonders zur Farbreproduktion.

Die Gouachemalerei hat keine »Blütezeit« erlebt, und es gab keine Malschule, die sich auf sie spezialisiert hätte. Aus diesem Grunde existiert kein einziges Gouachebild, das sich mit denen in anderen Medien vergleichen ließe.

Albrecht Dürer (1471–1528), der deutsche Meister der Renaissance, verwendete Gouache für seine Tier- und Landschaftsstudien. Es gibt Gouachegemälde von Rubens (1577–1640) und seinem ebenfalls flämischen Zeitgenossen van Dyck (1599–1641). Weitere europäische Maler des 17. und 18. Jh.s, die auf diesem Gebiet Hervorragendes leisteten, waren Gaspard Poussin (1615–1675) und der Niederländer Jan van Huysum (1682–1749).

Der französische Maler Joseph Goupy (1689–1783) soll, als er nach London zog, die Gouache dort bekannt gemacht haben. Marco Ricci (1679–1729) aus Venedig und Zuccarelli aus Florenz (1702–1788), beide bemerkenswerte Gouachemaler, lebten ebenfalls eine Zeitlang in der englischen Hauptstadt, und insbesondere Zuccarelli übte einen starken Einfluß auf Paul Sandby (1725–1809) aus; Sandby wird als der »Vater der englischen Aquarellmalerei« bezeichnet. Ohne Zweifel verwendete Sandby gerne Gouachefarben, aber sein Ruhm beruht doch hauptsächlich auf seinen reinen Aquarellen, die für die englische Schule des 18. Jh.s charakteristisch waren. Gouache und deren Kombination mit Aquarellfarben wurde in England niemals so beliebt wie in Frankreich.

Es gibt viele herausragende moderne Maler, die mit Gouache malten, darunter Picasso (1881–1973), Henry Moore (geb. 1898), Graham Sutherland (1903–1980) und der Amerikaner Ben Shahn (1898–1969).

Picasso verwendete in seinem Kostümentwurf *Pulcinella* (1917) große rote Flächen in Gouache; das Bild enthält schon zahlreiche Elemente, die sich später in Picassos abstrakten Bildern wiederfinden.

Der Sozialrealist Ben Shahn gebrauchte Gouache für seine große Wandmalerei *Women's Christian Temperance Union Parade* (1934). In *Vacant Lot* (1939) vermengte er transparente Farben mit Gouache, wobei er die Deckfarben dafür verwendete, um Steine und Mauerwerk hervorzuheben.

Gouache Materialien

Für Gouache stehen dem Maler erheblich mehr unterschiedliche Malgründe zur Verfügung als für andere Farben. Sofern ein Malgrund öl- und fettfrei ist, wird die Gouache auf ihm haften. Karton, Hartfaserplatten, Holz und auch aufgespannter und grundierter Stoff eignen sich als Bildträger.

Der meistverwendete Untergrund für Gouachefarben ist Papier. Soll das Bild eine längere Lebensdauer besitzen, dann muß dieses natürlich von guter Qualität und Beständigkeit sein. Alle Aquarellpapiere eignen sich für Gouache, auch leichte, gespannte und getönte Papiersorten. Die Oberflächenstruktur ist weitgehend eine Frage des Geschmacks.

Sämtliche Pinselgrößen und -formen, die für die Aquarellmalerei empfohlen wurden, lassen sich auch für Gouache verwenden. Zusätzlich wären noch für gewisse breite oder strukturelle Effekte die härteren Schweineborstenpinsel zu nennen; ansonsten aber bleibt die Ausrüstung (Staffeleien, Zeichenbretter usw.) gleich.

»Echte« Gouachefarben, auch Plakatfarben genannt, werden in Tuben, Gläsern oder Näpfchen geliefert. Der Fachhandel bietet Gouachefarben in großer Auswahl an, doch beim Kauf sollte man nur die Produkte namhafter Hersteller berücksichtigen; bei den billigeren Farben können die Pigmente schon nach kurzer Zeit verblassen oder sich ändern.

Gouachefarben werden leichter und kostengünstiger selbst hergestellt als Öl- oder Wasserfarben. Zum Anreiben der flüssigen oder halbflüssigen Farben verwendet man am besten einen Mörser mit Pistill, da mehr Bindemittel benötigt wird als bei der Herstellung von Wasserfarben. Gouache sollte in verschraubbaren Fläschchen aufbewahrt werden.

Schlämmkreide, die im Farbenhandel erhältlich sind, verleiht der Gouachefarbe oder Plakatfarbe die erforderliche Deckkraft. Sie wird mit dem Pigment angerieben und dann mit einer Lösung aus Gummiarabikum und destilliertem Wasser zu einer geschmeidigen Paste vermischt.

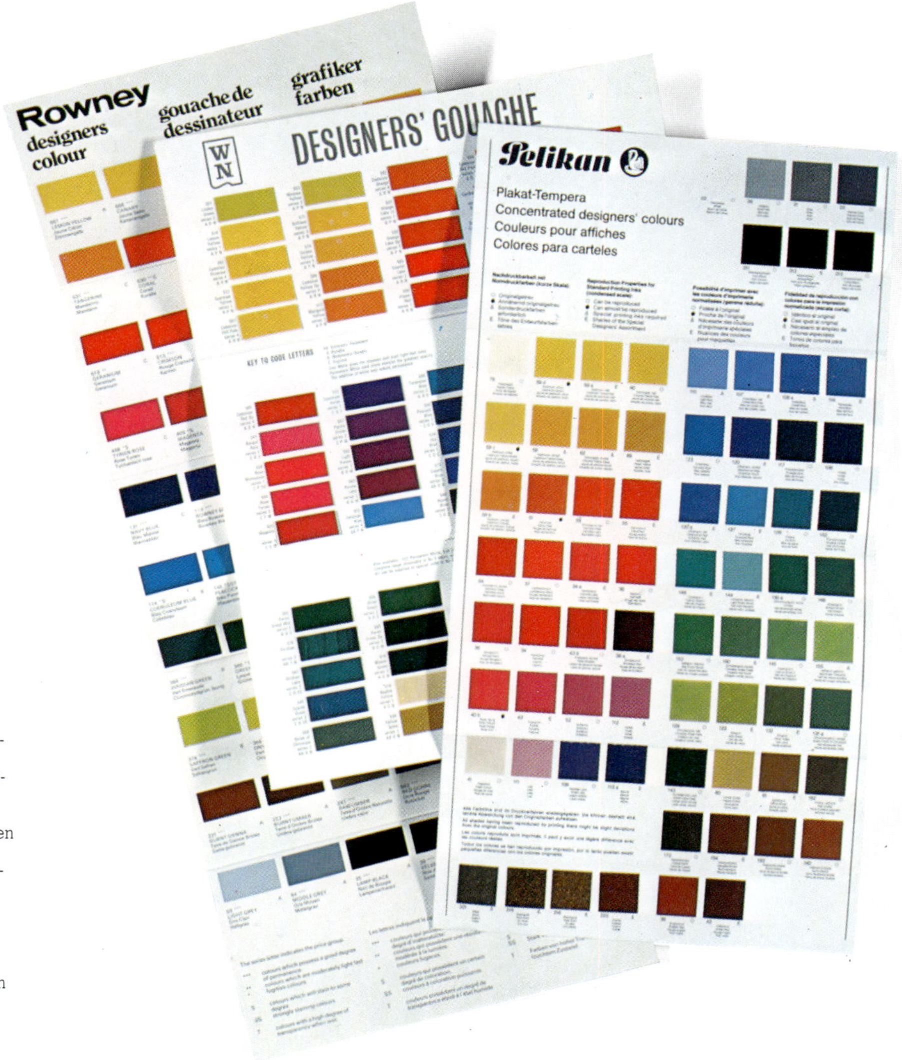

Gouachefarben Der Umfang der kommerziell hergestellten Gouachefarben geht aus den hier abgebildeten Farbmusterkarten hervor (**rechts**). Man bezeichnet Gouachefarben auch als Plakat- oder Deckfarben. Die Farben werden in Tuben, Fläschchen oder in Tabletten (ähnlich Aquarellfarben) geliefert. Die Gouachefarbe findet in der Praxis des Illustrators vielfältige Verwendungsmöglichkeiten, da sie, bedingt durch ihre Deckfähigkeit, sich gut reproduzieren läßt. Zum Spritzen eignet sich Gouache deshalb gut, weil das feine Pigment den empfindlichen Spritzmechanismus nicht beeinflußt.

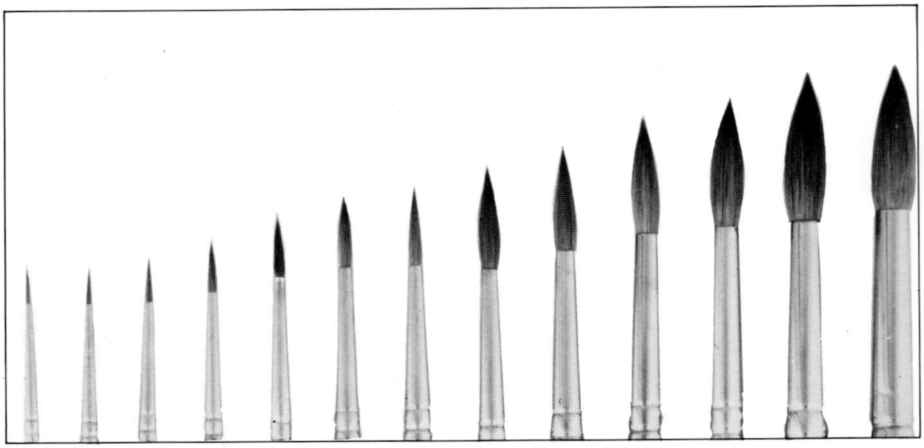

Gouacheausrüstung Zur Gouachemalerei werden die gleichen Pinsel verwendet wie zur Aquarellmalerei. Zum dicken Farbauftrag eignen sich Rundpinsel ausgezeichnet. Alle Pinselgrößen (**links**) und Pinselsorten (**unten**) können verwendet werden. Durch Experimentieren muß man die richtigen herausfinden. Paletten für Gouache werden aus Kunststoff oder Porzellan hergestellt. Es gibt sie in vielen Formen (**unten rechts**). Die runden Paletten eignen sich besonders zum Anmischen der Farben. Die Palette darf nicht absorbieren und sollte daher nicht aus Holz bestehen.

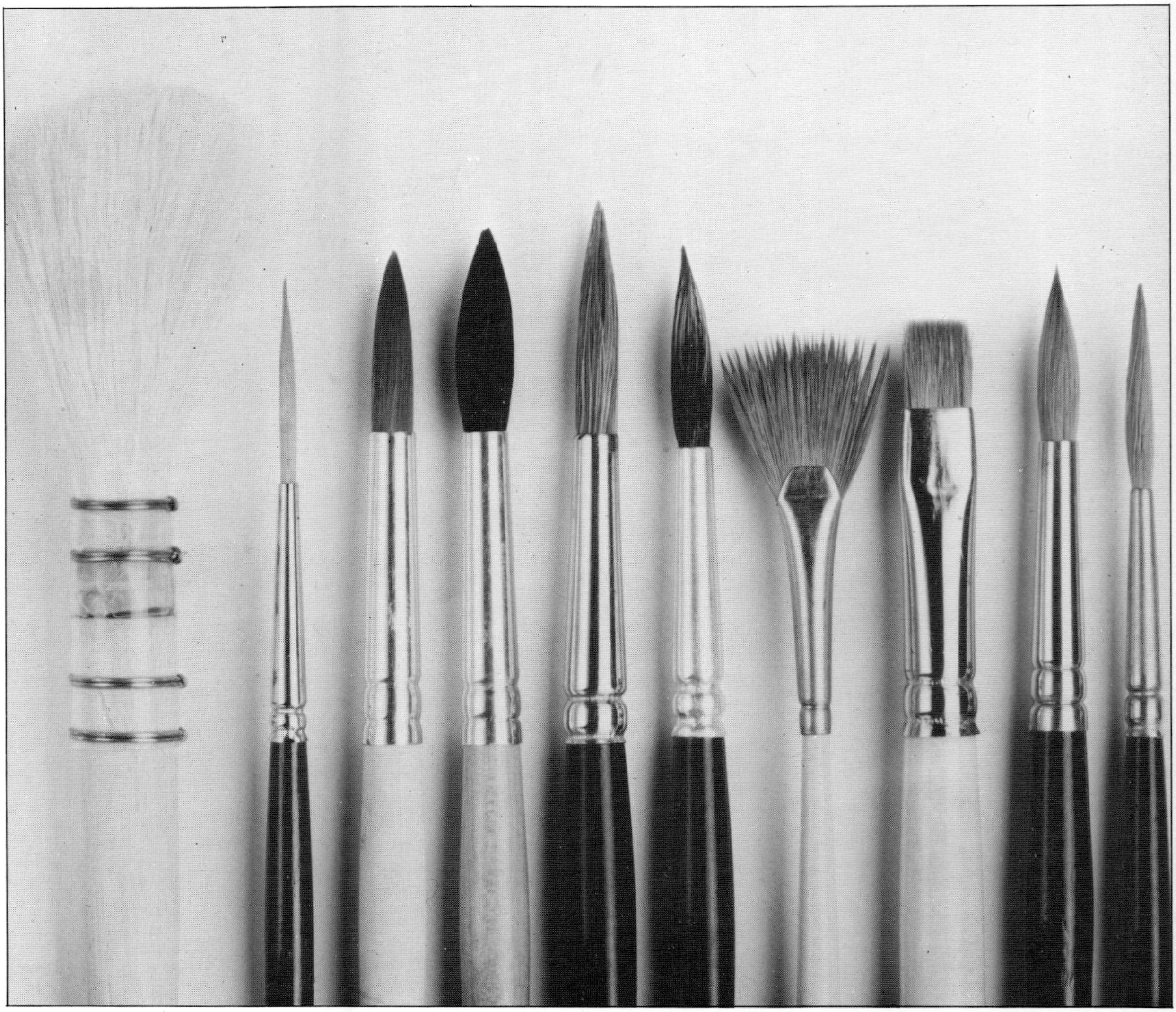

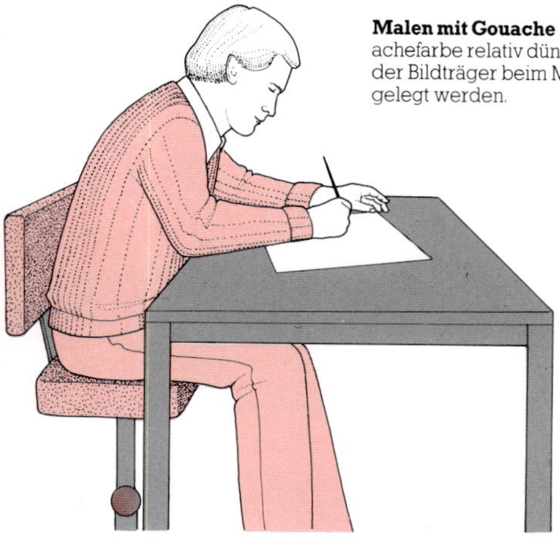

Malen mit Gouache Da die Gouachefarbe relativ dünnflüssig ist, muß der Bildträger beim Malen flach aufgelegt werden.

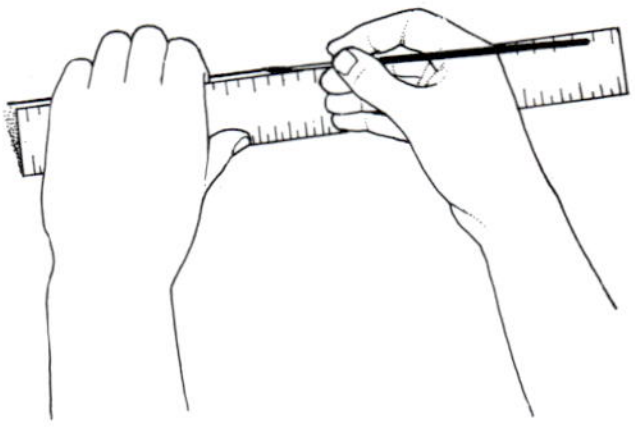

Pinselstrich mit Lineal Will man mit Pinsel und Lineal eine gerade Linie ziehen, dann wird die eine Seite des Lineals fest gegen das Papier gedrückt, während man die andere Seite so auf die Fingerspitzen legt, daß sie den Malgrund nicht berührt. Dann führt man die Pinselzwinge behutsam an der Linealkante vorbei. Dieses Verfahren wird bei der Gouache besonders zum Aufsetzen von Glanzlichtern verwendet.

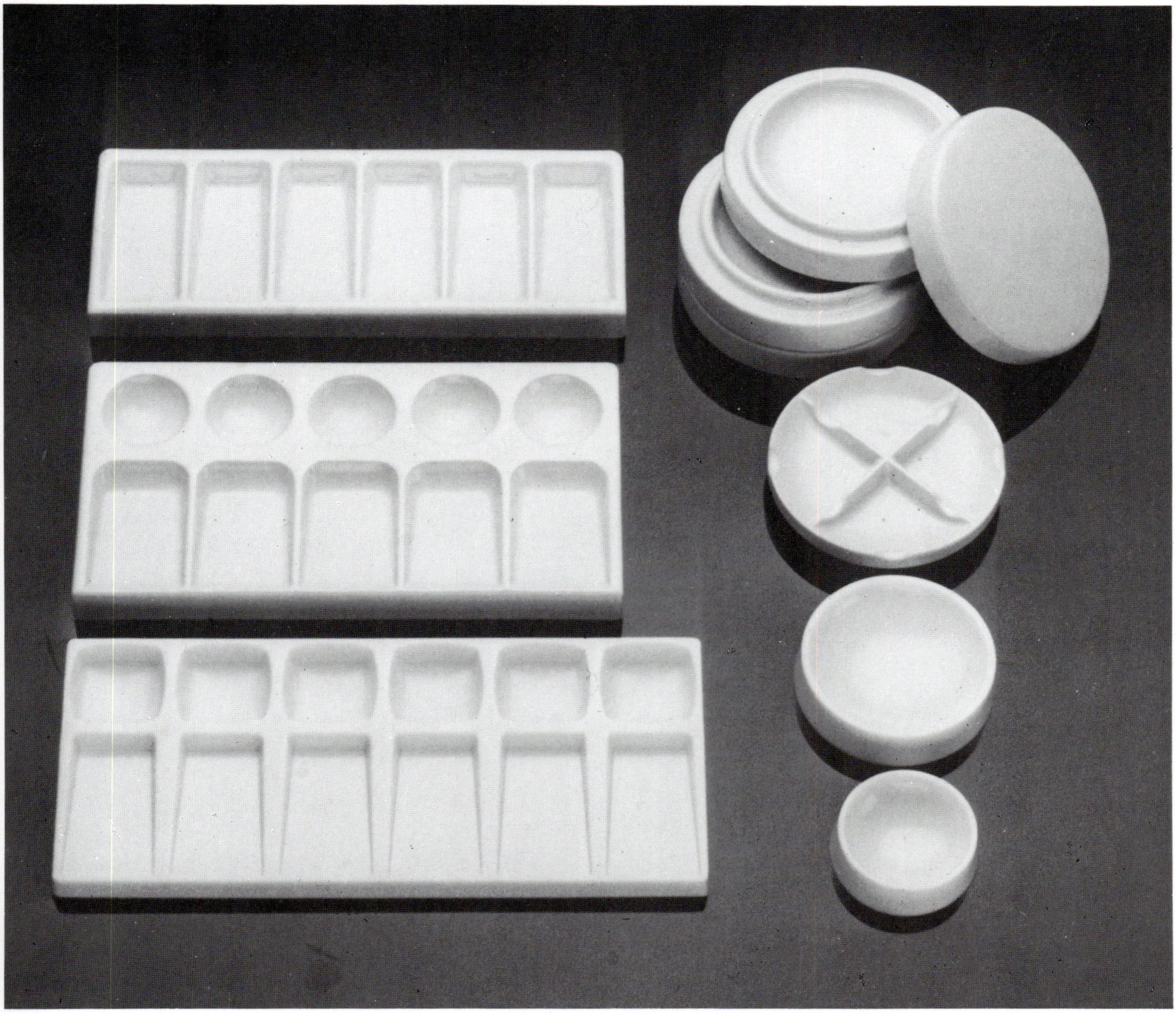

7 **Gouache** Techniken

Mit den deckenden Gouachefarben läßt sich, im Gegensatz zu den Wasserfarben, von dunkel nach hell arbeiten. Zum Erhalt hellerer Farben fügt man Weiß statt Wasser hinzu. Der Zusatz von Schwarz kann bei Gouachefarben zu merkwürdigen Ergebnissen führen. Es macht die Farbe nicht nur dunkler, sondern verändert sie auch; aus Rot wird Braun, und Gelb bekommt eine grünliche Tönung.

Wasserverdünnte Gouache kann für große mehrfarbige oder abgestufte Verwaschungen in ähnlicher Weise verwendet werden wie Aquarellfarben, wenngleich man nicht die gleiche Leuchtkraft erwarten darf.

Gouache ist vor allem eine Farbart zum Experimentieren; man kann sie dünn oder impastodick auftragen und Techniken anwenden, die aus der Öl- und Aquarellmalerei stammen, wie Schaben, Vertreiben und Tupfen mit einem halbtrockenen Borstenpinsel.

Ebenso wie Aquarellfarben sollte man auch bei Gouache nur eine geringe Anzahl von Ausgangsfarben verwenden. Ein empfohlenes Farbsortiment besteht z. B. aus: Elfenbeinschwarz, Kobaltblau, Umbra natur, gebrannter Siena, Kadmiumrot, Smaragdgrün, Neapelgelb (oder lichtem Ocker) und Zinkweiß.

Aufgrund ihrer glatten, matten, selbstreflektiven Art und ihres extremen Kontrastumfangs finden Gouachefarben ein weites Anwendungsgebiet in der Buch- und Zeitschriftenillustration. Für diesen Anwendungszweck, aber auch für andere, etwa architektonische Zeichnungen, eignet sich Gouache vor allem dann sehr gut, wenn sie mit der Spritzpistole aufgespritzt wird.

Manche der Farben, die für Reproduktionsarbeiten hergestellt werden, sind flüchtig – d. h. schnell verblassend – und sollen deshalb nicht für Bilder verwendet werden, die langlebig sein sollen. Brauchbare Farben zur Reproduktion sind: Pelikan Plakafarben, Winsor & Newton Designer's Gouache und Talens Gouache.

Gouachetechniken Da die Arbeit mit Gouache sich wesentlich von der mit Aquarellfarben unterscheidet, sollten Anfänger zunächst mit verschiedenen Pinseln und Farbkonsistenzen üben, bevor sie mit dem Malen beginnen. Je nachdem, ob Gouache dick oder dünn aufgetragen wird, ähnelt sie den Ölfarben bzw. Aquarellfarben. Die richtige Konsistenz kann nur durch Experimentieren herausgefunden werden. Wesentliches Merkmal der Gouache ist die sehr gleichmäßig anlegbare Farbfläche. Der Erfolg hängt hierbei von der richtigen Konsistenz der Farbe ab. Für eine Farbfläche sollte die Farbe dicker sein als für einen Farbüberzug. Vielleicht werden Sie beim Anlegen einer Farbfläche feststellen, daß die Gouachefarben sich beim Trocknen ein wenig verändern, wobei manche Stellen dunkler und andere heller werden. Dennoch dürfte es das beste sein, hier nicht einzugreifen, denn die Farben wirken trotz ihrer Unvollkommenheit. Es gibt viele Techniken und Tricks, die Frische und Deckfähigkeit der Gouache auszunutzen. Wenn Sie zuerst einen Farbüberzug in mittlerer Tönung auftragen, dann können Sie bei der Bildentwicklung sowohl helle als auch dunkle Farbtöne verwenden. Ein Vorteil der Gouache gegenüber Aquarellfarben ist das Aufhellen durch Weiß statt durch Wasser.

Es besteht die Möglichkeit, Deckfarben in Farblasuren übergehen zu lassen. Ist die Farbe trocken, zeigt sich ein Farbübergang. Zu den weiteren Techniken gehören Vertreiben, Sprühen, Einkratzen von Linien und Anbringen von Strukturen. Eine dreidimensionale Struktur entsteht, wenn zur Gouache Paste hinzugefügt wird. Zieht man nun einen Kamm über die Farbe oder drückt dünne Fäden ein, so entsteht nach dem Trocknen eine interessante Basis für weitere strukturelle Ausarbeitungen.

Gouache eignet sich besonders gut zum Spritzen mit der Spritzpistole. Die kräftigen Farben behalten ihre Brillanz und lassen sich leicht verarbeiten, zumal sie sehr stark verdünnt werden können. Da Gouache schnell trocknet, wird sie gerne zum Maskieren verwendet. Diese Technik sollten Sie anwenden, wenn Sie Flächen mit scharfen Rändern malen wollen, die mit dem Pinsel nur schwer herzustellen sind.

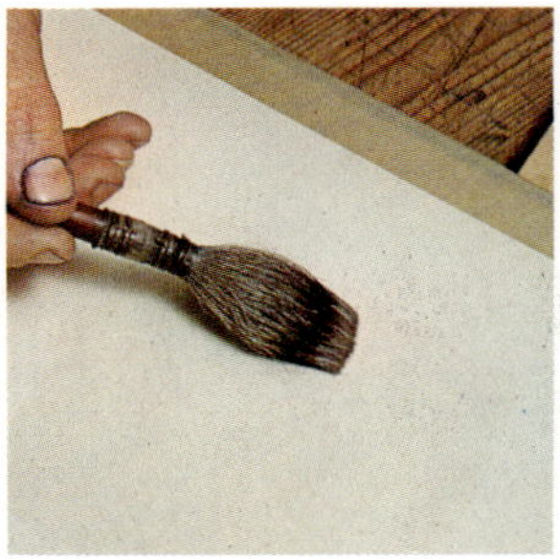

Auftragen eines Farbüberzugs
1. Das Zeichenbrett wird leicht schräg hingelegt und das Papier mit sauberem Pinsel angefeuchtet.

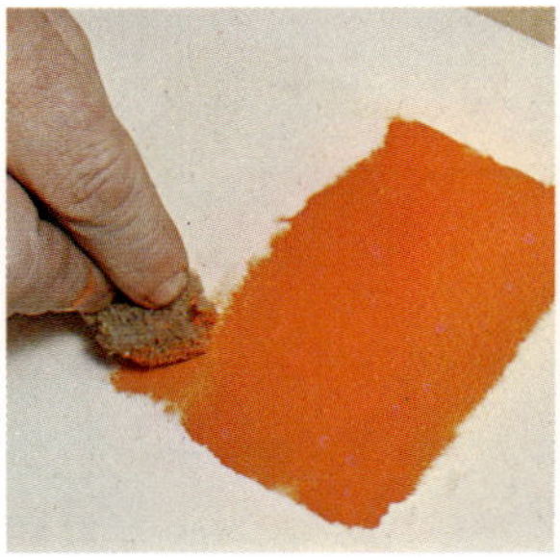

2. Nun mit einem Pinsel oder Schwämmchen, gleichmäßig von der einen Seite zur anderen ziehend, Farbe auftragen.

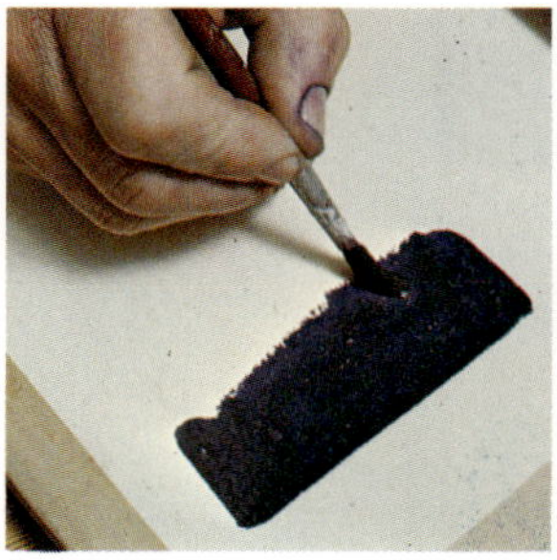

Gleichmäßiger Farbauftrag Die gleichmäßig horizontal aufgetragene Farbe darf nicht zu naß sein, sonst trocknet sie ungleichmäßig auf.

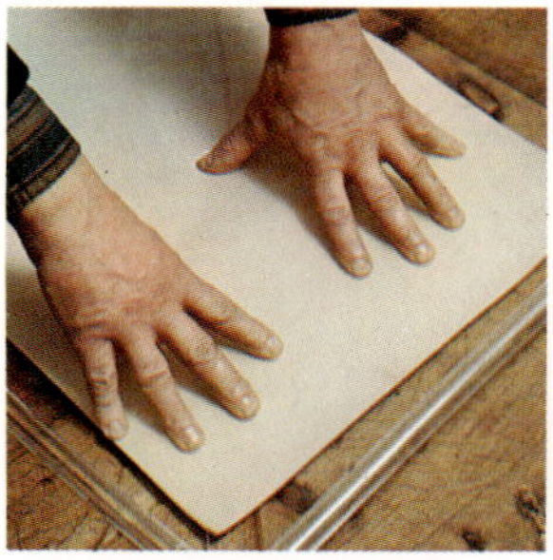

Aufspannen von Papier 1. Das getönte oder ungetönte Papier wird wie bei der Aquarellmalerei eingeweicht und aufgespannt.

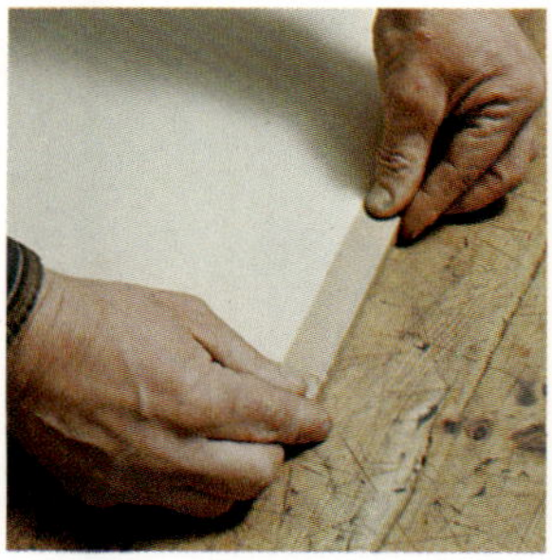

2. Damit man eine möglichst große Papierfläche erhält, kann der Klebestreifen um die Seiten der Unterlage herumgezogen werden.

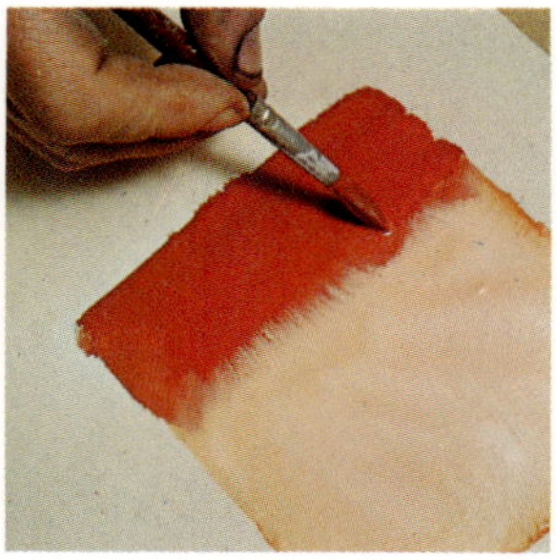

Mischen zweier Farben Der aufgetragenen nassen Farbe wird mit einer zweiten so weit entgegengearbeitet, bis beide zusammenfließen.

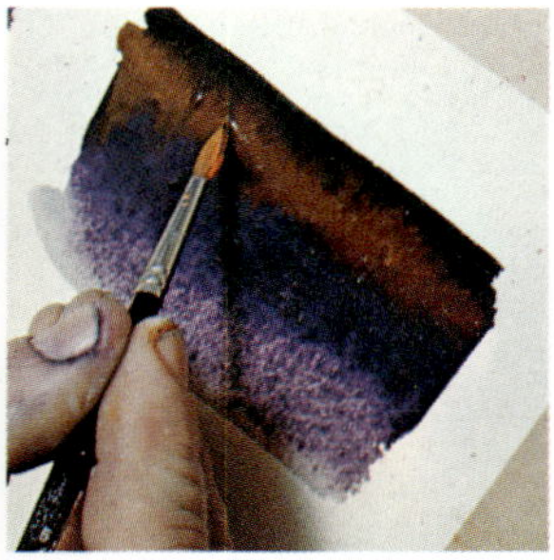

Malen in nasser Farbe 1. Man trägt mit dem Pinsel eine neue Farbe in die noch nasse erste auf, wobei sie an den Rändern verläuft.

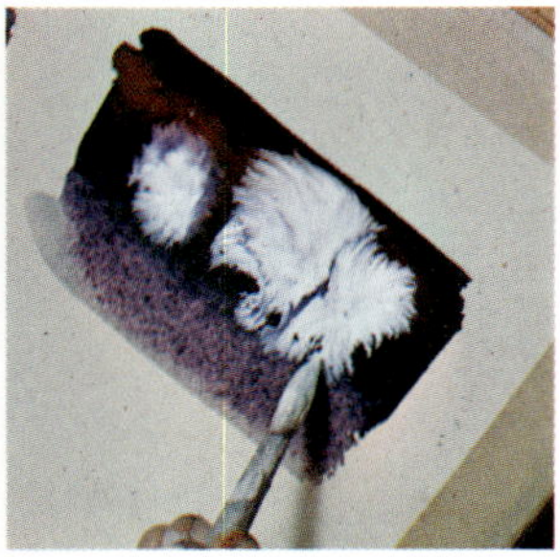

2. Durch Auftragen kleiner weißer Tupfer wird die noch nasse Farbe aufgehellt.

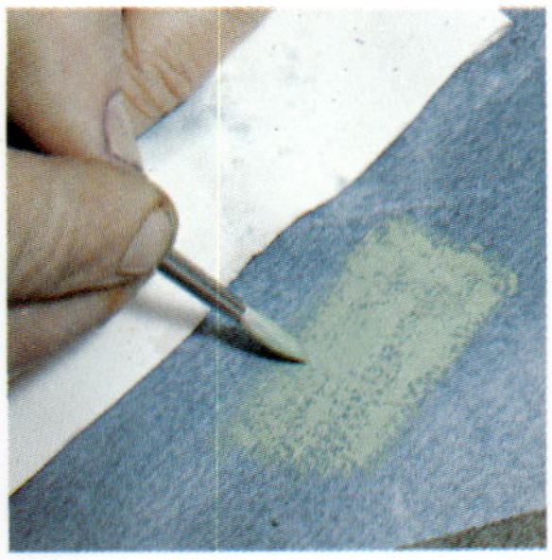

Auftragen eines ungleichmäßigen Überzugs Der Pinsel mit dicker, nicht sehr nasser Farbe wird ganz sanft über die Unterfarbe gestrichen.

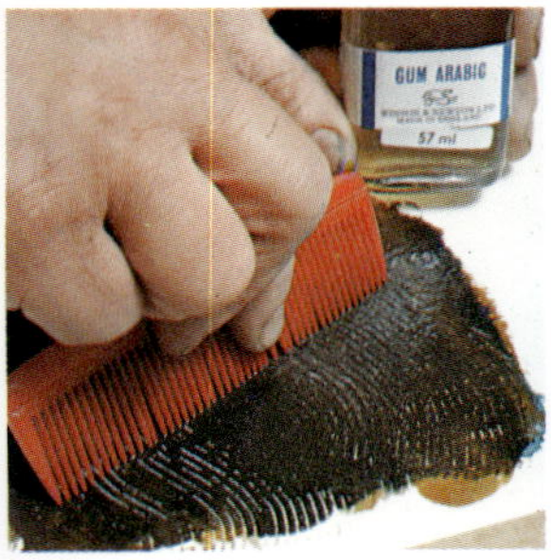

Kammstruktur Die Farbe wird mit Gummiarabikum gemischt und dick aufgetragen. Nun streicht man mit dem Kamm durch die nasse Farbe.

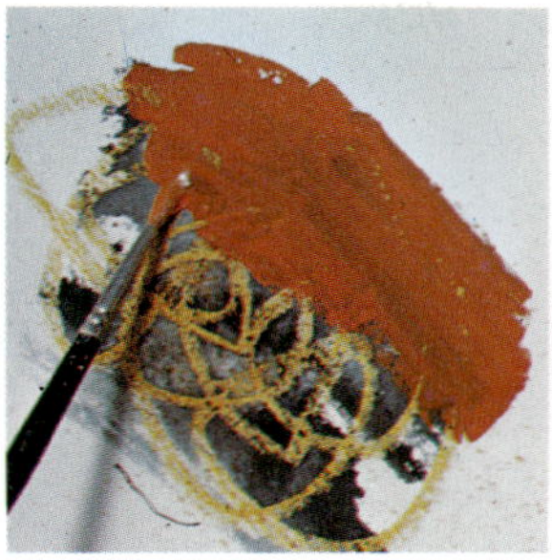

Schaben 1. Man zeichnet ein Muster mit Ölkreide, Aquarell und Gouache und überzieht das Ganze mit einer dicken Gouacheschicht.

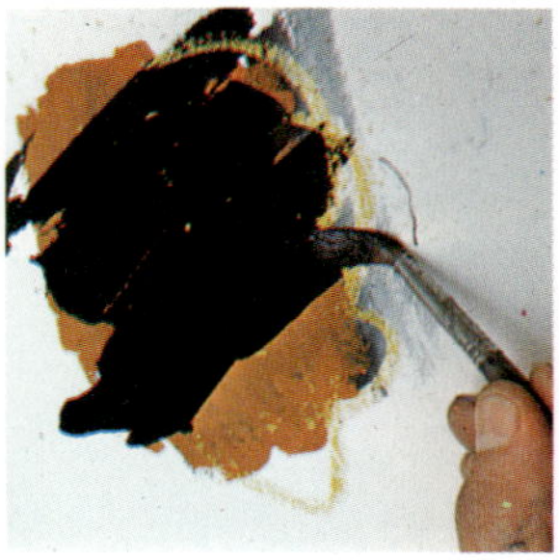

2. Nachdem diese völlig trocken ist, wird das Ganze mit wasserfester Tusche überdeckt. Die Tusche muß gut trocknen.

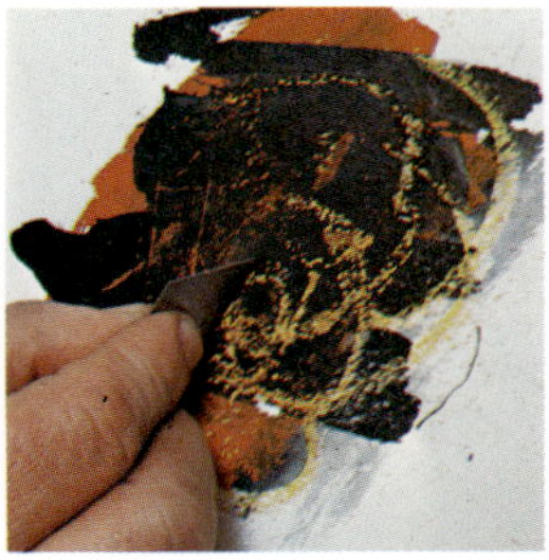

3. Mit einem Messer wird nun ein Teil der Tusche und der Gouache abgeschabt, so daß Teile des unteren Musters sichtbar werden.

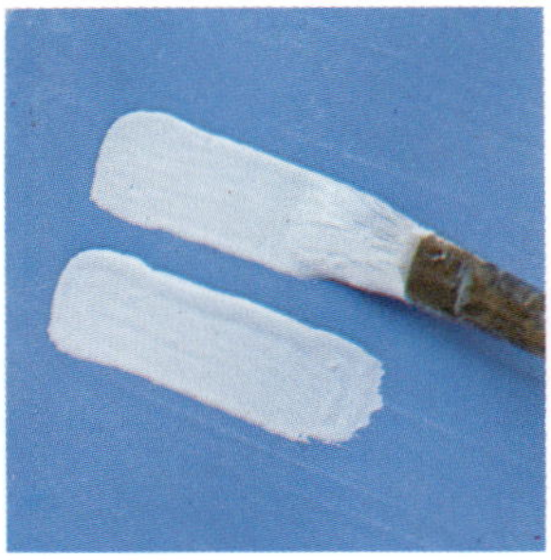

Impasto Der Pinsel erhält reichlich dicke Farbe, welche auf den Bildträger aufgetragen wird. Sie muß plastisch wirken.

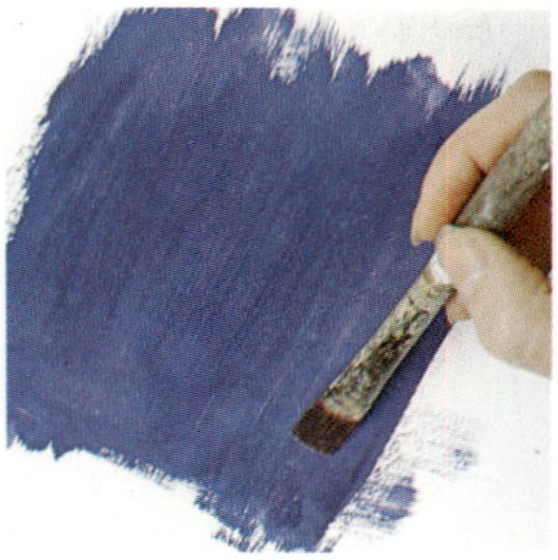

Auftragen von Deckfarbe
1. Zunächst eine gleichmäßige Farbschicht auftragen.

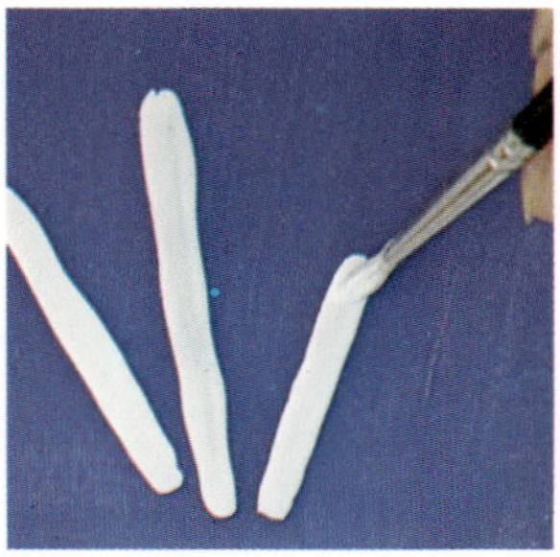

2. Nach dem Trocknen kann eine zweite Farbe aufgetragen werden, die sich nicht mit der unteren vermischt und vollständig deckt.

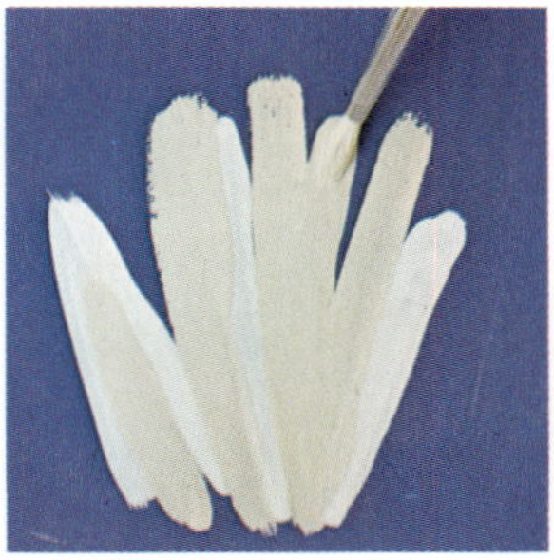

3. Notfalls kann eine untere Farbschicht durch neuerlichen, nicht zu nassen Farbauftrag überdeckt werden.

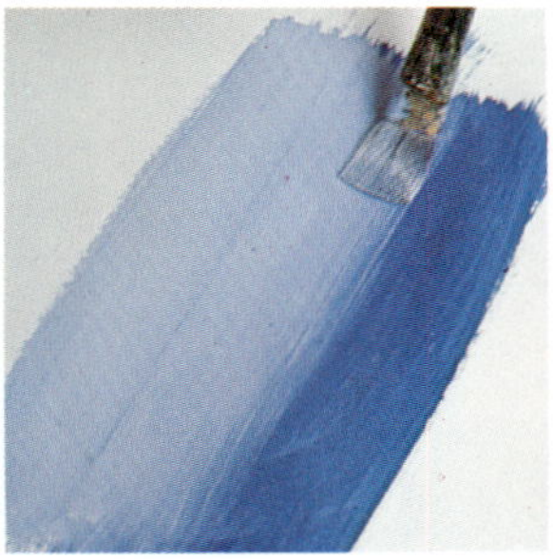

Mischen trockener Farbe 1. Zwei breite Farbstreifen werden dick und kaum verdünnt aufgetragen.

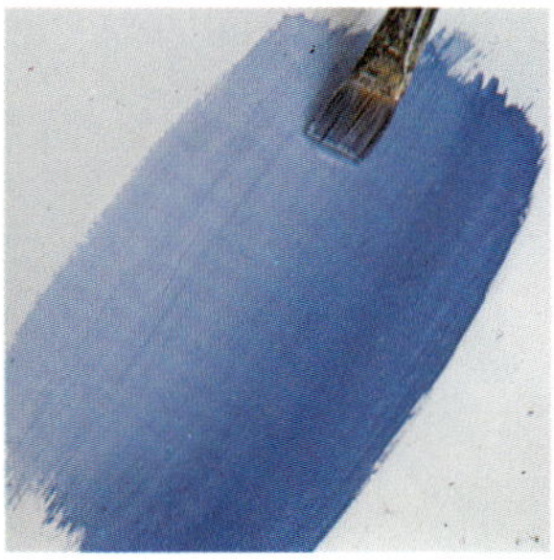

2. Die beiden Farben werden an ihrem Übergang locker zusammengestrichen. Rasch arbeiten und Pinsel nicht stark aufdrücken.

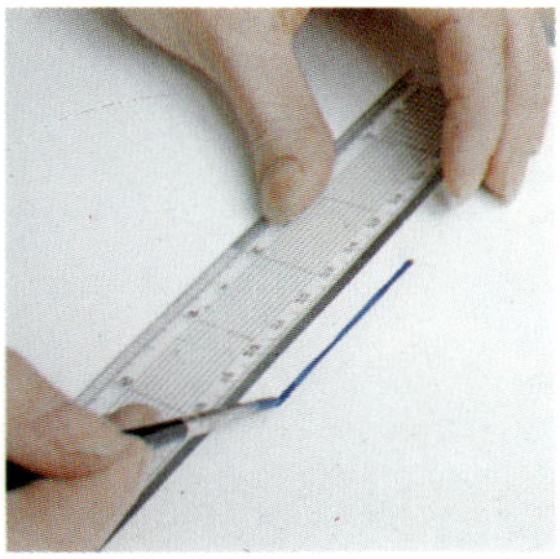

Linien mit dem Lineal 1. Für einen dünnen Strich wird das Lineal schräg gehalten und der Pinsel mit der Zwinge an der Kante entlanggeführt.

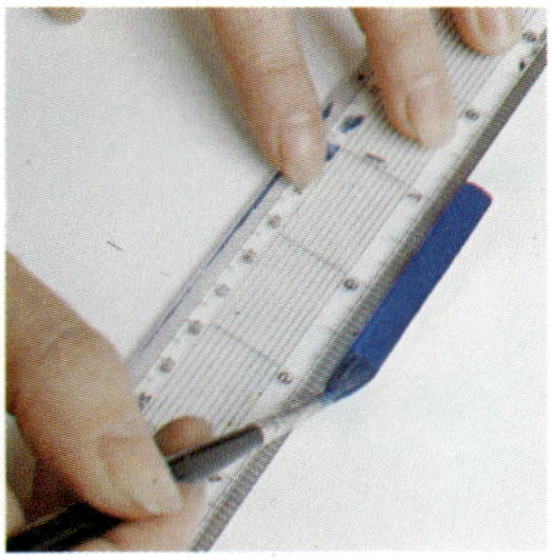

2. Für eine breite Linie wird der satte Pinsel mit kräftigem Druck am flach aufliegenden Lineal entlanggezogen.

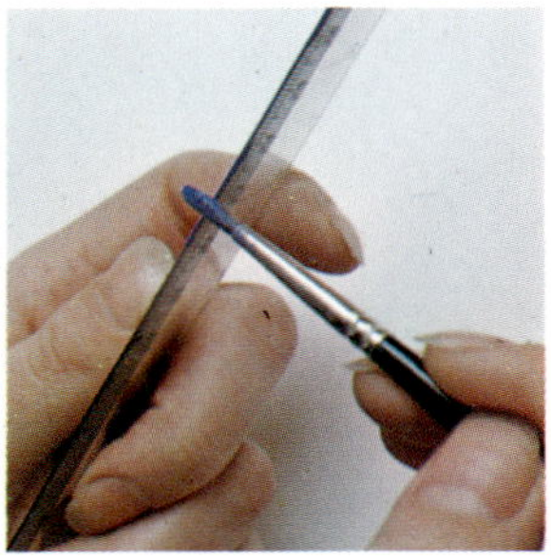

3. Auch mit der Linealkante kann man drucken. Sie wird dick, aber gleichmäßig mit Farbe bestrichen und aufgedrückt.

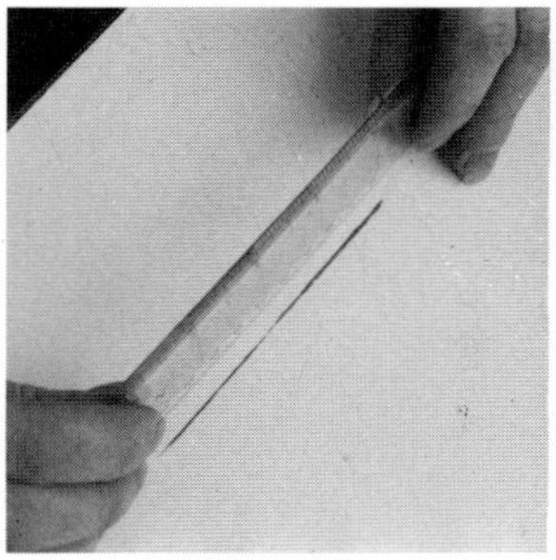

4. Die Linealkante wird hier fest auf das Papier gedrückt. Nach dem Abheben bleibt eine rauhe, aber gerade Linie zurück.

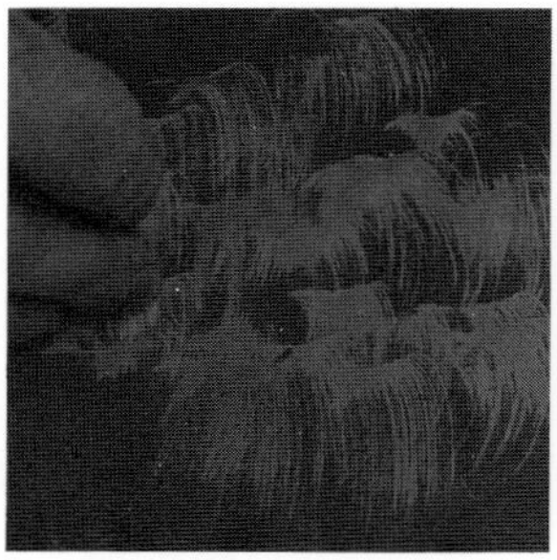

Vertreiben Vom Pinsel wird die überschüssige Farbe abgestreift; Borsten fächern und die Farbe in Kreisbewegungen vertreiben.

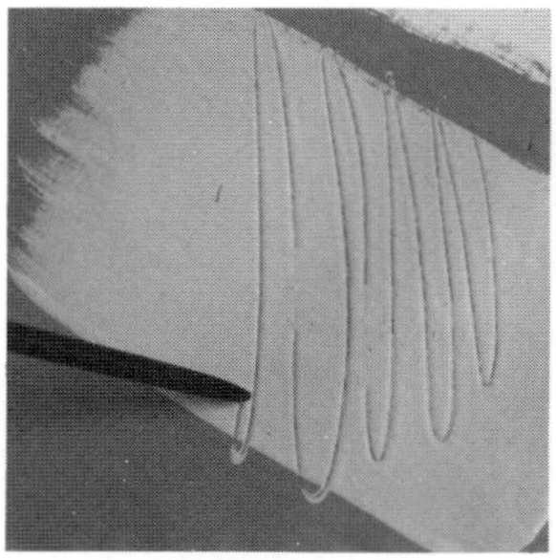

Kratzen von Linien Auf eine trokkene Farbschicht kommt ein dicker Farbüberzug, in den man mit dem Pinselende ein Muster kratzt.

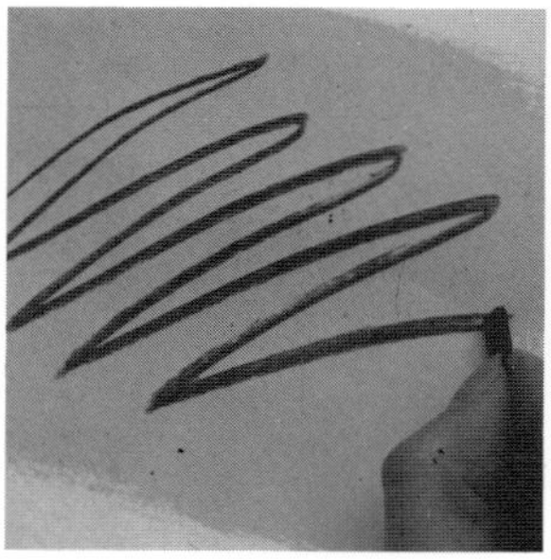

Gouache mit Zeichenkohle 1. Auf trockener Farbe wird mit Zeichenkohle gezeichnet.

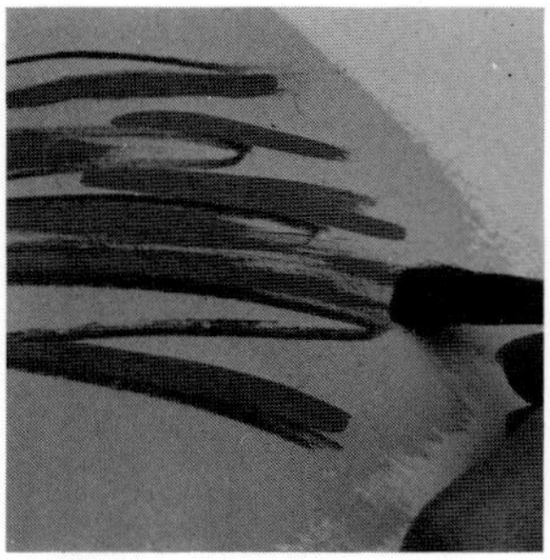

2. In die Kohlezeichnung wird mit einer anderen Farbe gearbeitet.

3. Ist die Farbe trocken, kann noch mehr Zeichenkohle hinzugefügt werden; dieser Vorgang läßt sich beliebig oft wiederholen.

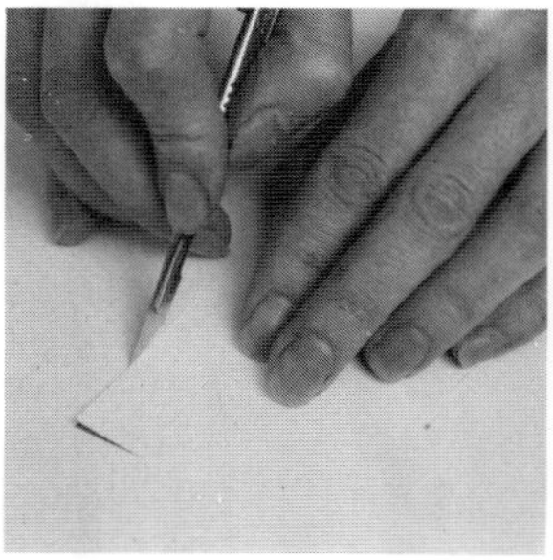

Papiermasken 1. Mit einem scharfen Messer schneidet man aus einem sauberen Halbkarton eine Schablone aus.

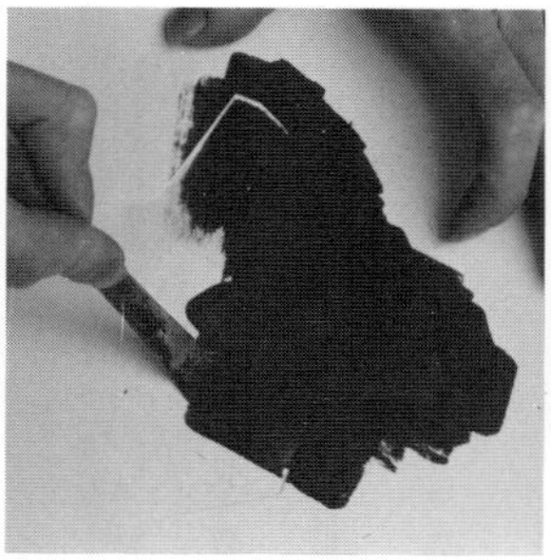

2. Die Schablone wird auf den Malgrund gelegt; dann streicht man von den ausgeschnittenen Rändern weg in das Muster hinein.

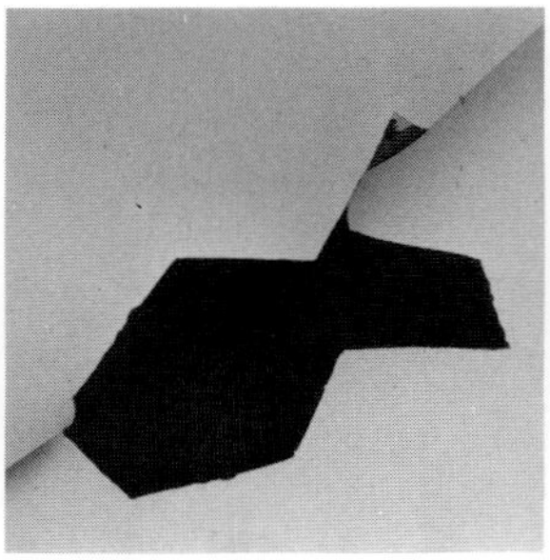

3. Nachdem die ganze Fläche bedeckt ist, wird die Papiermaske vorsichtig abgehoben. Bei zu nasser Farbe wird der Rand unscharf.

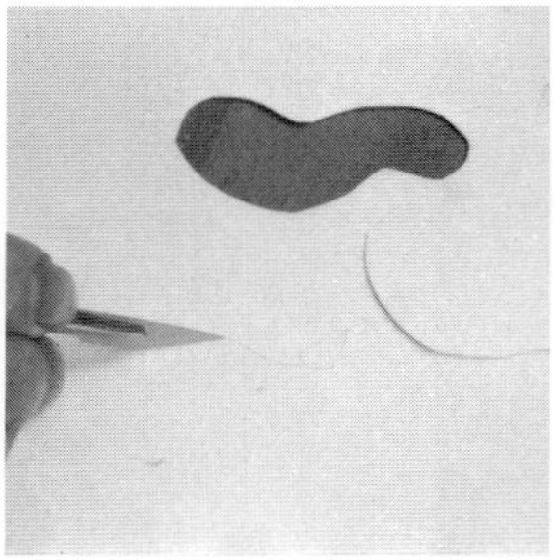

Abdrucken von Mustern 1. Aus Halbkarton schneidet man Muster oder Figuren aus.

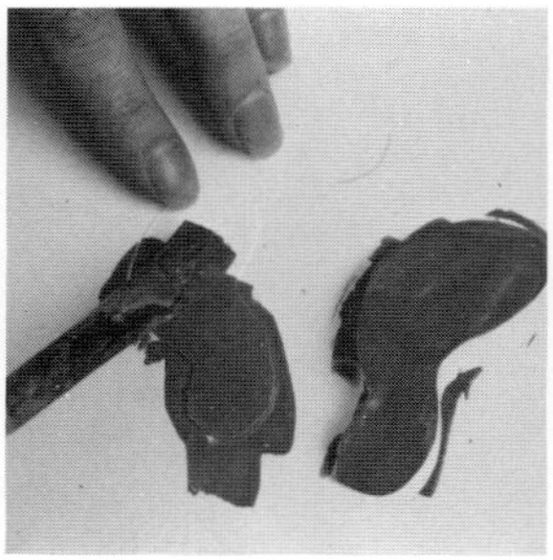

2. Eine Seite jedes Musters wird dick mit nasser Farbe bestrichen. Aufpassen, daß die Farbe nicht zu schnell trocknet.

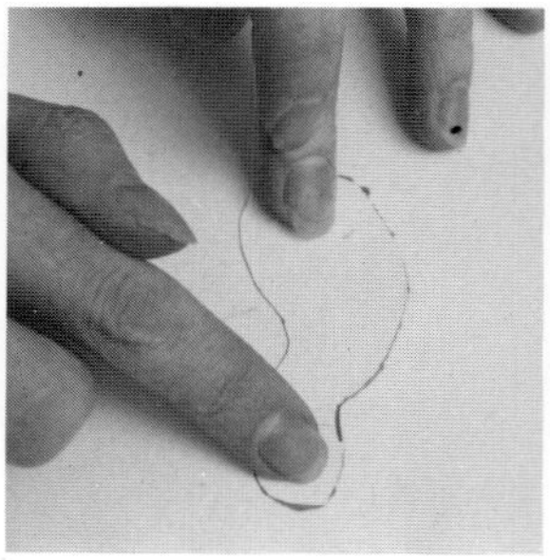

3. Die Muster werden jetzt mit der Farbe nach unten auf den Malgrund gelegt und sanft mit den Fingern angedrückt.

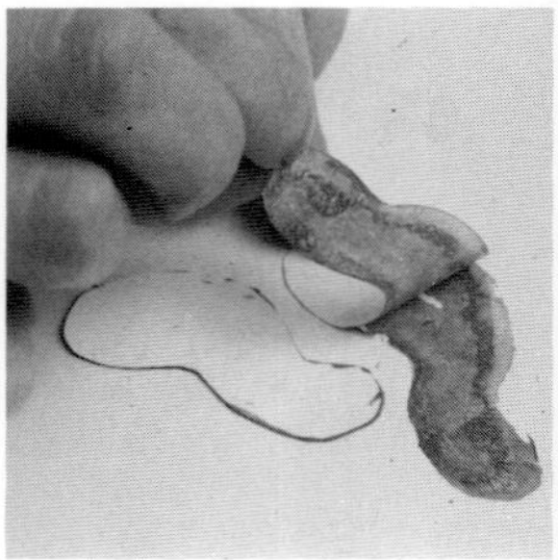

4. Das abgezogene Papiermuster hinterläßt einen unscharfen Abdruck in strukturierter Farbe.

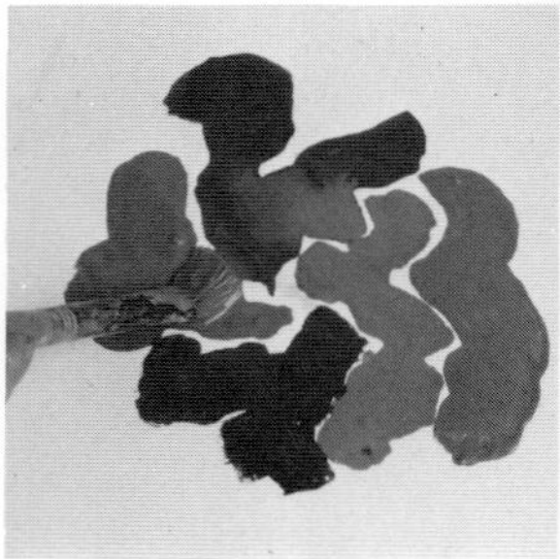

Übertragen von Mustern 1. Auf ein sauberes, glattes Blatt Papier wird ein Muster mit sehr dicken, nassen Farben gemalt.

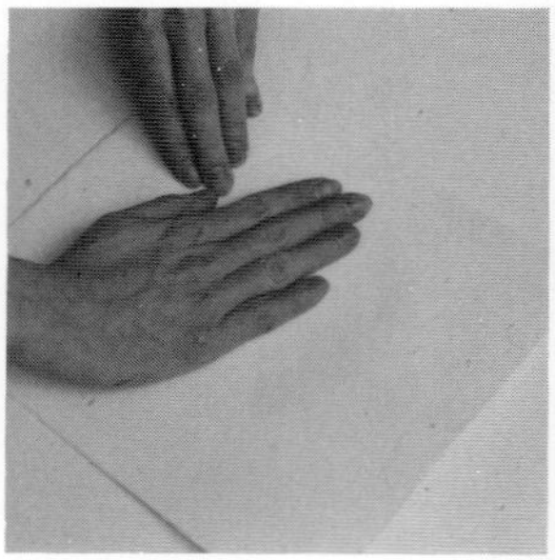

2. Die bemalte Seite wird nun auf ein anderes Blatt Papier gelegt und kräftig mit der Handfläche angedrückt.

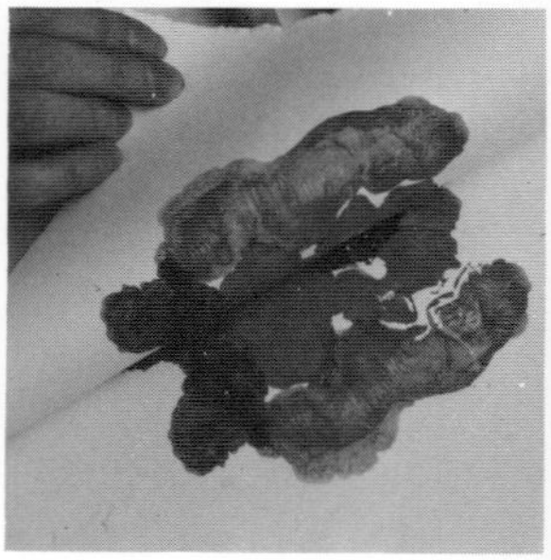

3. Das obere Blatt wird abgezogen. Das Muster wurde mit strukturellen Effekten auf das untere Papier übertragen.

8

Pastellfarben und Kreide

Geschichte. Ausrüstung und Techniken: Pigmente, selbstgefertigte Pastellstifte, Malgründe, Ausrüstung, Techniken, Schutz von Pastellfarben, Fixative, Illustration in Pastell und Kreide.

8 **Pastellfarben** Geschichte

Pastellfarben, wie wir sie heute kennen, kamen vor etwas über 200 Jahren in Gebrauch. Mit den Aquarellfarben haben sie den samtähnlichen Schmelz, die Frische und die Klarheit gemeinsam, sind aber im Gegensatz zu diesen nicht transparent, sondern deckend. Auch verändert sich der Farbcharakter der Pastellfarben nicht bei der Arbeit und ist bereits im Augenblick des Auftrags zu erkennen.

Pastellstifte werden aus einer Paste fein zermahlener Pigmente und einem Bindemittel aus weichem Gummi oder Harz hergestellt; die Bezeichnung Pastell ist auf diese Paste zurückzuführen. Pastellstifte bieten dem Künstler die Möglichkeit, verschiedenartige Techniken, von graphischen bis zu denen der Ölmalerei, anzuwenden, ohne daß es eines weiteren flüssigen Bindemittels bedarf.

Pastellfarbe hat einen großen Nachteil: Sie ist äußerst empfindlich und daher sehr kurzlebig. Chemisch sind die Farben extrem rein, aber es ist besonders schwierig, sie vor zufälliger Beschädigung zu schützen, es sei denn durch eine Glasplatte. Auch ist der Umfang der Farbtöne begrenzt, und Fehler lassen sich nur schwer korrigieren. Obwohl sich die Farbe einfach mit Hilfe eines Borstenpinsels oder mit Knetgummi abwischen läßt, kann dies leicht zu einer Beschädigung oder Glättung des Malgrundes führen. Die Zeichnung muß deshalb geplant werden, und gerade der erste Entwurf erfordert größte Sorgfalt.

Man darf Pastellfarben nicht mit den wesentlich härteren Kreidefarben verwechseln, in denen die Pigmente mit Wachs oder Öl vermischt sind. Farbige Kreide auf getöntem Papier wurde schon recht früh von Malern verwendet. Peter Paul Rubens (1577–1640) gebrauchte schwarze und rote Kreide und setzte Lichter mit weißer Kreide auf, als er eine Porträtstudie seiner Frau *Isabella Brandt* anfertigte. Auch die französischen Maler Jean Honoré Fragonard (1732–1806) und Antoine Watteau (1684–1721) malten mit farbiger und weißer Kreide, allerdings auf getöntem Papier.

Zu einer Zeit, in der es für eine Frau schwer war, als Künstlerin anerkannt zu werden, errang Rosalba Carriera (1674–1757) Ruhm und Ansehen durch ihre Pastellgemälde. Die Feinfühligkeit und Kunstfertigkeit ihrer Pastellporträts erkennt man an ihrem Bild von Watteau, entstanden kurz vor dessen Tod im Jahre 1721. Noch bedeutender war Quentin de la Tour (1704–1788), der die Pastellmalerei zur Zeit Ludwigs XV. und Ludwigs XVI., besonders im Porträtbereich zusammen mit Jean-Baptiste Perroneau (1715–1783) und Jean-Baptiste Chardin (1699–1779), in Frankreich berühmt machte.

Der impressionistische Maler Edgar Degas (1834–1917) wurde ein großer Bewunderer und Sammler von La Tours Pastellen und entwickelte eine Technik, die seinen Vorgängern wohl unglaublich erschienen wäre. Aber trotz seiner Leistungen auf diesem Gebiet sowie der künstlerischen Verdienste von Odilon Redon (1840–1916) und Mary Cassatt (1845–1926) blieben die Pastellfarben im großen und ganzen ein weniger benutztes Medium, jedenfalls im Vergleich zur Ölmalerei oder selbst zur Gouache.

Pastellfarben Ausrüstung und Techniken

Pigmente

Im Gegensatz zu Wasser- und Ölfarben können Pastellfarben nicht auf der Palette zu anderen Farben und Tönen gemischt werden. Diese müssen jeweils gesondert hergestellt werden. Insgesamt bietet der Fachhandel etwa 600 verschiedene Farbtöne an. Das Sortiment von Schmincke umfaßt 283 Farbtöne, Sennelier bietet gar 551 Farben und Töne an; Caran d'Ache liefert ein Sortiment mit 24, Schwan Stabilo und Koh-I-Noor eines mit 48 Ölkreiden. Pastellstifte in Bleistiftform liefern Faber-Castell, Othello und Conté.

Die Wahl der Farben ist weitgehend eine Sache des persönlichen Geschmacks. Ein Grundsortiment könnte aus etwa 48 Farben bestehen, während man mit zwölf Stiften schon zum Skizzieren im Freien auskommt. Am besten beginnt man mit einem fertigen Sortiment in einem Kasten, welches nach und nach erweitert werden kann. Kästen werden von allen bekannten Herstellerfirmen in unterschiedlichen Größen angeboten.

Pastellfarben gibt es in drei Qualitäten: weich, mittel und hart. Weiche Pastellstifte sind am brillantesten und leichter zu handhaben als die härteren und werden daher auch häufiger verwendet.

Pastellfarben sollte man nur dann kaufen, wenn die tatsächlich darin enthaltenen Pigmente auf dem Etikett genannt werden, z. B. Chromoxidgrün, Ultramarin oder Lichter Ocker. Andere könnten, auch wenn sie anfangs brillant erscheinen, nicht farbbeständig sein.

Die Hersteller bezeichnen ihre Farben im allgemeinen mit Namen und Nummern und geben mit den Ziffern von 0 bis 8 die relative Helligkeit des Farbtons an. Leider existiert kein einheitliches System. Falls Sie eigene Entscheidungen hinsichtlich der Farbtöne treffen wollen, dann dürften ein heller, mittlerer und dunkler Ton für den Anfang ausreichen. Es sei hier auch darauf hingewiesen, daß die Farbtonkarten, welche den Farbkästen beigelegt werden, auf weißem Untergrund gedruckt sind, so daß es sich bei der Arbeit auf dunklerem oder farbigem Papier empfiehlt, eine eigene Farbtonkarte herzustellen.

Ölkreiden sind stärker und weniger empfindlich als normale Pastellfarben. Sie sind für den ersten Entwurf zu einem Ölbild oder zum Zeichnen gut geeignet.

Selbstgefertigte Pastellstifte

Die Herstellung eigener Pastellfarben ist nicht sonderlich schwierig, erfordert aber Geduld. Das Endprodukt wird billiger sein als die im Laden gekauften Fertigfarben.

Zur Herstellung des Bindemittels brauchen Sie Tragantgummi in Pulverform oder Gelatine sowie destilliertes Wasser. Man löst 25 g Tragantpulver in einem Liter Wasser auf und läßt dies über Nacht an einem warmen Platz stehen. Soll die Lösung längere Zeit aufbewahrt werden, gibt man ihr einen Teelöffel Beta-Naphtol zu; das Ganze wird gründlich geschlagen und in gut verschlossenen Flaschen aufbewahrt.

Das Pigment wird auf eine Glasplatte geschüttet, ein wenig von der Flüssigkeit darübergegossen und mit dem Spachtel vermischt. Verschiedene Pigmente reagieren unterschiedlich, und für weichere Pastellstifte muß der ursprünglichen Lösung etwas mehr destilliertes Wasser zugesetzt werden.

Noch einfacher ist es, zunächst eine Pigmentpaste auf der Glasplatte herzustellen. Zuerst schüttet man Zinkweiß und das gewählte Pigmentpulver in gleichen Mengen auf ein Papier und vermischt es, indem man das Papier hin und her rollt.

Die Hälfte der Mischung wird beiseite gestellt, um sie später mit einer gleichen Menge Weiß zur Herstellung eines helleren Tons mischen zu können.

Die andere Hälfte wird auf die Glasplatte geschüttet und mit so viel destilliertem Wasser vermengt, daß eine sehr steife Paste entsteht. Nun ein wenig Gummilösung oder Gelatine hinzufügen und mit dem Spachtel hineinkneten. Dann rollt man die Paste zwischen einem wasserabstoßenden Papier und einer wasserabstoßenden Pappe. Wird der Stift von Hand gerollt, dann parallel und nicht quer zu den Fingern. Der Pastellstift muß wenigstens 24 Stunden lang bei Zimmertemperatur trocknen; besser noch 48 Stunden.

Malgründe

Die Wirkung eines Pastellbildes hängt weitgehend von der Farbe und der Oberflächenstruktur des Malgrundes ab. Papier muß rauh und griffig genug sein, um die Kreide haften zu lassen. Seine Farbe ist wichtig, weil einzelne Stellen des Untergrundes noch als Glanzlichter, als dramatischer Kontrast oder als Schatten sichtbar bleiben können.

Als Papiere für Pastellarbeiten eignen sich weiße und getönte Faserpapiere, die Pigmente gut aufnehmen; mit anderen Worten: Aquarell- und Zeichenpapiere guter Qualität. Speziell für Pastell gibt es weiches Papier mit sandpapierartiger und besonders weiches mit samtartiger Oberfläche. Auch eigens vorbereitete Leinwand oder ein dünnes, auf Karton verleimtes Musselintuch ist als Malgrund geeignet.

Ingres-Papiere sind die besten getönten Papiere für Pastellarbeiten. Es gibt 90, 130 und 160 g schwere Ingres-Papiere; Steingrau, Mittelgrau und Rehbraun werden besonders empfohlen. Ebenfalls mit einer speziellen Textur in einem gewissen Tonbereich sind Tumba-Ingres (15 Farben) und Canson Pastellbütten (21 Farben) erhältlich.

Um dem Risiko vorzubeugen, daß ein getöntes Papier verblaßt, tönen manche Maler ihr Papier lieber selbst. Eine Methode besteht darin, es mit einem feuchten Lappen zu bestreichen, der in zermahlene Enden von Pastellstiften eingetaucht wurde. Überschüssiges Farbpulver kann abgeklopft werden, nachdem das Papier trocken ist.

Pastelle können auch mit anderen Farbarten vermischt und auf einem Papier aufgetragen werden, das mit Wasserfarben getönt wurde; ebenso ist ein Vermischen mit Gouache, Tusche oder Aquarellfarben bzw. deren Kombinationen möglich. Damit Pastellgemälde nicht von Schimmelpilzen angegriffen werden, sollte man das Papier vor dem Bemalen in eine schwache fungizide Lösung oder in zehnprozentige Formalinlösung eintauchen.

Ausrüstung

Staffelei und Zeichenbrett sind Ausrüstungsgegenstände, die der Pastellmaler mit dem Aquarellmaler teilt. Zusätzlich benötigt er eine Glasplatte, ein Spachtelmesser, weiche Wischer und gerollte Papierstifte, mit denen man zum Erhalt spezieller Effekte über die Pastellfarben reiben kann. Chamois-Wischer sind Holzstäbchen mit einer Spitze aus Wildleder, mit der man ebenfalls Farben vermischen kann.

Zur weiteren Ausrüstung gehören Knetgummi, ein scharfes Messer, Fixativ (zusammen mit einem Zerstäuber), Schmirgelpapier zum Anspitzen der Pastellstifte und Zeichenkohle für die Konturen.

Techniken

Ehe man mit dem Malen beginnt, werden die Pastellfarben, sorgfältig nach Farbe und Ton sortiert, auf ein weiches Tuch oder in die Furchen eines Stücks Wellpappe gelegt. Das erspart Ihnen während der Arbeit das Suchen der benötigten Farben.

Beginnen Sie damit, verschiedene Striche, Farben und Effekte aufzutragen, die denen entsprechen, die Sie im Bild selbst verwenden wollen. Sie werden feststellen, daß sich mit dem Pastellstift dicke und dünne Striche, ebenso wie Texturen erzeugen lassen. Zum Beispiel produziert der scharfe Rand eines abgebrochenen Pastellstiftes, welcher leicht über das Papier gezogen wird, eine dünne Linie. Drückt man dagegen das Ende des Pastellstiftes flach gegen das Papier, kann man gleichmäßige Farbflächen anlegen.

Starker Druck preßt die Pastellfarbe tief in die Poren des Papiers; leichter Druck läßt die Papierkörnung zwischen den Farben durchleuchten; dick aufgetragene Pastellfarbe erweckt einen samtähnlichen Eindruck. Auf feiner Leinwand entsteht eine gleichmäßige Farbfläche; Glaspapier und Ingres-Papier lassen noch viel von der Textur des Untergrundes in den Pastellfarben erkennen.

Zarte Übergänge kann man erzielen, indem man einen harten Borstenpinsel oder Wischer mit Pastellpulver bestreicht und dieses behutsam auf den Bildgrund aufträgt. Feine Striche, Schraffierungen und Striche in unterschiedlichen Farben und Tönen ergeben wirkungsvolle Schattierungen. Breite, regelmäßige Striche eignen sich für offene Arbeiten.

Nachdem die Pastellfarbe einmal aufgetragen ist, darf sie nicht mehr zuviel gerieben werden, denn dadurch würde die

Oberfläche locker, unklar und ihre Struktur verlöre. Pastellpulver läßt sich gut mit dem Finger auftragen und vermischen, beispielsweise um weiche Übergänge zu erhalten. Man sollte immer auf schrägliegendem Papier arbeiten, damit der Pastellstaub nach unten absinken kann.

Farben können auf vielfältige Weise gemischt werden: indem man wie beim Schraffieren verschiedene Farben übereinanderstreicht, ohne sie unmittelbar zu vermischen; durch Schraffieren in unterschiedlichen Winkeln; durch Punktieren in verschiedenen Farben oder durch leichtes Verreiben mit Fingerspitze bzw. Wischer.

Beim Malen sollen zuerst die Umrisse mit Zeichenkohle angedeutet werden. Planen Sie Ihre Farben und Striche, bevor sie anfangen, da Pastell sich nur schwer, zuweilen sogar überhaupt nicht korrigieren läßt. Gelegentlich können Linien auf dem fertigen Bild geändert werden, indem die Pastellfarbe noch einmal mit Zeichenkohle überarbeitet wird, doch sollte man das nach Möglichkeit vermeiden. Die Farbe immer in kräftigen und klar erkennbaren Strichen auftragen, sonst erscheint das Bild fleckig und verschwommen. Ein gut angespitzter Pastellstift in Bleistiftform, etwa von Othello, kann die klare Linienführung erleichtern.

Degas wandte ein Verfahren zum Auftrag von Pastell-Impasto an, indem er jede Farbschicht mit Fixativ übersprühte; die oberste Schicht blieb dabei häufig unfixiert. In seinen späteren Pastellbildern verwendete er breite, kräftige Striche, um grob strukturierte, helle und dunkle Massen zu erhalten. Seine Bilder *Extras* (1877), *Drei Tänzerinnen* und *Tänzerinnen* (1899) offenbaren die ungewöhnlichsten Lichteffekte.

Georges Seurat (1859–1891) verwendete seine experimentelle Pointillismustechnik auch für Pastellarbeiten. In seiner Gouache *Café Concert* gebrauchte er schwarze Kreide für düstere und schattige Effekte.

Pierre-Auguste Renoir (1841–1919) zeichnete mit roter Kreide, schwarzer Ölkreide, später mit Rötel, weißen Glanzlichtern und schwarzen Akzenten. Seine Pastellbilder *Junges Mädchen mit Rose* und *Wäscherin mit Kind* zeigen den samtähnlichen Charakter seiner Farbtonübergänge und die feinen Linien und Schraffuren, die den Eindruck verstärken, daß Licht und Schatten ineinander verschmelzen.

Paul Cézanne (1839–1906) schuf Zeichnungen wie den *Nachmittag in Neapel,* die aussehen, als hätte er sie nur rasch skizziert. In Wirklichkeit arbeitete er immer sehr sorgfältig und legte größten Wert auf Bildkomposition, Perspektive, Konturen und Linienführung. Paul Gauguins (1848–1903) Pastell- und Ölbilder sind sich im Charakter sehr ähnlich. In seiner Kohle- und Pastellzeichnung *Zwei Frauen aus Martinique* und in seinem Pastellbild *Mädchen* sehen die Gestalten ebenso heiter aus wie in seinen flächigen, farbintensiven Ölgemälden.

Schutz von Pastellfarben

Wenn Pastellbilder längere Zeit überleben sollen, dann müssen sie sehr sorgfältig aufbewahrt werden. Nur das beste Papier und die dauerhaftesten Pastellfarben sollten verwendet werden. Den besten Schutz bietet ein Glasrahmen, bei dem das Glas aber nicht auf dem Bild aufliegen darf. Das Bild sollte nur am oberen Rand mit Mehl- oder Stärkekleister befestigt werden und hermetisch gegen Staub und Umwelteinflüsse versiegelt sein.

Wird das Bild nicht gerahmt, sondern mit anderen Pastellbildern aufbewahrt, muß zwischen alle ein Schutzpapier – Cellophan oder fettabstoßendes Papier – gelegt werden. Zwei Tafeln aus Holz oder starkem Karton sorgen für gleichmäßigen Druck. Im Lauf der Zeit werden die Pastellfarben allmählich an der Papierkörnung festhaften.

Obwohl der Fachhandel zuverlässige Fixative anbietet, ist ihre Verwendung in der Praxis mit einigen Nachteilen verbunden. Die Farben verlieren ihre Brillanz, einige werden dunkler, und Pastellweiß verschwindet sogar, sofern es nicht sehr viel Titanweiß enthält. Außerdem kann das Pastell ziemlich schwer und klebrig werden, weil das Fixativ auch Staubpartikelchen anzieht. Ein zu starkes Fixieren kann bewirken, daß das Pastellbild wie ein Temperabild aussieht. Manche Handelsfixative auf Schellack- oder Mastixbasis führen zur Fleckenbildung.

Das zuverlässigste Fixativ ist schnelltrocknend und kann leicht selbst hergestellt werden, indem man 2 Teile Dammarfirnis in 98 Teilen Benzin auflöst. Das Fixativ wird mit einem Sprüher, der einen feinen Nebel verursacht, aufgetragen.

Es besteht die Möglichkeit, ein Pastellbild nach jeder Farbschicht zu fixieren und die oberste Schicht (wie bei Degas) unbedeckt zu lassen. Wird nur die untere Zeichnung oder die oberste Schicht fixiert, muß das Fixativ von vorn aus einer gleichmäßigen Entfernung aufgespritzt werden. Man beginnt das Aufsprühen damit, daß man zuerst in die Luft sprüht und sich dabei auf das Bild zubewegt; in entsprechender Weise sollte das Fixieren auch beendet werden.

Pastellbilder können auch von hinten fixiert werden, indem man auf einen Karton sprüht, der auf die Rückseite des Bildes geklebt wird.

Illustration in Pastell und Kreide

Motive aus der Antike, der Geschichte und der Bibel gehörten zu den ersten, die für Kreideillustrationen verwendet wurden. Oftmals handelte es sich um Silberstift- oder Kohlezeichnungen, die mit Kreide überdeckt wurden und als Vorstudien für ein größeres Werk dienten. Ein gutes Beispiel für Studien dieser Art sind die *Köpfe von zwei Aposteln und ihre Hände* von Raffael (1483–1520), ausgeführt in schwarzer Kreide mit weißen Glanzlichtern, sowie seine Rötelzeichnung *Christus überreicht Petrus die Schlüssel.*

Tiepolo (1690–1770) schuf Freskogemälde zu religiösen, mythologischen und historischen Themen, wobei er Tusche, Wasserfarben, Sepia und weiße Kreide für seine zeichnerischen Vorstudien verwendete. Manche Zeichnungen wurden bereits zu ihrer Zeit als eigenständige Kunstwerke angesehen, wie z. B. Dürers Holzschnitte und Kupferstiche. Mit dem Aufschwung der mechanischen Reproduktion wurden im 18. und 19. Jh. viele Zeichnungen angefertigt, die speziell für die neuen Druckverfahren vorgesehen waren.

Heutzutage mißt man den Pastellfarben als Ausdrucksmittel für Illustrationen keinen Wert mehr bei; Feder und Tusche, Aquarell-, Tempera- und Acrylfarben haben sie verdrängt.

Pastell- und Kreidesorten Pastellstifte (**rechts**) gibt es sowohl in zahlreichen Farben und Tönen als auch in verschiedenen Härtegraden. Ölpastellstifte unterscheiden sich radikal von reinen Pastellstiften; sie können in den Vorbereitungsstadien der Ölmalerei verwendet werden und in Verbindung mit Farbüberzügen von Wasserfarben für ganz ungewöhnliche Effekte sorgen.

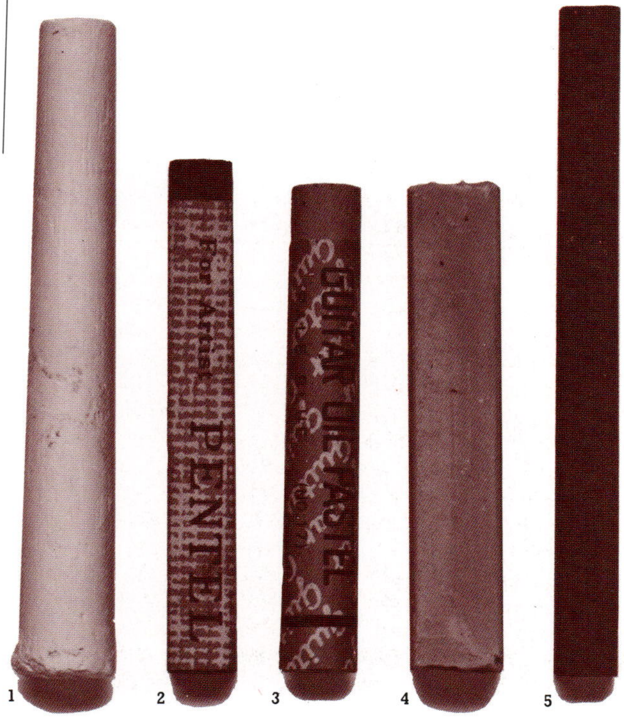

Pastell-Bildträger Getöntes und ungetöntes Papier (**unten**) eignet sich hervorragend zur Pastellmalerei. Der zur Verfügung stehende Bereich erstreckt sich von Ingres-Canson (**1**) über Ingres-Schwedisch-Tumba (**2**), Fabriano-Ingres (**3**) und Pergament (**4**, **5**) bis hin zum Glaspapier (**6**). Die Canson-, Schwedisch-Tumba- und Hahnemühle-Papiere gibt es in einer Vielzahl von Farben. Die Textur des Glaspapiers nimmt das Pigment gut an. Pergament dient für besonders feine und detaillierte Arbeiten.

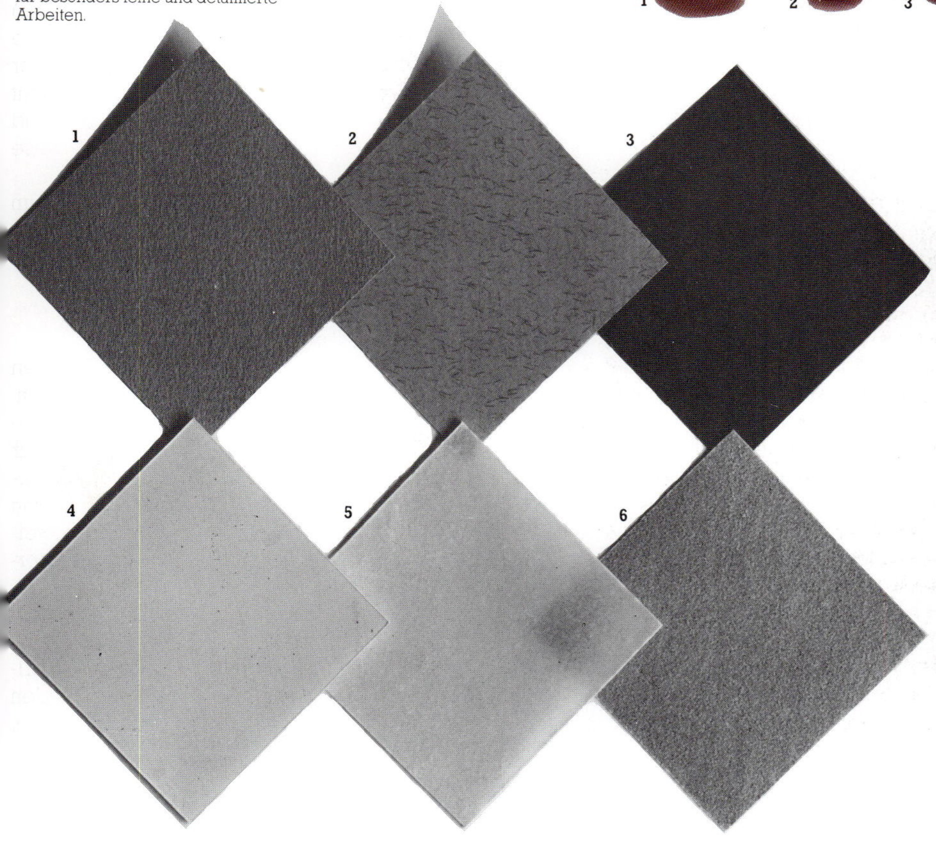

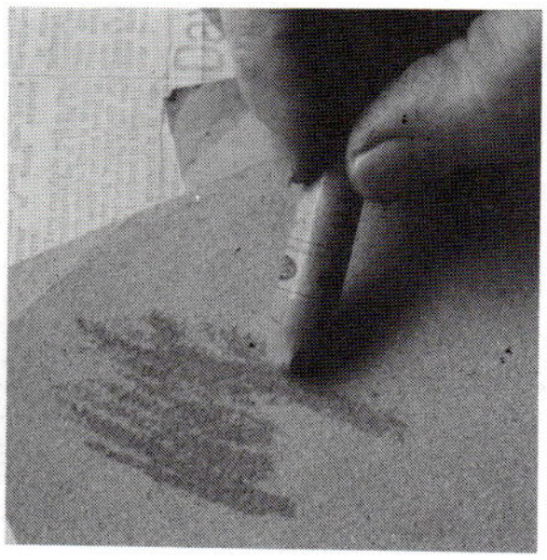

Anspitzen von Pastellfarben 1. Der Pastellstift wird leicht über das Schmirgelpapier gerieben, um eine feinere Spitze zu erhalten.

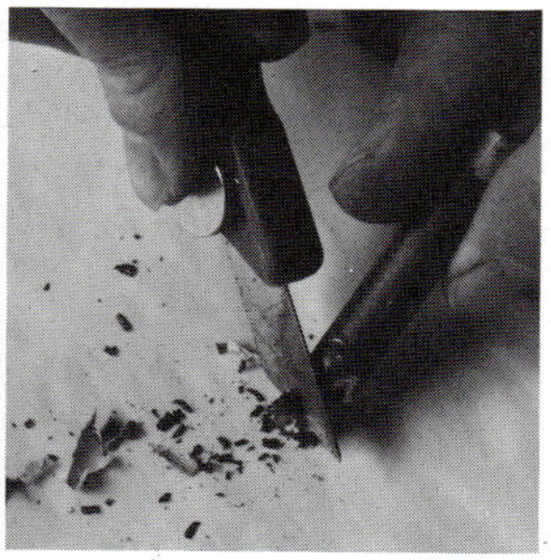

2. Ölpastellstifte sind fester gebunden und härter als reine Pastellstifte, so daß man sie auch mit dem Messer anspitzen kann.

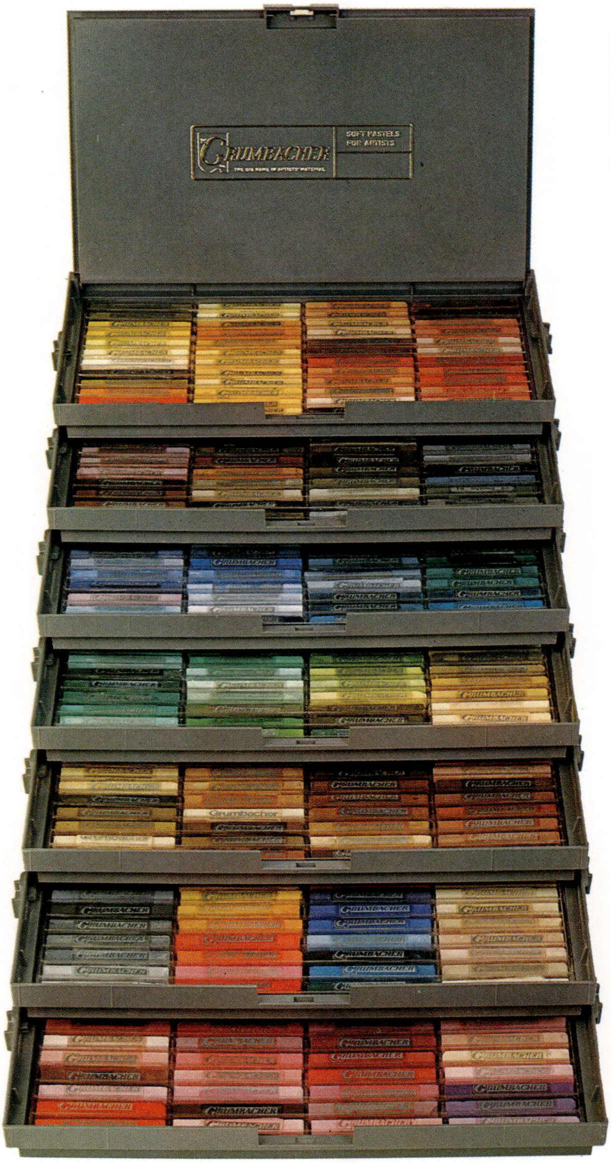

Pastellfarben Verschiedene Hersteller bieten umfangreiche Sortimente von Farben und Farbtönen an. Mit etwa 40 Farbtönen kommt man in den meisten Fällen aus: ein heller, mittlerer und dunkler Ton pro Farbe genügt. Ungefähr 12 Pastellstifte werden für das Zeichnen im Freien benötigt.

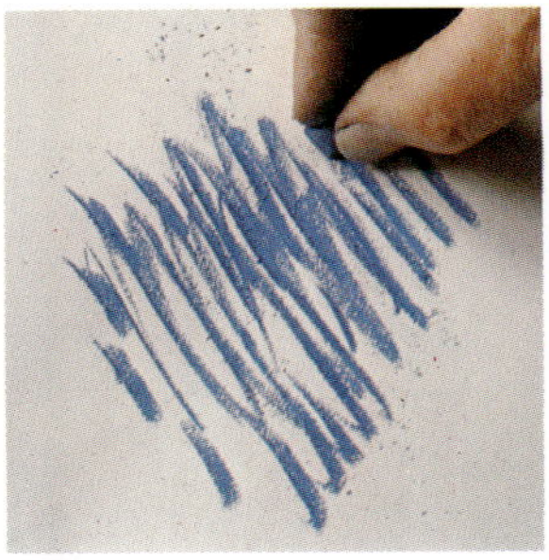

Pastellstriche 1. Eine diagonale Schraffierung läßt sich mit der Seite des Pastellstiftes auftragen.

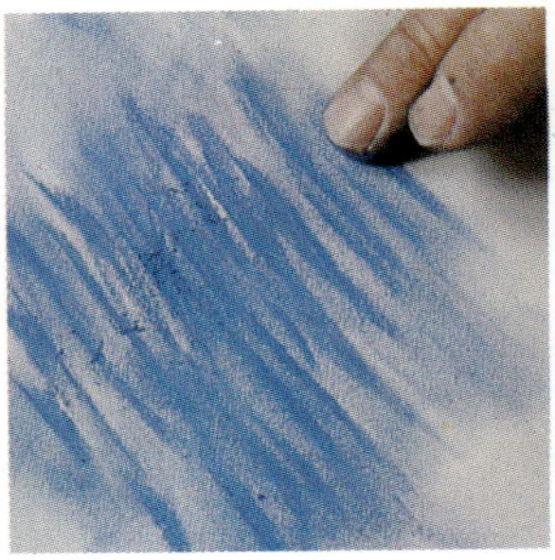

2. Man kann die Schraffierung verschwimmen lassen, indem man die Pastellfarben mit den Fingerspitzen verteilt.

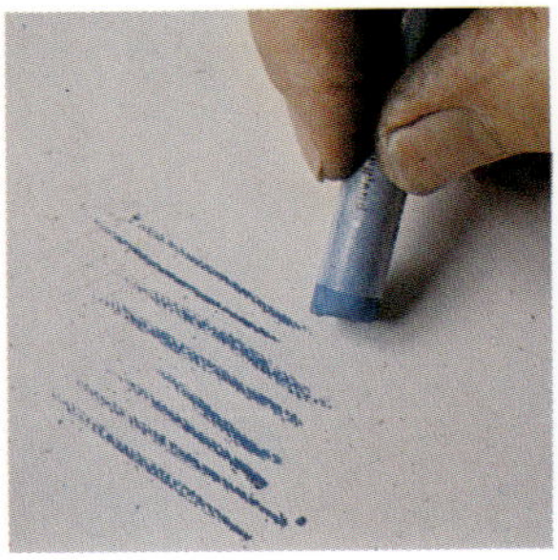

3. Zeichnet man unter leichtem Druck mit der Kante des Pastellstiftes, dann erhält man lebendige, dünne Linien.

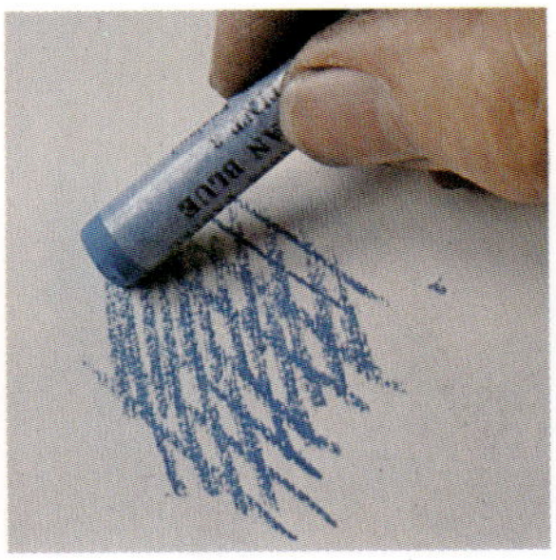

4. Trägt man mit gleicher Technik noch eine entgegengesetzte Schraffierung auf, entsteht eine Kreuzschraffierung.

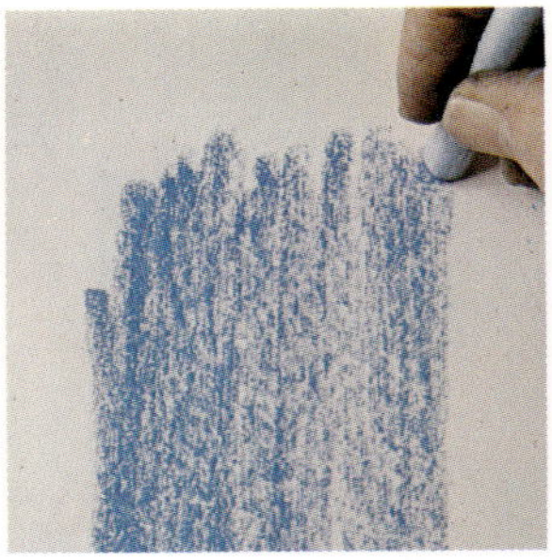

5. Mit dem stumpfen Ende des Pastellstiftes nur in Richtung der Papierfasern streichen und dabei gleichmäßigen Druck ausüben.

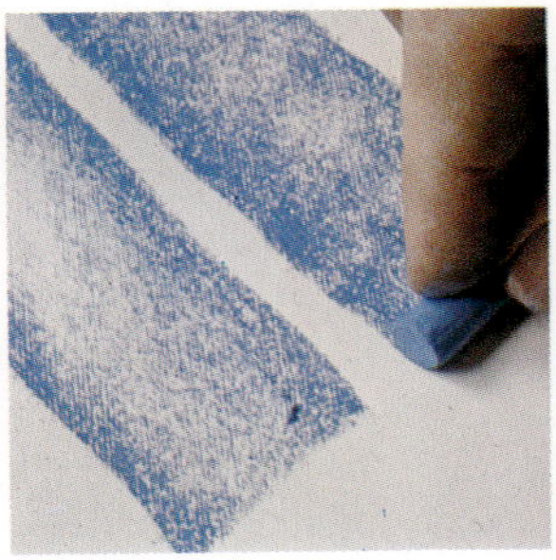

6. Schutzpapierstreifen vom Pastellstift abziehen und mit seiner ganzen Breite einen körnigen, breiten Strich auftragen.

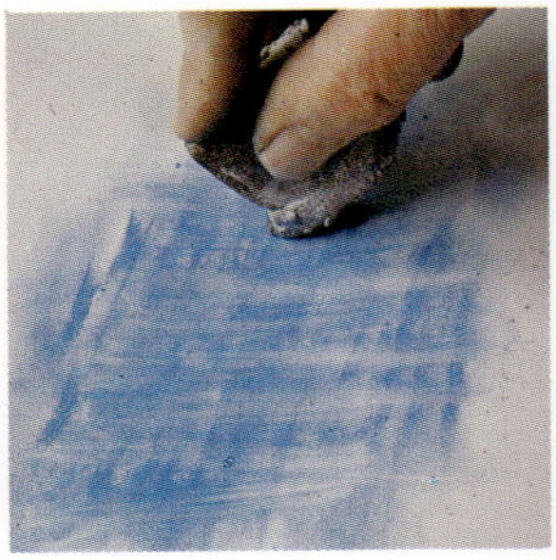

7. Mit Knetgummi kann man Glanzlichter oder eine lineare Textur in blassen Farbtönen anbringen und Pastellfarbe abheben.

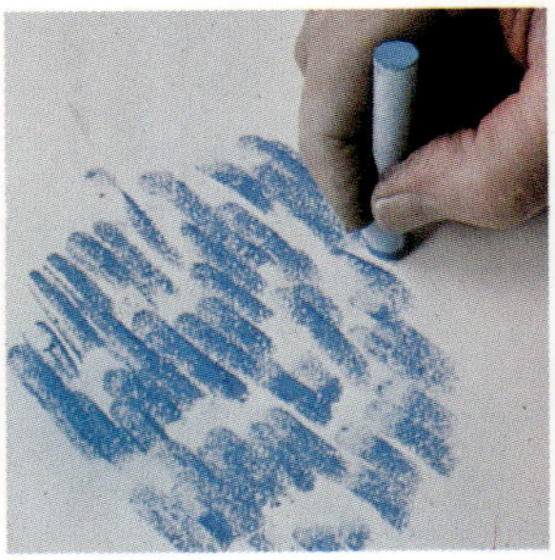

8. Mit dem stumpfen Ende des Pastellstiftes kräftige Striche quer zur Papierfaserung auftragen. Es entsteht ein schwebender Korneffekt.

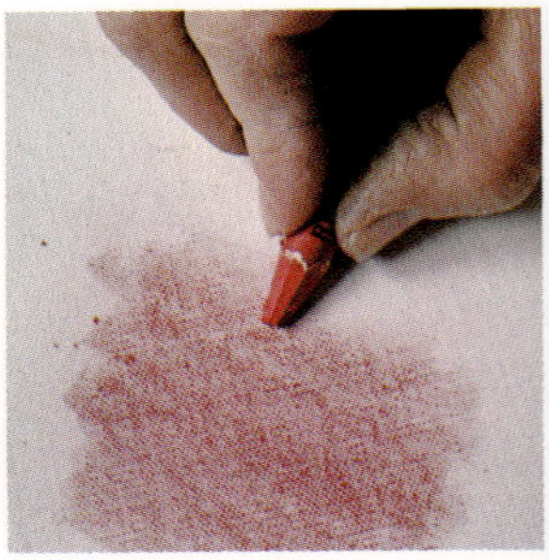

Ölkreide mit Terpentinüberzug
1. Mit Ölkreide wird eine gleichmäßige Farbschicht auf Leinwand oder grobkörniges Papier aufgetragen.

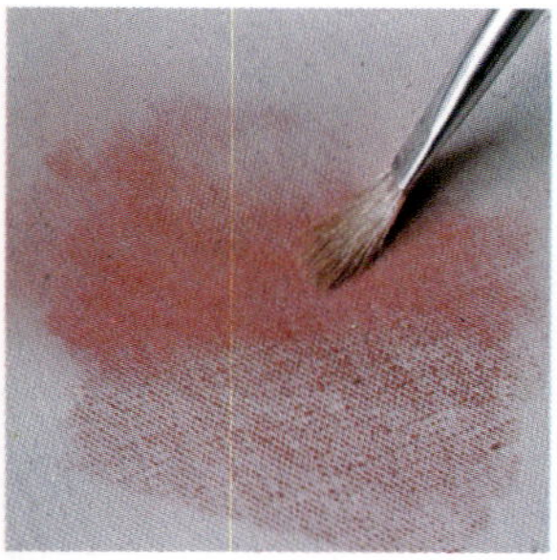

2. Durch in die Kreide eingestrichenes Terpentin wird der Farbüberzug noch weicher und verbindet sich mit dem Bildträger.

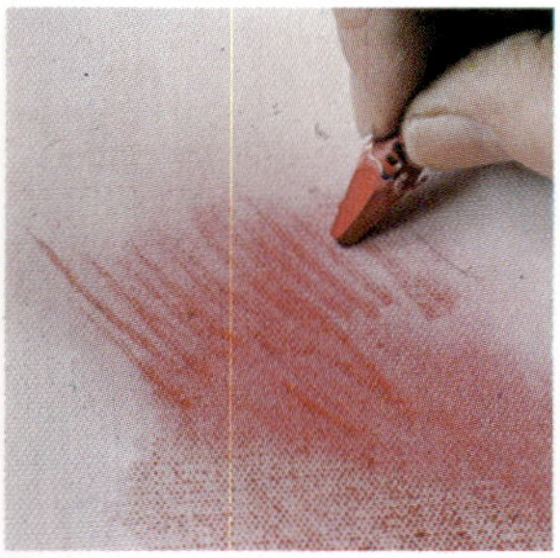

3. Auf den Terpentingrund kann man jetzt Pastell in zarten Strichen auftragen, um eine strukturierte Farbschicht aufzubauen.

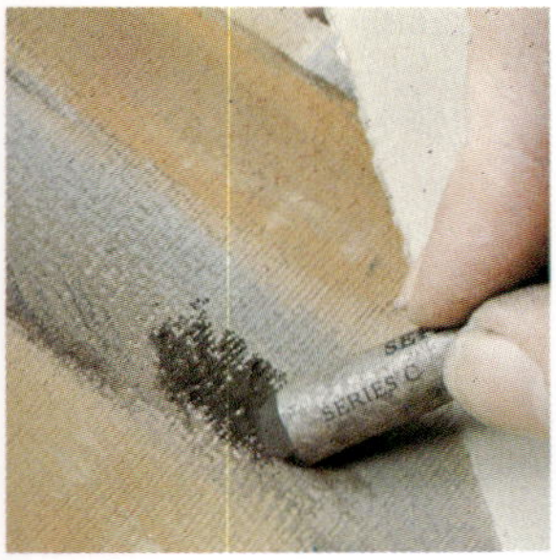

Tönen einer Fläche 1. Mit dem stumpfen Ende des Pastellstiftes trägt man dick etwas Farbe auf.

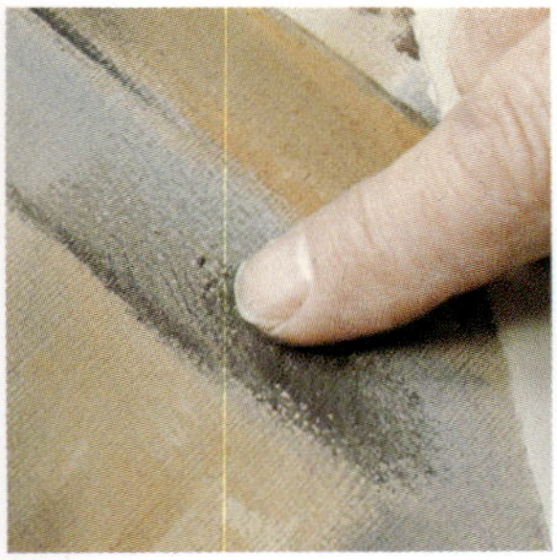

2. Mit der Fingerspitze die Farbe leicht von der Mitte aus verreiben, wobei die vorgesehene Farbfläche überstrichen wird.

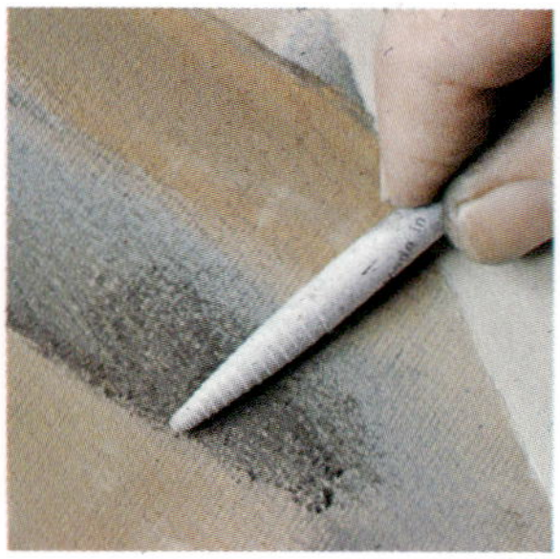

3. Mit dem Wischer wird die Verteilung jetzt etwas genauer vorgenommen, als dies mit dem Finger möglich ist

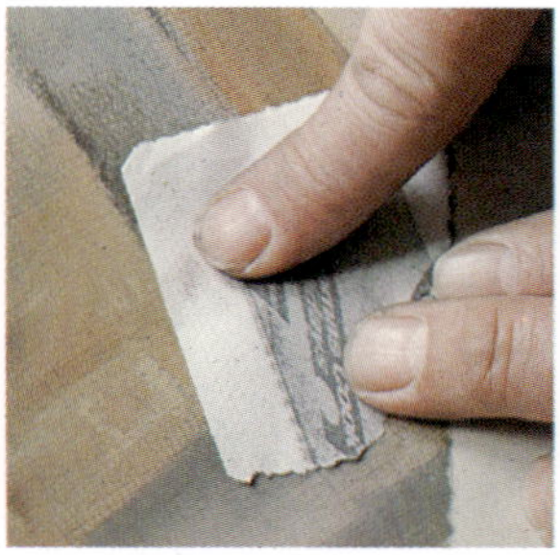

4. Nun mit einem Stück Zeitungspapier die Pastellfarbe in die Faserung des Bildgrundes einreiben.

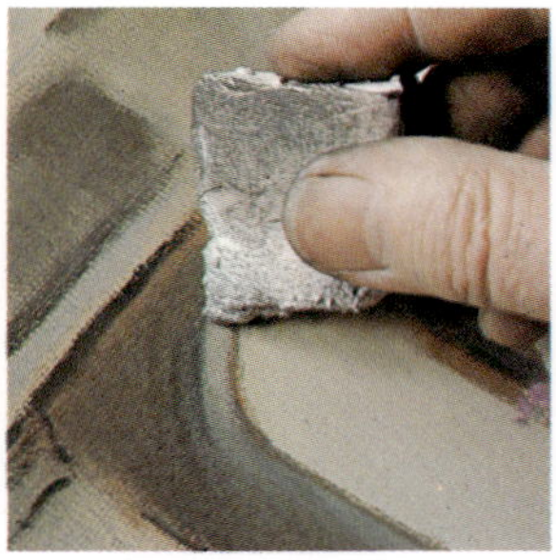

Lichte Stellen durch Knetgummi Mit dem spitz zusammengedrückten Knetgummi hebt man Pastellfarbe ab, um hellere Farbtöne zu erzielen.

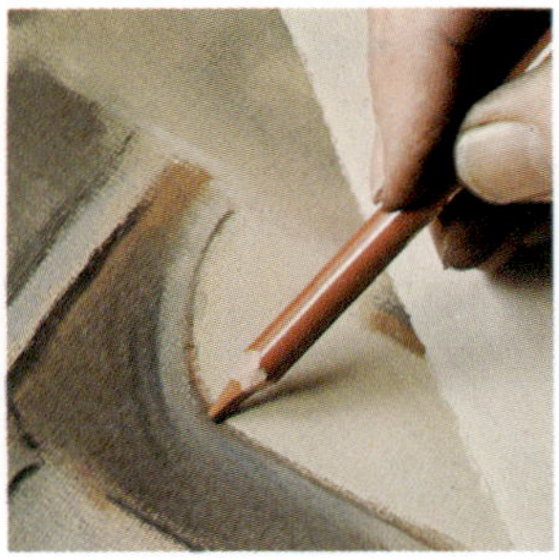

Details anbringen mit holzgefaßtem Pastellstift Pastellfarben gibt es auch mit Holzfassung. Man kann sie für Detailarbeiten anspitzen.

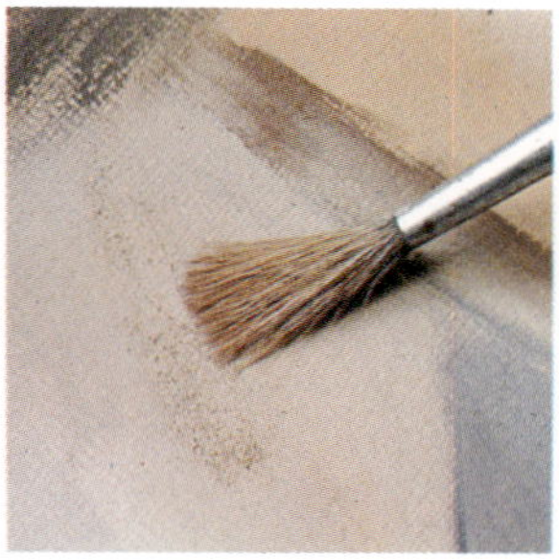

Pastell mit dem Pinsel abheben Mit einem weichen Marderpinsel kann man überschüssige Pastellfarben abheben und Farbtöne aufhellen.

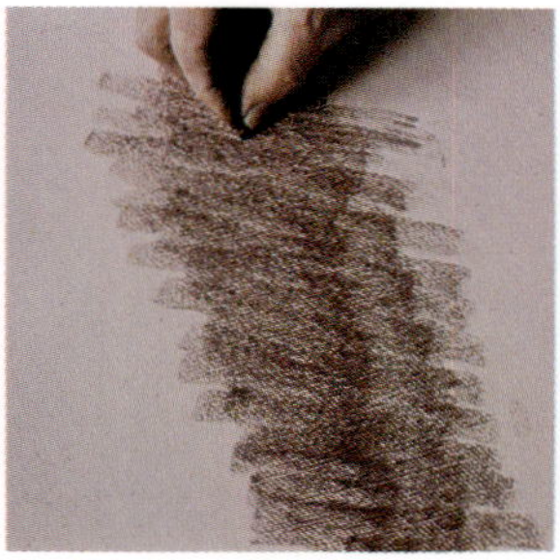

Aufbau einer Oberflächentextur
1. Durch die grobkörnige Textur der Pastellbilder bleibt das getönte Papier sichtbar.

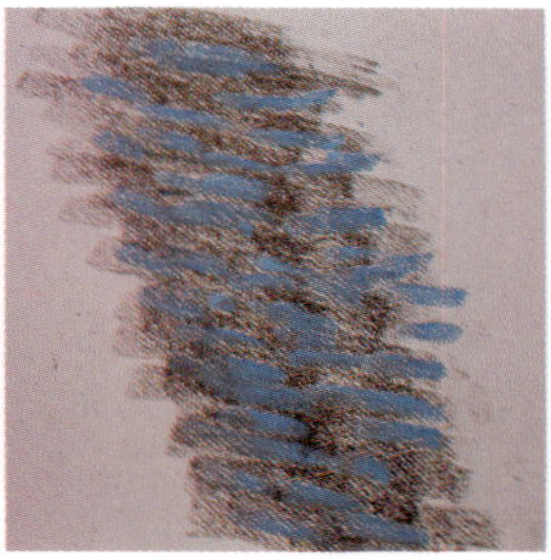

2. Die Farben werden in kurzen, offenen Strichen vermischt, um zusammenzuwirken.

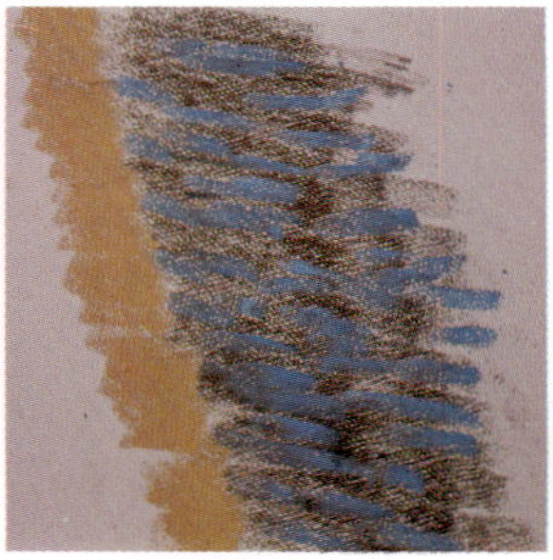

3. Die schraffierten und körnigen Flächen werden kontrastreicher mit fester Farbe. Die Farbtöne werden aufeinander abgestimmt.

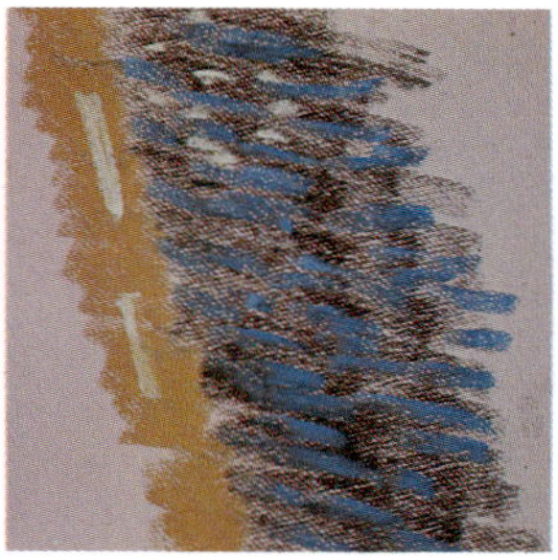

4. Glanzlichter können mit kurzen, dicken Strichen in heller Farbe aufgesetzt werden.

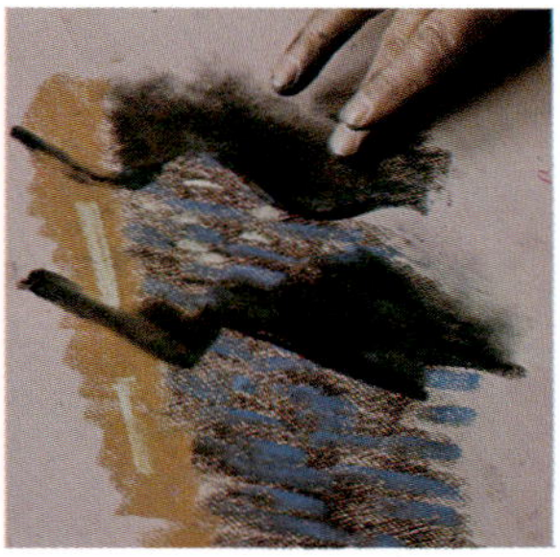

5. Kräftige, dunkle Töne können mit Zeichenkohle aufgetragen werden. Die breiten schwarzen Linien werden mit der Fingerspitze verteilt.

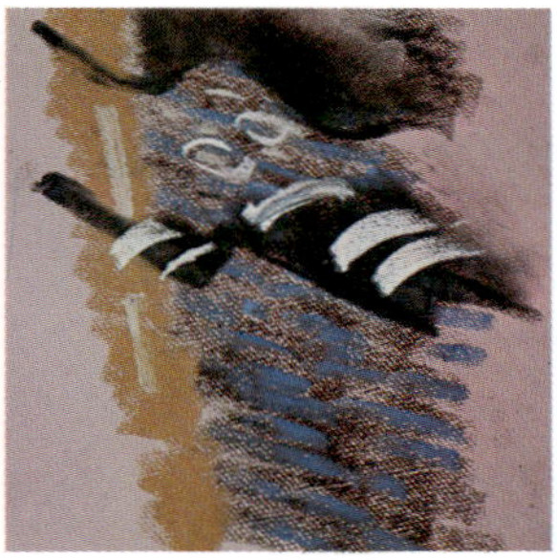

6. Auch Lichter können auf die Zeichenkohle aufgesetzt werden. Es können sich Klümpchen bilden, deshalb nicht überarbeiten.

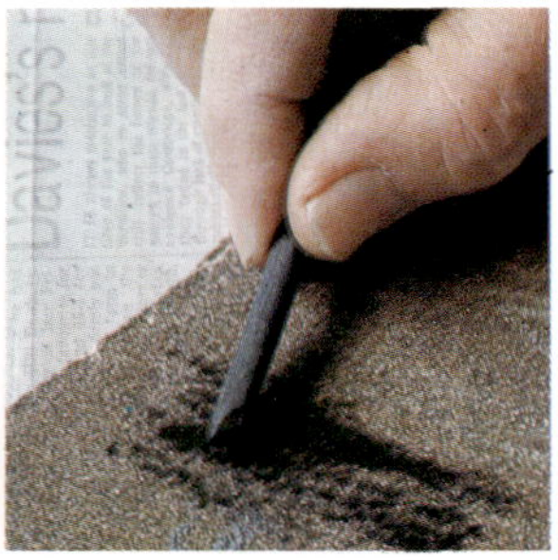

Details mit Zeichenkohle 1. Für feine Linien wird die Zeichenkohle mit Schmirgelpapier angespitzt.

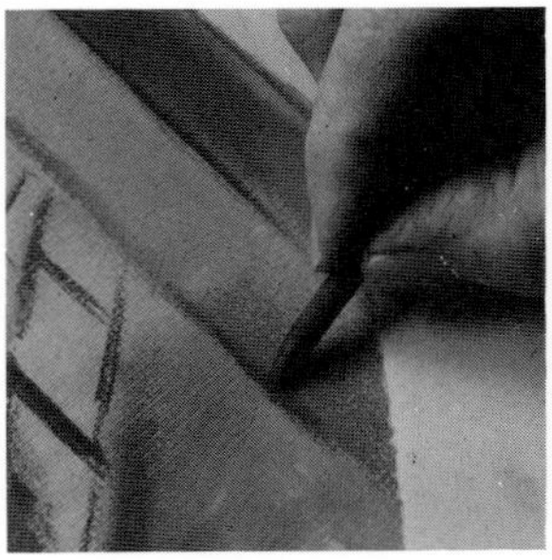

2. Kräftiges Liniendetail mit der Spitze der Zeichenkohle auftragen, wobei die Zeichnung durch eine Handauflage geschützt wird.

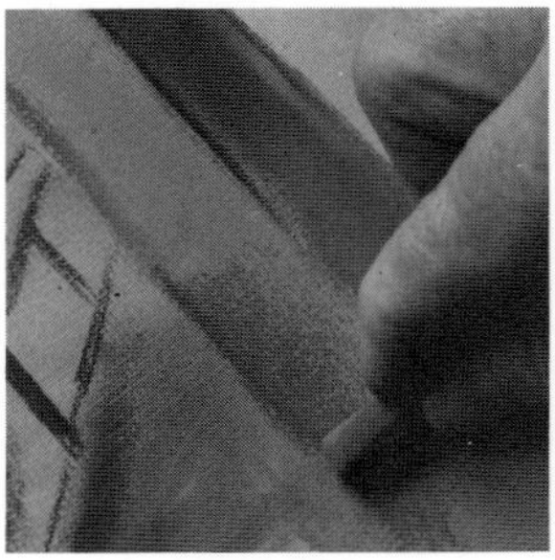

3. Durch Mischen von Pastell und Kohle können die Linien weicher gemacht oder Farben nachgedunkelt werden.

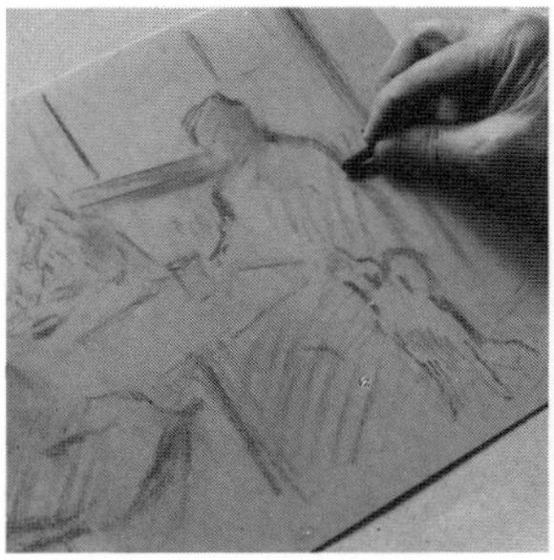

Ausarbeiten einer Pastellzeichnung 1. Die Grundformen werden mit Zeichenkohle umrissen und die Farbtöne zart angedeutet.

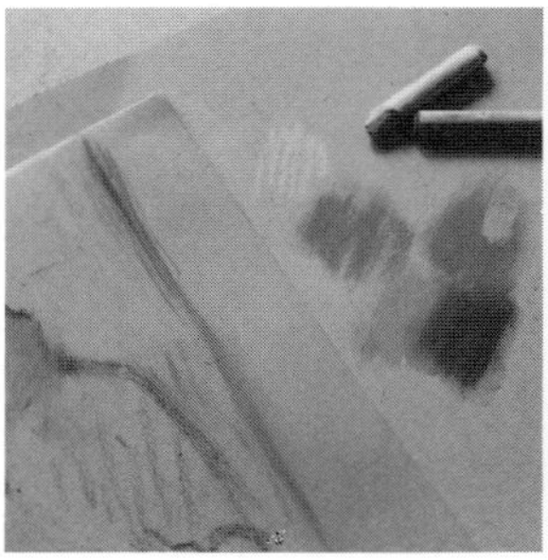

2. Auf einem mit dem Bildträger gleichfarbigen Papier experimentiert man mit den Pastellfarben, um die richtigen Farbtöne zu ermitteln.

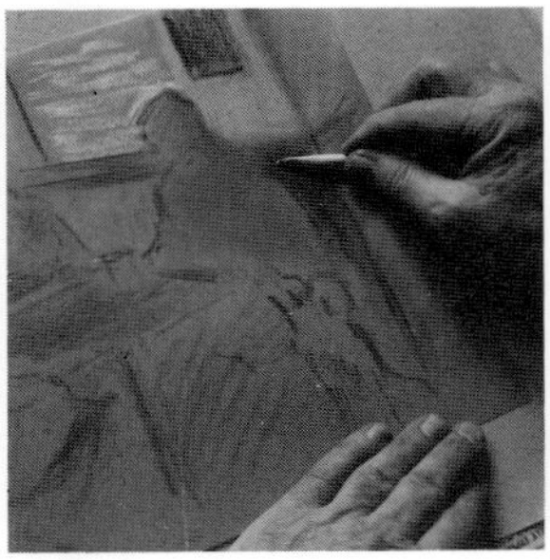

3. Die Grundfarben werden als Flächen aufgetragen; zunächst nur schwach, um sie dann mit dem Wischer zu verteilen.

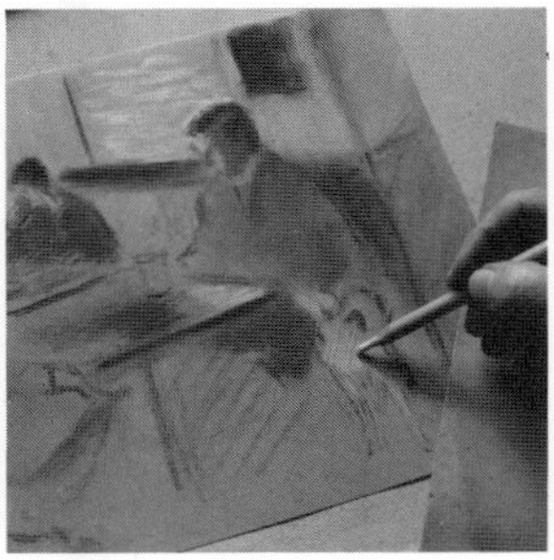

4. Weitere Farben werden aufgetragen, bis ein deutliches Bild entsteht, wobei man für Detailarbeiten holzgefaßte Pastellstifte verwendet.

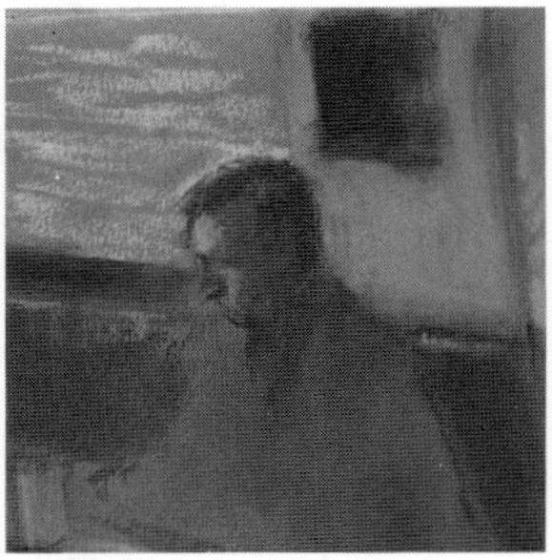

5. Die warmen und kalten Farbtöne vermischen sich oder setzen sich voneinander ab, je mehr Details die Zeichnung erhält.

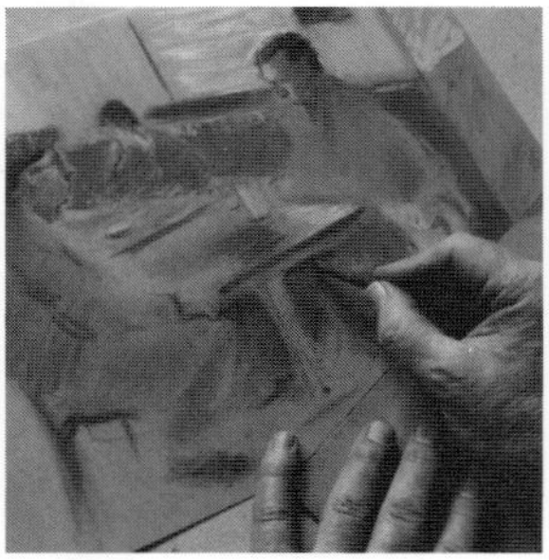

6. Dunkle Zonen können durch Zeichenkohle verstärkt werden, und Schattierungseffekte kommen durch Schraffierung hinzu.

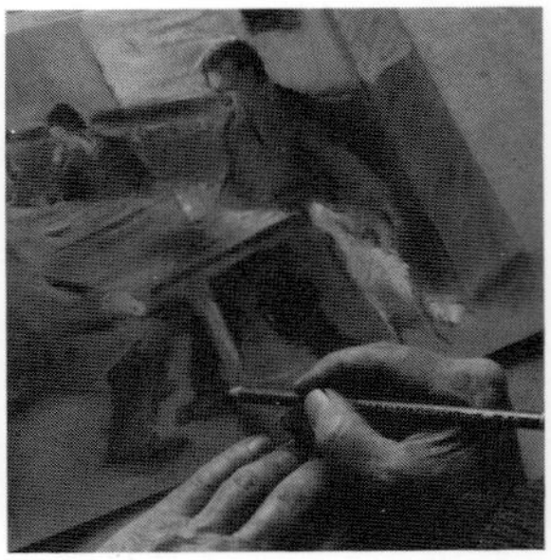

7. Die stärksten Schatten und Glanzlichter werden erst zum Schluß aufgetragen und letzte Details hinzugefügt.

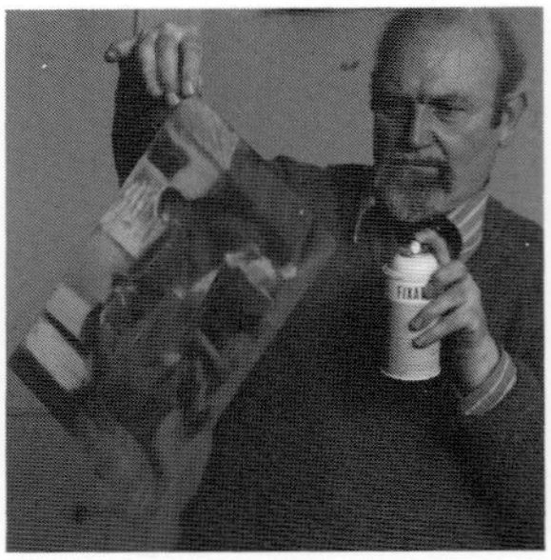

Sprühen von Fixativ Ein Pastell kann auch von hinten durch Fixativ geschützt werden, ohne daß sich dabei die Farben verändern.

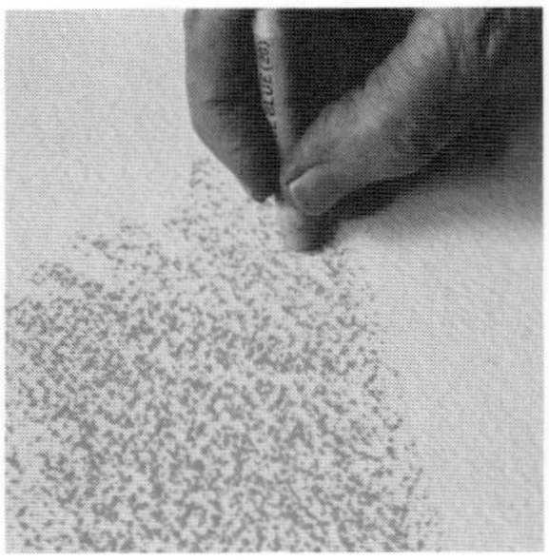

Ölkreide mit Wasserfarben 1. Wird Ölkreide leicht über ein grobkörniges Aquarellpapier gezogen, entsteht ein Tüpfelmuster.

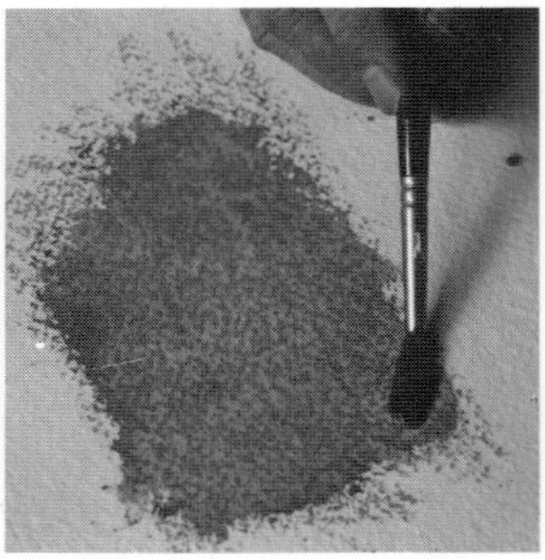

2. Wird Wasserfarbe auf Ölkreide aufgetragen, setzt sie sich nur in den farbfreien Fasern des Papiers ab.

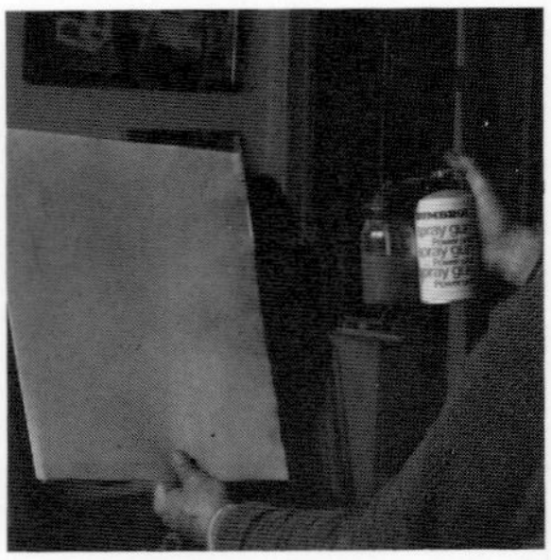

Tönen von Papier Zum Tönen von Papier sprüht man mit Wasser verdünnte Plakatfarbe oder pulverisierte Pastellfarbe auf.

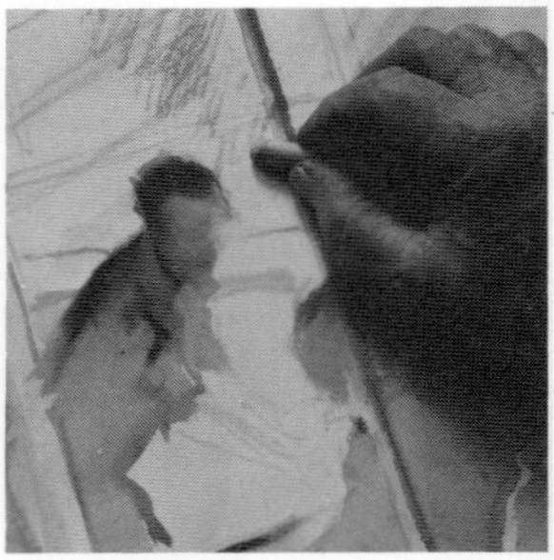

Pastell- und Wasserfarben 1. Mit Pastell- und Wasserfarben lassen sich getönte Flächen anlegen. Man trägt Pastellfarben weich auf.

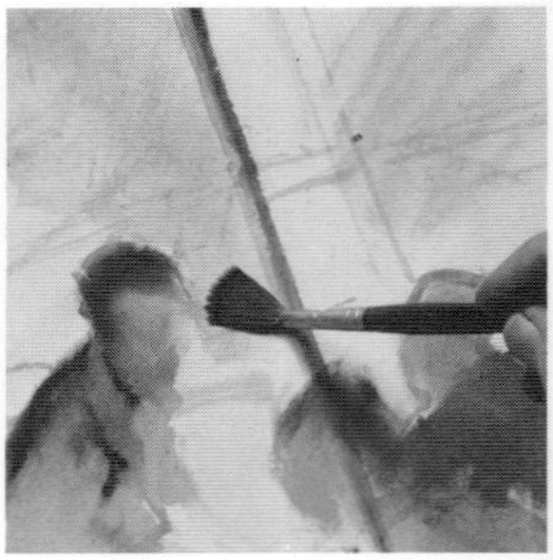

2. Nun werden sie mit schwach getönter Wasserfarbe überzogen. Überschüssige Feuchtigkeit wird mit Löschpapier abgehoben.

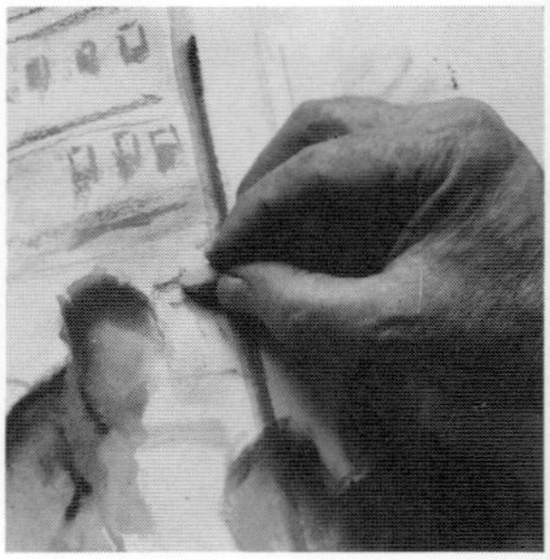

3. In den feuchten Farbüberzug wird jetzt wieder mit Pastell gezeichnet. Dieser Vorgang kann beliebig oft wiederholt werden.

9

Zeichenkohle

Geschichte. Ausrüstung und Techniken: Zeichenpapier, Arten von Zeichenkohle, Holzkohle, gepreßte Kohlestifte, Kohlepulver, Radierer und Knetgummi, Techniken.

9 Zeichenkohle Geschichte

Zeichenkohle ist das älteste Zeichenmaterial. Mit verkohltem Holz aus der Feuerstelle zeichneten schon die prähistorischen Menschen Umrisse von Tieren auf Höhlenwände. Die Zeichenkohle, die heutzutage verwendet wird, unterscheidet sich nur wenig von der unserer Vorfahren.

Die Holzkohlepartikel verbinden sich nicht mit dem Zeichenpapier, sondern liegen mehr oder weniger lose auf, so daß sie leicht zu verreiben oder zu verwischen sind und sich abschütteln oder radieren lassen. Ein mit Zeichenkohle gezogener Strich sollte über seine ganze Länge von gleicher Stärke sein.

Zeichenkohle wurde vielfältig verwendet: zum Skizzieren späterer Ölgemälde, zum Vorzeichnen auf der Leinwand, für die Freskomalerei und als eigenständiges Medium beim Zeichnen.

Honoré Daumier (1808–1979), einer der bedeutendsten Graphiker Frankreichs im vergangenen Jahrhundert, fertigte Tausende von Zeichnungen in allen Medien an. Charakteristisch ist seine unruhige Linienführung, um das Alltagsleben der Pariser Bürger wiederzugeben. In seiner lebensnahen Wiedergabe von *Drei Klatschbasen* verwendete er Feder und Tusche über Zeichenkohle, während seine Illustration zu *Don Quichotte und Sancho Pansa* in Zeichenkohle auf einer Tuschelavierung ausgeführt wurde. Seinen Zeitgenossen Jean-François Millet (1814–1875) gelang es sogar, in meisterhaften Kohlezeichnungen den Eindruck von Licht und Farbe zu erwecken.

Zu den Künstlern, die Zeichenkohle mit anderen Medien verbanden, gehörten Edgar Degas (1834–1917), Pierre-Auguste Renoir (1841–1919) und Henri de Toulouse-Lautrec (1864–1901). Lautrecs Werke sind sehr vielseitig, wie das Porträt der *Comtesse Adèle de Toulouse-Lautrec* und *Die Bar des Cafés de la Rue de Rome* beweisen.

Seine Zeichnung der Reiterin *La Macarona* entstand unter Verwendung von schwarzer Kreide, Öl und Zeichenkohle.

Wie viele andere Kunstmaler auch verwendete Paul Cézanne (1839–1906) Zeichenkohle für seine Entwurfsskizzen. Sein *Kopf eines Malers, Adulle Emperaire*, zeigt eine kräftige Linienführung und eine forsche, aber gleichmäßige Schattierung. Seine Studie *Die Autopsie* ist durch schwere Linien und sehr dunkle Umrißschatten charakterisiert.

Zeichenkohle Ausrüstung und Techniken

Zeichenpapier

Papier für Kohlezeichnungen ist recht »griffig« und stark genug, um Reiben und Radieren zu vertragen. Selbst ein feinfaseriges Papier wird seine Textur durch die Zeichenkohle hindurch zeigen. Geschmeidige Papiere eignen sich für gepreßte Kohlestifte am besten, während getöntes Papier das intensive Schwarz hervorhebt.

Arten von Zeichenkohle

Holzkohle Holzkohlestäbchen, aus Reben- oder Weidenzweigen hergestellt, werden in Schachteln verkauft; sie sind 15 cm lang und von unterschiedlicher Härte und Dicke. Dünne Stäbe müssen mit Schmirgelpapier, die dickeren (bis zu 0,6 cm Durchmesser) mit einem Messer angespitzt werden. Die besten Stäbchen dieser Art werden aus Rebenzweigen hergestellt, und ein mit ihnen gemachter Fehler kann gut korrigiert werden.

Gepreßte Kohlestifte Sie werden aus zermahlener Holzkohle und einem Bindemittel hergestellt. Zwar sind sie stärker als normale Holzkohlestäbchen, aber Fehler sind nicht so leicht zu korrigieren. Diese gepreßten Kohlestifte sind in Längen von etwa 7,5 und 10 cm mit einem Durchmesser von 0,6 cm im Handel erhältlich.

Zeichenkohle in Bleistiftform Dabei handelt es sich um dünne Minen aus gepreßter Zeichenkohle, die in Holz oder gerolltem Papier eingefaßt sind. Sie sind bequemer als einfache Holzkohlestifte zu handhaben, besser anzuspitzen und daher für detaillierte und sehr kleine Arbeiten besonders gut geeignet. Wegen der Fassung kann man natürlich keine breiten Streifen zeichnen wie beispielsweise mit quergehaltenen freien Stiften. Genau wie Bleistifte unterteilt man sie nach Härte (z. B. HB hart, 2B mittelweich und 6B extra weich).

Kohlepulver verwendet man zusammen mit Wischern, die aus zusammengerolltem Fließpapier bestehen. Man nimmt mit ihnen etwas Kohlepulver auf und reibt dieses über das Zeichenpapier, um so weiche Tönungen, z. B. für Schatten, zu erhalten.

Radierer und Knetgummi sind bei der Kohlezeichnung wichtige Hilfsmittel. Man kann mit einem spitzgeformten Knetgummi winzige Fehler beheben und unerwünschte Linien beseitigen, indem man ihn einfach aufdrückt. Wenn aber eine Zeichnung nur sehr leicht aufgetragen wurde, kann es unter Umständen besser sein, einen Fehler stehenzulassen und eine neue Linie zu zeichnen. Auch die alten Meister haben immer wieder einmal sogen. *pentimenti* (»Reuezüge«) unverbessert stehenlassen.

Techniken

Für die Zeichenkohle gibt es viele Verwendungsmöglichkeiten: als Zeichenmaterial für große Wandbilder, zur Vorzeichnung von Öl- und Acrylgemälden und als Zeichenmaterial für echte Kohlezeichnung mit Linien und Schattierungen. Zu den Vorteilen der Zeichenkohle gehört, daß Fehler sich leicht mit Hilfe von Knetgummi, Wildleder oder Brot beheben lassen; Mittel, die man ebenso zum Aufhellen für lichte Stellen verwenden kann. Zeichenkohle kann mit dem Finger verrieben oder mit dem Wischer bearbeitet werden; sie kann Bestandteil eines Pastellgemäldes sein oder für spezielle Effekte zusammen mit Bleistift, Wasserfarben, Gouache oder Kreide verwendet werden.

Honoré Daumier (1808–1879) gebrauchte Zeichenkohle als Farbüberzug, wobei er durchgehende Streifen und Farbflecke anbrachte; beim Überarbeiten weichte er Linien mit einem in sauberes Wasser getauchten Pinsel auf. Mit dieser Technik läßt sich eine Tönung erzielen, indem man mit dem Finger reibt, leichteren Druck ausübt, härtere Kohle verwendet oder Kohlepulver mit dem Wischer aufträgt und verreibt.

Da die Zeichenkohle nicht fest am Papier oder sonstigen Bildträger haftet, sollte man eine dünne Schutzschicht Fixativ auftragen.

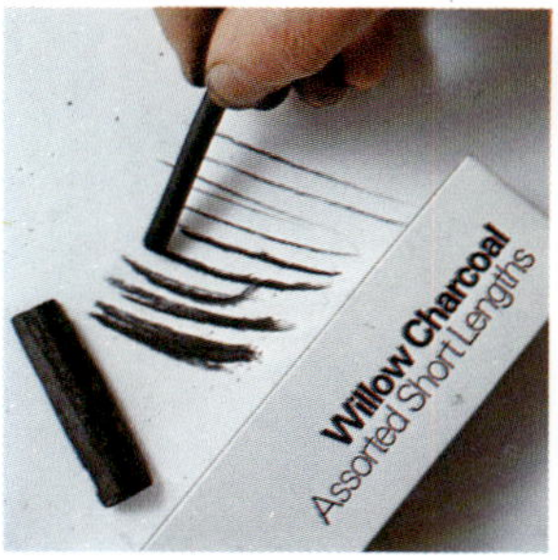

Zeichenkohle 1. Zeichenkohle gibt es in unterschiedlichen Dicken und Längen im Handel.

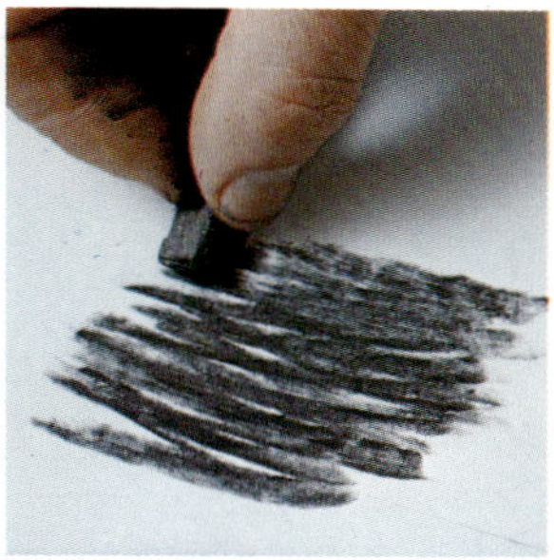

2. Ein dicker Holzkohlestift überdeckt schnell große Flächen mit schweren, schwarzen Linien, ist aber nicht für Details geeignet.

Formen der Zeichenkohle
Gepreßte Kohlestifte (**1**, **2**) gibt es in weicher, mittlerer und harter Ausführung. Holzkohlestäbchen sind in unterschiedlicher Dicke erhältlich – dick (**3**), mittel (**6**) und dünn (**7**). Stäbchen aus gepreßter Zeichenkohle (**4**) können zum Anlegen von getönten Flächen benutzt werden. Kohlepulver (**5**) wird zusammen mit einem Wischer verwendet.

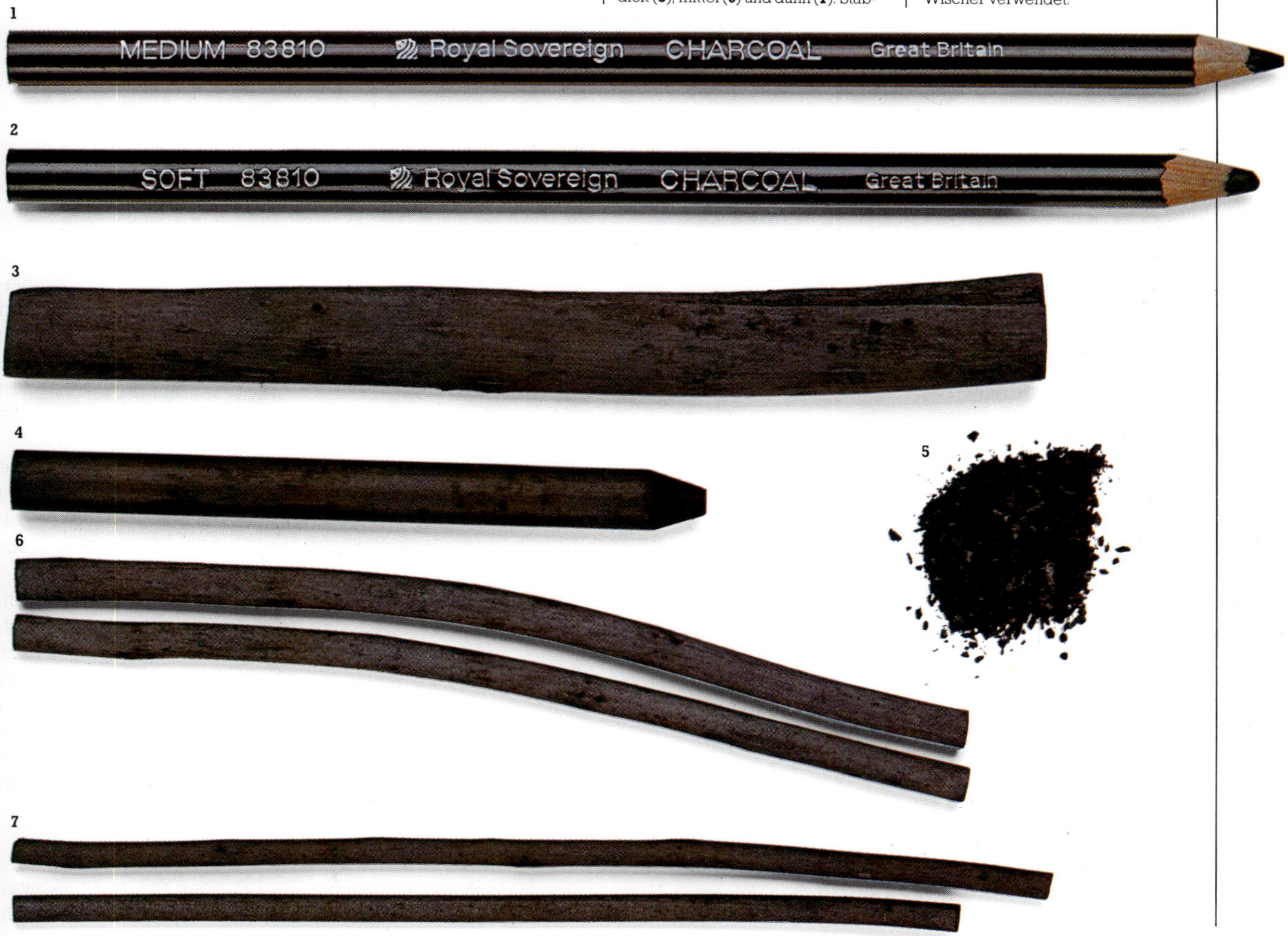

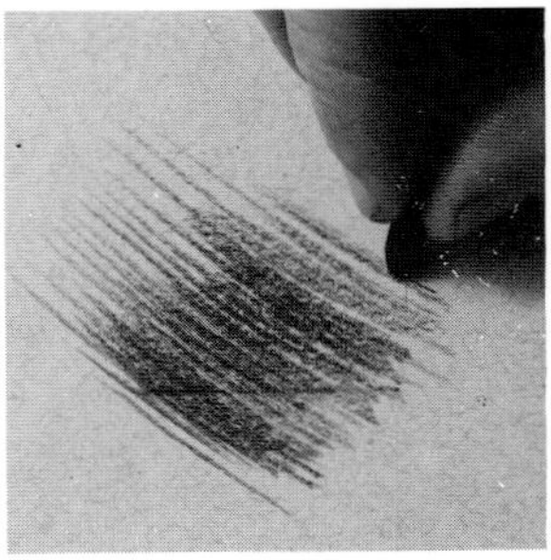

Zeichenkohletechniken 1. Man zeichnet dünne, schraffierte Linien mit unterschiedlichem Druck.

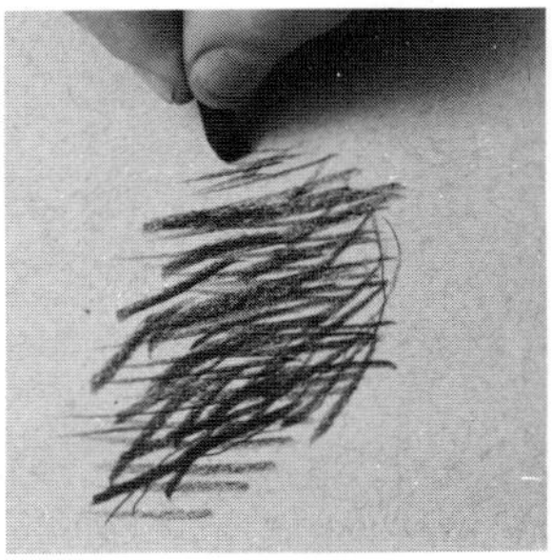

2. Mit einer lockeren, kreuzweisen Schraffur bringt man eine Textur und getönte Flächen an.

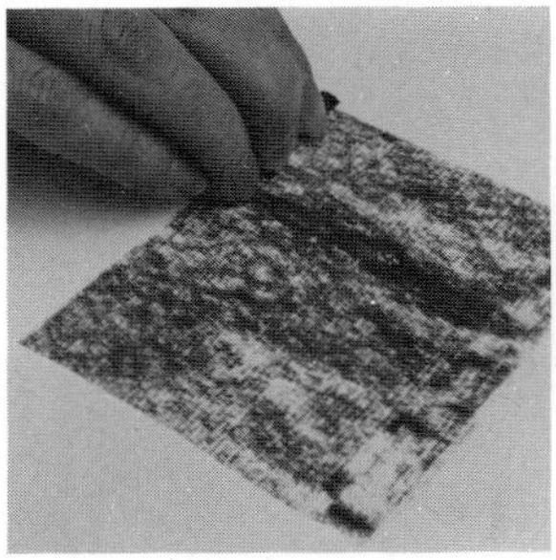

3. Mit der Seite des Kohlestäbchens wird eine breite Tönungsschicht aufgetragen.

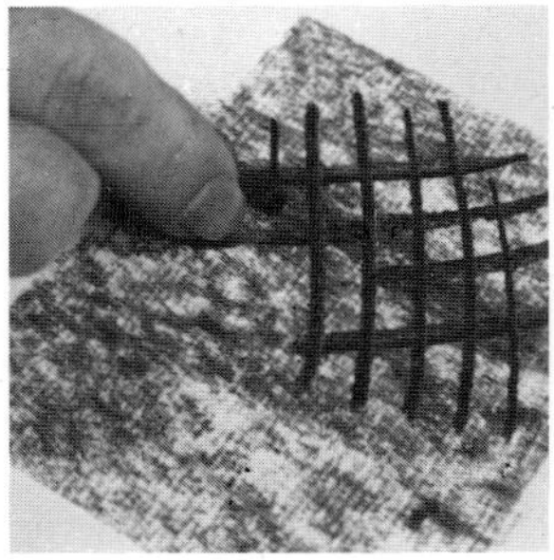

4. Die Textur läßt sich erheblich verstärken, wenn man über der Tönung noch eine Parallel- oder Kreuzschraffur anbringt.

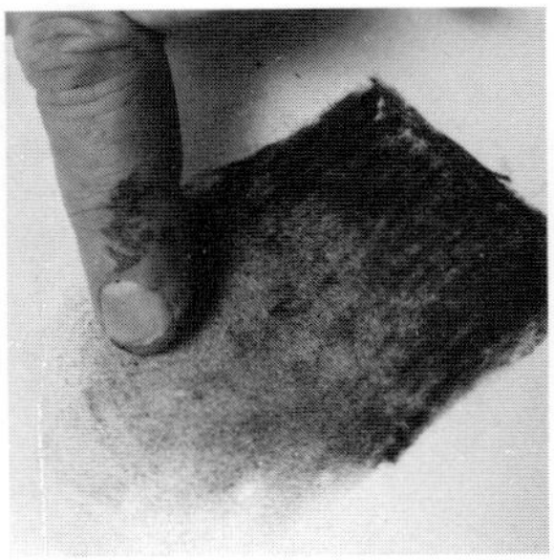

5. Mit dem Finger können schwarze Stellen der Tönung abgeschwächt oder abgehoben werden.

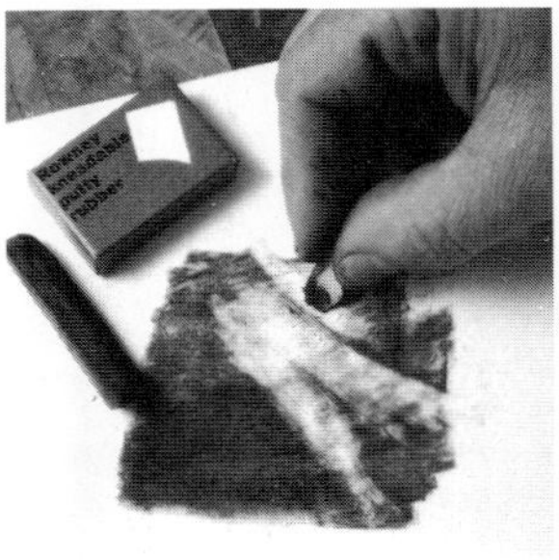

6. Mit einem weichen Radiergummi werden Fehlerstellen beseitigt oder zu einer besonderen Textur verändert.

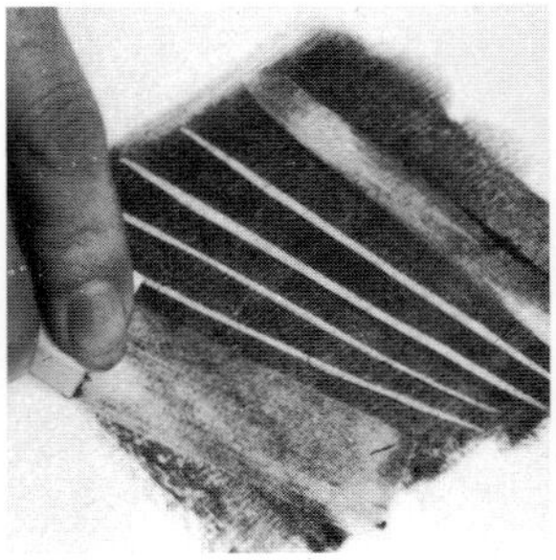

7. Mit einem Plastikradierer kann man in schwarzen oder grauen Flächen feine, lichte Linien ziehen.

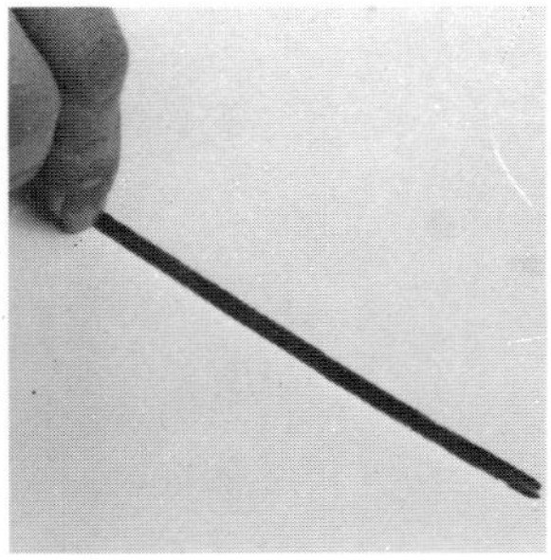

Eine Textur radieren 1. Man zeichnet eine dicke schwarze Linie.

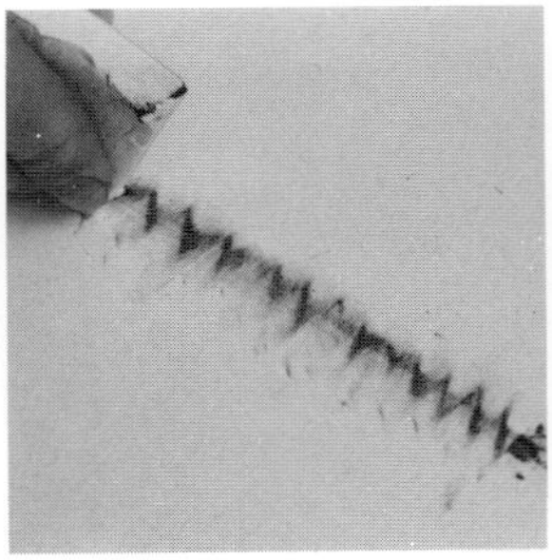

2. Mit dem Knetgummiradierer fährt man jetzt leicht über den gezeichneten Kohlestrich, um ihn zu einem Muster zu verändern.

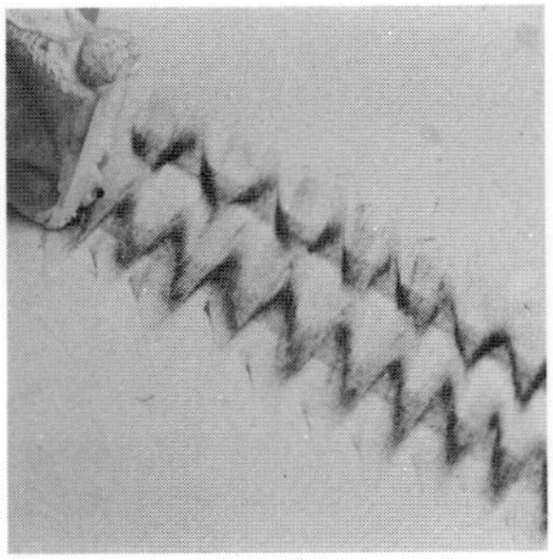

3. Mit Hilfe dieser Technik können ganze Muster- und Texturflächen angelegt werden.

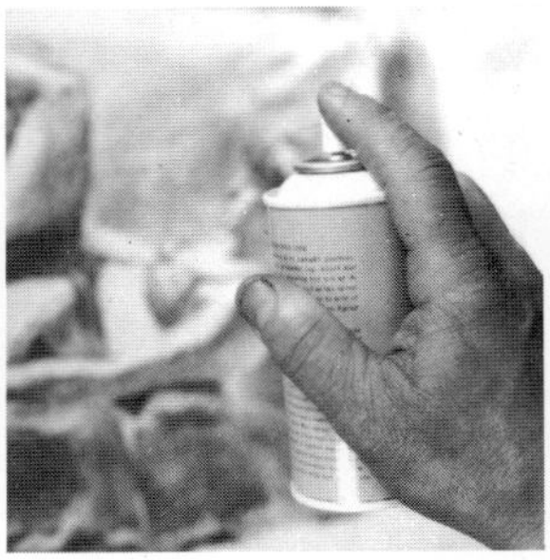

Fixativ sprühen Damit die Kohlezeichnung nicht verwischt und verblaßt, übersprüht man sie mit einer dünnen Fixativschicht.

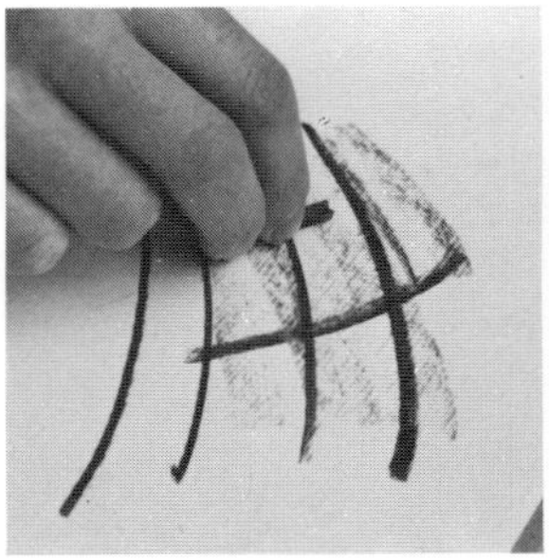

Tönen mit Zeichenkohle 1. Zuerst werden Linien und getönte Flächen mit Zeichenkohle gezeichnet.

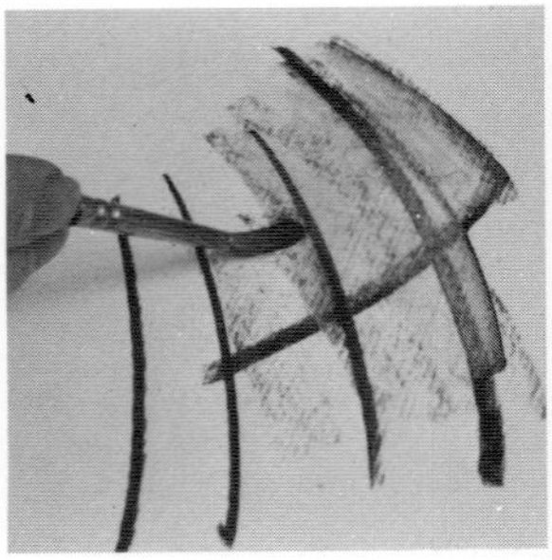

2. Ein mit Wasser befeuchteter Pinsel wird behutsam über die Kohlezeichnung geführt, um die getönten Flächen zu verteilen.

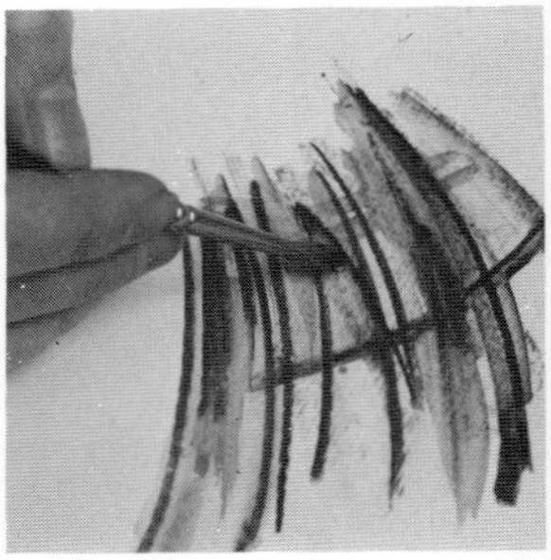

3. Ehe man mit der Arbeit fortfährt, muß der Untergrund getrocknet sein; sonst würde die harte Zeichenkohle das Papier beschädigen.

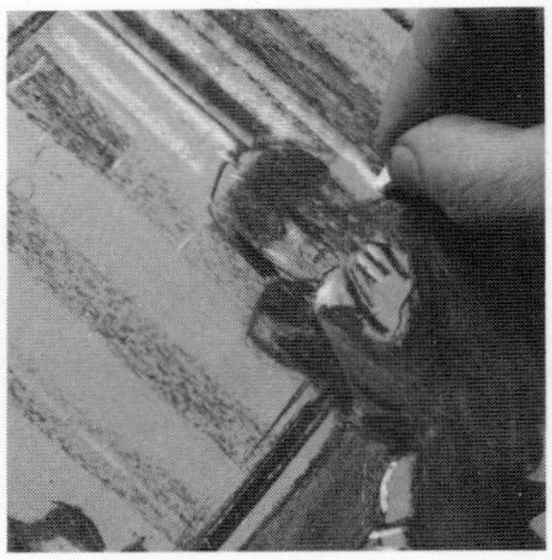

Lichter aufsetzen mit weißer Kreide Mit weißer Kreide oder Pastellfarbe kann man auf einer Kohlezeichnung Lichter aufsetzen.

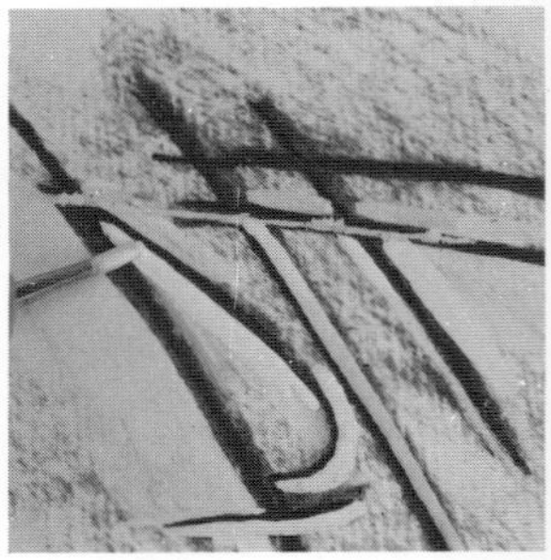

Zeichenkohle mit weißer Gouache Auch mit weißer Gouache können Lichter aufgesetzt oder Fehler übermalt werden.

10

Stifte

Geschichte. Material: Arten von Stiften – Graphitstifte, Stifte aus Kohle und Holzkohle, Druckstifte, Farbstifte. Bildträger. Spitzer, Messer und Klingen, Radierer, Fixative. **Techniken.** Zeichnen zum Illustrieren. Zeichnen als Berichterstattung.

Stifte Geschichte

Blei- oder Graphitstifte sind in der langen Geschichte der graphischen Kunst ein verhältnismäßig junges Zeichenmaterial, denn der erste Bleistift wurde 1662 hergestellt. Graphit entdeckte man in Bayern bereits um 1400, aber zur künstlerischen Anwendung kam es erst, nachdem 1504 in Borrowdale in der englischen Grafschaft Cumberland reiner Graphit gefunden wurde.

Jean Auguste Dominique Ingres (1780–1867) gilt in den Augen vieler als einer der bedeutendsten Zeichner der Kunstgeschichte. Seine Studie zum Porträt des *Louis-François Bertin* offenbart die Bedeutung, die er der Linienführung beimaß. Eugène Delacroix (1798–1863), Honoré Daumier (1808–79) und Edgar Degas (1838–1917) gehören zu denen, die von Ingres' geschlossener Zeichnung und weicher, aber präziser Linie am stärksten beeinflußt wurden, wenngleich sie im Laufe ihrer eigenen künstlerischen Entwicklung auch individuelle Zeichenstile entwickelten. Daumier zeichnete z. B. hauptsächlich aus dem Gedächtnis, wobei er locker miteinander verbundene Linien verwendete, die endlos und verspielt erscheinen, wie aus seiner flüchtigen Bleistiftskizze *Eine Gruppe von Männern* ersichtlich wird.

Paul Cézanne (1839–1906) beschrieb in seiner Zeichnung *Junge, von Ratten umgeben* die Angst, und in seinen *Hundestudien* verwendet er sehr feine Schraffierungen, um Schatten und unterschiedliche Farbtöne anzudeuten. Pierre-Auguste Renoir (1841–1919) offenbarte seine Bewunderung für den menschlichen Körper durch die sanft geschwungenen Linien seiner Bleistiftstudie *Die Badenden.*

Silberstift

Bis zur Entwicklung des Graphitstiftes wurden die meisten Zeichnungen und Vorentwürfe von Gemälden mit dem Pinsel, der Zeichenkohle oder dem Silberstift ausgeführt. Dieser Vorläufer des Graphitstiftes war aus Silber oder einem ähnlichen Metall, und zum Erhalt seiner charakteristischen, silbergrauen Linien bedurfte es eines speziellen Untergrundes. Viele große Künstler schätzten den Silberstift, so auch Albrecht Dürer (1471–1528), der seine Zeichnung *Liegender Löwe* (1521) mit feinen Silberstiftschraffierungen und -schattierungen auf weißes Papier setzte. Leonardo da Vinci (1452–1519) zeichnete seine Studie zur *Jungfrau auf dem Felsen* auf hellbraun getöntes Papier, und Rembrandt (1606–1669) nahm für *Saskia mit einem Strohhut* (1663) Silberstift und weißes Pergament.

Moderne Silberstifte sind als Minen in Druckstiften oder in Bleistiftform erhältlich. Die Silberspitze sollte mit feinem Schmirgelpapier rund gehalten werden, da sie sonst das Zeichenpapier beschädigt.

Der Bildträger für Silberstift muß rauh genug sein, um die Silberpartikel halten zu können. Hierfür eignet sich eine Gips- oder Kreidegrundierung auf dem Papier am besten. Besonders muß man darauf achten, daß das Papier beim Auftragen der Grundierung nicht übertrieben naß wird. Auch eine geschmeidige Beschichtung mit Kaseinfarbe kann verwendet werden.

Mit der Zeit werden die silbergrauen Linien des Silberstiftes matter und somit undeutlicher. Das Ausradieren von Silberstift oder sonstigen Metallstiften erfolgt am besten mit einem feuchten Tuch oder mit Stahlwolle. Dabei muß man natürlich sehr vorsichtig sein, um den Bildträger nicht zu beschädigen.

Stifte Ausrüstung

Arten von Stiften

Graphitstifte Die Hersteller unterteilen die Graphit- oder Bleistifte entsprechend ihrer relativen Härte. Die allgemein übliche Skala erstreckt sich von 8B (dem weichsten) über 7B, 6B, 5B, 4B, 3B, 2B, B, F, HB, H, 2H, 3H, 4H, 5H, 6H und 7H bis zu 8H (dem härtesten). Bei einer anderen Art der Einteilung, die sich von 1 bis 4 erstreckt, ist 1 der weichste Stift.

Stifte aus Kohle und Holzkohle Diese beiden speziellen Stifte führen zu tiefschwarzen Linien. Genau wie normale Bleistifte gibt es sie in weichen und harten Ausführungen, von denen aber auch die härteste – im Gegensatz zum Graphitstift – ein sehr dunkles Schwarz zeichnet. Faber liefert eine Reihe Kohlestifte.

Druckstift Hierbei handelt es sich um einen Minenhalter, der die Mine mit Klauen greift und festhält; er ist verwandt mit dem früher üblichen Drehbleistift. Es gibt eine spezielle Ausführung, mit der ein dünner Strich in konstanter Stärke gezeichnet werden kann.

Farbstifte Die Bestandteile der Farbstifte – Füllmittel, Bindemittel, Gleitmittel und Farbe – führen zu einer relativ weichen Mine, deren Striche sich im allgemeinen nur noch mit dem Messer entfernen lassen. Bekannte Hersteller von Farbstiften mit einer großen Auswahl an Farbtönen sind: Caran d'Ache, Eagle, Faber, Conté und Staedtler.

Bildträger

Glattes Papier, Bristolkarton oder Elfenbeinkarton ergeben den besten Zeichengrund für weiche, dunkle Bleistifte, obwohl auch andere Papiersorten verwendet werden können, um spezielle Effekte zu erzielen. Für harte Stifte eignet sich grobkörniges Papier besser als rauhes Zeichen-, Aquarell- und Ingres-Papier. Benötigt man ein getöntes Papier in einer

Farbe, die der Handel nicht anbietet, dann kann es mit Wasserfarbe selbst getönt werden.

Spitzer, Messer und Klingen

Bleistiftspitzer sind nützliche Hilfsmittel, aber schwieriger als Messer oder Klingen zu handhaben. Die Spitze einer Mine bricht bekanntlich dann ab, wenn sie richtig angespitzt wäre. Für Druckstiftminen gibt es einen speziellen Spitzer.

Klingenmesser und Schablonenmesser gehören zu den praktischsten Hilfswerkzeugen des Zeichners, obwohl eine einseitig geschützte Rasierklinge auch einen, wenngleich weniger sicheren Ersatz darstellt. Ein Zeichenstift, der mit einer Klinge sachgemäß angespitzt wurde, wird nicht nur besser zeichnen, sondern seine Spitze wird auch länger halten als die mit dem Bleistiftspitzer geschärfte. Klingen können im Ausnahmefall auch zum Beseitigen von Strichen verwendet werden, die mit dem Radiergummi nur schwer zugänglich sind.

Radierer

Nahezu alle harten Radierer beschädigen die Oberfläche des Papiers ein wenig. Der bekannte Radiergummi funktioniert gut, aber er verschmutzt schnell und kann dadurch Flecken verursachen. Plastik- und Kunstgummiradierer sind in dieser Hinsicht besser, aber sie haben den Nachteil, beim Gebrauch so stark zu zerkrümeln, daß das Papier immer wieder abgefegt werden muß; dabei kann die Zeichnung beschädigt werden. Am besten ist der Knetgummiradierer. Nicht nur, weil er im Gebrauch sauberer als andere Radierer ist, sondern auch, weil er beliebig geformt werden kann, so daß man z. B. mit einer feinen Spitze kleine Fehler korrigieren kann. Außerdem besteht die Möglichkeit, mit ihm Flächen zu betupfen, an denen danach das weiße Papier in der Art aufgesetzter Lichter erscheint.

Fixative

Für Graphit, Zeichenkohle, Pastell und Kreide spielt Fixativ die Rolle eines Bindemittels, ähnlich dem Öl, Gummiarabikum und Klebstoff in den Malfarben. Man kann es gebrauchsfertig in Spraydosen oder aber in Fläschchen kaufen, deren Inhalt dann mit einem Zerstäuber aufgesprüht wird. Fixativ kann aber auch selbst hergestellt werden, indem man zwei oder drei Teile Alkohol mit einem Teil weißem Schellack vermischt.

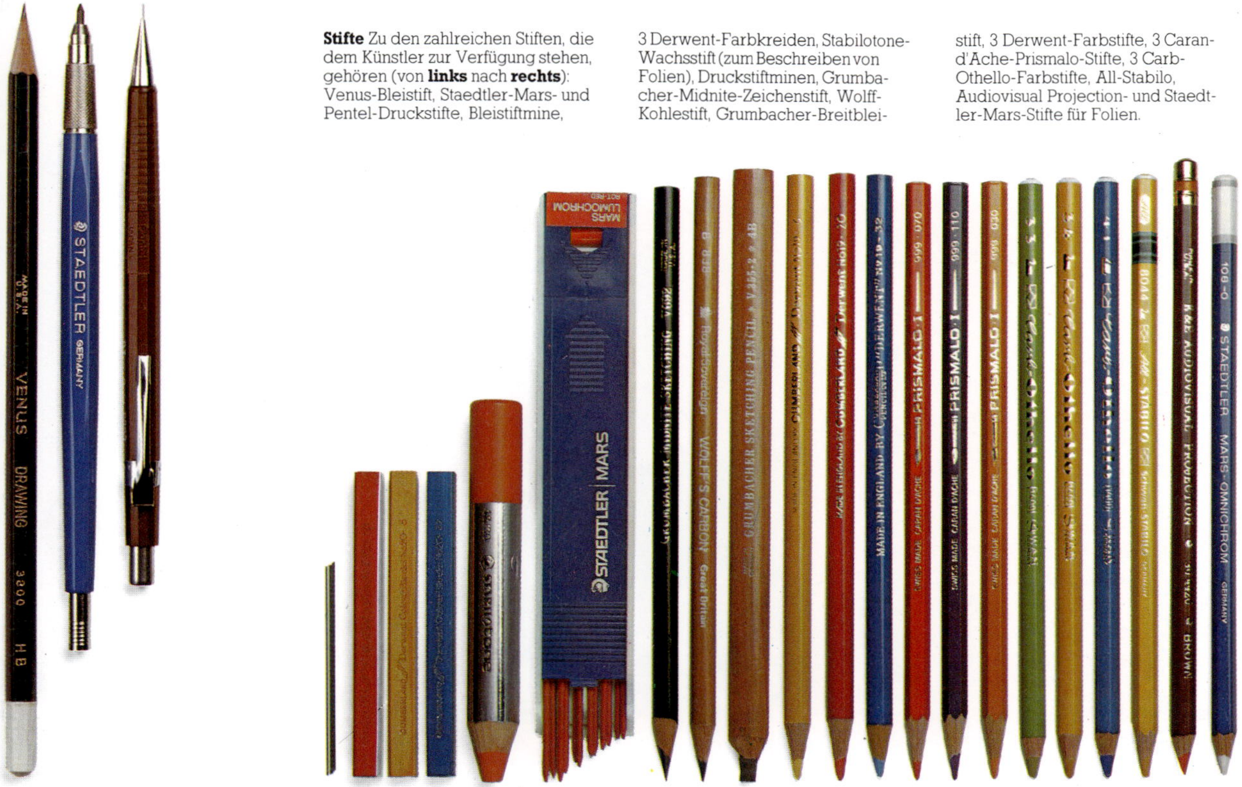

Stifte Zu den zahlreichen Stiften, die dem Künstler zur Verfügung stehen, gehören (von **links** nach **rechts**): Venus-Bleistift, Staedtler-Mars- und Pentel-Druckstifte, Bleistiftmine, 3 Derwent-Farbkreiden, Stabilotone-Wachsstift (zum Beschreiben von Folien), Druckstiftminen, Grumbacher-Midnite-Zeichenstift, Wolff-Kohlestift, Grumbacher-Breitbleistift, 3 Derwent-Farbstifte, 3 Caran-d'Ache-Prismalo-Stifte, 3 Carb-Othello-Farbstifte, All-Stabilo, Audiovisual Projection- und Staedtler-Mars-Stifte für Folien.

Härtegrade von Stiften Üblicherweise werden Graphitstifte nach ihrer relativen Härte abgestuft. Der Bereich erstreckt sich von 8H (sehr hart) bis 8B (sehr weich). Um diesen Bereich zu verdeutlichen, wurden die Bleistifte (**links**) mit dem jeweils entsprechenden Stift gezeichnet.

Zeichenpapiere Zum Zeichnen mit Stiften eignen sich viele Untergrundarten. Die einzelnen Zeichnungen des Hundekopfs (**unten**) sind diagonal geteilt. Die Hälfte links oben wurde mit einem weichen und die rechts unten mit einem harten Stift gezeichnet. Die verschiedenen Härtegrade der Stifte kommen auf gewissen Papieren am besten zur Geltung. Glatte Papiersorten wie doppelt geleimtes Zeichenpapier (**2**) und Zeichenkarton (**4**) eignen sich gut für die meisten weichen Stifte. Für die harten dagegen verwendet man besser texturiertes Papier wie Ingres- (**3**) und Aquarellpapier (**1**).

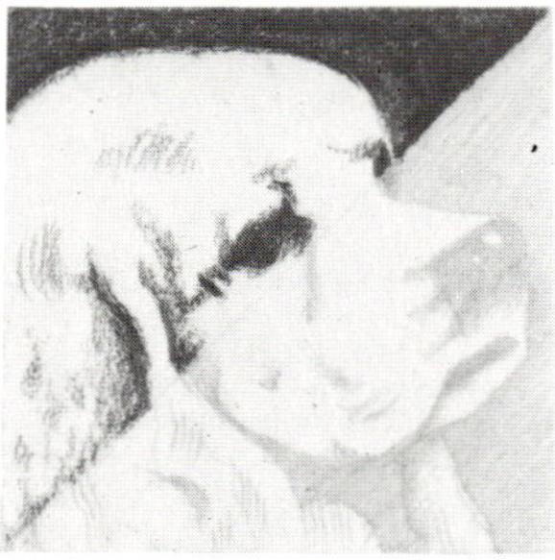
1

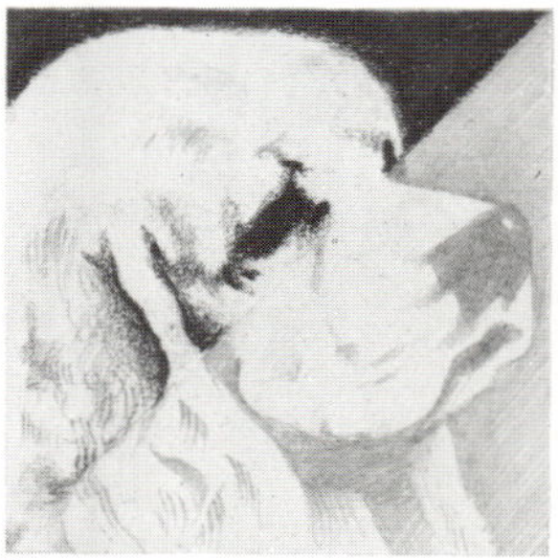
2

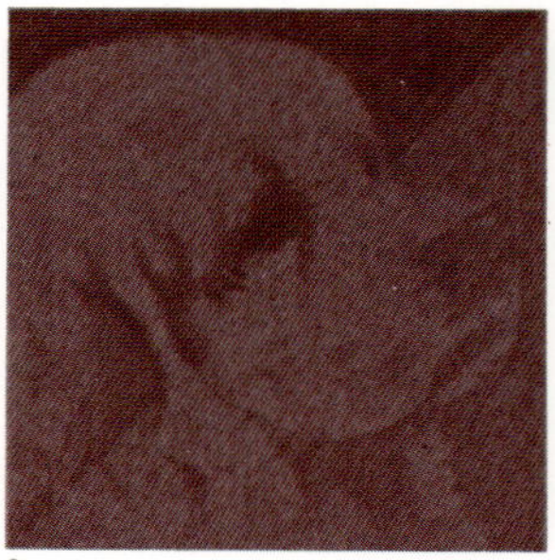
3

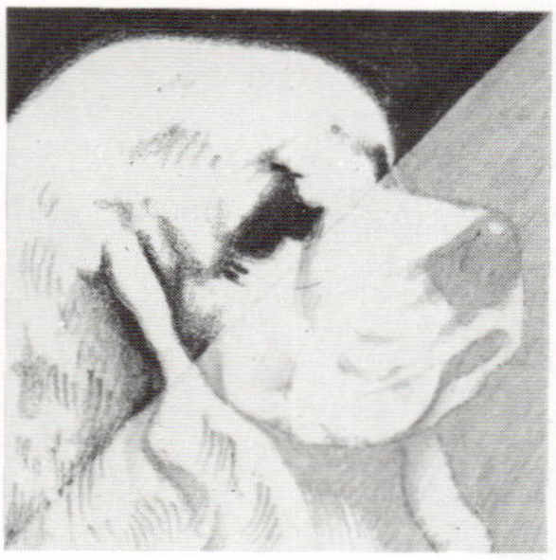
4

Ausrüstung zum Zeichnen mit Stiften Kunstgummi- (**7**) und Plastikradierer (**12**, **17**) sind für alle Flächen geeignet. Der Knetgummi (**6**) radiert Bleistift, Pastell und Zeichenkohle. Der Mars-Radierer (**16**) entfernt Bleistift von Zeichenfolie und Pauspapier. Der Rotring B20 radiert Bleistift unter Tusche, während die Tusche selbst mit dem T20 (**15**) entfernt wird. Bleistiftspitzer für Kreiden und Stifte (**1**, **8**) unterscheiden sich vom Minenspitzgerät (**2**, **10**). Der Project 992 (**3**) kann mit Einsätzen (**9**) versehen werden. Ein Skalpell (**14**), ein Universalmesser (**11**) oder Rasierklingen (**13**) werden zum Schneiden von Papier verwendet. Zum Schutz der fertigen Zeichnung gebraucht man Fixativ, entweder in der Spraydose (**5**) oder im Glas mit einem Zerstäuber (**4**).

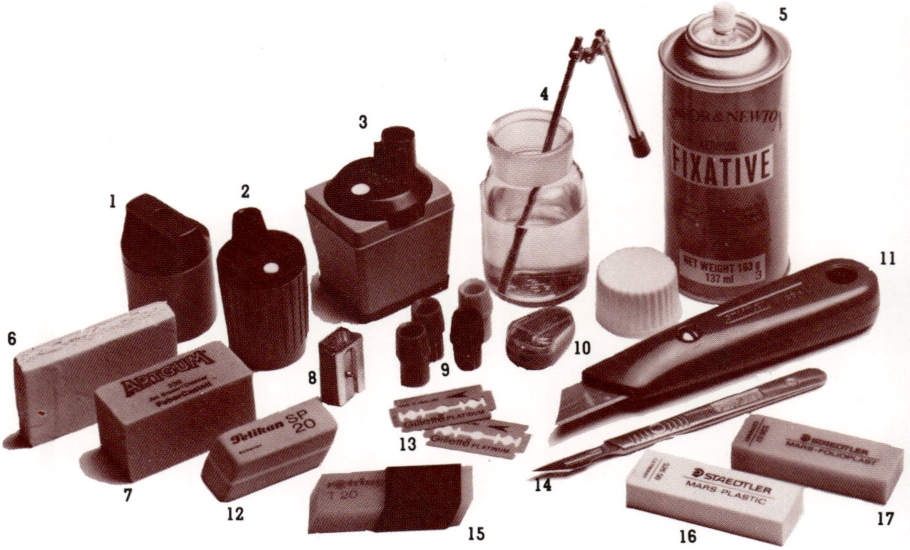

Stifte Techniken

Mit Stiften gezeichnete Linien unterscheiden sich voneinander hinsichtlich der Geschwindigkeit, mit der sie gezogen werden, des auf den Stift ausgeübten Drucks sowie des Härtegrades des Stiftes. Schraffierungen, parallel oder über Kreuz, Punkte, kurze Striche, Linien in zufälligen Anordnungen, hauchdünne Striche, dicke Striche, von dick nach dünn verlaufende Striche: mit all diesen Techniken werden Tonwertunterschiede erzeugt.

Die großen Künstler der Silberstiftzeichnung wie Dürer und Leonardo entwickelten eine Methode zur Wiedergabe von Tonwerten durch Linien, die noch heute angewandt wird. Sie fanden heraus, daß man durch nahe zusammenliegende parallele Linien Schatten wiedergeben kann, wobei dunkle und schwere Striche tiefe Schatten, hellere und leichtere Striche dagegen lichtere Zonen andeuten.

Auch durch Reiben mit dem Finger oder dem Radierer werden Tonwertunterschiede angedeutet. Glanzlichter kann man durch Radieren bis auf das Weiß des Papiers erhalten.

Verschiedene Texturen entstehen durch grobkörniges Papier oder durch Zeichnen auf einem Papier, welches auf eine texturierte Oberfläche wie Holz, Stein oder Zement gelegt wurde – eine Technik, die auch als »Frottage« bekannt ist. Versuchen Sie dabei möglichst sauber zu arbeiten, und wo es erforderlich ist – in weichen, glatten Farbflächen oder bei fahlem Grau und dünnen, hellen Linien –, fixieren Sie die Zeichnung während der Arbeit.

Mit Farbstiften kann man sehr subtil arbeiten. Der walisische Maler David Barlow (geb. 1948) beschäftigt sich fast ausschließlich mit diesem Genre, und seine *Alice* (1978) zeigt nahezu 200 Farben mit geradezu virtuosem Effekt. Normalerweise verwendet er die weichen Staedtler-Stifte, deren Textur kaum auf Wachs schließen läßt und die man überlagern kann. *Alice* wurde auf Imperialpapier von Colyer and Southey gezeichnet.

Zeichnen zur Illustrierung

Barlows *Alice* illustriert Lewis Carrolls *Alice im Wunderland*, und sie ist in der Tradition der Buchillustrationen des 18. und 19. Jh.s gehalten. In jener Zeit wandten sich viele Künstler dem Bleistift zur Illustration zu. Jean-François Millet (1814–1875) begann im Jahre 1857 mit einer Serie von Zeichnungen, welche von Perraults Märchen inspiriert war, und viele Jahre später griff er das Thema noch einmal auf, als er *Des Däumlings Eltern auf dem Weg zum Wald* zeichnete.

In unserem Jahrhundert verwandte Picasso (1881–1973) lange, einfache, kontinuierliche Linien, um eine griechische Sage, *Nessos und Deianeira*, zu illustrieren. Modigliani (1881–1920) verwandte in seiner Zeichnung *Nacktes Mädchen* eine ähnliche Technik. Die Spontaneität der *Entkleidung* von Rodin (1840–1917) geht auf rasch skizzierte, kontinuierliche Linien zurück.

Zeichnen als Berichterstattung

Die Zeichentechniken erhielten Auftrieb, als die Presse Künstler damit beauftragte, Kriegsszenen eindrucksvoll wiederzugeben. Für die Frontzeichner war rasches Erfassen und Festhalten des Geschehens wichtigste Forderung, und die trockenen Zeichenmaterialien – Bleistifte, Kreide, Kohle und Pastell – erwiesen sich auf dem Schlachtfeld als die idealen Werkzeuge. Im Krimkrieg und im Deutsch-Französischen Krieg 1870–71, im amerikanischen Bürgerkrieg und in den beiden Weltkriegen wurden die Truppen von Künstlern begleitet, und sie lieferten ergreifende und entsetzliche Bilder vom Gemetzel. Überragende Bilder vom amerikanischen Bürgerkrieg, die jetzt in der New Yorker Central Library hängen, stammen von Henry Lovie.

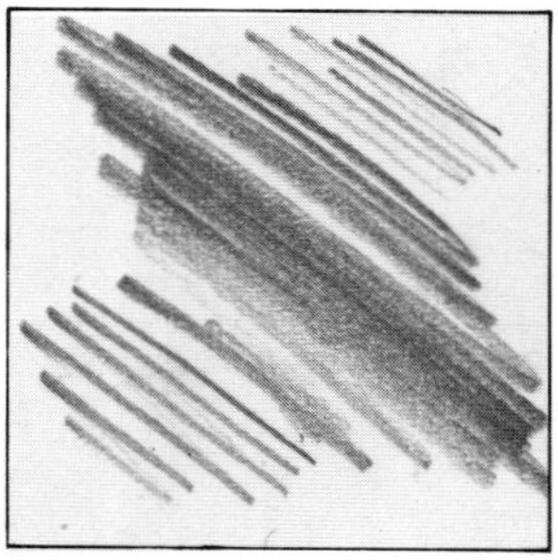

Bleistifteffekte 1. Bleistifteffekte sind von Papiersorte und Stifthärte abhängig. Hier wurde ein Bleistift 2B verwendet.

2. Ein weicher Bleistift (4B) ließ diese sich abschwächende Tönung auf mittelglattem Papier entstehen.

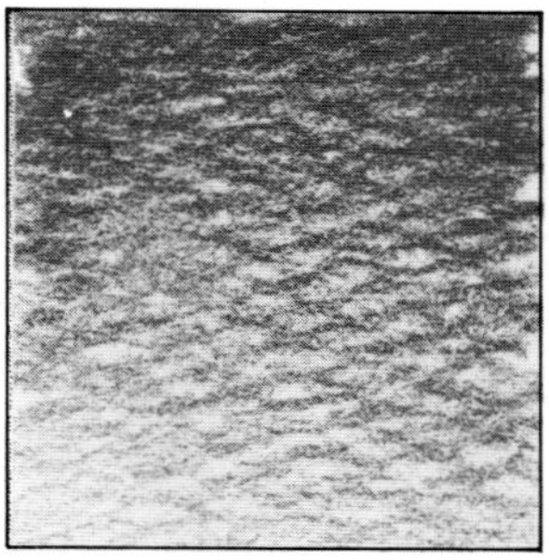

3. Die Verwendung desselben 4B-Stiftes auf rauhem Papier ergibt ein gröberes Resultat.

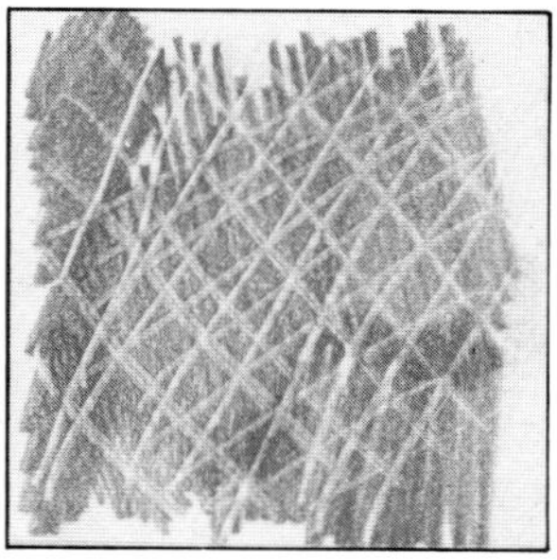

4. Hier wurden mit dem Bleistiftende Rillen in das Papier gedrückt und anschließend behutsam überstrichen.

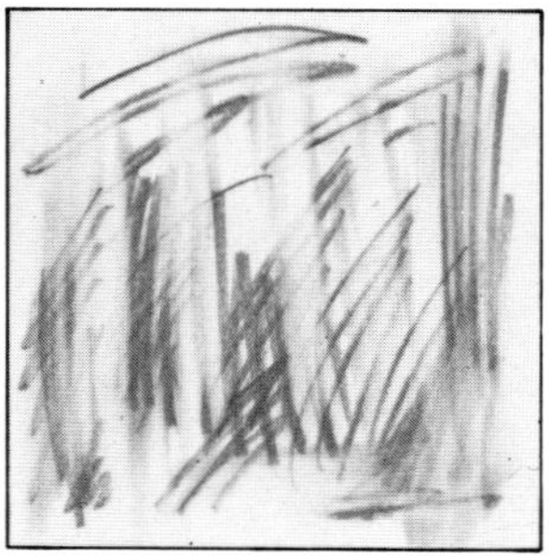

5. Auch mit einem Radierer kann man besondere Effekte hervorrufen. Hier wurden Teile des 2B-Strichs wegradiert.

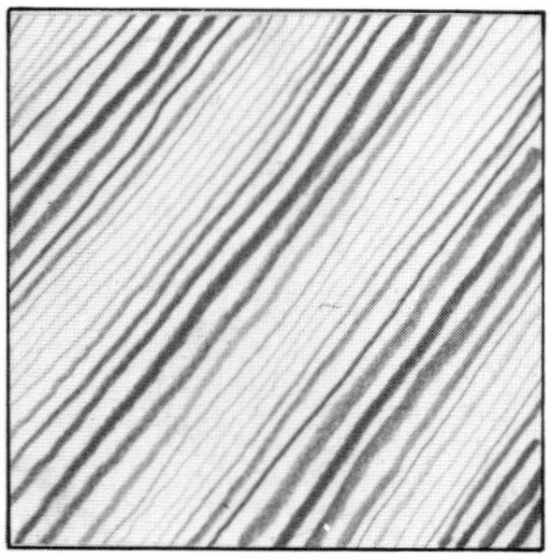

6. Diese Linien wurden mit Bleistiften verschiedener Härtegrade zwischen 6H und 6B gezogen.

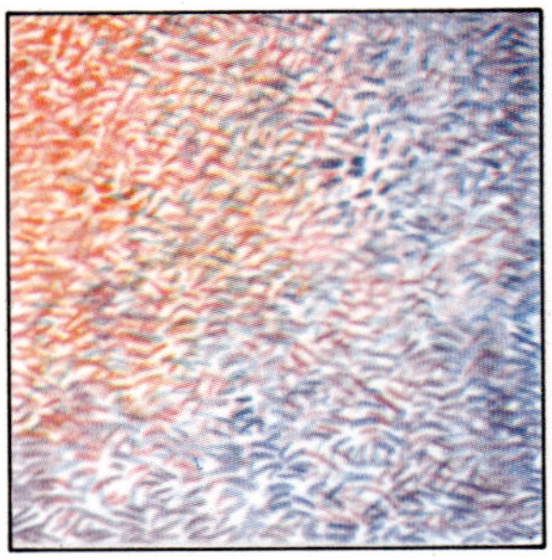

7. Diese abgestuften Farbtöne entstanden durch Verwendung verschiedenfarbiger Stifte, deren Striche einander überlappen.

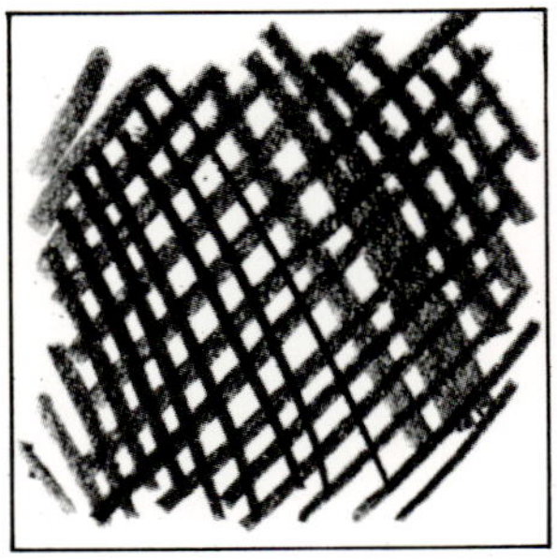

8. Ein Wachsstift betont die Textur des Papiers.

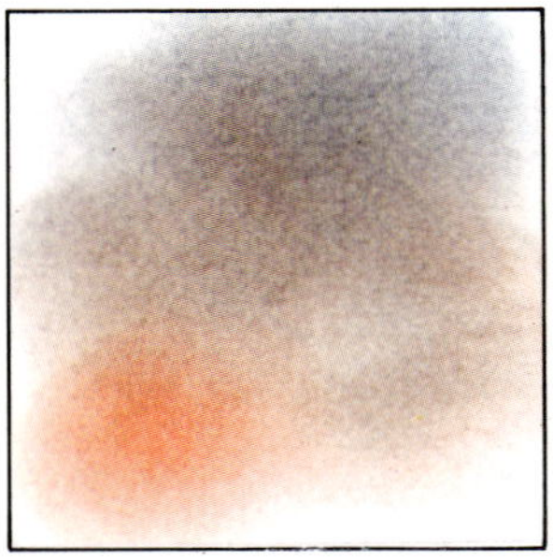

9. Dieser feinvariierte Effekt kam durch Mischen von verschiedenfarbigem Kreidestaub zustande.

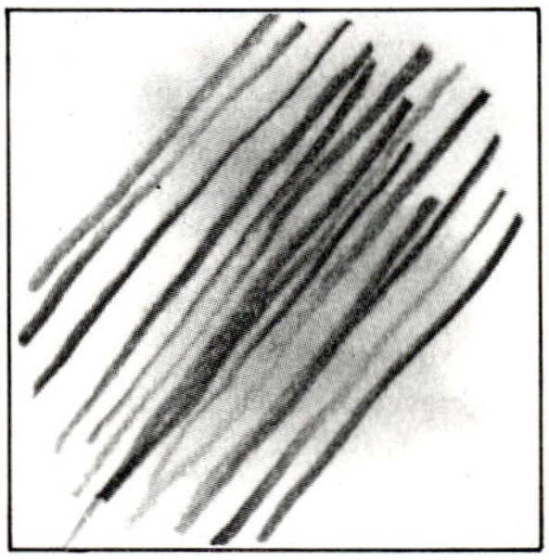

10. Hier wurden 4H-Bleistiftlinien verwischt.

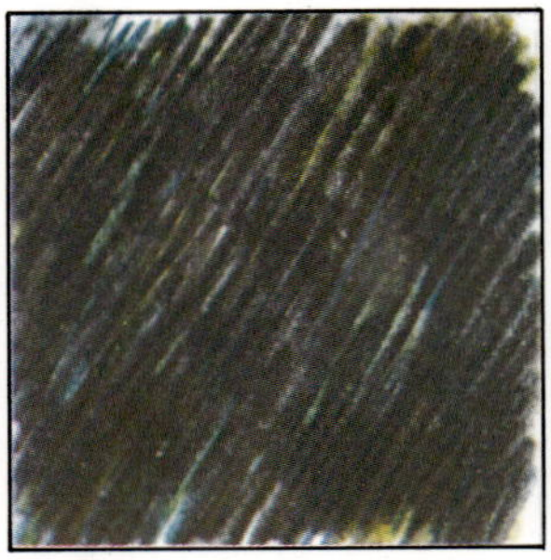

11. Zu diesem Effekt wurde mit einem 4B-Bleistift über Kreide gezeichnet.

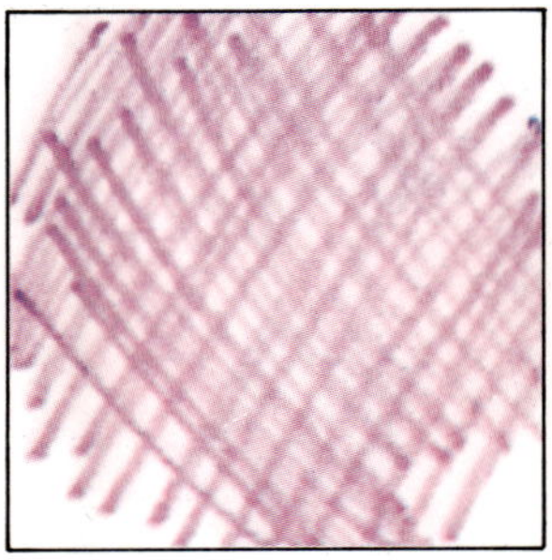

12. Diese weichen Linien entstanden, indem ein Caran-d'Ache-Stift über nasses Aquarellpapier gezogen wurde.

13. Man kann auch Kohlepapier dazu verwenden, einen stark farbigen und texturierten Effekt zu erzielen.

14. Diese Kombination von Farbtönen entstand durch Verwendung von Caran-d'Ache-Stiften.

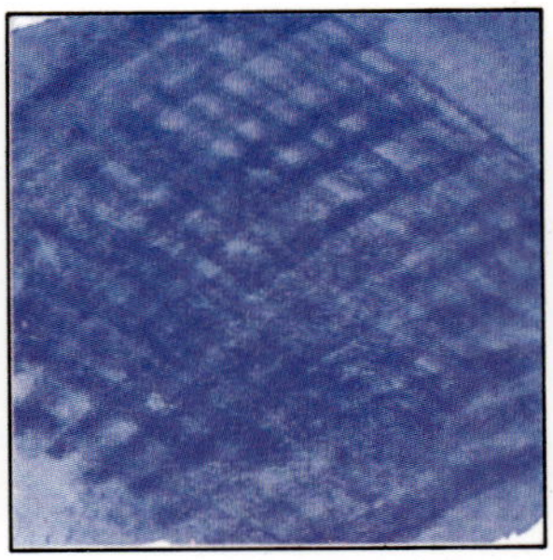

15. Hier wurden gekreuzte Caran-d'Ache-Linien mit einer Lasur überzogen, wodurch ein weicher Effekt zustande kam.

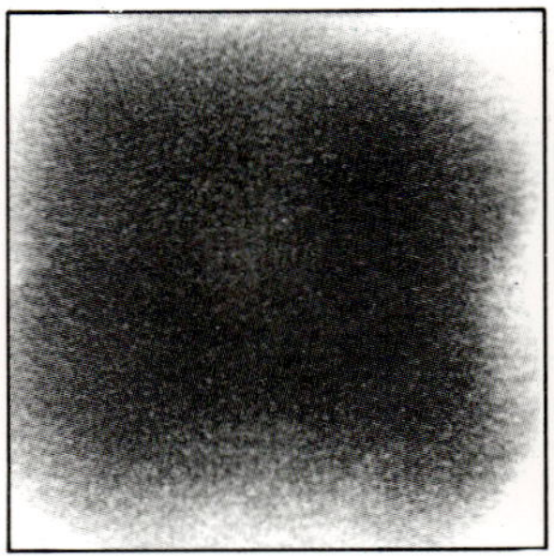

16. Graphitstaub kann man mit dem Finger in das Papier reiben, um eine dichte schwarze Fläche oder abgestufte Grautöne zu erzeugen.

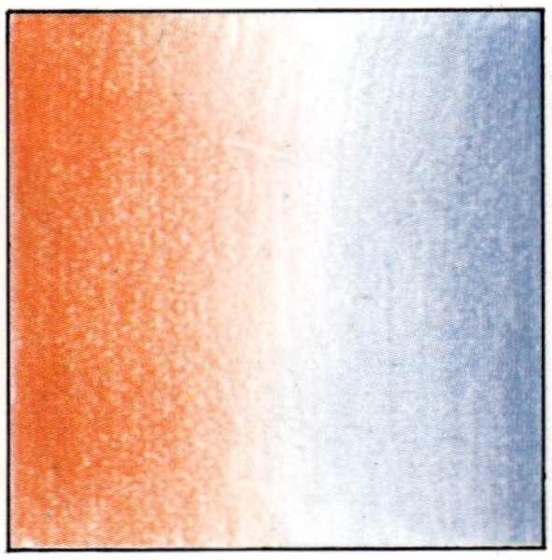

17. Kreidetöne können abgestuft werden, so daß sie die Textur des Papiers zeigen.

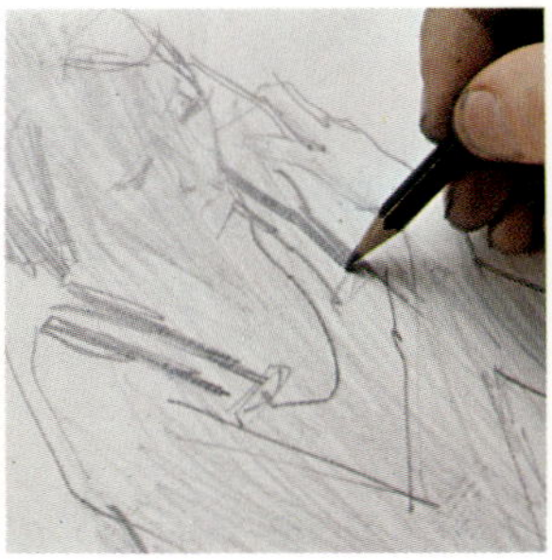

18. Dieser Effekt kam durch Verwendung eines 2B- und eines 5B-Bleistiftes zustande.

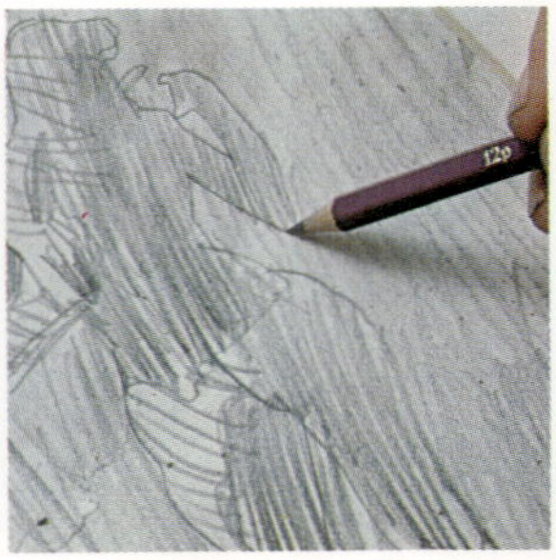

19. Hier wurde die Tönung mit einem 2B-Bleistift skizziert.

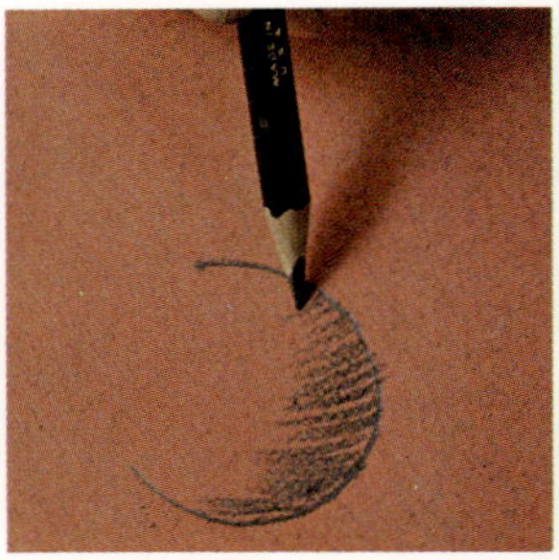

20. Hier wird mit einem 4B-Bleistift und rotem Papier ein ganz spezieller Effekt erzielt.

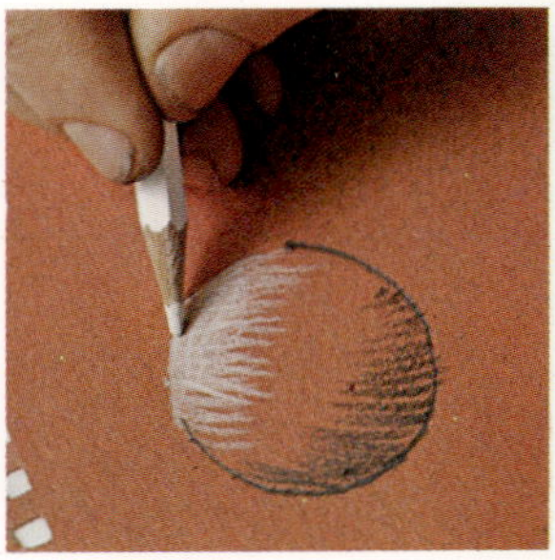

21. Mit einem weißen Kreidestift kann man wirkungsvoll Lichter aufsetzen.

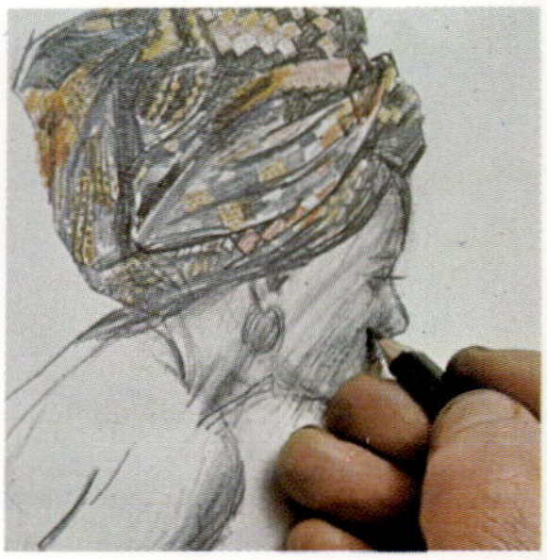

22. Hervorragende Effekte lassen sich auch erzielen, wenn man Bleistift mit farbiger Kreide kombiniert.

11

Feder und Tusche

Geschichte. Ausrüstung: Zeichenfedern, Füllhalter, Tuschefüller, Tuschezeichner, Pinsel, Zeichentusche, wasserlösliche Tinten, Papier und Karton. **Techniken:** Tönung, Radieren.

11 **Feder und Tusche** Geschichte

Feder und Tusche waren jahrhundertelang ein wesentliches Ausdrucksmittel für Künstler und Illustratoren, und sie sind bis heute noch ein Medium, dessen individuelle Ausdrucksmöglichkeiten praktisch niemals ganz ausgeschöpft werden können.

Beim Studium dieser Zeichnungen fällt besonders der Kontrast zwischen den sehr unterschiedlichen Temperamenten der Künstler, die von diesem Medium angezogen wurden, und ihre Traditionsverbundenheit auf. So führt der Einfallsreichtum von Salvator Rosa (1616–1673) unmittelbar zu Künstlern der Gegenwart wie Claes Oldenburg (geb. 1929) und Ian Ribbons (geb. 1924). Kühler in der Empfindung, spiegelt sich die einfühlsame und forschende Federkunst eines Leonardo (1452–1519) und Botticelli (1445–1510) in den Werken mancher Künstler unserer Tage wieder, die mit Feder und Tusche arbeiten.

Mittelalterliche Mönche intensivierten die Verwendung der Zeichenfeder. Als Untergrund diente ihnen meist präparierte Ziegen- oder Schafshaut oder weniger beständige Kalbs-, Lamm- oder Rehhaut. Bei den zum Zeichnen verwendeten Federn handelte es sich im allgemeinen um Gänsefedern.

Diese Bilder waren nicht die ersten, die mit der Feder gezeichnet wurden, aber die Künstler früherer Zeiten bevorzugten normalerweise das Einritzen oder die Arbeit mit dem Pinsel. So wurden die Grundprinzipien des Federzeichnens und die Techniken, auf denen die fähigen Zeichner des fünfzehnten Jahrhunderts aufbauten, im ausgehenden Mittelalter entwickelt.

Während der Renaissance wurden die Techniken und Methoden weiter ausgebaut, die dargestellten Objekte vielfältiger, und die Medien wurden allmählich vermischt angewendet. Die Künstler der Renaissance begannen mit der Verwendung von Kreiden, Wasserfarben und dem Aufsetzen von Glanzlichtern. Während der Spätrenaissance wurde besonders gern mit der Zeichenfeder gearbeitet.

Die Verfahren und Techniken von Rubens (1577–1640) und van Dyck (1559–1641) bilden einen Kontrast zur weniger dramatischen, fast intimen Art von Rembrandt, dessen Federzeichnungen den Betrachter tief berühren.

Während des 18. Jahrhunderts war Hogarth (1697–1764) ein überragender Zeichner. Er verwendete nur wenig Zeit auf vorbereitende Skizzen, und seine nervös-energische Federführung lenkt den Betrachter direkt auf den Kern des Bildes.

Um die Mitte des 19. Jahrhunderts kamen zahlreiche Zeitschriften und Bücher heraus, die den mit Feder und Tusche arbeitenden Künstlern wie Charles Keen (1823–1891) ein weites Arbeitsfeld boten. Ein weiterer berühmter Künstler jener Zeit war George du Maurier (1834–1896).

In den USA entwickelte Charles Dana Gibson (1867–1944) einen forschen Stil für die Federzeichnung, was eine Neuerung darstellte. In Frankreich verliehen der Witz und die Lebensfreude von Caran d'Ache (1859–1909) und Forain (1852–1931) der graphischen Kunst ihrer Zeit ein typisch gallisches Flair.

Zu den bedeutenden Künstlern des 20. Jahrhunderts, die mit Feder und Tusche arbeiteten, gehören Matisse (1869–1954), Picasso (1881–1973) und Pascin (1885–1930). In England entwickelte der frühverstorbene Gaudier-Brzeska (1891–1915) diese Kunst weiter, was sich bis auf den heutigen Tag in vielen Zeitschriften- und Modeillustrationen widerspiegelt.

Feder und Tusche Ausrüstung

Arten von Federn
Dem Künstler stehen heutzutage viele Arten von Federn zur Verfügung: Federn zum Eintauchen mit verschiedenartigsten Spitzen, Füllhalterfeder, Tuschefüller und die traditionellen Schilfrohrfedern, Bambusfedern und Gänsekiele.

Zeichenfedern Sie sind die vielseitigsten, billigsten und eignen sich besonders gut für den Anfänger. Am besten kauft man sich einige verschiedene Federn, um auszuprobieren, welche einem am besten gefallen. Federn mit unterschiedlichem Durchmesser gibt es in spitzen bis hin zu ganz stumpfen, breiten Ausführungen. Für besonders spitze Federn, die dementsprechend feine Linien ziehen, benötigt man dünne Federhalter, doch in den meisten Fällen genügt der Standardfederhalter. Die Zeichenfedern nehmen jegliche Art Tusche oder Tinte in entsprechender Menge auf und gleiten leicht über jedes ausreichend glatte Papier. Neben den Standardfederhaltern gibt es auch solche, die mit einem kleinen Messingreservoir versehen werden können, doch sie sind sehr unhandlich und müssen nach Gebrauch jeweils gründlich gereinigt werden. Zu den zahlreichen spitzen und stumpfen Federn für die üblichen Federhalter gehören: Zeichenfedern, Redisfedern, die fünfspitzige Feder und die abgewinkelte Feder. Die »Gleitfeder« hat ein offenes, kegelförmiges Tuschereservoir; Spitzfedern und technische Zeichenfedern halten die Tusche adhäsiv fest.

Füllfederhalter Füllfederhalter werden meist durch das Vorderteil mit Tinte gefüllt, sofern es sich nicht um Patronenfüller handelt. Im Vergleich zum einfachen Federhalter haben Füllfederhalter nur eine sehr begrenzte Auswahl an Federn. Eine Ausnahme ist der Rotring Art Pen mit neun verschiedenen Federtypen und unterschiedlichen Federstärken.

Tuschefüller Für diese werden Spezialtuschen in vielen Farben geliefert. Die Tusche wird in das Reservoir eingefüllt, nicht aber wie bei den Füllfederhaltern aufgesogen. Die

Tusche ist der üblichen Zeichentusche sehr ähnlich; sie ist wasserfest, fließt aber leichter. Für den Rotring-Rapidograph ISO und F 150-Tuschefüller gibt es neun bequem austauschbare Einsätze, mit denen man beliebig breite, dicke, schmale oder feine Linien ziehen kann.

Tuschezeichner Auch für diese gibt es viele auswechselbare Einsätze, die Linien unterschiedlicher Breite zeichnen. Der Tuschezeichner zeichnet durch ein dünnes Metallröhrchen absolut gleichmäßig, gleich in welcher Richtung man ihn bewegt. Der Tuschezeichner muß regelmäßig entleert und mit warmem Wasser ausgewaschen werden, sonst verstopfen die Luft- und Tuschekanäle mit eingetrockneter Tusche.

Pinsel Zur Tuschezeichnung mit dem Pinsel benötigen Sie gute Rotmarderpinsel, die nach Gebrauch gründlich ausgewaschen werden müssen. Aquarellfarben lassen sich leichter abschwächen als Tusche, die auf feuchtem Papier leicht körnig wird. Chinesische Pinsel zusammen mit chinesischer Tusche können sehr dünne, transparente Linien erzeugen. Die in Stäbchen erhältliche chinesische Tusche wird auf einer Palette mit destilliertem Wasser angerieben, bis die gewünschte Tönung entstanden ist.

Tuschen und Tinten

Zeichentuschen Sie sind wasserfest und trocknen zu einem glatten Film auf, der überlagert werden kann. Tuschen gibt es in vielen Farben: Pelikan bietet 18 und Winsor & Newton 22 Farben an.

Wasserlösliche Tinten Es gibt verschiedene, nicht wasserfeste Zeichentinten in vielen Farben. Sie lassen sich mit verdünnten Aquarellfarben vergleichen und trocknen matt auf; außerdem dringen sie stärker in das Papier ein als normale Tusche. Auch Schreibtinten kann man zum Zeichnen verwenden, aber sie sind nicht in so vielen Farben erhältlich.

Das Pigment setzt sich bei längerem Stehen am Boden des Glases ab, so daß man die Flüssigkeit vor Gebrauch schütteln sollte. Wenn Tinte während der Arbeit ein wenig eintrocknet, wird sie dickflüssiger und die Farbe intensiver. Durch Hinzufügen von etwas destilliertem Wasser kann sie wieder dünnflüssig gemacht werden.

Bei der Wahl einer Zeichentinte sollten Sie einige ihrer Eigenschaften bedenken; braune oder sepiafarbige Tinte wird allmählich blaß. Manche nicht wasserfeste Arten schwarzer Tinte sind praktisch, da sie sich leicht mit Wasser verdünnen lassen.

Der Fachhandel bietet zahlreiche Zeichentuschen an. Dazu gehören die Farbtuschen von Pelikan, Faber-Castell, Rotring und Winsor & Newton. Ferner gibt es chinesische Tuschestäbchen. Füllhaltertinten werden von Faber-Castell, Rotring und Pelikan hergestellt. Rotring liefert Zeichentusche in Nachfüllfläschchen für Graphos und Tuschezeichner, Zeichentusche für Folien und Typ K für den Foliograph oder Graphos-Zeichenspitzen.

Papier und Karton

Sehr dünne Papiere sind oftmals unzureichend geleimt, in sie dringt die Tusche ein und verteilt sich ungleichmäßig. Für das Tuschezeichnen eignet sich am besten Halbkarton, der Lavieren und Aquarellfarben ebenso verträgt wie Korrekturen, ohne beschädigt zu werden. Wenn es auf eine deutliche Linienführung ankommt, ist hartes Hadernpapier ebenso gut geeignet wie teurer Halbkarton. Ungeleimtes Papier (Löschpapier, Reispapier) kann nicht benutzt werden, da es die Tusche aufsaugt, gilbt und brüchig wird. Außerdem reißt es leicht, wobei die Fasern in der Feder hängenbleiben können.

Wenn man lavieren, Tinte oder Wasserfarben auftragen will, dann spannt man das Papier am besten zuerst auf ein Zeichenbrett (wie beim Aquarellmalen).

Stahlfedern Viele verschiedene Federn können im normalen Federhalter verwendet werden. Die Schreibfeder (**1**) erzeugt eine fließende Linie und die Zeichenfeder (**2**) eine unterschiedliche Breite, je nach Stärke des Drucks. Die Linie der feinen unflexiblen Stahlfeder (**3**) ist gleichmäßig. Die Schriftfeder (**4**) schreibt je nach Strichführung breit oder schmal. Die Redisfeder (**5**) erzeugt einen gleichmäßig dicken Strich, der je nach Durchmesser der Feder variiert. Die Fünflinienfeder (**6**) eignet sich besonders gut zur Kreuzschraffierung, da sie gleichzeitig fünf gleichmäßige Linien zieht. Die abgewinkelte Feder (**7**) erleichtert sowohl das vertikale als auch das horizontale Zeichnen.

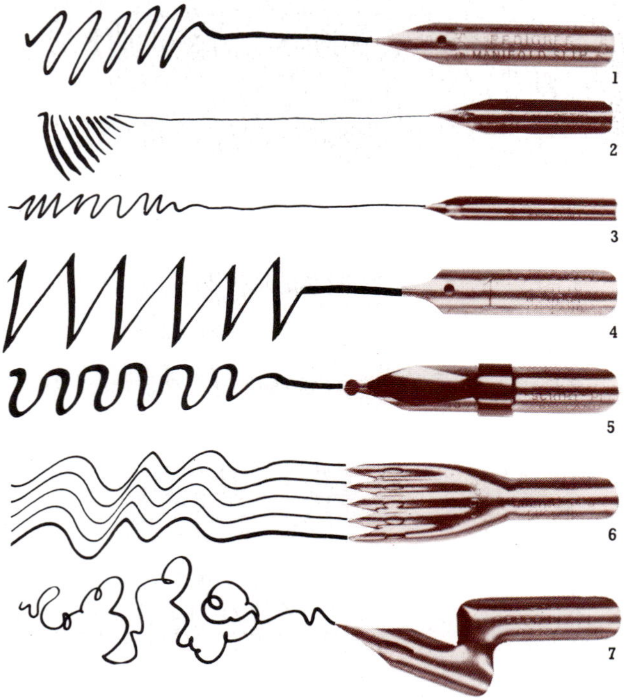

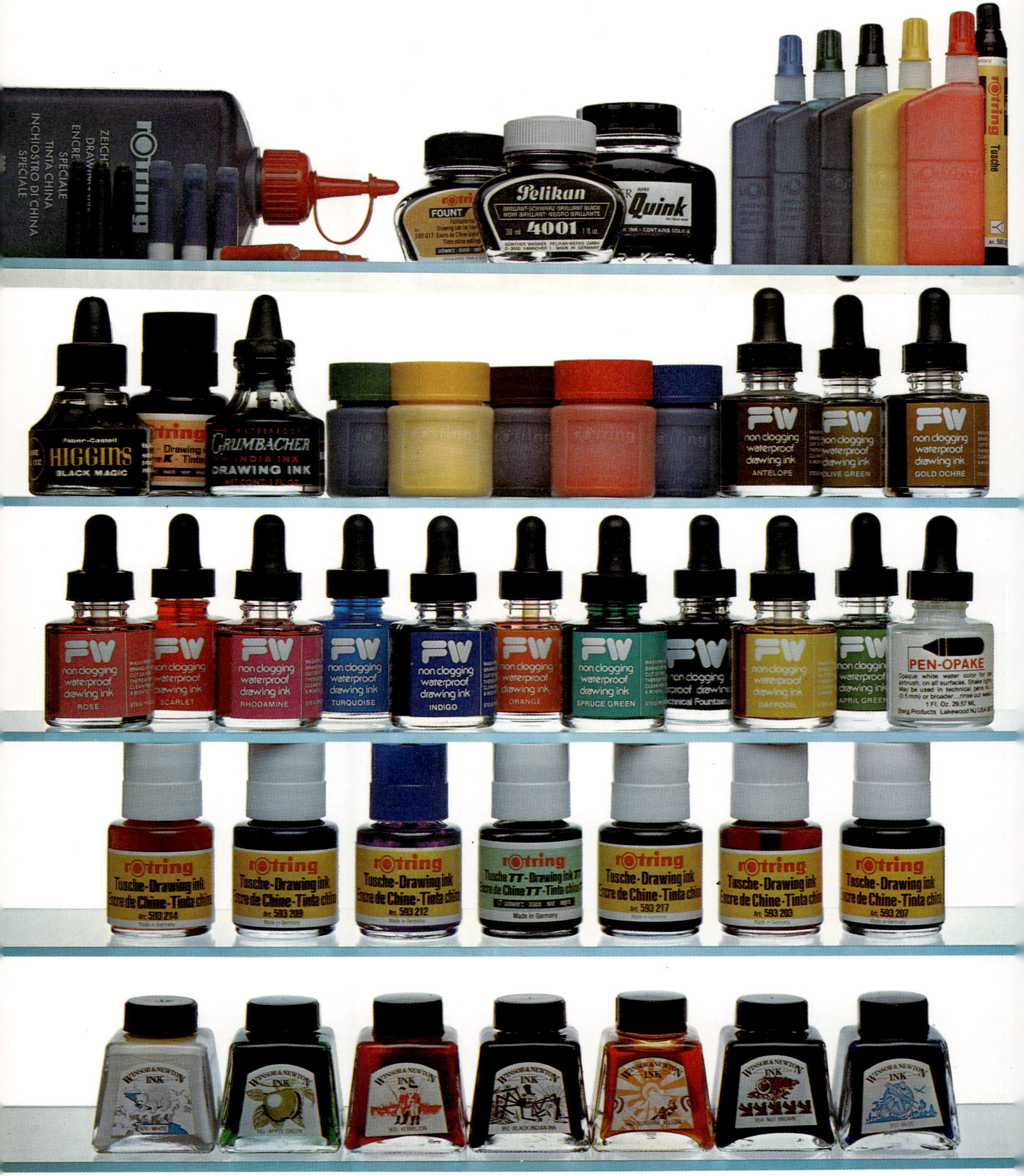
rotring
FOUNT
Pelikan
4001
Quink
Tusche
HIGGINS
BLACK MAGIC
GRUMBACHER
INDIA INK
DRAWING INK
FW
non clogging
waterproof
drawing ink
ANTELOPE
OLIVE GREEN
GOLD OCHRE
ROSE
SCARLET
RHODAMINE
TURQUOISE
INDIGO
ORANGE
SPRUCE GREEN
DAFFODIL
APRIL GREEN
PEN-OPAKE
Tusche-Drawing ink
Encre de Chine-Tinta china
Made in Germany
WINSOR & NEWTON
INK

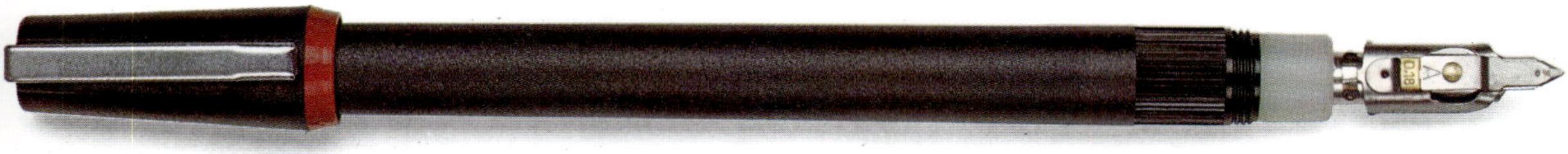

Tuschen Zu den im Fachgeschäft erhältlichen Tuschen gehören (**obere Reihe v.l.n.r.**) Rotring-Zeichentusche im großen Behälter, Tuschepatronen in verschiedenen Farben, Rotring-, Pelikan- und Quink-Füllhaltertinte, kleinere Fläschchen mit Rotring-Spezialtuschen; (**zweite Reihe**) Higgins-, Rotring- und Grumbacher-Tuschen, Flaschen mit Rotring-Spezialtusche und wasserfeste FW-Zeichentusche; (**dritte Reihe**) FW-Tusche und Pen-Opake; (**vierte Reihe**) Rotring-Zeichentuschen; (**untere Reihe**) Winsor & Newton-Zeichentuschen. Rotring-Spezialtuschen dienen zur Verwendung in Tuschefüllern und Tuschezeichnern. Pen-Opake kann für Spritzpistolen oder technische Zeichenfedern verwendet werden.

Tuschefüller Der Rotring-Graphos-Tuschefüller (**oben**) ist ein besonders vielseitiges Zeichengerät. Es gibt fast 70 verschiedene auswechselbare Federn in 8 Grundformen. Die Tuschezufuhr ist regelbar.

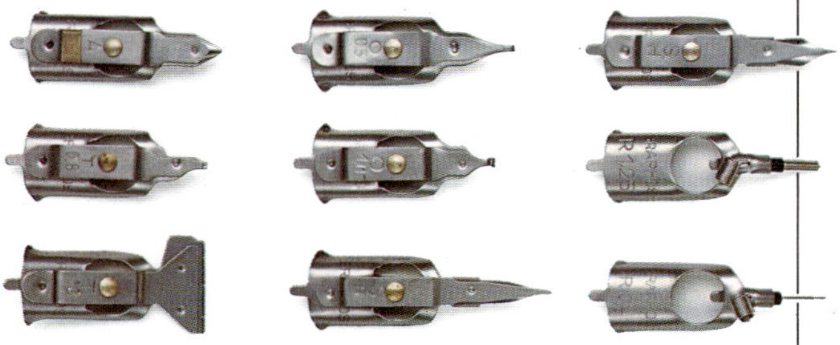

Feder und Tusche Techniken

Die Grundtechnik für Feder und Tusche besteht im Zeichnen von Linien und Punkten. Damit lassen sich zahllose Texturen wiedergeben, die auch mit anderen Medien kombiniert werden können. Auch hier lohnt es sich, die Werke anerkannter Künstler gründlich zu studieren, ihre Zeichnungen und Techniken zu kopieren, um dabei eigene Erfahrungen zu sammeln.

Beginnen Sie nicht mit der endgültigen Arbeit mit Feder und Tusche, ehe Sie einige Erfahrung in der Feder- und Pinselführung haben. Arbeiten Sie auf glattem Papier, und üben Sie wenig Druck aus, um einen gleichmäßigen Tuschefluß zu erhalten. Benetzen Sie die Feder eines Federhalters jeweils mit einer genau gleichen Tuschemenge, und lernen Sie abzuschätzen, wann die Feder nahezu trocken sein wird, damit Sie nicht mitten im Strich unterbrechen müssen.

Es ist sehr sinnvoll, mit einem weichen Bleistift eine ganz dünne Skizze anzufertigen, bevor Sie die eigentliche Tuschezeichnung beginnen. Erst wenn Sie mit der Technik der Federzeichnung vertraut sind, kommen Sie ohne Vorzeichnung aus.

Wenn ein feiner Zeichenpinsel verwendet werden soll, dann erfordert die Flexibilität seiner Spitze einige Geschicklichkeit. Das Zeichnen mit Pinsel und Feder verlangt eine lokkere Hand und die Bewegung des ganzen Unterarms, nicht nur des Handgelenks.

Tönung Bei der Aquarellmalerei erzeugt man eine Farbtönung durch Lavieren. Ähnlich wird bei der Tuschezeichnung verfahren, aber da die Federzeichnung hauptsächlich aus Linien besteht, gibt es mehrere Techniken, um Tiefe, Schatten oder Tonunterschiede wiederzugeben: z. B. Tüpfeln, Schraffieren und Kreuzschraffieren, Punkte und Striche, Aufsprühen mit der Zahnbürste, Kritzeln, gerade Parallellinien, von dick nach dünn abgestuft. Zahlreiche Effekte entstehen durch Lavieren mit Aquarellfarben oder verdünnter Tusche mit den eben genannten Techniken, andere werden erzielt, indem die Textur von Schwämmen oder Stoff, die Maserung von Holz oder Fingerabdrücke übertragen werden. Auch ist es möglich, Federstriche auf Terpentin zu zeichnen, wobei man Tusche mit Terpentinersatz mischt, oder über Kerzenwachs oder Maskierflüssigkeit anwendet. Aber im Grunde kommt es auf die Eigenschaften der Linien an.

Die Tuschezeichnung muß vollständig trocken sein, ehe die vorgezeichneten Bleistiftlinien radiert oder Wasserfarben aufgetragen werden können. Die Trockenzeit beträgt mindestens zwölf Stunden; dicke Tusche auf sehr hartem Untergrund benötigt sogar 18 bis 24 Stunden. Wenn die Wasserfarben zu früh aufgetragen werden, kann die Tusche verlaufen.

Radieren Fehler und unerwünschte Kleckse können entfernt werden, indem man sie vorsichtig abtupft, behutsam kleine Stücke sauberen, angefeuchteten Löschpapiers auflegt oder sie mit sauberem Wasser benetzt und erst dann mit Löschpapier oder einem Papiertaschentuch aufsaugt. Helle zurückbleibende Flecken können mit einem weichen Radiergummi bearbeitet werden, wonach die aufgerauhte Oberfläche des Papiers mit dem Fingernagel glattgestrichen wird. Trockene Tusche kann man mit einem Glasradierer oder einem scharfen Messer abschaben. Dabei sollte der Rest der Zeichnung zum Schutz abgedeckt werden.

Effekte bei der Tuschezeichnung
Bei der Tuschezeichnung besteht die Möglichkeit, mit Feder oder Pinsel zahlreiche Effekte hervorzurufen. Die Tusche kann pur verwendet, mit Wasser kombiniert, aufgetropft oder maskiert werden. Wegen der zahllosen Möglichkeiten muß man experimentieren, um die jeweils richtige Technik herauszufinden.

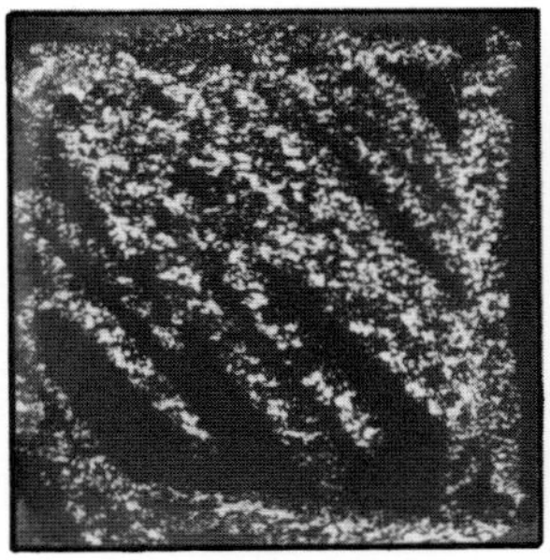

1. Für diesen Negativ-Positiv-Effekt wurde Kerzenwachs auf das Papier gerieben und danach mit Tusche überstrichen.

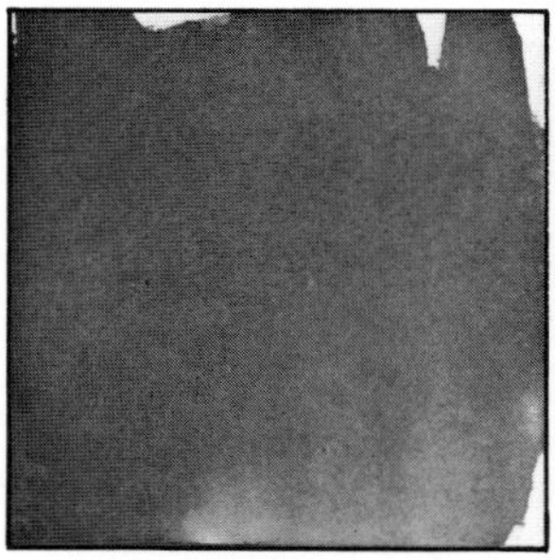

2. Diese Tonabstufung entsteht durch Auftragen der Tusche mit einem Pinsel.

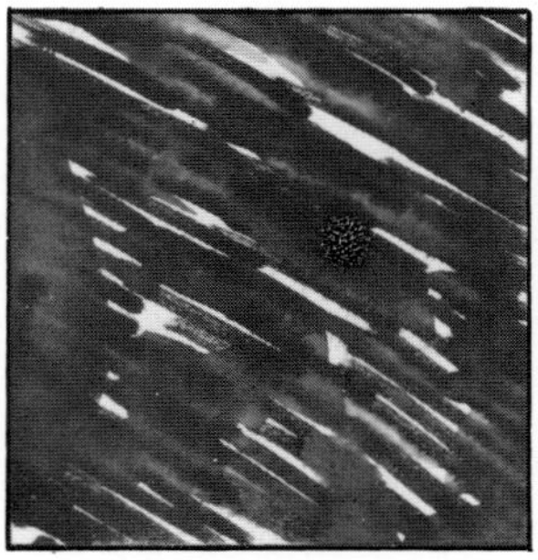

3. Für diesen Wischeffekt wurde ein nasser Malpinsel durch dicke Tuschelinien gezogen.

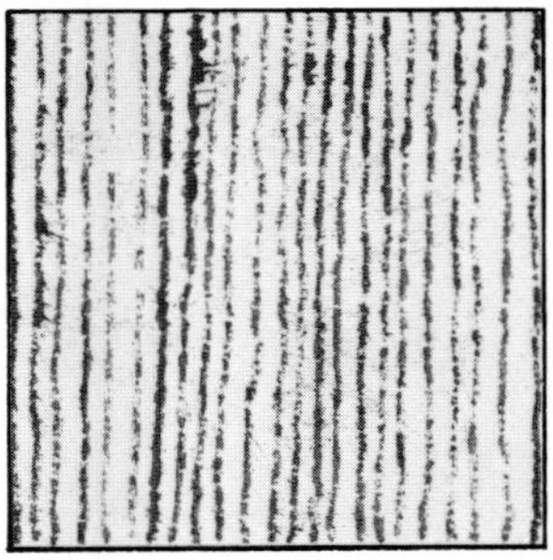

4. Dieses Linienmuster kam zustande, indem die Feder über ein Papiertaschentuch gezogen wurde, mit dem das Papier bedeckt war.

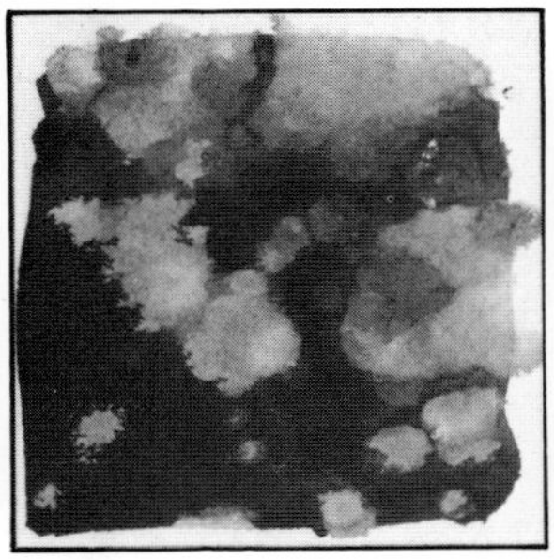

5. Zur Herstellung dieses Fleckeneffektes wurde Tusche mit dem Pinsel auf mit Fixativ besprühtes Papier aufgetragen.

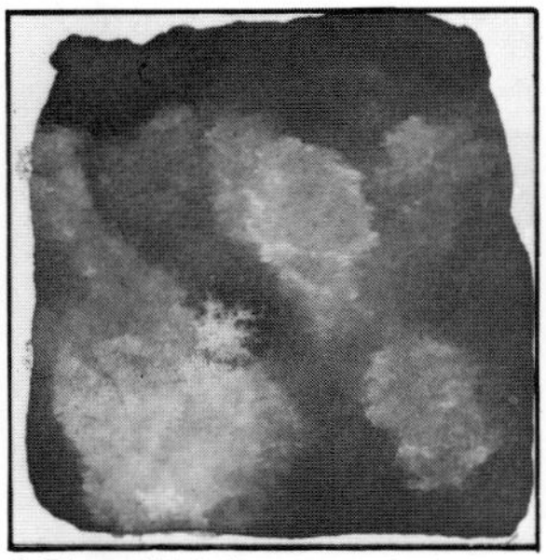

6. Dieser Effekt kam zustande, indem die Tusche mit einem feuchten Pinsel vom Papier abgehoben wurde.

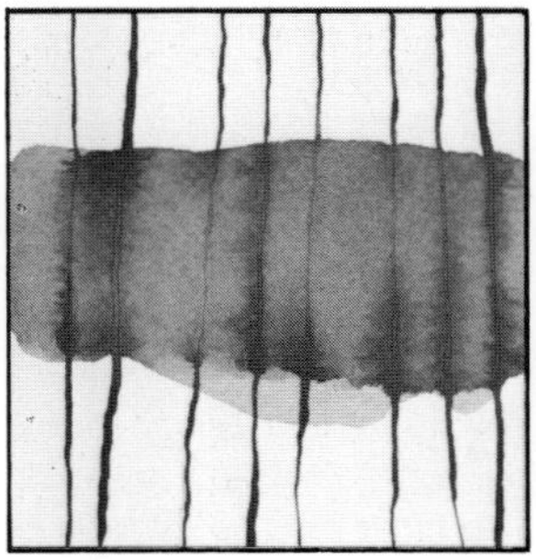

7. Hier wurde ein nasser Pinsel durch die Tuschelinien gezogen, wodurch eine Kombination von Linien und Lavierung entstand.

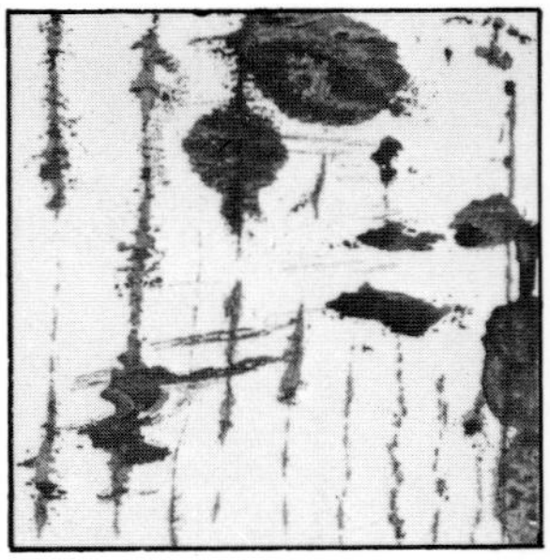

8. Dieser unruhige Effekt entstand, indem ein Papiertaschentuch harmonikaförmig gefaltet und bekleckst wurde.

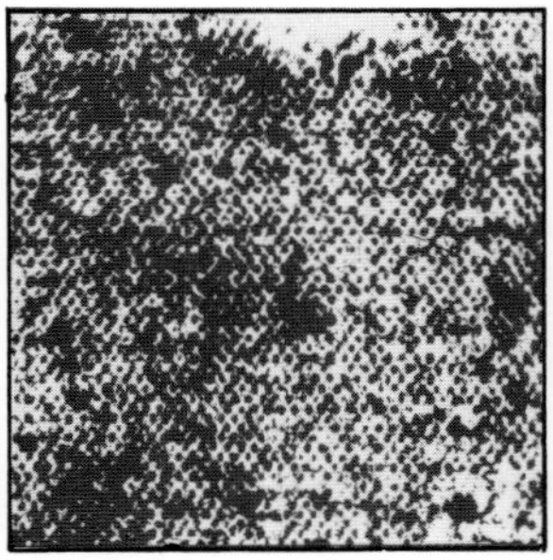

9. Hier wurde ein mit Tusche befeuchtetes Gewebe auf Papier gedrückt.

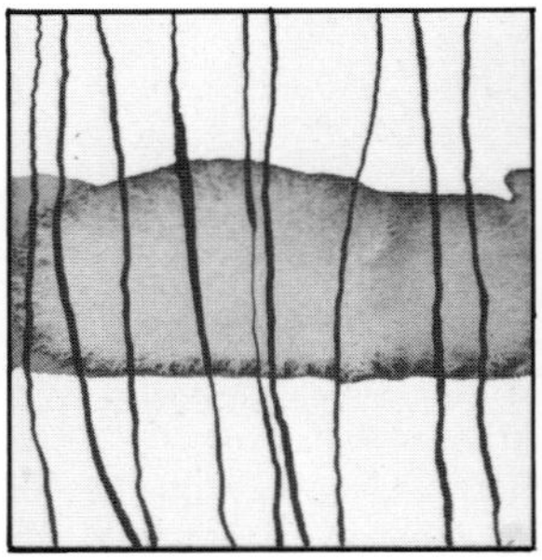

10. Diese Kombination von Linien und Lasur entstand, nachdem über eine getrocknete Lasur Linien gezogen wurden.

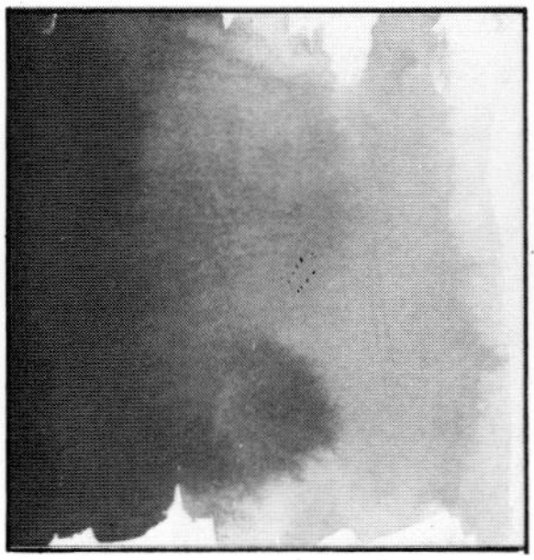

11. Zu dieser abgestuften Lavierung kam es, indem ein aufgetragener Farbfleck mit einem nassen Pinsel überstrichen wurde.

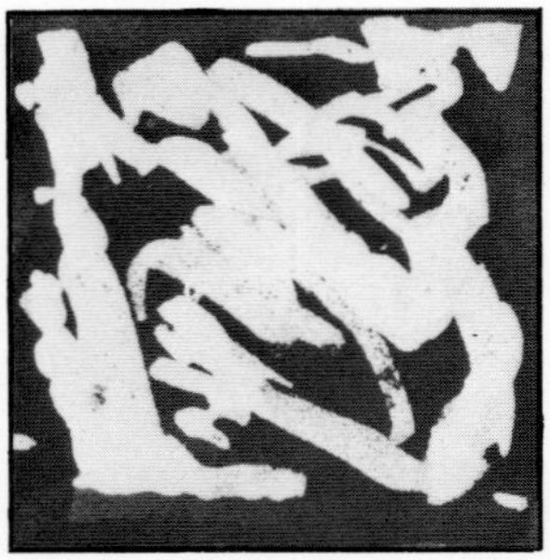

12. Hier wurde auf das Papier aufgetragene Maskierflüssigkeit mit einer dicken Tuscheschicht überzogen.

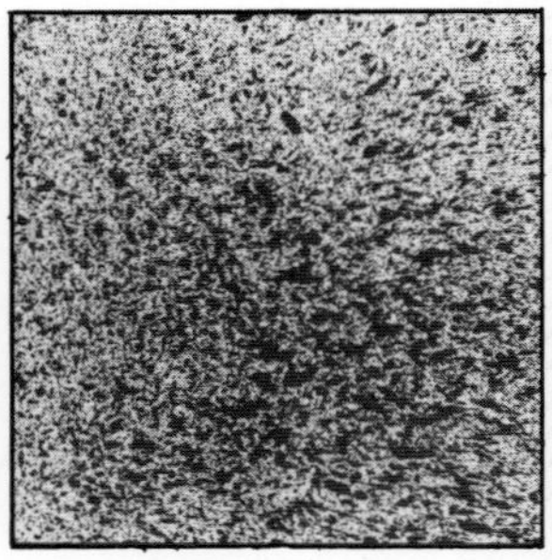

13. Die Tusche wurde mit einer Zahnbürste aufgespritzt. Soll der Effekt weicher werden, nimmt man die feuchte Tusche mit Löschpapier ab.

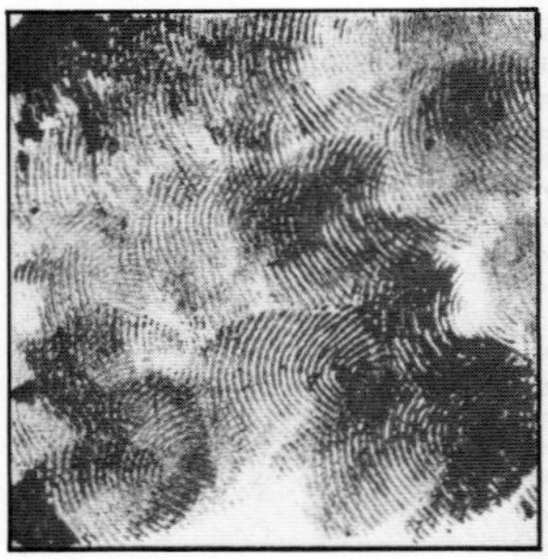

14. Auch Fingerabdrücke ergeben einen besonderen Effekt.

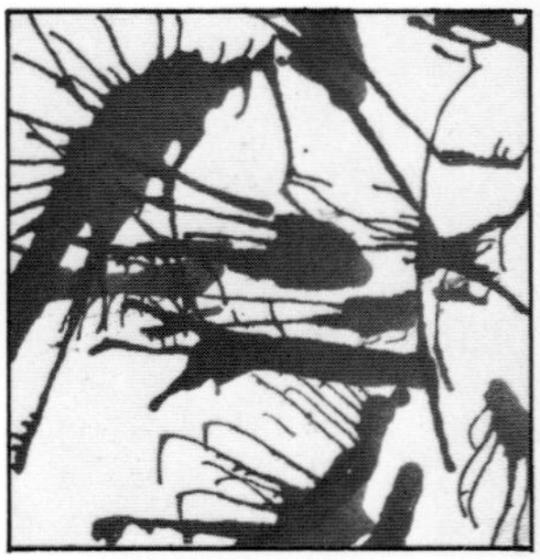

15. Hier wurde nasse Tusche über das Papier geblasen, um spinnenförmige Figuren zu erzeugen.

Effekte mit dem Tuschezeichner
Der Tuschezeichner zieht gleichmäßige Linien, die je nach verwendeter Spitze unterschiedlich dick sind, und eignet sich deshalb besonders gut für graphische Arbeiten.

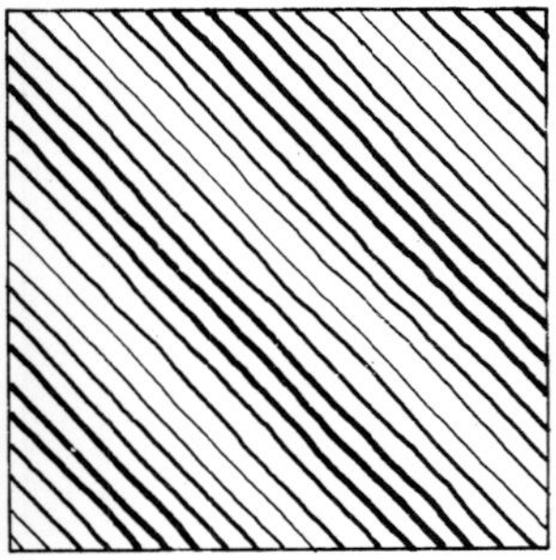

1. Diese unterschiedlich dicken Linien wurden freihändig mit verschiedenen Zeichenspitzen gezogen.

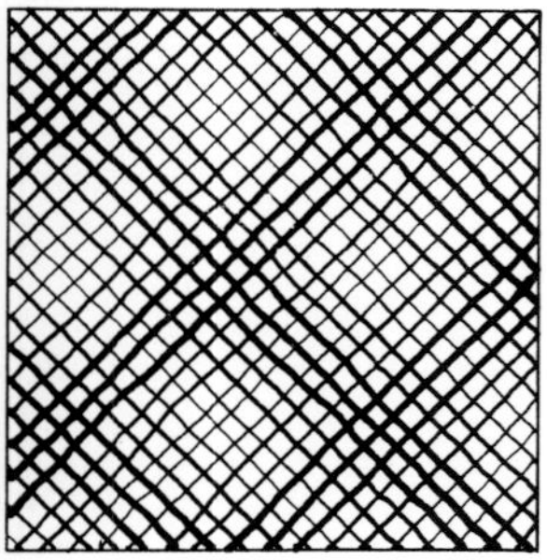

2. Dieses Schottenmuster entstand durch freihändige Kreuzschraffierung mit verschieden dicken Linien.

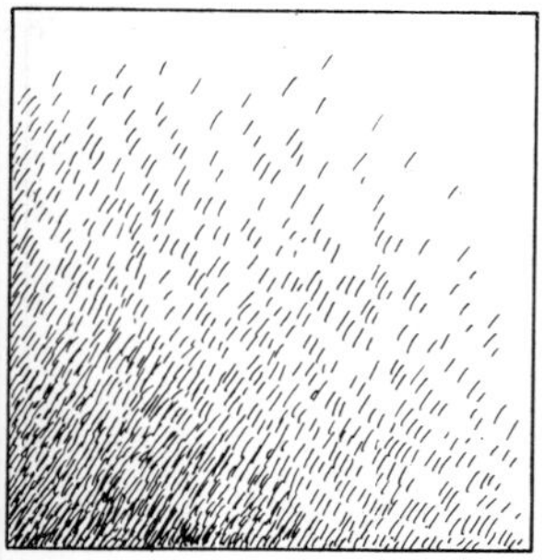

3. Diese Strichelung wurde mit einer feinen Zeichenspitze gemacht.

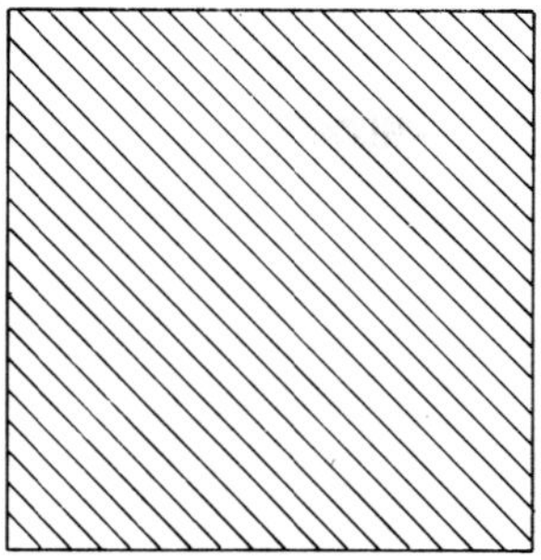

4. Gerade Linien werden am besten mit dem Lineal gezogen.

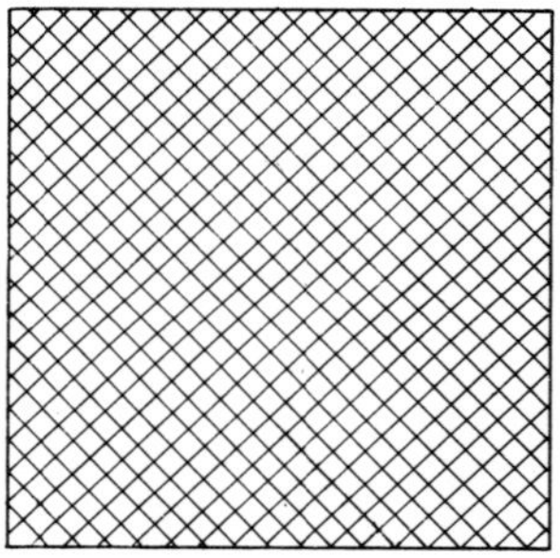

5. Die Kreuzschraffierung mit dem Lineal erzeugt ein komplexes visuelles Muster.

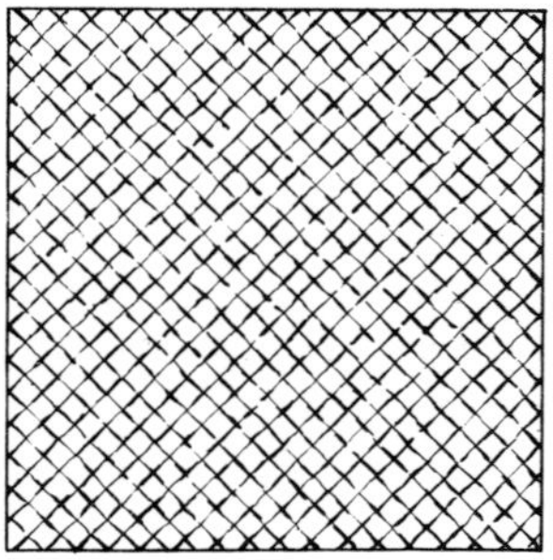

6. Die freihändig mit ungleichmäßigen Strichen gezeichnete Kreuzschraffur wirkt äußerst unruhig.

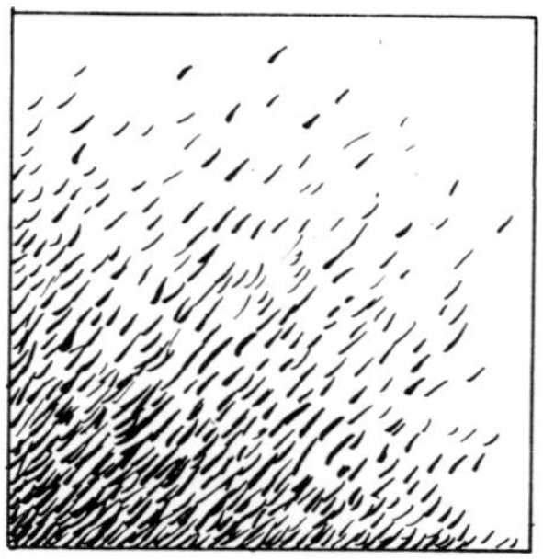

7. Die gröbere Zeichenspitze erzeugt ein wuchtigeres Strichmuster als die feine Spitze.

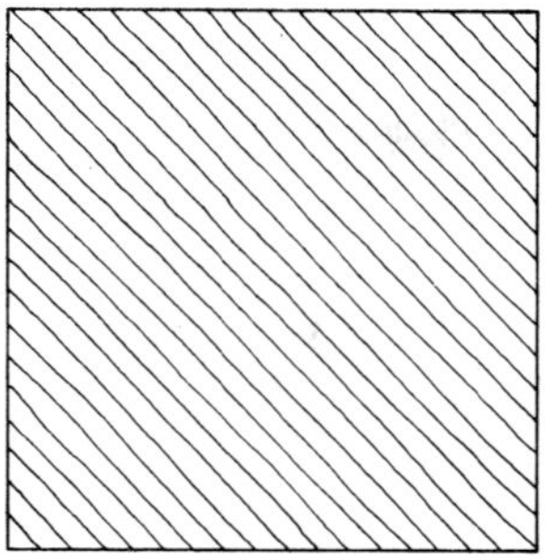

8. Freihändig gezogene Linien werden nicht so präzise wie die mit dem Lineal gezogenen.

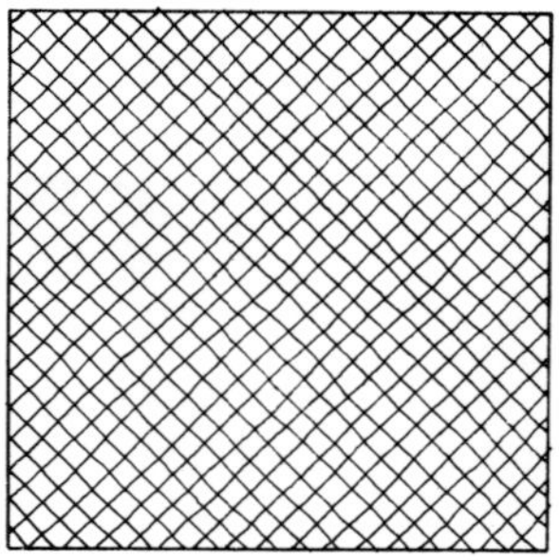

9. Dieses Kreuzmuster wurde freihändig gezeichnet.

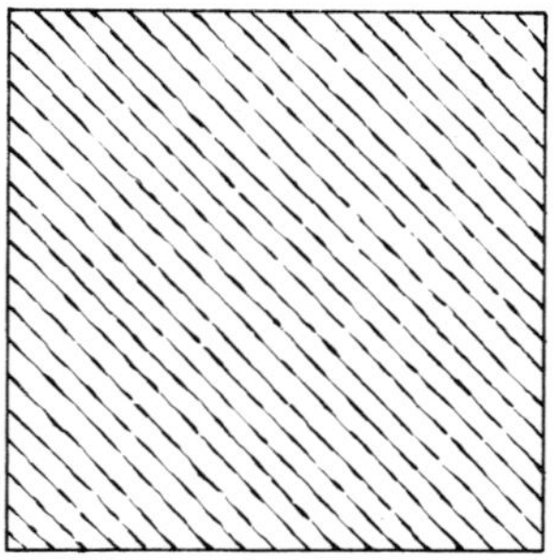

10. Diese huschenden Linien wurden mit einem Tuschezeichner gezogen.

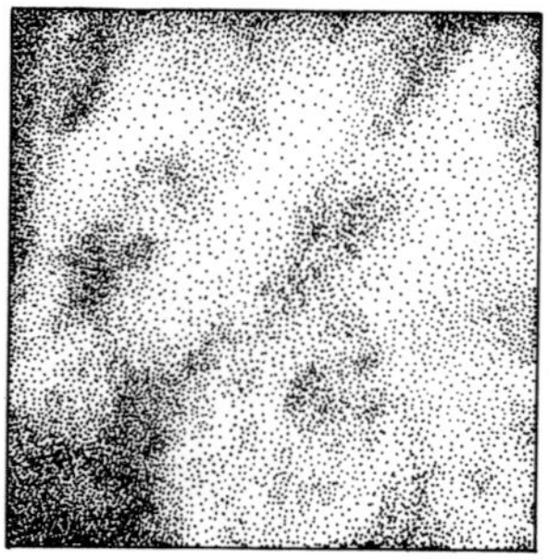

11. Dieses Punktmuster in der Art der Pointillisten wurde mit einer feinen Zeichenspitze hergestellt.

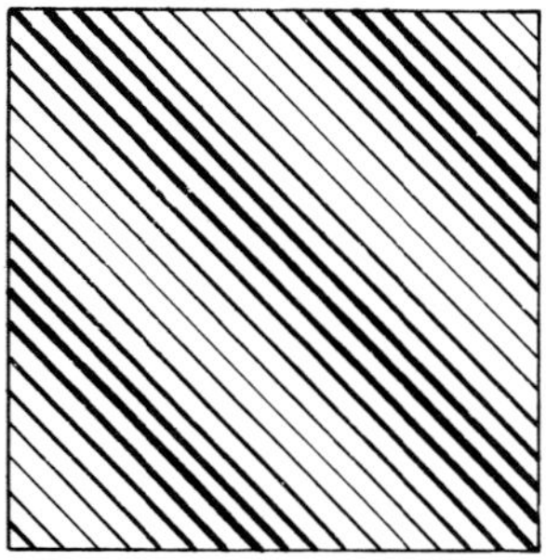

12. Diese unterschiedlich dicken Linien wurden mit dem Lineal gezogen.

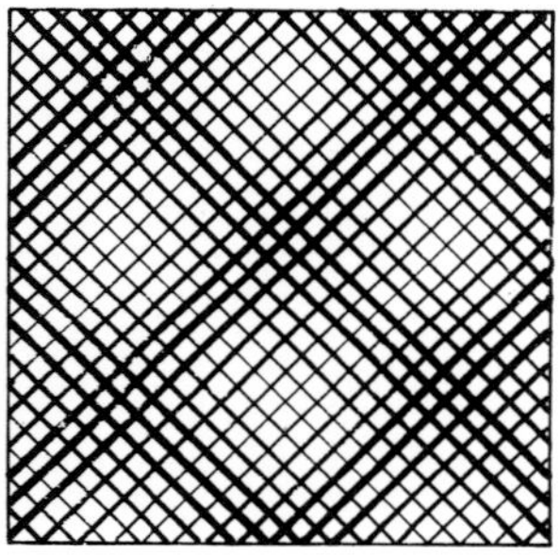

13. Auch dieses Kreuzmuster wurde mit dem Lineal gezogen; dabei verwendete man unterschiedlich starke Zeichenspitzen.

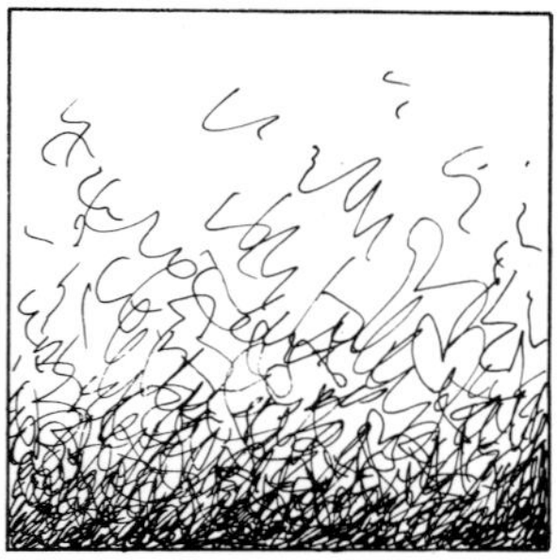

14. Einfache Kritzelstriche können auch sehr eindrucksvoll sein, vor allem, wenn sie in unterschiedlicher Intensität erscheinen.

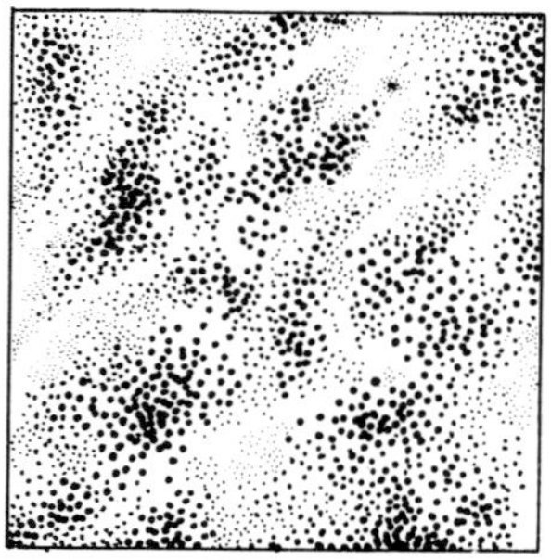

15. Dieser pointillistische Effekt kam mit unterschiedlich dicken Zeichenspitzen zustande.

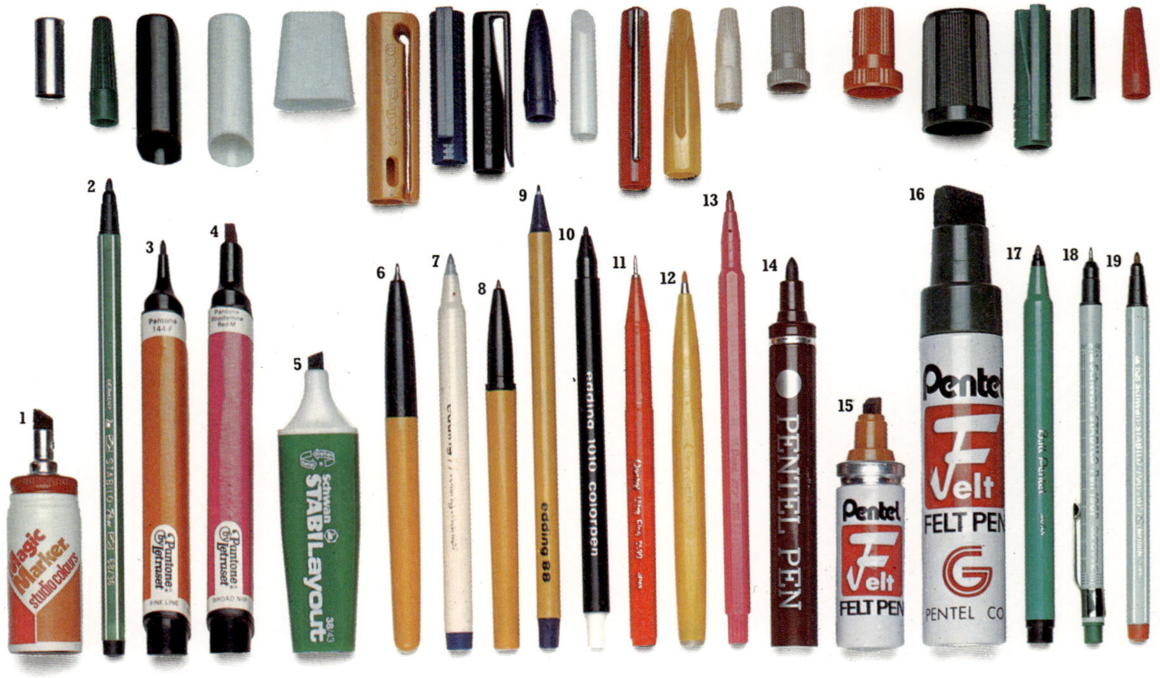

Filzstifte Filz- und Faserschreiber werden beim Design immer beliebter. Da es sie in zahlreichen Stärken und Farben gibt, können sie bei der Arbeit in jedem Stadium gebraucht werden, vom Entwurf bis zur endgültigen Fassung. Die kurzlebigen Filzschreiber – Magic Marker (**1**), Pantone Pen (**4**) Stabilo Layout-Pen (**5**), Pentel Pen (**14**) und Pentel-Filzstifte (**15**, **16**) – zeichnen mit breitem Strich und werden hauptsächlich für Layoutarbeiten verwendet. Die Stabilo-Serie 68 (**2**) besitzt eine mittelbreite Spitze, und es gibt sie in vielen Farben. Pentel-Ultrafein- (**11**) und -Signierstifte (**12**) sind mit Acrylspitzen und schnelltrocknenden Farben ausgestattet und eignen sich dadurch besonders gut zum Zeichnen. Der Ball-Pentel hat eine sehr feine Spitze und ist daher für Kohlepapier geeignet. Sämtliche Edding-Filzschreiber (**6**, **7**, **8**, **9**, **10**), der Pantone Fine-line (**3**) und der Pentel 67 (**13**) zeichnen mit dünnem Strich, was sich bei Detailarbeiten auszahlt. Die Stabilo-Overheadschreiber (**18**, **19**) trocknen sofort, verlaufen nicht, sind hitzebeständig und verblassen nicht.

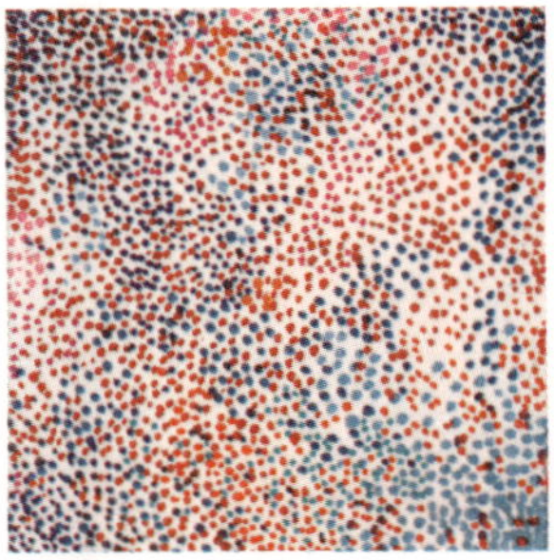

Effekte mit Filzschreibern 1. Dieser pointillistische Effekt entsteht durch Punktieren mit verschiedenfarbigen feinen Stiften.

3. Für dieses Streifenmuster in Rosa und Rot wurde durch ein Papiertaschentuch hindurch auf Zeichenpapier gezeichnet.

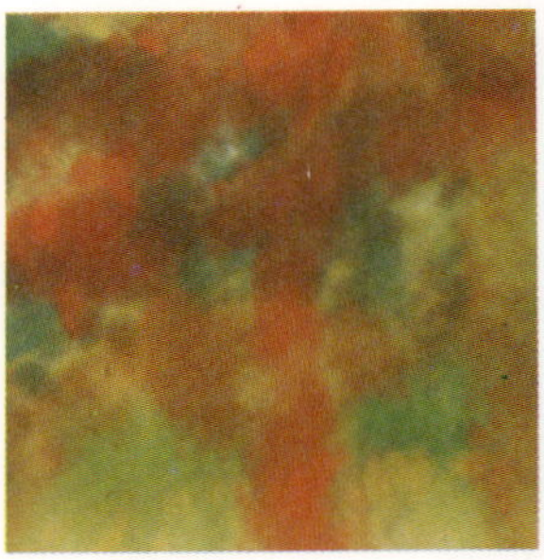

5. Hier wurde wie unter (**2**) verfahren. Der weichere Effekt wird durch Abheben der überschüssigen Farbe mit Papier erzielt.

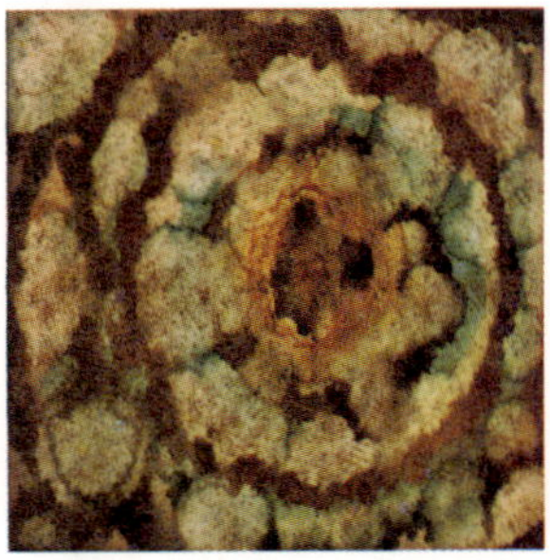

2. Dieser marmorierte Entwurf wurde mit Filzstiften mit wasserlöslicher Tinte gemacht und mit einer Alkohollösung eingesprüht.

4. Diese wasserlöslichen Farben wurden durch nachträgliches Lavieren vermischt.

6. Für diesen blassen Entwurf verwendete man wasserfeste Filzschreiber, mit denen Streifen auf dünnstes Papier gezeichnet wurden.

12

Spritzpistolen

Prinzipien. Typen. Vorbereitung und Techniken:
Vorbereitung der Farbe, Einfüllen, Techniken

12 **Spritzpistolen** Prinzipien

Die kleine handliche Farbspritzpistole ist ein wichtiges Werkzeug für den modernen Designer und den technischen Künstler. Das erste Patent erhielt 1893 der Engländer Charles Burdick, und seitdem wurde das Gerät verbessert und zu einem äußerst komplizierten Instrument weiterentwickelt.

Die praktische Verwendung der Spritzpistole setzt gründliches Üben voraus. Aber mit einiger Geduld schafft es ein erfahrener Künstler, Lichter, Farbtöne und Schatten mit einer nahezu photographischen Präzision aufzutragen.

Sämtliche Spritzpistoltypen basieren auf demselben Prinzip und bestehen aus gleichartigen Bauteilen. Komprimierte Luft wird durch die Saugdüse gedrückt, einen engen Durchlaß, der in einen weiteren Raum mündet, wo die Luft ein teilweises Vakuum verursacht. Die Farbe, die unter normalem atmosphärischem Druck steht, fließt aus dem Farbbehälter, vermischt sich mit dem Luftstrom und wird in winzige Tröpfchen verteilt. Der so entstandene Farbnebel tritt aus der konischen Luftkappe aus und wird auf die zu spritzende Fläche aufgebracht.

Für die benötigte Druckluft gibt es verschiedene Quellen – die Aerosol-Druckflasche, die Fußpumpe, die füllbare Druckluftflasche oder den elektrischen Kompressor. Für den Künstler ist der Kompressor das geeignetste Gerät – auch wenn es das teuerste ist –, denn er sorgt für einen weitgehend gleichmäßigen Luftdruck.

Die Spritzpistole ist besonders kostspielig und bedarf sorgfältiger Behandlung und Wartung. Nach dem Gebrauch muß sie gründlich gereinigt werden, denn eine verschmutzte oder verformte Luftkappe verändert den Spritzstrom nachteilig. Wartung und Reinigung müssen genau nach den Vorschriften des Herstellers vorgenommen werden.

Es gibt zwei verschiedene Arbeitsmechanismen bei Spritzpistolen. Bei der einfachsten Ausführung kann der Künstler das Spritzmuster nur durch Veränderung des Abstandes zwischen der Spritzpistole und der Spritzfläche beeinflussen. Das Verhältnis der Farb-Luft-Mischung ist bei ihr von vornherein festgelegt. Einige Abweichung – hinsichtlich feineren oder gröberen Spritzens – läßt sich durch eine gesonderte Einstellvorrichtung erzielen. Dieser Spritzpistolentyp hat den Vorteil einer leichten Pflege, kann aber nur für einfache Flächenarbeiten verwendet werden, da er keine präzisen Details wiedergeben kann.

Für derartige Arbeiten braucht der Künstler die andere, etwas kompliziertere Spritzpistole. Mit ihr läßt sich das Verhältnis Farbe/Luft regulieren. Ein senkrechter Druck auf den Fingerhebel regelt die Luftmenge, ein waagerechter Zug dagegen verändert die Farbmenge. Ist mehr Farbe erforderlich, dann wird der Fingerhebel weiter zurückgezogen.

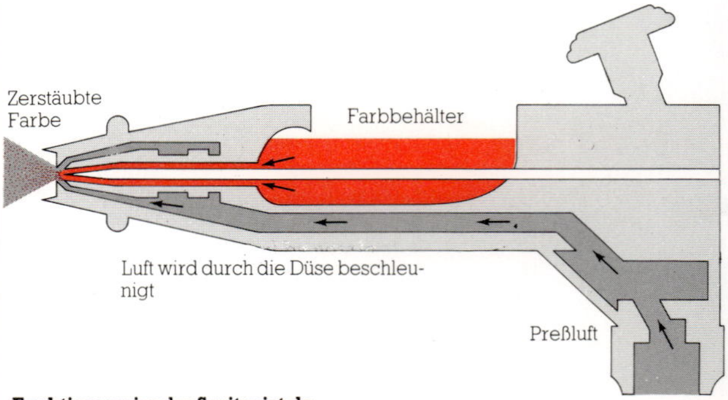

Funktionsweise der Spritzpistole
Preßluft strömt durch einen Kanal und vermischt sich mit der Farbe aus dem Farbreservoir. Dabei wird die Farbe während des Austritts zerstäubt.

Spritzpistolen Typen

Die Spritzpistole gibt es heutzutage in vielerlei Ausführungen und Typen. Die Wahl des geeigneten Gerätes hängt vom Verwendungszweck ab. Für Präzisionsarbeiten jeglicher Art ist die Aerograph Super A 63 ideal, während die Super E 63 wegen ihres größeren Farbbehälters sich besser für große Flächen eignet. Will man die Farben schnell und bequem verändern, dann ist der Conograph zu empfehlen. Sehr vielseitig verwendbar ist die Wold Al. Erstellt man Arbeiten mit umfangreichem Farbtonunterschied, dann ist die Wold Al, die sowohl mit einer konischen als auch einer flachen Luftkappe ausgerüstet ist, geradezu ideal. Die Modelle AA und A von Thayer & Chandler besitzen eine Farb-Luft-Regulierung, dank deren man sowohl große Flächen als auch feine Linien spritzen kann. Für freihändiges Spritzzeichnen oder photographisches Retuschieren ist die Paasche AB Turbo zu empfehlen. Die Typen H-1, H-3 und H-5 von Paasche sind einfachere Modelle mit voreinstellbarer Farb-Luft-Regulierung. Als letztes wären noch die Efbe-Spritzpistolen von Heinrich Boit zu nennen. Paasche liefert auch einen Luftradierer, der Schleifmittel statt Farbe spritzt und so Tusche oder Farbe ohne Verschmieren abscheuert.

Einzelteile der Spritzpistole Dieser Längsschnitt durch einen Aerograph Super 63 (**rechts**) zeigt die wesentlichsten Einzelteile: Luftkappensicherung (**1**), Luftkappe (**2**), Düse (**3**), Düsenring (**4**), Nadel (**5**), Mantel (**6**), Nadelbüchse (**7**), Büchsenpackung (**8**), Hebel (**9**), Nockenring (**10**), Nokken (**11**), Arretierschraube (**12**), Durchgang (**13**), Nadelfeder (**14**), Federgehäuse (**15**), Führungsschraube (**16**), Handgriff (**17**), Membranschraube (**18**), Membransatz (**19**), Luftventildichtung (**20**), Luftventilkegel (**21**), Luftventilfeder (**22**), Luftventilgehäuse (**23**) und Federkäfig (**24**).

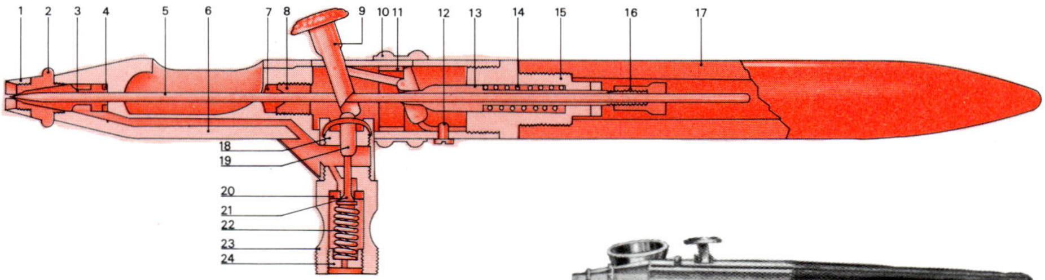

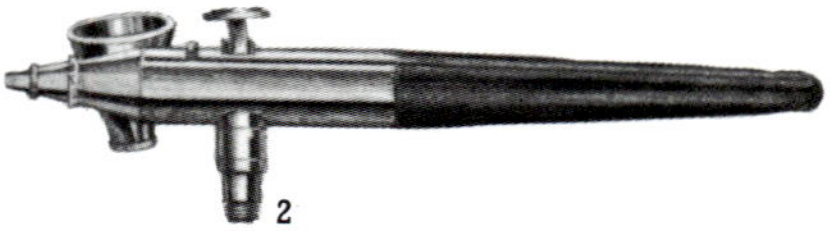
2

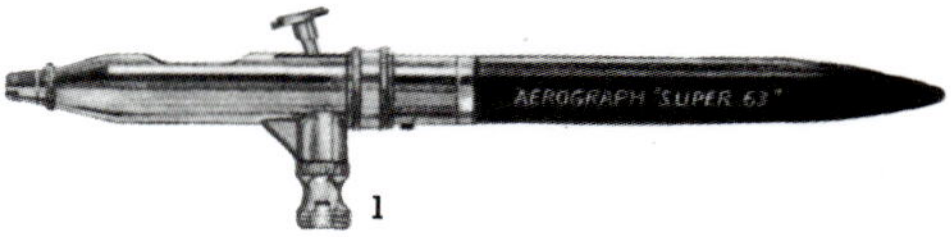

1

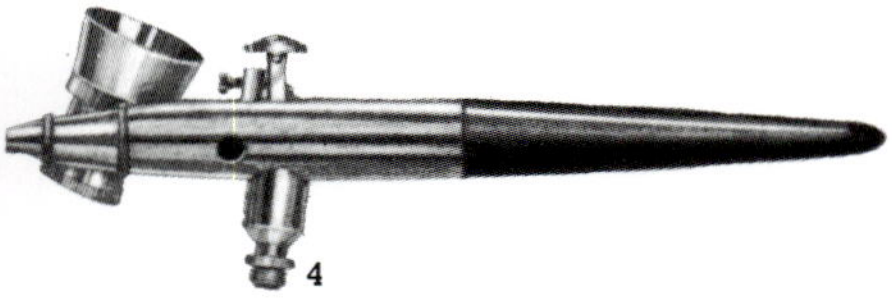
4

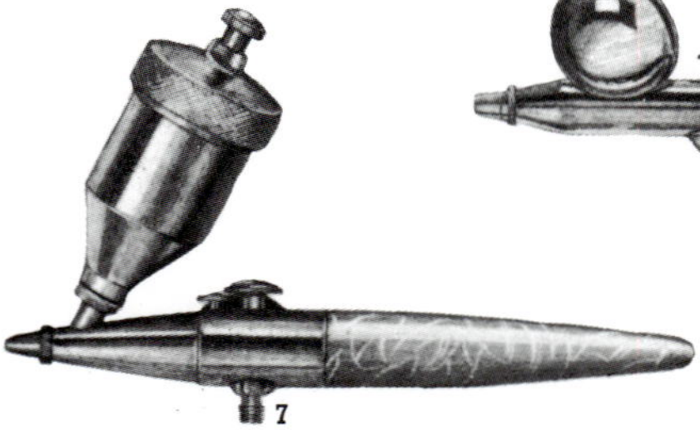
7

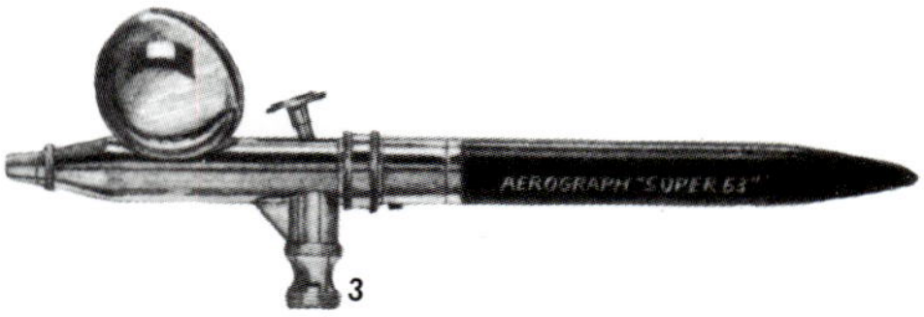

3

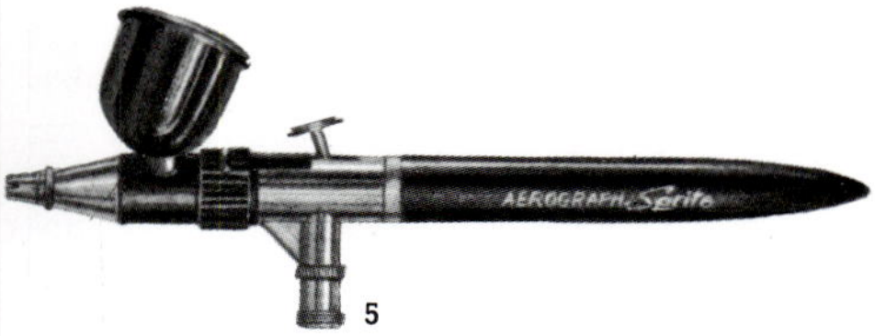

5

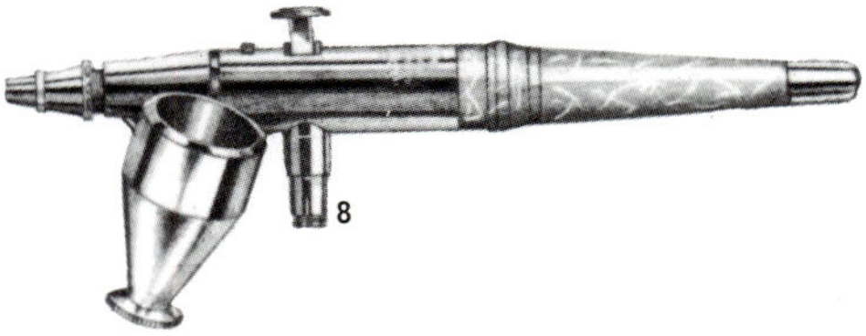
8

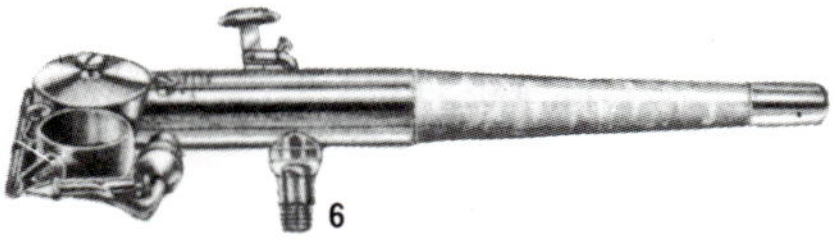
6

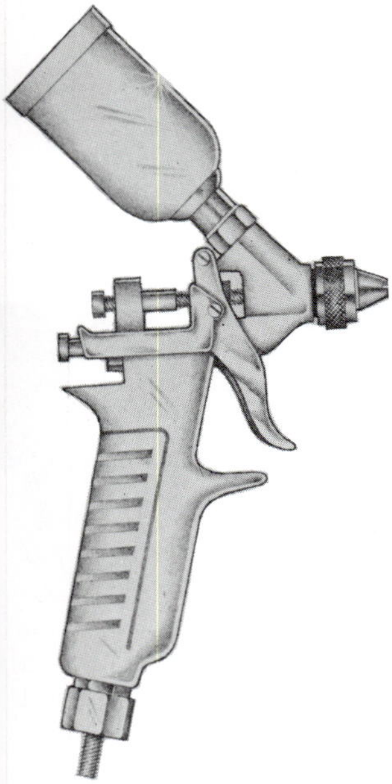

Spritzpistolen Spritzpistolen für Acrylfarben besitzen große Düsen und Farbbehälter.

Spritzpistoltypen Der Aerograph Super A 63 (**1**) eignet sich für Qualitätsarbeiten, während die Paasche V-1 (**2**) für genaue Detailarbeit verwendet wird. Der Aerograph Super E 63 (**3**) High-speed dient für große Flächen. Modell A von Thayer & Chandler (**4**), Paasche VI (**8**) und der Aerograph Sprite (**5**) sind Vielzweckgeräte. Die Paasche AB Turbo (**6**) dient zum Retuschieren von Photographien. Der Paasche Air-eraser (**7**) kann zum Abscheuern und zum Gravieren von Glas verwendet werden. Viele Spritzpistolen wie die Paasche V-1 (**8**) können mit verschiedenen Düsen ausgerüstet werden.

Kompressortypen Zur Arbeit mit der Spritzpistole braucht man einen konstanten Luftdruck. In Studios wird meist ein Membrankompressor (**12**) verwendet, der einen Druckregler (**9**) benötigt. Kompressoren, die Luft gleichzeitig pumpen und komprimieren (**11**), besitzen keinen Kessel. Die Druckluftflasche (**13**) ist tragbar und mit geringen Kosten nachfüllbar. Die Aerosol-Druckflasche (**10**) mit Spezialventil wird zum Spritzen kleiner Flächen verwendet.

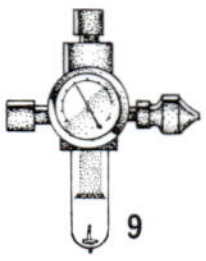
9

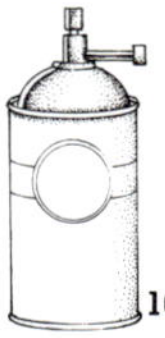
10

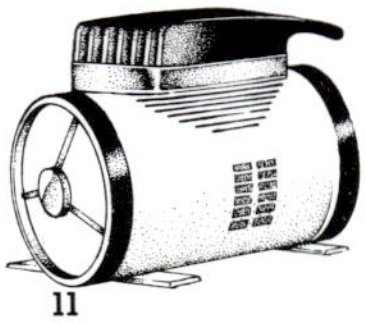
11

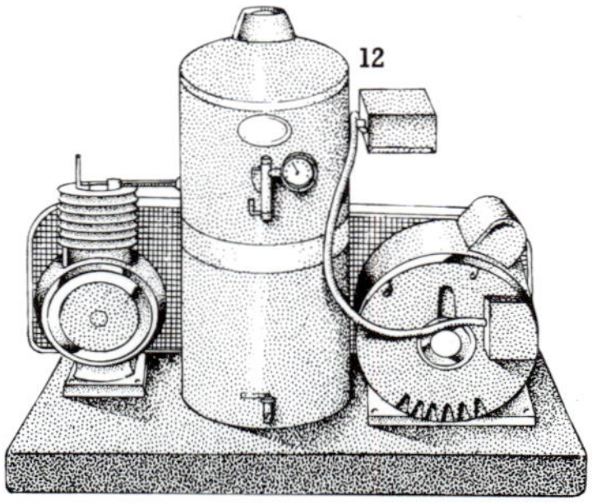
12

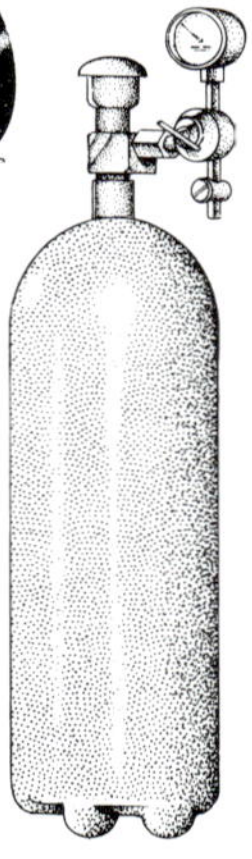
13

12 Spritzpistolen Vorbereitung und Techniken

Vorbereitung der Farbe

Beim Arbeiten mit der Spritzpistole ist es wichtig, die Farben richtig und sorgfältig vorzubereiten. Die Farbe sollte die Konsistenz von Milch besitzen. Ist das Pigment zu dick, dann entsteht ein körniger, runzliger Effekt, und die Düse kann verstopfen.

Bei jedem Wechsel des Pigments und nach jeder Entleerung des Farbbehälters muß letzterer mit Lösungsmittel gereinigt werden.

Einfüllen von Farbe

Der Farbbehälter oder -becher sollte mit einem Tropfer oder einer Spritze gefüllt werden. Verwendet man einen Pinsel, darf er nur grobe Borsten besitzen, denn feine Marderhaare könnten die Spritzpistole verstopfen.

Techniken

Anfänger sollten zunächst eine Weile mit der Spritzpistole üben und experimentieren, um ihre Technik zu entwickeln. Am besten beginnt man mit einigen Grundformen wie beispielsweise Würfel, Pyramiden, Zylinder und Kegel und erstellt davon möglichst viele unterschiedliche Ausführungen. Weitere Aufgaben für den Anfänger sind das Zeichnen gerader Linien und das Abdecken.

Für eine maskierte gerade Linie braucht man ein Maximum an Luft und ein Minimum an Farbmischung. Man spritzt vom Maskenrand aus von rechts nach links, wobei die Spritzpistole möglichst in einem Winkel von etwa 90° zur Spritzfläche gehalten wird. Für dicke Linien hält man sie in größerer, für dünne Linien in kleinerer Entfernung vom Malgrund. Die Breite der Linie läßt sich durch Senken oder Anheben der Spritzpistole regulieren.

Die Spritzpistole sollte etwa 10 cm von der Spritzfläche entfernt gehalten werden. Dann bewegt man sie, von der Schulter aus arbeitend, in einer gleichmäßigen Bewegung über die Fläche. Danach wird der Strahl durch Drehung des Handgelenks nach oben bewegt. Keinesfalls darf dabei der Fingerdruck auf den Hebel nachlassen. Die Linie wird durch Gegenbewegung über die Maske nachgezogen.

Zum Zeichnen einer geraden Linie wird eine Seite eines Stahllineals auf die Papierfläche gedrückt und festgehalten. Man spritzt, während man die Düse entlang der angehobenen Seite des Lineals gleiten läßt.

Für den Anfänger ist es ebenfalls wichtig, verschiedene Effekte zu üben. Will man abgestufte oder vermischte Farbtöne bekommen, dann arbeitet man von hell nach dunkel. Feine Linien werden mit Hilfe eines Lineals gespritzt. Für gesprenkelte Effekte wird eine spezielle Kappe auf der Spritzpistole befestigt.

Der angehende Spritzpistolenkünstler sollte sich auch in verschiedenen Maskiertechniken üben. Bei einer Maske aus Folie sollte das Bild zunächst ganz genau auf die Folie gezeichnet werden, bevor sie ausgeschnitten wird. Flüssigmaskierung kann mit dem Pinsel aufgetragen werden, muß aber völlig trocken sein, bevor sie überspritzt wird. Ist die Farbe absolut trocken, kann die Maske wegradiert werden. Mit einer ausgerissenen Papiermaske erhält man eine faseriges Linenmuster.

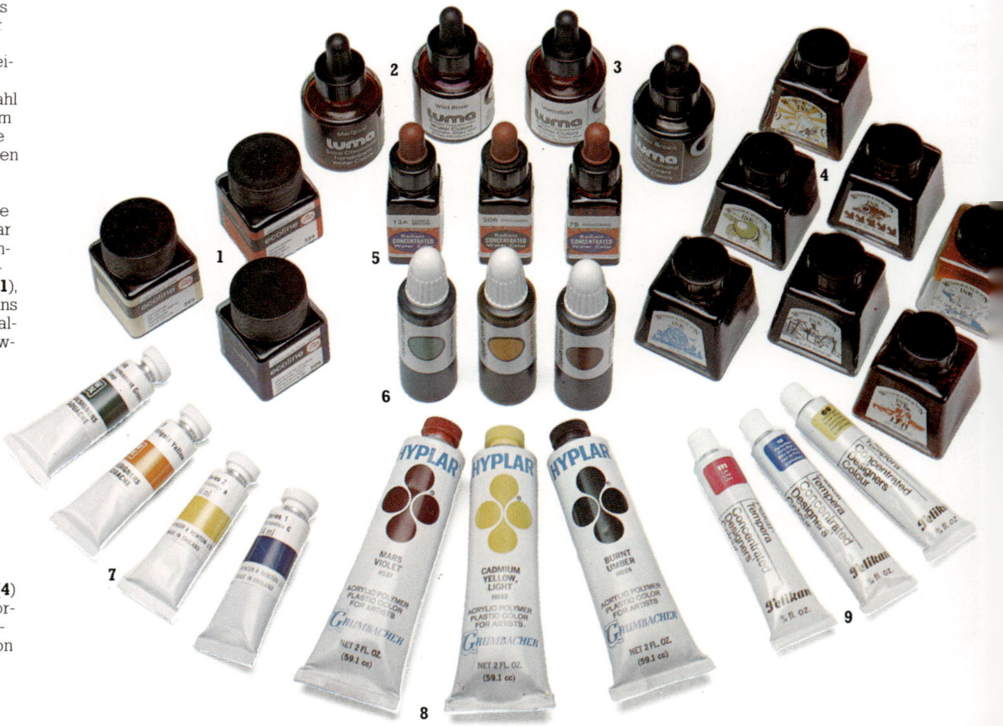

Farben Für die Spritzpistole gibt es vielerlei Farben unterschiedlicher Tönungen und Konsistenzen. Speziell für sie konzipierte Farbe ist beispielsweise von Lukas und Schmincke zu erhalten. Bei der Wahl der Farbe sollte man sehr behutsam sein, zumal eine zu dicke Farbe die Spritzpistole verstopfen kann. Zu den gebräuchlichen Farben gehören: Winsor & Newtons Gouachen (**7**) Pelikan-Designerfarben (**9**) – beide Sorten sind Deckfarben; Luma Solar Chromatic Transparent (**2**) und konzentrierte Aquarellfarben (**3**); Ecoline transparente Aquarellfarben (**1**), die nicht wasserfest sind; Dr. Martins konzentrierte Aquarellfarbe (**5**); Vallejo-Flüssigfarbe (**6**); Winsor & Newtons wasserfeste Zeichentuschen (**4**) und Hyplar-Acrylfarben (**8**), die vornehmlich in Spritzpistolen verwendet werden. Nach Verwendung von Acrylfarben muß die Spritzpistole sorgfältig gereinigt werden.

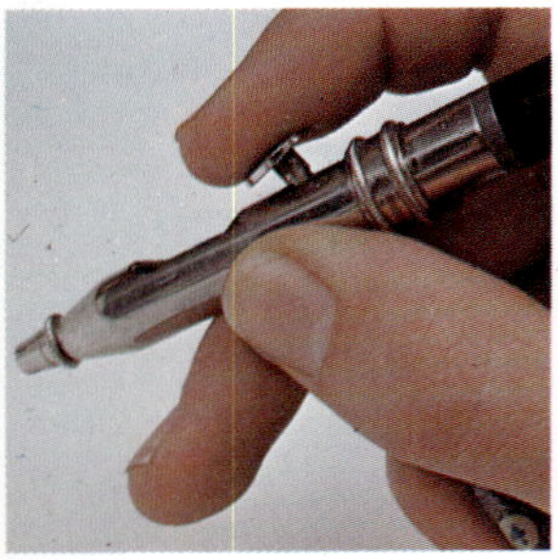

Arbeit mit der Spritzpistole 1. Der Knopf wird mit dem Zeigefinger heruntergedrückt, um den Luftstrom freizugeben.

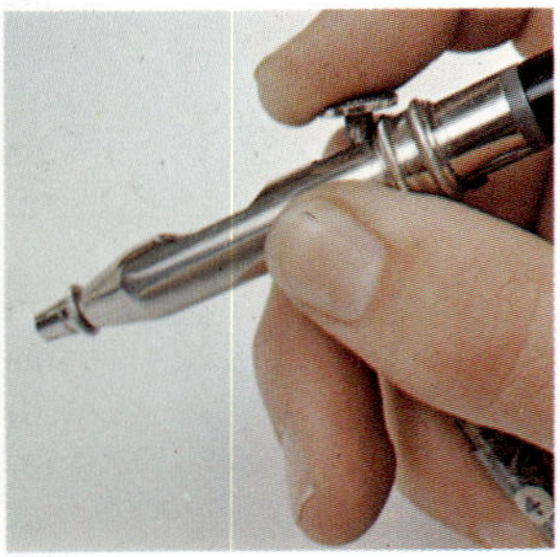

2. Während der Knopf gedrückt bleibt, wird er nach hinten gezogen, um die Farbe freizugeben.

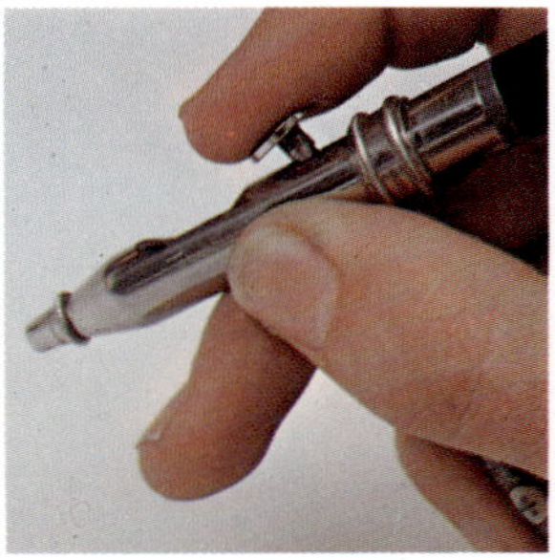

3. Für Arbeitspausen wird zunächst der Farbfluß unterbrochen, indem man den Knopf wieder in Ausgangsstellung bringt.

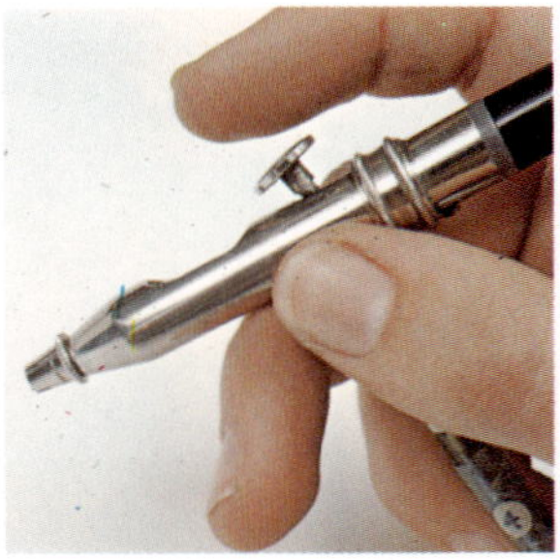

4. Danach wird der Finger angehoben, um auch den Luftstrom zu stoppen. Verwechselt man die Schritte 3 und 4, dann entstehen Kleckse.

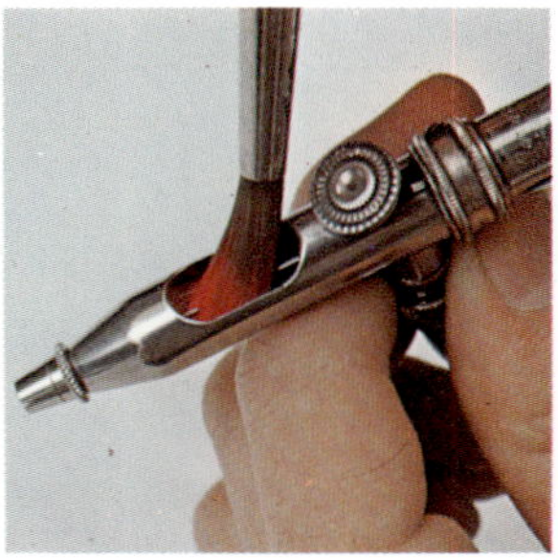

Reinigung der Spritzpistole 1. Die restliche Farbe wird mit einem Pinsel oder einer Pipette aus dem Farbbehälter aufgesaugt.

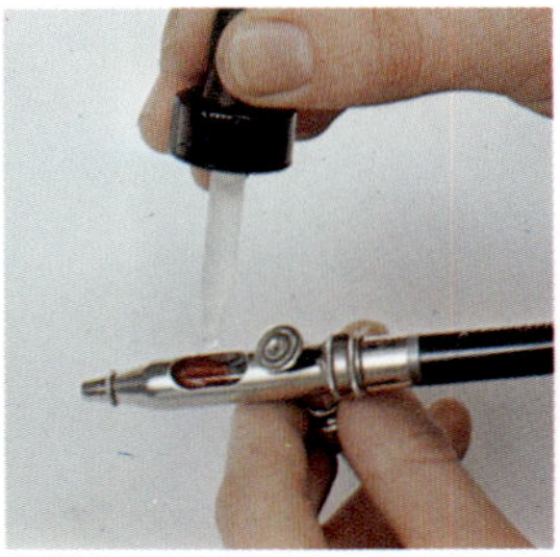

2. Verbliebene Farbe versprühen und den Farbbehälter mit einem Pinsel oder Tropfer mit sauberem Wasser füllen.

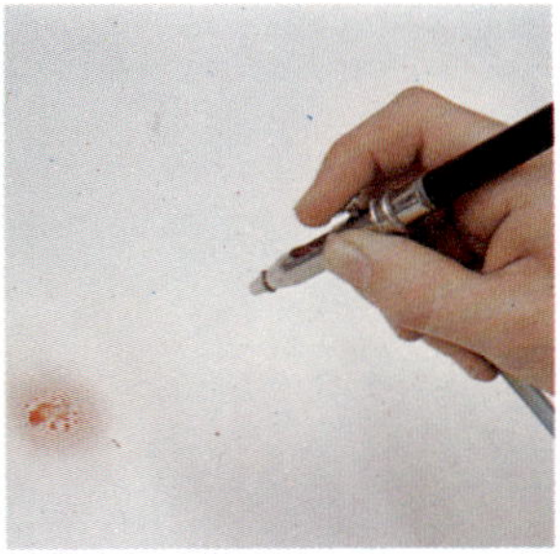

3. Dann wird das Wasser so lange mit der Spritzpistole versprüht, bis es ganz klar herauskommt.

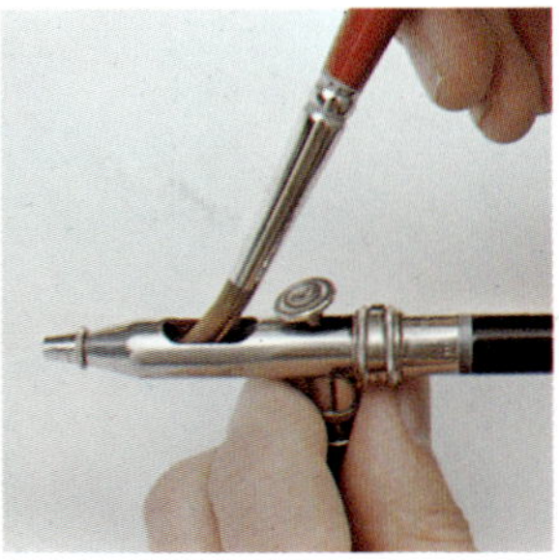

4. Vor dem erneuten Benutzen wird der Farbbehälter mit einem sauberen, trockenen Pinsel gründlich trokkengerieben.

Effekte mit der Spritzpistole Farbtöne werden gemischt oder abgestuft, indem man mit dem hellsten Ton beginnt und dann die jeweils dunkleren Farbtöne aufträgt (**rechts und Mitte**). Für Tüpfeleffekte (**ganz rechts**) setzt man entweder eine spezielle Kappe auf die Spritzpistole oder verringert den Luftdruck erheblich. Für den Anfänger empfiehlt es sich, Figuren mit Lichtern und Schatten (**unten**) zu versehen, damit sie dreidimensional wirken.

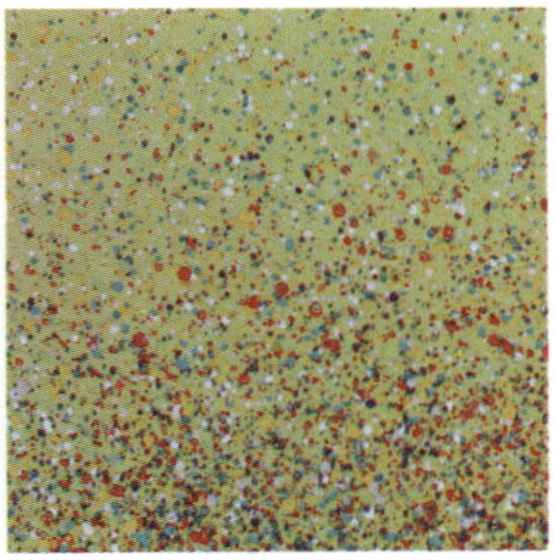

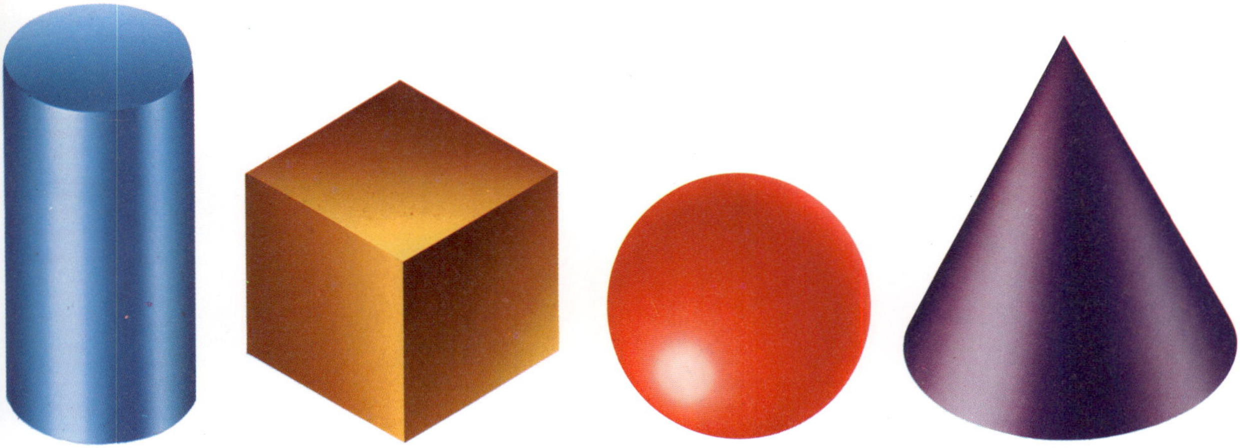

Maskieren Fast alles kann als Maske auf eine Fläche gelegt werden, aber die üblichen Masken bestehen aus Papier oder durchsichtiger Folie. Das Schneiden solcher Masken ist sehr schwierig und sollte geübt werden. Schneiden Sie die Folie zügig, so daß sie sich nicht dehnt oder die Form verliert, aber nicht so kräftig, daß die darunterliegende Schicht beschädigt wird.

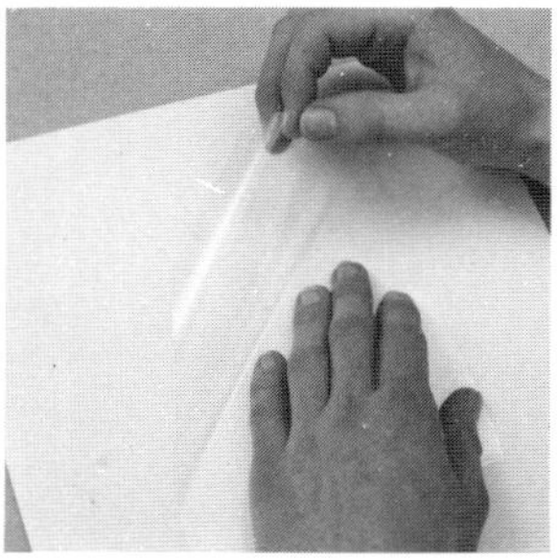

Schneiden einer Maske 1. Man bedeckt Papier oder Karton mit einer Maskierfolie.

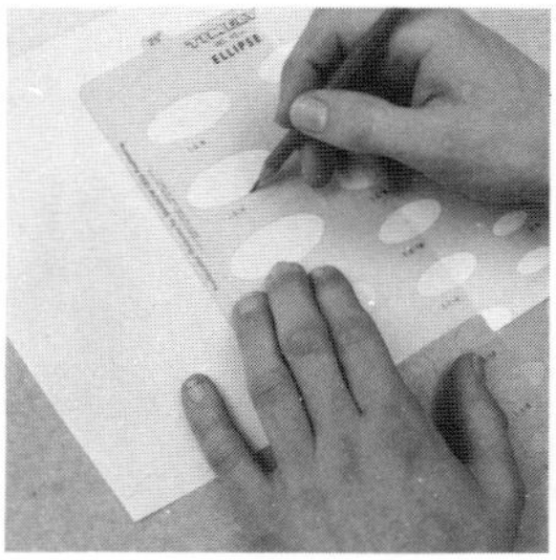

2. Das Bild wird durch ein Blatt Künstler-Kohlepapier auf die Folie gepaust.

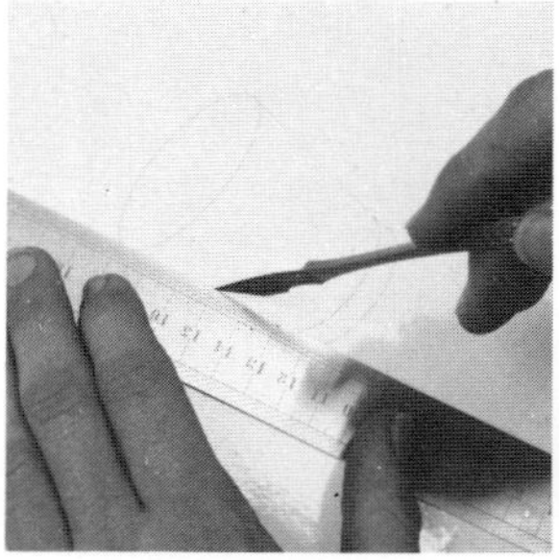

3. Die Folie wird mit einem Skalpell auf Maß zugeschnitten.

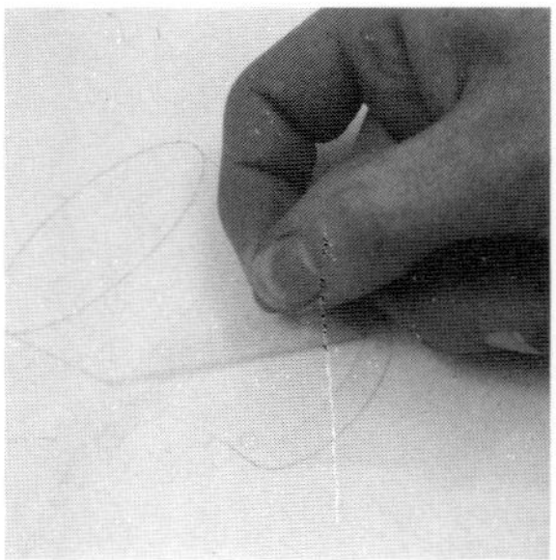

4. Die Maske wird mit einer Messerspitze angehoben, vorsichtig zurückgezogen und zur späteren Verwendung beiseite gelegt.

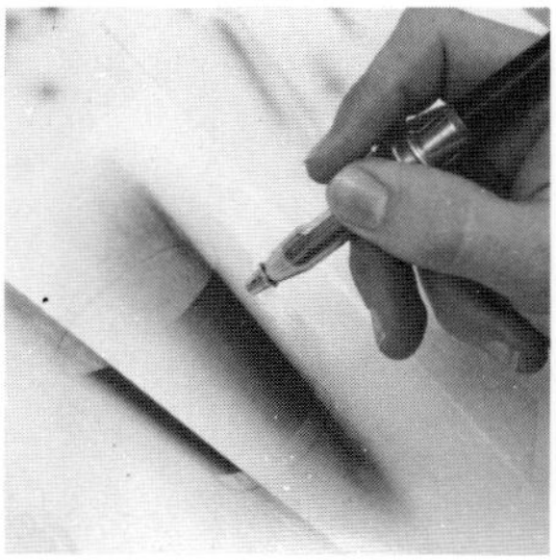

5. Die unmaskierte Fläche wird mit der Spritzpistole gespritzt. Hier kommt es auf gleichmäßige Spritzbewegungen an.

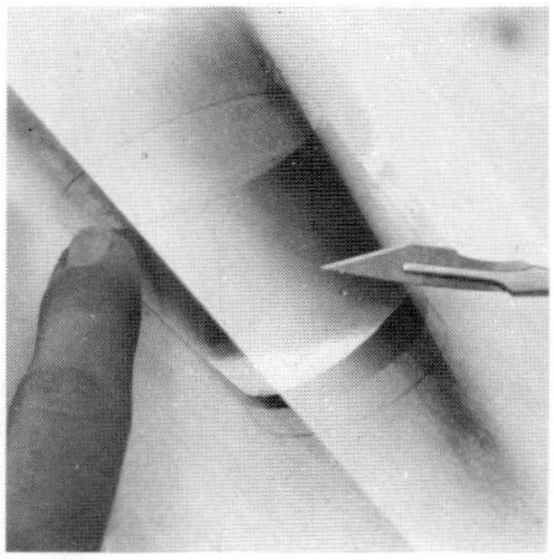

6. Nach dem Spritzen muß dieser Abschnitt völlig auftrocknen, bevor die Maske aufgelegt und der Spritzvorgang wiederholt wird.

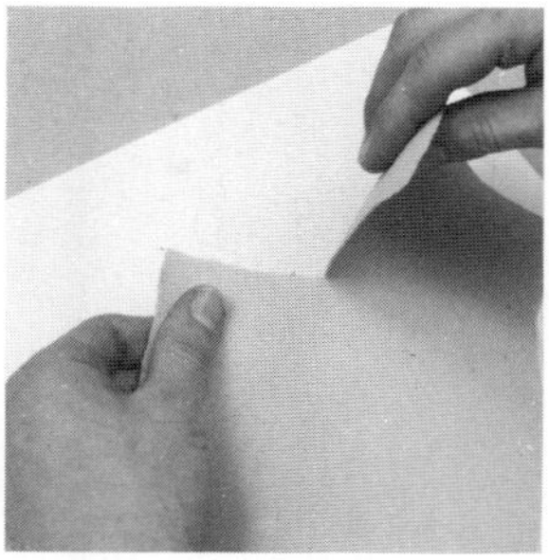

Reißen einer Papiermaske 1. Ein einigermaßen dickes Papier wird abgerissen. Der Rand sollte möglichst faserig sein.

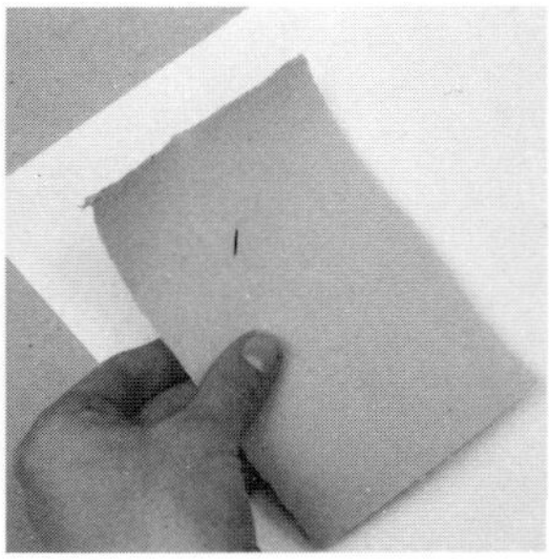

2. Die abgerissene Maske wird über das Papier gehalten. Der Abstand zwischen Papier und Maske bestimmt die Schärfe der Linien.

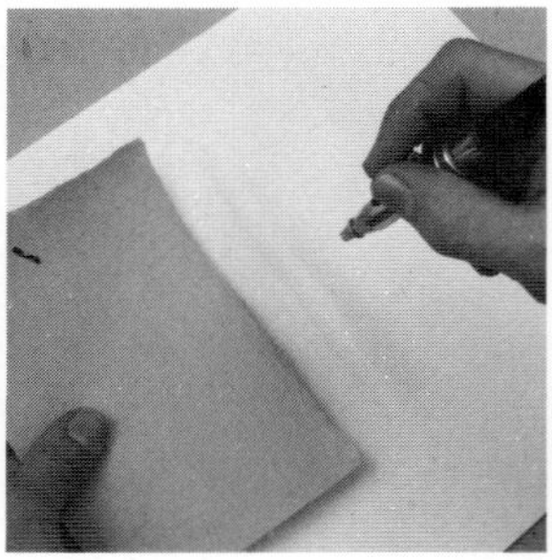

3. Entlang des abgerissenen Maskenrandes werden die gewünschten Linien aufgespritzt.

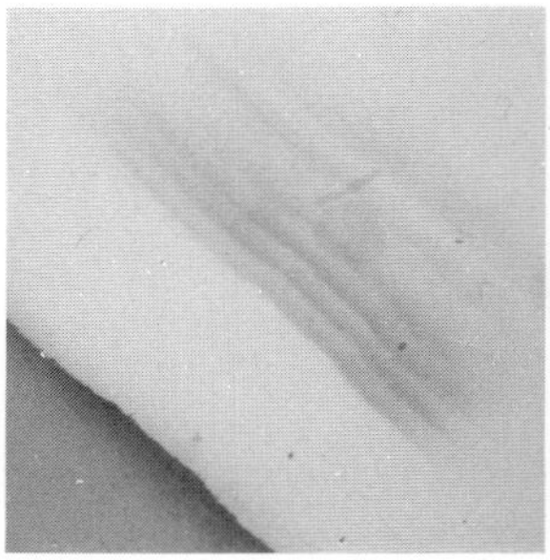

4. Dieses Linienmuster läßt sich so auftragen, daß es wie die Maserung von Holz wirkt.

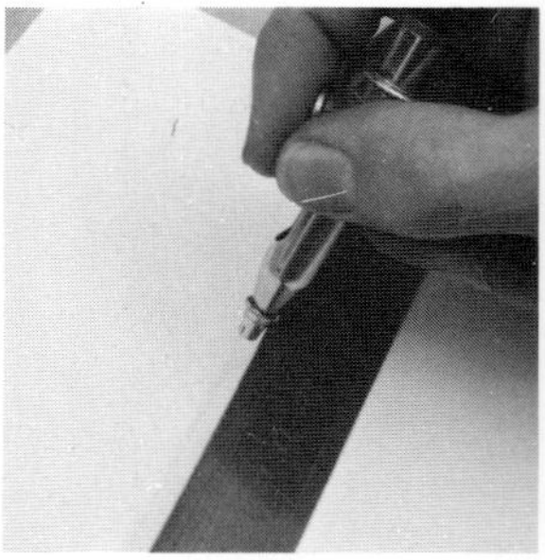

Spritzen gerader Linien Man hebt eine Seite des Lineals an und führt die Düse der Spritzpistole am Lineal entlang.

Lichter aufsetzen Man kann fast auf jedes Bild Lichter aufsetzen, um eine plastische Wirkung zu erzielen. Nicht übertreiben, sonst verliert das Bild seine Wirkung. Ein einzelnes Glanzlicht erzielt u. U. den größeren Effekt. Glanzlichter können in allen Farben aufgesetzt werden.

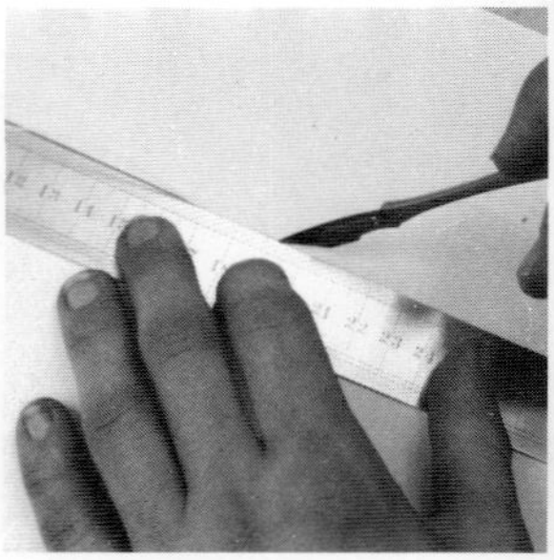

Ein Stern als Glanzlicht 1. Zur Herstellung einer Schablone wird mit dem Messer ein Schlitz in Papier oder Karton geschnitten.

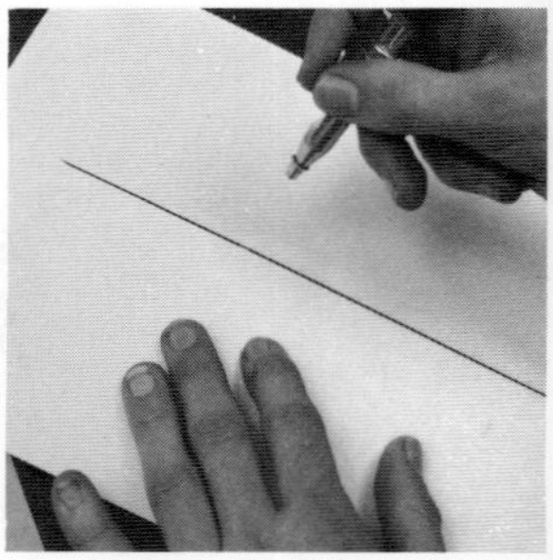

2. Spritzt man auf die Mitte des Schlitzes, schwächt sich die Farbe zu den Enden hin ab.

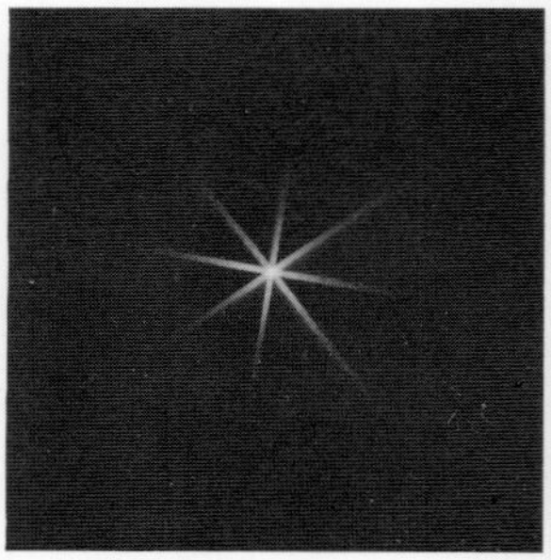

3. Der Stern ist fertig, wenn die vier Linien im Winkel von je 45° zueinander gespritzt wurden.

13

Druckverfahren

Geschichte und Methoden. Der Hochdruck: Linolschnitt, Holzschnitt, Holzstich, Reliefdruck, Druckverfahren und Papier. **Der Tiefdruck:** Gravieren, Kaltnadelradierung, Radierung, Aquatinta, Aussprengverfahren, Ausrüstung und Materialien, Druck. **Lithographie:** Vorbereitung der Oberfläche, Ausrüstung und Materialien, Druck. **Siebdruck:** Grundprinzipien, Materialien und Methoden, Rahmen und Tische, Druck.

13 **Druckverfahren** Geschichte und Methoden

Das Grundprinzip des Druckens kennen die europäischen Künstler seit etwa 500 Jahren, und man vermutet, daß es von Techniken herrührt, die vor fast 1400 Jahren in China angewandt wurden. Das als Hochdruck bekannte Verfahren beruht darauf, Teile aus einem Holzblock oder anderem Material herauszuschneiden, so daß ein Relief stehenbleibt. Dieses Relief wird mit einer Druckfarbe bestrichen und auf Papier oder ähnliches Material, welches die Druckfarbe aufsaugt, gepreßt. Dieses an sich recht einfache Verfahren wurde unter den Händen bedeutender Künstler, wie z. B. des Japaners Kitagawa Utamaro (1753–1806), zu einer hochstehenden Kunst weiterentwickelt.

Zum Hochdruck gibt es ein gegensätzliches Verfahren, den Tiefdruck, bei dem die Druckfarbe in die aus der Druckplatte herausgestochenen Linien gerieben und von den erhabenen Teilen der Platte abgewischt wird. Das Papier saugt dann die Farbe aus den Vertiefungen auf.

Noch zwei weitere fundamentale Verfahren sind zu nennen: Beim Flachdruck, auch Lithographie oder Steindruck genannt, wird die Druckfarbe von einer glatten Fläche übertragen. Fett, das Drucktusche bindet, und Wasser, das sie abstößt, kommen auf der Druckplatte zur Anwendung. Aus der Lithographie hat sich der moderne Offsetdruck entwickelt. Die vierte Technik ist der Siebdruck, bei dem durch ein Gewebe hindurch gedruckt wird.

Das Drucken erfolgte ursprünglich von Hand; nach Gutenbergs Erfindung der beweglichen Lettern setzte sich die Druckpresse stärker durch, wobei die Illustrationen zunächst vorwiegend Holzschnitte waren. Im 17. und 18. Jh. dominierte der Tiefdruck bei der Buchillustration, aber er war zeitraubender und kostspieliger als der Holzschnitt und die Lithographie und wurde daher im 19. Jh. von beiden verdrängt. Diese Verfahren waren nicht nur schneller und billiger, sondern sie ermöglichten auch den mehrfarbigen Druck, womit man sich das nachträgliche Kolorieren von Hand ersparte. Mehrere aufeinander abgestimmte Druckplatten wurden nacheinander für die verschiedenen Farben verwendet. Im 19. Jh. dienten manchmal bis zu zwölf Druckplatten zur Herstellung eines einzigen Farbdrucks.

Schließlich aber wurde die Illustration eine Aufgabe für den Photographen, dessen Bilder heutzutage, in winzige Pünktchen zerlegt (gerastert), vornehmlich im Offsetverfahren wiedergegeben werden. Die ursprünglichen Druckverfahren werden heute nur noch von Künstlern praktiziert.

Druckverfahren Der Hochdruck

Linolschnitt
Beim Linolschnitt bleiben die Teile des Bildes, die gedruckt werden sollen, stehen, während man die übrigen Teile aus der Linolplatte herausschneidet. Da das Linoleum verhältnismäßig weich ist, kann es leicht bearbeitet werden, aber es ist auf längere Dauer nicht so stabil wie Holz oder Metall. Dennoch haben auch bedeutende Künstler wie Picasso (1881–1973) und Matisse (1869–1954) zahlreiche hervorragende Linolschnitte geschaffen.

Techniken Hartes Linoleum eignet sich nicht. Ist aber kein anderes erhältlich, dann läßt es sich durch Erhitzen oder durch ein längeres Bad in Leinöl aufweichen.

Die Zeichnung wird mit Bleistift oder Tusche auf die Linolplatte aufgetragen. Zahlreiche verschiedenförmige Linolmesser, die man in ein Griffstück einsetzen kann, erleichtern das Herausschneiden der überschüssigen Linolteile. Man schneidet immer von den aufgezeichneten Linien weg, nicht auf sie zu. Schmale Kerben werden mit einem Hohleisen herausgehoben. Für den Druck gibt es spezielle Farben. Während des Schneidens kann man ohne weiteres Zwischendrucke anfertigen, um den Fortschritt der Arbeit oder die Wirkung zu überprüfen.

Holzschnitt
Es sind uns noch Drucke von Holzschnitten erhalten, die im 8. Jh. in China angefertigt wurden; die Chinesen kannten viel früher als die Europäer ein Verfahren zur Papierherstellung.

Die ältesten chinesischen und japanischen Papiere wurden aus Pflanzenfasern gefertigt. In Europa stellte man Papier aus Lumpen her, bevor man Holz als Rohmaterial entdeckte.

Am Ende des Mittelalters entstanden die ersten Papiermühlen in Europa, doch erst Gutenbergs Erfindung forcierte den Papierbedarf sowohl für Bücher als auch für Illustrationen. Der Holzschnitt ermöglichte die Bildreproduktion in größeren Auflagen. Im Mittelalter verbreiteten sich auch die in der Holzschnittechnik angefertigten Spielkarten. Später wurden Holzschnittillustrationen zu astrologischen, religiösen und politischen Themen beliebt.

Unabhängig davon perfektionierten die Japaner die Holzschnittillustrationen im 18. Jh. Die Drucke aus der Schule von Ukiyo-e zeigen Szenen aus dem Alltag. Diese Entwicklung führte zu berühmten Künstlern wie Utamaro, Katushika Hokusai (1760–1849) und Ando Horishige (1797–1888).

Werkzeuge und Techniken Jedes geschliffene, absolut trokkene Hartholz eignet sich – selbst Sperrholz, Tischlerplatte oder eine furnierte Preßspanplatte, sofern die Furnierung hart genug ist. Jedes Holz, das sich, ohne zu splittern, quer zur Maserung schneiden läßt, ist ebenfalls geeignet. Besonders beliebt sind alte Bohlen und Bretter, die entlang der Maserung gesägt wurden.

Die Zeichnung wird auf dem Holz angelegt oder darauf übertragen und mit einem scharfen Messer eingeschnitten. Anschließend werden die Vertiefungen ausgehoben.

Holzstich

Hierbei handelt es sich um eine Weiterentwicklung des einfachen Holzschnitts. Man benötigt dazu senkrecht zur Faserrichtung geschnittenes Holz, sogenanntes Hirnholz. Die Drucke sind feiner als gewöhnliche Holzschnitte. Wegen der Schnittrichtung sind die Holzplatten kleiner.

Das Verfahren ist etwas schwieriger und präziser, doch die verwendeten Werkzeuge ähneln denen, die man zum Kupfer- und Stahlstich benutzt, und das Grundprinzip ist dasselbe; es handelt sich auch hier um Hochdruck mit einer erhabenen Druckfläche.

Gegen Ende des 18. Jh.s galt der grobe Holzschnitt als einfaches, billiges Mittel zur Illustration, während der Holzstich zur eigentlichen Kunst weiterentwickelt wurde.

Der Engländer Thomas Bewick (1753–1828) ging im Alter von 14 Jahren in eine Kupferstecherlehre. Er gilt als der Erfinder des Holzstichs und wurde als Illustrator berühmt. Die beiden 1797 erschienenen Bände *Die Vögel Englands* begründeten seinen Ruhm und erlebten zahlreiche Auflagen.

Der Schriftsteller und Graphiker William Blake (1757–1827) schuf Holzstiche zur Illustration einer neuen Vergilübersetzung, und von seiner Arbeit wurden Samuel Palmer (1805 bis 1881) und Edward Calvert (1799–1883) inspiriert.

Das Erscheinen zweier Zeitschriften im Jahre 1832, des *Penny Magazine* und des *Saturday Magazine,* stellte die Graphiker vor neue Aufgaben. Sie waren die Vorläufer vieler weiterer Zeitschriften. Der *Punch* erschien erstmals 1841 und die *Illustrated London News* 1842. Zahlreiche Künstler begannen sich mit Graphiken zu beschäftigen. So machte sich z. B. Edmund Evans einen Namen mit Farbdrucken. Von Charles Keene, einem unter vielen, die Federzeichnungen für Holzstiche entwarfen, erschienen viele Graphiken im *Punch.* Gustave Doré (1832–1883) illustrierte zahlreiche Werke der Literatur.

Neben den eigentlichen Künstlern und Illustratoren fertigten handwerkliche Graphiker zahllose Kataloge, Plakate, Prospekte, Zeitschriften, Etiketten und Werbegraphiken an. Viele Arbeiten dieser Art sollten später von den Photographen übernommen werden.

Werkzeuge und Techniken Als Grundmaterial hat Buchsbaumholz eine enge, gleichmäßige Maserung und verzieht sich nicht. Das einfachste Verfahren, die Oberfläche des Holzes vorzubereiten, besteht darin, sie mit einer hellen Tusche einzufärben und die Zeichnung darauf mit einer dunkleren Tusche aufzutragen. Die Grundfarbe ermöglicht es dem Künstler, die Wirkung seiner Werkzeuge während des Gravierens zu beurteilen.

Die meisten beginnen mit einem kleinen Satz von Sticheln (flach, rund, rautenförmig und Grabstichel) sowie Messern (großes und kleines Hohl- und V-Messer). Ganze Werkzeugsätze beinhalten: Stichel, Schraffierer, Hohleisen, Beitel, Geißfuß und verschieden große Messer. Jedes Werkzeug besteht aus der metallenen Klinge und einem Handgriff. Die Schneidflächen der Messer sind um 45° abgewinkelt und nicht so scharf wie die Werkzeuge zur Metallgravierung. Der kleine Holzgriff ist der Handform angepaßt.

Das Schraffierwerkzeug erzeugt feine parallele Linien, die Farbtönungen imitieren. Mit dem Geißfuß kann man punktieren oder Linien ziehen, der Beitel dient zum Herausmeißeln unerwünschter Flächen.

Reliefdruck

Beim Relief- oder Prägedruck verwendet man Metallplatten, bei denen die nicht zu bedruckende Fläche entweder durch Gravierung oder durch Ätzen entfernt wird.

Wenn Säure zum Ätzen verwendet wird, kann die Zeichnung mit säurebeständigem Harz oder Asphalt aufgetragen werden. Die Platte wird danach in ein Säurebad gelegt, so daß die ungeschützten Stellen weggefressen werden. Als Vorsichtsmaßnahme gegen Unfälle und Säuredämpfe muß das Säurebad, meist ein Kunststoff- oder Fiberglasbehälter, nahe an einem Ausguß und in einem gut gelüfteten Raum aufgestellt werden. Die Platte wird mit einer Spezialzange herausgenommen und unter fließendem Wasser gründlich abgespült. Das Harz wird mit Terpentin abgewaschen. Danach muß die Platte gründlich entfettet werden; sie wird mit pulverisierter Kreide bedeckt und mit einem sauberen Lappen abgerieben. Nun wird mit einem anderen Lappen Ammoniak aufgetragen und danach die Platte wieder unter fließendem Wasser abgespült und abgerieben. Schließlich wird sie auf einer heißen Platte erhitzt und noch einmal mit einem saugfähigen, weichen Papier abgerieben, um eventuell noch vorhandene Reste von Wasser und Kreide zu beseitigen.

Das Reliefätzen kann auch zum Tiefdruck verwendet werden. Die Druckfarbe füllt dann die weggeätzten Stellen der Platte.

Zuweilen druckt man mit gemischten Platten von Linol, Holz und Metall, um unterschiedliche Texturen zu erhalten.

Druckfarbe und Papier

Das gleichmäßige Einfärben muß geübt werden. Regenbogenfärbung oder Farbvermischen ist eine beliebte japanische Technik, bei der verschiedene Farben auf derselben Platte vermischt werden. Je härter die Platte, desto größer ist ihre Lebensdauer und desto mehr Drucke kann man herstellen, ohne daß diese erheblich an Qualität verlieren.

Eine Glasplatte oder ein alter Lithostein kann zum Mischen der Farben benutzt werden. Auf der gravierten Platte wird die Druckfarbe mit einem Roller gleichmäßig verteilt, d. h. auf den erhabenen Teilen in allen Richtungen ausgewalzt. Ein Pinsel oder ein kleiner Wattebausch ist dabei behilflich, kleine Flächen mit feinen Details zu benetzen. Druckfarben auf Ölbasis können mit einem Finger oder Pinsel auf kleinere Zeichnungspartien aufgetupft werden.

Anfängern sei empfohlen, Probeabzüge mit unterschiedlichen Papiersorten zu machen. Ist das Papier zu hart, dann braucht die Farbe synthetische Trockner und glänzt nach dem Trocknen. Ist das Papier sehr saugfähig, dann wird die Farbe aufgesaugt, wodurch die Linienführung verschwimmt.

Das Papier wird auf die eingefärbte Fläche gelegt. Will man einen Handdruck anfertigen, dann wird die Rückseite des Papiers mit einem Teelöffel oder einem gleichartigen runden Andrückwerkzeug gerieben. Größere Drucke werden mit Pressen hergestellt, wobei der mechanische Druck durch Metallplatten übertragen wird. Die eingefärbte Druckplatte wird mit aufgelegtem Papier auf das Bett der Presse gelegt; auf das Druckpapier legt man dann noch einige Blätter Papier als Polster. Nun wird der Hebel der Druckpresse kräftig angezogen, und durch dieses Anpressen entsteht der Abdruck. Das fertige Druckerzeugnis wird vorsichtig von der Seite her abgezogen, damit es nicht verschmiert.

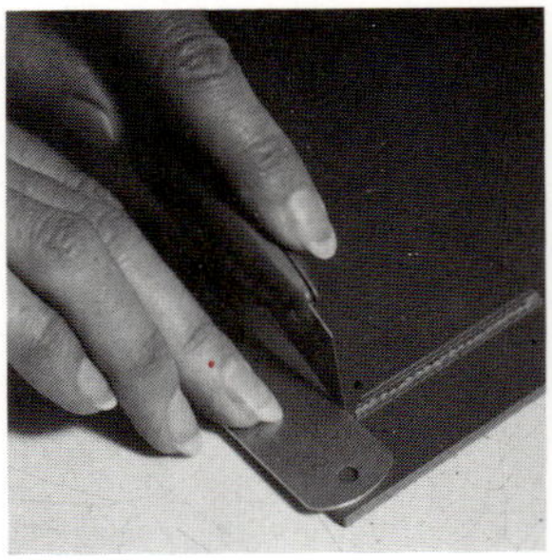

Linolschnitt 1. Man zeichnet mit Tusche auf die Linolplatte und schneidet mit einem Messer entlang den Linien.

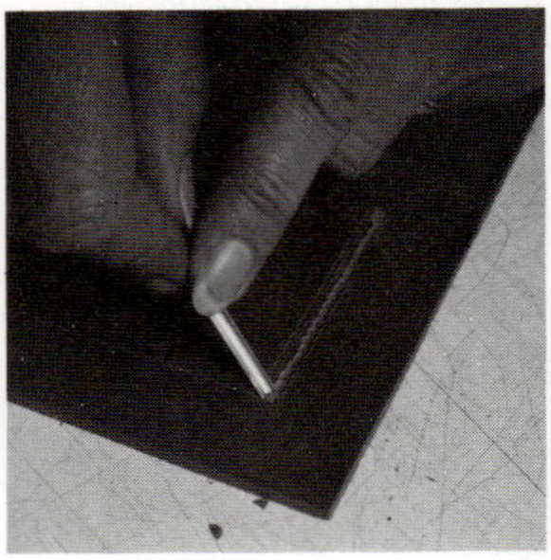

2. Das Linoleum wird mit einem schmalen Hohleisen in kleinen Schnitten herausgehoben.

Ausrüstung für den Linolschnitt Die Platte für den Linolschnitt (**unten**) ist relativ dick und hat unten eine Gewebeverstärkung. Für den Griff gibt es viele verschiedenförmige Messereinsätze. Die Druckfarbe wird mit einer Gummiwalze (**rechts**) aufgetragen.

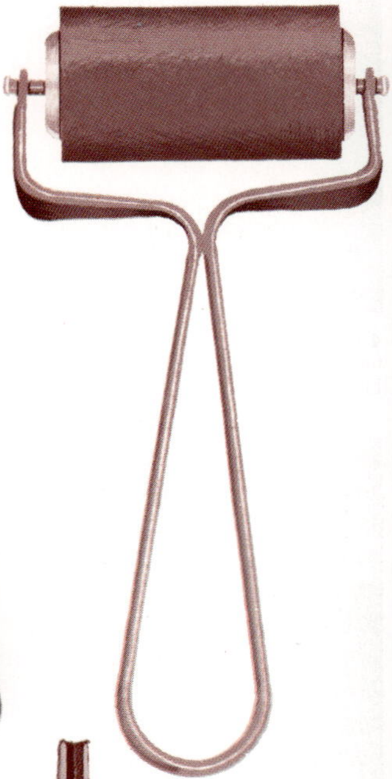

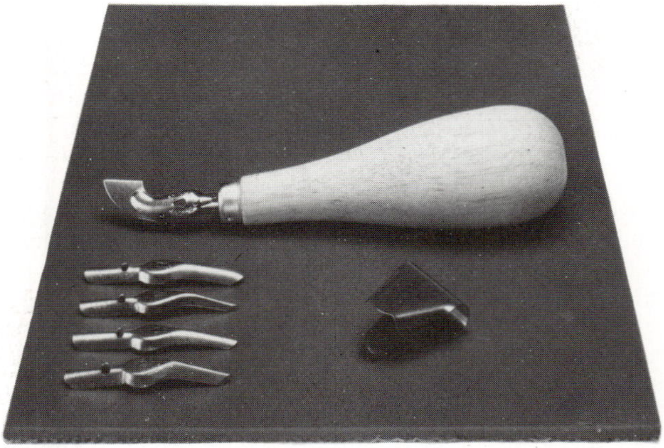

Messer für den Linolschnitt Diese stabileren Werkzeuge (**unten**) gibt es in zahlreichen Ausführungen (**v. l. n. r.**): flacher Stichel, runder Stichel, rautenförmiger Stichel, Grabstichel, schmales Hohleisen, breites Hohleisen und Geißfuß.

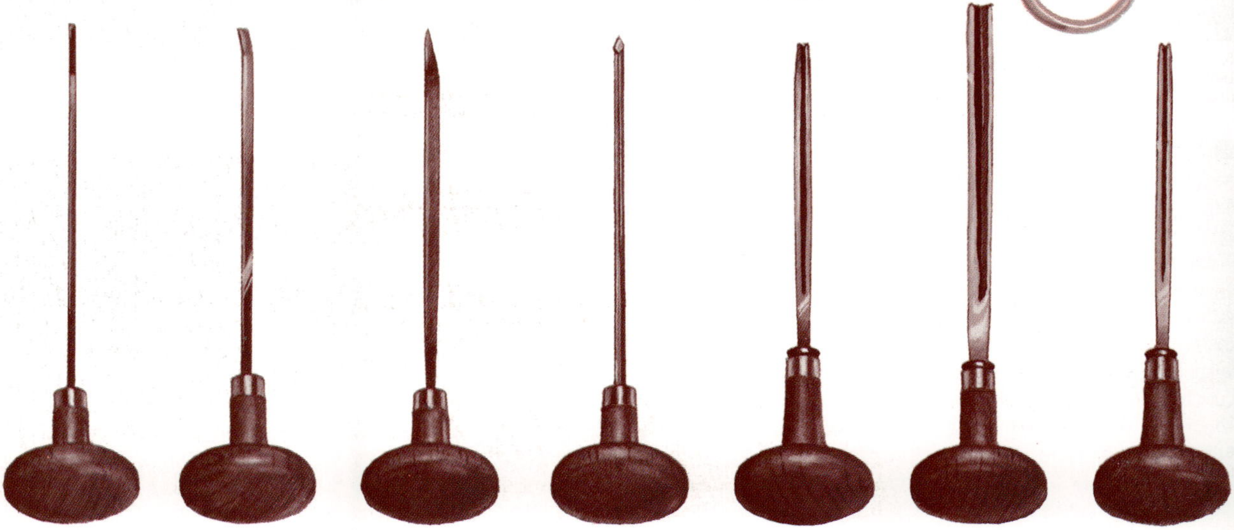

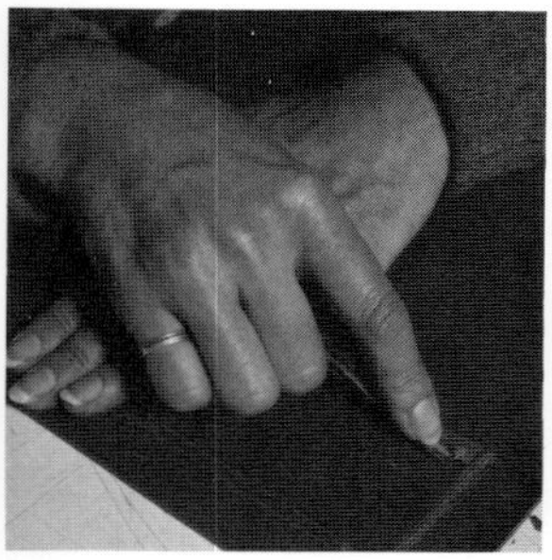

3. Größere Flächen werden mit einem anders geformten Hohleisen herausgehoben.

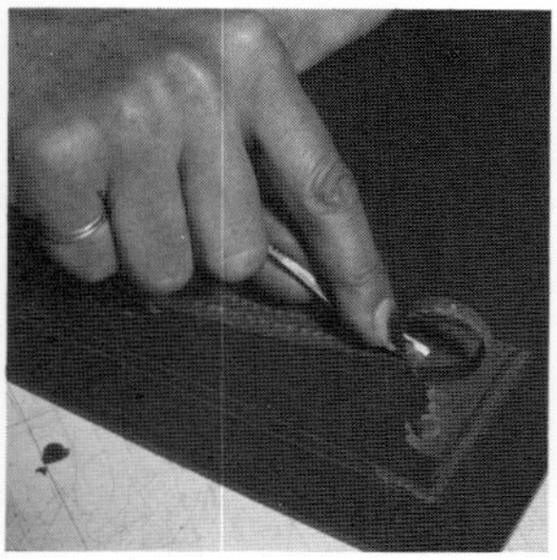

4. Flache Schnitte ergeben eine Textur, ein tiefer Schnitt erscheint im Linoldruck als weiße Fläche.

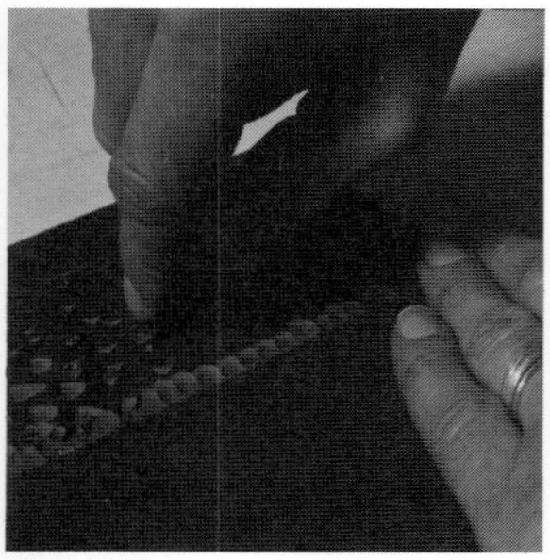

5. Unregelmäßige Einkerbungen bewirken verschiedenartige Muster und Texturen.

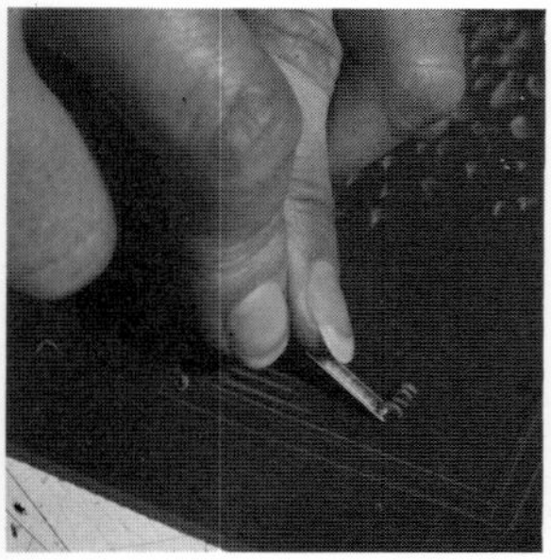

6. Feine Linien werden mit einem V-förmigen Messer herausgeschnitten.

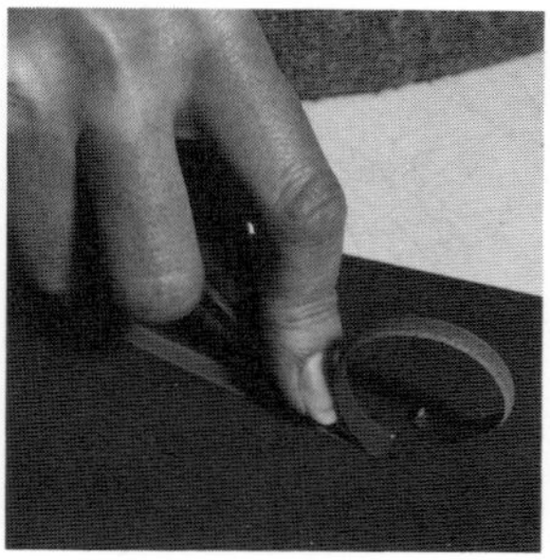

7. Breitere Linien werden mit einem U-förmigen Messer herausgeschnitten.

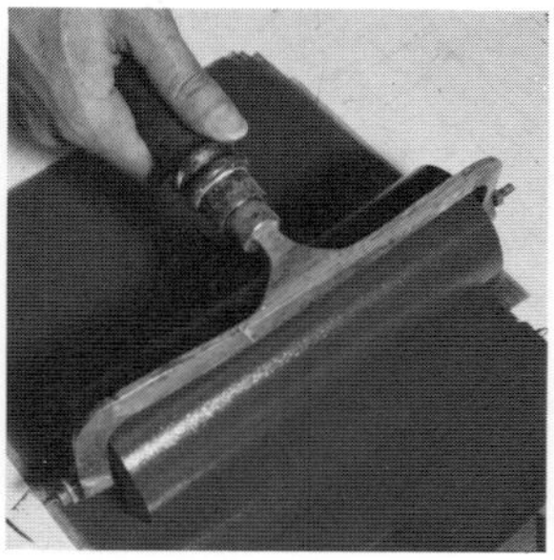

Einfärben der Platte 1. Tragen Sie ein wenig Druckfarbe auf eine ebene Fläche auf und walzen Sie sie gleichmäßig aus.

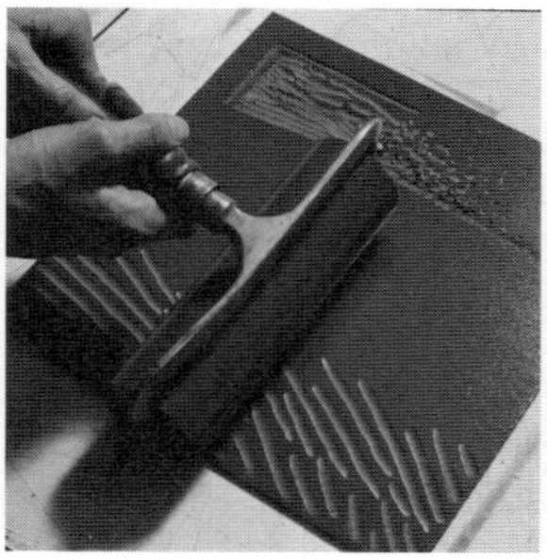

2. Die Farbe wird über die ganze Platte gleichmäßig dünn verteilt, wobei man den Roller in alle Richtungen bewegt.

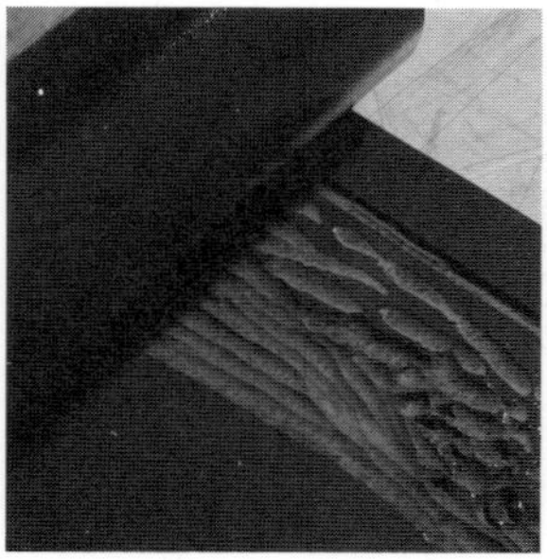

3. Nur die erhabenen Teile der Platte dürfen mit Farbe bedeckt werden. Also keinen starken Druck ausüben.

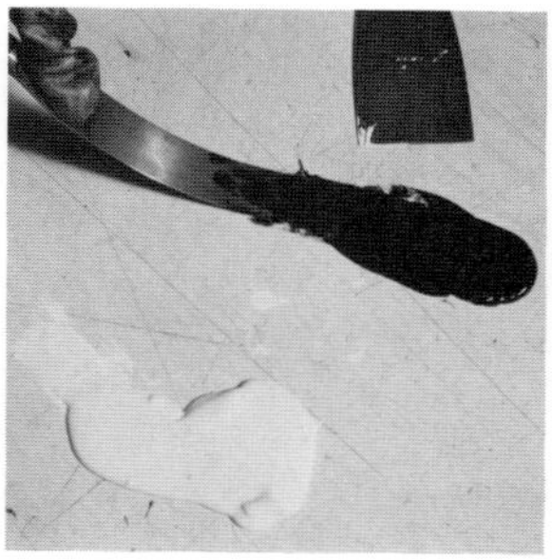

Auftragen von Tönungen 1. Mit Spachteln trägt man auf eine Palette etwas farbige und etwas weiße Druckfarbe auf.

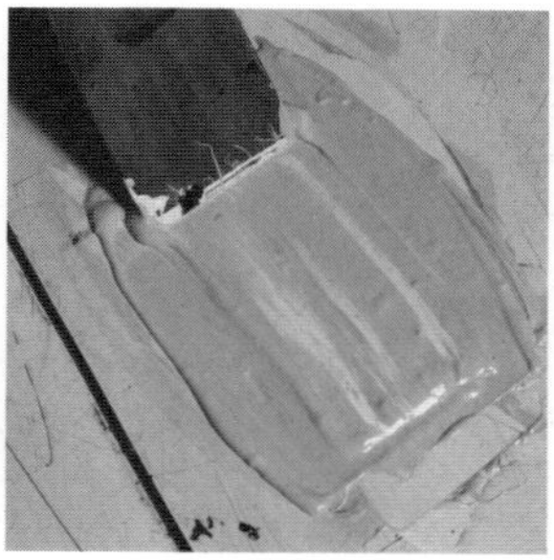

2. Die beiden Farben werden so mit einem Spachtel vermischt, daß dabei zwei verschiedene Farbtöne entstehen.

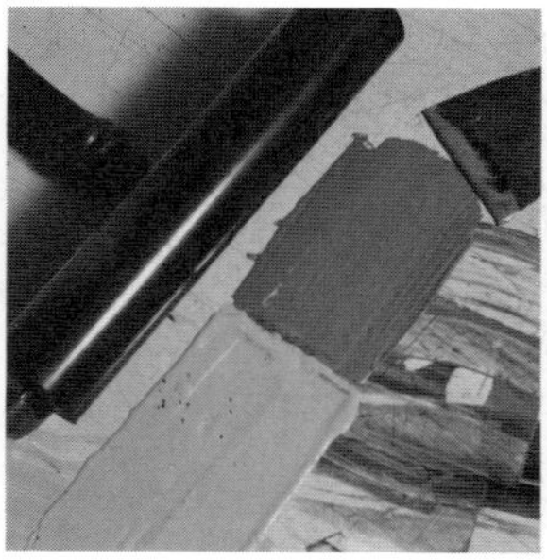

3. Die beiden Farbtöne werden nun nebeneinander breit auf die Linolplatte aufgetragen, so daß sie einander berühren.

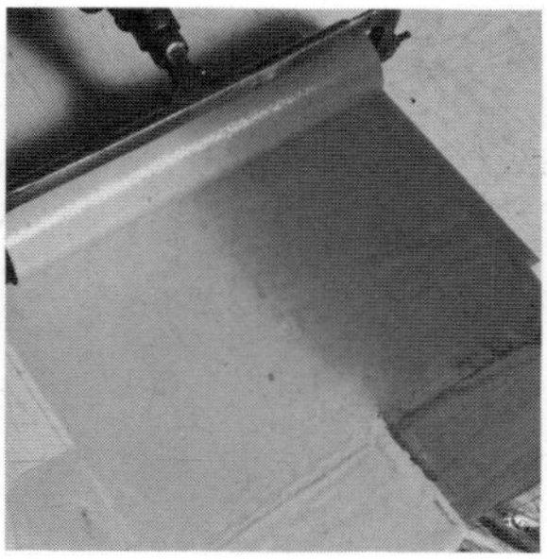

4. Mit einem breiten Roller werden die Farben leicht seitlich ausgewalzt, so daß sie sich in der Mitte vermischen.

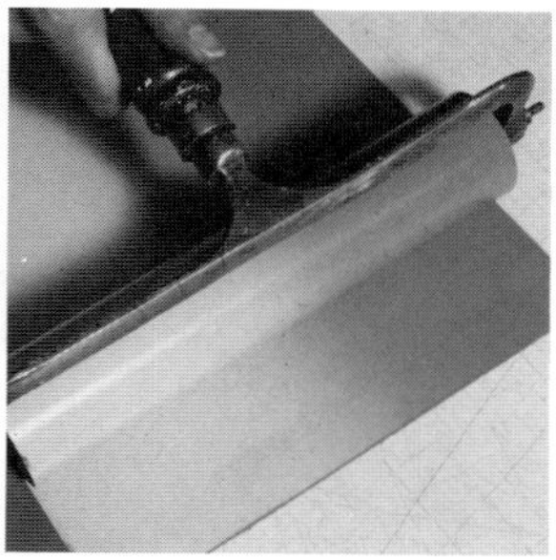

5. Die ganze Druckplatte wird mit einer dünnen Farbschicht versehen, wobei der Roller nur in eine Richtung bewegt wird.

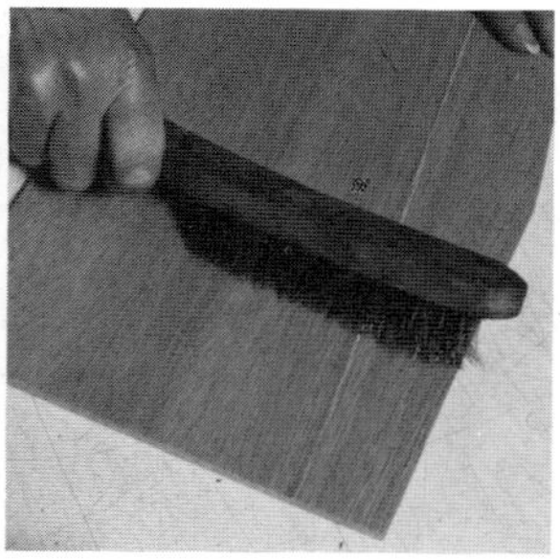

Einfärben von Holz zum Erhalten eines Drucks mit Maserung 1. Mit einer Stahlbürste wird die Holzmaserung herausgearbeitet.

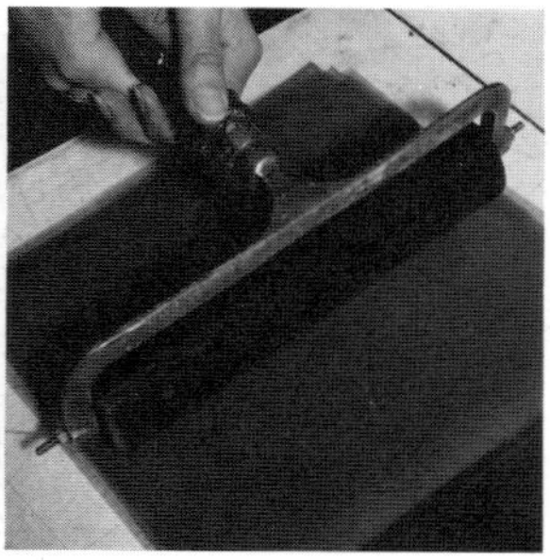

2. Die dünne Druckfarbe wird auf einer sauberen Glasplatte gleichmäßig ausgewalzt.

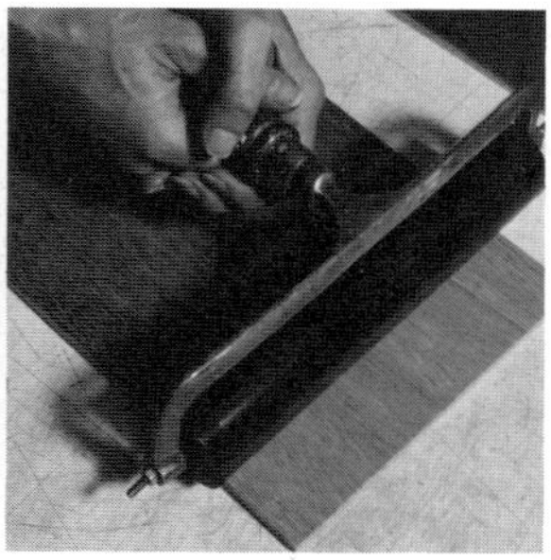

3. Jetzt wird die Druckfarbe mit leichtem Druck auf die Platte aufgewalzt, wobei sich die Maserung nicht mit Farbe füllen darf.

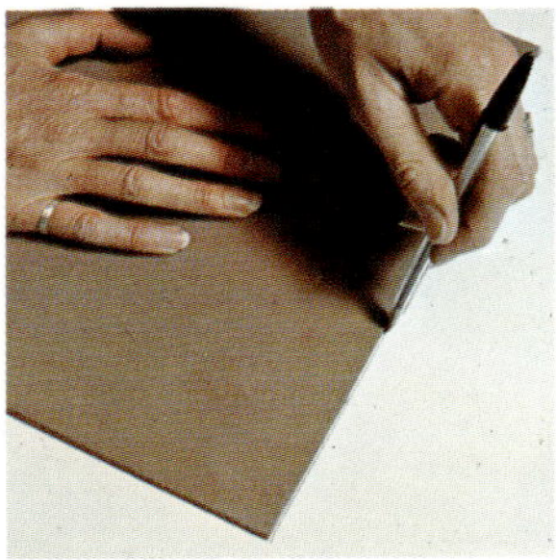

Dreifarbendruck 1. Auf einer Papierunterlage markiert man die Maße der Druckplatte. Eine Ecke des Papiers wird gekennzeichnet.

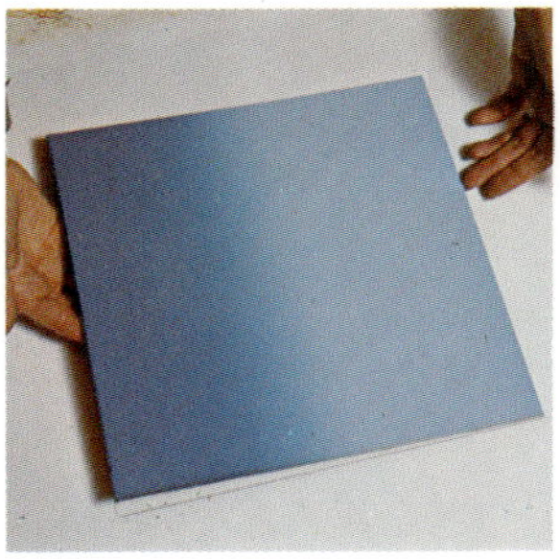

2. Die Papierunterlage wird auf die Laufplatte der Presse gelegt und die Druckplatte innerhalb der Markierung justiert.

3. Jetzt wird das Druckpapier auf die Druckplatte gelegt und nach der gekennzeichneten Ecke der Papierunterlage ausgerichtet.

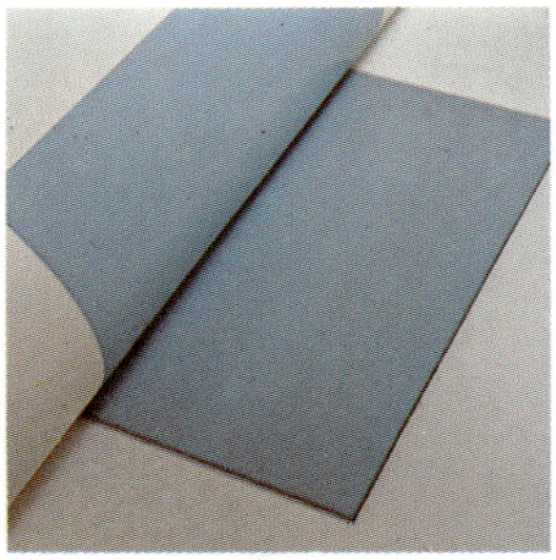

4. Der Druck wird durch die Presse geschoben. Um die Druckqualität zu überprüfen, wird das Papier an einer Seite vorsichtig angehoben.

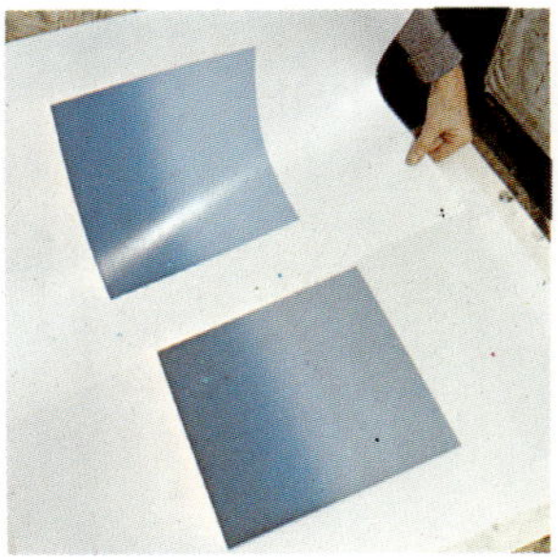

5. Ist die Druckqualität nicht gut genug, läßt man das Papier noch einmal durchlaufen.

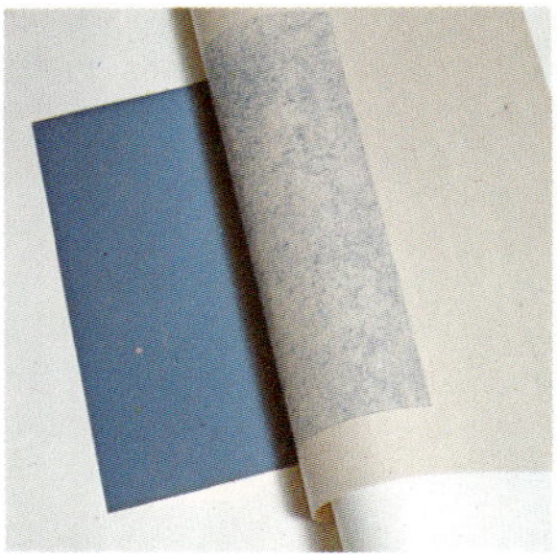

6. Die überschüssige Druckfarbe wird abgehoben, indem man ein sauberes Papier mit dem Druck durch die Presse laufen läßt.

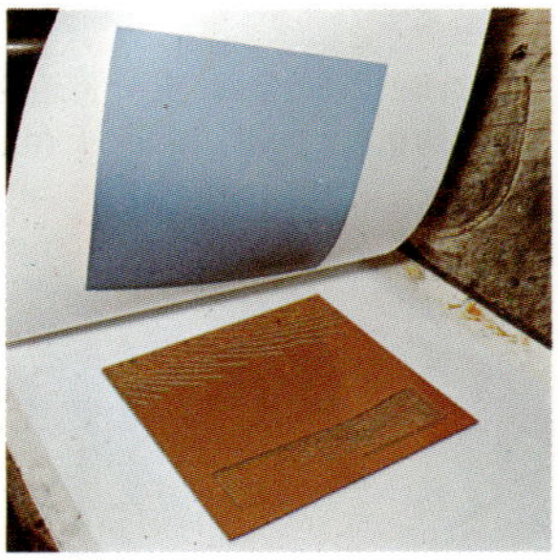

7. Die zweite Druckplatte wird genau auf die bedruckte Papierunterlage gelegt. Gekennzeichnete Ecken beachten!

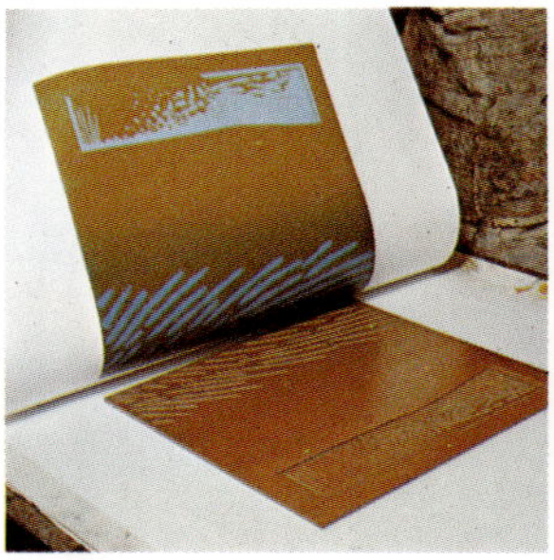

8. Der zweite Druck erfolgt, die Druckqualität wird überprüft und überschüssige Druckfarbe in der beschriebenen Weise entfernt.

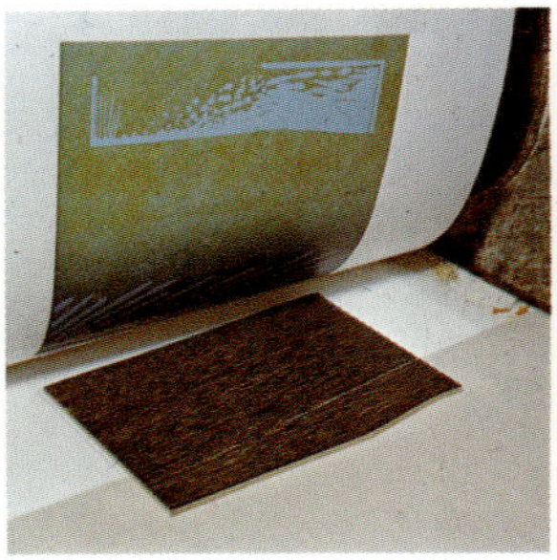

9. Jetzt wird die dritte Druckplatte mit der nun zweifarbigen Papierunterlage durch die Presse geschoben.

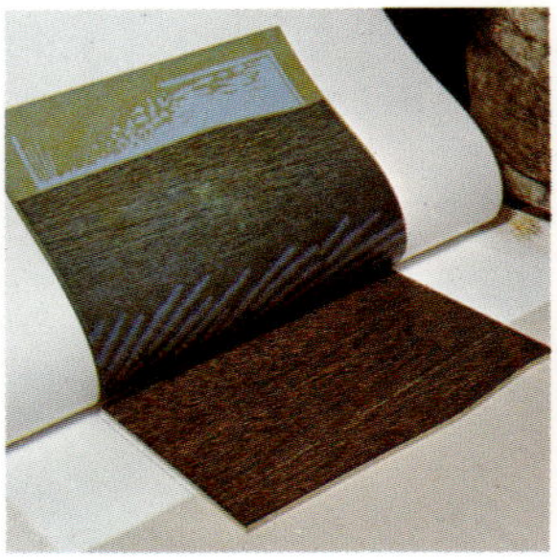

10. Beim letzten Druck braucht die überschüssige Farbe nicht mehr entfernt zu werden. Er kann jetzt austrocknen.

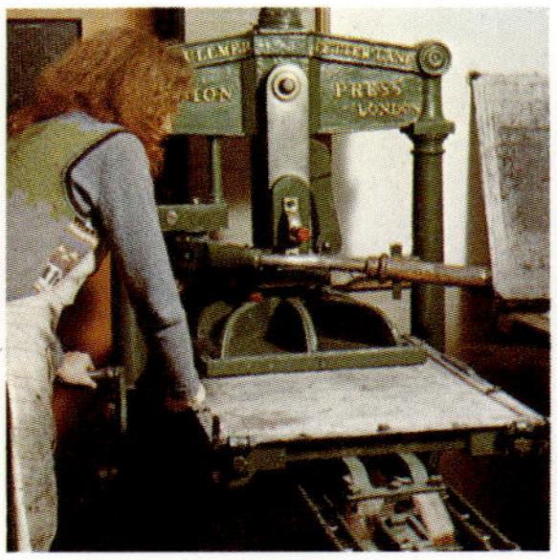

Betätigung der Druckpresse 1. Vor dem Druckvorgang wird der mechanische Druck geprüft und eventuell Makulaturpapier aufgelegt.

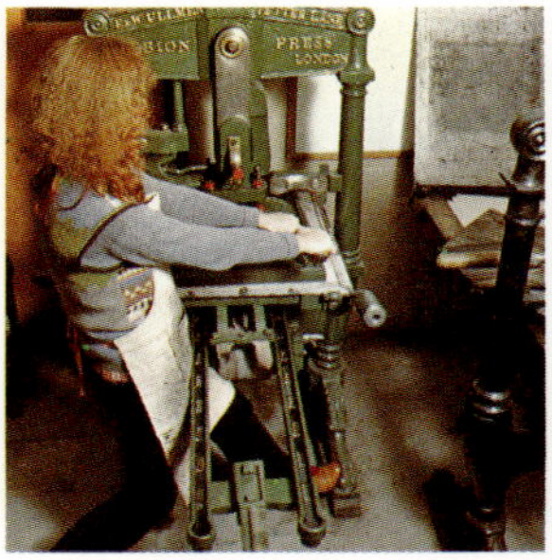

2. Nachdem die Laufplatte unter die Presse geschoben wurde, wird der Hebel der Presse angezogen.

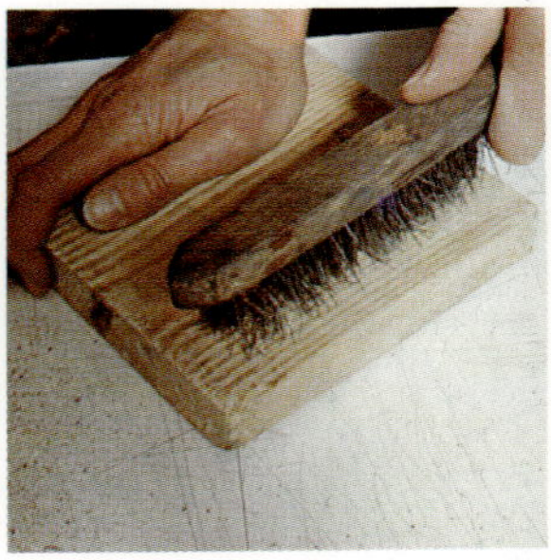

Schneiden einer Holzplatte 1. Die Platte wird leicht mit einer Stahlbürste gescheuert, damit die Maserung herauskommt.

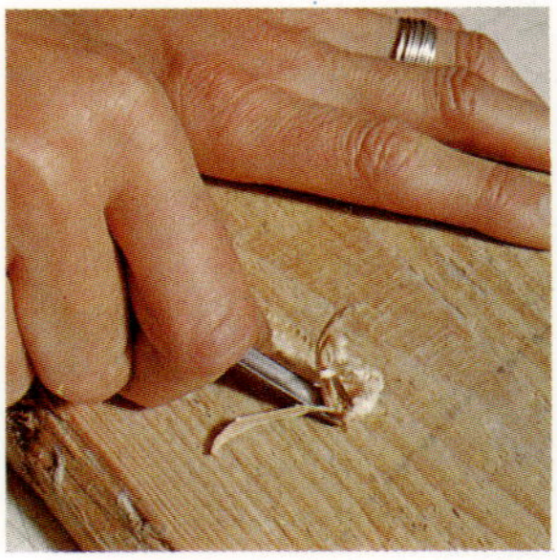

2. Mit einem Stichel schneidet man nun in das Holz, wobei auf die Laufrichtung der Maserung zu achten ist.

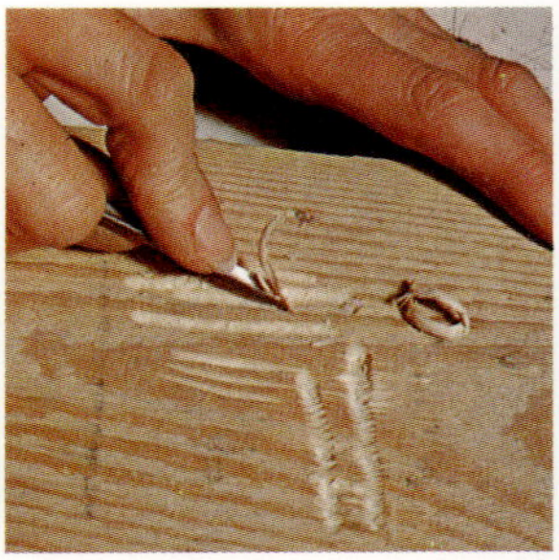

3. Man schneidet parallel und quer zur Maserung. Querschneiden ist schwieriger und kann die Zeichnung unsauber machen.

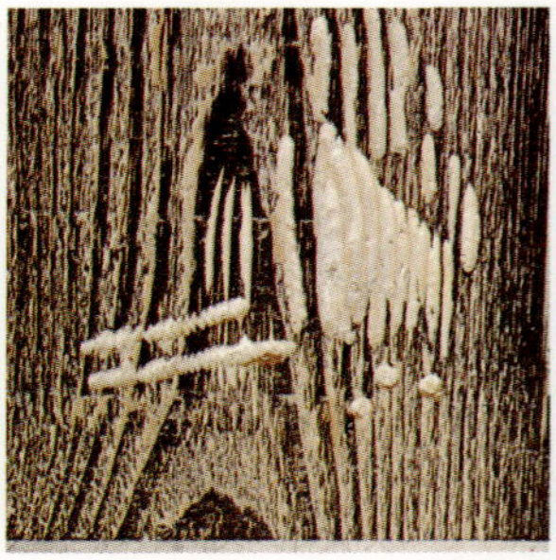

4. Der Fortgang der Arbeit und die Maserung sind leichter zu erkennen, wenn man die Platte dunkel färbt.

Druckverfahren Der Tiefdruck

Tiefdruckplatten werden graviert, entweder mit der Kaltnadel, die von Hand in die Druckplatte getrieben wird, oder durch Ätzen. In beiden Fällen liegen die gezeichneten und durch den Druck wiedergegebenen Linien tiefer als die Oberfläche der Druckplatte.

Prinzipien und Materialien

Als Grundmaterial für die Druckplatten diente anfangs nur Kupfer, aber aus wirtschaftlichen Gründen verwendet man heutzutage vorwiegend Stahl, Zink oder Aluminium. Bei Zinkplatten, die sich leicht bearbeiten lassen, läßt die Druckqualität rasch nach. Außerdem oxidiert Zink, wodurch blasse Farben leicht schmutzig wirken. Aluminium besitzt ähnliche Eigenschaften wie Zink, oxidiert aber nicht. Stahl läßt sich viel schwerer bearbeiten, aber dafür kann man mit der Stahlplatte auch viel mehr Drucke anfertigen.

Sämtliche gelagerten Platten sollten mit Fett oder Wachs beschichtet sein und trocken aufbewahrt werden. Feuchtigkeit beeinträchtigt die Qualität der Oberfläche. Vor Gebrauch müssen die Platten, ebenso wie beim Reliefdruck, gründlich entfettet werden.

Gravieren

Diese Technik, die von den mittelalterlichen Waffenschmieden herrührt, besteht darin, eine Linienzeichnung in Metall einzugravieren. Als Werkzeug dient dabei ein Grabstichel, mit dem man einen Span aus dem Metall heraushebt. In die so entstandene Rille wird später die Druckfarbe hineingerieben.

Kaltnadelradierung

Bei diesem Verfahren wird das Metall der Linien nicht vollständig herausgehoben, so daß beiderseits der Linie ein Grat oder Wulst stehenbleibt. Beim Drucken entsteht dadurch ein Bild mit weicheren Linien. Von der Kaltnadelplatte kann man nur wenige Drucke herstellen, weil der Wulst durch den mechanischen Druck der Presse schnell geglättet wird.

Die Kaltnadel besteht entweder aus gehärtetem Stahl oder hat eine Diamantspitze. Tiefe und Breite der Linien hängen vom Druck und vom Winkel ab, mit dem man die Kaltnadel handhabt.

Radierung

Die Ätzplatte muß zum leichteren Zeichnen des Entwurfs vorbereitet werden. Sie wird flach auf eine heiße Platte gelegt und mit Hilfe einer Walze dünn mit einer vorbereiteten Mischung aus Bienenwachs, Bitumen und Harz bestrichen. Damit die Zeichnung während der Arbeit deutlicher zu erkennen ist, wird die Wachsseite der Platte noch geschwärzt, indem man sie in einigem Abstand über eine rußende Kerze hält. Durch den Ruß wird das Wachs auch noch härter und säurebeständiger.

Mit einer Ätznadel oder einem anderen spitzen Werkzeug wird nun die Zeichnung in das Wachs geritzt. Zum Schutz gegen die Säure werden Rückseite und Seitenteile der Ätzplatte mit Firnis überzogen und dann mit der Zeichnung nach oben in das Säurebad gelegt. Die Säure zersetzt das Metall an den Stellen, die mit Hilfe der Nadel vom Wachs befreit wurden. Die Ätzplatte bleibt eine Weile im Säurebad liegen, je nachdem, wie tief die Säure sich in das Metall einfressen soll. Nach dem Herausnehmen wird sie unter fließendem Wasser abgespült und mit Löschpapier getrocknet.

Linien, die heller werden sollen, werden mit Firnis überstrichen. Nachdem dieser wenigstens drei Minuten lang trocknete, wird die Ätzplatte erneut in die Säure gelegt, damit die dunkleren Zonen oder Linien noch tiefer geätzt werden.

Sollten sich durch die Säure Blasen bilden, die hängenbleiben, dann werden sie mit einer Feder entfernt, damit die Säure gleichmäßig einwirkt.

Aquatinta

Eine Lage zerpulvertes Kolophonium wird aufgetragen. (Kolophonium ist säurebeständig, wodurch es zu einer körnigen Tönung kommt.) Der Kolophoniumstaub wird möglichst gleichmäßig durch die Maschen eines Tuches oder feinen Siebes auf die Platte aufgestäubt und so lange erhitzt, bis er schmilzt und auf der Platte haftet.

Nach dem Abkühlen der Ätzplatte werden deren Seitenteile und die Unterseite, auf die die Säure nicht einwirken soll, mit Firnis bestrichen. Wenn diese Seiten trocken sind, wird die Platte in das Säurebad gelegt, wieder herausgenommen, abgespült und getrocknet, wie oben beschrieben. Danach wird sie mit Terpentin und Spiritus abgerieben. Mit diesem Verfahren kann man eine Radierung durch gleichmäßige Halbtöne beleben.

Aussprengverfahren

Hierbei zeichnet der Künstler ein Positiv zum Erhalt einer Aquatinta direkt auf die Platte auf. Wiederum schützt Firnis die gewünschten Stellen vor dem Ätzbad. Die Zeichnung wird mit einer Mischung aus Zucker, Wasser und Gummiguttgelb oder einer anderen wasserlöslichen Farbe zur Kolorierung aufgetragen. Danach wird die ganze Platte mit einer Lösung aus Firnis und Terpentin bestrichen und nach dem Trocknen in warmes Wasser getaucht und gebürstet, so daß der Firnis über der Zeichnung sich wieder ablöst. Eine Aquatintagrundierung wird nun, wie oben beschrieben, über die bloßgelegten Stellen gestrichen; die Platte wird wieder ins Säurebad gelegt und nach dem Herausnehmen mit Terpentin gereinigt. Eine weiche Grundierung, die es fertig zu kaufen gibt oder durch Vermischen von Wachs und Talg selbst hergestellt werden kann, verwendet man, um einen weichen Kreideeffekt oder eine Texturierung zu erzielen. Die Ätzplatte wird erhitzt, die Grundierung aufgetragen, mit kleinen Tuchfetzen belegt und dann mit Glanzpapier überdeckt. Dann wird das Tuch in die Wachsschicht hineingepreßt, indem man die Platte durch die Presse laufen läßt.

Wenn das Tuch genügend stark angedrückt wurde, kann es zusammen mit dem Glanzpapier entfernt werden. Das Muster wird gezeichnet, indem man die entsprechenden Flächen durch Firnis vor der Säure schützt. Die Platte wird in das Säurebad eingetaucht, danach wieder herausgenommen und der Firnis mit Terpentin abgerieben. Genau wie beim Reliefdruck wird die Platte mit Kreidepulver und Ammoniak gereinigt.

Ausrüstung und Materialien

Der Anfänger sollte sich einen Werkzeugsatz zur Bearbeitung von Tiefdruckplatten anschaffen, der verschiedene Polierwerkzeuge (langen, kurzen, runden und spitzen Polierstahl), Schabeisen, Doppelendstahl, Stichel, Moulette, Roulette, Radiernadeln und Wiegeeisen beinhaltet.

Ferner werden benötigt: Ammoniak, Kreidepulver, eine Metallfeile (die Plattenränder werden auf einen Winkel von 45° gefeilt, damit sie die Presse nicht beschädigen), Firnis, eine Heizplatte oder ein Brenner für die Platten, Wachskerzen, Wachsgrund (hart und weich), eine Farbwalze, Spannwerkzeug, Pinsel zum Zeichnen und Beschichten, weicher und harter Musselin, Tampons, Druckfarben, Säure, Ätzbad (eine Foto-Entwicklerschale eignet sich dazu), Filztücher, Löschpapier, Papiertaschentücher, Spiritus, Terpentin, Kolophoniumpulver, Schublehre und ein Hammer.

Papier Die einzelnen Blätter müssen so groß sein, daß um das Bild herum noch ein großer freier Rand bleibt. Die Drucke werden mit feuchtem Papier gemacht, und dafür eignet sich ungeleimtes am besten. Es sollte saugfähig, holzfrei und nicht zu dünn sein.

Säuren Zum Ätzen von Kupfer- oder Zinkplatten verwendet man Salpetersäure. Säure für Kupfer sollte in einer Flasche mit Glasverschluß aufbewahrt werden, da sie sich nach Kontakt mit dem Metall blau färbt. Zur Kupferradierung verdünnt man einen Teil Salpetersäure mit zwei Teilen Wasser; für Zink verdünnt man einen Teil Salpetersäure mit acht Teilen Wasser. Zum präzisen Ätzen von sehr feinen Linien verwendet man eine Ätzflüssigkeit, bestehend aus 5 g Kaliumchlorat, in wenig Wasser erhitzt, dem 25 g Salzsäure und 125 g Wasser beigefügt werden. Eisenperchlorid eignet sich ebenfalls zum Ätzen sehr feiner Linien, aber es hinterläßt Eisenrückstände. Sie sinken erst dann ab, wenn man die Platte mit der Druckseite nach unten in das Säurebad legt.

Druck Harte Papiere werden vor Verwendung zuweilen bis zu zwlf Stunden lang in Wasser eingeweicht und vor dem Druck noch mit einem weichen Pinsel von Tropfen befreit. Bei weichen Papieren reicht es aus, sie mit einem Schwamm anzufeuchten. Feuchtes Papier kann bis zur Benutzung zwischen Folien aus Kunststoff aufbewahrt werden.

Pulverisierte Trockenfarbe wird mit dem Spachtel weichgeknetet, dann wird ein wenig Öl hinzugefügt, so daß eine zähe Druckpaste entsteht. Die Druckplatte wird damit eingerieben und danach angewärmt, wobei man die Druckfarbe gründlich in die Vertiefungen drückt. Anschließend wird die Platte in Kreisbewegungen mit einem weichen Lappen abgerieben, so daß die Druckfarbe von der Oberfläche verschwindet und nur noch in den Vertiefungen verbleibt.

Der Handballen wird leicht mit Kreidepulver bestäubt und die Platte damit poliert. Diese wird nun, mit der Zeichnung nach oben, auf die Laufplatte der Presse gelegt. Das angefeuchtete Papier kommt auf die Druckplatte, und darüber wird ein Filztuch gelegt. Die Laufplatte wird durch die Presse geschoben, dann zieht man das Filztuch und danach langsam das Papier ab. Dabei ist größte Vorsicht geboten, denn wenn die Druckfarbe inzwischen steif geworden ist, kann sie das feuchte Papier leicht zerreißen. Fertige Drucke werden zwischen trockenes Löschpapier gelegt, und damit sie sich nicht verziehen, mit einem Gewicht beschwert.

Es ist möglich, getönte Drucke herzustellen, indem man die Druckfarbe auch dünn über die erhabene Fläche streicht. Man nennt dies Retroussage. Die eingefärbte Druckplatte wird dabei angewärmt, bevor man mit einem Lappen ganz leicht in alle Richtungen über die Oberfläche streicht.

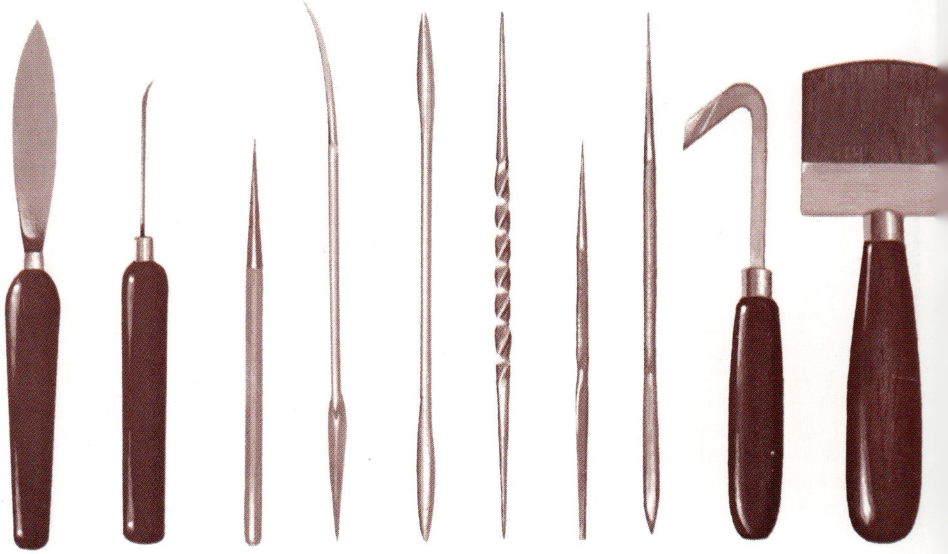

Werkzeuge für den Tiefdruck
Zu den Werkzeugen für den Tiefdruck gehören (**v. l. n. r.**): flacher Polierstahl, gebogener Polierstahl, Schabeisen, Polierstahl mit Schaber, doppelter Polierstahl, gedrehter Polierstahl, Spitz- und Flachstahl, Kaltnadel-Polierstahl, Zeichennadel und Wiegeeisen.

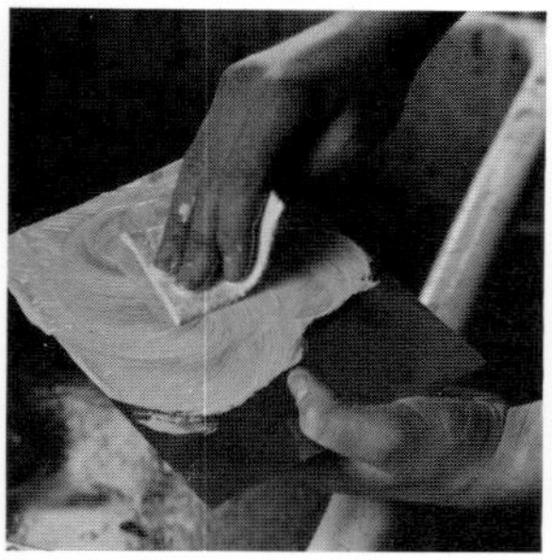

Reinigen der Ätzplatte 1. Die Platte wird mit einer Mischung aus Schlämmkreide, Wasser, Ammoniak und einem feuchten Lappen entfettet.

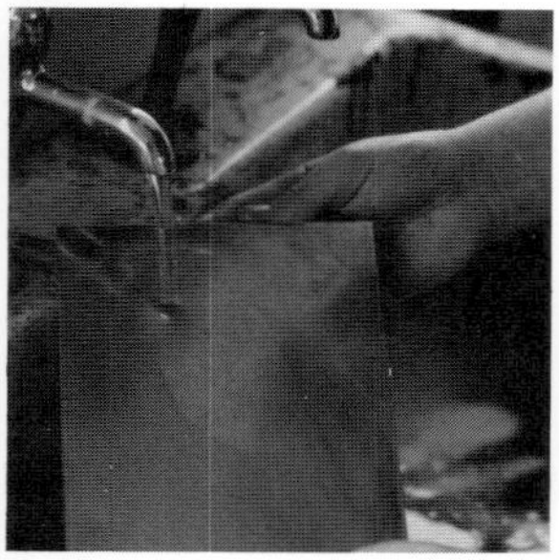

2. Unter fließendem Wasser muß die Platte gründlich abgespült werden.

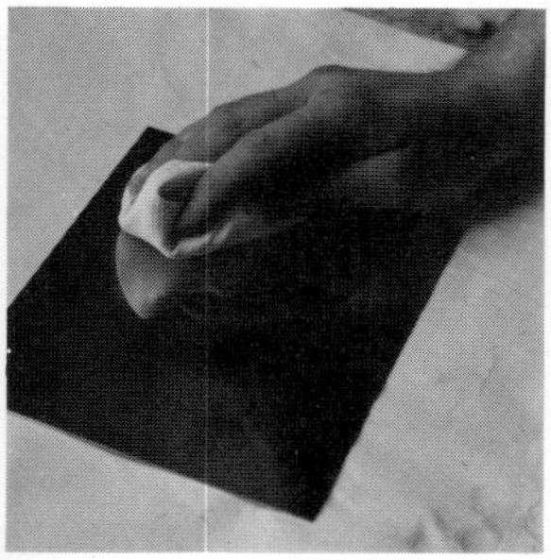

3. Die Platte wird mit Löschpapier getrocknet und mit einem sauberen Lappen von noch vorhandenen Kreideresten befreit.

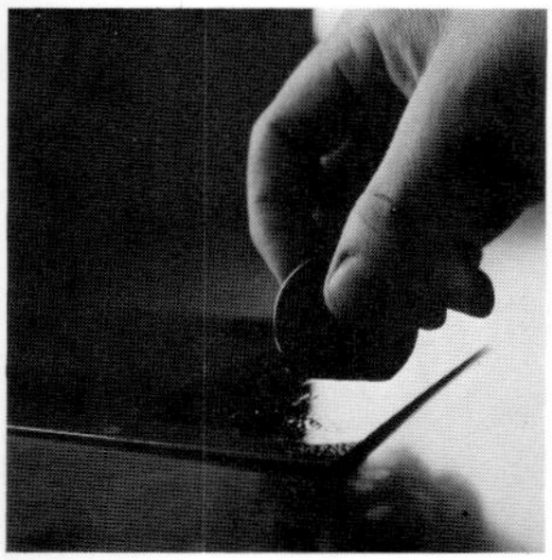

Ätzen der Platte 1. Die saubere Platte wird erwärmt und mit zähem Ätzgrund überzogen.

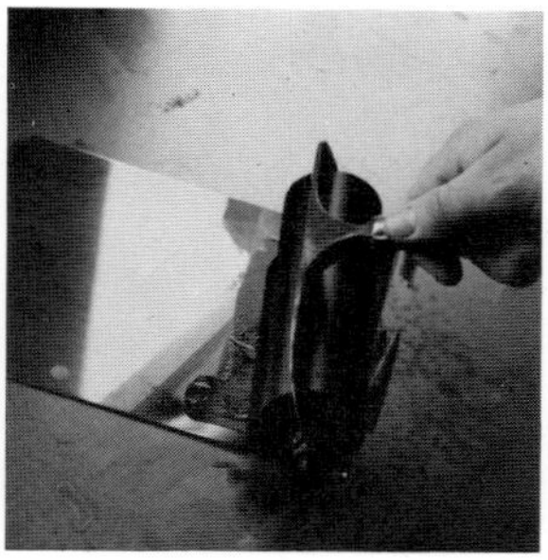

2. Mit einem Roller wird der Ätzgrund zu einer dünnen Schicht ausgewalzt, bis er gleichmäßig verteilt ist.

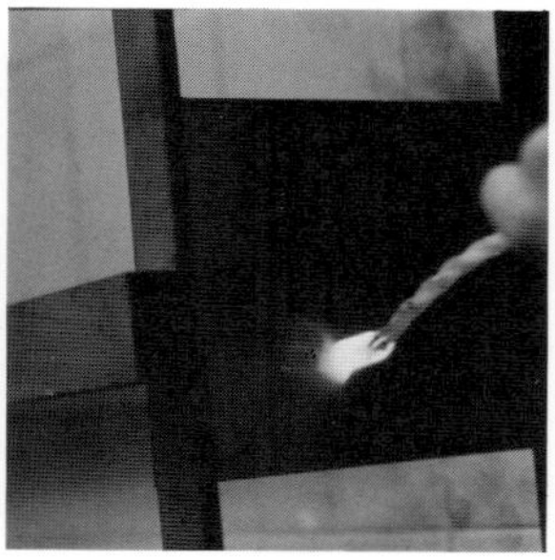

3. Jetzt wird die Platte umgedreht und von unten mit einer rußenden Kerze geschwärzt, ohne den Grund zu verletzen.

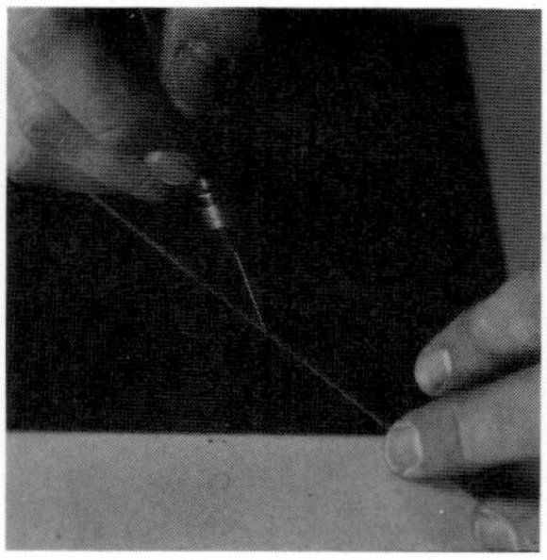

4. Nun zeichnet man mit einer Ätznadel unter leichtem Druck in den Ätzgrund, so daß das Metall an diesen Stellen wieder bloßliegt.

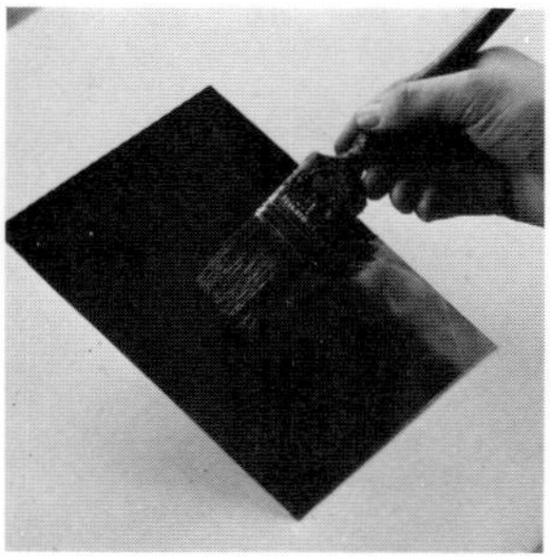

5. Man hält die Platte schräg, um Unterseite und Seitenteile mit Firnis vor der Säure zu schützen.

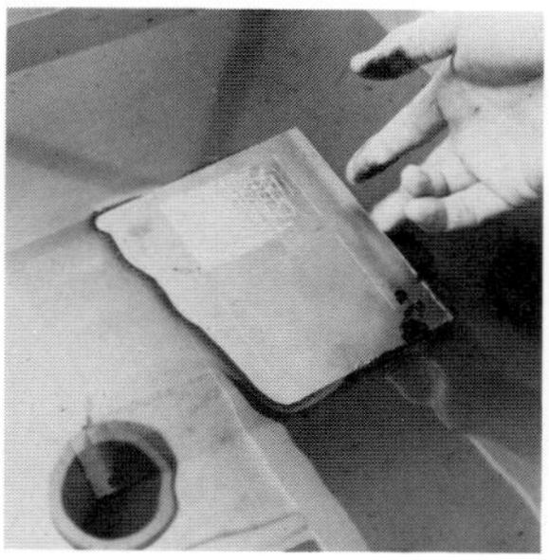

6. Die Platte wird in die Säure gelegt. Die Länge des Bades richtet sich nach der Metallart, der Säure und der gewünschten Ätztiefe.

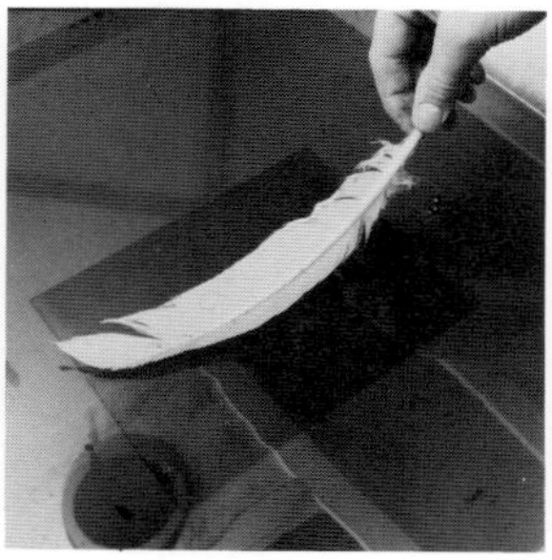

7. Sich bildende Bläschen werden mit einer Feder abgestreift, um ungleichmäßiges Ätzen zu verhindern.

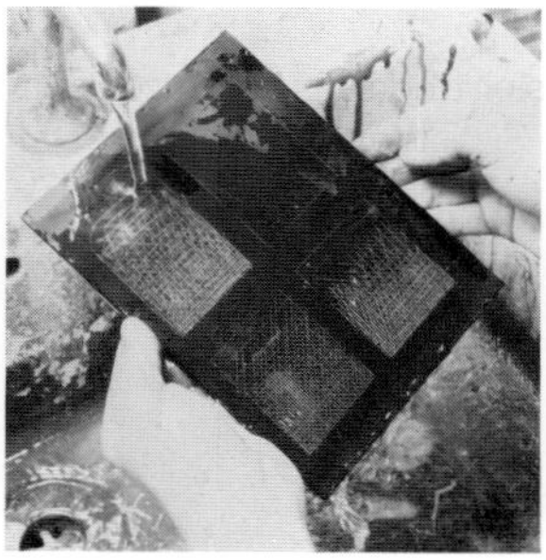

8. Die Platte wird aus dem Säurebad herausgenommen, unter fließendem Wasser abgespült und mit Fließpapier getrocknet.

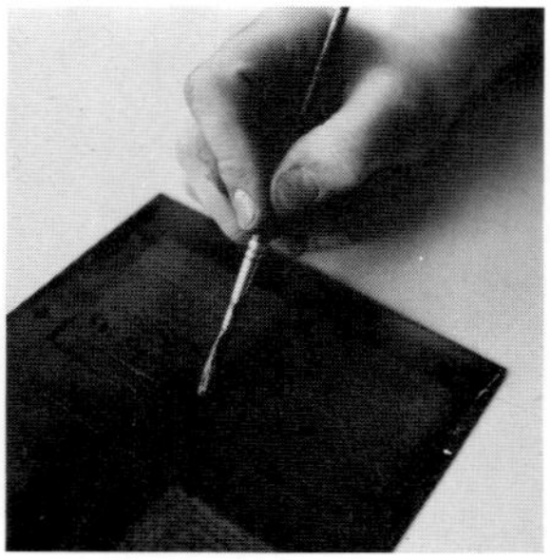

9. Linien, die nur schwach geätzt werden sollen, können zwischendurch mit Firnis abgedeckt werden.

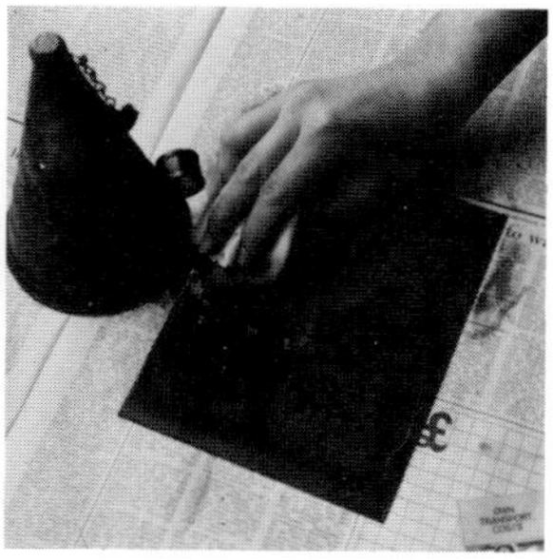

10. Nach dem Ätzen wird die Platte mit Wasser gereinigt, Grundierung und Firnis mit Terpentin entfernt und die Platte abermals entfettet.

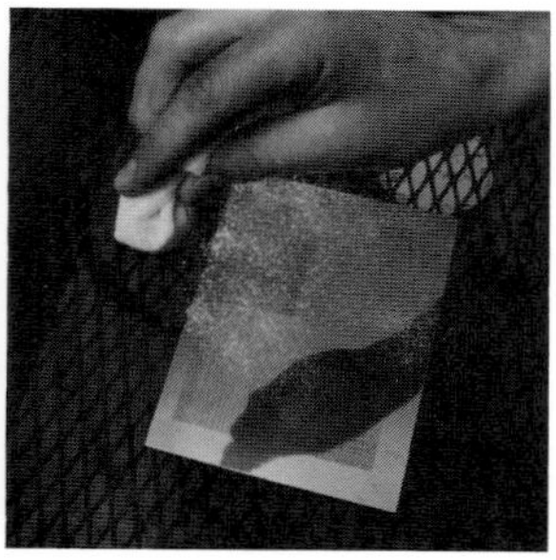

Aquatinta 1. Die Platte wird durch die Maschen eines Gewebes gleichmäßig mit Kolophoniumpulver bestäubt.

2. Das Harz wird von unten vorsichtig erhitzt, bis es transparente Kügelchen bildet. Es darf nicht zerfließen.

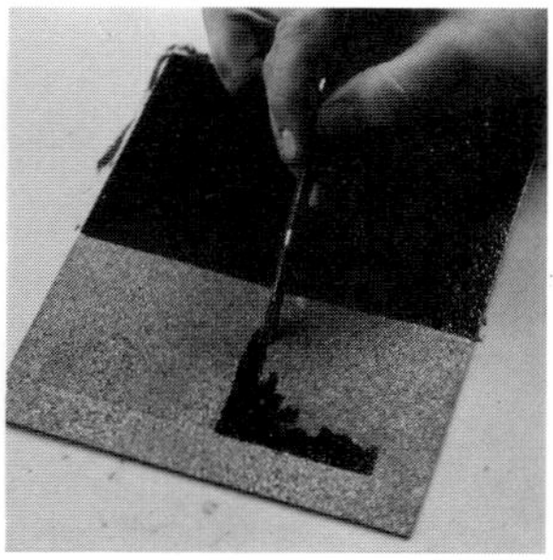

3. Flächen, die nicht geätzt werden sollen, werden mit Firnis abgedeckt. Die Platte wird nun wenige Sekunden lang geätzt.

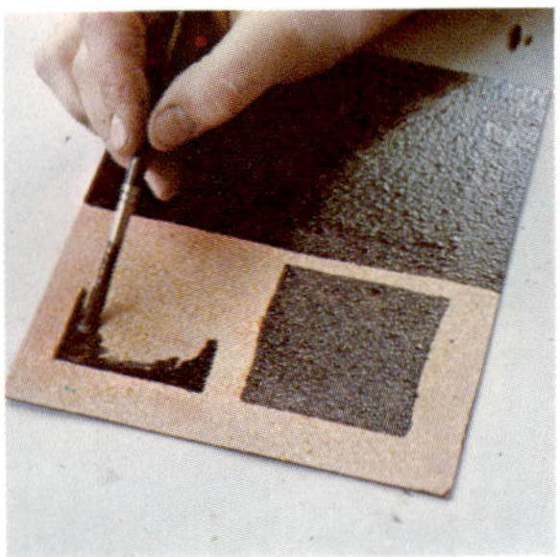

4. Danach wird sie abgespült und getrocknet. Je nach gewünschter Tönung kann sie erneut mit Firnis abgedeckt und geätzt werden.

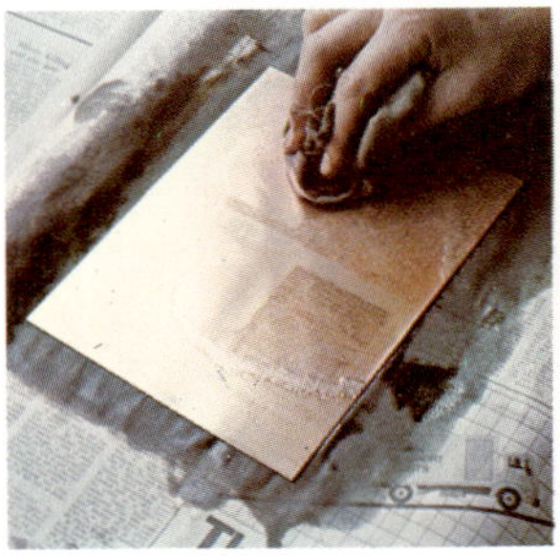

5. Am Schluß wird der Firnis mit Terpentin abgewaschen und das erhärtete Kolophonium mit Brennspiritus entfernt.

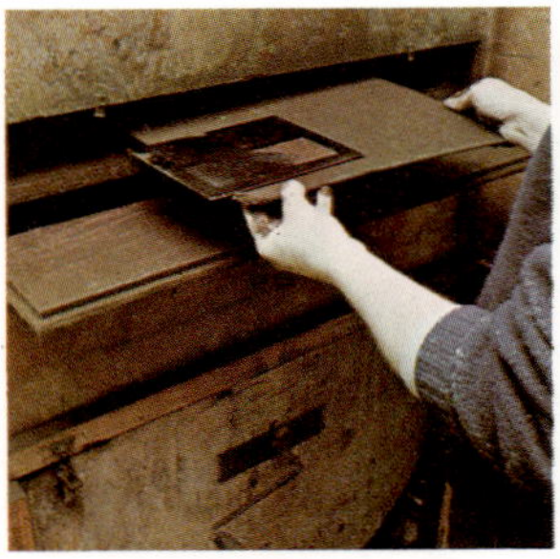

Aquatintakasten Eine rotierende Klappe im Kasten wirbelt den Kolophoniumstaub auf, welcher sich gleichmäßig auf der Platte absetzt.

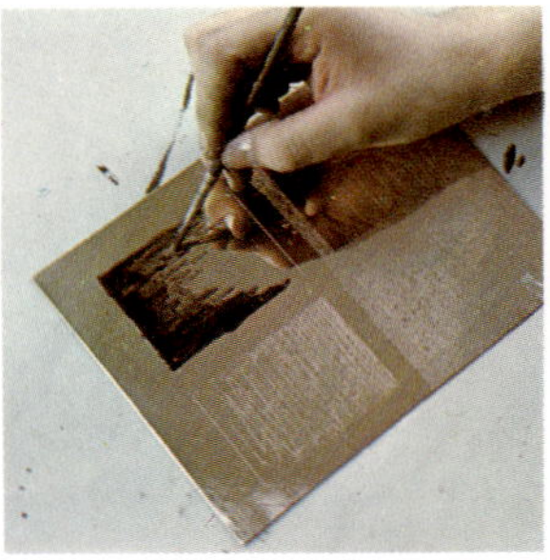

Aussprengverfahren 1. Die Platte wird mit einer Mischung aus Zucker, warmem Wasser und wasserlöslicher Farbe bemalt.

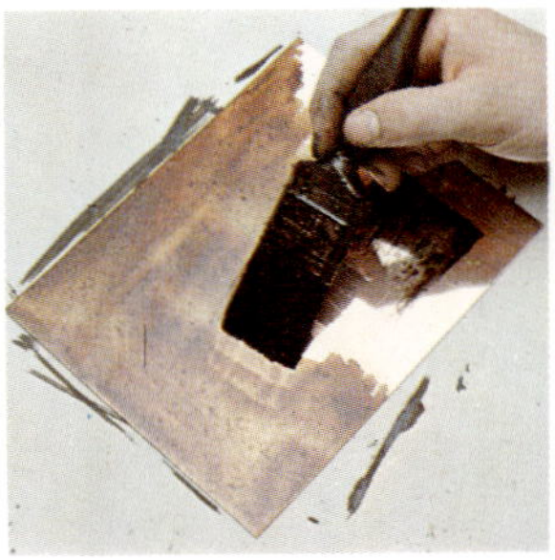

2. Nach dem Trocknen wird terpentinverdünnter Firnis aufgetragen. Auch dieser Überzug muß wieder vollständig auftrocknen.

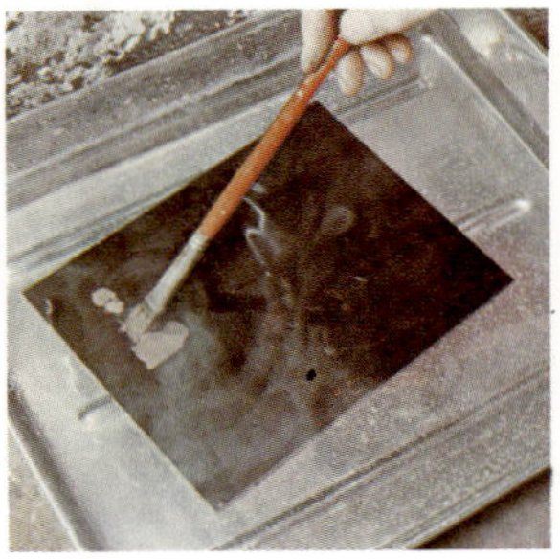

3. Die Zuckermischung wird in warmem Wasser abgelöst, die Platte getrocknet, und die nun freien Stellen werden geätzt.

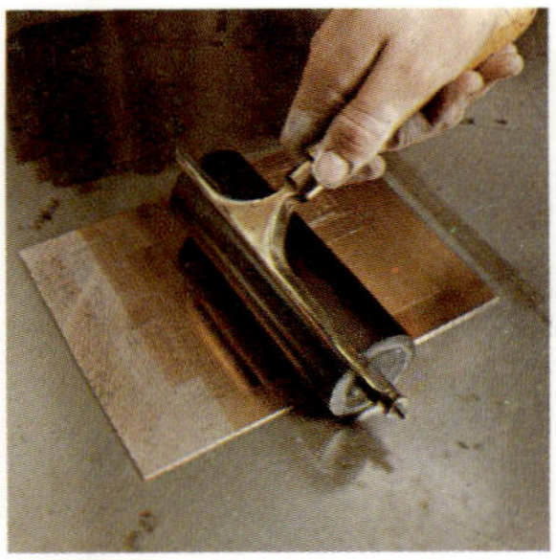

Auftrag eines weichen Ätzgrundes für Textur 1. Die Platte wird angewärmt, der Ätzgrund aufgetragen und gleichmäßig ausgewalzt.

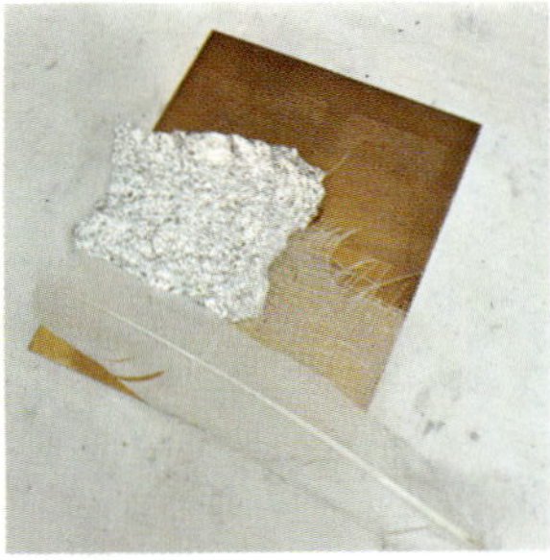

2. Nun wird sie auf die Laufplatte der Presse gelegt und mit Fetzen von Stoff, Papier oder anderem texturierten Material bedeckt.

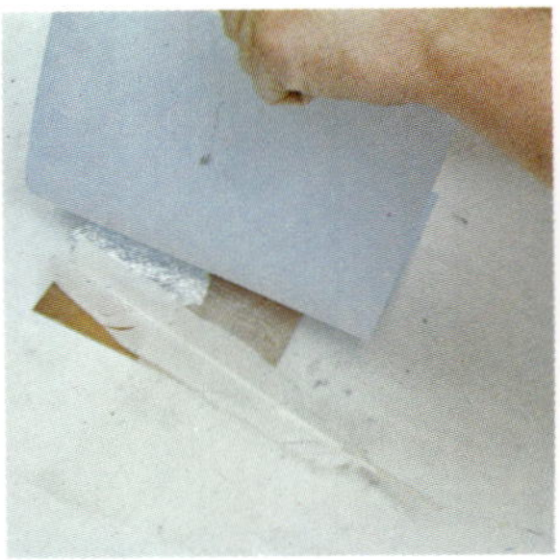

3. Jetzt vorsichtig mit einem Blatt Glanzpapier oder mit Kreide bestäubtem Gewebe bedecken.

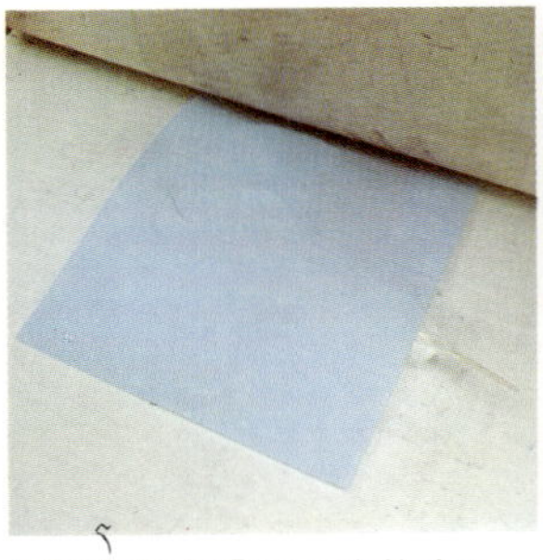

4. Die Rolle der Presse wird behutsam angezogen, wobei sich Platte und Papier nicht verschieben dürfen.

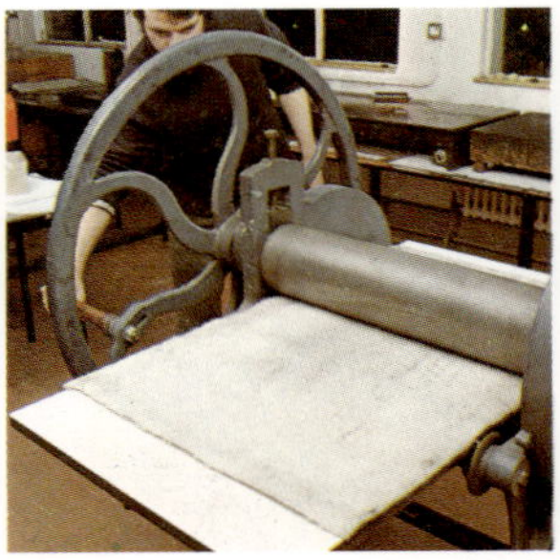

5. Man läßt die Platte durch die Presse laufen, so daß die Textur des Materials in den Ätzgrund eingedrückt wird.

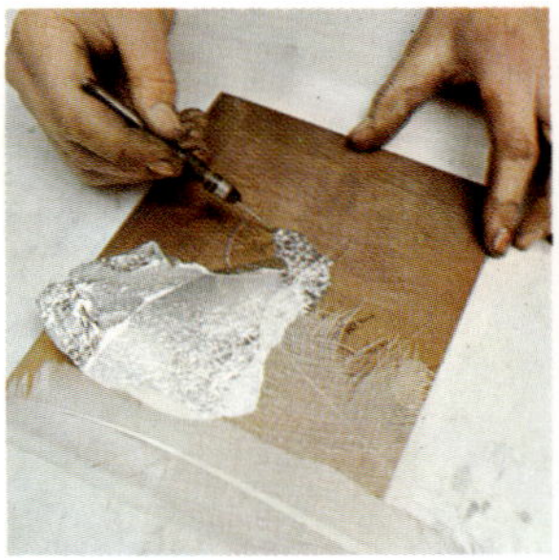

6. Man entfernt die aufgelegten Materialien von der Platte, ohne dabei den Ätzgrund zu verkratzen.

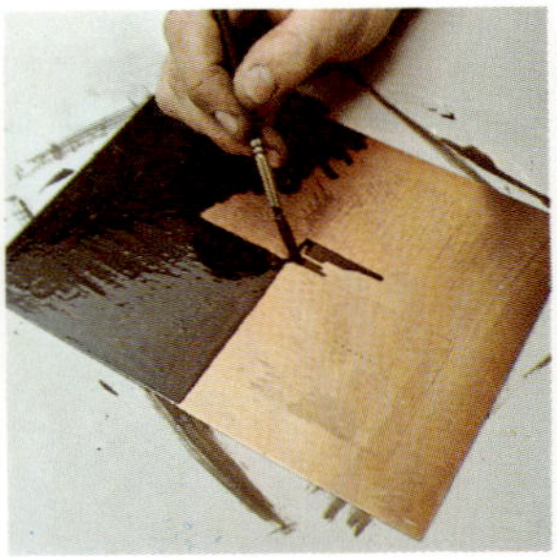

7. Flächen, die keine Textur erhalten sollen, werden mit Firnis abgedeckt. Die Platte wird geätzt und danach gereinigt.

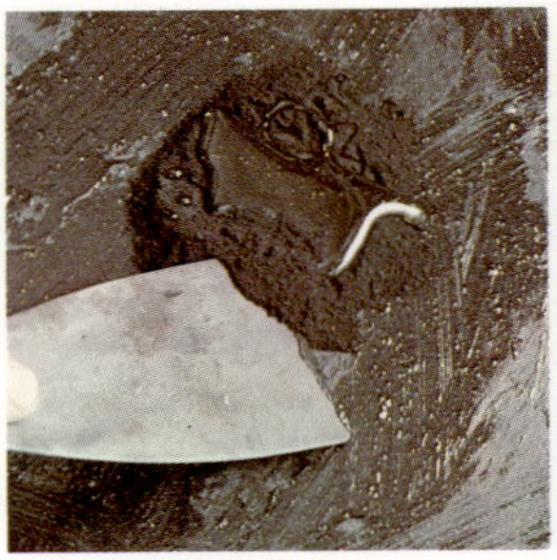

Anreiben von Druckfarbe 1. Die mit Pigmentpulver bestreute Steinplatte wird in der Mitte mit etwas Öl beträufelt.

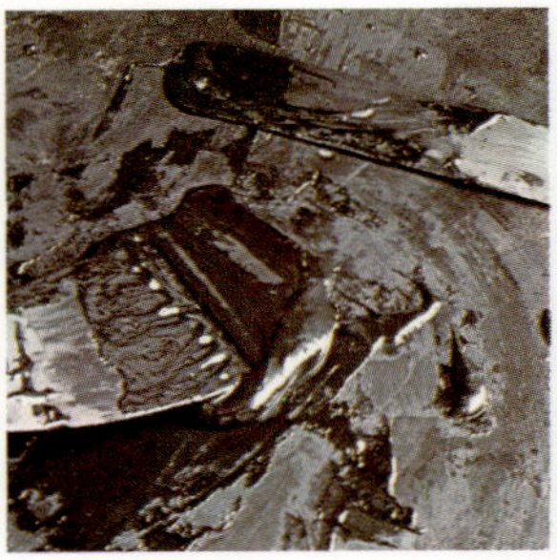

2. Pigment und Öl werden mit dem Spachtel gründlich vermischt, bis eine zähe Paste entsteht.

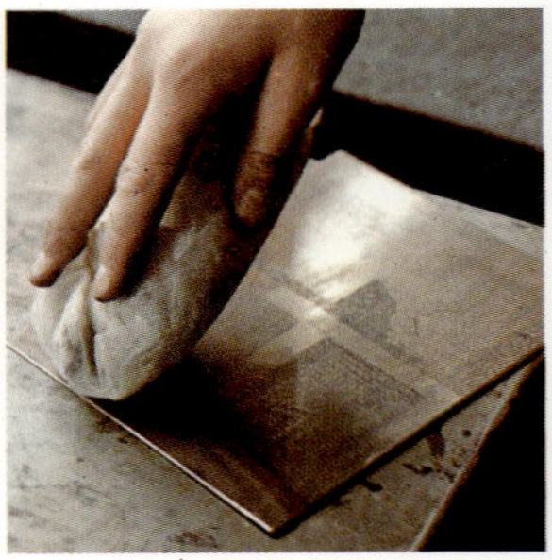

Retroussage Die Farbe wird mit einem Tuch etwas aus den Vertiefungen herausgewischt, wobei sich die glatten Flächen leicht tönen.

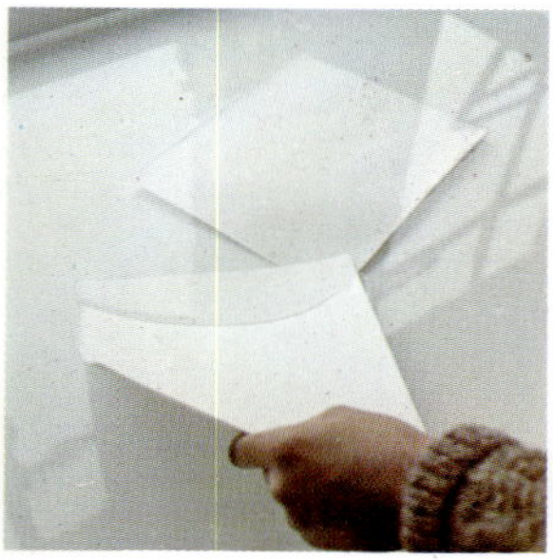

Drucken 1. Papier wird in einer Schale mit sauberem Wasser eingeweicht, wobei sich die Einweichzeit nach der Papiersorte richtet.

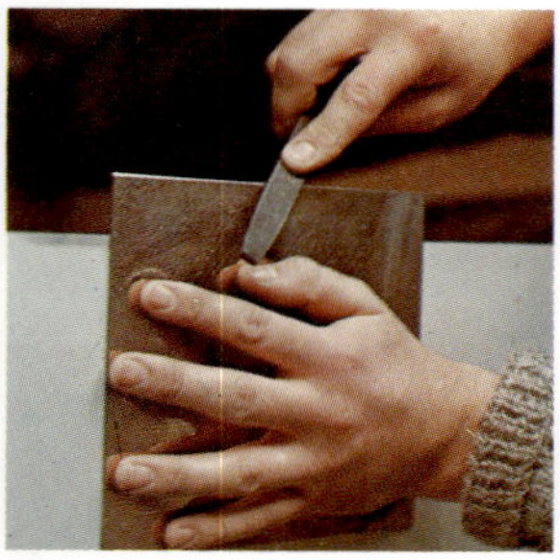

2. Die Ränder der Druckplatte werden mit der Feile abgeschrägt. Sie müssen ganz glatt sein.

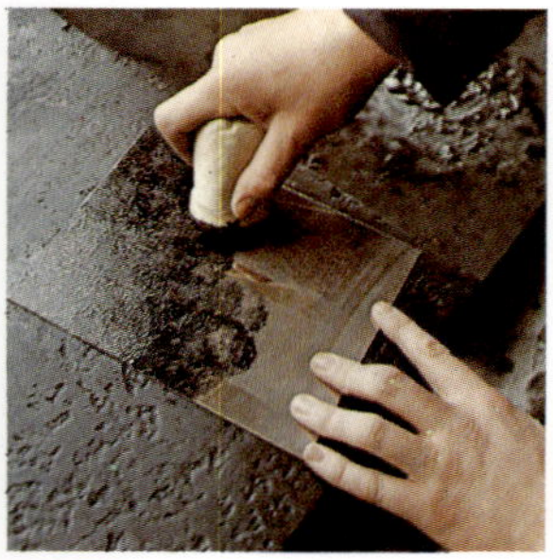

3. Die Druckplatte wird erwärmt, die Druckfarbe dick aufgetragen und mit einem Tampon in die Vertiefungen eingerieben.

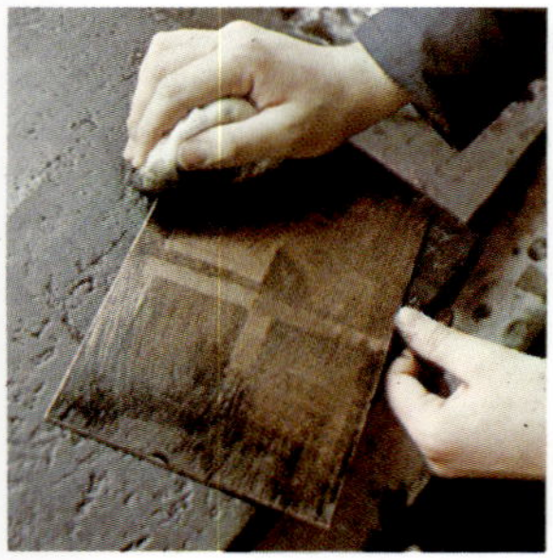

4. Mit einem Lappen wird die Druckplatte vorsichtig abgewischt, um nur die erhabenen Stellen von Farbe zu befreien.

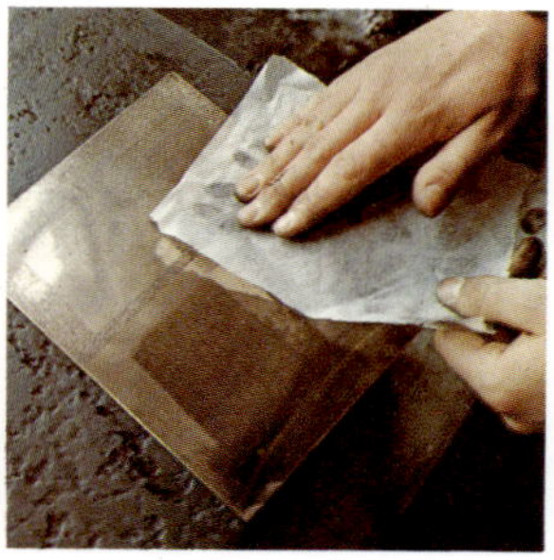

5. Die restliche Druckfarbe wird mit einem sauberen Lappen in sanften Kreisbewegungen von der Oberfläche abgewischt.

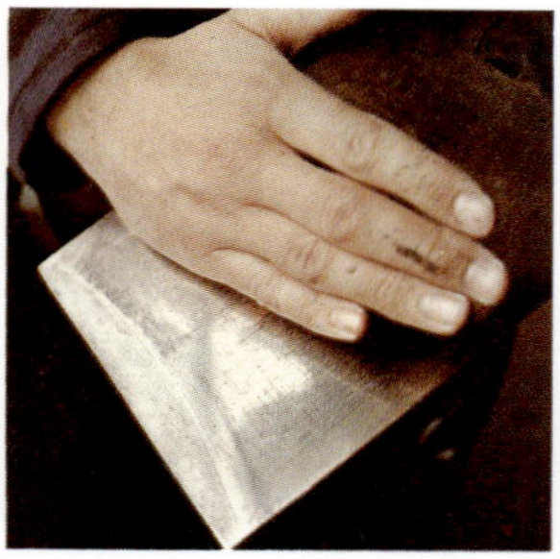

6. Die Oberfläche der Druckplatte wird mit der Handkante, die leicht mit Kreide bestäubt wurde, poliert.

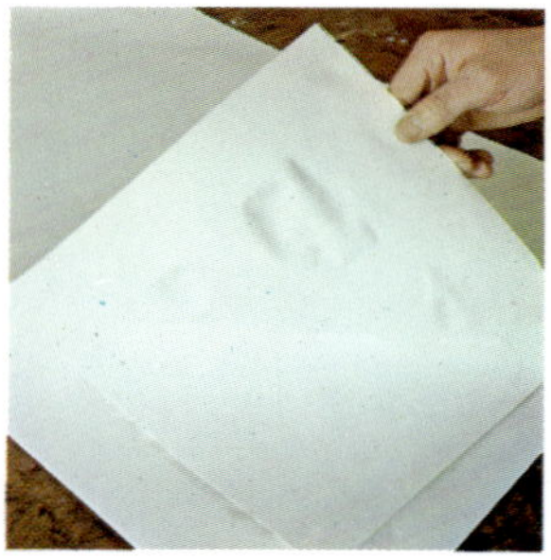

7. Das eingeweichte Papier wird mit saugfähigem Papier abgetupft und kann zwischen Kunststoffolien feuchtgehalten werden.

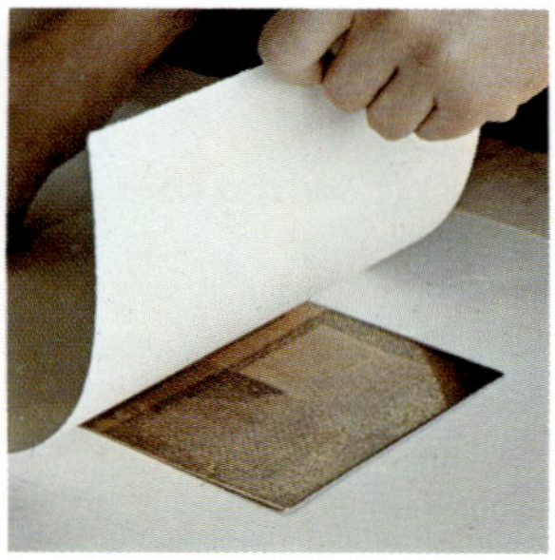

8. Die Druckplatte kommt auf die Laufplatte der Presse und wird mit dem feuchten Papier belegt.

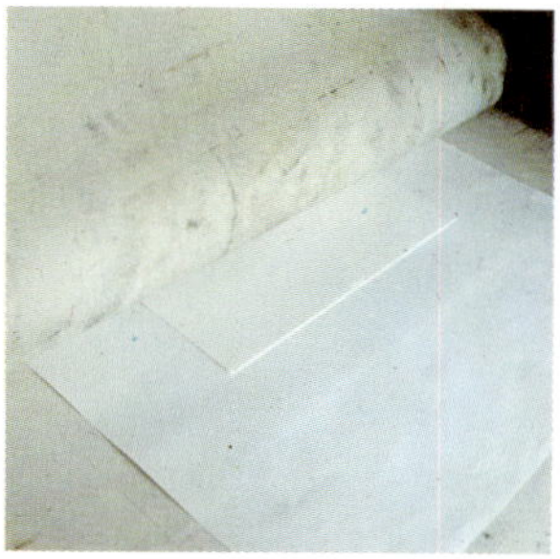

9. Auf Druckplatte und Papier werden jetzt behutsam Filztücher gelegt, die glatt aufliegen müssen.

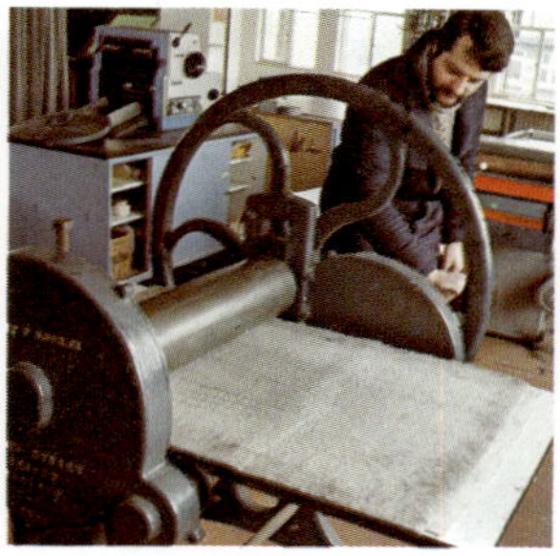

10. Die Laufplatte wird durch die Presse geschoben. Aufpassen, daß sich in den Filztüchern keine Falten bilden.

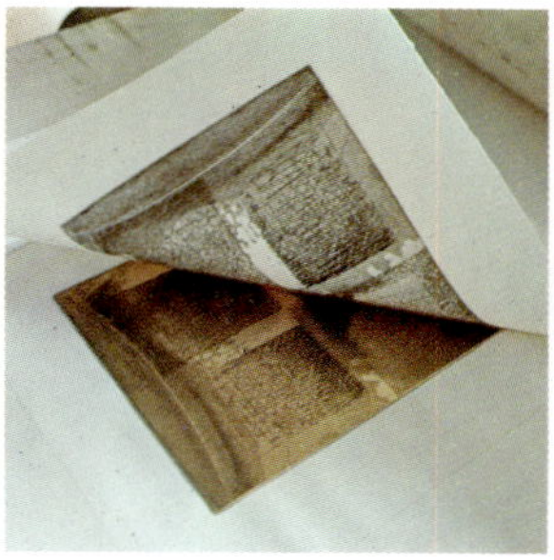

11. Die Filztücher abnehmen, ehe man das Papier, an einer Ecke beginnend, von der Druckplatte hochzieht.

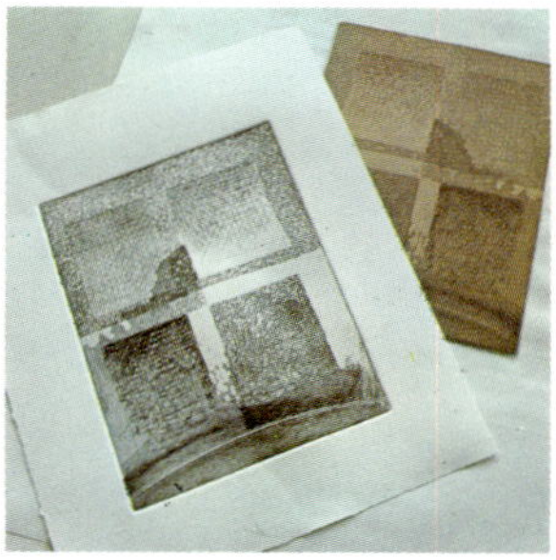

12. Prüfen Sie die Druckqualität; sie ist von der Farbkonsistenz und der Nässe des Papiers abhängig.

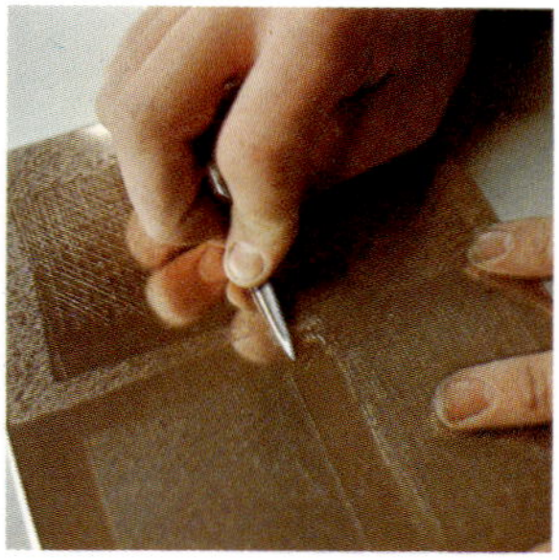

Schaben und Polieren 1. Mit einem Schaber wird eine texturierte Fläche abgeschabt, ohne die Oberfläche tief zu verletzen.

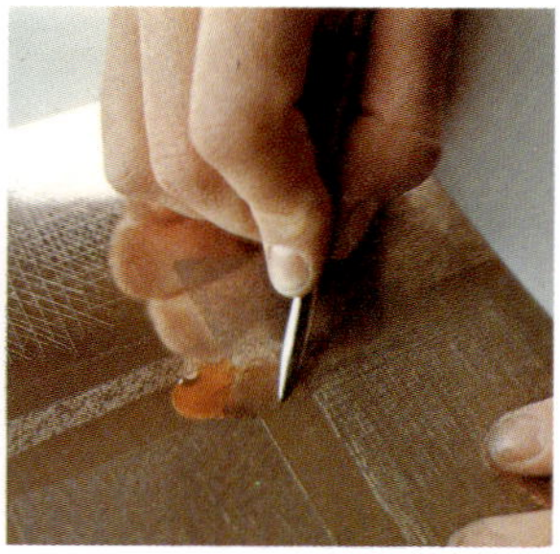

2. Die geschabte Fläche mit Öl benetzen und mit einem runden Polierwerkzeug überarbeiten, um eine glatte Oberfläche zu erhalten.

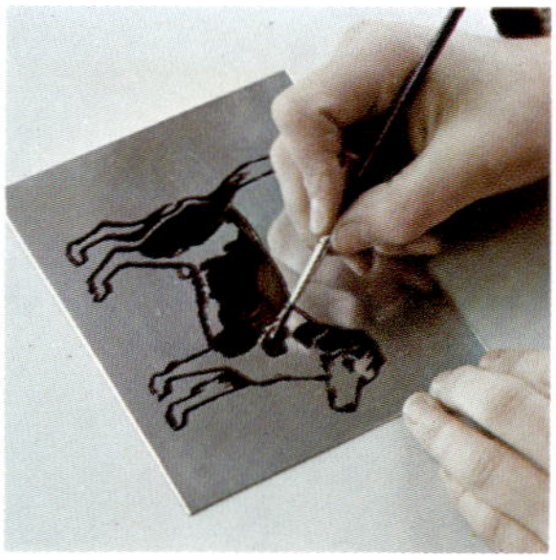

Reliefdruck 1. Die Zeichnung wird mit Firnis und Pinsel direkt auf die Druckplatte aufgetragen.

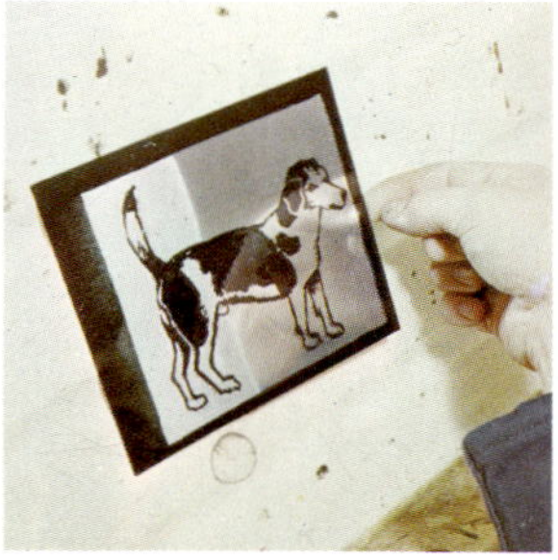

2. Die ungeschützten Stellen werden tief genug im Säurebad eingeätzt und sich bildende Bläschen mit einer Feder abgestreift.

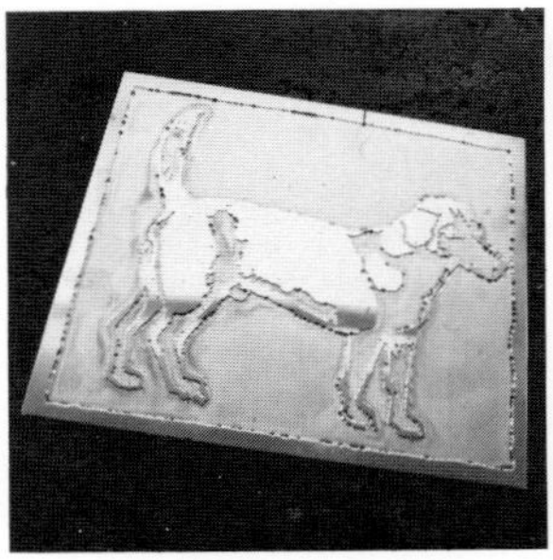

3. Die Platte wird aus dem Säurebad genommen und die Firnisschicht mit Terpentin abgerieben.

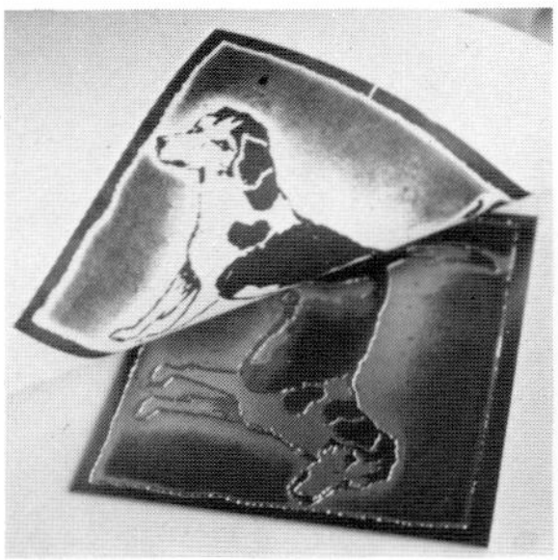

4. Zum Druck rollt man die Druckfarbe gleichmäßig mit einer Walze auf, wobei keine Farbe in die geätzten Vertiefungen gelangen darf.

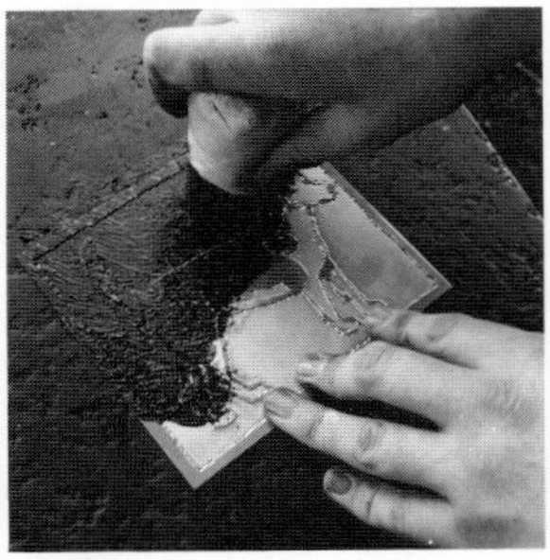

Kombinierter Relief- und Tiefdruck 1. Die Vertiefungen einfärben und die Farbe mit kräftigem Druck hineindrücken.

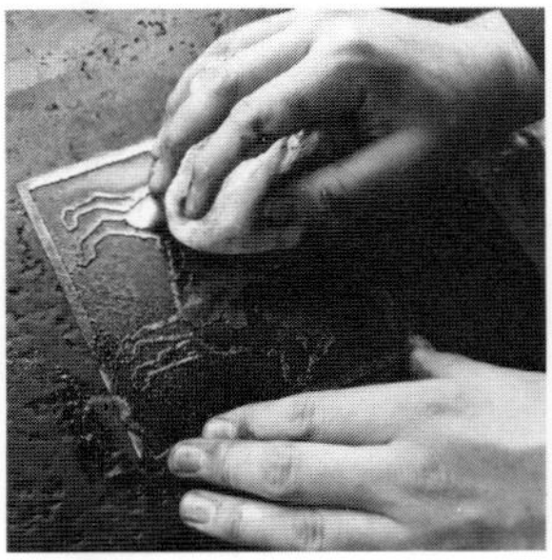

2. Die Platte wird vorsichtig abgewischt, um die Farbe nur von den erhabenen Flächen zu entfernen.

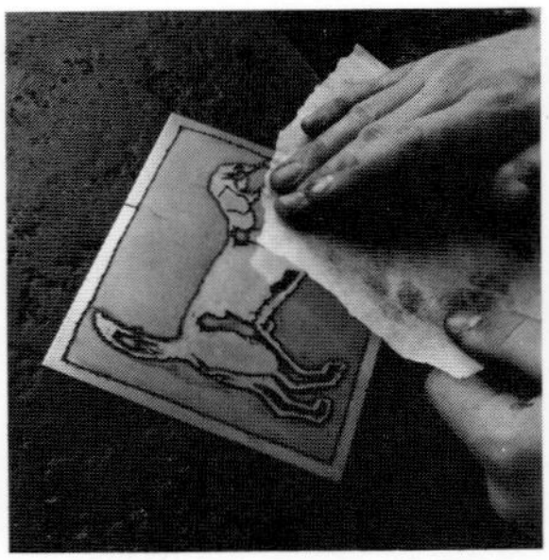

3. Farbreste werden von den ungeätzten Flächen mit einem sauberen Lappen abgewischt.

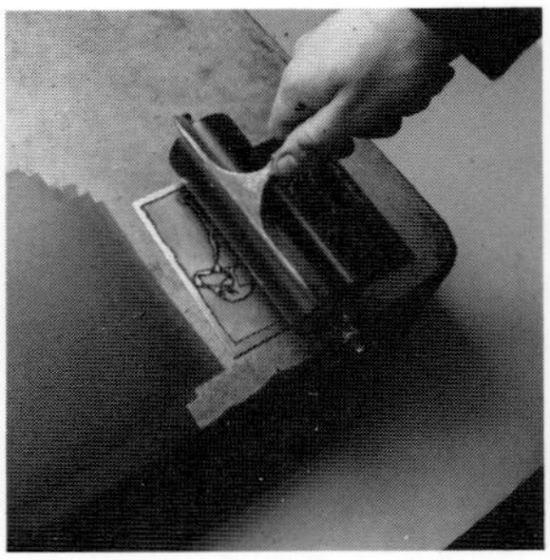

4. Jetzt rollt man Druckfarbe in einer Kontrastfarbe gleichmäßig auf die erhabenen Flächen.

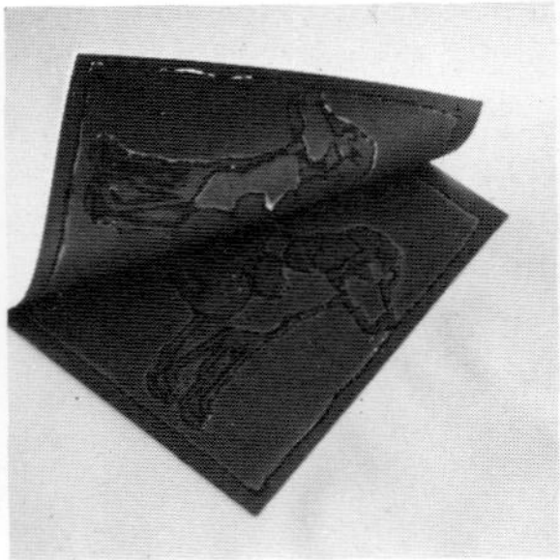

5. Dann druckt man. Die Kombination der kontrastierenden Druckfarben bringt ein lebendiges Bild zustande.

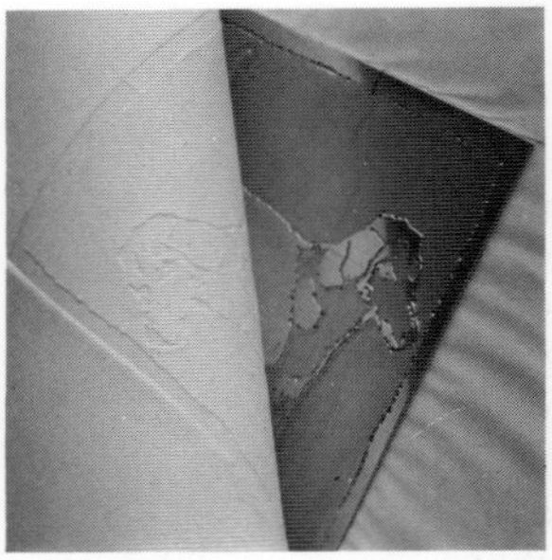

Prägedruck Man legt ein dickes Papier auf eine ungefärbte, tief eingeätzte Reliefplatte und läßt die Druckwalze darüberlaufen.

Druckverfahren Lithographie

Das Prinzip der Lithographie beruht auf dem Faktum, daß Fett sich nicht mit Wasser vermischt. Lithographie heißt zu deutsch Steindruck, und man spricht auch vom Flachdruck. Die modernen Offsetverfahren basieren auf demselben Prinzip. Das Bild wird auf Stein oder Metall aufgezeichnet. Die präparierte Oberfläche reagiert auf verschiedene Kreiden, Druckfarben und Lasuren und ist ein hervorragendes künstlerisches Ausdrucksmittel.

Prinzipien und Geschichte

Die traditionelle Lithoplatte besteht aus Solnhofener Schiefer, der feinkörnig und hart, aber porös ist. Das Material nimmt Fettkreide oder -farbe und an den fettfreien Stellen Wasser auf. Eine fetthaltige Druckfarbe, die man über die Druckplatte walzt, wird von den mit Wasser bearbeiteten Stellen abgestoßen. Dieses Verfahren wurde im Jahre 1796 von Alois Senefelder (1771–1834) in München entwickelt. Goya, Edouard Vuillard (1868–1940) und Pierre Bonnard (1867–1947) übernahmen die Lithographie mit großer Begeisterung.

Die moderne Lithographie unserer Tage verwendet flexible Metallplatten aus Zink oder Aluminium, die sowohl billiger als auch leichter zu bearbeiten sind. Eine besondere Art der kommerziellen Lithographie ist der Offsetdruck, bei dem das Bild von der Metallplatte zunächst auf ein Gummituch und dann erst auf Papier übertragen wird. Die Metallplatten erhalten eine rauhe Oberfläche, durch die sie wie Lithosteine funktionieren.

Vorbereitung der Oberfläche

Auf Metallplatten wird die Fläche leicht angeätzt, so daß nur die Zeichnung Farbe aufnimmt. Steinflächen müssen präpariert werden, indem man sie mit einem kleineren Stein oder einer Metallscheibe mit Handgriff und Quarzsand schleift. Die Ränder werden mit einer Raspel abgerundet, damit sie das Papier nicht beschädigen. Nun wird die Oberfläche mit Wasser benetzt, der Quarzsand aufgestreut und von Ecke zu Ecke mit Kreisbewegungen des Schmirgelsteins geschliffen. Nach zehn Minuten wird der Stein abgewaschen und mit frischem Sand oder Bims der »Feinschliff« vorgenommen. Danach muß die Oberfläche wieder abgewaschen und mit einem Fön oder Heizlüfter trockengeblasen werden.

Wieder muß der Stein getrocknet und die Zeichnung mit Talkum bestäubt werden. Den ganzen Stein mit Kreide bestäuben. Dabei bietet sich die Gelegenheit, etwaige Fehler wegzukratzen oder mit einem Bimsstein und Wasser zu beheben. Danach wird der Stein mit einer Lösung von einem Teil Salpetersäure in vierzig Teilen Wasser geätzt, wodurch die Fläche gesäubert wird und die Poren sich öffnen. Jetzt bestreichen wir den Stein mit einem Schwamm erneut mit Gummiarabikum und waschen es nach dem Trocknen mit Wasser wieder ab. Währenddessen wird die Zeichnung mit Terpentinersatz eingerieben und abermals die ganze Oberfläche abgewaschen. Die neue Druckfarbe aufwalzen, solange der Stein noch feucht ist.

Schließlich wird der Stein auf die Grundplatte der Presse gelegt. Die Farbwalze sieht aus wie ein Nudelholz und besteht aus einem Holzzylinder, der mit Leder oder Kunststoff überzogen ist. Die Zeichnung auf dem Stein muß feuchtgehalten werden. Die eingefärbte Walze wird mehrmals über den Stein gerollt, bis das Bild seine volle Kraft erhalten hat. Das Druckpapier wird auf den Stein gelegt, und darauf kommen noch einige Blätter Makulaturpapier. Jetzt kurbeln wir den Stein unter den Reiber (ein starkes, lederüberzogenes Holz), der sowohl für das Andrücken als auch für die Bewegung sorgt. Wenn der Druck zu stark ist, kann der Stein brechen. Zwischen den einzelnen Drucken muß der Stein feuchtgehalten werden.

Farblithos fertigt man an, indem man einen Abzug auf Umdruckpapier erstellt und die Originalzeichnung auf so viele Steine reproduziert, wie Farben gewünscht werden. Markierungen auf der ersten Platte oder dem ersten Stein werden präzise auf die anderen übertragen. Damit kann man die nachfolgenden Farbplatten genau justieren, so daß die einzelnen Drucke genau übereinander liegen.

Ausrüstung und Materialien

Lithokreide, das älteste Zeichenmaterial für die Lithographie, ist eine Fettkreide, die es in verschiedenen Stufen von ganz weich bis ganz hart gibt. Man kann die Tönung zunächst mit harter Kreide aufbauen und anschließend weichere Kreiden verwenden.

Auch Lithotusche in fester oder flüssiger Form ist im Handel erhältlich. Das Tuschestäbchen kann in einem vorgewärmten Topf gerieben werden, bis es sich verflüssigt. Mit destilliertem Wasser wird es tropfenweise verdünnt, bis die Farbe bequem mit der Feder zu verarbeiten ist. Die Feder wird mit einem Pinsel benetzt. Durch die Verwendung von Handstützen kann man dem Verschmutzen des Steins vorbeugen. Die Zeichenfedern, die regelmäßig gereinigt werden müssen, werden durch den Stein sehr bald verschleißen. Auch Pinsel können zum Auftragen der fetthaltigen Lithotusche dienen. Ferner besteht die Möglichkeit, die Tusche mit einer Zahnbürste aufzusprühen, wobei bestimmte Stellen des Steins durch Abdekken mit Papier oder Gummiarabikum geschützt werden müssen.

Fehler kann man mit einem Messer vom Stein abkratzen. Bei Metallplatten verwendet man dazu Erasol.

Als Papier für Lithographien empfiehlt sich ein starkes Papier mit weicher Oberfläche.

Druck

Die gezeichnete Fläche wird mit Kreide überpudert, um sie säurebeständig zu machen. Danach reibt man den ganzen Stein mit Gummiarabikum ein und wischt ihn dann trocken. Tusche und Kreide werden mit Terpentin und Wasser entfernt. Solange der Stein noch feucht ist, wird die Druckfarbe aufgewalzt (die Fettzeichnung auf dem Stein nimmt die Farbe auf).

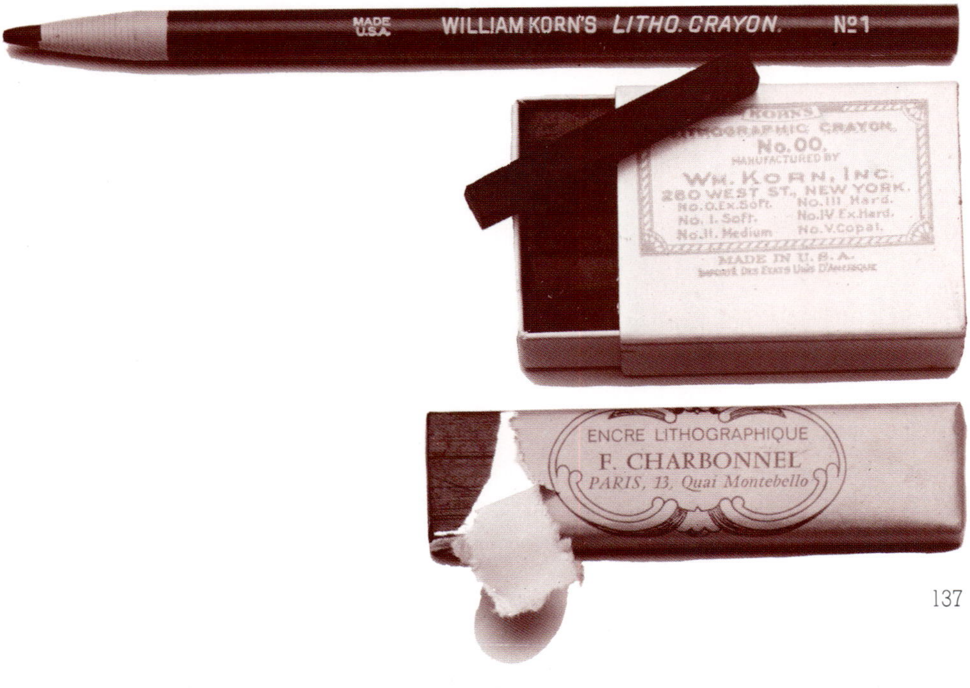

Ausrüstung für Lithographie
Lithokreide gibt es in verschiedener Form. Die traditionelle Art ist ein viereckiges Kreidestäbchen (**Mitte**), das aus einer Mischung von Fett und schwarzer Kreide besteht. Es muß von vorn nach hinten angespitzt werden. Eine neuere Entwicklung ist der selbstspitzende Stift (**oben**). Lithotusche (**unten**) muß geschmolzen und mit Wasser vermischt werden, damit man mit ihr auf den Stein zeichnen kann. Kreiden oder Farben dienen dazu, die Zeichnung während der Arbeit sichtbar zu machen.

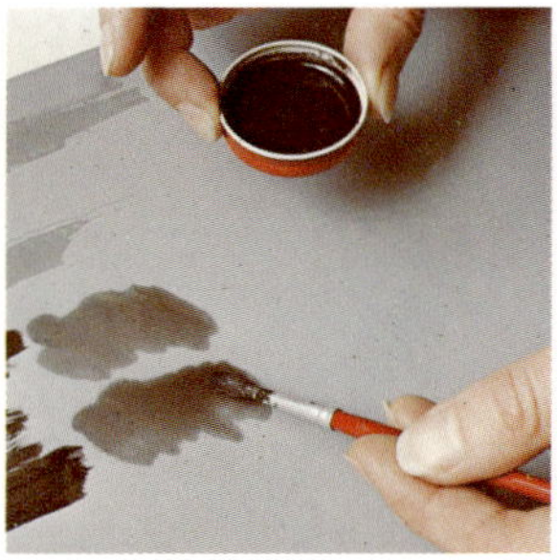

Vorbereitung der Platte 1. Auf die Platte können verschiedene Zeichnungen mit fester oder flüssiger Tusche aufgetragen werden.

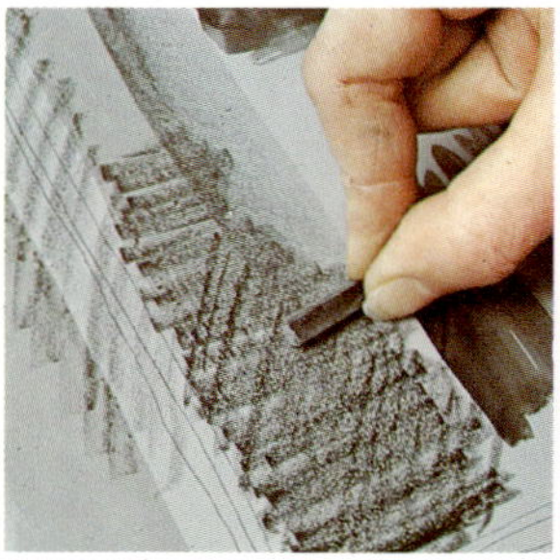

2. Mit Lithokreide wird derart auf die Platte gezeichnet, als ob man normale Zeichenkreide oder Pastell verwendete.

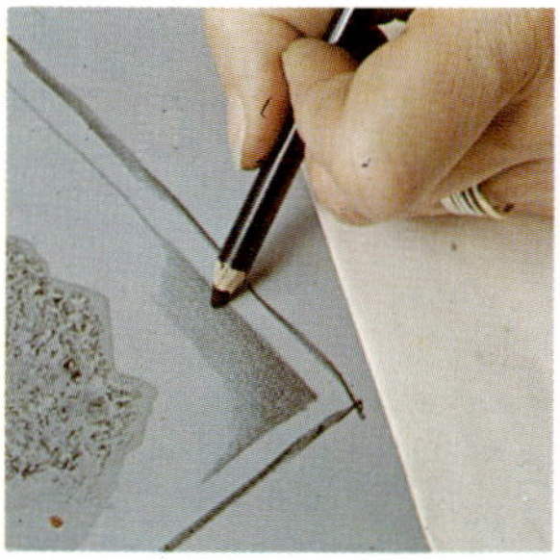

3. Wachsstifte eignen sich für feine Zeichnungen. Um die Platte vor Schweiß zu schützen, wird Papier unter die aufliegende Hand gelegt.

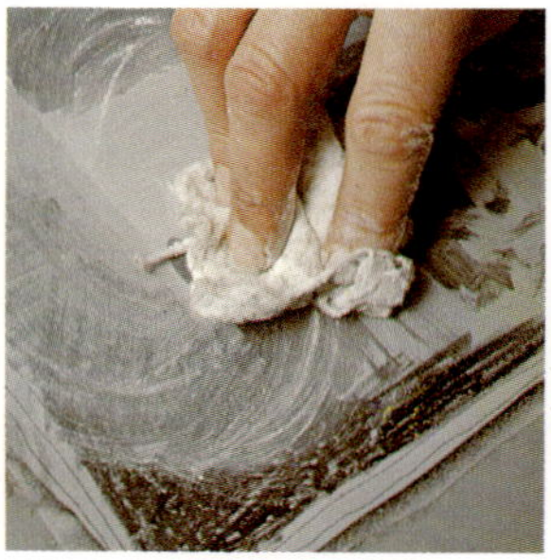

4. Nachdem das Bild fertig ist, die ganze Platte mit Talkum bestäuben, damit die Oberfläche trocken und gleichmäßig wird.

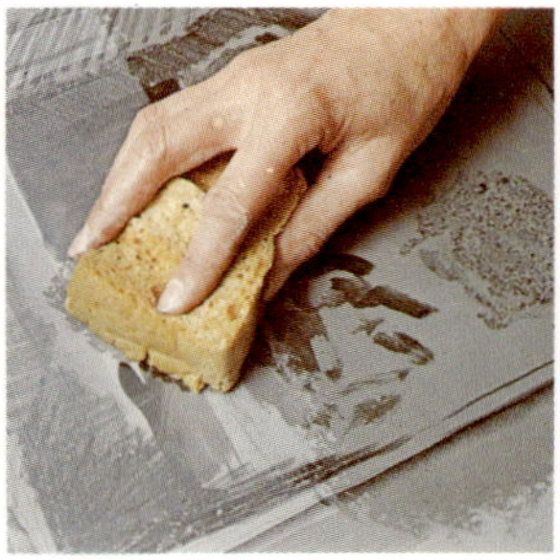

5. Danach Gummiarabikum auf den Stein tupfen. Dick auftragen und trocknen lassen, um unerwünschte Fettflecken zu beseitigen.

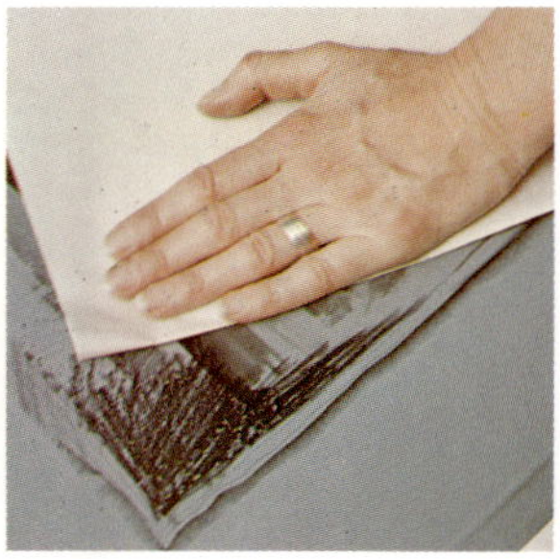

6. Über die trockene Gummierung wird eine neue Schicht nassen Gummiarabikums gestrichen und mit sauberem Papier abgelöscht.

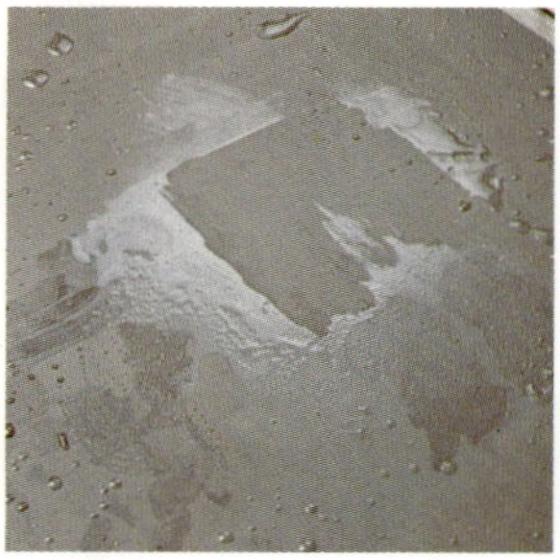

7. Nach dem Trocknen der Gummierung wird die Platte mit Terpentinersatz abgerieben und das schwarze Bild entfernt.

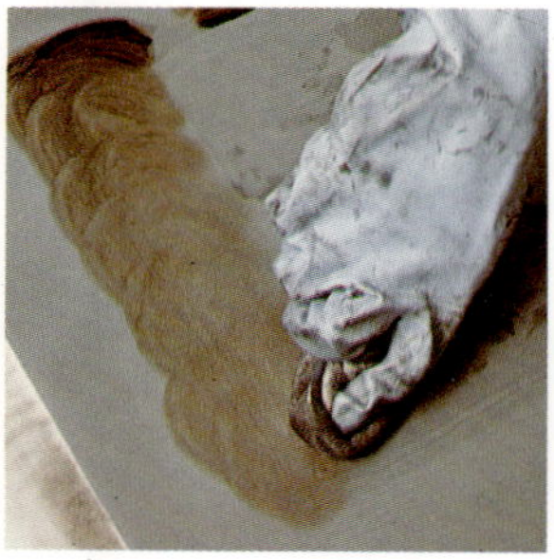

8. Asphalt aufreiben, um das Bild durch zusätzliches Fett zu verstärken, wobei die Tuschezeichnungen ausgelassen werden.

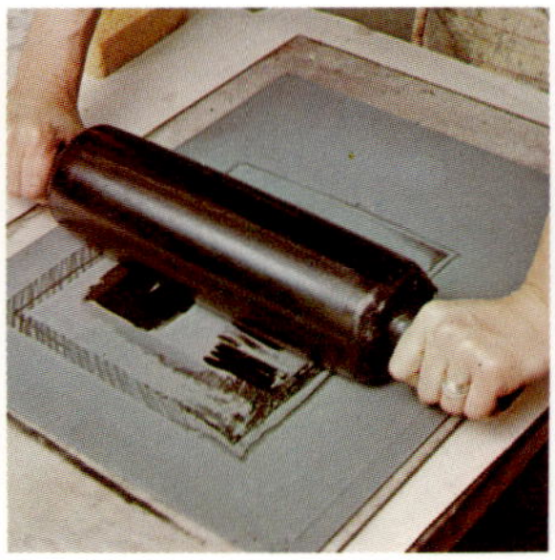

9. Die Gummierung mit einem nassen Schwamm abwaschen und so viel schwarze Farbe aufwalzen, daß die Zeichnung wieder hervortritt.

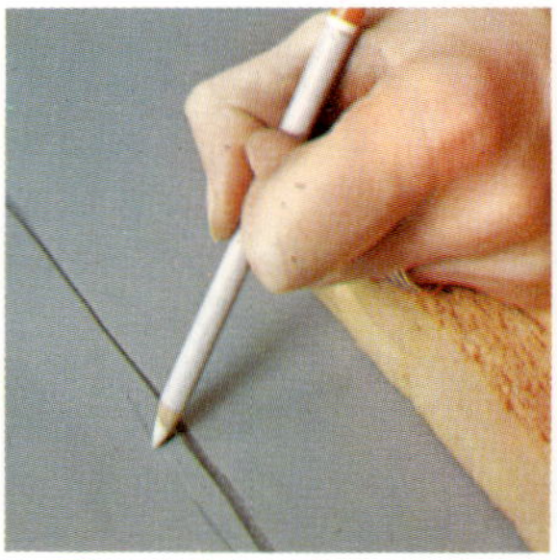

10. Jetzt können Korrekturen mit einem Schreibmaschinenradiergummi oder spezieller Korrekturflüssigkeit erfolgen.

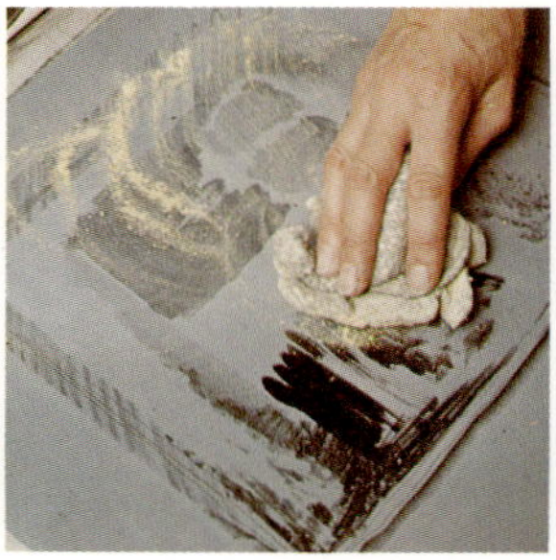

11. Säurebeständiges Harzpulver und anschließende Schneiderkreide nehmen die Ätzflüssigkeit gleichmäßig auf.

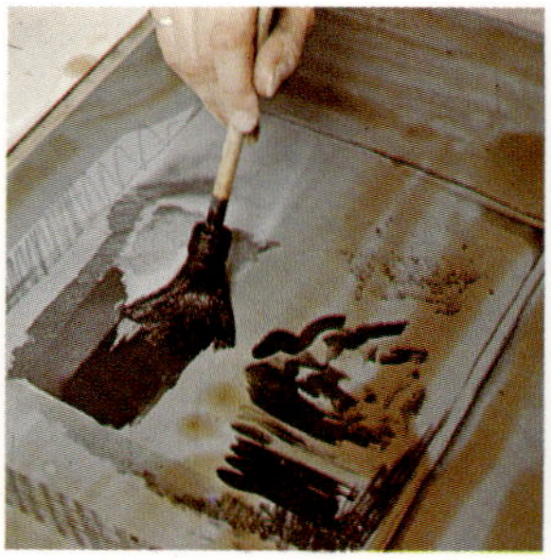

12. Die Fläche wird mit einer Mischung aus Gummiarabikum, Salpetersäure und Wasser fixiert.

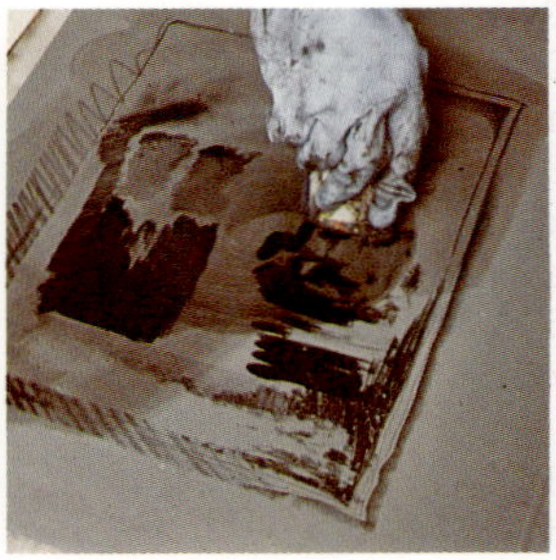

13. Man entfernt die Säure nach 3 Minuten mit dem Schwamm, trocknet die Platte und trägt eine dünne Gummischicht auf.

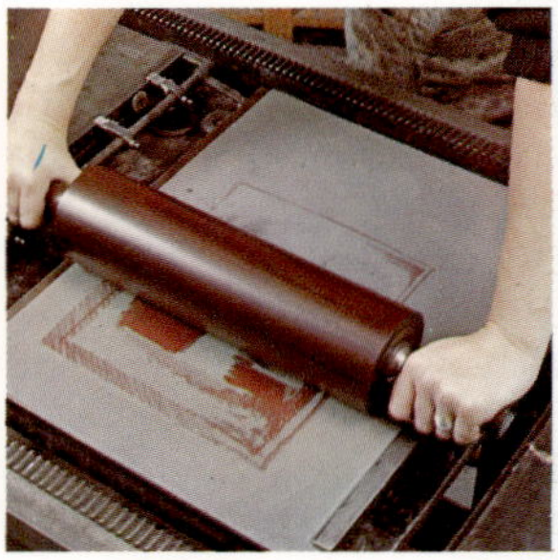

Druck auf der Offsetpresse
1. Schwarzes Bild mit Terpentinersatz entfernen, Gummierung abwaschen, dann mit Farbe einwalzen.

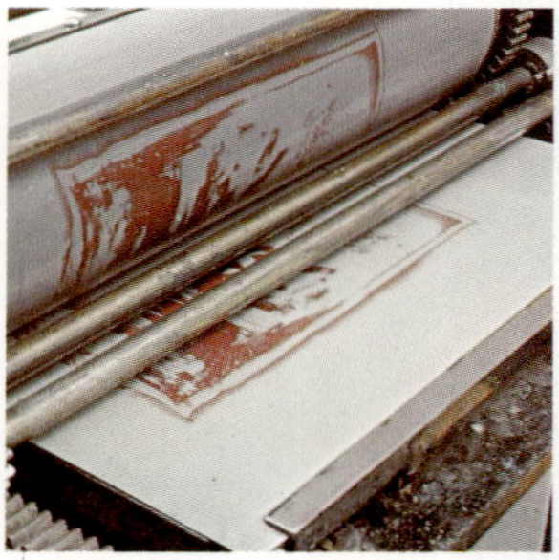

2. Die feuchte Platte mit einem Ventilator trocknen und die Walze der Presse darüberrollen, damit sie die Farbe des Bildes aufnimmt.

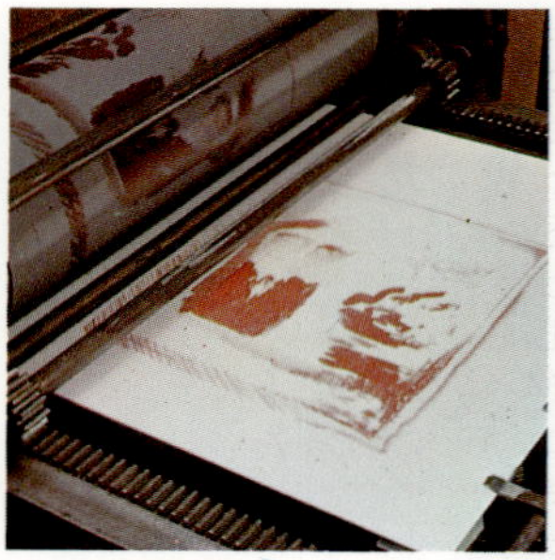

3. Das Papier auf die Laufplatte der Presse legen und nun die Walze darüberrollen, so daß das Papier das Bild übernimmt.

Geschichte
Der moderne Siebdruck ist eine Verfeinerung des Schablonendrucks, wie er schon vor langer Zeit praktiziert wurde. Die Bewohner der Fidschiinseln fertigten die ältesten uns bekannten Schablonen zum Stoffdruck. Sie schnitten Löcher in Bananenblätter und druckten mit Pflanzenfarben durch sie hindurch, um Felle und Tücher zu färben. Die Japaner stellten vier- und fünffarbige Schablonendrucke her.

Im Mittelalter verwendete man Schablonen mit Holzblockdruck, um Bilder und Spielkarten zu schmücken. Das Schablonenverfahren wurde im 16. Jh. noch häufig für Heiligenbilder und zum Illuminieren von Manuskripten verwendet. Im folgenden Jahrhundert gebrauchte man in England Schablonen zur Manufaktur der sehr beliebten Wollpulvertapeten. Gegen Ende des 18. Jh.s wurden in Amerika Schablonenmuster für Möbel und in manchen Fällen auch zur Dekoration weißer Wände benutzt.

Im Jahre 1907 erhielt Samuel Simon aus Manchester ein Patent für ein Seidensiebverfahren, und er gilt allgemein als der erste, der ein Seidengewebe zum Siebdruck verwendete. Um 1914 entwickelte der Amerikaner John Pilsworth ein Mehrfarbverfahren für den Siebdruck, womit man Tausende Drucke mit einer einzigen Schablone auf jeden beliebigen flachen Untergrund aufbringen konnte. Man benötigte dabei nicht einmal eine Druckmaschine.

Grundprinzipien
Im allgemeinen werden Schablonen unter einem Stoffgewebe befestigt, das auf einen Rahmen gespannt ist. Seide galt ursprünglich als das beste Gewebe, aber heutzutage gibt es auch hervorragende Siebe aus Nylon und Perlon. Das Papier wird unter das Sieb und die Schablonen gelegt. Dann gießt man Farbe aufs Sieb und drückt sie durch Schabebewegungen mit einer Rakel durch die Maschen auf das Papier. Das so entstehende Bild, der Siebdruck, gibt die Druckfarbe an den Stellen wieder, die nicht durch die Schablonen abgedeckt waren.

Materialien und Methoden
Es gibt flüssige und feste Schablonen. Die Materialien sind großenteils wasserlöslich, damit sie die Siebdruckfarbe, die ölhaltig ist, abstoßen. Mit Gummiarabikum oder einem fertig erhältlichen Abdeckmittel kann man die Zeichnung direkt auf das Gewebe auftragen. Mit Hilfe eines Pinsels lassen sich flächige Zeichnungen anlegen. Das Abdeckmittel verhindert, daß die Druckfarbe an den gezeichneten Stellen durch das Sieb dringt; diese Stellen bleiben auf dem Papier also weiß, so daß ein Negativdruck entsteht. Ein direkter oder positiver Druck kommt zustande, indem man mit terpentinlöslichen Materialien auf das Gewebe zeichnet: mit Tuschen auf Ölbasis oder weichen Wachs-Lithokreiden. Diese werden dann mit einem Fön oder Heizlüfter getrocknet und die Teile, die nicht drucken sollen, mit Abdeckmittel beschichtet. Danach muß die Zeichnung mit Terpentin ausgewaschen werden. Vor dem Druck wird das Sieb mit Klebeband maskiert, so daß die Farbe nicht über die Ränder hinausgedrückt wird.

Die billigste handgeschnittene Schablone besteht aus Papier, das mit Klebeband unter dem Gewebe befestigt wird, aber sie kann sich während des Druckvorgangs leicht bewegen. Besser als Papier ist das im Fachhandel erhältliche Schablonenmaterial für Siebdruck. Man legt dieses, mit der matten Seite nach oben, auf die Zeichnung und schneidet die Oberschicht mit einem Schablonenmesser vorsichtig zu.

Die zugeschnittene Folie wird auf einer Platte befestigt, und darauf legt man das Gewebe. Mit einem feuchten Schwamm reibt man Folie und Gewebe gegeneinander an, so daß die Folie am Gewebe haftenbleibt. Mit einem Löschpapier, das man auf das Gewebe legt und anrollt, wird die Feuchtigkeit aufgesaugt. Jetzt wird das Sieb schräg gestellt, die Folie mit einem Gebläse gründlich getrocknet und die Acetatschicht vorsichtig von der Folie abgezogen. Manche anderen Schablonenmaterialien wie Profilm und Stenplex werden auf gleiche Weise behandelt, aber statt Wasser muß man hier Spiritus und statt eines Rollers ein Bügeleisen verwenden.

Ein weiteres, komfortableres Beschichtungsmaterial gibt es als lichtempfindliche Emulsion zur photographischen Beschichtung. Der Film, positiv oder negativ, wird auf das vorbehandelte Sieb direkt übertragen, indem man die lichtdurchlässige Zeichnung auf das beschichtete Sieb legt und dieses dann mit einer Nitrophotolampe belichtet. Anschließend wird die Zeichnung durch Entwickeln und Auswaschen freigelegt.

Photographische Siebdruckschablonen läßt man sich am besten anfertigen. Das Bild wird dabei gerastert, so daß der Druck aus winzigen Punkten besteht.

Rahmen und Tische Siebdruckrahmen aus Metall oder Hartholz, Rahmenhalter und Ständer oder Siebdrucktische gibt es von der einfachsten bis hin zur kompliziertesten und teuersten Ausführung.

Professionelle Siebdruckmaschinen haben eine Vakuumpumpe, die die flache, perforierte Oberfläche ansaugt. Ein Schieberahmen, an dem das Sieb befestigt wird, ist auf den Tisch montiert. Die Vakuumpumpe schaltet sich ein, sobald das Sieb heruntergeklappt wird, um das Papier anzusaugen, und sie schaltet sich aus, wenn das Sieb wieder hochgeklappt wird. Ein Zwischenraum zwischen Gewebe und Papier sorgt dafür, daß das Sieb sich unmittelbar nach dem Aufrakeln der Farbe wieder vom Papier löst. Die Wahl der Papiersorte richtet sich nach dem gewünschten Effekt.

Druck
Das Druckpapier wird flach unter das Sieb gelegt. Dann gießt man an der Rahmenseite Druckfarbe auf das Sieb, die mit einer Rakel unter gleichmäßigem Druck so darübergeschoben wird, daß die freien Gewebeporen sie durchlassen. Anschließend kippt man den Rahmen hoch und nimmt das Papier heraus, um den nächsten Druck einzuleiten.

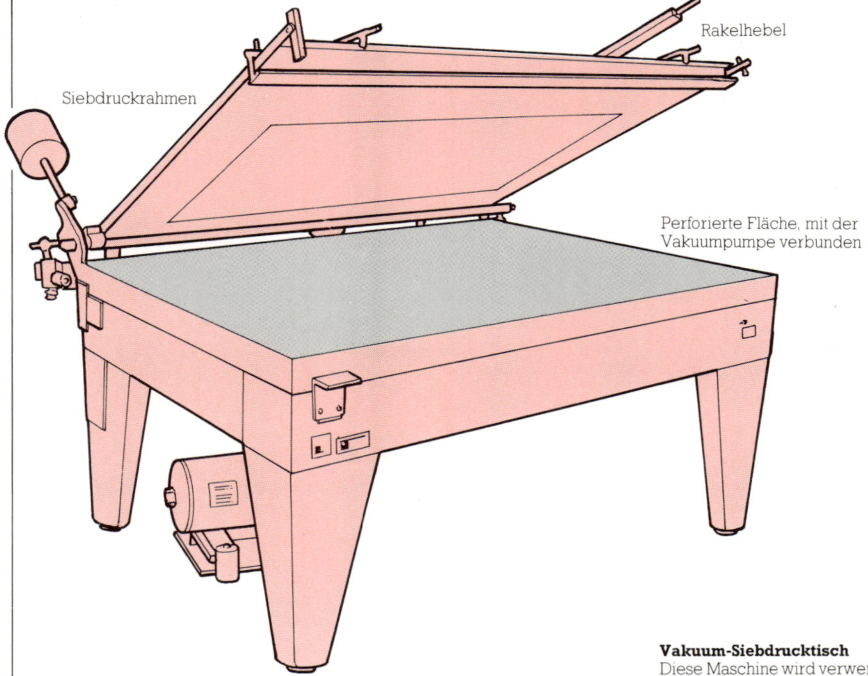

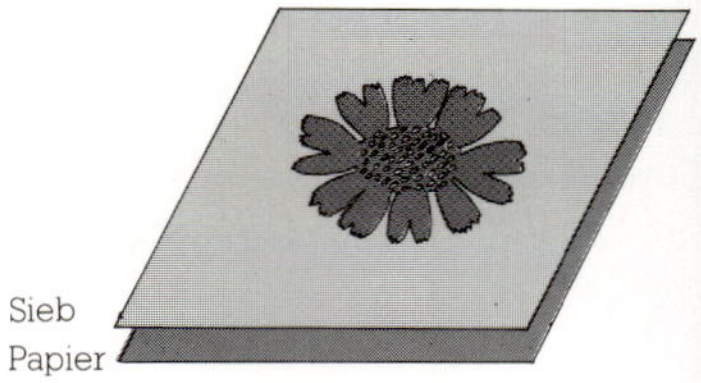

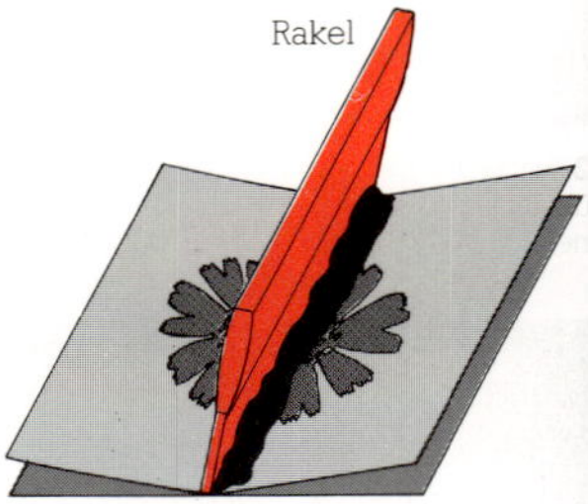

Vakuum-Siebdrucktisch
Diese Maschine wird verwendet, wenn Präzisionsdrucke verlangt werden. Die Auflagefläche ist mit einer Vakuumpumpe verbunden, die das Papier flach ansaugt, sobald der bewegliche Rahmen mit dem Sieb heruntergeklappt wird. Zwischen der Druckfläche und dem Sieb ist immer ein Zwischenraum (**oben rechts**), so daß das Sieb sich gleich nach dem Farbauftrag vom Papier löst. Oben auf dem Tisch befindet sich der Rakelhebel, mit dem die Druckfarbe gleichmäßig aufgetragen wird.

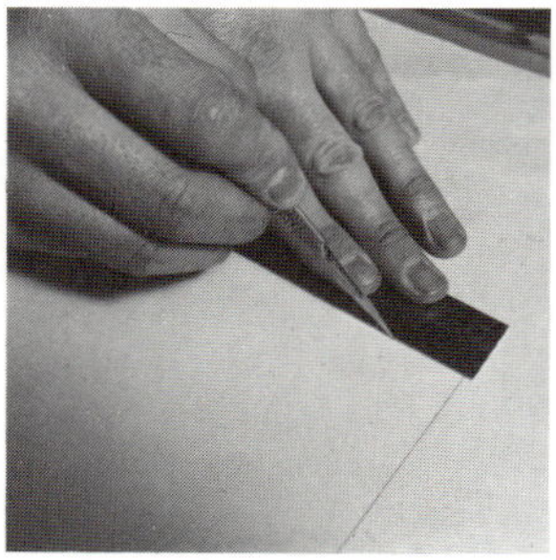

Siebstoff mit Papierschablone
1. Mit einem scharfen Messer schneidet man eine Schablone aus Papier zurecht.

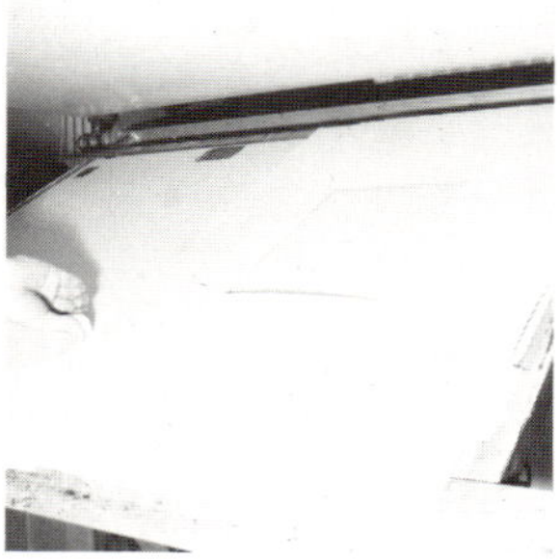

2. Die Papierschablone wird mit doppelseitigem Klebeband auf der Unterseite des Siebs befestigt.

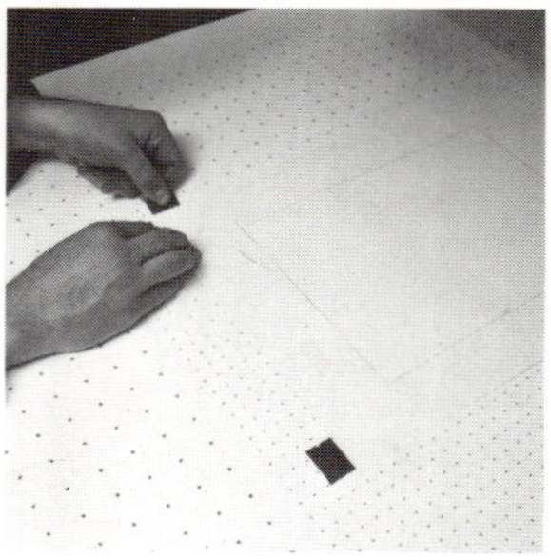

3. Ein Blatt Papier wird unter dem Siebdruckrahmen befestigt und markiert, um später zu erkennen, wie das Druckpapier anzulegen ist.

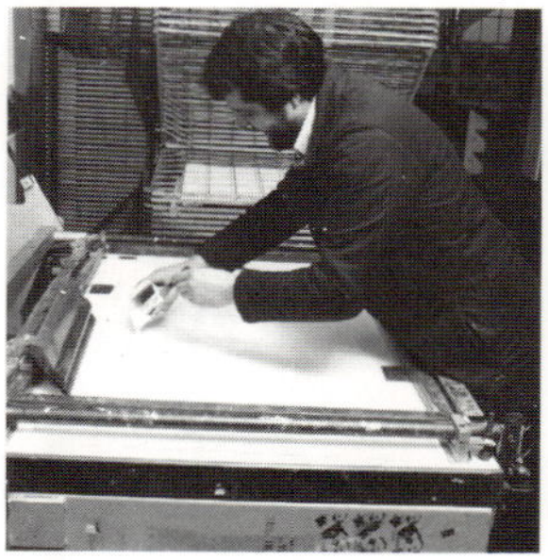

4. Druckfarbe mischen und oben auf eine Seite des Siebs breit auftragen. Dabei muß die Schablonenfläche frei bleiben.

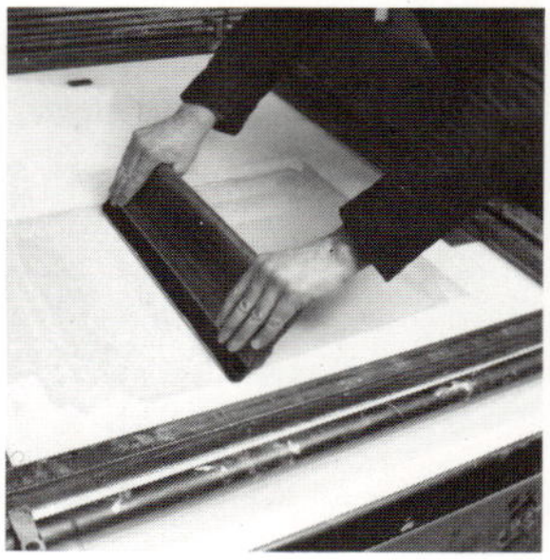

5. Man legt das Sieb auf das Druckpapier und zieht die Farbe mit der Rakel über das Sieb, wodurch die Schablone am Papier festklebt.

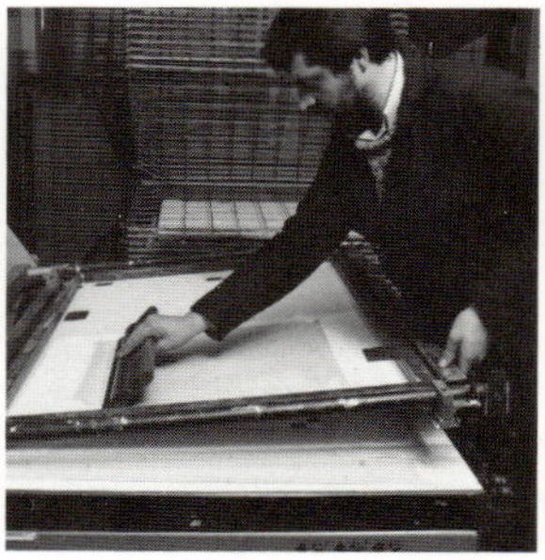

6. Der Rahmen mit dem Sieb wird angehoben und die restliche Farbe mit der Rakel wieder an die ursprüngliche Stelle geschoben.

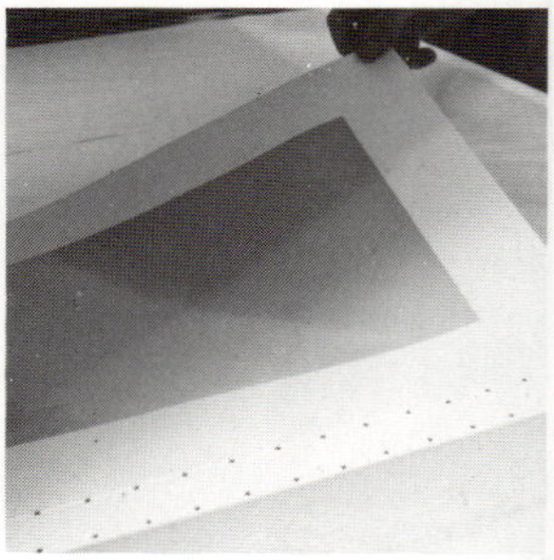

7. Der Druck wird unter dem Sieb herausgenommen. Die Papierschablone kann nur für eine einzige Farbe verwendet werden.

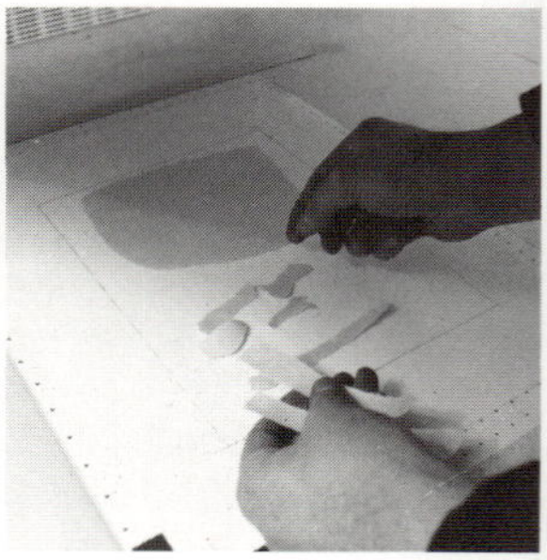

Herstellung einer Papierschablone durch Reißen 1. Ausgerissene Papierfiguren werden auf einem sauberen Papier unter das Sieb gelegt.

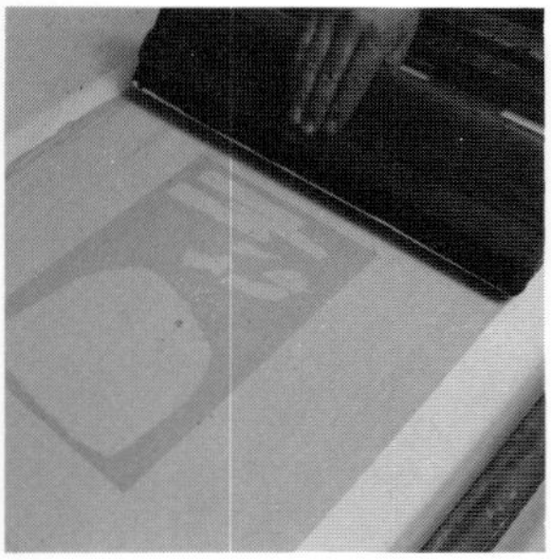

2. Mit der Rakel ziehen wir die Farbe über das Sieb, wobei die ausgerissenen Papierfiguren daran festkleben.

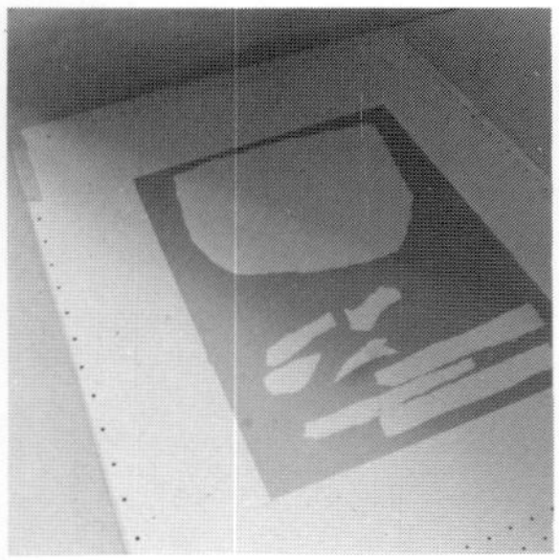

3. Der Rahmen wird angehoben und der Druck herausgenommen.

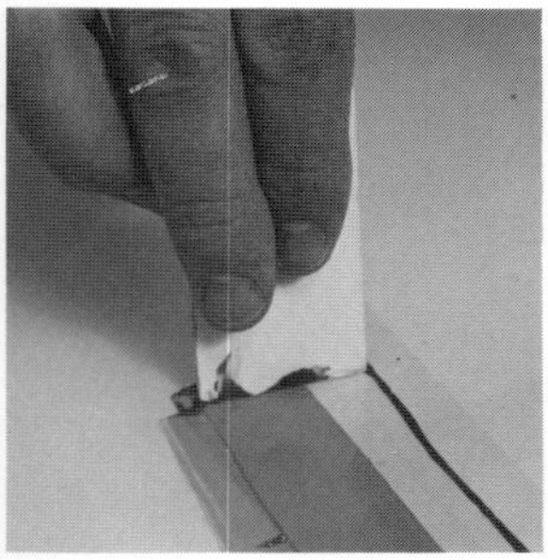

Maskieren mit Klebeband und Abdeckmittel 1. Die Ränder einer Figur werden mit Klebeband maskiert.

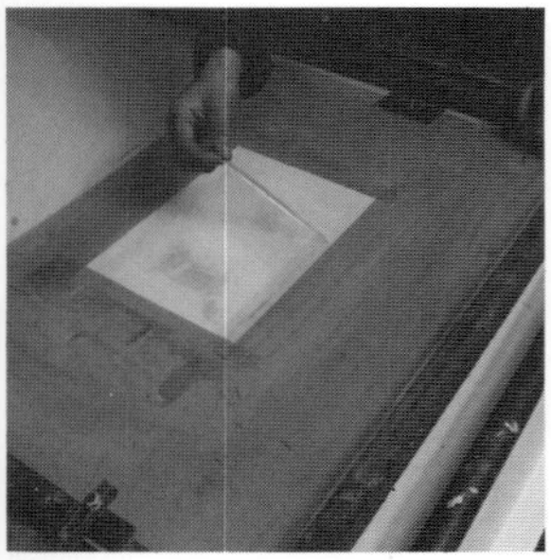

2. Alle Flächen, die nicht drucken sollen, mit Abdeckmittel bestreichen. Nach dem Trocknen wird das Klebeband abgezogen.

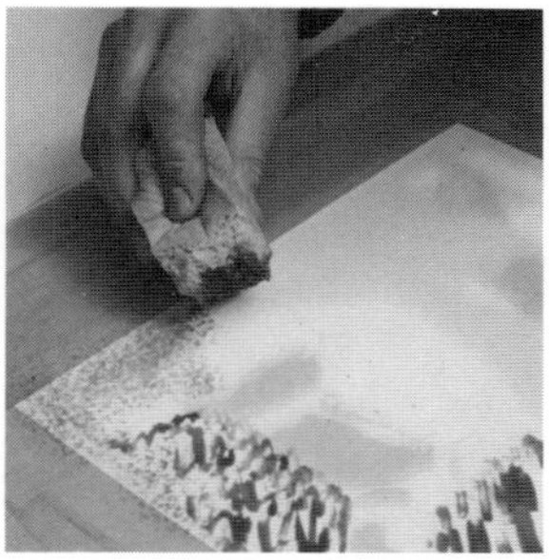

3. Mit Abdeckmittel auf einem Schwamm oder Pinsel werden unregelmäßige Muster auf das Sieb aufgetragen.

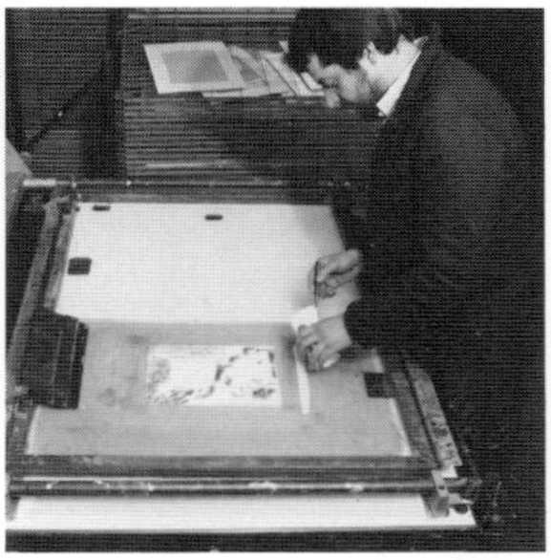

4. Man gießt Farbe entlang der unteren Seite des Entwurfs und schiebt sie, bei leicht angehobenem Sieb, mit einer Rakel nach oben.

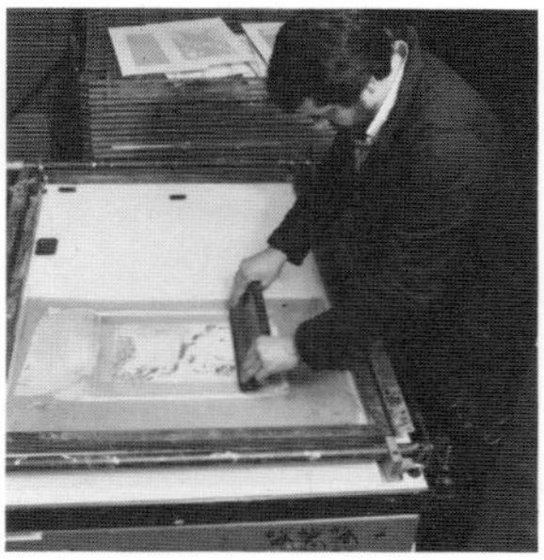

5. Nun wird Papier unter das Sieb gelegt und der Rahmen heruntergeklappt. Mit der Rakel die Farbe über den Entwurf ziehen.

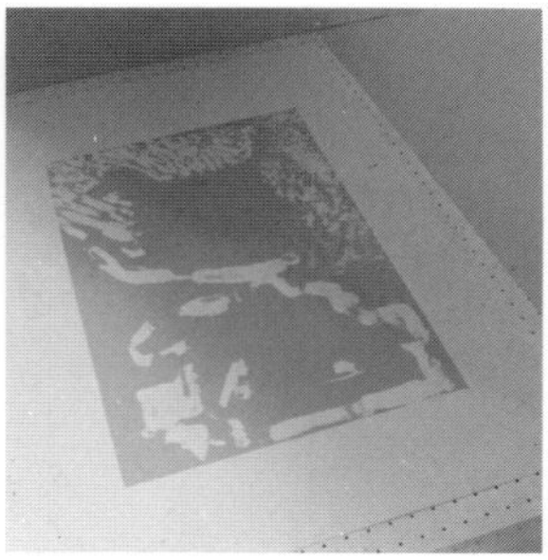

6. Den Druck herausnehmen. Das Abdeckmittel wird beim Reinigen des Siebs nicht beschädigt und kann erneut verwendet werden.

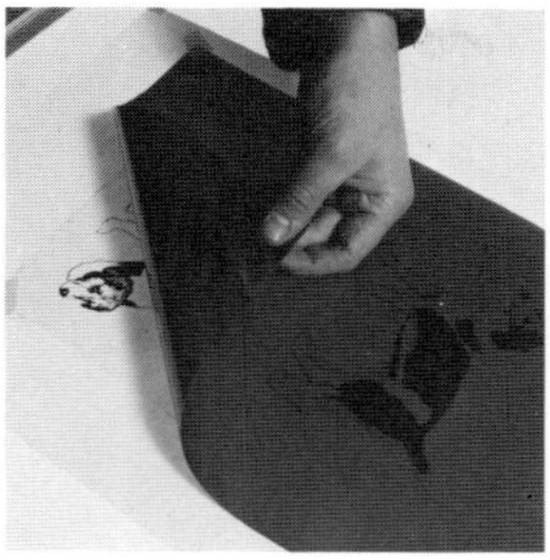

Herstellung von Schablonen aus Schablonenpapier 1. Das Schablonenpapier besteht aus Schablone (matt) und Trägerpapier (glänzend).

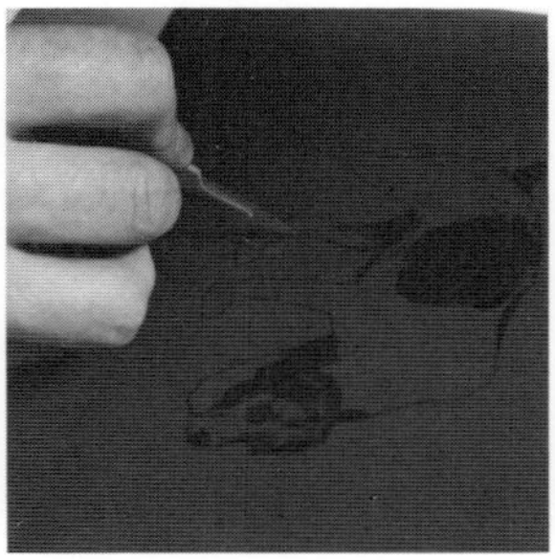

2. Mit einem Skalpell schneidet man behutsam die zu druckenden Figuren aus der matten Oberschicht heraus.

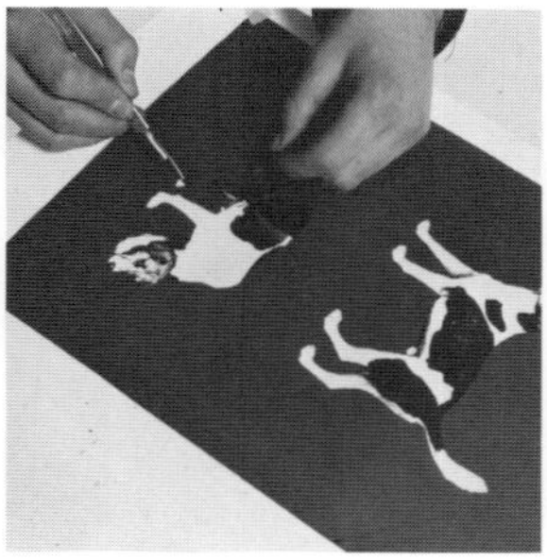

3. Die überflüssigen Stellen des Schablonenpapiers werden vorsichtig abgezogen, ohne das Trägermaterial zu beschädigen.

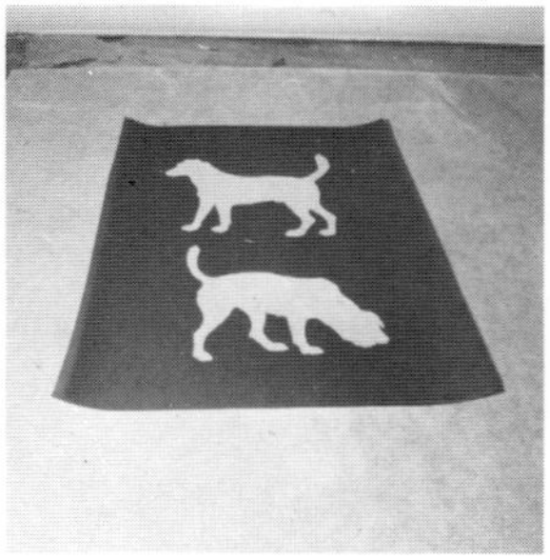

4. Die Schablone wird mit der matten Seite nach oben auf einen sauberen Karton unter das Sieb gelegt.

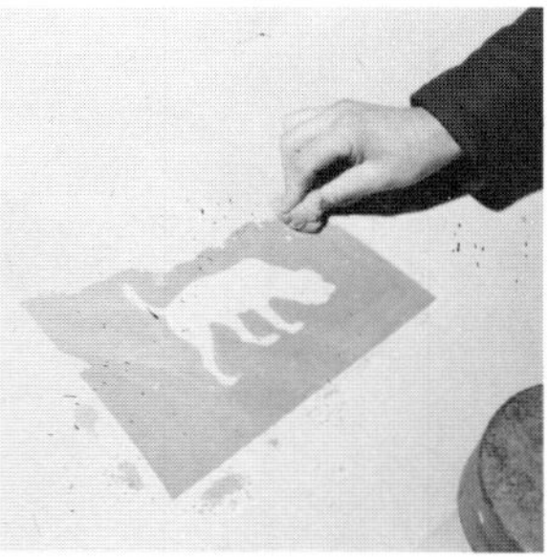

5. Mit einem Schwamm, der mit klarem Wasser getränkt ist, wischt man über das Sieb. Die Schablone klebt nun am Sieb fest.

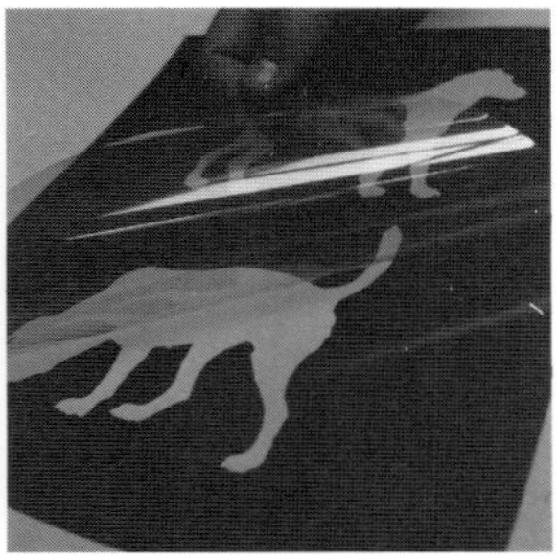

6. Man kippt das Sieb auf die Seite, läßt es vollständig trocknen und zieht die transparente Rückfolie von der Schablone ab.

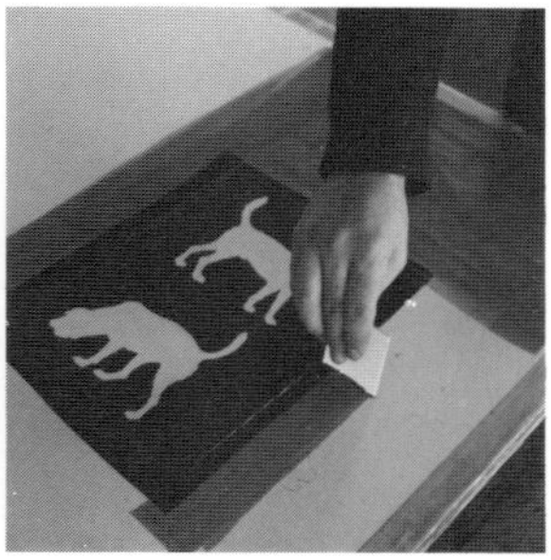

7. Das ganze übrige Siebgewebe mit Abdeckmittel bedecken und trocknen lassen.

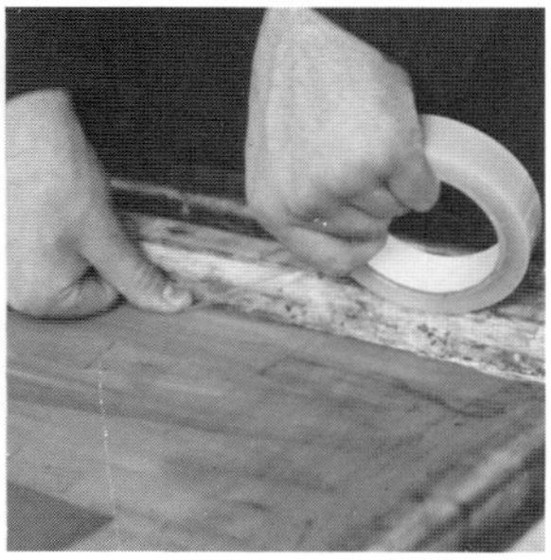

8. Das Sieb wird entlang der Ränder mit Klebeband abgedichtet, damit zwischen Rahmen und Gewebe keine Druckfarbe durchdringen kann.

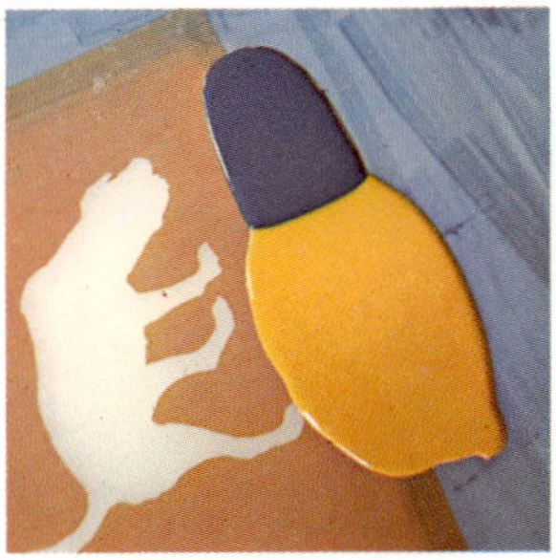

Verschmelzen zweier Farben
1. Unterhalb der Zeichnung gießt man die miteinander zu vermischenden Farben auf das Sieb.

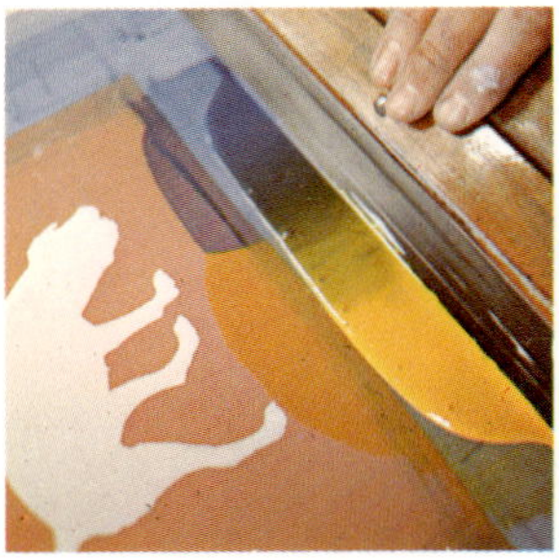

2. Mit der Rakel werden die Farben nach hinten gezogen, wobei sie in der Mitte ineinander überlaufen.

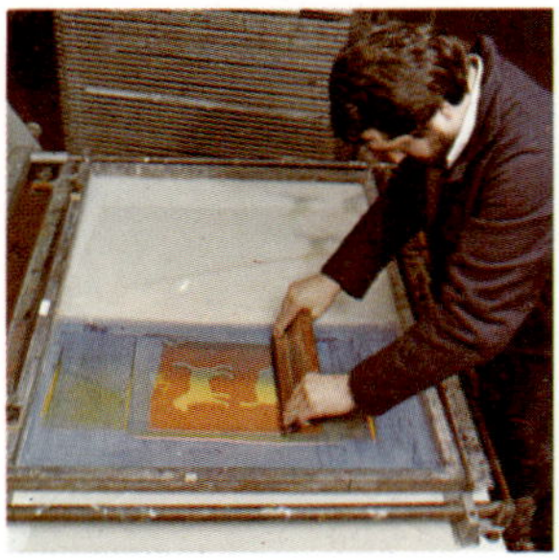

3. Bei angehobenem Sieb werden die Farben bis über das Muster geschoben. Dann senkt man das Sieb und druckt mit der Rakel.

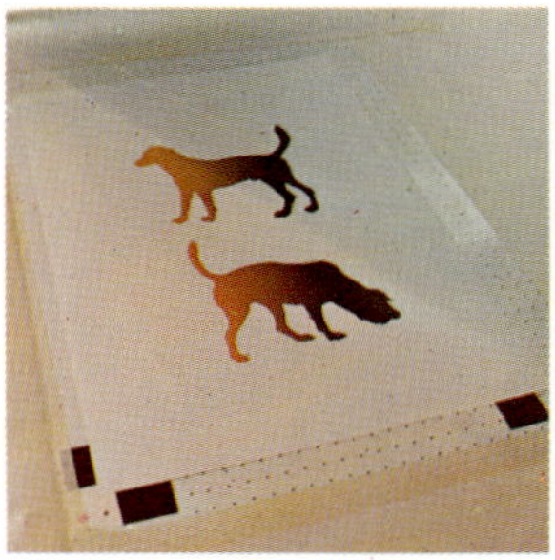

4. Die Farben verschmelzen im Druck und zeigen von der einen Seite zur anderen eine Abstufung.

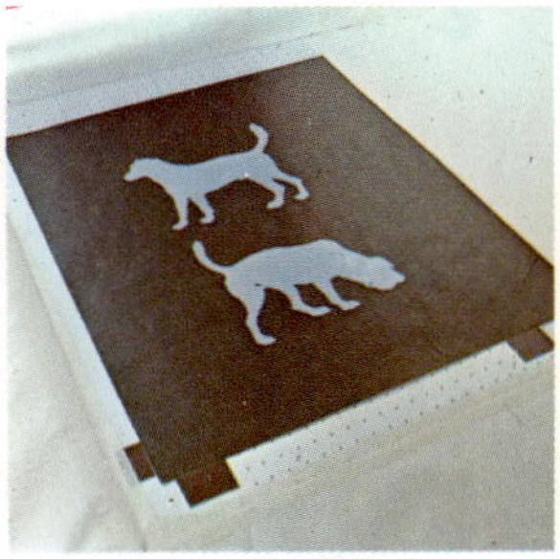

Drucken mit Deckfarben Wenn die Farbe recht dickflüssig ist, dann deckt sie sogar auf schwarzem Papier.

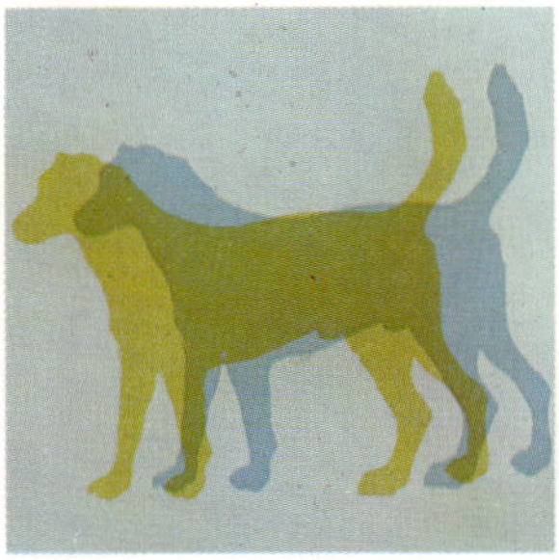

Transparente Farben Verdünnte Farbe ergibt einen transparenten Druck und kann überdruckt werden, um eine dritte Farbe hervorzurufen.

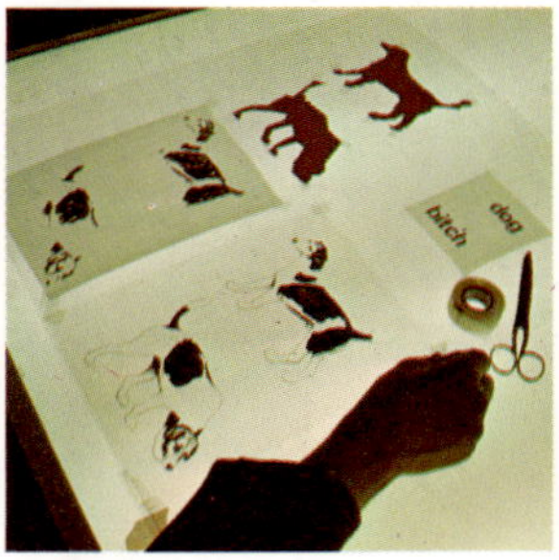

Herstellung einer indirekten Schablone 1. Fertige Photopositive werden mit Tesafilm auf einer dünnen Klarsichtfolie befestigt.

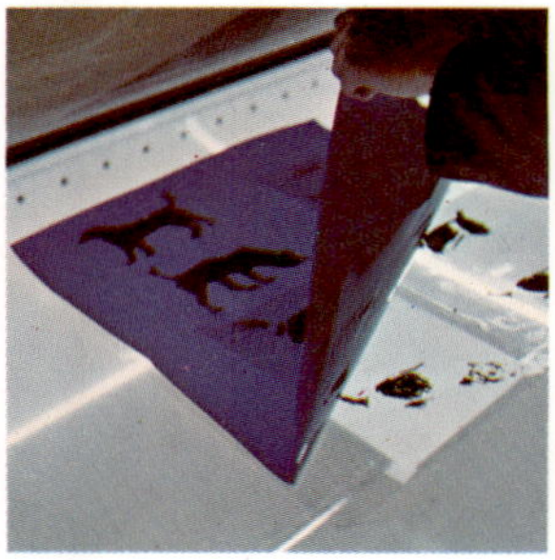

2. Auf die Photopositive legen wir indirekten Photoschablonenfilm mit der Emulsionsseite nach oben.

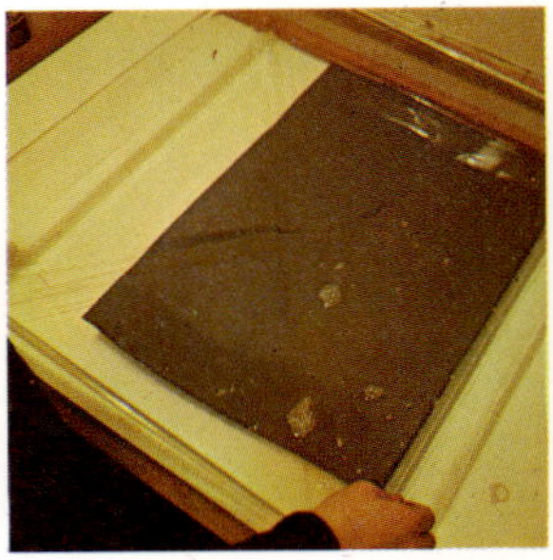

3. Der Film wird mit UV-Strahlen belichtet und danach in eine Härterlösung gelegt.

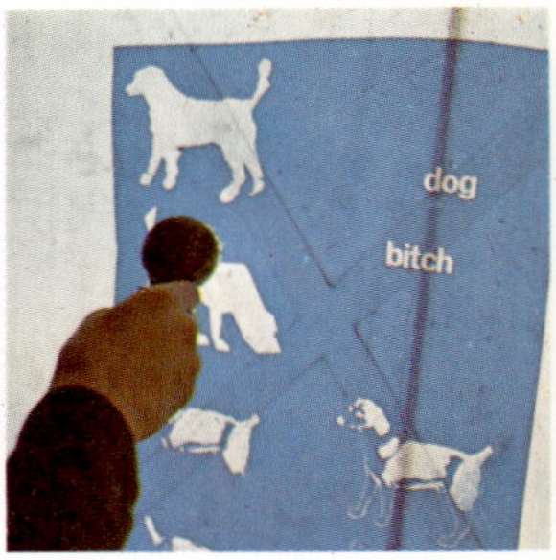

4. Den Film in warmem Wasser wässern und nachher mit kaltem Wasser überspülen.

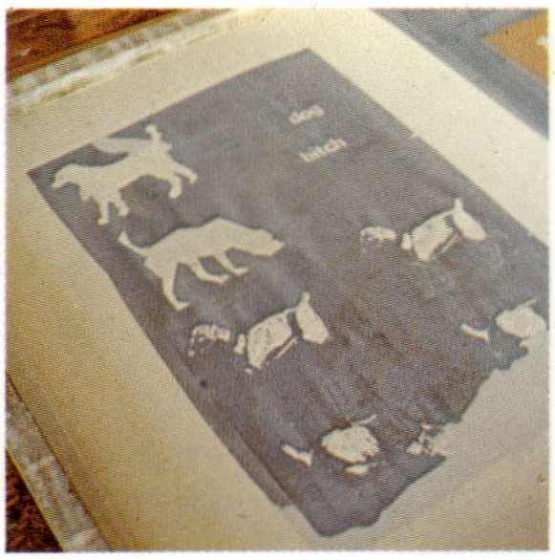

5. Mit der Emulsionsseite nach oben wird der Film auf Karton unter das Sieb gelegt.

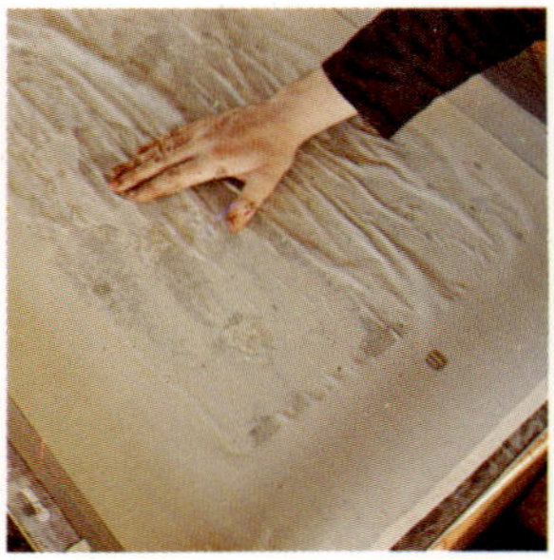

6. Mit saugfähigem Papier wird behutsam aufgetupft. Diese Schablonen brauchen keine Beschichtung und werden nur einmal verwendet.

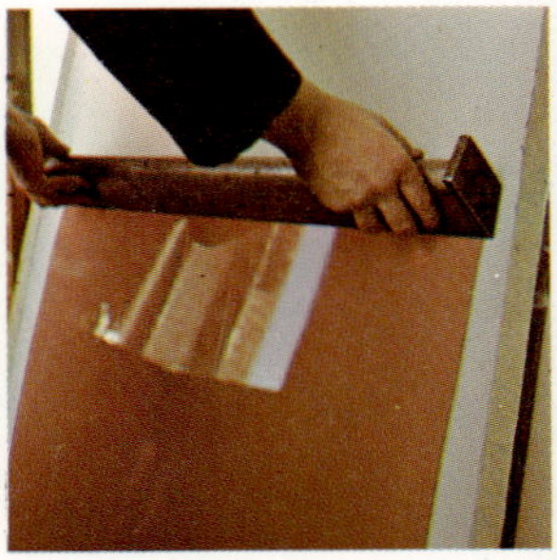

Herstellung einer direkten Schablone 1. Das Gewebe wird mit einer lichtempfindlichen Emulsion beschichtet.

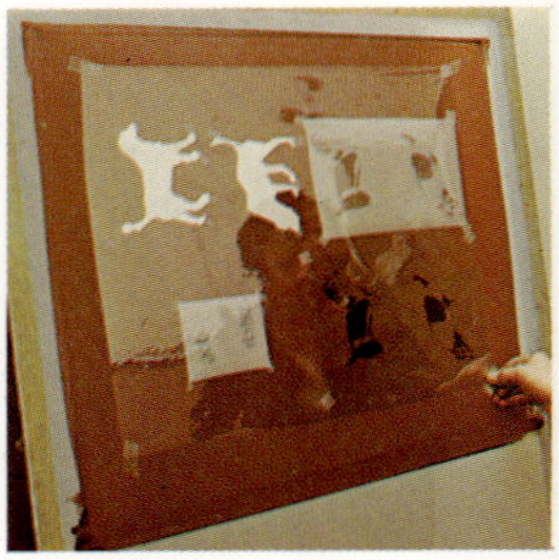

2. Mit durchsichtigen Klebestreifen werden die Positive auf das beschichtete Gewebe gelegt.

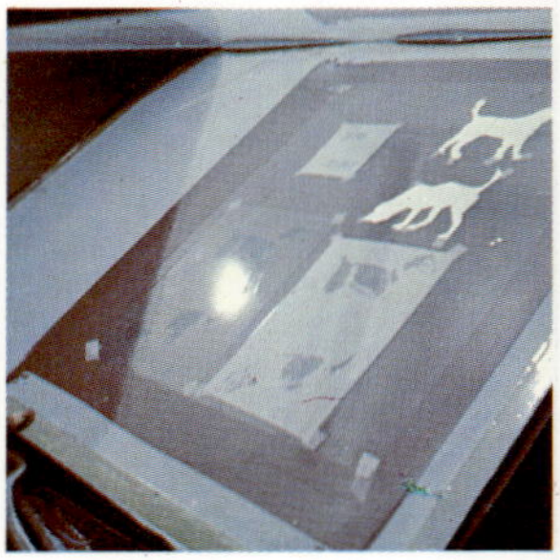

3. Die Positive müssen in Druckrichtung aufgelegt werden. Dann erfolgt die Belichtung mit UV-Strahlen.

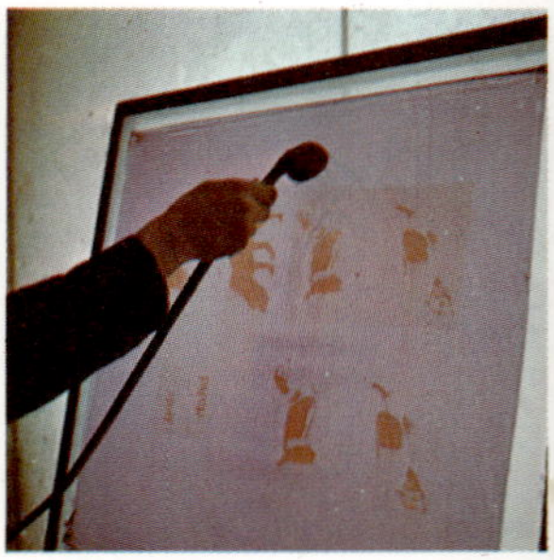

4. Die unbelichteten Stellen des Gewebes werden ausgewaschen. Die belichteten Teile sind jetzt gehärtet und wasserfest.

14

Präsentation

Rahmen: Gehrung, Glas schneiden, Passepartouts, Montage, Fertigstellung, Aufziehen.

14 **Bilder** Präsentation

Fertige Bilder sollten, bevor sie aufgehängt werden, gerahmt oder aufgezogen sein. Beide Verfahren kann man selbst durchführen.

Rahmen

Zum Rahmen Ihrer Bilder brauchen Sie ein rechtwinkliges Dreieck, ein Stahllineal, einen geraden Fuchsschwanz, einen Handbohrer, einen Tischlerhammer, eine Gehrungsschneidlade, einen Körner, Zangen und eine Schraubzwinge.

Die erste Aufgabe besteht darin, die passende äußere Form für das Bild, das gerahmt werden soll, zu bestimmen. Rahmen, Bilduntergrund und Glas haben wichtigere Aufgaben, als nur die Wirkung eines Kunstwerks zu verstärken. Sie schützen es vor Feuchtigkeit, Schmutz, Verziehen, Verwitterung und unbeabsichtigter Beschädigung.

Rahmen kann man herstellen aus Holz, Metall, Holz und Metall kombiniert, Holz mit Stoff verkleidet oder aus Kunststoff.

Ölgemälde können ohne Glas gerahmt werden. Zeichnungen und Aquarelle benötigen dagegen sowohl auf der Vorder- als auch auf der Rückseite eine Verglasung. Tempera braucht nur dann keine Rückenverstärkung, wenn das Bild auf Holz gemalt wurde, aber es sollte während der ersten zwölf Monate unter Glas kommen und gleich aufgehängt werden.

Die Rückenverstärkung für Drucke, Zeichnungen und Aquarelle sollte immer aus Hartfaserplatte bestehen, niemals aus Karton, der zu weich ist, und nicht aus Sperrholz, das sich verziehen kann.

Der erste Schritt zur Anfertigung eines Rahmens besteht im Messen. Das sollte man nicht nur einmal machen, sondern zwei- und notfalls sogar dreimal. Sägen Sie niemals drauflos, ehe Sie nicht sicher sind, daß Sie die richtigen Maße haben. Und denken Sie daran: Jede äußere Rahmenlänge besteht aus der Länge des Bildes – plus doppelter Rahmenbreite. Eine Leinwand muß immer noch einmal rundherum 6 mm zusätzlich bekommen, damit der Keilrahmen sich bei Temperaturänderungen dehnen oder zusammenziehen kann. Dieser Freiraum befindet sich innerhalb der Fuge; die Leinwand wird rundherum zwischen Kork- oder Holzstückchen eingebettet.

Gehrung Beim Sägen der Gehrung begehen die meisten Laien Fehler. Man benötigt schon einige Übung und muß die Werkzeuge vorsichtig handhaben, um die Gehrung richtig hinzukriegen. Die längeren Rahmenseiten werden immer zuerst zugeschnitten – sollten Sie nämlich hier schon einen Fehler machen, dann können Sie diese Teile noch immer für die kürzeren Seiten verwenden. Alle Gehrungsschnitte haben einen Winkel von 45°.

Glas schneiden Bilderglas ist klar und fehlerfrei – sofern Sie es nicht falsch zuschneiden. Messen Sie es zweimal aus, und markieren Sie es mit einem Filzstift. Das rechtwinklige Dreieck wird entlang der Markierung angelegt, und dann schneidet man unter kräftigem Druck mit dem Glasschneider.

Passepartouts Zunächst wählt man eine Farbe, die zum Bild paßt. Man schneidet so zu, daß der untere Rand des Passepartouts etwas breiter als der obere ist. Damit korrigiert man den optischen Eindruck, daß das Bild zu tief im Rahmen liegt, der bei gleich starken Rändern entsteht.

Montage Zwei Gehrungsklemmen erleichtern die Arbeit, aber sie sind nicht unbedingt erforderlich. Man klemmt die langen und die kurzen mit Leim versehenen Seiten fest zusammen und hämmert Stifte in einem leichten Winkel zu den Rahmenseiten ein. Damit verhindert man ein Aufplatzen. Je dicker der Rahmen, desto mehr Stifte werden benötigt, doch sollte man wenigstens zwei pro Verbindung verwenden.

Fertigstellung Rahmenleisten kann man fertig verarbeitet kaufen. Wenn Sie rohes Holz verwenden, dann muß dieses geschmirgelt und gebeizt oder lackiert werden. Es besteht ebenfalls die Möglichkeit, die Leisten mit Stoff zu bekleben.

Aufziehen Sie schneiden eine Schellackfolie so zu, daß sie etwas größer als das Bild ist, und befestigen die Mitte mit der Spitze eines warmen Bügeleisens auf der Bildrückseite. Dann dreht man das Bild um und schneidet die überstehenden Ränder der Folie ab. Das Bild wird, mit der Folie nach unten, auf die Aufziehplatte gelegt. Nun legt man hitzebeständiges Papier auf das Bild und streicht mit einem lauwarmen Bügeleisen darüber. Nachträglich kann auch noch ein Passepartout über das Bild geklebt werden.

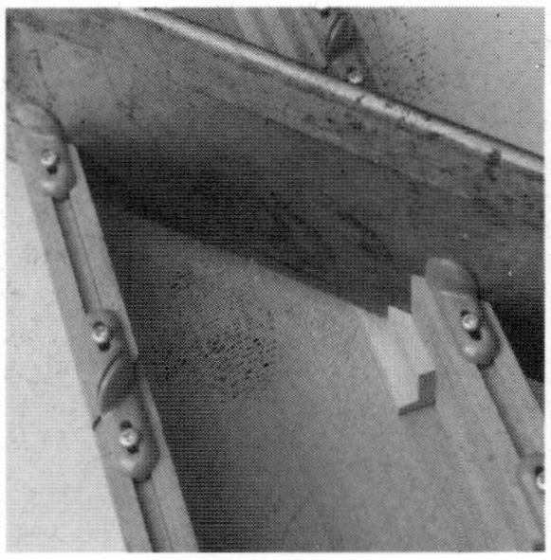

Rahmenmontage 1. In einer Gehrungsschneidlade wird die ausreichend lange Rahmenleiste eingeklemmt und abgesägt.

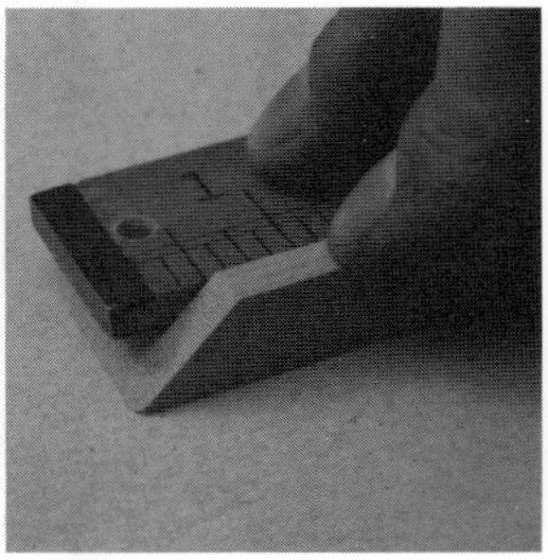

2. Die erforderliche Länge der Leiste wird auf deren Innenseite abgemessen und das Lineal auf das schräge Ende ausgerichtet.

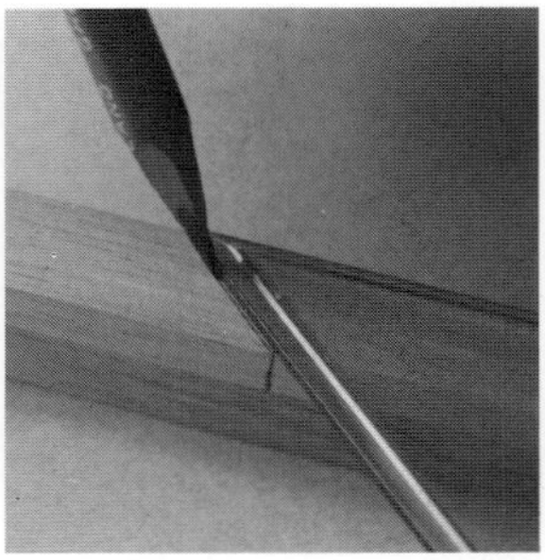

3. Die entgegengesetzte Seite der Rahmenleiste wird angezeichnet, wobei der Gehrungswinkel von 45° zu berücksichtigen ist.

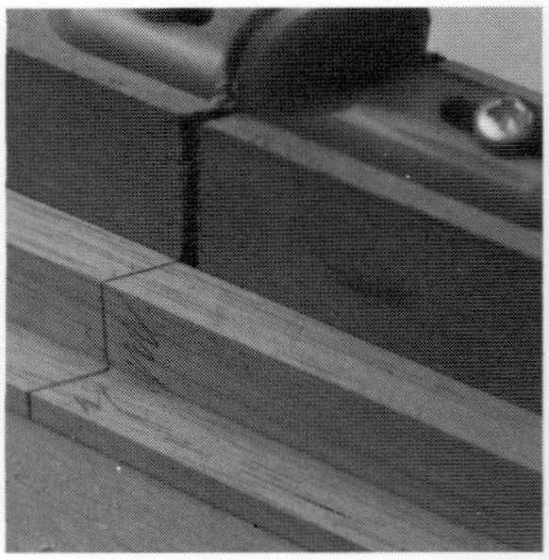

4. Sie markieren das abzuschneidende Ende und sägen die Leiste in der Gehrungsschneidlade dementsprechend ab.

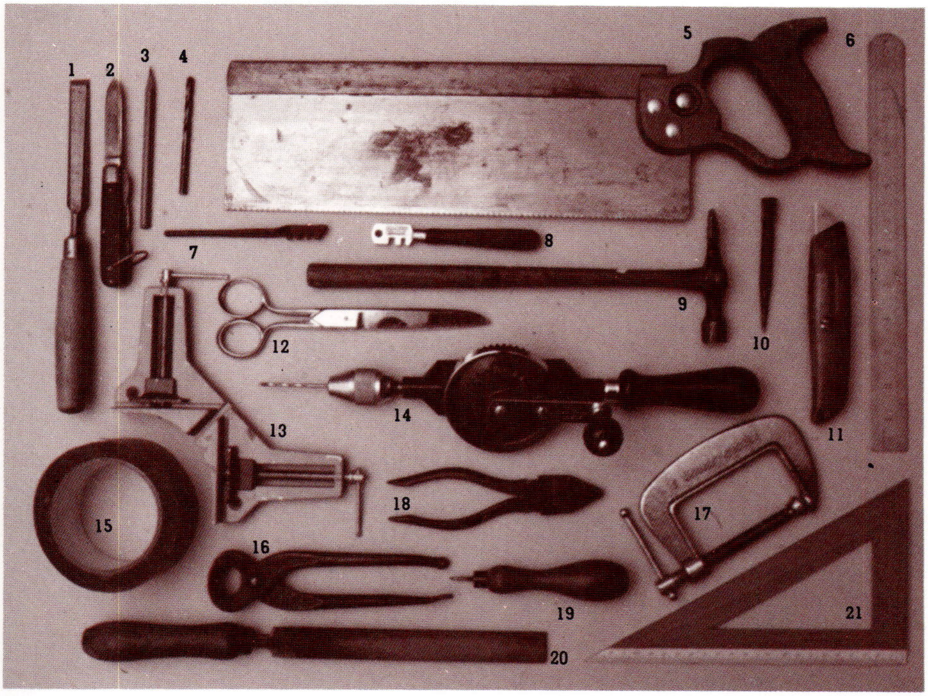

Werkzeuge zur Rahmenherstellung Zu den benötigten Werkzeugen gehören: Beitel (**1**), Taschenmesser (**2**), Stifte (**3**, **4**), gerader Fuchsschwanz (**5**), Stahllineal (**6**), Glasschneider (**7**, **8**), Hammer (**9**), Stifttreiber (**10**), Universalmesser (**11**), Schere (**12**), Winkelklemme (**13**), Handbohrer (**14**), Klebeband (**15**), Zangen (**16**, **18**), Schraubzwinge (**17**), Ahle (**20**), Feile (**21**), rechtwinkliges Dreieck (**21**). Zum Sägen verwendet man am besten eine 35 cm lange Gehrungssäge, die genau in die Lade paßt, so daß Sie mit langen Sägebewegungen arbeiten können. Der Stifttreiber dient zum Eintreiben der Stifte. Diese werden so tief eingetrieben, daß sie gerade im Holz verschwinden. Durch direktes Schlagen auf die Stifte könnte das Holz beschädigt werden. Deshalb setzt man auf den Stift den Stifttreiber. Das kleine Loch wird mit Holzspachtel zugeschmiert.

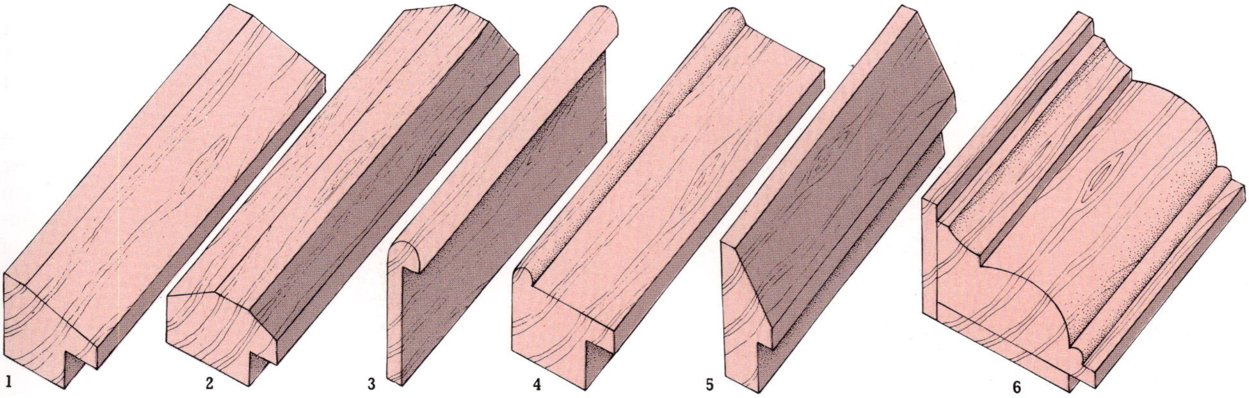

Rahmenleisten Zu den beliebten Rahmenformen gehören der Kastenrahmen (**1**), der beiderseits abgeschrägte (**2**), der halbrunde (**3**), der Hochwulst-Flachrahmen (**4**), der Boxrahmen (**5**) und eine Mischung aus Leisten und Architravrahmen (**6**). Das Bild bestimmt Leistenform und Farbe des Rahmens.

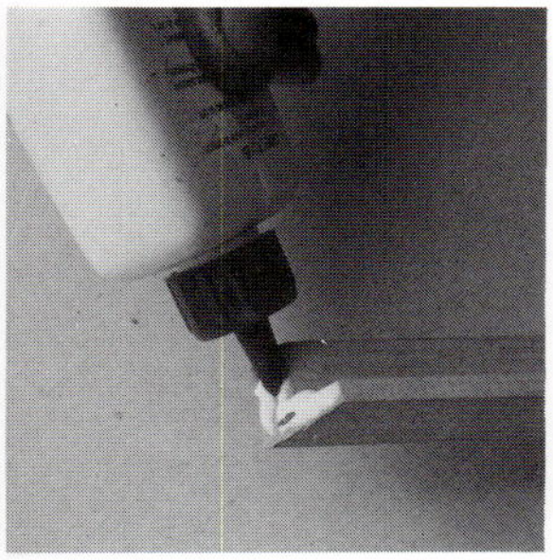

5. Die vier Seitenteile des Rahmens werden zugeschnitten und die schrägen Enden mit Holzleim bestrichen.

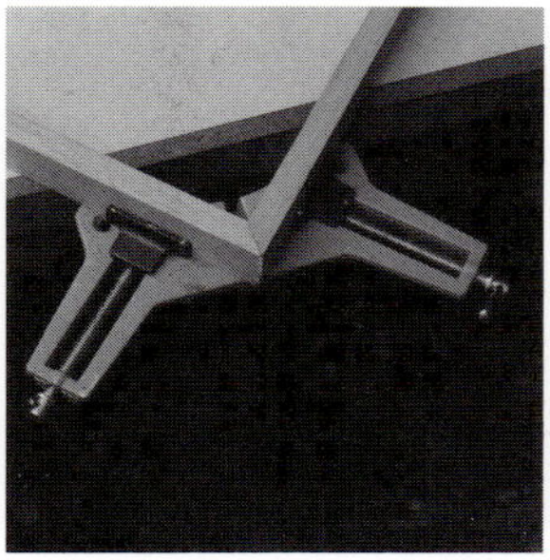

6. Zwei Enden werden so in der Winkelklemme zusammengedrückt, daß sie ein L bilden; dabei müssen die Leisten flach aufliegen.

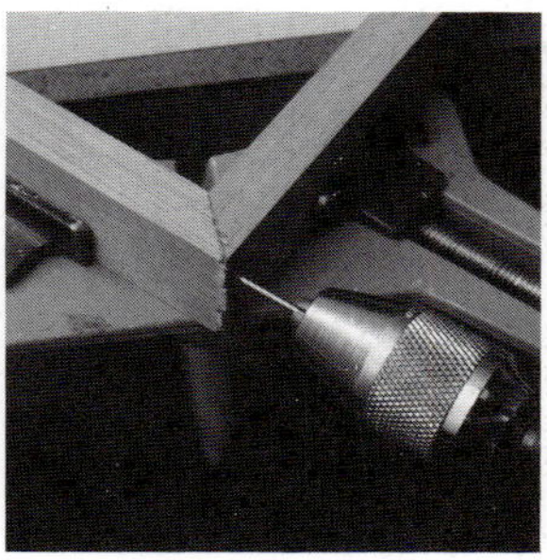

7. Die Ecken werden durchbohrt und mit Schrauben gesichert. Ebenso verfährt man mit den übrigen Teilen.

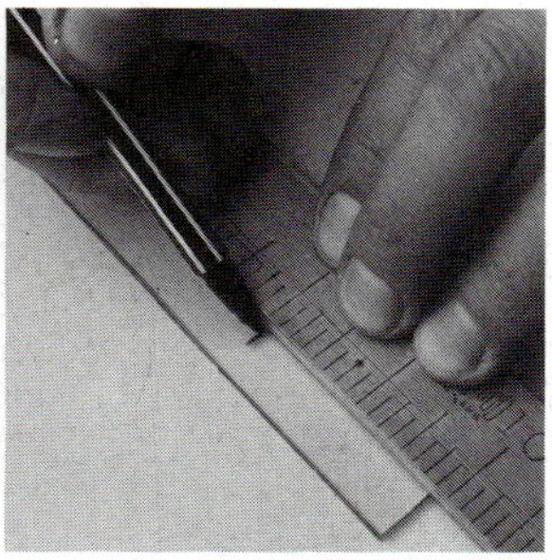

Glas schneiden 1. Messen Sie von einer geraden Seite des Glases aus, und markieren Sie die Maße mit einem Filzstift.

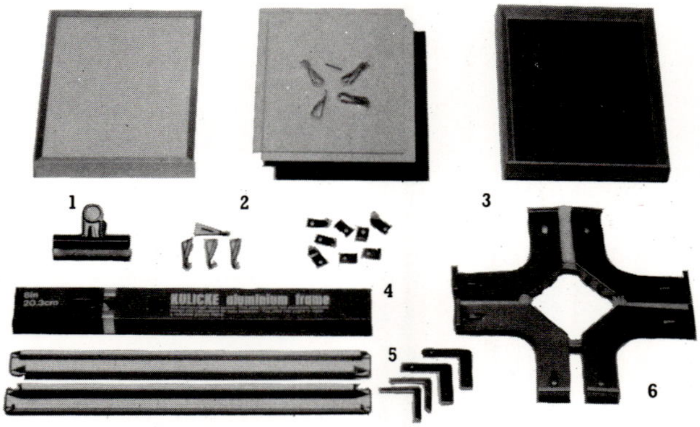

Rahmen-Bausätze Der Fachhandel bietet zahlreiche Bausätze für Bilderrahmen an. Dazu zählen ein Metall-Wechselrahmen (**1**), ein Rahmenpaket mit Glas, Hartfaserplatte und Klemmen (**2**) und ein Fertigrahmen (**3**). Weitere Markensysteme (**4, 5, 6**) sind regional verschieden ebenfalls erhältlich. Solche Bausätze sind leicht zu montieren, aber sie sind teurer als selbstgefertigte Rahmen.

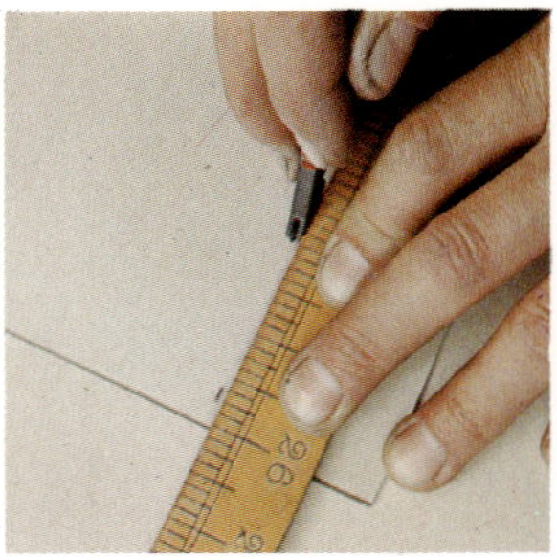

2. Jetzt legen Sie ein Lineal entlang der Markierung an und schneiden mit dem Glasschneider unter kräftigem Druck.

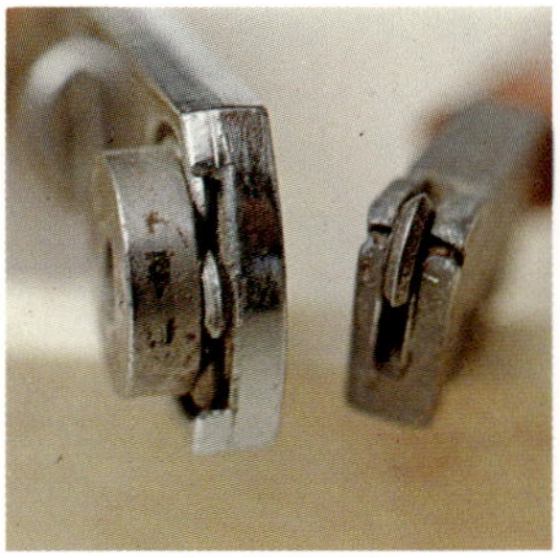

3. Berücksichtigen Sie, daß das Schneiderädchen des Glasschneiders beim Schneiden ein wenig vom Lineal absteht.

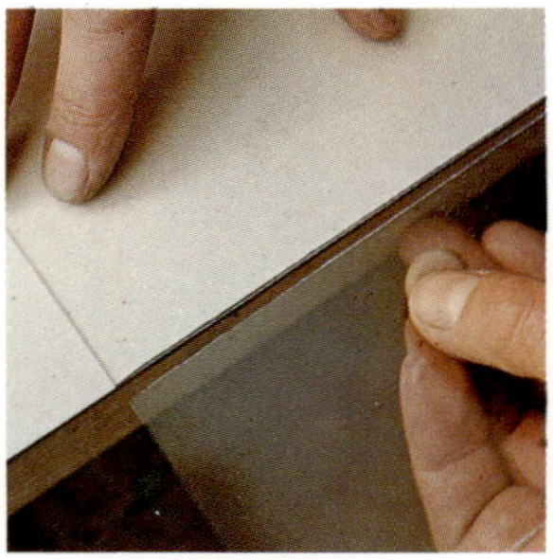

4. Nun legen Sie das Glas mit der angeritzten Linie über eine Kante und brechen den Streifen mit einem leichten Ruck ab.

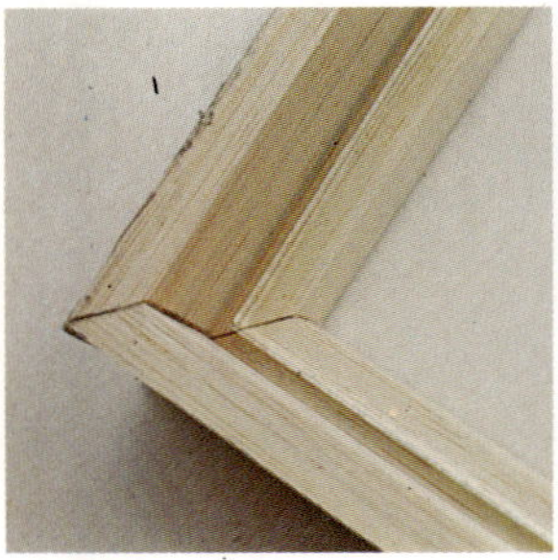

5. Das Glas sollte immer etwas kleiner sein als das Innenmaß des Rahmens, damit man es nicht in den Rahmen zwängen muß.

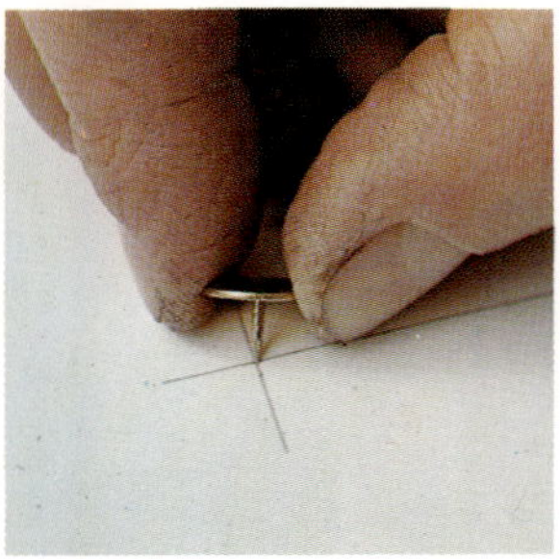

Passepartout 1. Markieren Sie die Ecken des auszuschneidenden Fensters mit Reißzwecken auf 3 mm starkem, mit Papier belegtem Karton.

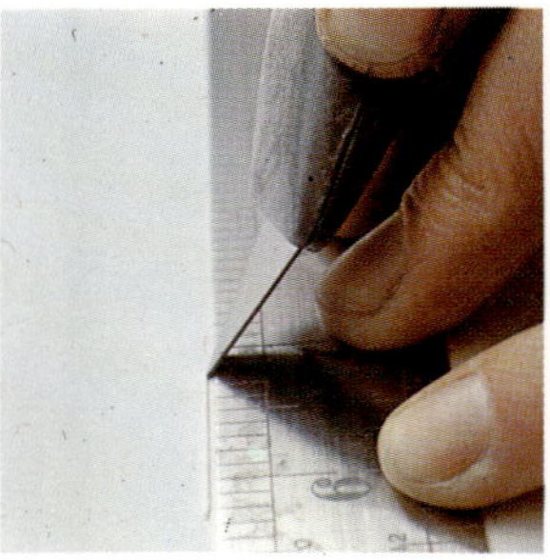

2. Das Fenster wird mit einem scharfen Messer entlang des Stahllineals, welches jeweils über zwei Einstichen liegt, ausgeschnitten.

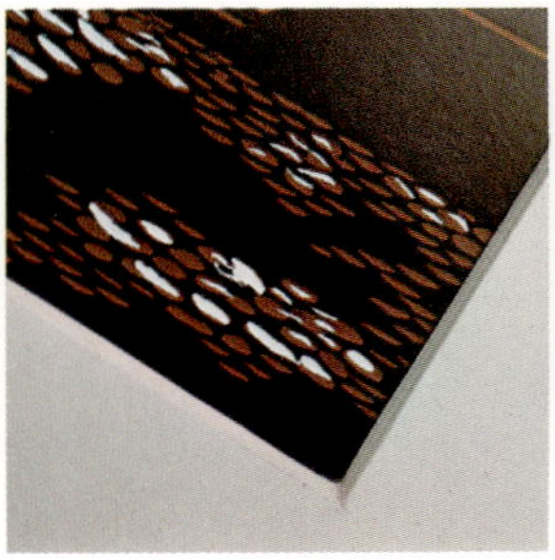

3. Der Winkel, in dem Sie das Messer ansetzen, sollte beibehalten werden, da die Kante sichtbar bleibt.

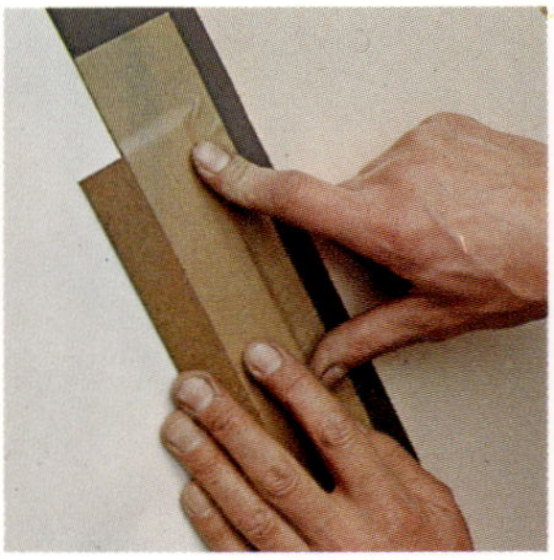

4. Die Bildrückseite wird an jeder Seite von einem Stück Karton festgehalten, welches mit Klebeband am Passepartout befestigt wurde.

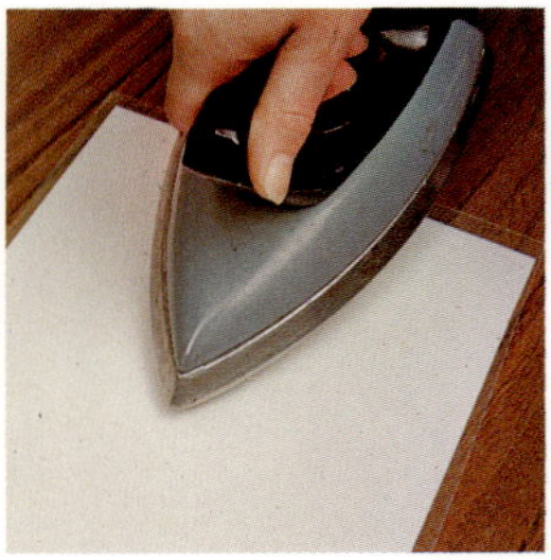

Aufziehen 1. Mit einem lauwarmen Bügeleisen wird eine etwas zu große Schellackfolie auf der Bildrückseite befestigt.

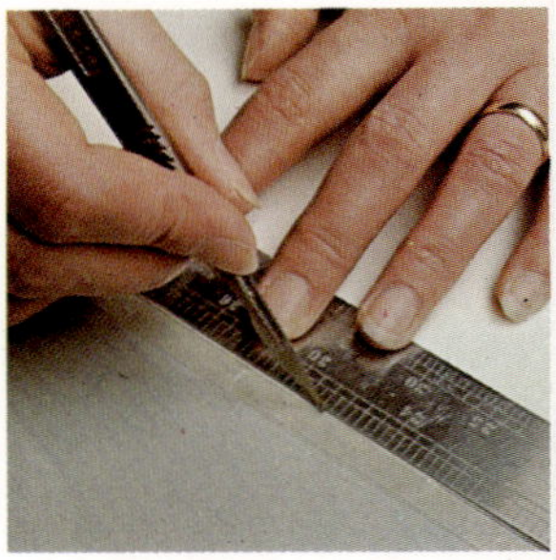

2. Die Folie wird mit einem scharfen Messer entlang einem Stahllineal auf die Bildgröße zugeschnitten.

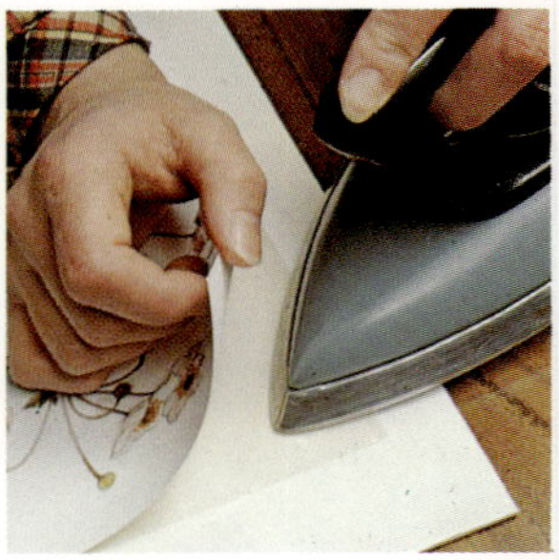

3. Nun das Bild mit der Bildseite nach oben auf das Aufziehmaterial legen und die Folie mit dem Bügeleisen an den Ecken aufbügeln.

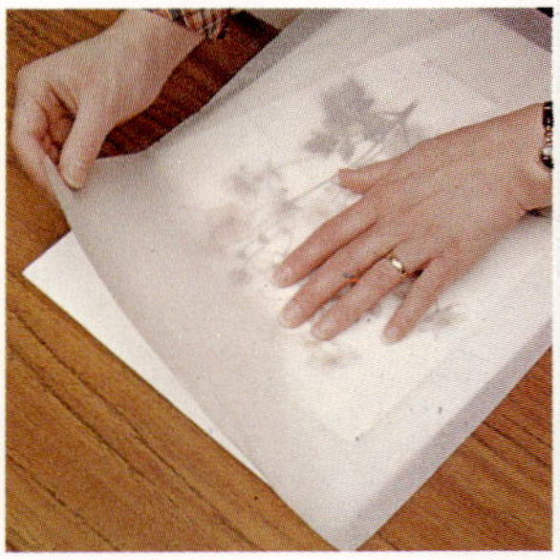

4. Jetzt legt man ein Blatt Papier auf das Bild, um dieses vor dem warmen Bügeleisen zu schützen.

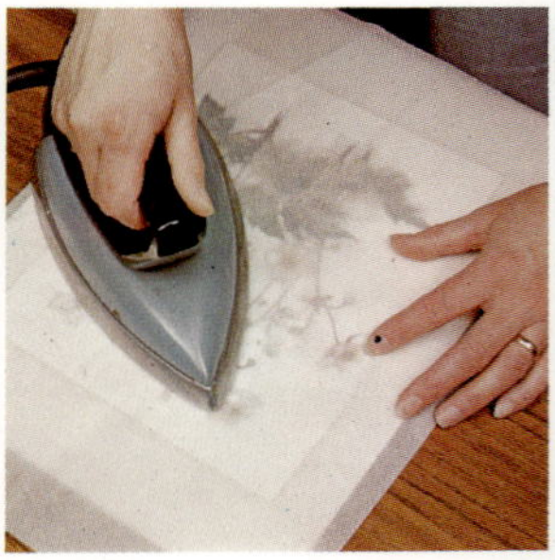

5. Man streicht kräftig mit dem Eisen von der Mitte nach außen über das Papier, wodurch das Bild an der Unterlage festklebt.

15

Fresko

Geschichte. Ausrüstung und Technik: Vorbereitung der Wand, Putz, Techniken, Farben.

15 **Fresko** Geschichte

Die reine Freskomalerei ist ein traditionelles Verfahren, das nicht mit Wandmalerei verwechselt werden sollte. Fresko basiert auf einer chemischen Veränderung, die eine steinharte Kristallisation und Kohäsion von in Wasser gelösten Pigmenten auf einer frisch verputzten Wand verursacht. Solange der Kalk frisch ist, handelt es sich um Löschkalk. Beim Trocknen verändert das Kohlendioxid in der Atmosphäre den Kalk in Calciumcarbonat, wobei die Pigmente kristallisieren und zu einem integralen Bestandteil der Oberfläche werden, ganz anders als die Oberflächenhaftung von Öl- und Temperafarben.

Ein Fresko sollte matt wirken, so daß es Licht und Glanz nicht reflektiert, und muß aus beständigen Materialien hergestellt werden, damit es der Luftverschmutzung und Feuchtigkeit, die auf die Wand einwirken, ebenso widerstehen kann wie einer Reinigung. Fresken im Freien werden im allgemeinen zu stark durch die Luftverschmutzung angegriffen.

Die Farben werden aus zerriebenen, mit Wasser vermischten Natur- oder Erdpigmenten hergestellt. Künstliche Pigmente sind nicht stabil, und wenngleich die Fresken von Michelangelo und Raffael hinsichtlich der Brillanz ihrer Farbtöne verhältnismäßig dürftig sind, so haben sich ihre natürlichen Pigmente im Lauf der Jahrhunderte dennoch als überaus beständig erwiesen.

Die frühesten Fresken, die eine gewisse technische Entwicklung erkennen lassen, stammen aus der späten minoischen Periode und wurden in Knossos auf Kreta freigelegt. Außer mit einheimischen Erdfarben wurden einige minoische Fresken auch *secco* (trocken) gemalt. Seccomalerei ist der Freskomalerei ähnlich, aber die Wand wird mit einem fertigen, vollständig trockenen Putz bedeckt und mit Kalkwasser überstrichen, worauf später die mit Kaseinlösung vermischten Pigmente dünn aufgetragen werden. Manche Seccomaler verwenden gemischte Pigmente mit Lösungen aus Grundierleim oder Eigelb, aber diese sind dem Kasein unterlegen, das wiederum nicht an das reine Fresko heranreicht. Die Etrusker fertigten neben ihren Grabgemälden auf Felswänden Wandgemälde an, die dem Secco und Fresko ähnlich sind.

In Italien sind uns Fresken aus Pompeji und aus der Zeit des römischen Imperiums erhalten. Aber ihre Blütezeit erlebte die Freskomalerei im Mittelalter und in der Renaissance, wie wir es noch aus den Werken von Malern wie Giotto (1266–1337), Fra Angelico (ca. 1387–1455), Masaccio (1401–1428), Piero della Francesca (ca. 1415–1492), Michelangelo (1475–1564) und Raffael (1483–1520) erkennen können. Die gleichen Techniken wurden im 18. Jh. von Tiepolo und Goya (1746–1828) angewandt, aber das Fresko verlor nach der Renaissance in Europa an Beliebtheit, auch wenn im 19. Jh. in Deutschland und in England eine leichte, wenn auch nicht gerade bemerkenswerte Wiederbelebung stattfand.

In Mexiko malte Diego Rivera (1886–1957) während der zwanziger und dreißiger Jahre unseres Jahrhunderts Fresken und experimentierte mit einer neuen Art der Wandmalerei. Heutzutage werden Wandmalereien mit Ölfarben, synthetischen Farben, Emailfarben und farbigen Zementen erstellt, aber bei alledem handelt es sich nicht um reines Fresko.

Fresko Ausrüstung und Techniken

Einige Pigmente verbinden sich nicht gut mit Kalk, aber eine gute und empfehlenswerte Farbskala besteht aus: Biancosangiovanni (reinem Weißkalk); Neapelgelb, lichtem Ocker; Kadmiumrot; Indischrot; rotem Ocker; Scharlachrot; Grüne Erde; Chromoxidgrün feurig; Kobaltgrün; Umbra natur; braunem Ocker; Perigord natur; Perigord orange; Kobalt; Cölinblau; Ultramarin; Kobaltoxid schwarz; Eisenoxid schwarz; Manganschwarz.

Vorbereitung der Wand

Die Wand muß trocken und entsprechend behandelt werden, um späteres Feuchtwerden zu verhindern. Sie muß ferner gut gelüftet sein – dies trägt zur Gleichmäßigkeit der Temperatur und zur Erhaltung des Freskos bei –, und zudem sollte sie nicht der Sonne ausgesetzt sein. Verwenden Sie keine Betonmauern: Zement enthält Fremdstoffe, die das Fresko zerstören. Die Oberfläche kann glatt, rauh oder porös sein. Glatte Backsteine oder Ziegel sollten mit einem Hammer leicht aufgerauht werden, damit die Farbe besser haftet. Danach wird Putz in drei Schichten aufgetragen.

Putz

Der Putz muß aus reinem, gutgebranntem, weißem Ätzkalk bestehen; seine Herstellung kann bis zu zwei Jahren dauern. Plinius berichtet von Malern, die ihren Putz aus drei Jahre lang gelöschtem Kalk herstellten, was offenbar späteres Reißen verhindert. Ätzkalk ist sehr gefährlich, und deshalb sollte er außerhalb des Hauses in einer Backsteingrube aufbewahrt werden; an schattiger Stelle, frostgeschützt und mit einem Holzdeckel abgedeckt. Während zweier Jahre wird der Kalk regelmäßig mit reinem Wasser durchspült und die Mischung häufig umgerührt. Keinesfalls darf der Kalk durch Chemikalien verunreinigt werden. Der verwendete Sand muß frei von Glimmer und Salz sein; Fluß- oder Seesand sind ebenso untauglich wie Sand vom Baustoffhändler.

Techniken

Nachdem die Wandfläche aufgerauht und mit frischem Wasser abgespritzt wurde, um Steinstückchen und Staub zu entfernen, wird die erste Putzschicht aufgetragen. Diese ist rauh und wird als *Trusilar* bezeichnet. Sie besteht aus einem Teil gelöschtem Kalk und drei Teilen sauberem, grobem Sand, auf einem Mörtelbrett mit einer Kelle gemischt. Diese erste Schicht ist 12 mm dick. Sie muß mit einem Holz kräftig und schnell gegen die Wand geschleudert werden, so daß sich keine Luftpolster darunter bilden können. Der Putz wird flach, aber nicht glatt angedrückt. Es spielt keine Rolle, wenn mehr Putz aufgetragen wird, als man an einem Tag bemalen kann, sofern er mit einem feuchten Tuch naß gehalten wird.

Die zweite Schicht, die *Aricciato,* ist etwa 6 mm dick, und sie wird aufgetragen, nachdem die erste Schicht sich gerade verfestigt hat, aber noch nicht hart ist. Sie besteht aus einem Teil Kalk und zwei Teilen grobem Sand. Was am Ende des Tages nicht übermalt wurde, muß wieder entfernt werden.

Die letzte Schicht, die *Intonaco,* wird aufgetragen, nachdem die zweite sich gerade gesetzt hat. Sie besteht zur einen Hälfte aus Kalk und zur anderen aus feinem Sand und ist ein wenig dünner als die zweite Schicht. Auch sie muß wieder entfernt werden, falls sie am Ende des Tages nicht bemalt ist. Man schneidet sie dann mit einem Spachtel aus Elfenbein oder Kunststoff schräg heraus, wobei der überschüssige Kalk mit klarem Wasser abgewaschen wird.

Das Bild wird in Originalgröße mit genauem, vorgeplantem Farbschema auf Karton gezeichnet und in Quadrate eingeteilt. Zu Beginn der Tagesarbeit wird die für diesen Tag vorgesehene Fläche vom Karton auf die feuchte Wand durchgezeichnet. Dabei ist größte Sorgfalt geboten, denn Fehler lassen sich nur dadurch beheben, daß man die ganze Putzstelle wegschneidet, um sie durch eine neue zu ersetzen, was recht schwierig ist. Auch die Grenzen jeder Fläche müssen möglichst unauffällig sein.

Farben

Sie werden auf einer Palette angerieben, und die Pigmente werden getrennt in Näpfen aufbewahrt. Zum Farbauftrag verwendet man weiche Haarpinsel, und man beginnt links oben, damit fertige Stellen nicht bekleckst werden. Die ersten Farben werden dünn und transparent aufgetragen und vom Putz absorbiert. Danach wird die Zeichnung in dunkleren Farben umrissen. Reiner Weißkalk wird über hellen Mitteltönen als Glanzlicht aufgesetzt, und dunklere Töne dienen als Schattierung.

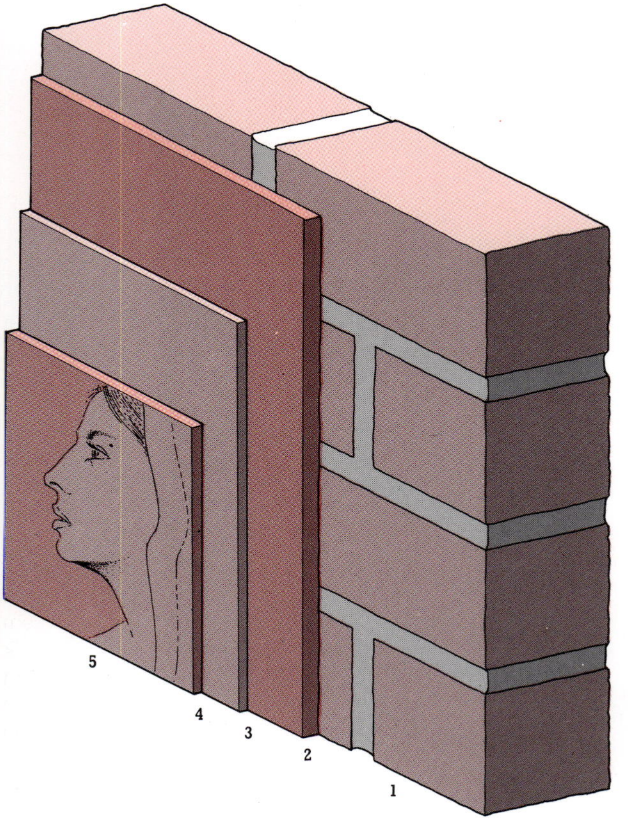

Vorbereitung einer Wand Ein Abschnitt der Wand wird auf folgende Weise zum Bemalen vorbereitet. **1.** Man rauht die Oberfläche der Wand auf, damit die erste Schicht, die *Trusilar,* gut haftet. **2.** Die erste Putzschicht wird dick aufgetragen. **3.** Danach folgt die zweite Schicht, die *Aricciato.* **4.** Die letzte Schicht, die *Intonaco,* bedeckt eine Fläche, die man am selben Tag bemalen kann. Die Zeichnung wird auf den frischen Putz übertragen, und dann beginnt man zu malen. **5.** Beim Trocknen absorbiert und bindet der Putz die Pigmentpartikel.

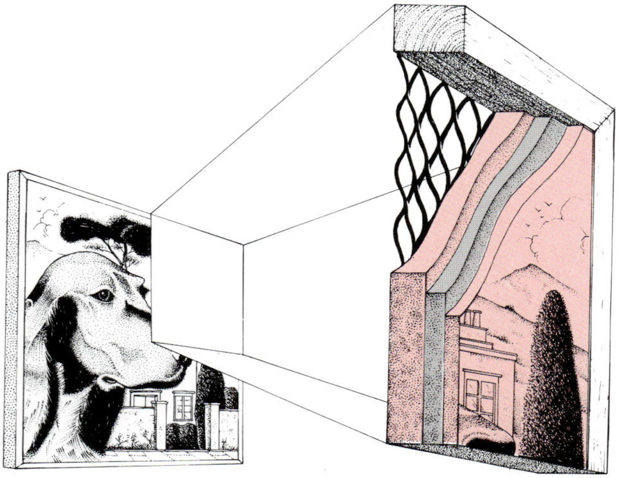

Paneele Fresken können auch auf Paneele gemalt werden, die aus einem stabilen Holzrahmen mit einem rückseitigen Drahtgewebe bestehen. Die Putzschichten werden in der üblichen Weise aufgetragen. Auch andere Baumaterialien lassen sich verwenden, z. B. gipsgebundene Holzwollplatten, die im Baustoffhandel erhältlich sind.

Herstellung eines Freskos Man rauht die Wandfläche auf (**1**) und befreit sie mit klarem Wasser von Staub und Steinchen (**2**). Die erste, 12 mm dicke Putzschicht wird aufgetragen und muß trocknen (**3**). Dann folgt die zweite, etwa 6 mm dicke Schicht (**4**). Hernach die dritte, als Untergrund für ein Tagewerk der Malerei (**5**). Überschüssiger Kalk wird abgewaschen (**6**), und die Linien der Zeichnung werden auf den Putz aufgetragen (**7**). Dünne Lasuren werden aufgetragen und absorbiert (**8**). Die Umrisse der Zeichnung nochmals nachziehen. Glanzlichter werden aufgesetzt (**10**), und dunklere Töne in Komplementärfarben oder Schattierungen kommen hinzu (**11**).

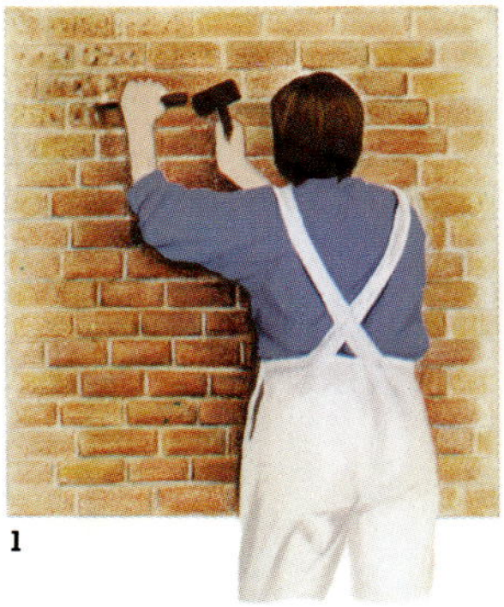
1

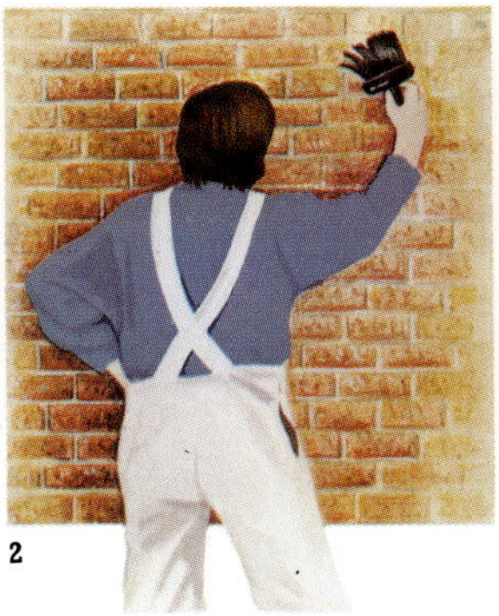
2

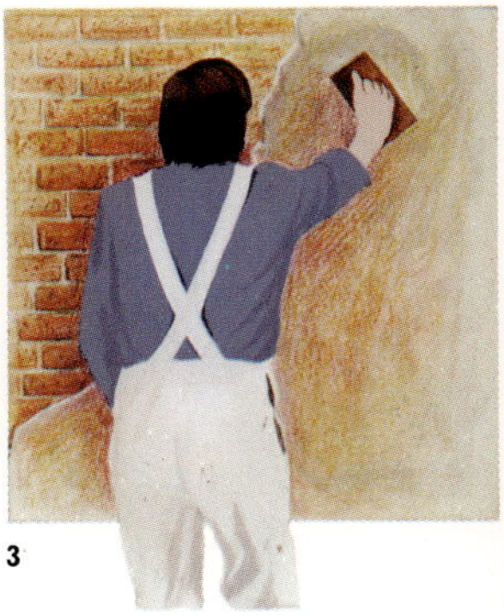
3

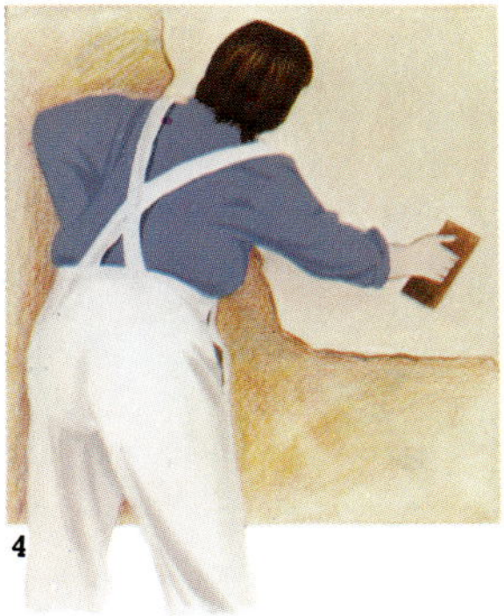
4

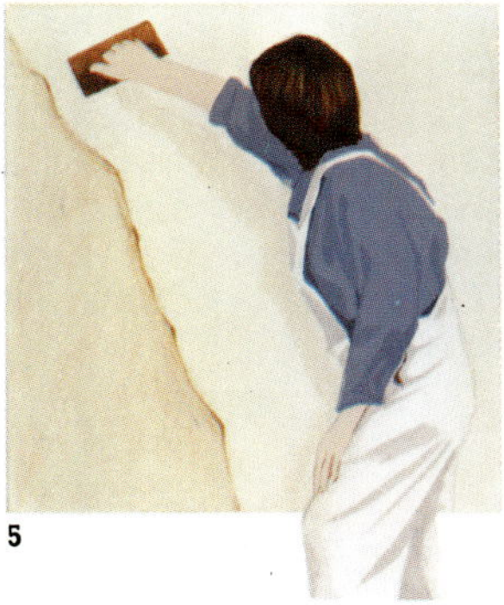
5

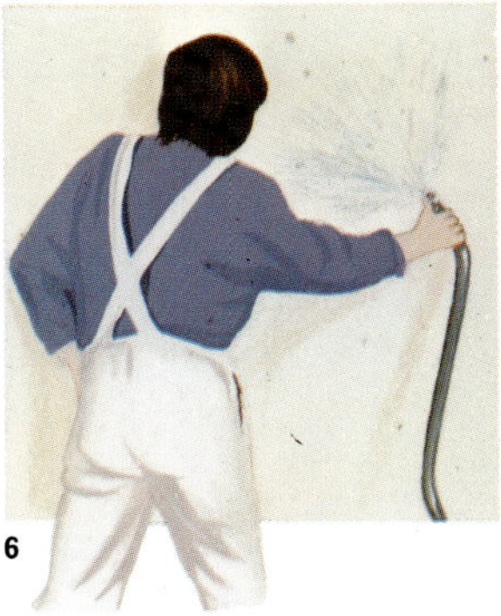
6

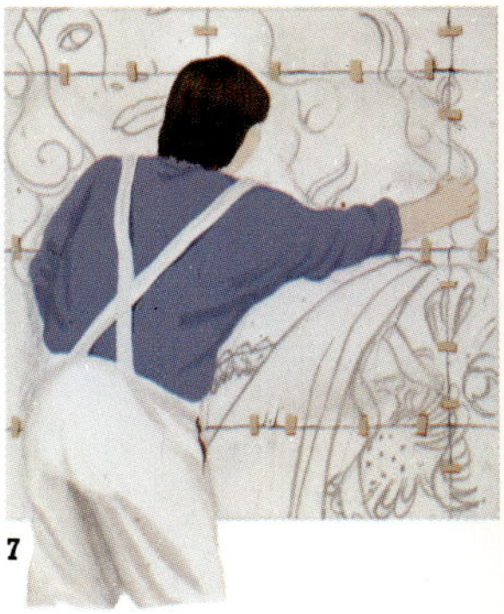
7

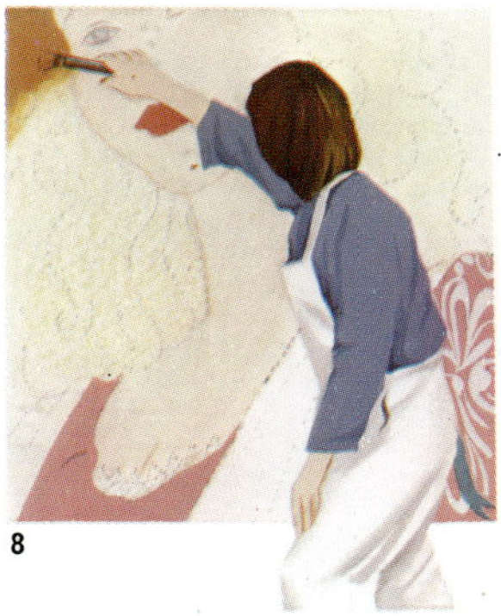
8

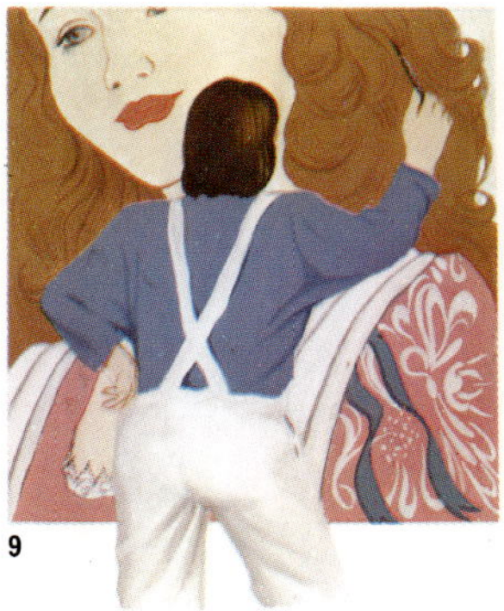
9

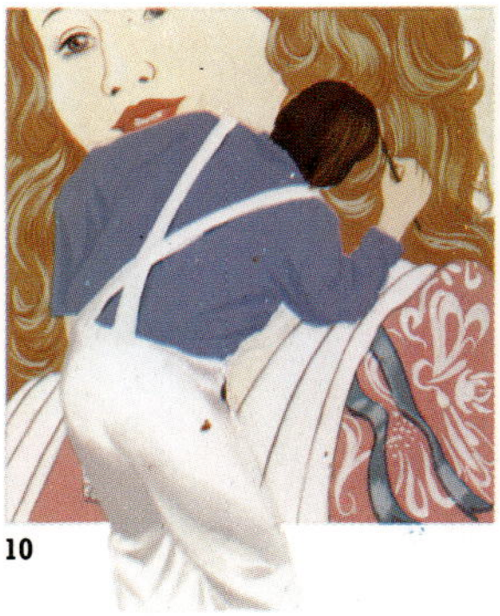
10

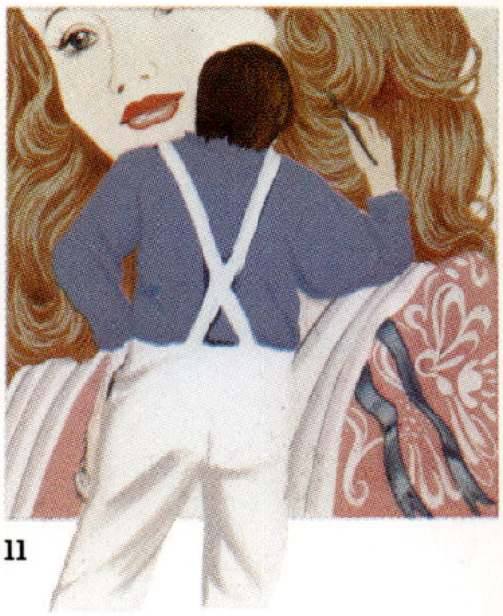
11

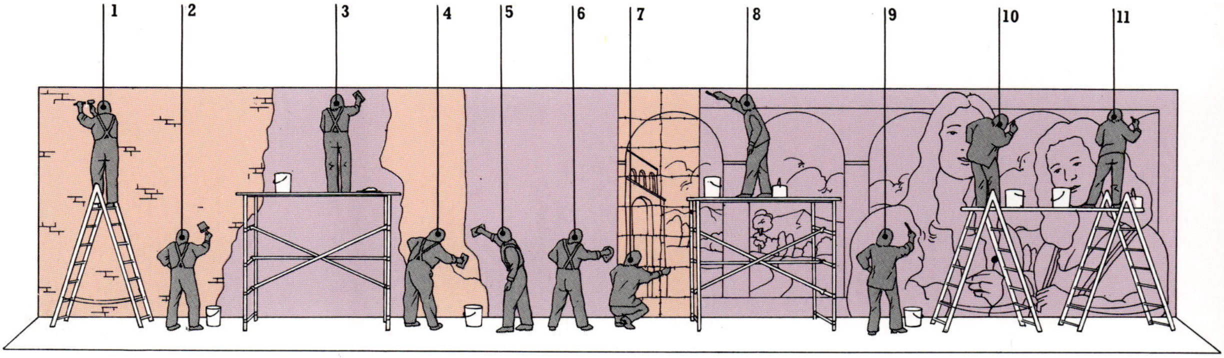

16

Malerei auf Außenwänden

Geschichte. Ausrüstung und Techniken: Vorbereitung einer Mauer, Verputzen, Farben.

Malerei auf Außenwänden Geschichte

Die Menschen bemalten als erstes Wände und Stein. Die ältesten Gemälde der Menschheit sind die Höhlenmalereien von Altamira in Spanien und Lascaux in Frankreich. Die Mesopotamier bemalten die pyramidenartigen Tempeltürme, die sie ihren Göttern erbauten. Die alten Griechen malten herrliche Friese um das Säulengebälk ihrer Tempel. Die Ägypter schufen kunstvolle Halbreliefs auf den Wänden ihrer Tempel und Gräber. Bis zur Renaissance, in der man erstmals tragbare Leinwände verwendete, entstanden die meisten europäischen Gemälde auf Wänden oder Paneelen. Erst mit den großen italienischen und niederländischen Meistern nahm die Malerei ihren Einzug in die Ateliers.

Die berühmten mexikanischen Wandgemälde aus den zwanziger Jahren unseres Jahrhunderts stellten einen revolutionären Angriff gegen soziale Ungerechtigkeit dar. Aus demselben Grund malten etwa 20 schwarze Künstler im Jahre 1967 in Chicago auf einen verlassenen Häuserblock die »Mauer des Respekts«. Es war keine Auftragsarbeit, aber sie fand große Zustimmung; Szenen aus dem schwarzen Alltag entstanden und wurden zum Mittelpunkt für Kunst- und Jazzfestivals.

Diese spontane Aktion, durch die die Kunst zu den Menschen getragen wurde, verbreitete sich. In New York wurde eine Gruppe abstrakter Maler, die »City Walls« genannt, von den städtischen Behörden damit beauftragt, die Mauern von Behördengebäuden zu bemalen. Das Bemalen von Mauern wurde in England populär, als das Thamesdown Community Centre spektakuläre Postkartenreproduktionen von den eindrucksvollen Wandmalereien des Covent Garden herausgab.

Malerei auf Außenwänden Vorbereitung

Die Wahl der Mauer

Die meisten Wandmalereien werden auf fertiggebaute Mauern aufgetragen. Man sollte sie sorgsam wählen. Die Malerei soll gesehen werden, und daher muß die Mauer frei zugänglich sein, was nicht unproblematisch ist, denn Mauern sind dem ständigen Angriff von Regen, Sand, Wind, Sonne, Schnee und atmosphärischen Umweltverschmutzungen wie Schwefeldioxid und Säuren ausgesetzt.

Wählen Sie eine ostwärts gerichtete Mauer, so daß sie keinen starken Sonnenstrahlen ausgesetzt ist. Geeignet sind Wände, die zu einem beheizten Haus gehören, denn dadurch wird die Feuchtigkeit reduziert, die sonst in die Mauer eindringt. Ein überstehendes Dach oder ein Überbau schützen die Mauer ebenfalls. Eine starke, stabile Mauer in günstiger Lage, die gut vorbereitet wurde, übersteht gut und gerne zehn Jahre, ehe sie von Mauerschäden und Bewuchs angegriffen wird.

Vorbereitung einer Mauer

Vom Schwamm befallene Mauern eignen sich nicht, aber man kann ihn notfalls auch abkratzen. Alle Verschmutzungen durch Ruß, Öl und Staub werden abgebürstet, dann wird die Mauer mit einer Mischung aus einem Teil Chlorkalk und acht Teilen Wasser abgewaschen, um jeglichen Bewuchs zu beseitigen. Falls nötig, Fugen ausfüllen.

Untersuchen Sie alle Stellen wie Giebelwände, Regenrinnen und Fenstersimse, an denen Wasser spritzen oder tropfen kann. Feuchtigkeit ist der größte Feind der Wandmalerei. Präparieren Sie die Wand gut, bevor Sie beginnen, sonst wird die Malerei durch Abblättern, Flecken oder Ungleichmäßigkeit zerstört. Alte Farbe wird durch Abkratzen, Ablaugen, Sandstrahlen oder ein Lösungsmittel entfernt.

Sämtliche Wände sollten mit einem laugenbeständigen Stabilisiermittel grundiert werden, um die Oberfläche zu versiegeln, Roststellen zu überdecken und Porosität zu beheben.

Vorsicht beim Auftragen des Stabilisiermittels, da es leicht entflammbar ist. Danach muß man ein bis zwei Tage abwarten, um zu sehen, ob der Schimmel oder Schwamm wieder auftritt. Bei einer stark angegriffenen Mauer kann das der Fall sein, sie sollte nochmals mit Chlorkalk behandelt werden.

Verputzen

Zwar kann man die Farbe direkt auf grundierte Backsteine auftragen, aber eine verputzte Mauer besitzt eine glattere Oberfläche.

Ehe man die erste Mörtelschicht aufträgt, wird die glatte Backsteinmauer mit Hammer und Meißel aufgerauht, damit der Mörtel besser haftet. Vier Teile Sand werden mit einem Teil Zement unter Beigabe von Wasser zu Mörtel vermischt.

Für alte Mauern oder solche aus leichtem, porösem Beton verwendet man eine weichere Mischung – fünf Teile Sand, einen Teil Kalk und einen Teil Zement. Eine starke Mischung zieht die Mauer zusammen und macht die Oberfläche rissig.

Durch Zugabe eines Pigments kann man den Mörtel färben, aber man sollte nicht mehr als höchstens zehn Prozent des Zementgewichtes beigeben. Ein Freskoeffekt wird erzielt, indem man Pigment auf den Putz pinselt, ehe dieser trocken ist.

Vorbereiten und Verputzen der Mauer Die Oberflächen aller Mauern müssen, sofern sie nicht neu sind, sorgfältig zum Bemalen vorbereitet werden. **1.** Sämtliche Partikel werden abgebürstet. **2.** Danach jede Art von Bewuchs wie Moos oder Schwamm durch Überpinseln mit einer Chlorkalklösung beseitigen. **3.** Falls erforderlich, Fugen verkitten, um eine glatte Oberfläche zu erhalten. **4.** Grundieren Sie die Mauer mit einem Stabilisiermittel. **5.** Mit einer Bürste wird die Mauer abgescheuert. Die Oberfläche kann geschmirgelt oder mit zwei Schichten PVA-Haftgrund bestrichen werden, damit sie einen besseren Haftgrund abgibt. **6.** Ehe die zweite Schicht des Haftgrundes trocken ist, wird die erste Putzschicht aufgetragen, die aus einem Teil Zement und vier Teilen Sand angerührt wurde. **7.** Den Putz aufrauhen, damit die zweite Schicht besser haftet. Nach dem Trocknen wird die zweite Putzschicht aufgetragen und glattgestrichen, um einen ebenen Malgrund abzugeben.

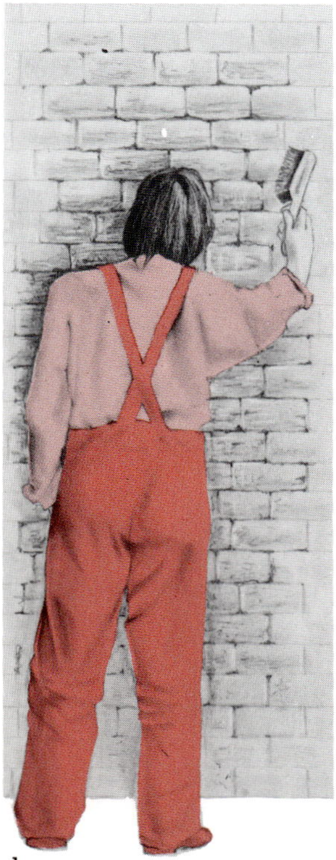

1

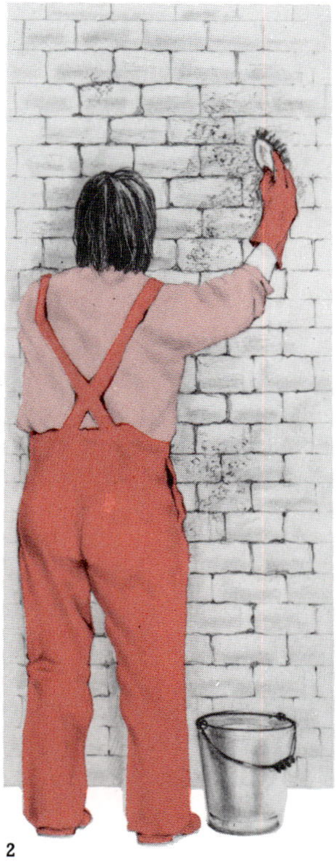

2

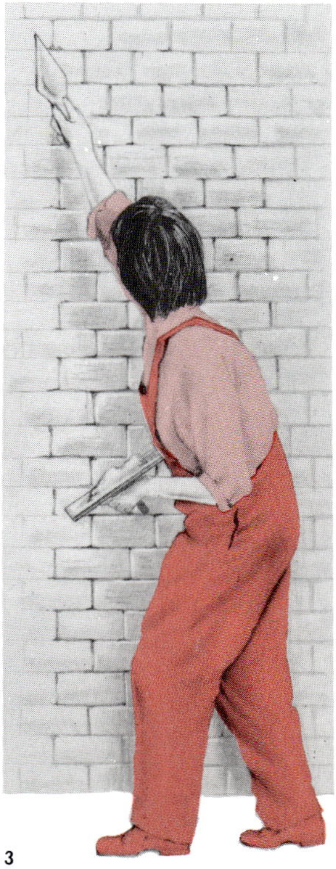

3

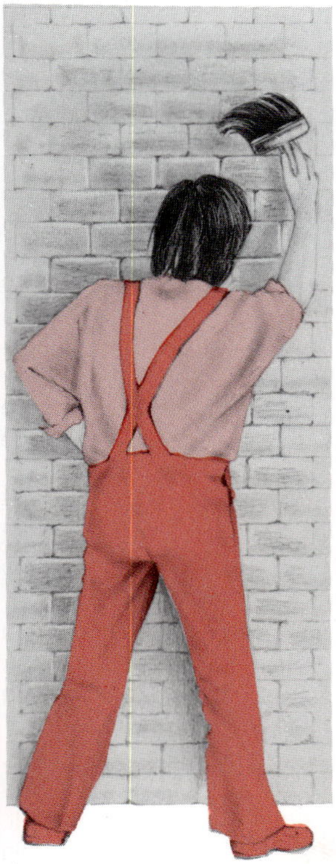

4

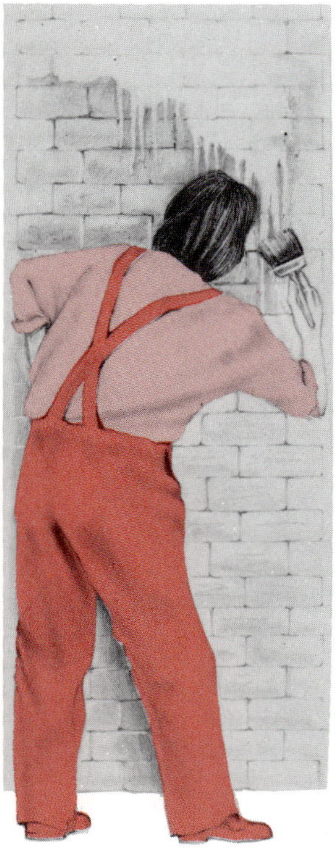

5

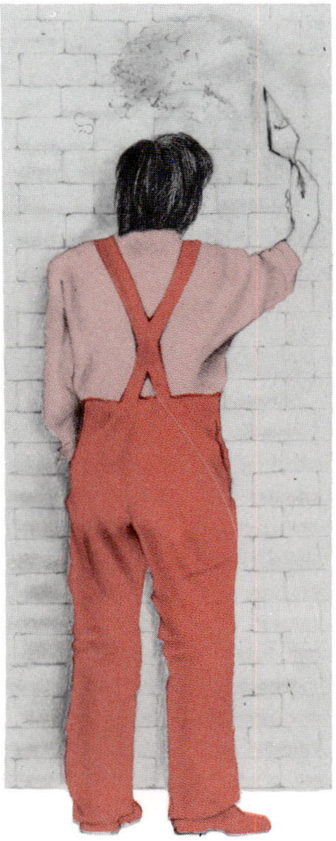

6

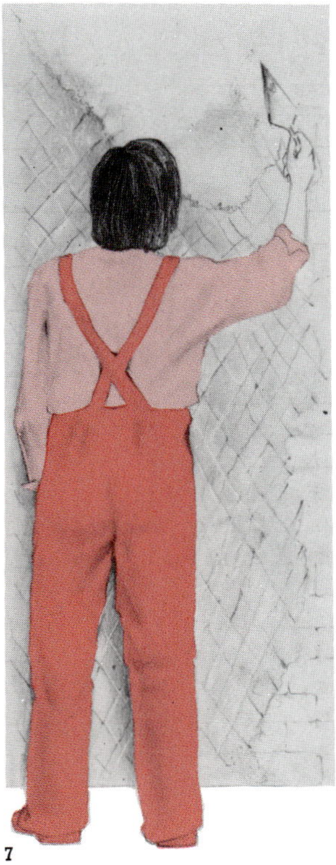

7

16 Malerei auf Außenwänden Ausrüstung

Farben
Um bleibende Resultate zu erzielen, sollte man sich an die dauerhaften Außenemulsionen halten. Diese Farben trocknen matt auf, überdecken Defekte in den Mauerflächen und lassen Feuchtigkeit nach außen hin durch, wodurch sich die Feuchtigkeit innerhalb der Mauern reduziert.

Der Nachteil dieser Farben besteht in der begrenzten Farbauswahl, doch kann diese durch Zugabe von Pigmenten erweitert werden. Organische Pigmente verdienen den Vorzug, da sie die Emulsion nicht beeinflussen.

Lacke, die basen- und säurebeständig sind, können verwendet werden, aber sie haben im Freien eine kürzere Lebensdauer als Außenemulsionen. Vinylfarben und wasserlösliche Farben eignen sich nicht zur Außenmalerei.

Farben auf Silikonbasis oder Mineralfarben besitzen gute Hafteigenschaften – sogar auf Flächen aus Kunststoff, Metall, Ziegel oder Portlandzement –, doch ihr Mangel an Porosität macht sie für Backsteine ungeeignet.

Mit allen Farben erzielt man die besten Resultate, wenn man mit dem Pinsel eine verdünnte Unterschicht aufträgt. Lösungsmittel werden mit zehn Prozent Terpentinersatz verdünnt und Emulsionen mit 25 Prozent Wasser.

Eine Beschichtung mit Außenfirnis verleiht Ihrer Wandmalerei keinen Schutz; er wird die Lebensdauer nicht verlängern, sondern nur verkürzen. Firnisse schließen die Feuchtigkeit einfach ein, wodurch die Farben Blasen bilden und abblättern.

Techniken
Wandmalereien setzen sorgfältige Planung voraus. Zeichnen Sie Ihren Entwurf zunächst mit allen Details. Später kann er mit einem Netz von Planquadraten auf die Wand übertragen werden, so daß jeder Abschnitt des Gemäldes in der vorgesehenen Vergrößerung auf den Malgrund kommt.

Studieren Sie die Mauer gründlich, ehe Sie den Entwurf zeichnen. Berücksichtigen Sie dabei die Gesamtgröße der Mauer, ihre Form und die Winkel des Dachfirstes oder einer sonstigen Überdeckung. Skizzieren Sie die Umrisse, und berücksichtigen Sie dabei Fenster, Regenrohre oder andere kennzeichnende Merkmale – vielleicht ist es ja möglich, diese in die endgültige Zeichnung zu integrieren. Planen Sie die Winkel Ihrer Zeichnung um eventuell vorhandene Schornsteinvorbauten herum, und denken Sie auch an die Textur der Mauer. Vielleicht können Sie diese für das endgültige Bild nutzen.

Falls die vorgesehene Mauer lang ist, dann sollte das Bild von der Stelle aus geplant werden, von der es betrachtet wird. Weiter entfernt wiedergegebene Gegenstände müssen unter Umständen größer gemalt werden, damit sie sich in die Proportionen einfügen. Ein kleiner Entwurf kann eine Mauer größer wirken lassen, als sie es in Wirklichkeit ist.

Wenn die Zeichnung fertig ist, wird sie mit Hilfe eines Gitternetzes in die vorgesehene Größe übertragen, wobei alle Details in den einzelnen Kästchen umrissen werden. Beim Übertragen des Gitternetzes auf die Mauer werden die Umrisse mit Kreide, Zeichenkohle oder einer dünnen Farblasur gezeichnet. Sofern möglich, verwendet man Schablonen oder sich wiederholende Muster, um die Gitterabschnitte auf die Mauer zu übertragen.

Beginnen Sie mit dem Malen, indem Sie die ganze Mauer mit Hintergrundfarben und den wichtigsten Umrissen bedekken; versuchen Sie nicht, das Bild kästchenweise gleich ausführlich zu malen. Dadurch bleibt Ihnen die Möglichkeit zu eventuell notwendigen Abänderungen, und außerdem können Sie prüfen, ob die Hintergrundfarben auf den verschiedenen Mauerstellen keine unterschiedlichen Farbtönungen hervorrufen.

Bemalen Sie die Mauer von oben nach unten, so daß die bereits fertigen Stellen nicht durch Tropfen oder »Rotznasen« beschädigt werden. Diese müssen immer sofort mit einem feuchten Tuch abgewischt werden. Bemalen Sie nicht den Isolationssockel der Mauer – die Farbe blättert dort sehr wahrscheinlich schon bald ab, wodurch das Bild dann alt und verwittert aussieht.

Wandgemälde Diese raffinierte optische Illusion (**rechts**) ist in der Nähe des Centre Pompidou in Paris zu sehen. Die nüchterne Sachlichkeit der Figur fügt sich gut in die moderne Architektur im Vordergrund ein.

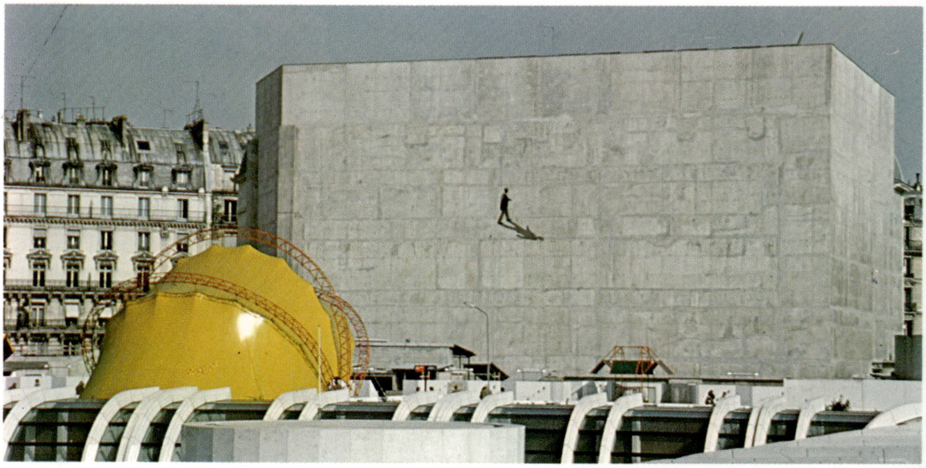

Farben für Außenmalerei Die Auswahl der Farbtöne ist bei den fertig zu kaufenden Außenfarben sehr begrenzt, so daß man im allgemeinen Pigmente hinzufügen muß, um weitere Farbtöne zu erhalten. Man sollte aber nicht mehr als höchstens 10% des Zementgewichtes im Putz an Pigmenten hinzufügen, da sich sonst strukturelle Probleme ergeben. Das Pigment kann zu einer Paste angerieben werden, damit es leichter und schneller deckt, und darf auf die Oberfläche gestrichen werden, ehe der Putz trocken ist, um die Farbe zu verstärken. Das gelingt am besten, wenn man ein schon feinverteiltes Pigment auf eine glatte Oberfläche aufträgt. Pigmentpulver kann mit einer weißen oder farbigen Grundfarbe vermischt werden. Ein wenig Seifenlösung wird zur Verteilung der Farbe hinzugefügt. Diese Auswahl von Pigmenten (**unten**) wird zur Außenmalerei häufig verwendet. Weißes Titandioxid (**1**) ergibt ein kräftiges, deckendes Weiß. Gelbes Titandioxid (**2**) ergibt ein helles, deckendes Gelb. Hansagelb (**3**) hat wenig Deckkraft. Gelbes Eisenoxid (**4**) ergibt ein graues Gelb. Rotes Eisenoxid (**5**) ist in verschiedenen Tönungen erhältlich. Braunes Eisenoxid (**6**) kommt sowohl in hellen als auch in dunklen Schattierungen. Schwarzes Eisenoxid (**7**) ergibt eine dichte Farbe. Violettes Carbisol (**8**) ergibt eine sehr leuchtende Farbe, ist aber teuer. Phtalocyaninblau (**9**) neigt zum Bräunen, da es verwittert. Phtalocyaningrün (**10**) ergibt gute Helltöne und ist chemisch beständig. Chromoxidgrün (**11**) ist beständig und auch deckend.

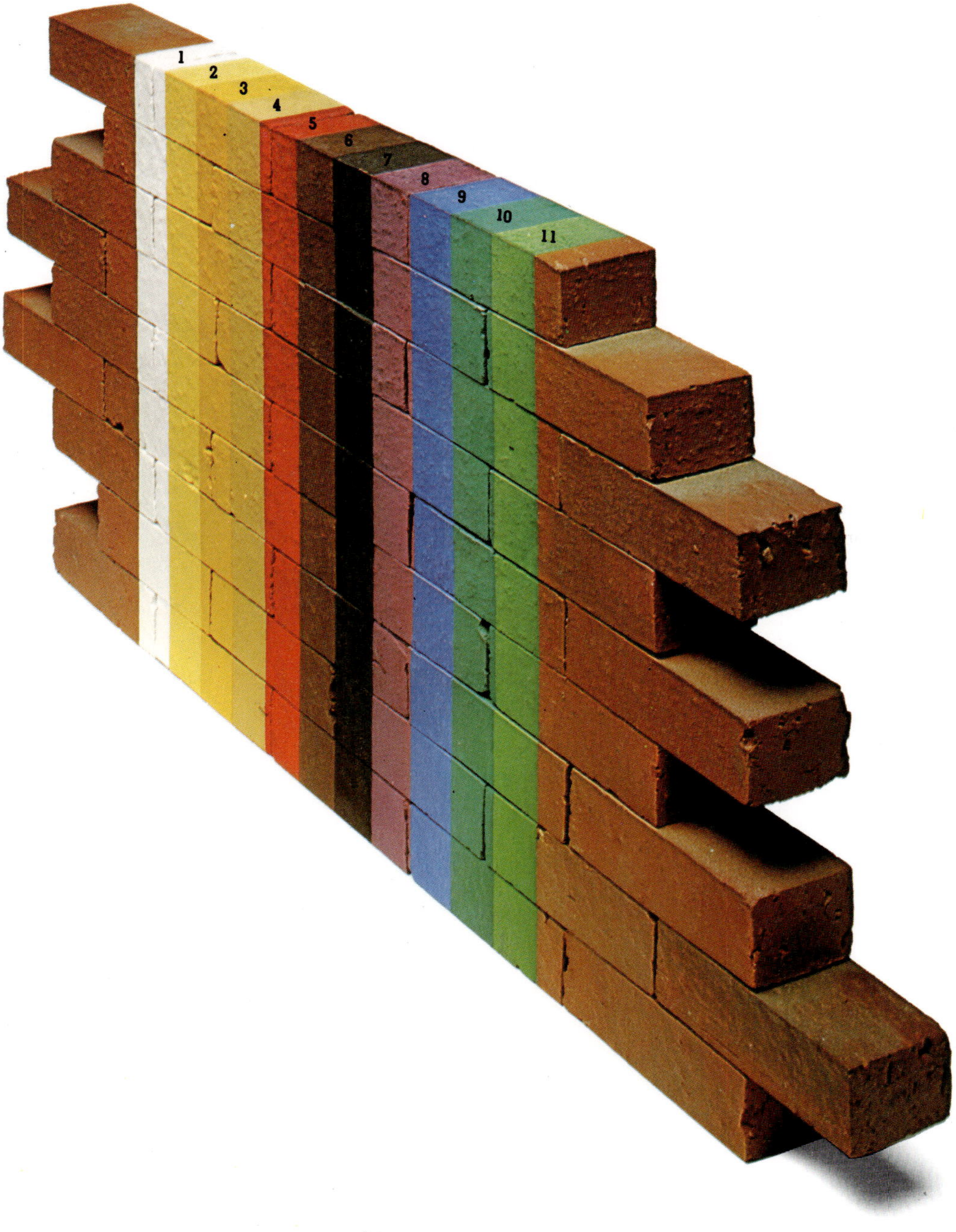

Wahl der Farbe Die Wahl der Farbe (**rechts**) wird oftmals durch die Zusammenstellung der Wandoberfläche beeinflußt. Zementfarben können schon bald aufgetragen werden, nachdem Portlandzement, Stuck oder Beton angebracht wurden; Acrylemulsionen oder sonstige laugenbeständige Farben dürfen erst nach 4 Wochen aufgetragen werden. Laugenbeständige Farben werden auch zum Auftragen auf neuen oder reparierten Back- und Natursteinmauern verwendet. Glasierte und undurchlässige Steine werden mit einer stark adhäsiven Farbe wie Polyurethan bemalt. Mit Lösungsmittel verdünnte Farben werden für Flächen aus Stahl, Eisen oder Alu verwendet.

Farbe	**Verdünnungsmittel**	**Lebensdauer (Jahre)**	**Trockenzeit zwischen Schichten (Stunden)**	**Sonstige Eigenschaften**
Vielzweckemulsion	Wasser	3	4	Geringe Laugen-, Witterungs- und Schimmelbeständigkeit.
Außenemulsion	Wasser	4–7	2–6	Gute Porosität, sehr laugenbeständig.
Ganz-Acryl	Wasser	5–10	2–6	Teuer, aber besser als andere Emulsionen.
Sandtexturiert	Wasser	4–10	2–6	Bei dickem Auftrag dauerhafter.
Vielzwecklack	Terpentin, Terpentinersatz	3–6	16–24	Harte Oberfläche und leicht zu reinigen. Geringe Porosität. Macht Unebenheiten sichtbar.
Polyurethan	Terpentin, Terpentinersatz	3–4	6–8	Sehr spröde, geringe Porosität.
Mauerfarben	Terpentin, Terpentinersatz	4–7	16–24	Begrenzte Farbwahl.
Mauerfarben auf Kautschuk-/Harz-Basis	Terpentin, Terpentinersatz	7–12	12	Gute Haftfähigkeit. Begrenzte Farbwahl.
Mineralfarben auf Zementbasis	Destilliertes Wasser mit Alkohol	5–7	24	Übermäßig porös. Neigt zur Schmutzaufnahme. Begrenzte Farbwahl.
Silikate	Destilliertes Wasser	2–100	2	Dünnflüssig und transparent. Sollte mit Fixativ überspritzt werden.

Gitternetz Ehe man mit der Arbeit beginnt, eine maßstabsgerechte Zeichnung anfertigen. Dann wird die jeweils vorgesehene Tagesarbeit auf die entsprechenden Mauerabschnitte übertragen. Die Übergänge von einer Tagesarbeit zur nächsten dürfen im fertigen Bild nicht zu erkennen sein.

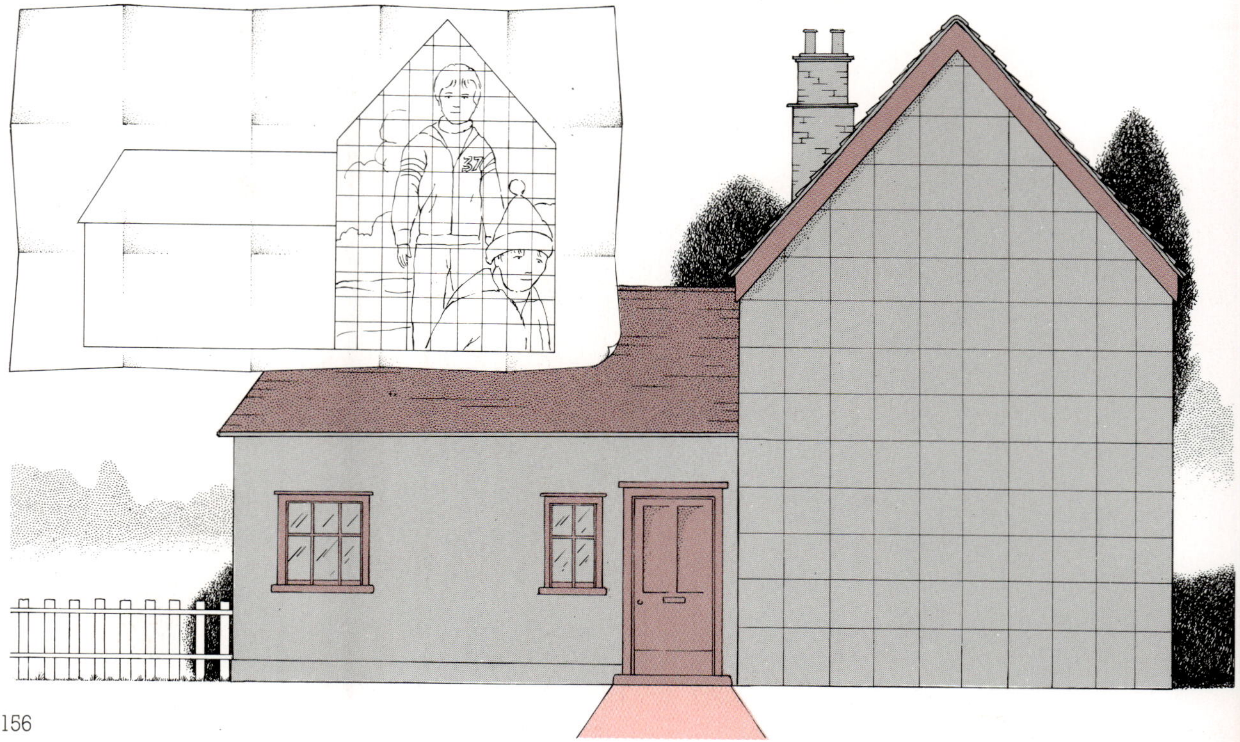

Graphik-Design.

17

Geschichte des Graphik-Designs

Geschichte: Entwicklung der Typographie, William Morris, Bauhaus.

17 Graphik-Design Geschichte

Die Verbindung rein funktionaler Form und künstlerischer Gestaltung ist so alt wie die Menschheit selbst. Das ägyptische Totenbuch und andere Schriftrollen zeigen, daß schon vor über viertausend Jahren Buchstaben und Illustrationen künstlerisch miteinander verbunden wurden. Da es aber keinerlei Vervielfältigungsmethoden gab, blieben all diese Werke Einzelstücke oder wurden durch vielfaches Kopieren und Abzeichnen so verändert, daß sie nach und nach die Ähnlichkeit mit dem eigentlichen Original verloren. Zwar gab es schon mehrere tausend Jahre vor Christus Stempel, um Tontafeln oder auch ganze Texte zu stempeln oder um Wand- und Bodenziegel zu verzieren, aber die Möglichkeit, einen einmaligen Entwurf beliebig oft zu reproduzieren, bot sich erst mit der Papierherstellung, die in Europa erst im 13. Jh. aufkam und der Erfindung des Buchdrucks in der Mitte des 15. Jh.s.

Einer der ersten Graphik-Designer auf dem Gebiet der Buchherstellung war der Franzose Geoffroy Tory (1480–1533). Er gestaltete Text, Illustrationen, Buchstaben und ganze Alphabete und fügte sie zu einer optischen Einheit zusammen, die heute noch Gültigkeit besitzt.

Erst in der Mitte des 19. Jahrhunderts begann das Graphik-Design, sich vom Buch und anderen Textdruckformen auf andere Bereiche auszudehnen. Durch neue Materialien und Fertigungsweisen angeregt, entstand eine Design-Entwicklung in der Architektur, der Industrie, dem Maschinenbau, in Technik und Handel und den Gegenständen des täglichen Bedarfs.

Der englische Künstler William Morris (1834–1896) war einer der ersten vielseitigen und einflußreichsten Designer. Die oftmals schlechte Qualität und das dürftige Erscheinungsbild maschinell gefertigter Massenware standen in krassem Gegensatz zu seiner Forderung, daß Schönheit ein Teil des Alltags sein sollte. So entwarf er Tapeten- und Stoffmuster, webte, färbte, arbeitete an Textildrucken und fertigte Buntglasfenster. Mit einer Gruppe wesensverwandter Künstler gründete er im Jahre 1861 die Firma Morris, Marshall, Faulkner & Co, in deren Gründungsprospekt folgende Arbeiten angeboten wurden: »I. Wanddekorationen in Gemäldeform, als Musterverzierung oder nur durch Angabe von Farbabstimmungen, für Wohnungen, Kirchen sowie öffentliche Gebäuden. II. Schnitz- und Skulpturarbeiten für Bauten. III. Glasmalerei, unter besonderer Rücksicht auf die harmonische Beziehung zur Wandverzierung. IV. Metallarbeiten jeglicher Art, einschließlich des Schmucks. V. Mobiliar, dessen Schönheit vom Entwurf, von der Verwendung der Materialien, die bisher unbeachtet blieben, oder vom Harmonisieren des Musters mit der Form abhängt. VI. Malereien, worin alle Arten der Stickerei, gepreßtes Leder und Zierarbeiten in ähnlichen Stoffen sowie die künstlerische Gestaltung jeglicher Artikel für den täglichen Hausbedarf mit eingeschlossen sind.«

1880 gründete Morris die Kelmscott Press und fertigte mit den von ihm gestalteten Schrifttypen und sorgfältig detaillierten Illustrationen Meisterwerke des Layouts. Aber diese Art der wohlausgewogenen Komposition und liebevollen Machart sollte nicht überall Anwendung finden. So begann man gegen

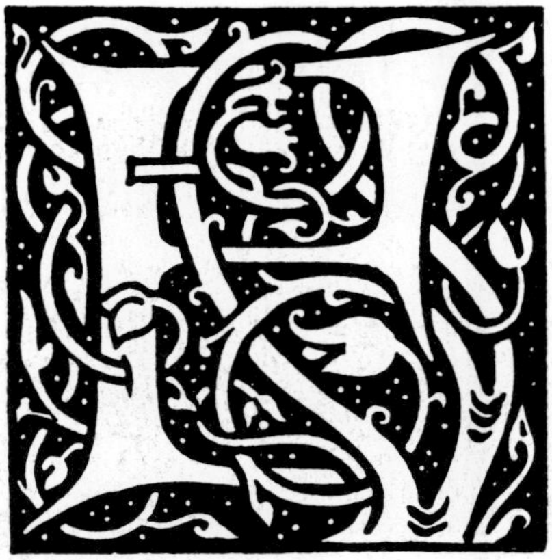

1

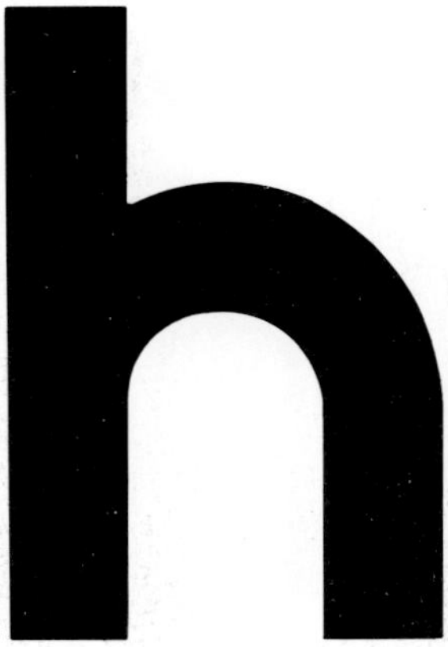

2

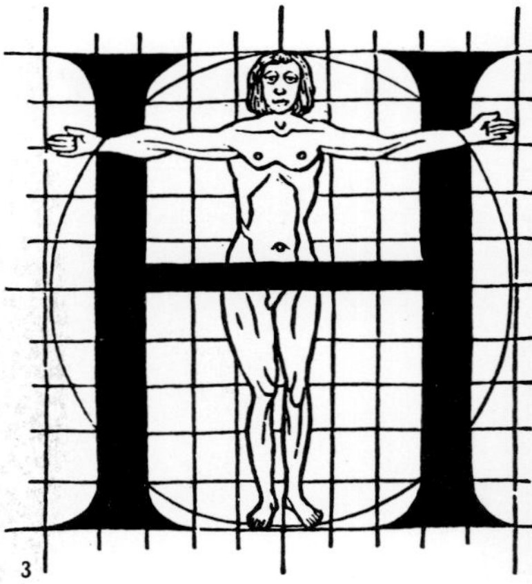

3

Design und Typographie Eine von William Morris gestaltete Vignette, die seine Vorstellung der Verbundenheit von Natur und Kultur verdeutlicht (**1**). Die Bauhaus-Gruppe, welche ebenso wie William Morris sich darum bemühte, alle Bereiche des menschlichen Lebens in ihre Gestaltung miteinzubeziehen, entwarf eine Reihe klarer und sachlicher Schriften. Das hier abgebildete »h« ist ein Entwurf Herbert Beyers (**2**). Der französische Buchdrucker Geoffroy Tory (1480–1533) war einer der ersten einflußreichen Typographen. Neben einer Reihe ungewöhnlicher Alphabete entwarf er Buchstaben, die er in Relation zum menschlichen Körper und menschlichen Gesicht setzte (**3**,**4**,**5**).

Ende des 19. Jh.s in Amerika Versandkataloge zu drucken, in denen jeder Quadratzentimeter mit Illustrationen und Werbetexten bedeckt war.

Um die Jahrhundertwende weigerten sich französische Plakatmaler, in ihre Entwürfe Bilder der Produkte aufzunehmen, für die sie warben, da deren Verpackungen »schlechte Kunst« seien. Auf die Idee, an einer Neugestaltung dieser Verpackungen mitzuarbeiten, kamen sie nicht.

Oftmals kamen neue Impulse für das Graphik-Design aus der Kunst. So hatte der Dadaismus, trotz seiner scheinbaren Anti-Design-Haltung, Einfluß auf die Ideen der Designer.

Entscheidend geprägt aber wurde das Graphik-Design bis in die Gegenwart von den Ideen der Bauhaus-Schule für Kunst und Design in Weimar und später in Dessau, die 1919 von dem Architekten, Lehrer und Designer Walter Gropius (1883–1960) gegründet wurde. Hier entstanden die Grundlagen für modernes und industrielles Design. Die These des Bauhauses, daß die »... unerläßliche Grundlage für alles bildnerische Schaffen die gründliche handwerkliche Ausbildung aller Studierenden...« sei, entspricht ganz den Forderungen von William Morris. Aber dessen Ablehnung der maschinellen Fertigungsweisen findet im Bauhaus keinen Anklang. Ein Gegenstand soll seine Funktionen praktisch erfüllen, haltbar, billig und »schön« sein. Diese Forderung »... führt zu dem Ergebnis, daß durch die entschlossene Berücksichtigung aller modernen Herstellungsmethoden, Konstruktionen und Materialien Formen entstehen, die, von der Überlieferung abweichend, oft ungewohnt und überraschend wirken...« (Laszlo Moholy-Nagy).

Die Grundsätze der Ausbildungsrichtlinien des Bauhauses lauteten: Der Designer muß die Maschine beherrschen, da sie sein Hauptwerkzeug darstellt. Designer aus allen Bereichen müssen ihre ästhetischen Kriterien mit den Fertigungsmöglichkeiten abstimmen. Alle industriellen Produktionen sind Gemeinschaftsarbeiten. Praktisches und theoretisches Wissen auf seinem Gebiet ist für den Designer unerläßlich.

Gropius wollte den Künstler in die reale Arbeitswelt integrieren und »... gleichzeitig den starren, fast ausschließlich materiell ausgerichteten Geist des Geschäftsmannes erweitern und humanisieren«. Das Bauhaus beeinflußte durch seine Theorien und praktischen Ergebnisse Kunsterziehung und Design in hohem Maße.

In den letzten sechzig Jahren haben sich sowohl das Rüstzeug des Graphik-Designs als auch die Bereiche, in denen von Graphik-Design Gebrauch gemacht wird, enorm erweitert. Unmengen neuer Schrifttypen, die den rasch wechselnden Moden gerecht werden wollen, verfeinertes Handwerkzeug und Hilfsmittel, die die Arbeit des Graphikers erleichtern, zeugen von dieser Entwicklung. Kaum ein Bereich des täglichen Lebens ist heute unberührt vom Graphik-Design: Tiefkühlpakkungen, Bedienungsanleitungen, Autos und Kameras, Instrumentenbeschriftung, Flaschenetiketten, Streichholzschachteln und Flugzeuge, Firmenzeichen und Signets – sie alle werden von Graphik-Designern entworfen und bilden einen nicht übersehbaren Bestandteil unseres täglichen Lebens.

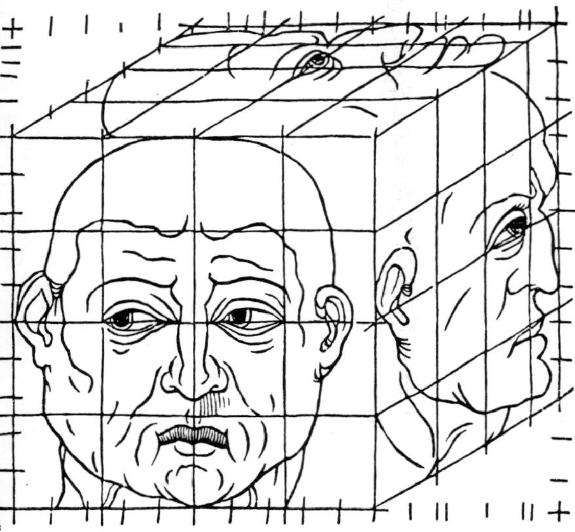

4

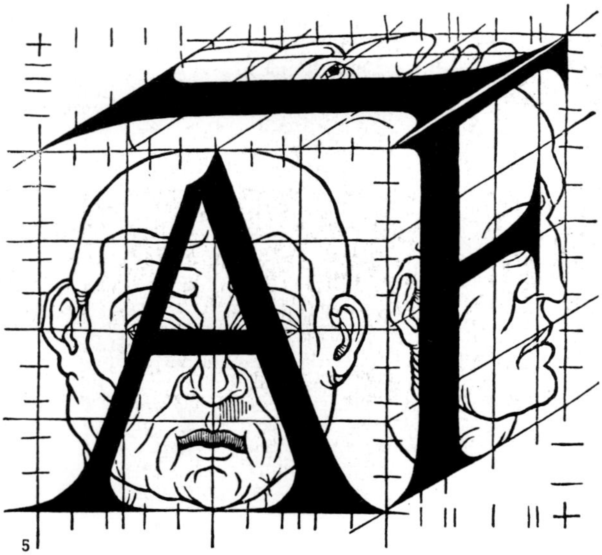

5

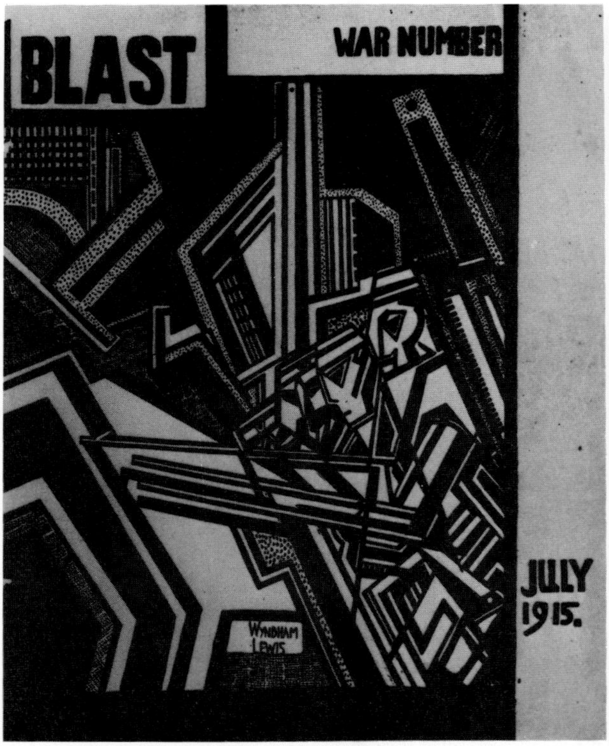

1

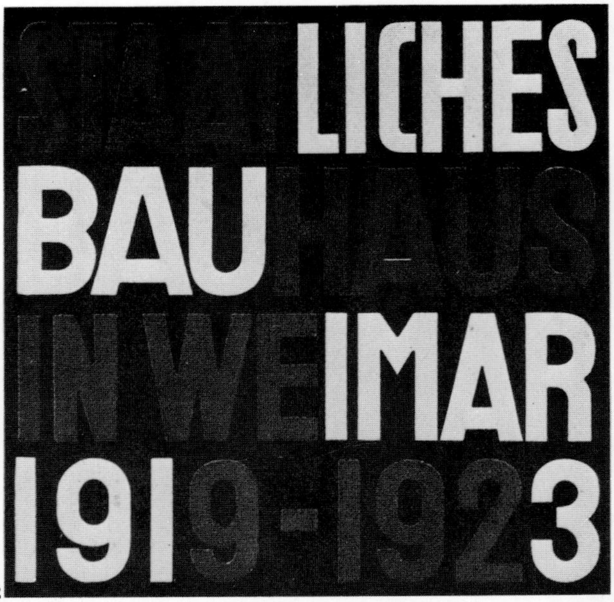

2

3

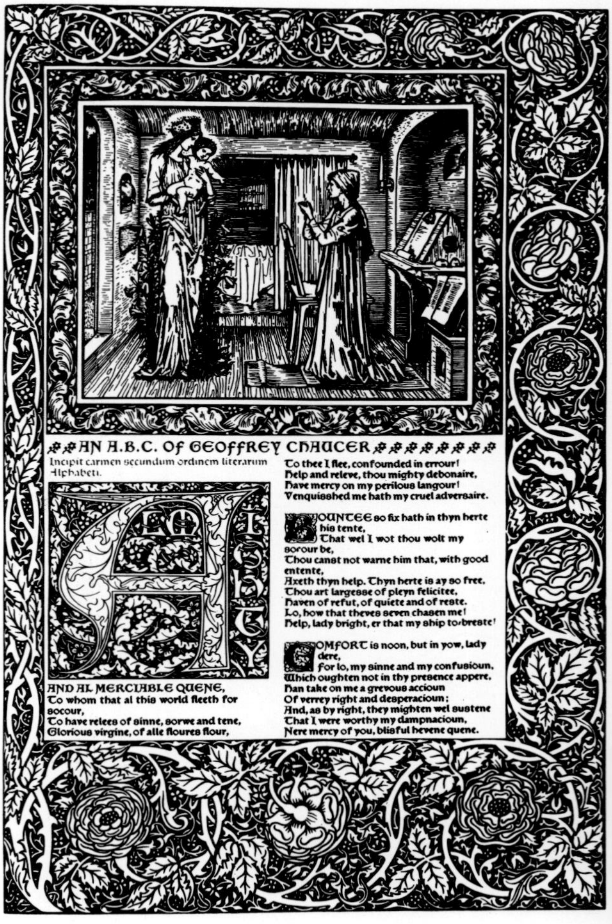
AN A.B.C. OF GEOFFREY CHAUCER

Incipit carmen secundum ordinem literarum Alphabeti.

ALMIGHTY AND AL MERCIABLE QUENE,
To whom that al this world fleeth for socour,
To have relees of sinne, sorwe and tene,
Glorious virgine, of alle floures flour,
To thee I flee, confounded in errour!
Help and releve, thou mighty debonaire,
Have mercy on my perilous langour!
Venquisshed me hath my cruel adversaire.

BOUNTEE so fix hath in thyn herte his tente,
That wel I wot thou wolt my socour be,
Thou canst not warne him that, with good entente,
Axeth thyn help. Thyn herte is ay so free,
Thou art largesse of pleyn felicitee,
Haven of refut, of quiete and of reste.
Lo, how that theves seven chasen me!
Help, lady bright, er that my ship to-breste!

COMFORT is noon, but in yow, lady dere,
For lo, my sinne and my confusioun,
Which oughten not in thy presence appere,
Han take on me a grevous accioun
Of verrey right and desperacioun;
And, as by right, they mighten wel sustene
That I were worthy my dampnacioun,
Nere mercy of you, blisful hevene quene.

Design und industrielle Fertigung
1896 veröffentlichte William Morris im Rahmen der Kelmscott Press eine Chaucer-Ausgabe, in der Typographie und Illustration eine nicht mehr voneinander zu trennende Einheit bilden (**3**). Und obwohl er selbst maschinelle Druckverfahren anwandte, war er der Meinung, daß die von Maschinen gefertigten Dinge im allgemeinen lieb- und phantasielos seien. Ein Designer sollte seiner Meinung nach die Maschinen beherrschen wie ein mittelalterlicher Handwerker sein Werkzeug. Eine ähnliche Einstellung, wenn auch mit positivem Vorzeichen, hatten die Mitglieder des Bauhauses zur industriellen Entwicklung. Sie waren voller Begeisterung für die neuen Möglichkeiten, die ihnen das Maschinenzeitalter bot, und richteten in vielen Entwürfen ihre Ideen nach den Fertigungsmöglichkeiten der Maschinen aus. Herbert Bayer entwarf diesen rein typographischen Umschlag für das erste Bauhaus-Buch (**2**).

Das Titelbild für die Zeitung *Blast* (**1**), welches von der englischen Künstlergruppe *Vorticist* entworfen wurde, zeigt den Konflikt zwischen einer inhumanen Industriegesellschaft, in der scheinbar alles aus den Fugen geraten ist, und dem Willen, diesem Chaos neue Form zu geben.

18

Graphik-Design Ausrüstung

Ausrüstung: Papiere, Zeichenstifte und -federn, Zeichengeräte, Messer und Spitzer, optische Hilfsgeräte.

Graphik-Design Ausrüstung

Für die verschiedenen Arbeitsvorgänge, die von der ersten Skizze bis hin zur endgültigen Reinzeichnung notwendig sind, gibt es eine Reihe unerläßlicher und hilfreicher Werkzeuge und Hilfsmittel, die zur Grundausrüstung eines Graphikers gehören und die Grundlage für eine gute und genaue Arbeit bilden.

Papiere

Zum Anfertigen der ersten Skizzen eignet sich am besten dünnes Transparentpapier, welches in Einzelbögen, Blocks und in Rollen erhältlich ist. Marker- und Layoutpapiere sind halbtransparent und eignen sich für Filzstiftarbeiten. Zeichenpapiere und Zeichenkartons gibt es in verschiedenen Stärken mit rauher und glatter Oberfläche. Einige Kartons haben Kunststoffeinlagen und sind, da sie sich nicht verziehen, maßstabsbeständig. Für Montage- und Passepartoutarbeiten eignen sich Bristolkartons. Zum Übertragen der Entwürfe wird Pauspapier mit einer getönten Rückseite verwendet. Zum Schutz der Arbeit benutzt man entweder Transparentpapier oder Acetatfolie, die es glänzend und matt gibt. Ergänzend zu dieser Grundausstattung an Arbeits- und Zeichenpapieren sollte noch eine Reihe farbiger Papiere verfügbar sein wie z. B. Photokarton, Pantone und Tonpapier.

Zeichenstifte und -federn

Das einfachste Zeichenwerkzeug ist der Bleistift, den es in siebzehn verschiedenen Härtegraden gibt. Die weichen Stifte werden im allgemeinen zum Skizzieren und Schattieren benutzt, die harten zum Vorzeichnen und Durchpausen. Bei Drehbleistiften, Feinminen-Druckstiften und Minen-Klemmstiften lassen sich die Minen austauschen. Buntstifte sind ebenfalls mit Holzfassung und als Minen für Klemmstifte erhältlich.

Für Federzeichnungen benötigt man einen Federhalter und eine Reihe unterschiedlich dicker und dünner Federn, die je nach Bedarf eingesetzt werden. Die mannigfaltigen Strichmöglichkeiten und verschiedenen Farben, von der Tusche bis hin zu verdünnter Plakafarbe, sind große Vorteile dieses Zeichengeräts. Um einen gleichmäßigen Strich zu erzielen, benutzt man Füller mit Röhrchenfedern, Rapidographen oder Isographen. In den Haltern dieser Stifte befinden sich Tuschepatronen, und die Spitzen, die es in verschiedenen Breiten gibt, sind auswechselbar. Diese Füller eignen sich besonders für das Zeichnen mit Lineal und Schablone. Eine Ergänzung zu ihnen ist die Ziehfeder, die in gleicher Weise benutzt werden kann. Man kann sie mit allen möglichen Tinten, Tuschen und verdünnten Farben füllen und somit exakte farbige Linien oder genaue Begrenzungen von Farbflächen erreichen. Filzstifte sind in vielen Farben und Strichstärken im Handel erhältlich. Da die entweder auf Wasser oder Alkohol basierenden Tuschen der Filzstifte nicht lichtecht sind, eignen sie sich am besten für Entwürfe und Layouts.

Zeichengeräte

Zur Grundausstattung jedes Graphikers gehört auch eine Reihe von Präzisions- und Hilfswerkzeugen. So ist ein Zirkel mit Zubehör unerläßlich. Ein Zirkelset sollte auf jeden Fall einen Zirkel mit Zieh- und Reißfedereinsatz, einen Fallnullenzirkel, einen Teilzirkel und eine Zentrierzwecke beinhalten. Pro Zirkel kommen außerdem ein Minenhalter, eine Schneideklinge und eine Halterung für Tuschefüller dazu. Auch ein spezieller Schneidezirkel mit Rändelschraube erleichtert die Arbeit. Proportionsstechzirkel werden gebraucht, um Zeichnungen in kleinere oder größere Maßstäbe zu übertragen.

Ein weiteres Hilfsmittel für das genaue Arbeiten sind Lineale und Schablonen. Einfache Lineale sind zumeist aus durchsichtigem Kunststoff und haben eine Millimeterskala. Schneidelineale sind aus Stahl oder Aluminium. Bei technischen Zeichnungen verwendet man ein Maßstabslineal, um den Maßstab zu vergrößern oder zu verkleinern. Zum Berechnen typographischer Maße wird ein Typometer benötigt. Mit der T-förmigen Reißschiene kann man, wenn sie an die Kante des Zeichenbrettes angelegt wird, Parallelen oder rechte Winkel zeichnen. Zeichendreiecke und Winkelmesser gibt es in verschiedenen Größen und verstellbaren Ausführungen. In Verbindung mit einem Lineal oder einer Reißschiene erzeugen sie Parallelen. Parallel- und Schraffierlineale dienen demselben Zweck. Kurvenlineale sind Zeichenhilfen für die verschiedensten Kurvenformen. Es gibt auch ein flexibles Kurvenlineal, mit dem jede Kurvenform gebogen werden kann. Kreis- und Ellipsenschablonen sind eine weitere Hilfe für den Designer.

Zeichenbretter stellen dem Designer eine glatte Arbeitsfläche zur Verfügung. So gibt es vertikale Zeichenbretter und Zeichenbretter mit Schrägsteller. Die Zeichenplatte hat eine rundumlaufende Nutführung für die Zeichenschiene.

Messer und Spitzer

Für feine Schnitte benutzt man entweder Chirurgenskalpelle mit austauschbaren Klingen oder eine Silhouettenschere. Um dickere Materialien wie Pappen und Kartons zu schneiden, leistet ein Teppichmesser mit auswechselbaren oder abbrechbaren Klingen gute Dienste. Genauer und sauberer, vor allem bei größeren Pappen, schneidet eine Schneidemaschine. Zum Abschaben von unerwünschen Linien usw. auf Film oder Karton wird ein Retuschemesser mit Halbherzspitze verwendet. Und last not least gehört auch eine scharfe Papierschere zur Grundausrüstung.

Zum Spitzen von Bleistiften gibt es Spitzer aus Holz, aus Metall und aus Kunststoff, mit und ohne Spanbehälter, manuell und elektrisch betrieben. Spezielle Minenspitzer für die Minen der Klemmstifte sind ebenfalls erhältlich. Diese kann man aber auch auf einem Sandpapierbrettchen spitzen.

Anreibefolien

Eine große Hilfe bei der Designarbeit sind Anreibefolien. Sie sind zumeist in Bögen erhältlich und haben eine selbstklebende Seite. Die Hersteller der Anreibefolien bieten Kataloge mit Beispielen von Schrifttypen, Größen, Farben und möglichen Effekten an. Neben den vielen verschiedenen Schriften werden auch besondere Alphabete angeboten, so z. B. griechische, hebräische und arabische Zeichen, römische und arabische Ziffern, architektonische und technische Symbole, Illustrationen, Muster, Rahmen, Bordüren, Linien und Paßmarken. Hinzu kommt eine breite Auswahl Rasterfolien mit vielen

Punkt-, Linien und Verlaufsstrukturen. Für Farbflächen steht ein großes Angebot an Farbfolien zur Verfügung.

Farbentwürfe mit Pantone und HKS

Um zu vermeiden, daß die Farben des Entwurfs nicht mit den Farben des fertig gedruckten Produktes übereinstimmen, gibt es zwei speziell zu diesem Zweck entwickelte Entwurfssysteme. Die Farben der Marker, der Papiere, der Tempera und Folien sind jeweils identisch und können vom Drucker aufgrund der jeweiligen Farbnummer farbgenau gedruckt werden. HKS bietet eine Farbpalette auf mattem und glänzendem Papier an, da sich die Farbwirkung je nach Druckunterlage verändert. Es ist natürlich wichtig, nur mit jeweils einem System zu arbeiten, da sie untereinander nicht austauschbar sind.

Klebstoffe

Zur Designarbeit wird eine Reihe verschiedenartiger Klebstoffe verwendet: so z. B. Alleskleber wie UHU und Pattex und Gummikleber wie Fixogum. Mit diesem Klebstoff können Schriftzeilen, Papiere und Photos so montiert werden, daß sie je nach Beschaffenheit des Papieres wieder gelöst werden können. Sprühkleber werden zum Aufziehen von Photos, größeren Papieren und Kartons benutzt. Zum Kaschieren von Photos kann Aufbügelklebefolie verwendet werden, die mit einem Bügeleisen oder einer Heißpresse verarbeitet wird. Weitere Arbeitshilfen stellen die vielen unterschiedlichen Klebebänder dar, die in allen möglichen Breiten und Ausführungen erhältlich sind. So gibt es glasklare und matte Klebebänder, Kreppbänder zum Abkleben, Leinenbänder in vielen Farben und bunte Klebebänder mit glänzender Oberfläche. Gummierte Klebestreifen werden zum Spannen von Aquarellpapieren benutzt. Doppelseitige Klebebänder und -folien eignen sich zum Aufziehen von Photos, Papieren, Kartons usw.

Optische Hilfsgeräte

Dias und Negative lassen sich am besten auf einem Leuchtkasten betrachten. In ihm befindet sich eine Leuchtstofflampe, die durch eine opalisierte Plexiglas- oder Acryl-Streuscheibe nach oben strahlt und so die Dias oder Negative von unten beleuchtet. Mit Hilfe einer Lupe oder eines Fadenzählers lassen sich die Vorlagen auf Schärfe, Kratzer und Farben hin untersuchen.

Sollen Vorlagen auf ein exaktes Format vergrößert oder verkleinert werden, kann ein Antiskop oder ein optischer Umzeichner benutzt werden. Das Antiskop, eine lichtstarke Version des Episkops, vermag die Vorlage vertikal oder horizontal zu projizieren. Der optische Umzeichner eignet sich zur Vergrößerung von Durchsichtvorlagen wie Film oder Dia. Das Bild wird auf ein Vorlagebrett gelegt und von oben (bei durchsichtigen Vorlagen von unten) beleuchtet und nach oben auf eine Glasplatte projiziert. Hier kann sie dann auf einem Transparentpapier nachgezeichnet werden.

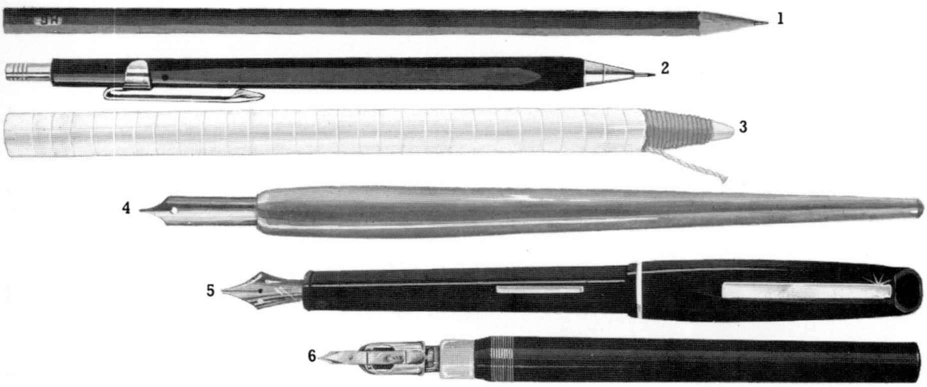

Stifte und Federn Zur Grundausstattung des Graphik-Designers gehört ein Sortiment verschiedener Bleistifte und Federn. Graphitbleistifte (**1**) gibt es in siebzehn verschiedenen Härtegraden. Drehbleistifte (**2**) können je nach Bedarf mit unterschiedlichen Minen versehen werden. Mit Lithokreide (**3**) kann man sowohl auf Folien als auch auf Kunststoffmaterialien schreiben. Beim Federhalter (**4**) besteht die Möglichkeit, viele unterschiedliche Federn und Tinten zu benutzen. Der Füller besitzt nur wenige Variationsmöglichkeiten und läßt sich nicht mit jeder Tinte oder Tusche benutzen. Besser geeignet ist der Graphos-Tuschefüller (**6**).

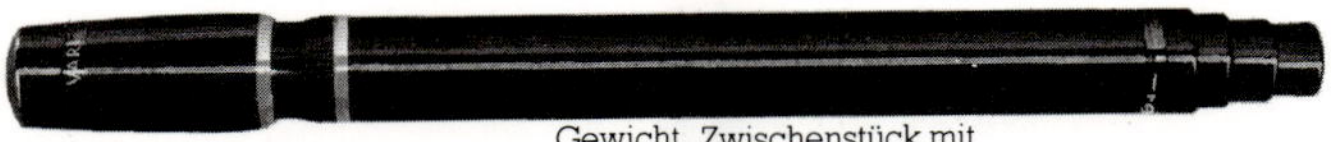

1

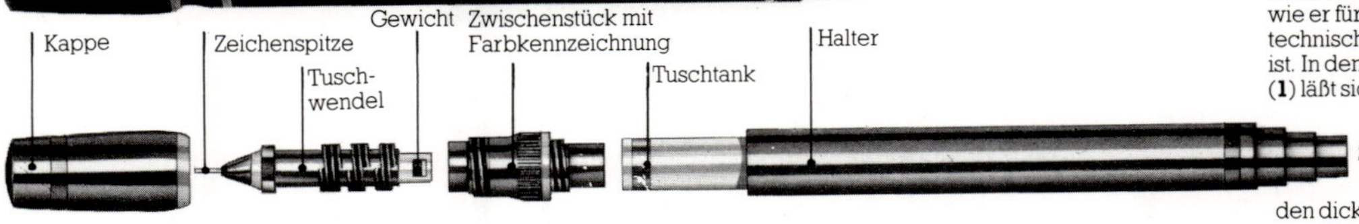

2

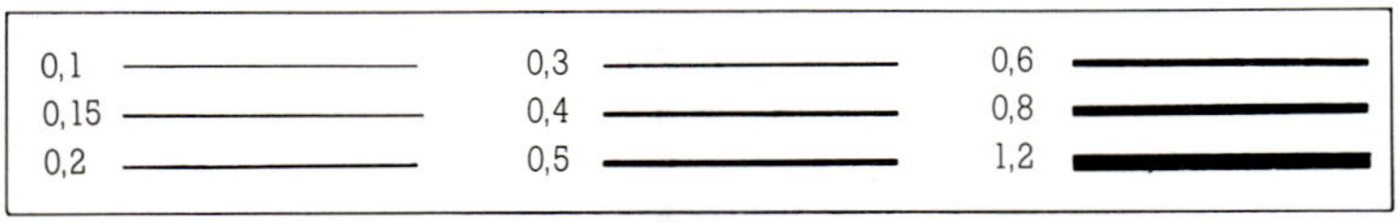

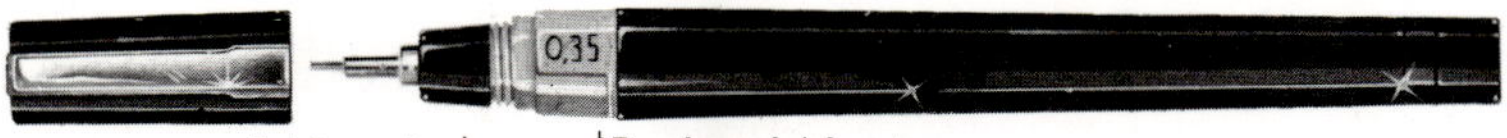

3

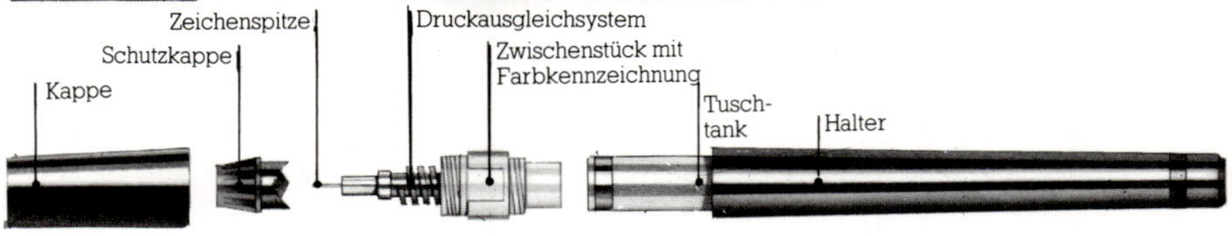

4

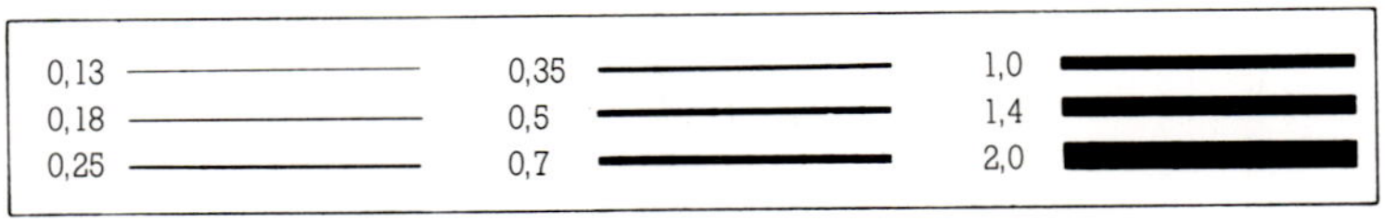

Technische Tuschefüller Spezialfüller mit Röhrchenfedern ermöglichen einen gleichmäßigen Strich, wie er für Reinzeichnungen und technische Zeichnungen unerläßlich ist. In den Halter des Rapidographen (**1**) läßt sich eine Vielzahl verschiedenen dicker Schreibspitzen einsetzen. Eine Auswahl der unterschiedlichen Strichstärken ist unter der Abbildung des auseinandergenommenen Rapidographen (**2**) zu sehen. Der Isograph (**3**) ist eine technische Weiterentwicklung des Rapidographen. Um die verschiedenen Stiftstärken bequem voneinander zu unterscheiden, hat jeder Stift eine Farbmarkierung, wie auf dem auseinandergenommenen Stift (**4**) zu sehen ist.

Tuschen Tusche ergibt einen präzisen, dichten Strich, der sich gut reproduzieren läßt. Hier eine Auswahl von Tuschen: Farbtuschen für Füller und Federn (**5**), Folientusche (**6**), schwarze Ausziehtusche zum Zeichnen (**7**), farbige Ausziehtusche (**8**), Füllfederhaltertusche (**9**), Zeichentusche (**10**), Decktuschen (**11**), die man für Arbeiten, die photographisch reproduziert werden sollen, und für die Filmretusche benutzt.

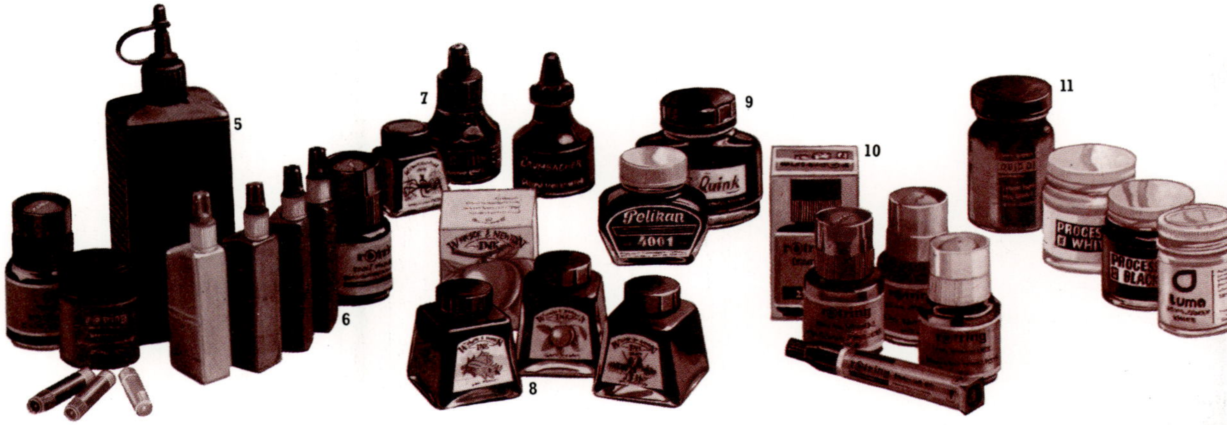

5 6 7 8 9 10 11

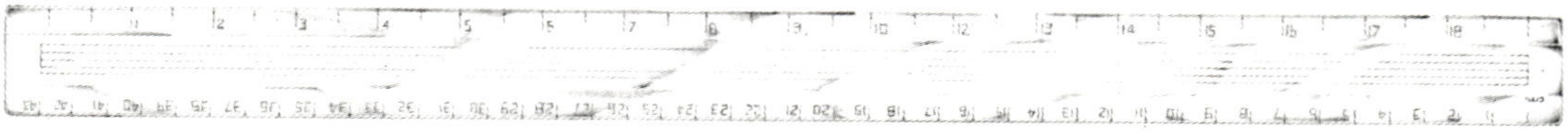

12

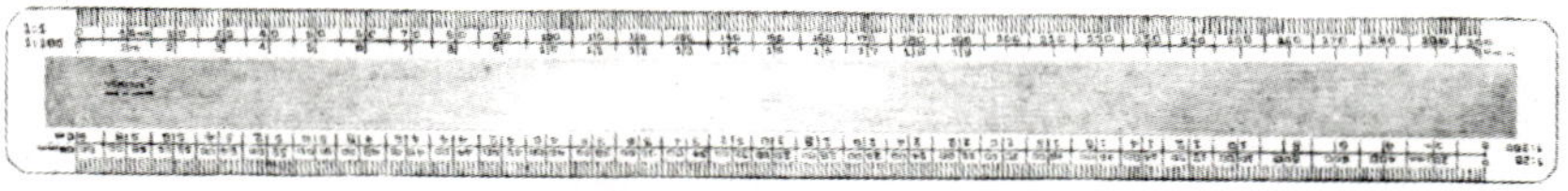

13

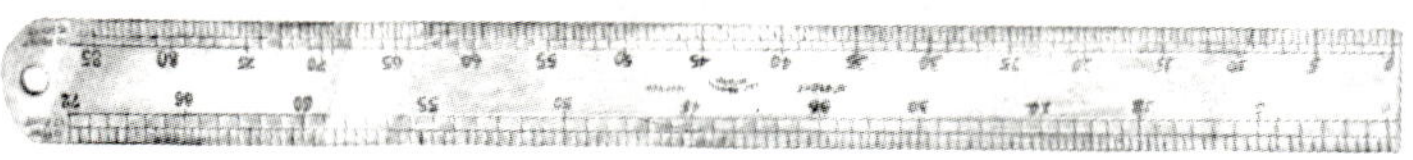

14

Lineale Lineale (**12**) sind unverzichtbare Werkzeuge für den Graphiker. Das Maßstabslineal (**13**) wird oft zur Maßstabsveränderung in technischen Zeichnungen verwendet. Mit dem Typometer (**14**) läßt sich die Breite der Druckspalten abmessen. Es ist in Punktgrößen und in Zoll oder Zentimeter unterteilt.

Zeichengeräte und Hilfsmittel Eine weitere wichtige Zeichenhilfe ist der Zirkel mit seinen verschiedenen Zubehörteilen. Zirkel (**3**) können mit unterschiedlichen Einsätzen benutzt werden und sind sehr genau. Für exakte Messungen besitzt der Teilzirkel (**1**, **2**) eine Einstellschraube. Mit dem Fallnullenzirkel (**11**) lassen sich kleine Kreise zeichnen. Nützliche Zirkeleinsätze sind: Minenhalter (**4**), Reißfeder (**5**), Schneidenadel (**6**) und Halter für Tuschefüller wie zum Beispiel einen Rapidographen (**12**). Um gleichmäßig starke Tuschelinien zu erzielen, verwendet man fast immer Reißfedern. Die Seitenansicht zweier Standard-Reißfedern (**7**, **8**) zeigt, wo die Tusche zwischen den Backen der Spitzen gehalten wird. Mit der Rändelschraube stellt man die gewünschte Strichstärke ein. Zusätzliche Genauigkeit ermöglicht die Skala auf der Einstellschraube (**9**). Die Reißfeder mit Kreuzscharnier (**10**) ist durch ein Gelenk, mit dem sich die Spitze öffnen läßt, einfach zu reinigen. Das bewegliche Kurvenlineal (**13**) läßt sich zu jeder Kurvenform biegen. Plastikschablonen (**14**) sind in verschiedenen Formen und Größen erhältlich. Mit den Ellipsenschablonen lassen sich Kreise in den unterschiedlichsten perspektivischen Ansichten zeichnen. Kurvenlineale (**15**) bieten unterschiedliche Kurvenverläufe und Krümmungsgrade. Das verstellbare Zeichendreieck (**16**) ist in vielen Größen erhältlich, und mit ihm sind fast alle Winkel einzustellen. Das Parallelenlineal (**17**) wird zum Zeichnen von Parallelen benutzt.

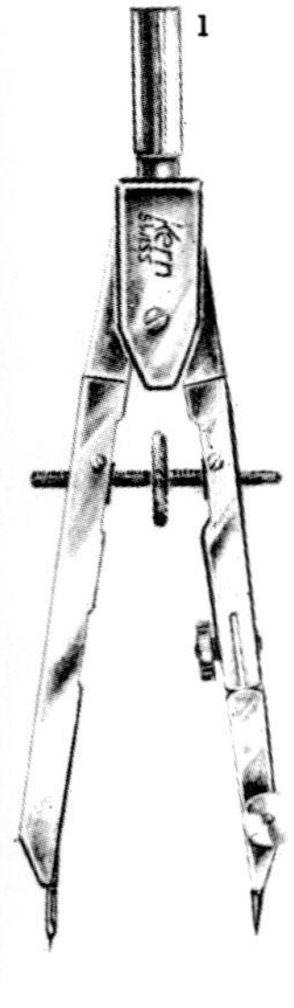

1

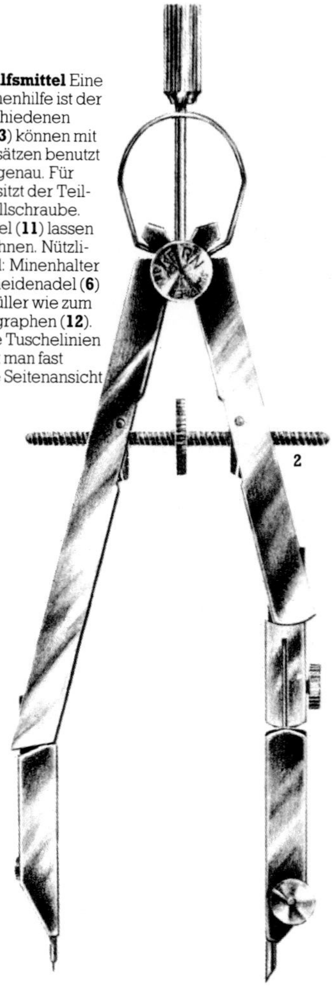

2

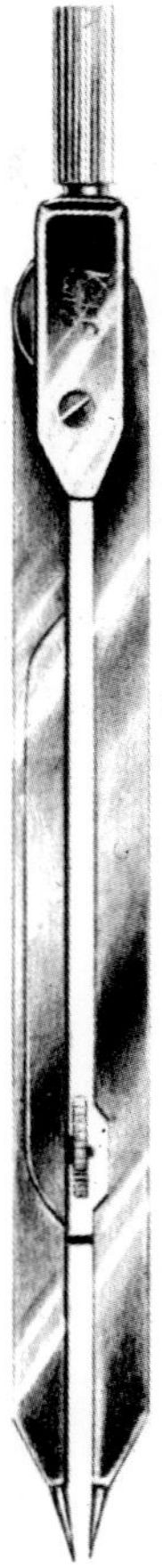

3

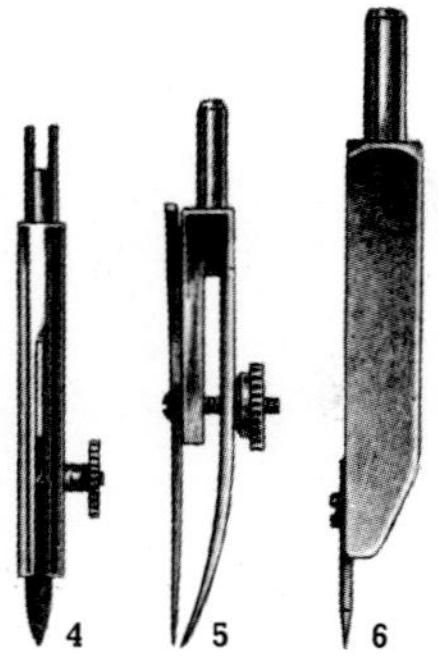

4 5 6

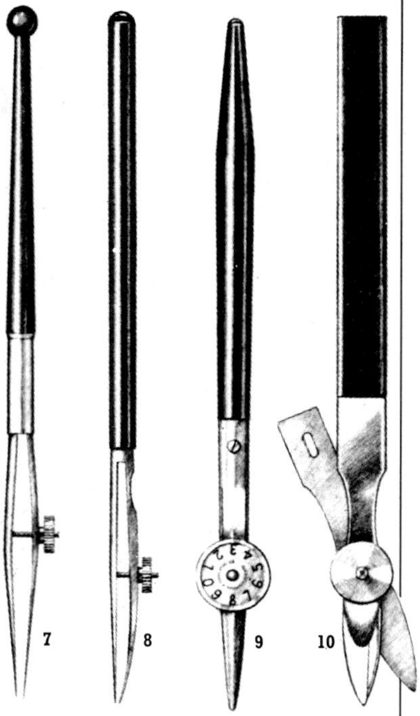

7 8 9 10

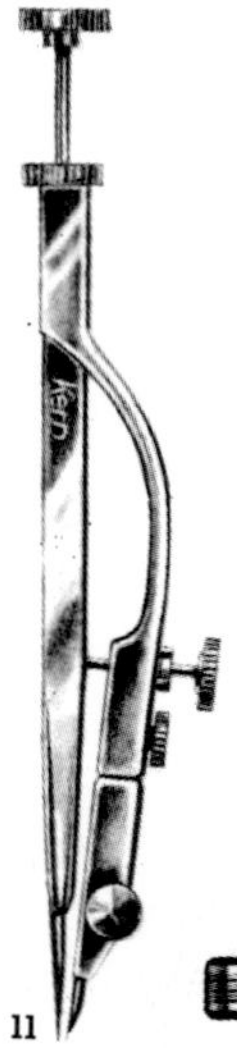

11

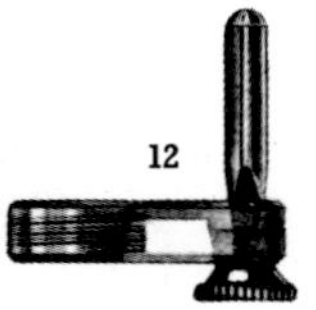

12

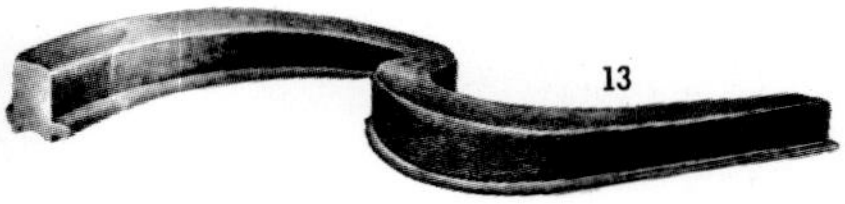

13

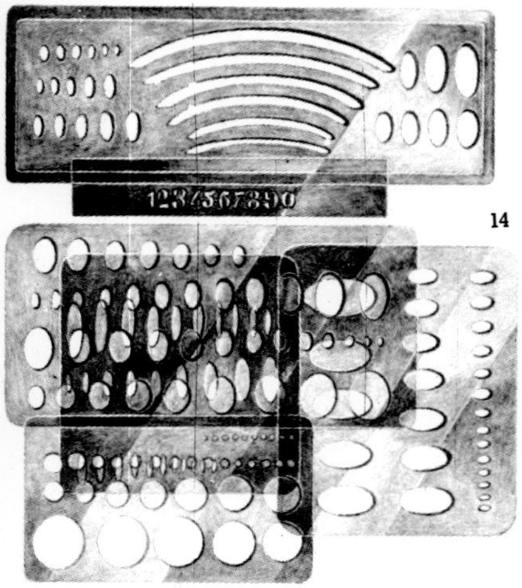

14

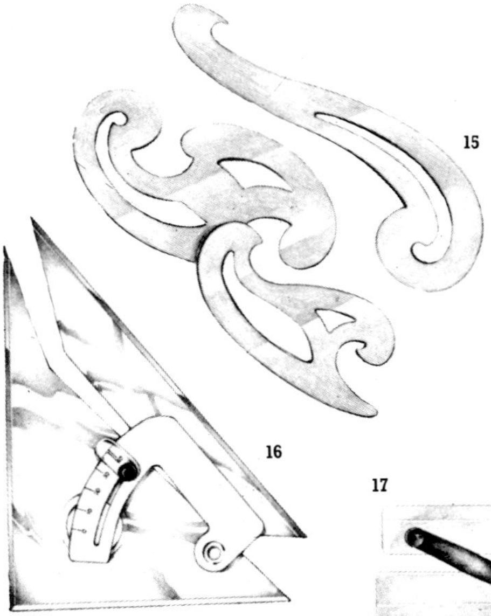

15

16

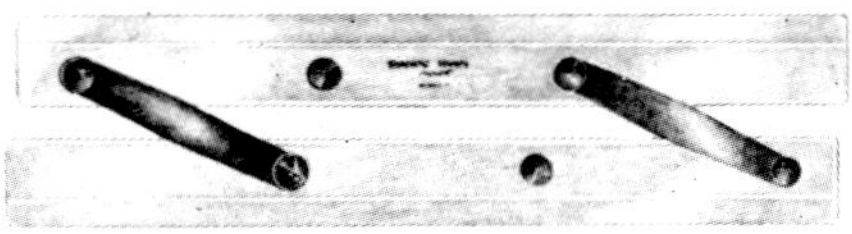

17

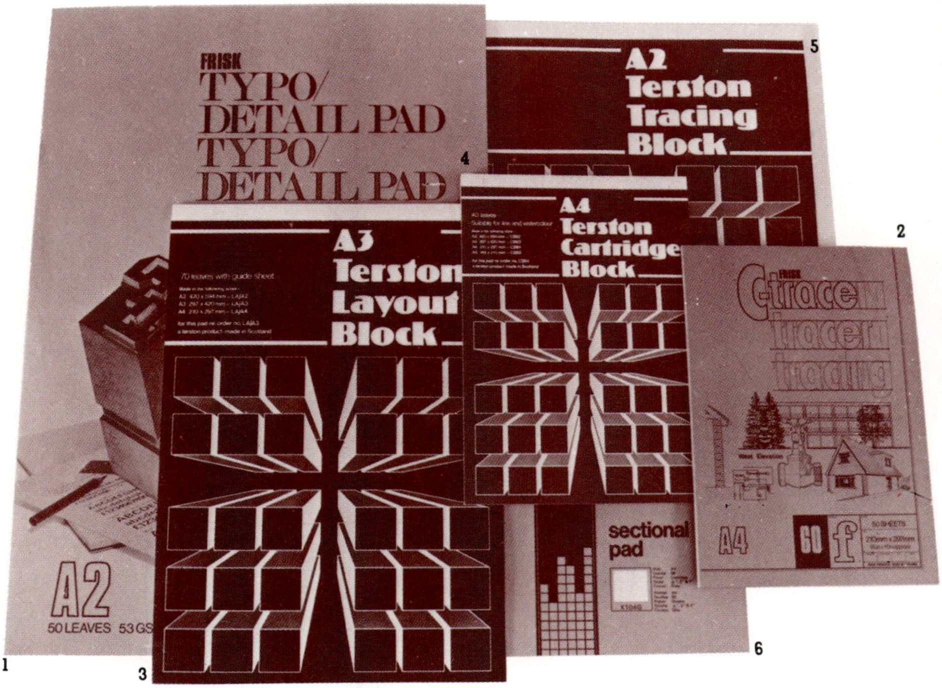

1 2 3 4 5 6

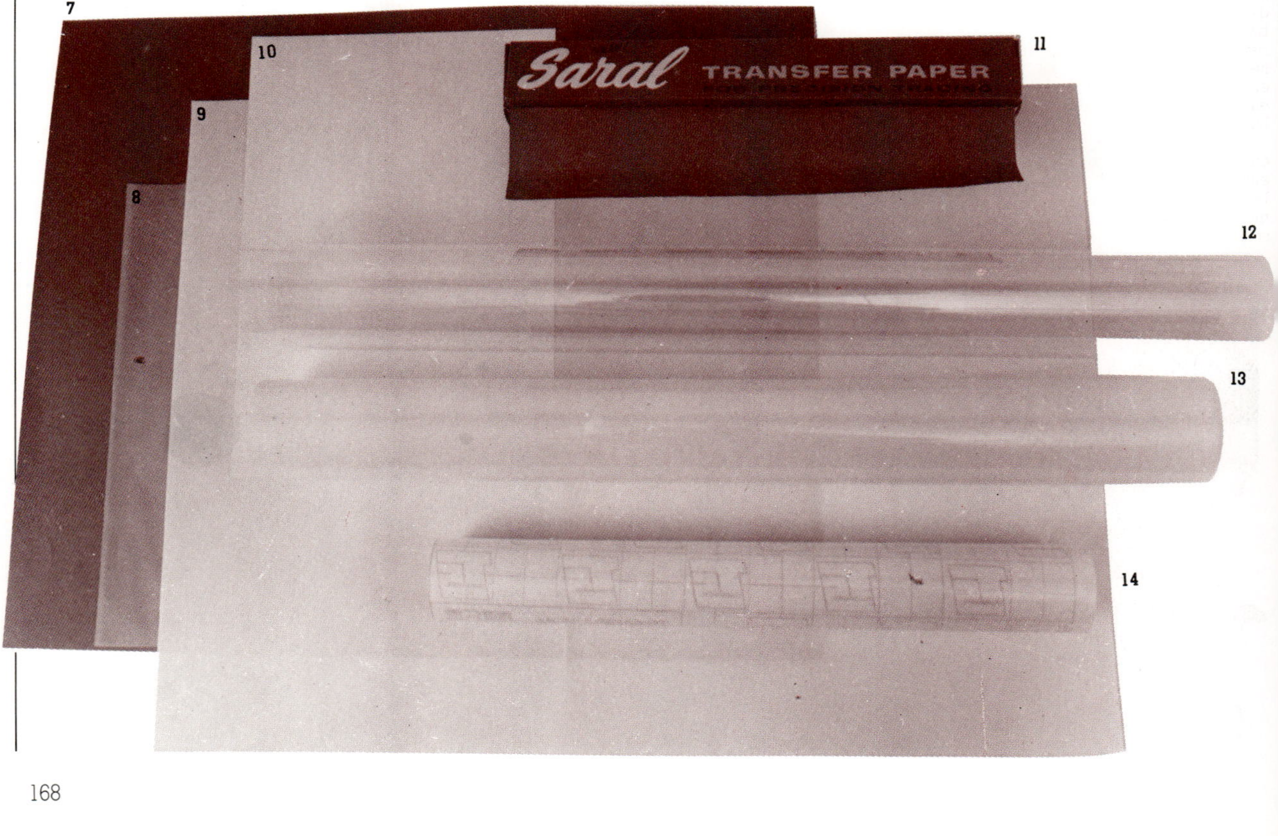

7 8 9 10 11 12 13 14

Zeichenpapiere Fast alle Papiere sind in den üblichen DIN-Formaten erhältlich. Hier eine Auswahl von Blöcken: ein DIN-A2-Zeichenblock (**1**), ein DIN-A4- und ein DIN-A2-Transparentpapierblock (**2**, **5**), ein DIN-A3-Block Layoutpapier (**3**), ein DIN-A4-Kartonpapierblock (**4**), ein DIN-A4-Block Millimeterpapier (**6**). Um Arbeiten zu schützen, verwendet man farbiges Deckpapier (**7**). Transparentpapiere (**8**, **11**), die zur Übertragung von Skizzen und Entwürfen auf ein neues Blatt benutzt werden, sind in Bögen und Rollen erhältlich. Für Skizzen oder die Vorbereitung eines Layouts dient dünnes Zeichen- oder Layoutpapier (**9**). Acetatfolie (**12**), Kodatrace (**13**) und Klarsicht-Klebefolien(**14**) werden zum Schutz von Reinzeichnungen und Buchdummys verwendet.

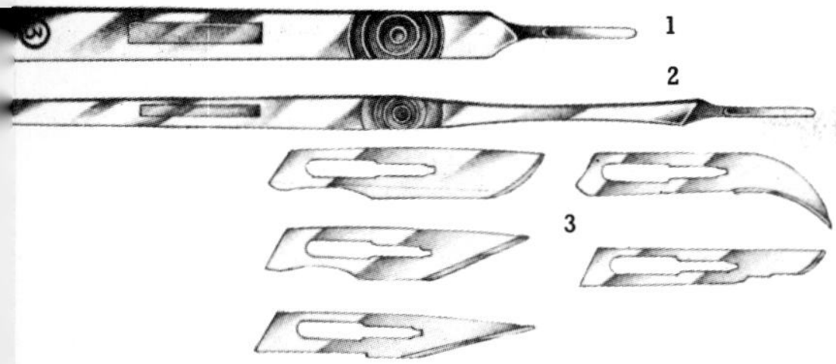

1 2 3

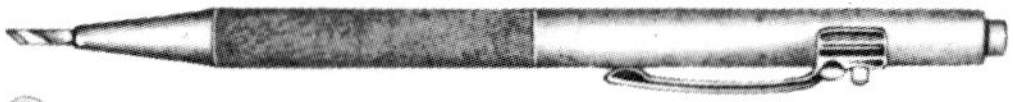

4

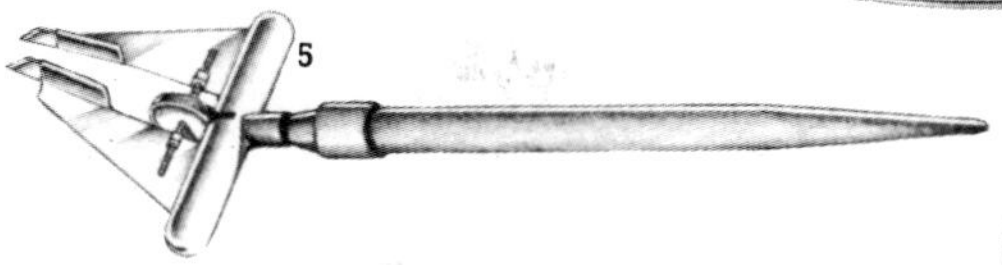

5

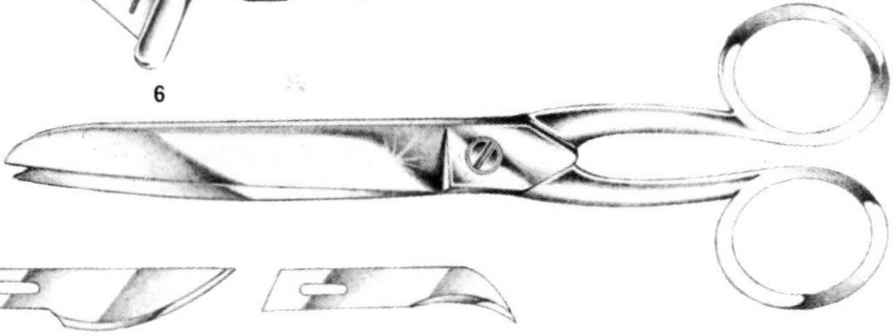

6

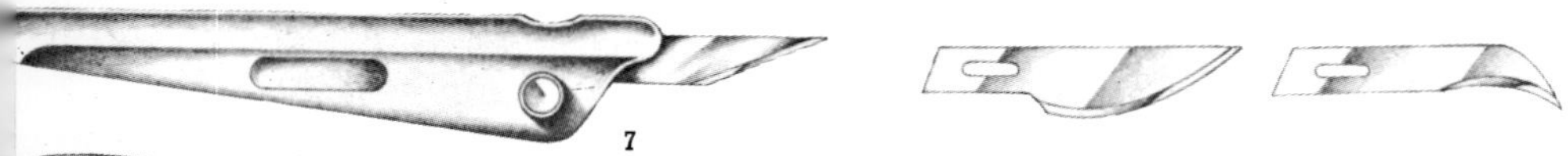

7

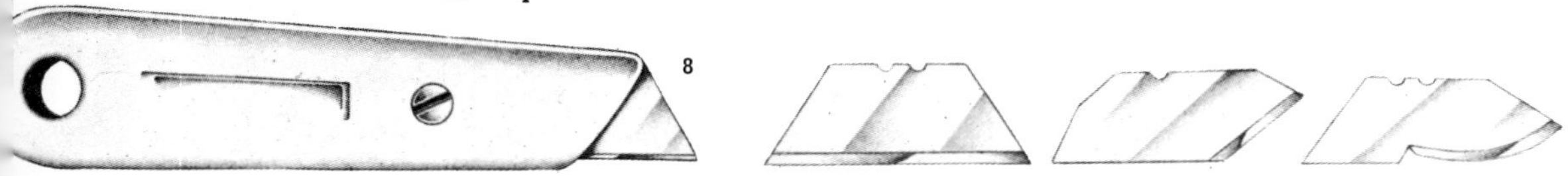

8

Messer und andere Hilfsmittel
Auch ein Sortiment verschiedener Schneidewerkzeuge gehört zur Standardausrüstung des Graphikers. Chirurgenskalpelle (**1**, **2**) mit auswechselbaren Klingen (**3**) eignen sich hervorragend für feine Schnitte. Auch bei Federmesser (**7**) und Teppichmesser (**8**) lassen sich die Klingen austauschen. Unentbehrlich sind Taschenmesser (**4**), Parallelschneider (**5**), Scheren (**6**) und eine Schneidemaschine (**11**). Für alle Arbeiten braucht der Designer eine verstellbare Lampe (**9**), die ein starkes Licht liefert und zwecks Standfestigkeit entweder einen schweren Fuß oder ein Schraubzwinge zur Befestigung haben sollte.

Dias und Negative sollte man mit einer speziellen Lupe (**16**) oder einem Fadenzähler (**15**) auf einem Leuchtkasten (**17**) betrachten. Dias müssen, um sie vor Staub usw. zu schützen, in durchsichtigen Kunststoffhüllen (**18**) aufbewahrt werden. In gleichem Maße sind verschiedene Bleistiftspitzer notwendig: Der Metallspitzer (**10**) erzielt sehr scharfe Spitzen, die elektrische Ausführung (**12**) spart Kraft und Zeit. Mit einem Sandpapierblock (**13**) lassen sich feine und akkurate Spitzen herstellen. Eine teure, aber lohnende Anschaffung, wenn man oft genaue graphische Vergrößerungen oder Verkleinerungen vornehmen muß, ist der Umzeichnungsprojektor (**14**). Aber ebenso wichtig wie gutes Handwerkzeug ist für den Designer der Kontakt zu seinen Klienten, dem Drucker, dem Photographen und den Reproanstalten. Und die unkomplizierteste Art, mit der Welt von seinem Arbeitsplatz aus in Kontakt zu bleiben, ist das Telefon (**19**).

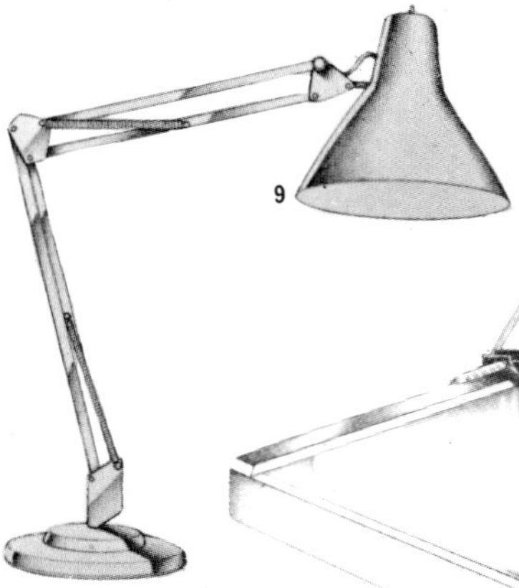

9

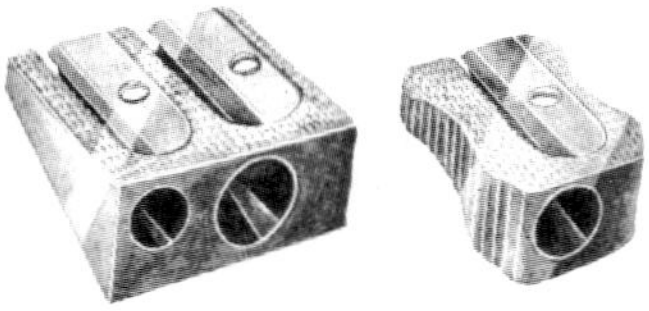

10

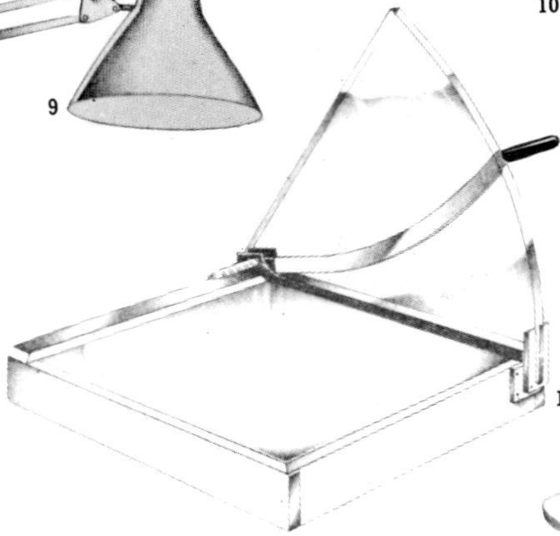

11

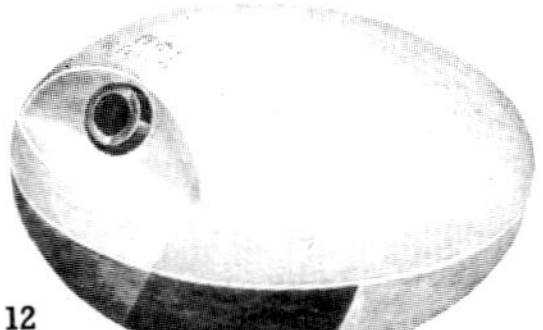

12

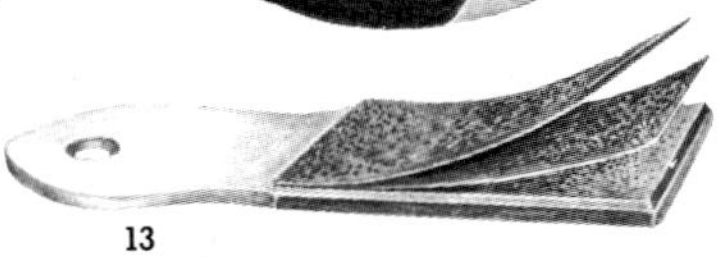

13

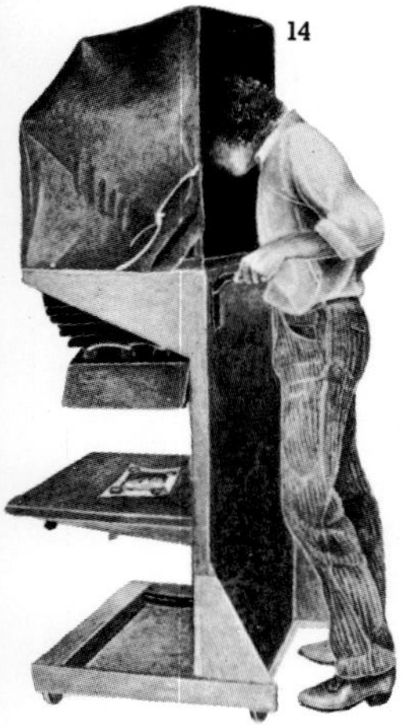

14

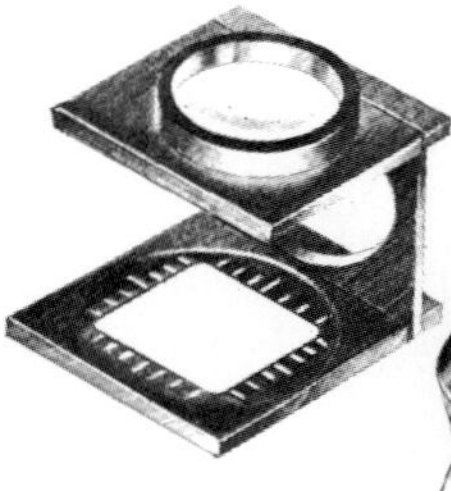

15

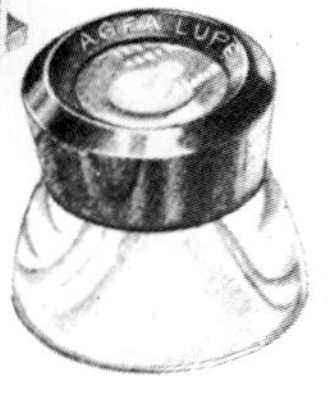

16

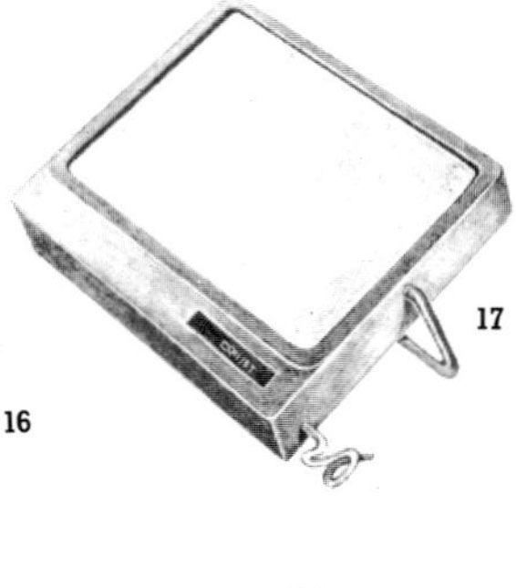

17

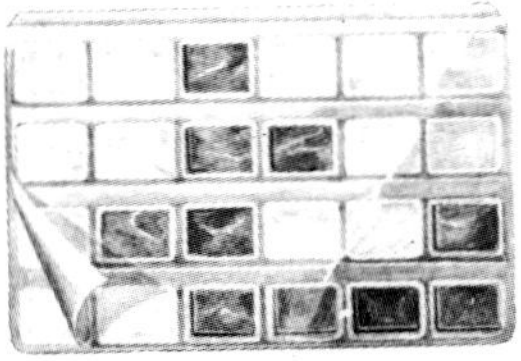

18

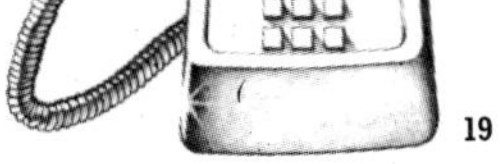

19

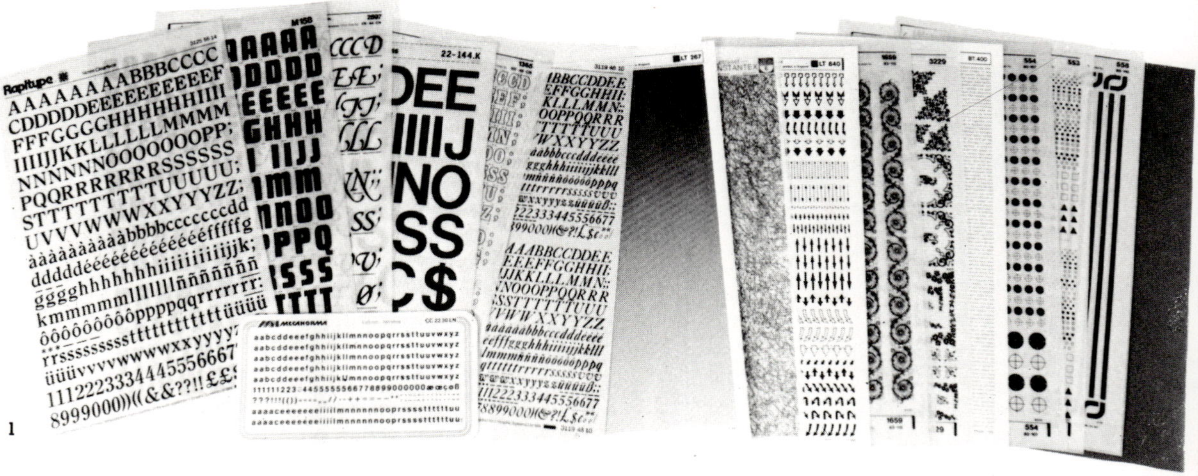

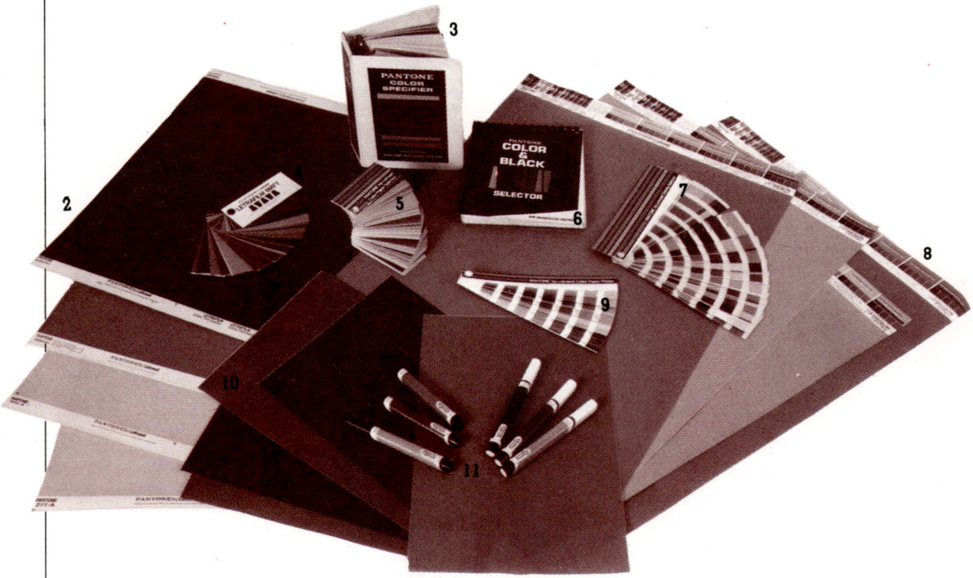

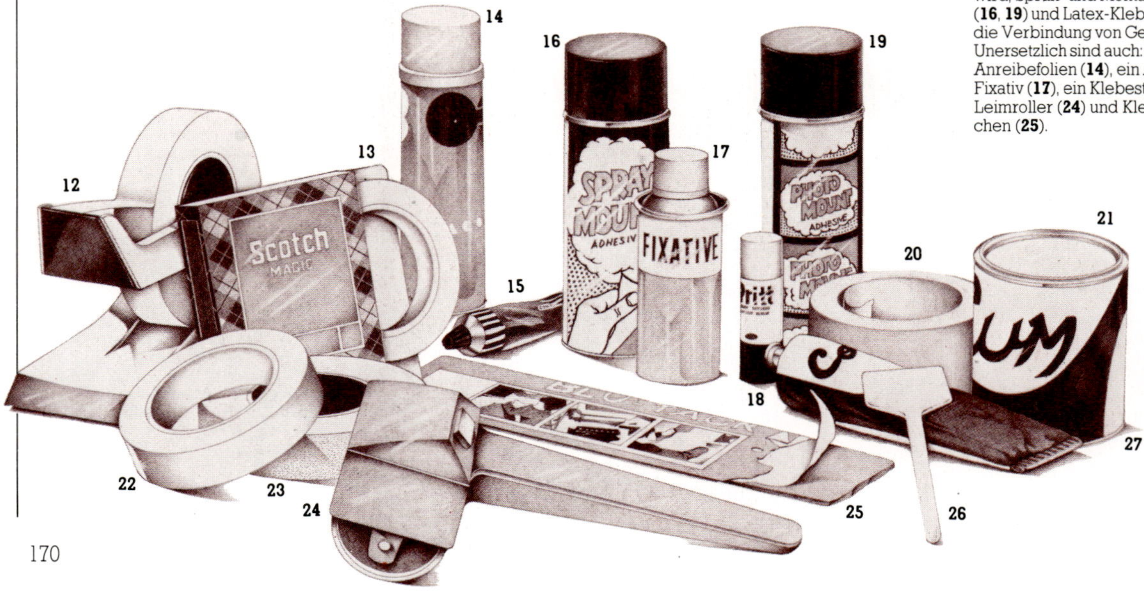

Verschiedene Design-Hilfsmittel
Eine große Auswahl von Anreibefolien (**1**), z. B. Schriften, Raster, Linien usw. ermöglicht schnelles Arbeiten. Für große, einheitliche Farbflächen gibt es über 500 verschiedenfarbige Deckfolien (**2**, **10**), die alle mit einer jeweiligen Kennummer (**8**) versehen sind. Farbskalen (**4**, **5**) helfen bei der Farbauswahl. Der Farbfächer (**9**) zeigt alle Farben der Reihe nach, während die Version für den Drukker (**7**) sie auf mattem und glänzendem Papier darstellt. Farbmuster (**3**) werden verwendet, um Druckfarben zu spezifizieren. Der Farb- und Schwarzfächer (**6**) zeigt die verschiedenen Effekte, die durch die Kombination von Druckfarbe und Schwarz entstehen. Bei der Designarbeit werden viele verschiedene Klebstoffe verwendet: einseitige (**12**) und abdeckende Klebebänder (**23**), durchsichtiges Klebeband (**13**), doppelseitiges Klebeband (**12**) für die Montage, gummierte Klebestreifen (**20**) für Aquarellarbeiten.

Weitere unabdingbare Klebstoffe sind: Gummilösung (**21**, **27**), die mit einem Spachtel (**26**) aufgetragen wird, Sprüh- und Montagekleber (**16**, **19**) und Latex-Klebstoff (**15**) für die Verbindung von Geweben. Unersetzlich sind auch: Fixierer für Anreibefolien (**14**), ein Allzweck-Fixativ (**17**), ein Klebestift (**18**), ein Leimroller (**24**) und Klebeblättchen (**25**).

19

Kopierverfahren

Entwicklung und Prinzipien: Lichtpausen, Naß- und Trockenkopieren, Vervielfältigung, PMT-Reproduktion.

19 **Kopierverfahren** Prinzipien

Die Fortschritte auf dem Gebiet der Reproduktionstechnik sind in den letzten Jahren so gewachsen, daß Hochschulkurse über das Thema ständig revidiert werden. Allerdings ist die Funktionsweise der Maschine für den Studiokünstler weniger interessant als ihre Zweckmäßigkeit.

Das Lichtpausen, eines der ältesten Verfahren, ist in jüngster Zeit stark verbessert worden, so z. B. durch das Ersetzen des Ammoniaks durch andere Chemikalien.

Ein durchsichtiges Original wird auf beschichtetes Papier gelegt und mit ultraviolettem Licht bestrahlt. Das Verfahren eignet sich besonders für das Kopieren von technischen oder architektonischen Zeichnungen.

Eine neue Version dieser Technik, das Safir-SC-Verfahren, ermöglicht es, das endgültige Aussehen einer Abbildung zu überprüfen, ohne einen teuren Farbabzug davon machen zu müssen. Licht, das durch Filmabzüge der Abbildung fällt, aktiviert eine photoempfindliche Schicht auf weißem Polyestergrund, so daß die Farbe sich an die belichteten Stellen anlagert. Es besteht die Möglichkeit, aufeinanderfolgende Farbschichten aufzubauen, um verschiedene Farbeffekte darzustellen.

Photokopiermaschinen gibt es von einfachen Bürokopierern bis hin zu komplizierten Apparaturen, die feinste Strichzeichnungen, Halbton-Illustrationen und Textsequenzen kopieren können.

Es gibt zwei Grundtypen: den Naß- und den Trockenkopierer. Beim Naß- oder Thermoverfahren verwendet man ein Papiernegativ des Objekts, das entsprechende Abzüge auf Spezialpapier hervorbringt.

Der elektrostatische Trockenkopierer benötigt kein Negativ und druckt auf alle Papiersorten, sogar auf Plastikfolien.

Reprokameras stellen – im Gegensatz zu Photokopierern – hochwertige Abzüge her, die ebenso zur Reproduktion verwendet werden können wie die Originale. Durch optische Methoden kann das Format der Abzüge – da ein Negativ verwendet wird – vergrößert oder verkleinert werden.

Die PMT-Maschine (für »Photo Mechanical Transfer«) ist im Gebrauch billiger als andere photographische Systeme, erfordert keine Dunkelkammer zum Entwickeln und erstellt hochwertige Bilder. Durch Punkt- oder Strichraster können Halbtöne reproduziert werden, die – wenn auch nicht so scharf wie bei der Photo-Lithographie – für Arbeiten mit kleinem Budget durchaus angemessen sind.

Die PMT-Maschine kann in einem Entwurf Farbe simulieren, um einen Eindruck davon zu geben, wie die Farbabzüge aussehen würden. Der erste Abzug wird auf eine Folie gedruckt, die nach dem Entwickeln die Farbsimulation (Colour Key) darstellt. Mit Farbstoffen entwickelt man das Bild in verschiedenen Grundfarben. Sowohl die Farben als auch die Folien sind transparent, so daß sie wie zwei oder mehrere mit Punkt- oder Strichrastern gedruckte Farben wirken, wenn man sie übereinanderlegt.

Diese Technik ermöglicht es dem Designer, eine einzige Kopie des simulierten Farbbilds in Form einer Folie anzufertigen, die dann beispielsweise auf jedes Material geklebt werden kann, um dem Kunden einen Eindruck davon zu vermitteln, wie die fertige Arbeit aussehen wird.

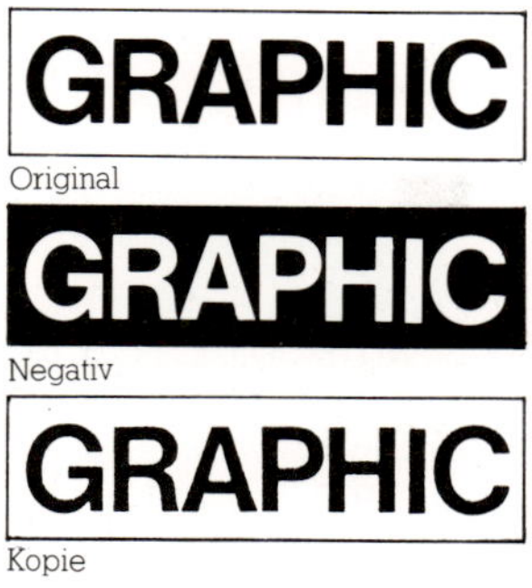

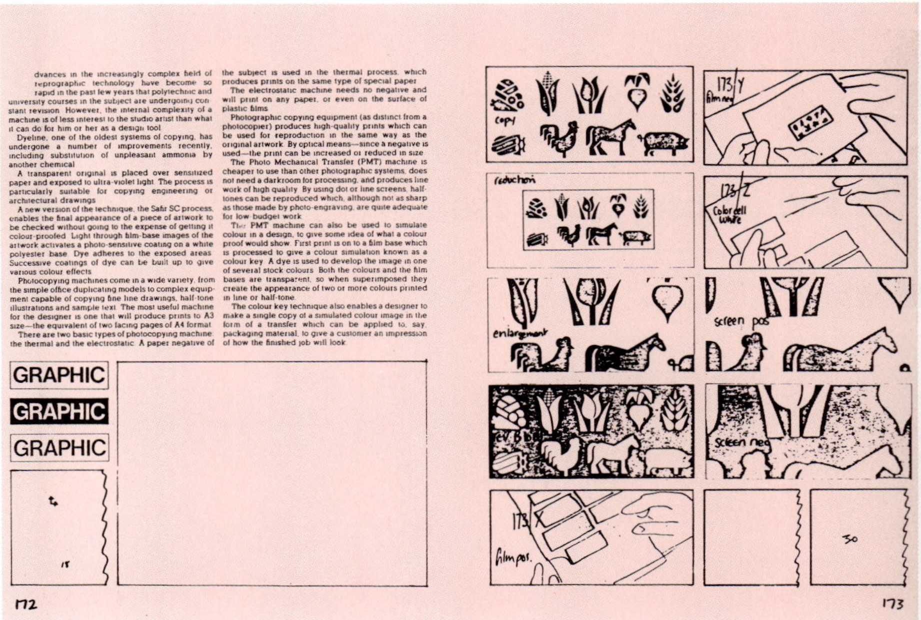

dvances in the increasingly complex field of reprographic technology have become so rapid in the past few years that polytechnic and university courses in the subject are undergoing constant revision. However, the internal complexity of a machine is of less interest to the studio artist than what it can do for him or her as a design tool.

Dyeline, one of the oldest systems of copying, has undergone a number of improvements recently, including substitution of unpleasant ammonia by another chemical.

A transparent original is placed over sensitized paper and exposed to ultra-violet light. The process is particularly suitable for copying engineering or architectural drawings.

A new version of the technique, the Safir SC process, enables the final appearance of a piece of artwork to be checked without going to the expense of getting it colour-proofed. Light through film-base images of the artwork activates a photo-sensitive coating on a white polyester base. Dye adheres to the exposed areas. Successive coatings of dye can be built up to give various colour effects.

Photocopying machines come in a wide variety, from the simple office duplicating models to complex equipment capable of copying fine line drawings, half-tone illustrations and sample text. The most useful machine for the designer is one that will produce prints to A3 size—the equivalent of two facing pages of A4 format.

There are two basic types of photocopying machine: the thermal and the electrostatic. A paper negative of the subject is used in the thermal process, which produces prints on the same type of special paper.

The electrostatic machine needs no negative and will print on any paper, or even on the surface of plastic films.

Photographic copying equipment (as distinct from a photocopier) produces high-quality prints which can be used for reproduction in the same way as the original artwork. By optical means—since a negative is used—the print can be increased or reduced in size.

The Photo Mechanical Transfer (PMT) machine is cheaper to use than other photographic systems, does not need a darkroom for processing, and produces line work of high quality. By using dot or line screens, half-tones can be reproduced which, although not as sharp as those made by photo-engraving, are quite adequate for low-budget work.

The PMT machine can also be used to simulate colour in a design, to give some idea of what a colour proof would show. First print is on to a film base which is processed to give a colour simulation known as a colour key. A dye is used to develop the image in one of several stock colours. Both the colours and the film bases are transparent, so when superimposed they create the appearance of two or more colours printed in line or half-tone.

The colour key technique also enables a designer to make a single copy of a simulated colour image in the form of a transfer which can be applied to, say, packaging material, to give a customer an impression of how the finished job will look.

Photokopieren Die Kopie des Wortes GRAPHIC (**oben**) zeigt den Unterschied zwischen den wichtigsten Kopiertechniken. Das Naßverfahren dauert länger, weil dazu das Anfertigen eines Negativs vom Original gehört. Die schnellere elektrostatische Technik erfordert kein Negativ und bedruckt alle Papierarten. Beim Graphik-Design sind Layoutkopien als ausgezeichnetes Referenzmaterial (**rechts**) besonders nützlich.

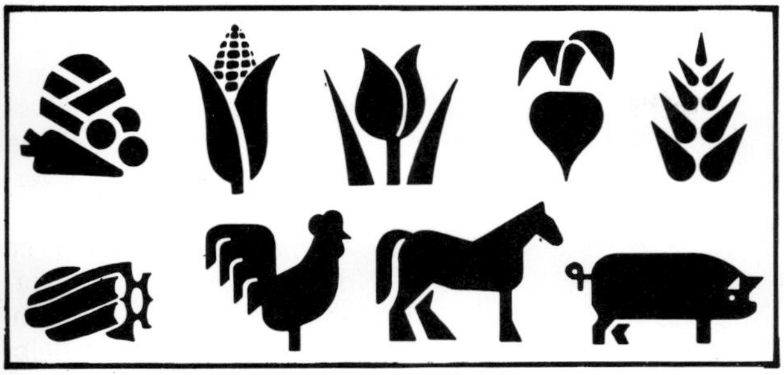
1

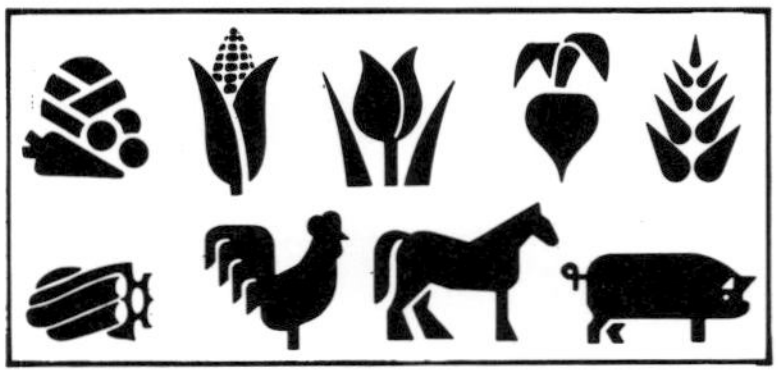
2

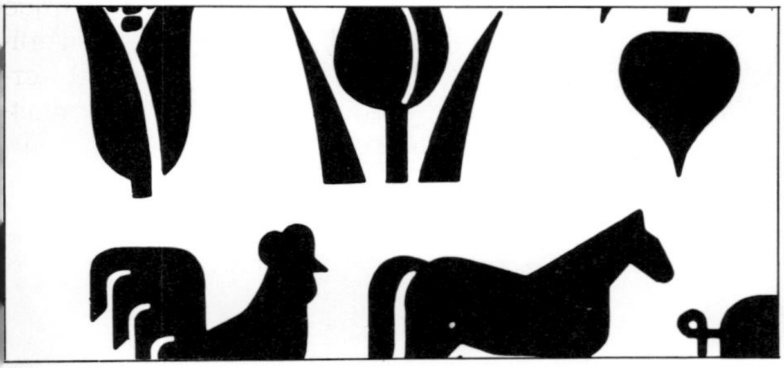
3

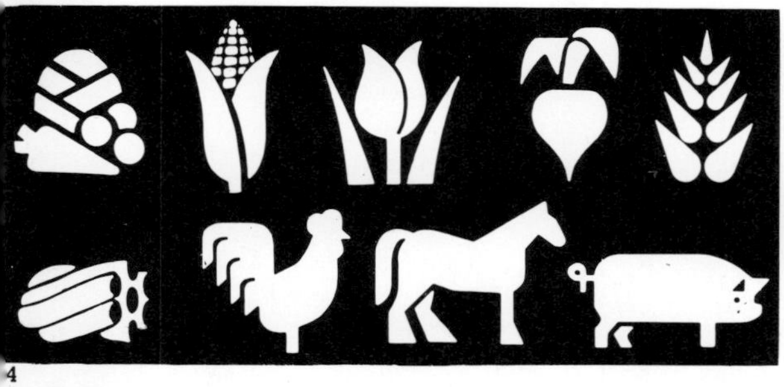
4

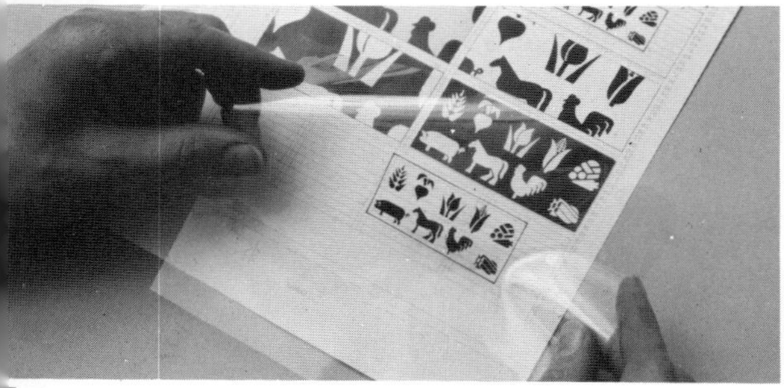
5

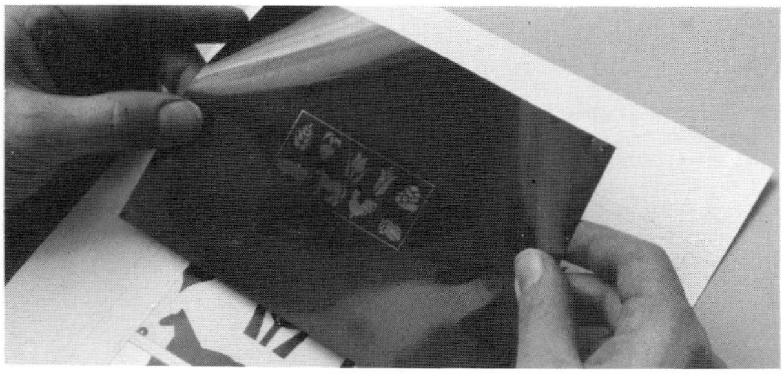
6

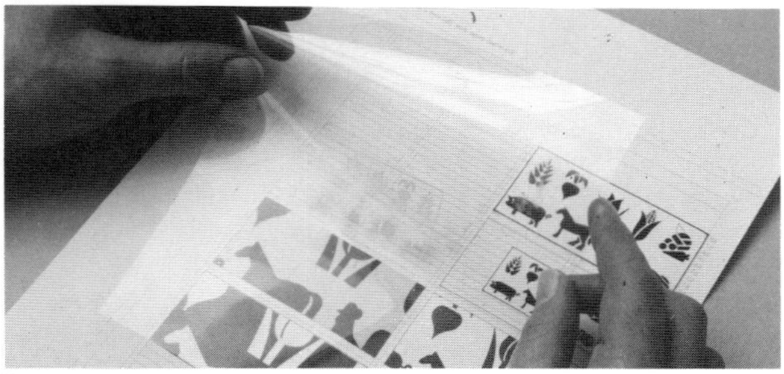
7

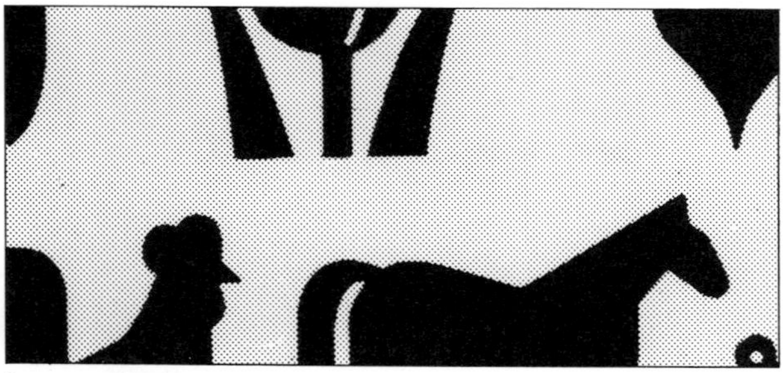
8

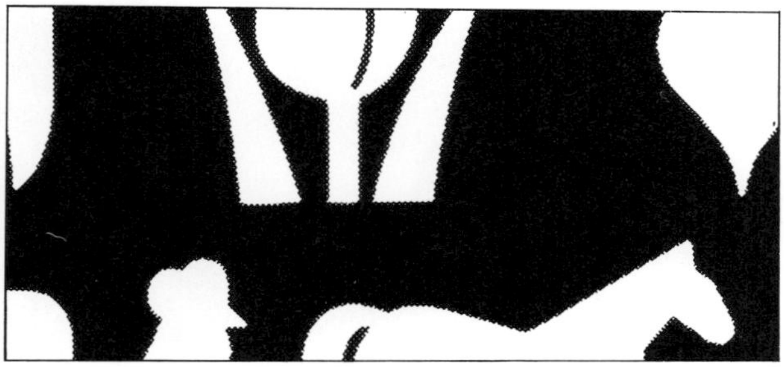
9

Reprokamera Die Reprokamera ist eine äußerst vielseitige Vervielfältigungskamera und billig im Gebrauch. Außerdem liefert sie gute Strichvorlagen und wird daher oft für den Photosatz verwendet. Die Maschine kann kopieren (**1**), das Originalformat verkleinern (**2**) und vergrößern (**3**). Sie kann Schwarz in Weiß (**4**), Weiß in Schwarz und Farb- in Schwarzweißvorlagen umwandeln. Das nützlichste Merkmal der Maschine ist ihre Fähigkeit, Positiv- (**5**) oder Negativfilme (**6**) zu erstellen. Folie ist ein vielseitiges Medium, das mühelos im Layout verschoben werden kann. Farbzellen, wie die hier abgebildete weiße (**7**), werden ebenfalls für Präsentationen verwendet und sind in vielen Farben erhältlich. Halbtöne können gerastert werden, um ein Positiv (**8**) oder Negativ (**9**) zu erstellen.

Raster Die Reduktion eines Bildes mit kontinuierlichen Farbtönen zu Tausenden von Punkten nennt man »Rastern«. In Größe, Form, Anzahl und Muster können die Punkte beträchtlich variieren. Die Art des Rasters wird gewöhnlich durch das Druckverfahren, die Farben, das Klischee und die Papieroberfläche bestimmt. Auffällige Schmuckraster wie das Leinen- (**1**) und Schraffurraster (**7**) werden vor allem in der Werbung eingesetzt. Mit dem Webstrukturraster und Schlaglichtmasken(**4**) und dem feinen Schabraster (**6**) kann man unscharfe Photos vertuschen. Zu den weiteren hier gezeigten Rastern gehören das Kornraster (**2**), Linienraster (**3**), Wellenlinienraster (**5**) und das Kreisraster (**8**).

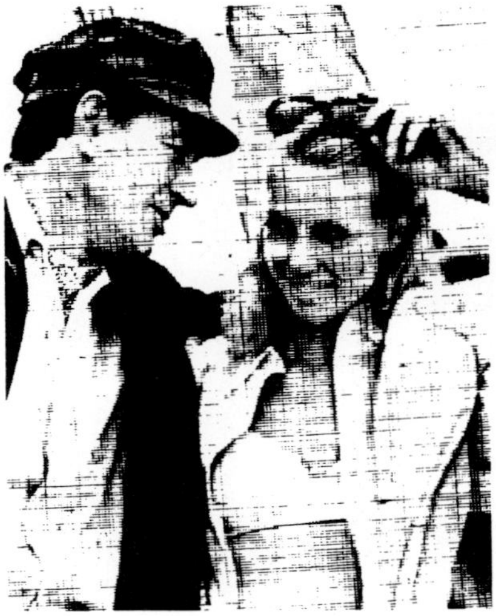

1

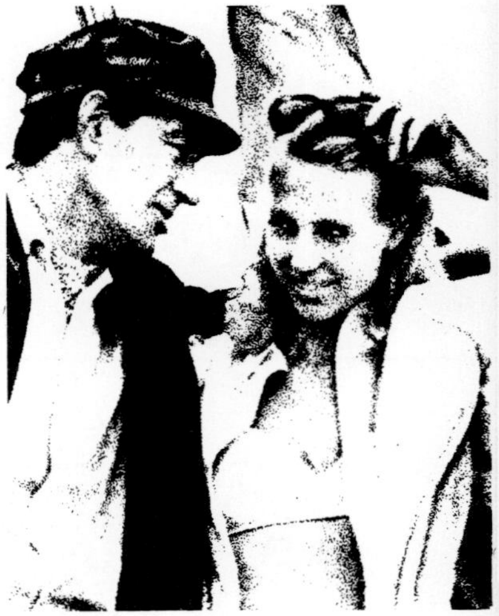

2

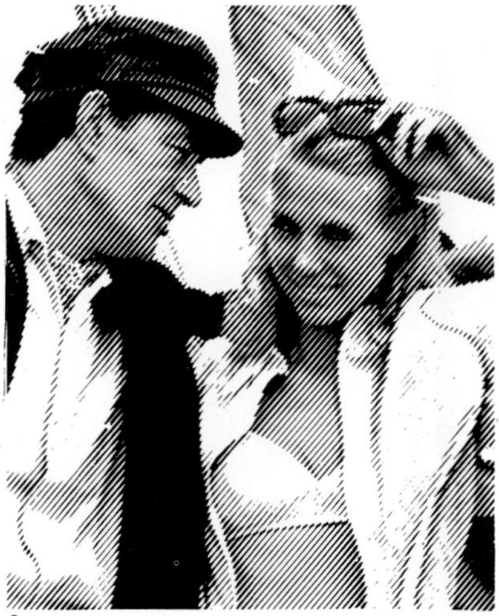

3

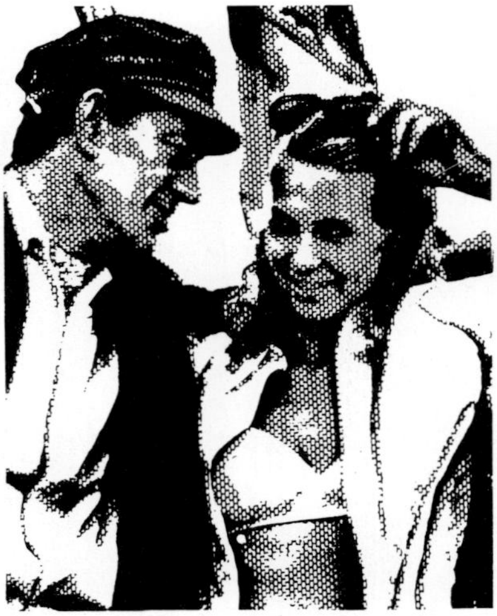

4

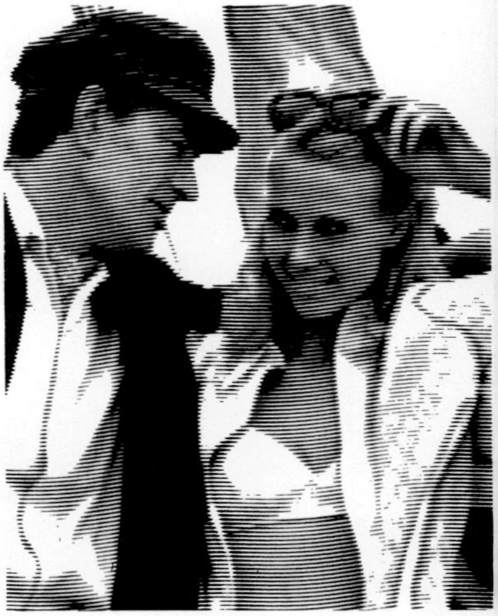

5

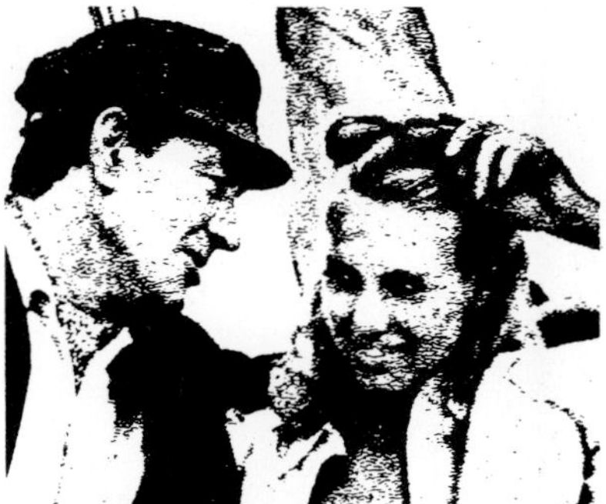

6

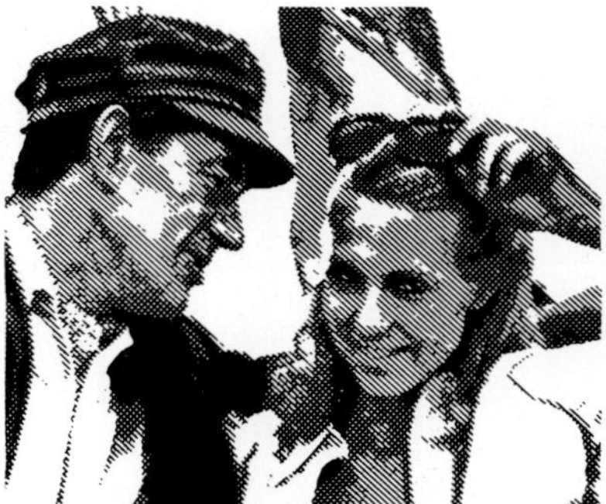

7

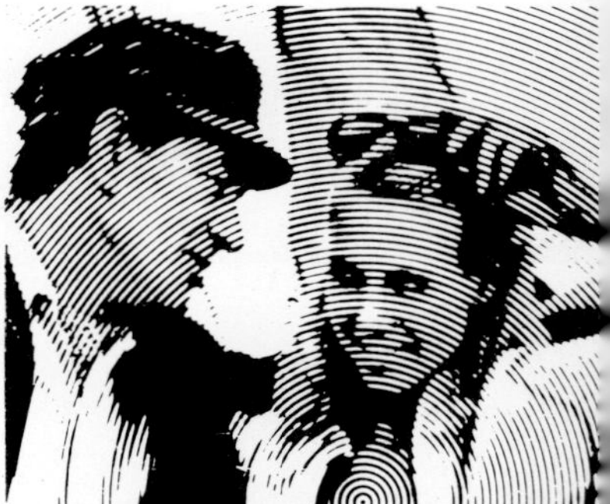

8

20

Druckdesign

Geschichte. Verfahren: Auswahl der Schrift, Berechnen des Druckumfangs, Blei-, Photo- und Lichtsatz, Auszeichnen des Manuskripts und Korrekturlesen, Umbruch, Montage.

20 **Druckdesign** Geschichte

Die geschichtliche Entwicklung der Schrift beginnt mit den Bildzeichen der Vor- und Frühzeit und entwickelt sich dann hin zur Buchstabenschrift, aus der im 9. Jahrhundert das griechische Alphabet entsteht, welches die Grundlage für die lateinische Schrift bildet. Während des Mittelalters und der Neuzeit verändern und gestalten Künstler in vielfältiger Form Buchstaben und Alphabete. Mit der Erfindung des Buchdrucks im 15. Jahrhundert begann eine neue Ära des Druckdesigns, die bis ins 20. Jahrhundert entscheidenden Einfluß hat.

Eine der ersten Schriften, die für die Gestaltung vieler nachfolgender Schrifttypen von großer Bedeutung ist, ist die Capitalis monumentalis, die klassische römische Steinschrift. Ihre klare und sachliche Form ergibt sich aus ihrer handwerklichen Herstellung: Mit einer Art flachem Pinsel entstehen beim Vorschreiben unterschiedlich breite Striche, schwellende Rundungen, und durch den Meißel kommen die Querstriche an den Schäften der Buchstaben, die Serifen, zustande.

Nach und nach wandelt sich diese Schrift durch andere Schriftträger (z. B. Pergament) und andere Schreibwerkzeuge (z. B. Federn) zu einer runderen, flüssigeren Buchschrift. Es entsteht die Minuskelschrift, die im Gegensatz zur nur aus Versalien bestehenden Majuskelschrift Groß- und Kleinbuchstaben aufweist. Zu Beginn des 9. Jahrhunderts entstand als Hofschrift des fränkischen Reiches die karolingische Minuskel, in der fast alle Kleinbuchstaben des heutigen Alphabetes ausgebildet sind. Zu Beginn des 12. Jahrhunderts beginnen sich aus dieser Schrift zwei unterschiedliche Stilrichtungen zu entwikkeln: Die gebrochene, die sogenannte gotische Schrift entsteht, aus der dann die Fraktur- und die deutsche Kurrentschrift hervorgehen, und die Antiquaschrift, die ihren Anfang in der italienischen Buchschrift nimmt. Sie zeichnet sich durch ein ausgeglichenes Schriftbild mit deutlichen, einzelnen Buchstaben aus. Durch die Verbindung der karolingischen Minuskel mit der römischen Capitalis entsteht in der Renaissance im 15. Jahrhundert die Grundform der heutigen Antiquaschrift. Ihr endgültiges Aussehen wird durch die Erfindung des Buchdrucks mit seinen beweglichen Lettern bestimmt. Die Mediäval-Antiqua des 16. Jahrhunderts zeigt in strenger Anlehnung an die römische Meißelschrift leicht gerundete Serifenansätze an den Versalienschäften und leicht schräg gesetzte Rundungsachsen. Im 18. Jahrhundert setzt sich die klassizistische Antiqua durch, die von der Technik des Kupferstichs beeinflußt ist und deren Serifen als gerade Striche rechtwinklig an den Versalienschäften sitzen. Die Rundungsachse steht senkrecht.

Zu Beginn des 19. Jahrhunderts entsteht die Egyptienne. Ihre Serifen sind ebenso dick wie die Striche des Buchstabens. Ebenfalls zur gleichen Zeit kommt die serifenlose Groteskschrift in Mode, die sich völlig von der handgeschriebenen Schrift löst.

Diese grundlegenden Schrifttypen, Antiqua und Grotesk, sind noch heute die Grundlage der zumeist benutzten Schriftformen. Immer wieder wurden sie von Künstlern und Schriftdesignern, den jeweiligen Zeitströmungen entsprechend, verändert. So entwickelte der italienische Drucker und Schriftschneider Giambattista Bodoni Ende des 18. Jahrhunderts eine Antiquaschrift mit dünnen waagerechten Haarstrich-Serifen und unterschiedlich betonten feinen und fetten Strichen. Diese seinen Namen tragende Schrift ist noch heute in Gebrauch. Der Engländer William Morris entwarf gegen Ende des 19. Jahrhunderts Schriften und Buchschmuck, die sich auf die Spätgotik und die Renaissance bezogen, und deren sorgfältige Gestaltung großen Einfluß auf das Buchdesign hatte. Die Designer des Bauhauses in Dessau entwarfen Schriften, deren Grundprinzipien Funktionalismus, mathematische Genauigkeit und klare Lesbarkeit waren. So entstand eine Reihe zeitloser Groteskschriften. Stanley Morrison entwickelte im Rahmen eines Wettbewerbes die englische Times. Jan Tschichold gestaltete in der ersten Hälfte des 20. Jahrhunderts eine avantgardistische Typographie, aus der später die Univers-Schrift von Adrian Frutiger und die Helvetica von Max Miedinger entstanden.

Mit dem Photosatz kam erneut ein breites Spektrum an neuen Schriften auf, bei denen, da sie zumeist für den Layoutsatz benutzt werden, Lesbarkeit eine geringere Rolle spielt als Auffälligkeit oder Originalität. Die neuesten Schriftentwürfe sind Alphabete, die sich aus den Laut- und Zahlzeichen der elektronischen Datenverarbeitung entwickelten; es sind einfache Blockschriften, die auf einem klaren Raster aufgebaut sind.

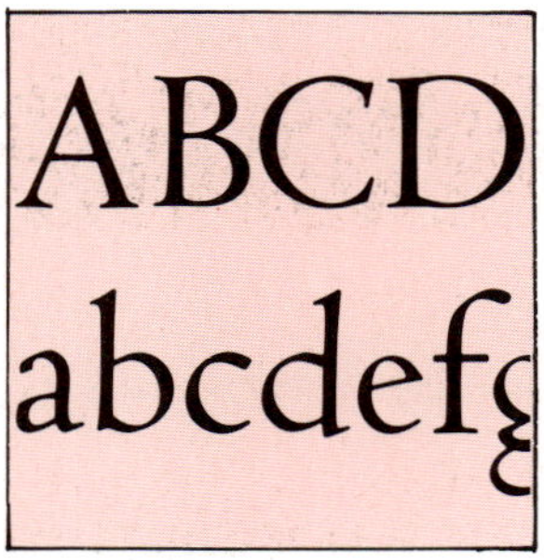

Renaissance-Centaur
Diese Schrift zeigt noch Merkmale der Kalligraphie des 15. Jahrhunderts.

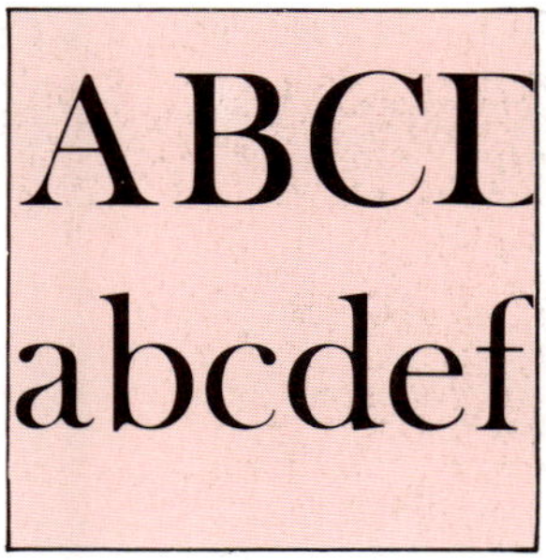

Ubergangs-Antiqua
Diese Schrifttype hat rechtwinklig angesetzte Serifen und fast senkrecht stehende Rundungsachsen.

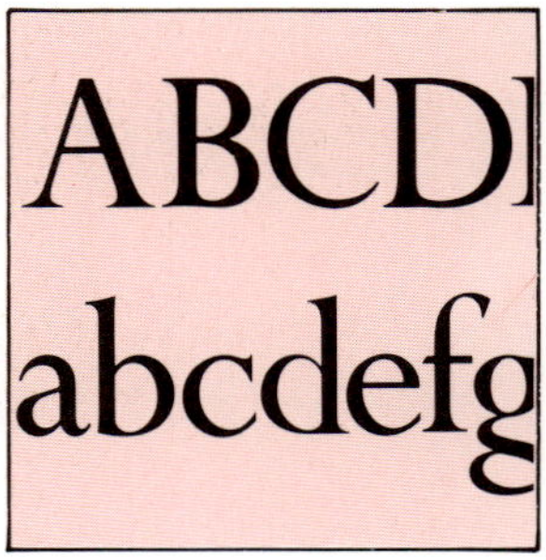

Perpetua
Die Perpetua, eine weitere Antiquaschrift, wurde für spezielle mechanische Anforderungen entwickelt.

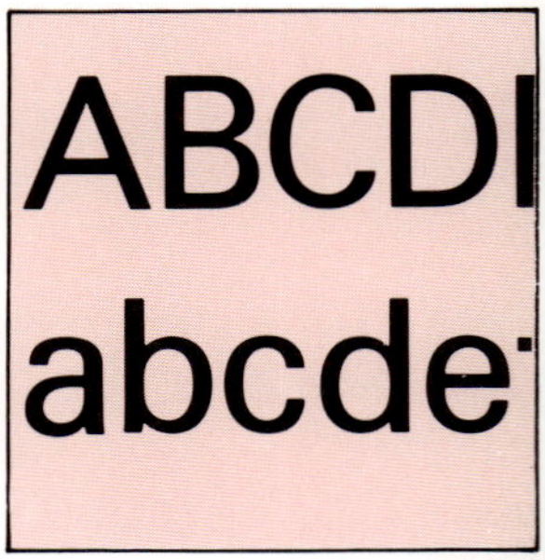

Univers
Die Univers, eine Groteskschrift, wurde 1957 von Adrian Frutiger entworfen.

Schriftfamilien

Gotisch
Die gotische Schrift und ihre Nachfolger, die Frakturschriften, sind von der gotischen Architektur mit ihren steil aufgerichteten und eckig gebrochenen Formen beeinflußt.

ABCD abcdefg

Old English

Mediäval (Französische Renaissance-Antiqua)
Diese Schrift bezieht sich auf die Meißelform der römischen Capitalis mit leicht gerundeten Ansätzen der Serifen am Schaft der Versalien und leicht schräg liegenden Rundungen.

ABCD abcdef

Bembo

Übergangsantiqua (Barock-Antiqua)
Bei dieser Schrift sind die Serifen nicht so ausgeprägt wie bei der Mediäval, und innerhalb eines Buchstabens findet man unterschiedlich breite Strichstärken.

ABCD abcde

Baskerville

Jüngere (Klassizistische) Antiqua
Bei dieser Schrift sitzen die Serifen ohne Rundung rechtwinklig am Versalienschaft, und die vertikalen Linien sind stark betont.

ABCDE abcdef

Bodoni

Egyptienne (Serifenbetonte Linear-Antiqua)
Diese Schrifttypen, zu der auch die französische Etienne und die italienische Italienne zählen, haben durchgehend gleichmäßig breite Strichstärken mit ebenso breiten und rechtwinklig angesetzten Serifen.

ABCD abcd

Rockwell

Extrafett
Diese relativ moderne Schrift ist mit ihren betont dicken Strichen und Rundungen vor allen Dingen für den Titelsatz geeignet.

ABCD abcd

Carousel

Grotesk (Serifenlose Linear-Antiqua)
Diese Schrifttypen haben keine Serifen und werden wegen ihres klaren Schriftbildes oft für laufende Texte verwendet.

ABCDE abcde

Helvetica

Univers
Die Univers gehört zur Gruppe der serifenlosen oder Groteskschriften, die es in allen möglichen Breiten, Höhen und als kursive Schrift gibt (siehe unten).

Satzvariationen
Die beiden nebenstehenden, im Photosatz gesetzten »M« in Helvetica (**links**) und Univers (**rechts**) zeigen den entscheidenden Unterschied zwischen beiden Schriften: Die Helvetica-Type hat gleich starke Striche, die Striche der Univers-Type haben tiefe Einschnitte, die den Farbverlauf beim Druckvorgang berücksichtigen.

M M

Extraleicht schmalmager	Extra schmalmager	Normal extraschmal	
Univers	Univers	Univers	

Schmalmager	Schmal	Schmalhalbfett	
Univer	Unive	Univ	
Univer	*Unive*	*Univ*	

Mager	Normal	Halbfett	Fett
Univ	Univ	Uni	Uni
Univ	*Univ*	*Uni*	*Uni*

Breit	Breithalbfett	Breitfett	Breit extrafett
Uni	Uni	Un	Un

Hält man ein bedrucktes Blatt Papier in der Hand, ist es meistens nicht möglich zu bestimmen, welche technischen Satz- und Druckverfahren diesem fertigen Ergebnis vorausgegangen sind. Aber für den Leser ist es wichtig, den Inhalt des gedruckten Textes, gleichgültig, ob es sich um ein Telefonbuch, eine Zeitung, eine Verpackung, eine Gebrauchsanweisung, ein Plakat oder was auch immer handelt, schnell erfassen und verstehen zu können. Um diese Grundanforderung guten Druckdesigns zu erfüllen, muß der Graphik-Designer eine genaue Kenntnis der verschiedenen Satz- und Drucktechniken haben.

Auswahl der Schrift

Entscheidend für die Auswahl der Schrift ist der Zweck, den sie erfüllen soll. Dazu müssen zwei notwendige Vorüberlegungen stattfinden: die Wahl der Schriftgröße und der Schrifttype.

Bei der Schriftgröße unterscheidet man drei Bedarfsgruppen: die Konsultationsgröße, die Lesegröße und die Schaugröße.

Konsultationsgrößen sind etwa 2,25 mm (6 p) bis 3,0 mm (8 p) groß. Diese werden für Texte benutzt, die eine kurze Information bieten, wie sie zum Beispiel in Telephonbüchern und Lexika vorkommt. Aber auch Marginalien, lebende Kolumnentitel und Fußnoten werden in diesen Schriftgrößen gesetzt.

Lesegrößen werden für laufende Texte, die gut lesbar sein sollen, wie zum Beispiel Bücher, Zeitungen, Prospekte verwendet. Hier liegt die geeignetste Buchstabengröße zwischen 3,375 mm (9 p) und 4,5 mm (12 p).

Schaugrößen sind Buchstabengrößen, die von etwa 5,25 mm (14 p) bis zu Schriften auf Plakaten u. ä. reichen. Diese Größen werden für Überschriften, Titel, Plattenhüllen, Bucheinbände und Plakate verwendet.

Abgesehen von der Größe der Schrift spielt auch die Gestaltung des einzelnen Buchstabens eine große Rolle für die Wirkung des Textes. Hier unterscheidet man grundsätzlich drei verschiedene Schrifttypen: Fraktur-, Antiqua- und Groteskschriften. Die Frakturschrift ist eine gebrochene, die Antiqua hingegen eine runde Schrift, die Serifen – feine Querstriche am Beginn und am Ende des Buchstabens – hat. Die Groteskschrift, auch »serifenlose Linear-Antiqua« genannt, ist eine sachliche Skelettschrift.

Eine weitere Möglichkeit, das jeweilige Schriftbild zu gestalten, ist die Wahl der Strichstärke. So gibt es eine Reihe unterschiedlicher Schriftstärken, von extraleicht schmalmager bis hin zu breit extrafett. Um einzelne Worte im Text hervorzuheben, gibt es verschiedene Möglichkeiten. So kann man in einem geradestehenden Text das betreffende Wort kursiv setzen, in einem kursiv gesetzten Text eine gleich große geradestehende Type verwenden, die gleiche Type fetter setzen oder sogenannte Kapitälchen, Großbuchstaben in der Größe von Kleinbuchstaben, verwenden.

Eine weitere Rolle bei der Gestaltung des endgültigen Schriftbildes spielen Zeilenform und Zeilenabstand. Bei der Zeilenform ist der Abstand zwischen den Buchstaben und den einzelnen Worten untereinander von großer Wichtigkeit. Wie weit oder eng diese Zwischenräume sind, hängt oft von der Gesamtform des Textes ab, d. h., ob er im Blocksatz-, rechts- oder linksbündigen Flattersatz oder im Flattersatz auf Mittelachse gesetzt werden soll. Für die Lesbarkeit eines Textes spielt auch der Abstand der einzelnen Zeilen voneinander eine wichtige Rolle.

Nach der Auswahl einer geeigneten Schrift muß der Designer die Druckvorlage vorbereiten. Es ist von Vorteil, wenn er mit der Materie der Vorlage gut vertraut ist, da dadurch viele Entscheidungen über typographisch sinnvolle Strukturen beeinflußt werden. Dazu gehören Größe und Anordnung der Überschriften, Untertitel, Verweise und Legenden und sogar zusätzliche Redigierungen, nachdem das Design festgelegt wurde.

Für den Designer ist es von beträchtlichem Vorteil, wenn der Text mit der Maschine in ungefähr derselben Zeilenlänge wie die endgültige Form getippt ist. Zudem trägt dieses Verfahren dazu bei, das Design einer oder mehrerer Seiten zu überprüfen, und erlaubt, genau abzuschätzen, wieviele Druckzeilen ein Manuskript ergeben wird.

Berechnen des Druckumfangs

Den Druckumfang eines Manuskriptes berechnet man, indem alle Zeichen, dazu gehören auch die Leerstellen, einer durchschnittlich langen Manuskriptzeile gezählt werden. Diese Zahl wird dann mit der durchschnittlichen Zeilenzahl pro Seite und der Anzahl der Manuskriptseiten multipliziert, so daß man die Anzahl der zu setzenden Zeichen erhält. Ist die Entscheidung für eine Schrifttype und eine Schriftgröße gefallen, lassen sich der endgültige Druckumfang ohne Schwierigkeit ermitteln und die Druckkosten berechnen. Viele Drucker und Setzereien haben Schriftmuster von verschiedenen Schriften und Größen, die dem Graphiker bei der Auswahl und bei der Berechnung des Druckumfangs nützlich sind. Es gibt auch Tabellen, die die Anzahl der Zeichen für eine bestimmte Zeilenlänge angeben, und Blätter mit Textbeispielen, die vereinfachte Abschätztabellen enthalten.

Im allgemeinen ist es aber nicht möglich, die Länge, die ein Manuskript im Satz ausmacht, genau zu bestimmen. Daher sollte man eine Fehlerrate von fünf bis zehn Prozent miteinplanen. Dieser Spielraum berücksichtigt kurze Zeilen, getrennte oder über den Rand geschriebene Wörter und Leerstellen durch Zeilensprung.

Blei-, Photo- und Lichtsatz

Man unterscheidet drei verschiedene Satzarten: Blei-, Photo- und Lichtsatz.

Der Bleisatz arbeitet mit einzelnen Bleibuchstaben, den sogenannten Lettern. Diese Lettern haben eine kubische Form und tragen auf ihrem Scheitel ein spiegelverkehrtes Buchstabenrelief (siehe Seite 181). Alle Lettern sind vom Fuß bis zur Schrifthöhe gleich hoch, etwa 25 mm, was sich durch die Höhe des Druckstocks ergibt. Alle Buchstaben-Lettern eines Alphabetes haben die gleiche Kegelgröße. Diese Abmessung nennt man den Schriftgrad, er gibt die Höhe einer typographischen Zeile an. Die Einheit für das typographische Maßsystem ist der Punkt (1 p = 0,376 mm), 12 p sind ein Cicero (4,5 mm). Wird also die Größe einer Schrift mit z. B. 8 p angegeben, so bezieht sich diese Angabe auf die Kegelstärke der Letter. Die

Dickte der Letter richtet sich nach der Breite des jeweiligen Buchstabens. Beim Handsatz werden die Lettern zeilenweise in einen Winkelhaken, mit dem man die Zeilenbreite einstellen kann, eingelegt. Zwischen die einzelnen Worte werden Wortspatien, dünne Ausschlußstücke, gelegt, die dafür sorgen, daß durch die Abstände der einzelnen Worte voneinander eine gerundete Zeile entsteht. Diesen Vorgang nennt man das Ausschließen einer Zeile. Sind alle Zeilen gesetzt, werden sie, nach Herstellung eines Korrekturabzuges, in die Druckform eingeschlossen. Dieses Blei-Handsatzverfahren war lange Zeit die einzige Satzmöglichkeit. 1885 erfand Ottmar Mergenthaler eine Zeilensetz- und Gießmaschine, die ein Magazin besitzt, in dem eine Anzahl von Matrizen, also Formen für den Guß von Drucktypen, für jeden Buchstaben vorhanden ist. Werden die Buchstabentasten der Maschine betätigt, ordnen sich die gewünschten Buchstabenmatrizen zu einer hervorstehenden Zeile. Von dieser Matrizenzeile kann nun ein Abguß gemacht werden, und anschließend ordnen sich die Matrizen wieder an ihrem Platz im Magazin ein. Aufgrund ihrer Eigenschaft, Zeilen zu liefern (line-of-type), nennt man diese Maschine Linotype. 1889 erfand der Amerikaner Tolbert Lanston die Monotype-Maschine. Im Gegensatz zur Linotype liefert sie einen aus einzelnen Lettern aufgebauten Satz. Beide Maschinen sind auf eine Schriftgröße von 14 Punkt für Buchschriften beschränkt.

Weil der Maschinensetzer die innere Spationierung der Zeichen nicht verändern kann, hat man fr einige Buchstabenkombinationen ausgeklinkte Lettern entwickelt. Ein ausgeklinkter Buchstabe ist einer, von dem ein Teil über den Buchstabenkörper herausragt und sich auf den Körper des nächsten Zeichens oder der anschließenden Leerstelle stützt. Ein gebräuchliches Beispiel ist der Kursivbuchstabe »*f*«. Beim Photosatz werden nicht wie beim Bleisatz Lettern verwendet, sondern Buchstabennegative, die, ähnlich wie mit einem Vergrößerungsapparat, mit Hilfe einer Lichtquelle und einem optischen System auf Photopapier oder Film projiziert werden. Man unterscheidet zwischen Photosatz-Geräten und Photosatz-Maschinen. Bei Photosatz-Geräten können die Wortabstände nicht automatisch, sondern nur manuell bestimmt werden. Mit einem Photo-Titelsetzgerät können Worte und Zeilen linear gesetzt werden. Mit einem Photo-Layoutsetzgerät lassen sich die typographischen Zeichen in allen möglichen Arten verzerren und verändern.

Photosatz-Maschinen arbeiten wie Photosatz-Geräte ebenfalls mit Photopapier und Film und dem Prinzip der photographischen Belichtung. Aber die Belichtungskapazität einer solchen Maschine beträgt bei manuell zu bedienenden Maschinen 6000 bis 12000 Belichtungen in der Stunde und bei Kathodenstrahl-(CRT-)Maschinen viele Millionen Belichtungen in der Stunde. Der Lichtsatz arbeitet nicht mehr mit der Technik der photographischen Bildübertragung mit Letternnegativen, sondern beruht auf dem Prinzip der Digitaltechnik. Die einzelnen Buchstaben- und Zeichenbilder werden in einem genau definierten Umfeld in ein feines, aus horizontalen und vertikalen Linien bestehendes Raster eingefaßt. Diese Tausende von Rasterpunkten (pixel: picture elements) werden dann von einem Kathodenstrahl oder Laserstrahl auf ihre Schwarzweißwerte hin abgetastet und in einen Computer eingegeben, der den Elektronen- oder Laserstrahl so steuert, daß sich der über Tastatur eingegebene Text in Sekundenschnelle aufbauen kann. Diese Lichtsatzmaschinen sind in der Lage, ungeheure Zeichenmengen in der Minute zu verarbeiten und zu produzieren.

Auszeichnen des Manuskriptes und Korrekturlesen

Im allgemeinen werden Manuskripte mit der Schreibmaschine geschrieben. Um teure Korrekturen beim Druck zu vermeiden, müssen folgende Regeln beachtet werden: Das Manuskript sollte einseitig auf DIN-A4-Blätter geschrieben sein, und jede Seite annähernd gleich viele Zeichen enthalten: Zeilenlänge und Zeilenzahl werden also festgelegt. Der Text sollte linksbündig geschrieben werden, zum oberen und unteren Rand etwa zwei und zum linken Papierrand etwa drei Zentimeter freien Raum für Satzanweisungen und Korrekturen haben. Jede Seite sollte deutlich sichtbar numeriert sein, später eingefügte Seiten (Einschaltblätter) werden ergänzend numeriert (28a, 28b usw). Der Autor oder Lektor sollte bereits hier auf eine einheitliche Schreibweise z. B. für Zahlwörter (Mio. oder Mill.), Wörter mit f oder ph (Fotografie oder Photographie), Zeichen (§ oder Paragraph, % oder Prozent), Angaben von Daten (23. Dezember 1947 oder 23. 12. 1947 oder 23. XII. 1947) usw. achten.

Beim Auszeichnen des Manuskriptes werden Satzanweisungen für den Setzer in das Manuskript eingefügt. So werden Absätze, Einschübe, kursiv, gesperrt oder fett zu setzende Worte gekennzeichnet. Im Photosatz muß auch der genaue Zeilenabstand, der Filmvorschub, angegeben werden. Die Setzer und Metteure, die den Text setzen oder umbrechen, arbeiten wahrscheinlich in verschiedenen Abteilungen der Druckerei; daher sollten Manuskript-Anweisungen sich auch wirklich auf das Manuskript beschränken und Layout-Anweisungen ebenso auf das Layout.

Beim Korrekturlesen wird der Manuskripttext genau mit dem ersten Abzug oder dem ersten Andruck des gesetzten Textes verglichen. Bei diesem ersten Abzug, den man Bürstenabzug nennt, ist der ganze Text kontinuierlich auf die richtige Zeilenlänge gesetzt.

Die technischen Mängel und Fehler, die beim Durchlesen des Textes entdeckt werden, markiert man mit den genormten Korrekturzeichen (siehe Seite 184). Nach dieser in der Setzerei stattfindenden Korrektur, die Hauskorrektur genannt wird, erhält der Autor ebenfalls eine Kopie des bereits korrigierten Satzes, die er dann abermals auf Fehler und Mängel durchsieht und wiederum mit Korrekturzeichen auszeichnet. Der zweite Abzug wird in Seitenform geliefert und sollte Abbildungen und Illustrationen enthalten.

Umbruch

Als Umbruch bezeichnet man die Zusammenstellung der einzelnen Seiten eines Buches, einer Zeitung usw. Der auf Fahnen in einer bestimmten Schrifttype, einer bestimmten Schriftgröße (Schriftgrad) und einer bestimmten Zeilenlänge abgesetzte Text wird zusammen mit den vorgesehenen Illustrationen und Abbildungen in den vorher festgelegten Satzspiegel eingepaßt. Sind Fußnoten und Marginalien vorhanden, werden sie – Fußnoten an den unteren Rand des Satzspiegels, Marginalien am Rand eines verengten Satzspiegels – eingefügt. Ebenso legt man die Abstände zwischen Überschriften und Text fest. Die Seitenzahlen, die auch Pagina oder toter Kolumnentitel genannt werden, befinden sich außerhalb des Satzspiegels. Beim Umbruch sollte man darauf achten, daß eine neue Seite nicht mit einer einzelnen Zeile, auf die eine Leerzeile oder ein neuer Abschnitt folgt, beginnt. Ebenso sollte die letzte Zeile einer Seite nicht der Anfang eines neuen Abschnittes sein. Beginnt ein neues Kapitel mit Kapitelüberschrift nahe am Seitenende, sollten wenigstens noch drei Zeilen auf der Seite Platz finden.

Montage

Nachdem die einzelnen Seiten durch den Umbruch genau festgelegt sind, werden sie in der Druckerei für den endgültigen Druckvorgang zusammenmontiert, was je nach Druckart unterschiedlich geschieht. Beim Bleisatz werden acht, zwölf oder sechzehn Seiten, die durch metallene Hilfsstücke voneinander getrennt sind, in einen stählernen Rahmen eingeschlossen. Beim Photosatz werden die Filme auf einem Leuchttisch montiert und der fertige Film dann auf eine Druckplatte übertragen.

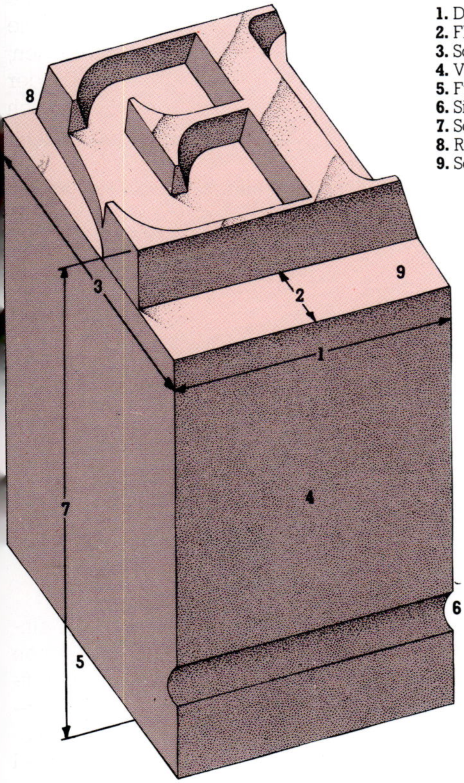

1. Dickte
2. Fleisch
3. Schriftkegel
4. Vorderseite
5. Fuß
6. Signatur
7. Schrifthöhe
8. Rücken
9. Schulterhöhe

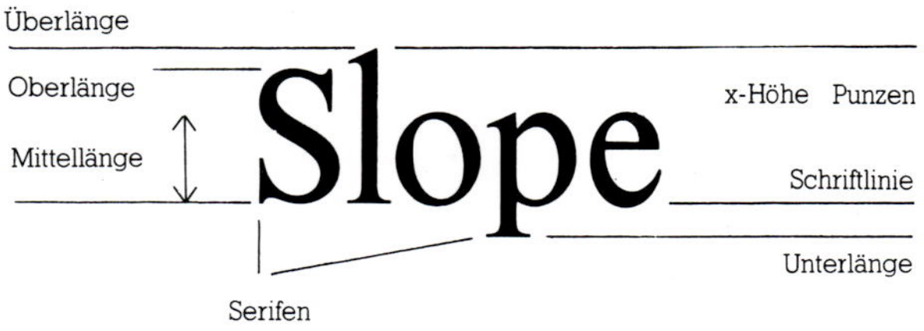

Univers	abcdefghijklmnopqrstuvwxyz
Times	abcdefghijklmnopqrstuvwxyz
Plantin	abcdefghijklmnopqrstuvwxyz
Gill Sans	abcdefghijklmnopqrstuvwxyz

Ein Bleibuchstabe für den manuellen Satz hat ganz genaue Maße. Die sogenannte Letter hat eine kubische Form; auf dem Scheitel befindet sich spiegelverkehrt ein Buchstabenrelief. Jede Schriftgröße muß einen eigenen Letternvorrat haben.

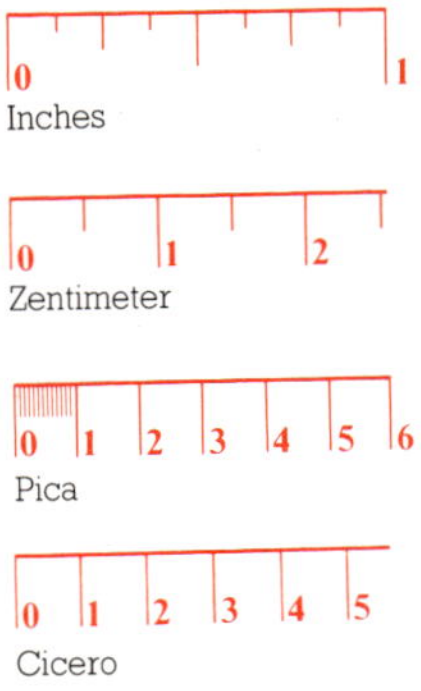

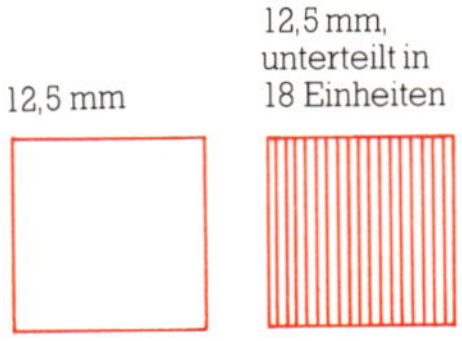

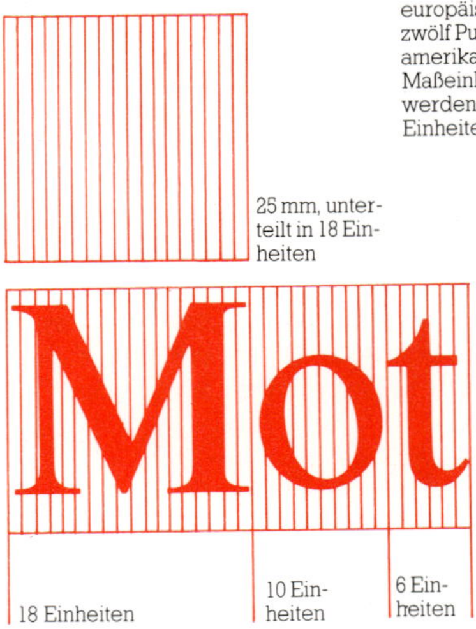

Typographische Maßeinheiten Bis ins 18. Jh. gab es kein allgemeinverbindliches Schriftmaß. Der Franzose Pierre Fournier war der erste, der den typographischen Punkt einführte. Dieses Prinzip wurde vom Franzosen Firmin Didot übernommen und zum Standardmaß weiterentwickelt. England und Amerika übernahmen ein anderes System. Im europäischen Punktsystem bilden zwölf Punkt eine Cicero, im angloamerikanischen System heißt diese Maßeinheit Pica. Im Photosatz (**links**) werden die einzelnen Buchstaben in Einheiten gegliedert.

Photon
ABCDEFGHIJKLMNOPQRSTUVWX
abcdefghijklmnopqrstuvwxyz
1234567890 (£$.,–‘’!?* 1/2 3/4 7/8 3/8 1/8 5/8 1/4 —[]=†/

APS 4
ABCDEFGHIJKLMNOPQRSTUVWX
abcdefghijklmnopqrstuvwxyz
1234567890 £$.,-‘’:;!?* 1/8 3/8 5/8 7/8 1/4 1/2 3/4 1/3 2/3 1/6 5/6 1/5 2/5 3/5 4/5

Monophoto 2000
ABCDEFGHIJKLMNOPQRSTUVWXY
abcdefghijklmnopqrstuvwxyz
1234567890(£$.,-‘’:;!?* 1/4 1/2 3/4 —[]=†/+%&â

Bobst Eurocast
ABCDEFGHIJKLMNOPQRSTUVWX
abcdefghijklmnopqrstuvwxyz
1234567890`ßıêûâéèàùöäüœç

Linotron 202
ABCDEFGHIJKLMNOPQRSTUVWX
abcdefghijklmnopqrstuvwxyz
1234567890 .,:;?!()-`‵—–[]/· /æœŒ Æ†

Linocomp
ABCDEFGHIJKLMNOPQRSTUV
abcdefghijklmnopqrstuvwxyz fifl
1234567890£$.,:;‘’!?*—[]†/+%@

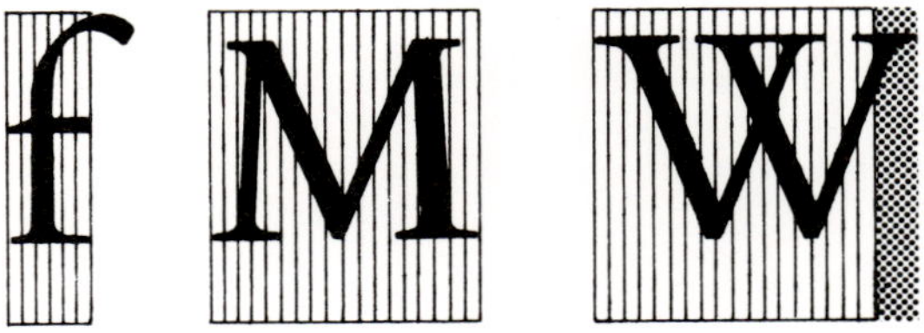

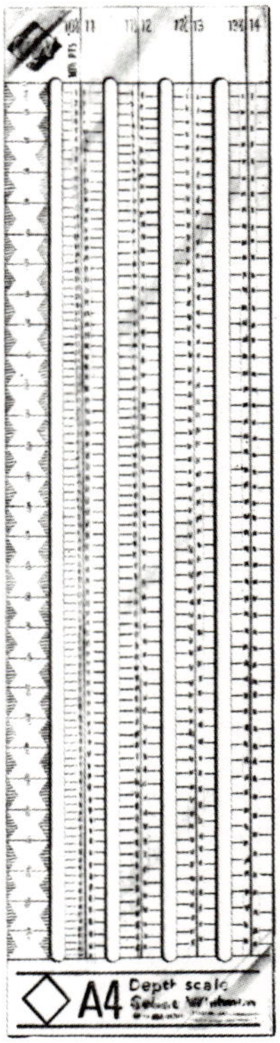

Feinlinie

1 Punkt Linie

1½ Punkt Linie

3 Punkt Linie

6 Punkt Linie

3 Punkt fettfeine Linie

3 Punkt Doppellinie

Unterbrochen

Fein punktierte Linie

Grob punktierte Linie

Photosatzeinheiten Diese drei Buchstaben (**oben**) sind in Photosatzeinheiten gegliedert. Das »M« hat 18 Einheiten, »f« und »W« sind in zu kleine Einheiten eingepaßt. Die Alphabete (**ganz links**) sind jeweils mit verschiedenen Setzmaschinen gesetzt. Das Typometer (**links**) ist mit Einheiten von 6 bis 14 Punkt und einer Skala für Schreibmaschinenzeilen versehen. Linien (**oben**) sind gerade, gedruckte Striche, die sich in ihrer Dicke beträchtlich voneinander unterscheiden können.

Man unterscheidet grundsätzlich zwei verschiedene Schrifttypen: die Antiqua-Schriften und die Grotesk-Schriften. Antiqua-Schriften haben an jedem einzelnen Buchstaben Begrenzungs- und Ansatzstriche, die Serifen. Grotesk-Schriften hingegen besitzen keine Serifen. Beide Schriften werden sowohl für fortlaufenden Text als auch für Titel und Überschriften benutzt.

Blocksatz

Man unterscheidet grundsätzlich zwei verschiedene Schrifttypen: die Antiqua-Schriften und die Grotesk-Schriften. Antiqua-Schriften haben an jedem einzelnen Buchstaben Begrenzungs- und Ansatzstriche, die Serifen. Grotesk-Schriften hingegen besitzen keine Serifen. Beide Schriften werden sowohl für fortlaufenden Text als auch für Titel und Überschriften benutzt.

Flattersatz linksbündig

Man unterscheidet grundsätzlich zwei verschiedene Schrifttypen: die Antiqua-Schriften und die Grotesk-Schriften. Antiqua-Schriften haben an jedem einzelnen Buchstaben Begrenzungs- und Ansatzstriche, die Serifen. Grotesk-Schriften hingegen besitzen keine Serifen. Beide Schriften werden sowohl für fortlaufenden Text als auch für Titel und Überschriften benutzt.

Flattersatz rechtsbündig

Man unterscheidet grundsätzlich zwei verschiedene Schrifttypen: die Antiqua-Schriften und die Grotesk-Schriften. Antiqua-Schriften haben an jedem einzelnen Buchstaben Begrenzungs- und Ansatzstriche, die Serifen. Grotesk-Schriften hingegen besitzen keine Serifen. Beide Schriften werden sowohl für fortlaufenden Text als auch für Titel und Überschriften benutzt.

Flattersatz auf Mittelachse

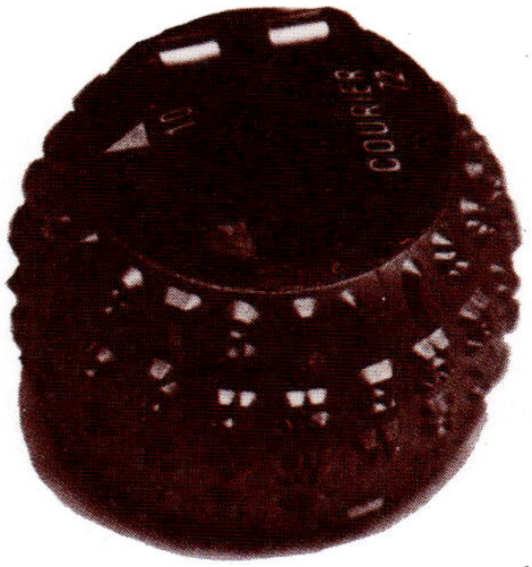

Ausschließen Sollen die Zeilen eines fortlaufenden Textes gleichlang sein, kann der Setzer die Wörter ausschließen oder gleichmäßig spationieren. Müssen die Zeilen nicht gleich lang sein, kann der Text im Flattersatz linksbündig, rechtsbündig oder mittig gesetzt werden (**links**). Einige moderne Schreibmaschinen mit auswechselbaren Schriften sind in der Lage, Texte zu setzen und links- oder rechtsbündig auszuschließen.

Berechnung des Druckumfangs

Um den Druckumfang einer Schreibmaschinenvorlage zu berechnen, werden zunächst die Zeichen von fünf Zeilen gezählt und danach durch die Zahl der Zeilen geteilt. So erhält man die durchschnittliche Anzahl von Buchstaben pro Zeile. Diese wird erst mit der Anzahl von Zeilen pro Seite und dann der Seitenzahl multipliziert. Das Ergebnis ist relativ genau (mit Schwankungen von etwa 5 %) die Gesamtzahl aller getippten Buchstaben.

Im zweiten Arbeitsschritt verfährt man mit einer Vorlage in der richtigen Größe der ausgewählten Schrift genauso: Auszählen der Buchstaben in fünf Zeilen und das Ergebnis durch Zeilenanzahl teilen. Wenn man nun die Gesamtzahl der getippten Buchstaben durch die zuletzt errechnete Zahl dividiert, erhält man die Gesamtzahl aller Druckzeilen (Schwankungen entsprechend). Unter der Voraussetzung, daß alle Seiten des Buches ausschließlich mit Schrift bedruckt werden, kann man nun auch noch die Anzahl aller Druckzeilen durch die Zahl der Zeilen pro Druckseite dividieren (abhängig von Zeilendurchschuß und Satzspiegel), um so die Seitenzahl des Druckwerks zu bestimmen.

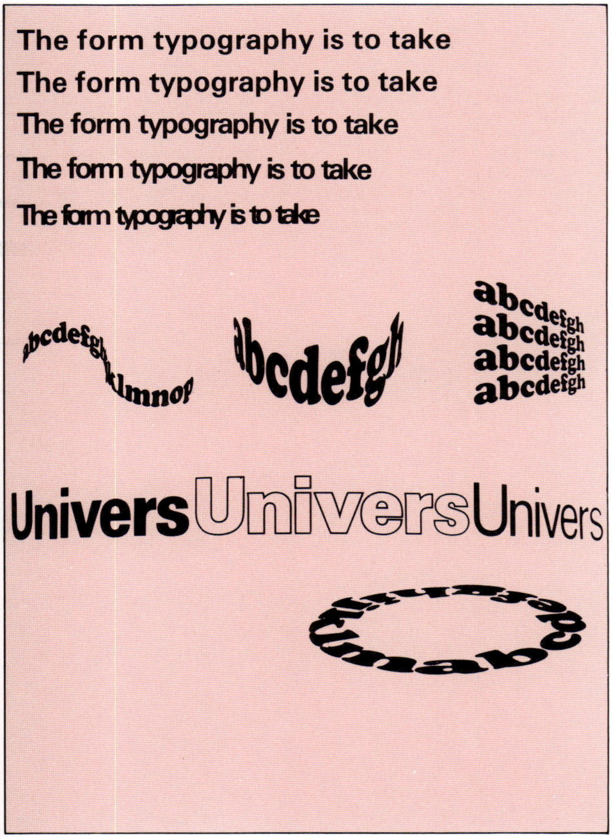

Einige Veränderungsmöglichkeiten von Schrift: Verschiedene Spationierungen, verzerrte Projektionen und Outline-Schrift.

Korrekturzeichen

Bedeutung	*Textänderung*	*Randzeichen*
Andere Schrift	Feder und Tusche	— hlbfett ~~ Kursiv
Beschädigter Buchstabe	Feder und Tusche	| T
Fälschlich aus anderer Schrift gesetzt (Zwiebelfisch)	Feder und Tusche	7 u
Unreine Buchstaben	Feder und Tusche	◡ ◡
Verkehrt oder quer stehender Buchstabe	Feder und Tusche	| V
Falsche Buchstaben	Feder und Tusche	Ued 7u Lh
Mehrfach derselbe Fehler	Feder und Tusche	L L L e
Ligatur verlangt	Schiff	|| ff
Falsche Wörter	Feder und Tusche	H und
Fehlende Buchstaben	Feder und Tusche	Γ Tu
Fehlendes Wort	Feder Tusche	|| und
Fehlende Satzzeichen	Feder und Tusche	7 e!
Überflüssige Buchstaben oder Wörter	Fedder und und Tusche	Γ ß H ß
Verstellte Buchstaben oder Wörter	Fdeer Tusche und	⊓ed ⊓⊔
Sperrung und Aufhebung der Sperrung	Feder u n d Tusche	++++++ ~~
Zu enge oder zu weite Zwischenräume	Feder und Tusche	⌐ ⇕
Zwischenraum soll wegfallen	Feder und Tu sche	⌢⌣
Buchstaben halten nicht Linie	Feder und Tusche	= =

Bedeutung	*Textänderung*	*Randzeichen*
Fehlender oder zu großer Durchschuß	Feder und Tusche	
Neuer Absatz	Feder und Tusche	⌐
Absatz soll wegfallen	Feder und Tusche	∽
Falsche Einrückung	Feder und Tusche	⊢
Vergessener Einzug	Feder und Tusche	⊏
Aus Versehen falsch korrigiert	Feder ~~und~~ Tusche	~~Hauf~~

Korrekturlesen Beim Korrekturlesen müssen die Standardzeichen verwendet werden (Tabelle **links**), um Unklarheiten und kostspielige Nachkorrekturen zu vermeiden. Die Korrekturen müssen am Rand und im Text markiert und angegeben werden, damit der Setzer die Anweisungen eindeutig verstehen kann. Bei der Korrektur sollte man auch auf beschädigte Typen und Ausschlußfehler achten. Dieser Entwurf (**unten**) ist mit Angabe der Schrifttype, des Schriftgrades und weiteren Designmaßen für den Setzer ausgezeichnet.

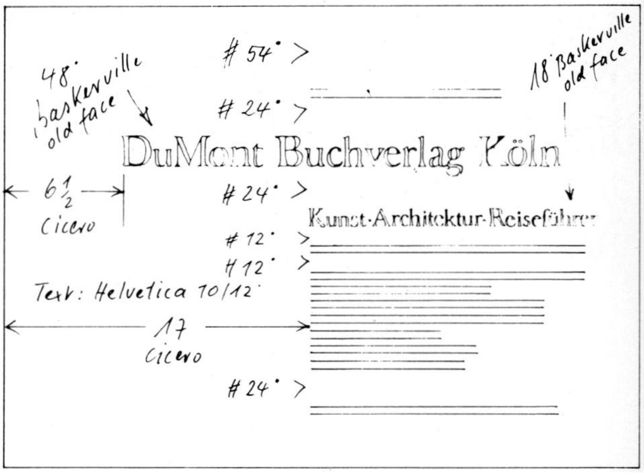

21

Design-Techniken

Organisationsablauf: Vorgespräch, Entwürfe, Kosten- und Zeitplan, Text bestellen, Photos, Illustrationen. **Arbeitsablauf:** Endgültige Textbearbeitung, Auswahl der Photos, Illustrationen vorbereiten, Bilder formatieren und auszeichnen, Farbkorrektur, Umbruch und Montage, Buchproduktion, Umbruch und Binden, Schutzumschläge.

21 Design Organisationsablauf

Bei Zeitungen, Büchern, Anzeigen u. ä. ist es die Aufgabe des Designers, Information in der optisch deutlichsten Form zu vermitteln. Dabei muß er sowohl die Interessen des Auftraggebers als auch die Zielgruppe, also die Leser dieser bestimmten Information, berücksichtigen. Um von der ersten Skizze bis hin zum gedruckten Ergebnis zu gelangen, sind immer bestimmte, aufeinander folgende und aufbauende Arbeitsprozesse notwendig.

Vorgespräch Der allererste Schritt in einer Reihe von Organisationsabläufen bis hin zum fertigen Design ist für den Designer das Vorgespräch mit seinem Auftraggeber. Der Auftraggeber kann der Art Director einer Werbeagentur oder einer Zeitschrift sein, die Werbeabteilung eines Verlages, einer Firma oder ein Privatmann etc. Bei diesem ersten Gespräch müssen die Information und die Idee, die das Design vermitteln soll, der ungefähre Kostenumfang und der Termin, an dem das Design fertig sein soll, besprochen werden. Dabei wird dem Designer entweder eine Gesamtsumme genannt, die er nach seinem Ermessen aufteilt, oder ein Budget, in dem jeder Posten beziffert ist. Manchmal bittet man den Designer um eigene Vorschläge. Besonders für freiberufliche Designer ist es wichtig, daß das Budget eine realistische Veranschlagung seiner eigenen Arbeitszeit enthält. Hat man einem Budget erst einmal zugestimmt, muß man sich daran halten. Weiterhin sollte auch geklärt werden, ob bereits eine bestimmte Klischeeanstalt, ein bestimmter Drucker, ein bestimmter Photograph etc. vorgesehen sind oder ob der Designer sich selbst um die Verteilung dieser Arbeitsfelder kümmern soll. Je genauer die Fragen des Designers bei diesem ersten Vorgespräch sind, um so besser wird er entscheiden können, ob er in der Lage ist, den Auftrag anzunehmen und innerhalb der vorgegebenen Parameter zu erfüllen. Man sollte sich während des Gespräches Notizen machen und nach dem Gespräch ein kurzes Protokoll mit den wichtigen Informationen und Absprachen anfertigen.

Immer wieder muß der Designer darauf achten, daß in allen Punkten Klarheit herrscht, damit man vertrauensvoll zum nächsten Stadium fortschreiten kann. Wird zum Beispiel Text verwendet, muß er herausfinden, wer ihn liefert und wann. Werden keine Fragen gestellt, treten wahrscheinlich Probleme auf. Es ist hilfreich, vorher eine Fragenliste aufzustellen; solch ein Vorgehen bereitet den Designer geistig vor und läßt Zweifelhaftes erkennen – und vor allem: Der Klient hat wahrscheinlich kein Vertrauen zu einem Designer, der nicht zur richtigen Zeit die richtigen Fragen stellt.

Zum ersten Vorgespräch sollte der Designer eine Auswahl seiner bisherigen Arbeiten mitbringen, damit der Auftraggeber einen Eindruck vom Stil seiner Arbeit erhält. Oft ist es für den Auftraggeber hilfreich, anhand bereits fertiger Arbeiten seine Vorstellungen zu präzisieren.

Dem Designer steht es frei, einen Auftrag abzulehnen oder anzunehmen. Aber bei einer Entscheidung für den Auftrag muß sich der Klient darauf verlassen, daß der Designer den Auftrag verantwortungsbewußt und zuverlässig erfüllt.

Entwürfe Nach dem Vorgespräch fertigt der Designer Entwürfe an. Ein Entwurf kann alles sein von einer Skizze, die lediglich eine Idee umreißt, bis hin zur fertigen Reinzeichnung. Den ersten Entwürfen muß die Überlegung des Designers vorausgehen, wie er das ihm gegebene Material wirkungsvoll und dem Auftrag gemäß präsentieren soll. Dabei hat er drei Möglichkeiten: eine rein typographische Präsentation, eine vom Bild bestimmte Lösung und eine Kombination beider Möglichkeiten: Schrift und Bild in ausgewogener Balance neben- und miteinander. Nachdem er sich für eine dieser drei Möglichkeiten entschieden hat, muß er seine Idee so skizzieren, daß der Auftraggeber sich eine recht genaue Vorstellung vom Endprodukt machen kann. Bei der typographischen Lösung sollte er anhand der Skizze zeigen, welche Worte oder Sätze etc. durch Versalien, fette Schriften und andere Betonungsmöglichkeiten wie Farbe, Umrandung etc. hervorgehoben werden sollen, ob laufender Text ein- oder mehrspaltig wiederzugeben ist. Bei einer Idee, die vorrangig Bilder verwendet, sollte der Designer eine recht klare Vorstellung von den abzubildenden Photos oder Illustrationen haben und sie, wenn nicht bereits fertige Photos vorhanden sind, zeichnerisch in seinem Entwurf skizzieren. Bei der Kombinationslösung muß der Designer in seinen ersten Entwurfs-Vorschlägen die Verteilung von Bild und Text, Inhalt der Bilder und Aussehen des Textes skizzenhaft präsentieren.

Aber schon in diesem Stadium ist es wichtig, wenn es sich bei dem Auftrag um die Gestaltung von Büchern, Broschüren u. ä. handelt, an die Einheitlichkeit des Gesamterscheinungsbildes zu denken. Der Designer sollte also ein Gestaltungsraster entwerfen, das von Seite zu Seite einen Rahmen für den jeweiligen optischen Inhalt bietet.

Ein Gestaltungsraster enthält Spaltenbreiten, Abbildungs-Bereiche, Bundstege, Ränder, Spaltenlängen, Falze, Schriftgrößen u. ä. Es bietet von Seite zu Seite einen Rahmen für den jeweiligen optischen Inhalt, so daß die Einheitlichkeit des Buches oder der Broschüre gewährleistet wird. Neben dem Designer verwenden auch Lektoren, Illustratoren, Photographen und Drucker dieses Raster, daher ist es wichtig, daß seine Informationen vollständig sind. Der Designer darf sich vom Gestaltungsraster allerdings nicht einschüchtern lassen – einige seiner Vorschriften kann man außer acht lassen, wenn eine Idee es erfordert.

Ob ein Raster gedruckt wird oder nicht, hängt also von der Seitenzahl des Objekts und dem Druckverfahren ab; es muß aber immer exakt sein.

Wird das Raster gedruckt, bereitet man am besten zwei Versionen vor: eine auf Karton und eine auf Transparentpapier. Der Karton läßt sich für Montagen und kamerafertige Abzüge verwenden, das Transparentpapier dient zum Durchpausen oder Überprüfen der Position der Illustrationen.

Die ersten Vor- und Entwurfsskizzen werden wahrscheinlich einige Veränderungen erfahren; der Designer sollte sich darüber im klaren sein, daß sie zwar schon eine Festlegung bedeuten, aber sicher auch als Diskussionsgrundlage für den Auftraggeber fungieren sollen. Deshalb muß der Designer bereit sein, diesem Entwurfsstadium einige Zeit zu widmen. Dabei muß ihm aber ständig die Kosten-Zeit-Relation bewußt bleiben.

Ist eine Einigung über das Design erzielt worden, fertigt der Designer einen weiteren Entwurf an, der der Endfassung ähnlicher ist. Auch hier müssen die Abbildungen noch nicht genau sein, aber Art, Größe und Farbe der Bilder müssen definiert sein, und man sollte Arbeitsbeispiele des Photographen oder Illustrators zum Gespräch mitbringen, um eine Vorstellung vom Stil des fertigen Designs zu präzisieren. In diesem Stadium sollte auch die Entscheidung über Schrifttypen und Schriftgrade etc. fallen und ein verbindliches Gestaltungsraster erarbeitet werden, in dem Spaltenbreiten, Spaltenlängen, Abbildungsflächen etc. festgelegt werden können.

Der letzte Entwurfsschritt ist die endgültige Reinzeichnung, also die Montage oder bei der Buchproduktion der Umbruch.

In allen Entwurfsstadien muß sich der Designer die Frage stellen, wie er das Material auf neue Weise präsentiert. Die Antwort hängt natürlich von seiner Phantasie ab. Design ist die Kunst der visuellen Kommunikation, und die beste Methode, Aufmerksamkeit und Interesse zu erregen, basiert immer noch auf einer gut ausgeführten, neuen Idee. Neuheit ist dabei nicht der einzige, aber einer der wichtigsten Faktoren; sie gerät aber leicht ins Hintertreffen, wenn das Konzept nicht richtig durchdacht ist oder schlecht umgesetzt wird.

Kosten- und Zeitplan Wenn der Designer Kostenvoranschläge für den Druck einholen soll, muß er den genauen Druckumfang des Auftrages kennen. Je nach Größe und Kompliziertheit des Auftrages wird der Designer sich an eine große oder kleine Druckerei wenden. Und wenn noch nicht darüber entschieden worden ist, muß der Designer bestimmen, wie der Auftrag in technischer Hinsicht ausgeführt werden soll. So muß er entscheiden, ob Satz und Klischees besser von ein und derselben Firma hergestellt werden sollen oder von zwei verschiedenen. Bei Büchern und Zeitschriften ist es üblich, die Abbildung zur Film- und Farbauszug-Erstellung in eine Repro-Anstalt zu schicken. Der Designer muß nun die Art des Druckverfahrens festlegen und angeben, ob er eine reprofähige Endmontage abliefern wird oder einen Umbruch, der dann in der Druckerei endgültig montiert werden muß.

Um einen genauen Kostenvoranschlag vom Drucker zu erhalten, sollte man für komplizierte Entwürfe ein recht detailliertes Layout vorlegen, für einfachere Druckangelegenheiten reicht eine maschinenschriftliche Spezifizierung.

Man sollte, um einen Preisvergleich zu haben, mindestens drei Drucker um einen Kostenvoranschlag bitten, aber bei der Auswahl vor allen Dingen auf Druckqualität und Zuverlässigkeit achten. So ist es wichtig, daß sich der Drucker an den von ihm kalkulierten Zeitplan hält, um ein reibungsloses Funktionieren der Arbeit nicht zu gefährden.

Text bestellen Im allgemeinen erhält der Designer den bereits vorgegebenen Text vom Lektor oder dem Art Director. Zuweilen kann es aber vorkommen, daß der Designer die Textmenge bestimmt. Dann ist es seine Aufgabe, dem Texter oder dem Autor über den Lektor die Anzahl der Zeilen und der Zeichen pro Zeile anzugeben; so kann der Autor oder Texter den Text auf Umbruch schreiben.

Ist ein Text in seiner Länge vorgegeben und kann auf keinen Fall gekürzt oder verlängert werden, stellt er einen entscheidenden Designfaktor dar, der nur noch in seiner Form, aber nicht in seinem Umfang gestaltbar ist. Anderenfalls sollten Designer und Lektor oder Texter zusammenarbeiten und sich miteinander absprechen, so daß Textinformation und graphisches Design eine befriedigende Einheit bilden können.

Photos Werden Photos für ein Design benötigt, kann man sie entweder von Bildagenturen, Museen oder anderen Archiven beziehen oder einen Photographen beauftragen, Photos speziell für diese Design-Arbeit herzustellen.

Sollen bereits vorhandene Photos beschafft werden, ist das die Aufgabe eines Bildrechercheurs, der Quellen sucht und eine Vorauswahl trifft. Der Bildrechercheur erhält vom Designer oder Lektor eine Bildliste, auf der die gesuchten Motive und die Anzahl der Bilder angegeben sind. Außerdem sollte vermerkt sein, ob die Bilder schwarzweiß oder farbig sein sollen und wieviel sie kosten dürfen. Vor allem muß dem Rechercheur mitgeteilt werden, wieviel Zeit ihm für die Bildbeschaffung zur Verfügung steht. Dies gilt insbesondere für Verhandlungen mit dem Ausland.

Museen haben entweder ein Negativ-Archiv – sie verkaufen in diesem Fall einen Abzug –, oder sie geben das Photo in ihrer Photoabteilung in Auftrag. Bildagenturen liefern oft Duplikate des Original-Dias; in diesem Fall muß man unbedingt auf die Schärfe und Farbgenauigkeit achten, da die Qualität bei Duplikaten oft nicht so gut ist wie beim Original.

Gleichermaßen wichtig ist es, vor Abdruck eines Photos genaue Informationen über die jeweiligen Bildrechte zu haben. Derjenige, der das Bild zur Verfügung stellt oder es verkauft, sollte darüber informiert werden, in welcher Größe, Form und in welchem Land es veröffentlicht wird. Anhand dieser Informationen kann er seine Tantiemen berechnen.

Tantiemen sind bei Erscheinen zahlbar. Manchmal wird darum gebeten, vor Erscheinen des Buches Probedrucke zu schicken. Mit ausgeliehenen Photos sollte man tunlichst achtsam umgehen, da Erstattungskosten recht hoch sein können. Außerdem sollte man geliehene Bilder so bald wie möglich zurücksenden, da die sonst auftretenden Leihgebühren einen weiteren Kostenfaktor darstellen.

Wird ein Photo bei einem Photographen in Auftrag gegeben, muß dieser sorgfältig ausgewählt werden. Fast jeder Photograph hat ein besonderes Gebiet, auf das er spezialisiert ist. So gibt es Photographen für Mode, Landschaft, Architektur, Stilleben, Porzellan-, Silber- und Glasaufnahmen, Nahrungsmittel und Sachaufnahmen, die größere Studios verlangen, um z. B. Autos etc. aufnehmen zu können. Viele Photographen haben darüber hinaus noch einen individuellen Stil, und manche sind sogar auf bestimmte Formate spezialisiert. Nachdem man sich für einen Photographen entschieden hat, muß der Auftrag genau mit ihm besprochen werden. Dabei sollte der Designer die Bildidee bereits gut ausgearbeitet haben, um Anzahl, Format, Größe, Atmosphäre, Stimmung und Art (schwarzweiß oder farbig) der Bilder angeben zu können. Anhand dieser Angaben kann der Photograph seine Kosten und die Zeit, die er für die Aufnahmen braucht, kalkulieren.

Normalerweise rechnen Photographen ihre Honorare tageweise ab. Hinzu kommen die Kosten für Filme und Entwicklung, für Modelle, einen Requisiteur und die Requisiten. Werden die Photos außerhalb des Studios des Photographen gemacht, können Reisekosten und Mieten für andere Schauplätze hinzukommen. Oftmals ist es gut, wenn der Designer bei den Aufnahmen dabei ist, damit das Ergebnis auch wirklich seinen Vorstellungen entspricht. Außer bei großen Formaten erstellt der Photograph normalerweise verschiedene Versionen desselben Motivs, wobei er Belichtung, Beleuchtung und zuweilen den Blickwinkel verändert. So hat der Designer die Möglichkeit, aus einem größeren Angebot das passende Photo auszuwählen.

Illustrationen Wie auch die Photographen sind die meisten Illustratoren auf einen bestimmten Stil oder ein bestimmtes Thema spezialisiert. Ist der Illustrator entsprechend den Anforderungen des Designs – naturalistischer, dekorativer oder Diagrammstil, farbige oder Schwarzweißzeichnung – ausgewählt worden, sollten die Kosten und der Zeitplan besprochen werden. Illustratoren berechnen ihre Arbeit nach Stundensätzen, die im allgemeinen recht hoch sind. Sollte der Designer die Arbeit des Illustrators oder eine seiner Zeichnungen nicht verwenden können, muß ein Ausfallhonorar, das vor Auftragserteilung ausgehandelt werden sollte, gezahlt werden.

Illustrationen werden oft in einem größeren Format, als es für den Druck erforderlich ist, angelegt – gewöhnlich anderthalb- oder zweimal so groß. Werden mehrere Illustrationen angefertigt, sollte dabei einheitlich verfahren werden, um die Weiterverarbeitungskosten möglichst gering zu halten. Zuweilen werden Zeichnungen auch kleiner als das endgültige Druckformat angefertigt, so z. B. wenn eine Betonung der Bleistiftstruktur beabsichtigt ist, was durch eine nachträgliche Vergrößerung der Zeichnung möglich ist.

Bevor der Designer dem Illustrator grünes Licht gibt, sollte er einen Bleistiftentwurf zu sehen bekommen. Die endgültige Version wird auf Zeichenkarton oder Papier angelegt, Papier ist vorzuziehen, da es wegen seiner Flexibilität leichter zu reproduzieren ist.

Gleichermaßen wichtig ist es, eine genaue Absprache über die Besitzrechte an der Zeichnung zu treffen. Wenn der Kunde die Zeichnung nicht kauft, bleibt sie im Besitz des Illustrators, ebenso die Urheberrechte. Wird die Arbeit mehrmals verwendet, müssen neue Vereinbarungen getroffen werden.

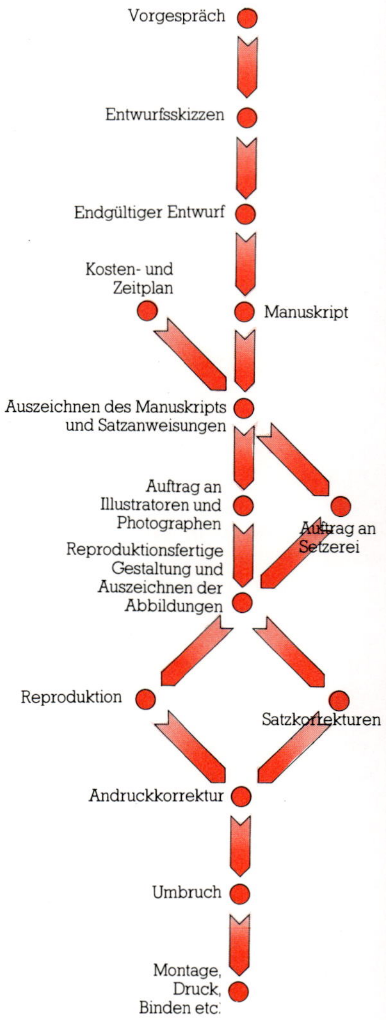

Arbeitsablauf Dieses Flußdiagramm (**oben**) verdeutlicht die einzelnen Produktionsstadien bei der Design-Arbeit. Nach dem Vorgespräch mit dem Kunden entwirft der Designer Skizzen, die er dann dem Kunden vorlegt. Nach der Entscheidung für den endgültigen Entwurf wird ein Kosten-Zeit-Plan erstellt, und die Texte werden in Auftrag gegeben. Der Designer wählt eine Schrifttype aus und zeichnet den Text aus, bevor er ihn an den Setzer schickt. Nun bestellt er Photos oder Illustrationen, die zur Klischeeanstalt geschickt werden. Nach allen Korrekturen wird das Design montiert und die Montage zum Drucker geschickt.

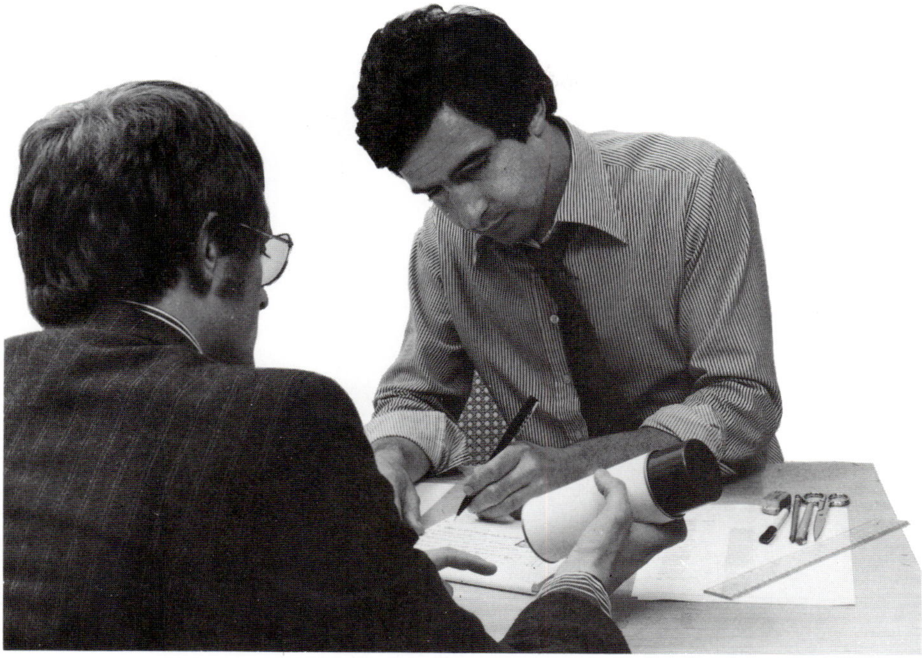

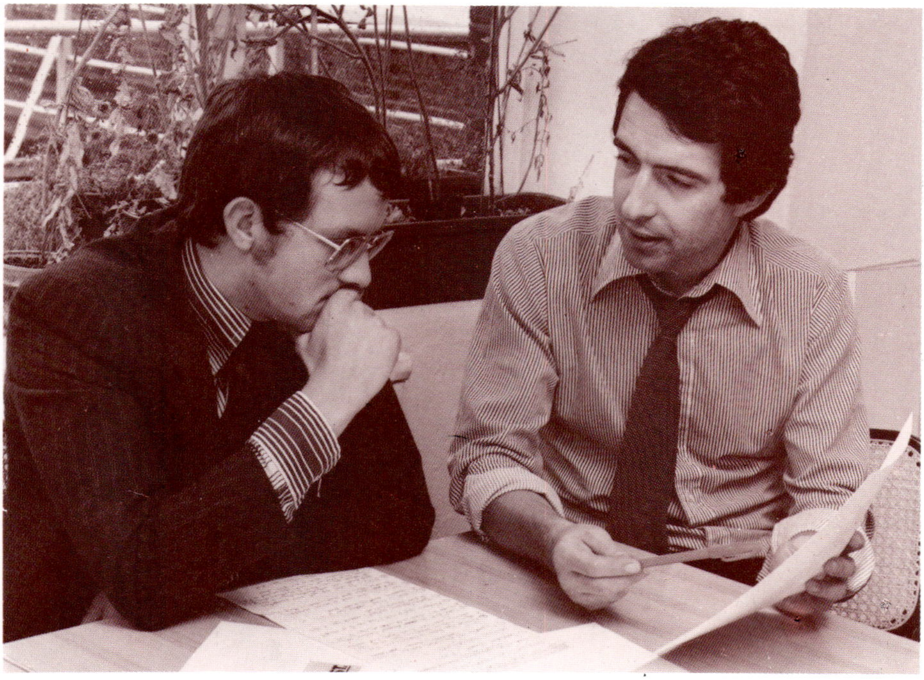

Vorgespräch Beim ersten Treffen besprechen der Designer und der Auftraggeber das Gesamtbild, den Zeitplan und das Budget des Projektes. Anhand dieser Information muß der Designer die Entscheidung treffen, ob er den Auftrag annehmen kann oder nicht. Wenn ja, sollte er alles, was zur Sprache kommt, sorgfältig notieren und selbst in der Lage sein, durch Fragen genaue Auskunft zu erhalten.

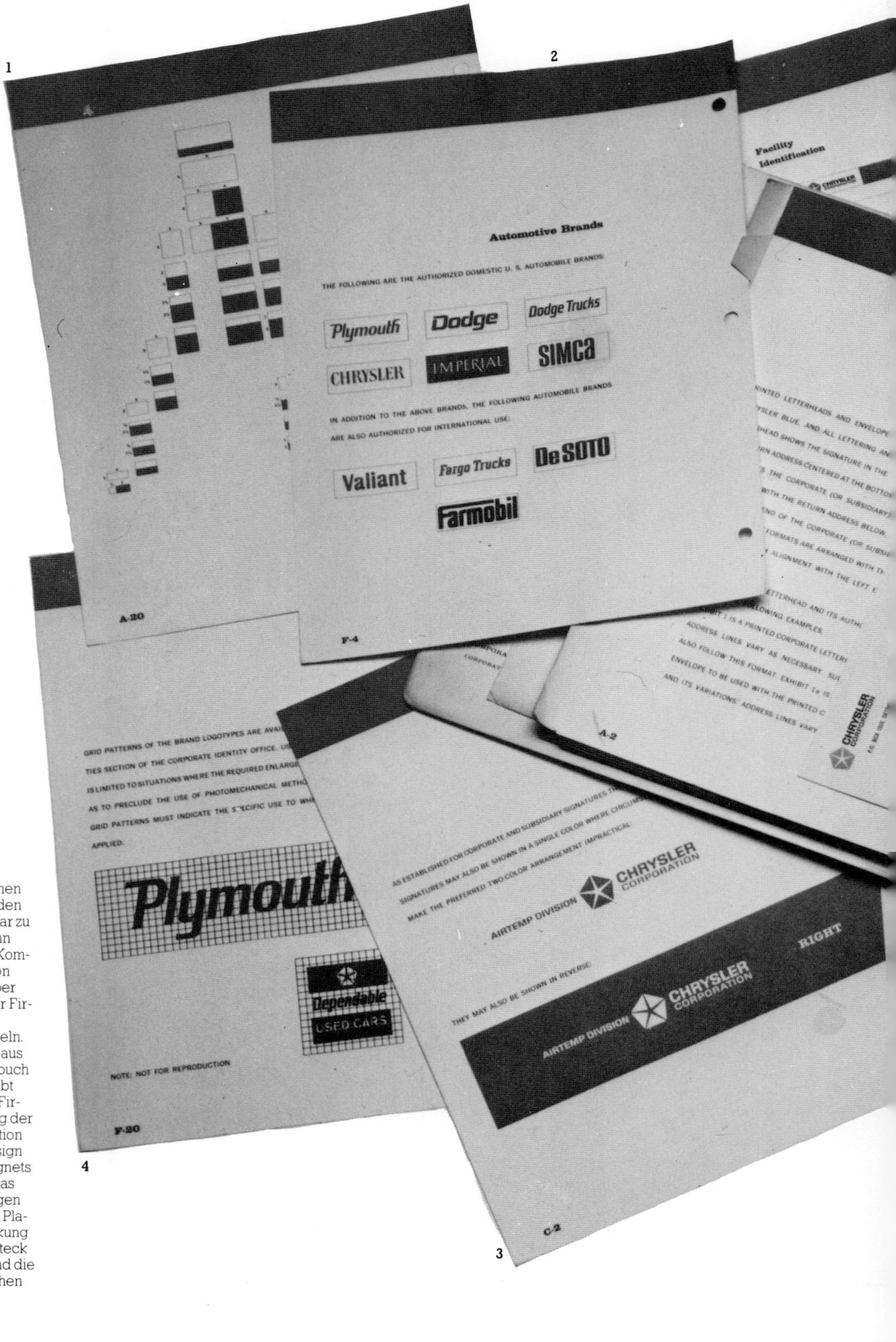

Firmenimage Die meisten Firmen legen Wert darauf, für den Kunden auch optisch sofort identifizierbar zu sein. Dieses Kunden-Image kann sich aus vielen verschiedenen Komponenten zusammensetzen – von einem Signet auf Briefpapier über die Farbe oder Beschriftung der Firmenwagen bis hin zu speziell bedruckten Streichholzschachteln. Unser Beispiel (**rechts**) stammt aus einem 1962 produzierten Handbuch der Chrysler Corporation. Es gibt Aufschluß über die Details des Firmenimages, von der Lackierung der Lastwagen bis hin zur Spezifikation bestimmter Briefköpfe: das Design von Sekundärsignets (**1**), die Signets verschiedener Autotypen (**2**), das Design für bestimmte Abteilungen (**3**), Raster für Typensignets (**4**), Plakatwände (**5**), Ersatzteilverpackung (**6**), das Design für Kantinenbesteck (**7**), das Lastwagendesign (**8**) und die falschen Arten, das Firmenzeichen wiederzugeben (**9**).

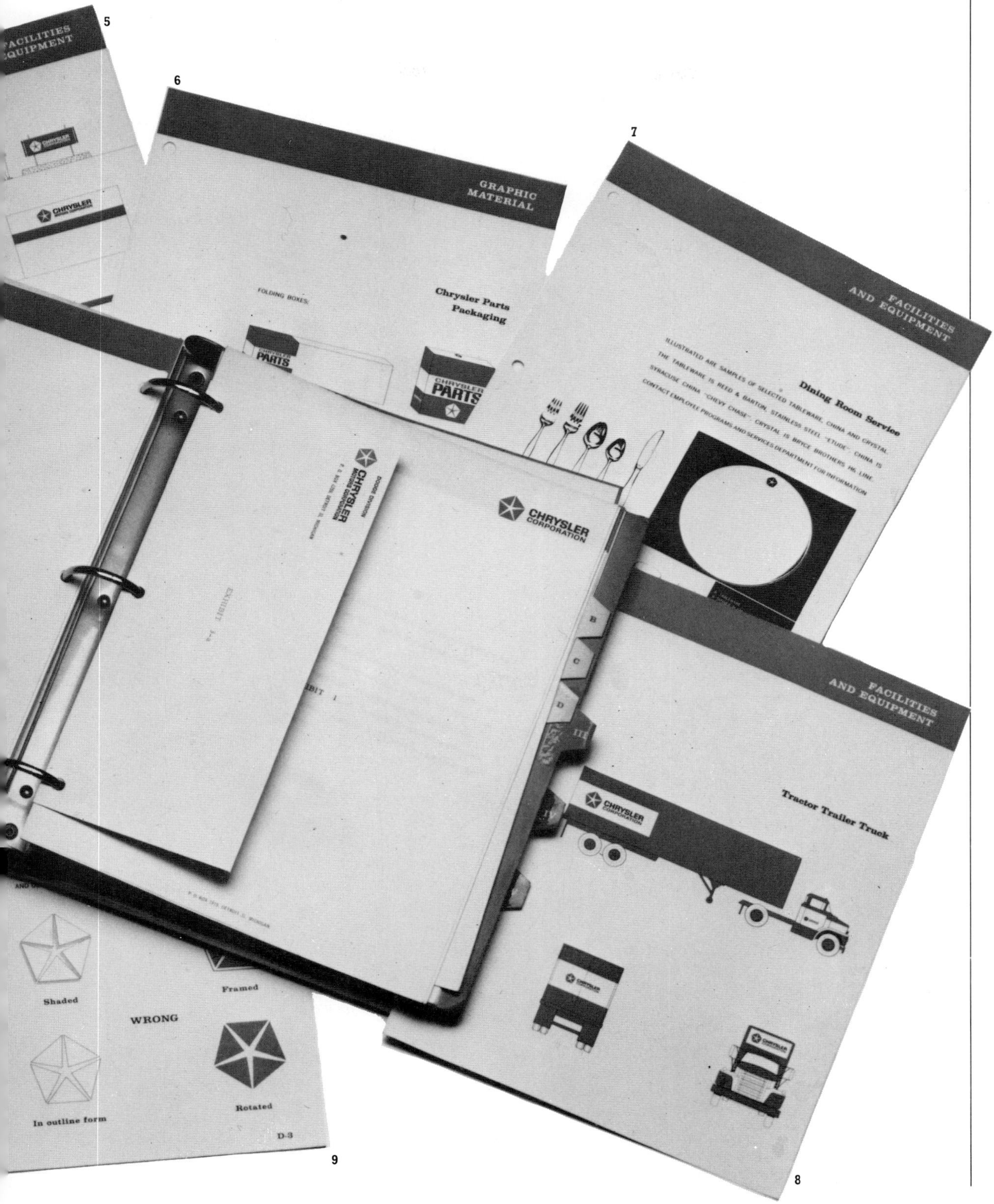
5
6
7
8
9
FACILITIES
EQUIPMENT
GRAPHIC
MATERIAL
FOLDING BOXES:
Chrysler Parts
Packaging
PARTS
CHRYSLER
PARTS
FACILITIES
AND EQUIPMENT
Dining Room Service
CHRYSLER
CORPORATION
FACILITIES
AND EQUIPMENT
Tractor Trailer Truck
CHRYSLER
CORPORATION
Shaded
Framed
WRONG
In outline form
Rotated
D-3

Design Arbeitsablauf

Wenn Texte, Illustrationen und Photos fertiggestellt sind, kann der Designer mit letzten Arbeiten vor dem endgültigen Druck des Auftrages beginnen und die einzelnen Elemente dem Entwurf gemäß miteinander montieren und mit Anweisungen für den Drucker versehen.

Endgültige Textbearbeitung Zuerst muß überprüft werden, ob der Text in den vorgesehenen Platz paßt. Hat er nicht die richtige Länge, muß der Lektor Kürzungen oder Ergänzungen vornehmen. Nachdem der Designer den Text ausgezeichnet hat, erhält er vom Setzer einen Fahnenabzug, das heißt, daß der gesamte Text fortlaufend auf langen, schmalen Papierblättern abgedruckt ist. Die Abzüge werden auf Druckfehler und technische Mängel hin überprüft und mit den entsprechenden Korrekturzeichen für den Setzer versehen.

Auswahl der Photos In der Zeit, in der der Text gesetzt wird, kann der Designer eine Endauswahl unter den Photos treffen. Im allgemeinen fertigt ein Photograph mehrere Versionen des gleichen Motivs an, die sich durch unterschiedliche Belichtung oder Beleuchtung voneinander unterscheiden. Das Wissen, welches dieser Photos in der Reproduktion am besten zur Geltung kommt, ist eine Sache der Erfahrung. Leicht unterbelichtete Photos tendieren zu sehr satten Farbtönen, überbelichtete Photos wirken eher zu blaß. Ganz allgemein erzielt die Normalbelichtung die besten Resultate. Um herauszufinden, ob ein Dia farbecht, d. h. frei von Farbstich ist, muß es auf einem Leuchttisch mit Lampen der richtigen Farbtemperatur betrachtet werden. Hilfreich ist, wenn eine Farbskala am Rand des Dias mitphotographiert wurde und sich so leicht feststellen läßt, ob ein Dia z. B. seine Farben über einen längeren Zeitraum bewahrt hat. Besonders wichtig ist das bei Reproduktionen von Kunstwerken. Auch für die Reproanstalt ist es sinnvoll, die Farbauszüge mit dem Original vergleichen zu können. Auf dem Leuchtkasten sollten die Dias mit einer Lupe auf Kratzer, Unschärfen und sonstige Mängel hin untersucht werden – vor allen Dingen bei Dias von Bilderdiensten, die ja aller Wahrscheinlichkeit nach schon öfter ausgeliehen wurden. Retusche an Dias ist kostenaufwendig, und auf jeden Fall muß der Copyright-Inhaber seine Einwilligung dazu geben.

Schwarzweiß-Photos sollten auch auf Schärfe und Mängel hin genau betrachtet werden. Die Retusche einer Schwarzweiß-Vorlage ist nicht so aufwendig wie bei einer Farbvorlage oder einem Dia. Vorlagen sollten auf Hochglanzpapier abgezogen werden, da diese Oberfläche sich am besten für die Reproduktion eignet.

Soll ein Schwarzweiß-Photo in irgendeiner Art farbig wiedergegeben werden, kann die Repro-Anstalt Farben aus dem Vierfarb-Druckverfahren oder auch Sonderfarben (HKS-Norm) mit den Schwarzweiß-Vorlagen kombinieren.

Illustrationen vorbereiten Bei Illustrationen ist die endgültige Druckvorbereitung ähnlich wie bei Photos. Bei mehrfarbigen Illustrationen sollte der Designer mit mehreren Deckern arbeiten. Auf die schwarze Strichzeichnung, die auf Karton gezeichnet sein sollte, werden übereinander Deckfolien gelegt, die mit Paßkreuzen zur genauen Deckung versehen sind. Jeder Decker enthält nur die Details der Illustration, die in jeweils einer Farbe gedruckt werden sollen.

Sind die Illustrationen mit einem Entwurfssystem wie Pantone oder HKS angelegt, kann der Drucker mit den angegebenen Farbnummern arbeiten.

Bei reinen Strichzeichnungen, die entweder in einer oder verschiedenen Farben wiedergegeben werden, sollte auch mit Deckern gearbeitet werden.

Bilder formatieren und auszeichnen Um Bilder in ein Layout einzupassen, müssen sie oft vergrößert, verkleinert oder in ihren ursprünglichen Proportionen verändert werden. Es ist wichtig, dem Drucker genaue Angaben darüber zu machen. Wird die Proportion des Bildes verändert oder nur ein Ausschnitt genommen, muß der fortfallende Teil des Bildes durch Begrenzungslinien und Schraffur auf dem Decker genau gekennzeichnet werden, dies gilt auch für freigestellte Motive. Bei Vergrößerungen und Verkleinerungen des Bildes rechnet man das Originalformat mit einer Rechenscheibe auf das gewünschte Format um und gibt diese Maße auf dem Decker an.

Ebenfalls sollte der Prozentsatz für Vergrößerungen und Verkleinerungen berechnet werden. Da die Steuerung der Reprokameras auch in Prozent berechnet wird, ist es sinnvoll, Bilder, die um die gleiche Prozentzahl verändert werden sollen, gemeinsam zu photographieren. Auch diese jeweilige Prozentzahl sollte im Layout und auf dem Decker angegeben werden. Das Originalformat bezeichnet man immer mit 100 %.

Werden Bilder ineinander montiert, muß die Klischeeanstalt dafür genaue Anweisungen erhalten.

Farbkorrektur Die meisten Korrekturabzüge von Illustrationen sind sogenannte Andruckbögen, auf denen die Bilder in der richtigen Größe, aber in beliebiger Reihenfolge abgedruckt sind. Hier sollten die Abbildungen auf ihre richtige Größe, Beschädigungen wie z. B. Flecken, Kratzer oder fehlerhaftes Raster, Seiten- und Farbkorrektheit hin überprüft werden. Ist ein Bild fehlerhaft oder seitenverkehrt wiedergegeben, muß eine neue Abbildung oder Kontaktkopie hergestellt werden. Um die Farbrichtigkeit festzustellen, wird jedes gedruckte Bild mit dem Original verglichen. Muß der Farbton korrigiert werden, kann man Farben abschwächen, indem auf der jeweiligen Farbdruckplatte bis zu maximal 10 % weggeätzt werden. Der andere die Farbe beeinflussende Faktor ist das Farbwerk der Druckmaschine. Hierbei ergibt sich das Problem, daß alle Bilder betroffen sind.

Neben der genauen Farbigkeit müssen die Farben paßgerecht übereinandergedruckt sein; ist das der Fall, wird es als »Registerhalten« bezeichnet. Die Paßkreuze, die auf den Rand des Blattes mitgedruckt werden und in allen Farben genau übereinanderstehen müssen, sollten ebenfalls kontrolliert werden. Zeigt eine einzelne Illustration auf einem Bogen Farben, die nicht Register halten, deutet das auf einen falschen Passer hin.

Umbruch und Montage Beim Umbruch werden Text und Illustrationen Seite für Seite auf die vorgesehene Weise in das Gestaltungsraster eingepaßt. Nach dieser Vorlage montiert der Drucker dann den endgültigen Druckfilm und liefert Bogenabzüge, sogenannte Blaupausen, die, wenn auch kostspielig, notfalls noch korrigierbar sind. Nach der Kontrolle der Blaupausen – Lesekorrektur, um sicherzugehen, daß keine beschädigten Typen vorkommen, der Film nicht beschädigt ist und Text und Bild an der richtigen Stelle stehen – werden die Druckplatten hergestellt, und der Druckvorgang kann beginnen. Bei der reprofertigen Montage wird eine Reinzeichnung aus reinen Strichvorlagen, also Schrift und Strichzeichnungen, erstellt. Die vorher den Angaben des Designers entsprechend abgesetzten Schriften werden, wie es im Entwurf vorgesehen ist, miteinander montiert. Dabei sollte man äußerst genau und sorgfältig arbeiten und die Schriften mit einem Klebstoff wie Fixogum verarbeiten, da man sie so, wenn nötig, wieder abnehmen und neu ausrichten kann. Auf dem Decker sollen die Positionen der Illustrationen oder Photos genau markiert werden und mit Größenangaben versehen sein. Soll eine Zeile, ein Wort oder der gesamte Text in einer anderen Farbe gedruckt werden, so muß dies ebenfalls vermerkt werden.

Buchproduktion Der oben beschriebene Herstellungsprozeß ist mit wenigen Ausnahmen auch für die Buchproduktion verbindlich. Hier wird allerdings im Entwurfsstadium nicht mit Blattskizzen, sondern mit einem Blindband, einem sogenannten Dummy, gearbeitet. Nachdem der voraussichtliche Umfang des Buches berechnet wurde, bestellt man beim Drucker einen Blindband, der Format, Papier- und Bindequalität und Seitenanzahl des geplanten Buches zeigt. In dieses Buch werden nun einige Doppelseiten skizziert, um einen Eindruck von den fertigen Buchseiten zu geben. Dabei können echter Text, Überschriften, Legenden und Illustrationen verwendet werden oder aber sogenannter Blindtext, in dem die Bildflächen ausgespart sind. Statt Doppelseiten in den Blindband einzukleben, können auch Präsentations-Doppelseiten – auf Karton montierte Entwürfe – geliefert werden.

Umbruch und Bindung Der Umbruch erfolgt bei der Buchproduktion nach der oben beschriebenen Vorgehensweise. Hilfreich ist es, sich ein Miniaturbuch mit durchnumerierten Seiten herzustellen. So weiß man auf einen Blick, wie das Buch in Vorsatz- und Titelblätter und Kapitel eingeteilt ist.

Im allgemeinen druckt man bei Büchern 16 Seiten im Schön- und Widerdruck auf einen Papierbogen. Dieser Druckbogen wird dann so gefaltet und beschnitten, daß acht in der Mitte gefalzte und ineinanderliegende Papierbögen, das heißt 16 Seiten, eine Bindeeinheit ergeben. Da es oftmals zu teuer ist, auf jeder Seite Farbabbildungen abzudrucken, weil immer der ganze Bogen, auch wenn er nur eine einzige Farbabbildung enthalten sollte, im Farbverfahren gedruckt werden muß, werden oft Farbblöcke vorgesehen, die dann an bestimmten Stellen in das Buch eingebunden und von Anfang an mitgeplant werden müssen.

Schutzumschläge Der Schutzumschlag eines Buches wird zuerst im Entwurf präsentiert, wobei auch die Gestaltung der Innenklappen nicht zu vergessen ist. Diesen Entwurf sollte man auf etwas festerem Papier ausführen und mit selbstklebender Transparentfolie beschichten, um ihn dem endgültigen Erscheinungsbild des Buchumschlags möglichst ähnlich erscheinen zu lassen.

Ist der Entwurf vom Auftraggeber genehmigt worden, werden Schrift und Illustrationen in Auftrag gegeben und auf die oben beschriebene Weise eine reprofertige Montage hergestellt.

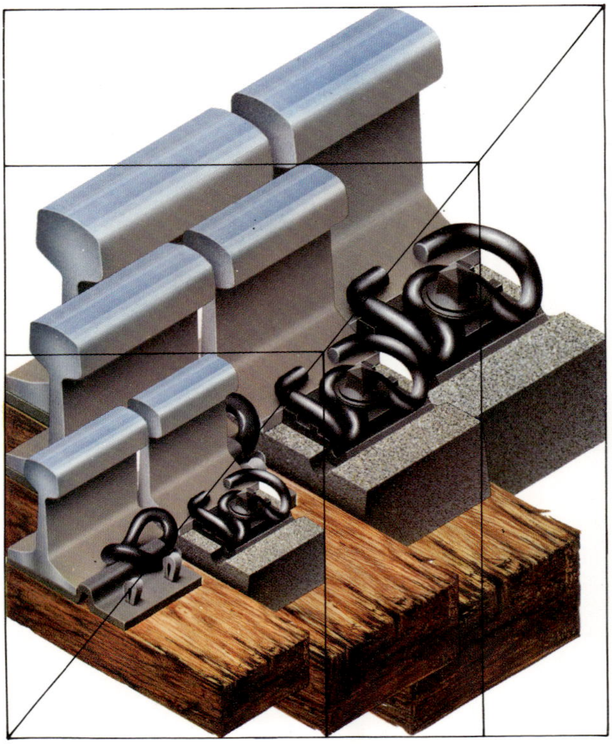

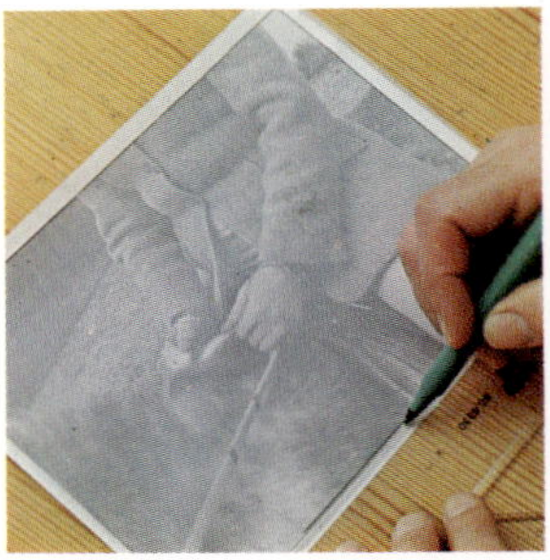

Bilder einpassen 1. Eine transparente Deckfolie auf das Bild legen und den Bildausschnitt anzeichnen.

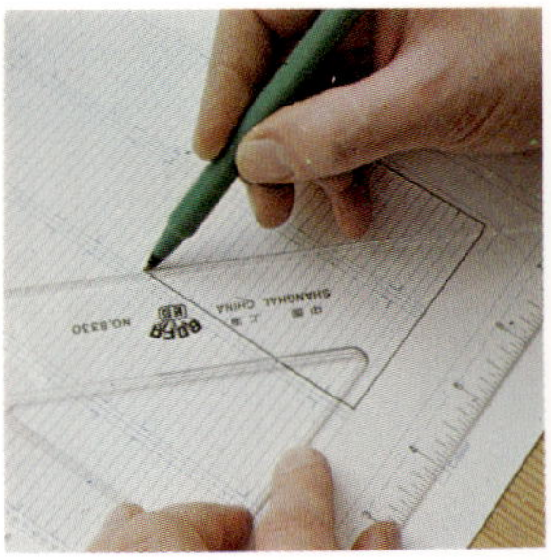

2. Im Layout eine Diagonale über die Fläche ziehen, in die das Bild passen muß; dabei den Decker zu Hilfe nehmen.

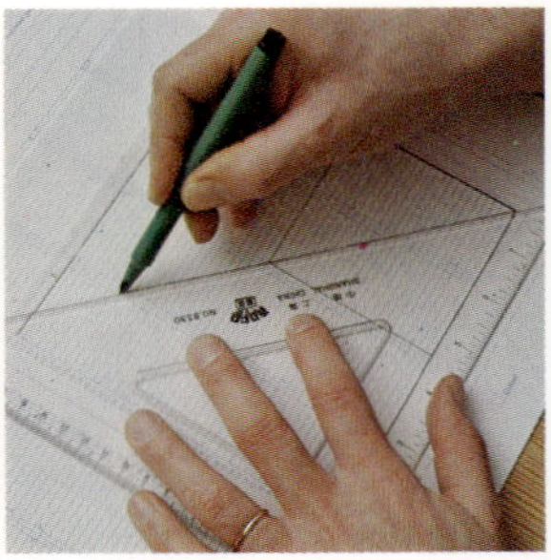

3. Nun zeigt sich, wieviel von dem Bild in den zur Verfügung stehenden Platz paßt.

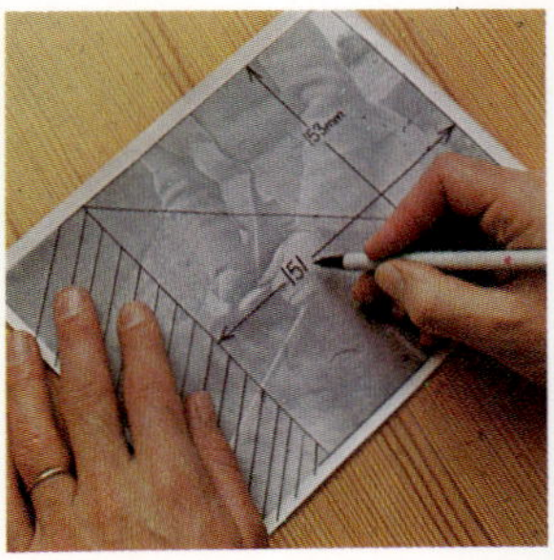

4. Alle Bildteile, die abgedeckt werden sollen, werden auf dem Decker schraffiert. Die Maße werden auf dem Decker angezeichnet.

Formate Diese Zeichnung (**oben**) zeigt, wie Illustrationen oft doppelt so groß (**3**), anderthalb mal so groß (**2**) oder genau so groß (**1**) angelegt werden wie das für die Endfassung benötigte Format.

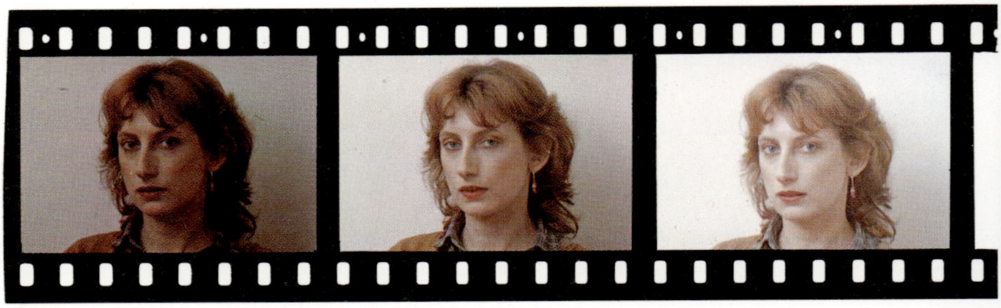

Auswahl der Photos Hier hat der Photograph von dem gleichen Motiv drei verschieden belichtete und beleuchtete Versionen geschickt, so daß der Designer das geeignete Bild auswählen kann.

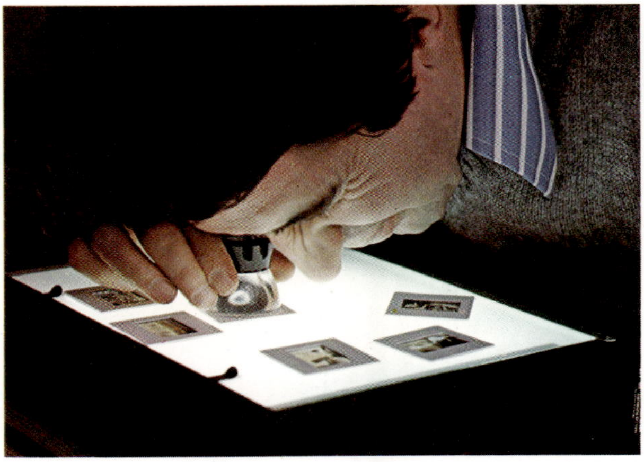

Auswahl von Dias Dias sollte man unbedingt auf dem Leuchtkasten mit einer Speziallupe auf Fehler, Kratzer und Schärfe hin überprüfen (**links**). Mit der Rechenscheibe, die zur Proportionsberechnung von Photo- und Bildformaten dient, lassen sich die Maße von Photos etc. schnell und einfach in größere und kleinere Formate umrechnen.

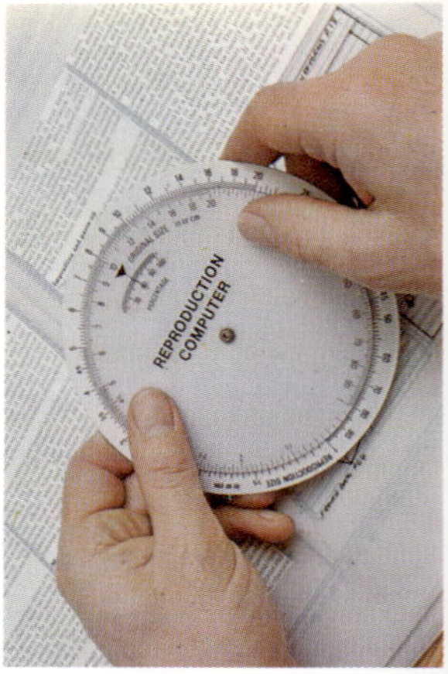

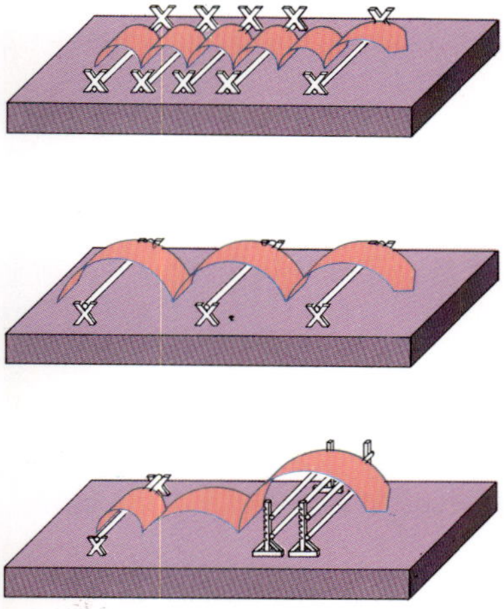

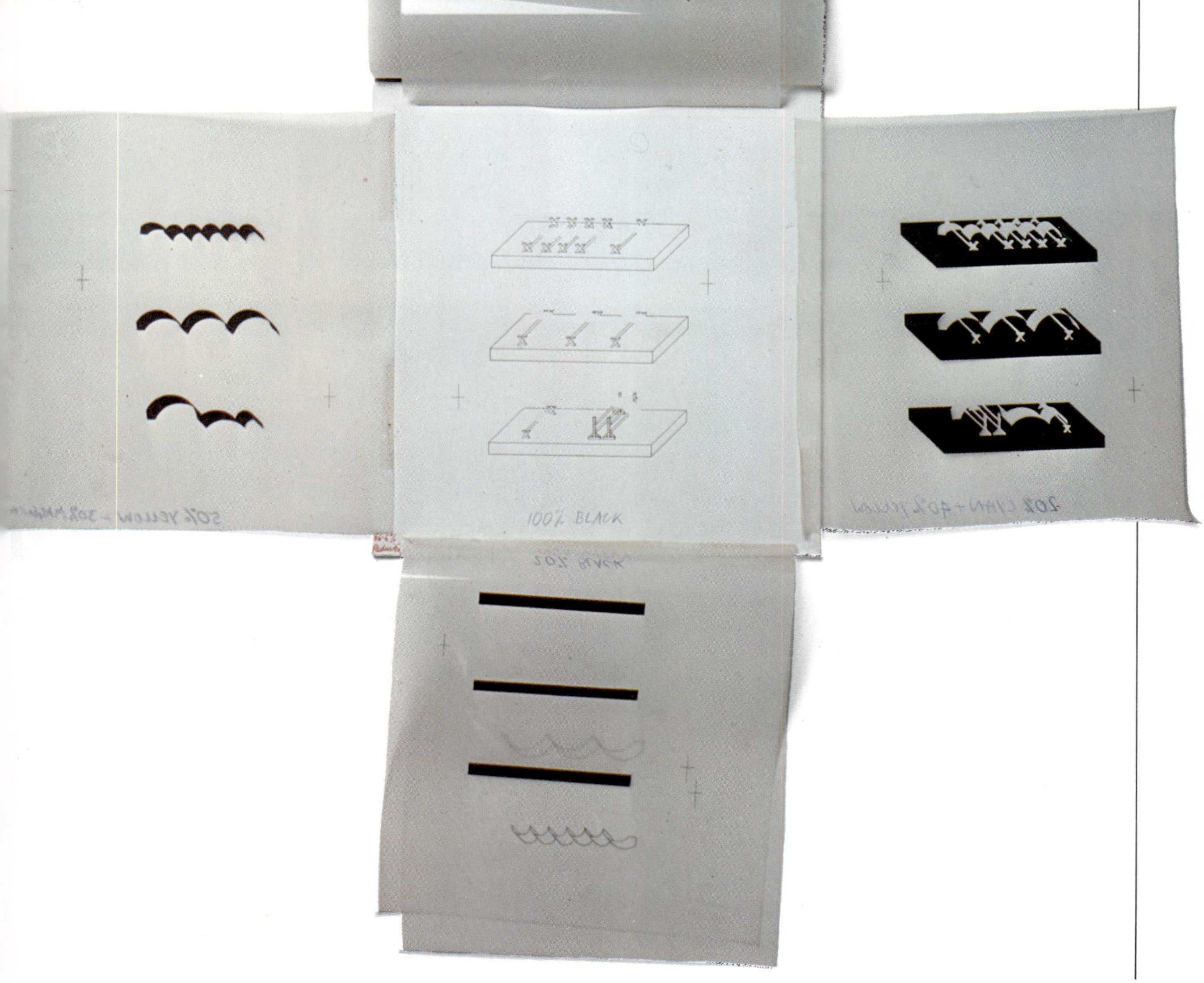

Vierfarbreproduktion Diese Illustration soll vierfarbig gedruckt werden. Die Strichzeichnung wird auf einen Karton gezeichnet, aber die vier verschiedenen Farbfelder werden einzeln auf Deckern dargestellt und auch getrennt gedruckt.

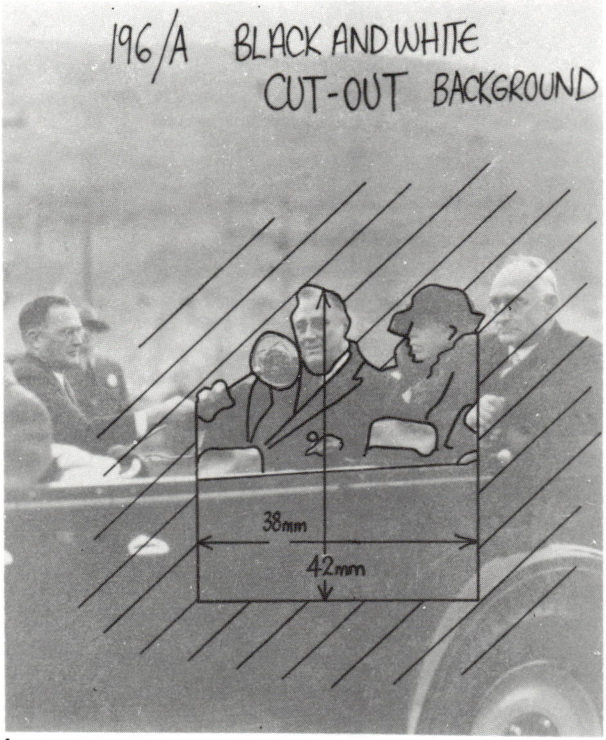

1

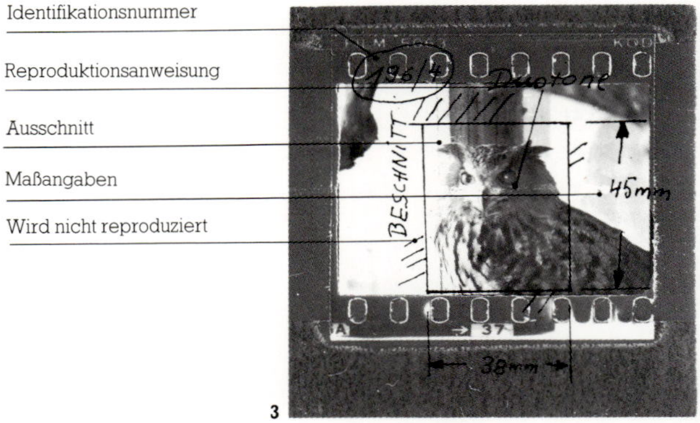

3

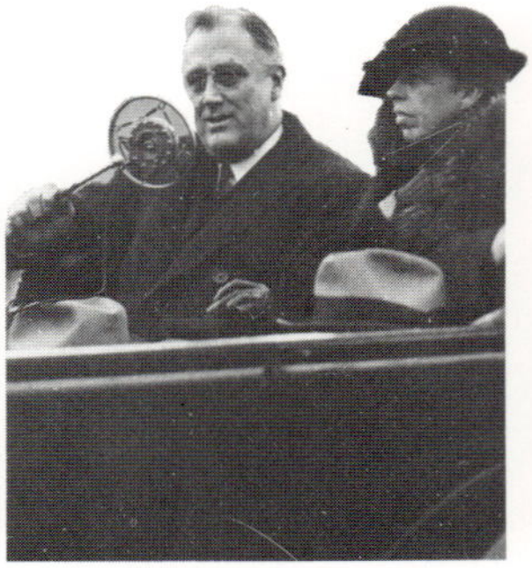

2

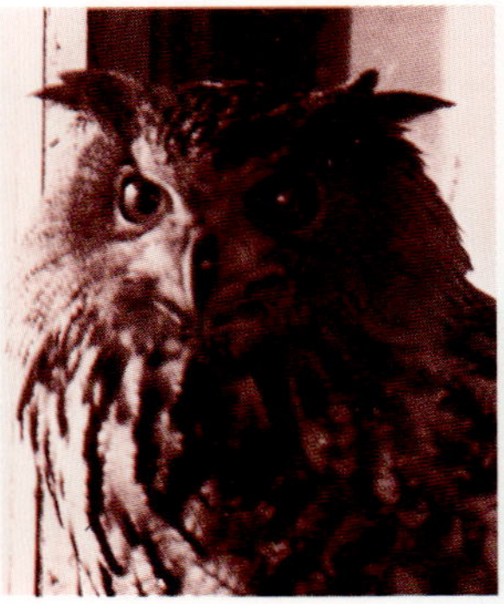

4

Photos einrichten Bei diesem Photo sind die Angaben für den Drucker auf einem Decker angegeben (**1**). Das angegebene Hauptmotiv soll freigestellt werden, das heißt ohne Hintergrund abgedruckt werden (**2**). Schraffur, genaue Begrenzungslinie und Notiz oben geben genaue Anleitung. Auf dem Decker des 35-mm-Dias (**3**) befinden sich alle nötigen Angaben für die Klischeeanstalt. Bild (**4**) zeigt das Ergebnis. Hier wurde ein kleines Photo (**5**) in ein größeres Bild (**6**), das mit einem Ton unterlegt wurde, einmontiert.

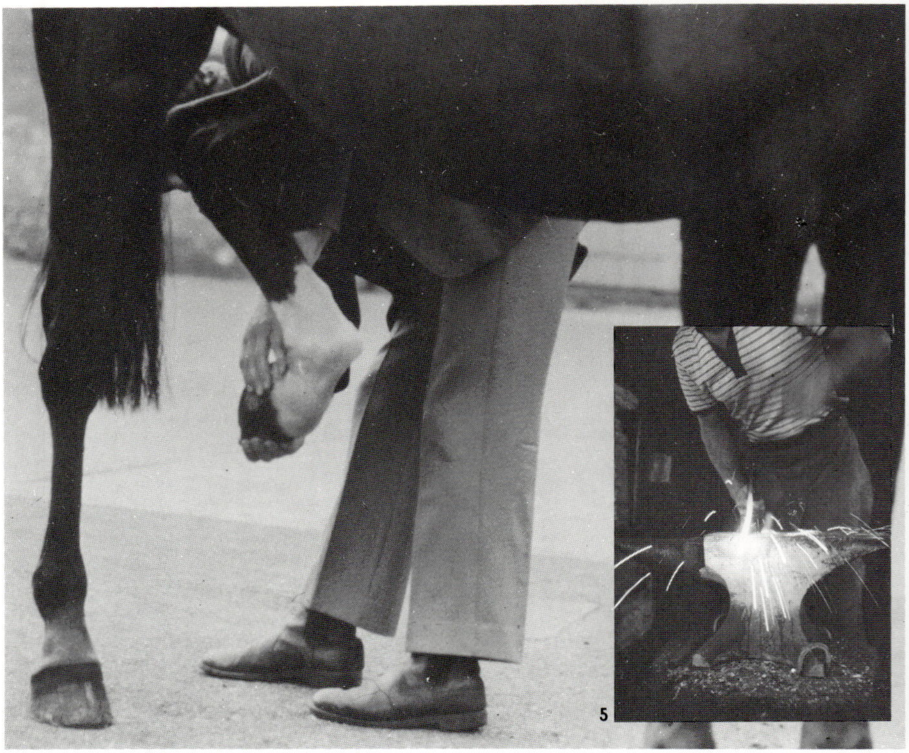

6

5

Zweifarbreproduktion Diese Illustration soll in zwei Farben wiedergegeben werden, wozu man farbige Deckfolien benutzt. Die Strichzeichnung erscheint auf der Unterlage, und die Farbtöne werden mit vier Deckern aufgebaut. Dies ist die billigste und einfachste Reproduktions-Methode für solche Illustrationen.

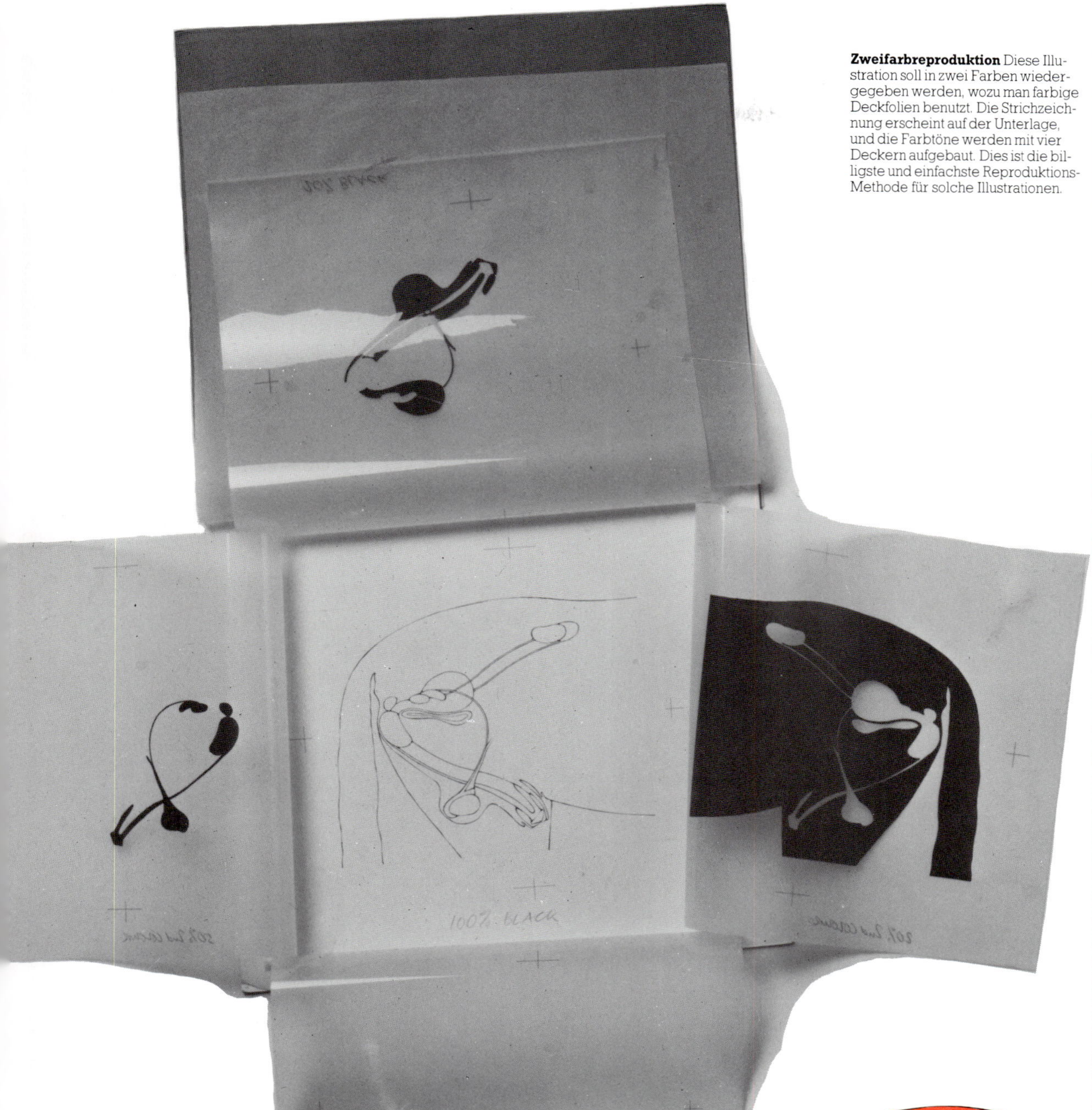

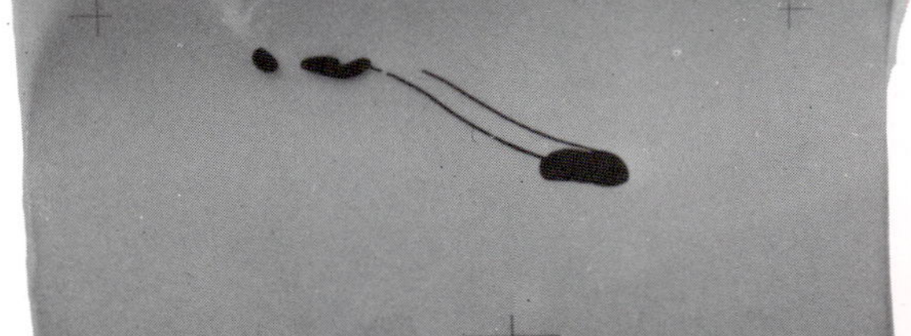

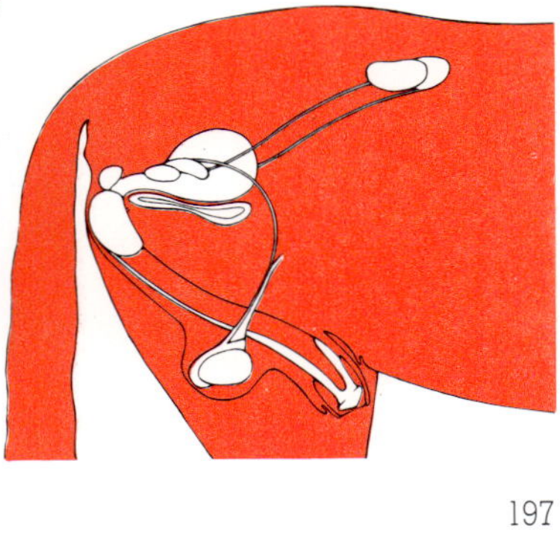

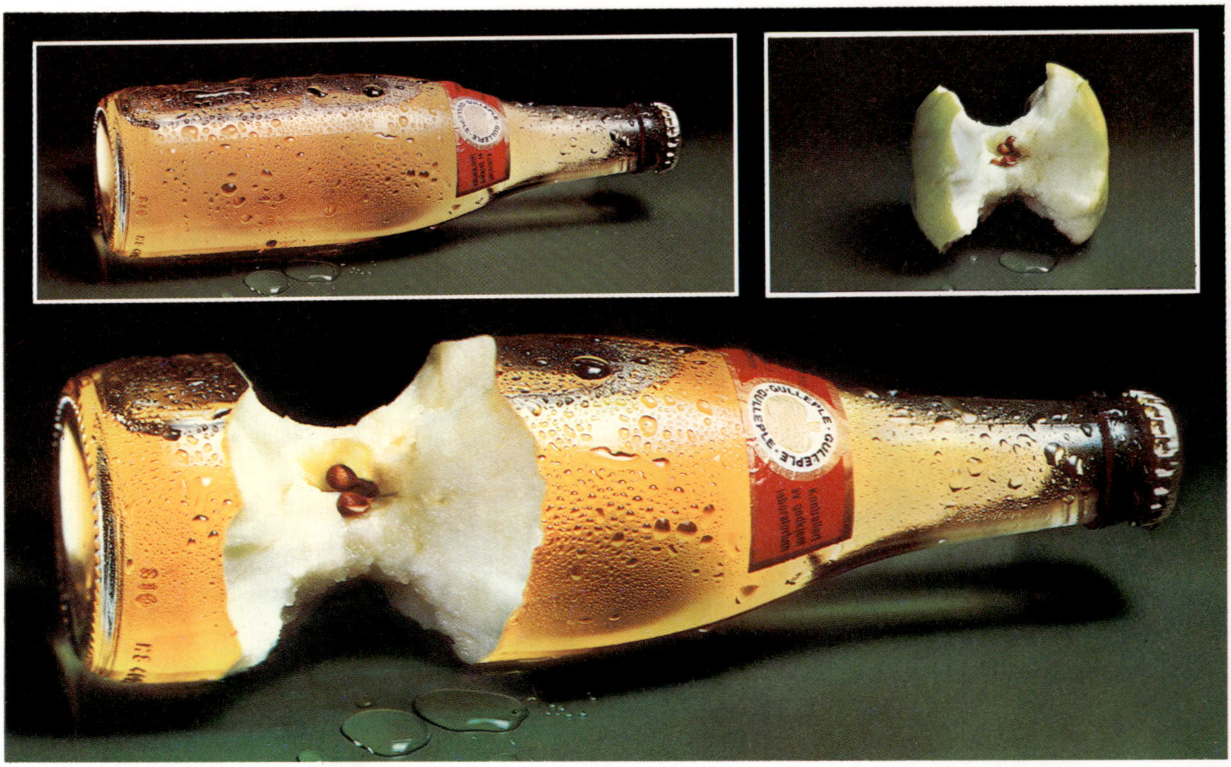

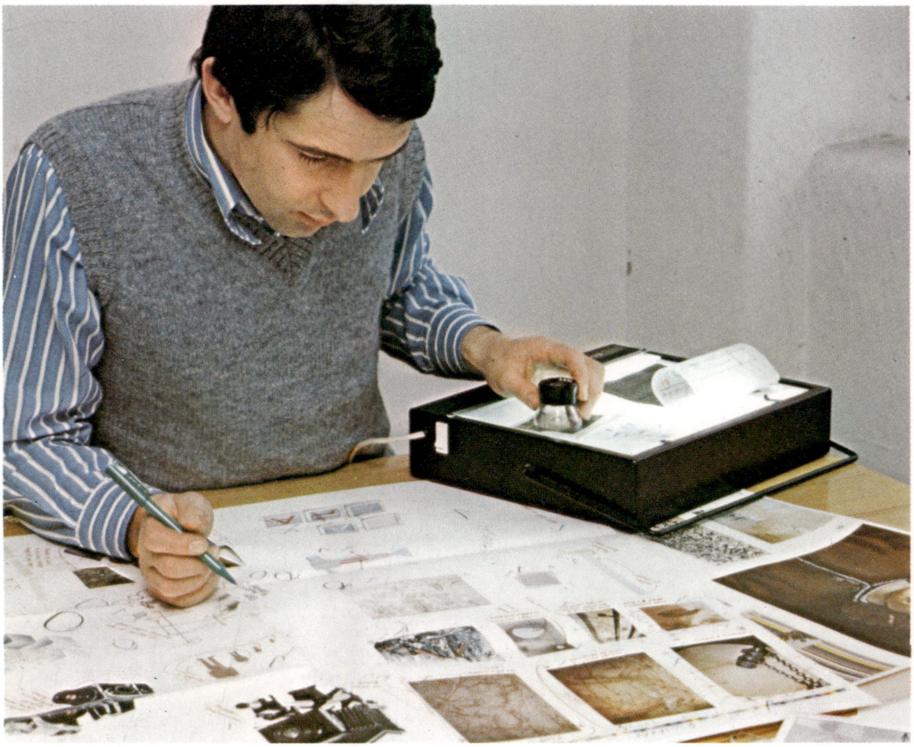

Photoretusche Dieses Bild wurde aus den beiden oberen Photos zusammengesetzt (**oben**). Während beide Photos sorgfältig ineinandermontiert werden, werden die unerwünschten Flächen mit genauen Masken abgedeckt.

Andruckbögen Photoandrucke (**links**) werden in zufälliger Reihenfolge auf einem großen Andruckbogen wiedergegeben. Es muß in diesem Stadium darauf geachtet werden, daß Größe und Farbe stimmen, keine Fehler oder Flecken vorkommen, die Bilder richtig herum und vollständig abgedruckt sind. Korrekturen in einem späteren Stadium sind äußerst kostspielig.

Gestaltungsraster Bei der Gestaltung eines mehrseitigen Designs wie z. B. bei Broschüren und Büchern sollte man der Einheitlichkeit wegen ein Gestaltungsraster zugrunde legen. Das Grundraster muß alle wesentlichen Elemente des Buchdesigns zeigen, vom Satzspiegel bis zur Plazierung der Seitenzahl. Oft werden zwei Arten von Rastern benutzt: transparente Raster für die Rohmontage und die Illustrationspausen und Raster auf Karton für die Endmontage. Die Beispiele unten zeigen verschiedene Arten, Seiten mit unterschiedlichen Spalten- und Legendenbreiten zu gestalten. Ein dreispaltiger Text kann entweder ein drei- oder sechsspaltiges Legendenraster haben (**2, 3**), ein zweispaltiger Text ein vierspaltiges Legendenraster (**1**) oder halbspaltige Legenden (**4**).

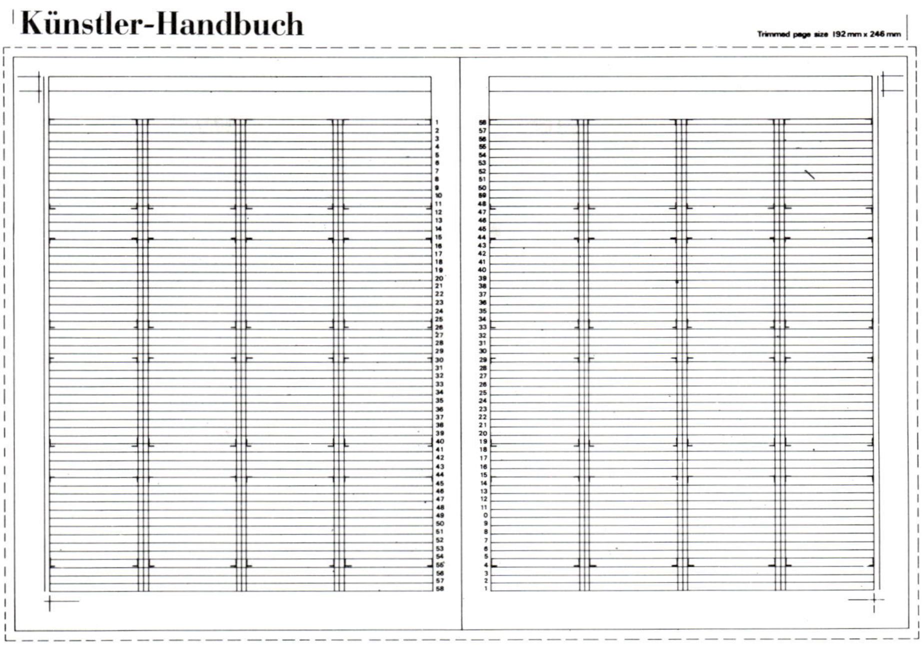

1

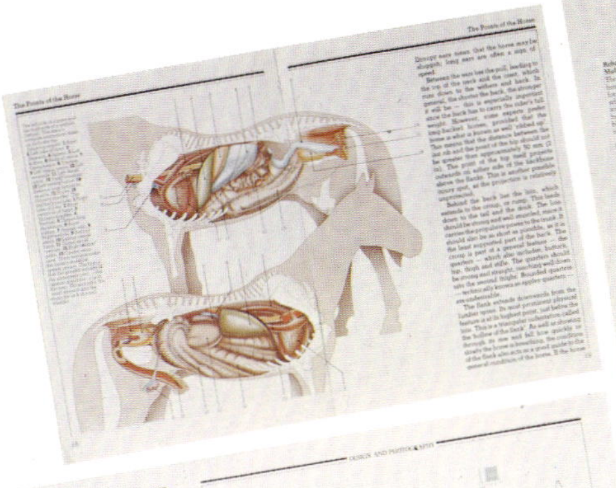

2

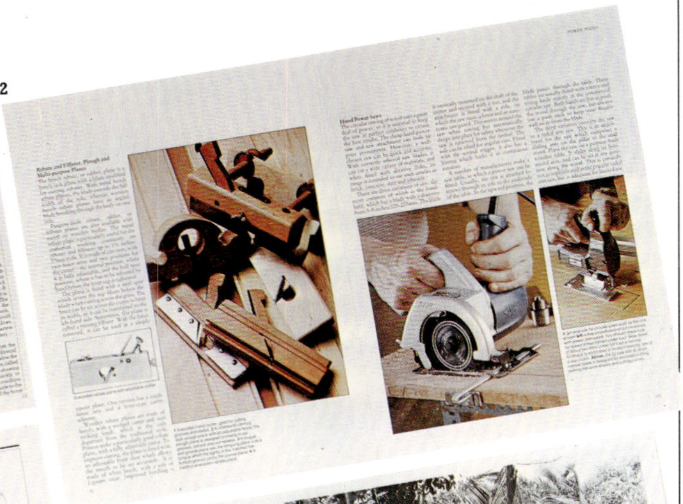

3

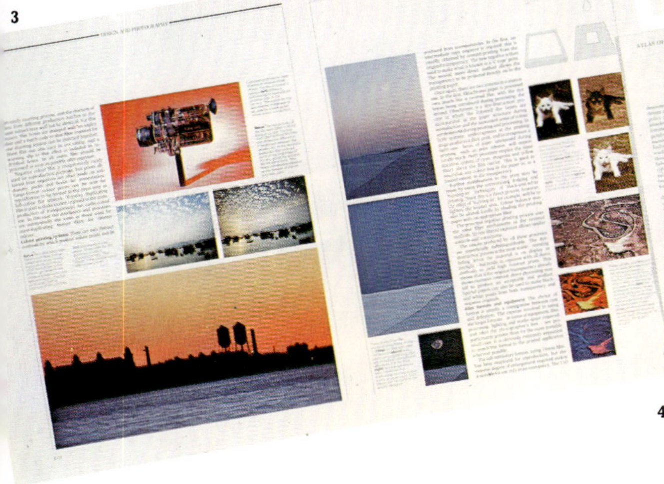

4

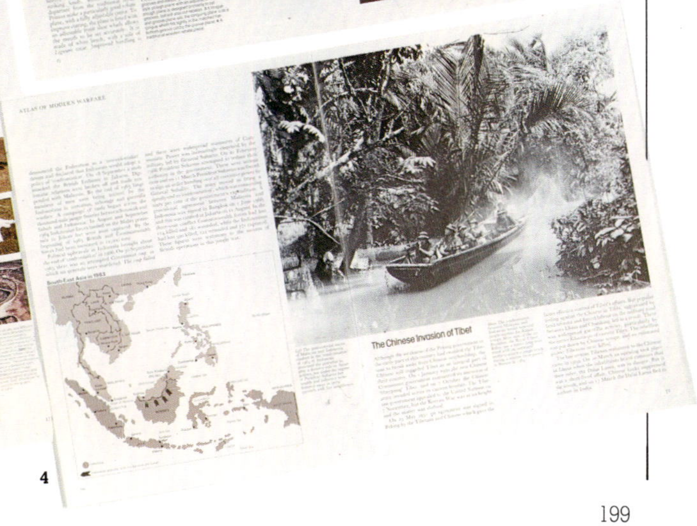

Layout Eine wichtige Aufgabe des Designers ist es, das Manuskript so auszuzeichnen, daß der Setzer alle nötigen Angaben für den Satz hat: Schrifttype und Schriftgrad für den laufenden Text, spezielle Angaben für Kolumnentitel, Kapitel- und Abschnittüberschriften, Legenden, Fußnoten und Marginalien, Einschübe und Abschnitte, kursiv, gesperrt oder fett gedruckte Wörter oder Passagen etc.

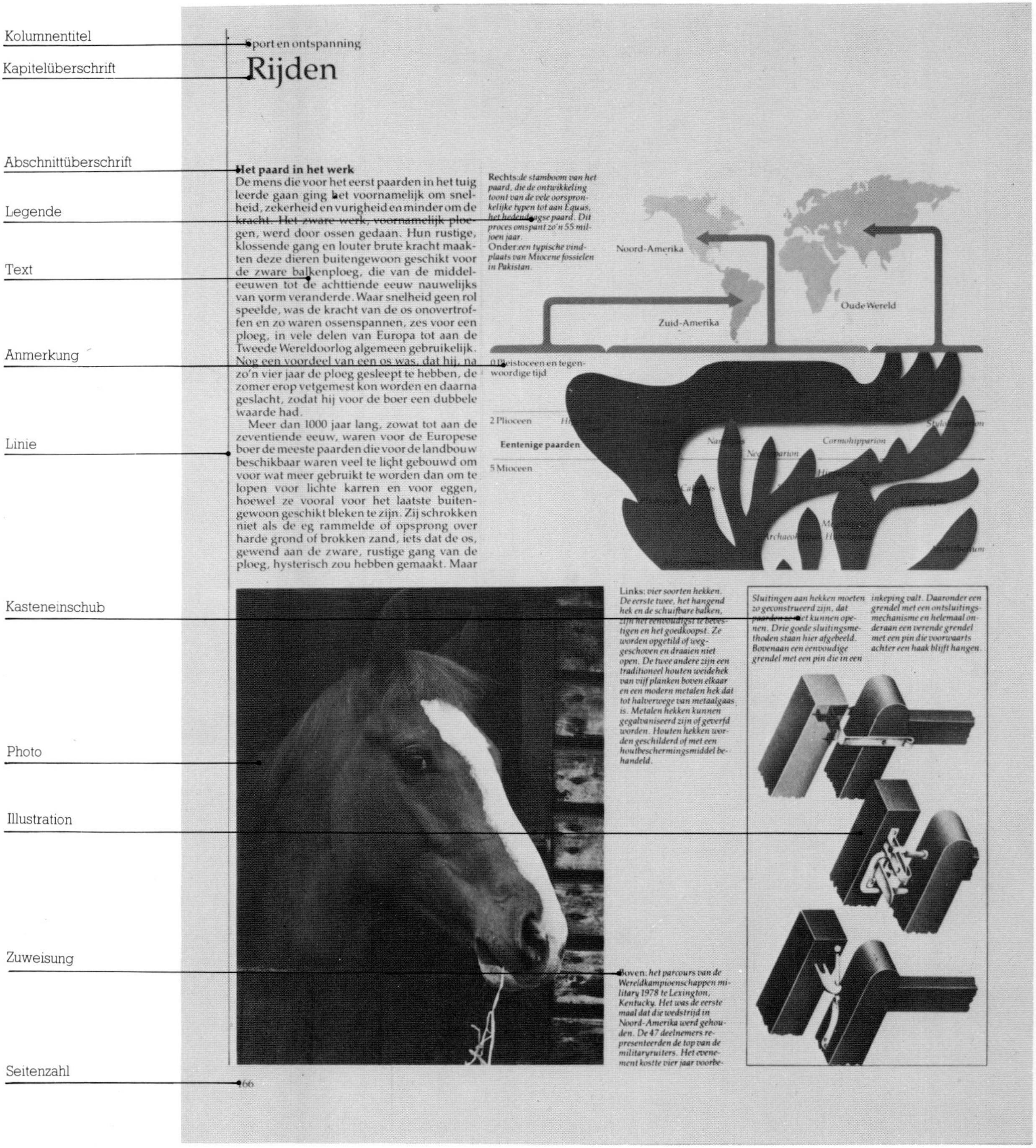

Sport en ontspanning

Rijden

Het paard in het werk
De mens die voor het eerst paarden in het tuig leerde gaan ging het voornamelijk om snelheid, zekerheid en vurigheid en minder om de kracht. Het zware werk, voornamelijk ploegen, werd door ossen gedaan. Hun rustige, klossende gang en louter brute kracht maakten deze dieren buitengewoon geschikt voor de zware balkenploeg, die van de middeleeuwen tot de achttiende eeuw nauwelijks van vorm veranderde. Waar snelheid geen rol speelde, was de kracht van de os onovertroffen en zo waren ossenspannen, zes voor een ploeg, in vele delen van Europa tot aan de Tweede Wereldoorlog algemeen gebruikelijk. Nog een voordeel van een os was, dat hij, na zo'n vier jaar de ploeg gesleept te hebben, de zomer erop vetgemest kon worden en daarna geslacht, zodat hij voor de boer een dubbele waarde had.

Meer dan 1000 jaar lang, zowat tot aan de zeventiende eeuw, waren voor de Europese boer de meeste paarden die voor de landbouw beschikbaar waren veel te licht gebouwd om voor wat meer gebruikt te worden dan om te lopen voor lichte karren en voor eggen, hoewel ze vooral voor het laatste buitengewoon geschikt bleken te zijn. Zij schrokken niet als de eg rammelde of opsprong over harde grond of brokken zand, iets dat de os, gewend aan de zware, rustige gang van de ploeg, hysterisch zou hebben gemaakt. Maar

Rechts: *de stamboom van het paard, die de ontwikkeling toont van de vele oorspronkelijke typen tot aan Equus, het hedendaagse paard. Dit proces omspant zo'n 55 miljoen jaar.*
Onder: *een typische vindplaats van Miocene fossielen in Pakistan.*

0 Pleistoceen en tegenwoordige tijd
2 Plioceen
Eentenige paarden
5 Mioceen

Links: *vier soorten hekken. De eerste twee, het hangend hek en de schuifbare balken, zijn het eenvoudigst te bevestigen en het goedkoopst. Ze worden opgetild of weggeschoven en draaien niet open. De twee andere zijn een traditioneel houten weidehek van vijf planken boven elkaar en een modern metalen hek dat tot halverwege van metaalgaas is. Metalen hekken kunnen gegalvaniseerd zijn of geverfd worden. Houten hekken worden geschilderd of met een houtbeschermingsmiddel behandeld.*

Sluitingen aan hekken moeten zo geconstrueerd zijn, dat paarden ze niet kunnen openen. Drie goede sluitingsmethoden staan hier afgebeeld. Bovenaan een eenvoudige grendel met een pin die in een inkeping valt. Daaronder een grendel met een ontsluitingsmechanisme en helemaal onderaan een verende grendel met een pin die voorwaarts achter een haak blijft hangen.

Boven: *het parcours van de Wereldkampioenschappen military 1978 te Lexington, Kentucky. Het was de eerste maal dat die wedstrijd in Noord-Amerika werd gehouden. De 47 deelnemers representeerden de top van de militaryruiters. Het evenement kostte vier jaar voorbe-*

166

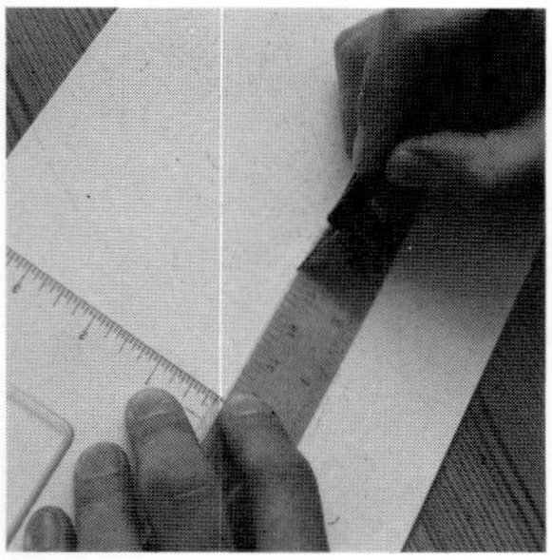

Montieren 1. Position und Zeilen auf dem Karton anzeichnen und als Raster benutzen.

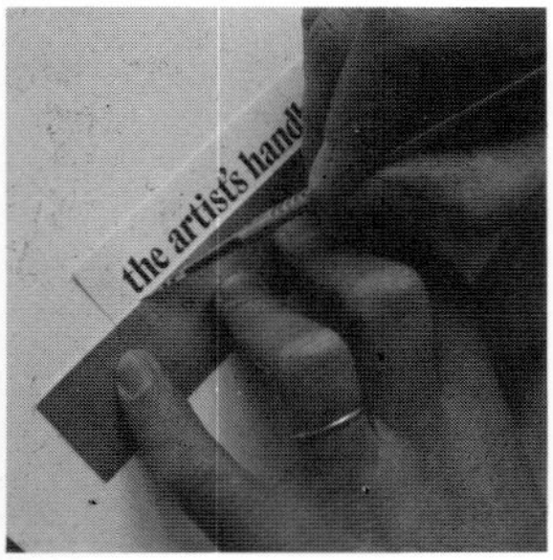

2. Die zu montierende Schrift zur leichteren Handhabung rechtwinklig ausschneiden.

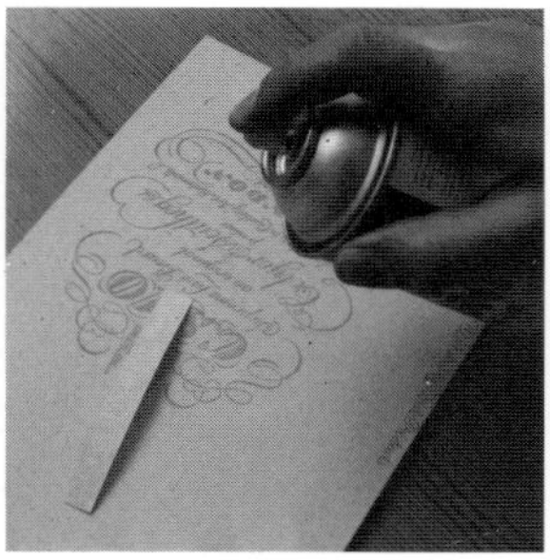

3. Rückseite der Schrift mit Spezialkleber, der zuläßt, daß sie im Notfall noch verschoben werden kann, bestreichen.

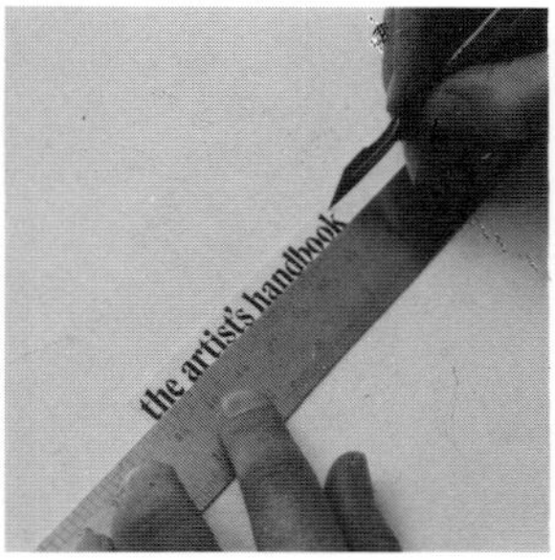

4. Reißschiene oder Zeichenmaschine benutzen, um sicherzugehen, daß die Schrift parallel ausgerichtet ist.

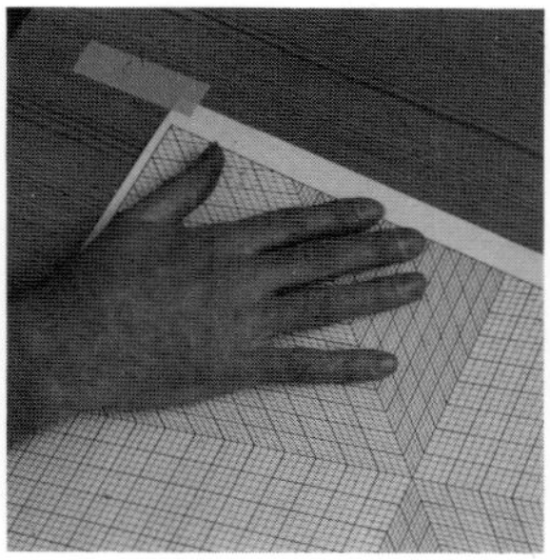

Laminieren 1. Das Objekt mit Klebeband fixieren und alle Leim- oder Schmutzpartikel beseitigen.

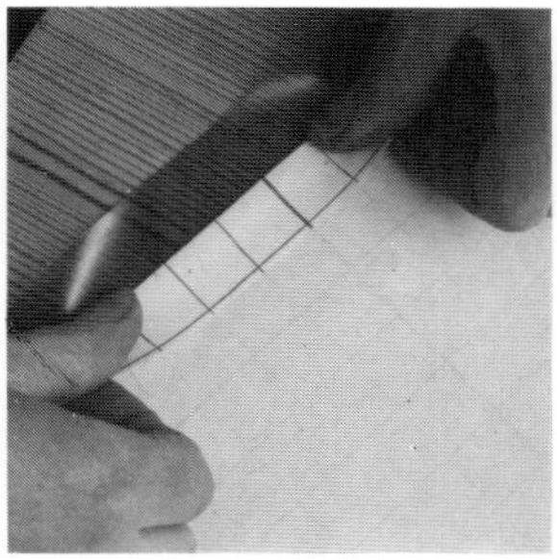

2. Ein entsprechend großes Stück Klebefolie von der Rolle abschneiden und einen Streifen Schutzpapier nach hinten knicken.

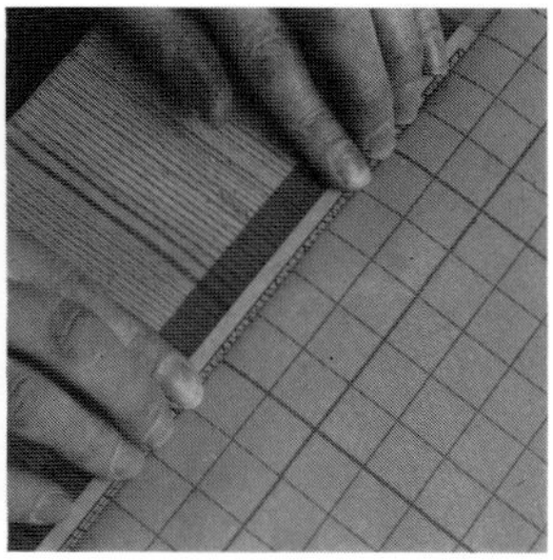

3. Die Klebeseite der Folie an einer Kante auf das Objekt legen, dabei am Rand etwas Folie überstehen lassen.

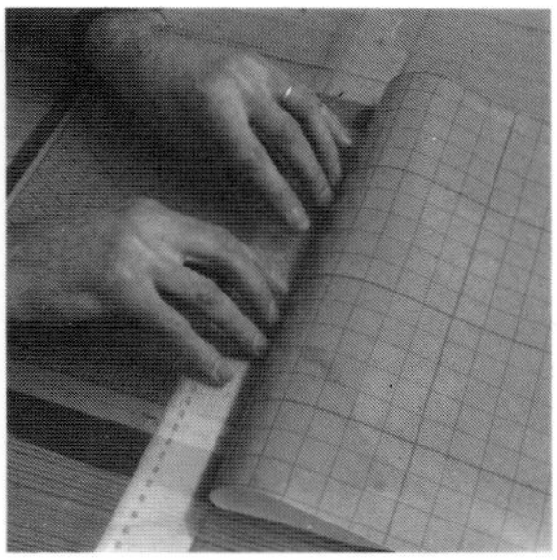

4. Die Folie mit einem Plastiklineal fest andrücken. Finger spreizen, um den Druck gleichmäßig zu verteilen.

Arten der Montage Bei dieser Rohmontage (**links**) für eine Buchseite sind Fahnenabzüge und Illustrationsskizzen einmontiert, und der Lektor hat Zeilen hinzugefügt oder gekürzt. Bei der druckfertigen Montage (**unten**) sind Text, Legenden, lebende Kolumnentitel und Seitenzahlen genau eingerichtet und überprüft worden. Andrucke oder Photokopien der Photos und Illustrationen sind an ihre vorgegebenen Stellen auf den Decker geklebt, um dem Drucker als Hilfe zu dienen.

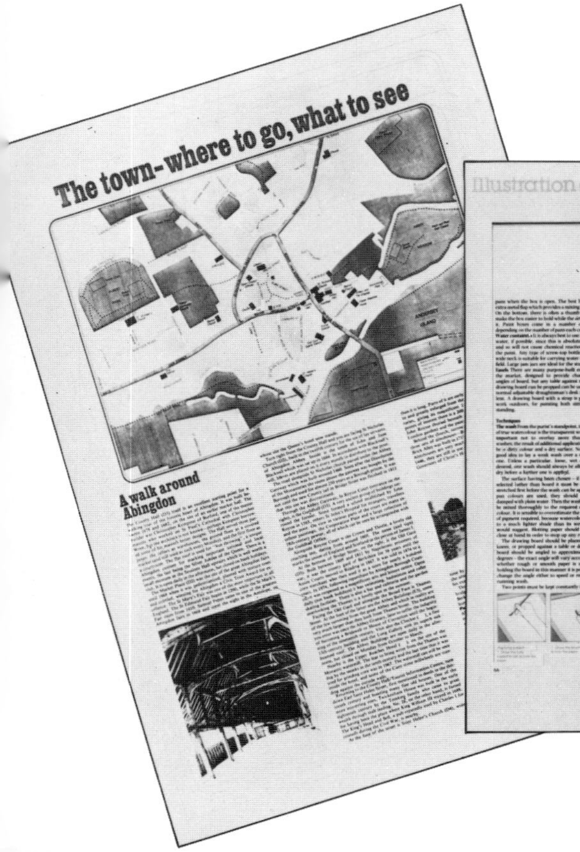

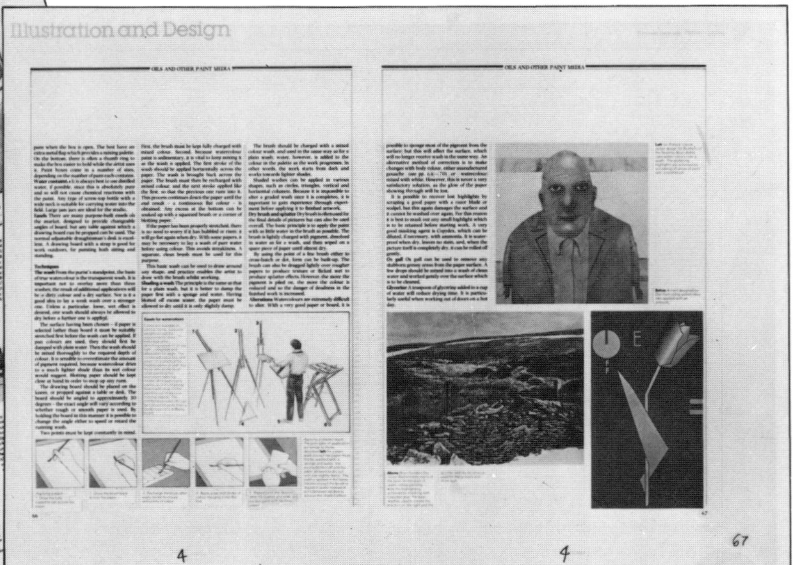

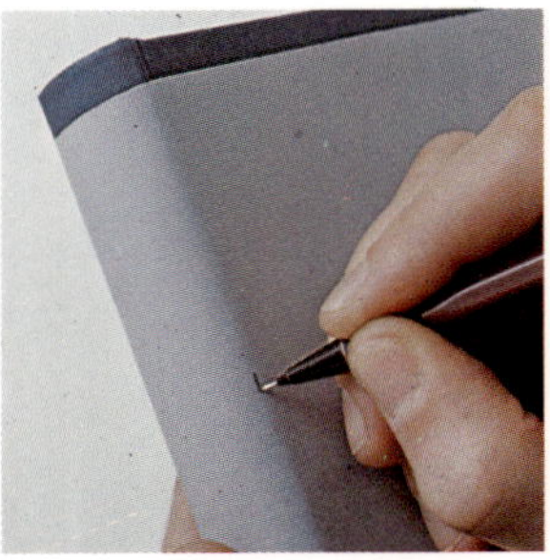

Schutzumschlag für ein Dummy
1. Das Dummy in Papier einschlagen und Falze, Umriß des Umschlags und Einschlagklappen einzeichnen.

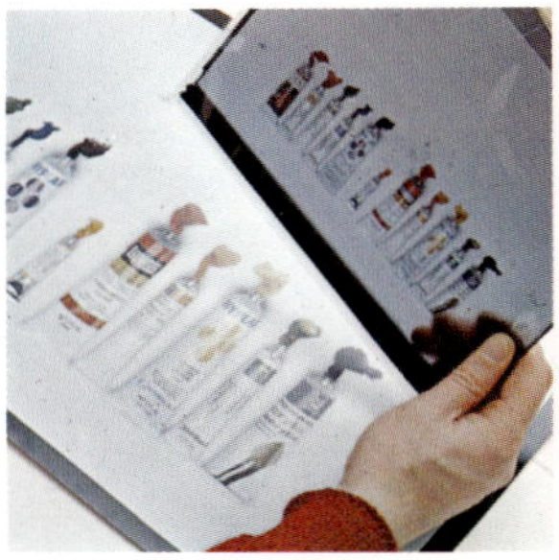

2. Einen Farbabzug des Dias oder der Illustration, die für den Umschlag verwendet werden sollen, herstellen.

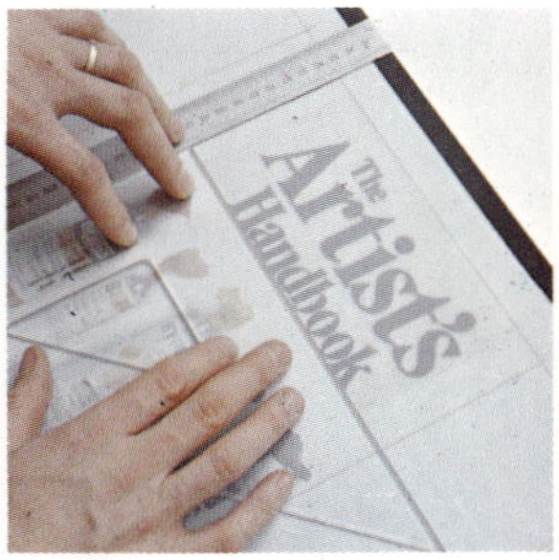

3. Die Pause auf den Farbabzug oder den Reinzeichenkarton legen und die Anreibe-Folie ausrichten.

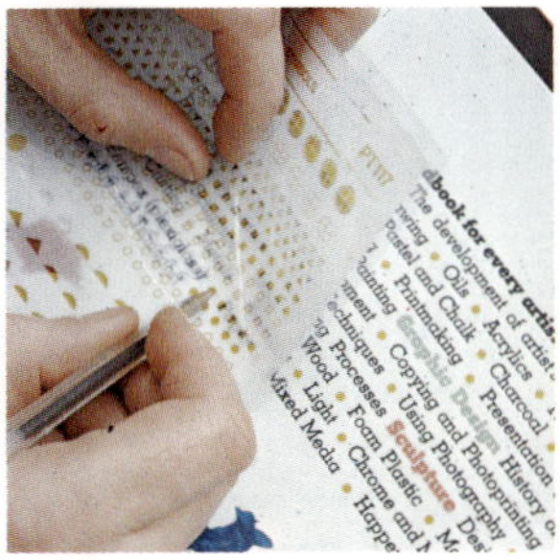

4. Buchstaben anreiben.

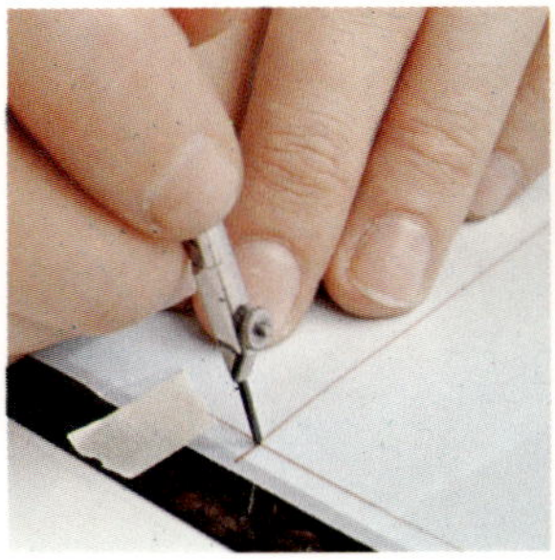

5. Die Ecken, Falz- und Schnittstellen mit einer Nadel kennzeichnen und den Umschlag mit einer transparenten Selbstklebe-Folie bedecken.

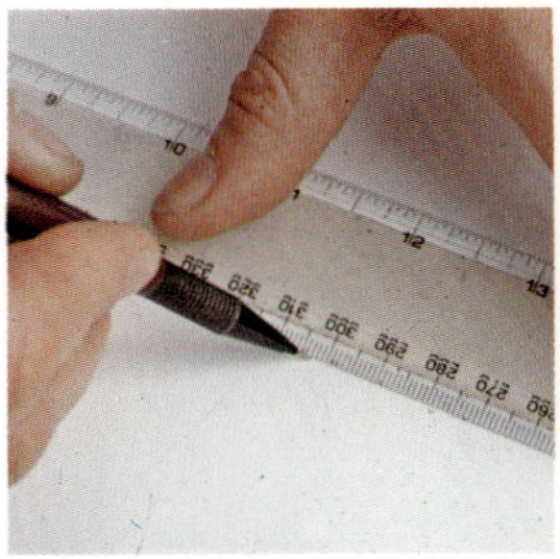

6. Falze auf der Rückseite vorsichtig anritzen.

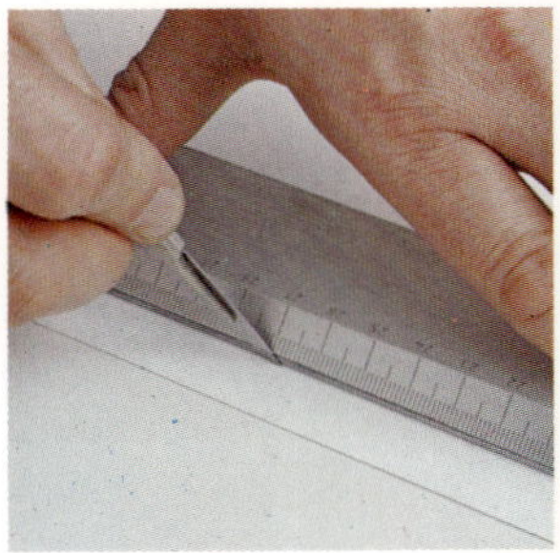

7. Den Umschlag sorgfältig auf das richtige Format schneiden.

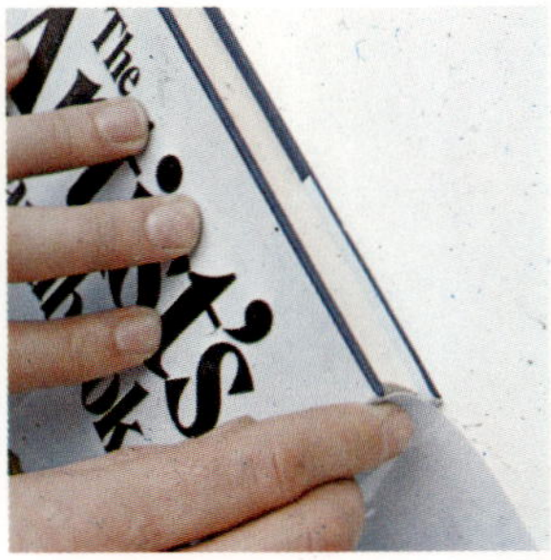

8. Das Dummy in den fertigen Umschlag einschlagen.

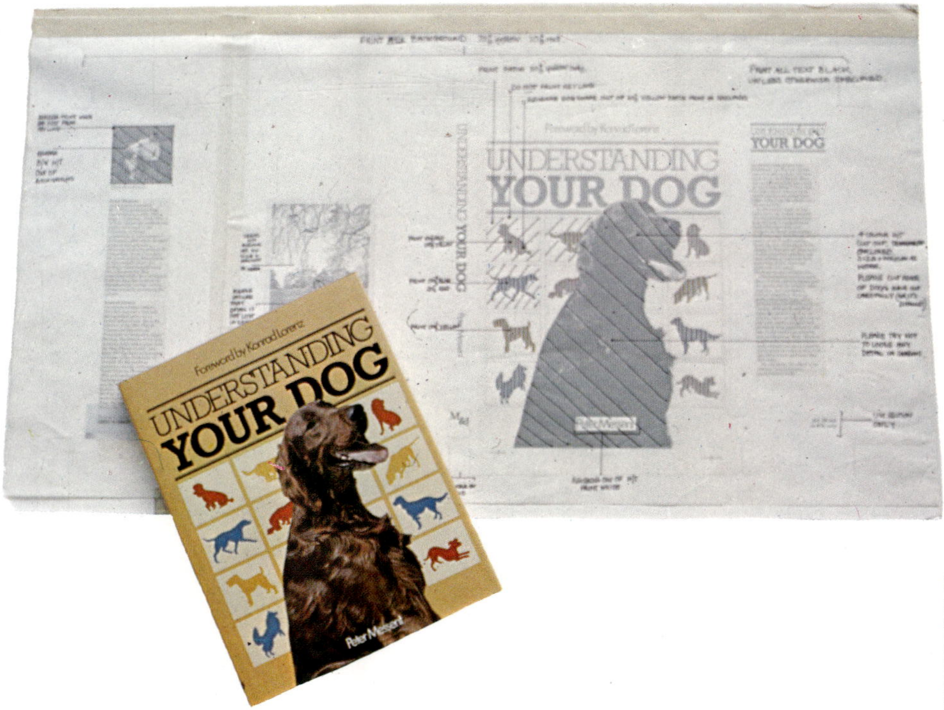

Reinzeichnung Bei dieser Reinzeichnung für einen Schutzumschlag sind Texte und Illustrationen auf dem Reinzeichenkarton in den richtigen Positionen montiert. Die Anweisungen für den Drucker sind auf dem Decker angegeben. Der fertige Buchumschlag wird dann um ein Dummy geschlagen.

22

Photographie

Der Einsatz von Photographie: Kameras, Objektive und Filme; Beleuchtung; Sonnenblende, Vorsatzlinsen und Filter.

Design Photographie

Wenn der Designer in einer Arbeit Photos verwenden will, hat er zwei Möglichkeiten: Er kann bereits vorhandene Photos benutzen oder einem Photographen den Auftrag geben, das benötigte Motiv für ihn zu photographieren.

Bereits fertige Photos kann man aus dem Vorrat der zugänglichen Bilderdienste und Bildagenturen, Museen und Archive heraussuchen.

Soll ein Photo speziell für einen bestimmten Zweck gemacht werden, muß der Designer, um mit dem beauftragten Photographen möglichst effizient zusammenarbeiten zu können, die Schwierigkeiten und Möglichkeiten der Photographie kennen.

Kameras, Objektive und Filme

Welche Kamera, welches Objektiv und welchen Film der Photograph benutzt, hängt im allgemeinen vom aufzunehmenden Motiv ab. Ein Sportphoto erfordert eine andere Aufnahmetechnik als zum Beispiel ein Stilleben oder eine Architekturaufnahme.

Man unterscheidet drei verschiedene Kameratypen: die Platten- oder Großbildkamera, die Mittelformat- oder ein- oder zweiäugige Spiegelreflexkamera und die Kleinbildkamera.

Die Plattenkamera ist vor allen Dingen für Stilleben, Architektur und Sachaufnahmen geeignet. Durch den verstellbaren Balgenteil (siehe Seite 208) lassen sich perspektivische Verkürzungen oder Verzerrungen ausgleichen und eine große Tiefenschärfe erzielen. Während der Einstellarbeiten sieht man das Motiv seitenverkehrt und auf dem Kopf stehend auf der Mattscheibe, die mit rechtwinkligen Rasterstrichen versehen ist, welche als Einstellhilfen fungieren. Um die Mattscheibe beim Betrachten des Motivs von Streulicht freizuhalten, muß ein schwarzes Abdecktuch benutzt werden. Hat man sich versichert, daß Beleuchtung, Schärfe und Komposition stimmen, wird vor die Mattscheibe eine Kassette mit Negativ-Film eingelegt. Das große Negativ-Format, das von 9 × 12 cm über 13 × 18 cm bis hin zu 18 × 24 cm reicht, ermöglicht bei Vergrößerungen eine optimale Schärfe des Motivs. Selbstverständlich sind die Objektive dieses Kameratyps austauschbar.

Die Mittelformatkamera arbeitet mit Rollfilm, der eine Negativgröße von 4,5 × 6 cm, 6 × 6 cm (das gebräuchlichste Format) und 6 × 9 cm ermöglicht. Es gibt diesen Kameratyp als ein- oder zweiäugige Spiegelreflexkamera, das heißt, daß das Motiv über einen Spiegel auf die Suchermattscheibe projiziert wird und so zwar seitenverkehrt, aber nicht auf dem Kopf stehend zu sehen ist. Viele dieser Kameras haben austauschbare Filmmagazine. So kann während der Arbeit ohne Schwierigkeiten z. B. von Farb- auf Schwarzweiß-Film umgewechselt werden. Auch dieser Kameratyp hat zumeist auswechselbare Objektive.

Die Kleinbildkamera ist die handlichste der hier aufgeführten Kameraarten. Ihr Negativformat beträgt 24 × 35 mm, und die meisten Filme bieten für 36 Aufnahmen Platz. Die gebräuchlichsten Kleinbildkameras sind Spiegelreflexkameras mit austauschbaren Objektiven. Dieser Kameratyp wird oft für Reportage- und Sportphotographie verwendet, in Verbindung mit einem Filmtransport-Motor für schnelle Bewegungsabläufe.

Ebenso entscheidend wie die Wahl der Kamera ist die Auswahl des Objektivs. Man unterscheidet grundsätzlich drei verschiedene Objektivarten: das Normal- oder Standardobjektiv, das Weitwinkel- und das Teleobjektiv. Das Normalobjektiv zeigt einen ähnlichen Blickwinkel wie das menschliche Auge. Das Weitwinkelobjektiv zeigt einen größeren Bildausschnitt als das Normalobjektiv, das Teleobjektiv gibt einen kleineren Ausschnitt der Bildszene wieder. Vom selben Kamerastandpunkt aus lassen sich also mit den verschiedenen Objektiven unterschiedliche Bildausschnitte mit unterschiedlichen Wirkungen erzielen. Bei einem Teleobjektiv wirken Vorder- und Hintergrund optisch näher zusammengerückt, und bei einem Weitwinkelobjektiv wirken nahe Dinge größer, als sie in Wirklichkeit sind, und je nach Qualität und Weitwinkelbereich des Objektivs entstehen Verzerrungen. Jedes Objektiv reguliert die Menge des einfallenden Lichtes durch die Blende. Die Blende ist eine verstellbare Öffnung, die je nach der gewünschten Lichtmenge vergrößert oder verkleinert werden kann.

Die Belichtung des Negativs oder des Dias ergibt sich aus der Kombination von Blendenöffnung und Dauer des Lichteinfalls. Man kann also ein Motiv belichten, indem man eine große Blendenöffnung mit einer kurzen Belichtungszeit oder eine kleine Blendenöffnung mit einer langen Belichtungszeit wählt. Die Menge des einfallenden Lichtes ist in beiden Fällen die gleiche, das Ergebnis allerdings oft unterschiedlich. So wird zumeist bei kleiner Blende und langer Belichtungszeit eine größere Tiefenschärfe erzielt. Mit Tiefenschärfe bezeichnet man den Bereich, der vor und hinter dem scharf abzubildenden Objekt noch scharf wiedergegeben wird. Die Wahl der Tiefenschärfe wirkt sich auch auf den Bildeindruck aus: Bei geringer Tiefenschärfe hebt sich der scharf abgebildete Gegenstand gegen den unscharfen Vorder- und Hintergrund ab. Bei der Objektivwahl ist deshalb auch zu beachten, daß ein Teleobjektiv einen geringeren Tiefenschärfebereich hat als z. B. ein Weitwinkelobjektiv.

Eine Kombination der grundsätzlichen Objektivarten ist das Tele- oder Varioobjektiv, das über ein verschiebbares Linsensystem alle drei Objektiv-Charakteristika in sich vereinigt und bei Außenaufnahmen, wo es auf Schnelligkeit und Flexibilität ankommt, gute Dienste leistet.

Die dritte Komponente für ein gutes Bildergebnis ist die Wahl des Films. Farbfilme gibt es als Dia- und Negativ-Film in allen benötigten Größen. Im allgemeinen werden für Druck- und Werbezwecke Diafilme verwendet.

Die Filmempfindlichkeit wird in ASA oder DIN angegeben. Je unempfindlicher ein Film ist (z. B. 25 ASA oder 15 DIN), um so feinkörniger ist er in seiner Struktur. Diese Filme eignen sich, um Stilleben oder Szenen mit vielen Details aufzunehmen. Ein empfindlicher Film mit z. B. 400 ASA oder 27 DIN hat eine Körnung, die bei Vergrößerung sichtbar wird. Extrem hochempfindliche Filme (z. B. 3200 ASA oder 36 DIN) sind sehr körnig und werden bei schwierigen Lichtverhältnissen und für wissenschaftliche und technische Aufnahmen verwendet. Bei einem größeren Auftrag sollte man unbedingt darauf achten, daß alle Dia-Filme, die man verwendet, die gleiche Emulsionsnummer haben. Das garantiert eine gleiche Farbqualität bei der Entwicklung. Man sollte auch, bevor man mit der Arbeit beginnt, einen Film probeweise belichten und entwickeln lassen, um so die speziellen Eigenarten des Films zu kennen. Die Farbqualität der Farbfilme unterscheidet sich von Hersteller zu Hersteller, aber zumeist ist es eine Frage des persönlichen Geschmacks, welchen Film man bevorzugt (siehe Seite 209). Entwickelte Dias müssen sorgfältig behandelt werden, da jeder Kratzer oder jede Beschädigung des Films entweder hohe Retuschekosten mit sich bringt oder aber – in den meisten Fällen – gar nicht wegzuretuschieren ist. Man sollte sie also in Kunststoffhüllen aufbewahren und auf dem Leuchttisch genau auf Mängel untersuchen.

Schwarzweiß-Filme gibt es wie Farbfilme in unterschiedlichen Lichtempfindlichkeitsgraden und Größen als Rollfilme und als Einzelnegative. Durch spezielle Entwickler lassen sich die Filme bei der Entwicklung in ihrer Gradation verändern oder verstärken. Auch bei der Vergrößerung der Negative kann man durch die Wahl des Papiers, das es in verschiedenen Gradationen von extra hart bis hin zu weich gibt, das endgültige Bild manipulieren und bestimmte Effekte erzielen. So besteht die Möglichkeit, durch extra hartes Papier das Photo auf seine reinen Schwarzweiß-Werte zu reduzieren. Für Druckvorlagen sollte die Photopapier-Oberfläche hochglänzend sein.

Es ist ratsam, vor der eigentlichen Aufnahme eine Probebelichtung mit einem Sofortbildfilm zu machen. Auch diese Filme gibt es als Einzelnegative – schwarzweiß und farbig – in verschiedenen Größen. Bei einer solchen Testaufnahme, die sofort anzusehen ist, kann man noch einmal genau überprüfen, ob Licht, Komposition, Schärfe etc. den Vorstellungen entsprechen.

Beleuchtung

Man unterscheidet zwei Beleuchtungsarten: natürliches und künstliches Licht. Als natürliches Licht bezeichnet man Sonnen- oder Tageslicht. Künstliches Licht wird zumeist in Innenräumen verwendet, wobei Lichtquellen wie Glühlampen oder Halogenscheinwerfer eingesetzt werden. Im Freien kann der Photograph die Lichtkontraste durch Reflektoren und Streuscheiben verändern. Bei trüben Lichtverhältnissen ist es aber nicht möglich, harte Kontraste zu erzielen.

Im Studio werden normalerweise zwei Arten von Lichtquellen eingesetzt: Photo- und Halogenlampen. Photolampen geben im allgemeinen ein diffuses und Halogenlampen ein härteres, helleres Licht, welches mit Reflektoren und vormontiertem Pergament oder Gaze-Rahmen gemildert werden kann. Beide Lampenarten erfordern bei Farbaufnahmen die Verwendung von Kunstlichtfilm. Bei Blitzlichtaufnahmen mit dem Studioblitzgerät muß dagegen Tageslichtfilm benutzt werden.

Sonnenblende, Vorsatzlinsen, Filter

Die Sonnenblende verhindert, daß Licht von der Seite in das Objektiv gelangen kann, und ist außerdem ein Schutz gegen Kratzer und Beschädigung des Objektivs. Vorsatzlinsen und Zwischenringe vergrößern den Einstellbereich des Objektivs. Entweder vor das Objektiv gesetzt oder zwischen Objektiv und Kamera angebracht, ermöglichen sie Aufnahmen im extremen Nahbereich, so daß kleine Gegenstände wie Zeichenfedern oder Marienkäfer etc. negativfüllend aufgenommen werden können.

Um das einfallende Licht zu verändern, zu beeinflussen oder zu korrigieren, gibt es eine Reihe von Filtern. Polarisationsfilter absorbieren reflektierendes Licht bei Aufnahmen von Wasser oder durch Glasscheiben. Graufilter reduzieren die Menge des einfallenden Lichtes bei zu grellem Licht oder zu großer Tiefenschärfe. Ultraviolettfilter beseitigen blauen Ferndunst für klare See- und Landschaftsaufnahmen. Skylightfilter verhindern bläuliche Schatten, die bei blauem Himmel entstehen. Fluoreszenzfilter korrigieren grünliches Licht, das von fluoreszierendem Licht ausgeht. In der Schwarzweiß-Photographie kann man mit Filtern den Grau- und Kontrastumfang verändern und beeinflussen. So absorbiert z. B. ein Rotfilter blaues Licht und läßt den Himmel dunkler erscheinen.

Neben diesen grundsätzlichen Filtern gibt es noch viele unterschiedliche Effektfilter. Mit Hilfe von Weichzeichnern erscheinen Kontur und Kontrast des abgebildeten Objekts diffus und weich. Mit Sternfiltern ergeben sich um punktförmige Lichtquellen und Lichtreflexe sternförmige Strahlenkränze. Das Glas der Farbverlaufsfilter ist verschiedenfarbig unterteilt. So kann die eine Hälfte eines Farbverlaufsfilters getönt, die andere Hälfte farblos sein. Mit diesem Filter ist es möglich, den Himmel farblich zu verfremden und den Vordergrund in realistischen Farben wiederzugeben. Diese Farbverlaufsfilter gibt es in allen möglichen Farb- und Formkombinationen; sie können auch mit anderen Filtern wie z. B. Sternfiltern kombiniert werden.

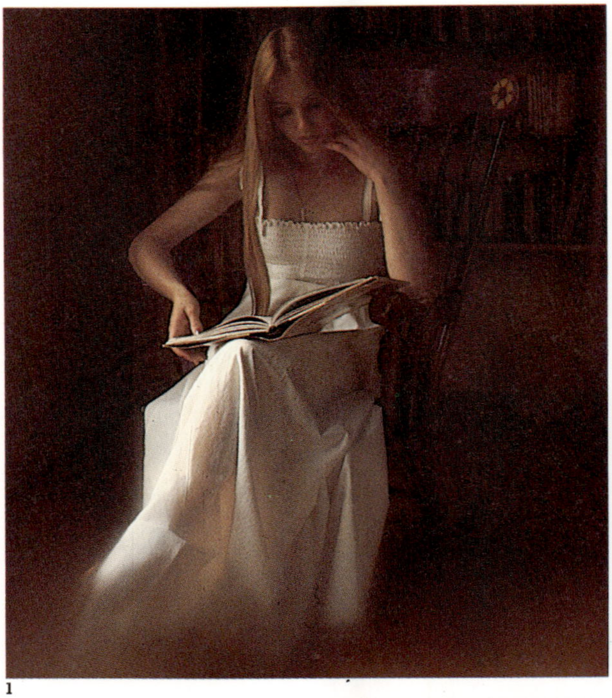
1

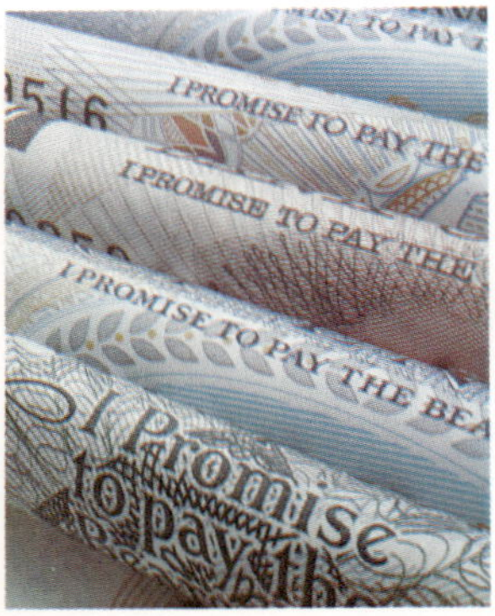

2

Photographische Effekte Je nach Auftrag muß der Photograph durch die Kenntnis photographischer Techniken und Effekte in der Lage sein, Stimmungen oder Informationen im Bild festzuhalten und wiederzugeben. Mit einem Weichzeichner entsteht ein romantisches Modebild (**1**), mit einem Makroobjektiv oder mit Vorsatzlinsen werden alltägliche Gegenstände in neuer, ungewohnter Sicht gezeigt (**2**), und durch eine Nachtaufnahme wird eine ansonsten gewöhnliche Stadtansicht dramatisiert (**3**).

3
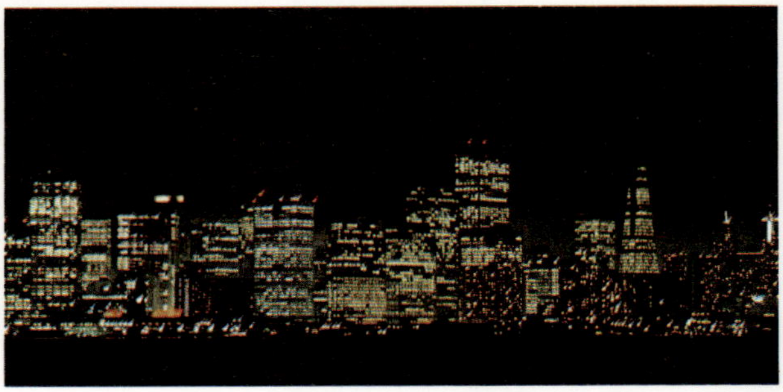

Unterschiedliche Blickwinkel Beim Photographieren großer Objekte ist es die Aufgabe des Photographen – falls es nicht einen ganz genauen Entwurf des Art Directors oder Auftraggebers gibt –, ein interessantes Photo zu machen. Photographiert man dieses Flugzeug im Hangar (**4**), so erzielt man durch ein Weitwinkelobjektiv (**6**) oder durch ein Teleobjektiv (**5**) ganz unterschiedlich dramatische Effekte.

4
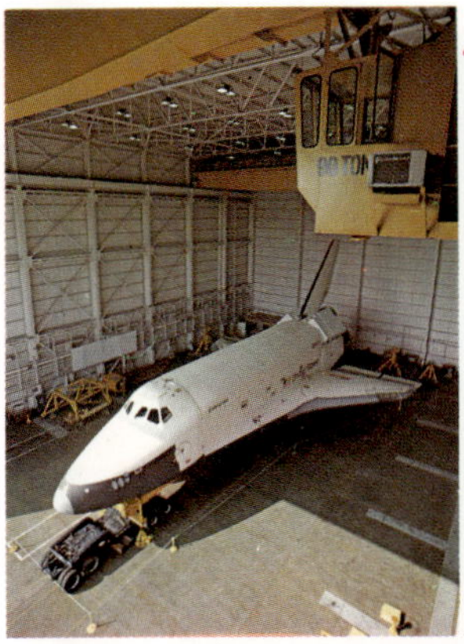

5
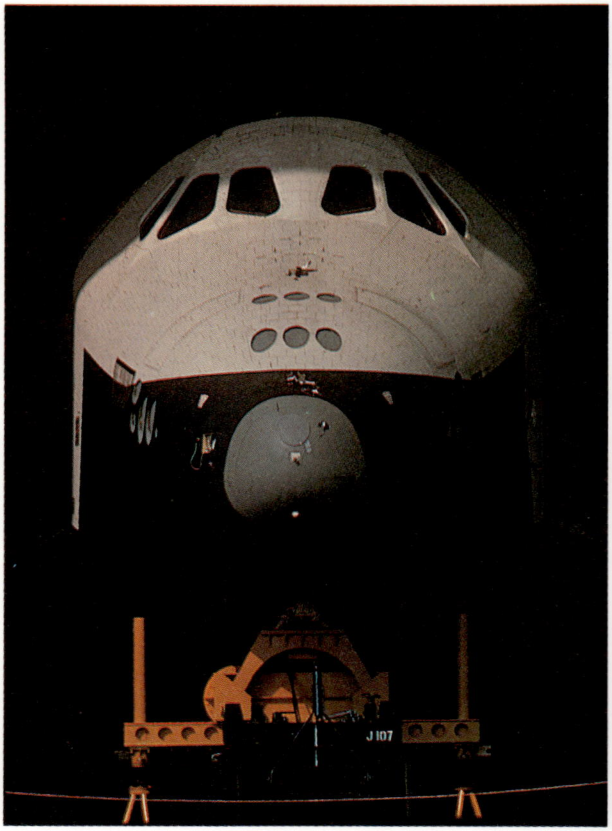

6
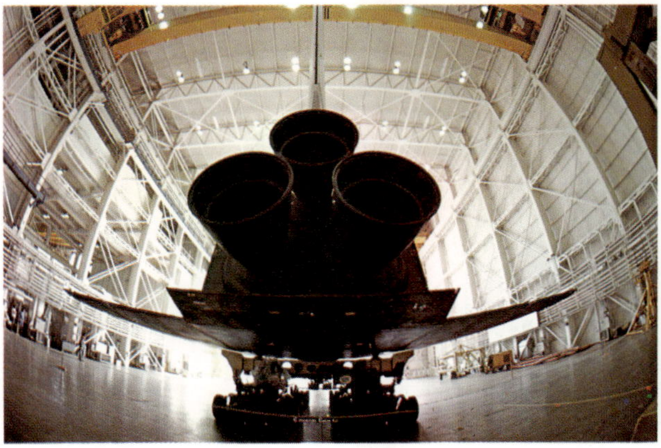

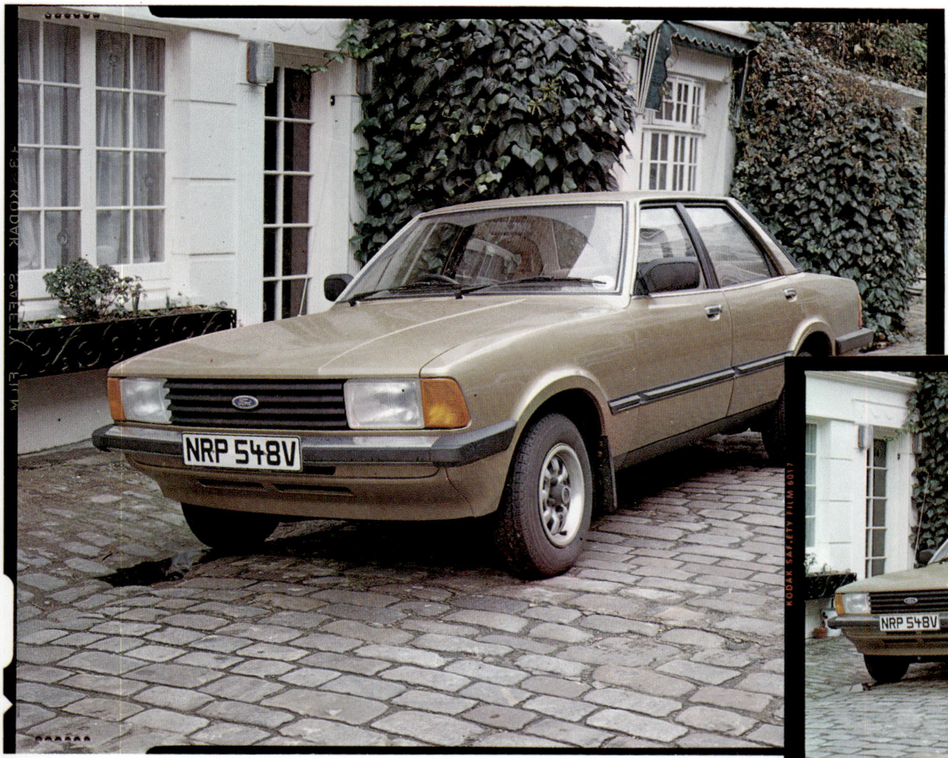

10 × 13 cm (5 × 4″)

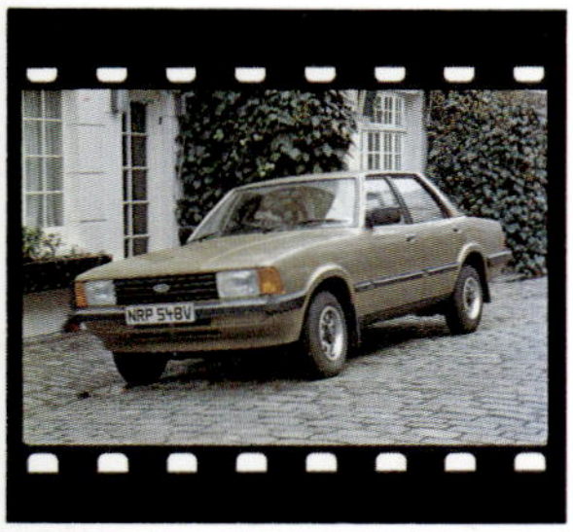

35 mm

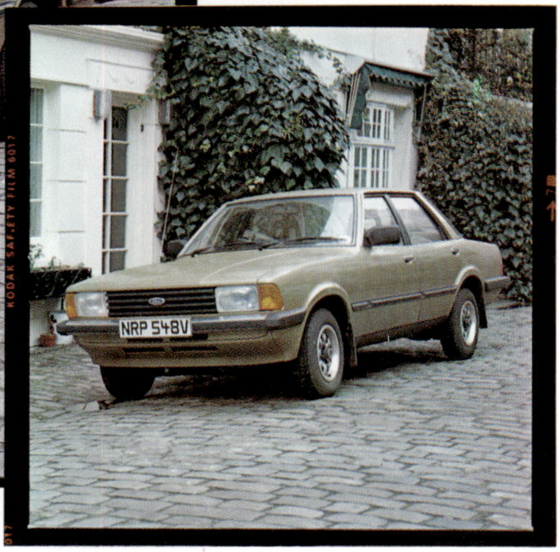

6 × 6 cm

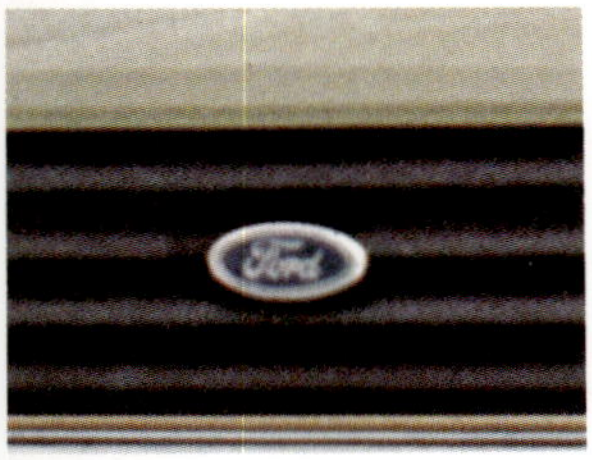

35 mm 1000 %

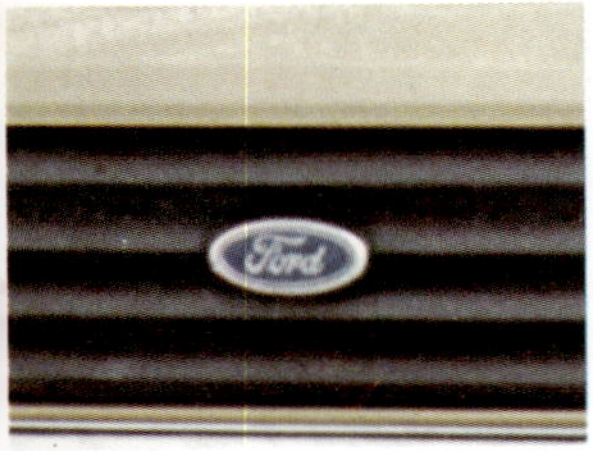

6 × 6 cm 600 %

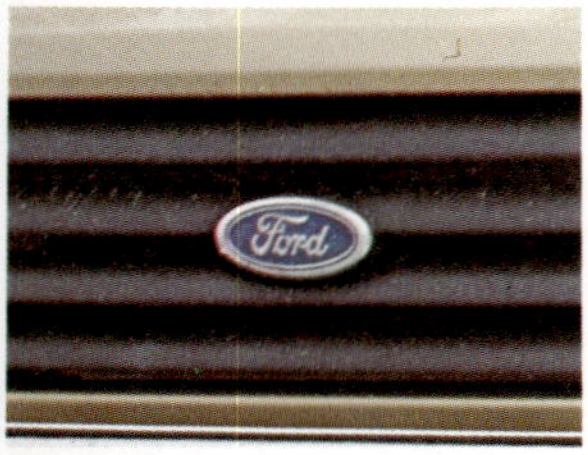

10 × 13 cm (5 × 4″) 300 %

Filmformate und Vergrößerungen
Hier wurde dasselbe Motiv mit drei verschiedenen Film-Größen aufgenommen: auf 35 mm, 6 × 6 cm und 10 × 13 cm. Bei der Designarbeit werden Photos oder Photoausschnitte oft vergrößert abgebildet, und der Grad der Vergrößerung wirkt sich auf die Schärfe des Bildes aus. Der Bildausschnitt des 35-mm-Bildes wurde um 1000 %, der des 6 × 6-cm-Bildes um 600 % und der des 10 × 13-cm-Photos um 300 % vergrößert. Da die Körnigkeit des Films vom Filmformat unabhängig ist, ist die 35-mm-Vergrößerung die unschärfste und die 10 × 13-cm-Vergrößerung die schärfste.

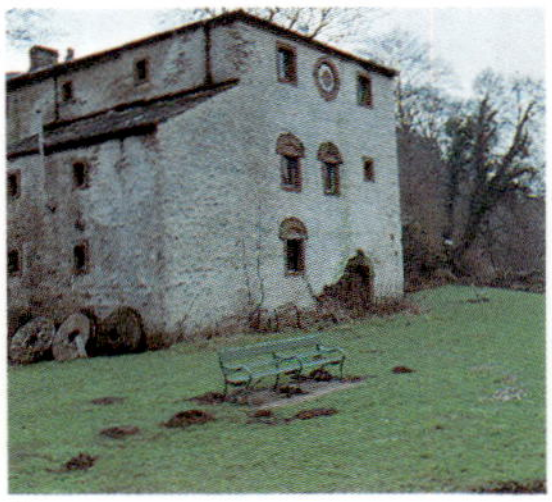

1

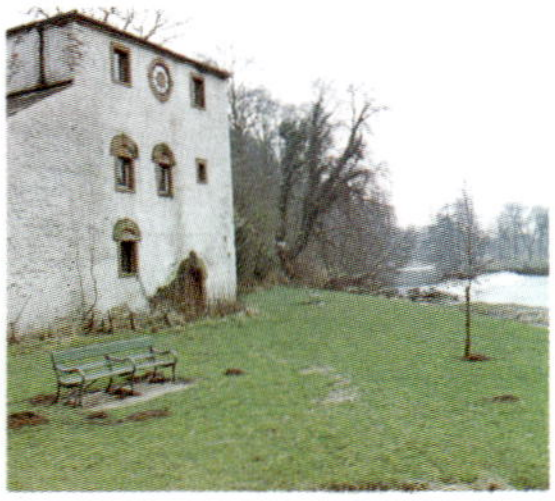

2

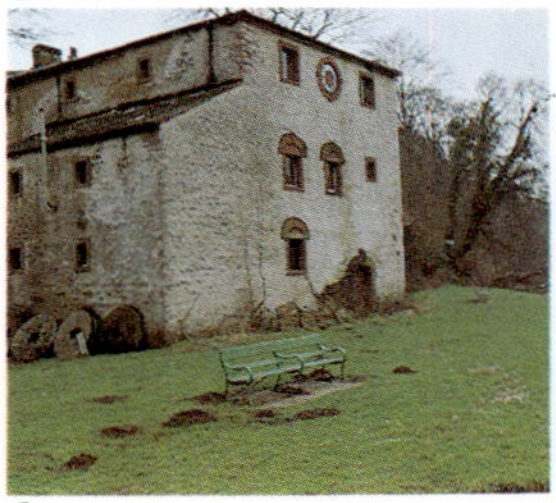

3

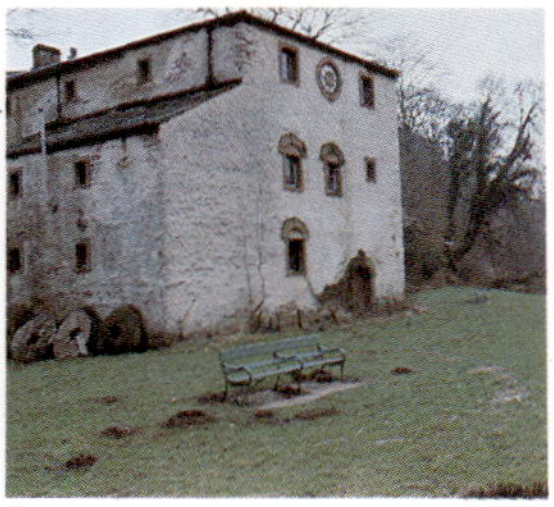

4

Farbfilme Die Farben, die die verschiedenen Farbfilmfabrikate ergeben, variieren beträchtlich. Beim Agfacolor-Film wirken Grautöne fast blaugrün, und die Farben sind kräftig (**1**). Mit dem Fujicolor-Film lassen sich scharfe Farbkontraste erzielen (**2**). Der Kodachrome-Film zeigt recht gute Farbkontraste mit einer leichten Rotfärbung (**3**), und der Ektachrom-Film liefert kühlere Farben mit einer leichten Neigung zu Blau (**4**).

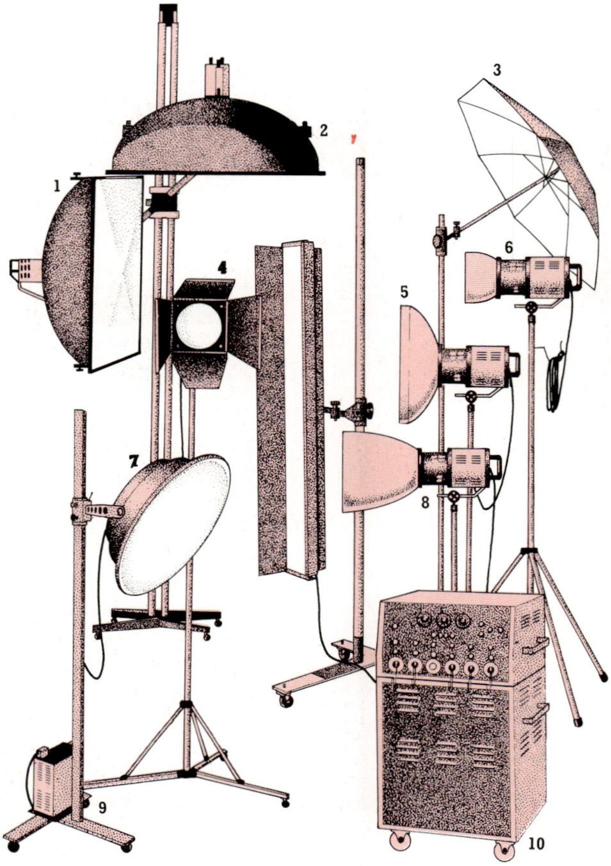

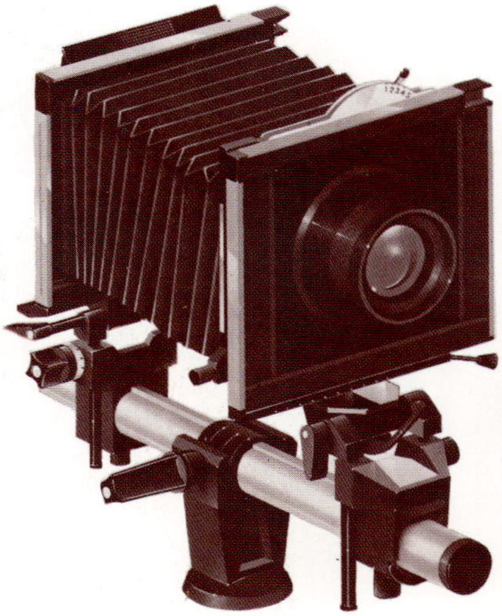

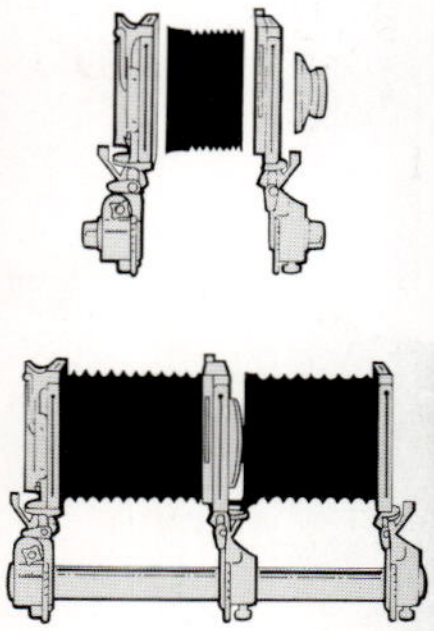

Beleuchtung Ausreichendes und gut plaziertes Licht ist die Grundbedingung für ein gelungenes Photo. Zu einer Beleuchtungsausrüstung sollten folgende Dinge gehören: Normalreflektor (**6**), Engwinkelreflektor (**8**), Weichstrahler (**5**), Flächenleuchte (**2**) mit Reflektor (**1**), Schirmreflektor (**7**) und eine Lampe mit verstellbaren Blenden (**4**), ein Schirm (**3**), um das Licht zu streuen, und ein Blitzgenerator (**9**, **10**).

Objektive Verschiedene Objektive erzeugen unterschiedliche Bildausschnitte. Die Bilder des jungen Mädchens (**unten**) zeigen die unterschiedlichen Abbildungsgrößen, die sich bei gleichbleibendem Abstand zwischen Modell und Kamera ergeben. Ganz links sieht man die Abbildung mit einem extremen Weitwinkelobjektiv (1,5 mm), und ganz rechts wird die Bildgröße durch ein extremes Teleobjektiv (800 mm) bestimmt.

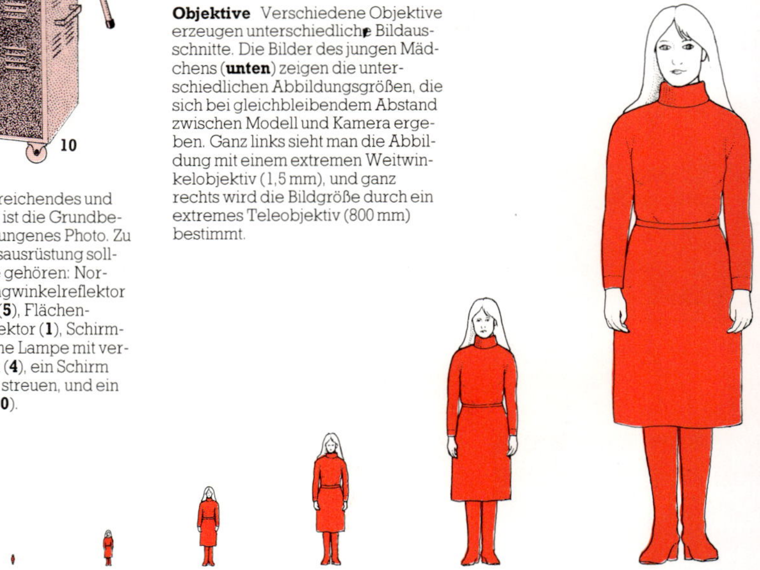

Kameramotor Mit einer motorbetriebenen Kamera können die einzelnen Phasen einer schnell ablaufenden Bewegung im Bild festgehalten werden. Der Motor transportiert den Film automatisch weiter, und man kann, wenn der Apparat auf fortlaufende Belichtung eingestellt ist und der Photograph den Auslöser gedrückt hält, automatisch Bild für Bild weiterbelichten.

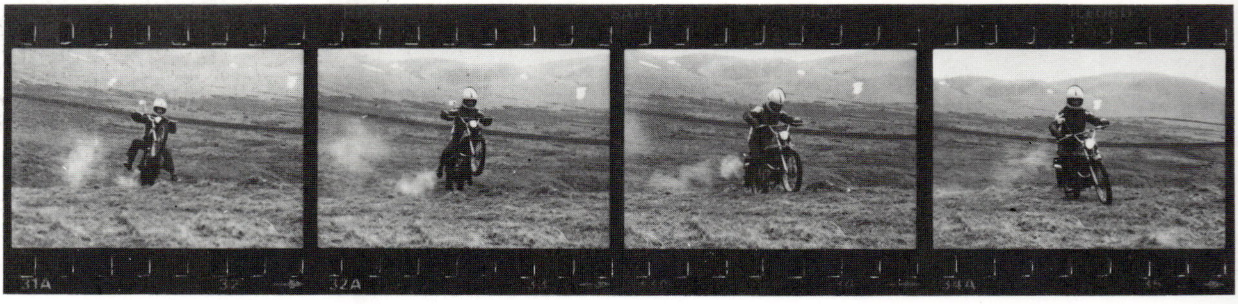

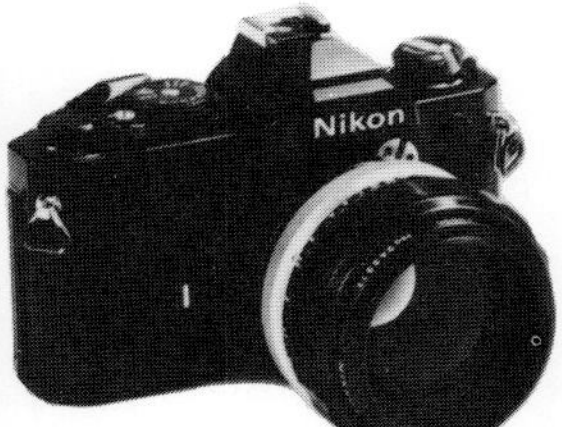

1

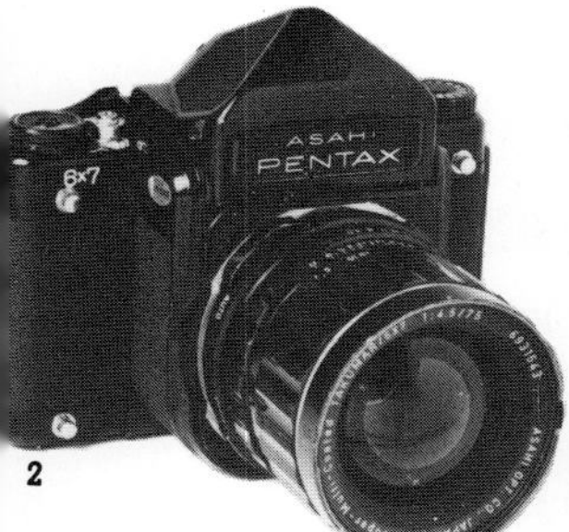

2

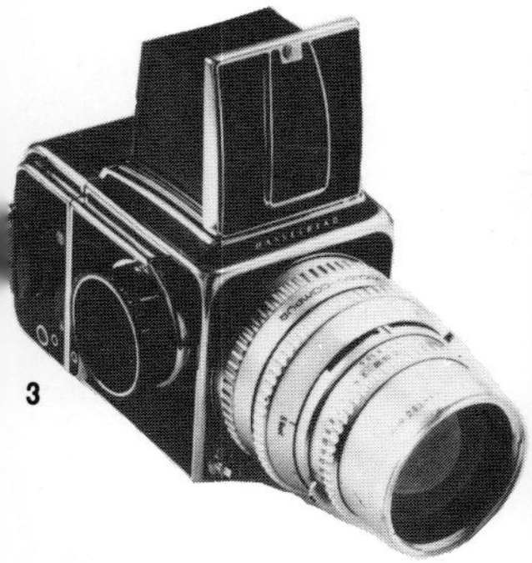
3

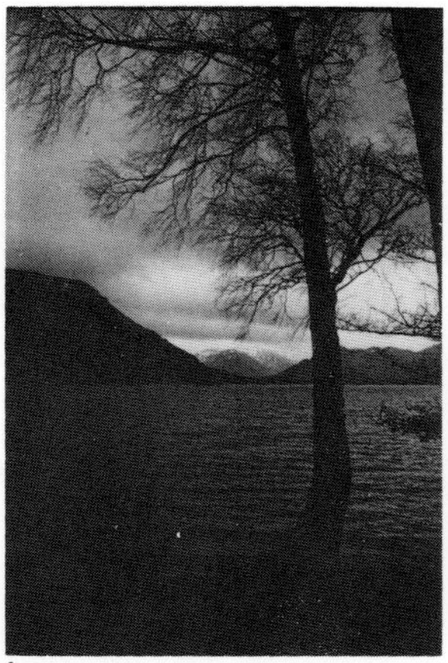
4

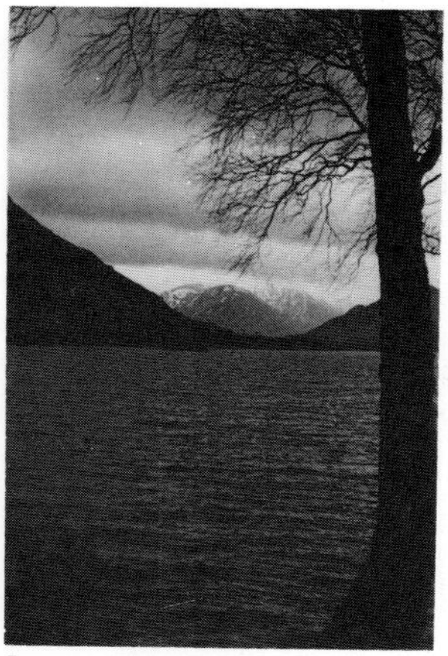
5

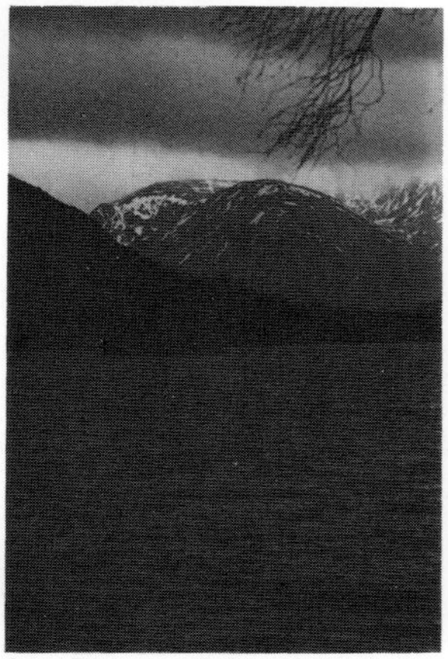
6

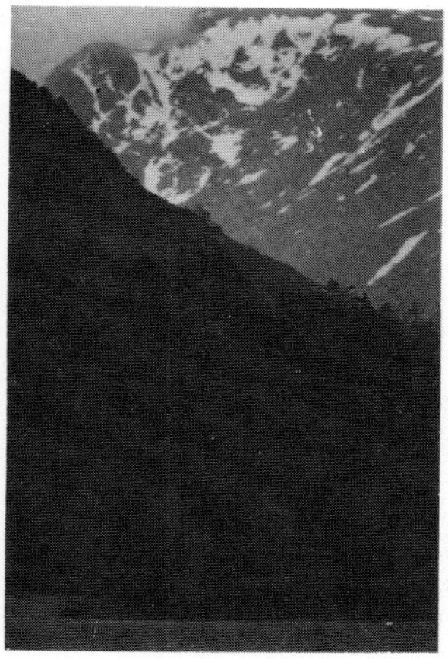
7

Kameras Gute Ergebnisse erfordern gute Kameras. Die Platten- oder Großbild-Kameras sind wegen ihrer vielen Verstellmöglichkeiten speziell für komplizierte Architektur- und Sachaufnahmen geeignet. Die Kleinbildkamera (**1**) wird wegen ihrer handlichen Größe und der 36er Filme oft für Reportage- und Sportphotos benutzt. Diese Mittelformat-Kamera (**3**) hat auswechselbare Rollfilmkassetten, so daß man während der Arbeit schnell abwechselnd Schwarzweiß- und Farbfilme einsetzen kann. Diese Kamera (**2**) liefert Bilder im 6 × 7-cm-Format.

Bildgröße Auch der Umfang des Bildausschnittes der Kamera ist vom verwendeten Objektiv abhängig. Diese Bilder vom selben Objekt (**links**) wurden mit verschiedenen Objektiven aufgenommen – 28 mm (**4**), 55 mm (**5**), 135 mm (**6**) und 500 mm (**7**).

Filmverpackung Auf den Verpackungen der Filme stehen viele wichtige Hinweise (**unten**). So sind Filmempfindlichkeit und Verfallsdatum angegeben, bei Farbfilmen außerdem noch die Emulsionsnummer, ob es sich um Negative oder Dias handelt und ob es ein Kunst- oder Tageslicht-Film ist.

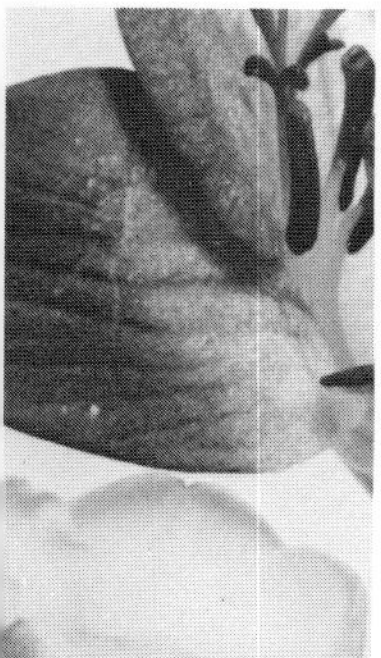
8

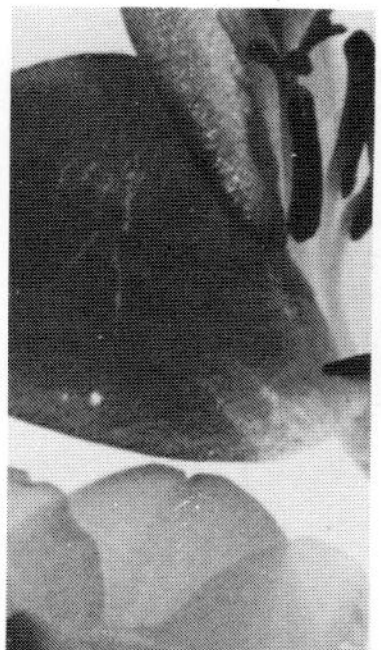
9

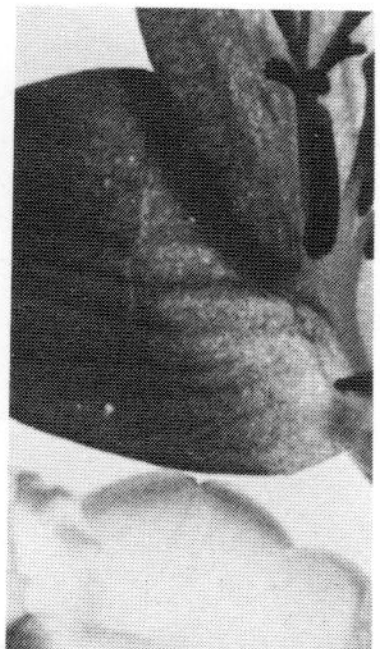
10

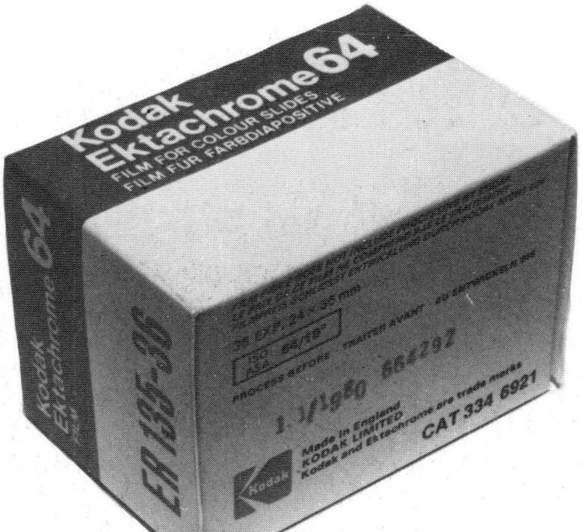

Schwarzweiß-Filme Je lichtunempfindlicher ein Film ist, desto feinkörniger ist er. Diese Filme (**8**) werden für Stilleben und Objekte, die genau wiedergegeben werden sollen, benutzt und wenn große Vergrößerungen vorgesehen sind. Ein empfindlicher Film mit z. B. 400 ASA (**9**) hat eine Körnung, die bei der Vergrößerung sichtbar wird. Hochempfindliche Filme von etwa 3200 ASA (**10**) sind extrem körnig und werden hauptsächlich für technische und wissenschaftliche Aufnahmen verwendet.

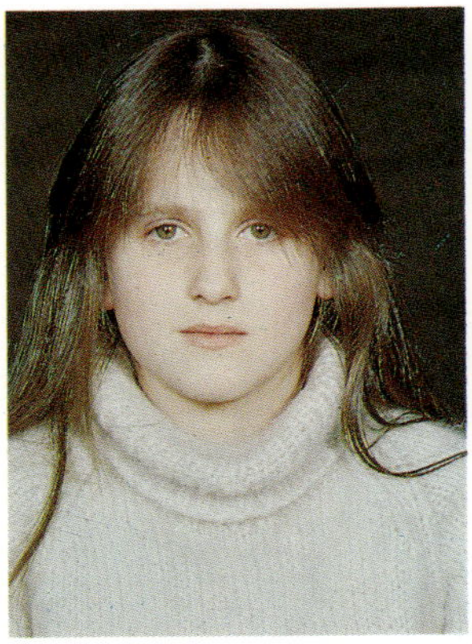
1

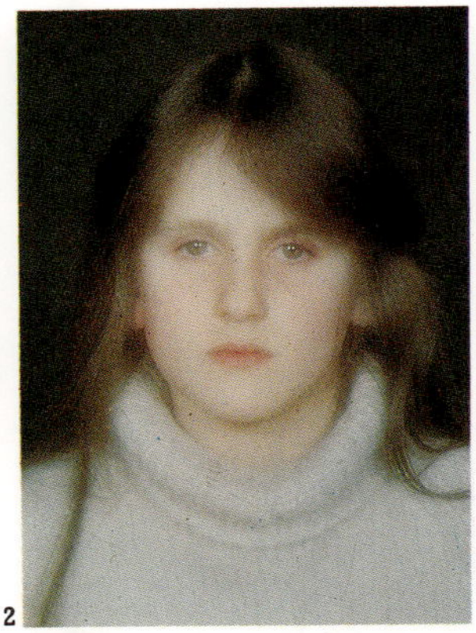
2

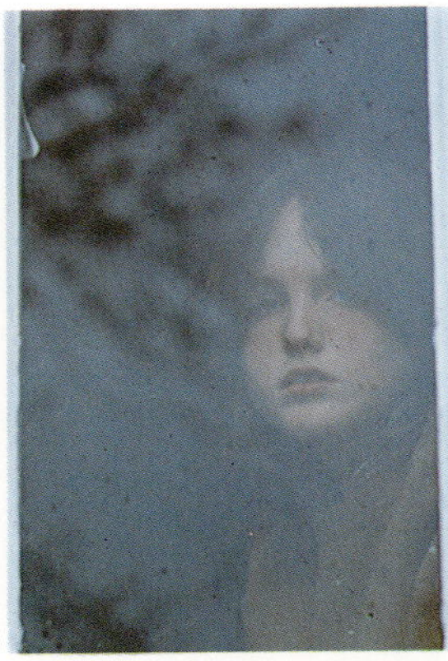
3

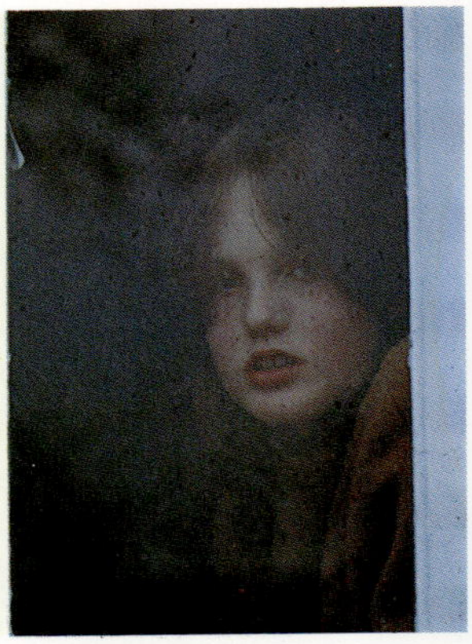
4

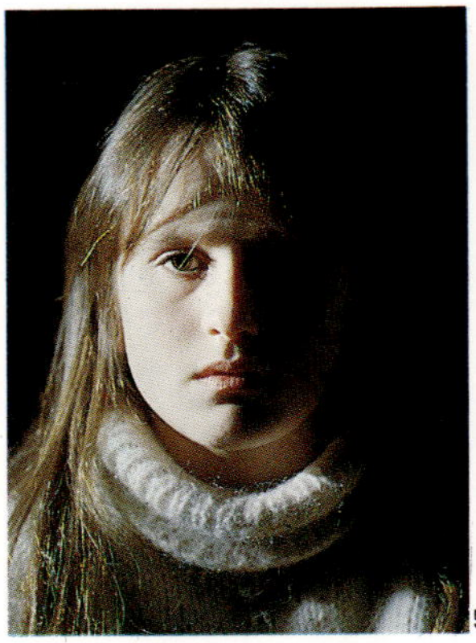
5

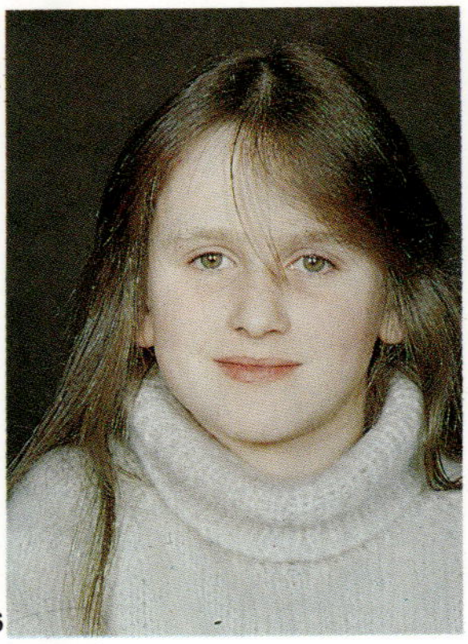
6

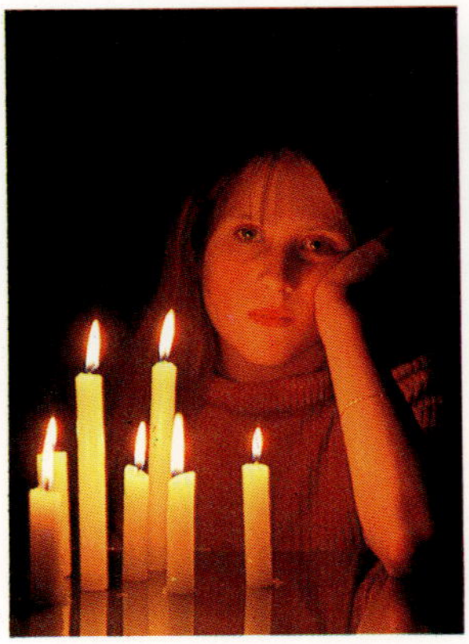
7

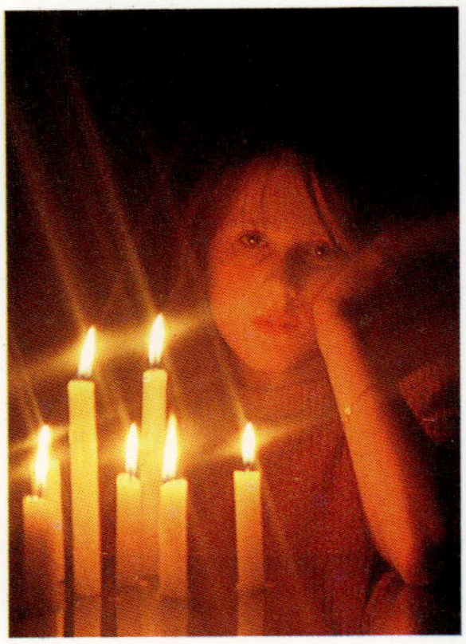
8

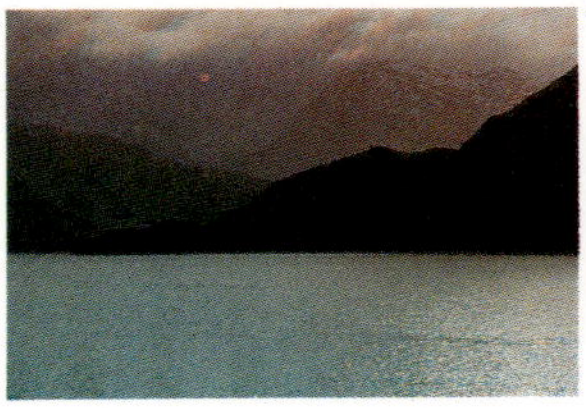
9

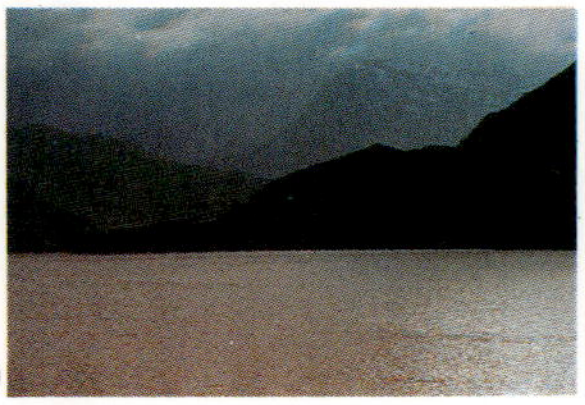
10

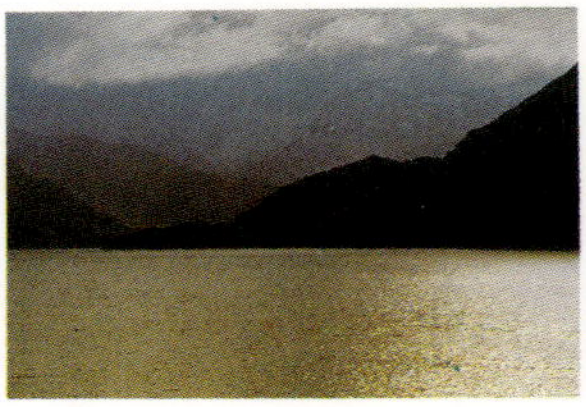
11

12

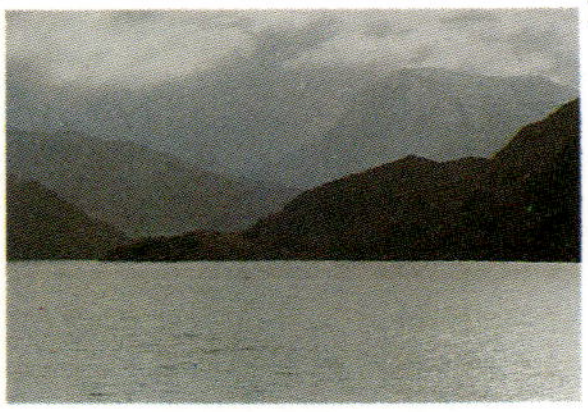
13

14

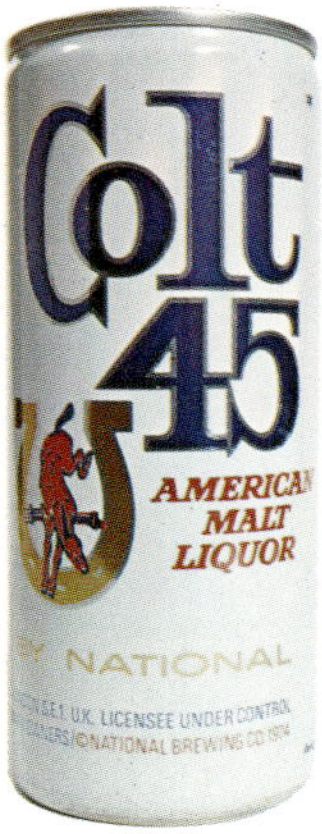

15

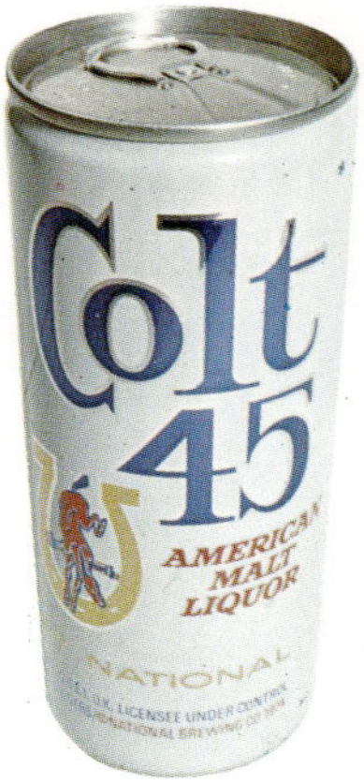

16

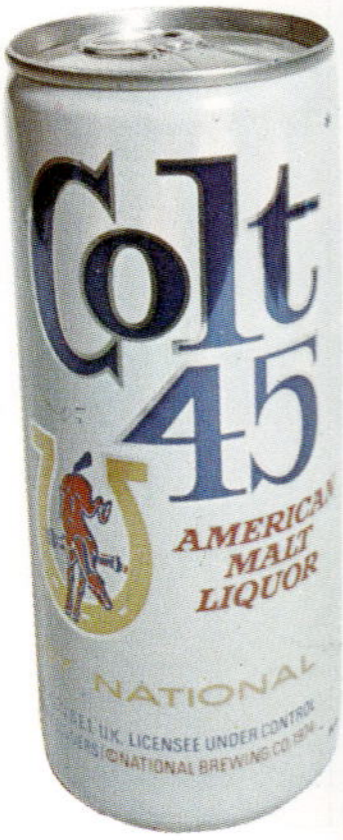

Filter Filter können das Photo in Farbe, Kontrast und Effekt verändern. So wurde das Mädchenporträt einmal ohne (**1**) und einmal mit einem Weichzeichner (**2**) aufgenommen. Der Polarisations-Filter gleicht Kontraste aus und absorbiert Lichtreflexe [(**3**) ohne Filter, (**4**) mit Polarisations-Filter]. Bei einer Low-key-Aufnahme (**5**) herrschen direkte Beleuchtung und starke Kontraste vor, während bei einer High-key-Aufnahme (**6**) die Beleuchtung gleichmäßiger ist. Der Sternfilter läßt die Punktlichter der Kerzen sternförmig überstrahlen (**8**). Bild (**7**) zeigt das gleiche Motiv ohne Sternfilter-Effekt. Die Bildserie (**9**) bis (**13**) zeigt die Wirkung verschiedener Farbfilter. Bild (**13**) ist ohne Filter aufgenommen, Bild (**9**) benutzt einen Blau-Filter in der rechten Bildhälfte, Bild (**10**) einen Blau-Filter für den Himmel, Bild (**11**) einen kombinierten Blau-Braun-Filter und Bild (**12**) einen Braun-Filter.

Perspektive Bei der Aufnahme von vorne erscheinen die Seiten der Büchse parallel zueinander (**14**), in der perspektivischen Aufnahme (**15**) ist der Deckel zu sehen. Die letzte Aufnahme (**16**) zeigt, wie mit Hilfe des beweglichen Kamerabalgens der Plattenkamera beide Ansichten kombiniert werden können.

23

Reproduktionsverfahren

Methoden und Techniken: Raster, Farbseparation, Farbkorrektur, Vorlagen.

Raster

Um ein Halbton-Motiv, also eine Vorlage, die nicht nur reine Schwarzweiß-Werte, sondern auch Grautöne aufweist, im Druck originalgetreu wiedergeben zu können, muß es aufgerastert werden. Unter »rastern« versteht man eine Aufteilung der Grauwerte in viele einzelne Schwarzweiß-Sektionen. Das geschieht mit Hilfe eines Glas- oder Distanzrasters oder eines Kontaktrasters.

Ein Distanzraster besteht aus zwei Glasplatten, in die jeweils in regelmäßigem Abstand und dicht beieinander gerade, feine Linien eingraviert sind. Beide Glasplatten sind so gegeneinander versetzt, daß die Linien ein rechtwinkliges Gitter ergeben. Diese Art des Rasters, die man Kreuzlinienraster nennt, ist die am häufigsten benutzte. Bei der Aufnahme der Vorlage liegt das Raster in geringer Entfernung vor dem photographischen Film. Wird nun das Abbild der Vorlage durch eine Optik auf den Film gelenkt, passiert das Licht zuvor das Raster. Dabei entspricht die Intensität des durch die winzigen Öffnungen fallenden Lichtes der Helligkeit des entsprechenden Hell- oder Dunkelwertes der Vorlage. Je nach Lichtstärke bilden sich auf dem Film, da die Öffnungen entweder überstrahlt oder bei wenig Licht nur kleine weiße Flächen belichtet werden, Tausende von Einzelpunkten, die den Eindruck einer Halbtonvorlage erwecken. An hellen Stellen der Vorlage zeigen sich auf dem Rasternegativ große Rasterpunkte, und das Bild ist dunkler; dort, wo die Vorlage dunkler ist, ist das Rasternegativ hell mit kleinen Rasterpunkten. Was dem menschlichen Auge wie fließend ineinander übergehende Grau-Werte erscheint, ist beim gedruckten Bild in Wirklichkeit eine Vielzahl von Rasterpunkten, die nur bei genauer Betrachtung wahrgenommen werden können. Ein Kontaktraster wird aus photographischem Filmmaterial hergestellt und direkt, also ohne Distanz, auf den Negativ-Film gelegt. Beim Distanzraster ist nur das Zentrum der Rasteröffnung völlig transparent, und nur die Stellen, an denen sich die Linien kreuzen, sind völlig schwarz. Schwaches Licht strahlt also nur durch das Zentrum des Rasters, während intensiveres Licht eine größere Fläche zu erhellen vermag.

Diese beiden Rastermethoden werden mit Hilfe einer Reprokamera ausgeführt, die im Prinzip wie ein Vergrößerungsgerät funktioniert. Eine andere Art der Aufrasterung geschieht mit dem sogenannten Scanner. Beim Scanner wird die Vorlage auf einen Zylinder montiert und mit einem Licht- oder Laserstrahl Punkt für Punkt abgetastet. Die unterschiedlichen Hell- und Dunkel-Werte werden von einer photoelektrischen Zelle in die entsprechenden elektrischen Stromimpulse umgewandelt. Diese elektrischen Signale steuern nun wiederum einen Lichtstrahl, der die Hell-Dunkel-Werte auf den Negativfilm schreibt.

Die Rasterfeinheit und die Rasterstruktur können je nach Anforderung des Drucks und des Papiers unterschiedlich sein. Dabei gilt: Je feiner das Raster ist, um so genauer und besser werden Tonwerte und Details wiedergegeben. Bei Reproduktionen auf glänzendem Kunstdruckpapier verwendet man im allgemeinen ein Raster mit bis zu 60 Linien pro Zentimeter. Für Reproduktionen auf gestrichenen Offsetpapieren liefern Raster mit 48 bis 53 Linien pro Zentimeter gute Resultate. Für den Zeitungsdruck genügt ein grobes Raster von 22 bis 28 Linien pro Zentimeter.

Neben den Kreuzlinienrastern gibt es noch eine Reihe anderer Raster, wie z. B. Kornraster, Textilraster und mehrere Linienraster (Wellenlinienraster, Spirallinienraster etc.), die benutzt werden, um eine Vorlage in spezieller Art und Weise zu verändern, zu betonen oder zu verfremden (siehe Seite 174). Im großen und ganzen aber funktionieren alle Raster nach dem gleichen Prinzip.

Farbseparation

Um ein farbiges Halbton-Bild im Druck originalgetreu wiedergeben zu können, müssen vier verschiedene Farbauszug-Negative und vier verschiedene Druckplatten angefertigt werden. Die Methode der Farbtrennung – das heißt, daß jede Farbe gesondert gedruckt wird – beruht auf dem Prinzip der additiven und subtraktiven Licht- und Farbmischung. Weißes oder farbloses Licht besteht aus einer Addition aller Farben. Die drei Farben Orange-Rot, Grün und Blau-Violett nennt man Primärfarben, da sie, als Lichtbündel auf eine Stelle konzentriert, wiederum weißes Licht ergeben. Vereinigt man nur zwei der drei Primärfarben miteinander, so entsteht eine hellere Mischfarbe. Grün und Blau-Violett ergeben ein helles Blau-Grün (Cyan); Orange-Rot und Grün bilden Gelb, und Blau-Violett und Orange-Rot mischen sich zu einem hellen violetten Rot (Purpur bzw. Magenta). Diese drei Farben – Gelb, Magenta und Cyan – werden Komplementärfarben genannt, da sie zusammen mit den Primärfarben ebenfalls weißes Licht ergeben.

Bei der Mischung von Farbstoffen spricht man von subtraktiver Farbmischung. Die vom Auge wahrgenommenen Farben ergeben sich durch die Tatsache, daß von weißem Licht, das auf eine reflektierende Fläche auftrifft, nur ein Teil des Gesamtspektrums reflektiert beziehungsweise bei transparentem Material hindurchgelassen wird.

Wird z. B. zyanfarbener Farbstoff mit Gelb gemischt, so reflektiert darauffallendes weißes Licht die Farbe Grün, da Rot und Blau absorbiert werden. Fällt weißes Licht durch ein blaues Glas, kann nur das blaue Licht passieren, rotes und grünes Licht werden absorbiert. Das heißt, daß alle Helligkeitsabstufungen blau wiedergegeben werden und die grünen und roten Bildflächen schwarz erscheinen. Bei einem roten Glas wird vom gesamten Farbspektrum nur das rote Licht passieren, und Blau und Grün werden als dunkle Partien erscheinen. Wird ein grünes Glas oder ein Grünfilter benutzt, sind die roten und blauen Elemente als dunkle Stellen zu sehen. Diese Eigenschaft des Lichtes ist die Grundlage für farbige Druckreproduktionen. Eine farbige Vorlage wird mit vier Auszugsfiltern photographiert: einem Orange-Rotfilter, einem Grünfilter, einem Blau-Violettfilter und einem modifizierten Filter für Schwarz. Wird die Farbvorlage mit einem Orange-Rotfilter aufgenommen, passiert nur das orangerote Licht das farbige Glas, und die blau-violetten und grünen Flächen erscheinen schwarz. Auch die Mischfarben, die grüne oder blau-violette Elemente enthalten, werden dunkel wiedergegeben. Mit einem Grünfilter werden die blau-violetten und orange-roten Flächen der Vorlage schwarz abgebildet.

Bei einem Blau-Violettfilter sind die schwarzen Flächen eine Kombination aus Orange-rot und Grün. Die Druckplatte, die von einem Magentafarbauszug-Negativ hergestellt wird, druckt mit der Farbe Cyan die Grün- und Blau-Violett-Elemente der Vorlage.

Bei einer farbigen Halbton-Vorlage werden die Farbauszug-Negative gerastert und auf Druckplatten übertragen. Dann werden die Druckformen in den entsprechenden Farben übereinandergedruckt. Alle vier Farbauszug-Negative haben dasselbe Raster. Um möglichst freistehende Rasterpunkte zu erhalten, werden die einzelnen Raster in einem bestimmten Winkel zueinander angeordnet. Je nach Winkelstellung können sich störende Muster ergeben, die man Moiré nennt.

Wenn sich die Rasterpunkte der einzelnen Drucke überlagern oder überschneiden, entsteht bei transparenter Farbe die subtraktive Farbmischung. Liegen die Rasterpunkte nebeneinander, gilt das Prinzip der additiven Farbmischung. In diesem Fall verbindet das menschliche Auge die verschiedenen Farbpunkte zu einem gemeinsamen Farbeindruck. An hellen Stellen des Bildes ist beim Druck, da die Rasterpunkte dort nur klein sind, die Farbe des Papiers zu sehen. Bei einer reinen Strichreproduktion wird ebenfalls das Farbauszug-Verfahren angewendet, allerdings wird hier kein Raster eingezogen, da die Druckfarben flächig aufgetragen werden. Durch das Übereinanderdrucken verschiedener transparenter Farben läßt sich eine Vielzahl von Farbtönen erzielen.

Farbkorrektur

Fast immer ist es unumgänglich, beim Druck von Farbvorlagen einige Farbkorrekturen vorzunehmen. So kann es vorkommen, daß bestimmte Farbflächen in ihrer Intensität zurückgenommen oder verstärkt werden müssen. Das geschieht entweder mit Hilfe spezieller photographischer Masken oder mit Abschwächern. Eine weitere Korrekturmöglichkeit ist die Unterfarbebeseitigung. Dabei müssen die dunklen Flächen in den jeweiligen Farbauszügen abgeschwächt werden, da sie, in Verbindung mit dem Schwarz-Auszug, zu intensiv hervortreten. Zeigt ein Farbandruck Moiré, stehen die Raster der einzelnen Farbauszüge nicht im richtigen Winkel zueinander. Farbverschiebungen können auch dann entstehen, wenn die Farben nicht paßgerecht übereinandergedruckt sind, also nicht Register halten.

Vorlagen

Für die Halbton-Separation sollte man, wenn möglich, Farbdias als Vorlagen benutzen, da Durchsichtbilder immer mehr Leuchtkraft und Farbintensität besitzen als Aufsichtbilder. Will man zum Beispiel eine farbige Zeichnung reproduzieren, sollte von ihr ein farbgetreues Dia hergestellt werden. Lassen sich Aufsichtbilder nicht vermeiden, muß man darauf achten, daß es sich nicht um schon gerasterte oder mit einer Textur unterlegte Bilder handelt, da das zu Moiré-Bildung oder Unschärfen führen kann. Eine Reproduktion ist immer nur so gut wie ihre Vorlage. Deshalb muß darauf geachtet werden, daß die Vorlage scharf und ohne Farbstich ist, Details klar zu sehen sind und das gesamte Bild nicht zu dicht ist. Auch auf Beschädigungen wie Kratzer und andere Mängel wie Schmutzpartikel muß die Vorlage betrachtet werden. Um alle diese Voraussetzungen prüfen zu können, sollte das Dia auf einem farbneutralen Leuchttisch mit der Lupe angesehen werden.

Der Scanner Mit diesem Gerät werden gerasterte Tonvorlagen und Farbauszüge auf elektronischem Weg hergestellt. Das Aufsichtbild oder das Dia wird auf eine sich drehende Abtastwalze gespannt und mit einem Licht- oder Laserstrahl Punkt für Punkt abgetastet. Die Hell- und Dunkelwerte werden in entsprechende elektrische Impulse umgewandelt, die den Schreibkopf, der das Rasternegativ erstellt, steuern.

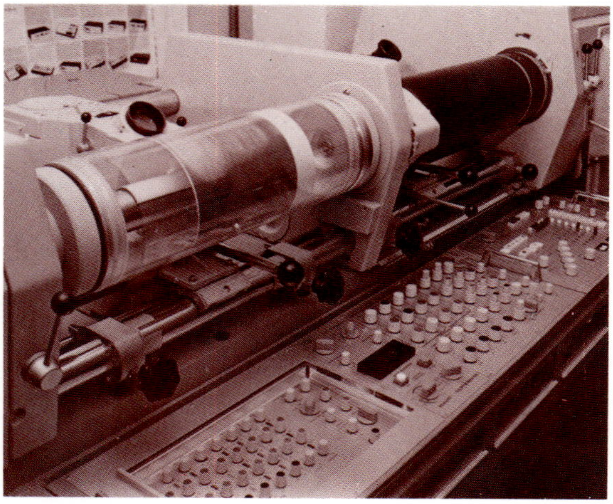

Farbtabellen Die Drucker-Farbtabelle (**rechts**) zeigt die Farbwerte, die sich durch die verschiedenen Farbzusammensetzungen der drei Druckfarben – Gelb, Magenta und Cyan – ergeben. Eine noch umfangreichere Tabelle enthält zusätzlich Schwarz. Farbtabellen sind aufwendig in der Herstellung und daher teuer; aber sie sind unerläßlich für die Bestimmung von Farbkomponenten oder die Auswahl von Farbtönen.

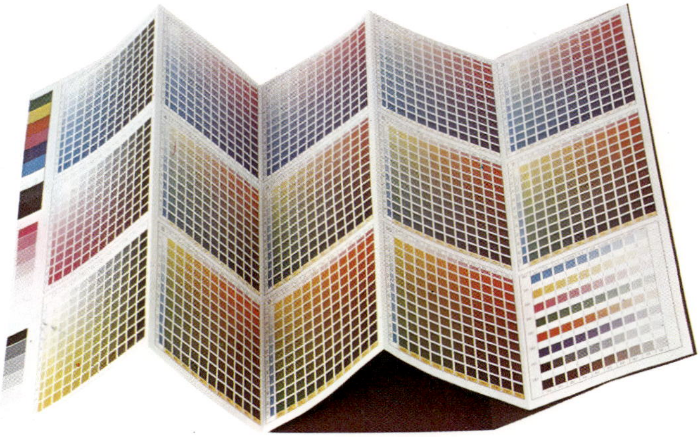

Farbseparation Der Vierfarbdruck verwendet die Grundfarben Gelb, Magenta, Cyan und Schwarz in verschiedenen Kombinationen, um das gesamte Farbspektrum des Originals wiederzugeben. Das Farbdruckverfahren beruht auf den Farbkomponenten des Lichtes (**rechts oben**), das sich in die »additiven« Primärfarben (Rot, Grün und Blau), die zusammen Weiß ergeben, aufspalten läßt, und in die »subtraktiven« Primärfarben (Gelb, Magenta und Cyan), die sich ergeben, wenn man eine der additiven Grundfarben wegläßt. So ergibt z. B. die Kombination der Farben Rot und Grün ohne Blau die Farbe Gelb.
Das Diagramm (**links**) illustriert, welche Farben absorbiert werden, wenn man Filter einer jeden Grundfarbe verwendet. Der Blaufilter läßt Blau passieren, Rot und Grün werden absorbiert, und die gedruckte Farbe ist Gelb. Wird ein Grünfilter verwendet, wird Grün hindurchgelassen, Rot und Blau absorbiert und Magenta gedruckt. Mit dem Rotfilter passiert Rot, Grün und Blau werden absorbiert und Cyan gedruckt. Um Schwarz zu drucken, verwendet man einen modifizierten Filter, der seine eigene Farbe absorbiert und Schwarz druckt. Beim Farbauszug-Verfahren wird die Vorlage viermal mit je einem Filter photographiert (**obere Reihe**). Von diesen vier Auszug-Negativen werden dann Druckplatten und Farbandrucke in den Einzelfarben hergestellt (**mittlere Reihe**), und durch genaues Übereinanderdrucken der vier Farbauszug-Platten entsteht ein fertiges, farbiges Bild (**untere Reihe**).

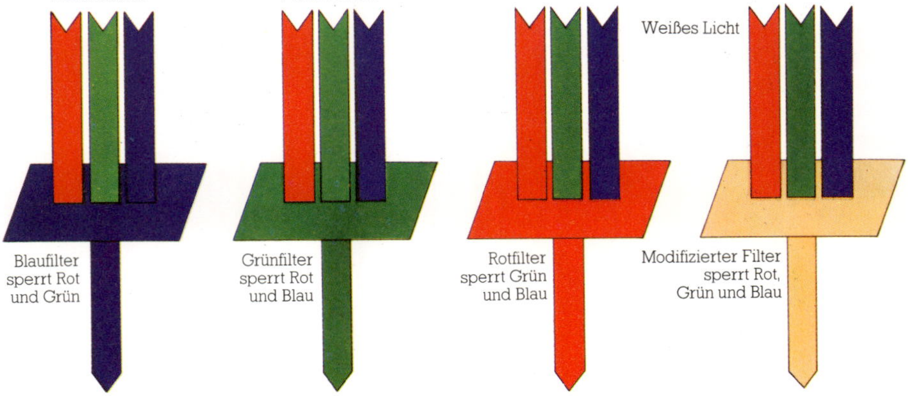

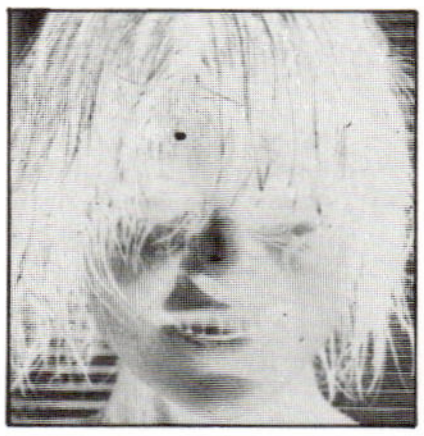
Gelb-Auszug

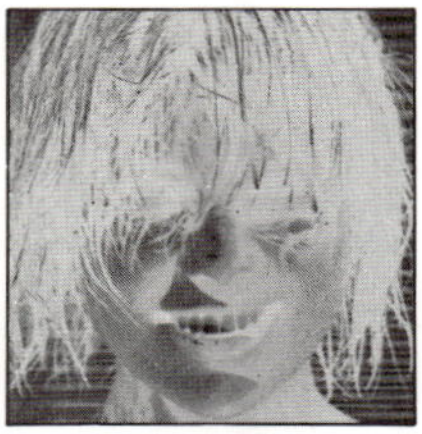
Magenta-Auszug

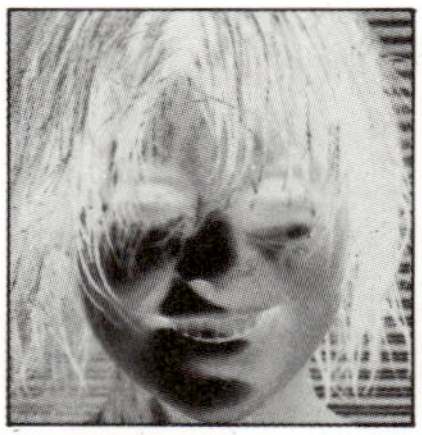
Cyan-Auszug

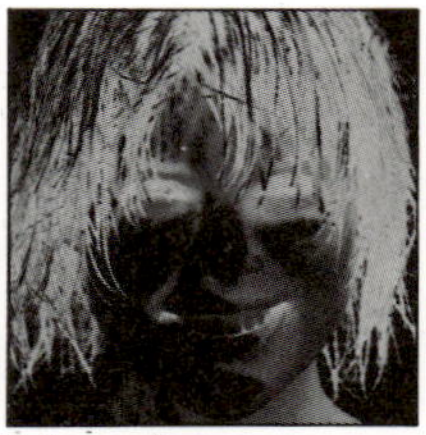
Schwarz-Auszug

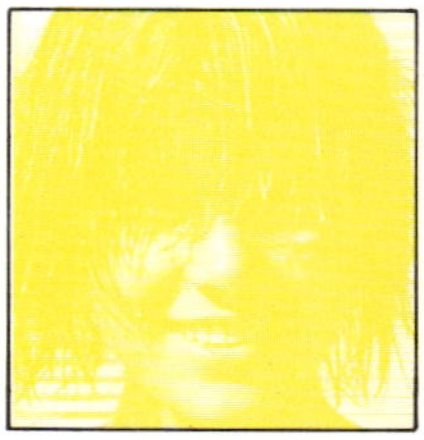
Gelb-Andruck

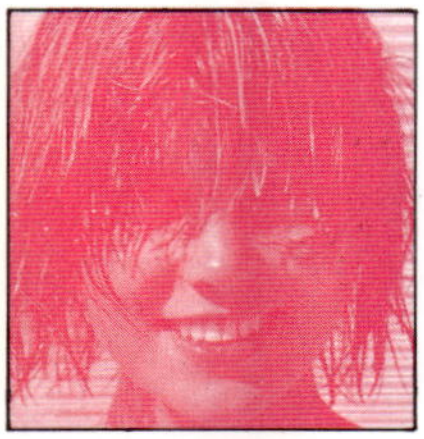
Magenta-Andruck

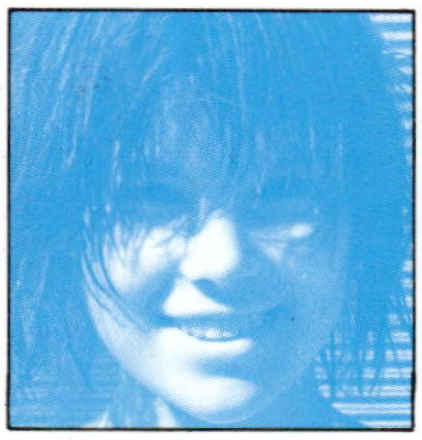
Cyan-Andruck

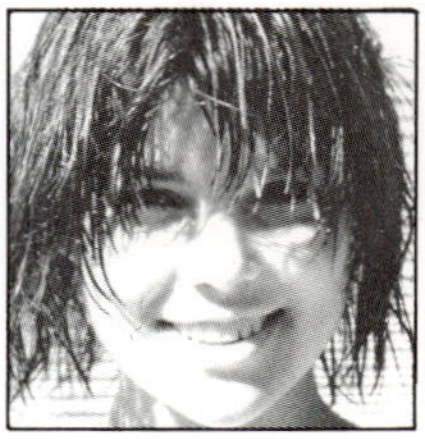
Schwarz-Andruck

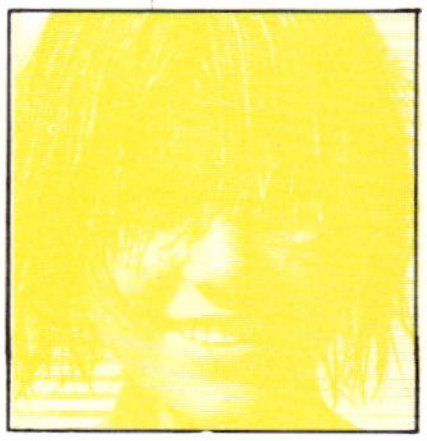
Gelb-Andruck

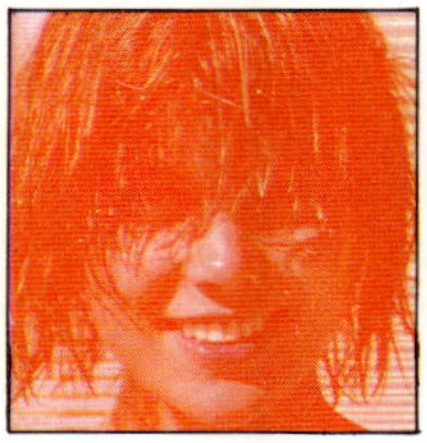
Gelb und Magenta

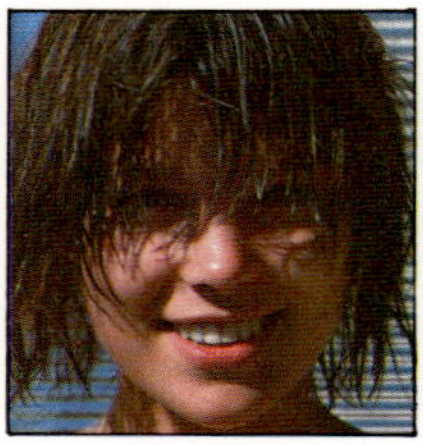
Gelb, Magenta und Cyan

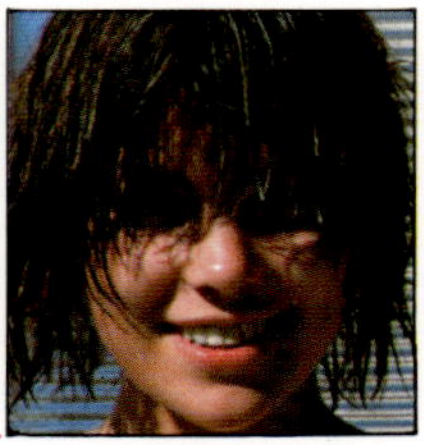
Gelb, Magenta, Cyan, Schwarz

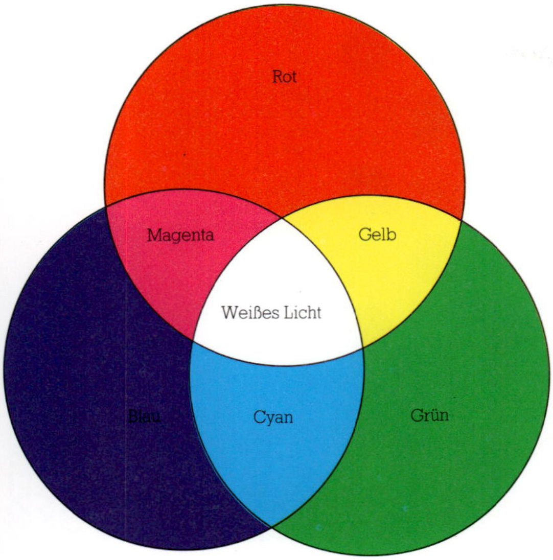

Farbe und Licht Alle Farben des Spektrums ergeben zusammen weißes Licht (**links**). Diese Farben kann man in drei Grundfarben – Blau, Grün und Rot – unterteilen. Man nennt sie die »additiven Grundfarben«, weil sie in ihrer Addition weißes Licht ergeben. Wird je eine der additiven Grundfarben fortgelassen, ergeben sich drei Farben: Cyan ist eine Kombination aus Blau und Grün ohne Rot, Magenta bildet sich aus Rot und Blau ohne Grün, und aus der Mischung von Grün und Rot ohne Blau entsteht Gelb.

Farbdruck Beim Vierfarbdruck werden über das Prinzip der Farbseparation vier Farbauszüge erstellt, die in ihrer Kombination beim Druck wieder ein farbiges Bild ergeben. Dieses Verfahren ist im Diagramm (**unten**) im einzelnen dargestellt.

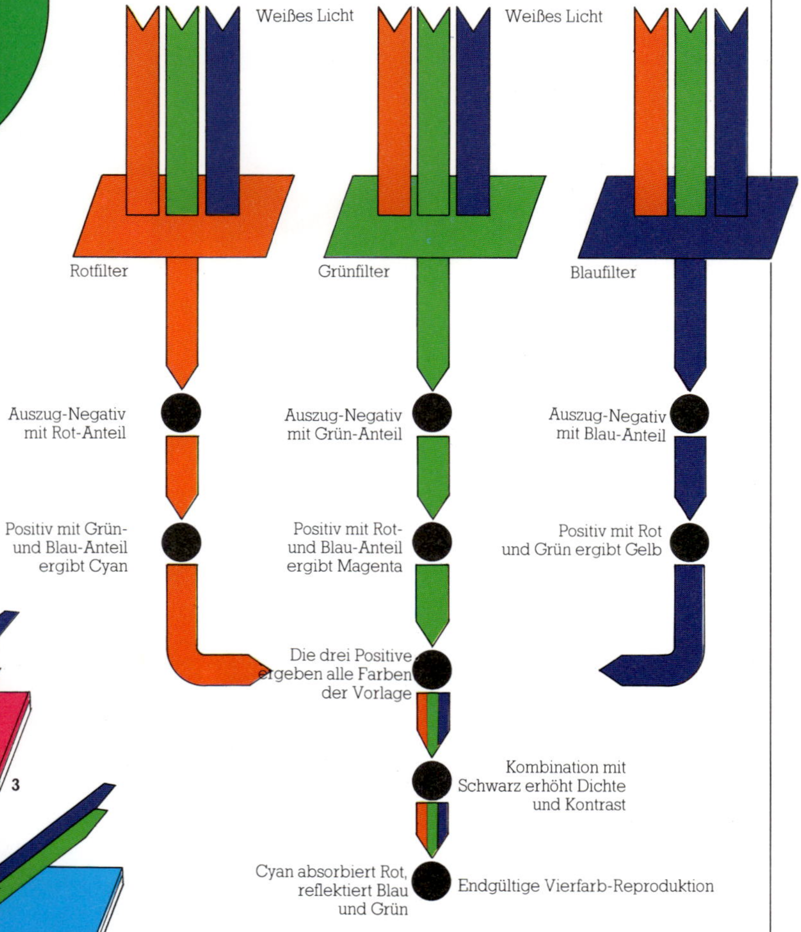

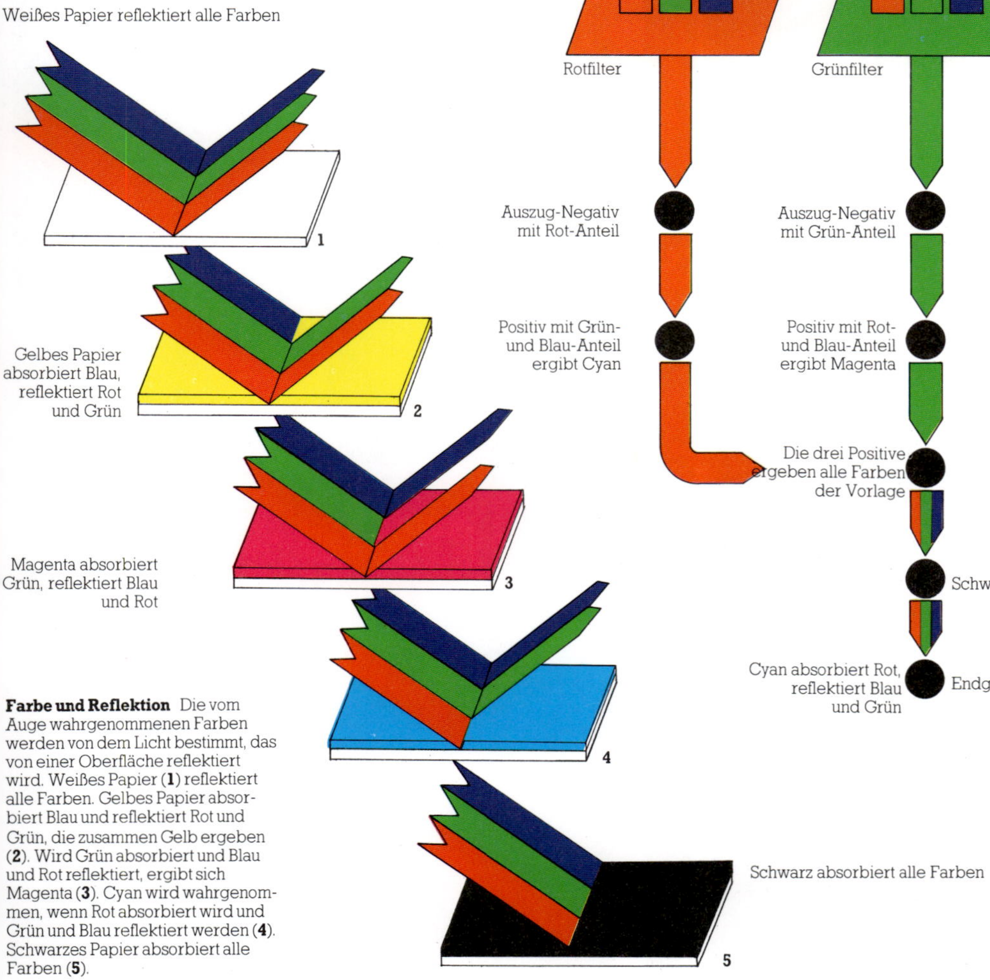

Farbe und Reflektion Die vom Auge wahrgenommenen Farben werden von dem Licht bestimmt, das von einer Oberfläche reflektiert wird. Weißes Papier (**1**) reflektiert alle Farben. Gelbes Papier absorbiert Blau und reflektiert Rot und Grün, die zusammen Gelb ergeben (**2**). Wird Grün absorbiert und Blau und Rot reflektiert, ergibt sich Magenta (**3**). Cyan wird wahrgenommen, wenn Rot absorbiert wird und Grün und Blau reflektiert werden (**4**). Schwarzes Papier absorbiert alle Farben (**5**).

Gerasterte Halbtonvorlagen Bild (**4**) zeigt ein gerastertes Halbtonbild. In der Vergrößerung werden die einzelnen Rasterpunkte klar sichtbar (**5**). Bei noch stärkerer Vergrößerung sind die Unterschiede zwischen den hellen und den dunklen Flächen unübersehbar: Dunkle Flächen ergeben sich durch weiße Punkte in schwarzer Umgebung (**2**), helle Flächen entstehen durch schwarze Punkte auf weißem Grund (**3**).

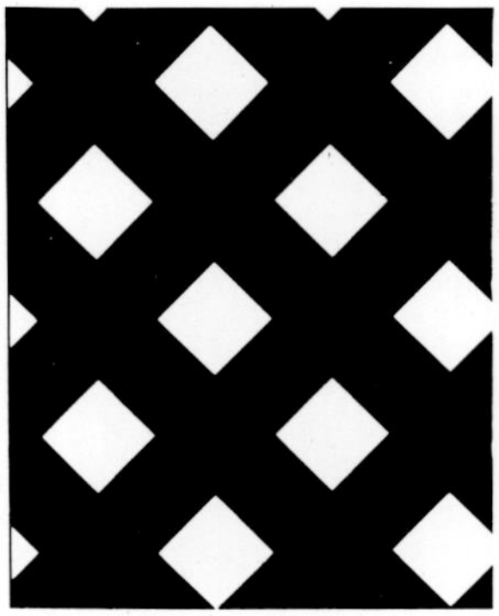

1

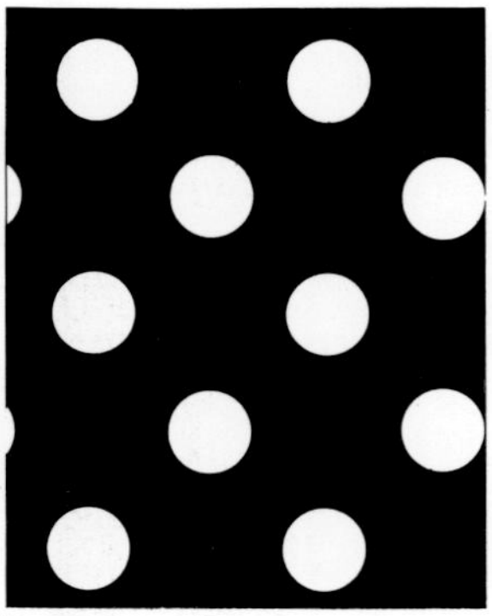

2

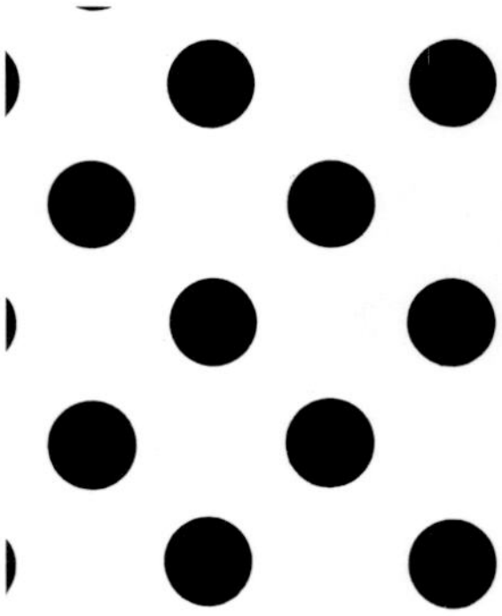

3

Raster Um Halbton-Vorlagen im Druck wiedergeben zu können, muß ein Raster verwendet werden. Ein Raster ist eine Glasplatte mit eingravierten Linien, die die Halbton-Vorlage optisch in viele kleine Einheiten zerlegen. Der vergrößerte Ausschnitt eines Kreuzlinienrasters (**1**) zeigt, daß der Abstand zwischen den Linien gleich der Linienbreite selbst ist. Raster gibt es in unterschiedlicher Dichte und Feinheit. Für den Plakatdruck ist ein 30er Raster geeignet (**6**). Ein 40er Raster läßt sich für feinen Zeitungsdruck verwenden (**8**). Für die hochwertigsten Kunstdruckpapiere wird 60er Raster eingesetzt (**9**). Im allgemeinen verlaufen die Rasterlinien in einem Winkel von 45° zur Horizontalen. Man kann Raster aber in jedem Winkel einrichten. Bild (**7**) zeigt ein 32er Raster bei 90°.

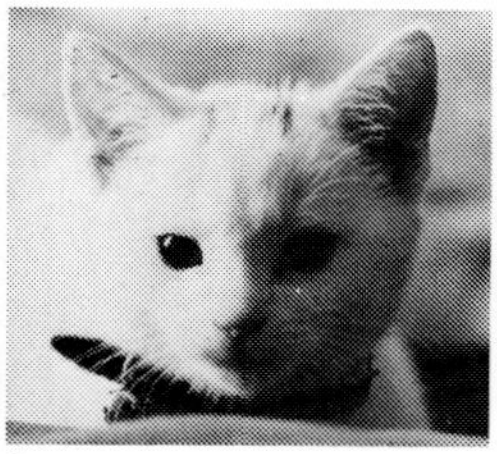

4

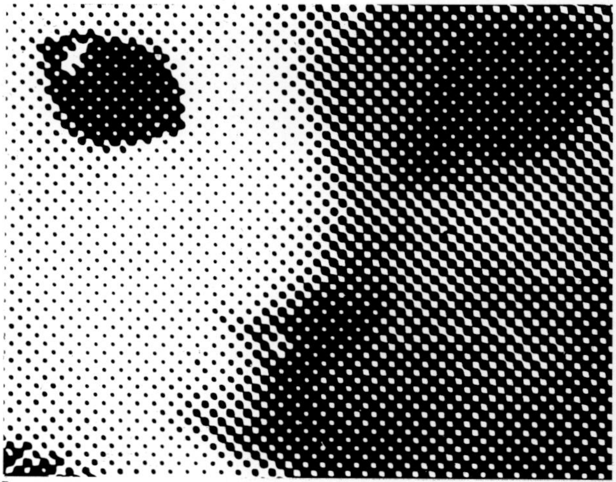

5

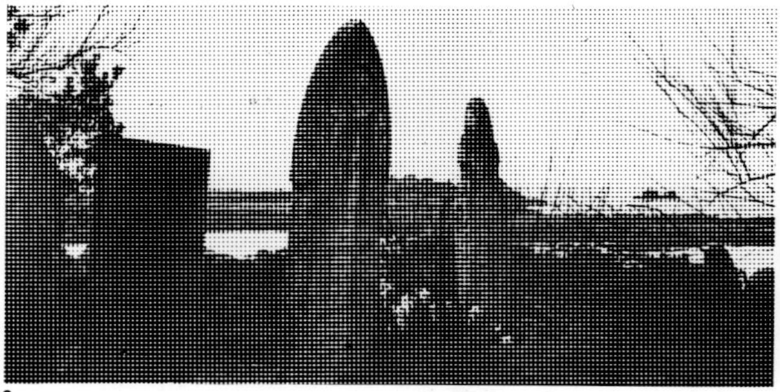

6

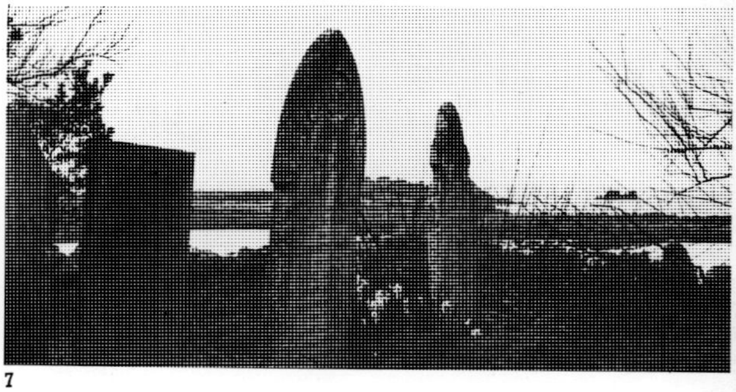

7

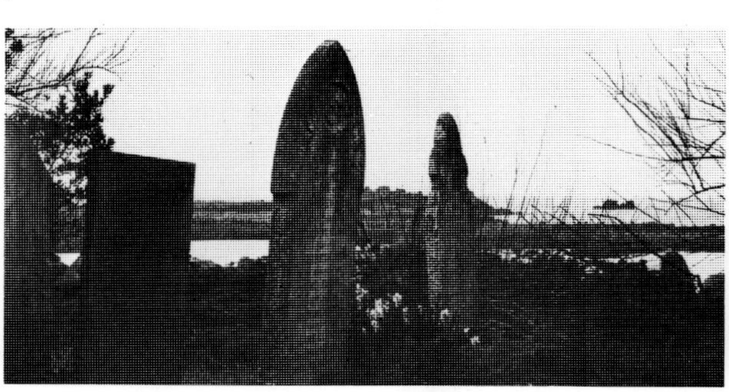

8

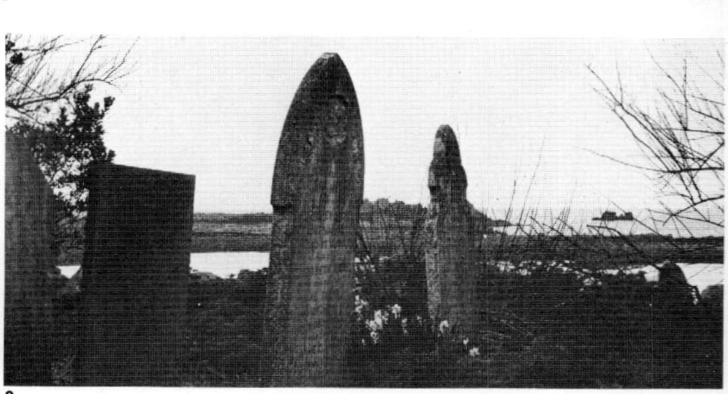

9

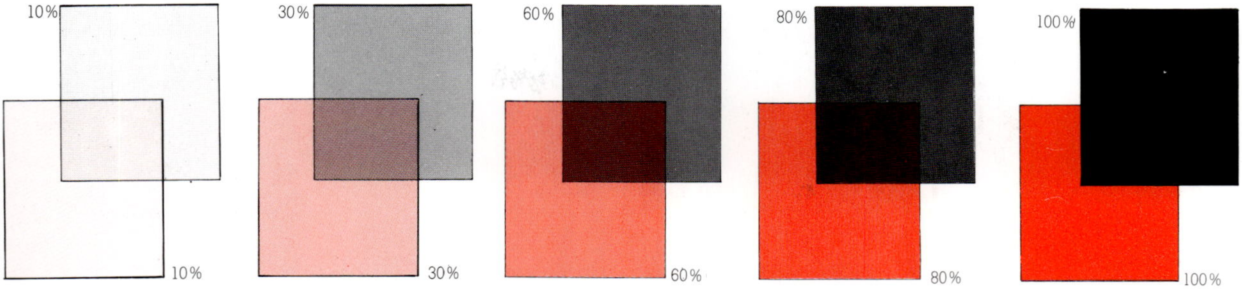

Rasterwerte Auch Strichreproduktionen können durch das Einziehen eines Rasters differenzierte Farbtöne erhalten (**oben**). Durch die Kombination zweier gerasterter Tonflächen ergibt sich eine Farbtönung von Schwarz, Weiß und der zweiten Druckfarbe (**rechts**).

Rasterflächen Die Kombination flächig einziehbarer Kontaktraster – hier handelt es sich um Schwarz, und eine weitere Farbe wird in Prozenten angegeben. Ein 100%-Raster bedeutet Vollfläche, ein 10%-Raster ergibt einen sehr hellen Ton.

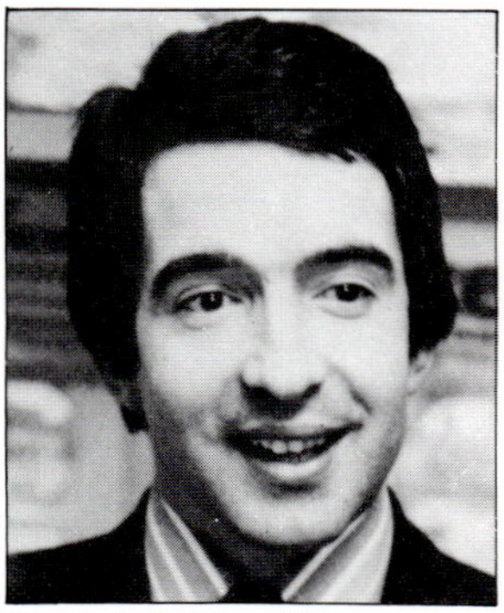
Gerasterte Halbtonabbildung

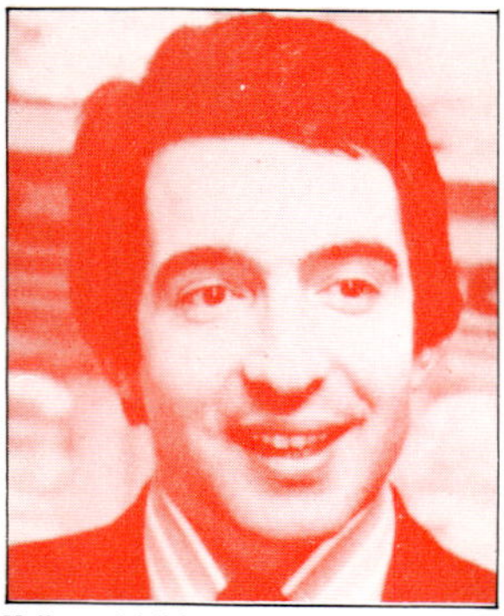
Halbtonabbildung in der zweiten Druckfarbe

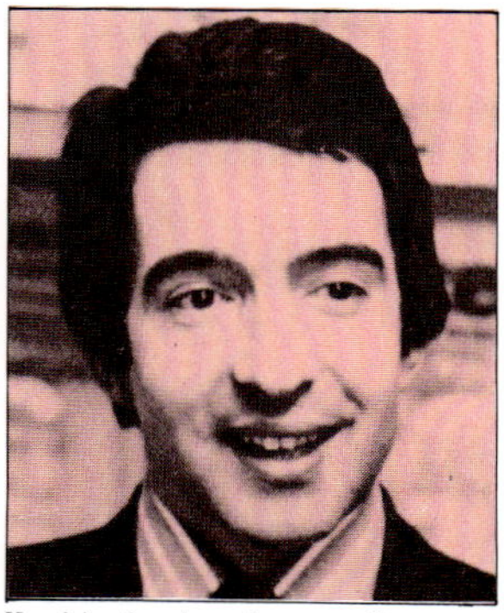
Kombination der schwarzweißen Halbtonvorlage mit zweiter farbiger Tonfläche

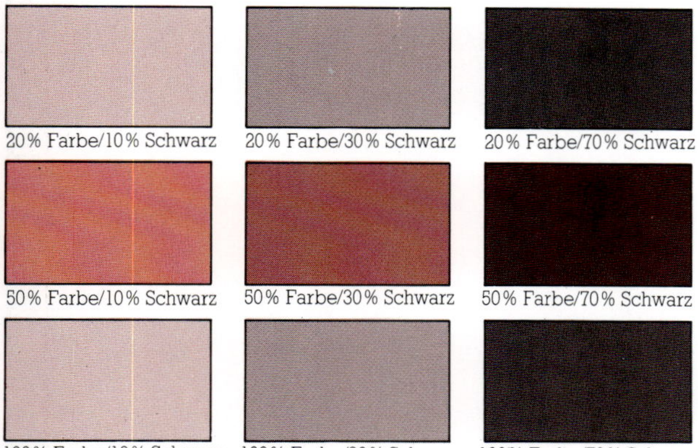
20% Farbe/10% Schwarz
20% Farbe/30% Schwarz
20% Farbe/70% Schwarz
50% Farbe/10% Schwarz
50% Farbe/30% Schwarz
50% Farbe/70% Schwarz
100% Farbe/10% Schwarz
100% Farbe/30% Schwarz
100% Farbe/70% Schwarz

Duotone Unter Duotone versteht man eine zweifarbige Halbtonwiedergabe eines schwarzweißen Bildes. Das Original wird zweimal photographiert, einmal kontrastreich für den Druck mit Schwarz und einmal schwächer für den Druck mit einem anderen Farbton.

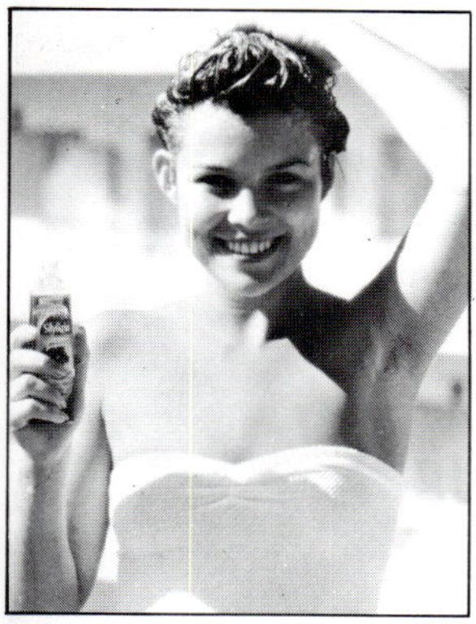
Halbton Schwarz

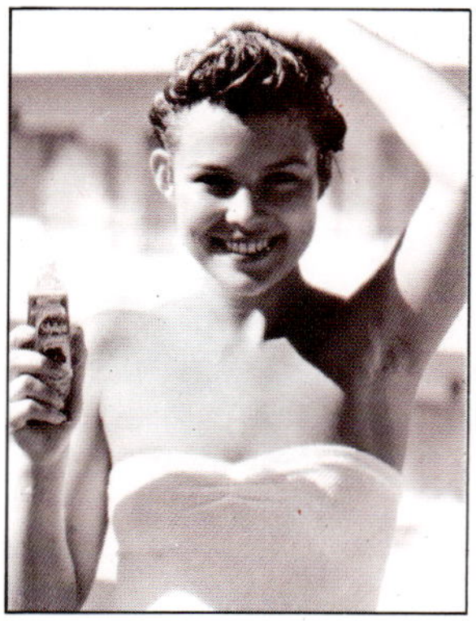
40% Farbhalbton über Schwarz

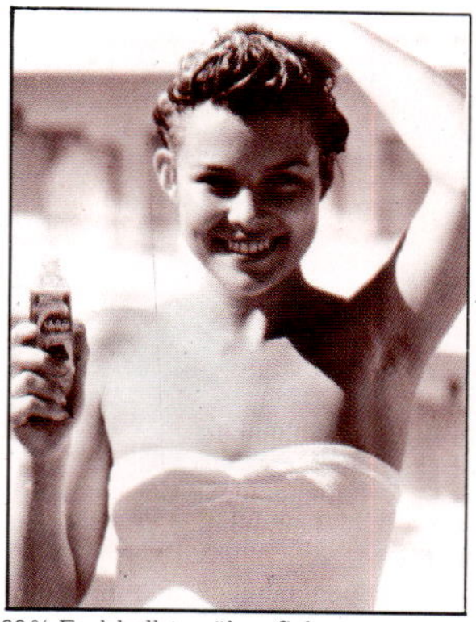
60% Farbhalbton über Schwarz

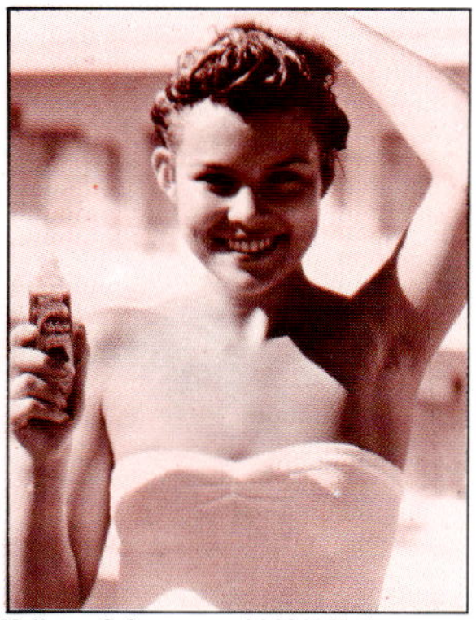
Halbton Schwarz und 100% Halbton Farbe

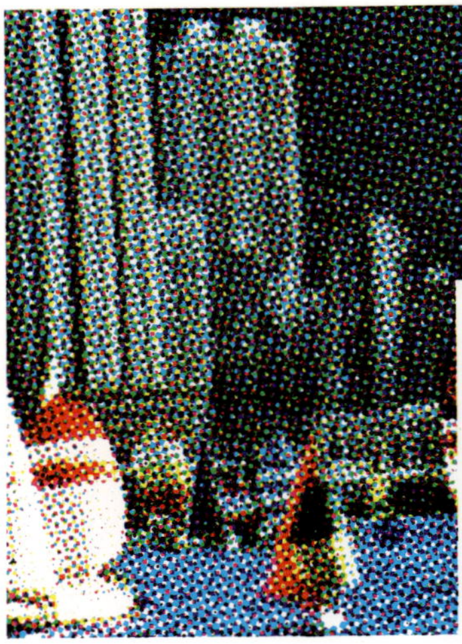

1

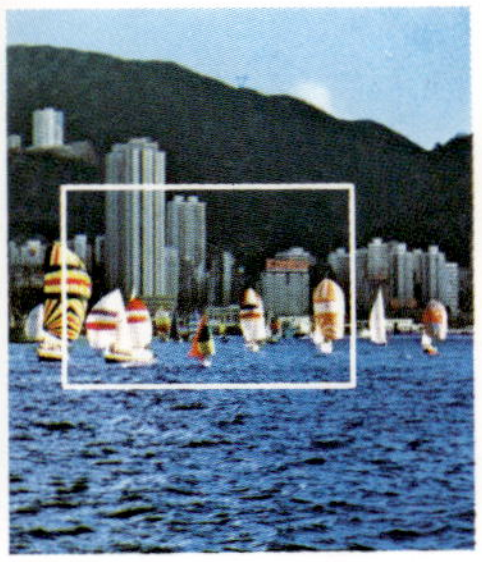

2

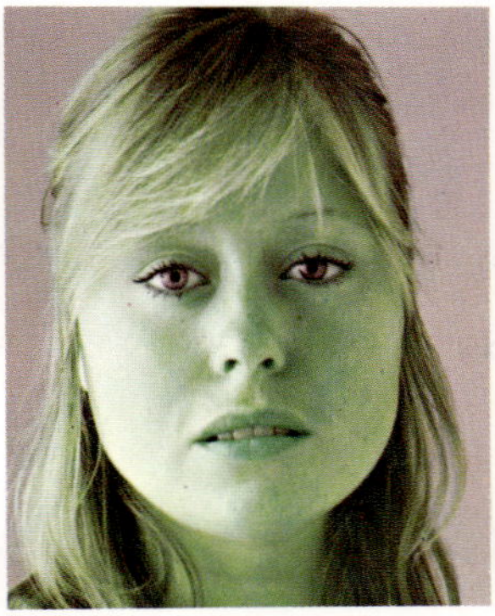

3

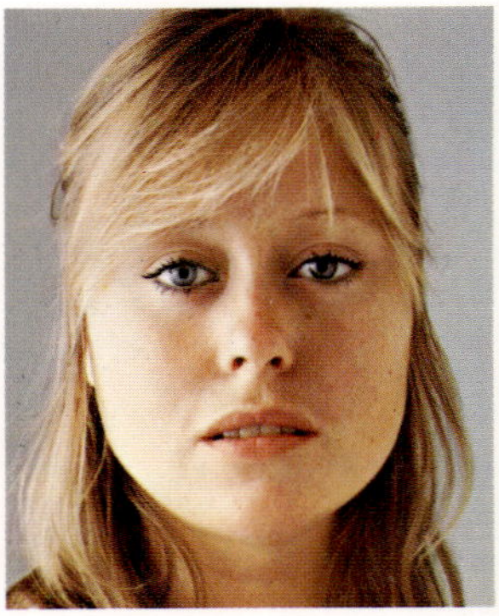

4

Rasterpunkte im Vierfarbdruck Die Ausschnittvergrößerung (**2**) des Farbbildes (**1**) zeigt, wie die einzelnen Farbrasterpunkte nebeneinanderliegen. Bild (**3**) ist das Ergebnis eines falschen Druckes. Statt Magenta wurde Cyan gedruckt. Das rechte Bild (**4**) zeigt die korrekten Farben.

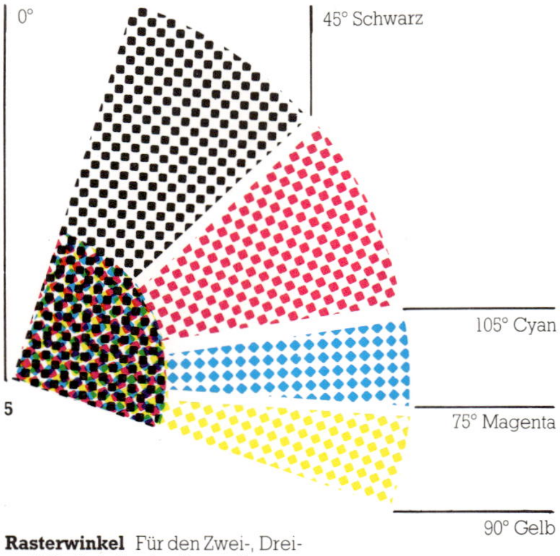

5

Rasterwinkel Für den Zwei-, Drei- und Vierfarbdruck müssen die Raster im jeweils richtigen Winkel zueinander stehen (**5**, **6**, **7**, **8**). Wenn die Raster im falschen Winkel ausgerichtet werden, entstehen unerwünschte Rastermuster (Moiré).

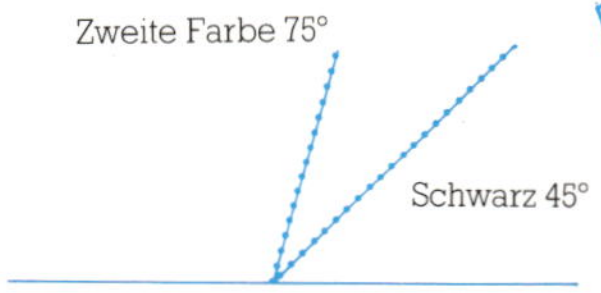

6 Zweifarbendruck

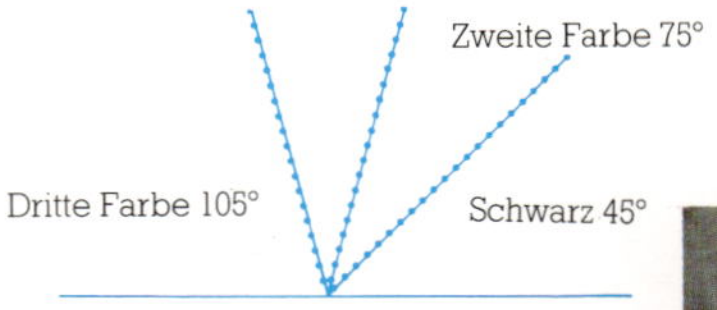

7 Dreifarbendruck

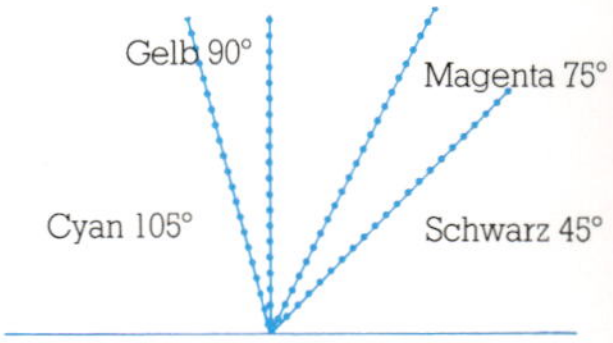

8 Vierfarbendruck

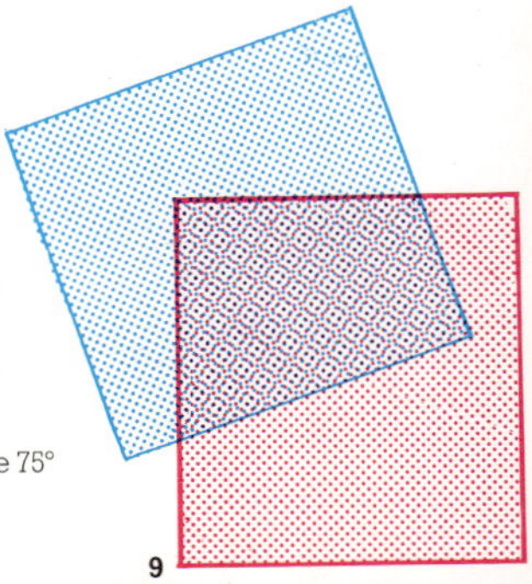

9

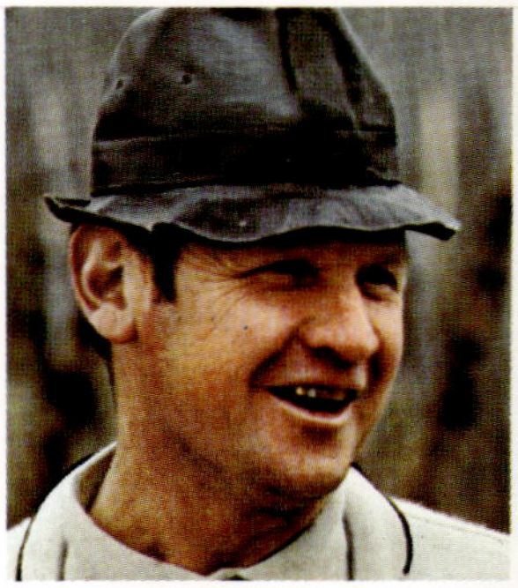

Moiré Wenn sich Raster in verschiedenen Winkeln kreuzen, kann es zu ungewollten Mustern kommen. Diese Art der Musterbildung (**9**) bezeichnet man als Moiré.

10

Yellow		Magenta		Cyan		
100 %	+	100 %	+	Null	=	
100 %	+	Null	+	100 %	=	
Null	+	100 %	+	100 %	=	
100 %	+	100 %	+	100 %	=	

11

Yellow		Magenta		Cyan		
50 %	+	20 %	+	Null	=	
50 %	+	Null	+	20 %	=	
Null	+	50 %	+	20 %	=	
10 %	+	10 %	+	50 %	=	

Farbtabellen Durch das Übereinanderdrucken der drei Grundfarben ergeben sich neue Farben. Die linke Tabelle (**10**) zeigt die Kombination ungerasterter, die rechte Tabelle (**11**) verschiedene Variationen gerasterter Flächen.

24

Druckverfahren

Verfahren und Methoden: Hochdruck, Flachdruck, Tiefdruck, Siebdruck, Druckformvorbereitung, Falzen und Binden.

24 **Druck** Verfahren und Methoden

Zur Vervielfältigung eines Entwurfes stehen dem Designer oder Künstler verschiedene Druckverfahren zur Verfügung. Diese reichen von einfachen, bogenweise beschickten Tiegel-Buchdruckmethoden, die noch auf den Prinzipien des Johann Gutenberg (1398–1468) beim ersten Bibeldruck im Jahre 1450 beruhen, bis hin zu den ausgeklügelten Öl-und-Wasser-Verfahren des Rotations-Offsetdrucks. Für welches Druckverfahren sich der Graphiker entscheiden sollte, hängt von der Auflage und der Beschaffenheit der Vorlage ab, da sich die Möglichkeiten der Reproduktion bei den einzelnen Druckverfahren voneinander unterscheiden.

Hochdruck

Beim Hochdruckverfahren liegen die druckenden Elemente höher als die restliche Druckform. Auf diese reliefartig erhöhten Druckelemente wird die Druckfarbe aufgetragen, während die tiefer gelegenen Partien ohne Farbe bleiben. Die mit Farbe bestrichene Druckform wird nun gegen das zu bedrukkende Material, z. B. Papier, gepreßt, wobei die Farbe sich auf den Bedruckstoff überträgt. Man unterscheidet zwischen manuellem und maschinellem Hochdruck. Manueller Hochdruck umfaßt Techniken wie den Holzschnitt, den Linolschnitt, den Reliefabdruck etc. Bei fast allen diesen Techniken werden die Druckformen mechanisch hergestellt.

Beim maschinellen Hochdruck, mit dem in kurzer Zeit hohe Druckauflagen zu bewältigen sind, werden die meisten Druckformen auf photographisch-chemischem Weg hergestellt. Ursprung des maschinellen Hochdrucks ist der Buchdruck, der mit beweglichen, einzelnen Bleilettern arbeitet. Diese Bleilettern werden zu Worten zusammengefügt, die wiederum, durch Ausschlüsse – kleine metallene Blöckchen und Plättchen, die als nichtdruckende Elemente zwischen die einzelnen Worte gesetzt werden – getrennt, zu Zeilen zusammengefügt werden. Ist eine Textseite – zeilenweise gesetzt – zusammengesetzt, wird der Satz mit einer Kordel umwickelt und abgelegt. Wenn alle Buchseiten auf diese Art fertig sind, werden sie zu acht, zwölf oder sechzehn Seiten in die Druckform, einen stählernen Rahmen mit metallenen Trennungsstücken, eingeschlossen. Diese fertige Druckform kann dann in einer Tiegeldruckpresse oder einer Zylinderpresse gedruckt werden. Bei der Tiegeldruckpresse, auch Flach-auf-Flach-Druckpresse genannt, wird die Druckform eingefärbt und das Papier flach gegen die Druckform gepreßt. Bei der Zylinderpresse handelt es sich um eine Rund-auf-Flach-Druckpresse, was bedeutet, daß der eingefärbte Druckstock unter einem sich drehenden Zylinder hindurchfährt. Der Zylinder transportiert den Bedruckstoff und ist gleichzeitig Gegendruckzylinder. Diese Art der Druckpresse wird auch Schnellpresse genannt.

Diese Art des Drucks wird vornehmlich für typographische Zwecke benutzt. Trotz erheblicher Vereinfachung der Satzherstellung durch Mono- und Linotype-Maschinen ist die meistverbreitete Art der Satz- und Druckformherstellung inzwischen die photographisch-chemische Methode. Hierbei werden Metallplatten mit lichtempfindlichem Material beschichtet, photographisch belichtet und nachher chemisch so behandelt, daß die nichtdruckenden Stellen weggeätzt werden und die druckenden Partien reliefartig erhöht bleiben. Bei Halbtonvorlagen werden die variierenden Tonwerte der Vorlagen durch erhöhte, verschieden große und dem Raster des Rasternegativs entsprechende Punkte wiedergegeben. Soll eine Druckform für den Rotationsdruck, bei dem auch die Druckform auf einen Zylinder montiert ist, benutzt werden, wird von der ursprünglichen Druckform ein Abdruck aus einer Spezialpappe gepreßt – die sogenannte Mater –, die dann in einer gerundeten Form mit flüssigem Metall ausgegossen wird. Bei der Rotationsmaschine läuft Rollenpapier zwischen Druck- und Gegendruckzylinder hindurch, und bei jeder Umdrehung erfolgt ein Abdruck. Werden zwei solche Druckeinheiten miteinander kombiniert, können Vorderseite (Schöndruck) und Rückseite (Widerdruck) in einem einzigen Druckvorgang bedruckt werden. Durch weitere Kombinationen ist es möglich, mit einer Vierfarben-Rotationsmaschine in einem Druckdurchlauf mehrfarbig zu drucken.

Die Entscheidung, welche Hochdruckart gewählt werden sollte, hängt unter anderem auch von der geplanten Auflagenhöhe ab. Die höchste Druckkapazität erreicht die Rollenrotationsmaschine, die 200 000 bis 300 000 zweiunddreißig- oder vierundsechzigseitige Zeitungsexemplare in einer Stunde drucken kann.

Flachdruck

Beim Flachdruck verwendet man Druckplatten, auf denen die nichtdruckenden und die druckenden Flächen fast auf der gleichen Ebene liegen. Das Prinzip des Flachdrucks basiert auf den verschiedenen Verhaltensweisen von Fett und Wasser. Die nichtdruckenden Teile bestehen aus einer fettabweisenden und wasserannehmenden Schicht, während die drukkenden Partien wasserabstoßend und fettannehmend sind. Unter manuellem Flachdruck versteht man u. a. den Steindruck (Lithographie) und die Kreidelithographie.

Beim maschinellen Flachdruck werden die Druckplatten fast immer aus Aluminium hergestellt. Auf diese Platten wird in einer Zentrifuge eine lichtempfindliche Schicht aufgebracht. Die zu druckenden Seiten werden als Positiv- oder Negativfilmaufnahmen, je nach Verfahren, auf transparentes Material montiert. Dann werden Druckplatte und Druckfilm in einem Vakuumrahmen belichtet und in einem weiteren Prozeß die nichtdruckenden Flächen fettabstoßend und die druckenden Flächen mit einer fettannehmenden Lackschicht für den Druck präpariert. Nach der Entwicklung wird die Platte abgewaschen und mit Gummiarabikum präpariert. Dann wird die fertige Druckform in die Druckmaschine eingespannt.

Die am häufigsten benutzte Maschine für den Flachdruck ist die Offsetmaschine (indirekter Flachdruck). Diese Maschinen arbeiten mit drei gleich großen Zylindern: dem Druckzylinder, auf den die Druckform montiert ist, dem Gummizylinder, auf den das eingefärbte Druckbild übertragen wird, und dem Gegendruckzylinder, der das Papier führt, auf das das Druckbild vom Gummizylinder übertragen wird. Offsetmaschinen können bogen- und rollenweise beschickt werden. Werden mehrere dieser Zylindereinheiten, zu denen jeweils Farb- und Feuchtwerke gehören, kombiniert, ist es möglich, sowohl zweiseitige als auch mehrfarbige Drucke in einem Druckvorgang zu erzielen. Bogen- und Kleinoffsetmaschinen können etwa 8000 Drucke in der Stunde herstellen. Offsetrotationsmaschinen sind in der Lage, eine ganze Buchauflage in einem Maschinendurchlauf zu drucken.

Tiefdruck

Beim Tiefdruck liegen die druckenden Flächen und Linien tiefer als die nichtdruckenden Teile. Wird die Platte nun dick mit Druckfarbe überstrichen, füllen sich die Vertiefungen bis zum Rand mit Farbe. Nachdem die Farbe von der Platte mit einem Rakel abgestrichen wurde, kommt der fest an die Druckplatte angepreßte Bedruckstoff mit der in den Vertiefungen verbliebenen Farbe in Berührung, die sich sodann auf das Papier überträgt.

Zu den manuellen Tiefdruckverfahren gehören der Kupferstich und der Stahlstich. Beim maschinellen Tiefdruck gibt es aber wie im manuellen Tiefdruck sowohl die mechanische als auch die chemische Druckplattenbearbeitung. Aber für größere Auflagen bedient man sich im allgemeinen der chemischen Verfahrensweise. Ein negatives Kreuzraster wird zusammen mit einem Pigmentpapier, das auf einer Seite mit einer lichtempfindlichen Gelatineschicht belegt ist, belichtet. Die Belichtung bewirkt, daß sich auf der Gelatineschicht ein Netzraster gehärteter Linien, die warmwasserunlöslich sind, bildet. Die unbelichteten Flächen bleiben dagegen wasserlöslich. Von der zu druckenden Vorlage wird eine positive Halbtonaufnahme aus einem transparenten Material hergestellt. Nun wird das vorbelichtete Pigmentpapier mit dem Positiv-Film zusammen noch einmal belichtet, und je nach Lichtdurchlässigkeit des Positivs härten sich die lichtempfindlichen Punkte der Gelatineschicht. Nun wird das Pigmentpapier mit der Gelatineschicht auf eine polierte Kupferplatte montiert und das Trägerpapier mit warmem Wasser abgelöst. Nur die gehärtete Gelatine verbleibt auf dem Kupfermaterial. Der nun folgende Ätzprozeß mit einer Eisenchloridlösung bewirkt, daß die Ätzflüssigkeit nach und nach, je nach Schichtdicke der gehärteten Gelatine, die Kupferplatte angreift. Sind auch die härtesten Punkte und das Rasternetz durchdrungen, wird die Ätzung gestoppt.

Das Ergebnis ist eine Vielzahl unterschiedlich tiefer Näpfchen, die sich in die Kupferplatte eingefressen haben. Je tiefer ein Näpfchen ist, um so mehr Farbe kann es aufnehmen und wird beim Druck mehr Farbe als ein zwar gleich großes aber weniger tiefes Näpfchen abgeben können. Das heißt, daß die Farbe beim Druck je nach Tiefe der Näpfchen mehr oder weniger intensiv ist.

Beim autotypischen Tiefdruck wird das Pigmentpapier mit einem bereits gerasterten Positivfilm belichtet und auf die Kupferplatte montiert. Dadurch ergeben sich unterschiedlich große, aber gleich tiefe Rasternäpfchen. In der halbautotypischen Verfahrensweise belichtet man das Pigmentpapier zuerst zusammen mit einem Positivraster, dann mit einem ungerasterten Positiv derselben Vorlage. Dadurch erhält man eine Kombination verschieden tiefer und verschieden großer Näpfchen.

Tiefdruckmaschinen sind im allgemeinen Rollenrotationsmaschinen, bei denen sich der Druckzylinder in einem mit Farbe gefüllten Behälter dreht. Bevor die Druckform auf den papierführenden Gegendruckzylinder trifft, wird die überschüssige Farbe von einem gegen den Zylinder gedrückten Rakel abgestreift. Diese Rollenrotationstiefdruckmaschinen können bis zu 40000 Drucke in der Stunde produzieren.

Siebdruck

Beim Siebdruck gelangt die Druckfarbe durch ein an den druckenden Stellen durchlässiges Gewebe auf den Bedruckstoff. Das Gewebe besteht heute zumeist aus Kunststoffmaterialien wie Nylon, da diese Materialien formbeständig und säurefest sind. Das Gewebe wird auf einen Holz- oder Metallrahmen aufgespannt und dann für den Druck präpariert. Dabei werden die nichtdruckenden Partien so behandelt, daß sie farbundurchlässig sind und nur die druckenden Stellen Farbe durchlassen. Um das zu erreichen, gebraucht man Schablonen, die manuell oder auf photographischem Weg hergestellt werden können.

Bei der manuellen Schablonenherstellung unterscheidet man zwischen der Schnittschablone, der Abdeckschablone und der Auswaschschablone. Bei der Schnittschablone wird das zu druckende Bild aus einer speziellen Folie, der sogenannten Schneideschicht, herausgeschnitten. Dann wird die Schablone unter dem Sieb befestigt und die unter der Schneideschicht liegende Stützschicht entfernt. Sind nun verschiedene Druckvorgänge für unterschiedliche Farben erforderlich, können die einzelnen jeweils zu druckenden Elemente paßgerecht ausgetauscht werden.

Bei der Abdeckschablone werden die nichtdruckenden Teile mit Zelluloselack, Gummiarabikum oder Leim farbundurchlässig gemacht. Sollen Farben nicht übereinander, sondern paßgenau nebeneinander gedruckt werden, wird das Sieb um die erste Druckform herum mit Zelluloselack und die nachfolgende Druckform mit Gummiarabikum behandelt. Nach dem ersten Druckvorgang wird das Gummiarabikum mit Wasser aus dem Sieb herausgewaschen und die erste Druckform mit Zelluloselack überstrichen. Sollen noch weitere Farben gedruckt werden, wiederholt man diesen Vorgang.

Bei der Auswaschschablone wird das zu druckende Motiv mit Lithotusche oder Lithokreide direkt auf das Sieb gezeichnet, welches danach insgesamt mit Gummiarabikum oder mit einem anderen wasserlöslichen Material bestrichen wird. Später bearbeitet man die Unterseite des Siebs mit Terpentin und löst so die fetthaltige Zeichenfarbe auf, während die wasserlösliche Schicht erhalten bleibt.

Bei der photographischen Schablonenherstellung wird stets ein Positiv-Bild auf einer durchsichtigen Folie hergestellt. Diese photographische Schablone wird dann zusammen mit dem mit einer lichtempfindlichen Schicht versehene Sieb photographisch belichtet; nach dem Entwicklungsvorgang bildet diese mit dem Sieb verbundene Schicht die Druckform.

Sowohl beim manuellen als auch beim maschinellen Siebdruck wird die Farbe mit einem Rakel über das Papier gestrichen. Halbautomatische Druckmaschinen arbeiten mit beweglichen Rakeln und Sieben, bei vollautomatischen Druckmaschinen wird zusätzlich das Papier automatisch geführt.

Druckformvorbereitung, Falzen und Binden

Ein wichtiger Vorgang vor dem Druck ist die Druckformvorbereitung. Dabei werden die einzelnen Seiten einer Broschüre oder eines Buches so miteinander kombiniert, daß sie, nach Falzen und Beschneiden des gesamten Druckbogens, in der richtigen Reihenfolge aufeinanderfolgen. Bei acht Seiten sollte man einen Probebogen einmal in der Mitte von rechts nach links und dann mit der Oberkante nach unten falten. Numeriert man diesen gefalteten Bogen nun der Reihe nach durch und faltet ihn dann wieder auseinander, erhält man ein sogenanntes Ausschießschema für diese Seiten. Dieses Prinzip kann auf Bögen mit 16, 32, und 64 Seiten ausgedehnt werden. Das Falzen geschieht fast immer maschinell. Man muß bei der Planung auf die Papierstärke achten – dickes Papier sollte nie mehr als achtmal gefalzt werden. Bei Kreuz- und Doppelfalzen ist zu berücksichtigen, daß die innenliegenden Seiten ein wenig kleiner sind als die äußeren. Wie oft und in welcher Art ein Druckbogen gefalzt wird, hängt auch von der Art der vorgesehenen Bindung ab. Diese wiederum wird vom Gesamtumfang der Broschüre oder des Buches und von den eingesetzten Kosten bestimmt. So kann man sich für eine einfache Spiralbindung, Blockheftung oder eine Rückenheftung entscheiden, wie sie oft bei Zeitschriften angewandt wird, wenn eine simple und preisgünstige Bindung erforderlich ist. Bei der aufwendigsten Bindeart, der sogenannten Verlagsbindung, werden 16 oder 32 geheftete Seiten am Rücken aneinandergeheftet. Der Rücken wird mit Leim bestrichen, mit einer Gaze belegt, und dann wird der gesamte Buchblock in den separat gefertigten Einband eingehängt.

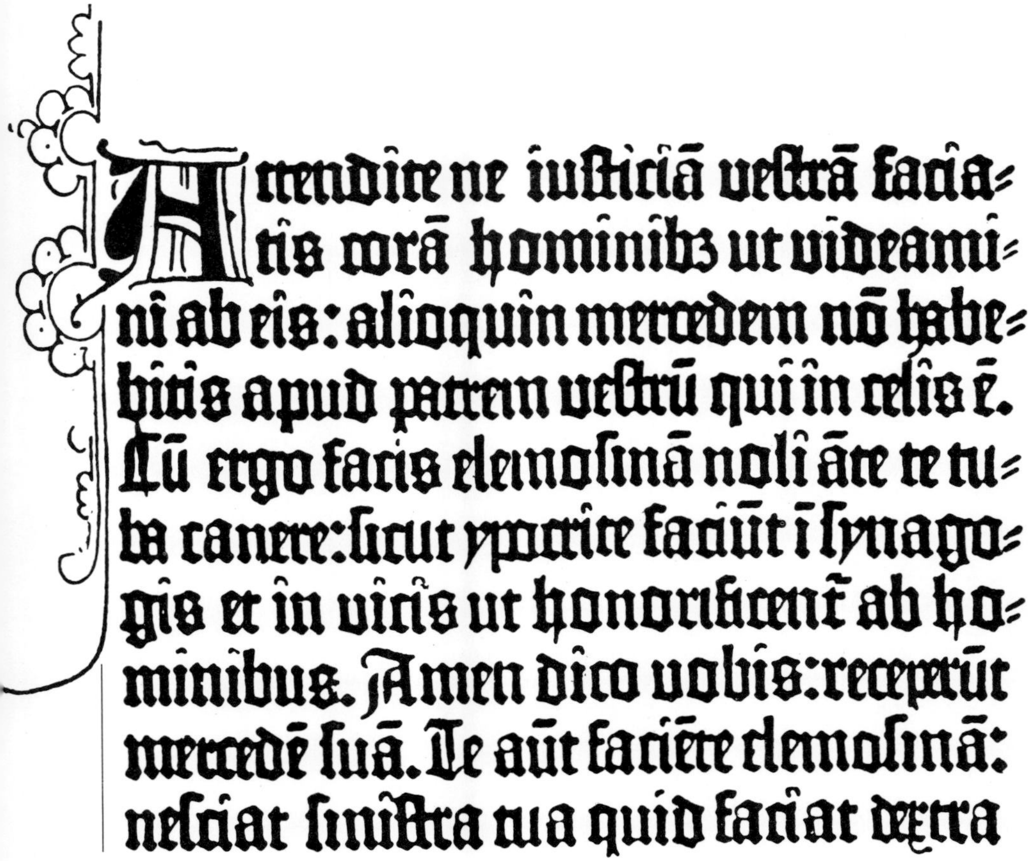
Attendite ne iusticiā vestrā facia-
tis corā hominibꝫ ut videami-
ni ab eis: alioquin mercedem nō habe-
bitis apud patrem vestrū qui in celis ē.
Cū ergo facis elemosinā noli āte te tu-
ba canere: sicut ypocrite faciūt ī synago-
gis et in vicis ut honorificent ab ho-
minibus. Amen dico vobis: receperūt
mercedē suā. Te aūt faciēte elemosinā:
nesciat sinistra tua quid faciat dextra

Die Gutenberg-Bibel Dieser Ausschnitt zeigt einige Zeilen aus der Bibel, die allgemein als das erste wichtige Werk aus Gutenbergs Druckpresse angesehen wird. Man nennt sie auch 42-Zeilen-Bibel, da jede Seite in zwei Spalten zu je 42 Zeilen aufgeteilt wurde. Eine weitere Bezeichnung lautet »Mazarin-Bibel« – nach dem französischen Politiker Kardinal Mazarin, der in seiner Pariser Bibliothek ein Exemplar davon entdeckte und auf seine religiöse und typographische Bedeutung hinwies. Das um 1455 entstandene Werk war das erste Buch, das mit beweglichen Lettern, die man in Formen gegossen hatte, gedruckt wurde – ein Verfahren, das heute noch angewandt wird.

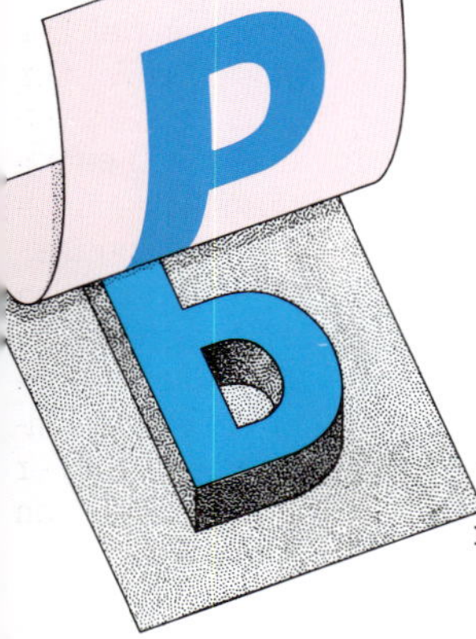

1

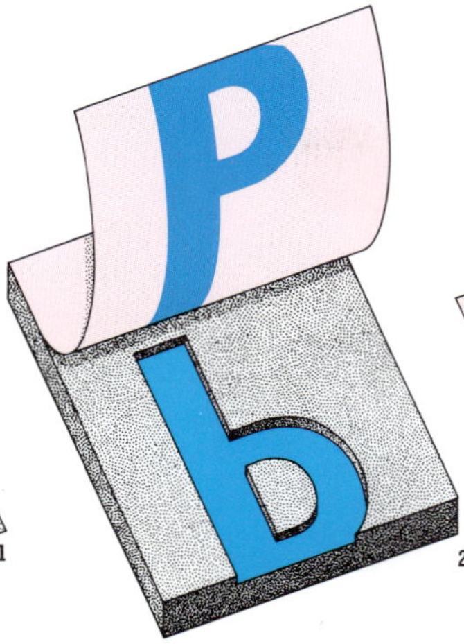

2

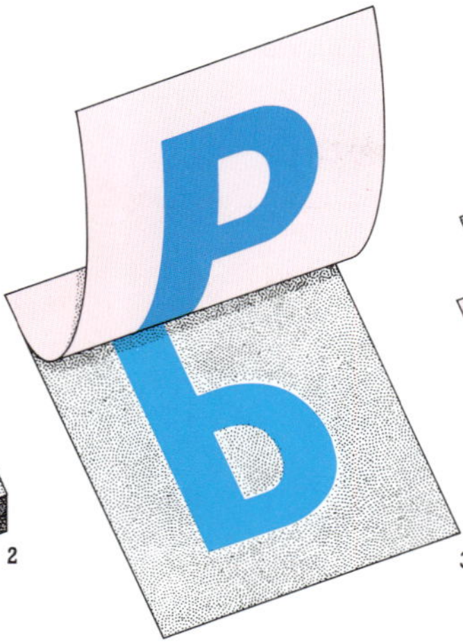

3

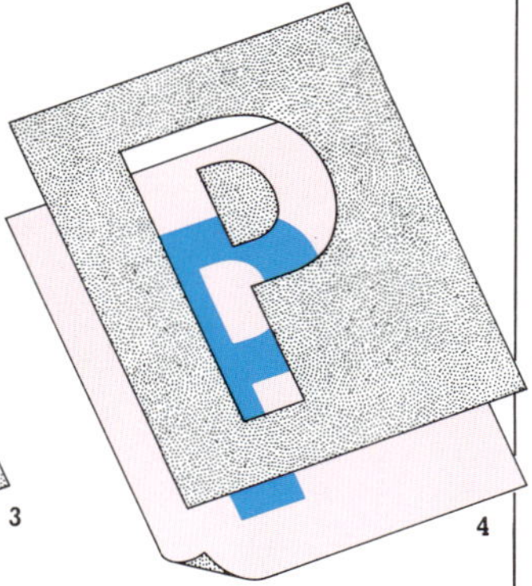

4

Drucktechniken Beim Hochdruck (**1**) wird das Papier auf die erhabenen und eingefärbten Flächen einer Holz- oder Metallfläche gepreßt. Im Tiefdruck (**2**) liegen die druckenden Elemente vertieft und mit Farbe gefüllt in der Druckform. Der Flachdruck (**3**) arbeitet mit farbannehmenden und farbabstoßenden Flächen. Beim Siebdruck (**4**) überträgt sich die Farbe durch ein partiell undurchlässiges Sieb.

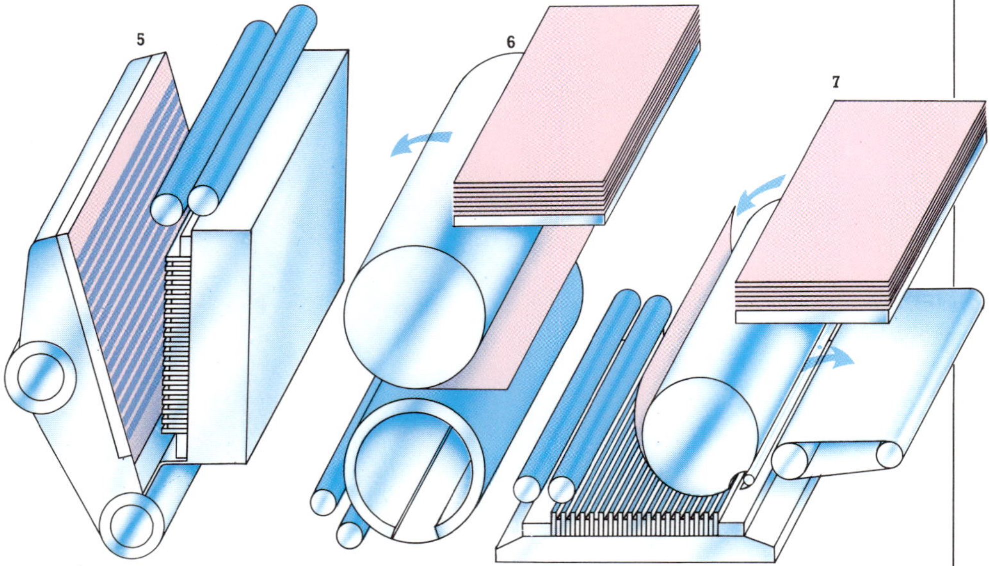

5 6 7

Tiegeldruckpresse — Bogenrotationspresse — Schnellpresse

Buchdruckarten Bei der Tiegeldruckpresse (**5**) wird die vertikal stehende Druckform von Walzen eingefärbt. Danach schließt sich die Presse wieder und preßt den Papierbogen gegen die Druckform. Die Bogenrotationspresse (**6**) druckt mit einer Druckform, die auf einem dauernd umlaufenden Zylinder befestigt ist. Bei der Schnellpresse (**7**) bewegt sich die Druckform horizontal unter dem rotierenden Gegendruckzylinder, der das Papier transportiert.

8

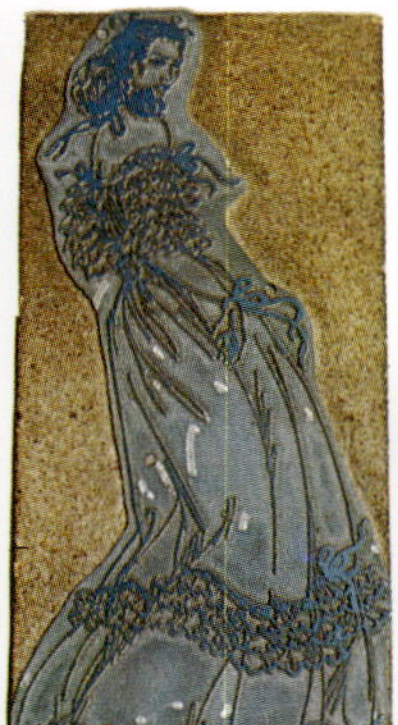

Hochdruck-Klischees Die Druckplatte (**8**) wird aus Zink, dem preiswertesten dafür geeigneten Material, hergestellt. Nur die reliefartig hervorstehenden Linien werden abgedruckt. Das Bild des Kupfer-Halbton-Klischees (**9**) besteht aus winzigen, in Reihen angeordneten und geätzten Punkten.

9

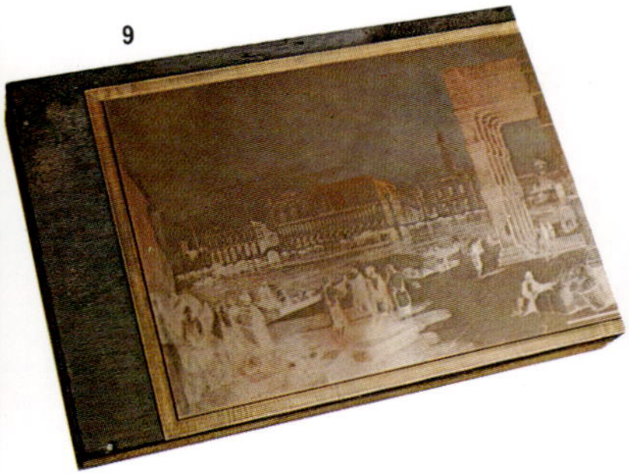

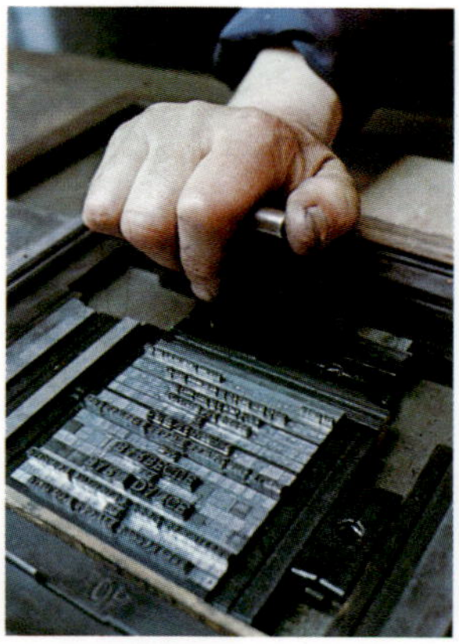

10

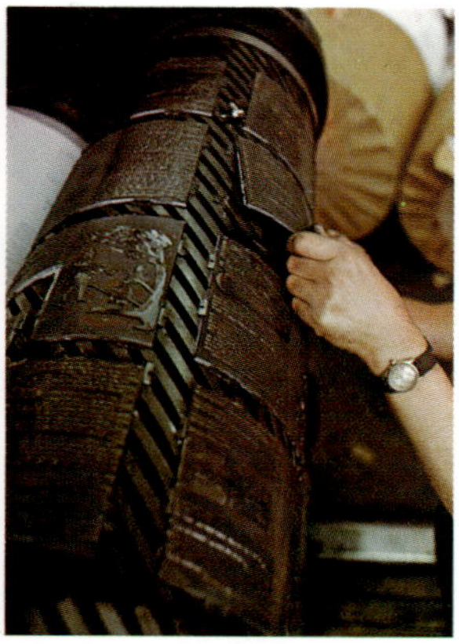

11

Setzen Schriftzeilen etc. werden von Hand oder mit der Setzmaschine in die Druckform geschlossen (**10**). Nun wird von der Druckform eine Matrizenpappe hergestellt und von dieser eine gebogene Metallplatte abgegossen, die man dann auf den Druckzylinder montiert.

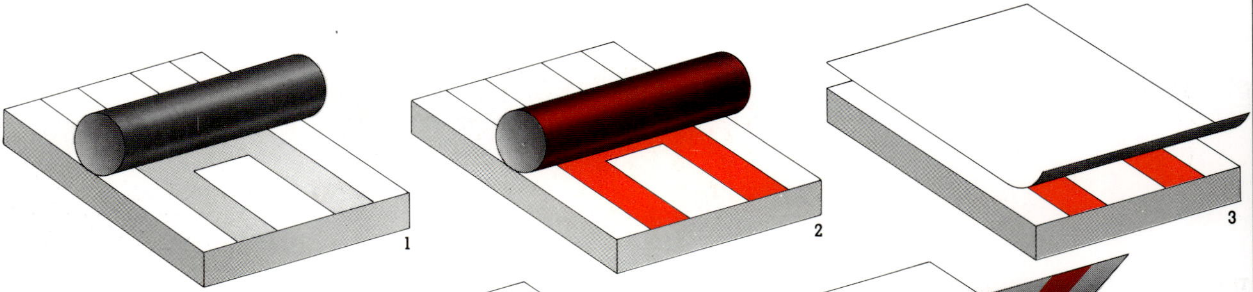

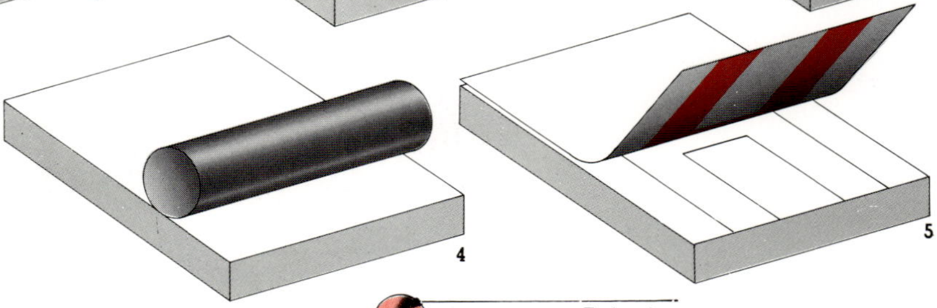

Lithographie oder Flachdruck Die zu druckende Abbildung wird photographisch auf die Druckplatte übertragen und chemisch gehärtet und eingefettet. Dann wird die Platte mit Walzen befeuchtet (**1**). Mit einer Walze wird nun das Druckbild eingefärbt, wobei die wasserbefeuchteten Teile der Platte die Druckfarbe nicht annehmen (**2**). Das Papier wird auf die Druckplatte gelegt (**3**) und zusammen mit der Druckplatte durch die Presse geführt (**4**). So wird die Farbe auf das Papier übertragen (**5**).

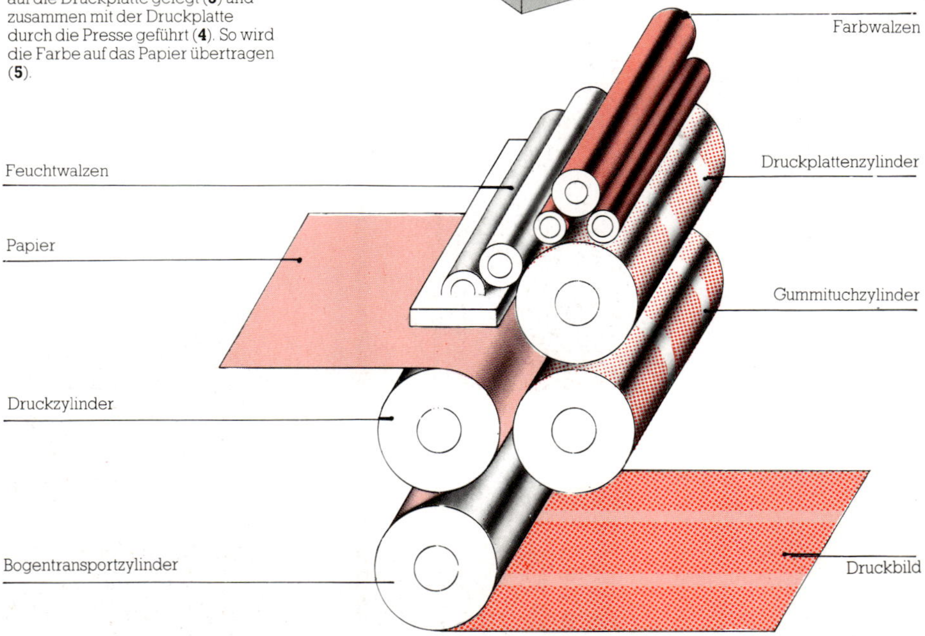

Offsetdruck Für den Offsetdruck gelten dieselben Grundprinzipien wie für den Flachdruck. Allerdings wird hier die Druckfarbe von der Druckplatte erst auf ein Gummituch übertragen, bevor sie auf das Papier gelangt. Das weichere Gummi ergibt einen deutlicheren Abdruck als die Metalldruckplatte.

Offsetmaschinen Man unterscheidet zwischen Bogen- und Rollenoffsetmaschinen (unten), je nachdem ob sie mit Papierbögen oder Rollenpapier beschickt werden. Bogenoffsetmaschinen gibt es in unterschiedlichen Größen und unterschiedlichen Kapazitäten, von Kleinoffsetmaschinen bis hin zu Maschinen, die bis zu annähernd DIN A0 große Papierformate farbig bedrucken können. Mit großen Rollenoffsetmaschinen kann ein ganzes Buch in einem Durchlauf gedruckt werden.

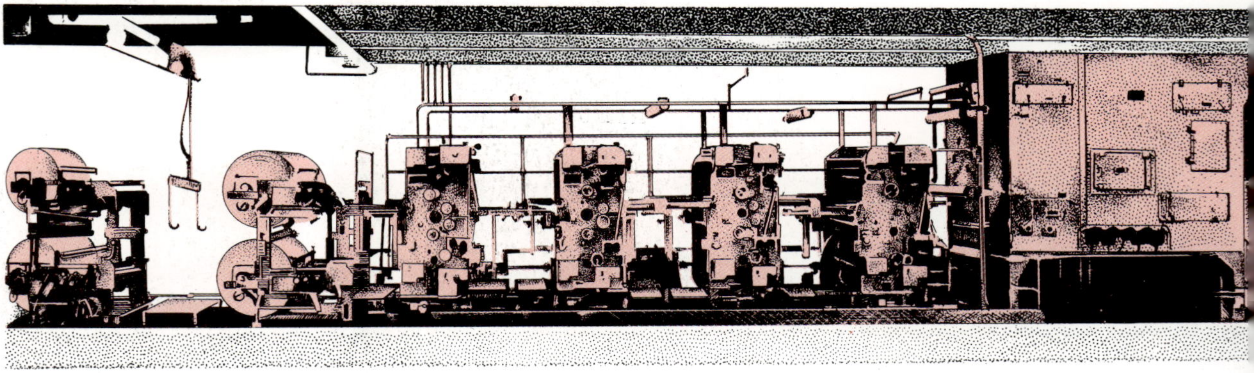

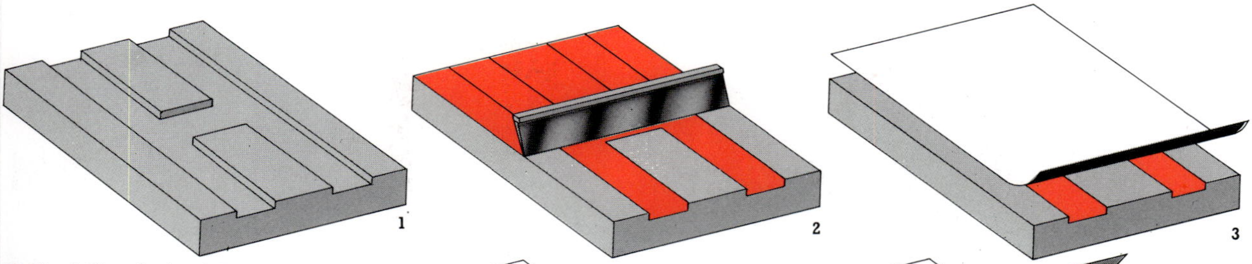

Tiefdruck Die zu druckende Form wird in die Druckplatte graviert (**1**). Die Platte wird mit Druckfarbe eingefärbt und die überflüssige Farbe von den nichtdruckenden Flächen mit einer Rakel abgestreift (**2**). Nun legt man das Papier auf die Druckplatte (**3**) und preßt es mit einer Gummiwalze an (**4**). Das Papier saugt die Farbe aus den Vertiefungen (**5**).

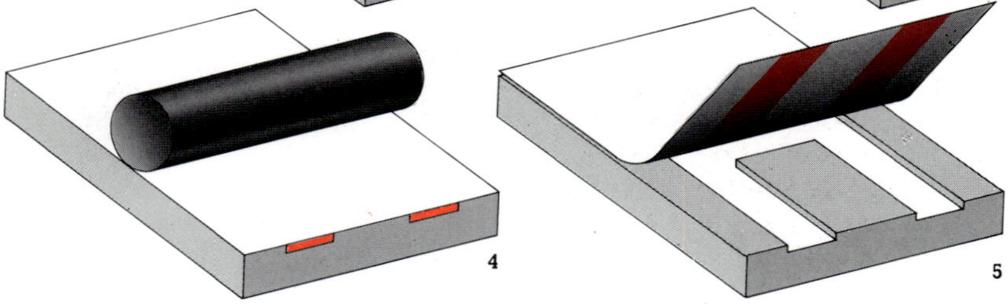

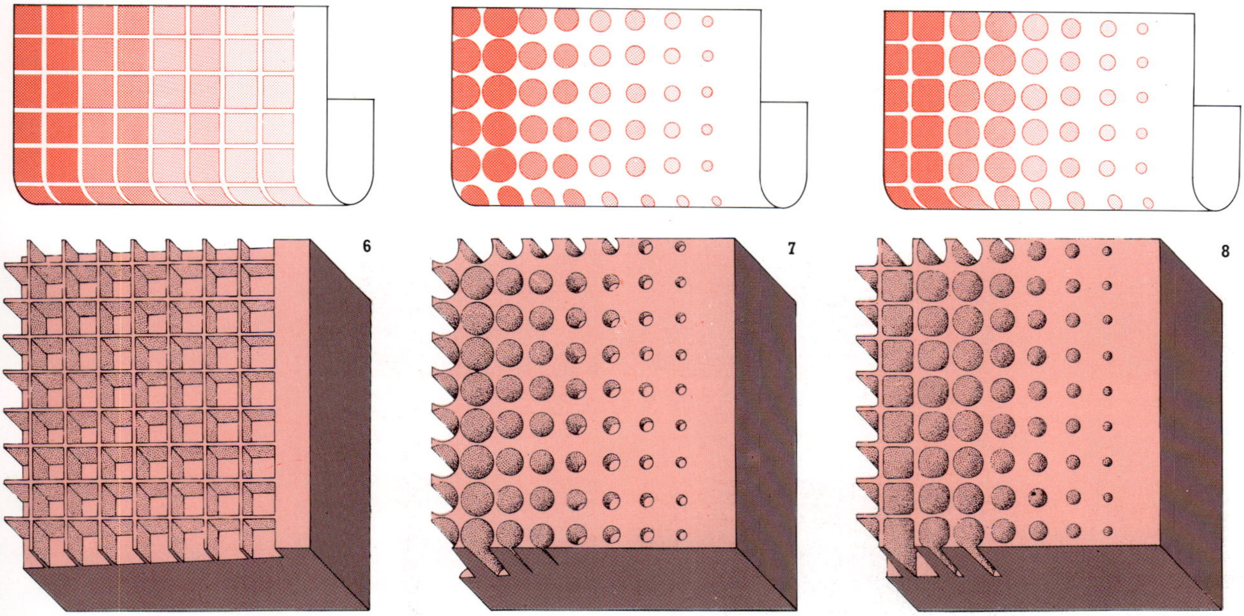

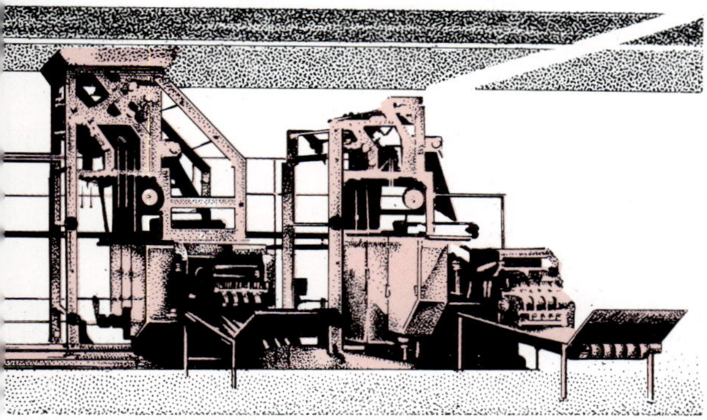

Tonunterschiede Je tiefer die Vertiefungen in der Druckplatte sind, um so mehr Farbe können sie aufnehmen und somit abgeben, bei flachen Vertiefungen entstehen hellere Tonwerte. Die konventionelle Gravur (**6**) hat gleich große, aber verschieden tiefe Negativ-Segmente. Bei der Halbautotypie (**7**) variieren sowohl Form als auch Tiefe der Rastervertiefungen. Die Autotypie (**8**) arbeitet mit verschieden großen, unterschiedlich geformten, aber gleich tiefen Rasterpunkten.

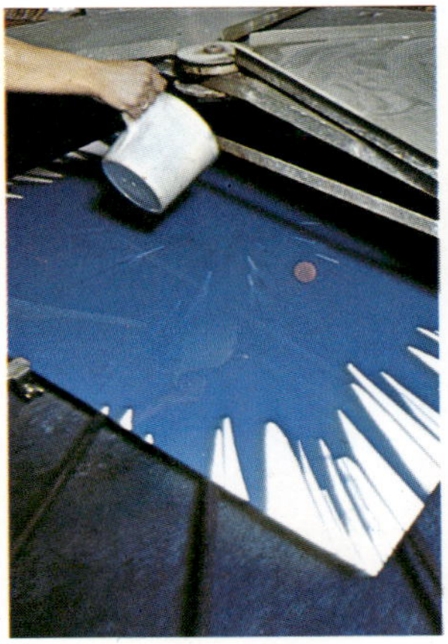

Flachdruck 1. Eine photographische Platte wird mit Hilfe einer Zentrifuge mit einer lichtempfindlichen Schicht überzogen.

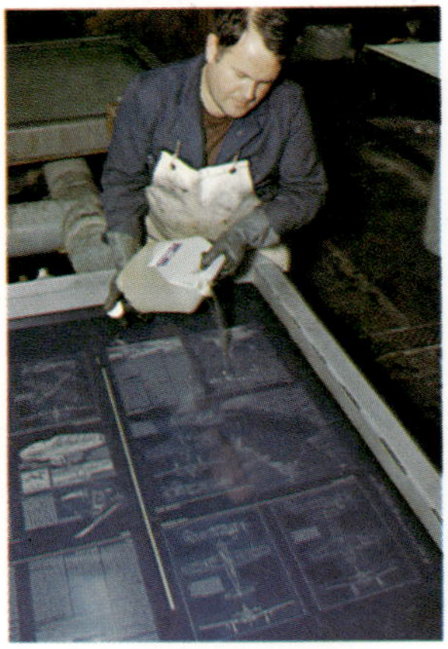

2. Die Platte wird mit einem Negativ in einem Vakuumrahmen belichtet und dann mit Entwicklerflüssigkeit behandelt.

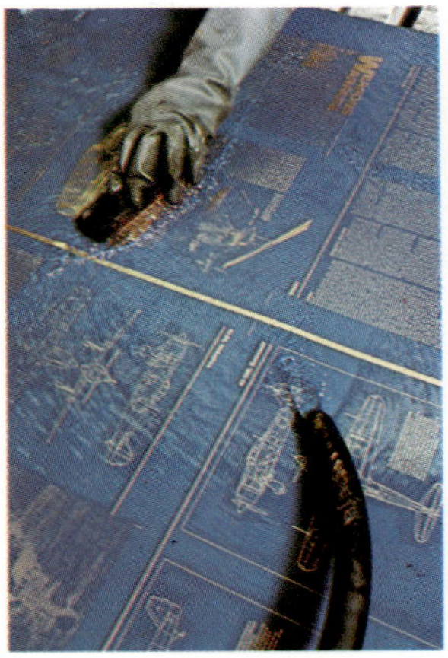

3. Der Entwickler hinterläßt eine Gummischicht auf nichtdruckenden und eine Lackschicht auf druckenden Partien.

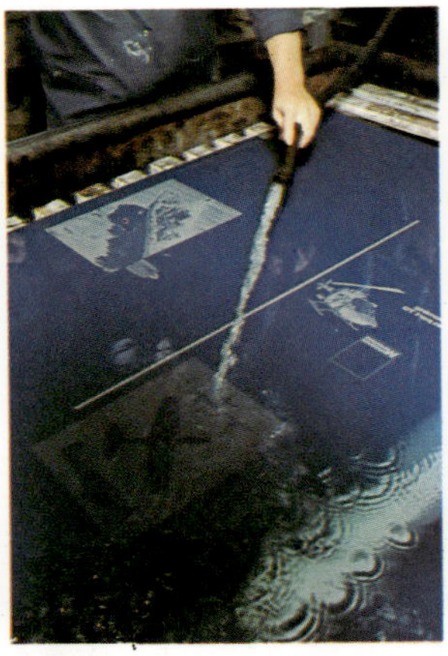

4. Die Platte wird entwickelt und gründlich mit Wasser abgespült. Die saubere Platte wird zum Schutz mit Gummiarabikum überzogen.

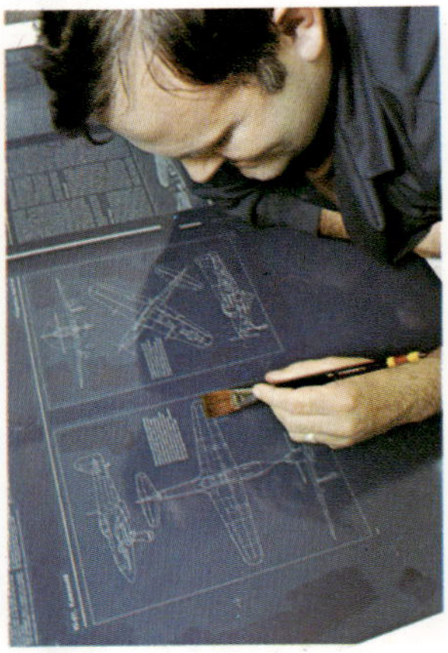

5. Etwaige Fehler werden von Hand korrigiert. Dann wird die Platte fest um den Druckzylinder gelegt und fixiert.

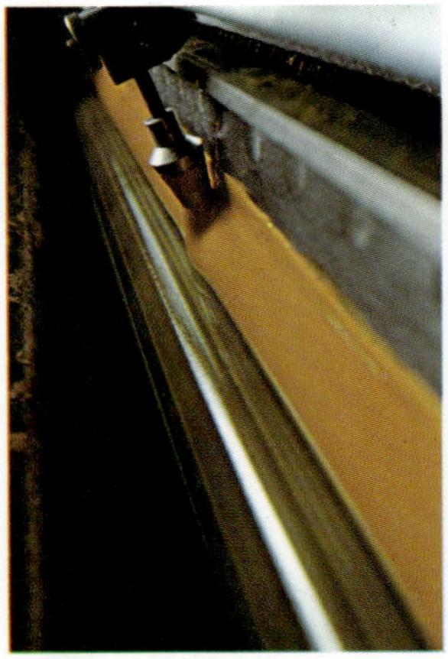

6. Die eingefärbten Bildflächen übertragen die Farbe auf ein Gummituch, das die Farbe dann auf das Papier abdruckt.

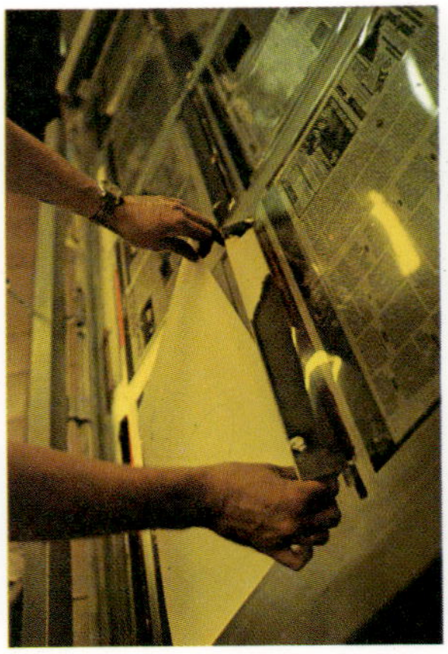

Tiefdruck 1. Ein lichtempfindliches gelatinebeschichtetes Pigmentpapier wird durch ein gerastertes Negativ hindurch belichtet.

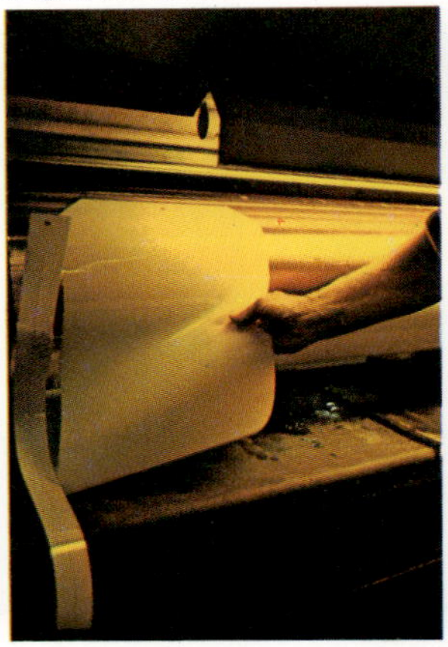

2. Das so behandelte Pigmentpapier wird auf eine polierte Kupferwalze aufgezogen.

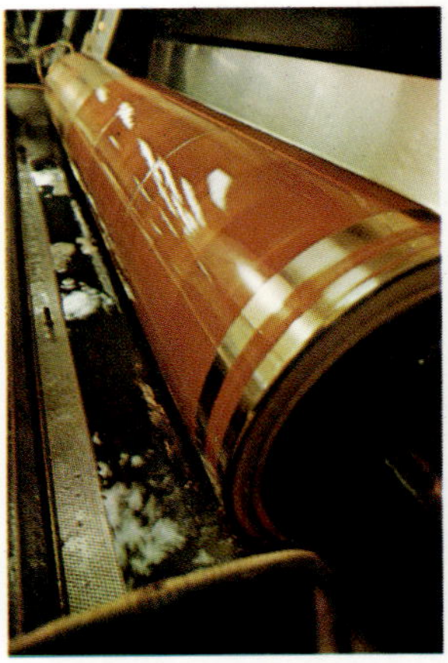

3. Die Schutzfolie wird abgenommen und die noch weiche Gelatine abgewaschen. Die zurückbleibende Gelatine ist säureresistent.

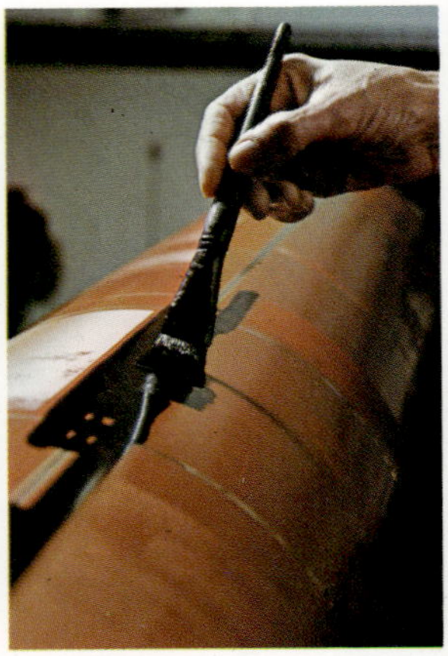

4. Der Zylinder wird mit Eisenchlorid geätzt. Schattierungen und Tonwert hängen von der Dicke der Gelatineschicht ab.

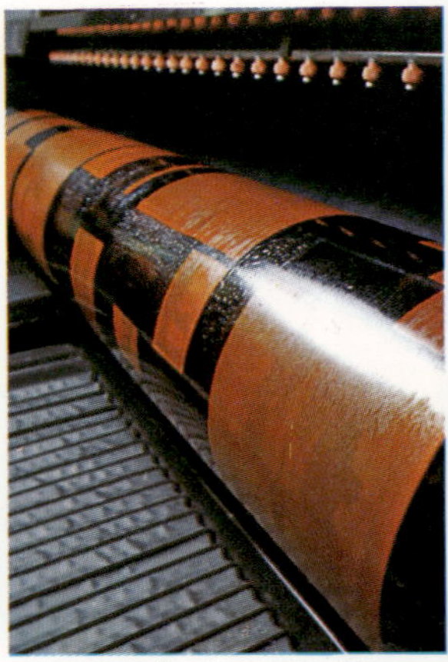

5. Durch das Ätzen entstehen Vertiefungen in der Kupferplatte. Nun werden kleine Korrekturen am ersten Andruck vorgenommen.

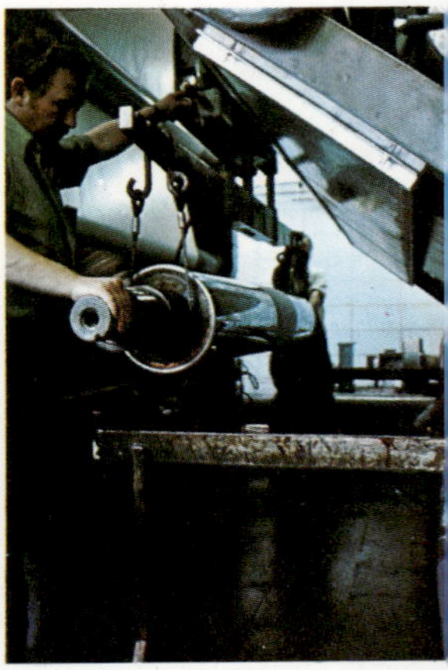

6. Zuletzt wird der Zylinder verchromt, um eine dauerhafte Oberfläche zu erhalten, und in die Tiefdruck-Rotationspresse eingehängt.

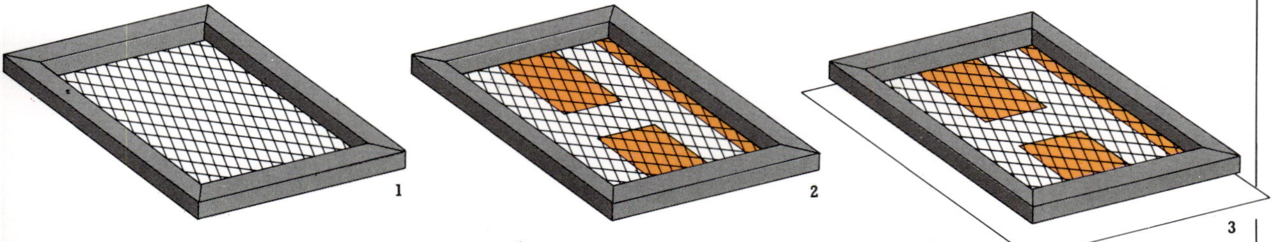

Siebdruck Um ein Drucksieb zu erhalten, wird eine feine Gaze auf einen Holzrahmen gespannt (**1**). Eine Bildschablone wird so auf das Sieb gelegt (**2**), daß die Flächen, die nicht drucken sollen, bedeckt sind. Man legt das Papier unter das Sieb (**3**) und streicht mit einem Rakel die Druckfarbe ein (**4**). Die Farbe dringt durch das Sieb und ergibt so ein Druckbild (**5**).

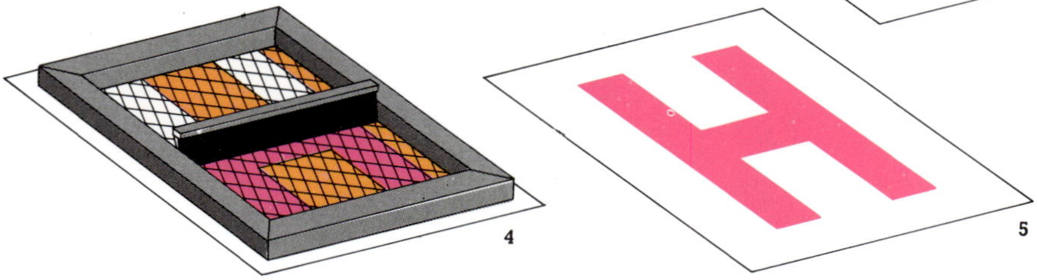

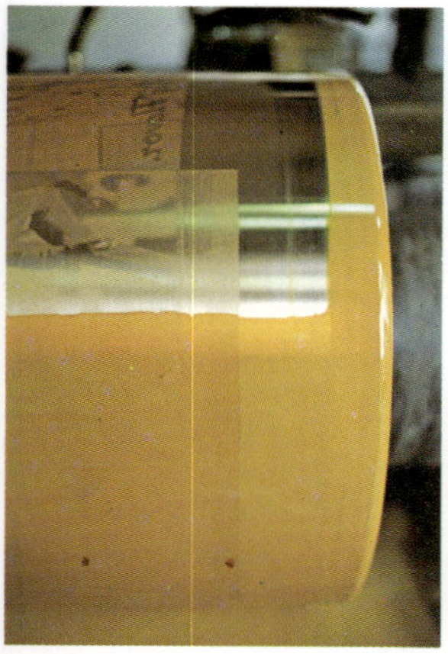

7. Der Zylinder dreht sich in einer Farbwanne, wobei die überschüssige Farbe von einem beweglichen Rakel abgestrichen wird.

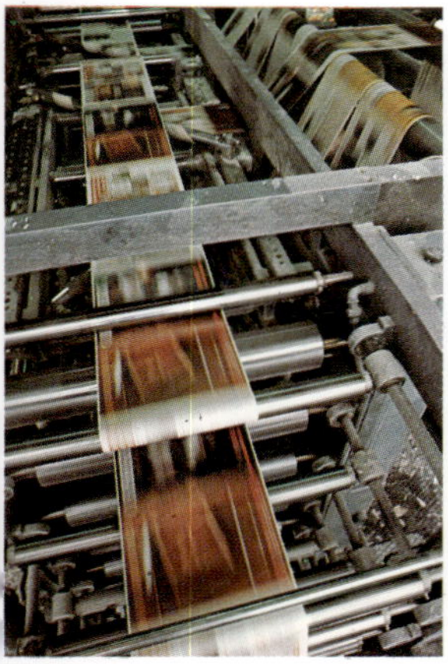

8. Beim Rollentiefdruck läuft eine ununterbrochene Papierbahn zwischen Druck- und Gegendruckzylinder hindurch.

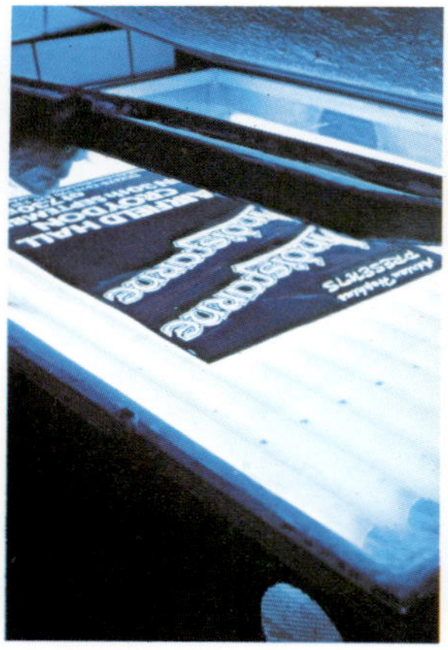

Siebdruck 1. Grundlegend für eine photographische Siebdruck-Schablone ist ein Filmpositiv. Das Sieb wird mit einer Emulsion beschichtet.

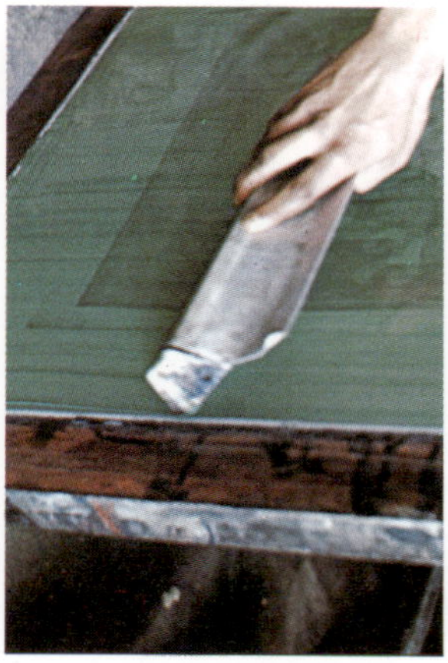

2. Das Positiv und das Sieb werden mit ultraviolettem Licht belichtet. Dann wird die Emulsion mit Wasser abgewaschen.

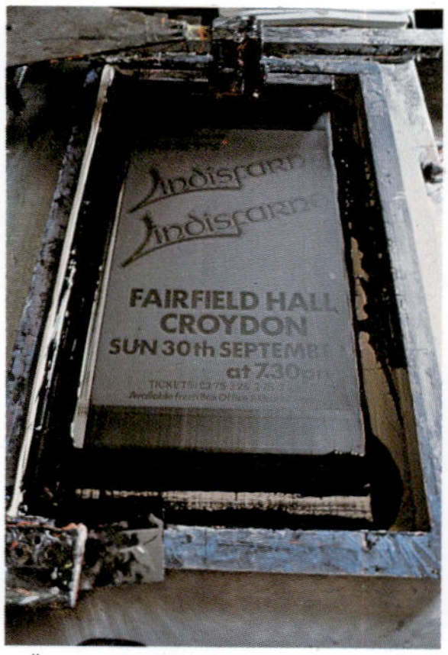

3. Überschüssige Emulsion wird vom Sieb abgekratzt und das Papier genau unter das druckfertige Sieb gelegt.

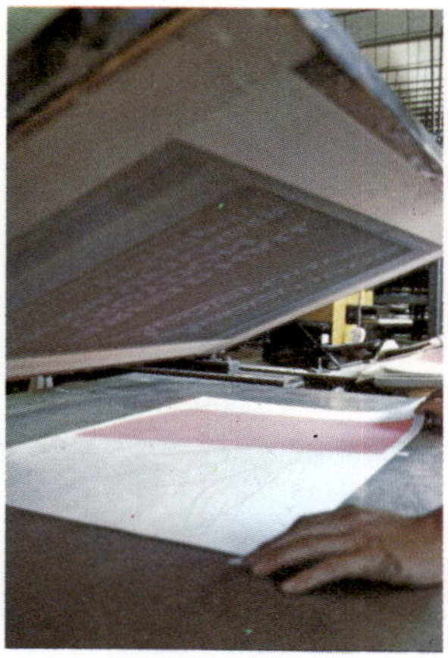

4. Sieb und Papier müssen genau im Rahmen ausgerichtet sein, bevor man mit dem Drucken beginnen kann.

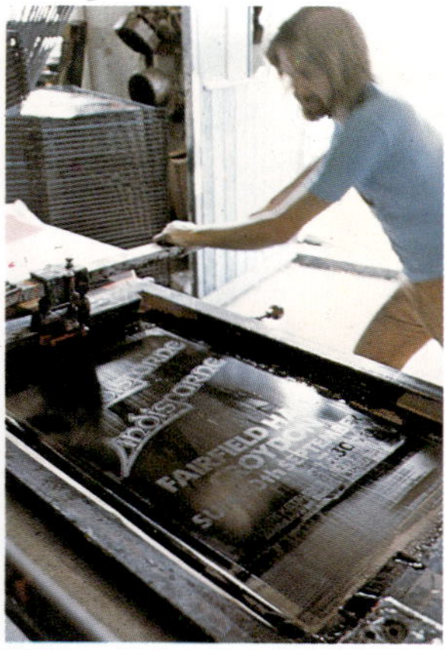

5. Mit einem Gummirakel wird das Sieb mit Farbe eingestrichen, auf das Papier gedrückt und die Farbe abgedruckt.

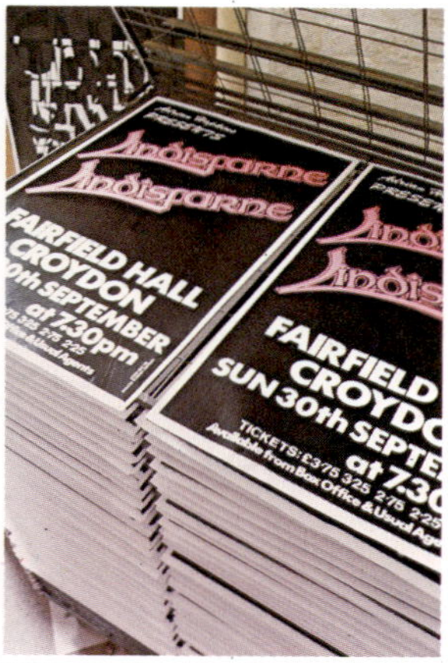

6. Die druckfeuchten Bögen werden vorsichtig herausgenommen und auf ein Trockengestell gelegt.

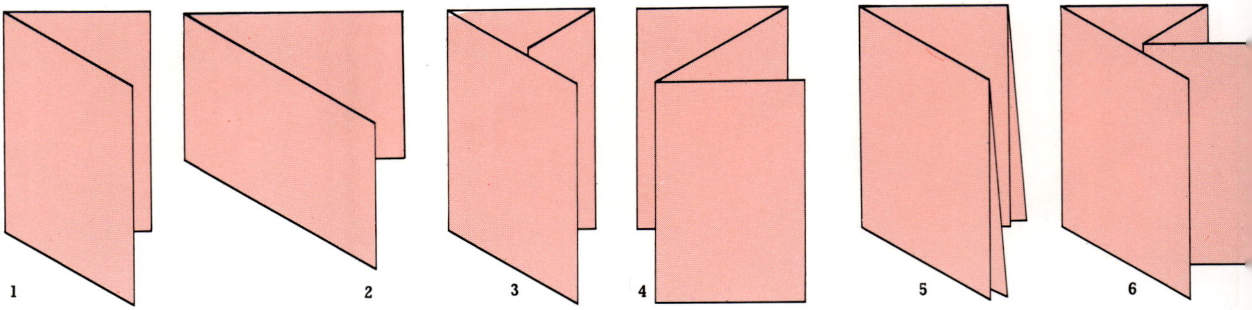

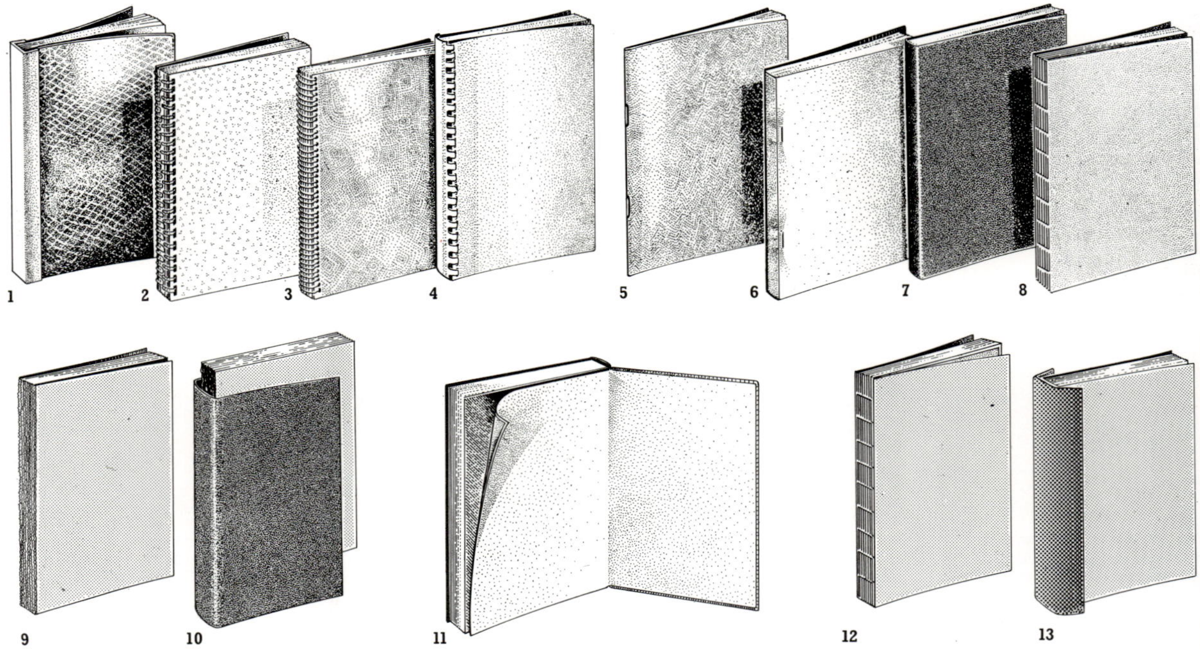

Buchbindearten Bei der mechanischen Bindeart (**1**) wird eine Plastikklammer über den Rücken geschoben, der Deckel und Seiten fest zusammenhält. Für die Spiralbindung (**2, 3, 4**) werden Deckel und Blätter gelocht und mit einer Draht- oder Plastikspirale miteinander verbunden. Bei der Rückenheftung (**5**) wird ein aufgeschlagenes Buch im Mittelfalz geklammert. Zur Blockheftung (**6**) werden Drahtklammern etwa ½ cm vom Rücken entfernt parallel zum Rücken von vorn eingestochen und hinten umgebogen. Für die Heißleimbindung (**7**) beschneidet man den Rücken und klebt ihn dann mit heißem Kunststoffleim. Die haltbarste Bindemethode ist die Fadenheftung (**8**). Dazu werden die Seiten erst bogenweise und dann als Ganzes geheftet. Bei der Verlagsbindung werden 16 oder 32 Seiten in Bögen mit der Maschine geheftet. Der geheftete Rücken wird mit Leim bestrichen (**12**) und eine feine Gaze befestigt (**13**). Dann wird der geheftete Buchblock in den separat hergestellten Einband eingehängt (**11**). Bei der Klebebindung, die vor allen Dingen für Taschenbücher benutzt wird, wird der beschnittene Rücken aufgerauht und mit Leim eingestrichen (**9**) und der Deckel direkt an den Rücken geleimt (**10**).

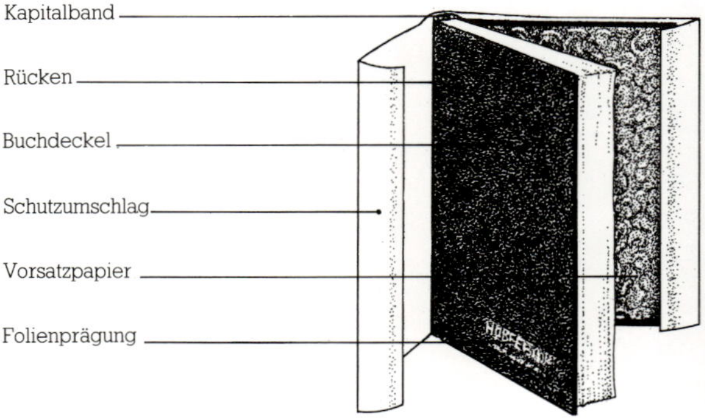

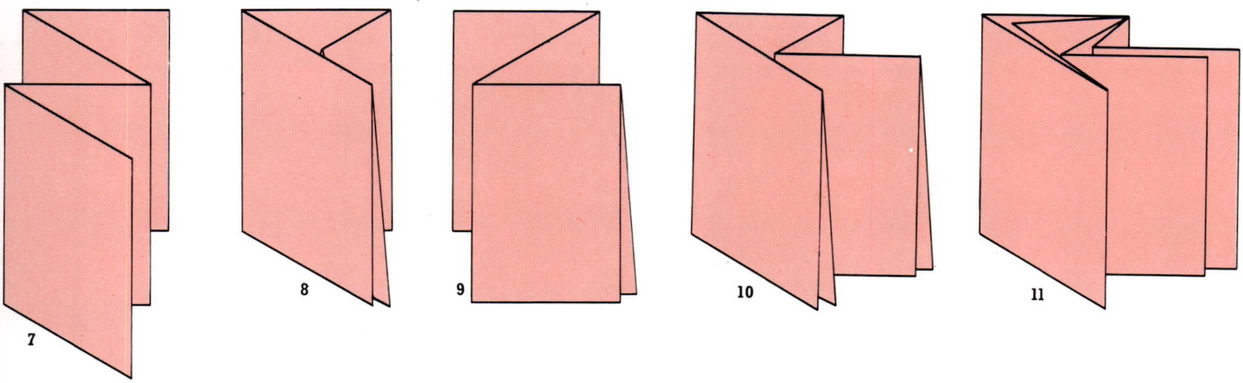

7 8 9 10 11

Seitenumbruch und Falzen Die Position einer Seite auf einem Druckbogen ergibt sich durch die vorgesehene Bindeeinheit und die dadurch notwendige Falzung. Übliche Umbruchformen sind: die vierseitige Falzung (**12**), die sechsseitige (**13**), die achtseitige zum Umstülpen (**14**) und zum Umdrehen (**15**), die zwölf- (**16**) und die sechzehnseitige (**17**). Die Zahlen auf den Diagrammen geben die Seitenfolge nach dem Falzen an, die Buchstaben die Reihenfolge der Falze. Die gestrichelten Linien zeigen, wo die Bögen beschnitten werden. Für vier Seiten falzt man das Papier einmal – entweder längs (**1**) oder quer (**2**). Für sechs Seiten benutzt man zwei Arten der Parallel-Falzung: den Wickel- (**3**) und den Zickzackfalz (**4**). Acht Seiten erhält man, indem man einen Bogen entweder zwei- oder dreimal falzt – entweder einmal längs und einmal quer (**5**) oder dreimal parallel, entweder mit dem Wickel- (**6**) oder dem Zickzackfalz (**7**). 12 Seiten ergeben sich durch einen Längs- und zwei Querfalze als Wickel- (**8**) oder als Zickzackfalz (**9**). Ein sechzehnseitiger Bogen hat entweder einen Längs- und drei Querfalze (**10**) oder vier Parallel-Falze (**11**).

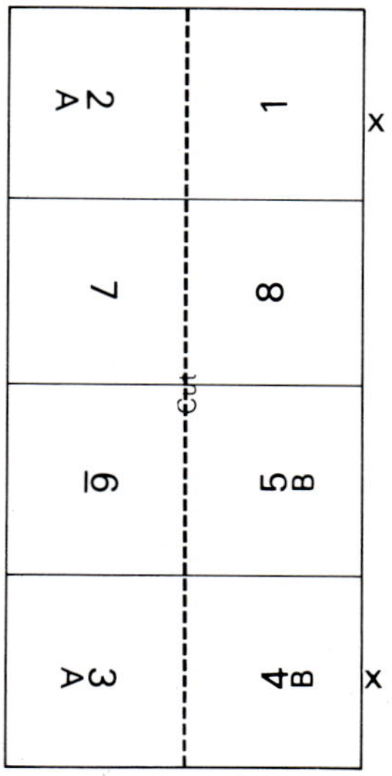

14 Achtseitiger Falzbogen zum Umstülpen

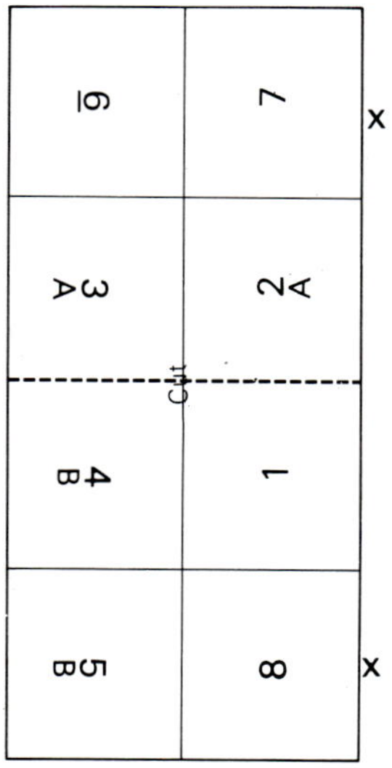

15 Achtseitiger Falzbogen zum Umdrehen

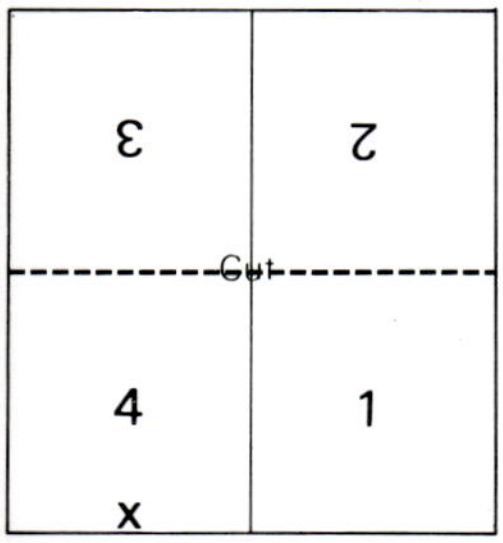

12 Vierseitiger Falzbogen

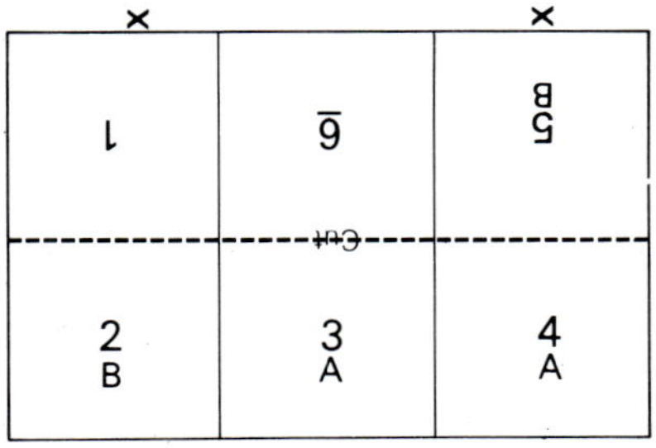

13 Sechsseitiger Falzbogen

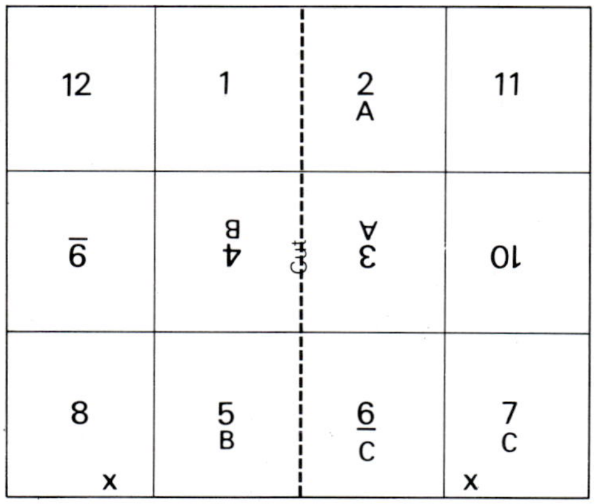

16 Zwölfseitiger Falzbogen

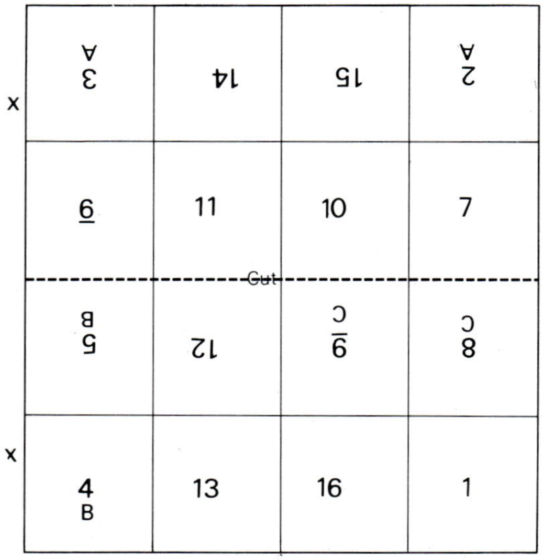

17 Sechzehnseitiger Falzbogen

Schöndruckbogen Dieser Druckbogen ergibt nach Falzung und Beschneiden 32 Seiten. Die 16 hier abgebildeten Seiten sind im Schöndruck, die Rückseite im Widerdruck gedruckt.

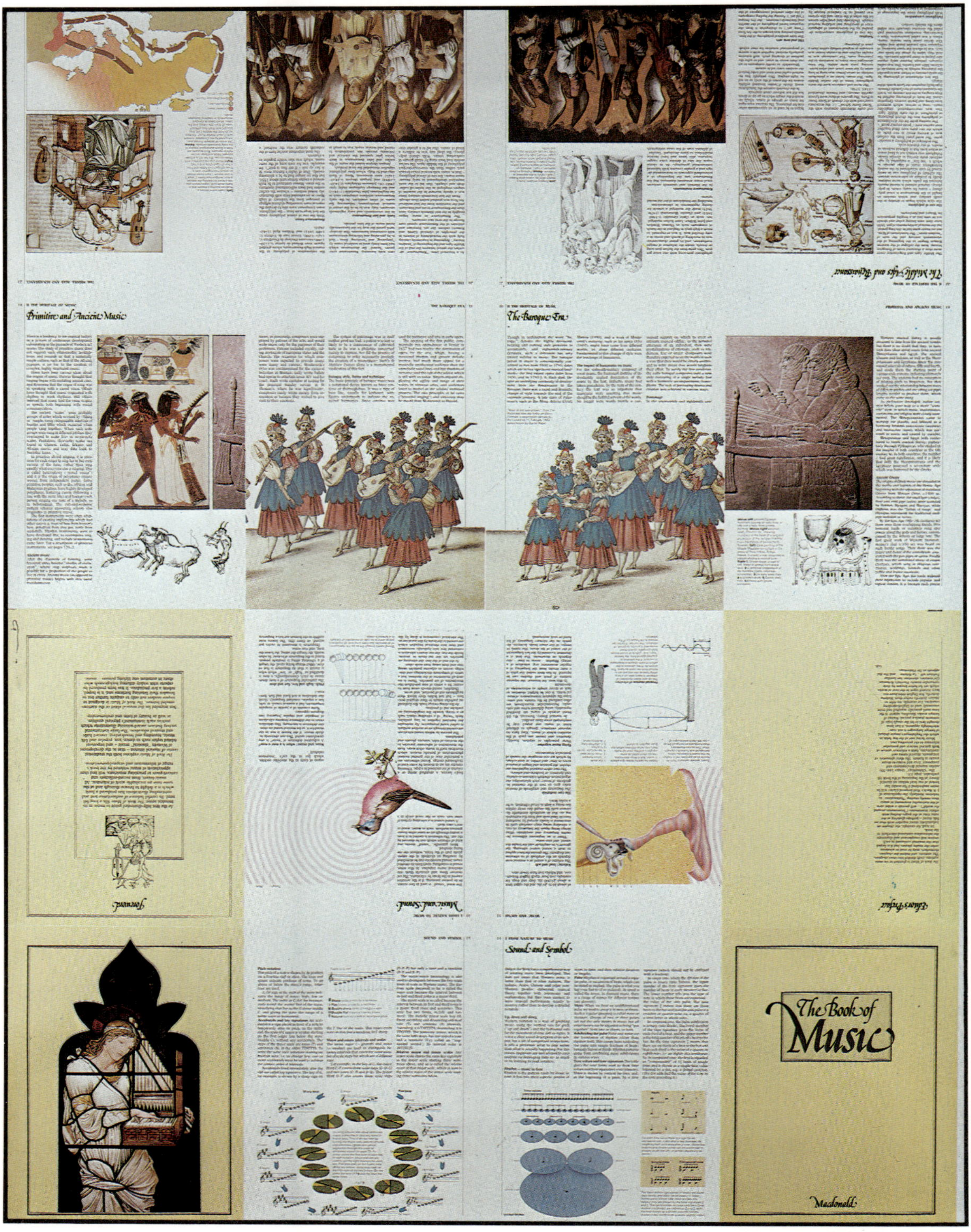

Plastik

25

Gestaltungsprinzipien der Plastik

Gestaltungselemente: Masse, Raum, Fläche, Linie, Bewegung, Größe, Material, Farbe.

25 | **Plastik** Gestaltungsprinzipien

Die Bildhauerei hat keine klar definierten Grenzen. Im Wörterbuch wird sie als Akt des Meißelns, Schnitzens oder Formens, insbesondere in Stein, definiert. Das 20. Jahrhundert hat nun erlebt, wie diese Bestimmung auf alle Medien ausgeweitet wurde, so daß eine Skulptur heutzutage aus einem Ziegelarrangement oder einem riesigen, über eine Schlucht gespannten Vorhang bestehen kann.

Das Konzept der Skulptur muß sich auf das Medium beziehen, und weder bei gegenständlichen noch bei abstrakten Formen darf man dieses Gefühl für Balance oder den Respekt vor dem Medium ignorieren.

Obwohl Rodin (1840–1917) auf formale Werte achtete, richtete sich sein Hauptaugenmerk eher auf die Natur als auf die Kunst. Ihn interessierte der Zusammenhang von Charakter und Bewegung: »Nimm Form als Tiefe wahr. Hebe die dominierenden Flächen deutlich hervor. Stell dir Form als auf dich gerichtet vor; alles Leben erwächst aus einem Zentrum, strebt von innen nach außen. Beim Zeichnen achte auf das Relief, nicht auf den Umriß. Das Relief bestimmt die Kontur. Die Hauptsache ist, bewegt zu sein, zu lieben, zu hoffen, zu beben, zu leben. Werde Mensch, bevor du Künstler bist!«

Die Konstruktivisten bemühten sich, die ästhetischen, physischen und funktionellen Möglichkeiten des Materials zu erforschen und zu nutzen, wobei sie die Grundelemente von Raum, Körper und Farbe ergründeten. Obwohl die Arbeit der Konstruktivisten zum Abstrakten führte, behauptete Naum Gabo (1890–1977), einer der Pioniere: »... das Abstrakte ist nicht der Kern des konstruktiven Ideals. Die Idee bedeutet mir mehr. Sie betrifft den ganzen Komplex des Verhältnisses des Menschen zum Leben. Es ist ein Modus des Denkens, Handeln, Wahrnehmens und Lebens... Jedes Ding oder jede Handlung, die das Leben bestärkt, es voranbringt und ihm etwas in Richtung des Wachstums, der Expansion und Entwicklung verleiht, ist konstruktiv.« Diese beiden Ansichten allein beweisen, daß man die Bildhauerei nicht als Sammlung formaler Prinzipien betrachten kann.

In jüngerer Zeit hat Carl Andre (geb. 1935) Arbeiten geschaffen, die versuchen, den Betrachter mit Formen zu konfrontieren, deren immanente Bedeutung minimal ist. Seinen künstlerischen Werdegang von seinen früheren Holzskulpturen über zusammengefügte Holzteile bis hin zu seinen *floor pieces* hat er zusammengefaßt als den Übergang von der Form über die Struktur zum Ort. Solch eine Entwicklung bringt eine Entfernung von allen darstellenden Werten zum Ausdruck, hin zur Beschäftigung mit Skulpturen, die dem Betrachter erlauben, ein Objekt ohne immanente Bedeutung wahrzunehmen und somit neu interpretieren zu können.

Die zeitgenössische Skulptur unterscheidet sich in vielerlei Hinsicht von den Werken vergangener Jahrhunderte. Dazu gehören ein vermindertes Bemühen um den menschlichen Körper als Bedeutungsträger, die Entwicklung der konstruktivistischen Verfahren und die Verwendung moderner Materialien und Techniken, deren Einsatz und eine sich wandelnde Einstellung zur künstlerischen Leistung. Zu den Exponenten der Bildhauerei im 20. Jahrhundert gehören: Rodin, Brancusi (1876–1957), Picasso (1881–1973), Gabo und Tatlin (1885–1953).

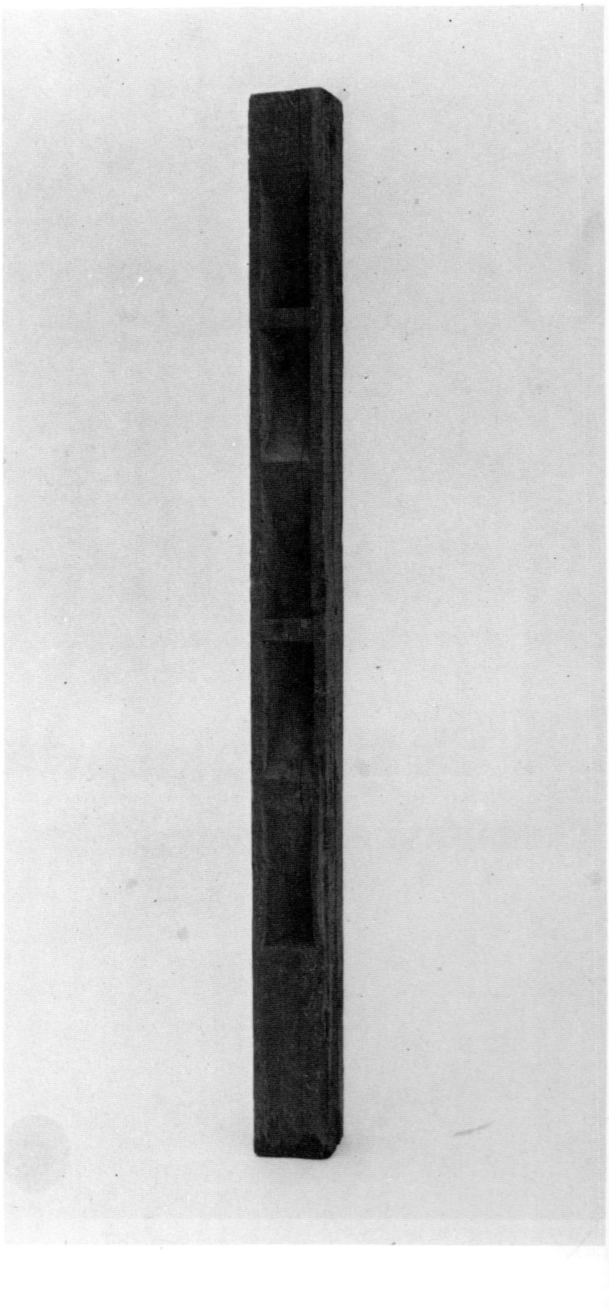

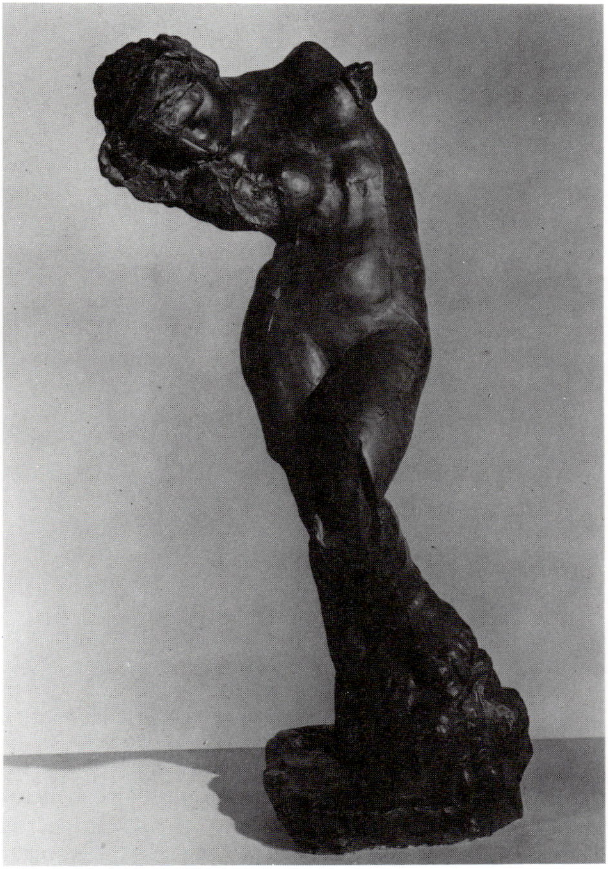

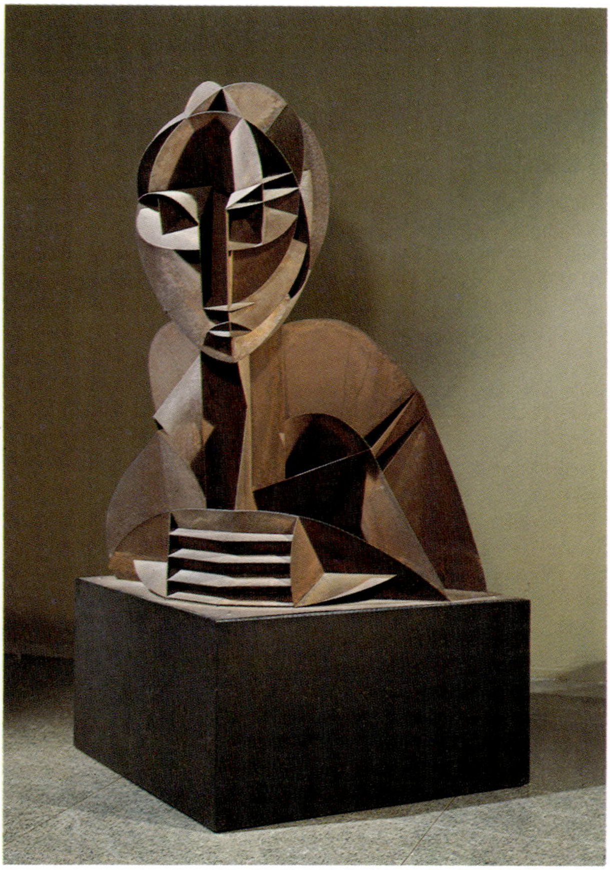

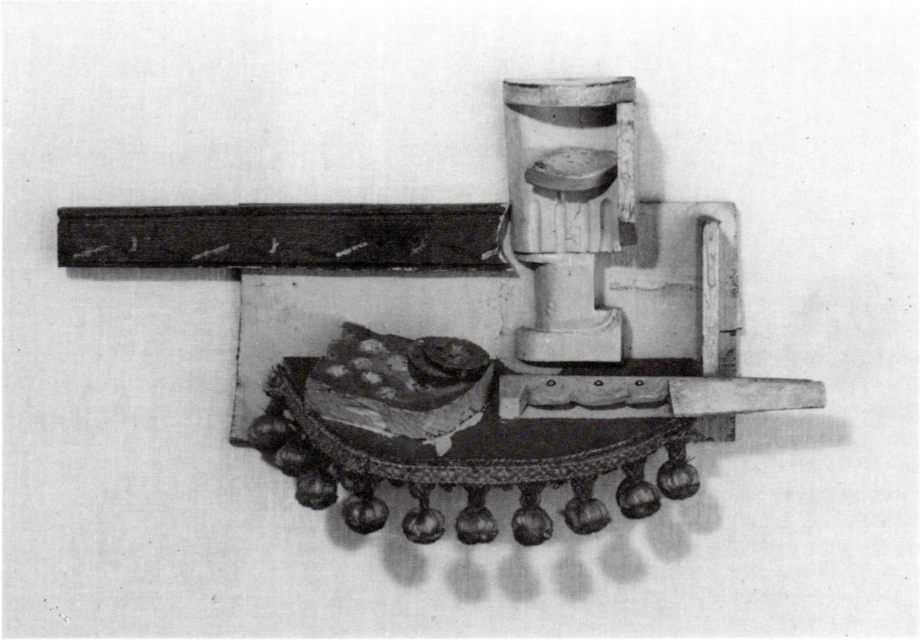

Formwandel in der Skulptur Bis zum Ende des 19. Jahrhunderts befaßten sich Bildhauer in ihren Werken hauptsächlich mit der Darstellung der menschlichen Gestalt. Rodins *Muse* (**oben**) jedoch zeigt, daß er bereit war, die strenge Wiedergabe des Körpers zugunsten eines greifbareren, persönlicheren Eindrucks der Gestalt aufzugeben. Die Anfänge der echten abstrakten Skulptur erscheinen in den Arbeiten der Kubisten und Konstruktivisten wie beispielsweise Naum Gabos *Kopf* (**oben rechts**), eine Interpretation der herkömmlichen Porträtbüste, zeigt. Picassos Gemälde, Skulpturen und kubistischen Reliefs, wie z. B. sein *Stilleben* (**rechts**), erkundeten das Terrain zwischen Malerei und Skulptur, wobei er einige seiner zuerst auf der Leinwand ausgedrückten Ideen in dreidimensionale Form übertrug. In jüngerer Zeit ist das Wesen der Materialien des Bildhauers in gewissem Maße zum Thema des Werkes geworden, so zum Beispiel in den Minimal-Skulpturen wie Carl Andres *Letzter Leiter* (**links**).

Plastik Gestaltungselemente

Bei der bildhauerischen Arbeit lassen sich bestimmte Grundelemente aufzeigen. Diese Elemente wie Masse, Größe, Linie und Struktur können erweitert werden und in Verbindung mit dem verwendeten Medium eine Idee realisieren.

Masse

Dieses Element ist bei der skulpturellen Darstellung immer das wichtigste gewesen. Die traditionellen Bildhauer-Materialien, Stein und Bronze, und die zugehörigen Techniken machen die Erwägung des Volumens unerläßlich.

Skulpturen mit klarer Oberfläche, die deutliche Profile präsentieren, lassen zu, daß man ihre dreidimensionale Qualität visuell erfaßt. Eine stark strukturierte Oberfläche reflektiert das Licht dergestalt, daß die Masse oder das scheinbare Gewicht der Skulptur vermindert wird.

Rodins Schaffen dreht sich hauptsächlich um Licht und Bewegung – man vergleiche das von Maillol (1861–1944), der mit Gewicht und Balance der Masse arbeitete.

Raum

Wenn man zwei aufeinander bezügliche Formen nebeneinanderstellt und sie langsam auseinanderbewegt, verändert der Raum zwischen ihnen Dimension und Charakter. Stehen beide eng beieinander, erscheint der Raum dazwischen begrenzt und spannungslos, bezieht sich aber doch noch auf beide Formen. Stellt man sie noch weiter auseinander, erscheinen sie als zwei getrennte, nicht aufeinander bezügliche Formen, und der Raum, der einst Bestandteil der Skulptur war, wird zum Raum, der nunmehr die getrennten Formen umgibt.

Wechselwirkungen zwischen Raum und Masse lassen sich vielleicht am besten im Schaffen Henry Moores (geb. 1898) aufzeigen. Die Oberfläche einer Masse berührt den Raum dort, wo die innere Spannung einer Form aufgefangen wird, und indem Moore dem Raum gestattet, die Masse zu durchdringen, betont er diese Balance.

Fläche

Eine Fläche betrachtet man gemeinhin als Element mit zwei Dimensionen: Länge und Breite. Die Dicke einer Fläche in der Skulptur muß im Verhältnis zu den anderen Elementen minimal sein, damit man zwischen Fläche und Körper unterscheiden kann. Eine Fläche kann gekrümmt oder eben sein und wird je nachdem verschieden wahrgenommen. Die Materialien krümmen oder biegen sich gewöhnlich nur um eine Achse, aber solche wie Kunststoff oder dünnes Blech kann man in zwei Richtungen gleichzeitig biegen.

Linie

Eine Form oder Fläche läßt sich durch Linien andeuten, und sie geben einer Skulptur ein Raumgefühl. Senkrechte Linien verbindet man mit »Stütze« und »Stärke«. Sie können einem Werk eine monumentale Qualität verleihen und unterstützen die Struktur sowohl physisch wie auch visuell, während waagerechte Linien selbst gestützt und eher passiv sind. Diagonalen vermitteln mehr Aktivität als Vertikalen oder Horizontalen, weil ihre Winkel zum Boden hin befremdende Spannungen erzeugen. Eine gerade, gekrümmte oder fließende Linie kann man mit zwischen Punkten aufgespannten Schnüren, Drähten oder Stäben herstellen.

Die Art der Linien, ihre Länge, das verwendete Material und ihre Beziehungen zu anderen Teilen der Skulptur erzeugt eine Dynamik, die die Interpretation des Werkes beeinflußt. Eine konvexe Linie zum Beispiel erzeugt aktiv Spannungen, während eine konkave Linie immanenten oder realen Kräften unterworfen scheint.

Bewegung

Seit Jahrhunderten schaffen Bildhauer Werke, die Bewegung implizieren. Rodin erzielte einen Eindruck von Bewegung nicht nur dadurch, daß er sich auf Posen der Bewegung konzentrierte, sondern auch durch die Modellierung der Oberfläche, ein Verfahren, das Werke schafft, die zur Wechselwirkung mit dem Licht fähig sind.

Wegen ihrer fehlenden Masse versetzen die Figuren von Giacometti (1901–1966) ihre Umgebung in erhebliche Vibration, als ob sie im Begriff wären, sich zu bewegen und den Raum einzunehmen, in dem sie stehen.

Alexander Calders (1898–1976) Werke schließen echte Bewegung ein: Seine Mobiles reagieren sowohl auf die Bewegung des Betrachters als auf Luftströmungen.

Es ist ratsam, eine Skulptur nicht auf einen Drehsockel zu plazieren, wenn solch eine Bewegung nicht integraler Bestandteil des Werkes ist; denn dem Betrachter sollte es stets möglich sein, das Werk in seinem eigenen Tempo wahrzunehmen und aus jedem ihm beliebenden Blickwinkel.

Wenn man bei Skulpturen mechanische und elektronische Bewegung verwendet, sollten die Kraftquelle und die Mechanik am besten als Bestandteil des Werkes einbezogen werden.

Größe

Größe ist ein wesentliches Element bei allen Skulpturen. Eine durch Maquetten erarbeitete Skulptur muß sich nicht ändern, wenn man den Maßstab vergrößert, da sich die verschiedenen Kompositionselemente selbst behaupten. Masse zum Beispiel ist ein Element, das Größe braucht, um zu wirken.

Materialien

Die verschiedenen Materialien und Oberflächen der skulpturellen Medien können so bearbeitet werden, daß sie Schatten erzeugen. Ebenfalls besteht die Möglichkeit, den Reflexionsgrad der Oberfläche zu vermindern oder zu erhöhen. Eine starke Textur, die zum Beispiel beim Behauen eines Steinblocks entsteht, kann man als Oberfläche nehmen, um Schatten zu erzeugen oder das Gewicht zu betonen. Dieselbe Struktur bei einer Bronzearbeit würde, wegen ihrer reflektiven Eigenschaften, das visuelle Gewicht des Werkes zerstören.

Eine auf Hochglanz polierte Bronzeoberfläche kann mit Hilfe des Lichts die Masse modifizieren, während eine Hochglanz-Oberfläche bei weißem Marmor den Eindruck dämpfen würde – was zur häufigen Verwendung von bemaltem oder reliefartigem Stein geführt hat.

David Smith (1906–1965) verwendete bei seinen Chromstahl-Konstruktionen einen Schliff, der dazu beiträgt, seine Skulpturen in ihre Umgebung einzufügen: Die Oberfläche absorbiert die Farben und das Licht der Umgebung, ohne die Bilder selbst zu spiegeln, und läßt dadurch den Körper des Werkes intakt.

Die verwendete Technik impliziert die Art der Endbearbeitung. Wenn man die Oberfläche einer Skulptur erst zum Schluß der Arbeit gestaltet, kann das den ursprünglich beabsichtigten Charakter völlig verändern.

Farbe

Skulpturen verwenden oft die natürlichen Farben des Materials. Auf Stein kann eine Wachspolitur aufgetragen werden, um die eigentliche Farbe seiner Struktur zu überdecken, und Holz wird oft gewachst, um die Maserung zu betonen. Bronzeskulpturen werden häufig mit einer Patina versehen, um das Werk altern zu lassen und die Spiegelung seiner Oberfläche zu vermindern.

Moderne Bildhauer neigen dazu, die natürliche Beschaffenheit des Materials zu belassen – insbesondere bei Arbeiten mit Stahl, Beton, Holz und Stein.

Holz-, Metall- und insbesondere Kunststoffskulpturen können bemalt werden, um ein Werk aus mehreren Komponenten zu vereinheitlichen oder zu schützen. Da Farbe die natürliche Oberfläche verdeckt, ist der Betrachter gezwungen, die Skulptur anhand ihrer Richtungslinien, Bewegung und Farbe wahrzunehmen. Bei der Entscheidung, ob man glänzende, matte, klare oder polychrome Farben verwendet, sollte man an den beabsichtigten Charakter des Werkes denken. Mehr als eine Farbe kann die Aufmerksamkeit allein auf die Oberfläche des Werkes lenken oder einzelne Rhythmen oder Elemente unterstreichen.

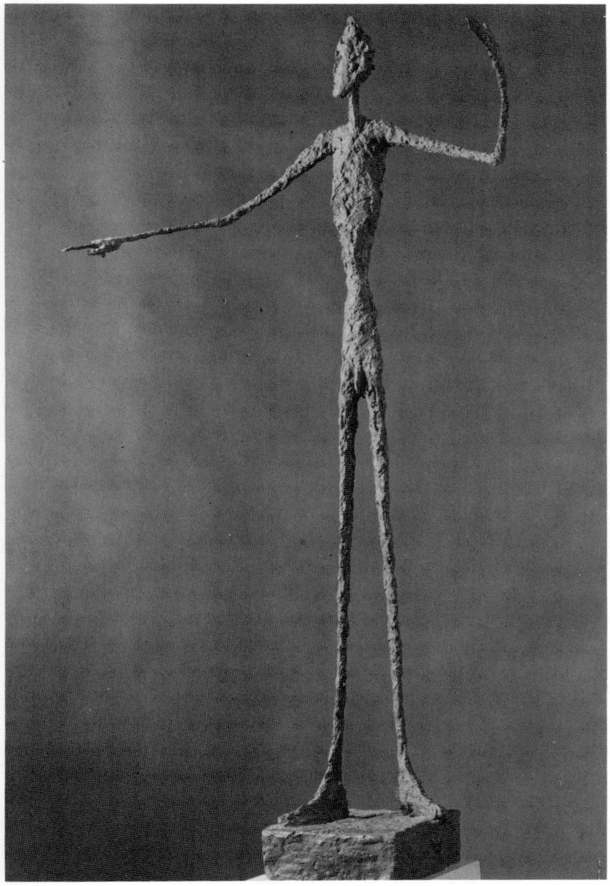

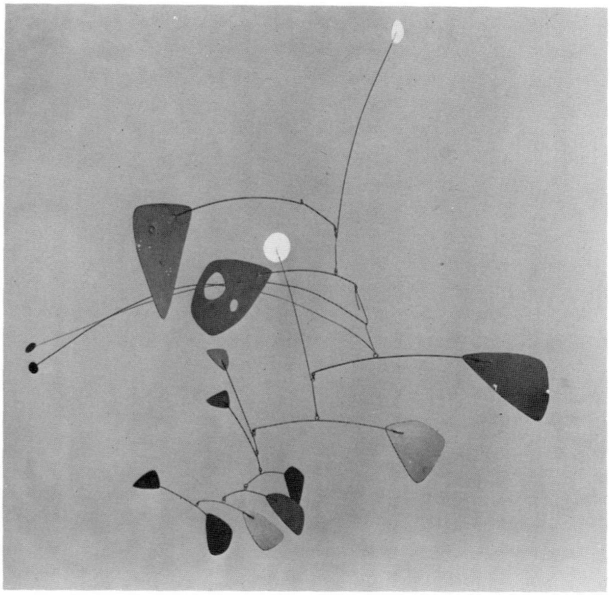

Bewegung in der Skulptur Die kinetische Skulptur ist eine recht junge Entwicklung, und die Versuche, Bewegung in vom Wesen her statische Objekte zu implizieren, haben im Lauf der Jahre eine Reihe Arbeitsstile entstehen lassen. Die dünnen, schmächtigen Figuren Giacomettis, beispielsweise sein *Zeigender* (**links**), erzeugen einen beträchtlichen Eindruck von Bewegung – sowohl in der Geste als auch durch die Figuren oder Figurengruppen als solche. Alexander Calder ist einer der konsequentesten Experimentatoren auf dem Gebiet der beweglichen Skulptur gewesen, der eine Vielzahl von Mobiles und künstlich bewegten Skulpturen geschaffen hat. Seine *Antennen mit roten und blauen Punkten* (**oben**), ein typisches Beispiel für seine Mobiles, stellen ein weiteres Merkmal seiner Arbeit heraus: die Verwendung verschiedenfarbiger Elemente in der Komposition.

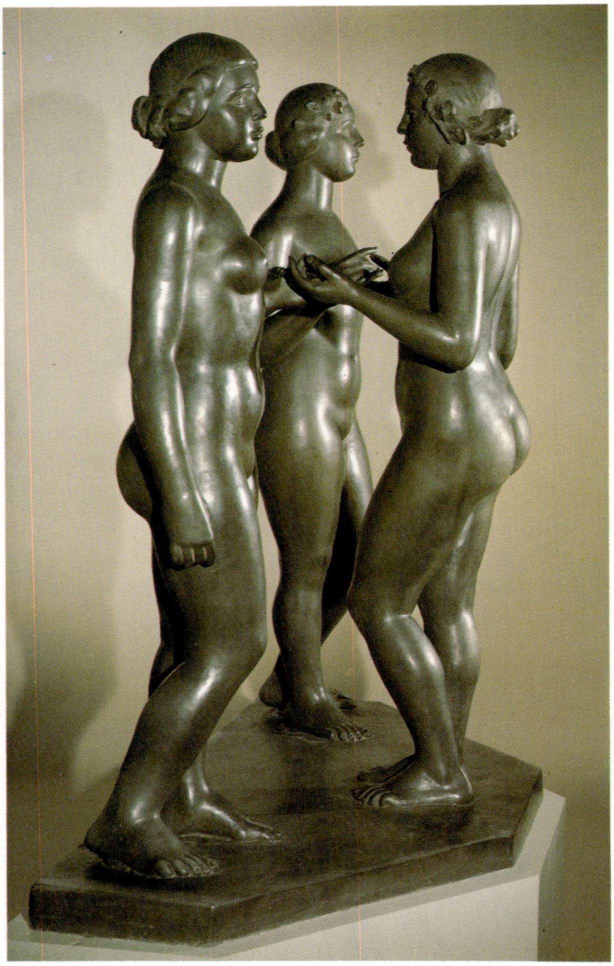

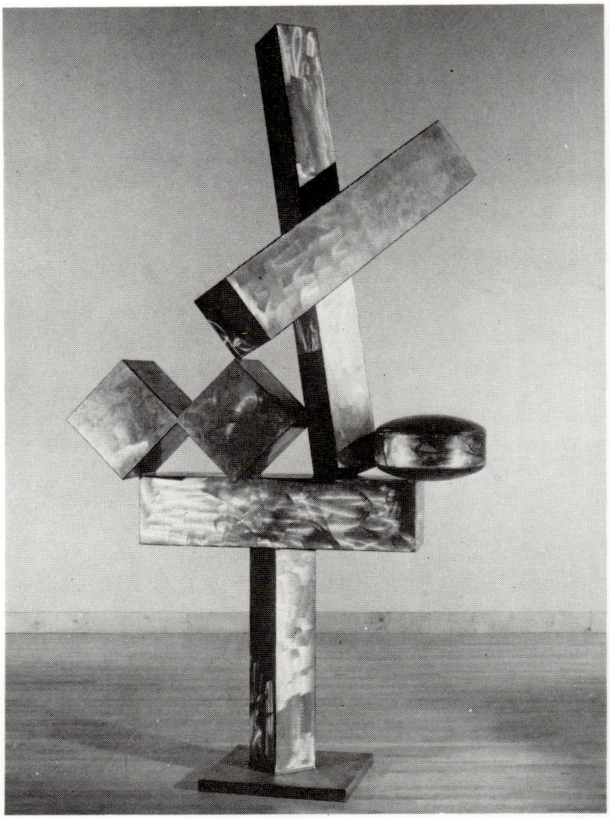

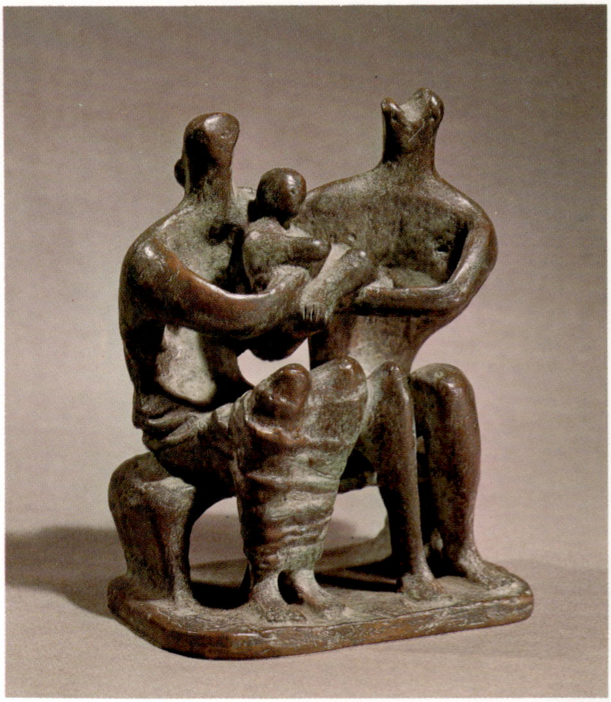

Gewicht, Volumen und Balance
Stein, Ton, Gips und Bronze besitzen ein unumgängliches Gewicht und eine Masse, die unabdingbar zu ihrer Natur gehört, und viele Künstler haben im Laufe der Geschichte die rein physische Anstrengung erfahren, die dazu benötigt wird, eine Skulptur herzustellen. Die modernen Schweiß- und Konstruktionstechniken eröffneten neue Möglichkeiten, einen Großteil der physischen Probleme bei der Übersetzung eines ersten Entwurfes in die dreidimensionale Form zu meistern, wie man an David Smith' *Cubi XIX* (**oben rechts**) sehen kann. Das ist eine aus einer Serie von Skulpturen, in denen die labile Balance der Einzelteile und die Art, in der sich massive Formen in den freien Raum erstrecken können, das Gewicht des Materials zu leugnen scheinen. In früheren Skulpturen wurde das Volumen der Formen bei der Bildhauerei durch den Steinblock und beim Modellieren durch das Stützgerüst beschränkt. Wie man an Maillols *Drei Nymphen* (**oben links**) sehen kann, waren der Pose der Figuren oft Grenzen gesetzt, und man entdeckt eine ganz andere Einstellung gegenüber der Balance und Symmetrie als in Smith' Werken. Die *Maquette für eine Familiengruppe* von Henry Moore (**rechts**) ist eine Skulptur, die Moores Fähigkeit verdeutlicht, traditionelle Form- und Strukturprinzipien mit seinen eigenen Neuerungen zu verbinden. Die Pose der Gruppe und sein Respekt vor den Eigenschaften seiner Materialien verdeutlichen seine Verwurzelung in einer langen Tradition der Figurenskulptur, aber die maßstäbliche Verzerrung der Figuren und die Form der Gliedmaßen, Körper und Köpfe sind charakteristisch für seinen persönlichen Ansatz.

26

Steinskulptur

Geschichte. Steinarten: Alabaster, Granit, Kalkstein, Marmor, Sandstein, Schiefer, Speckstein. **Techniken:** Auswahl, einen Block aussägen, aus dem Groben arbeiten, Behauen, Feinarbeit, Polieren, Wachsen, Herstellen eines Gipsblocks, Granit behauen, Sicherheitsvorkehrungen. **Ausrüstung:** Maschinenwerkzeuge, Bildhauerwerkzeuge, Polierwerkzeuge.

Steinskulptur Geschichte

Steine kann man in drei Kategorien unterteilen: Eruptivgestein, Sedimentgestein und metamorphisches Gestein. Eruptivgestein bildet sich durch die Abkühlung und Rekristallisierung von geschmolzenem Gestein im Erdinnern. Es ist normalerweise sehr hart, gleichmäßig strukturiert und sehr dauerhaft.

Die alten Ägypter verwendeten harte und weiche Steine, darunter auch Granit und Kalkstein. Die weicheren Skulpturen wie die Sphinx von Gizeh wurden mit Gips überzogen, bevor die lebhaften Farben, die die Ägypter für alle Steinbildwerke verwendeten, aufgetragen wurden. Frauenstatuen bemalten sie normalerweise gelb und Männerstatuen dunkelrot. Die Kleidung war in hellen Farben gehalten, und die Augen wurden oft durch weißen Quarz mit einer farbigen Iris angedeutet.

Die Steinbildwerke, die im alten Assyrien und Babylon, einem späteren Teil von Mesopotamien, gefunden worden sind, bieten den Historikern die wichtigsten Hinweise auf jene frühen Kulturen. Marmor- und Steinstatuen und -reliefs, die man aus Tempel- und Palastruinen ausgrub, offenbarten sehr detailliert die Traditionen und Kleidung der Menschen, die hier vor über 2000 Jahren gelebt haben. Einige der Arbeiten wurden in Diorit gehauen, einem der härtesten und am schwierigsten zu bearbeitenden Gesteine. Zu den bemerkenswertesten erhaltenen Beispielen gehört die Statue des Gudea von Lagash (heute im Louvre).

Erst im 5. Jahrhundert v. Chr. befreite sich die Steinbildhauerei in Griechenland vom Diktat der Religion und etablierte sich als Kunstform. Die meisten Arbeiten wurden in Marmor gehauen, wobei die Statuen des Parthenon die bekanntesten Beispiele für den lockeren, lebensnahen Stil sind. Dieses »Goldene Zeitalter«, wie es zuweilen genannt wird, hat die meisten der klassischen Skulpturen hervorgebracht, die auf die Bildhauer eine profunde und langanhaltende Wirkung ausübten.

Die römischen Bildhauer imitierten anfänglich die Griechen, deren Werke sie sehr bewunderten, entwickelten dann aber, im 1. und 2. Jh. n. Chr., einen eigenen realistischen, aggressiveren Stil. Ihre Marmor- und Steinstatuen und -büsten waren lebensecht und niemals idealisiert oder schmeichelhaft. Wie die Griechen bemalten die Römer ihre Steinbildwerke wahrscheinlich in lebhaften Farben.

Nach dem Untergang des Römischen Reiches stagnierten im frühen Mittelalter alle Künste. Die frühchristlichen Kreuze, die biblische Figuren und Rebenmuster zeigen, sind fast die einzigen Beispiele für Steinmetzarbeiten, die aus jener düsteren Zeit erhalten geblieben sind.

Die präkolumbischen Völker wie die Totonac an der amerikanischen Golfküste (200–900 n. Chr.) formten aus dem Gestein der Region monumentale Stelen, und später wurden die zwischen 1325 und 1520 gebauten Tempel und Paläste der mexikanischen Azteken mit Steinskulpturen der Gottheiten geschmückt.

Im 12. Jahrhundert machte die ungeschlachte Steinarbeit der frühen christlichen Kunst dem leichteren gotischen Stil Platz. Weil die Steinmetzkunst als Erweiterung der Architektur betrachtet wurde, findet man in den Kirchen dieser Zeit eine Unzahl von gemeißelten Statuen, Dekorationen und Wasserspeiern. Dann aber trennte sich die Bildhauerei allmählich von der Steinmetzarbeit und wurde zur eigenständigen Kunstform.

Während der italienischen Renaissance übte die Wiederbelebung der klassischen Ideale der griechischen Kunst, die ihren Gipfel in der Hochrenaissance (um 1500–1527) erreichte, auf die Bildhauerei einen tiefgreifenden Einfluß aus.

Der italienische Bildhauer Gianlorenzo Bernini (1598–1680) war der bedeutendste Exponent der barocken Bildhauerei, eines Stils, der sich Ende des 16. Jahrhunderts entwickelte. Seine Arbeiten in Stein und Marmor brillieren durch absolute Detailtreue, und sein naturalistischer Ansatz wies viele Ideale der Renaissance zurück.

Die klassische Tradition beeinflußte auch die folgenden drei Jahrhunderte.

Ein Großteil der Bildhauerei des 20. Jahrhunderts hat den gegenständlichen Ansatz völlig aufgegeben. Zwei britische Bildhauer spielten dabei eine wichtige Rolle. Der 1898 geborene Henry Moore war einer der ersten, die größeren Wert auf die Entwicklung der Form als auf die Nachahmung des Objekts legten. Barbara Hepworth (1903–1975), die direkt in Stein meißelte, war eine völlig nicht-figurative Bildhauerin.

Die Vielfalt der Steinarten oder sonstigen Bildhauermaterialien spielt eine wichtige Rolle für die Entwicklung der Bildhauerei. Trotzdem wird Stein noch im gleichen architektonischen Kontext verwendet wie im antiken Griechenland – wie die Werke des amerikanischen Bildhauers Isamu Noguchi (geb. 1904), dessen Marmor- und Granitarbeiten überall in den USA zu sehen sind, und die Monumentalplastiken des Schweizer Bildhauers Hans Aeschbacher (geb. 1906) beweisen. Dem heutigen Steinmetzen bietet sich ein breiteres Spektrum, das bei Tausenden moderner Bildhauer zu einer enormen Bandbreite der Ansätze geführt hat.

Ebensowenig wie die Materialien selbst haben sich die wichtigsten Bildhauerwerkzeuge über die Jahrhunderte verändert. Der technische Fortschritt hat den Bildhauer aber mit Qualitätswerkzeugen aus besseren Metallen versehen und ihm Elektrowerkzeuge zur Verfügung gestellt, die besonders beim Schneiden großer Steinblöcke von Nutzen sind.

Auch die eigentlichen Techniken der Bildhauerei haben sich relativ wenig verändert; nur die Art ihrer Verwendung wurde im 20. Jahrhundert etwas modifiziert. Der Bildhauer bedient sich noch heute jahrhundertealter Techniken, um neue und andere Formen zu erschaffen.

Steinskulptur Steinarten

Die meisten Steine lassen sich mit den im folgenden beschriebenen Techniken bearbeiten, nur Granit erfordert etwas andere Methoden, die später zur Sprache kommen.

Sedimentgestein besteht aus winzigen Steinpartikeln, die irgendwann im Wasser abgelagert wurden, wo sie sich mit Knochenresten und anderen Kalziumkarbonat-Substanzen verbunden haben. Sie sind poröser als Eruptivgesteine, weicher und leichter zu bearbeiten und ergeben eher eine strukturierte als polierte Oberfläche. Kalk- und Sandstein gehören zu dieser Gruppe.

Metamorphisches Gestein ist Sediment- oder Eruptivgestein, das durch Hitze, Druck oder eine andere Kraft der Erdkruste verändert worden ist. Diese Gesteinstypen sind gewöhnlich leicht zu behauen; dazu gehören Marmor, Alabaster, Schiefer und Speckstein.

Die dauerhaftesten und wetterresistentesten sind Granit und andere Eruptivgesteine. Sehr poröse Steine eignen sich weniger für im Freien stehende Bildwerke, insbesondere bei feuchtem Klima, wo das Wasser im Stein gefrieren und ihn allmählich zerstören kann. Wind, Sand, Staub und Abgase sind für Stein bei längerer Einwirkung äußerst schädlich.

Alabaster

Der im alten Ägypten, dem Mittleren Osten und im Europa des späten Mittelalters extensiv benutzte Alabaster ist ein feinkörniger, glatter und durchsichtiger Stein. Er ist weich, leicht zu bearbeiten und läßt sich auf Hochglanz polieren. Es gibt ihn in vielen durchscheinenden gelben und rosa Pastelltönen, aber auch in Weiß und farblos. Alabaster verkratzt schnell und eignet sich am besten für kleine Skulpturen und Arbeiten, die vor Witterung geschützt sind.

Granit

Granit wurde im alten Ägypten für viele Monumente verwendet, darunter für den Obelisken von Luxor und die »Nadel der Kleopatra« (heute am Themseufer in London). Als extrem harter und dauerhafter Stein wird Granit oft für Freiluft-Skulpturen verwendet. Er hat eine rauhe Struktur und enthält Spat- und Kristallpartikel, die den polierten Granit in hellem Licht glänzen lassen. Porphyrgranit, wegen seines hohen Spatgehaltes eine äußerst harte Art, ist besonders beliebt, weil er im Licht funkelt. Granit eignet sich nicht für feinere Arbeiten und wird normalerweise für größere Werke verwendet. Er ist schwierig zu bearbeiten und erfordert besondere Werkzeuge. Der Stein muß vor dem Meißeln gebrochen und Ecken sogar pulverisiert werden. Die Farben reichen von Gelb, Rosa und Grün bis hin zu den verbreiteten Hellgrau- bis Schwarz-Tönen. Der Stein erlaubt sehr glatte Polituren.

Kalkstein

Struktur und Färbung des Kalksteins, eines Sedimentgesteins, der im wesentlichen aus Kalziumkarbonat besteht, variieren je nach Herkunft erheblich. Die Struktur reicht vom leicht zu bearbeitenden und schnell verwitternden Lias bis hin zu den feinkörnigen Oolithen, von denen einige wetterfest sind und sehr präzise bearbeitet werden können. Grau und Beige sind die üblichsten Farben, es gibt aber auch rosa und grüne Sorten. Einer der besten Kalksteine für die Bildhauerei ist der feine, dichtstrukturierte französische Caener Kalkstein, der von dem britischen Künstler Henry Moore ausgiebig verwendet worden ist.

Marmor

Die größten griechischen Bildhauer benutzten Marmor. Die unendliche Vielfalt der Farben und Farbkombinationen ist vom Fundort abhängig. Marmor findet man in vielen Ländern, z. B. in Amerika, Kanada, Frankreich und Griechenland. Der belgische Tournai-Marmor ist hart und schwarz und wird von zahlreichen zeitgenössischen Bildhauern bevorzugt. Der italienische Marmor gehört zu den verbreitetsten, vor allem der von Michelangelo verwendete Carrara-Marmor. Marmor ist typischerweise leicht zu behauen und hat eine feine, glänzende Oberfläche.

Sandstein

Die Qualität des Sandsteins als Steinmetzmaterial hängt vor allem von seinem Quarzgehalt ab. Ohne Quarz bricht und splittert der Stein leicht, doch zuviel Quarz macht seine Bearbeitung schwierig. Sandstein existiert in vielen Farben, die von der Natur des Sandes und dem Bindematerial abhängen. Zu seinen Farben gehören Braun-, Rot-, Grau- und Grüntöne. Er ist im allgemeinen ziemlich porös und läßt sich wie der Kalkstein nur schlecht polieren. Einige Arten sind nicht ausreichend witterungsbeständig.

Schiefer

Obwohl er rasch splittert, schätzt man den Schiefer ob seiner leichten Erhältlichkeit, der guten Politur und seiner Wetterbeständigkeit. Gewöhnlich ist er blauschwarz oder blaugrau.

Speckstein

Der manchmal »Steatit« genannte Speckstein ist ein sehr weiches, glattes Gestein wie Marmor, aber er fühlt sich leicht seifig an. Seine Weichheit und leichte Erhältlichkeit machen ihn zu einem besonders wertvollen Stein für den Anfänger. Gewöhnlich hat Speckstein eine mattgrüne oder bläuliche Färbung, zuweilen auch eine braune. Wegen seiner Empfindlichkeit in feuchter Atmosphäre kann man ihn nicht für Freiluft-Skulpturen verwenden.

Andere Bildhauermaterialien

Zu den weniger traditionellen Materialien für den modernen Bildhauer gehören viele preiswerte Baustoffe.

Zement und Beton gibt es in zahlreichen Formen, Farben und Qualitäten. Wenn sie sich auch im allgemeinen nicht für feinere Arbeiten eignen, verwendete man Ziegel und Mauersteine doch für Reliefs, zusammengesetzte Gebilde und kleine, freistehende Arbeiten. Gasbeton ist besonders einfach zu behauen.

Gipsblöcke sind billige und effiziente Mittel für die schnelle und detaillierte Arbeit; sie können entweder mit Spezialwerkzeugen oder mit Messern, Klingen und Nagelfeilen bearbeitet werden. Man kann die Werke mit Wasser- oder Ölfarben und

Tuschen bemalen und mit einer Schicht farbloser Schuhpolitur mühelos versiegeln.

Ein Kreideblock, weich und leicht zu bearbeiten, kann ebenfalls gutes Bildhauermaterial abgeben, wenn es auch nötig sein mag, die verwitterte äußere Schicht abzukratzen. Er ähnelt dem Gips und kann wie dieser geformt und bemalt werden.

Steinarten Es gibt drei Hauptkategorien von Gesteinen: Eruptiv-, Sediment- und metamorphe Gesteine. Kalkstein (**2**) und Sandstein (**1**) sind beides Sedimentgesteine. Sie sind relativ weich, leicht zu bearbeiten und ergeben eher eine strukturierte als eine glatte Oberfläche. Schiefer – wie hier z. B. der walisische Schiefer (**3**) und der Westmoreland-Schiefer (**4**) – und Marmor (**5**) sind Beispiele für metamorphes Gestein, das ebenfalls recht leicht zu bearbeiten ist. Die härtesten Steinarten sind Eruptivgesteine. Granit ist das bekannteste Beispiel dieser Kategorie. Granit gibt es in einer breiten Vielfalt von Farben und Strukturen, darunter den norwegischen smaragdgrünen (**6**), den südafrikanischen grauen (**7**) und den Cornwall-Granit (**9**). Balmoral (**10**) und Karin (**8**) kommen beide aus Schottland. Granit, der schwierig zu bearbeiten ist und Spezialwerkzeuge erfordert, eignet sich für Werke, die im Freien stehen sollen, da er sehr dauerhaft ist. Andere Steine wie Gasbeton (**11**) und Ziegel (**12**) kann der Bildhauer vorteilhaft verwenden.

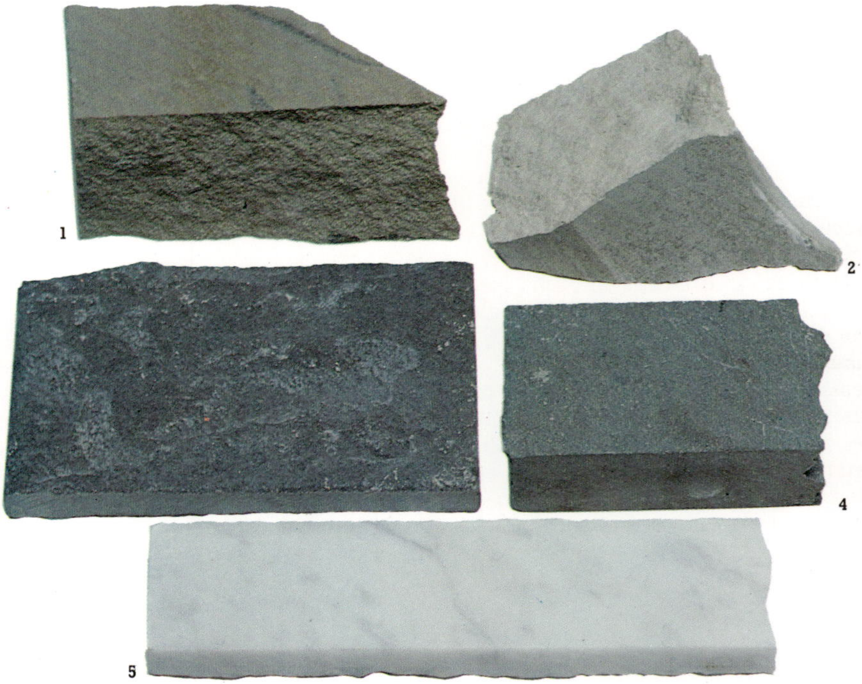

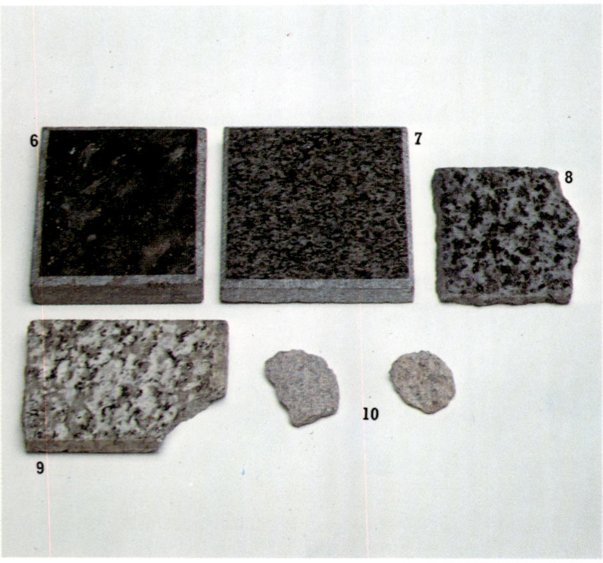

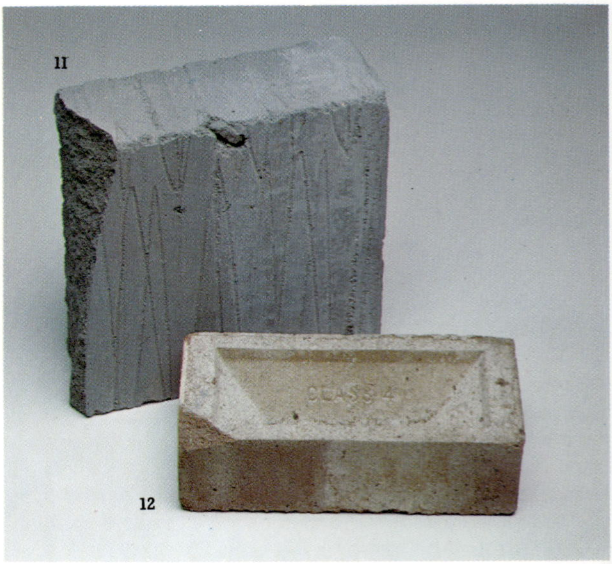

Steinskulptur Ausrüstung

Mit Ausnahme der Hämmer, die aus Eisen bestehen, werden Steinmetzwerkzeuge aus gehärtetem Stahl geschmiedet. Werkzeuge für die Granitbearbeitung sind besonders hart und besitzen oft Wolframkarbidspitzen.

Aus dem Groben arbeiten

Boucharde Die manchmal Scharrierhammer genannte Boucharde hat V-förmige Einschnitte und dient dazu, den Stein zu zermalmen und Überstehendes sogar zu pulverisieren. Diese Technik verwendet man vor allem bei sehr harten Gesteinen wie Granit. Im Endstadium der Arbeit darf man die Boucharde nicht benutzen, weil ihre stumpfen Abdrücke sich auf der Steinoberfläche abzeichnen.

Hammer Steinmetzhämmer wiegen je nach zu bearbeitender Steinart zwischen ein und zwei Kilo.

Schlegel Dies ist ein großes, schweres Werkzeug, das in Verbindung mit dem Hammer in den frühen Arbeitsstadien dazu dient, große Steinblöcke abzuspalten.

Spitzmeißel Um Steine zu behauen, verwendet man verschieden große Spitzmeißel. Ein guter Steinmetz entfernt mit Spitzmeißeln den Verschnitt bis sehr nah an die fertige Form heran.

Formen

Klauenmeißel Dieser Meißel hat Zähne und ergibt eine Kreuzschraffur. Ein Großteil der Grobarbeit geschieht mit dem Klauenmeißel. Die Werkzeuge für die Marmorbearbeitung besitzen längere Zähne.

Meißel Mit Meißeln und Beiteln in unterschiedlichen Größen und mit verschieden geformten Schneidkanten wird das Werkstück ausgebildet.

Klüpfel Der Steinmetzklüpfel ist gewöhnlich aus einem Hartholz wie Buche und läßt sich in Verbindung mit jedem Werkzeug mit Schlagfläche, beispielsweise einem Meißel, für die Feinarbeit verwenden.

Raspeln, Feilen und Riffelfeilen Diese verwendet man in den letzten Arbeitsstadien, um die Oberfläche der Skulptur zu glätten, für das feinere Modellieren und um die Meißelspuren zu entfernen.

Maschinenwerkzeuge

Für die Bearbeitung von Steinskulpturen eignet sich auch eine Vielzahl von Elektro- und besonders Preßluftwerkzeugen.

Behauen

Meißel und Beitel Meißel und Beitel gibt es in allen Größen als Einsätze für Maschinenwerkzeuge. Die maschinelle Bearbeitung spart Zeit; man muß aber sehr vorsichtig sein, um den Stein nicht zu zerbrechen.

Bohrer Zum Bohren in Stein sind Wolframbohrer erforderlich.

Hammer Elektrohämmer sind nicht so vielseitig wie Preßlufthämmer, da letztere schwerer sind und bei hartem Gestein mehr leisten.

Sägen Zum Schneiden von Steinblöcken sind elektrische Sägen unerläßlich. Man verwendet besondere Steinsägeblätter, und oft ist es nötig, beim Sägen Wasser über Stein und Blatt zu gießen, um Reibung und Hitze zu vermindern.

Polieren

Polierscheibe Obwohl er normalerweise für die Metallbearbeitung benutzt wird, kann man den Winkelschleifer mit einer Steinpolierscheibe bestücken, wodurch beim Polieren großer Skulpturen sehr viel Zeit gespart werden kann.

Schwingschleifer Dieser eignet sich ausgezeichnet, um große Flächen zu schleifen und zu polieren.

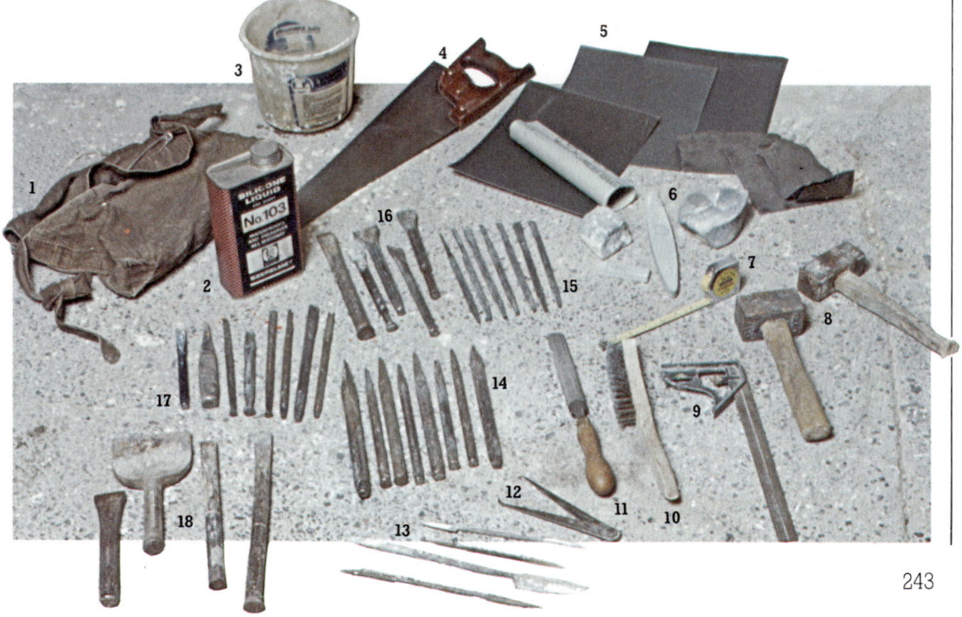

Steinmetzwerkzeuge und -geräte
Zum Werkzeug zur Vorbereitung des Steins gehören Säge (**4**), Steinmetzhammer (**8**), Bandmaß (**7**), Stechzirkel (**12**) und verstellbarer Winkel (**9**). Der Stein wird mit dem Breitmeißel (**18**) angezeichnet und mit Spitz- (**14**), Grab- (**16**), Flach- (**17**) und kleineren Meißeln (**15**) bearbeitet. Beim Meißeln wird der Stein ab und zu mit einer Drahtbürste (**10**) abgebürstet. Weiter geglättet wird der Stein mit den Feilen – zunächst mit der groben Steinfeile (**11**), dann mit feineren (**13**). Der Stein wird mit Karborundstein (**6**) und Sandpapier (**5**) in verschiedenen Feinheitsgraden poliert. Ein Eimer Wasser (**3**) erleichtert das Befeuchten des Steines, Silikonlack versiegelt ihn (**2**), und in einer Tasche (**1**) läßt sich alles transportieren.

Die Grundausstattung des Steinmetzen

Für grobe Arbeiten benötigt man einen Eisenhammer von etwa einem Kilo, einen Schlegel und zwei oder drei verschieden große Spitzmeißel. Das nächste Stadium erfordert eine Auswahl an Klauenmeißeln mit verschiedenen Zahngrößen und -weiten und ein Sortiment Meißel und Beitel, je nach Art und Größe der Skulptur. Unerläßlich sind verschiedene Schleifpapiere zum Polieren und Feilen zum Glätten.

Komplettiert wird das Bildhauer-Werkzeug mit einer Schutzbrille und einer einfachen Atemmaske zum Schutz gegen Splitter und Staub.

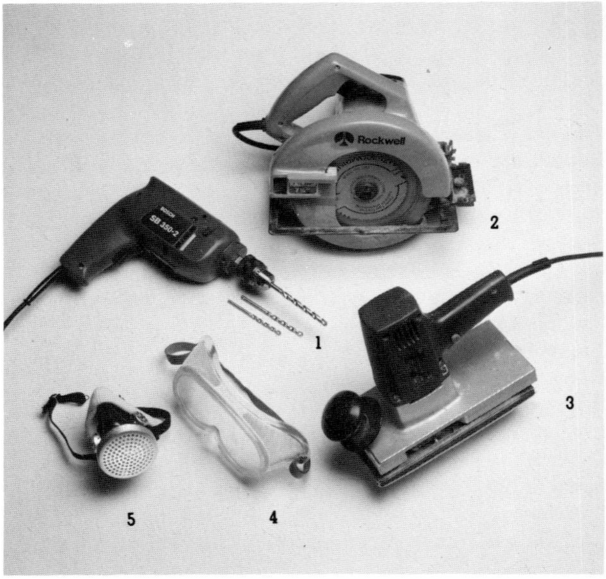

Elektrowerkzeuge Elektrowerkzeuge dienen dazu, Stein schneller zu schneiden, als das von Hand möglich wäre. Besonders nützlich ist eine Bohrmaschine mit Wolframkarbid-Bohrern (**1**). Die Bohrer müssen stark genug sein, um durch den Stein zu schneiden, daher ist Wolframkarbid zu empfehlen. Bei der Benutzung einer Kreissäge (**2**) versichere man sich, daß sich das Blatt für das Schneiden von Stein eignet. Mit dem Schwingschleifer (**3**) kann man große Oberflächen polieren. Bei der Arbeit mit Elektrowerkzeugen ist es wichtig, Schutzbrille (**4**) und Staubmaske (**5**) zu tragen, um dem feinen Steinstaub entgegenzuwirken, den die Elektrowerkzeuge erzeugen.

Steinskulptur Techniken

Schon seit vielen tausend Jahren bedienen sich Kunst und Architektur der Steinskulptur. Zu den frühesten Beispielen gehören gegen Ende des 19. Jh.s in Frankreich gefundene Kalkstein-Figurinen, die aus der Steinzeit stammen.

Auswahl

Wenn möglich, verwende man frisch gebrochenen Stein. Verwitterter Stein hat gewöhnlich eine härtere äußere Schicht, die seine Bearbeitung erschwert.

Trockener, rauher Stein läßt seine eigentliche Farbe nie erkennen. Wenn man den Stein anfeuchtet, tritt die spätere Färbung des geglätteten und polierten Steines hervor.

Viele Steinstücke haben Fehler, Risse oder weiche Schichten, die des öfteren schwer zu erkennen sind. Verborgene Fehler kann man manchmal entdecken, indem man den Stein mit einem Eisenhammer abklopft. Ein fehlerloser Stein klingt hell, ein schlechter erzeugt einen toten, stumpfen Klang. Eine weiche Schicht in einem Stein wird beim Anfeuchten mit Wasser oft dunkler als der Rest.

Einen Block sägen

Harte und große Steine werden gewöhnlich beim Steinmetzen mit professionellen Werkzeugen gesägt. Weichere und kleinere Steine kann man mit einer Handsäge und einem besonderen Sägeblatt schneiden. Man übergieße das Blatt häufig mit Wasser, um einer Überhitzung vorzubeugen.

Aus dem Groben arbeiten

Zu diesem Anfangsstadium gehören ein Schlegel und große Spitzmeißel, die mit einem Eisenhammer benutzt werden. Alle zu entfernenden großen, einfachen Flächen werden mit der Säge weggeschnitten, und der Block wird auf mehrere Lagen Sackleinen oder rutschfeste Matten gelegt. Mit dem schräg gehaltenen Spitzmeißel beginnt man vorsichtig mit der Grobarbeit an den Kanten und Ecken. Zunächst sollte man in kurzen, parallelen Hieben im rechten Winkel zueinander meißeln, so daß ein Zickzack-Muster auf dem Stein entsteht. Dieses Verfahren entfernt den Stein gleichmäßig und wird fortgesetzt, bis man die ungefähre Form hergestellt hat.

Behauen Nach der Arbeit aus dem Groben bedient man sich zunächst der Klauenmeißel. Zuerst verwendet man die gröberen Werkzeuge und arbeitet sich zu den feineren durch. Man verfährt in gleicher Weise wie bei der Grobarbeit, wodurch die Skulptur eine feine Kreuzschraffur erhält.

Feinarbeit

Die Form wird, je nach den Details und dem Entwurf der Skulptur, mit Meißel oder Klauenmeißel herausgearbeitet. Nachdem die Kreuzschraffur mit einem Flachmeißel geglättet wurde, bedient man sich der Raspeln und Feilen zur weiteren Gestaltung.

Polieren

Mit Sand- oder Naßschleifpapier wird die Oberfläche poliert. Zuerst wässere man das Werkstück gründlich und halte es die ganze Zeit feucht. Die Ablagerungen, die beim Polieren entstehen, muß man häufig entfernen. Indem man mit dem gröbsten Papier beginnt und sich schrittweise zu den feineren vorarbeitet, reibt man die Oberfläche ab, bis alle Kratzer und Werkzeugspuren verschwunden sind. Naßschleifpapier sollte man kleinflächig verwenden. Danach kann man Schmirgelpapier oder feines Schmirgelleinen benutzen. Manchmal wird für die Endpolitur Bimsstein- oder Polierpuder mit einem weichen Lappen aufgetragen und die Skulptur damit gründlich abgerieben. Zum Schluß kann man die Oberfläche mit einem trocknen Tuch abreiben.

Einen Gipsblock zum Behauen herstellen

Pappkartons, Fruchtsaftcontainer und viele andere Behältnisse sind ideale Gußformen, um Gipsblöcke zum Behauen herzustellen. Die richtige Wassermenge wird abgeschätzt, indem man einen Behälter fast bis zum Rand füllt. Dann gießt man das Wasser in eine Rührschüssel um und streut so lange trocknen Gips hinein, bis sich ein kleiner Hügel über der Wasseroberfläche erhebt. Der angerührte Gips sollte die Konsistenz einer dicken Sauce haben und schnell in die Form gegossen werden, die mit Vaseline oder Schmierseife eingefettet wurde, um ein Ankleben zu verhindern. Nun läßt man den Gips aushärten, bevor man die Gußform entfernt.

Granit bearbeiten

Granit ist härter als die meisten anderen Gesteine und erfordert besonders gehärtete Werkzeuge. Diese sind schwerer als die normalen Steinbearbeitungs-Werkzeuge, und einige haben Wolframkarbid-Spitzen.

Auch die Technik, Granit zu meißeln, ist ein bißchen anders: Überflüssiger Stein wird zunächst mit einer Granitaxt oder Boucharde pulverisiert oder zerstäubt, bevor mit dem Meißel weitergeschlagen wird. Granitwerkzeuge muß man rechtwinklig zum Stein halten, damit sie in der harten Oberfläche Spuren hinterlassen.

Sicherheitsvorkehrungen

Beim Bearbeiten des Steines sollte man stets Schutzbrille und Atemmaske tragen. Die Maske schützt die Lunge vor Steinstaub, der gefährliche Silikate enthalten kann.

Unerläßlich sind gut belüftete Arbeitsräume, und verwendet man Maschinenwerkzeuge, die eine Menge Staub erzeugen, ist ein besonderes Absaugsystem erforderlich.

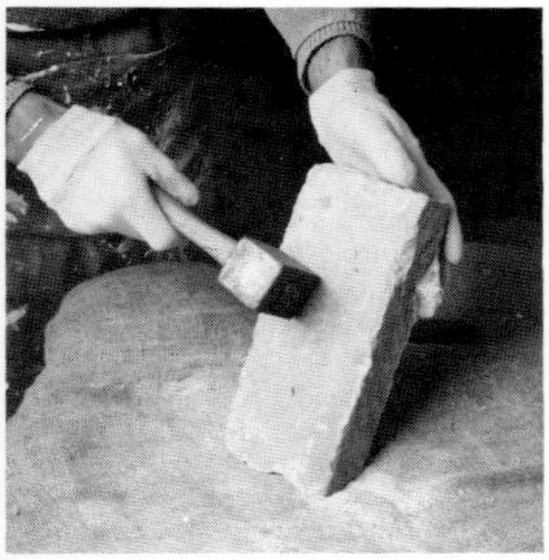

Steinmetztechniken. Vorbereitung 1. Den Stein beklopfen; ein unversehrter Stein erzeugt einen deutlichen »Glockenton«.

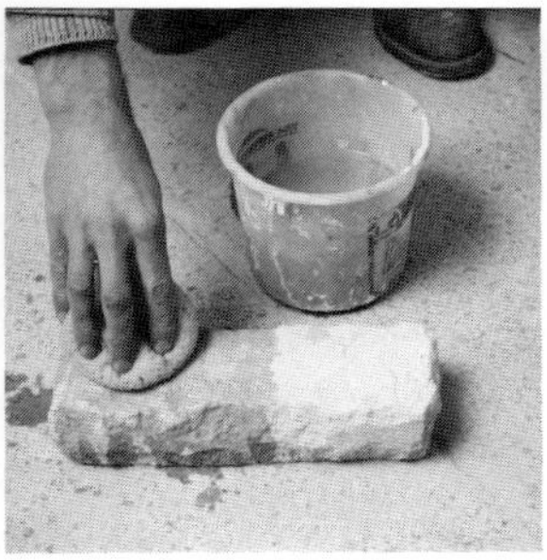

2. Den Stein anfeuchten, um einen Begriff von seiner Struktur und seinem späteren polierten Aussehen zu bekommen.

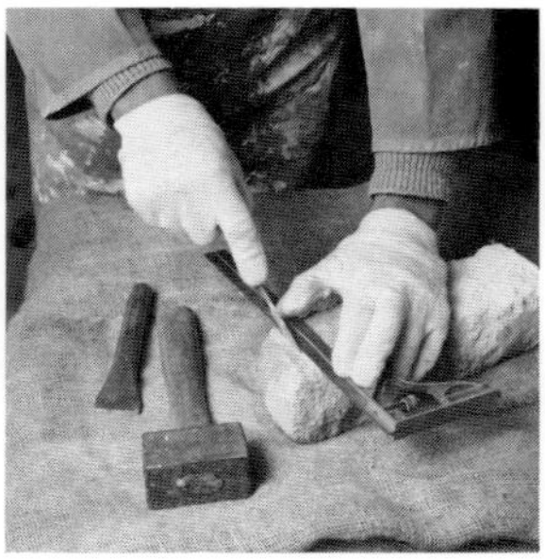

3. Vor dem Sägen die Schnittlinie mit einer Feile anreißen. Harten Stein zeichnet man mit einem Wachsstift an.

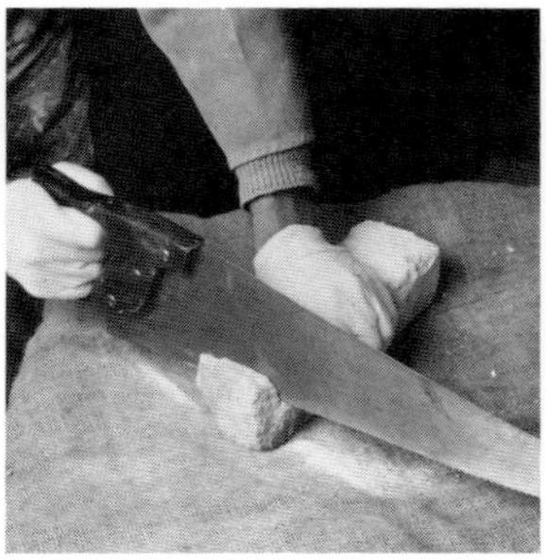

4. Den Stein mit kurzen Zügen durchsägen. Harte Steine können besondere Industriewerkzeuge erfordern.

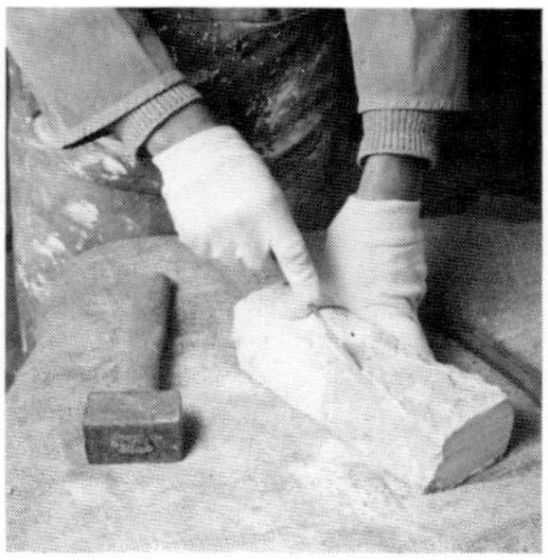

Aus dem Groben arbeiten 1. Die zu entfernenden Teile mit einem Wellenmesser oder, für genauere Umrisse, mit einem Wachsstift anzeichnen.

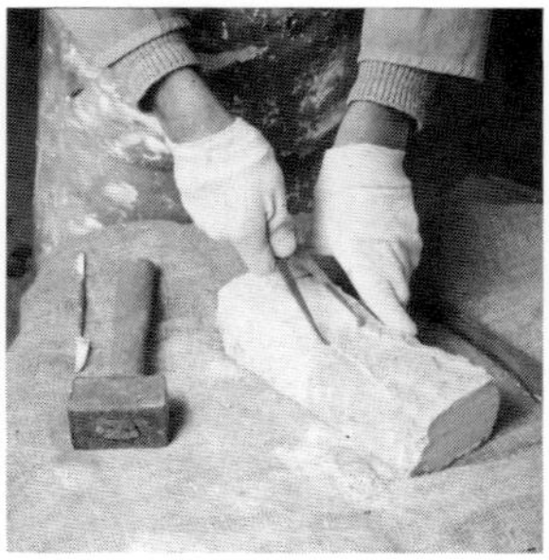

2. Etwaige genaue Abmessungen mit dem Stechzirkel anreißen.

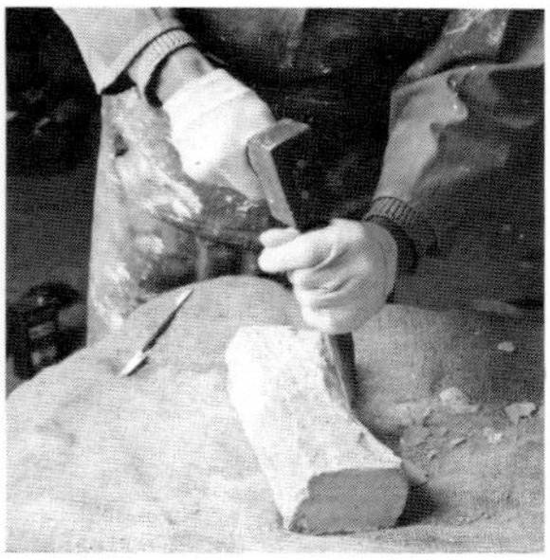

Mit dem Schlegel arbeiten 1. Unerwünschte Teile mit Schlegel und Steinmetz-Hammer abschlagen. Entlang der Kanten arbeiten.

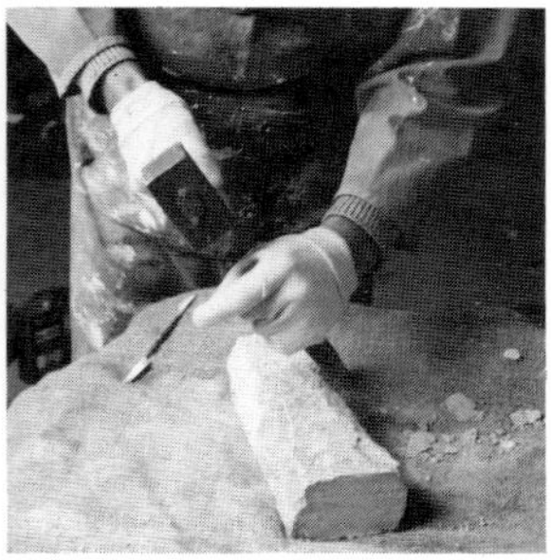

2. Um die abzuspaltende Steinmenge zu variieren, den Winkel des Schlegels verändern.

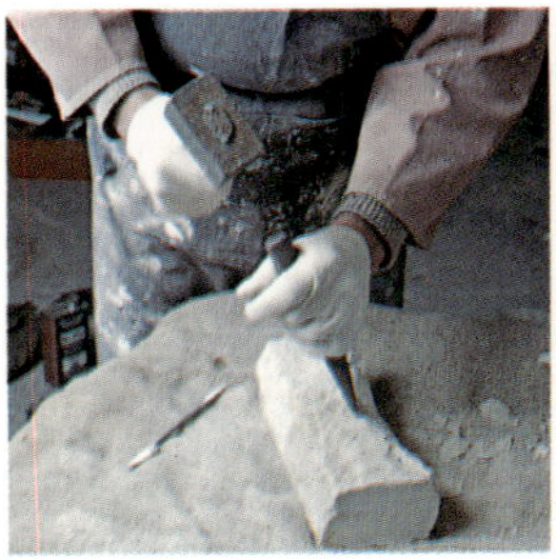

3. Entlang der Steinkanten meißeln, um die groben Umrisse der fertigen Arbeit herauszuarbeiten.

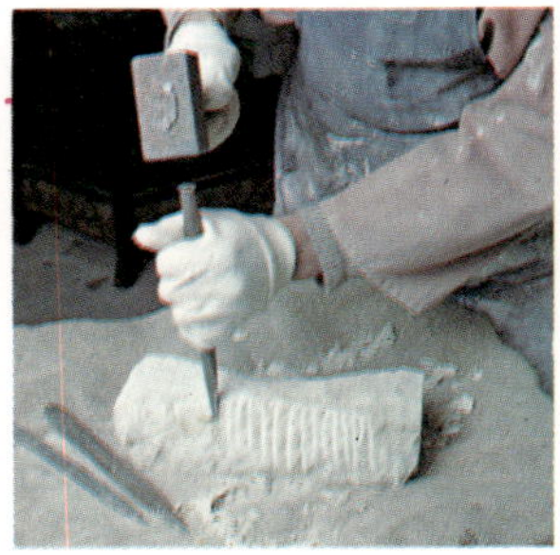

Mit dem Spitzmeißel arbeiten
1. Die genauere Formgebung beginnt mit dem Spitzmeißel, der etwa im rechten Winkel angesetzt wird.

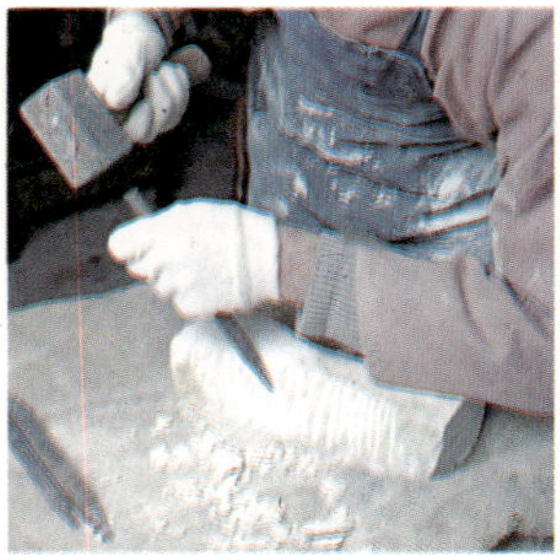

2. Nach der Bearbeitung in eine Richtung damit beginnen, die Oberfläche mit einem Zickzackmuster zu glätten.

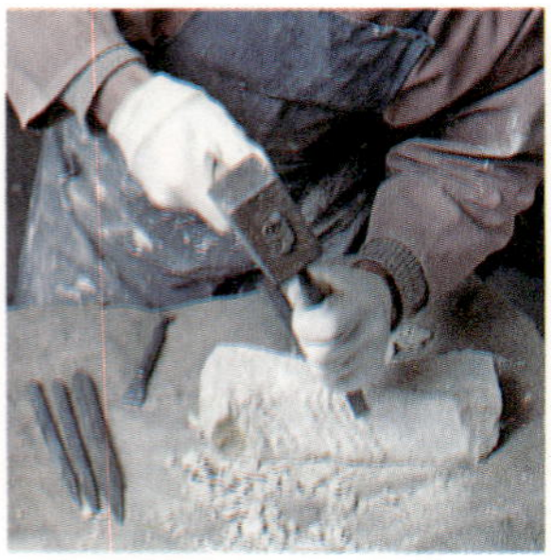

Mit dem Flachmeißel arbeiten Der Flachmeißel wird benutzt, um ebenere Oberflächen herzustellen.

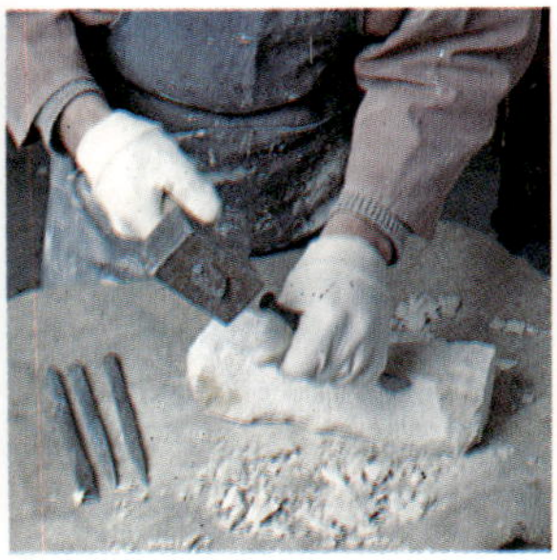

Mit dem Klauenmeißel arbeiten
1. Die Oberfläche mit dem Meißel in einer Richtung bearbeiten.

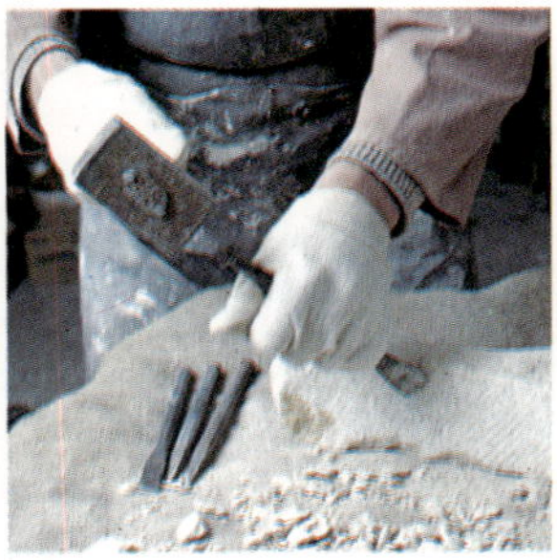

2. Die Oberfläche abermals in einer anderen Richtung bearbeiten, um – wie mit dem Spitzmeißel – ein Zickzackmuster herzustellen.

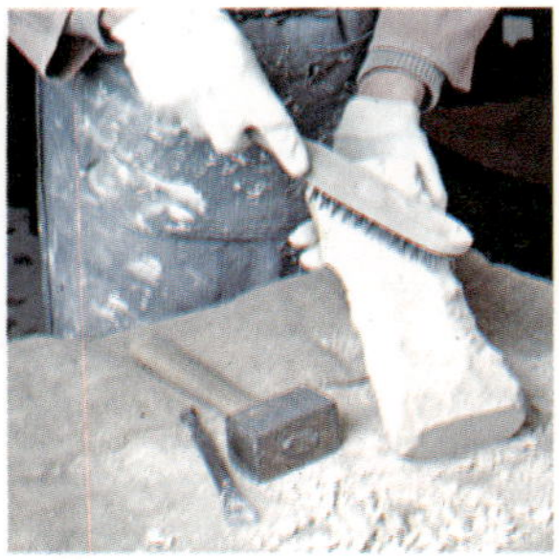

Abbürsten Beim Meißeln von Zeit zu Zeit den Staub mit einer harten Bürste abbürsten (später mit einer weichen).

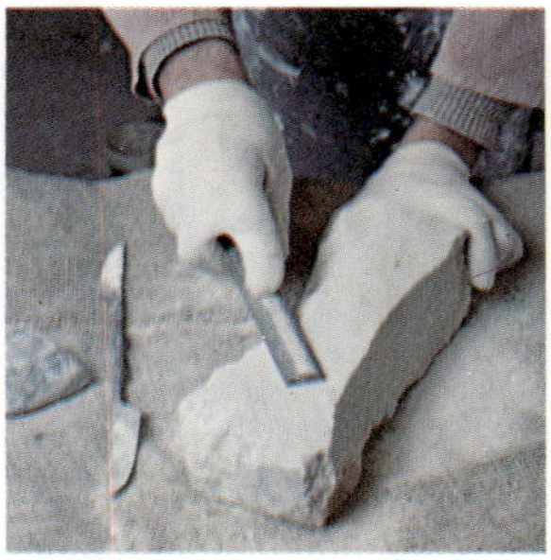

Mit Feilen arbeiten 1. Nach dem Anzeichnen der Form die Oberfläche mit einer groben Steinfeile bearbeiten.

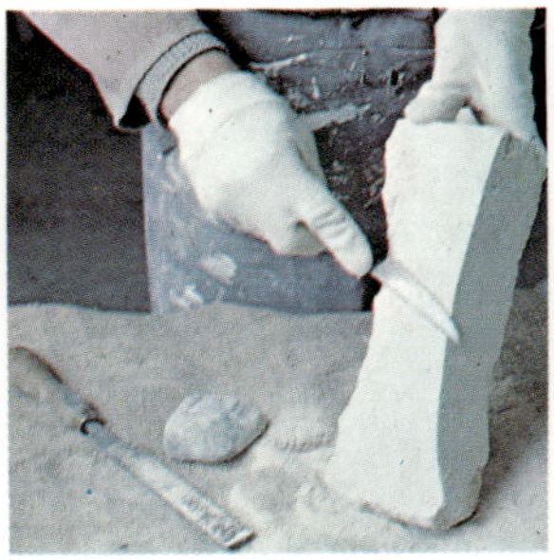

2. Als nächstes eine Doppelfeile verwenden, die es in mehreren Größen und Arten gibt. Erst die grobe Feile benutzen, dann die feineren.

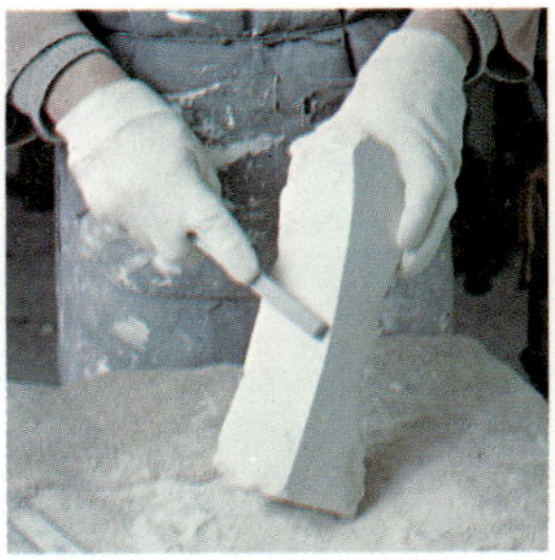

Polieren 1. Die Oberfläche mit der Feile bearbeiten, bis sie völlig glatt ist.

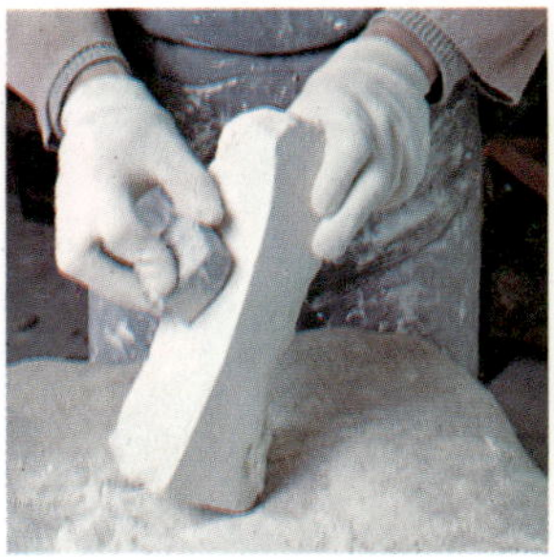

2. Die bearbeitete Oberfläche mit einem (bei hartem Stein feuchten) Karborundum-Stein abreiben, bis eine völlig glatte Oberfläche entsteht.

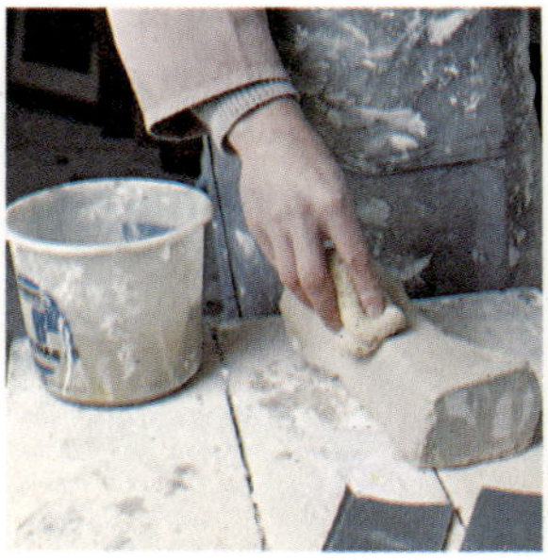

3. Den Stein mit einem Schwamm vollständig befeuchten.

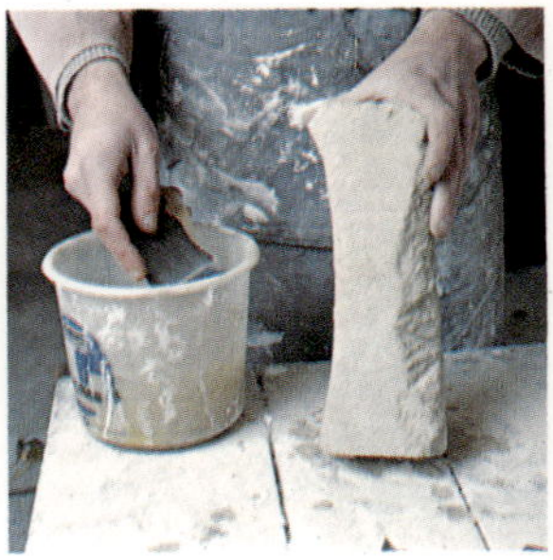

4. Das Sandpapier im Eimer anfeuchten; den Stein mit kreisenden Bewegungen abreiben.

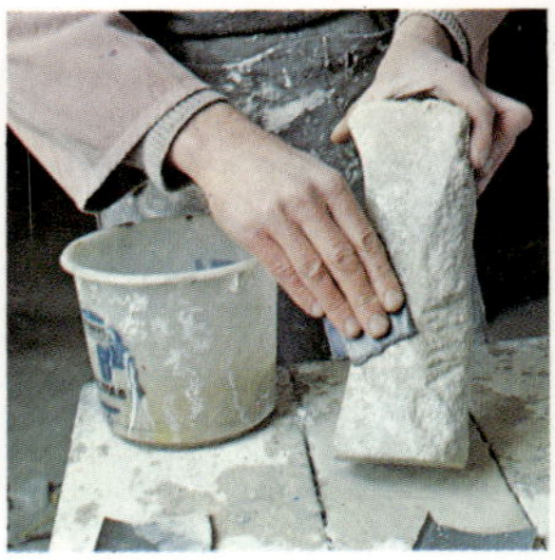

5. Den Vorgang mit immer feinerem Papier wiederholen, um ganz glatte Oberflächen zu erzielen.

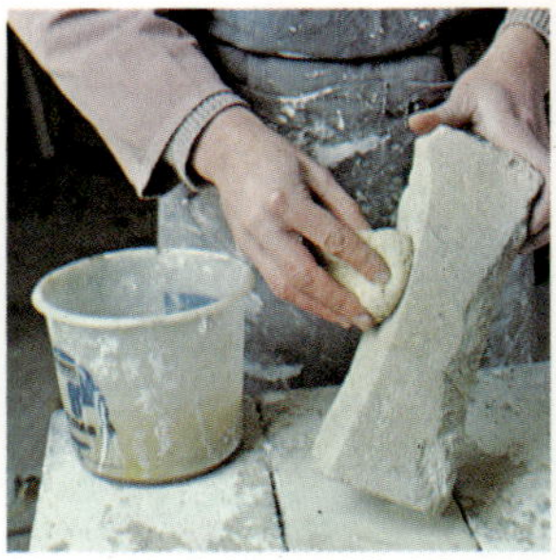

6. Den Stein ein letztes Mal mit dem Schwamm säubern, um Staub oder Steinpartikel zu entfernen.

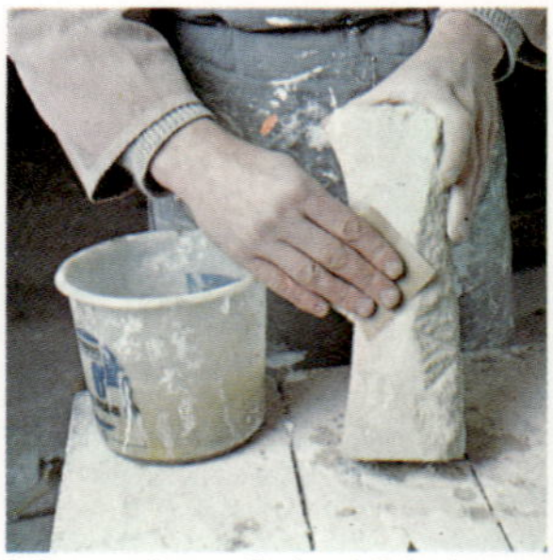

7. Den trockenen Stein mit Schmirgelleinen und einem weichen, trockenen Tuch glänzend reiben.

27

Holzbearbeitung

Geschichte. Holzarten. Werkzeuge und Geräte: Schnitzen, Formgebung, Sägen, Werkzeugsets, Einspannen, Schleifen. **Techniken:** Anreißen, Sägen, Stemmen, Vollplastik, Polieren.

Holzbearbeitung Geschichte

Holz ist das älteste Medium, das der Mensch kennt. Die Kunst der Holzbearbeitung wird seit den frühesten Zeiten ausgeübt, seit der Verzierung ungeschlachter Waffen und Utensilien bis hin zu den modernen Figurinen und Formen, die heutige Bildhauer geschaffen haben.

Im alten Ägypten spielte das Schnitzen eine rituelle Rolle, und Holz wurde für Bildnisse, Grabstatuen und als Verzierung bei Möbeln und Friesen benutzt. Die Griechen stellten seit etwa 800 v. Chr. Holzschnitzereien mit Elfenbein- und Gold-Einlegearbeiten her, und die römischen Handwerker verzierten Möbel, Schiffe und Wagen mit Schnitzwerk.

Im 11. Jahrhundert tauchte die Holzschnitzerei in Nordeuropa auf, wobei sie in Deutschland begann und sich in die Niederlande und nach Britannien ausdehnte. Die Schnitzkunst der europäischen Gotik entstand Anfang des 12. Jh.s und blühte dank begüterter kirchlicher und privater Mäzene bis ins 16. Jahrhundert hinein.

Zu dieser Zeit standen Künstler und Handwerker in Italien in der klassischen Tradition, die wir heute die italienische Renaissance nennen. Die Wirkung der fein geschnitzten Innendekorationen und Möbel der Renaissance verbreitete sich schnell in ganz Europa und beeinflußte vor allem Holzschnitzer in Flandern und schließlich in England.

Die heutigen Holzschnitzer haben sich von ihrem traditionellen Platz neben den Architekten und Möbelschreinern entfernt. Die Strenge des Designs im 20. Jh. hat ihre Rolle in gewissem Maße verändert, wodurch die Holzschnitzerei heute als eine der schönen Künste gedeiht.

Holzbearbeitung Holzarten

Farbe und Maserung des auszuwählenden Holzes hängen von der geplanten Arbeit ab. Für Anfänger eignen sich recht gerade gemaserte Hölzer am besten, weil sie nicht allzu schwer zu bearbeiten sind.

Das Splintholz, das neugewachsene Holz außen am Baum, ist heller und feuchter als das reife, innere Kernholz, das sich besser zum Schnitzen eignet. Vor dem Schnitzen muß man das Splintholz entfernen, da es leicht splittert. Alle Hölzer unterscheiden sich in ihrem Feuchtigkeitsgehalt und müssen abgelagert werden, um Schrumpfen und Verwerfungen zu verhindern. Hölzer unterscheiden sich auch erheblich hinsichtlich ihrer Struktur und relativen Härte.

Weichhölzer, zu denen Kiefer und Tanne gehören, sind leicht und in großen Stücken zu bekommen. Sie splittern schnell, und es ist ratsam, die langsam wachsenden Arten zu verwenden. Weißtanne eignet sich besonders gut für größere Schnitzarbeiten, aber Parana-Kiefer sollte man meiden.

Von den vielen Hartholzarten werden zwei Dutzend gerne zum Schnitzen verwendet. Zu den wichtigsten gehören: Eiche, Mahagoni und Walnuß. Linde (auch »Schnitzholz« genannt) ist sehr leicht zu bearbeiten, desgleichen die Obstbaumhölzer. Sehr harte Hölzer wie Ebenholz und Guajak- oder Pockholz eignen sich nur für kleine Arbeiten.

Ahorn Dieses hellrotbraune, eng gemaserte mittelharte Holz läßt sich schön polieren.

Apfel Dieses Hartholz ist leicht zu bearbeiten. Seine Farbe ist rot, die Maserung unauffällig.

Birke Die sehr helle, dicht gemaserte Birke ist leicht zu bearbeiten und gut zu polieren.

Birne Birne ist ein mäßig hartes, gleichmäßig strukturiertes Holz, das ziemlich einfach zu bearbeiten ist. Seine Färbung ist hell-rotbraun, die Maserung eng.

Buchsbaum Der hellgelbe Buchsbaum ist ein sehr hartes, dichtes Holz, das sich am besten für kleine Arbeiten eignet.

Ebenholz Ebenholz ist sehr hart, schwierig zu bekommen und ebenso zu bearbeiten. Die Farbe variiert von Dunkelbraun bis Schwarz.

Eibe Dies ist ein hartes, dauerhaftes Holz mit schönem Glanz, das leicht erhältlich ist (karamelfarben bis rotbraun).

Eiche Die meisten Eichensorten sind recht einfach zu bearbeitende Harthölzer. Das Holz ist sehr dauerhaft und läßt sich gut polieren, wirft sich aber noch nach einiger Zeit – oder reißt.

Erle Dies ist ein weiches, leicht zu bearbeitendes Holz. Gewöhnlich ist es rötlich mit unauffälliger Maserung.

Kastanie Ein mäßig hartes Holz, das leicht splittert. Es ist hellbraun, deutlich gemasert und dauerhaft.

Kiefer Je nach Art leicht zu bearbeiten, neigt aber zum Splittern und zu Holzwurmbefall und ist daher nicht so gut zum Schnitzen geeignet. Seine Färbung schwankt zwischen Hellgelb und Dunkelorange mit einer stark ausgeprägten Maserung.

Linde Die hellgelbe Linde ist ziemlich weich und sehr einfach zu bearbeiten.

Mahagoni Ein recht hartes, rotbraunes, normalerweise leicht zu bearbeitendes Holz.
Pflaume Mit diesem Hartholz läßt sich normalerweise recht leicht arbeiten. Seine Färbung ist rosig, die Maserung ausgeprägt.
Rosenholz Rosenholz ist ein Hartholz, das nicht leicht zu bekommen und zu bearbeiten ist. Bildhauer schätzen es wegen seiner gleichmäßigen Struktur und Färbung, die von Rotbraun über Purpur bis Schwarz reicht.
Sandelholz Ein hartes, duftendes, gelbbraunes Holz, das man gewöhnlich für kleine Arbeiten verwendet.
Satinholz Satinholz ist ein Hartholz, das leicht splittert. Seine Färbung ist hellorange mit einer gemusterten Maserung.
Stechpalme Stechpalme ist ein glattes, weißes, leicht zu bearbeitendes Hartholz mit feiner Maserung.
Sykomore Dieses mittelharte, weiße Holz ist oftmals schwierig zu bearbeiten.
Teak Teak ist ein Hartholz, das mäßig leicht zu bearbeiten ist. Es ist gelbbraun und besitzt eine deutliche Maserung.
Walnuß Ein hartes, schokoladenbraunes, leicht zu bearbeitendes Holz, gut zu polieren, wenn auch teuer.
Ulme Dieses schwer zu bearbeitende Hartholz läßt sich gut polieren. Sein Äußeres ist gelb bis rotbraun mit einer ausgeprägten Maserung.
Zeder Dieses eng gemaserte, leicht zu bearbeitende Weichholz variiert in der Farbe von Gelb über Rot zu Braun.

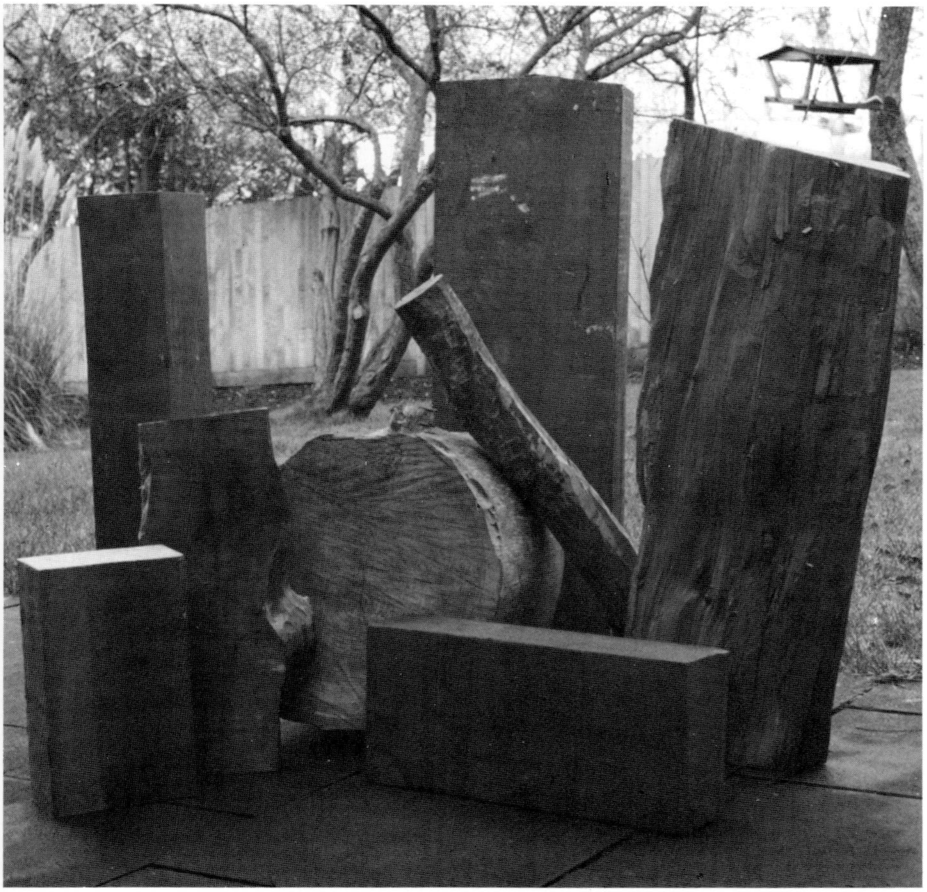

Holzarten Farbe und Maserung sind für den Bildhauer wichtige Faktoren bei der Holzauswahl. Diese Hölzer sind relativ problemlos zu bekommen und eignen sich zum Schnitzen: von **links** nach **rechts** Pechkiefer, Eiche, Eibe, Ulme, Mahagoni, Apfel, Teak und Zeder. Schnitzholz gibt es in verschiedener Form. Das Apfelholz beispielsweise ist einfach ein entrindeter Stamm, die Ulme hat die Form eines »Käserades« – ein Querschnitt durch den Stamm –, die Zeder wurde geviertelt, und Pechkiefer, Mahagoni und Teak sind zu Brettern geschnitten. Jedes Holz hat seine besonderen Charakteristika, deren sich der angehende Bildhauer bewußt sein sollte. So sind die Obsthölzer wie Apfel, Birne und Pflaume nur in recht kleinen Stücken erhältlich, deren Größe durch die des Stammes bestimmt ist. Viele tropische Hölzer wie Ebenholz und Mahagoni sind immer teurer und schwieriger zu bekommen.

27 Holzbearbeitung Ausrüstung

Die Werkzeuge und Geräte des Holzwerkers fallen in drei Hauptgruppen: Schnitz-, Span- und Trennwerkzeuge. Eine Auswahl dieser drei Typen braucht jeder angehende Schnitzer.

Schnitzen
Stech- und Hohlbeitel sind unerläßliche Werkzeuge. Der Hohlbeitel hat eine gerundete Schnittkante, die von einer engen U-Form bis zu einem flachen Bogen reichen kann. Den »Geißfuß«, einen V-förmigen Beitel, verwendet man für die Feinarbeit.

Spanarbeiten
Raspeln, Feilen und Riffelfeilen sind die wichtigsten Spangeber. Eine Feile ist feiner als eine Raspel; eine Riffelfeile besitzt abgerundete Kanten für runde Formen. Der Surformhobel ist mit einer Öffnung ausgerüstet, damit die Späne sich nicht festsetzen.

Trennwerkzeuge
Von den vielen Sägen ist die mit »halbem Stoß«, die mit der und gegen die Faser schneidet, die nützlichste. Die Bügelsäge verwendet man für das Sägen von Kurven und den Fuchsschwanz für gerade Schnitte. Ein Holzhammer ist ein weiteres unabdingbares Werkzeug.

Werkzeugsets
Zunächst ist es sinnvoll, ein Anfängerset mit sechs oder neun Grundwerkzeugen zu kaufen und es nach und nach zu ergänzen. Werden die Werkzeuge nicht gebraucht, sollte man sie in einer weichen Hülle aufbewahren, um die Schneidkanten zu schützen.

Einspannen
Die Bank, in die man sein Werkstück einspannt, sollte sehr stark sein und eine mindestens 5 cm starke Platte haben. Für frei stehende Arbeiten ist ein Bildhauersockel bequemer als eine Werkbank, weil der Schnitzer leichter um sein Werkstück herumgehen kann.

Es gibt verschiedene Methoden, das Werkstück in einer geeigneten Position zu fixieren. Man kann einen Schraubstock auf die Werkbank aufschrauben; er ist stabiler als der am Rand befestigte, welcher nur für kleinere Stücke ausreicht.

Schleifen
Alle neuen Werkzeuge müssen geschärft werden, und obwohl das Schleifen nicht sehr schwierig ist, müssen stark abgenutzte oder beschädigte Werkzeuge zunächst von einem Fachmann behandelt werden. Harthölzer führen dazu, daß die Werkzeuge sehr schnell stumpf werden.

Zum Schärfen benötigt man Wetz- und Abziehsteine in verschiedenen Feinheitsgraden. Man achte darauf, daß das Werkzeug seine Form behält, und verwende den richtigen Schleifstein für jedes Werkzeug. Den letzten Schliff führt man mit einem feinen Stein, beispielsweise Washita, aus.

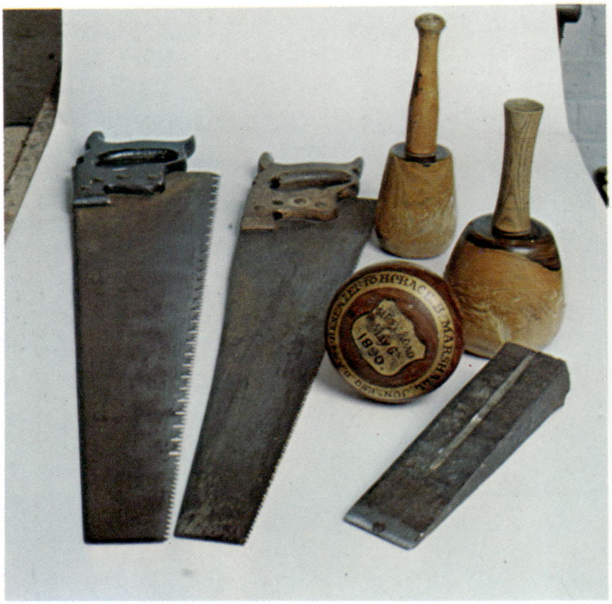

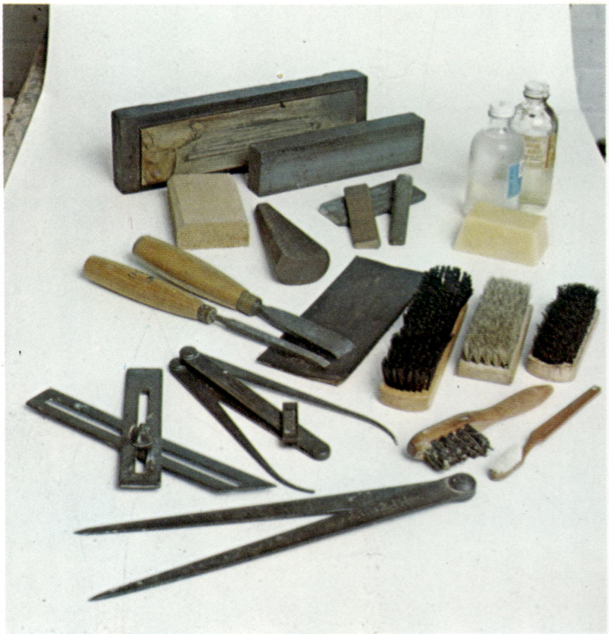

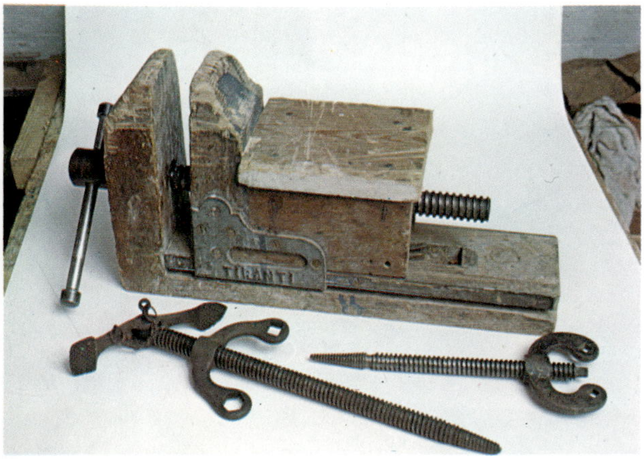

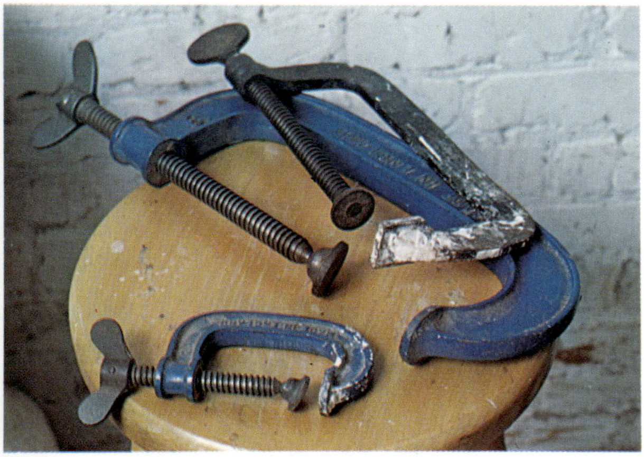

Beitel (unten) Eine Auswahl an Beiteln ist für jede Holzarbeit erforderlich. Diese Auswahl zeigt (von **links** nach **rechts**) Flachbeitel, U-förmige Beitel, Hohlbeitel und rückwärts geschränkte Beitel. Größe und Form des Beitels müssen zum Arbeitsstadium, der Größe des Werkstückes und dem gewünschten Effekt passen.

Raspeln und Riffelfeilen (unten) Der Bildhauer kann unter einer breiten Vielfalt von Raspeln und Riffelfeilen auswählen. Raspeln gibt es in verschiedenen Feinheitsgraden. Riffelfeilen sind in vielen verschiedenen Größen und Formen erhältlich, unter anderem spitz, flach, löffelförmig und gerundet.

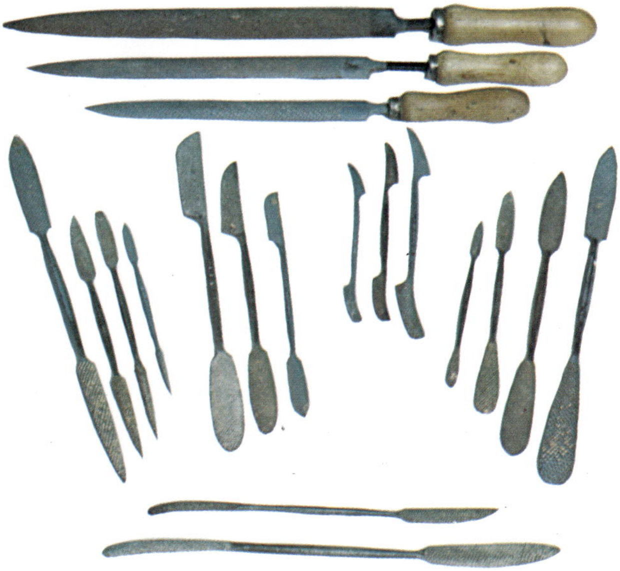

Holzschnitzwerkzeuge und -geräte Zum Holzschnitzen gehört eine Reihe unterschiedlicher Werkzeuge für die verschiedenen Arbeitsgänge. Ein sehr breites Spektrum steht zur Verfügung, doch der Anfänger benötigt nur eine kleine Grundausstattung. Um mit der Formgebung des Holzes zu beginnen, verwendet man (fein- und grobzahnige) Sägen, Klüpfel und Breitmeißel (**oben links**). Der Klüpfel sollte die richtige Größe für die Meißel und das Holzstück haben. Bei der Arbeit am Holz ist es wichtig, daß es z. B. im Schraubstock oder durch Zwingen (**oben**) sicher festgehalten wird. Mit Schraubzwingen (**Mitte**) kann man Holzstücke zusammenhalten oder an der Werkbank befestigen. Zu den Polier-Werkzeugen gehören Ölabziehsteine und Wetzsteine (**oben links**), Leinsamenöl und echtes Terpentin (**links**). Auch Bürsten (**unten links**) und ein weiches Tuch benötigt man zum Polieren. Den Lederriemen (**Mitte**) braucht man zum Schärfen der Werkzeuge, während Greifzirkel, Proportionalzirkel und verstellbarer Winkel (**unten**) zum Ausmessen des Holzes verwendet werden.

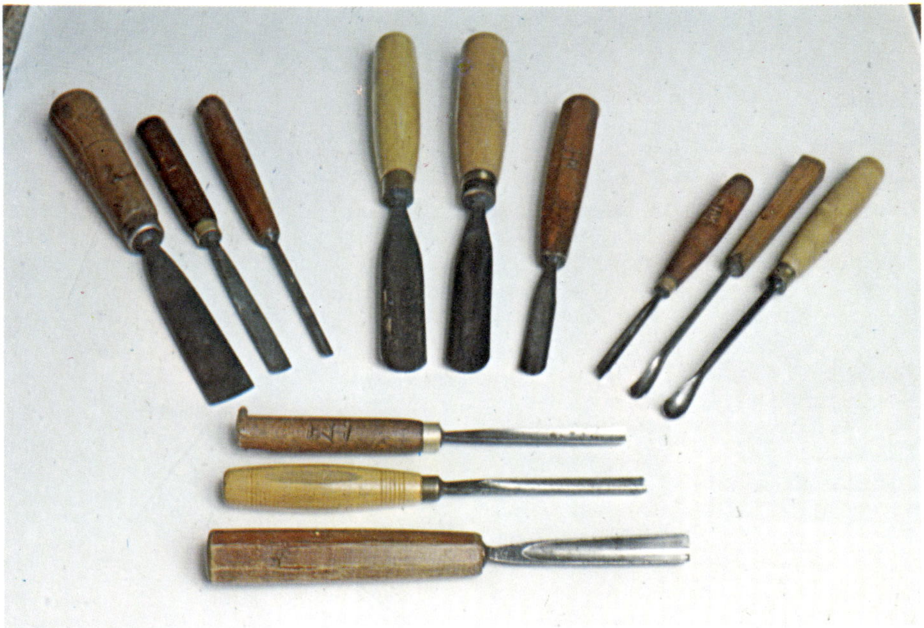

Ein guter Schnitzer nutzt die natürlichen Konturen, den Verlauf der Maserung und die Farbveränderungen des Holzes aus, um so beim fertigen Produkt die Materialeigenschaften zur Geltung kommen zu lassen.

Anzeichnen oder Anreißen

Oft ist es hilfreich, vor Arbeitsbeginn Vorskizzen anzufertigen, insbesondere für genauere Schnitzarbeiten, bei denen die Zeichnungen auf das Holz übertragen werden müssen. Das geschieht normalerweise, indem man die Zeichnung im Maßstab 1:1 mit Kohlepapier darunter auf das Holz klebt und dann die Umrisse nachfährt; oder alternativ dazu, indem man eine Schablone ausschneidet und darum herum zeichnet.

Sägen

Zunächst wird das überschüssige Holz mit einer Säge entfernt. Für gekrümmte Schnitte kann man eine Bügelsäge verwenden, aber in diesem Stadium muß darauf geachtet werden, reichlich Material für weitere Feinbearbeitung zu lassen. Komplizierte oder wellenförmige Flächen werden herausgearbeitet, indem man mehrere Schnitte durch die Maserung bis zu der gewünschten Umrißlinie führt und den Rest mit einem Stech- oder Hohlbeitel abhebt.

Schnitzen

In diesem frühen Arbeitsstadium, der Grobarbeit, wird der Beitel mit einem Klüpfel verwendet. Der Beitel sollte so groß sein, wie die Bequemlichkeit und das Format des Holzstückes es erlauben, und rechtwinklig zur Maserung angesetzt werden, damit er das Holz nicht längs der Faser abhebt.

Beim Arbeiten mit dem Beitel ist es wichtig, auf die Maserung zu achten. Wenn man einen tiefen, U-förmigen Hohlbeitel verwendet, muß man daran denken, daß zwei Faserrichtungen bearbeitet werden, und eine der beiden ergibt oft eine rauhe Oberfläche. Um dies zu vermeiden, sollte man schärfere Werkzeuge verwenden oder in eine andere Richtung arbeiten.

Vollplastik

Das dreidimensionale Schnitzen, »Vollplastik« genannt, verlangt den bequemen Zugang. Das Holz sollte in einer bequemen Arbeitsposition fest fixiert werden, so daß genügend Platz vorhanden ist, um das Stück aus allen Richtungen zu betrachten. Es ist ratsam, zunächst das überschüssige Holz von den Seiten abzunehmen. Nach dieser Grobarbeit kommt das Runden an die Reihe, dann das detailliertere Modellieren und schließlich die Politur.

Polieren

Der Hauptzweck einer Politur oder Schutzschicht ist die Konservierung des Holzes. Helle Hölzer sind besonders verfärbungsanfällig und lassen Fingerabdrücke und Fettflecken erkennen. Außerdem reduziert eine Politur die Einflüsse von trockener oder feuchter Luft auf ein Minimum.

Eine traditionelle Wachspolitur wird hergestellt, indem man Bienenwachs-Klumpen mit der gleichen Menge echtem Terpentin und etwas Leinsamenöl, das dem Holz mehr Glanz gibt, zum Schmelzen bringt. Die erkaltete Mixtur wird aufgetragen und nach ein paar Minuten poliert. Wachspolitur kann man auch über eine dünne, mit Sandpapier aufgerauhte Schicht Polyurethanlack auftragen oder über einen Film Leinsamenöl, den man hat eintrocknen lassen.

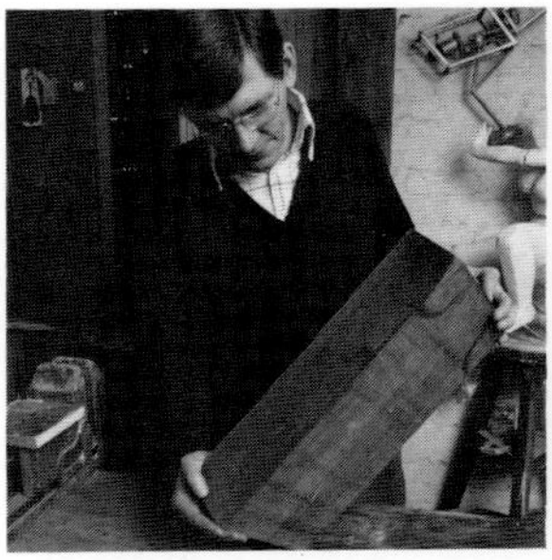

Holzschnitz-Techniken 1. Holzstück genau untersuchen, um etwaige Besonderheiten z. B. bei der Maserung festzustellen.

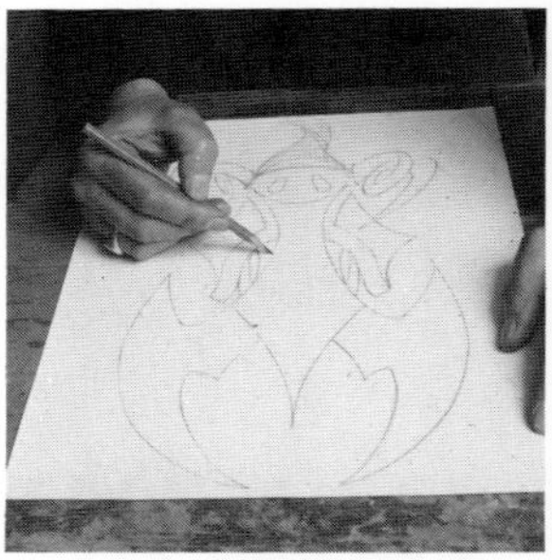

2. Eine vorläufige Skizze der geplanten Schnitzerei zeichnen. Am besten zuerst den Grundriß oder die Draufsicht.

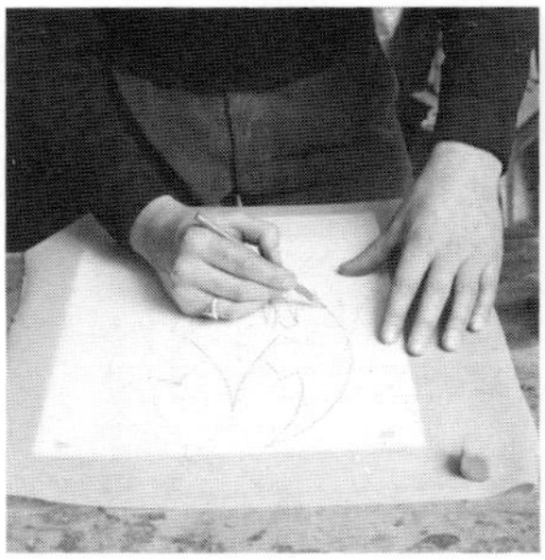

3. Die Vorskizze durchpausen.

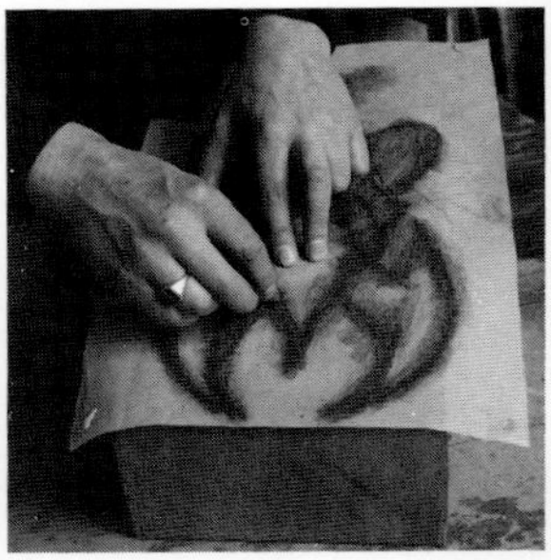

4. Die Umrisse auf der Rückseite des Pauspapiers mit Graphit oder Bleistift schraffieren.

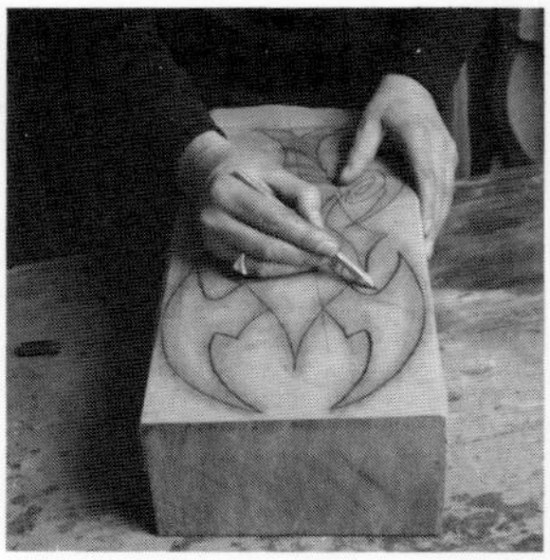

5. Die Vorskizze vom Pauspapier auf das Holz übertragen.

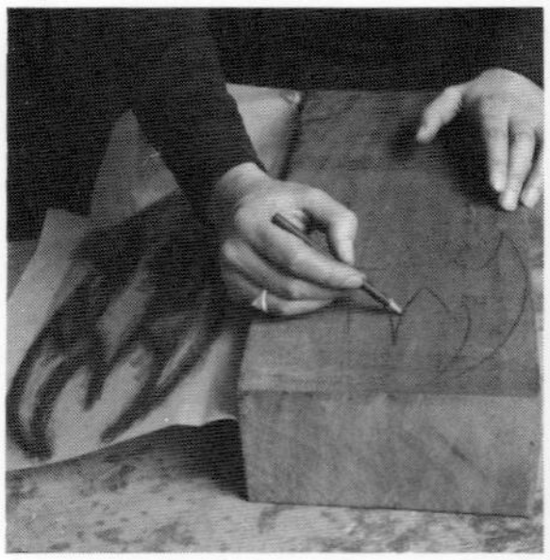

6. Wenn nötig, die Skizze mit Zeichenkohle, Lithokreide oder Bleistift auf dem Holz verstärken.

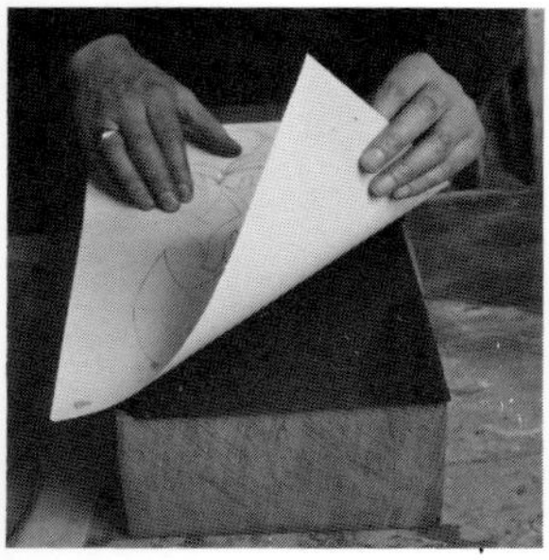

7. Eine weitere Methode, die Skizze zu übertragen, ist, ein Blatt Kohlepapier unter die Skizze auf das Holz zu legen.

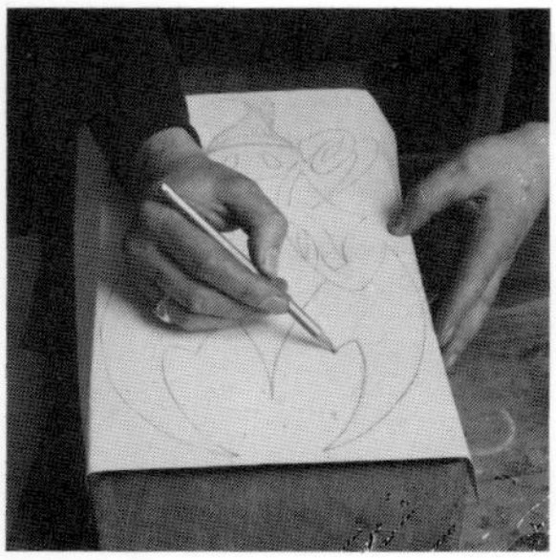

8. Die Skizze auf das Holz übertragen, indem man sie mit untergelegtem Kohlepapier nachzeichnet.

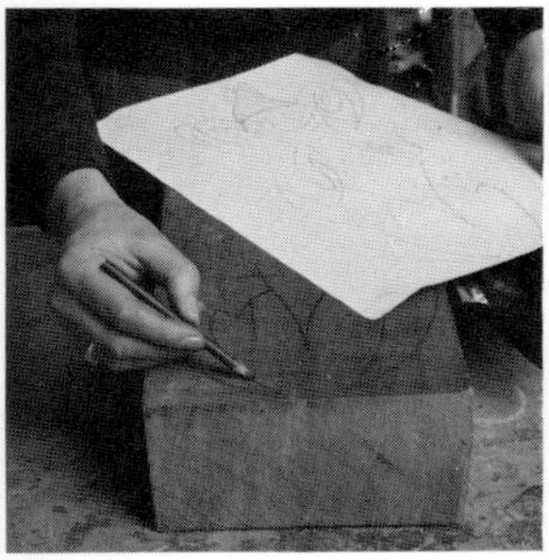

9. Die Skizze direkt auf dem Holz nachzeichnen.

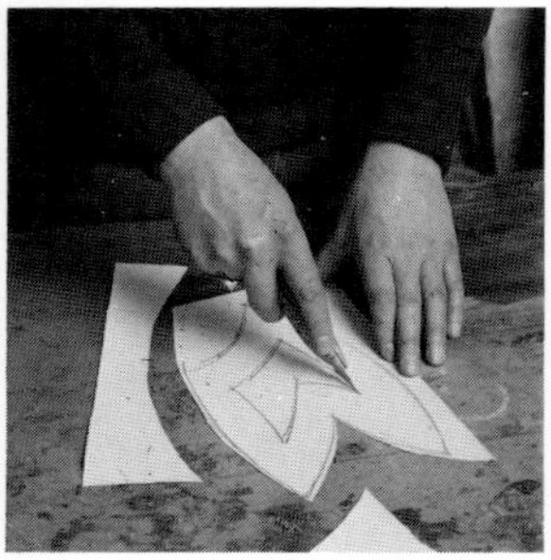

10. Eine dritte Methode, die Skizze zu übertragen, verwendet eine Schablone. Den Entwurf zeichnen und mit Schere oder Messer ausschneiden.

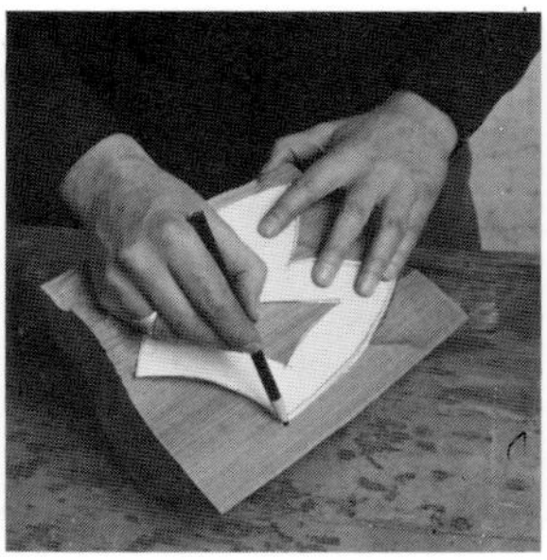

11. Die in Form gebogene Schablone auf das Holz legen. Daran denken, daß man aus zwei in drei Dimensionen arbeitet.

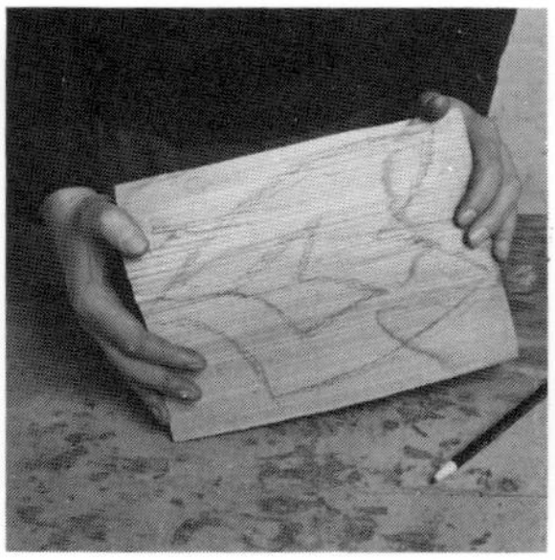

12. Nach Vollendung der Umrißskizze kann das Schnitzen beginnen. Die Anfangsidee wird sich im Verlauf der Arbeit entwickeln.

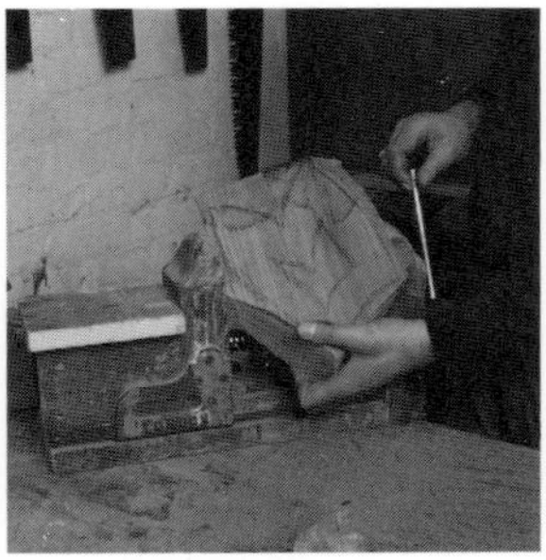

Aus dem Groben arbeiten 1. Um das Holz beim Arbeiten festzuhalten, spannt man es in einen Holzschraubstock und verkeilt es, wenn nötig.

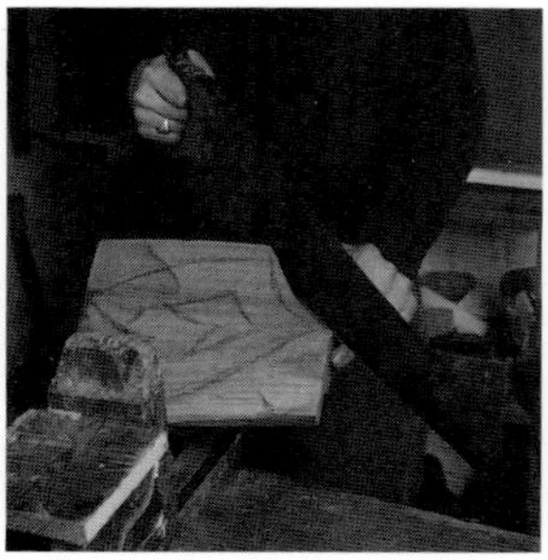

2. Alles überflüssige Holz in vertretbarer Nähe zur Umrißlinie absägen.

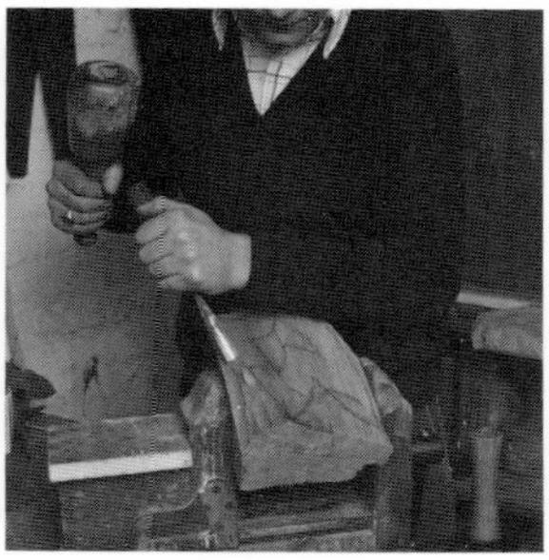

3. Mit einem mittelgroßen Hohlbeitel beginnen, auf die Endform hinarbeiten.

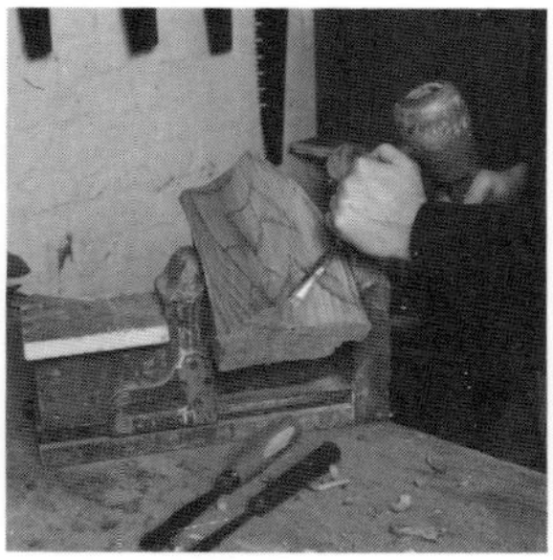

4. Der Hohlbeitel wird verwendet, um eine glatte und ebene Oberfläche herzustellen.

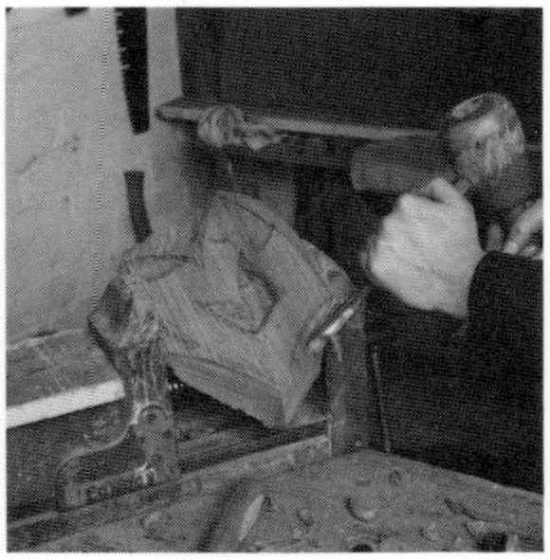

5. Die Arbeit aus dem Groben soll so lange dauern, bis das Werkstück sich der geplanten Endform annähert.

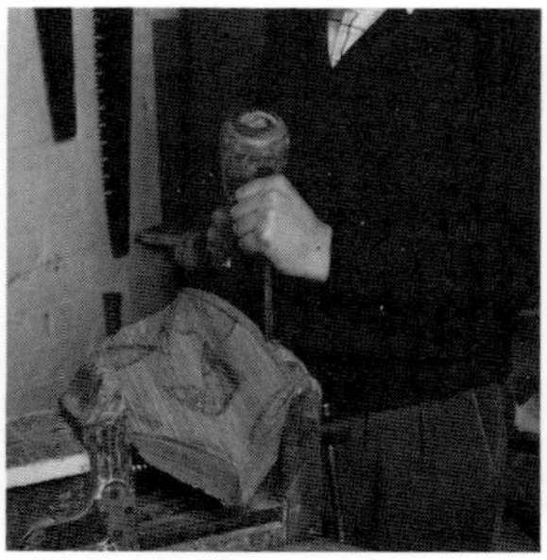

6. Die Beitelgröße passend zur Größe des Holzstückes auswählen. Das Holz bei der Bearbeitung drehen.

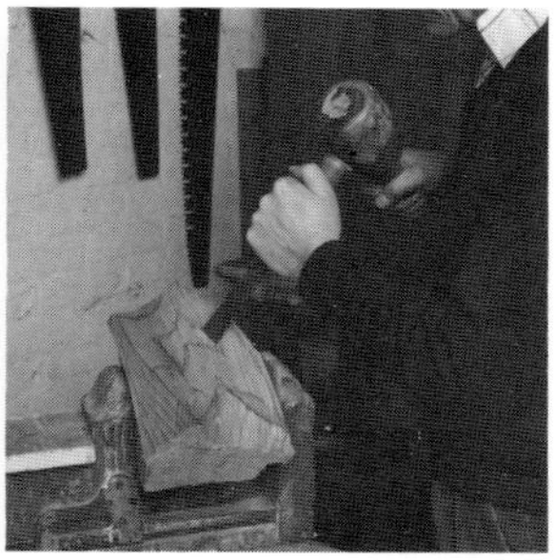

7. Mit einem kleineren Flachbeitel auf die skizzierte Kontur hinarbeiten, um die Oberfläche noch weiter zu glätten.

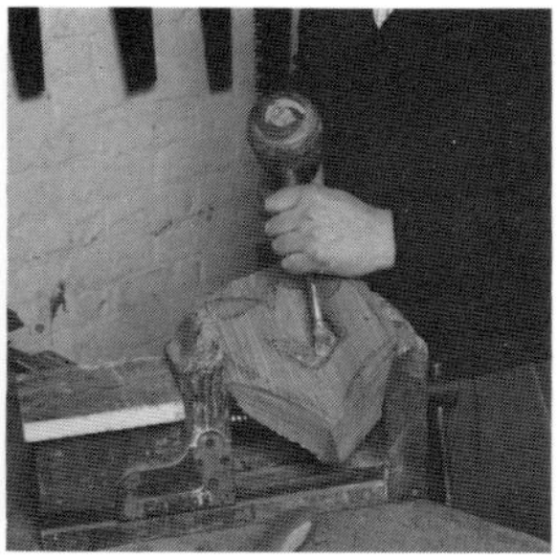

8. Das Mittelstück mit einem Flachbeitel anzeichnen. Gehörigen Abstand von der Konturlinie wahren.

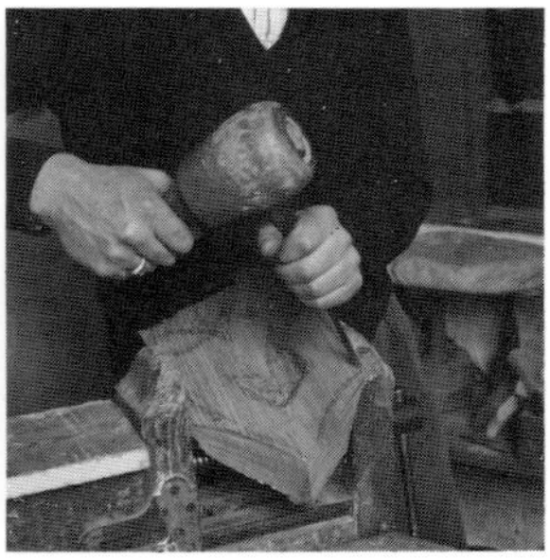

9. Das Mittelstück mit einem kleinen, flacheren Beitel aushöhlen. Nicht zu nahe an den Konturen abspanen.

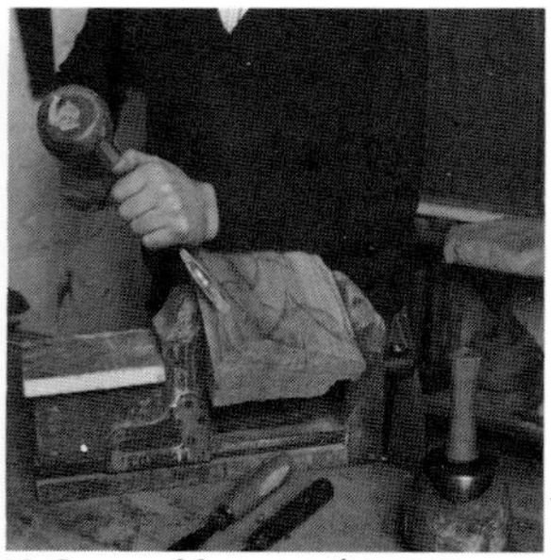

10. Quer zur Maserung abspanen, um zu verhindern, daß sich die Holzfasern längs der Maserung abheben.

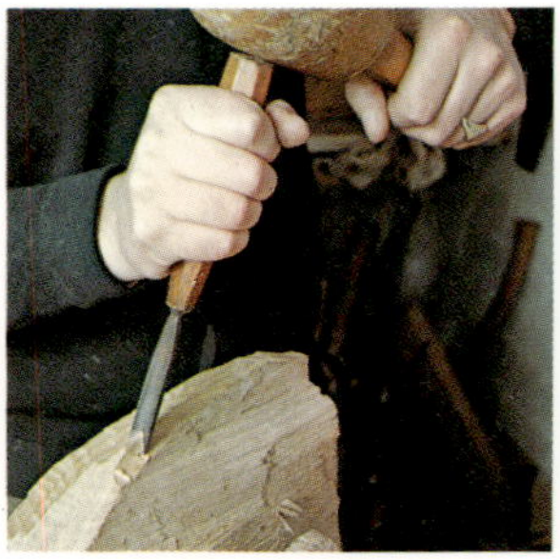

Mit dem Beitel arbeiten 1. Wenn der Beitel wie auf diesem Bild zu tief in das Holz eindringt, hebt er zuviel Holz ab.

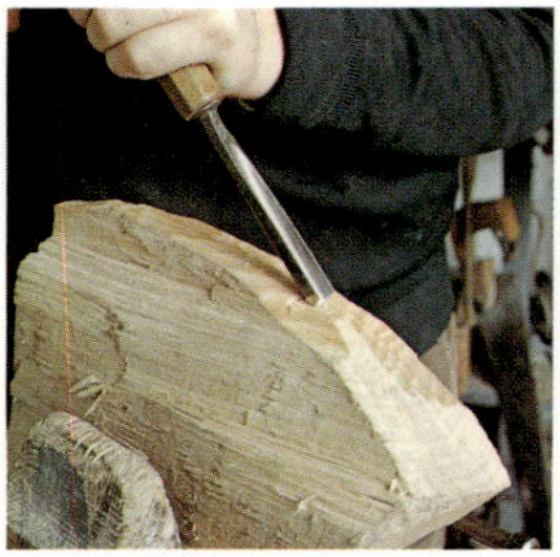

2. Um den Beitel richtig zu benutzen, im Winkel von etwa 45 Grad ansetzen. Der Winkel hängt auch von der Größe des Beitels und dem Holz ab.

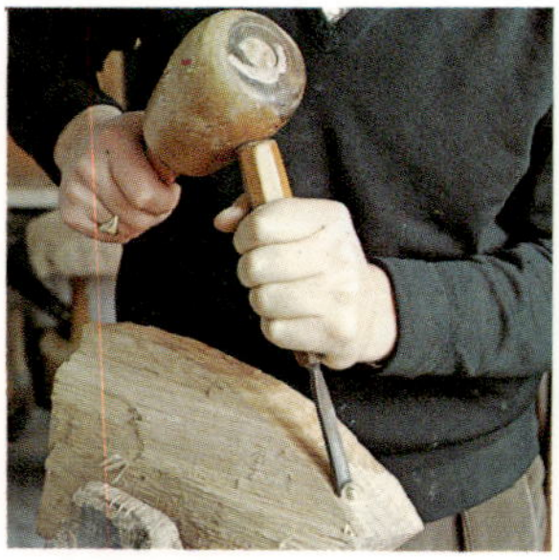

3. Nach und nach die Holzkanten glätten. Wie bei der Arbeit aus dem Groben die ganze Oberfläche bearbeiten.

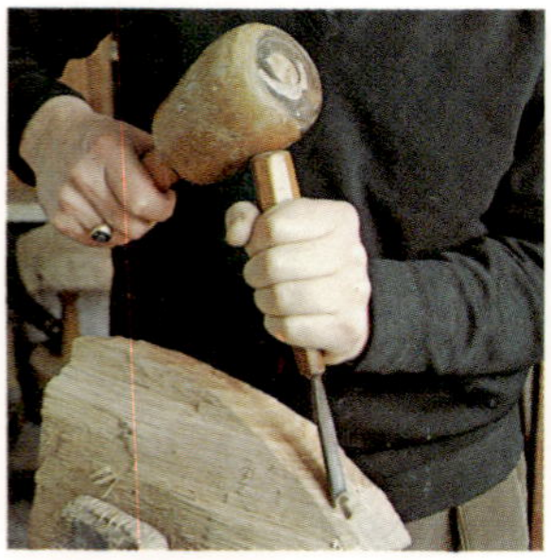

4. Mit dem Beitel bis auf etwa 1 cm an die gewünschte Kontur heranarbeiten.

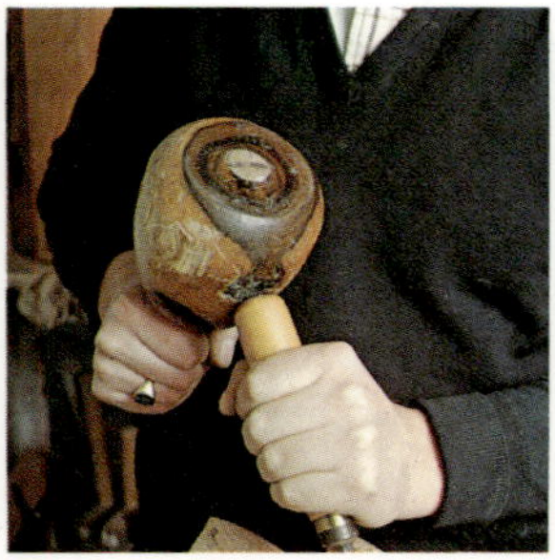

Mit dem Klüpfel arbeiten 1. Der Klüpfel soll etwa im rechten Winkel auf den Beitelgriff treffen.

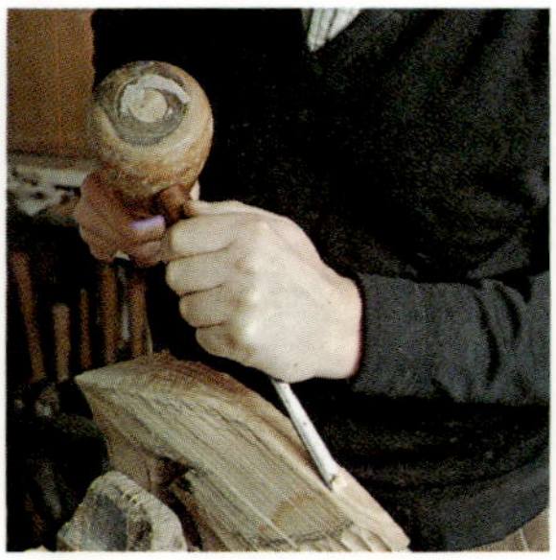

2. Für einen großen Beitel einen größeren Klüpfel verwenden. Der Klüpfelschlag hängt von Holz und Werkzeug ab.

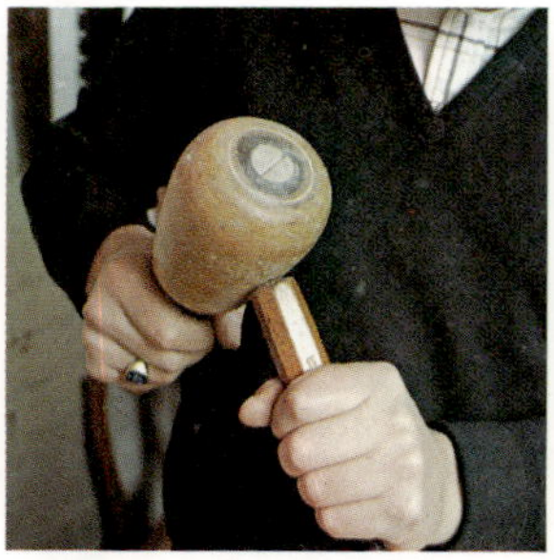

Mit dem Stechbeitel arbeiten 1. Zur Glättung der Oberfläche einen Stechbeitel und einen Klüpfel entlang der Kanten verwenden.

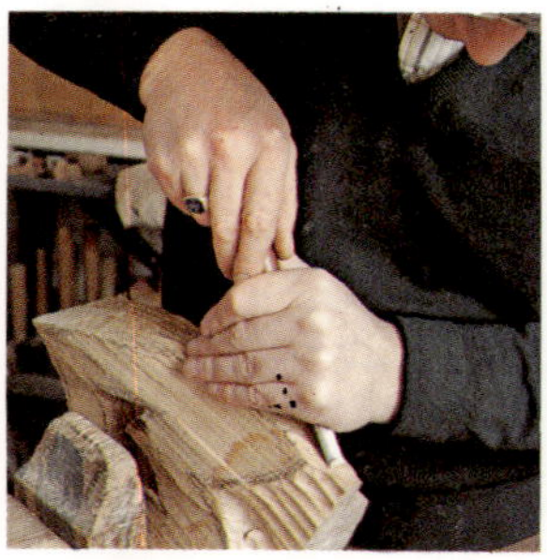

2. Dann die Oberflächen nacharbeiten, dabei den Beitel, zwecks besserer Kontrolle, mit der Hand führen.

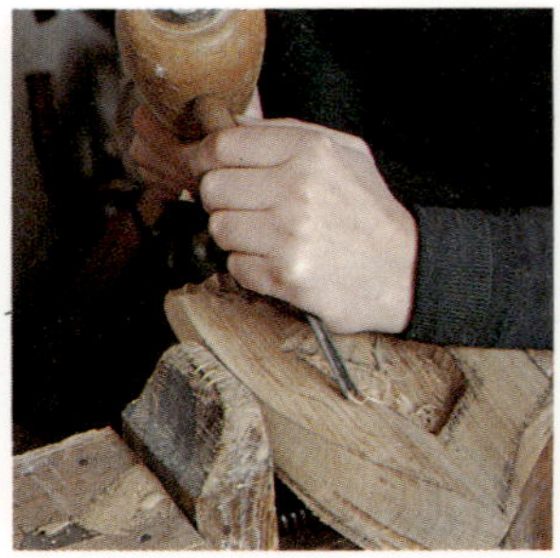

Mit dem Geißfuß arbeiten 1. Der Geißfuß, ein V-förmiger Beitel, ist nützlich für die Arbeit in engen Winkeln oder kleinen Ecken.

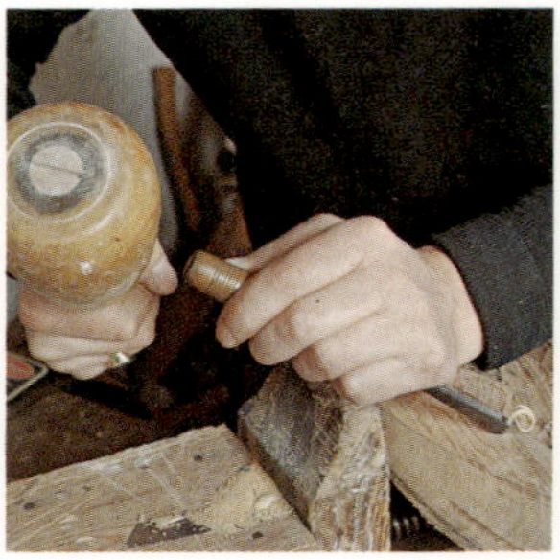

2. Man verwendet ihn auch, um tiefe Rillen zu stemmen, z. B. um Oberflächenstrukturen herzustellen.

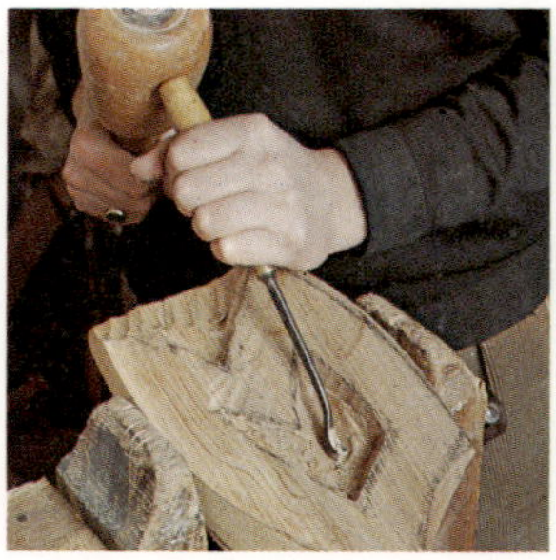

Mit dem rückwärts geschränkten Beitel arbeiten Dieser Beitel wird in verschiedenen Größen gebraucht, um Holz auszuhöhlen.

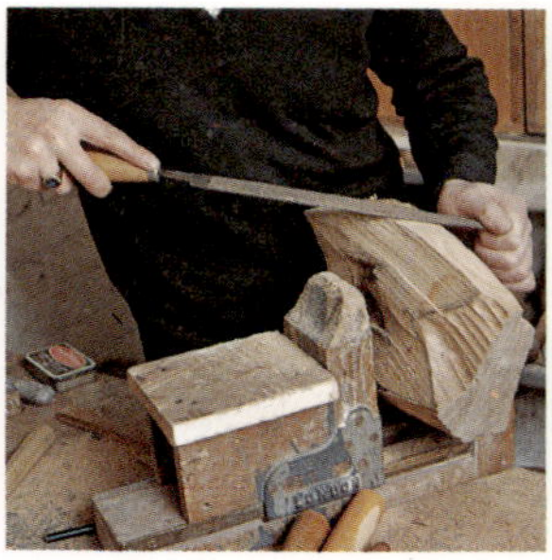

Mit Raspeln und Feilen arbeiten
1. Die Raspel benutzt man, um die Oberfläche zu glätten. Quer und längs zur Maserung raspeln.

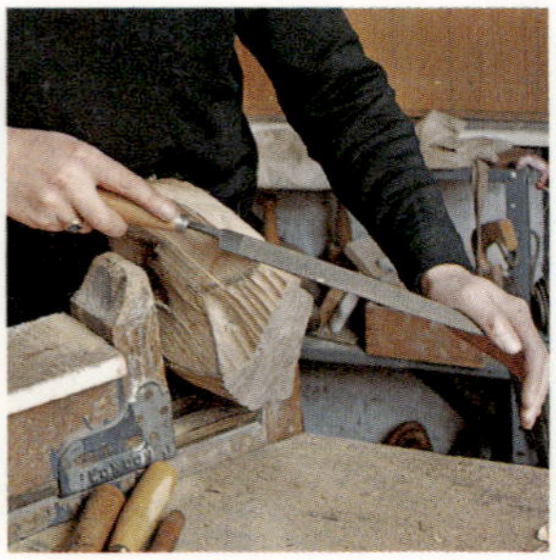

2. Des stärkeren Druckes wegen vornehmlich die Mitte der Raspel benutzen. Mit grober Raspel beginnen, dann eine feinere nehmen.

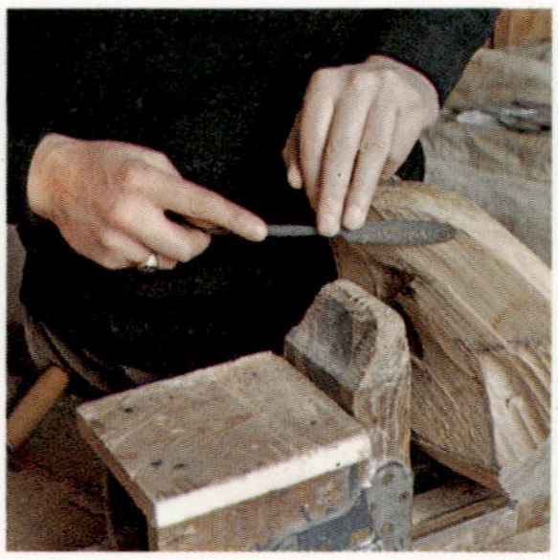

3. Die Riffelfeile ist kleiner und feiner als die Raspel und glättet die Oberfläche noch mehr.

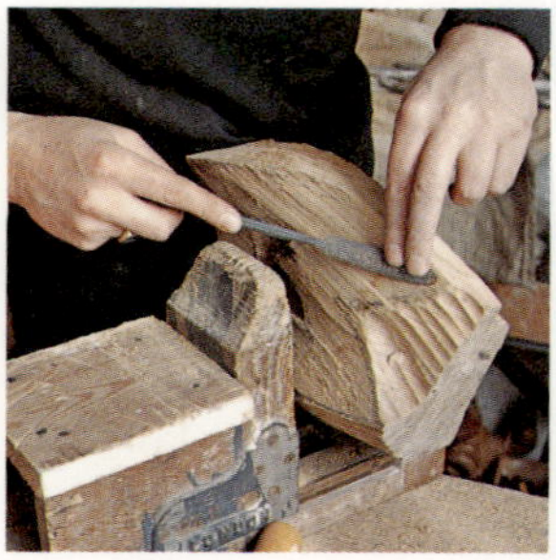

4. Wo möglich, mit langen Strichen arbeiten und das Ende der Riffelfeile mit einem oder zwei Fingern führen.

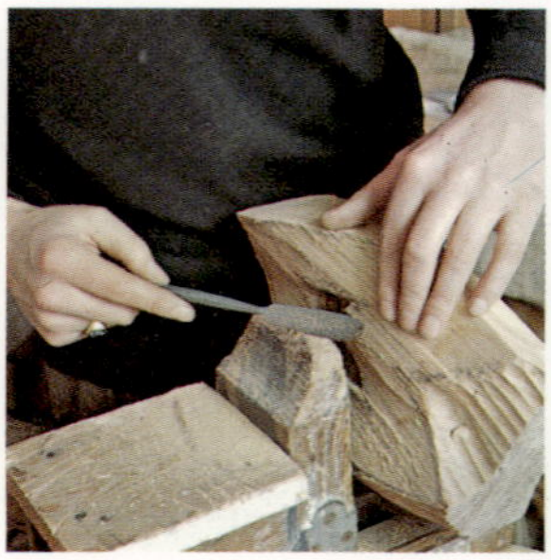

5. Nach ein paar Strichen mit der Feile das Holz befühlen – der Glätte wegen und um zu prüfen, wo das Werkzeug nun anzusetzen ist.

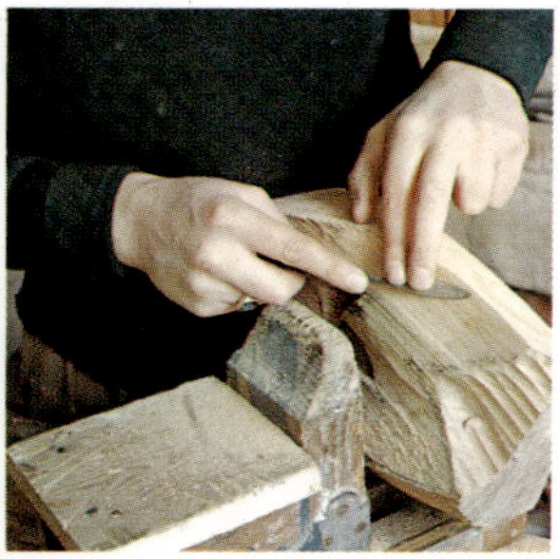

6. Bei der Glättung der Oberfläche immer feinere Riffelfeilen benutzen. Einige haben löffelförmige Enden für die Arbeit an Kurvenformen.

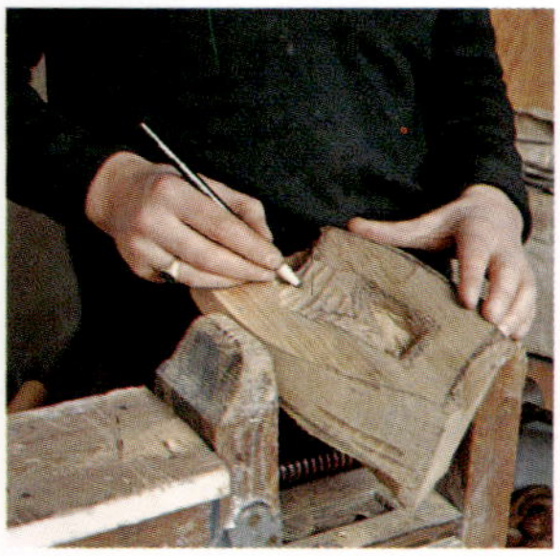

7. Nun das Holz untersuchen und die Endform genauer markieren. Lithokreide oder einen ähnlichen Stift benutzen, der nicht verwischt.

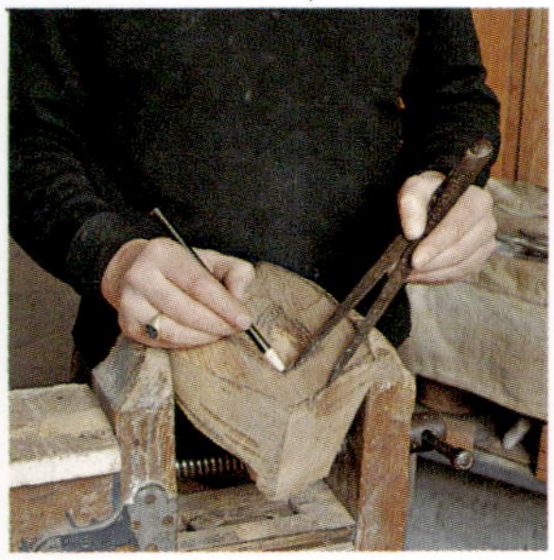

8. Für exakte Abmessungen wie z. B. Parallelen den Stechzirkel verwenden.

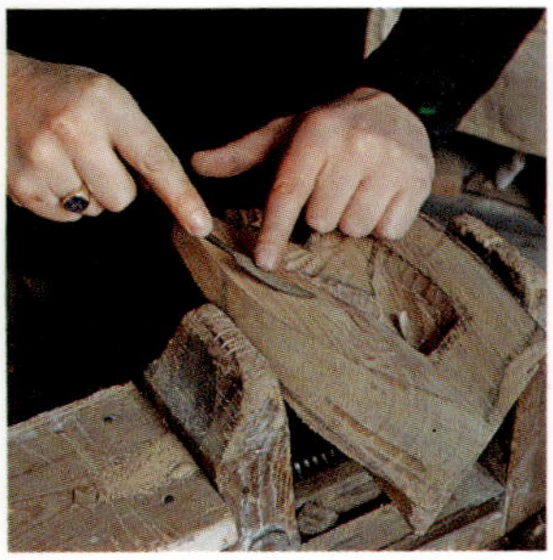

9. Abwechselnd mit der Riffelfeile arbeiten und das Werkstück überprüfen, dabei weiter markieren.

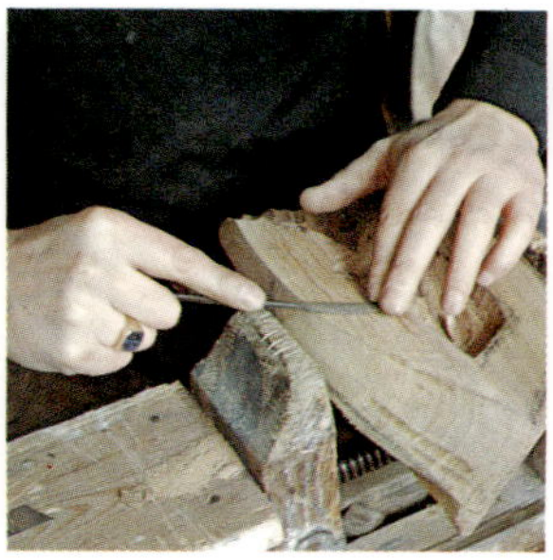

10. Mit der Riffelfeile arbeiten, bis die Oberfläche glatt genug zum Polieren ist.

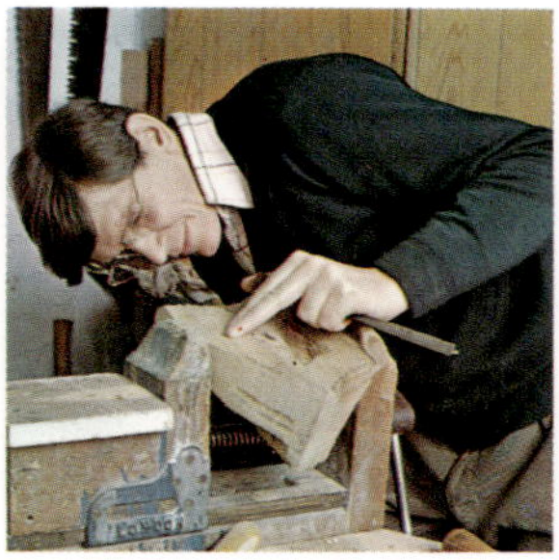

11. Beim Arbeiten mit der Riffelfeile ist es wichtig, das Holz ständig zu befühlen und zu betrachten.

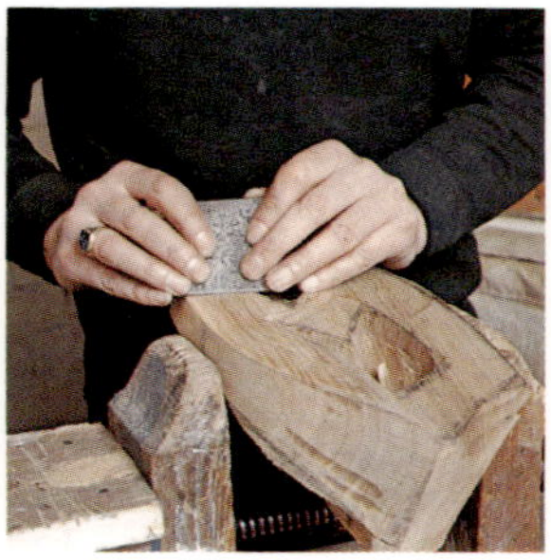

Glätten 1. Um eine Oberfläche zu glätten, verwende man zunächst eine Ziehklinge mit einer schrägen Schneidekante.

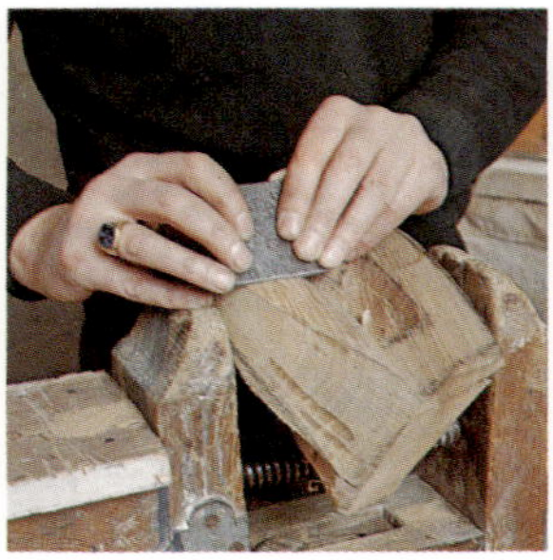

2. Die Ziehklinge auf sich zu ziehen. Sie hebt eine dünne Holzschicht ab, reinigt die Holzporen und läßt die Maserung hervortreten.

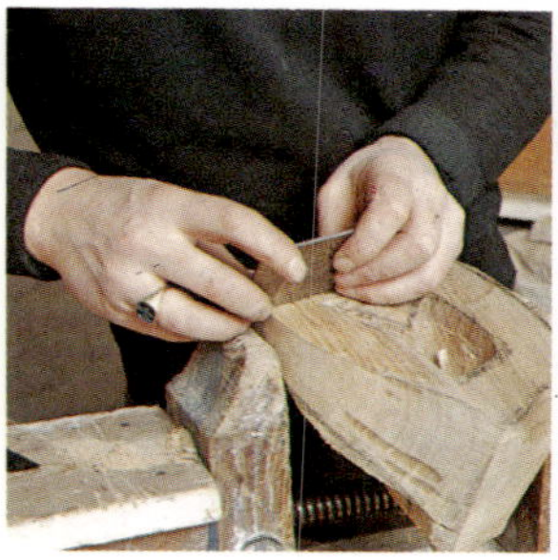

3. Die Ziehklinge vorwärts schieben, um die Oberflächenfasern zusammenzudrücken. Das bringt den Glanz des Holzes heraus.

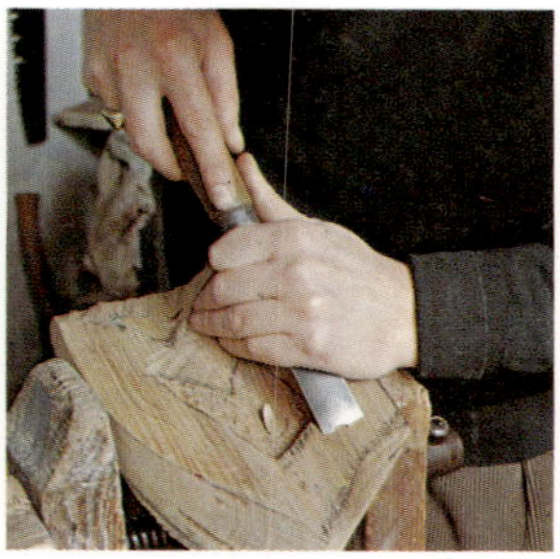

4. Das Glätten mit einem Beitel erzeugt eine lebendige, strukturierte Oberfläche. Einen breiten Flachbeitel verwenden.

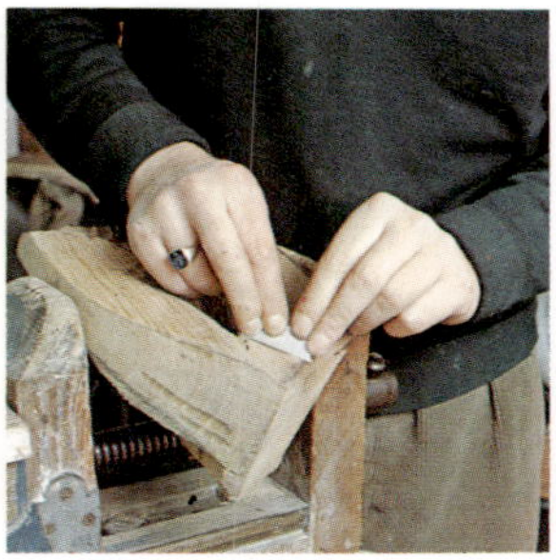

5. Für sehr glatte Oberflächen eine Allzweckmesserklinge verwenden. Vorsichtig im Winkel von 60 Grad ansetzen.

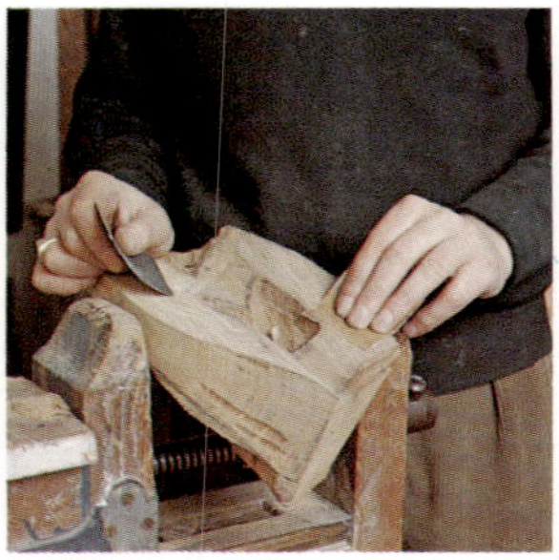

6. Zur weiteren Glättung der Oberfläche Schleif- oder Sandpapier verwenden. Die Glätte ständig überprüfen.

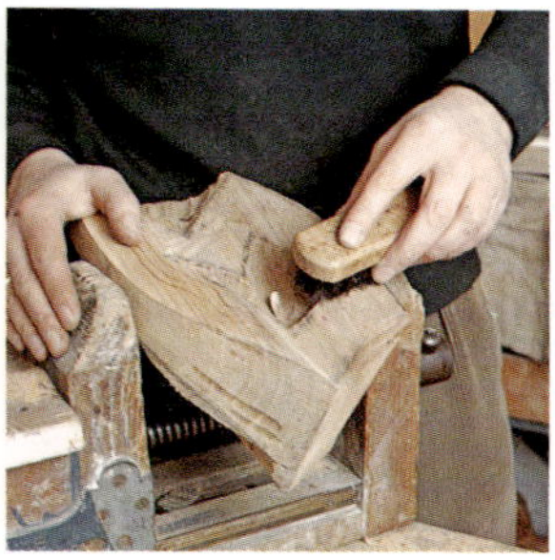

7. Die Benutzung von Sandpapier füllt die Holzporen mit Staub. Das Abbürsten des Staubes bringt die Maserung wieder heraus.

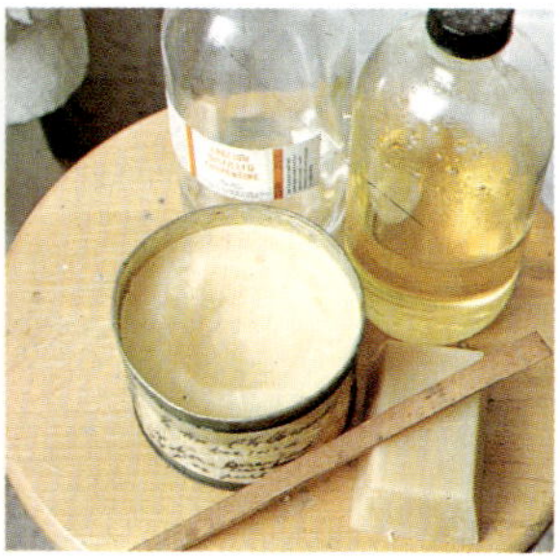

Polieren 1. Statt einer Marken-Wachspolitur nehmen viele Schnitzer ihre eigene aus echtem Terpentin, Leinsamenöl und Bienenwachs.

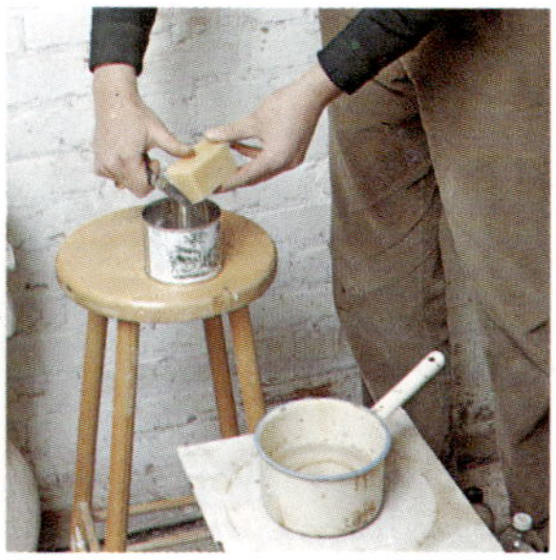

2. Zur Politurherstellung das Wachs in eine Dose bröckeln. Kleine Stücke schmelzen schneller.

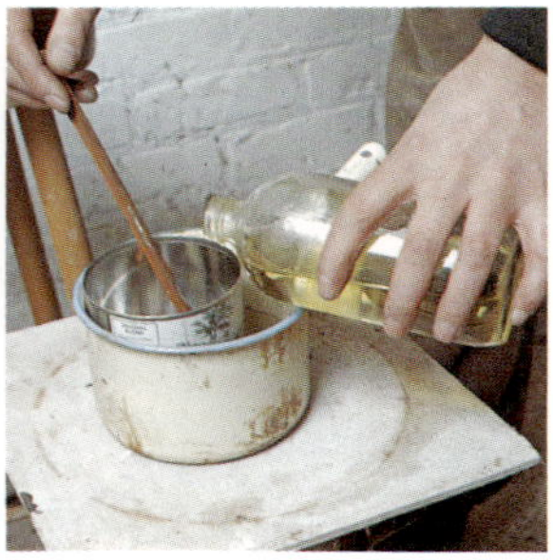

3. Das Wachs im Wasserbad schmelzen, gereinigtes Leinsamenöl zugeben. Gründlich umrühren, damit sich Wachs und Öl verbinden.

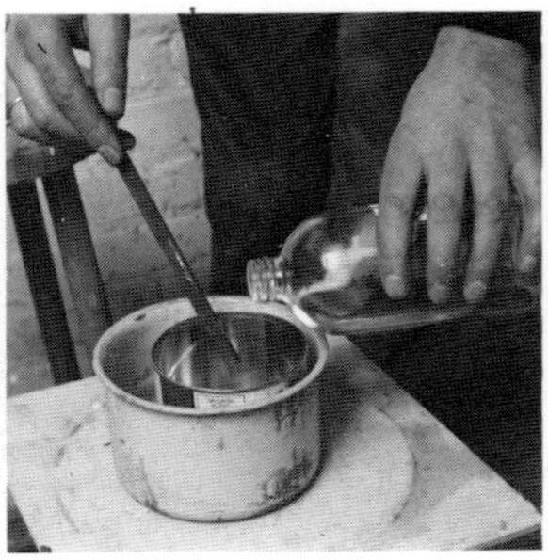

4. Das Terpentin sehr vorsichtig zugeben, da es sehr leicht entflammbar ist.

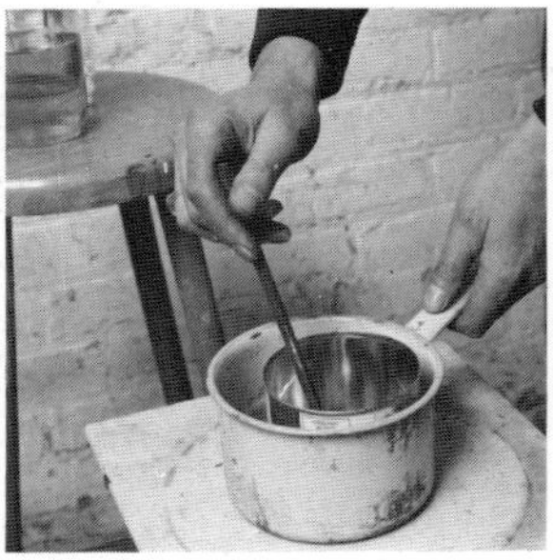

5. Das Gemenge gründlich vermischen. Das dauert ein paar Minuten.

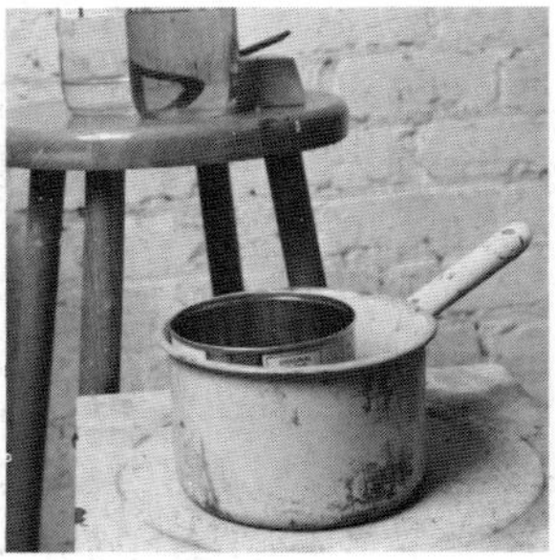

6. Die Politur vor der Verwendung abkühlen lassen. Sie hat eine hellgelbe Färbung.

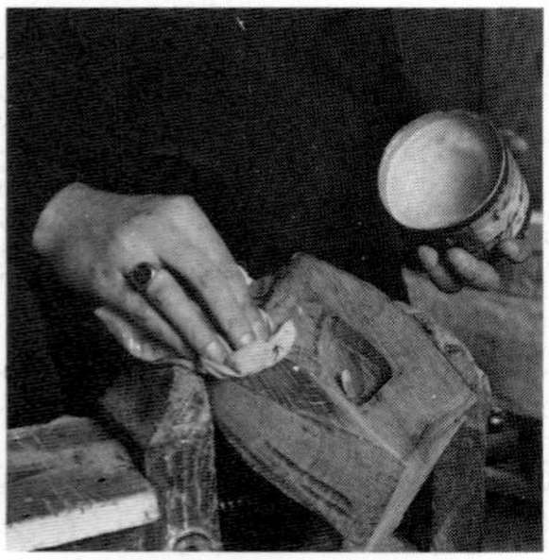

7. Die Politur mit einem weichen Lappen auf die Oberfläche auftragen. Wachspolitur bringt die Maserung heraus und gibt Glanz.

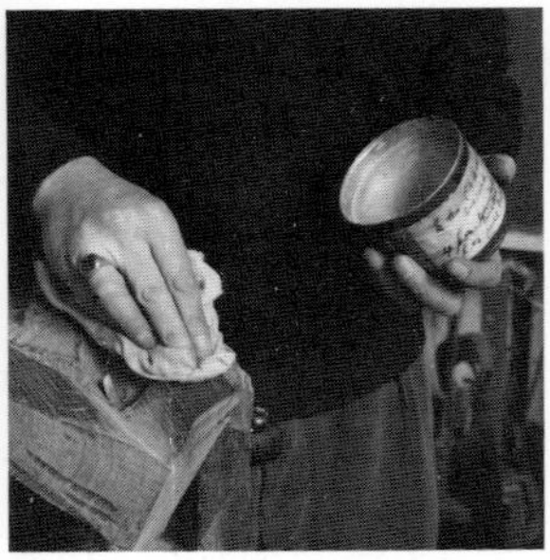

8. Die Politur ein paar Minuten einziehen lassen, während sich das Terpentin verflüchtigt.

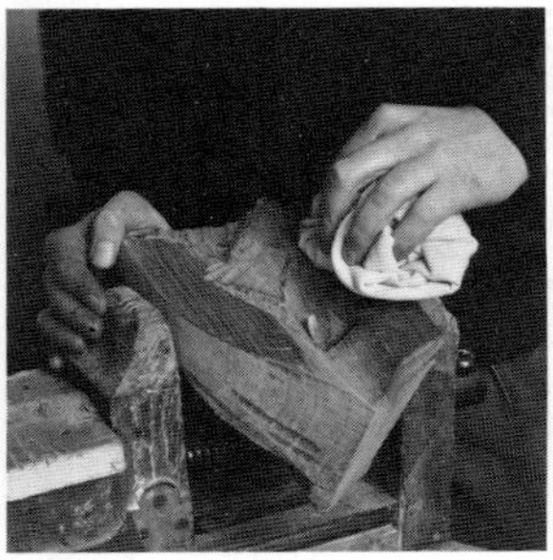

9. Die Oberfläche mit einem weichen Tuch polieren.

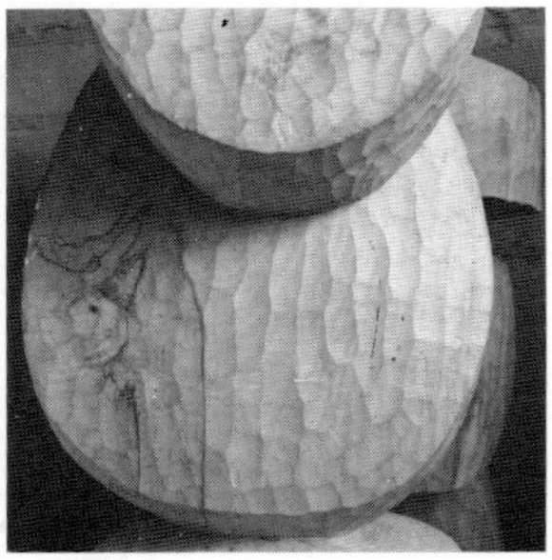

Fertige Holzarbeiten
Dieses Stück Sykomore wurde mit einem Beitel fertiggestellt. Man beachte die Oberflächenstruktur.

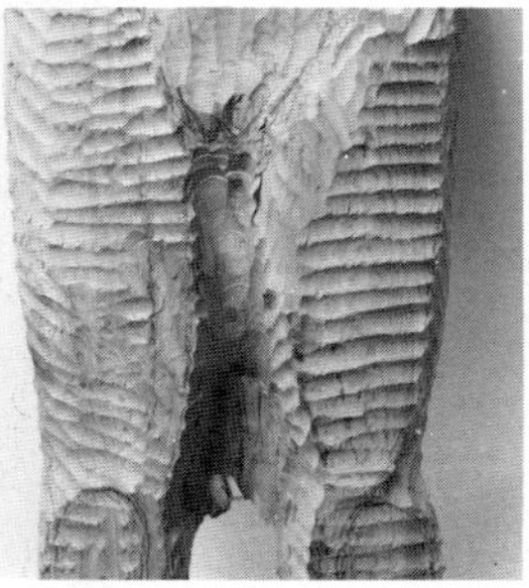

Dieses Stück Eibe wurde mit einem U-förmigen Beitel bearbeitet. Das gibt dem Holz die gefurchte Oberflächenstruktur.

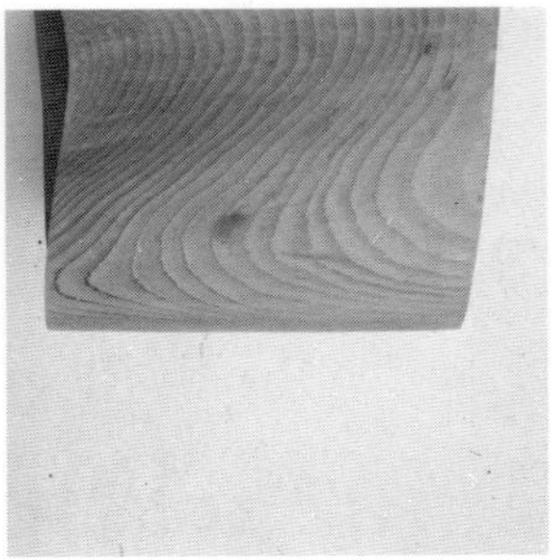

Dieses Stück Zeder wurde so lange bearbeitet, bis die Oberfläche extrem glatt war; sie ist aber nicht poliert.

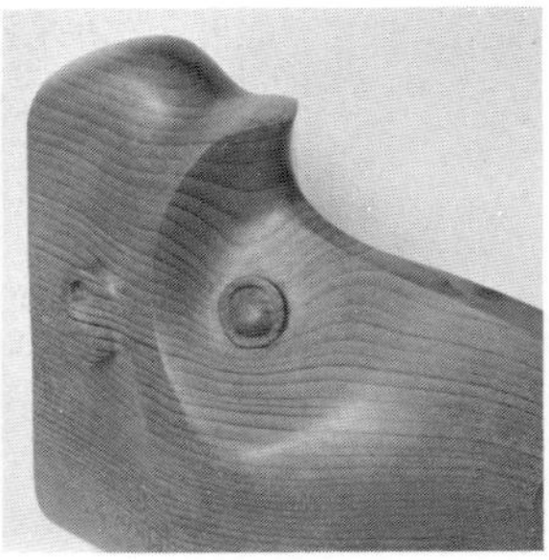

Die Oberfläche dieser Zeder-Skulptur ist poliert worden, um einen kräftigen Glanz herzustellen und die Maserung zu betonen.

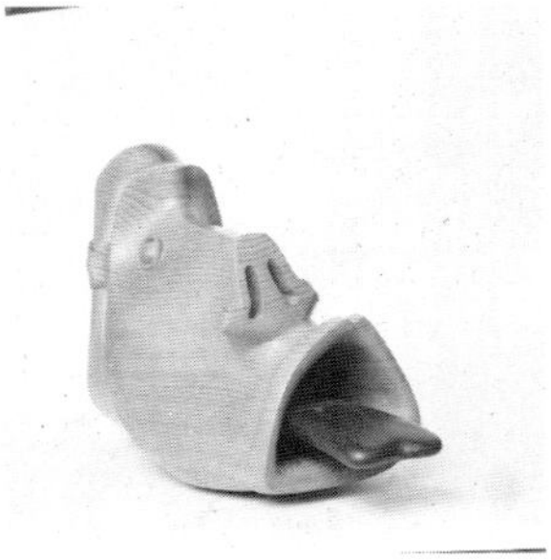

Diese fertige Skulptur von Rudy Leenders mit dem Titel *Demagogus vulgaris* vereint polierte Zeder und poliertes Teakholz.

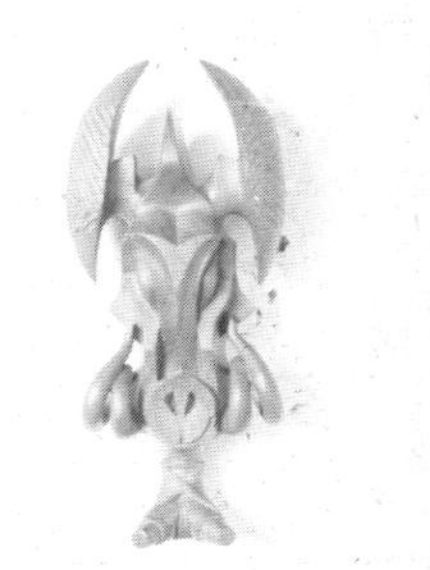

Diese Leenders-Skulptur mit dem Titel *Caper politicus* ist aus poliertem Teakholz. Man beachte die Oberflächenstrukturen.

28

Gestalten mit Schaumstoff

Geschichte. Schaumstoffarten: Styropor, Polyurethan.
Werkzeuge und Techniken: Kleben, Bemalen, Heißwerkzeuge.

28 Gestalten mit Schaumstoff Geschichte

Schaumstoffe sind ein relativ neues Medium für den Künstler. Obwohl Styropor erst 1938 auf den Markt kam und Polyurethan noch später entwickelt wurde, erfreuen sich diese Schaumstoffe bereits wachsender Beliebtheit.

Der Maler und Bildhauer Jean Dubuffet (geb. 1901) war einer der ersten, die Styropor skulpturell verwendeten, und viele Monumentalwerke des französischen Bildhauers Louis Chavignier (geb. 1922) bestehen aus geschäumten Polyurethan.

Plastikschäume werden auch extensiv als großformatige Gußformen für Zement- und Betonskulpturen und als leichter Kern für schwerere Materialien verwendet.

Gestalten mit Schaumstoff Schaumstoffarten

Schäume sind Kunststoffe, die während der Herstellung mit Gas versetzt wurden. Sie können hart oder weich, starr oder flexibel sein. Die beiden praktischsten und beliebtesten Schäume zur gestalterischen Arbeit sind das feste Styropor und das feste Polyurethan, da sie stabil, leicht und relativ preiswert sind.

Styropor

Als Thermoplast schmilzt Styropor beim Erhitzen und löst sich in bestimmte Lösungsmittel auf. Styroporschaum ist nicht giftig, setzt aber beim Erhitzen stark riechende Dämpfe frei. Benutzt man Heißwerkzeuge, sollte für eine ausreichende Belüftung gesorgt werden. Styropor ist leicht entflammbar, wenn es nicht besonders behandelt wurde.

Das als Verpackungsmaterial verwendete Styropor hat eine recht schrumpelige, offenporige Struktur. Es ist aber auch ein dichteres Material mit geschlossenen Zellen, das sogenannte Styrofoam, erhältlich.

Polyurethan

Dies ist ein starres Material mit geschlossenen Poren und von wechselnder Dichte. Polyurethan ist ein Duroplast-Harz, so daß es – anders als die Styropore – nicht schmilzt. Beim Erhitzen gibt es giftige Dämpfe frei; es darf daher nicht mit Heißwerkzeugen bearbeitet werden.

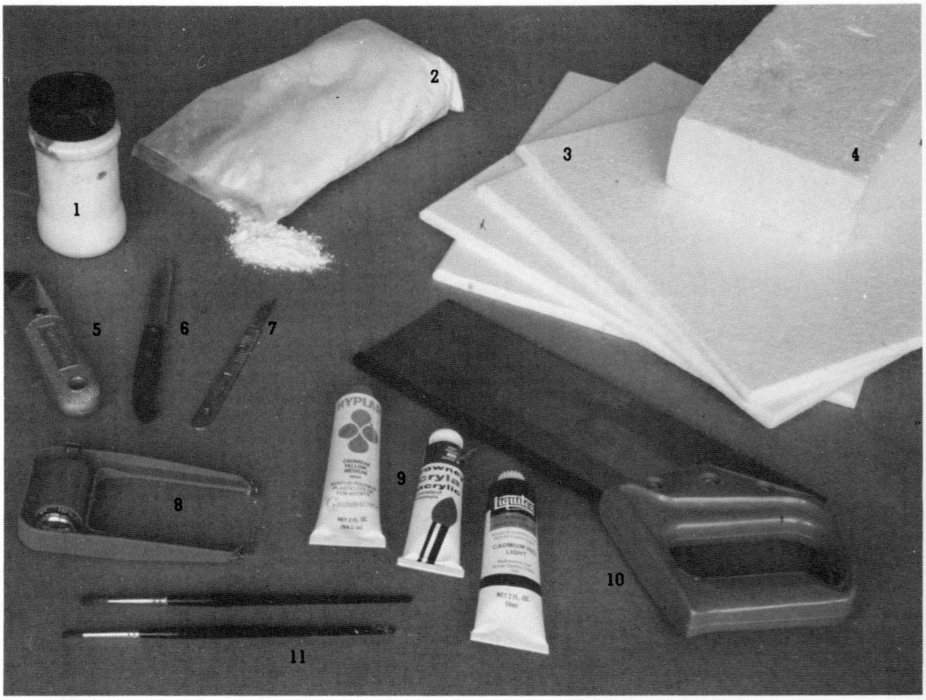

Werkzeuge und Schaumstoffarten
Schaumstoff gibt es entweder in Platten (**3**) oder Blöcken (**4**). Zu den Schneidwerkzeugen für dieses Material gehören ein Teppichmesser (**5**), ein Messer (**6**) und ein Skalpell (**7**). Mit dem Hand-Drahtschneider (**8**) kann man sehr glatte Schnitte in Schaumstoff ziehen. Die Säge (**10**) braucht man, um größere Stücke abzuschneiden. Schaumstoffstücke werden normalerweise mit Polyvinylazetat (**1**) geklebt. Die Skulptur läßt sich mit Gips (**2**) überziehen, wodurch die Oberfläche widerstandsfähiger wird. Außerdem kann man dann Farben auftragen, die sonst das eigentliche Styropor beschädigen würden. Es ist allerdings möglich, Acrylfarben (**9**) direkt auf das Styropor aufzutragen. Dazu verwende man normale Pinsel (**11**).

Gestalten mit Schaumstoff Techniken

Die meisten Schaumstoffe lassen sich problemlos mit normalen Holzwerkzeugen bearbeiten. Beitel und Meißel benutzt man am besten nur mit Handdruck. Raspeln, Feilen, Riffelfeilen, Hobel und Drahtbürsten sind alle zum Modellieren von Schaumstoffen geeignet. Große Blöcke werden mit einer Allzwecksäge gesägt, während man für feinere Schnitte scharfe Messer und Rasierklingen verwendet.

Kleben

Sowohl für Styropor als auch für Polyurethan gibt es mehrere geeignete Klebstoffe. Für Styropor verwendet man nichtlösliche Klebstoffe wie Polyvinylazetat und für Polyurethan Gummi-Kontaktkleber.

Styropor kann man auch kleben, indem man Lösungsmittel auf die Teile aufträgt und diese zusammenhält oder indem man einen heißen Draht zwischen den beiden Flächen hindurchzieht und diese dabei aneinanderdrückt.

Bemalen

Da Styropor mit einigen Mitteln löslich ist, muß man Farben vermeiden, die Lösungsmittel enthalten, es sei denn, man beschichtet das Styropor zuvor mit einer Lage Gips. Zu jenen gehören Ölfarben und Polyesterharze und alle, die Azeton oder Terpentin enthalten. Zu den »sicheren« Farben für Styropor gehören Vinyl- und Acrylfarben.

Heißwerkzeuge

Obwohl sich Heißwerkzeuge ideal zum Schneiden und Formen von Styropor eignen, sollte man sie doch nicht für Polyurethan verwenden.

Heißdrahtschneider funktionieren mit stromdurchflossenen Widerstandsdrähten, die das Material erweichen und durchschneiden. Der Draht sollte aus Chromnickel bestehen. Um große oder einfache Formen zu schneiden, kann man ein Tischmodell verwenden, während für das Formen und Schneiden kleinerer Flächen ein Handschneider genügt.

Ein elektrischer Lötkolben oder ein Küchenmesser sind ideale Schneidwerkzeuge. Lötkolben sind mit Metallspitzen in verschiedenen Formen im Handel.

Details arbeitet man oft mit in Kork gesteckten Nadeln oder feinen Metallwerkzeugen aus, die über der Flamme erhitzt werden.

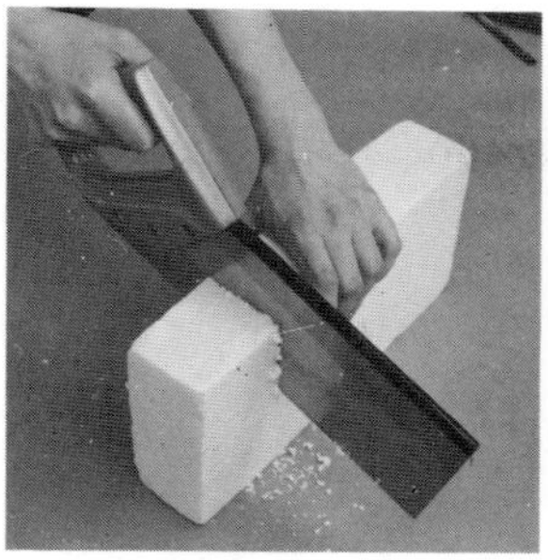

Styropor schneiden 1. Styroporblöcke kann man genauso wie Holzblöcke mit einer gewöhnlichen Säge sägen.

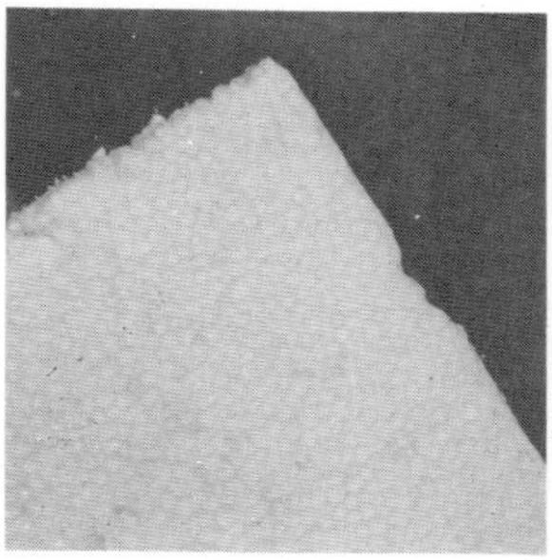

2. Die Schnittkanten des Styropors können wegen der Materialstruktur rauh und ausgefranst sein, sollten aber nicht fasern.

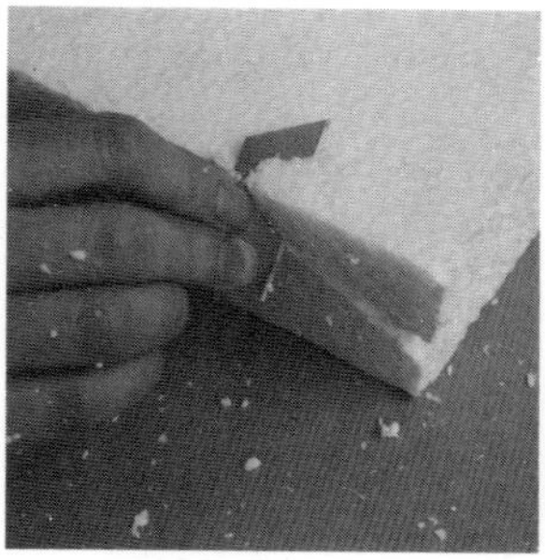

3. Mit einer scharfen Messer- oder Rasierklinge kann man kleine Flächen von den Kanten des Blocks wegschneiden.

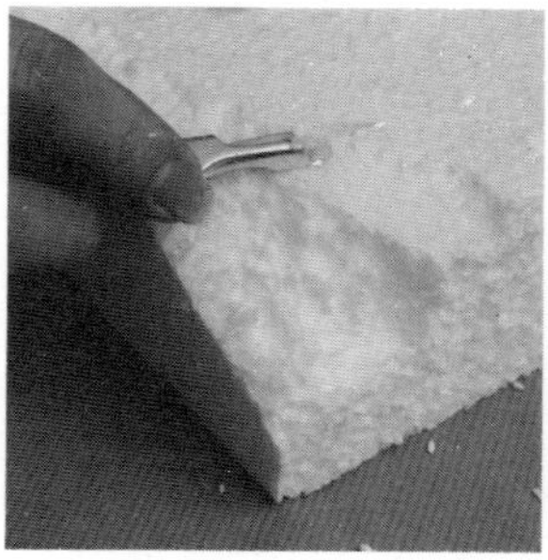

4. Für die zusätzliche Detailarbeit lassen sich kleine Styroporscheibchen mit einem scharfen Skalpell glatt entfernen.

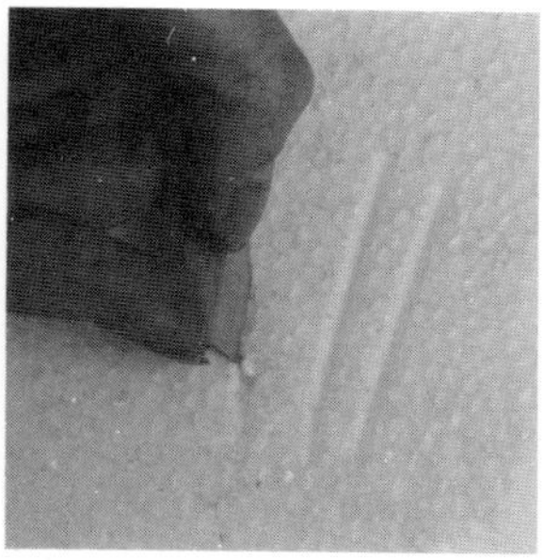

5. Mit Messern lassen sich auch flächige Muster herstellen, indem man mit verschiedenen Schnitten in den Block Strukturen erzeugt.

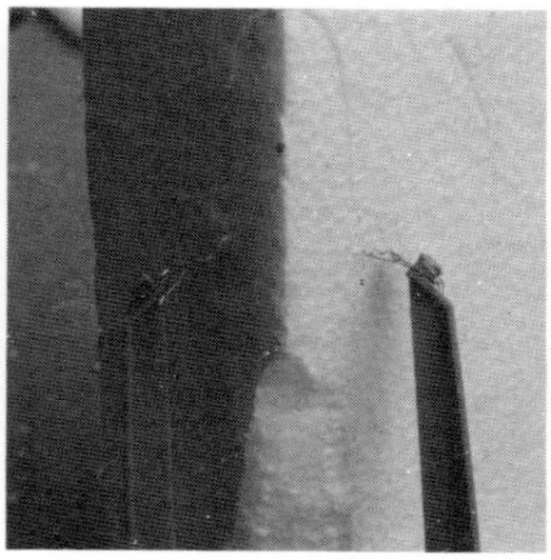

6. Mit dem Heißdrahtschneider schneidet man Stücke aus dem Block. Das Werkzeug ruhig halten und nicht in das Material pressen.

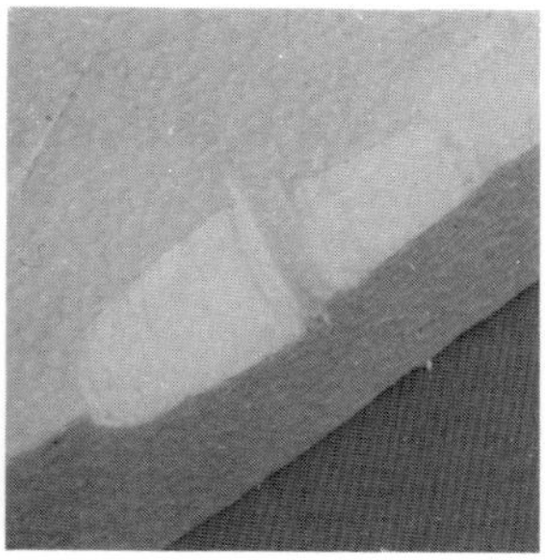

7. Der heiße Draht bringt die Oberfläche zum Schmelzen und ergibt eine glatte Schnittfläche.

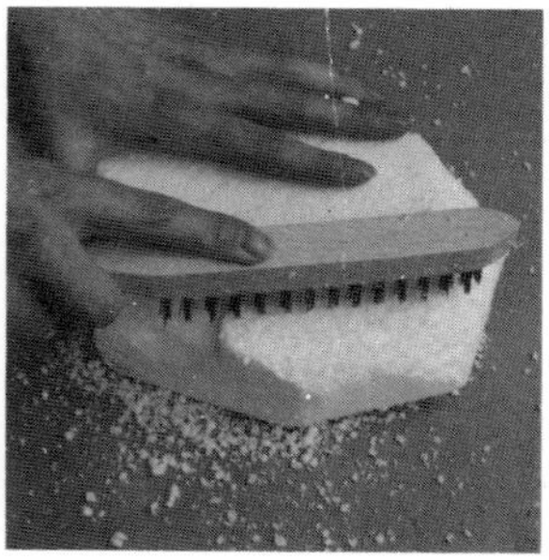

8. Mit der Drahtbürste wird die Styroporoberfläche aufgerauht und abgetragen, um geschwungene Formen herzustellen.

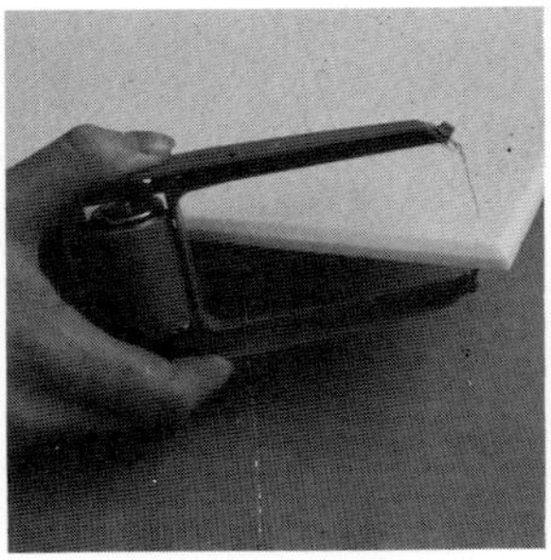

Styropor mit dem heißen Draht schneiden 1. Das Werkzeug ruhig halten und den Draht gegen eine Kante drücken. Langsam schneiden.

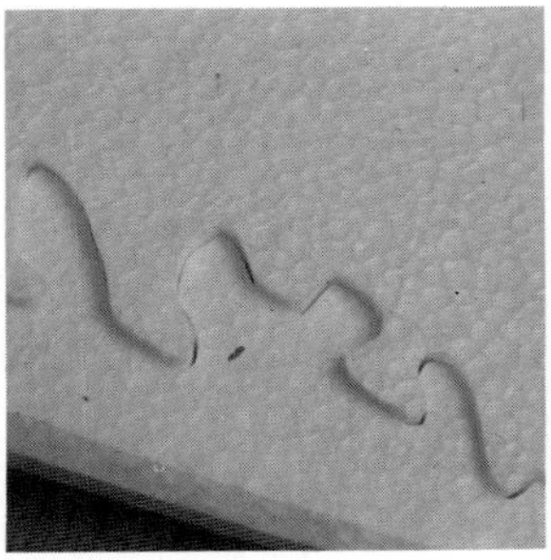

2. Die Temperatur des Drahtes schreibt die Schneidegeschwindigkeit vor. Nicht mit Gewalt hantieren.

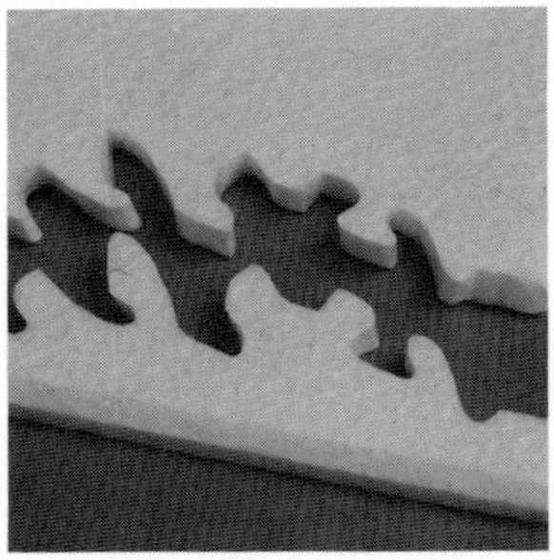

3. Der Heißdrahtschneider ergibt einen sehr sauberen Schnitt und läßt sich für recht komplizierte Schnitte verwenden.

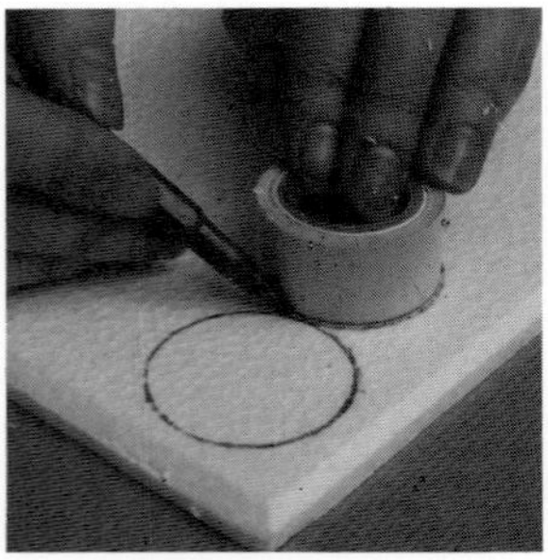

4. Um eine bestimmte Form aus Styropor auszuschneiden, den Umriß nur leicht mit einem Filzschreiber anzeichnen.

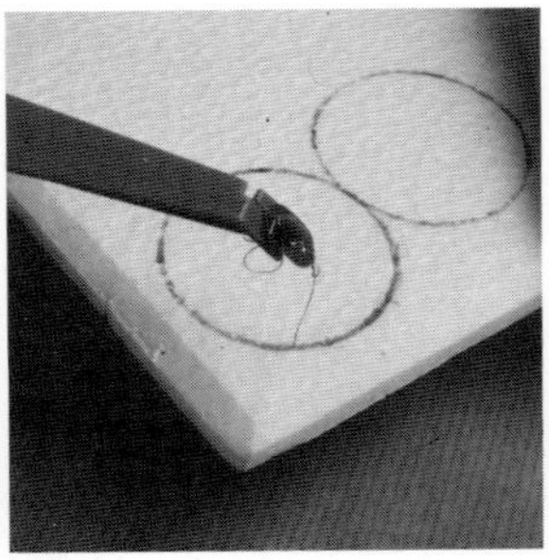

5. Die Kontur sorgfältig mit dem Heißdrahtschneider nachziehen; der Strich sollte auf dem fertigen Objekt nicht sichtbar sein.

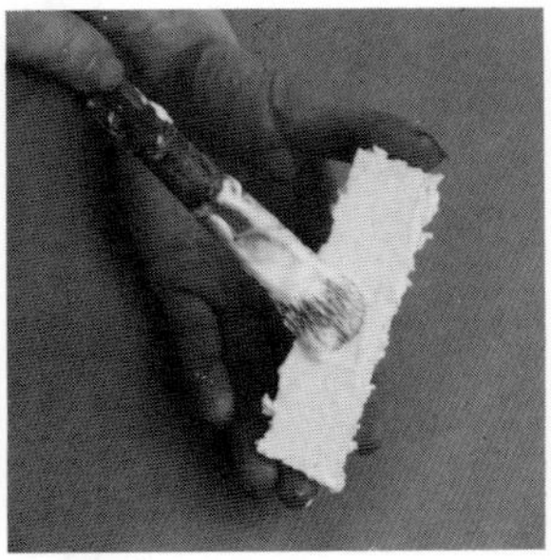

Kleben 1. Die Klebeflächen mit Polyvinylazetat oder einem anderen nichtlöslichen Klebstoff bestreichen.

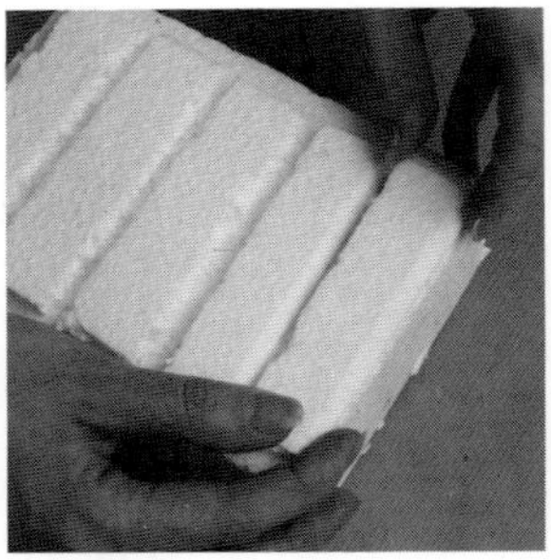

2. Die zu verbindenden Teile fest zusammendrücken und den Klebstoff trocknen lassen. Hier wird ein Block mit Reliefplatten versehen.

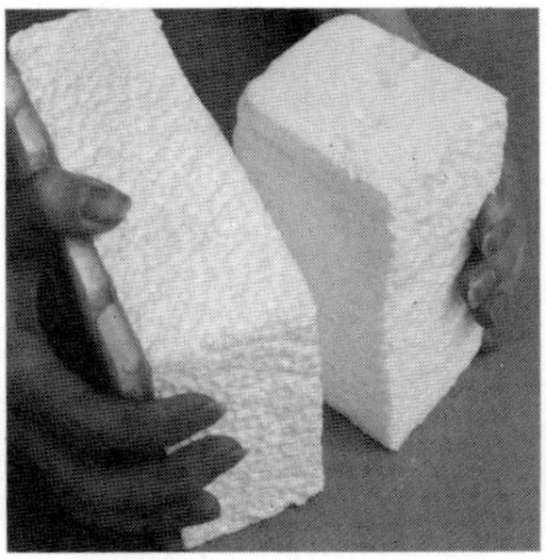

3. In gleicher Weise kann man zwei Styroporblöcke verbinden. Die Flächen zusammendrücken und warten, bis der Klebstoff trocken ist.

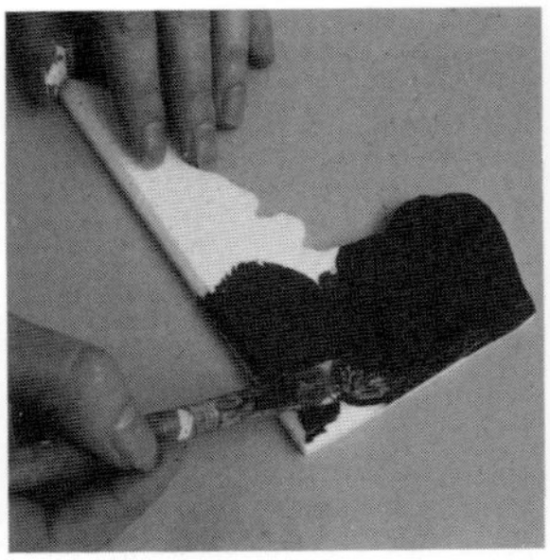

Ein bemaltes Relief herstellen 1. Die Teile des Reliefs aus Platten oder dünnen Blöcken ausschneiden und mit Acrylfarben bemalen.

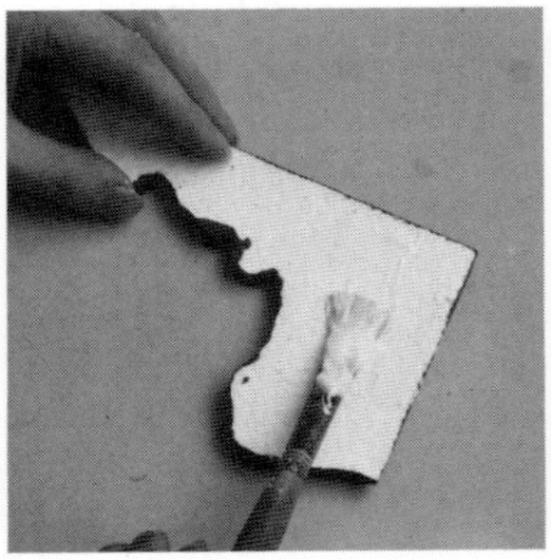

2. Wenn die Farbe trocken ist, die Rückseite der Teile gleichmäßig mit einem PVA-Kleber bedecken.

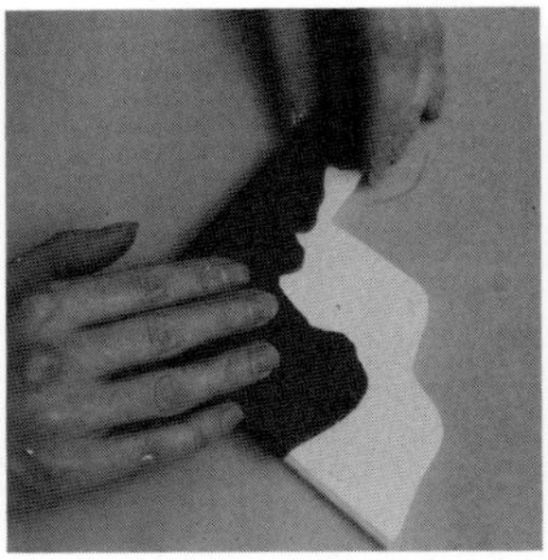

3. Die Teile des Reliefs zusammenfügen und die Klebeflächen fest andrücken. Trocknen lassen.

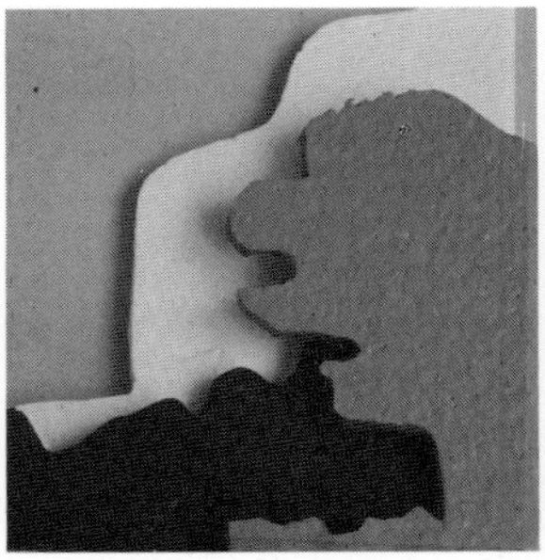

4. Ein Relief kann man aus fertig bemalten Teilen aufbauen oder erst zusammenbauen und dann bemalen.

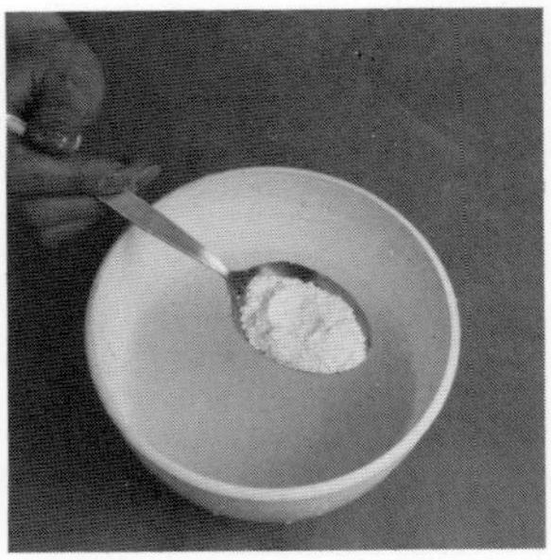

Mit Gips beschichten 1. Gips mit Wasser in einer Schüssel anrühren, bis er eine dicke, joghurtartige Konsistenz hat.

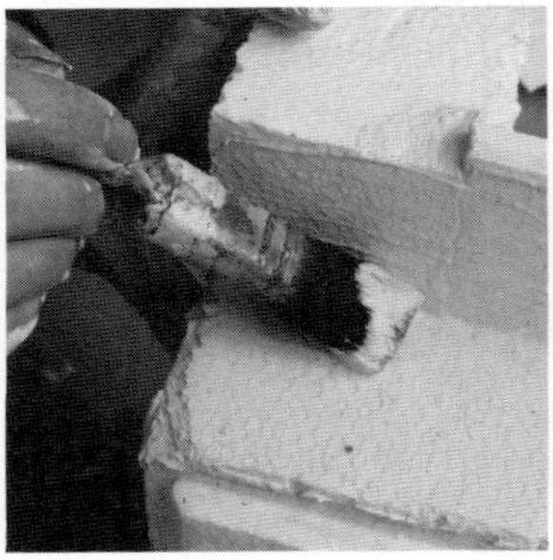

2. Die Skulptur mit Gips bedecken und Risse und Nähte mit einem Pinsel gleichmäßig dünn einstreichen.

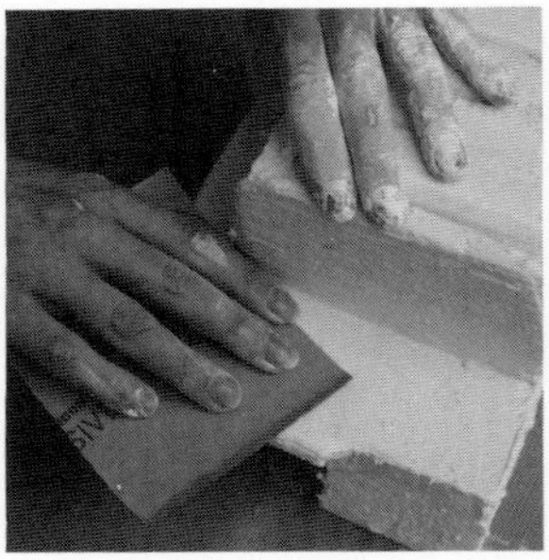

3. Wenn der Gips trocken ist, kann man die Unebenheiten mit Sandpapier abschleifen.

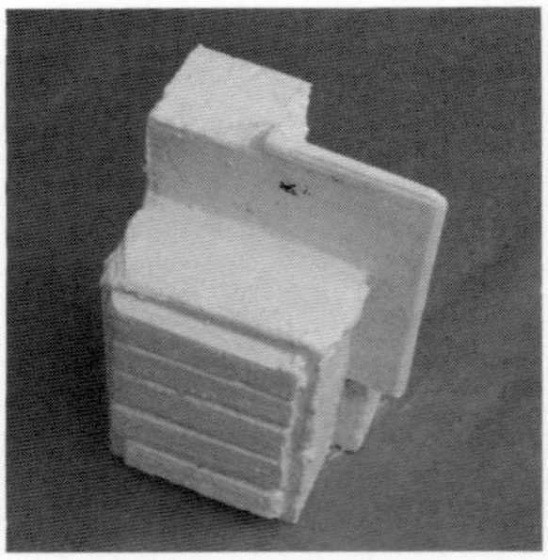

4. Der Gips macht die Skulptur stabiler; außerdem haftet nun Farbe auf ihr.

29

Modellieren

Geschichte. Gerüste. Ausrüstung. Materialien und Techniken:
Ton, Terrakotta, Wachs, Gips, glasfiberverstärktes Plastik.

Modellieren Geschichte

Seit Tausenden von Jahren verwendet man Wachs als Modelliermaterial. Da es weich und plastisch ist, wird es normalerweise in einem dauerhafteren Material wie Bronze abgegossen. Mit dem richtigen Schutz allerdings ist Wachs selbst relativ beständig. Heute noch sind Wachsmodelle aus ägyptischen Grabstätten erhalten. In China benutzte man Wachs während der Shang-Dynastie (ca. 1766–1123 v. Chr.), um rituelle Bronzegefäße herzustellen.

Die alten Griechen verwendeten Wachs nicht nur zum Gießen, sondern auch, um Spielzeugpuppen und religiöse Figuren herzustellen. Die Römer nahmen von bedeutenden Persönlichkeiten Totenmasken aus Wachs ab.

Ton ist wahrscheinlich das verbreitetste Modelliermaterial, da man ihn auf der ganzen Welt findet. Viele Beispiele für seine Verwendung in alten Kulturen haben die Zeit überdauert. Terrakotta-Arbeiten stellen die frühesten Tonexemplare dar; es handelt sich hierbei um Ton in seiner einfachsten Form, den man im Feuer gebrannt hat, um ihn dauerhaft zu machen. Die Zugabe von Sand, um den Ton zu magern, und das Heraussieben von Verunreinigungen eröffnete den Töpfern und Bildhauern später einen größeren Spielraum. Terrakotta wurde von Griechen, Römern und Etruskern verwendet und war später ein beliebtes Medium solcher Renaissance-Bildhauer wie Ghiberti (1378–1455) und Donatello (1386–1466).

Seit Beginn des 20. Jahrhunderts spielt das Modellieren in der Entwicklung der Bildhauerei keine wichtige Rolle mehr – trotz seiner Beliebtheit bei Persönlichkeiten wie Giacometti (1901–1966), Marini (geb. 1901), Matisse (1869–1954), Moore (geb. 1898) oder – in neuerer Zeit – Robert Graham (geb. 1938). Es dient immer noch hauptsächlich zur Interpretation der visuellen Welt auf gegenständliche Weise, wie sich auch in den Arbeiten von Bildhauern zeigt, die man mit der Pop-Ära identifiziert (Kienholz, Oldenburg).

Modellieren Gerüste

Ein Gerüst kann aus vielerlei Materialien hergestellt werden. Einziges Erfordernis ist, daß es stark genug sein muß, um das Gewicht des Modelliermaterials zu tragen. Wenn das Werkstück gebrannt werden soll, muß die Konstruktion erlauben, daß vorher das Gerüst entfernt wird.

Bleirohre eignen sich für kleine Skulpturen; dabei können mit Schellack oder Möbelpolitur versiegelte Holzstücke erforderlich sein, um die Rohre zu verbinden oder ein Durchsacken zu verhindern.

Heutzutage verwendet man für Gerüste im allgemeinen Aluminiumdraht mit quadratischem Querschnitt, weil er die Form besser hält als Blei, aber trotzdem leicht formbar ist. An den Rahmen gebundene Holzstücke können nötig sein, um das Modell auszusteifen, Einsacken zu verhindern und einen Haftgrund zu bilden.

Wenn das Gerüst eine Arbeit aus Gips, Beton, glasfiberverstärktem Plastik tragen soll, ist ein Schweißstahlgestell besser geeignet, da es Teil des fertigen Werkes bleibt und keiner Abstützung von außen bedarf.

Große Modelle kann man mit Drahtnetzen und Streckmetall in Form bringen. Diese werden entweder in Verbindung mit einem Stahl- oder Holzgerüst oder für sich verwendet.

Da ein Holzgerüst die Feuchtigkeit des verwendeten Materials absorbiert, was zu Rissen oder Verwerfungen führt, muß man es immer mit Schellack oder einer Öl-Grundierung versiegeln.

Styropor ist ein ausgezeichneter Kern für voluminöse Skulpturen, da es sehr druckbeständig ist. Man kann es mit heißem Draht, einer alten Säge oder einem Teppichmesser schneiden und mit einer Reibe bearbeiten. Die Blöcke werden mit handelsüblichen Klebstoffen verbunden. Styropor sollte man nicht als Kern für glasfiberverstärktes Plastik verwenden, da die Dämpfe, die beim Aushärten frei werden, das Styropor selbst dann angreifen, wenn man eine Schutzschicht aufgetragen hat.

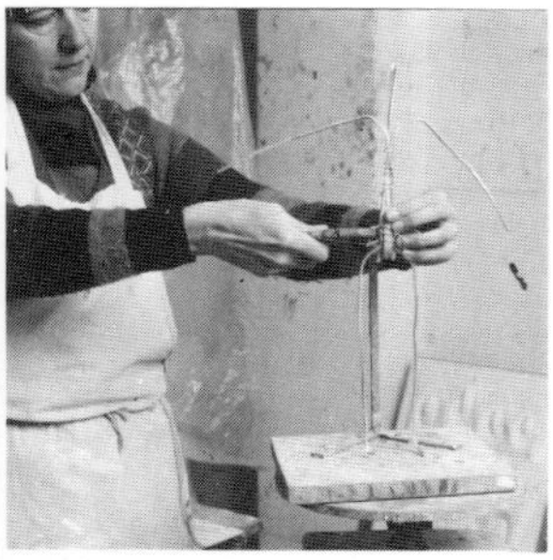

Ein Gerüst bauen 1. Aluminiumdraht in die gewünschte Form biegen. Auf der Grundplatte mit einem Eisenprofil abstützen.

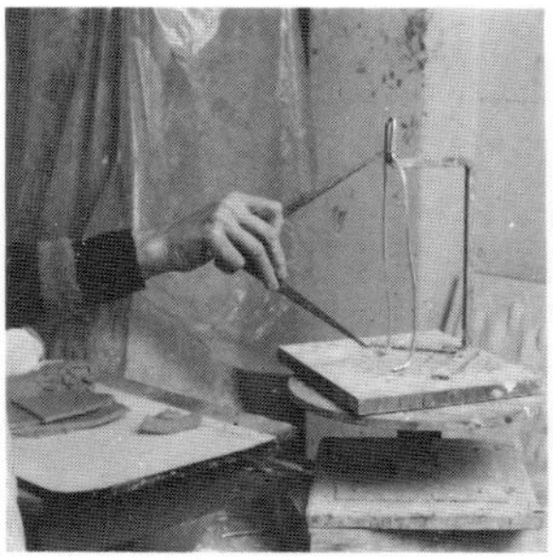

2. Blumendraht mit einer Zange darumwickeln. Den Draht auf beiden Seiten verknoten und fest anziehen, um das Gerüst zu stabilisieren.

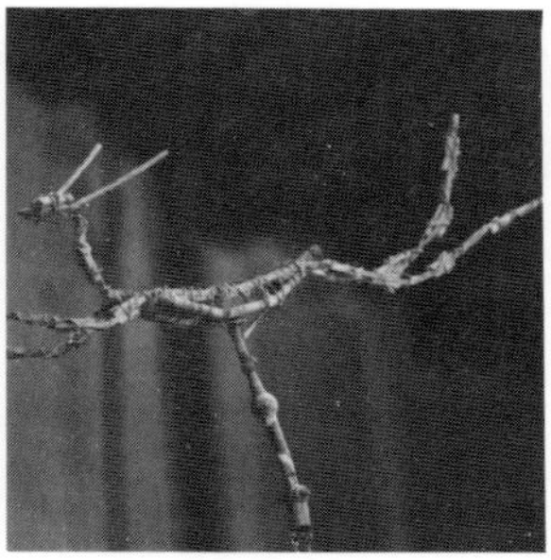

1. Dieses Gestell aus Holz und Draht dient zum Modellieren eines laufenden Hasen. Grundform und Bewegung sind deutlich zu erkennen.

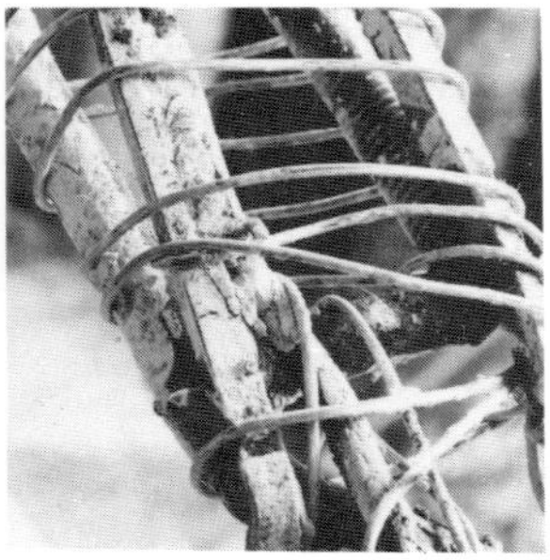

2. Beine und Kopf in Holz ausbilden, das mit Draht zusammengebunden ist. Den Draht für den Körper um vier Holzstücke winden.

Modellieren Werkzeuge und Geräte

Bastelläden liefern Modellierwerkzeuge in allen Formen und Größen. Werkzeuge für Tonarbeiten sind normalerweise aus Buchsbaum, es gibt aber auch solche aus Plastik; für die Arbeit mit Gips eignen sich am besten Modellierspachtel aus Stahl.

Ton

Haushaltsgeräte wie Küchenmesser, Holzlöffel, Nudelhölzer und Taschenmesser sind genauso effektiv wie Spezialwerkzeuge. Kaputte Metallsägeblätter sind unersetzlich beim Herstellen von Flächen oder der Beseitigung von Vertiefungen durch kreuzweises Abziehen.

Eine Grundplatte aus dickem Sperrholz, das gegen Feuchtigkeit versiegelt ist, Lot, Taster, Bandmaß und Zerstäuber vervollständigen die Grundausrüstung.

Wenn man regelmäßig mit Ton arbeitet, ist ein Gipsblock (46 × 46 × 8 cm) von Nutzen. Der Ton wird eingeweicht, auf den trockenen Gips gestellt, der das Wasser absorbiert, und ein- oder zweimal gewendet und geknetet, bis er die gewünschte Konsistenz besitzt.

Wachs

Man benötigt Gips-Modellierspachtel, Zahnarztinstrumente, Teppichmesser, Kratzer, Nägel oder Stifte und eine Glas- oder Marmorplatte.

Gips

Besonders nützlich sind eine Grundplatte wie die für Tonarbeiten und besondere Modellierspachtel, die sich nicht mit dem feuchten Gips zusetzen. Für kleine Arbeiten eignen sich Gips-Modellierspachtel mit vielen verschiedenen Spitzen. Zu den improvisierten Werkzeugen gehören eine alte Säge, eine Käsereibe, eine Axt und ein alter Holzbeitel

Glasfiberverstärktes Plastik

Man braucht Pinsel, um Lappen mit Harz zu tränken, und für das Modellieren sind Teppichmesser, Schere und Spachtel, Gummihandschuhe und Schutzcreme unerläßlich.

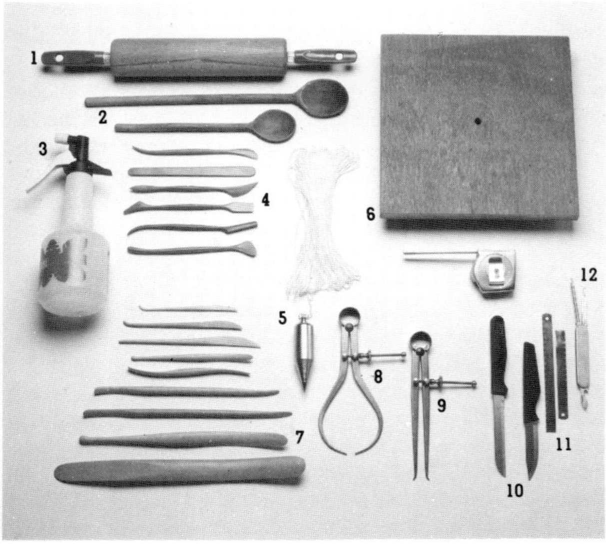

Werkzeuge für das Tonmodellieren Das erste Gerät ist eine Grundplatte (**6**) aus einem stabilen Material, z. B. Sperrholz. Modellierspachtel gibt es in vielen verschiedenen Formen und Größen aus Buchsbaum (**7**) oder Plastik (**4**). Modellierspachtel benötigt man für mannigfaltige Zwecke – vom Glätten einer Tonoberfläche bis zum Strukturieren von Ton. Innen- und Außentaster (**8, 9**) werden für die Berechnung der Innen- bzw. Außenmaße verwendet. Weitere nützliche Werkzeuge sind das Nudelholz (**1**), Kochlöffel (**2**), ein Zerstäuber (**3**), um den Ton feucht zu halten, Küchenmesser (**10**), kaputte Metallsägeblätter (**11**), ein Taschenmesser (**12**) und ein Lot (**5**).

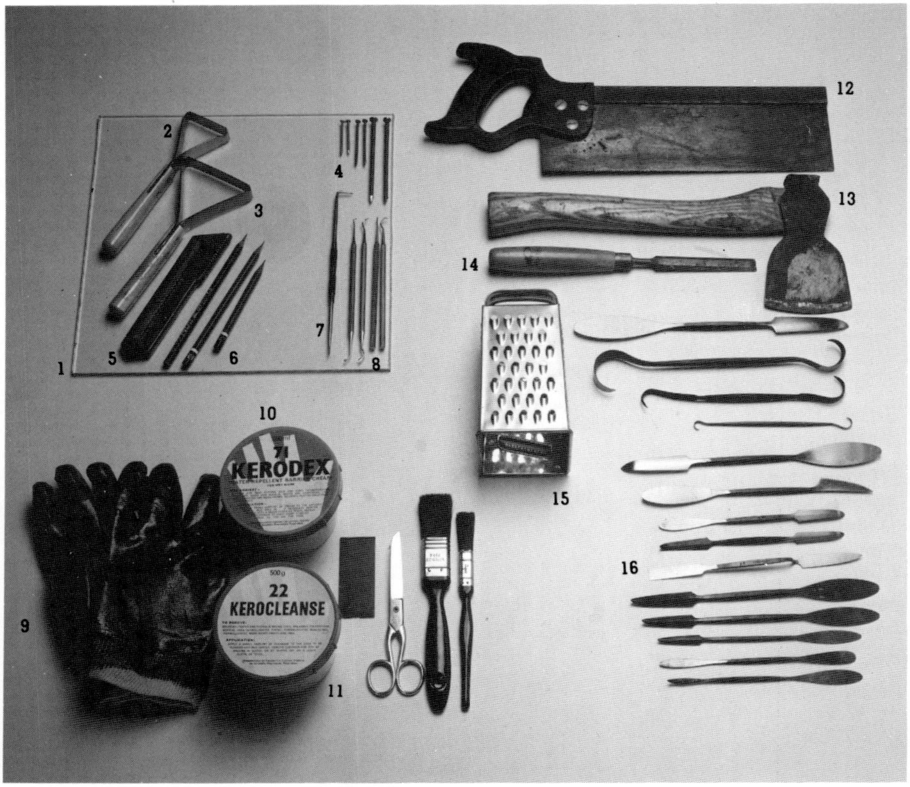

Modellierspachtel Zum Arbeiten mit verschiedenen Modelliermassen braucht man viele unterschiedliche Werkzeuge. Zum Wachsmodellieren benötigt man folgendes: eine Glas- (**1**) oder Marmorplatte, einen kleinen (**2**) oder großen (**3**) Wachsschaber, einen Kratzer (**7**), Zahnarztinstrumente für die Feinarbeit (**8**), Nägel (**4**), ein Teppichmesser (**5**) und Bleistifte (**6**). Zum Modellieren mit Glasfiberplastik sind Schutzhandschuhe (**9**), Schutzcreme (**10**) und Handwaschpaste (**11**) unerläßlich. Nützlich sind außerdem Schere, Pinsel und Spachtel. Zum Modellieren in Gips braucht man diverse Modellierspachtel (**16**). Diese Werkzeuge gibt es in unterschiedlicher Form und Größe. Jeder Modellierstab hat zwei verschiedene Enden und ist leicht zu handhaben. Beim Modellieren darf man keine Hemmung haben, zu improvisieren: Viele Küchen- und Haushaltsgeräte wie die Käsereibe (**15**), Säge (**12**) und Axt (**13**) und ein alter Holzbeitel haben ihren Platz im Werkzeugkasten des Modellierers.

Modellieren Materialien und Techniken

Ton

Seine Beliebtheit als Modelliermaterial liegt in seiner Bearbeitungsfreudigkeit – besonders bei feinen Details. Man kann ihn in festem oder weichem Zustand verwenden oder in einer Kombination von Härtegraden, um verschiedene Oberflächen zu erzielen. Die Verarbeitungseigenschaften sind von der relativen Härte des Tons abhängig.

Modellieren ist im wesentlichen ein additives Verfahren, für das die Form ausgefüttert und die äußere Gestalt durch Aufeinanderfügen von Tonschichten hergestellt wird, so daß die Stützkonstruktion verschwindet. Die Grundform sollte man bereits zu Beginn, beim Ausfüttern, erstellen und den Ton auf die ganze Skulptur auftragen, wobei man keinen Abschnitt zu früh fertigstellt.

Ein Stück, an dem man arbeitet, sollte man feucht halten, indem man es gelegentlich mit einem Zerstäuber besprüht oder mit einem nassen Pinsel besprengt. Aber Vorsicht: der Ton kann einsinken oder an Details verlieren, wenn er zu stark durchnäßt wird.

Wenn man das Stück auch nur für kurze Zeit verläßt, sollte man es mit einem feuchten Tuch und einer Plastiktüte luftdicht abdecken. Ist das Stück sehr detailliert ausgearbeitet oder steht es kurz vor der Fertigstellung, kann man das feuchte Tuch davon fernhalten, indem man Streichhölzer oder Nägel so in erhabene Teile einsteckt, daß sie etwa 3 cm hervorstehen. Alternativ dazu kann man einen Rahmen bauen, der das Stück überspannt und das Tuch trägt.

Terrakotta

Beim Modellieren mit Terrakotta ist es wichtig, sicherzugehen, daß keine Luftblasen oder Fremdkörper wie Gips im Ton eingeschlossen sind, da das Stück sonst beim Brennen platzt. Am besten vermeidet man, daß dünne Tonschichten an solche von größerem Volumen angrenzen, da durch das Trocknen Risse zwischen beiden entstehen können. Dem begegnet man, indem man das fast fertige Stück »lederhart« werden läßt; dann kann es mit einem Draht oder einer feinen Klinge halbiert und die Tonmenge in den dickeren Teilen vermindert werden.

Die Wandstärke des Tons sollte so gleichmäßig wie möglich gehalten sein, um die Wahrscheinlichkeit von Rissen oder ungleichmäßigem Trocknen zu verringern. Dann rauht man die Kanten der beiden Hälften auf und trägt auf eine der beiden Schlicker (flüssigen Ton) auf, bevor die beiden Teile fest zusammengedrückt werden.

Nun putzt man das Werkstück nach, so daß die Naht nicht erkennbar ist. Alle Hohlkörper muß man dünn punktieren, damit die Luft beim Brennen entweichen kann. Wenn man ein Gerüst benutzt hat, muß man das Stück aufspalten, um das Gerüst herauszunehmen.

Kleinformatige Standfiguren kann man mit lediglich einer äußeren Stütze herstellen. Ein Stützeisen wird mit zwei Zinken versehen, auf die eine Tonkugel als Rumpf aufgebracht wird. Auf das Modellierbrett (das zuvor mit Sand bestreut wird, um ein Ankleben zu verhindern) wird eine Lehmschicht gelegt, dann werden zwei Tonbälle zwischen diese Schicht und den Rumpf gesetzt, die die Beine bilden. Ein in der Hand flach geschlagenes Stück Ton wird auf den Ball gesetzt und stellt den Rücken dar. Davor setzt man ein wenig leicht zusammengeknülltes Papier und ein weiteres Stück Ton für den Vorderleib. Das Papier verkohlt beim Brennen und hinterläßt einen hohlen Brustkasten, was die Reißgefahr weiter vermindert. Dann fügt man Ton hinzu, um Kopf und Arme zu formen, und beim allmählichen Austrocknen kann man die Feinarbeit erledigen. So ist es möglich, eine Figur herzustellen, die man weder durchschneiden noch aushöhlen muß.

Wenn die Figur schon standfest ist, aber noch nicht völlig ausgetrocknet, wird die Stütze entfernt, und die Löcher werden kaschiert. Schließlich sticht man ein Loch in den Nabel, durch das die Luft beim Brennen entweichen kann.

Am besten eignet sich grober Ton, insbesondere für Anfänger, die in Terrakotta modellieren, da die Luft daraus leichter entweichen kann und er wechselnde Wandstärken besser verträgt.

Selbst wenn man das Modell lange hat austrocknen lassen, sollte man es langsam brennen. Wenn seine Farbe nach dem Brennen im Vergleich zum Zustand davor grob und stumpf ist, kann man eine Wachsschicht auftragen; sie schützt gleichzeitig die poröse Oberfläche vor Schmutz. Dazu erhitzt man das Modell, bis man es gerade noch handhaben kann, bringt im Terpentinbad ein wenig Wachs zum Schmelzen und trägt es mit einem großen, weichen Pinsel großzügig auf. Diesen Vorgang wiederholt man so lange, bis die gewünschte Oberfläche entstanden ist; überschüssiges Wachs wird zum Schluß mit einem weichen Tuch abgerieben.

Ton bewahrt man am besten in einem Behälter mit dicht schließendem Deckel auf. Ein feuchter Sack über dem Ton verhindert das Austrocknen. Falls er doch austrocknet, kann man ihn in einem Eimer oder Becken einweichen und dann durchkneten, um ihm eine weichere Konsistenz zu geben.

Wachs

Da man es verändern und neu formen kann, ist Wachs ein ausgezeichnetes Medium für das kleinformatige Modellieren. Seine Nachgiebigkeit und Detailfreudigkeit macht es vielen modernen Modellierstoffen überlegen, aber seine empfindliche Natur erfordert gewöhnlich, daß man Abgüsse aus dauerhafterem Material wie beispielsweise Bronze davon anfertigt.

Das zum Modellieren benutzte Wachs ist normalerweise mikrokristallin und ein synthetisches Produkt. Früher verwendete man Bienenwachs, welches durch Zusetzen von Terpentin, Talg oder Harz in den gewünschten Härtegrad gebracht wurde und entsprechend unterschiedliche Verarbeitungseigenschaften besaß.

Die Arbeitsmethoden für Wachs reichen vom Formen aus dem massiven Block bis zu ähnlichen Aufbauverfahren wie bei Ton. Wenn man die gewünschte Form schichtweise fertigt, zerschneide man einen Block und bringe ihn im Wasserbad zum Schmelzen. Dann kann das Wachs auf eine kalte, feuchte, ebene Fläche wie zum Beispiel eine Glas- oder Marmorplatte gegossen werden und erstarren.

Die gewünschten Formen der Wachsplatten werden hergestellt, indem man Ton- oder Holzrahmen auf die Arbeitsplatte aufbringt – auch diese müssen feucht sein. Dann wird die gewünschte Grundform erstellt, indem man eine Kante der Platte mit einer Kerze oder warmen Klinge anschmilzt und eine zweite Platte dagegendrückt. Aus Kugeln, Stäben oder Wachsplatten läßt sich schnell ein Modell aufbauen. Zum Schneiden oder Formen des Modells verwende man über einer Kerze angewärmte Werkzeuge.

Gips

Beton, Pappmaché und Gips bezeichnet man als dauerhafte Modellierformen, weil sie nicht gegossen werden müssen. Beton kann man auf Drahtnetzen oder Glasfibermatten aufbauen; er ist als Modelliermaterial allerdings nicht zu empfehlen, da seine Eigenschaften Feinarbeiten nicht gestatten und eine Bearbeitung nach dem Aushärten die Oberfläche zerstört. Pappmaché eignet sich für große, leichte Gebilde und wird auf Drahtgestelle aufgetragen, die mit Zeitungspapier umwickelt sind.

Ein Gerüst für Gipsmodelle muß man mit Papier oder Drahtnetzen ausfüttern, um die erforderliche Gipsmenge zu verringern. Zeitungspapier-Polster bindet man mit Kordel an das Gestell, wobei man sich versichert, daß die Polster unter der endgültigen Oberfläche bleiben.

Dann umwickelt man das Gestell und die Polster mit in Gips getunkter Gaze; für die meisten Arbeiten sind zwei oder drei Lagen ausreichend. Es ist ratsam, der leichten Handhabung wegen kurze Stoffstreifen zu verwenden.

Wenn man die Grundform hergestellt hat, trägt man eine Deckschicht aus Gips auf, wobei man darauf achtet, das Modell feucht zu halten. Selbst wenn man es nur kurze Zeit stehenläßt, muß das Modell befeuchtet werden; sonst absorbiert der gehärtete Gips das Wasser der neuen Schicht, was dazu führt, daß diese reißt und bröckelt. Vor Auftrag der letzten Schicht sollte die Oberfläche eingeritzt werden, um einen Haftgrund für den Gips zu bilden. Dazu ist ein Sägeblatt oder ein Sägemesser von Nutzen, mit denen auch ungewollte Einkerbungen ausgeglichen und entfernt werden können.

Wenn man den Trockenprozeß verzögern will, gibt man ein wenig Kleister in das Wasser, in dem man den Gips anrührt. Dadurch wird der Gips fester und bleibt länger verwendungsfähig. Alternativ dazu kann man die Gips-Wasser-Mischung zehn Minuten stehenlassen, ohne umzurühren. Obwohl diese Methode einen nicht so stabilen Gips ergibt, eignet sie sich, wenn man ihn aushöhlt oder eine zerbrochene Skulptur flickt.

Bevor eine Gipsskulptur zusammengefügt wird, werden alle Teile erst gründlich gewässert, bis alle Luftblasen verschwunden sind. Dann trägt man neuen Gips auf und hält die Teile zusammen, bis der Gips abgebunden hat. Zellulose-Füllmasse bietet eine bequeme Alternative zu diesem Verfahren, aber wegen der verschiedenen Härten muß man beim Schmirgeln vorsichtig sein.

Glasfiberverstärktes Plastik

Mit Glasfasern laminierte Harze sind beim direkten Modellieren von Nutzen, wenn Geschwindigkeit, Härte und Leichtigkeit gefragt sind; sie sind aber nicht so detailfreudig wie Ton oder Wachs.

Die einfachste Methode ist, ein Grundgerüst aus Drahtgeflecht, Stahl oder Holz mit harzgetränkten Lappen zu belegen. Dieses kann man mit Papier ausstopfen oder mit Kordel festziehen – dabei sollte man Gummihandschuhe tragen, um Hautkontakt zu vermeiden. Dann wird das Werkstück mit Polyäthylen abgedeckt. Man beachte die Herstellerangaben zur Lagerung und Verarbeitung der Harze und Härter.

Wenn die harzgetränkten Lappen ausgehärtet sind – normalerweise nach dreißig Minuten –, kann man das Modell mit in Gießharz getränkten Glasfibermatten aufbauen, die die Form verstärken. Die Endoberfläche stellt man her, indem man eine Lage Fibermatten und thixotropisches Harz (d. i. Harz, das durch Rühren flüssig wird) aufträgt – am besten gibt man einen Binder dazu, um das Auftragen mit Spachtel oder Messer zu erleichtern.

Die Oberfläche kann man schließlich mit alten Feilen, Raspeln oder Naßschleifpapier bearbeiten. Feilen setzen sich oft zu, aber in gut belüfteten Räumen kann man sie – wenn man eine Maske trägt – reinigen, indem man das Harz über einer offenen Flamme ausbrennt. Auch Schleifscheiben an einer Bohrmaschine können verwendet werden, wenn man eine Maske trägt.

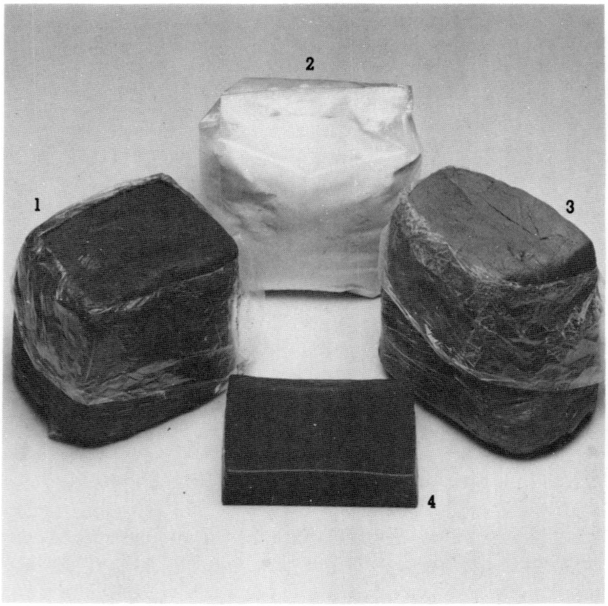

Modelliermaterialien Modelle kann man aus diversen Grundmaterialien herstellen. Terrakotta (**1**) wird modelliert und dann zur fertigen Arbeit gebrannt. Gips (**2**), Ton (**3**) und Wachs (**4**) kann man beispielsweise in Metall oder Gießharz abgießen. Beim Modellieren ist man entweder nach dem ersten Stadium fertig, oder ein langwieriges und komplizierteres Gußverfahren schließt sich an. Gießharz, eine jüngere Entwicklung, ist nicht so geschmeidig wie Ton oder Wachs.

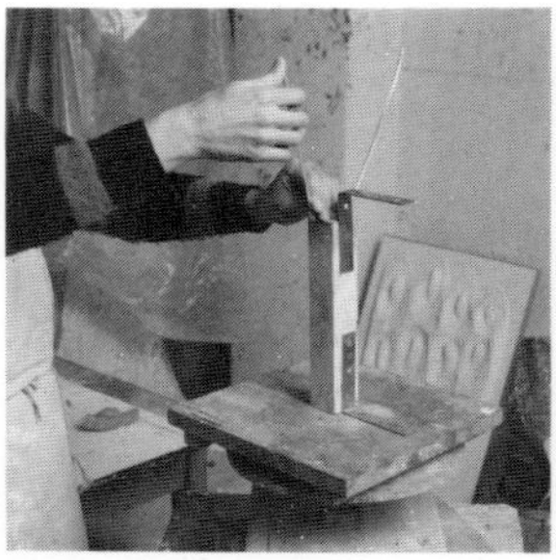

Modellieren in Ton 1. Ein Gerüst aus Aluminiumdraht bauen. Für einen Tierkopf ein Winkeleisen als Stütze verwenden.

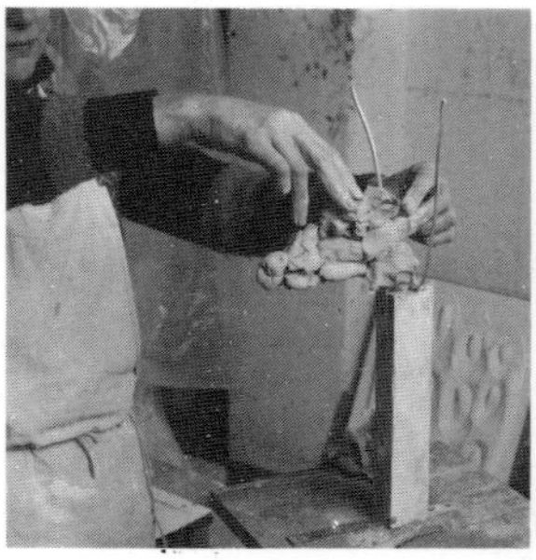

2. Den Ton auf das Gerüst aufbringen. Zwischen den Ohren anfangen.

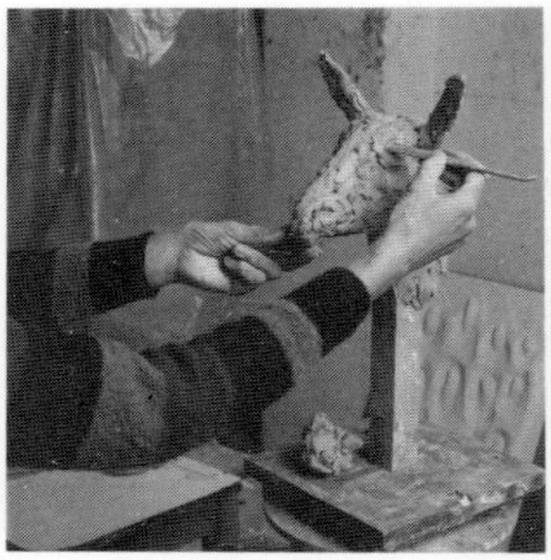

3. Wenn das Gerüst mit Ton bedeckt ist, mit einem Modellierspachtel glätten.

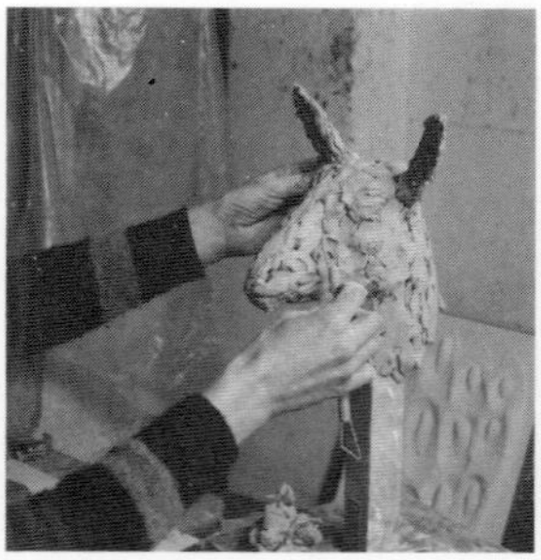

4. Mit einer Modellierschlinge die Oberfläche strukturieren; damit solche Details wie Augen ausarbeiten.

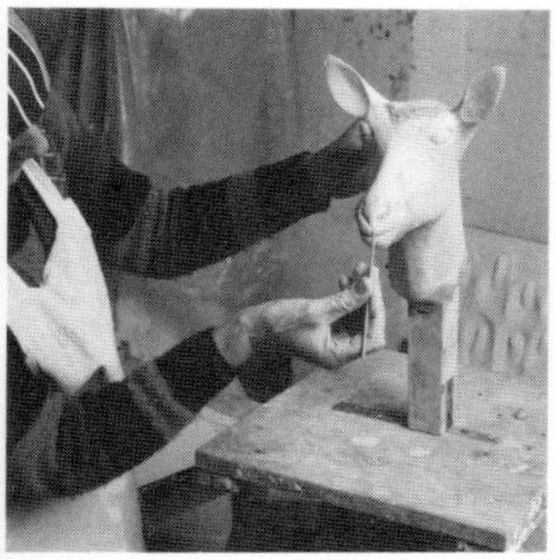

5. Den Ton weiter glätten und die Details nach und nach ausarbeiten, bis das Modell fertig ist.

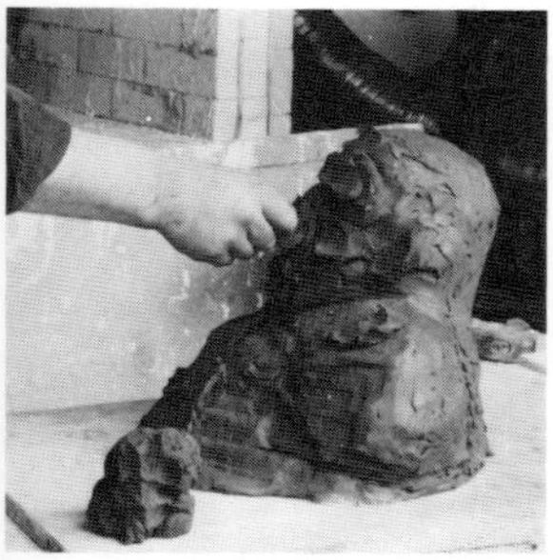

Modellieren in Terrakotta 1. Die Grundform des Modells in Terrakottaton ausbilden, bis die Gesamtform erkennbar wird.

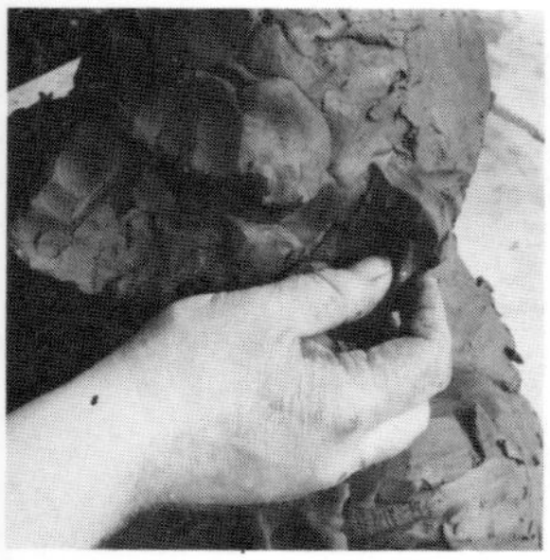

2. Wo nötig, weiteren Ton auftragen und allmählich einzelne Formen und Details ausbilden.

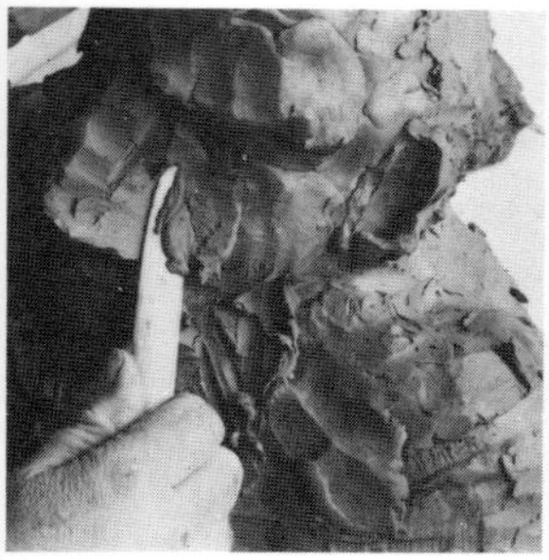

3. Mit dem Modellierspachtel überschüssigen Ton entfernen und Details formen. Die Formen ständig mit den Fingern glätten.

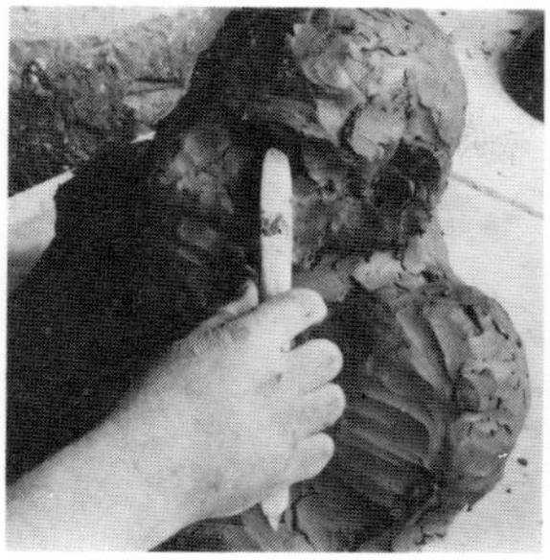

4. Vertiefungen mit dem Beitel aushöhlen. Mit Händen und Werkzeugen arbeiten, bis das Stück fertig ist.

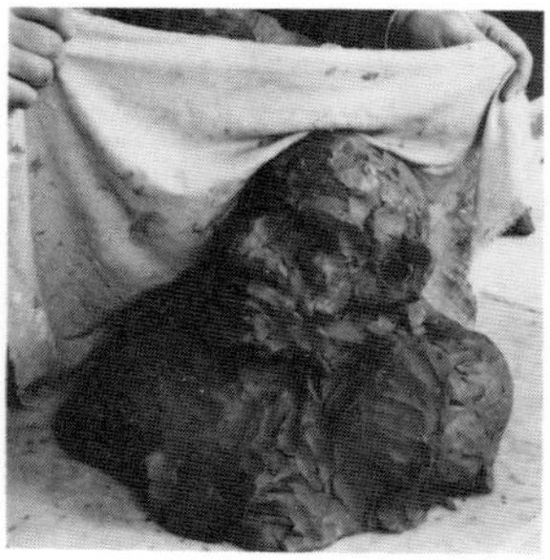

5. Wenn man das Stück über Nacht oder beliebig lange stehenläßt, bevor man weiter daran arbeitet, mit einem feuchten Tuch abdecken.

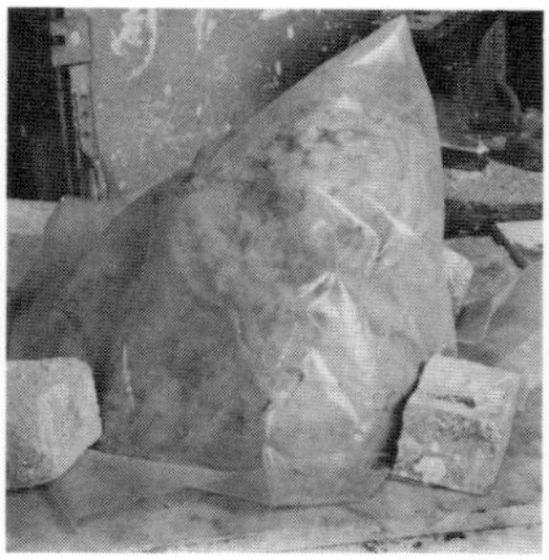

6. Auch mit lose darübergelegter Plastikfolie abdecken, diese an allen Seiten beschweren. So bleibt das Modell frisch und feucht.

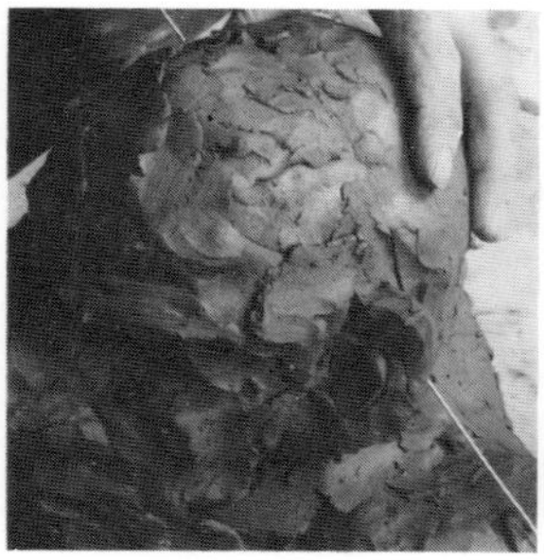

7. Wenn das Modell fertig und ein wenig getrocknet (aber noch nicht völlig trocken) ist, mit einem Draht halbieren.

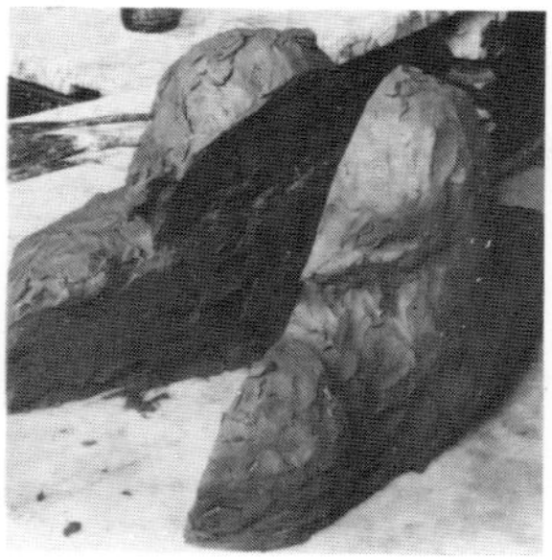

8. Der Ton ist noch feucht, gibt aber nicht unter dem eigenen Gewicht nach. Die Hälften des Modells vorsichtig auseinanderziehen.

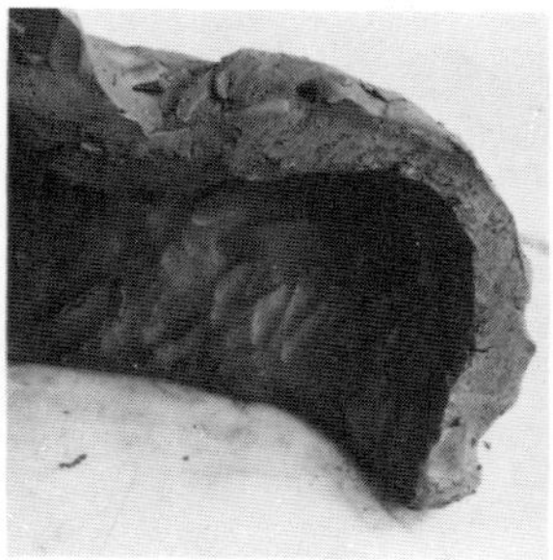

9. Beide Hälften mit Modellierspachtel aushöhlen, bis der Ton überall dieselbe Wandstärke hat. Mit den Fingern glätten.

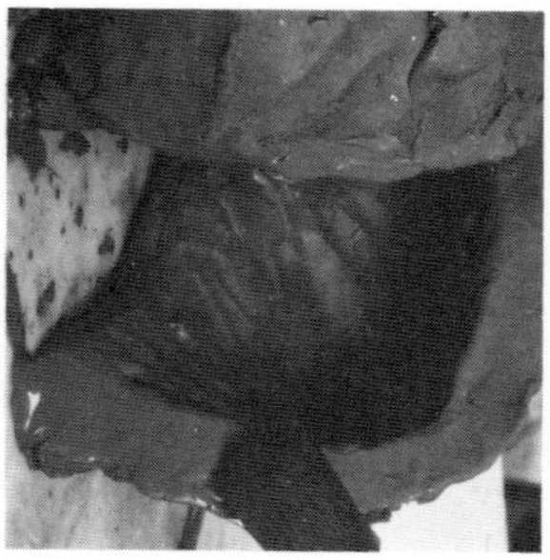

10. Die Kanten der ausgehöhlten Formen dünn mit Schlicker bestreichen, der sie ein wenig aufweicht und als Klebstoff wirkt.

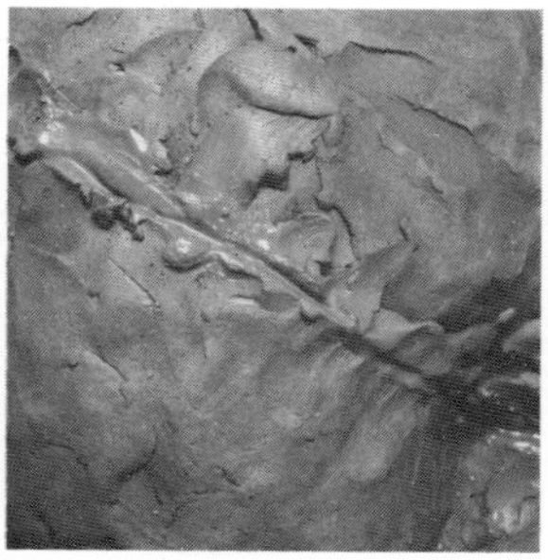

11. Die beiden Hälften des Stücks so zusammendrücken, daß sie eine perfekte Verbindung bilden.

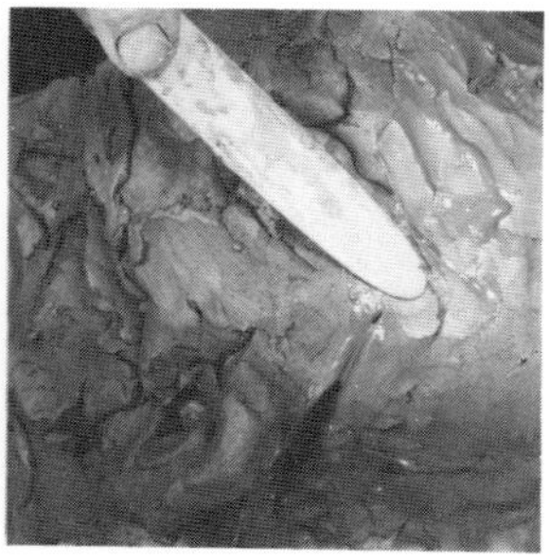

12. Die Naht am ganzen Stück mit Fingern und Modellierspachteln nacharbeiten, so daß sie völlig verdeckt wird.

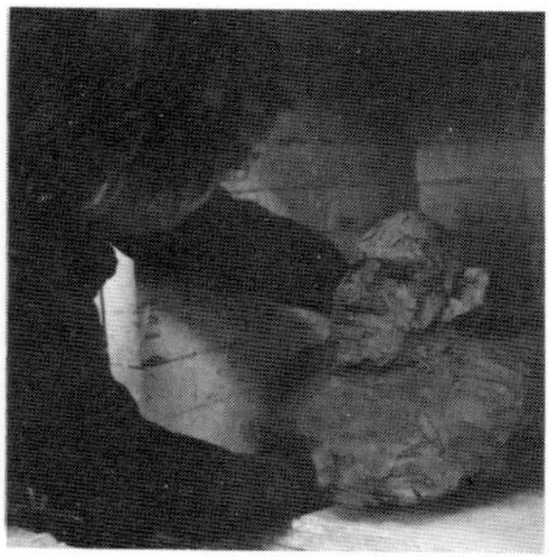

13. Wenn das Stück brennfertig ist, in den Brennofen stellen. Das Brennen macht den Ton beständig und hart.

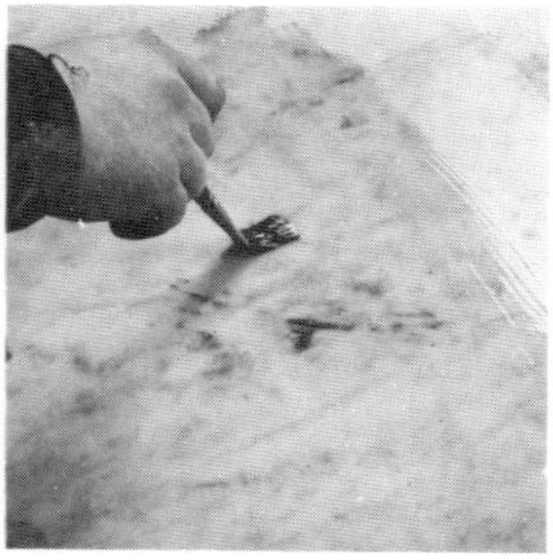

Modellieren in Wachs 1. Als erstes ist eine Wachsplatte vorzubereiten: Eine Marmorplatte gleichmäßig einölen.

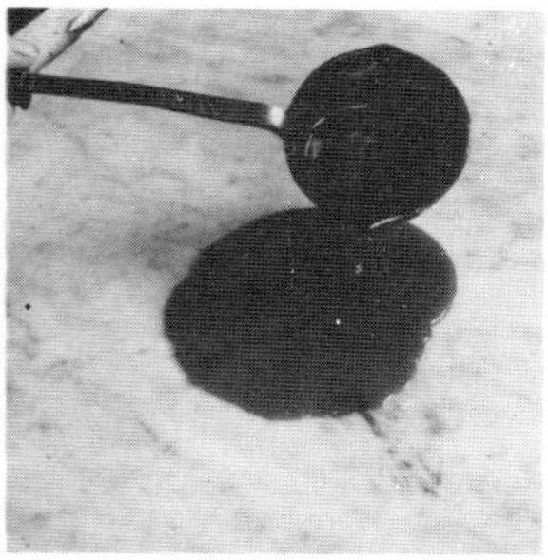

2. Das flüssig erhitzte Wachs mit der Kelle ausgießen. Schnell und gleichmäßig auf der Marmorplatte verstreichen.

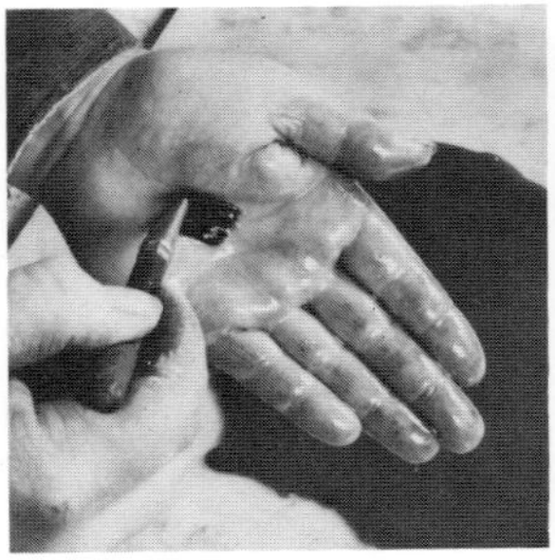

3. Das Wachs muß ein wenig, aber nicht zu sehr abkühlen. Inzwischen die Handflächen mit Öl einpinseln.

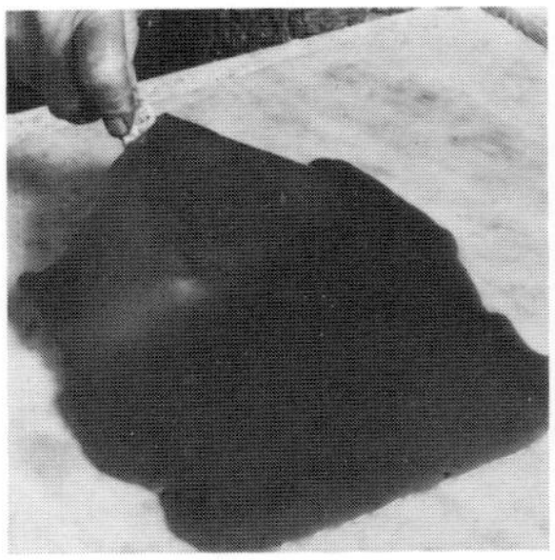

4. Das Wachs vorsichtig mit einem breiten, flachen Messer abheben, so daß es sich als ganze Schicht vom Marmor löst, ohne zu reißen.

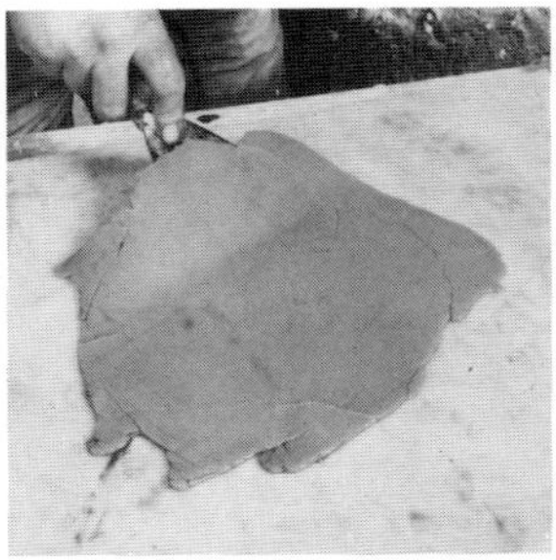

5. Das noch warme Wachs mit dem Messer umdrehen, so daß die andere Seite beim Abkühlen auf der Platte aufliegt.

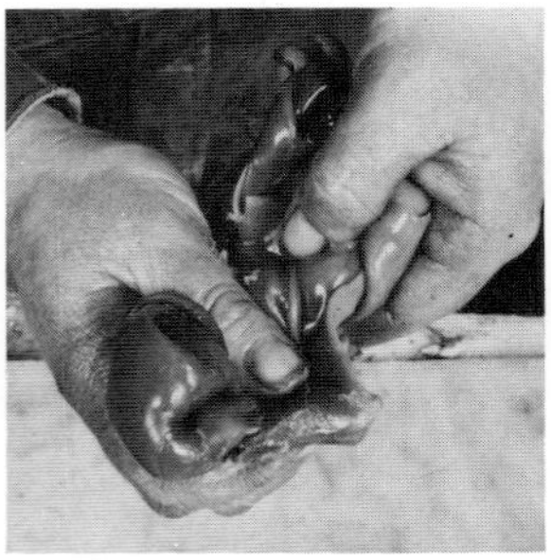

6. Das Wachs zu einer geschmeidigen Kugel kneten. Kräftig durchwalken, bis es die richtige Konsistenz hat.

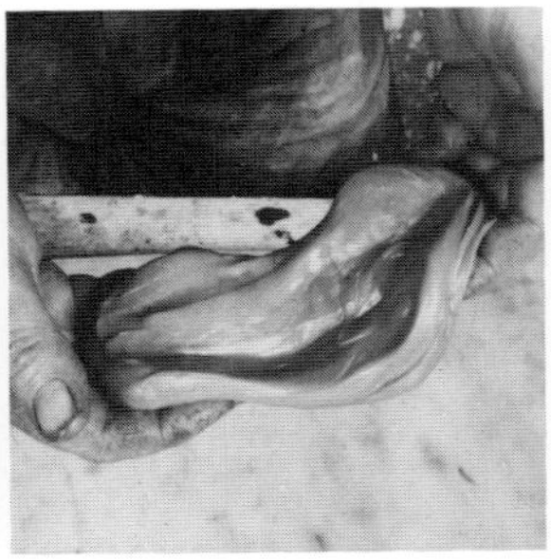

7. Das Wachs ist modellierfertig, wenn es so weich ist wie Karamel. Wenn es zu sehr aushärtet, reißt es.

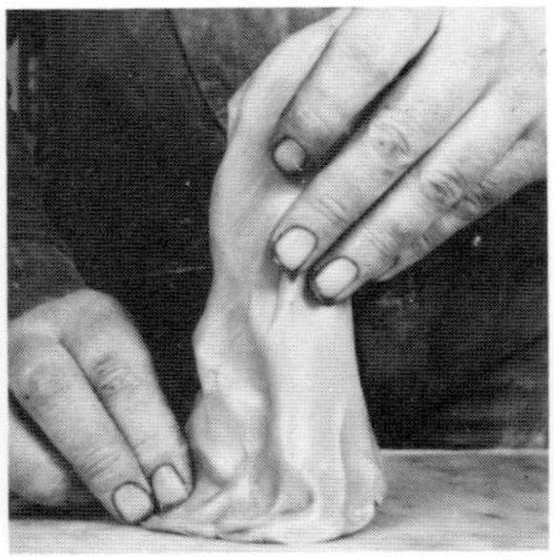

8. Zunächst das Wachs zur erforderlichen Grundform modellieren und den Modelliervorgang mit Händen und Werkzeugen fortsetzen.

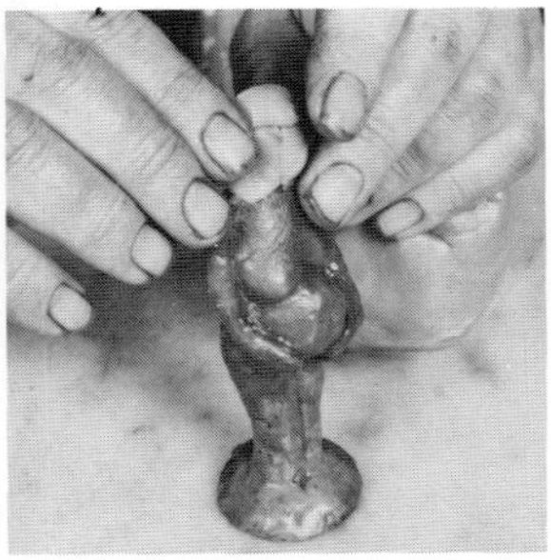

9. Mit frischem Wachs kann man ein Modell ver- oder ausbessern. Das weiche Wachs mit den Fingern auf dem Modell verkneten.

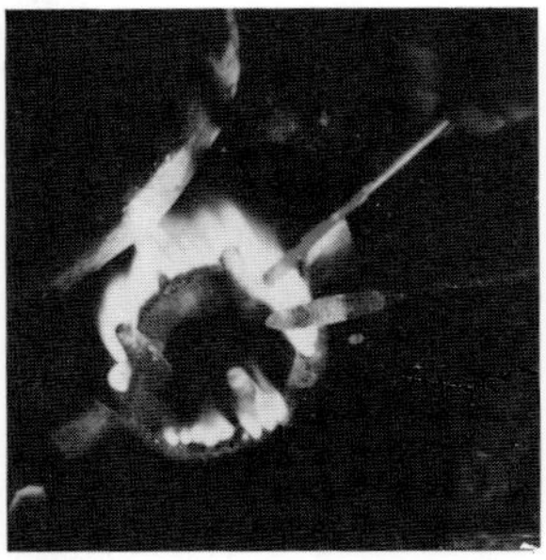

10. Werkzeuge zum Modellieren von Wachs kann man im Feuer erhitzen. Man prüfe, ob das Werkzeug auch länger im Feuer bleiben kann.

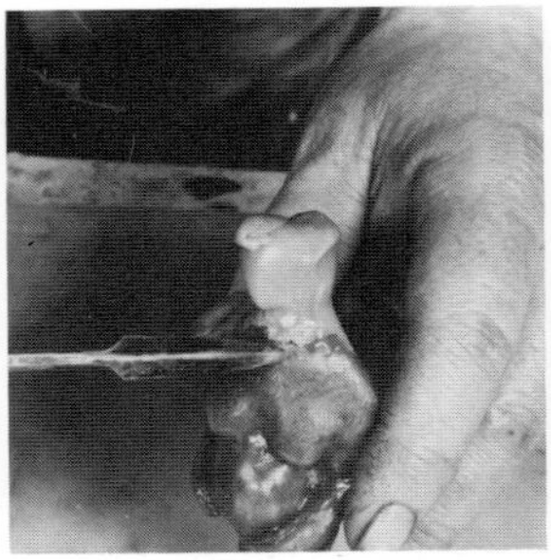

11. Das heiße Werkzeug bringt das Wachs zum Schmelzen und fügt die Formen behutsam aneinander.

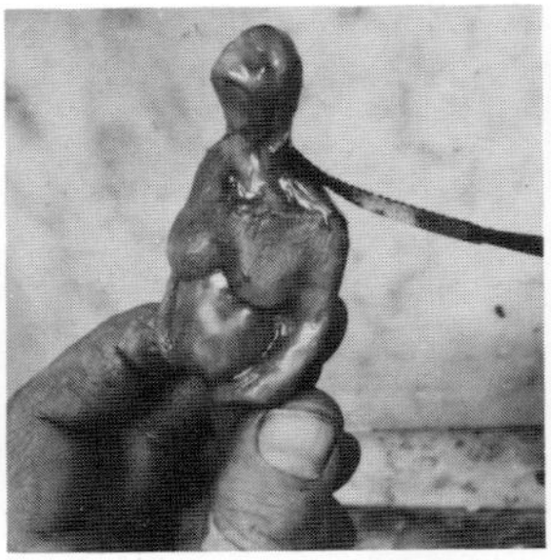

12. Wenn nötig, das Werkzeug beim Weiterarbeiten erhitzen und allmählich Details und Oberfläche ausbilden.

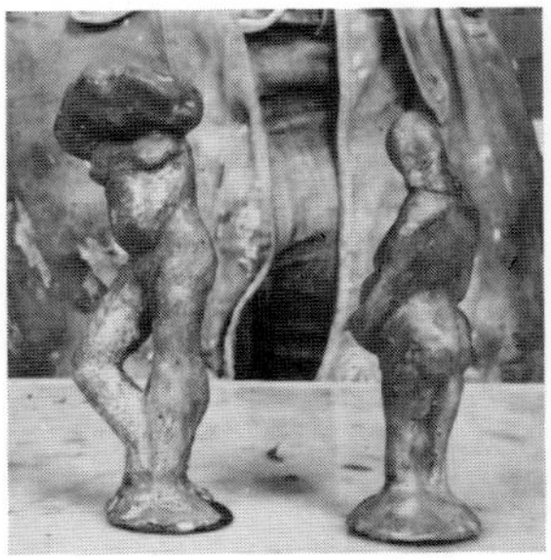

13. Diese Art des Wachsmodellierens wird für kleinere Modelle verwendet.

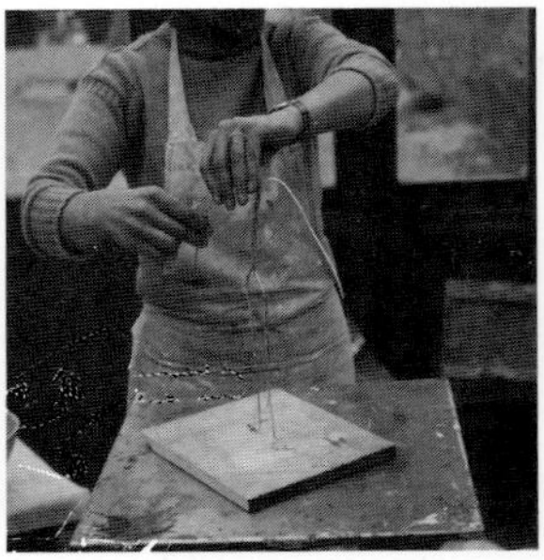

Modellieren in Gips 1. Ein Drahtgerüst herstellen und in die richtige Form biegen.

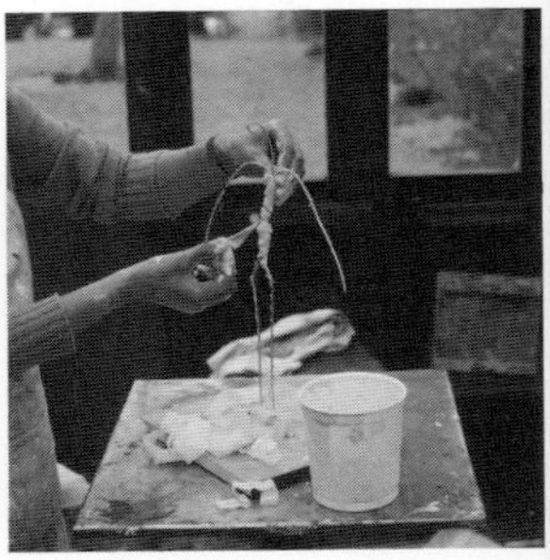

2. Dünneren Draht um das Gerüst winden, um einen Haftgrund für den Gips zu schaffen.

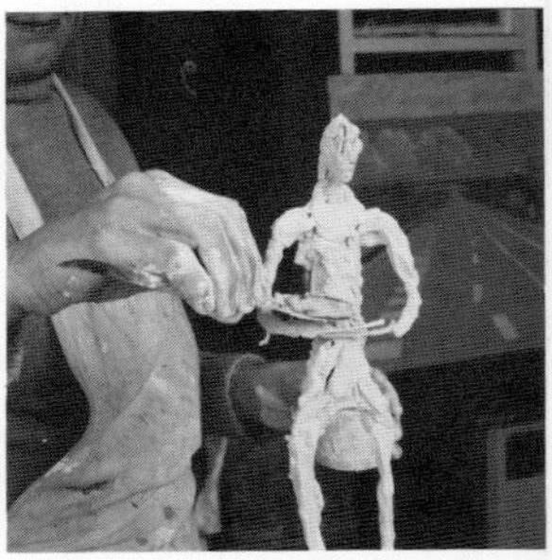

3. Gaze oder Bandagen in Gips tränken und um das Gestell wickeln. So wird der Kern des Modells aufgebaut. Abbinden lassen.

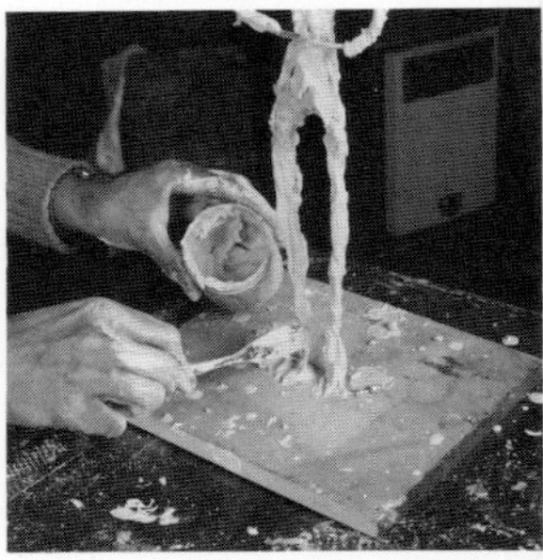

4. Ein wenig Gips anrühren und mit einer Metallschlinge Details ausarbeiten. Für feinere Details kleinere Werkzeuge nehmen.

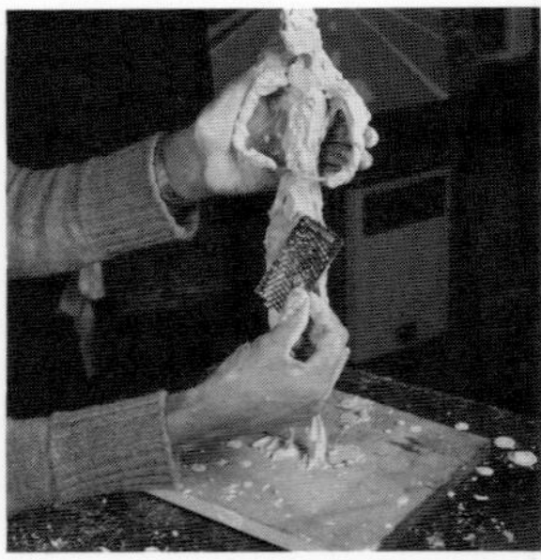

5. Wenn genügend Gips aufgetragen wurde, mit einer Glättklinge den überschüssigen Gips abziehen und die Detailarbeit fertigstellen.

30

Gießen

Geschichte. Geeignete Objekte. Gußformen: Ton, Gips, verlorene Form. **Gußmassen:** Bronze, andere Metalle, Gips, Polyesterharz, flüssiger Ton.

Gießen Geschichte

Die Grundprinzipien des Gießens haben sich seit der Bronzezeit, als Werkzeuge und Waffen in offenen, aus dem Stein gehauenen Gußformen hergestellt wurden, nicht geändert. Man goß das geschmolzene Metall in die Form und ließ es härten. Diese Technik verwendeten schon die frühen Kulturen auf der ganzen Welt, und die Materialien dazu stehen doch immer noch in der Entwicklung.

Die früheste bekannte Bronze datiert von ca. 5000 v. Chr., obwohl gegossene Bronzewerkzeuge erst nach weiteren 3000 bis 3500 Jahren in allgemeinen Gebrauch kamen. Den ersten ägyptischen Bronzeguß findet man einige Jahrhunderte später, und die ägyptische Gießerei erlebte ihre Blüteperiode während der Saite-Dynastie (um 600 v. Chr.). Zu den Werken aus dieser Zeit gehört die Horus-Statue im Louvre.

Die alten Griechen verwendeten Bronze, um kleine Statuetten zu gießen, und dieses Verfahren wurde später auf größere Arbeiten ausgedehnt. Wie viele frühe Kulturen verwendeten sie Sand als Gußform, entwickelten aber auch die »Verlorene Form«-Methode des Wachsabgusses.

Die Gießtechnik wurde in Afrika und China ebenso benutzt wie in der römischen und frühchristlichen Kunst, erlitt aber im Mittelalter einen Niedergang und tauchte eigentlich erst in den Anfängen der Renaissance wieder auf. Um 1400 hatte Lorenzo Ghiberti (1378–1455), der Schöpfer der berühmten Baptisteriumstür in Florenz, ein Atelier und eine Gießerei eingerichtet, wodurch er Meistern wie Donatello (1386–1466) und den Brüdern Antonio (1432–1498) und Piero Pollaiuolo (1441–1496) den künstlerischen Werdegang vorbereitete.

Die Renaissance besaß weitreichenden Einfluß, und in ganz Europa florierten Gießereien und Werkstätten. Im 17. Jahrhundert wurde der Bronzeguß in zunehmendem Maße für die Möbelherstellung verwendet, insbesondere in Frankreich, wo später viele berühmte Bildhauer leben sollten, die mit Metallguß arbeiteten – darunter Auguste Rodin (1840–1917) und Constantin Brancusi (1876–1957).

Eine jüngere Entwicklung in der Geschichte des Gießens ist die Verwendung von Gips. Abgüsse solcher antiken Kunstwerke wie der mächtigen Trajanssäule und Michelangelos *David*, die in der Sammlung mit Gipsabgüssen im Victoria and Albert Museum in London zu finden sind, demonstrieren das immense Potential des Gießens in Gips.

Obwohl auch traditionelle Gußmaterialien wie Bronze heute noch verwendet werden, entwickelte man viele neue wie Kunststoff und Beton. Der Schweizerische Bildhauer Max Bill (geb. 1908) und der Brite Eduardo Paolozzi (geb. 1924) gehörten zu den Pionieren des metallbeschichteten Bronzegusses. Der britische Bildhauer Henry Moore (geb. 1898) war einer der ersten Künstler, die bei ihren architektonischen Skulpturen mit gegossenem Zement experimentierten, während Plastik und andere synthetische Materialien in allen Kunstschulen ausgiebig verwendet wurden.

Geeignete Objekte

Die meisten Skulpturen und Objekte können gegossen werden, ausgenommen Werke, deren Größe das Gußverfahren verbietet oder die aus Materialien wie Kordel oder Draht bestehen.

Zweck des Gießens ist es, etwas in einem dauerhafteren, beständigeren Material als das Original zu reproduzieren oder mehrere Exemplare herzustellen.

Gußformen

Bei der Herstellung von Gußformen haben die Künstler herkömmlicherweise Ton, Sand, Wachs und Gips verwendet. Heute allerdings besitzen sie eine breitere Auswahl, die z. B. Gummi, Beton und Plastik umfaßt. Insbesondere für den Anfänger sind wahrscheinlich Ton, Gips und Polyester die geeignetsten Medien für die Atelierarbeit.

Ton

Tongußformen sind schnell herzustellen und eignen sich für das Gießen mit Gips, Wachs oder Beton. Das Original bestäube man zuerst mit Talkum, um ein Ankleben zu verhindern. Der Ton wird zu recht dicken, flachen Stücken geformt, die dann vorsichtig an das Original angedrückt werden, wobei die Ränder dicht aneinanderstoßen sollen. Dann rauht man die Oberfläche des Tons auf und verstärkt jedes Stück mit gipsgetränkter Jute oder Gaze. Die Gußformstücke werden in einem Kasten zusammengehalten, den man herstellt, indem man von der Rückseite jedes Stückes einen Abdruck aus dickem Gips und Gaze anfertigt. Dann werden die Gußformstücke zunächst mit Schellack versiegelt und mit einer Trennlösung behandelt. Als letztes müssen die Einzelteile des Kastens mit Holzstäben zusammengefügt und mit Gips und Gaze befestigt werden.

Gips

Die beiden Grundtypen des Gipsabgusses sind die verlorene Form und die mehrteilige Form. Die Wahl der Methode hängt vom Material des Modells und der Zahl der benötigten Abgüsse ab. Die verlorene Form, die man nur einmal verwenden kann, eignet sich in Verbindung mit weichen Materialien oder Originalen aus feuchtem Ton, Knetgummi oder Wachs; die mehrfach zu benutzende Teileform wählt man normalerweise, wenn das Modell aus einer harten Substanz wie ausgehärtetem Ton, Gips, Plastik oder Metall besteht.

Die verlorene Form wird zum Schluß vom Abguß abgeschlagen und kann nicht wieder verwendet werden. Eine Gußform von einem sehr einfachen Modell braucht man in den meisten Fällen nur aus zwei Teilen zu fertigen: dem Hauptteil und dem Deckel. Je komplizierter das Original, desto mehr Deckel braucht die Gußform, da man das Modelliermaterial des Originals durch die Deckellöcher entfernt.

Für eine einfache Figur, die eine zweiteilige Gußform erfordert, wird auf dem Original eine Linie angezeichnet, die die Trennung zwischen Hauptform und Deckel kennzeichnet. Dazwischen wird ein Trennwulst aus 1 cm breiten Tonstreifen hergestellt. Zunächst bildet man den Deckel aus und legt die Streifen so um die Trennlinie, daß auf der Seite des Deckels eine gerade Kante entsteht. Alternativ dazu kann man die Gußform mit eingelegten Messingstreifen trennen. Diese werden entlang der Trennlinie gleichmäßig in das Original eingefügt, so daß sie eine durchgehende, mindestens 1 cm hohe Trennwand ergeben.

Um nichts wegwerfen zu müssen, mischt man immer nur kleine Mengen Gips an, aus denen schichtweise der Deckel aufgebaut wird. Dabei achte man darauf, daß die Trennwand aus Ton nicht bedeckt wird. Die erste Gipsschicht wird zur »Warnung« eingefärbt. Ist der Deckel trocken, wird der Tonwulst entfernt und der Gipsrand mit einem Trennmittel wie Wachs oder Fett eingepinselt. In dieser Weise stellt man auch den Hauptteil der Form her, wonach man den Gips mindestens eine Stunde lang trocknen läßt. Dann wird die Form in Wasser eingeweicht, damit das Innere aufquillt, und an der Naht vorsichtig getrennt. Nun reinigt man beide Teile und behandelt sie vor der Verwendung mit einem Trennmittel.

Die Teileform wird von einem Gießkasten zusammengehalten. Diese Methode erfordert Geduld und Übung und läßt sich nur verwenden, wenn das Original aus einem harten Material besteht.

Die Seite des Originals, die den Hauptteil darstellt, wird fest in ein Tonfundament gedrückt; darunter legt man einen breiten Tonstreifen bis etwa einen halben Zentimeter unter die Trennlinie. Darauf wird dann bis zur Trennlinie Gips aufgebaut, wobei man zwischen dem Gips und dem Original einen kleinen Spalt läßt. Dann glättet man den Gipsrand und behandelt ihn mit dem Trennmittel. Der kleine Spalt wird mit Ton gefüllt und stellt die Nahtstelle dar.

Nun wird zwischen die beiden Deckelhälften ein Tonwulst gelegt und genug Gips für einen der beiden Deckel angerührt. Wenn man diesen aus Gips geformt hat, wird der Tonwulst entfernt und die Trennlösung auf die neue Gipskante aufgetragen. In gleicher Weise stellt man dann den zweiten Deckel her.

Bevor man das Werkstück umdreht, um die Hauptform herzustellen, baut man einen Formkasten, der die beiden fertigen Deckel zusammenhält. Dazu trägt man auf die Rückseite der Deckel die Trennlösung auf und baut eine dicke Gipsschicht darauf auf. Wenn diese hart geworden ist, wird das Ganze umgedreht, die Tonwülste und der Gips entfernt und die Hauptform hergestellt.

Polyesterharz

Mit Polyester kann man Gußformen herstellen, die stabil und leicht sind. Die Methode ist ganz ähnlich wie die der Teileform. Poröse Modelle muß man mit Schellack versiegeln und dann mit Wachs polieren. Die Nahtwülste baut man mit Plasticin auf und die Formteile mit Kunstharz, verstärkt mit zugeschnittenen Glasfaserstücken. Die erste Schicht bildet Kunstharz, welches auf das Modell aufgetragen wird, die entstehenden Nahtstellen können mit Schrauben zusammengehalten werden.

Vor dem Gebrauch muß man Kunstharz mit einem Katalysator als Härter anmischen, mit einem Mittel, welches das Aushärten beschleunigt, und einem Bindemittel, damit das Harz nicht so flüssig ist. Für Menge und Art der Zusätze beachte man die Herstellerangaben.

Verlorene Form

Diese alte Methode, Metall nach einem Wachspositiv zu gießen, ist eine Arbeit für den professionellen Gießer. Das ursprüngliche Modell kann aus jedem Material bestehen, aber davon muß stets ein Wachspositiv angefertigt werden. Dafür eignen sich die meisten Formtypen, doch am häufigsten wird die flexible Form verwendet.

Die Form wird von innen mit einer dünnen Schicht flüssigen Wachses eingepinselt, um eine genaue, detailgetreue Reproduktion sicherzustellen. Dann wird die Gußform zusammengesetzt und mit Wachs gefüllt. Man schwenkt die Form damit aus und gießt es aus, wodurch in der Form eine zarte Wachsschicht verbleibt. Dieser Vorgang wird mehrmals wiederholt, bis die richtige Dicke erreicht ist. Das Wachspositiv ist fertig, und man kann die Gußform abnehmen. Nun werden auch die Nahtmarkierungen entfernt. Jetzt füllt man das hohle Wachspositiv mit einem Kern aus porösem Ton oder einer anderen feuerfesten Substanz, die mit Metallstäben an ihrem Platz gehalten wird.

Das Wachspositiv wird mit einem Rohrsystem von Kanälen und Gängen ausgerüstet, durch die das flüssige Metall schließlich einströmen und die entstehenden Dämpfe entweichen werden. In diesem Stadium handelt es sich um Wachsstäbchen auf dem Positiv; wenn das Wachs geschmolzen ist, werden sie in der fertigen Gußform zu hohlen Rinnen. Am Sockel des Werkstücks läßt man ein Loch, durch das man dann das flüssige Metall hineingießt.

Nun ist das Wachspositiv fertig für die letzte Beschichtung, die sogenannte Positivform, die normalerweise aus einem Gemenge von Gips und gemahlenem Porzellan besteht. Die erste Schicht wird mit dem Pinsel dünn auf das Wachs aufgetragen; mit dem Rest baut man eine dicke Hülle auf. Nach dem Trocknen wird sie erhitzt, bis das Wachs geschmolzen ist und durch einen der Kanäle ausläuft. Bevor das flüssige Metall in das Rohrsystem gegossen wird, muß man den besonders verlängerten Kanal verstopfen und die ganze Positivform dadurch verstärken, daß man sie in Sand eingräbt.

Gußmaterialien Zu den Gußmaterialien gehören Gips (**1**), Modellierton (**2**), Talkum (**3**), Trennmittel (**4**), Polyesterharz (**5**), rotes Wachs (**6**), Glasfiber (**7**), Plasticin (**8**) und Bausand (**9**). Es gibt verschiedene Gipssorten – experimentieren Sie, um herauszufinden, welche Ihnen am meisten zusagt. Für Gipsformen eignet sich am besten ein feiner Gips; auch Dental- oder medizinischer Gips sind brauchbar. Außer dem Gips benötigt man manchmal auch Schlicker (flüssigen Ton). Um diesen herzustellen, mische man fein gemahlenen Ton mit Wasser zu einer sahnigen Konsistenz. Talkum verwendet man als Trennmittel. Mit Glasfiber verstärkt man die Gußform in verschiedenen Arbeitsstadien, insbesondere beim Gießen mit Kunstharz. Bausand benötigt man in der Gießerei, um die Grube zu füllen, in die die Gußform gelegt wird, bevor das Metall hineingegossen wird.

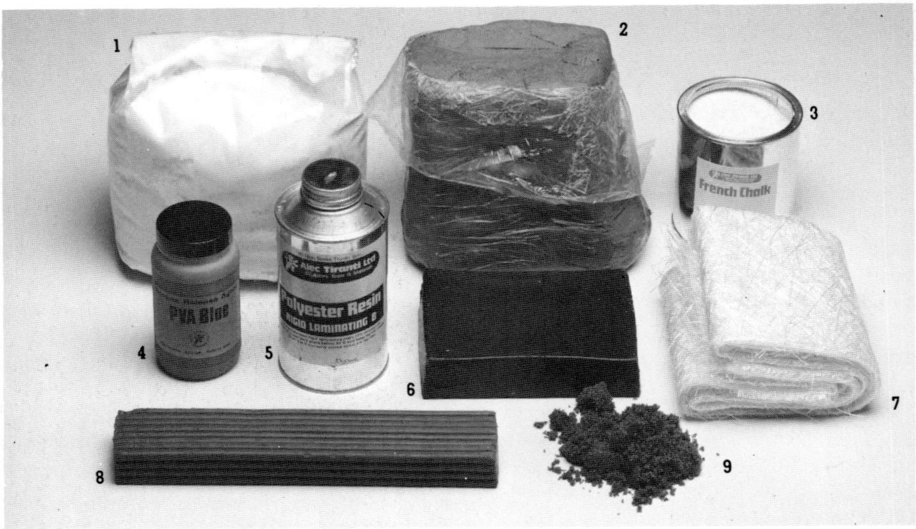

Gießen Gußmassen

Nach der Herstellung der Form im Hinblick auf den Abguß muß hier angemerkt werden, daß jedes Gußmaterial spezifische Eigenschaften besitzt.

Bronze

Der Bronzeguß – ob in Sand oder mit der verlorenen Form – wird normalerweise in einer Gießerei ausgeführt. Die Bronze muß in einem Brennofen auf etwa 1010 °C erhitzt werden. Das flüssige Metall wird schnell in die Gußform geleitet, bevor es abkühlt.

Andere Metalle

Die meisten Metalle werden in Gießereien gegossen. Bis auf Blei kann man Metall nicht direkt in die Form gießen, weil die freiwerdenden Gase Blasen im fertigen Guß bilden. Die Gießtemperaturen für verschiedene Metalle variieren beträchtlich. Gold und Silber brauchen wie Bronze eine Gießtemperatur von etwa 1010 °C. Blei allerdings erfordert eine viel geringere Temperatur und kann in einer Eisenpfanne auf dem Herd geschmolzen werden. Weil es im heißen Zustand keine Dämpfe abgibt, braucht Blei nicht das komplizierte Röhren- und Kanalsystem, das die anderen Metalle benötigen. Man muß nur beachten, daß es beim Abkühlen ein wenig schrumpft.

Gips

Für einen massiven Gipsabguß pinsele man eine Gipsform mit Schmierseife oder Waschmittellösung ein. Da Gips schnell abbindet, sollte man eine ausreichende Menge für den Guß anrühren. Diese gieße man langsam in die Gußform, bis sie voll ist; dabei schüttele man die Form leicht, um die Luftblasen entweichen zu lassen. Wenn der Gips abgebunden hat, drehe man die Form um, damit er trocknen kann.

Polyesterharze

Kunstharze sind die verbreitetsten Kunststoffe zum Gießen. Der Abguß ist gewöhnlich hohl und mit Glasfibern zur Verstärkung an der Form aufgebaut. Nur die allerkleinsten Objekte lassen sich in Kunstharz gießen.

Für die Harz-Gußform eignen sich viele Materialien, darunter Gips, Gummi und Kunstharz selbst. Für die verschiedenen Harze eignet sich Polyvinyl-Alkohol als Trennmittel am besten. Gemäß den Herstellerangaben stelle man die ersten beiden Kunstharzschichten her und pinsele sie ein. Die Glasfibern werden so zurechtgeschnitten, daß sie in die Form passen, und mit weiterem Harz bis auf die erforderliche Stärke aufgebaut.

Flüssiger Ton

Schlicker oder flüssiger Ton eignet sich ideal für poröse Gußformen wie Gips. Der Schlicker wird in die Form gegossen, die das Wasser daraus absorbiert, wobei sich eine Schicht aus festem Ton absetzt. Je länger man den Schlicker in der Form läßt, desto dicker wird die Setzschicht. Wenn die richtige Dicke erreicht ist, gieße man den Schlicker ab und lasse den Tonabguß aushärten, bevor man die Form entfernt.

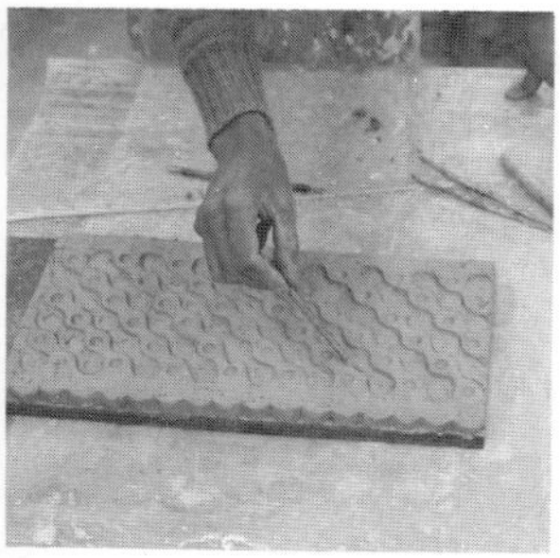

Ton prägen 1. Ein Muster in eine ausgerollte Tonschicht prägen.

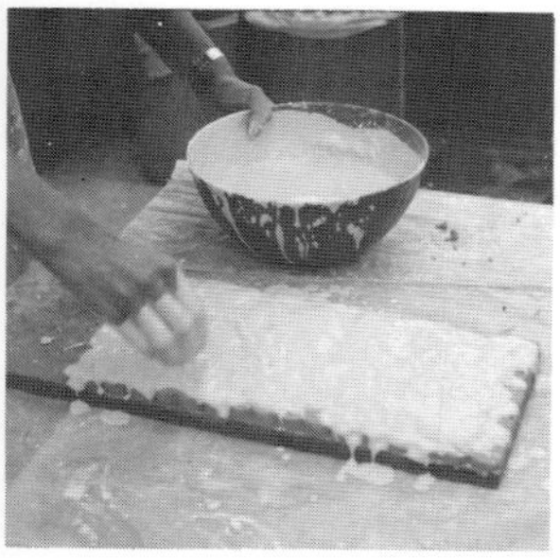

2. Etwas dünnflüssigen Gips anrühren. Auf die Tonschicht aufbringen, so daß das Muster bedeckt ist. Einen Rand anbringen.

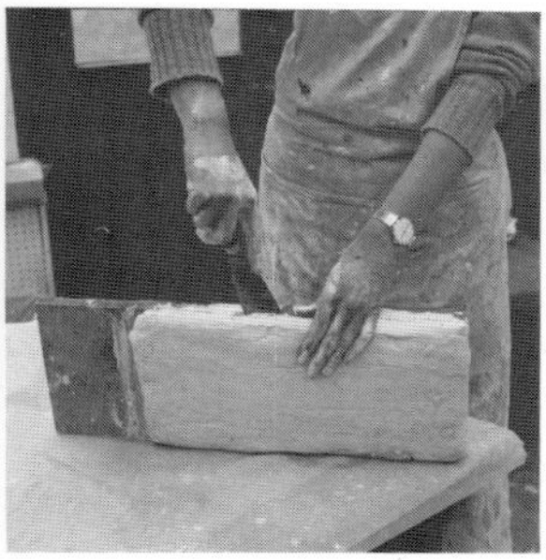

3. Die Tonplatte und den Gipsabdruck von der Trägerschicht abnehmen, wenn der Gips ausgehärtet ist.

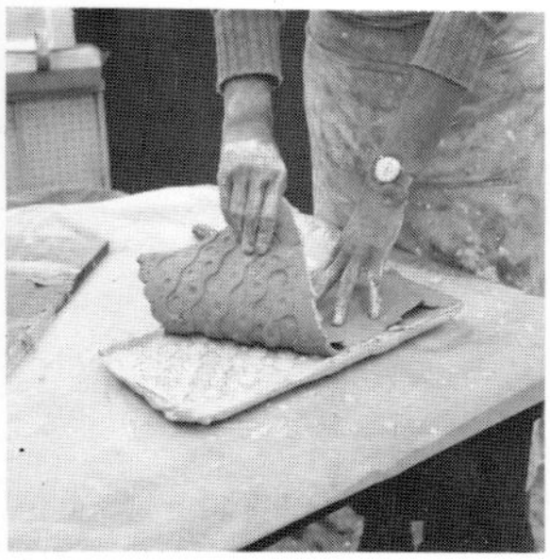

4. Den Ton vom Gips abheben. Dabei möglichst keinen Ton auf der Gipsplatte lassen.

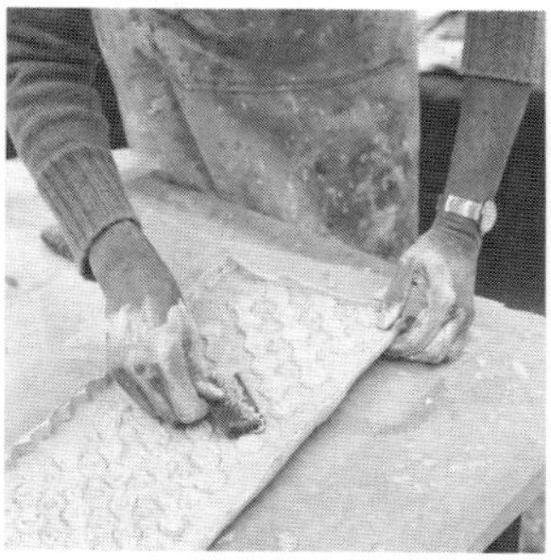

5. Den Gips mit einer Surformklinge oder Schleifpapier säubern und glätten. Staub abbürsten.

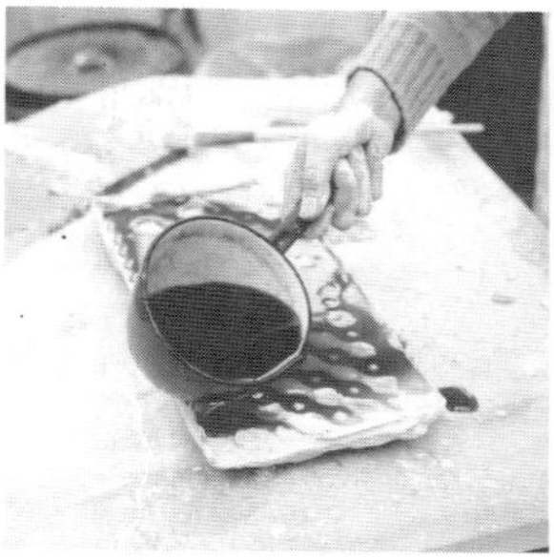

6. Geschmolzenes Wachs auf die Gipsfläche gießen und in alle Vertiefungen einreiben. Aushärten lassen.

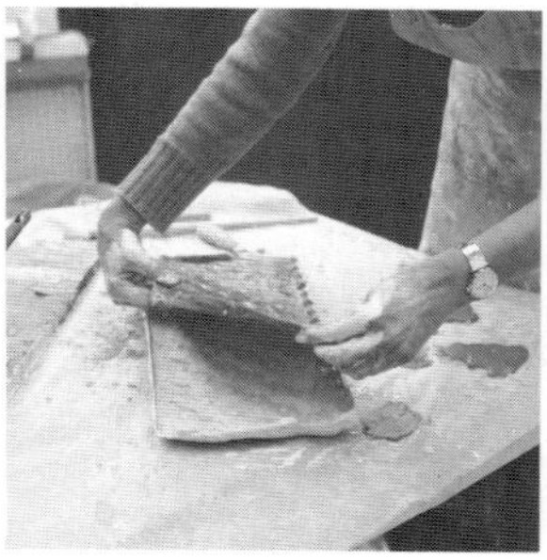

7. Das Wachs vorsichtig abziehen. Das Wachs klebt nicht an feuchtem Gips. Die Wachsplatte zu einer Vase biegen.

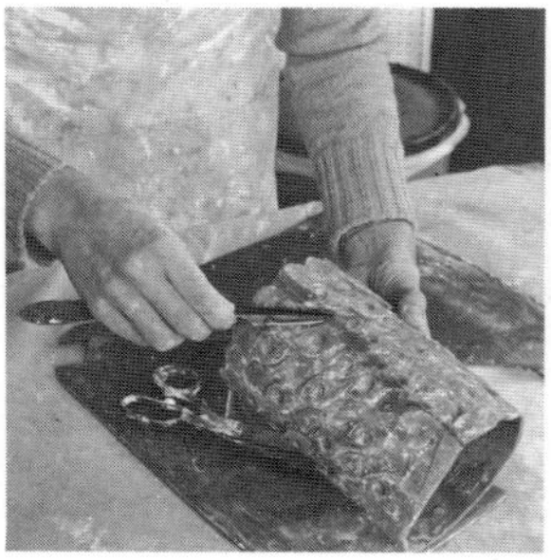

8. Mit Draht oder Gummiband zusammenbinden. Überstehendes Wachs abschneiden. Naht mit heißem Werkzeug schweißen.

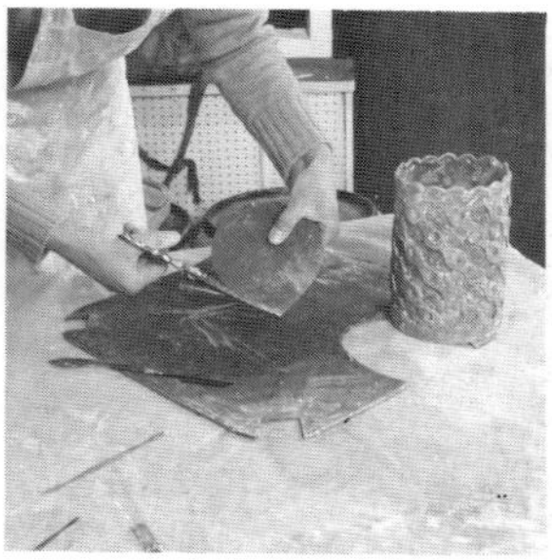

9. Einen Boden aus einer Wachsplatte ausmessen und ausschneiden. Boden mit heißem Wachs einpinseln.

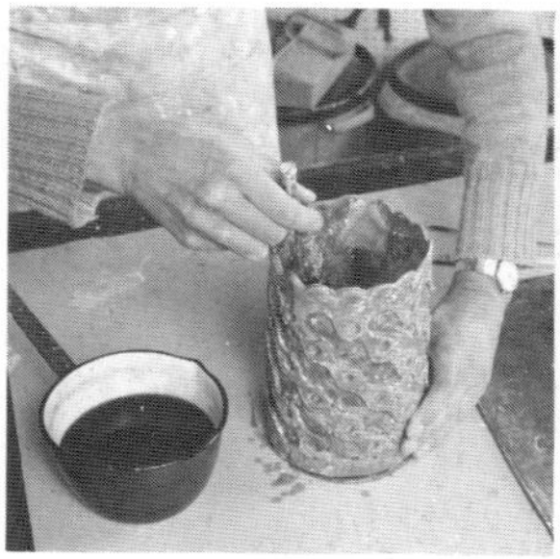

10. Vasenkörper fest auf den Boden drücken. Nahtstellen mit heißem Wachs verfüllen. Nun kann die Wachsform abgegossen werden.

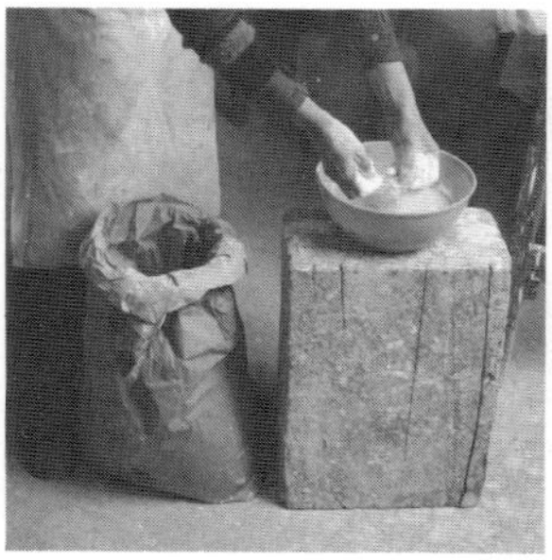

Gips anrühren 1. Gips in eine Schüssel mit Wasser einstreuen, bis er bis dicht unter die Wasseroberfläche reicht.

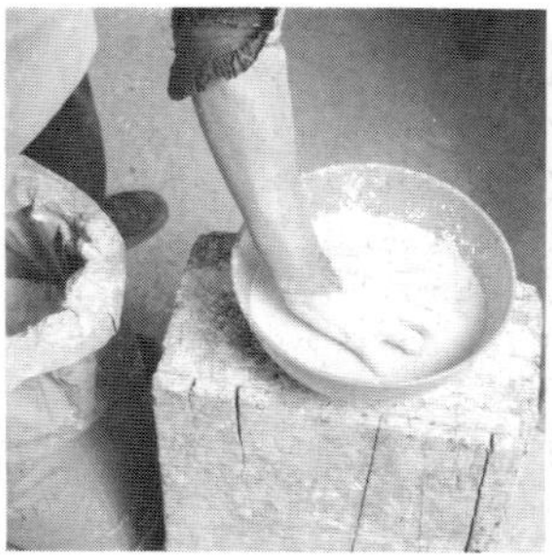

2. Die Hand auf den Boden der Schüssel legen und diese leicht schütteln, um den nicht zu dicken Gips zu vermischen.

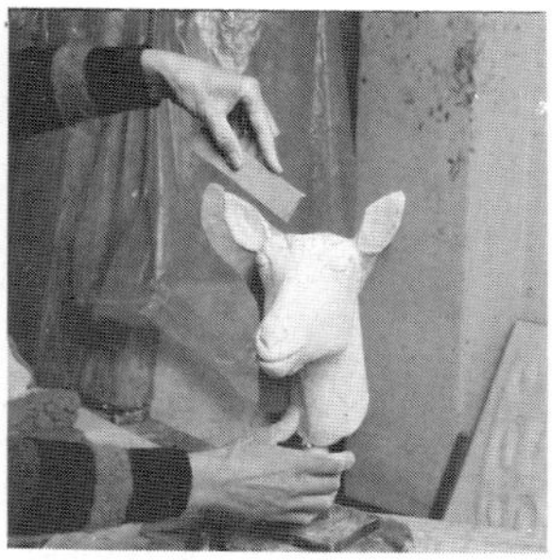

Verlorene Form 1. Mit einem Tonmodell beginnen. Eine Tonplatte ausrollen, in Streifen schneiden und einen Trennwulst herstellen.

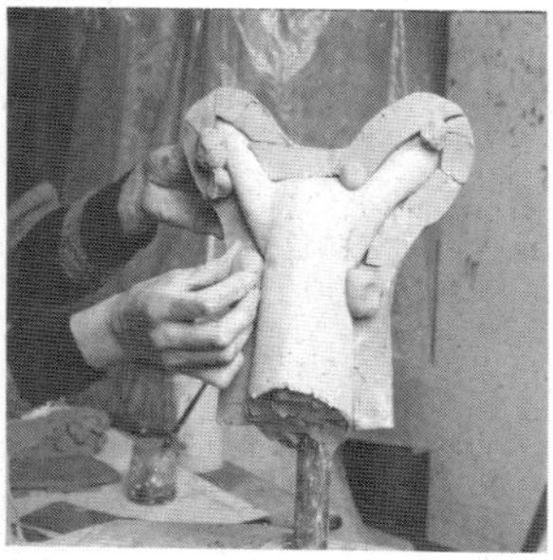

2. Den Wulst um die Mittellinie des Modells legen. Tonstücke hinzufügen, die den Wulst unterstützen.

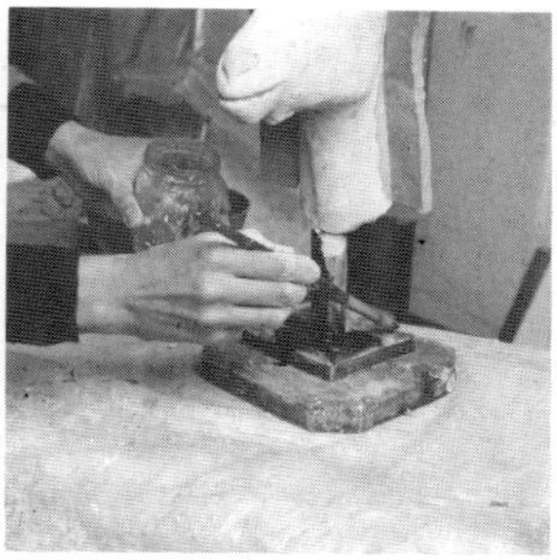

3. Den Sockel und alle weiteren Flächen, an denen der Gips nicht haften soll, mit Fett oder Öl einpinseln.

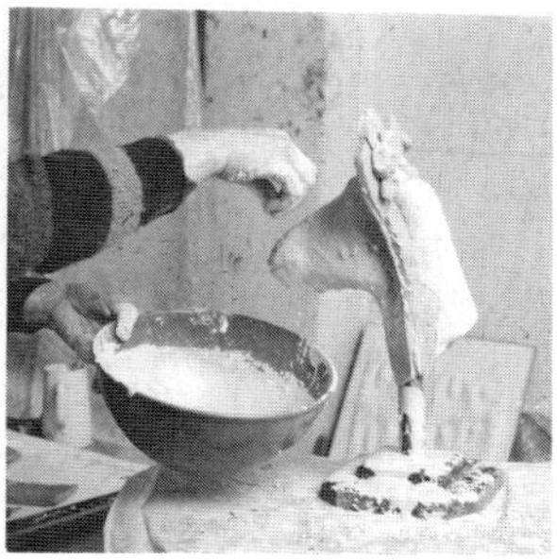

4. Zur ersten Gipsschicht ein wenig blaue Farbe hinzugeben. Den Gips so auftragen, daß er die ganze Oberfläche dünn bedeckt.

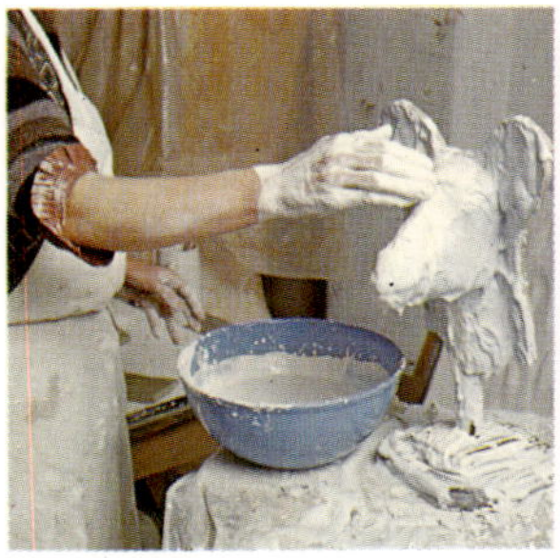

5. Eine zweite, dickere Gipsschicht auftragen. Den Gips nach und nach mit streichenden Bewegungen aufbauen. Die Tonränder überdecken.

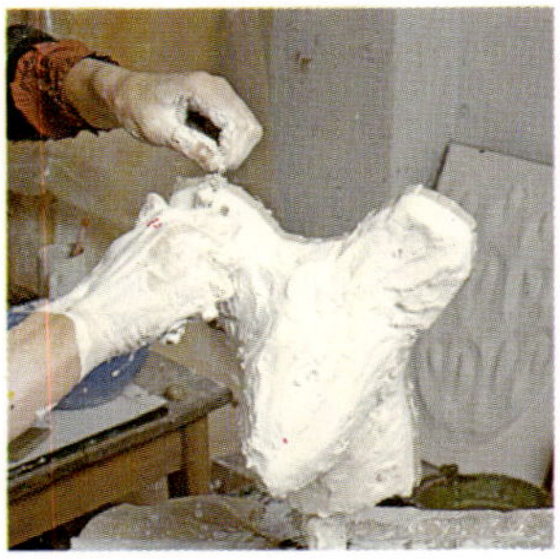

6. Wenn der Gips angetrocknet ist, die Ränder mit einem Messer abschneiden, um den Tonwulst freizulegen.

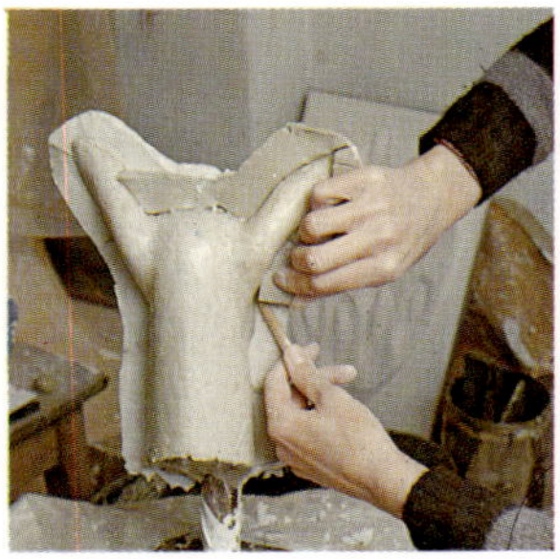

7. Die Wand entfernen, indem man den Ton abschält. Sorgfältig arbeiten, um den Gips nicht zu beschädigen.

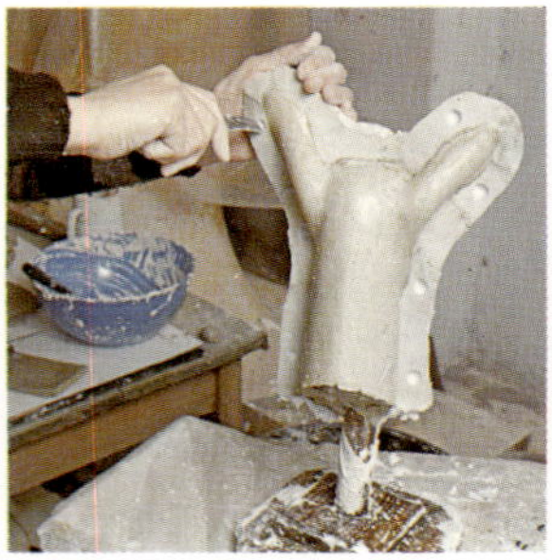

8. Mit dem abgerundeten Ende eines Messers 5 mm tiefe Paßlöcher in den Gips eindrücken.

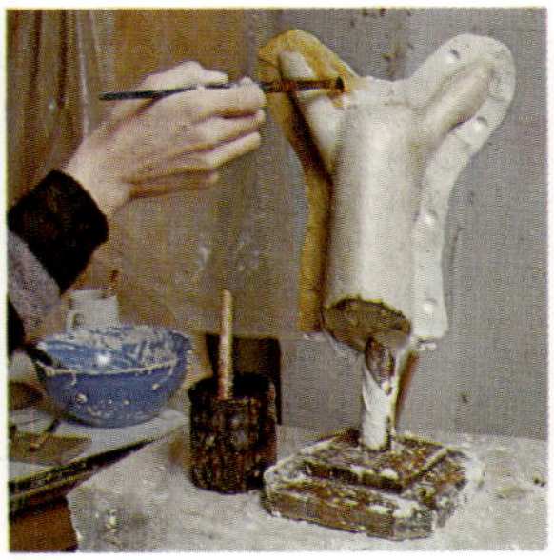

9. Die Nahtfläche mit Schellack als Trennmittel einpinseln. Schritte 4 und 5 wiederholen, um die verlorene Form fertigzustellen.

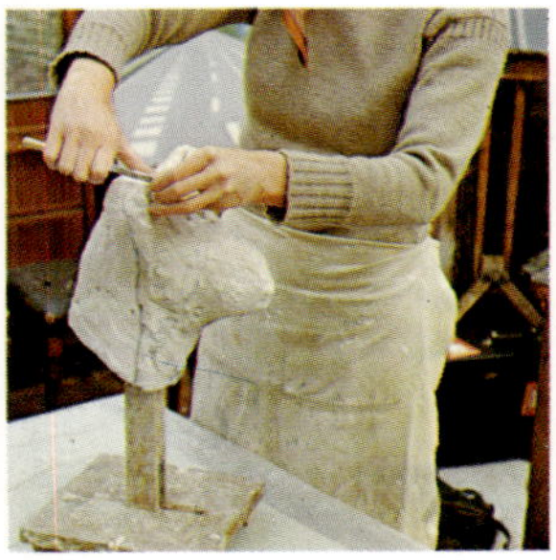

10. Die fertige Form mit einem Messer abkratzen, um die mit Schellack behandelte Naht freizulegen.

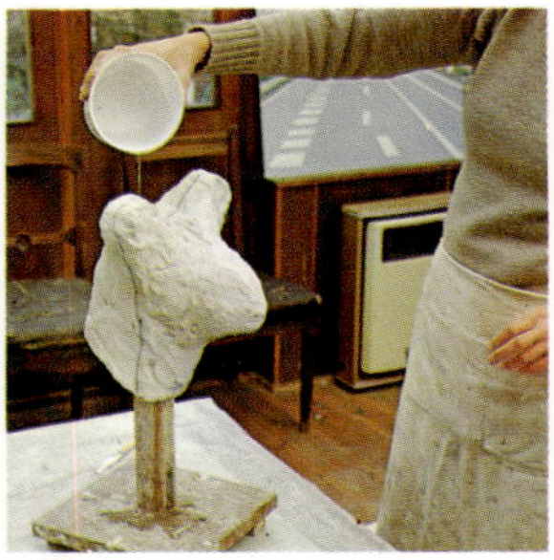

11. Die Naht mit Wasser begießen, damit der Ton im Inneren die beiden Hälften trennt; dann aufhebeln.

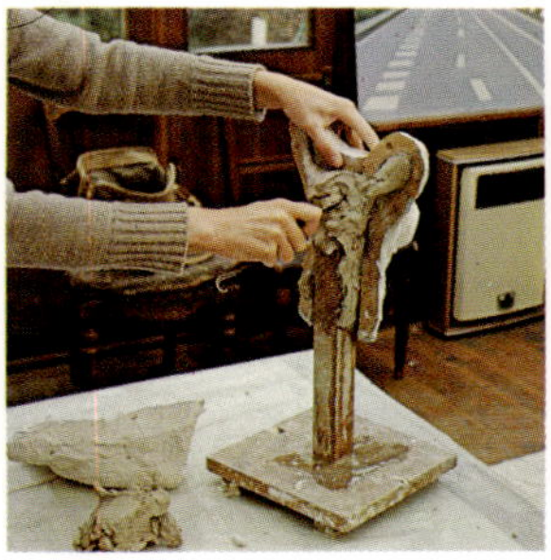

12. Den Ton mit einem Metallspachtel aus der Form kratzen.

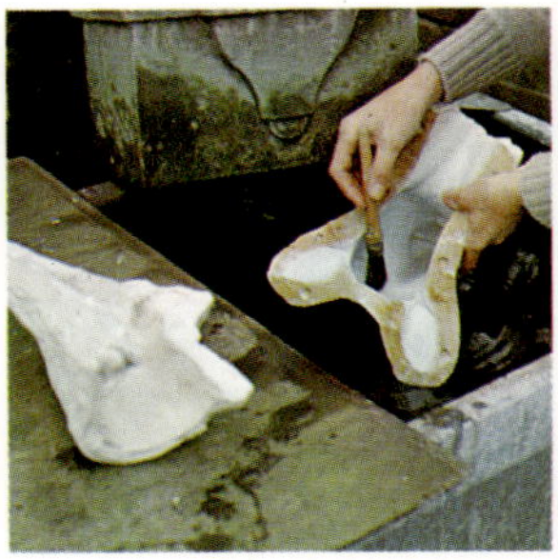

13. Die Form mit kaltem Wasser auswaschen, bis sie völlig sauber ist. Sorgfältig mit dem Pinsel ausbürsten.

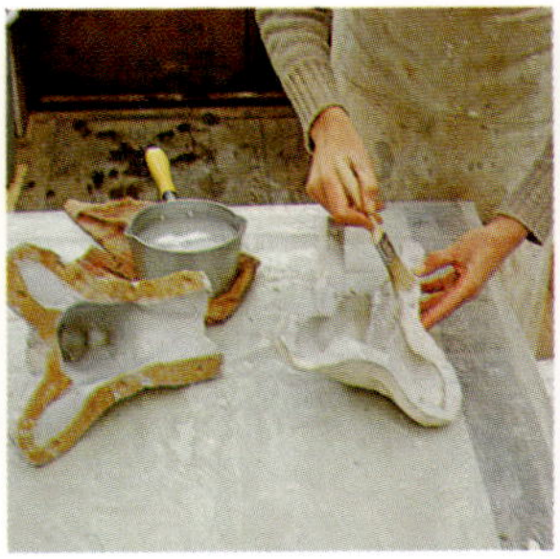

14. Die Form von innen mit einem Trennmittel einpinseln – einer schwachen Sodalösung in Wasser.

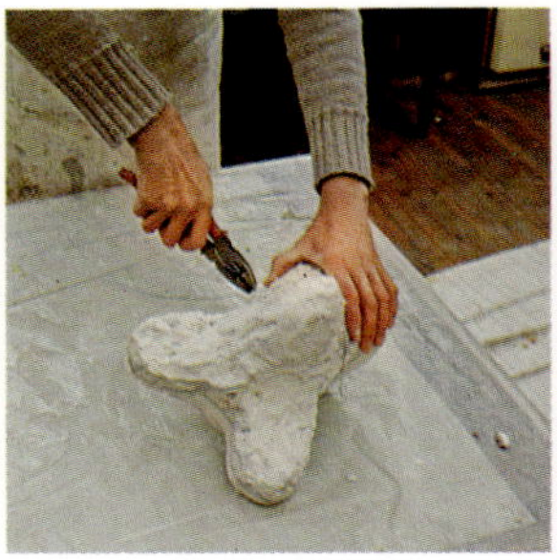

15. Die beiden Formhälften zusammenfügen und mit verzinktem Bindedraht fest zusammenbinden.

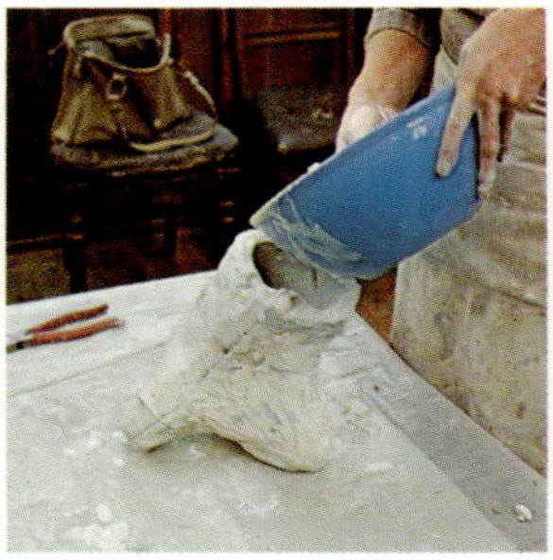

16. Gips in »Joghurtdicke« anrühren und in die Form gießen.

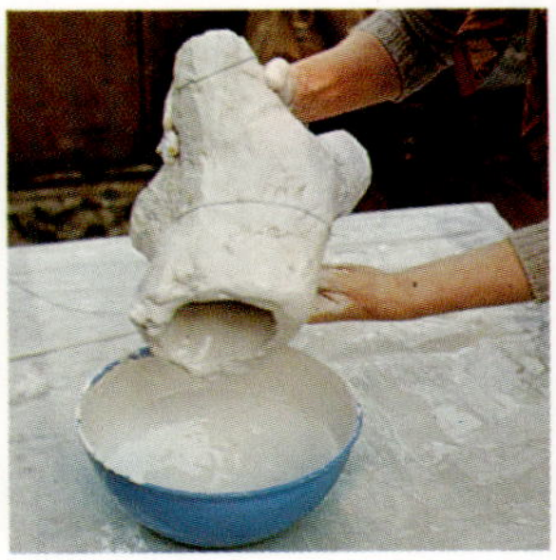

17. Die Gußform drehen, um sie von innen ganz zu bedecken.

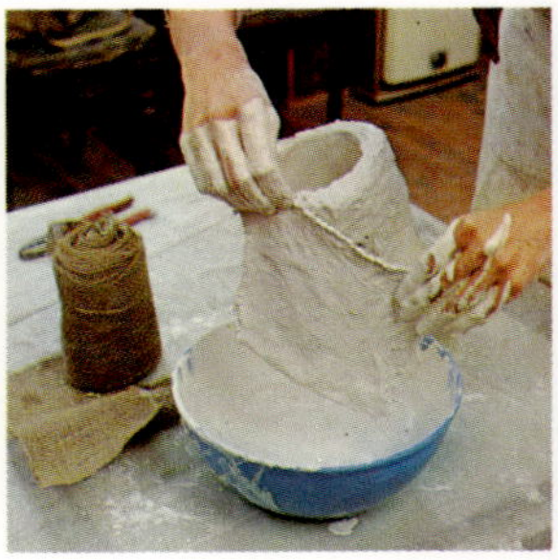

18. Wenn nötig, die Form mit gipsgetränkter Jute oder Gaze verstärken.

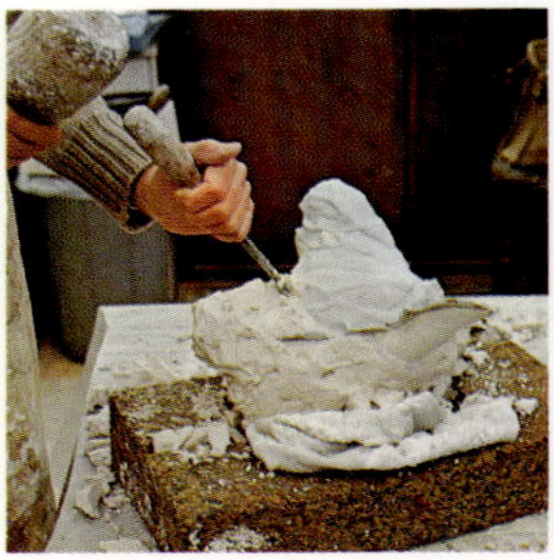

19. Wenn der Gips abgebunden hat, den Draht lösen und die Gipsform bis auf die blaue Schicht abschlagen.

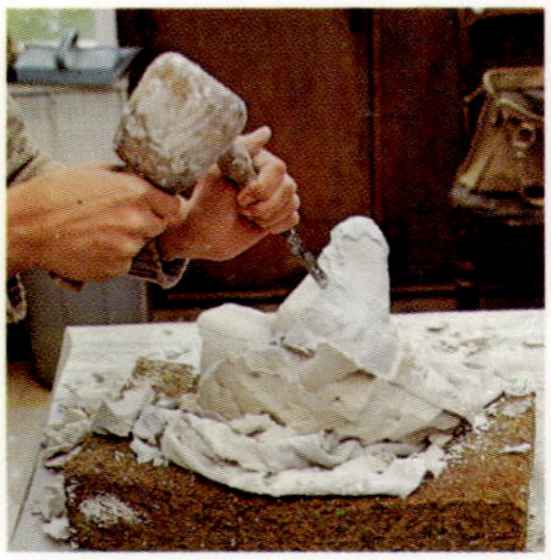

20. Die freigelegte blaue Schicht abschlagen. Vorsichtig arbeiten, um den Abguß darunter nicht zu beschädigen.

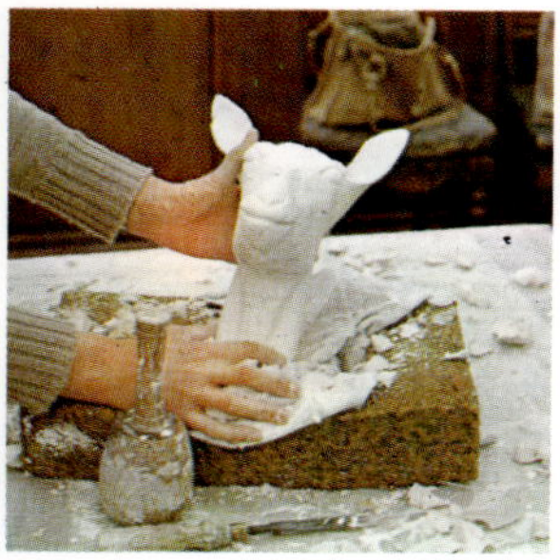

21. Die blaue Schicht weiter abschlagen, bis der fertige Gipsabguß zum Vorschein kommt.

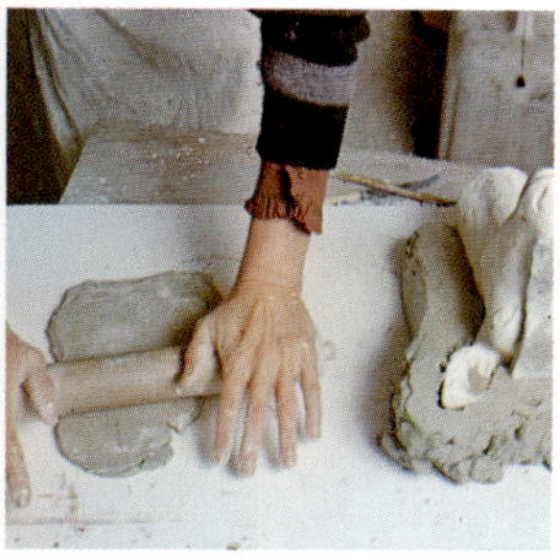

Flexible Gußform 1. Den fertigen Gipsabguß nehmen. Eine 1 cm dicke Tonplatte ausrollen.

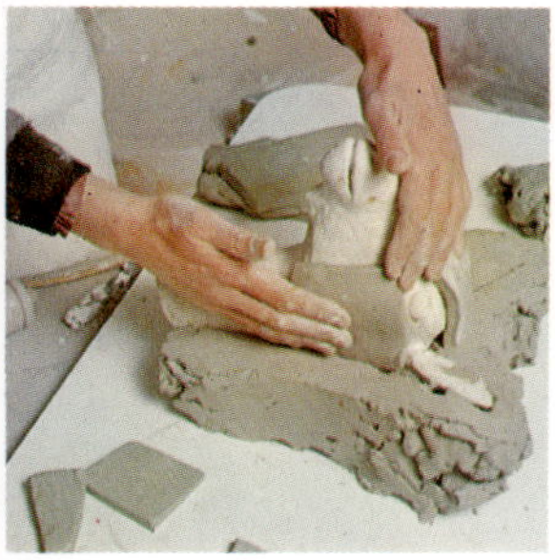

2. Tonstreifen ausschneiden und auf den Abguß drücken. Den Vorgang wiederholen, bis der gesamte Abguß bedeckt ist.

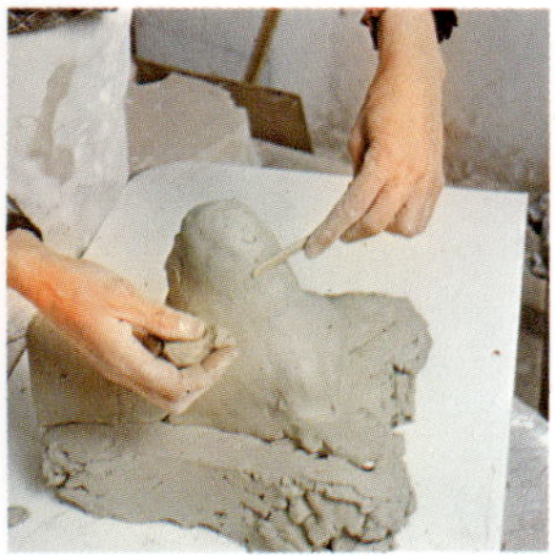

3. Die Oberfläche mit einem Modellierwerkzeug oder mit den Fingern glätten.

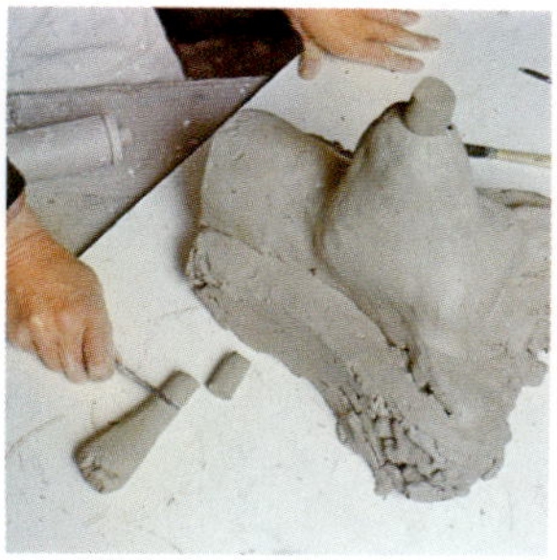

4. Eine Tonrolle in kleine Stücke – Pfropfen – schneiden. Auf Nase und Ohren setzen. Um den Rand einen Tonstreifen legen.

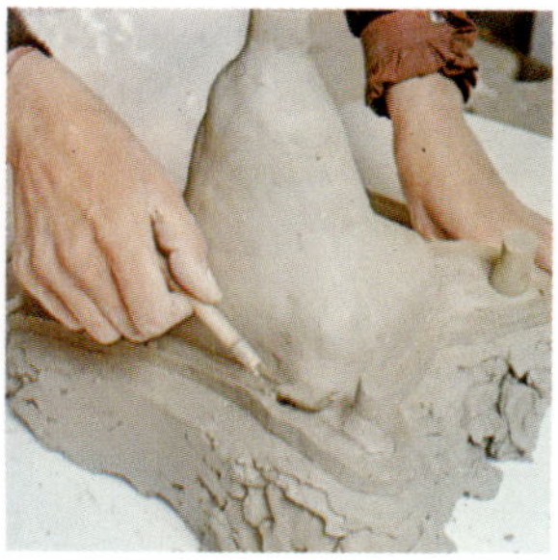

5. Mit einer Modellierschlinge Paßlöcher anbringen. Mit Gips bedekken, abbinden lassen. Den Vorgang auf der anderen Seite wiederholen.

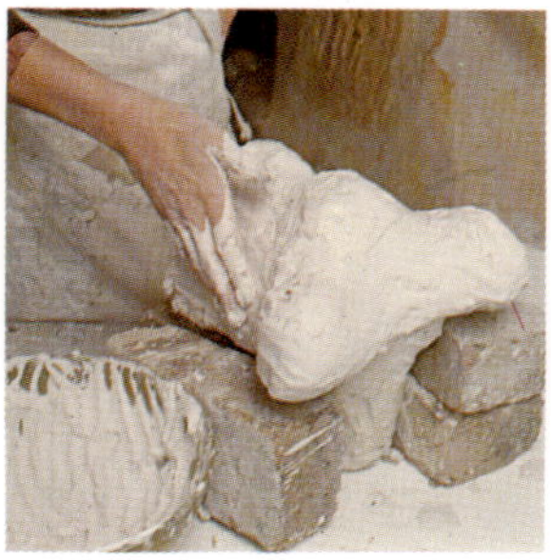

6. Die zweite Hälfte mit Gips bedekken. Trocknen lassen. Eine flexible Form hat den Vorteil, daß man sie wiederholt verwenden kann.

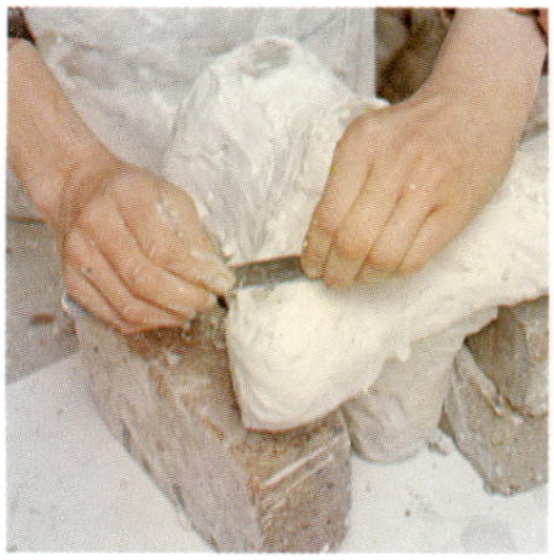

7. Mit einem Messer den Gips abkratzen, so daß die Pfropfen deutlich hervortreten.

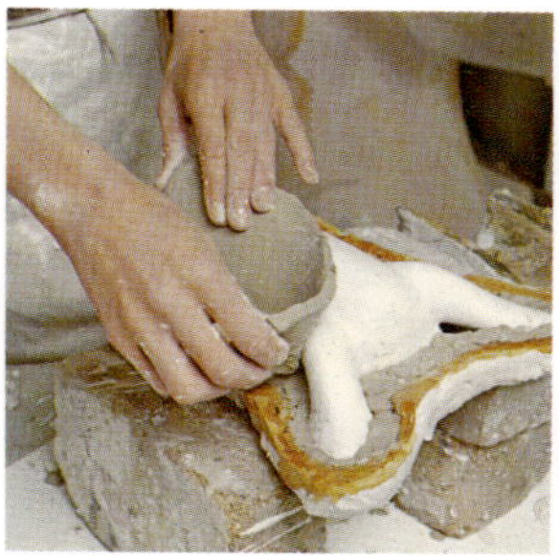

8. Die obere Hälfte des Gießkastens abnehmen und den Ton aus seinem Inneren und vom Original entfernen.

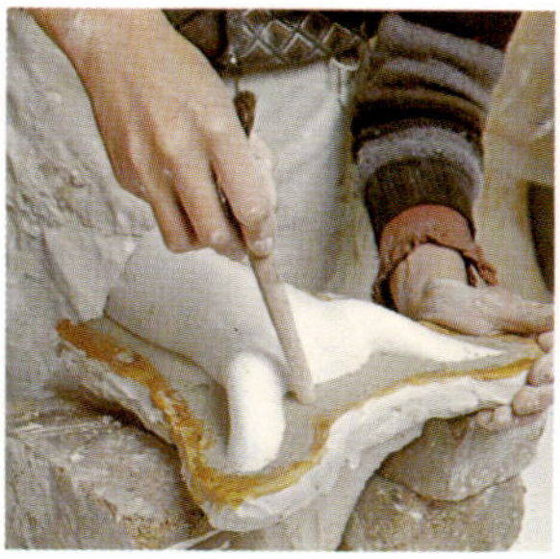

9. Die Naht glätten und Paßlöcher anbringen.

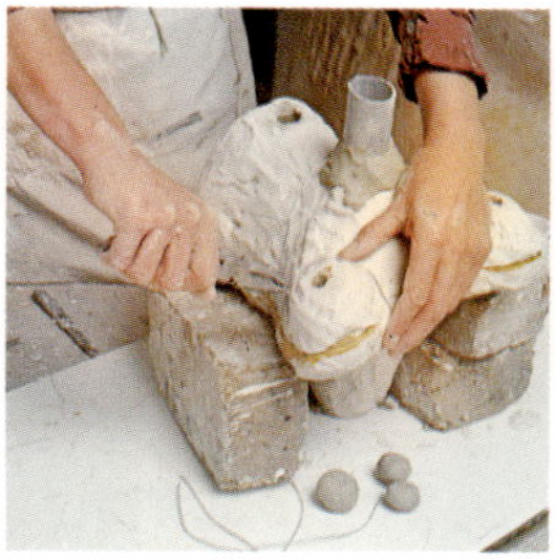

10. Den Gießkasten wieder zusammenfügen, mit Draht zusammenbinden, einen Trichter aufsetzen und Tonkügelchen formen.

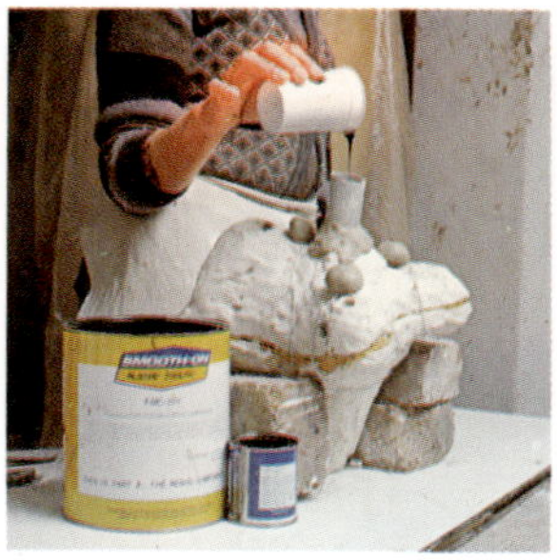

11. Die Gummilösung gemäß den Herstellerangaben anrühren. In den Trichter gießen.

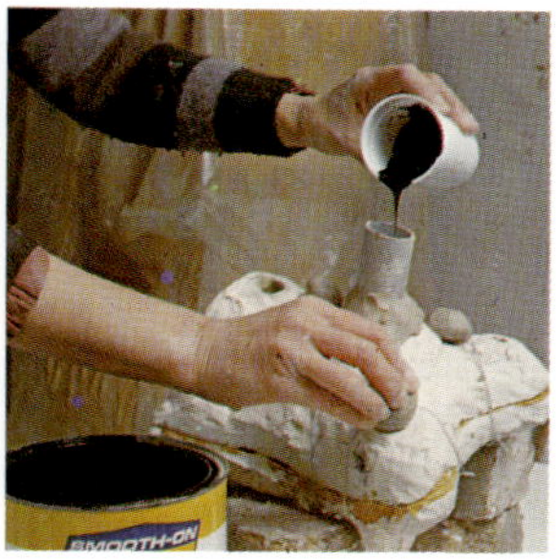

12. Tritt die Lösung aus den Löchern aus, diese mit Tonkügelchen verstopfen. Abkühlen lassen. Auf der anderen Seite wiederholen.

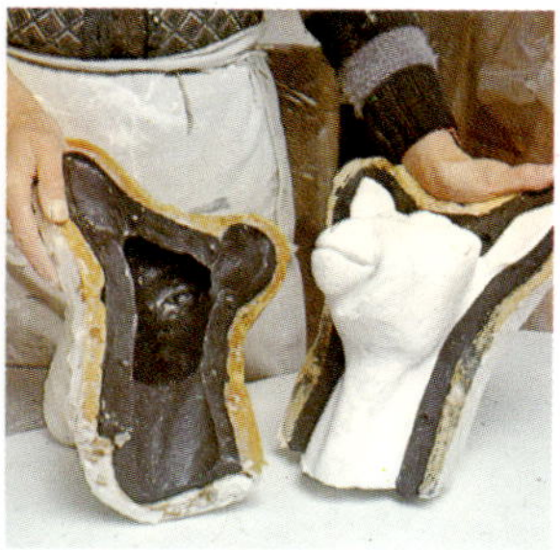

13. Die Formhälften auseinandernehmen. Es ist kein Trennmittel erforderlich. Die fertige Form läßt sich mehrmals verwenden.

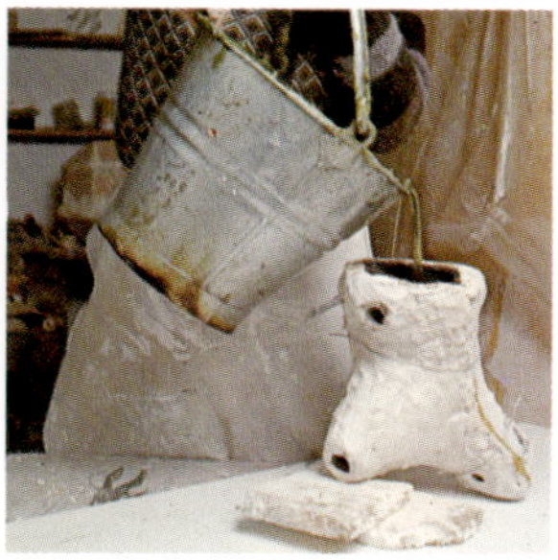

Wachsabguß 1. Wachs zum Schmelzen bringen und ca. 3 mm dick in die Gußform im Kasten gießen; den Rest abgießen.

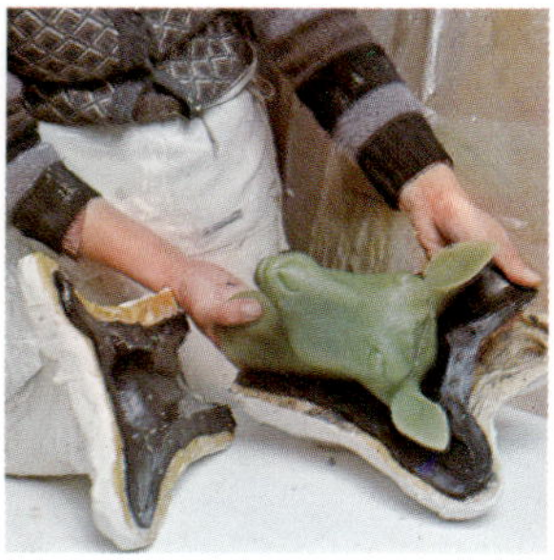

2. Wenn das Wachs abgekühlt ist, die Form vorsichtig auseinandernehmen und den Wachsabguß herausnehmen.

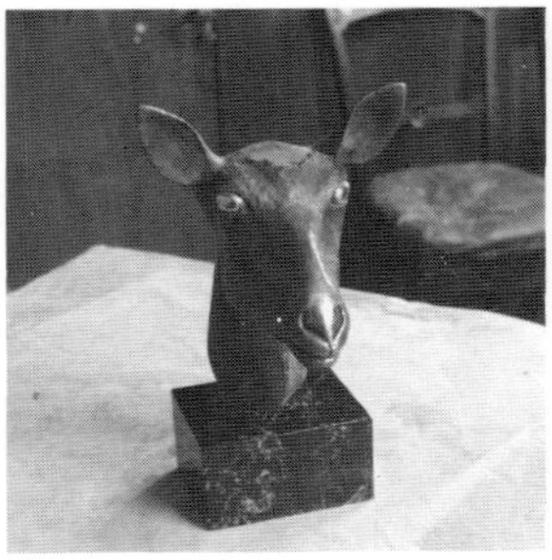

Metallguß Das Gießen in Metall wie z. B. Bronze ist kein Atelierverfahren; es muß in einer Gießerei geschehen. Für das *Cire-perdue-* oder »Verlorene Form«-Verfahren liefert der Bildhauer der Gießerei entweder ein Wachspositiv, wie man es in einer flexiblen Form herstellen kann, oder ein Gipsmodell, von dem die Gießerei ein Wachspositiv herstellt. Das Wachs wird mit einem Kern aus porösem Ton gefüllt, der mit Metallstäbchen an seinem Platz gehalten wird. Dann bringt man eine Reihe Röhrchen an, die Gießtrichter und Kanäle, durch die das flüssige Metall gegossen wird und das Gas entweicht. Schließlich wird die letzte Gipsschicht, die Ummantelung, aufgebracht. Das Ganze wird erhitzt, das Wachs läuft aus und hinterläßt eine Hohlform, in die das Metall gegossen wird.

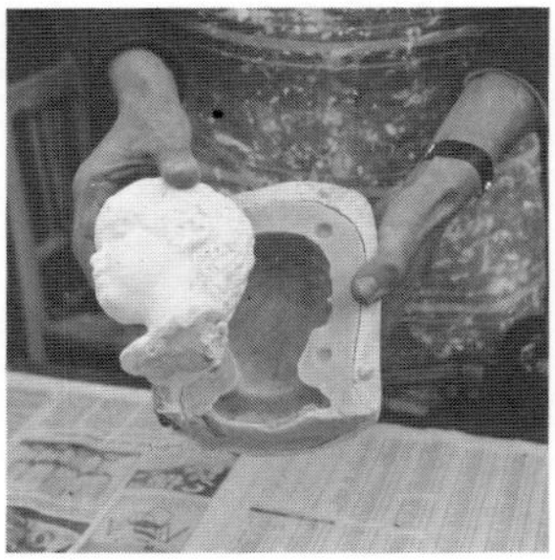

Gießen in Kunstharz 1. Dieses Verfahren beginnt mit einer flexiblen Form in ihrem Gießkasten. Das Original herausnehmen.

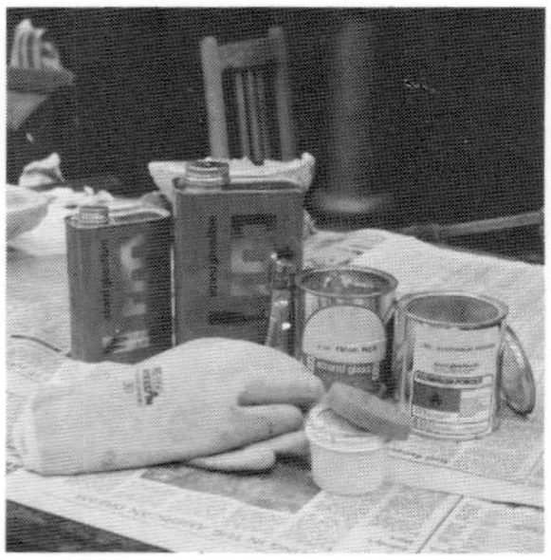

2. Zur Ausrüstung gehören Pinselreiniger, Kunstharz, Binder, Härter, Handschuhe, Schutzcreme und Metallstaub.

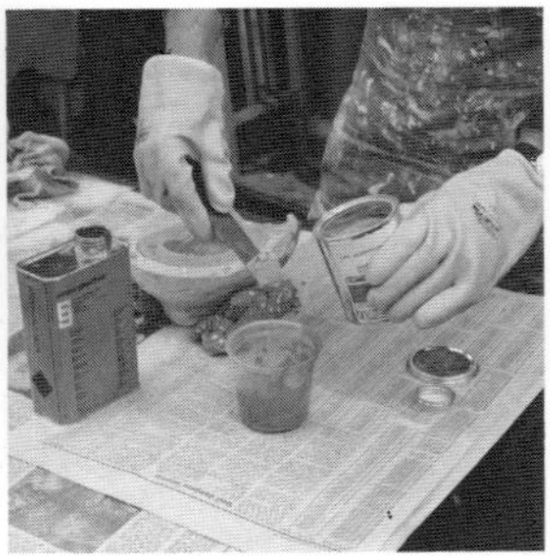

3. Das Harz genau nach den Herstellerangaben anmischen. Metallstaub hinzugeben und gründlich mischen.

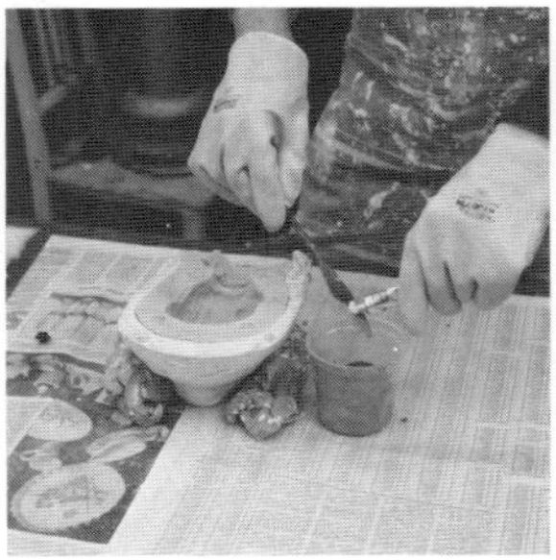

4. Die exakte Menge Härter zugeben und gut mischen. Kunstharzmaterialien sind äußerst giftig!

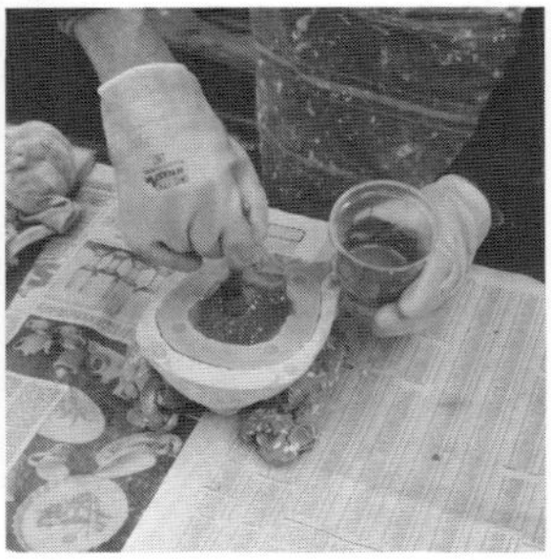

5. Die Form mit der ersten oder Gelschicht einpinseln. Alle Risse und Vertiefungen bedecken. Etwa 25 Minuten härten lassen.

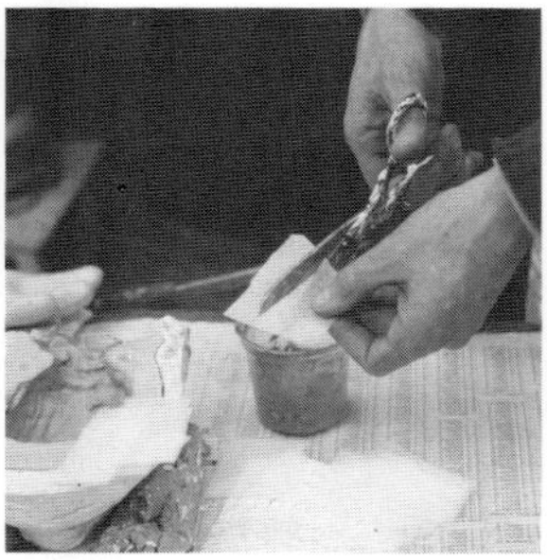

6. Zweite Harzschicht anrühren. Dünne Glasfaserstreifen zuschneiden. Damit wird der Abguß verstärkt.

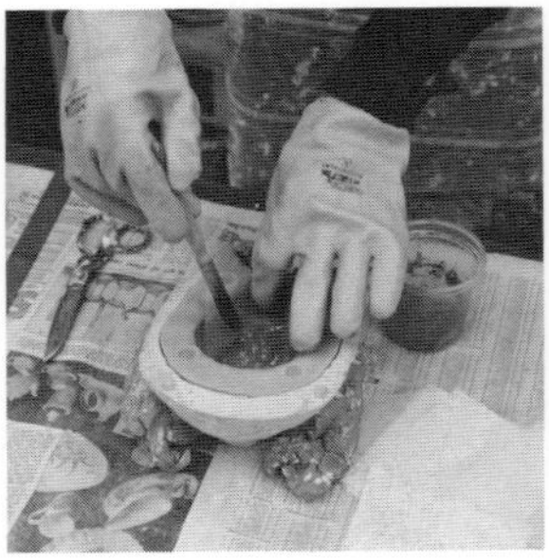

7. Harz auftragen; die Streifen nacheinander in die Form legen. Darauf achten, daß keine Luftblasen entstehen.

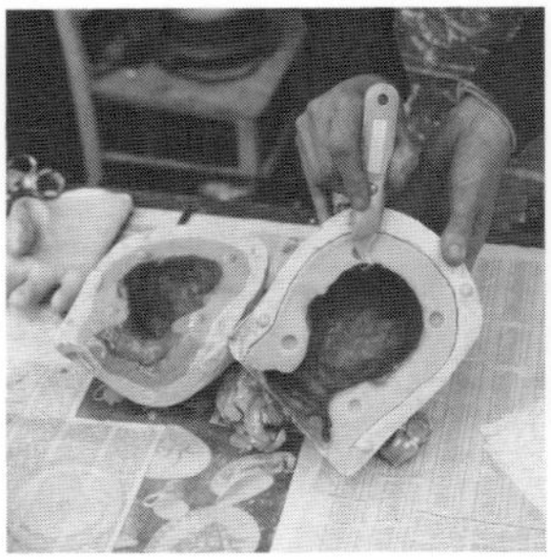

8. Den Abguß etwa 5 mm stark aufbauen. Überstehendes Harz abschneiden. Den Vorgang mit der anderen Hälfte wiederholen.

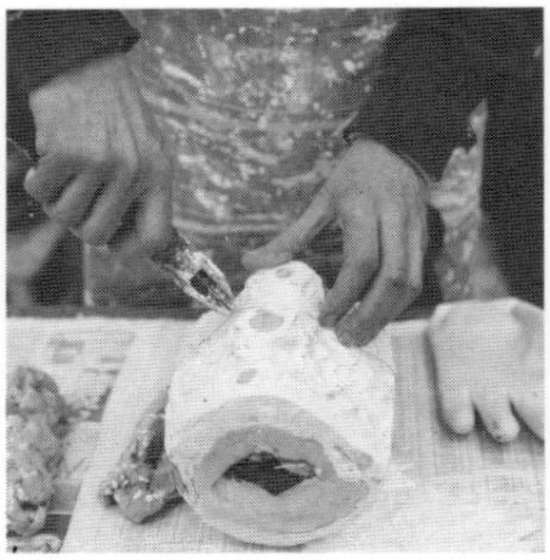

9. Wenn das Harz abgebunden hat, die beiden Hälften zusammensetzen und mit Draht zubinden.

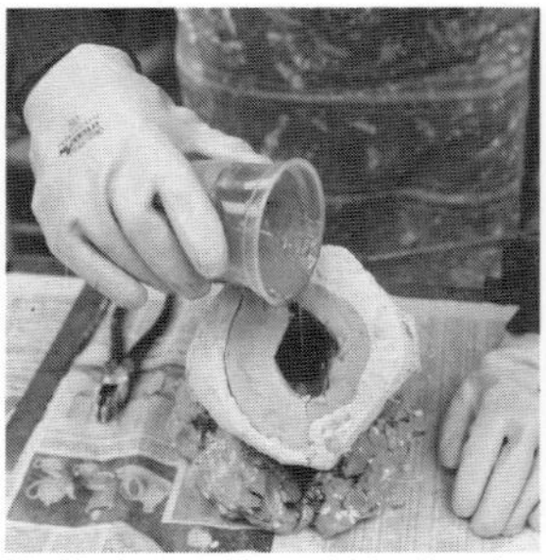

10. Noch etwas Harz mit Metallstaub zubereiten und in die Naht gießen. Sichergehen, daß es die ganze Naht ausfüllt. Härten lassen.

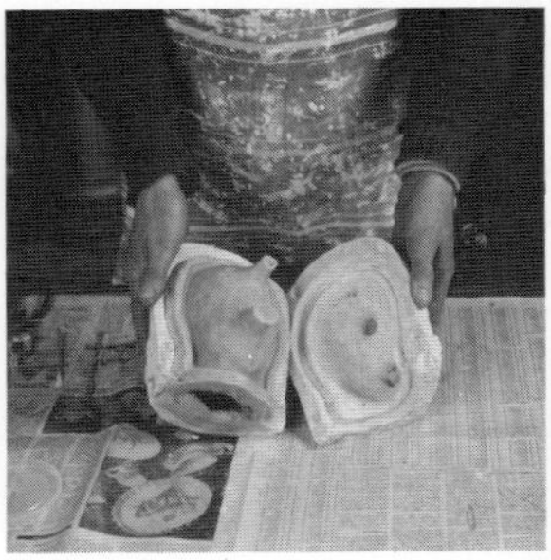

11. Den Draht entfernen, die Gußform öffnen und die beiden Hälften des Gießkastens nacheinander abnehmen.

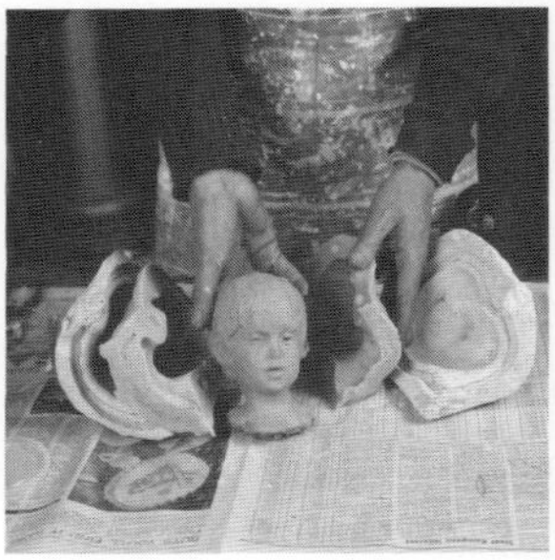

12. Sehr vorsichtig eine Hälfte der Gußform vom Abguß abnehmen. Mit der zweiten Hälfte ebenso verfahren.

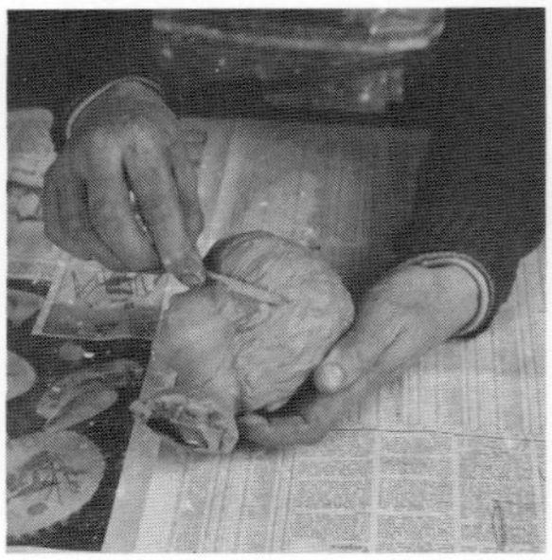

13. Die Naht säubern und überstehendes Harz wegschneiden. Bei kleinen Werkstücken Feilen, bei größeren Maschinen verwenden.

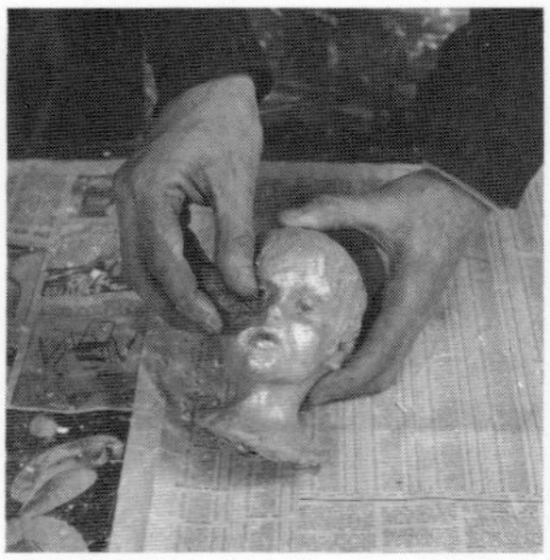

14. Mit Stahlwolle polieren, um den metallischen Glanz herauszubringen.

31

Metallskulptur

Geschichte. Metallarten: Aluminium, Messing, Kupfer, Eisen, Stahl. **Werkzeuge und Techniken:** Schweißen, Ausglühen, Löten, Härten, Nieten, Rostschutzanstrich, Endbehandlung.

Metallskulptur Geschichte

Die Kunst der direkten Metallskulptur (im Gegensatz zum Metallguß) gehört vom Wesen her zur Moderne. Den Menschen der Antike waren einige der Metallskulptur-Techniken bekannt; sie wurden jedoch hauptsächlich im Handwerk eingesetzt, zum Beispiel von Waffenschmieden oder beim Hämmern und Gravieren von Schmuck.

Die Metallarbeiter des alten Ägyptens, die Goldblätter über Holzformen schlugen, und die römischen Handwerker, die Bronzemasken aushämmerten, haben eindeutig direkte Verbindungen zu den Metallhandwerkern von heute. Moderne Künstler bedienen sich der Schmiedetechniken des Grobschmiedes, der Gravierkünste des Juweliers und der Schweiß- und Nietverfahren des Werftarbeiters.

Die Erfindung des Azetylen-Schweißens im Jahre 1895 öffnete den Bildhauern viele neue Möglichkeiten und Bereiche, sowohl von der Objektgröße als auch von der Technik her. Der erste Künstler, der sich dieser Neuerung bediente, war der Spanier Julio González (1876–1942). Seine Schweißarbeiten erschienen 1927, und später gab er seine Fertigkeiten an Picasso (1881–1973) weiter.

Viele Künstler erkannten schnell die Qualitäten des Metalls als Skulpturmedium: Man kann es schneiden, schweißen, gießen, polieren oder patinieren, und das Endergebnis hat eine enorme Dauerhaftigkeit. Einigen Künstlern, die mit geschweißtem Metall arbeiteten, z. B. dem amerikanischen Bildhauer David Smith (1906–1965), gelang in den 40er Jahren der Durchbruch. Nach weiteren zehn Jahren hatte sich die Kunst der Metallskulptur fest etabliert – eine Entwicklung, die in den Arbeiten britischer Künstler wie Anthony Caro (geb. 1924), Alexander Calder (1898–1976) und Lynne Chadwick (geb. 1914) deutlich wird.

Metallskulptur Metallarten

Der Metallarbeiter muß sich der Eigenschaften der verschiedenen Metalle bewußt sein, insbesondere ihrer Verformbarkeit und Duktilität (d. h. wie leicht sie sich zu einem Draht ausziehen lassen).

Aluminium
Dieses Schweißmetall ist schwierig zu bearbeiten, weil es seine Form völlig einbüßt, wenn es erhitzt wird.

Eisen
Reines Eisen rostet schnell und wird in der Bildhauerei immer seltener. Gebräuchlicher sind Legierungen wie beispielsweise Schmiedeeisen, weil der Schmelzvorgang es härter macht als reines Eisen. Schmiedeeisen ist kalt schmiedbar, duktil und leicht zu schweißen.

Kupfer
Als kalt schmiedbares und duktiles Metall verbindet sich Kupfer gut mit Metallen wie Messing oder Bronze. Wasser oder Dampf können ihm nichts anhaben, aber es reagiert mit dem Luftsauerstoff und wird grün.

Messing
Diese Legierung aus Kupfer und Zink wird im allgemeinen zum Schweißen verwendet, aber man hüte sich vor den dabei freiwerdenden giftigen Dämpfen. Messing ist kalt schmiedbar, läßt sich gut polieren und ist rostbeständig.

Stahl
Einige Stahlsorten sind zu hart und spröde für die Verarbeitung. Rostfreier Stahl z. B. ist schwierig zu formen, aber relativ einfach zu schweißen; kohlenstoffarmer Stahl ist sehr beliebt zum Schweißen.

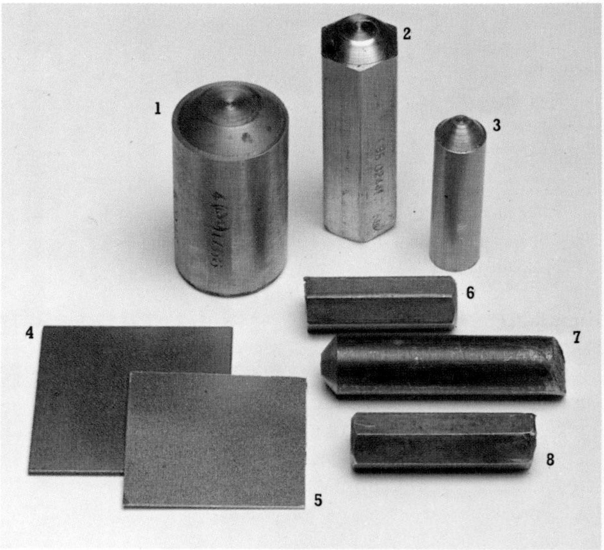

Metallarten Für den Bildhauer ist es wichtig, sich über die Eigenschaften des Metalls, das er benutzen will, im klaren zu sein. Aluminium z. B. gibt es in sechseckigen (**2**, **6**) oder zylindrischen Stangen (**3**, **1**) in verschiedenen Größen. Zu den beliebteren Bildhauermetallen gehören Kupfer (**4**) und Messing (**5**) – hier in Blechform. Eine Vielzahl von Stahlarten wird hergestellt, aber die meisten sind zu hart oder zu spröde zur Verarbeitung. Wie Aluminium wird Stahl in Zylinderform (**7**) oder sechseckig (**8**) hergestellt, aber auch in Blechen und Barren.

Metallskulptur Werkzeuge und Techniken

Werkzeuge für die Metall-Bildhauerei Die Arbeit mit Metall erfordert eine Reihe Spezialwerkzeuge. Ein Metallschraubstock (**8**) ist ein wesentlicher Bestandteil der Grundausrüstung. Er sollte fest an einer Werkbank angeschraubt sein. Auch ein Amboß (**9**) ist von Nutzen; kleinere Modelle kann man auf der Werkbank verwenden; größere Versionen können ein Gesenk haben, das in Verbindung mit schmelzflüssigem Metall benutzt wird. Zu den benötigten Hämmern gehören der Vorschlaghammer (**1**) für schwere Arbeiten, ein Gummihammer (**3**), der die Metalloberfläche nicht beschädigt, ein Meißelhammer (**4**), um Schweißverbindungen sauber zu klopfen, und ein Schlosserhammer (**5**). Zu den benötigten Zangen für die Metallbearbeitung gehören ein kleiner und ein großer verstellbarer Engländer (**2**) und eine selbstschließende, einstellbare Gripzange (**7**). Auch eine Auswahl Meißel, darunter kleine und große (**6**), ist unerläßlich.

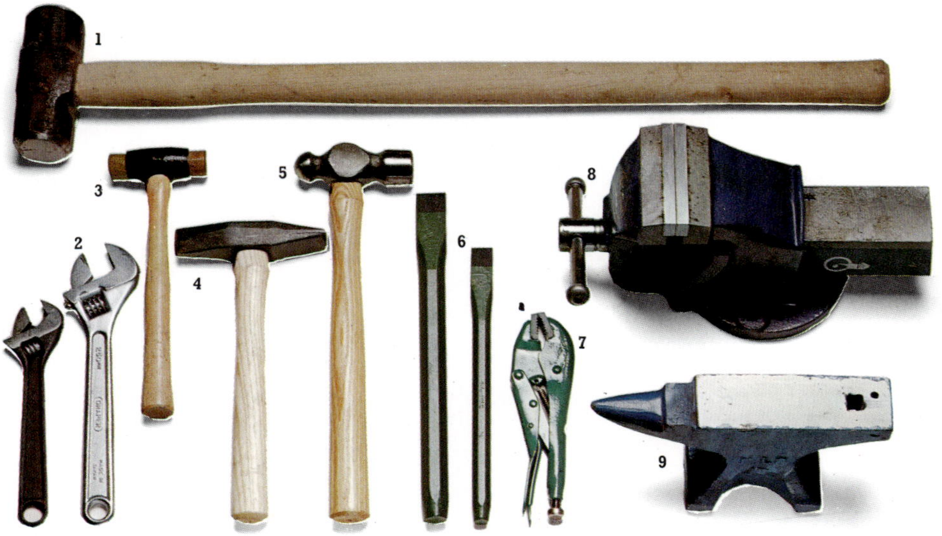

Schweißen
Jede Methode, Metalle miteinander zu verbinden, nennt man Schweißen. Normalerweise geschieht dies durch Elektroschweißen oder durch Autogenschweißen mit Sauerstoff-Azetylen.

Die Kombination von Sauerstoff und Azetylen ist die verbreitetste Energiequelle für die Flamme. Der Schweißbrenner wird so lange über die beiden zu verbindenden Stücke geführt, bis die Metalle schmelzen und sich verbinden.

Elektro-Schweißen ist nicht so vielseitig wie Autogenschweißen und eignet sich aufgrund der intensiven Hitze, Helligkeit und Notwendigkeit, beschwerliche Schutzkleidung zu tragen, die den Zugang zum Werkstück behindert, nicht für das Skulptieren.

Ausglühen
Einer Hitzebehandlung unterzogene und wieder abgekühlte Metalle lassen sich leichter bearbeiten. Das Ausglühen gleicht auch Spannungen innerhalb des Metalls aus. Die Temperatur, auf die es zu erhitzen ist, hängt von der Metallart ab, sollte aber nicht so hoch liegen, daß seine Struktur verändert wird. Kupfer kann man nach dem Erhitzen in Wasser abkühlen. Andere Metalle sollte man langsamer an der Luft abkühlen lassen.

Löten
Eine nicht belastete Verbindung kann man mit dem Weichlot herstellen, einer Legierung aus Blei und Zinn, die einen sehr niedrigen Schmelzpunkt besitzt. Harter Lötzinn hat immer einen hohen Anteil der bearbeiteten Metalle und so einen höheren Schmelzpunkt. Beide Lötarten erfordern, daß die Metalle erst mit Lötwasser gereinigt werden; dies ist eine Lösung, die auf die sauberen Oberflächen aufgetragen wird, um Schmutz und Fett abzuwaschen, damit das Lötzinn richtig hält.

Härten
Durch das sogenannte Härten kann man Stahl auf den erforderlichen Härte- und Elastizitätsgrad bringen.

Nieten
Nietenlöcher kann man bohren oder stanzen. Die Nieten können versenkt werden, und das anschließende Glätten und Abschleifen macht sie völlig unsichtbar. Nieten sind unlösbare Verbindungen; für lösbare Verbindungen sollte man Schrauben und Muttern verwenden.

Rostschutzanstrich
Schutzlacke können klar oder farbig sein und werden stets in mehreren dünnen Schichten auf das Werkstück aufgespritzt statt mit dem Pinsel aufgetragen. Die Oberfläche des Werkstückes sollte vorher mit einem Schleifmittel abgerieben werden, um einen Haftgrund für die Farbe vorzubereiten.

Alternativ dazu kann das Rosten verhindert werden, indem man die Skulptur mit Partikeln eines rostbeständigen Metalls wie Zink besprüht.

Endbehandlung
Die meisten Metalle kann man mit Chemikalien verfärben; Kupfer und Messing z. B. werden grün, wenn man sie in eine Lösung mit heißem Kupfernitrat taucht. Stahl wird schwarz, wenn er in rotglühendem Zustand einem Dampfstrahl ausgesetzt wird.

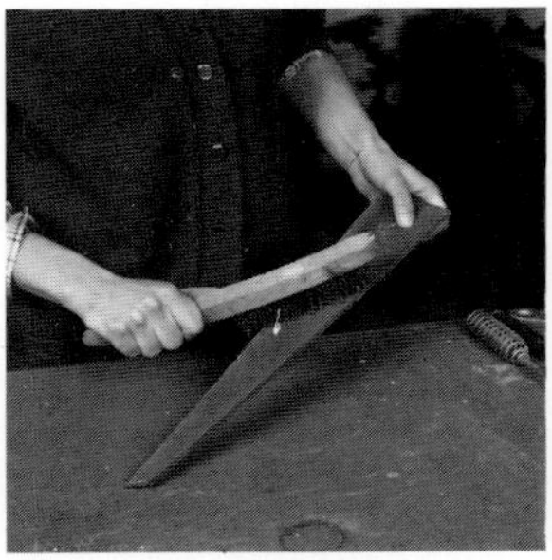

Schweißen 1. Zur Vorbereitung die Oberfläche mit einer Drahtbürste entrosten.

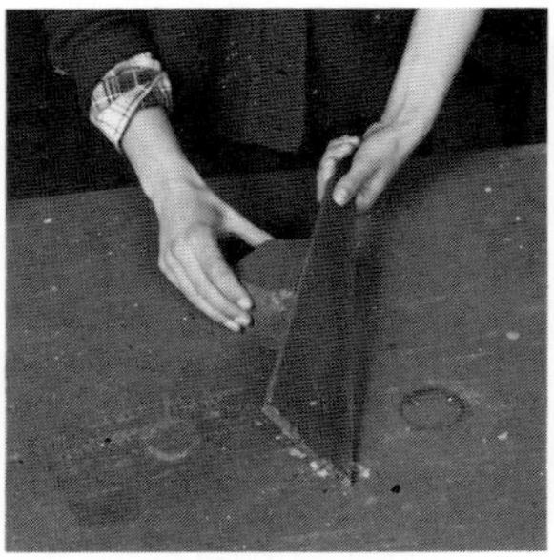

2. Die Schweißkanten aneinanderbringen. Schweißen an Kanten ergibt stärkere Verbindungen.

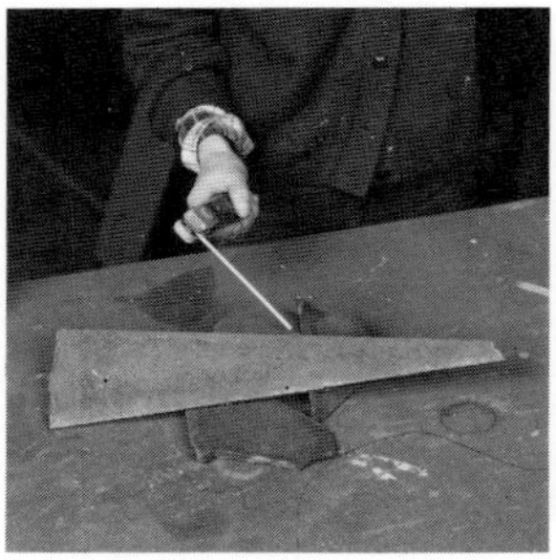

3. Vor dem Schweißbeginn die Stücke so ausbalancieren und, wenn nötig, unterstützen, daß sie fest liegen. (Evtl. Zwingen benutzen.)

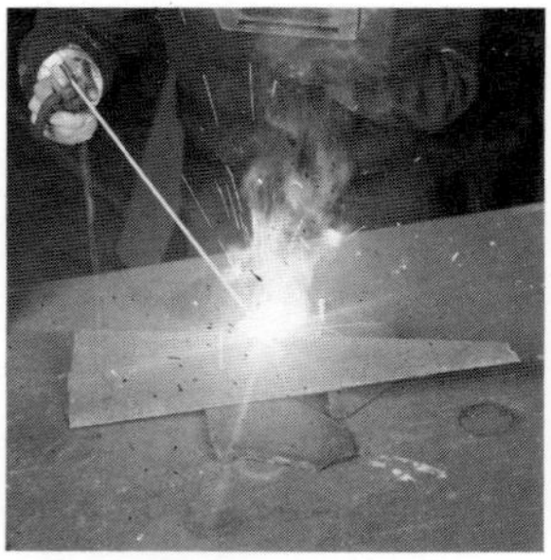

4. Die Kanten verschweißen, indem man den schmelzflüssigen Elektrodenstahl darüberführt.

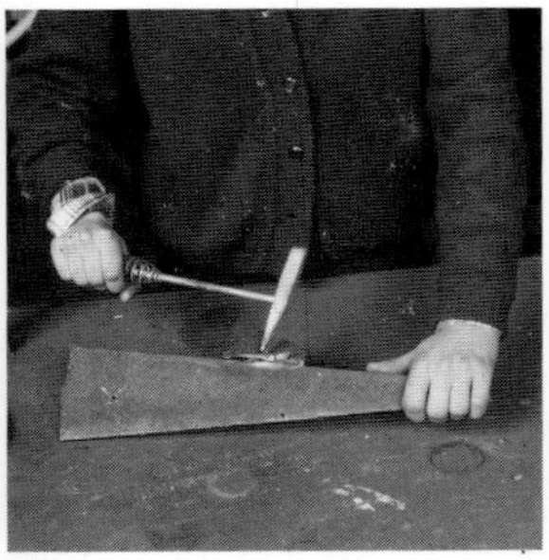

5. Gewichte und Zwingen entfernen und – mit Schutzbrille – die Schlacke mit dem Klopfhammer abklopfen.

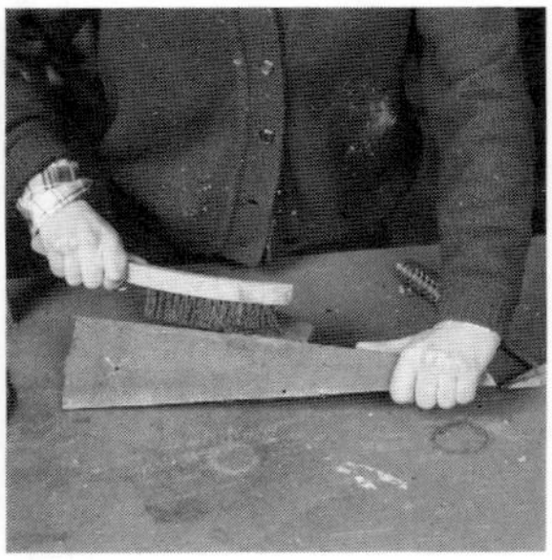

6. Die Schweißnaht mit der Bürste von Schlacke reinigen.

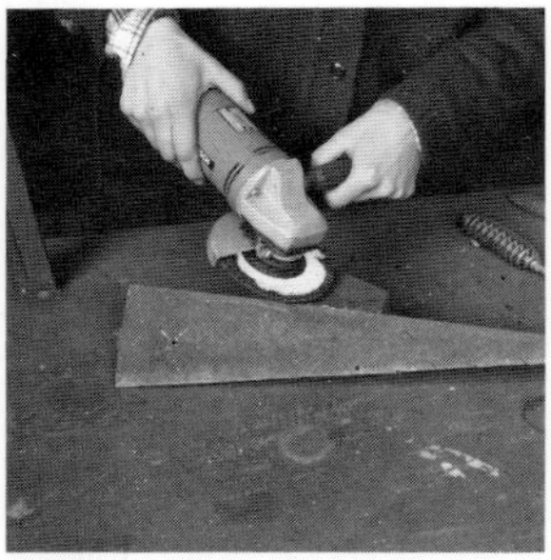

Mit der Schleifmaschine arbeiten
1. Die Schleifmaschine benutzt man, um die Schweißnaht zu säubern. Schutzbrille tragen!

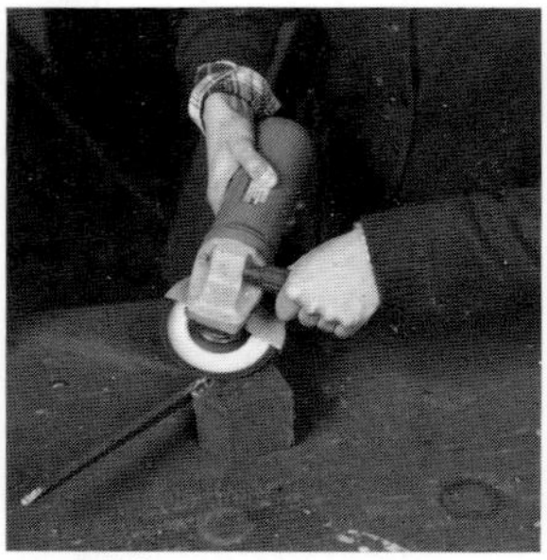

2. Die Schleifmaschine sehr vorsichtig und ruhig halten. Mit der Trennscheibe kann man auch falsche Schweißverbindungen lösen.

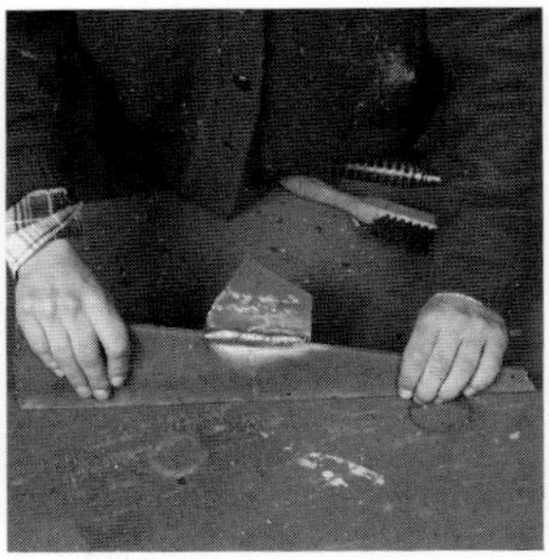

3. Die fertige Schweißnaht sollte glänzen.

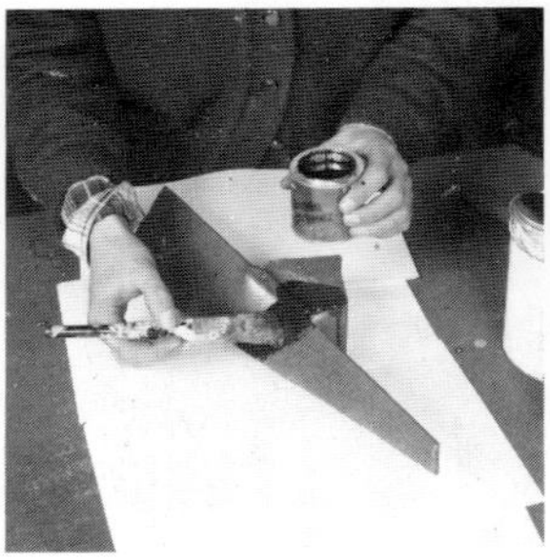

Grundieren 1. Nach der Vorbereitung des Metalls eine erste Lage rote oder weiße Grundierung auftragen.

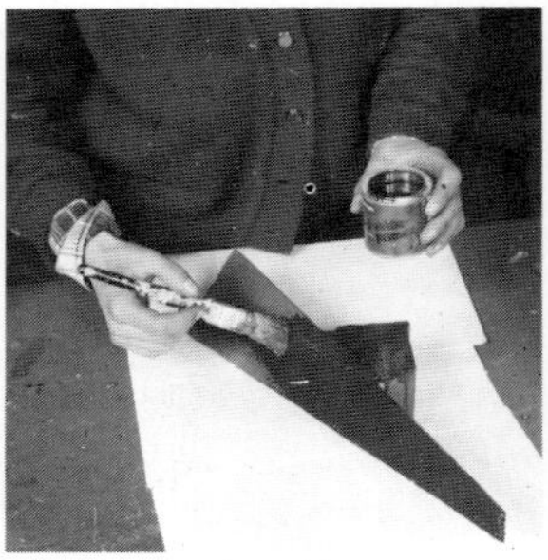

2. Normalerweise reichen zwei Lagen Grundierung aus. Weiße Grundierung ist für einen nachträglichen Farbauftrag besser geeignet.

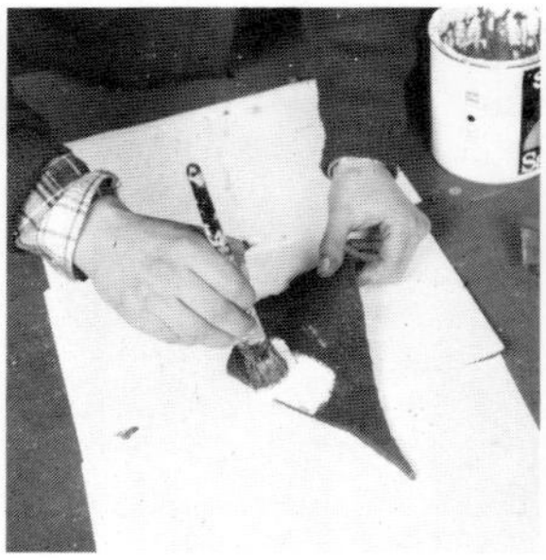

Streichen 1. Eine Schicht Emulsionsfarbe auf die grundierte Oberfläche auftragen.

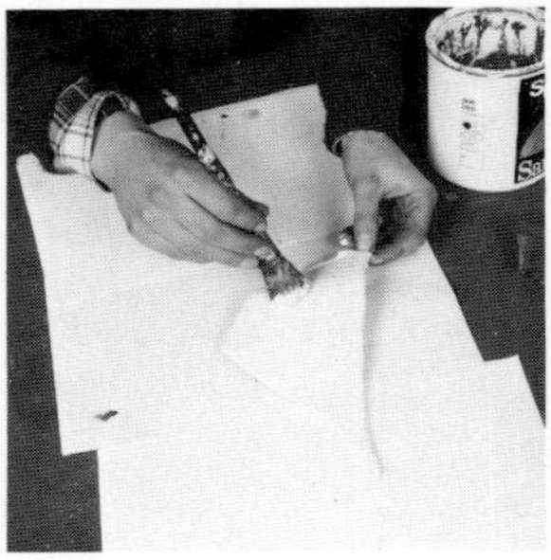

2. Nach Auftragen der zweiten Farbschicht eine Lage matten Polyurethan-Lack auftragen, um die Oberfläche zu schützen.

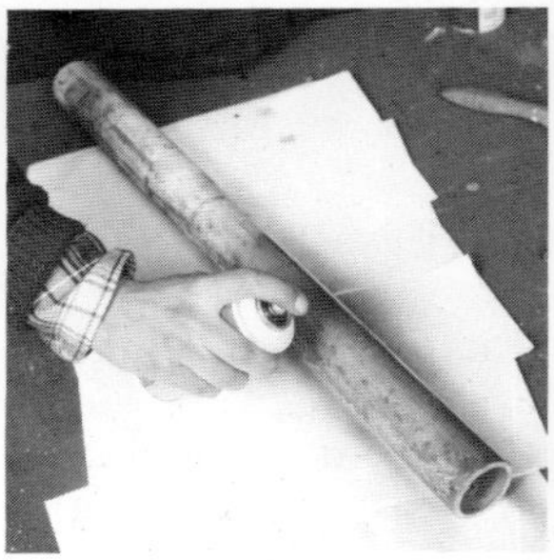

3. Man kann auch Sprühdosen verwenden. Diese Lacke sind hart, und es gibt sie in vielen verschiedenen Farben.

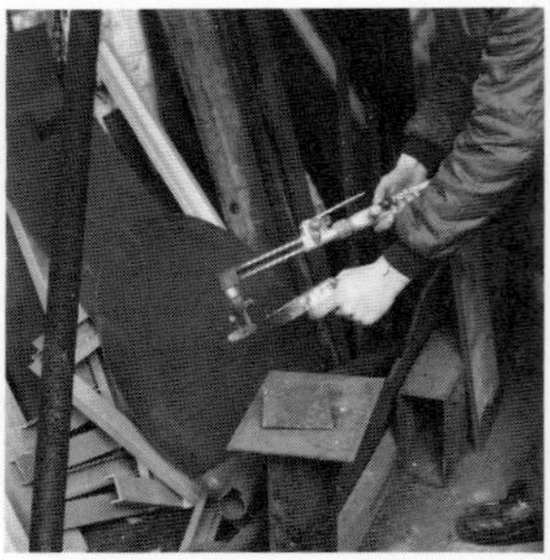

Schneiden 1. Mit dem Azetylenbrenner kann man Metall durchschneiden. Man sollte ihn nur unter gewissenhafter Aufsicht benutzen.

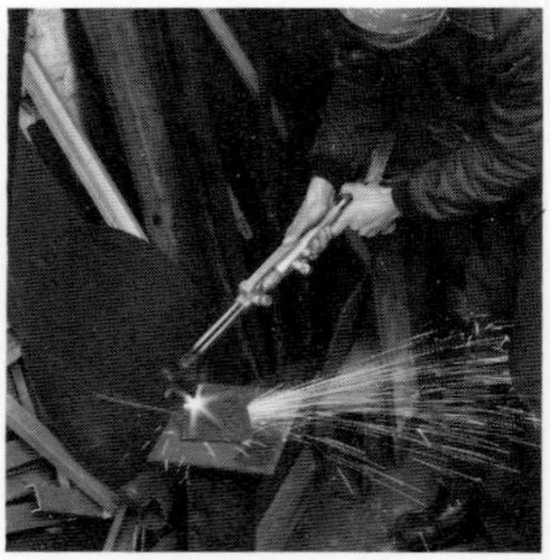

2. Die Schneidflamme wird mit einem Feuerstein-Anzünder entzündet. Strenge Vorsichtsmaßnahmen sind hierbei lebenswichtig.

32

Kinetik

Geschichte. Werkzeuge und Techniken: Hängende Mobiles, Drahtarrangements, Pendeleffekte, Elektromagneten, Kraftquellen.

Kinetik Geschichte

Die Kunst der Kinetik handelt von Zeit und Bewegung. Einige oder alle Elemente eines kinetischen Kunstwerks sind darauf angelegt, mittels Elektrizität, Luftströmungen, irgendwelchen mechanischen oder magnetischen Geräten, Wasserpumpen oder dem kontrollierten Spiel des Lichts auf einer oder durch eine Oberfläche Bewegung zu erzeugen.

Die Pioniere der kinetischen Künste, fasziniert von der Entwicklung des Films und der Technologie des Maschinenzeitalters, begannen die Möglichkeiten zu untersuchen, in ihre Werke echte Bewegung aufzunehmen, statt sich auf die statischen, illusionistischen Formen der traditionellen Malerei und Bildhauerei zu verlassen. Trotz einiger früher Versuche ist die Kinetik im wesentlichen ein Konzept des 20. Jahrhunderts. 1920 schuf Naum Gabo (geb. 1890) seine Skulptur *Stehende Welle*, eine vibrierende Metallstange, und 1930 baute Laszlo Moholy-Nagy (1895–1946) seinen *Licht-Raum-Modulator*, eine ca. zwei Meter hohe, von Scheinwerfern angestrahle Skulptur aus Aluminium- und Chromplatten, die von einem Elektromotor in Bewegung gesetzt wird. Aber einer der eifrigsten Pioniere war Alexander Calder (1898–1976), bekannt durch seine Mobiles, die sich allein durch die Luftströmungen bewegen.

Jan Tinguely (geb. 1922) bringt seine Ambivalenz gegenüber den von Menschenhand gemachten Mechanismus zum Ausdruck, indem er komplizierte Konstruktionen aus Machinenteilen ersinnt, von denen einige darauf angelegt sind, in Stücke zu springen, wenn sie ihren mechanischen Zyklus vollendet haben. In Pol Burys (geb. 1922) kleineren Arbeiten ist die Bewegung der Teile minutiös, eindringlich und enervierend, weil die Kraftquelle verborgen ist. Diese und andere Künstler wie Takis (geb. 1925) und George Rickey (geb. 1907) haben die Kinetik zu einer der innovativsten Kunstformen der 60er Jahre gemacht.

Kinetik Werkzeuge und Techniken

Wie Calders *Mobiles* bewiesen haben, ist nicht alle Kinetik von Maschinen abhängig. Künstler, die sich gegen die Maschinerie wenden, gebrauchten Medien wie gasgefüllte Plastikröhren, Papierblätter, Fahrradreifen, Flaggen, Drachen und Wimpel – tatsächlich alles, was nur manuell oder durch Wind und Luft bewegt wird.

Hängende Mobiles
Unterschiedlich geformte Gegenstände aus Papier, Metall, Spiegelglas, Plastik oder Stoff werden an verschieden langen Kordeln, Draht, Baumwoll-, Plastik- oder Nylonfäden aufgehängt. Diese sind ihrerseits an einem Rahmen aus Holz oder Metall befestigt, den man überall aufhängen kann.

Drahtarrangements
Draht kann man recht einfach in Arrangements einsetzen, die seine Schwingfähigkeit ausnutzen. So besteht beispielsweise die Möglichkeit, an einem Ende eines mitteldicken Klavierdrahtes eine leichte Lagerkugel, einen Tischtennisball oder ein flaches Metallstück mit einer Bohrung zu befestigen. Werden Tischtennisbälle benutzt, sollte man die Drahtspitze in Klebstoff tauchen und so weit in den Ball versenken, bis sie von innen die Gegenseite berührt und dort festklebt. Das andere Ende des Drahtes wird in eine hölzerne Grundplatte mit Bohrlöchern versenkt. Mehrere so befestigte Drähte ergeben eine Reihe von Antennen, die schwingen und vibrieren, wenn sie vom Wind oder mit der Hand angestoßen werden.

Pendeleffekte
Metallkugeln werden mit V-förmigen Faden- oder Drahtstükken in einer Reihe an den oberen Längsseiten eines rechtekkigen Holz- oder Metallrahmens befestigt. Mit den Lagerkugeln kann man Ursache und Wirkung von Bewegungen demonstrieren – z. B. wenn eine Kugel mit einer anderen kollidiert und die anderen der Reihe nach in Bewegung setzt.

Elektromagnete
Außer Motoren und Lichtquellen benutzt man Elektromagnete für kinetische Skulpturen, um Bewegung zu bewirken. Elektromagnete können mit Schaltern, Relais und Zeitgebern kombiniert werden, um Bewegung zu erzeugen und zu steuern.

Kraftquellen
Gleitprojektionen, kaleidoskopische Drehungen und das Aufblitzen von Farben und Formen erfordern eine Kraftquelle wie z. B. Licht, einen Motor oder ein Uhrwerk.

Für Bewegung sorgt ein einfaches Uhrwerk oder ein kleiner Elektromotor. Ihn sollte man nach der Betriebsspannung, der

Arbeitslast, der Motorart und der Umdrehungsgeschwindigkeit der Welle auswählen.

Werkzeuge

Die Wahl der Werkzeuge und Geräte hängt von den verwendeten Medien ab. Hierbei kann es sich um Metall, Holz, Papier, Karton, Pappe, Plastik, Balsaholz, Papiertüten, Perlen, Kugellager, Tischtennisbälle, Streichhölzer, Kordel, Draht handeln. Man braucht Schere, Messer, Zirkel, Lineal, Bleistifte, Nägel, Heftzwecken, Hammer, Leim, einen kleinen Handbohrer, Gummiband, Bindfaden und Klebeband.

Müll und »objets trouvés« (alltägliche Objekte) sind eine besonders fruchtbare Materialquelle für kinetische Arbeiten und ergeben eine Vielfalt von Formen und Stofflichkeiten, die die Gesamtwirkung bereichern können.

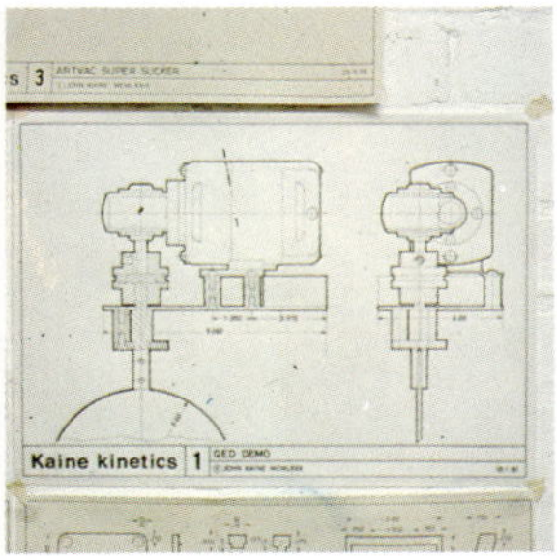

Zeichnung Ein kompliziertes kinetisches Werk mit Motorenantrieb erfordert eine detaillierte technische Zeichnung.

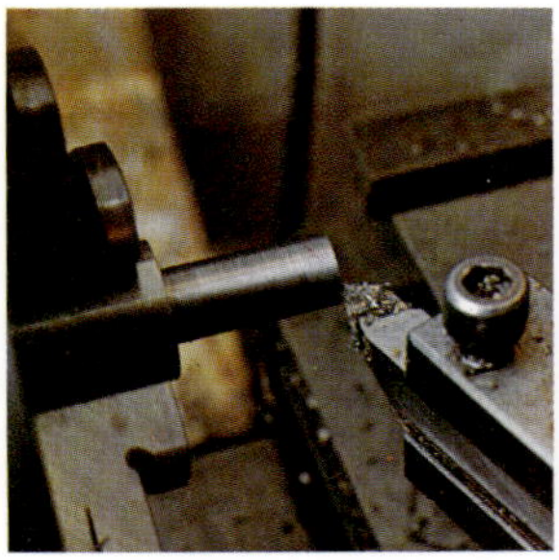

Drehen 1. Metall wird mit absoluter Genauigkeit auf einer Spindel abgedreht (nicht ohne fachmännische Hilfe).

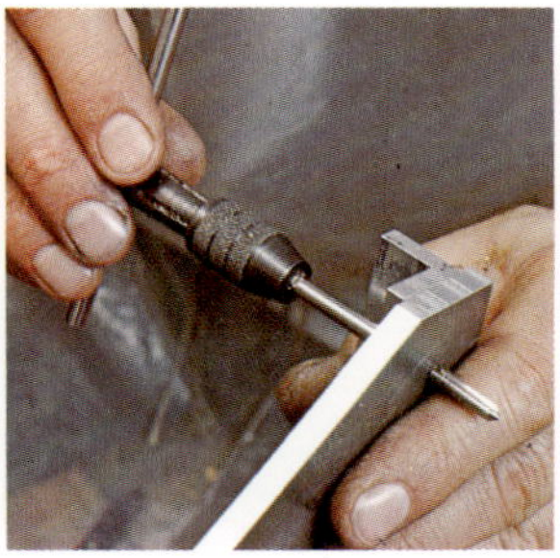

2. Auch mit der Hand kann man mit einem speziellen Gewindebohrer schneiden. Das Prinzip ist dasselbe wie bei der Maschine.

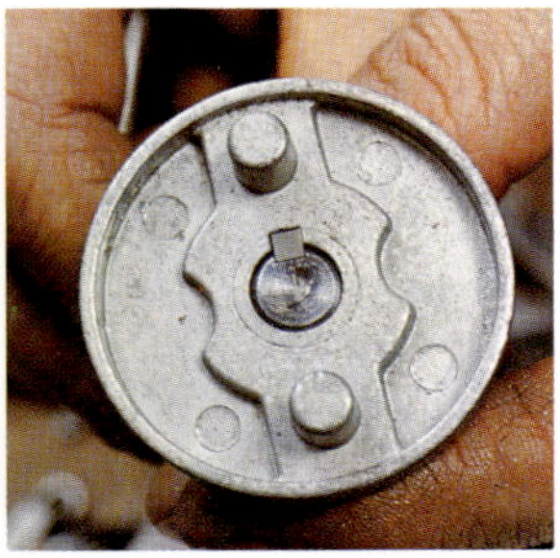

Keilnut in einer flexiblen Verbindung Beim Anschluß einer Welle an einen Motor eine Keilnut anbringen, um Durchrutschen zu verhindern.

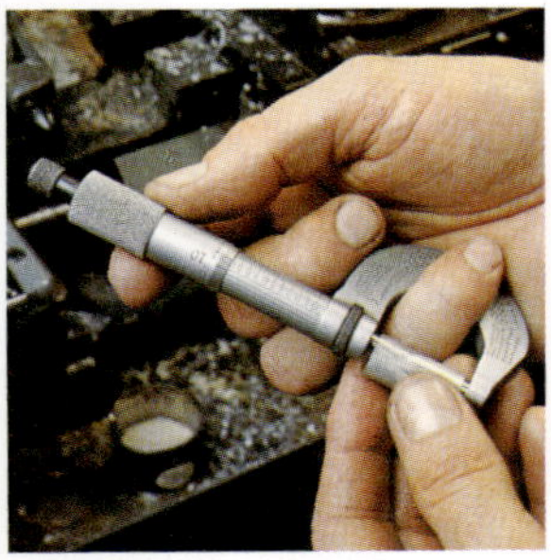

Mikrometerschraube Eine Mikrometerschraube ist ein Meßgerät, das auf drei Dezimalstellen absolut genau ist.

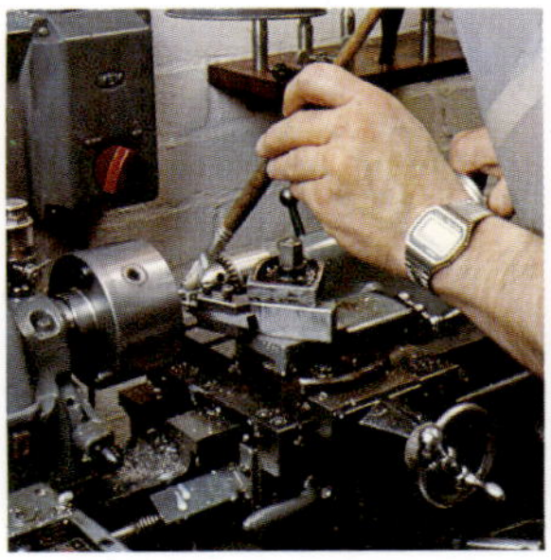

2. Während das Material abgedreht wird, wird es ständig mit Öl geschmiert, um es vor Überhitzung zu schützen.

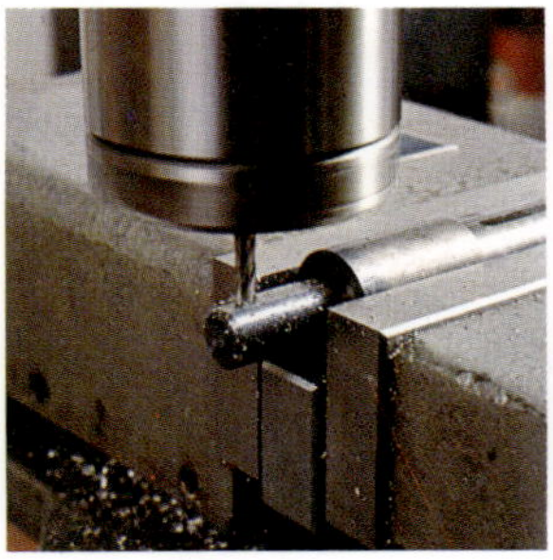

Fräsen 1. Endfräsen auf einer Vertikalfräse dient dazu, Werkstücke abzuspanen, zu kürzen oder Nuten auszufräsen.

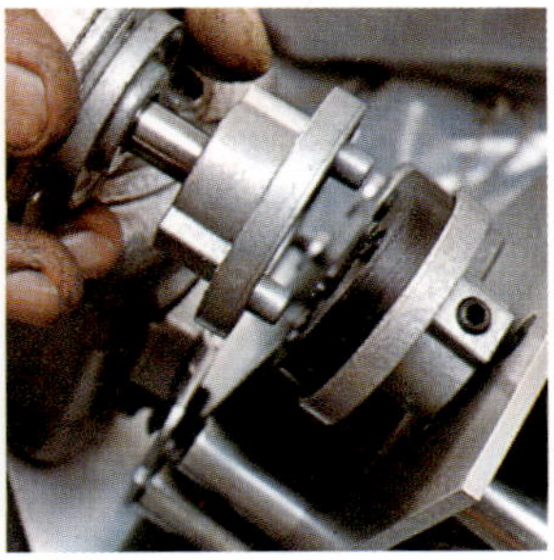

Zusammenbau einer flexiblen Verbindung Die Vibrationen eines Motors machen einen Gummipuffer erforderlich.

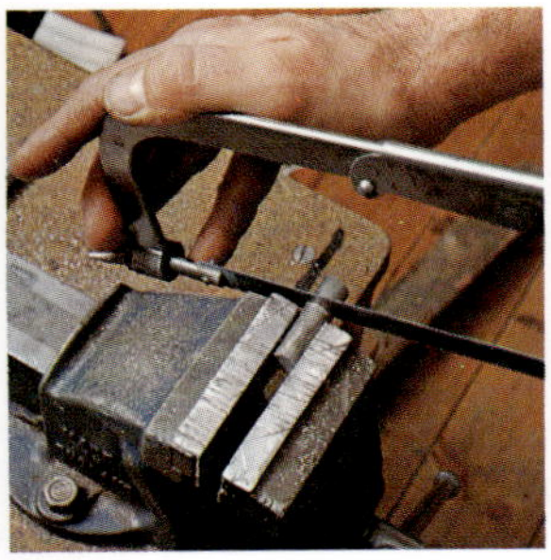

Metall sägen Vor der Bearbeitung mit der Maschine kann man Metall auf eine geeignete Länge absägen. Die Säge an beiden Enden halten.

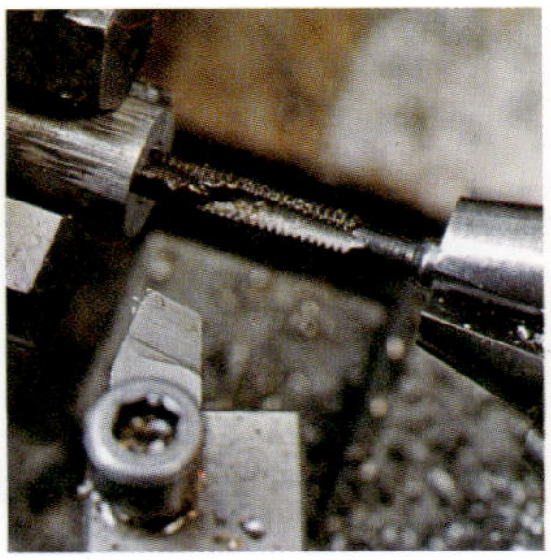

Gewindebohren 1. In ein Bohrloch wird ein Gewinde geschnitten, damit eine Schraube hineinpaßt.

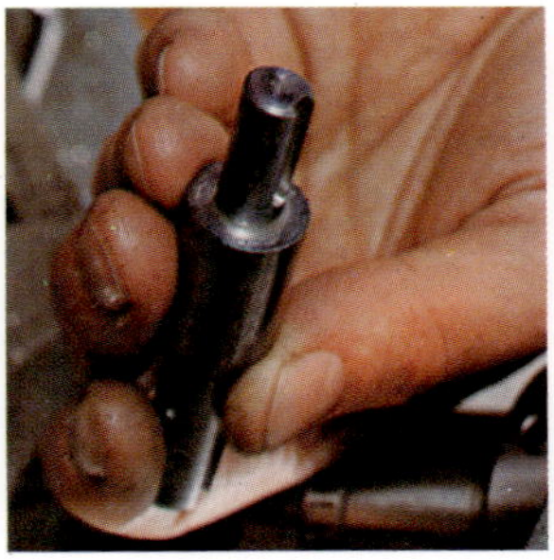

2. Das Metallstück wird fest in die Fräsmaschine eingespannt, und selbst Rundstücke werden sicher gehalten.

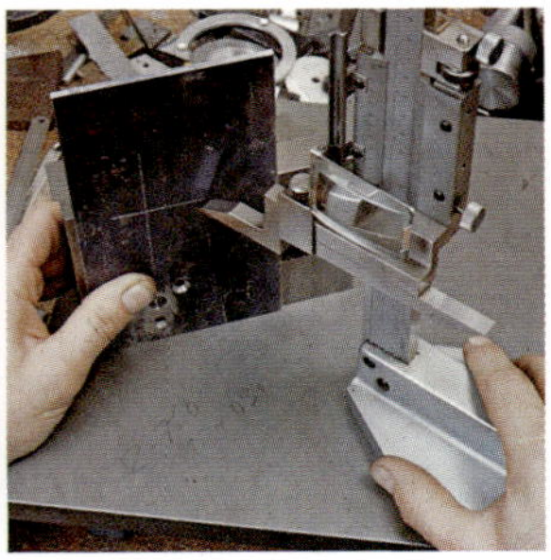

Anreißen An einem Höhenreißzeug läßt sich in bestimmter Höhe ein Stift befestigen, mit dem man das Metallstück genau anzeichnen kann.

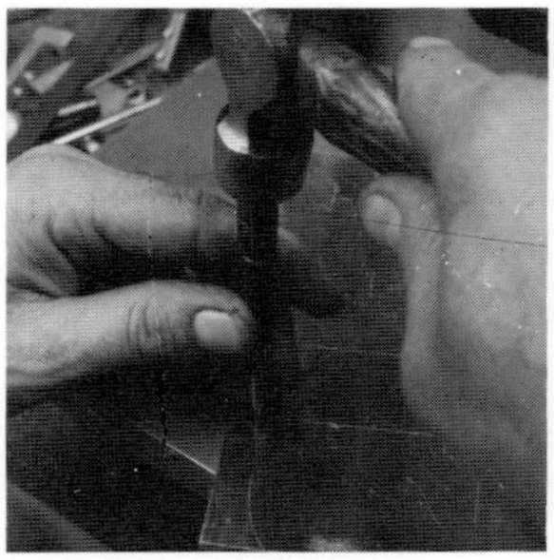

Körner Ein Körner wird auf die angezeichnete Stelle gesetzt und mit einem Hammer aufgeklopft, um eine Bohrung vorzubereiten.

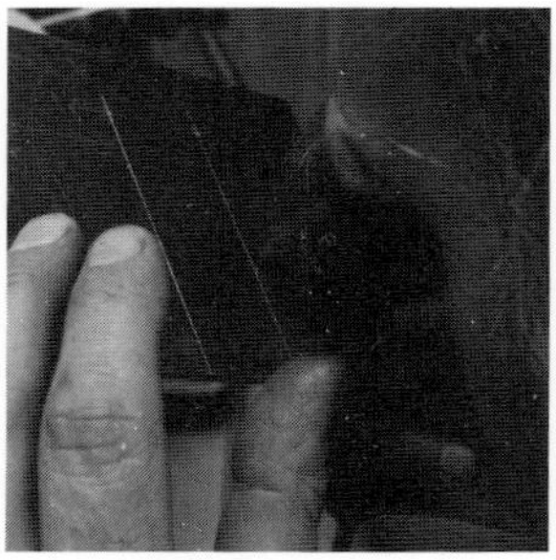

Überprüfung der Körnung Bei dieser Arbeit muß genau überprüft werden, ob die Position des Körnerloches stimmt.

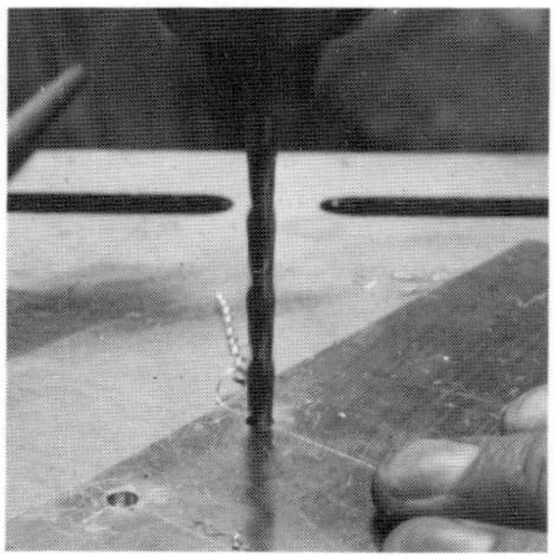

Bohren Das Metallstück muß fest eingespannt sein, damit es nicht wegrutschen kann. Das Loch mit einem dünnen Bohrer vorbohren.

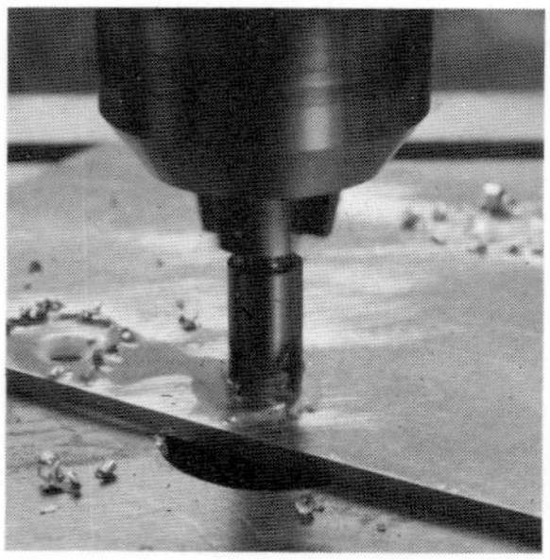

Versenken Bohrlöcher kann man mit einem Spezialbohrer so versenken, daß die angezogene Schraube mit der Oberfläche abschließt.

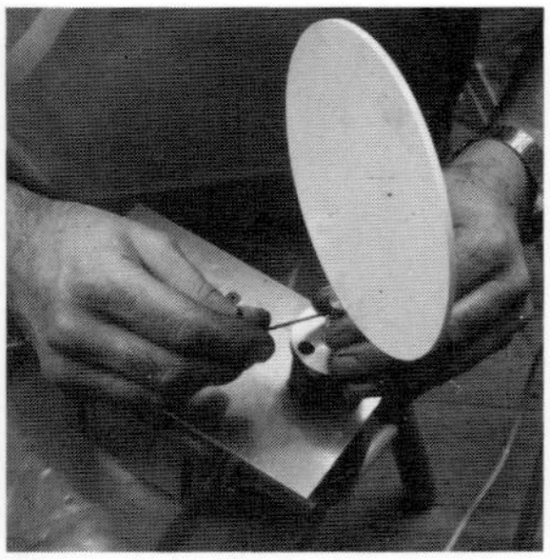

Zusammenbau und Testen Die Konstruktion sollte jedesmal zusammengebaut werden, wenn ein Teil fertig ist, um zu prüfen, ob es paßt.

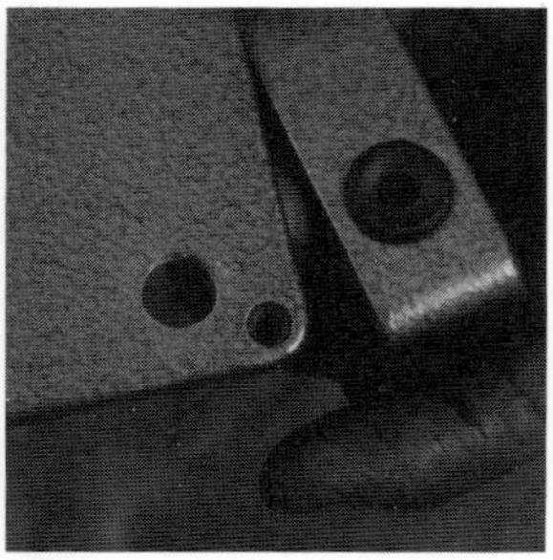

Kabelführung Stromkabel dürfen nicht durch ein Loch im Metall geführt werden, ohne durch eine Gummiöse geschützt zu werden.

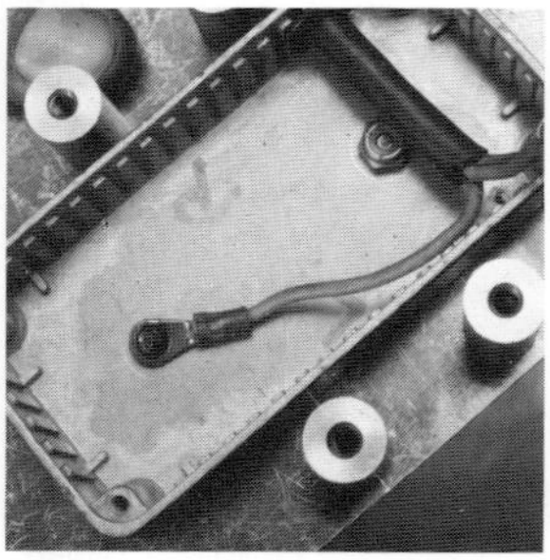

Erdung Jede Metallkonstruktion mit Stromkabeln muß geerdet werden, um die Möglichkeit auszuschließen, daß sie unter Spannung steht.

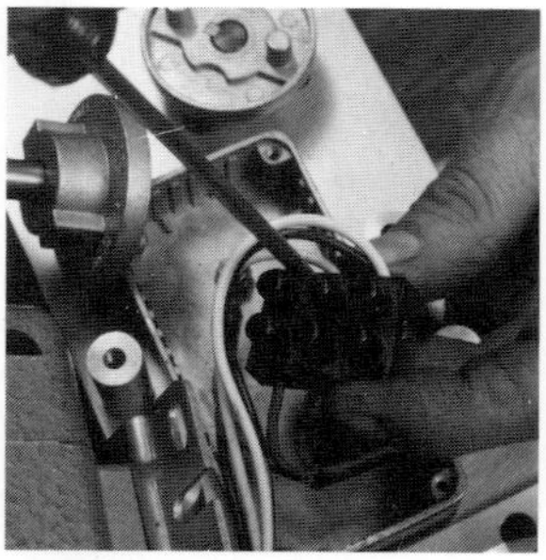

Anschluß des Motors an eine Grundplatte Die Kabel sollten auf einer Grundplatte verdrahtet sein, die in einen Schaltkasten paßt.

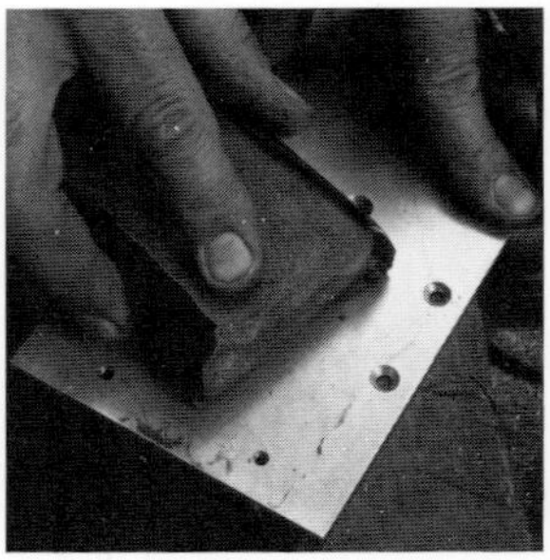

Oberflächenbehandlung 1. Die Metalloberfläche wird zuerst gereinigt, indem sie mit Schleifpapier kräftig abgerieben wird.

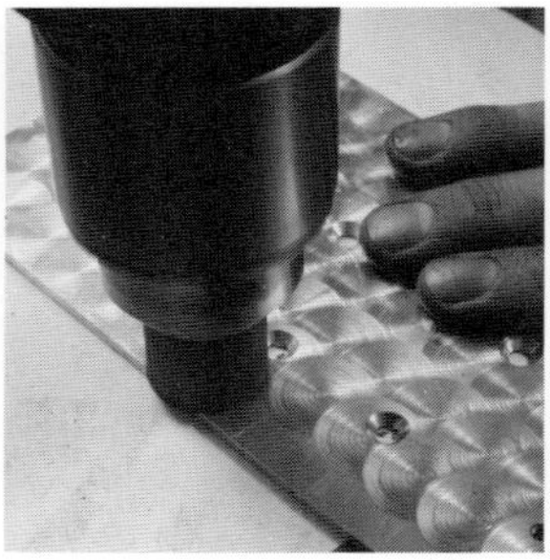

2. In die Bohrmaschine kann man ein mit Schleifpapier überzogenes Stück Holz einspannen, um eine Oberfläche zu strukturieren.

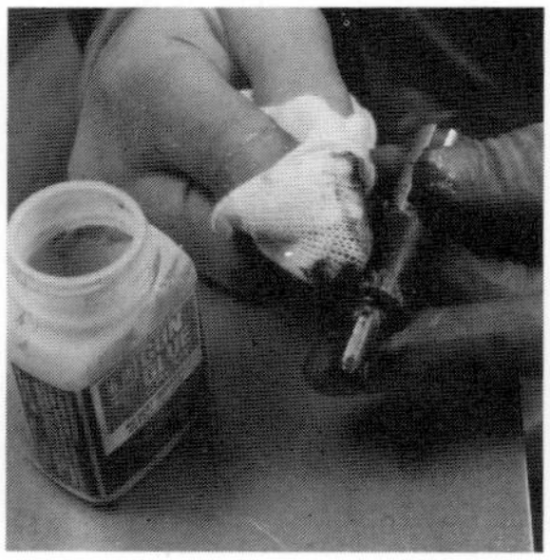

3. Eine Kanonengold genannte Flüssigkeit läßt das Metall durch Oxidation blau anlaufen. Einreiben, feucht abwischen, trocknen und einölen.

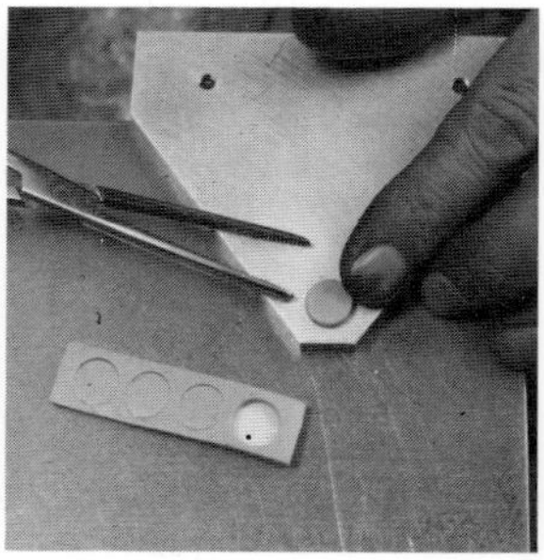

Gummifüße Bei einem frei stehenden Objekt können die Vibrationen des Motors durch Gummifüße abgefangen werden.

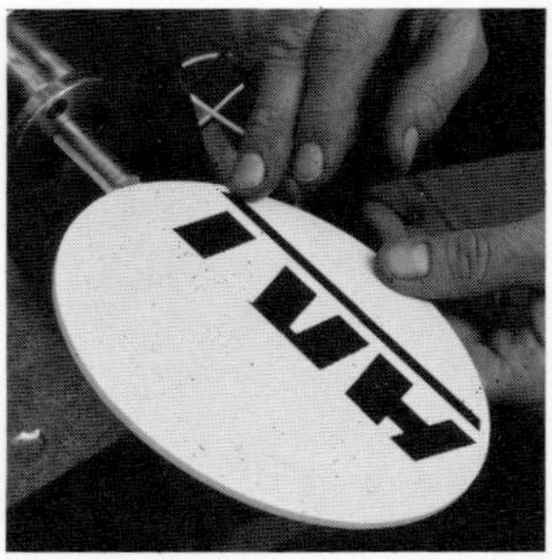

Auftragen eines Bildes Das Metall kann auf mehrere Weisen bemalt werden. Dieses Stück wurde gespritzt und mit einem Aufkleber versehen.

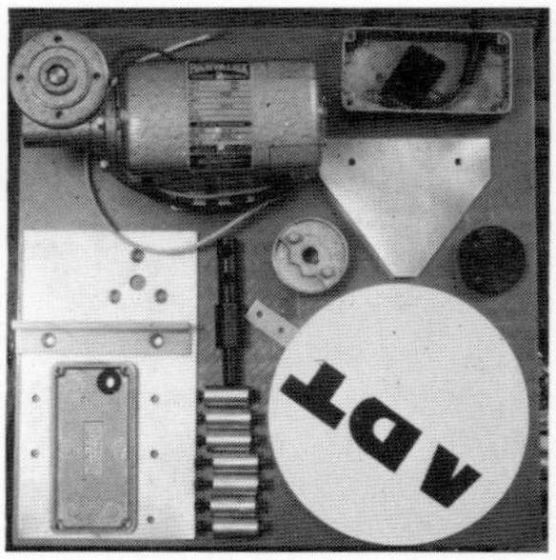

Fertige Teile vor dem Zusammenbau Alle Werkstücke während der ganzen Arbeit in einem Kasten zusammenhalten.

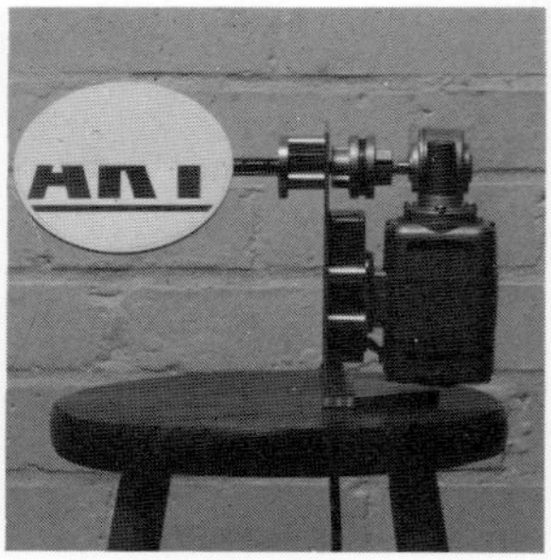

Die fertige Konstruktion Dank sorgfältiger Planung sind im fertigen Werk alle Teile ausbalanciert.

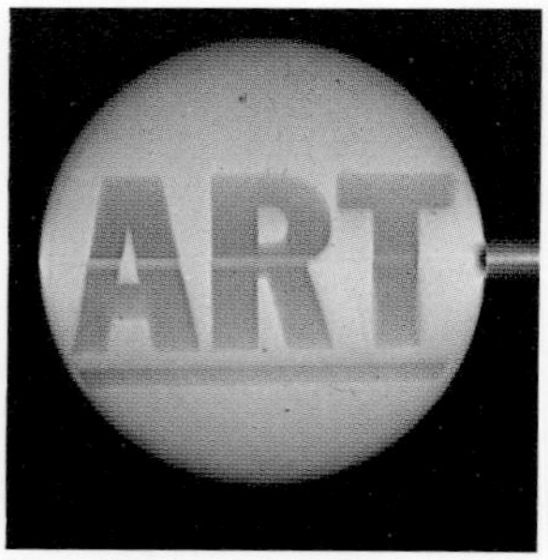

Wenn der Motor eingeschaltet wird, dreht sich die Scheibe so schnell, daß die Buchstaben auf beiden Seiten zu einem einzigen Bild werden.

33

Lichtplastik

Geschichte. Techniken und Geräte. Lichtformen: Glühbirnen, Leuchtstoffröhren, Neonröhren, Röhrenblitze, Laser, Laserholographie, elektrische Bauteile.

Lichtplastik Geschichte

Heutzutage benutzen Künstler durchaus Verfahren, die gewöhnlich nicht mit der Bildhauerei oder Malerei in Verbindung gebracht werden: elektronische Geräte und Schaltkreise, Laser und Computer. Der heutige Künstler muß zuweilen mit Spezialisten wie Elektroingenieuren und Mechanikern, Chemikern, Mathematikern und Physikern zusammenarbeiten. Skulpturen, die Lichtquellen verwenden, sind ein Beispiel für die Art von Arbeit, in der sich ein Künstler vielleicht eine Menge neuer Fertigkeiten aneignen muß und auf die Hilfe erfahrener Techniker angewiesen ist.

Die Illuminierung der Form ist schon immer ein Hauptanliegen der Bildhauer gewesen. Die Quelle und Richtung des Lichtes, das auf eine Skulptur fällt, ist für den Entwurf und die Plazierung des Werkes sehr wichtig.

Plastiken, die direkt aus lichtabstrahlenden Komponenten bestehen, sind ein relativ junges Phänomen. Die frühesten Versuche mit gesteuerten Lichtsystemen als Kunstformen waren Lichtorgeln, die mit Tonspendern gekoppelt wurden. In der ersten Hälfte des 20. Jahrhunderts wurden mit solchen Konstruktionen viele Experimente angestellt, wobei man die Verbindung zur Musik lösen wollte, um die Lichtmuster als eigenständiges Medium darzustellen. Aber diesen Status erreichten sie beim Publikum nie und wurden immer nur als interessante Spektakel angesehen.

Zum gleichberechtigten Skulpturelement wurde das Licht nach dem 2. Weltkrieg, und es ist seither oft in kinetischen Skulpturen verkörpert worden. Lucio Fontana (1899–1968) war höchst einflußreich, indem er die Bedeutung des Lichtes in seiner Kunst wie auch in seinen Schriften hervorhob. Mittlerweile hat sich eine Künstlergeneration fest etabliert, deren Hauptmedium das Licht ist, darunter Martial Raysse (geb. 1936), Dan Flavin (geb. 1933) und Chryssa (geb. 1933). Sowohl Chryssa als auch Flavin schaffen Werke aus Arrangements von Leuchtstoffröhren, bei denen Farbe und Stärke des Lichtes sorgfältig durchdacht sind. Flavins einfache, ruhige Objekte wirken auf ihre gesamte Umgebung ein, während Chryssas Arbeiten eher in sich selbst ruhen und die von Raysse sich direkt auf die Neonzeichen der Werbung beziehen.

Lichtplastik Techniken

Die Arbeit mit Licht kann hochspezialisiertes Wissen verlangen, und es ist notwendig, die Sicherheitsfaktoren peinlich genau zu beachten. Ambitioniertere Arbeiten, wie beispielsweise das Biegen von Glas oder Neonröhren, sollte man recht detailliert auf dem Papier entwerfen und bezüglich der Konstruktion Expertenrat einholen. Jedes Werk, das Wasser oder andere Flüssigkeiten mit Licht in Verbindung bringt, erfordert besondere Isolierung und Sicherheitsvorkehrungen.

Lichtformen

Glühbirnen Die Glühbirne besteht aus einem Wolframfaden in einer Glasbirne. Der Faden glüht durch die Hitze des durchfließenden Stromes. Glühbirnen sind im Handel in einer Vielfalt von Formen, Farben und Glasbeschaffenheiten erhältlich.

Leuchtstoffröhren Die Leuchtstoffröhre ist eine Glasröhre, deren Innenfläche mit Leuchtstoffpulver beschichtet ist. Sie enthält außerdem Argongas und ein wenig Quecksilber. Die Reaktion im Gasgemisch, wenn zwischen den Wolframelektroden Strom durch die Röhre fließt, erzeugt eine ultraviolette Strahlung, die die Beschichtung zum Glühen und zur Lichtabgabe bringt. Leuchtstofflampen verbrauchen weniger Strom als Glühbirnen und sind in vielen Größen und Farben und verschiedenen warmen oder kalten Tönungen erhältlich.

Neonröhren Die Neonröhre ist eine Glasröhre, die mit Neon oder anderem Gas gefüllt ist und an deren Endelektroden ein Hochspannungstransformator angeschlossen ist. Das Licht wird durch die Molekularbewegung des stromdurchflossenen Gases erzeugt, und die Farben von Neonröhren sind das Ergebnis der verschiedenen Gase und der Verwendung von farbigem Glas. Mit fluoreszierenden Beschichtungen der Röhren kann man ein noch breiteres Farbspektrum herstellen.

Elektronenblitz Der elektronische Röhrenblitz dient dazu, brillante, pulsierende weiße Lichtblitze abzugeben.

Laser Der energiearme Laser gibt einen dünnen Lichtstrahl ab, der verschiedene Farben haben kann. Man braucht ihn, um visuelle Muster und Licht-Environments zu schaffen.

Laserholographie Die in den 60er Jahren entwickelte Holographie ist eine Methode, mit Laserstrahlen illusionistische, dreidimensionale Licht-»Bilder« zu schaffen. Große Holographieprojektionen kann man in szenischem oder architektonischem Kontext einsetzen. Die Projektionen sind ungefährlich, aber man muß Vorkehrungen treffen, damit die Betrachter nicht direkt in die Lichtquelle blicken können.

Geräte

Beim Arbeiten mit elektrischen Geräten ist es erforderlich, alle an die Stromquelle angeschlossenen Verbraucher sorgfältig zu überprüfen. Die Stromstärke wird in Ampere gemessen und die Spannung in Volt. Die Leistung, die sich aus Stromstärke und -spannung ergibt, wird in Watt gemessen. Privathäuser und Galerien werden mit einer Normspannung versorgt, auf die bei der Konstruktion der Geräte zu achten ist. Außerdem kann Spannung als Gleich- oder als Wechselstrom anliegen. Beim Wechselstrom alternieren die Pole zwischen Plus und Minus mit einer stetigen Frequenz. Haushaltsstrom ist gewöhnlich Wechselstrom, Batterien liefern Gleichstrom, wobei ein Kabel stets den Pluspol darstellt.

Kabel, Stecker, Fassungen und alle Elektroinstallationen sollten die richtigen Anschlußwerte in Watt und Volt für die Stromquelle haben. Der Querschnitt der Drähte muß der Belastung entsprechen, die unter anderem von der überbrückten Entfernung abhängt. Kabel müssen immer gut isoliert sein, und man sollte ihre Farben unbedingt berücksichtigen. Bei der Anlage eines komplizierten Schaltkreises ist ein kompletter Schaltplan erforderlich.

Elektrische Bauteile

Stromleiter bestehen aus isoliertem Kupferdraht. Dieser kann massiv sein oder aus Fasern bestehen und auf verschiedene Weise isoliert sein. Starker Strom erfordert dickere Kabel.

Widerstände regeln den Stromfluß in Schaltungen. Mit Rheostaten oder Regelwiderständen kann man die Lichtstärke von Skulpturen oder Environments erhöhen oder vermindern. Mit Motor-Rheostaten, die auf verschiedene Zeitsequenzen einstellbar sind, kann man automatisch veränderliche Beleuchtungen erzeugen.

Sensoren reagieren auf Temperatur, Feuchtigkeit, Licht, Schall, Vibration oder Luftdruck und steuern damit elektrische oder mechanische Apparate. Uhren und automatische Zeitgeber sind im Elektrofachhandel erhältlich.

Lichtplastik Diese Plastik vor der Galerie Hayward in London verbindet Licht und Kinetik. Der 15 m hohe Turm, der aus 108 Leuchtstoffröhren besteht, ist vom jenseitigen Themseufer aus deutlich zu sehen. Der Rahmen ist aus sechs vertikal aufeinandergesetzten Oktaedern gebaut, die einen spiralförmigen Turm ergeben. Die fünf Farben – Gelb, Magenta, Rot, Grün und Blau – stellen die fünf verschiedenen Muster, die die Konstrukteure in dem Bauwerk erkannten, dar. Bis auf die roten Neonröhren sind alle Farben kalte Kathodenröhren, die mit Argon und Quecksilber gefüllt sind. Die Röhren werden in einer Folge eingeschaltet, die von der Stärke und Richtung des über den Fluß blasenden Windes abhängig ist. Die Passanten können sehen, wie sich die Formen des Turms ständig verändern.

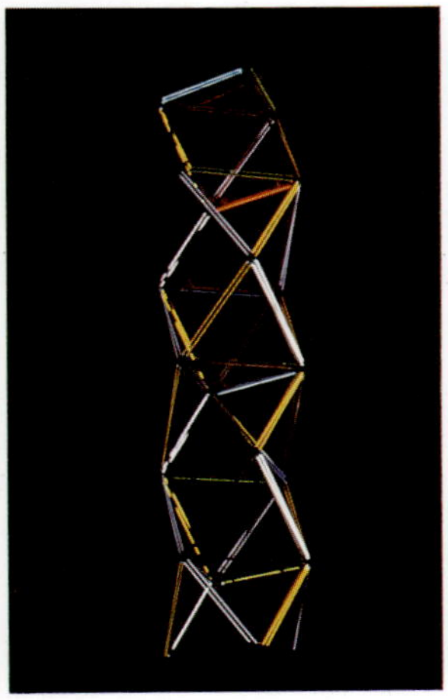

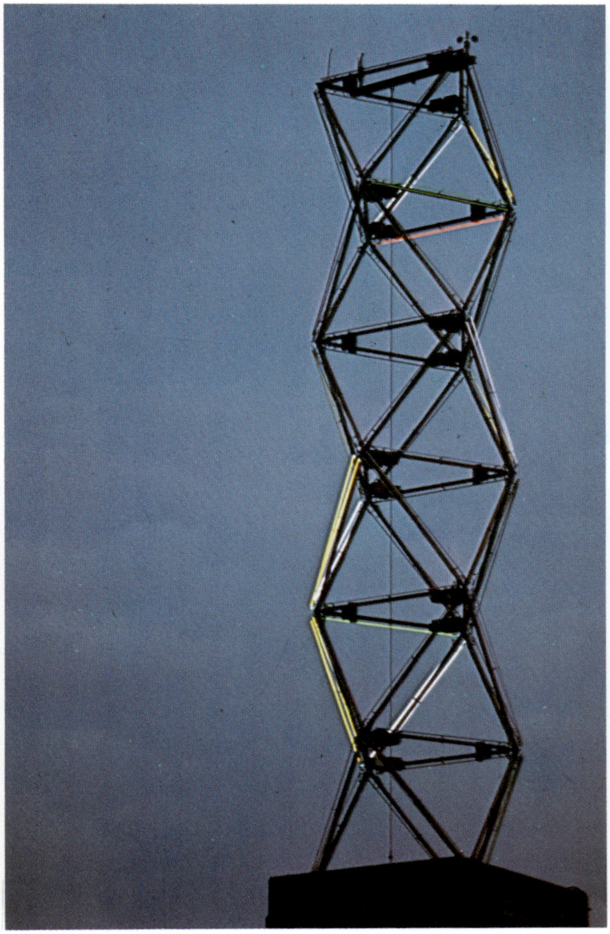

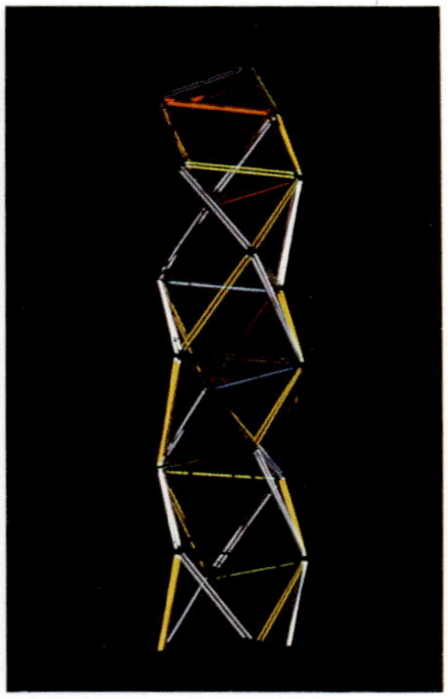

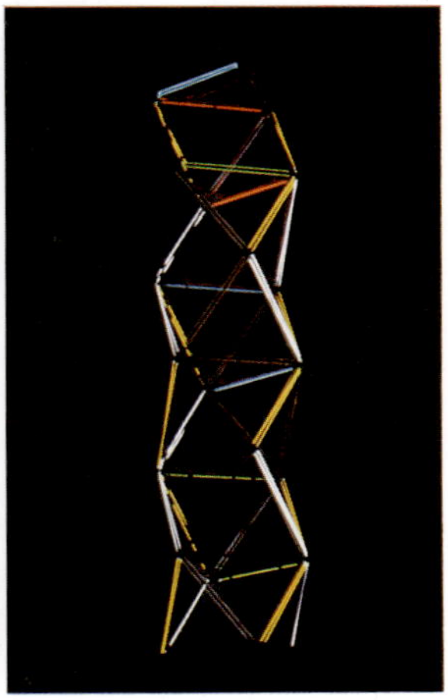

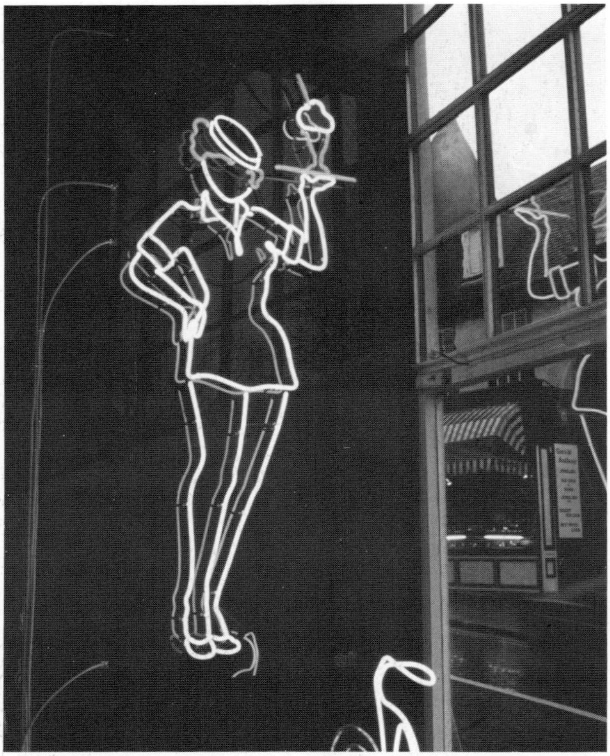

Leuchtstoffplastiken Eine Lichtplastik aus Leuchtstoff- oder Neonröhren herzustellen ist so kompliziert und gefährlich, daß man die Arbeit damit am ehesten Profis überlassen sollte. Der Entwurf sollte so einfach wie möglich sein und eher sanfte als scharfe Biegungen aufweisen. Man bezeichne auf der Arbeitsskizze die Farbe und Dicke der Röhren. Die gebräuchlichsten Dicken für die Skulptur sind 9 mm, 11 mm und 15 mm. Außerdem sollte man skizzieren, wo die Elektroden liegen sollen und wie viele Transformatoren benötigt werden. Vor dem Biegen einer beschichteten Röhre muß man sie über einem Leuchtkasten auf Beschichtungsfehler überprüfen. Da die meisten beschichteten Röhren in unbeleuchtetem Zustand weiß aussehen, muß man auch die Farbe unter einer UV-Lampe überprüfen. Beim Biegen ist größte Sorgfalt angebracht – wenn man das Glas z. B. dabei abkühlen läßt, kann es springen. Wenn die Röhren fertig sind, muß sie ein Elektriker isolieren und an die Transformatoren anschließen. Die Grundplatte, auf die das Werk schließlich montiert wird, muß mit Bedacht gewählt werden. Plexiglas ergänzt das Licht mit Spiegelungen, während Samt das Licht absorbiert. Holz eignet sich nicht, da das Glas leicht springt, wenn sich das Holz verzieht.

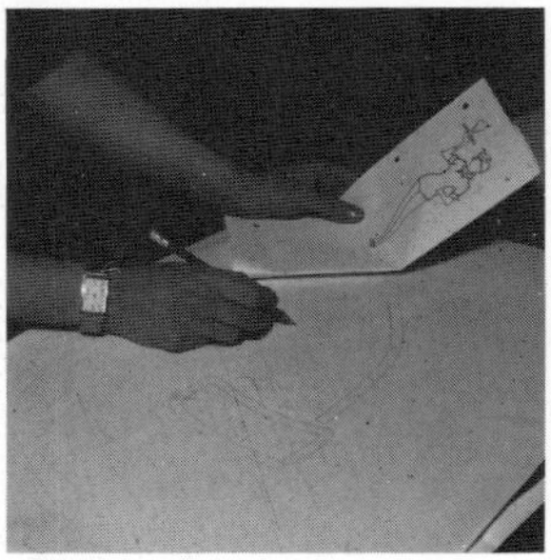

Entwurfszeichnung Den Entwurf maßstabsgerecht mit parallelen Linien in Röhrenbreite zeichnen (Ausführung wird spiegelbildlich).

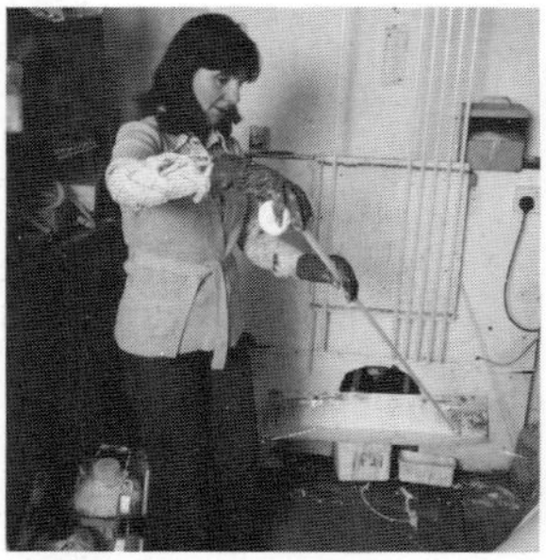

Beschichten einer Röhre
1. Beschichtungsmasse unter ständigem Drehen in eine trockene Glasröhre gießen; 30 Minuten trocknen.

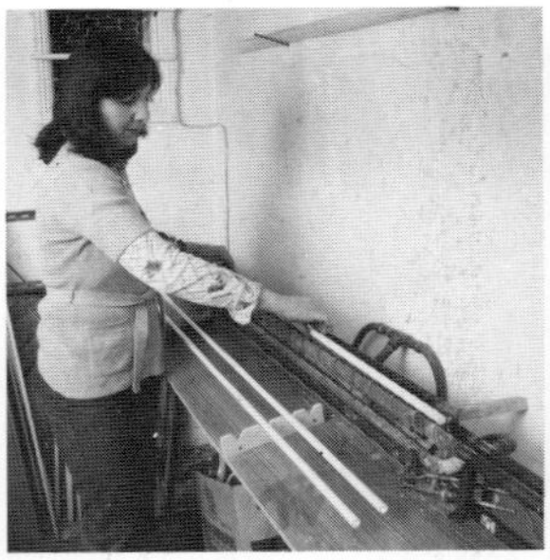

2. Die beschichtete Röhre über der Flamme 4 Minuten lang erhitzen, um chemische Verunreinigungen der Beschichtung zu entfernen.

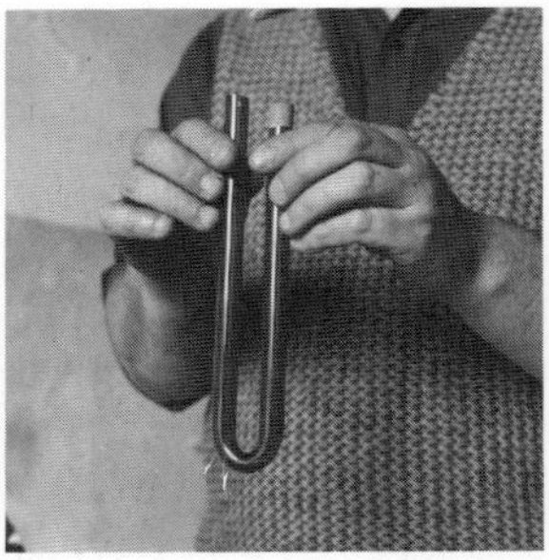

Glasbiegen 1. Ein Ende der Röhre verkorken. Das rotglühende Glas biegen und hineinblasen, um den Röhrenquerschnitt zu wahren.

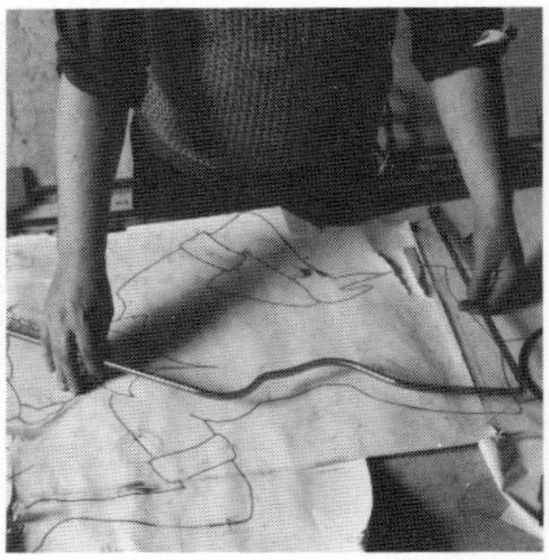

2. Auf dem Glas und dem Entwurf anzeichnen, wo gebogen werden muß. Das Glas dann in einem Gestell abkühlen lassen.

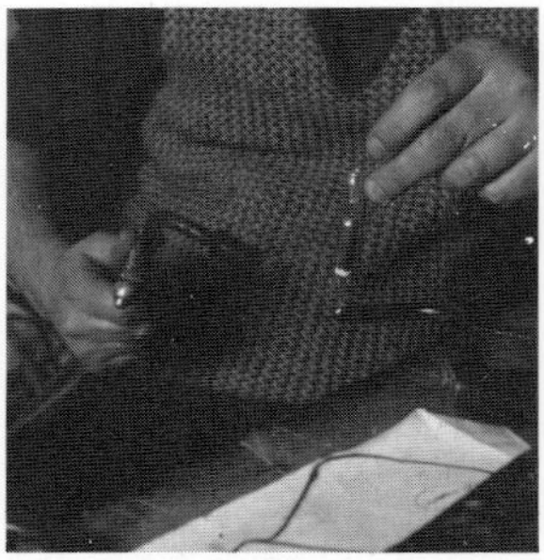

Elektroden anbringen Ein Ende der Röhre verschließen. Ein Loch ins Glas blasen und die Elektrode einsetzen.

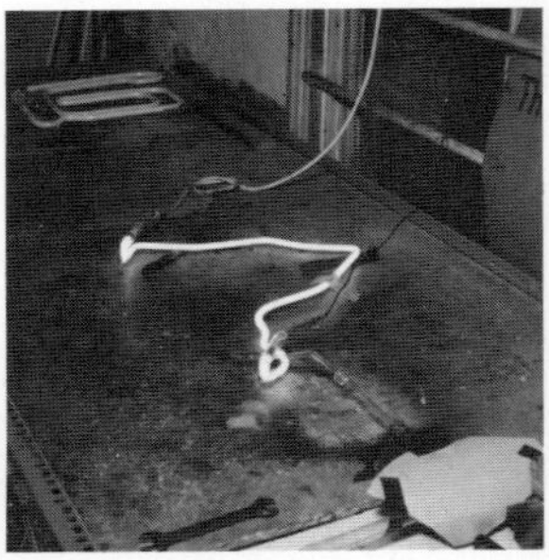

Fertigstellen 1. Zur Beseitigung von Verunreinigungen wird die Röhre mit einem Hochspannungsstrom bombardiert.

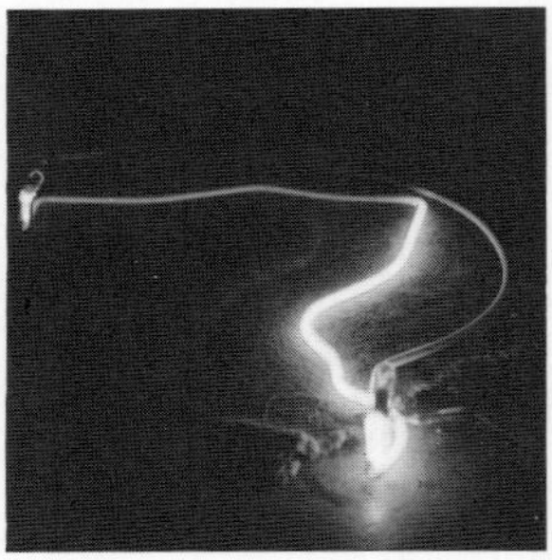

2. Leuchtstoffbeschichtete Röhren mit Argon füllen. Das Gas ergibt ein stumpfes Licht, bis es mit Quecksilber gemischt wird.

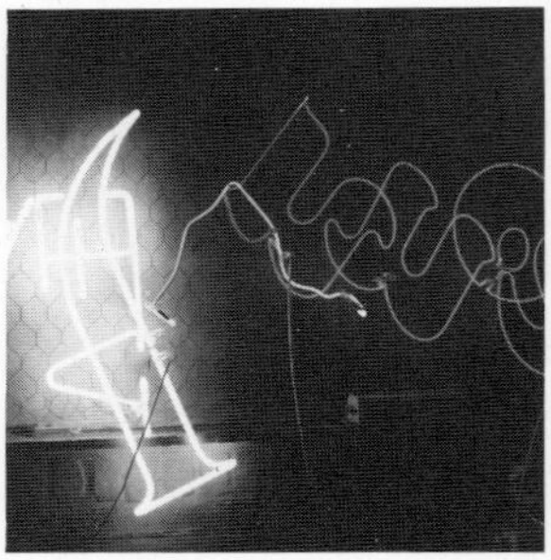

3. Als Schlußkontrolle die erleuchtete Röhre 45 Minuten bis 4 Stunden lang aufhängen.

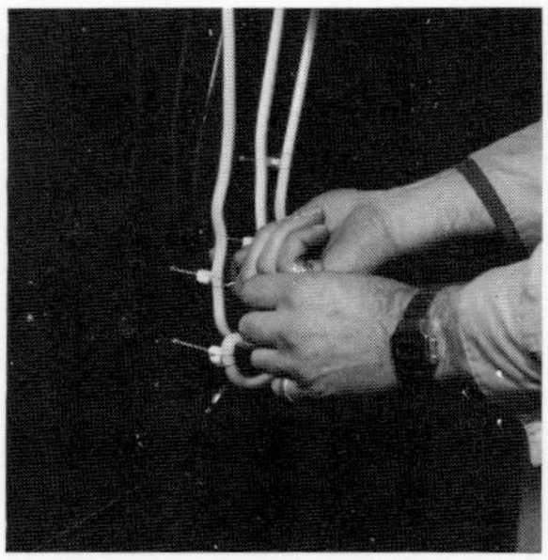

Montieren Löcher bohren und Porzellan- und Messinghalterungen anschrauben. Die Skulptur mit Draht an den Halterungen befestigen.

34

Chrom- und Spiegelplastik

Geschichte. Techniken und Effekte: Der Einsatz von Licht, Spiegeleffekte, Arbeiten mit Chrom.

34 Chrom- und Spiegelplastik Geschichte

Eine moderne Kunstrichtung arbeitet mit reflektiertem Licht als Hauptmedium. Die betreffenden Künstler verwenden Spiegel und Chrom, um Licht auf verschiedene Weise zu reflektieren. Der amerikanische Künstler Robert Smithson (1938–1973) ist typisch für eine Gruppe, die mit Hilfe von Spiegeln optische Täuschungen hervorruft. In einem seiner Stücke plazierte er eine Reihe quadratischer, 30 cm langer Spiegel auf die Erde ins Gebüsch, deren jeder ein Stück Himmel reflektierte. Das Ergebnis war, daß zwischen Erde und Unterholz Himmelsflecken erschienen, die wie »Fenster« in der Erde wirkten.

Hinter dem Schaffen vieler Künstler, die sich mit Licht und Reflektion befassen, liegt in gewissem Maße eine Abkehr von der Spontaneität, Leichtfertigkeit und oft ausgiebigen Selbstdarstellung eines Großteils der Nachkriegskunst. Oft betrachtet man es als eine Zurückweisung der parallel laufenden künstlerischen Trends Pop Art und abstrakter Expressionismus. Statt dessen weist der wissenschaftliche Ansatz vieler dieser Arbeiten auf eine Tendenz zur Anonymität hin. Sie wirken oft starr und unnahbar und sind häufig aus fabrikmäßig vorgefertigten Teilen hergestellt. Viele der Werke werden tatsächlich nach Entwürfen der Künstler gänzlich in der Fabrik angefertigt.

Zu den bedeutenderen Künstlern mit diesen Medien gehört die Amerikanerin Yoyoi Kusama (geb. 1919), die mit den Environment-Arbeiten und Happenings der 60er Jahre in Verbindung steht. Eines ihrer wichtigeren Werke heißt *Endless Love Room*. Seine roten und weißen Objekte werden von Spiegeln in scheinbar unendliche Entfernungen reflektiert. Auch ihre *Peep Show* stellte mit Spiegeln weitläufige Ansichten in der Horizontalen und Vertikalen her. Der Raum wirkte, als bestehe er aus einer Vielzahl von Wänden. Der Betrachter schaute durch ein Guckloch in den Raum, in dem in einer bestimmten Form angeordnete Glühbirnen an- und ausgingen und nach außen reflektiert wurden.

In vielen dieser Kunstwerke spielt die Mathematik eine wichtige Rolle. Die argentinische Künstlerin Martha Boto (geb. 1925) verwendete in ihren Arbeiten, von denen viele beweglich waren, eingebaute Lichtquellen, und viele Kritiker meinten, daß ihre Arbeiten überhaupt nur noch aufgrund tiefen Verständnisses mathematischer Gesetze zugänglich seien.

Auch Chrom wird oft benutzt, um Lichteffekte zu spiegeln und zu steuern. Der 1929 in Europa geborene Milan Dobes, der heute in Amerika arbeitet, hat in seinen Konstruktionen Chrom, Stahl und Spiegel verwendet – z. B. in einem Werk, das aus Reihen von konkaven »Schalen« aus reflektierendem Metall besteht.

Die 60er Jahre, die so viel an Originalität hervorgebracht haben, scheinen auch eine Art Zenit für das Werk der Künstler darzustellen, die hauptsächlich Spiegel und Chrom verwendeten. In den 70er Jahren hat diese Richtung leicht nachgelassen – wenn auch mit einigen bemerkenswerten Ausnahmen.

Chrom und Spiegel Techniken und Effekte

Der Einsatz von Licht

Licht spielt eine Schlüsselrolle in der Spiegelskulptur. Bei vielen Werken, beispielsweise Yoyoi Kusamas *Peep Show* und einige von Martha Botos Strukturen, ist die Lichtquelle bewußt ins Werk integriert. Andere Arbeiten beruhen auf externen Lichtquellen – auf künstlichem oder Tageslicht. Glühlampen, Leuchtstoff- und Neonröhren sind alle zur Anwendung gekommen.

Spiegeleffekte

Ein Haupteffekt der sorgfältigen Spiegelverteilung ist der Eindruck, Stücke seien aus einer Ebene herausgeschnitten und in eine andere gesetzt worden, wie z. B. bei einer einfachen Konstruktion Teile einer Wand auf der gegenüberliegenden erscheinen.

Ein weiterer Effekt ist die Verzerrung. Der Amerikaner Robert Morris (geb. 1931) setzte verspiegelte Würfel auf den Boden, was den Eindruck erweckte, als würde der Boden an den Würfelseiten hinauf verlaufen. Auch das Empfinden von Raum und Unendlichkeit bei Spiegeln, die Spiegel reflektieren, wird oft ausgenutzt.

All diese Effekte kann man horizontal und vertikal herstellen, um dem Betrachter sowohl nach oben und unten als auch zu den Seiten hin den Eindruck von unendlichem Raum zu vermitteln.

Beim Arbeiten mit Spiegeln und reflektierenden Materialien wie Chrom muß man ein paar grundlegende wissenschaftliche Axiome im Kopf behalten.

Zum Beispiel ist das Grundgesetz einer jeden Spiegelung auf einer ebenen Fläche, daß der Einfallswinkel (der Winkel zwischen der Spiegeloberfläche und dem einfallenden Strahl) stets gleich dem Ausfallswinkel (dem Winkel zwischen der Fläche und dem ausfallenden Strahl) ist.

Wenn man mehr als einen Spiegel verwendet, ergeben sich Mehrfachspiegelungen. Parallele Spiegel erzeugen eine sehr große Anzahl von Bildern und erwecken den Eindruck von Unendlichkeit. Werden Spiegel im rechten Winkel zueinander angebracht, ergeben sie nur drei Abbilder.

Wenn der Winkel, in dem die Spiegel montiert sind, ein Teiler von 360 Grad ist (der Gradzahl eines Kreises), sieht man eine endliche Anzahl von Bildern; das bedeutet, daß die Zahl der Bilder plus das Objekt stets gleich dem Verhältnis von Winkel zu Kreis ist. Daher sieht man bei 90 Grad drei Bilder und ein Objekt, bei Spiegeln im Winkel von 72 Grad beträgt die Zahl der Bilder vier usw. Das ist auch das Prinzip, auf dem das Kinderkaleidoskop beruht.

Arbeiten mit Chrom

Chrom ist ein hartes und dauerhaftes, rostfreies Metall mit einer hellen und stark spiegelnden Oberfläche. Man benutzt es gewöhnlich zur Beschichtung anderer Metalle und in Legierungen. Rostfreier Stahl beispielsweise ist eine Legierung aus Stahl, Chrom und Nickel.

Bei der Chrombearbeitung verwendet man gewöhnliche Metallwerkzeuge. Man sollte aber daran denken, daß man Chrom nicht weichlöten kann, weil das dafür benötigte Zinn sich nicht mit Chrom verbindet.

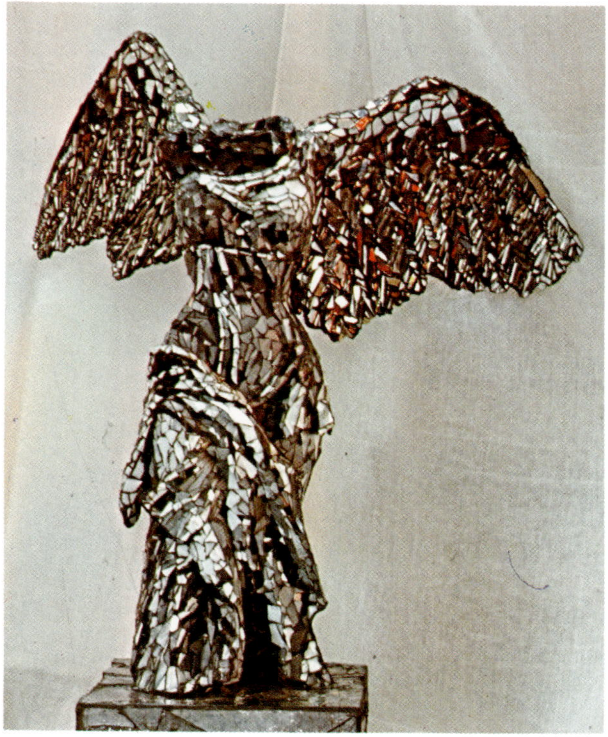

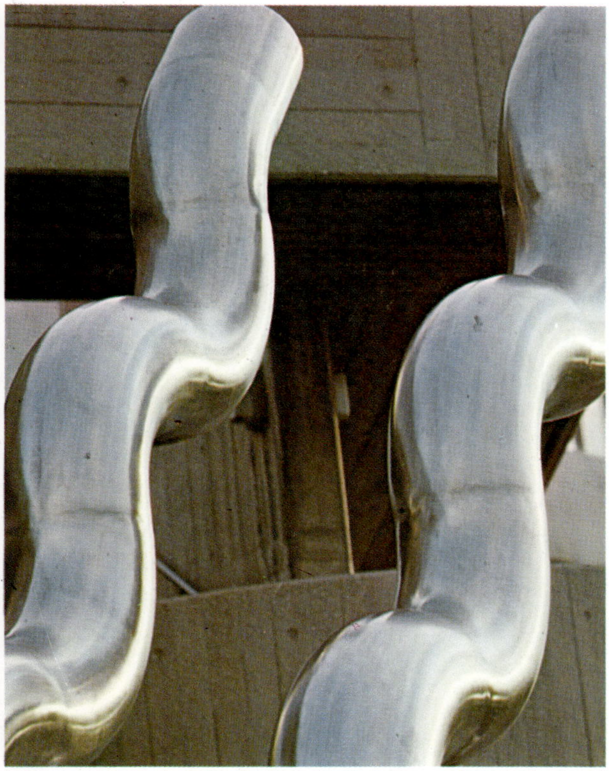

Plastiken mit reflektierender Oberfläche Das Spiel des Lichtes auf Formen und Oberflächen-Strukturen ist für jede Skulptur ein wichtiger Aspekt und wird gewöhnlich ausgenutzt, um Konturen und Masse des Werkes zu betonen. Bei diesen Beispielen, *Nicky* von Andrew Logan (**oben**) und *Zemran* von William Pye (**links**), erzeugt die stark reflektierende Qualität der Spiegel oder des polierten Metalls bei einem Wechsel der Beleuchtung und des Betrachter-Standpunktes rapide Oberflächenveränderungen. Diese treten in Wechselwirkung mit der Grundform, die sie manchmal verzerren.

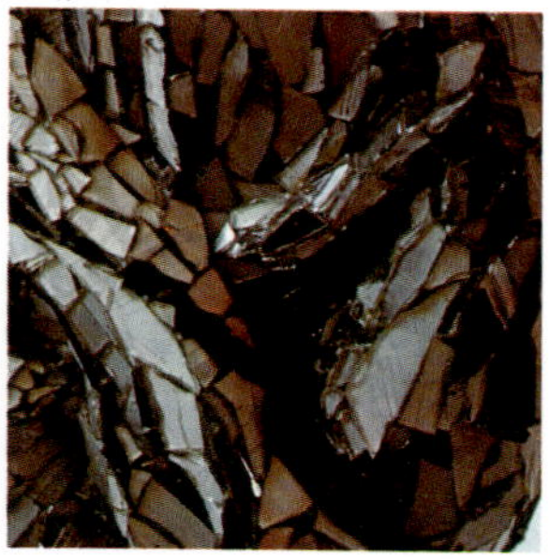

Die Fragmente sind so klein, daß sie Farb- oder Lichtveränderungen kaleidoskopisch widerspiegeln.

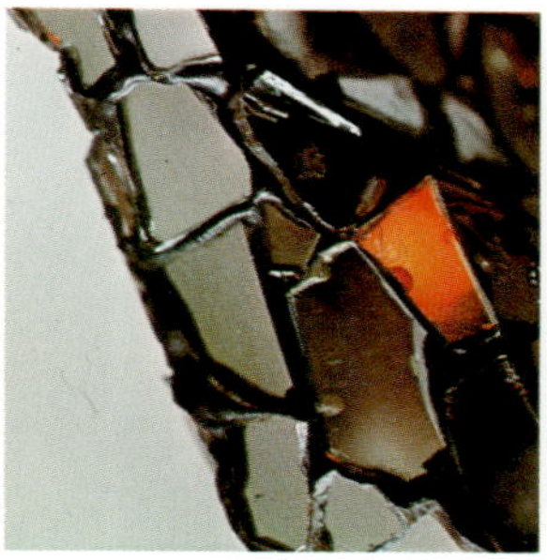

Der Spiegeleffekt wird dadurch erzielt, daß kleine Glasfragmente nur auf einer Seite bemalt werden.

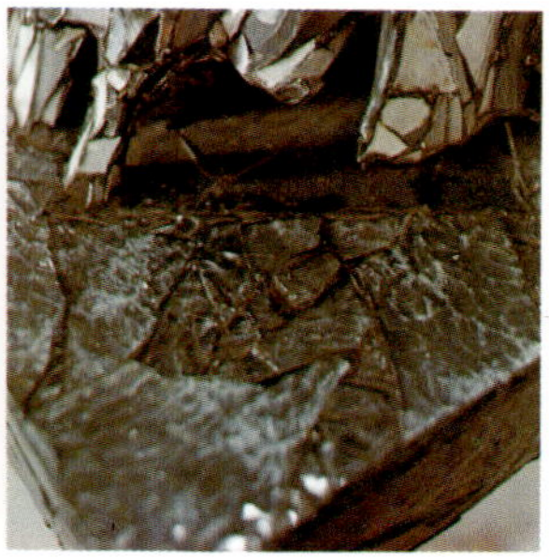

Das Postament der Skulptur ist aus größeren Glasstückchen mit Dellen in der Oberfläche hergestellt.

Spiegelplastiken Die beiden hier gezeigten Plastiken verkörpern Effekte, die den Betrachter, der sowohl Beobachter als auch in der Skulptur selbst präsent ist, völlig verwirren. Die Spiegelwürfel von Robert Morris (**rechts**) verzerren die Wahrnehmung des Bodens und der Wände, zwischen denen sie ausgestellt sind. Wenn der Betrachter sich um die und zwischen den Würfeln bewegt, fällt es ihm schwer, zwischen echtem und illusorischem Raum zu unterscheiden. Das ist um so verwirrender, als die Würfel nicht so niedrig sind, daß ein Erwachsener darüberschauen könnte. Larry Bells beschichtete Glasscheiben (**unten**) haben sich aus einer langen Beschäftigung mit Gemälden und Skulpturen aus Spiegeln und Glas entwickelt. Die Methode der Glasbeschichtung bedeutet, daß jede Fläche der Skulptur jederzeit gleichzeitig als Spiegel, Fenster und Scheibe fungieren kann. Die Anwesenheit des Betrachters ist für derartige Werke absolut unerläßlich.

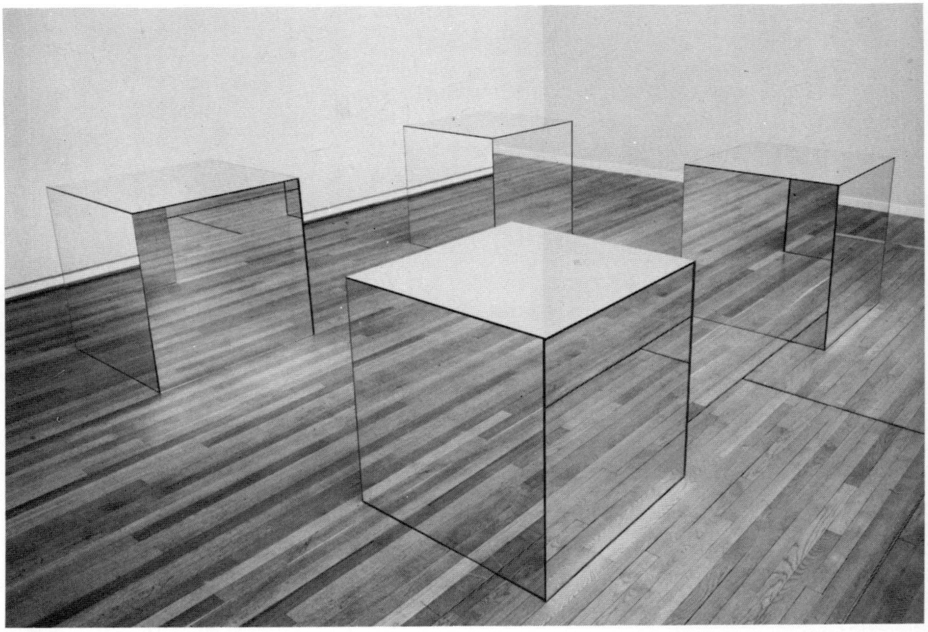

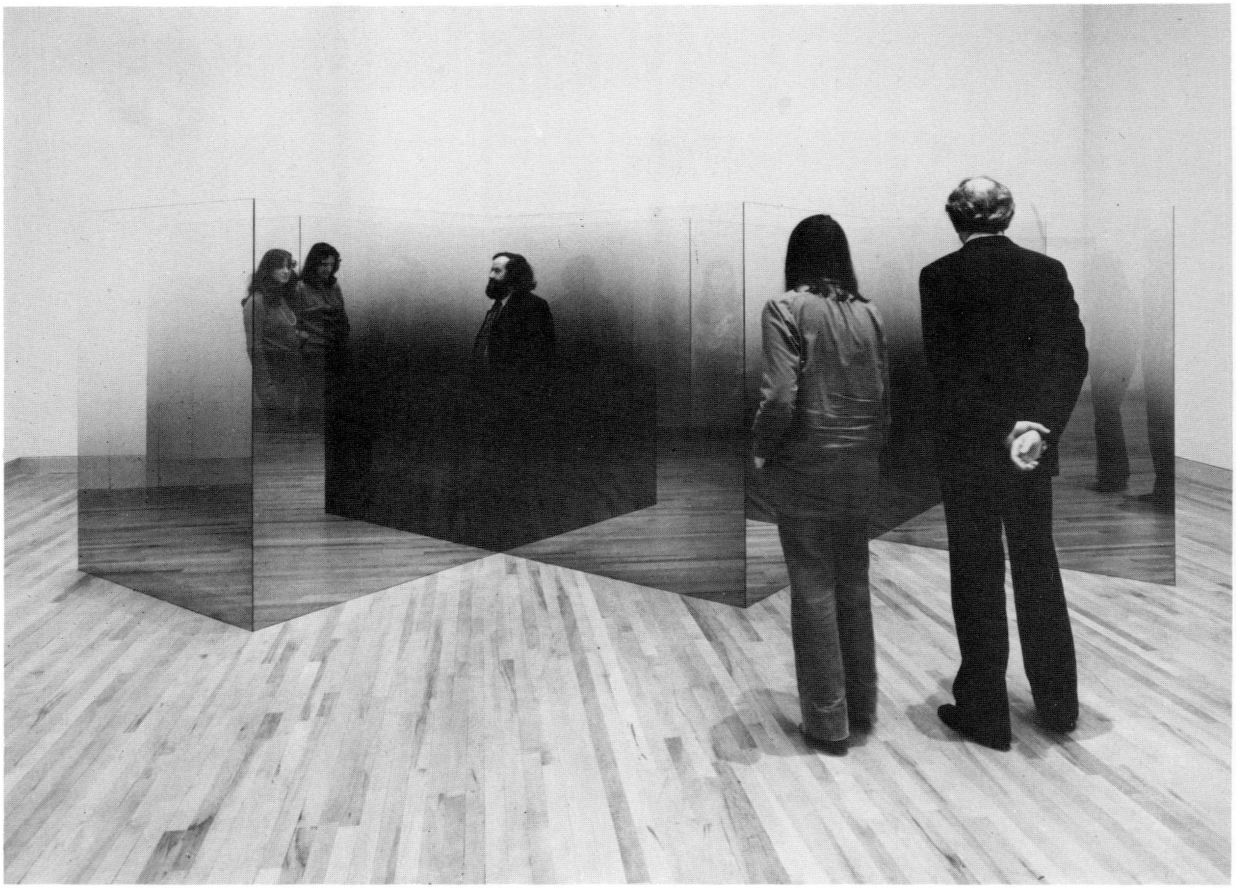

35

Plexiglasplastik

Geschichte und Material. Werkzeuge und Techniken: Schneiden, Heißbiegen, Ausglühen, Kleben und Leimen, Naßschleifen, Anzeichnen und Bemalen, Laminieren, Gravieren und Beleuchten, Polieren und Reinigen

35 Plexiglasplastik Geschichte und Material

Das Konzept der schweren, monumentalen Formen ist von zwei russischstämmigen Brüdern, Antoine Pevsner (1886–1962) und Naum Gabo (1890–1977), die später als Konstruktivisten bekannt wurden, in ihrem »Realistischen Manifest« revolutioniert worden. Sie forderten von der Skulptur, daß sie leicht, luftig und transparent sei. Laszlo Moholy-Nagy (1895–1946), der von 1923 bis 1928 am Bauhaus lehrte, arbeitete fast ausschließlich mit Plexiglasscheiben, die er zu mehrdimensionalen Formen goß und fügte. Gabo und Moholy-Nagy waren während der 40er Jahre die ersten Vertreter der transparenten Skulptur mit heißgeformten Acryl.

Plastik, das seine Form durch Hitze oder Druck dauerhaft verändern kann, ist in zwei Grundformen zu unterteilen: Thermoplaste und Duroplaste. Thermoplastharze, die hier besprochen sind, werden weich, wenn sie ausreichender Hitze ausgesetzt werden, und härten beim Abkühlen; das tun sie immer und unabhängig davon, wie oft der Vorgang wiederholt wird.

Die durchsichtigen Acrylplatten, das sogenannte Plexiglas, haben eine stärkere Lichtbrechung als Glas. Die in den 30er Jahren entwickelten Acrylharze sind aber nur halb so schwer und viel stoßfester; die Oberfläche allerdings ist weicher und kann leicht verkratzt werden. Acrylplatten schrumpfen extrem wenig, verziehen sich nicht und sind hinreichend widerstandsfähig gegen Haushaltschemikalien. Sie werden von Witterungs- oder Feuchtigkeitseinflüssen kaum betroffen, sind aber nicht undurchlässig für Alkohole und aromatische Lösungsmittel wie Terpentin, Benzin, Toluol, Lackverdünner, Azeton und Keton.

Acrylplatten kann man herstellen, indem man dicke Acrylgußmasse zwischen Glasplatten gießt; sie werden mit verschiedenen Oberflächenmustern und -beschaffenheiten hergestellt. Farbige Platten erhält man, wenn man dem Gießharz Pigmente oder Farben zusetzt.

Platten stellt man aus geschrumpftem oder nicht geschrumpftem Acryl her. Die nicht geschrumpften Platten sind billiger, aber wenn sie zum Biegen erhitzt werden, schrumpfen sie um etwa 2,2 Prozent in der Länge und nehmen an Dicke um etwa 4 Prozent zu. Geschrumpfte Platten bleiben beim Erhitzen formtreu. Zu dem im Handel erhältlichen Plastik gehören Acrylite und Oroglas in den USA, Perspex in England, Altuglas in Frankreich und Plexiglas in Deutschland.

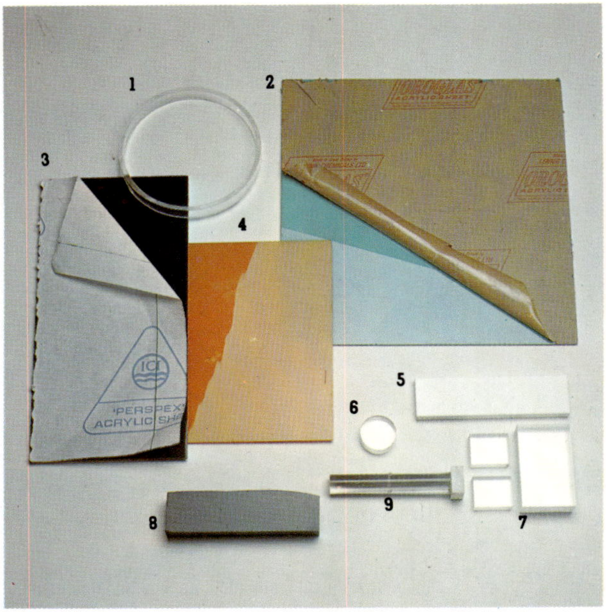

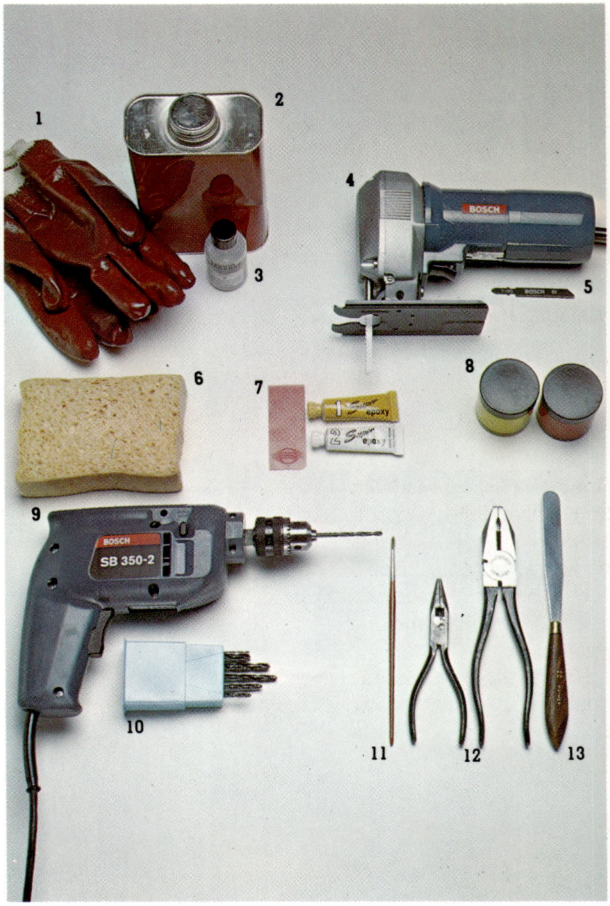

Arten Acrylplatten gibt es in verschiedenen Formen, Durchsichtigkeitsgraden und Farben. Man kann sie getrennt oder in Kombinationen verwenden. Zur Auswahl stehen u. a. klare Acrylplatten (**1**), Stangen (**9**) und Platten von verschiedener Dicke (**6**, **7**). Zu den erhältlichen Farben gehören Braun, Orange und Türkis, gedecktes Weiß und Schwarz (**2–5**, **8**).

Werkzeuge und Geräte Die Arbeit mit Acryl verlangt recht spezielle Werkzeuge und Geräte. Dazu gehören eine Bohrmaschine (**9**) mit Bohrern (**10**), eine elektrische Stichsäge (**4**) und Wolframkarbid-Sägeblätter (**5**), Acryl-Gußmasse (**2**) und Härter (Katalysator) (**3**), Epoxidharz-Kleber und Spachtel (**7**), Farben (**8**). Nützlich sind außerdem Schwamm (**6**), Pinsel (**11**), Zangen (**12**), Palettenmesser (**13**) und Arbeitshandschuhe (**1**).

Plexiglas Werkzeuge und Techniken

Acrylplatten kann man problemlos kleben, schleifen, färben, polieren, sägen, heiß biegen oder mit einem Bohrer mit Karbidspitze bohren, wobei Öl oder Seifenlauge als Schmiermittel verwendet weden muß.

Sägen
Am besten ist eine Bandsäge mit einem feinzahnigen Wolframkarbid-Blatt. Die Acrylplatte wird langsam durch die Säge geschoben, um zuviel Reibungshitze zu vermeiden (Schutzbrille!). Rotes Bohnerwachs, Bienenwachs oder sogar Seife dienen als Schmiermittel.

Heiß biegen
Wenn man Acrylplatten auf etwa 100 °C erhitzt, werden sie weich und biegsam. Kleinere Stücke kann man im Küchenofen, mit einem elektrischen Brenner oder einer Lötlampe erhitzen. Beim Erhitzen über 370 °C entzünden sich die Kanten.

Ausglühen
Zum Härten (Ausglühen) wird die Hitze langsam und stetig vermindert. Das Härten trägt dazu bei, Materialspannungen, die bei der Produktion oder dem Erhitzen entstanden sein können, zu reduzieren.

Kleben und leimen
Eine Klebelösung ist das beste, um Acrylplatten zu verbinden. Äthylen-Dichlorid kann man mit einer Pipette, einem Pinsel oder einer Spritze auf beide gereinigten und glatten Oberflächen auftragen. Die zu verbindenden Flächen werden von dem Lösungsmittel aufgeweicht, und das Ergebnis ist eine feste, durchsichtige Verbindung.

Epoxidkleber werden benötigt, um verschiedene Materialien auf Acrylplatten aufzukleben.

Naßschleifen
Die besten Resultate erzielt man mit granat- oder aluminiumoxidhaltigen Schleifpapieren. Leichtes Anschleifen der Oberfläche ergibt einen besseren Haftgrund für monomerische Acrylfarben.

Anzeichnen und bemalen
Im Fachhandel sind durchsichtige und durchscheinende Farben und Polyesterfarbstoffe erhältlich. Durch Färben im Farbbad erhält man durchscheinende Farben.

Lithokreide eignet sich dafür, direkt auf das Plastik zu zeichnen, wobei Fehler mit einem weichen Tuch mühelos weggewischt werden können.

Vorzeichnungen lassen sich auf der Schutzfolie anlegen, mit der die Platte geliefert wird. Die Folie bleibt so lange darauf, bis alles Sägen und Bohren beendet ist. Auch auf einzelne Bögen Papier kann man Skizzen anfertigen, die dann mit Gummikleber auf die Schutzfolie geklebt werden.

Dreidimensionale Platten mit einer Art Buntglas- oder Mosaikeffekt entstehen, indem man mit flüssigem Aluminium, Stahl, Firnis oder Epoxid-Aluminium in Tuben mit langen Spitzen auf die Plexiglasplatte zeichnet. Dadurch bilden sich erhabene Linien, und die sich daraus ergebenden Zellen werden mit durchsichtigen Polyester- oder Acrylguß-Farben gefüllt. Sobald sich die Farboberfläche gesetzt hat, sollte man sie bedecken, bis die Polyesterharz-Oberfläche ausgehärtet ist.

Laminieren
Acrylplatten kann man mit farbigen Laminierklebern aufeinanderkleben, die normalerweise aus sehr starken Lösungsmitteln bestehen. Mit der Pipette, dem Löffel oder Stäbchen kann man großzügig Laminierfarbe auftragen. Die zweite Platte wird vorsichtig und sehr sanft auf die nasse Farbe aufgelegt, wobei man von der Mitte her Druck ausübt.

Gravieren und beleuchten
Plexiglasplatten kann man mit Gravierscheiben an flexiblen Schäften mit Intarsien verzieren. Die Zeichnungen der Oberfläche können schließlich durch Beleuchtung der Kanten erhellt werden. Leuchtstoffröhren an der Ober- oder Unterkante einer gravierten Platte erhellen das Innere des Plexiglases, und das Licht tritt durch die eingravierten Muster aus.

Polieren und reinigen
Acrylskulpturen sollte man nur mit einer milden Seifenwasser- oder Spülmittellösung und einem weichen Tuch reinigen. Gegen die Ablagerung von Staubpartikeln empfiehlt sich die Anwendung eines Anti-Static-Tuches. Die Endpolitur sollte stets mit einem nicht kratzenden Tuch von Hand geschehen, doch zuerst wird die Skulptur mit einer elektrischen Doppelpoliermaschine mit leichtem Druck poliert. Die eine Scheibe besteht aus weißem Polierschiefer, mit dem Kratzer entfernt werden, die andere aus einer weißen Acrylverbindung für die Glanzpolitur.

Werkzeuge und Geräte
Die meisten Metall- und Holzbearbeitungs-Werkzeuge lassen sich auch für Plastik verwenden. Zusätzlich zu den Gerätschaften für jene beiden Techniken braucht man folgende Ausrüstung: einen elektrischen Brennofen oder – für kleinere Stücke – Küchenofen, eine Hand- oder elektrische Bohrmaschine mit Metallbohrern, eine elektrische Stichsäge mit Wolframkarbid-Blättern für Kurven oder komplizierte Formen, Zangen, Schwämme, Gummilösung, Schutzhandschuhe, Acrylbinder und -härter, Farben, Palettenmesser, Pinsel und Stäbchen. Zu den Maschinenwerkzeugen gehören Drehbank, Fräse, Stoß- und Räummaschine, Bohrmaschine und Gewindebohrer.

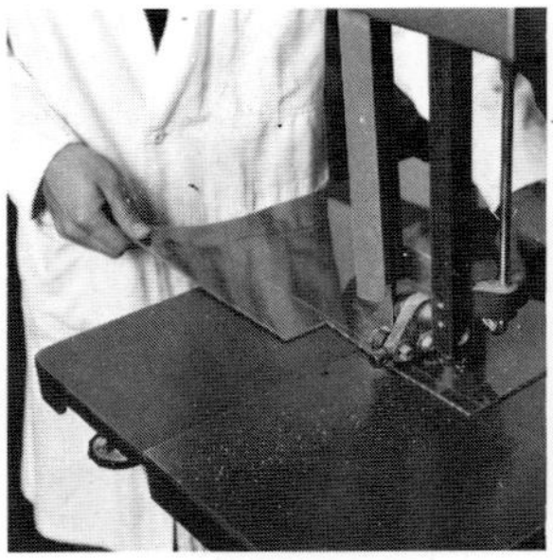

Plexiglas schneiden 1. Am effizientesten schneidet man Plexiglas auf einer Bandsäge; nur sanft durchschieben!

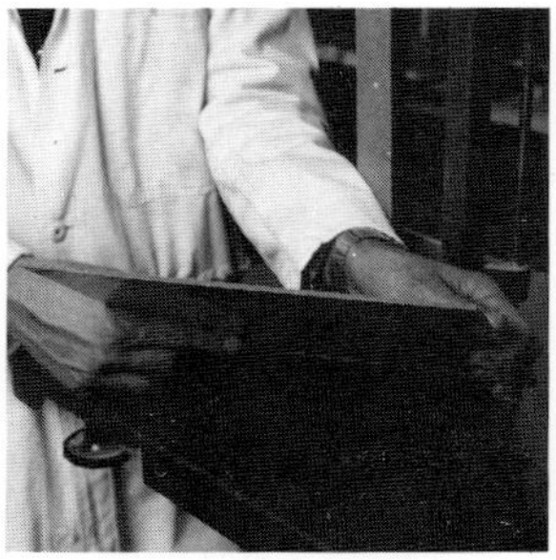

2. Die Schnittkante des Plexiglases ist rauh und staubig und muß sorgfältig gereinigt werden, bevor irgend etwas darangeklebt wird.

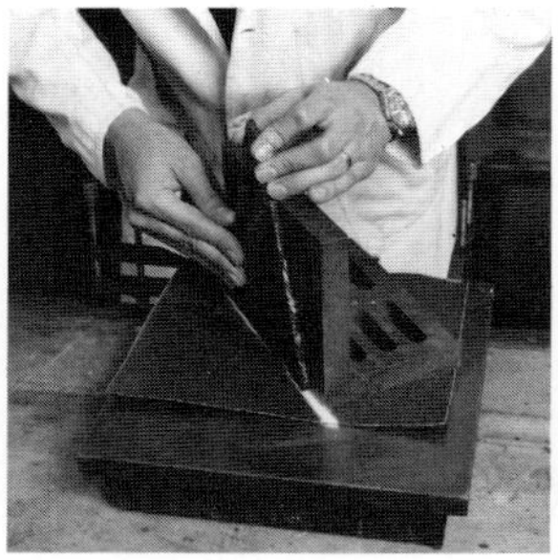

Kanten schleifen 1. Das Plexiglas im rechten Winkel abstützen; die Kante mit eben aufgespannten Schleifpapier abschleifen.

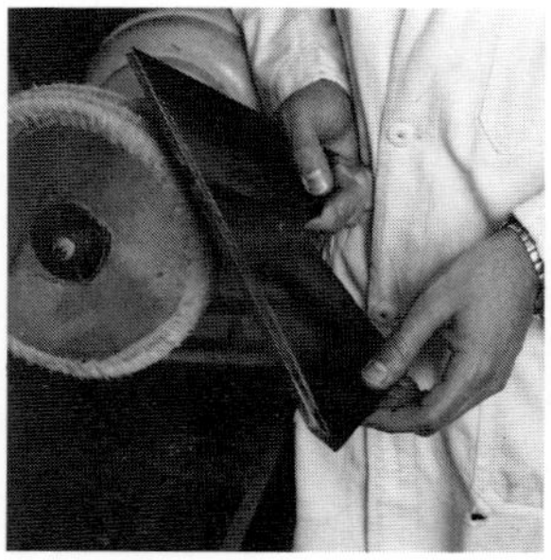

2. Die geschliffene Kante ist nun zwar eben, aber immer noch staubig und noch nicht völlig glatt.

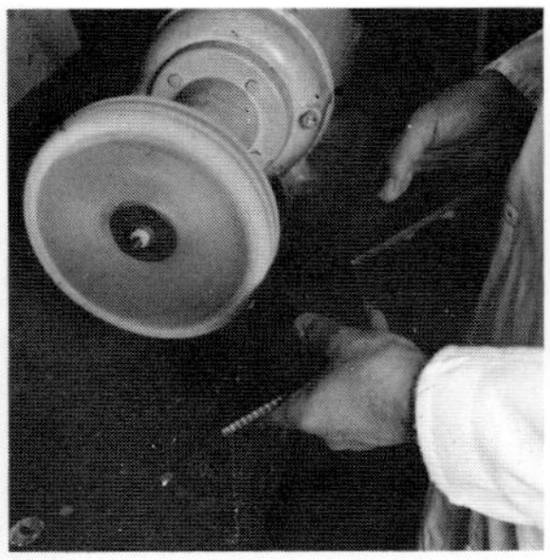

Kanten polieren 1. Die Kante des Plexiglases an die rotierende Scheibe der Poliermaschine halten. Ständig leicht bewegen.

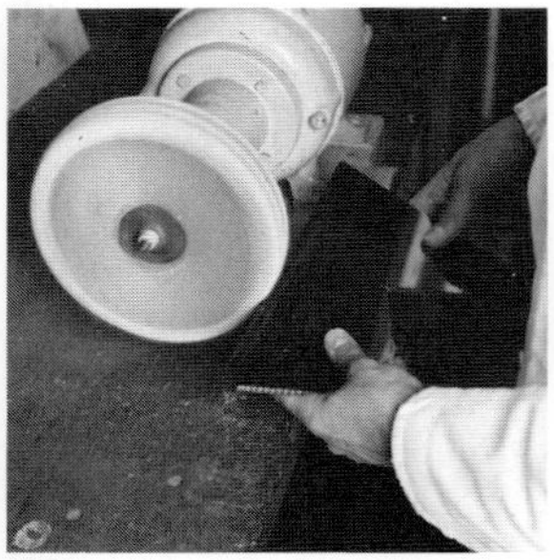

2. Das Plexiglas ständig leicht bewegen. Die Poliermaschine erzeugt Hitze und könnte es daher verbrennen.

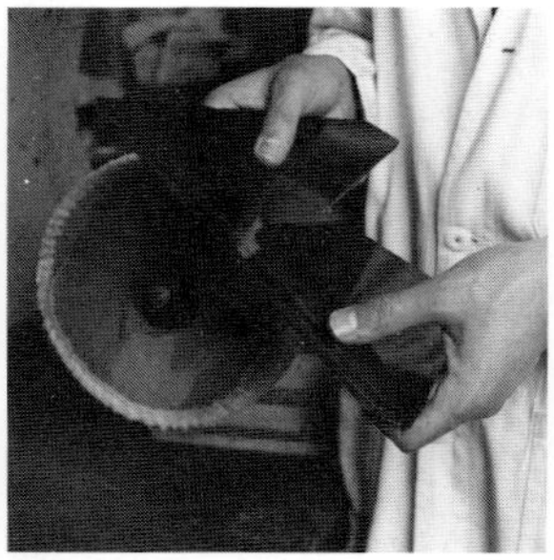

3. Die polierte Kante ist glatt und fertig zum Kleben.

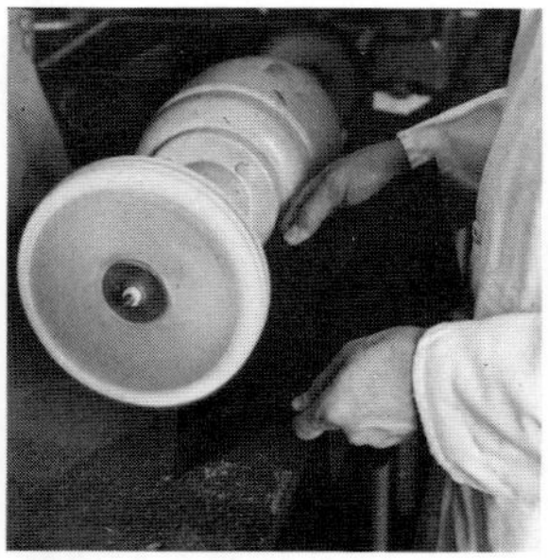

Flächen polieren Die Plexiglasfläche an die Scheibe halten. Wiederum ständig bewegen und nicht zu nahe an die Scheibe halten.

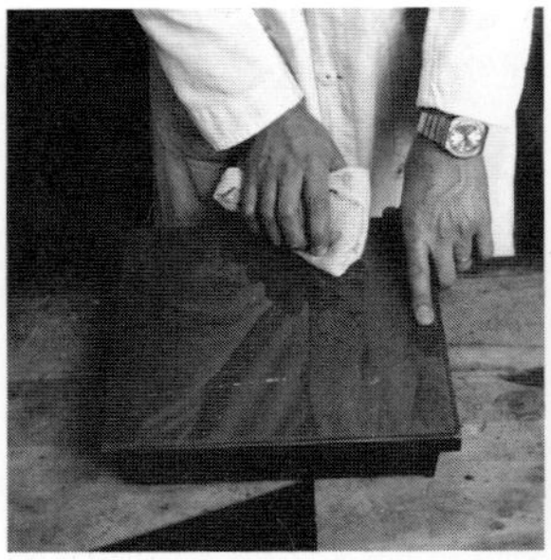

Mit einem Tuch polieren Da die Wirkung des Plexiglases von seinem Glanz abhängt, ist das Polieren ein wichtiger Vorgang.

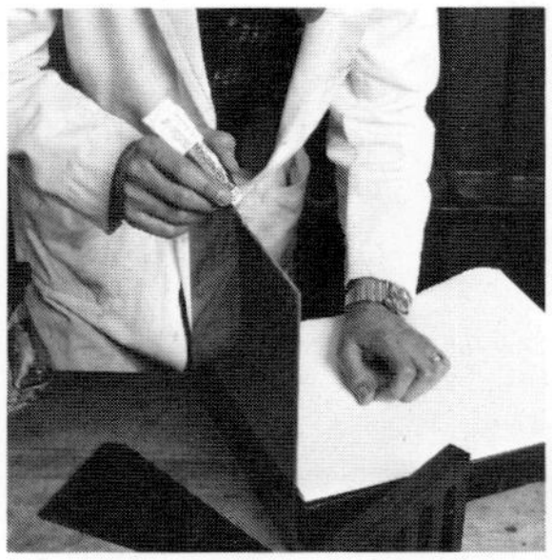

Flächen verbinden Zum Kleben im rechten Winkel einen geeigneten Klebstoff auf die Kante des einen Stückes auftragen.

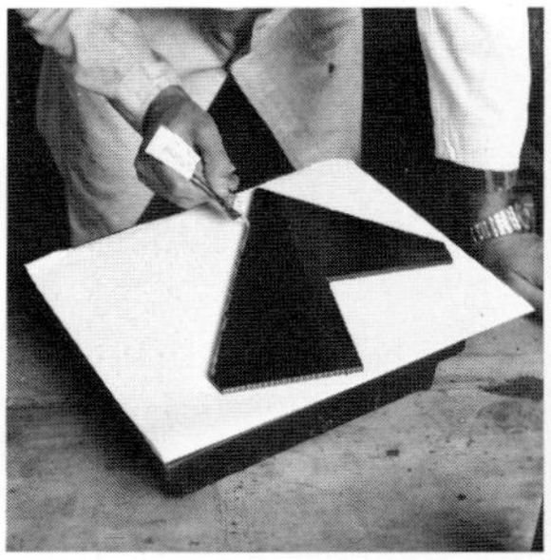

2. Klebstoff auf den Rand der Flachseite des anderen Stückes auftragen. Kontaktkleber verwenden und antrocknen lassen.

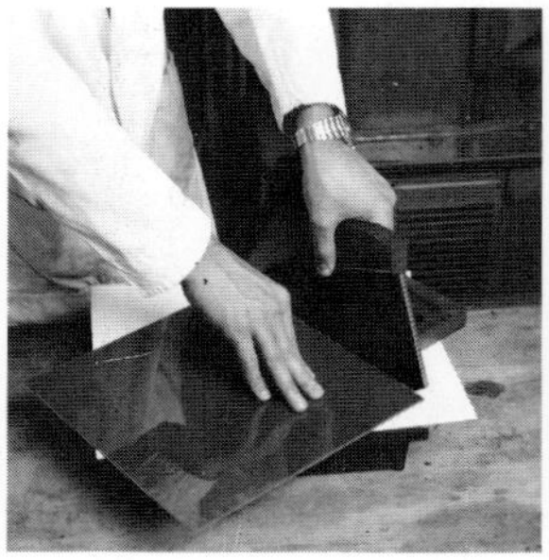

3. Die Flächen aneinanderdrücken und das Plexiglas gegen eine rechtwinklige Stütze stellen, damit sich eine gute Verbindung bildet.

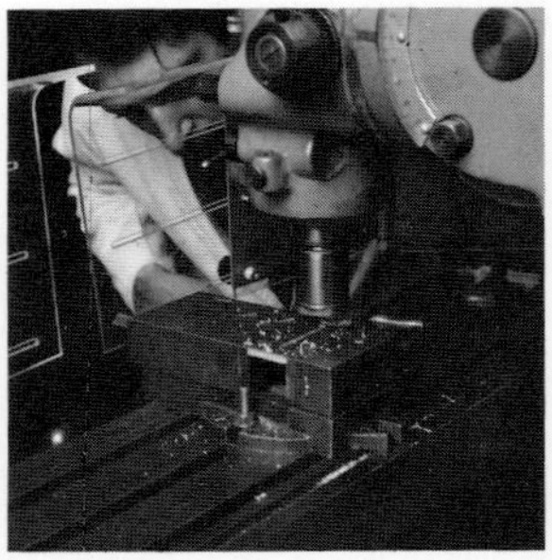

Fräsen 1. Mit einer Fräse kann man Plexiglas in Form schneiden oder Nuten und Schlitze in die Oberfläche ziehen.

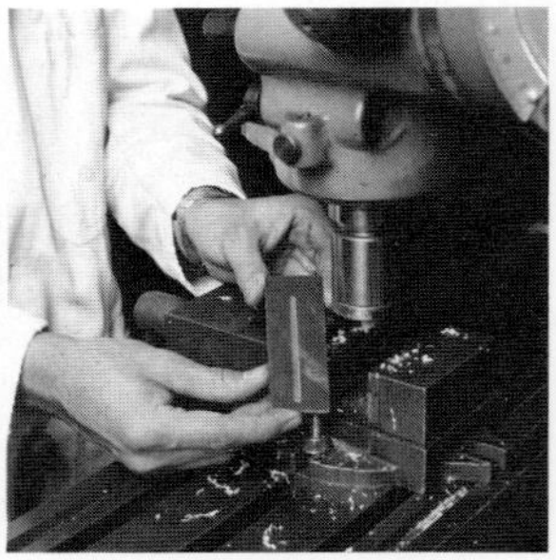

2. Fräsnuten sind eben und überall gleich tief. Sie können konstruktiv bedingt sein, aber auch zur Oberflächenverzierung verwendet werden.

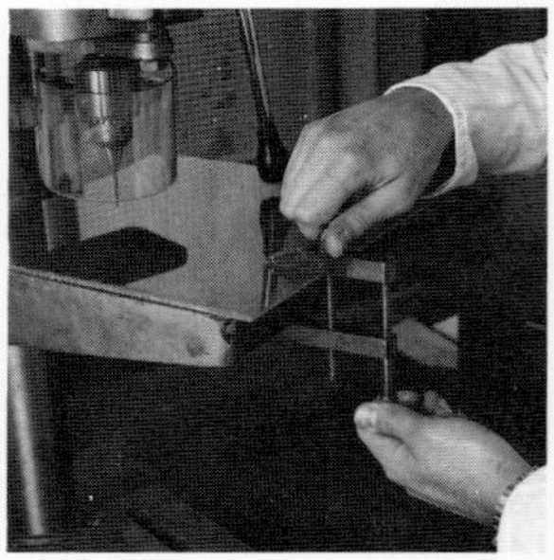

Bohren 1. Beim Bohren das Plexiglas fest auf den Bohrteller spannen, so daß es sich nicht lösen oder schlagen kann.

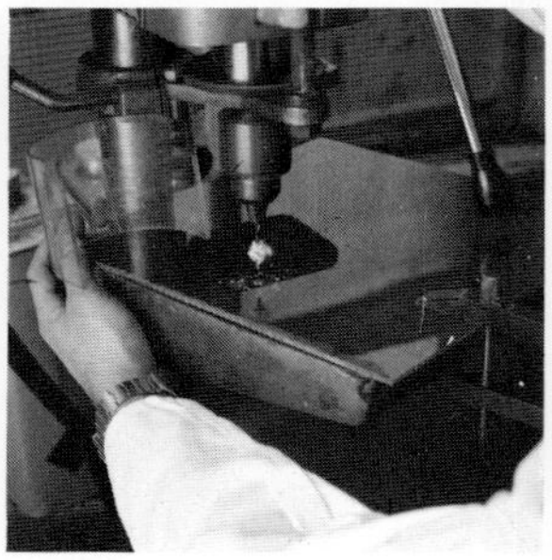

2. Löcher vorsichtig und stetig bohren. Man kann damit zwei Teile aneinander oder Plexiglas an Holz oder Metall befestigen.

36

Papierplastik

Geschichte. Techniken und Geräte: Papierarten, Schneiden, Ritzen, Biegen und Knicken, Werkzeuge.

36 **Papierplastik** Geschichte und Techniken

Die frühesten bekannten Papierskulpturen entstanden in China, wo vor 2000 Jahren das erste Papier hergestellt wurde. Im Westen allerdings hat sich das Papiermodellieren eigentlich erst in den letzten 300 Jahren entwickelt.

Bis zum 19. Jahrhundert war Papier eine teure, handgemachte Handelsware, die in vergleichsweise kleinen Mengen verbraucht wurde. Im 17. und 18. Jahrhundert waren ausgeschnittene Papierarbeiten in Mode, darunter auch die in Frankreich entstandenen Silhouetten-Portraits (Scherenschnitte). Später verwendete man Papierspitzen, um Kästchen und Rahmen zu verzieren.

Im 20. Jahrhundert hat die Papierskulptur beträchtlich an Boden gewonnen, vor allem auf dem Gebiet des Designs. Der britische Cartoonist Bruce Angrave (geb. 1916) erweiterte seine Arbeit mit Papierskulpturen in die dritte Dimension, und Dorothy Rogers (geb. 1905) stellt kleine Figuren in ihre dreidimensionalen szenischen Kompositionen, die oft den alten Meistern entlehnt sind. Die Leichtigkeit des Papiers selbst bietet sich für kinetische Skulpturen an, während sich beispielsweise Kreppapier zum Überspannen von Drahtgeflechten eignet.

Papierarten

Die Größe des Modells bestimmt die Stärke des zu verwendenden Papiers. Für die meisten Modelle eignen sich Pappe, steifes Zeichenpapier und dünner Karton. Viele Tapeten und Metallfolien lassen sich mit guten Resultaten verwenden. Modelle für Architektur- und Bühnenentwürfe macht man gewöhnlich aus dickerem Karton.

Techniken und Geräte

Das Grundprinzip der Papierskulptur ist, durch Biegen, Schneiden, Falten und Knicken aus einem flachen Stück Papier ein dreidimensionales Objekt herzustellen.

Ob frei stehend oder Relief: Papierskulpturen lassen sich bequem aus einer Skizze oder einem Photo ableiten, wenn die Ideen auch zunächst mit einem Minimum an Details so einfach wie möglich gehalten werden sollten. Die Skizze sollte man auf Formen und Strukturen untersuchen, die sich auf Papiertechniken übertragen lassen.

Die meisten frei stehenden Skulpturen sind aus bestimmten Grundformen wie Würfeln, Pyramiden, Kegeln, Zylindern und Faltenbälgen hergestellt. Der Stabilität wegen kann man größere Modelle um Holzgestelle herum aufbauen.

Die räumliche Illusion von Reliefskulpturen beruht hauptsächlich auf Licht- und Schattenwirkungen. Diese erzielt man, indem das Papier in verschiedene Ebenen gebogen und gefaltet oder Flächen in verschiedenen Winkeln aneinander befestigt werden.

Schneiden Wo möglich, sollte man scharfe Klingen und Messer verwenden und gerade Linien an einem Metallineal schneiden. Beim Schneiden von Pappe ist es wichtig, mehrere leichte Schnitte zu machen, statt das Material auf einmal durchzuschneiden.

Ritzen Wenn man einen deutlichen, scharfen Knick braucht, wird das Papier oder der Karton zunächst teilweise durchgeschnitten – dies nennt man Ritzen.

Biegen und Knicken Papier wird gebogen oder gefaltet, um es dreidimensional zu gestalten. Durch Biegen können Zylinder oder Röhren, durch teilweises Biegen Rundformen entstehen. Durch Falten erhält man schärfere Trennungen zwischen verschiedenen Flächen; damit formt man Knicke, Würfel und alle Winkelformen.

Werkzeuge Die Papierskulptur erfordert keine Spezialwerkzeuge, und oft reicht eine scharfe Klinge oder ein Teppichmesser, ein Skalpell, eine scharfe Schere und ein schnell abbindender Klebstoff.

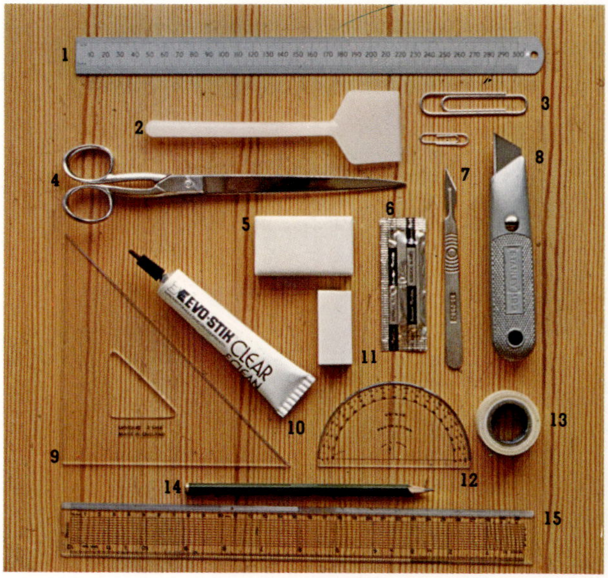

Werkzeuge Die Werkzeuge für die Papierplastik sind nicht so speziell wie die für viele andere Plastikarten. Zu ihnen gehören: ein Stahllineal (**1**) und eins aus Plastik (**15**), Schere (**4**), Teppichmesser (**8**), Skalpell (**7**) und Klingen (**6**). Mit Bleistift (**14**) anzeichnen, damit man die Striche, wenn nötig, mit einem Gummi- (**5**) oder Plastikradierer (**11**) ausradieren kann. Man versichere sich, daß alle Striche, die außen auf der Skulptur erscheinen würden, ausradiert werden. Zum Aufkleben des Papiers leicht entfernbaren Klebstoff verwenden, falls er tropfen sollte. Bei großen Flächen den Klebstoff mit einem Spachtel (**2**) gleichmäßig verteilen. Klebeband (**13**) ist ebenfalls von Nutzen, desgleichen Büroklammern (**3**), ein Zeichendreieck (**9**) und ein Winkelmesser (**12**).

Papierarten Papier zum Formen sollte nicht zu steif sein, da es sich relativ leicht und dauerhaft biegen und falten lassen muß. Zu den geeigneten Papieren gehören Pappe (**1**), Bristolkarton (**3**), Silber- und Goldfolie auf Karton (**4**) und auf Tonpapier (**5**). Bei der Papiergestaltung kann man farbige Papiere wirkungsvoll verwenden, und sogar Tapeten (**2**) lassen sich gut einsetzen. Es ist ratsam, ebenso mit diversen Papieren und Farben zu experimentieren wie mit verschiedenen Techniken.

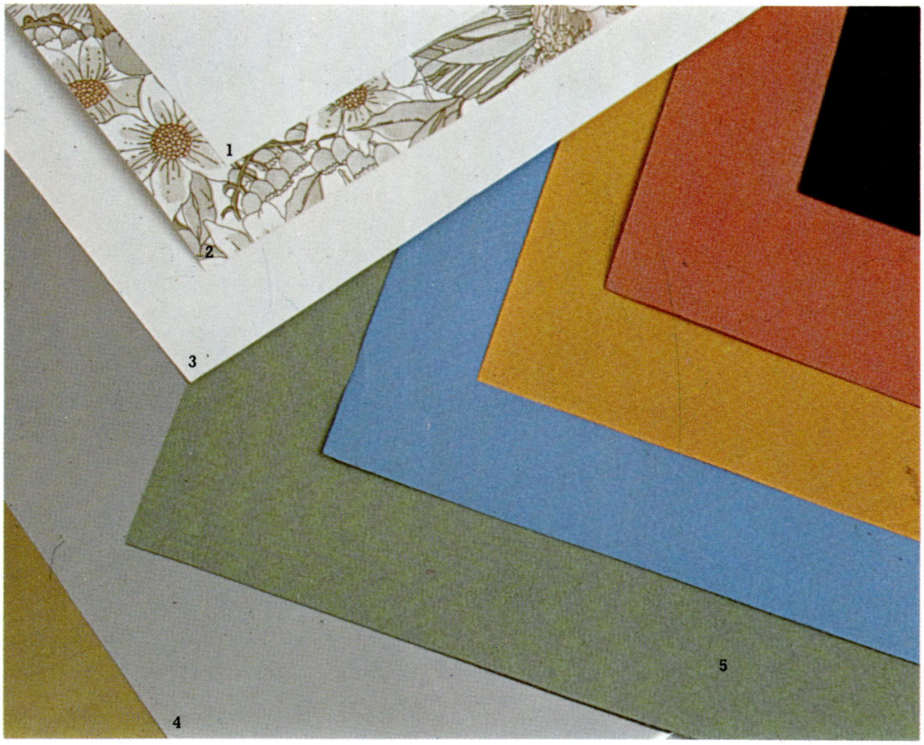

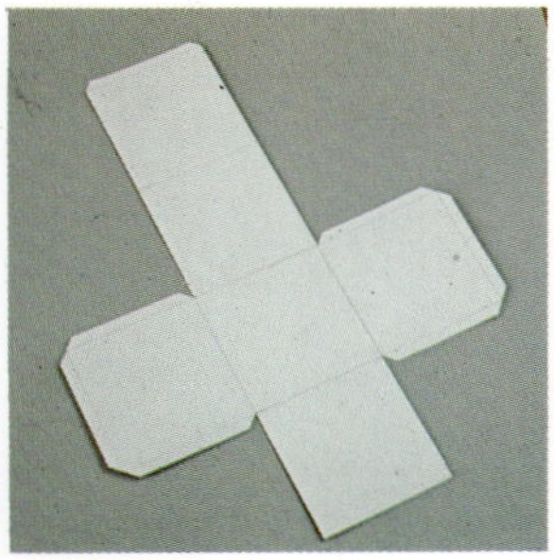

Würfel 1. Aus einem Bogen Papier eine Form ausschneiden, die die sechs Seiten eines Würfels bildet; Klebefalze nicht vergessen.

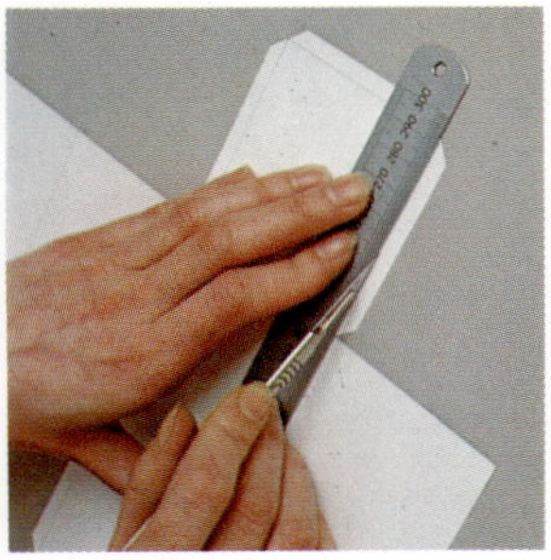

2. Entlang aller Striche (Klebefalze und Seiten des Würfels) einritzen, um das Knicken zu erleichtern.

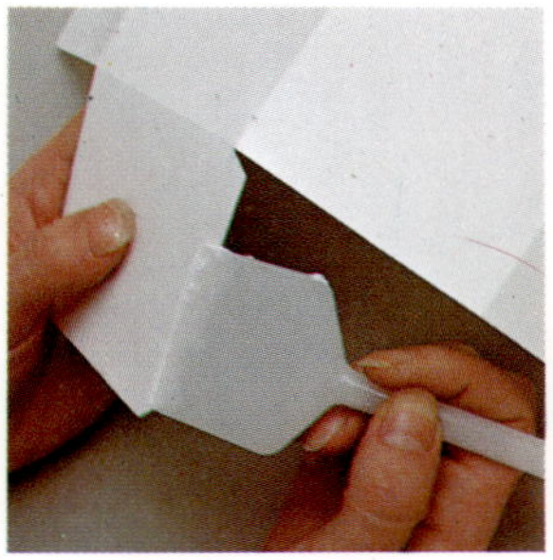

3. Das Papier entlang der eingeritzten Markierungen falten. Klebstoff sorgfältig auf die Klebefalze auftragen.

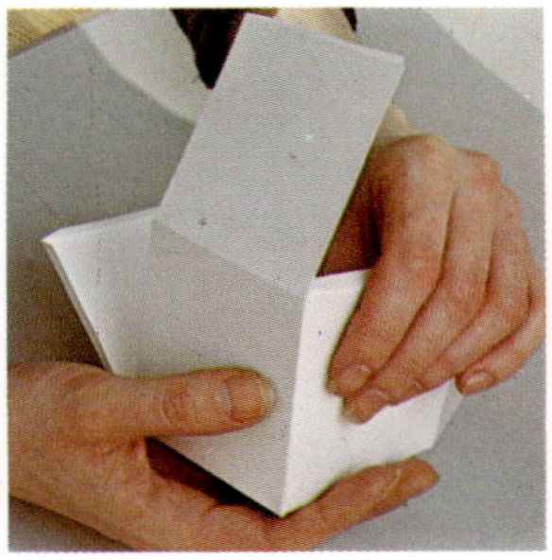

4. Das Papier in Würfelform falten und die angrenzenden Seiten verbinden, indem man die Klebefalze fest von innen an die Kanten drückt.

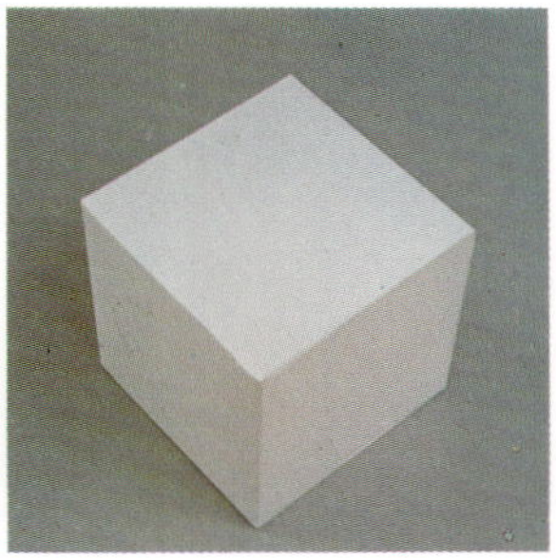

5. Alle mit Klebstoff versehenen Stellen zum fertigen Würfel verbinden. Die Papierstärke sollte nach der Größe des Würfels gewählt werden.

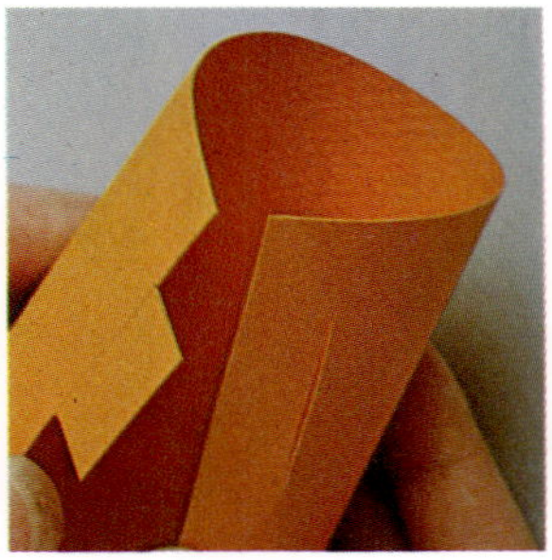

Zylinder 1. Ein Rechteck mit Klebefalzen an einer Seite ausschneiden. An der anderen Seite entsprechende Schlitze einschneiden.

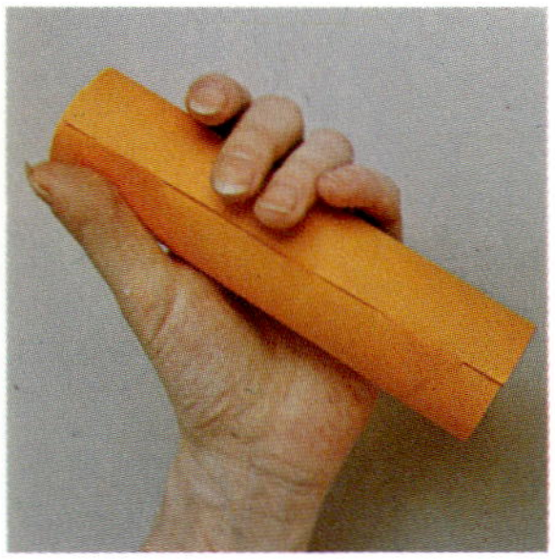

2. Das Blatt Papier zu einem Zylinder drehen und die Klebefalze in die Schlitze einführen; die Klebefalze werden innen im Zylinder verklebt.

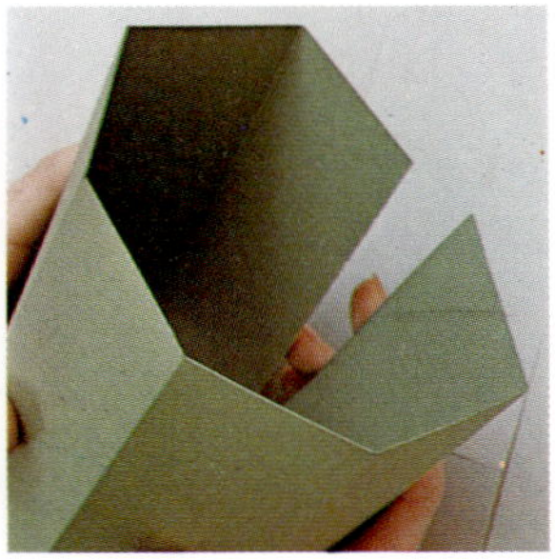

Sechseckige Säule 1. Ein Rechteck aus Papier ausschneiden und sieben gleiche Streifen anzeichnen. Die Markierungen einritzen.

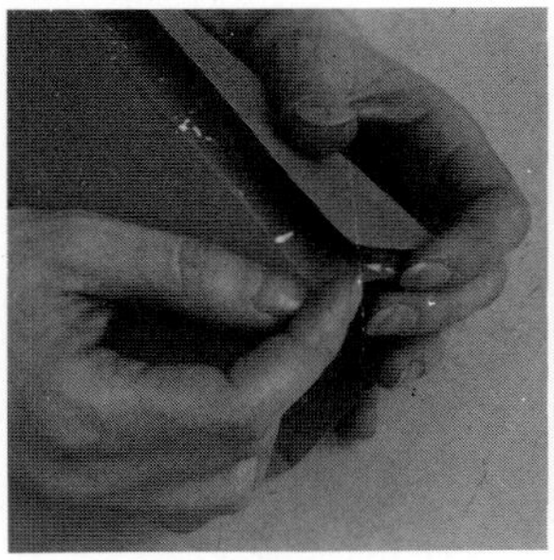

2. Entlang der Ritzungen falten und einen Endstreifen völlig mit Klebstoff bestreichen.

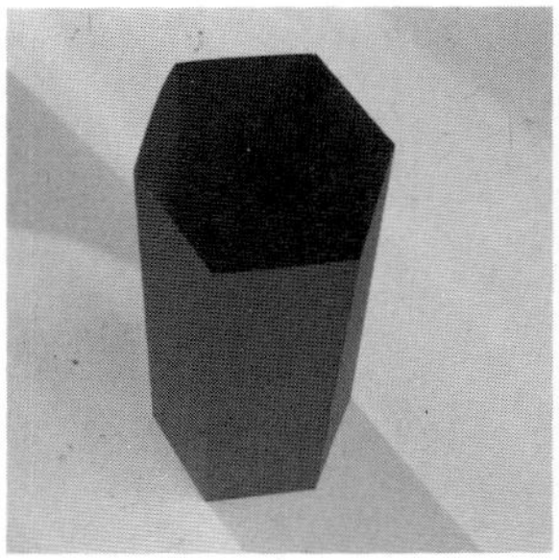

3. Die Säule aufstellen und mit sanftem Druck in Form pressen. Durch entsprechend viele Streifen kann sie beliebig viele Seiten erhalten.

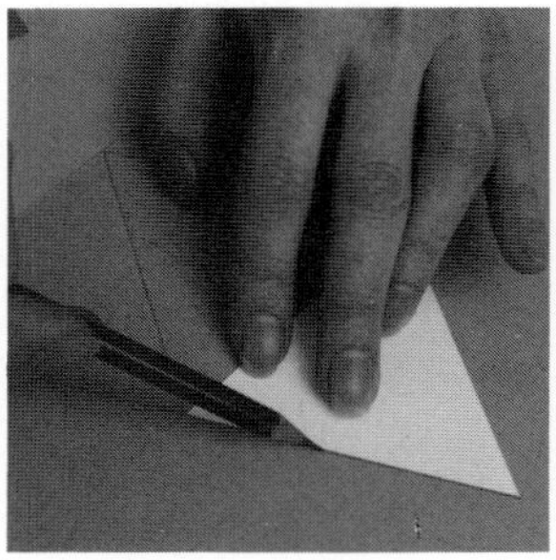

Pyramide 1. Eine Schablone für die Form einer Seite ausschneiden und den Umriß viermal aneinandergelegt anzeichnen.

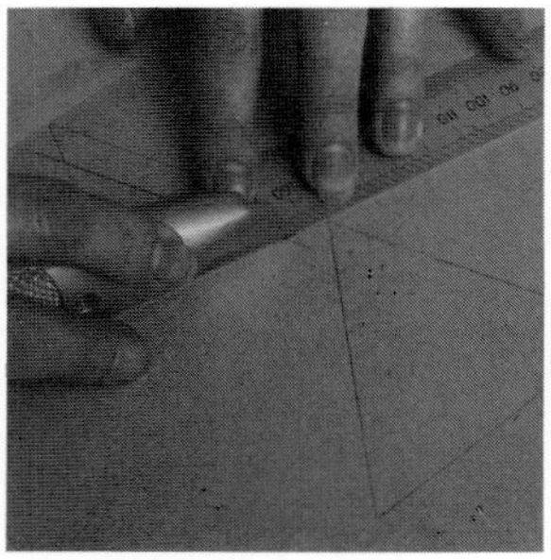

2. Klebefalze an den aneinandergrenzenden Seiten anzeichnen und die Form mit Messer und Stahllineal ausschneiden. Faltkanten einritzen.

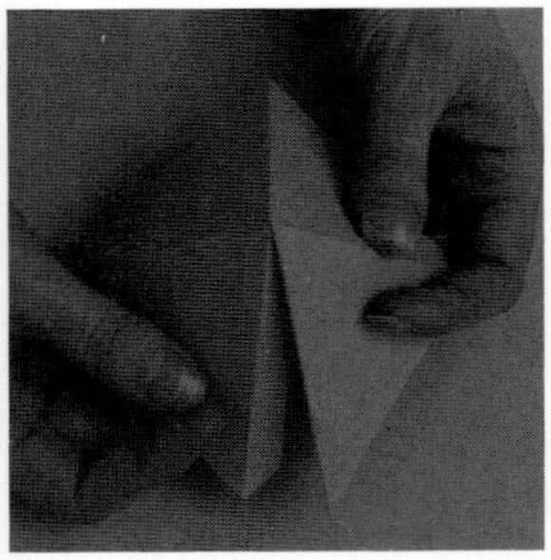

3. Eingeritzte Kanten falten und die Falze mit Klebstoff bestreichen. Das Blatt zur Pyramide falten und die Falze von innen andrücken.

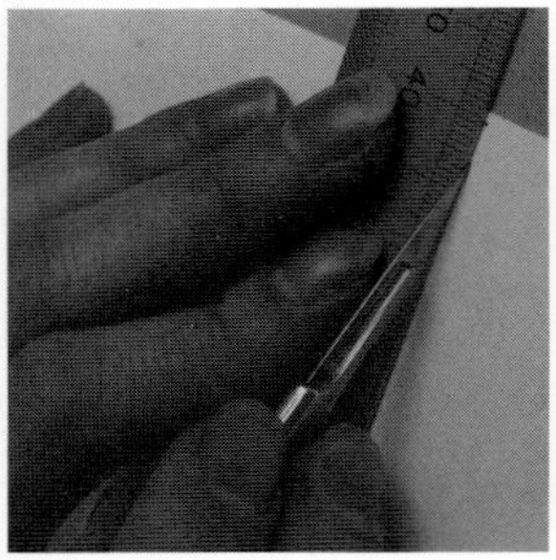

Papier plissieren 1. Ein großes Rechteck in gleich breite Streifen unterteilen und abwechseln auf der Vorder- und Rückseite einritzen.

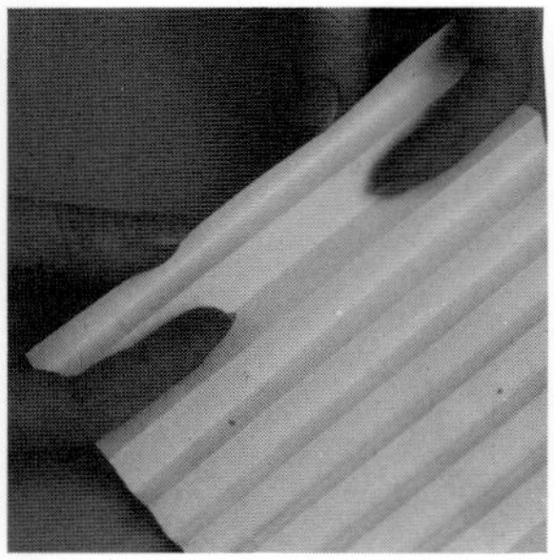

2. Entlang der Ritzungen abwechselnd in beide Richtungen falten, um eine Ziehharmonika-Faltung zu erzielen.

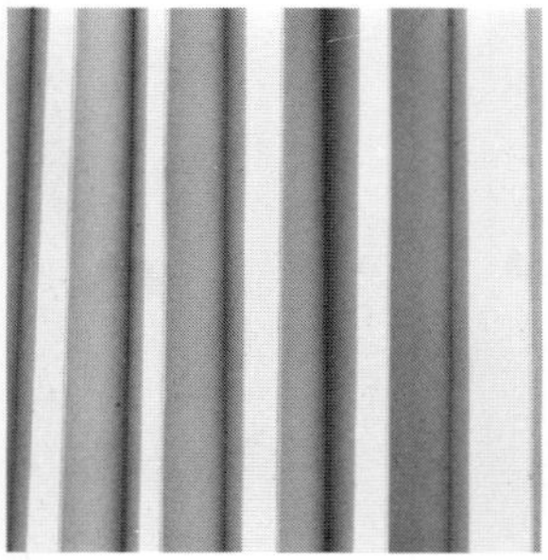

3. Plissiertes Papier kann man zu Zylindern und Kegeln biegen, als Flächendetail einsetzen oder einen Fächer daraus machen.

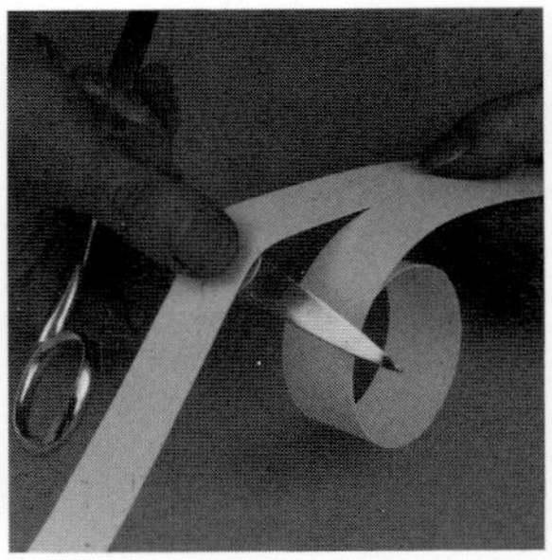

Papier kräuseln 1. Papier in dünne Streifen schneiden, die an einem Ende zusammenhängen. Scherenklinge am Streifen entlangziehen.

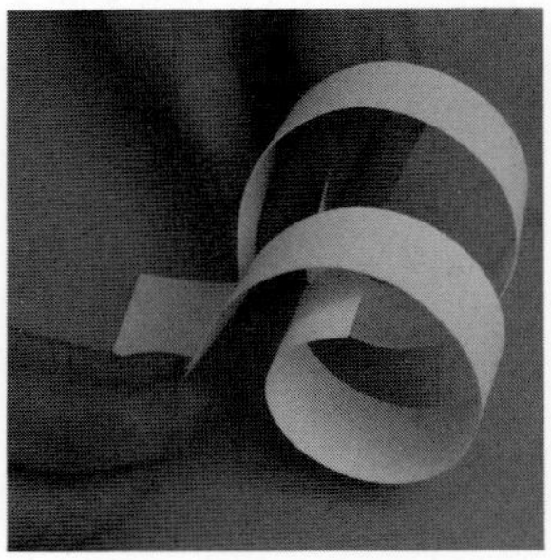

2. Die Scherenklinge muß fest und flach auf das Papier gehalten werden, aber nicht so fest, daß es reißt.

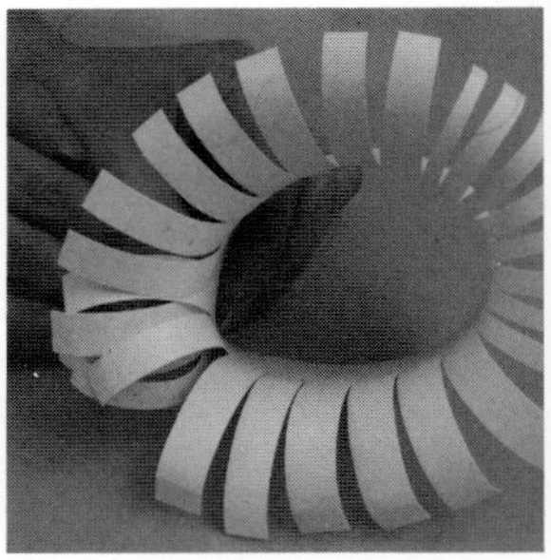

3. Die Anzahl der Papierkringel ist von der Länge des Streifens abhängig. Für verschiedene Wirkungen Streifenbreite verändern.

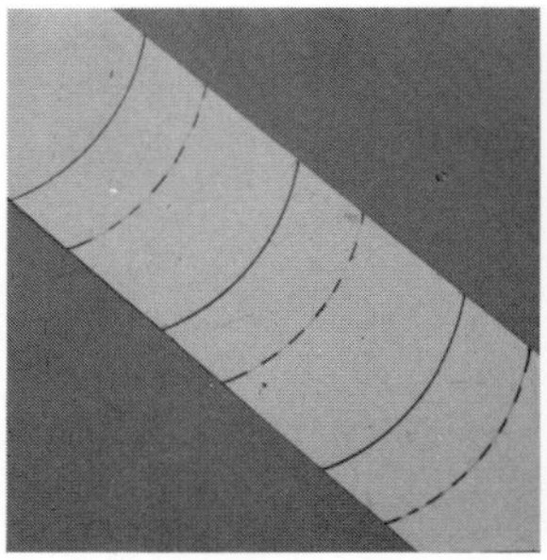

Kurven einritzen 1. Papier kann man zu Kurven falten, indem man diese vorher einritzt (hier abwechselnd vorne und hinten).

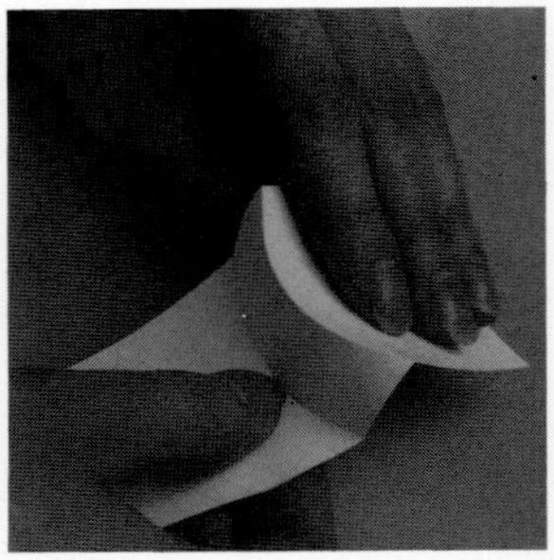

2. Das Papier mit den Fingern leicht in den Kurvenfalz drücken. Angeritzte Kanten nach außen falten.

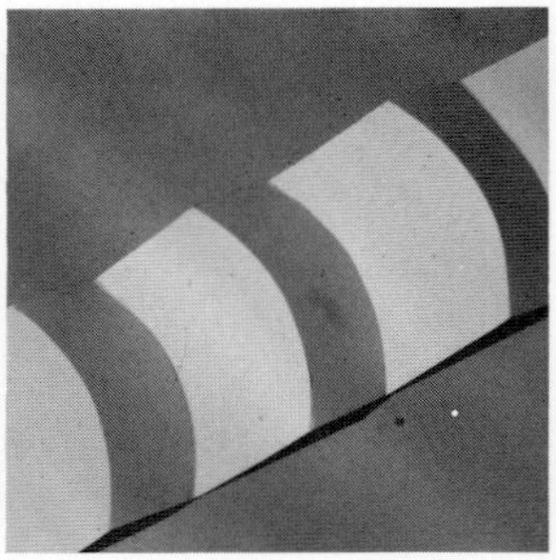

3. Gefaltete Kurven verleihen erhabenen Oberflächen mehr Vielfalt. Sanfte Kurven verwenden, so daß das Papier nicht stark geknickt wird.

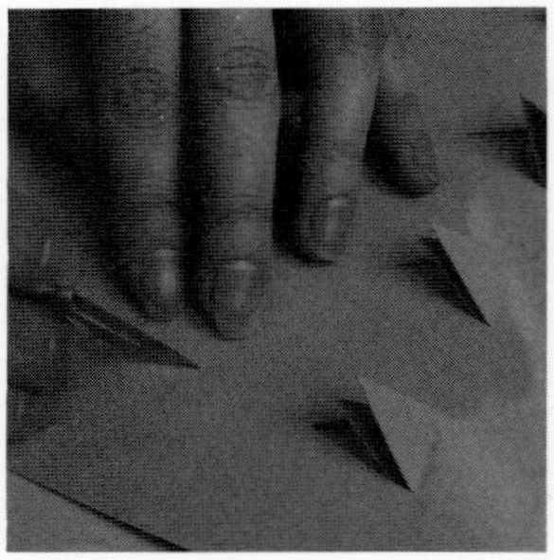

Papierrelief 1. Mit dem Skalpell kleine Formen aus einem Bogen Papier ausschneiden und zurückfalten.

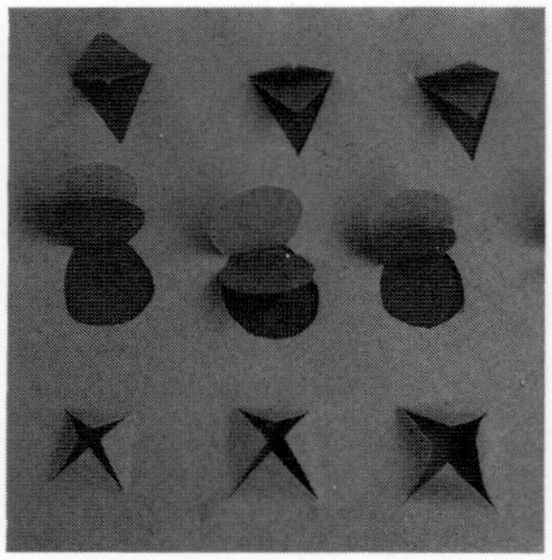

2. Einen Bogen Hintergrundpapier ausschneiden und unter die geschnittenen Bögen legen. Die Reliefformen anordnen.

37

Mixed Media

Geschichte und Formen: Dada, Collage, Pop Art, Objet trouvé, Total Art und Environments, Skulpturen und Künstler.

37 **Mixed Media** Geschichte und Formen

Der Ausdruck »Mixed Media« deckt ein breites Spektrum von Werken ab, die oft Objekte beinhalten, die man bis vor kurzem für bizarres Künstlermaterial gehalten hätte. Es ist ein Bereich, in dem eine Fahrradfelge, unverhüllt und unverziert, ein Requisit oder sogar einen Hauptbestandteil darstellen kann und in dem Geruch, Geräusch und Beleuchtung zur Wirkung gebracht werden können.

Die meisten modernen Kunstrichtungen, von den Futuristen, Dadaisten und Surrealisten bis zur Konzept- und Performance-Kunst kann man als Mixed-Media-Kunst klassifizieren. Insbesondere die Performance-Kunst ist typisch für die Flexibilität von Mixed Media, da hierin der Unterschied zwischen der Performance und dem Theater verwischt wird.

Collage

Die Technik der Collage, die von den Kubisten entwickelt wurde und alle möglichen Gegenstände, Zeitungsausschnitte und Photos verwendet, um auf einer Ebene dreidimensionale Formen zu bilden, ist eine Vorläuferin der Mixed-Media-Skulptur. Bereits 1919 bedienten sich Georges Braque (1882–1963) und andere Künstler der Collage, und die Idee entwickelte sich allmählich zur skulpturellen Collage – der Collage ohne Rahmen. Die zweidimensionale Fläche des Malers und die dreidimensionale Form der Skulptur wurden erweitert.

Exemplarisches Beispiel für das collagierte Environment ist Kurt Schwitters' (1887–1948) berühmter Merzbau – Objekte und Holz, zusammengestellt zu einem »Haus«, welches Erinnerungsstücke, Objekte und Flächen enthält. Der Pop-Artist Tom Wesselmann (geb. 1931) benutzt Gegenstände wie Tische und Stühle, die aus der bemalten Leinwand herausragen.

Objekte

Einige Mixed-Media-Arbeiten der Dadaisten, Surrealisten und Futuristen waren direkte Vorläufer der Werke vieler moderner Environment-Künstler. Die Surrealisten und Dadaisten gehörten zu den ersten, die die Idee vertraten, daß jeder Gegenstand an sich Kunst werden könne. Daraus entstand der Ausdruck »objet trouvé«, was »gefundenes Objekt« bedeutet. Marcel Duchamp (1887–1968) erhob ein bescheidenes Pissoir (mit dem Titel *Fontäne*) zum Rang eines Kunstwerks lediglich dadurch, daß er es ausstellte – öffentliche Entrüstung war die Folge. Ein weiteres Beispiel für Duchamps Objet-trouvé-Arbeiten war eine signierte, auf einen Küchenschemel montierte Fahrradfelge.

Total Art und Environments

Durchgesetzt hat sich die Mixed-Media-Kunst mit der Übernahme des Begriffs der »Total Art«, einem Begriff, der die Kunst zu einer totalen, besonderen Umgebung erweitert. Einige der besten Beispiele datieren aus den 30er Jahren in Form von närrischen Environments, die aus abseitigen, obskuren oder obszönen Gegenständen zusammengesetzt sind. In einer Ausstellung war ein Grammophon zu sehen, aus dessen Schalltrichter ein paar Damenbeine herausragten, und die

Mixed Media Die Verbindung verschiedener Kunstmedien, beispielsweise der Malerei und der dreidimensionalen Arbeit, bringt Klassifizierungsprobleme mit sich. John Lathams Arbeit *Film Star* (**rechts**) zum Beispiel verbindet das Äußere eines konventionellen Gemäldes im Rahmen mit einer skulpturellen, dreidimensionalen Struktur. Das Werk besteht aus Büchern und Buchteilen, die verkohlt, auf ein Brett geleimt und mit Draht und Kordel zusammengebunden wurden. Dieses Werk wurde 1960 fertiggestellt. Man kann es als Metapher für die Neubewertung des Wissens durch die Zerstörung und Wiederverwertung dieser konventionellen Wissensvehikel, der Bücher, betrachten. Eine andere Künstlerin, die zur gleichen Zeit wie Latham und mit ähnlichen Ideen arbeitete, war die Amerikanerin Louise Nevelson. Ihr Werk *An American Tribute to the British People* (**rechts außen**) wurde zwischen 1960 und 1965 geschaffen. Es verwendet solche Objekte wie hölzerne Tischbeine und fügt sie in einer Objektcollage zusammen, die mit Goldfarbe lackiert ist. Das Werk ist von großen Ausmaßen – 3,10 × 4,34 m – und hat eine Tiefe von 1,17 m. Nevelsons Arbeiten haben einige religiöse Untertöne, und dieses Stück zeigt gewisse Verwandtschaft mit einem Altar.

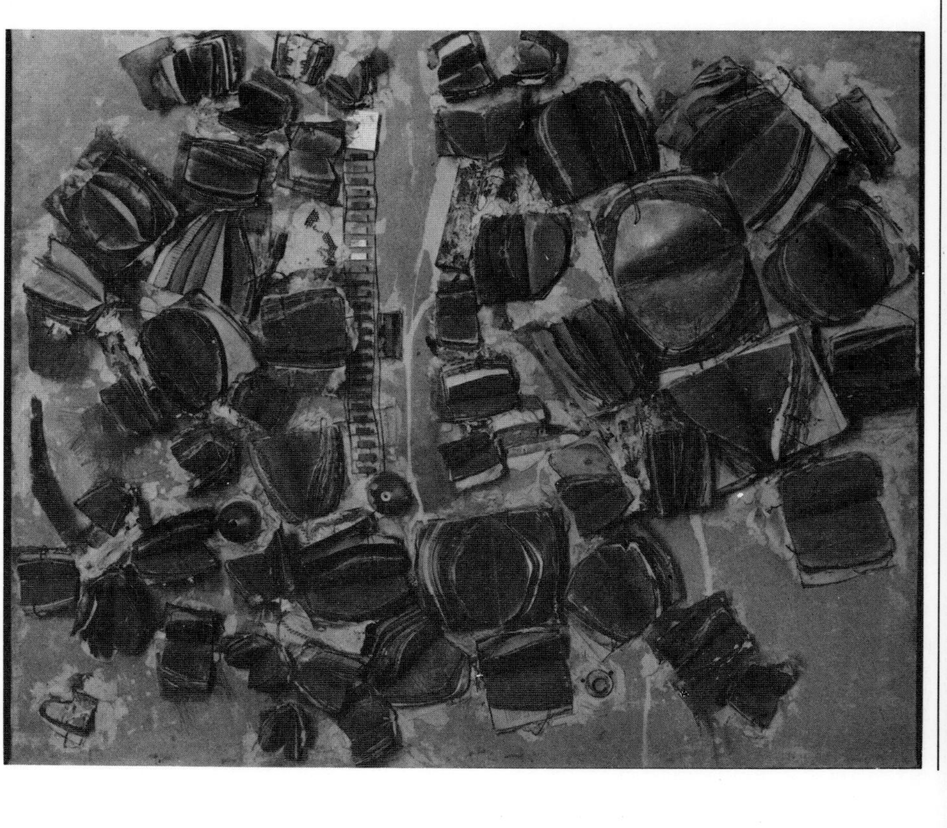

Decke war mit Zementsäcken geschmückt, während im Hintergrund deutsche Tanzmusik erklang.

Ed Kienholz (geb. 1928) hat eine Serie von Total-Environments geschaffen; seine minutiösen Vorarbeiten haben – wie in seinem *Period Room* – zu einem unheimlichen Realismus geführt. Sein Werk mit dem Titel *State Hospital* erlaubte dem Betrachter, durch ein Guckloch in ein Krankenzimmer zu blikken, in dem zwei bandagierte Gestalten an Metallpritschen gefesselt waren. Ihre Köpfe bestanden aus Goldfischgläsern, in denen schwarze Fische umherschwammen, und ein peinigender Geruch nach Desinfektionsmitteln erfüllte das Tableau.

Der amerikanische Bildhauer Claes Oldenburg (geb. 1929), einer der bekanntesten Mixed-Media-Künstler, hat riesige, schwellende Skulpturen geschaffen. In seinen Ausstellungen gab es gewaltige Objekte aus Plastik und anderen Materialien, die Gegenstände des Alltagsleben (Telefone, Stecker, Hamburger) darstellten – in solchem Maß vergrößert, daß sie eine neue visuelle Bedeutung bekamen.

Einige Konzeptkünstler entwickeln den Begriff der Mixed-Media-Kunst zu vollem Ausmaß, indem sie die Landschaft selbst als Teil ihres Werkes einsetzen. Christo (geb. 1935) zum Beispiel überspannte einen amerikanischen Canyon mit einem mehrere hundert Meter langen, orangefarbenen Vorhang, unter dem eine Straße verlief. Eine Variation dieser Idee, die »Dokumentarische Kunst«, stellt eine Tätigkeit dar. Der britische Künstler Dick Long (geb. 1945) zum Beispiel zeichnete Überlandreisen in Form von Landkarten und Photos auf.

Pappmaché ist eines der nützlichsten Materialien für den Mixed-Media-Künstler, da es billig ist und in jede Form gebracht werden kann. Es hat sich aus dem Material des viktorianischen Spielzimmers zum Medium solch exzentrischer zeitgenössischen Künstler wie Niki de Saint-Phalle (geb. 1930) entwickelt, die Pappmaché für ihre ballonartigen, bemalten Figuren verwendet.

Die Idee, in einer Skulptur verschiedene Materialien zu verwenden, ist zum Teil aus der technischen Entwicklung und zum Teil durch den Versuch entstanden, sich von den Beschränkungen herkömmlicher Materialien wie Marmor, Stein, Holz zu lösen. Ein Großteil der frühen Mixed-Media-Kunst war Geste, eine Art Verhöhnung, aber sie spielte eine wichtige Rolle bei der Übernahme eines breiten Spektrums innovativer Materialien, die heute zum Grundbestand vieler seriöser moderner Bildhauer gehören.

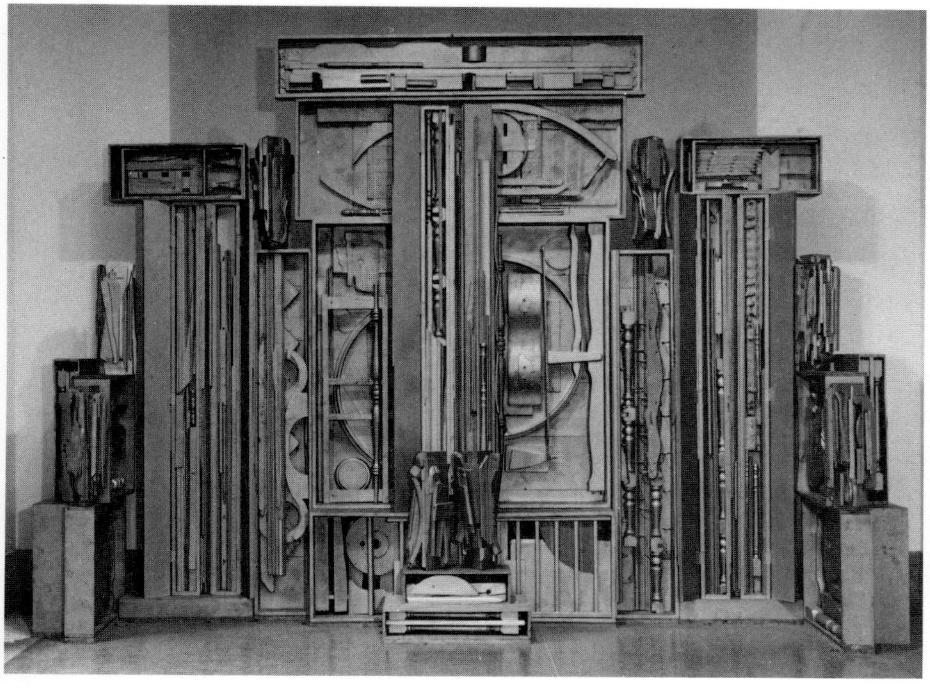

Frühe Mixed-Media-Arbeiten
Mixed Media wurde Anfang des 20. Jahrhunderts von der Dada-Gruppe angeregt. Die Dada-Künstler bemühten sich, ihr Publikum und ihre Betrachter zu schockieren und zu erregen. Der deutsche Künstler Kurt Schwitters wurde von den Dadaisten nicht akzeptiert, hatte aber ähnliche Interessen. Zu den technischen Neuerungen solcher Künstler gehörten der Einsatz von Collage und Montage, um disparate Elemente – Zeitungsausschnitte, Zigarrenbinden, Federn, Schuhsohlen und sogar Drahtstückchen – zu verbinden. Schwitters wollte Abfallobjekte wiederverwerten und daraus Kunst herstellen. Schwitters, der auch Gedichte schrieb, nahm seine Kunst sehr ernst. Zu seinen Lebzeiten blieb sein Werk unbeachtet, und nachdem das Nazi-Regime ihn aus Deutschland vertrieben hatte, starb er 1948, fast in Vergessenheit, im englischen Westmoreland. Diese Collage (**folgende Seite**), *Zollamtlich geöffnet*, entstand zwischen 1937 und 1939 und ist, obwohl ein Spätwerk, typisch für Schwitters' Collageschaffen. Seine erste Collage stellte er bereits 1917 fertig.

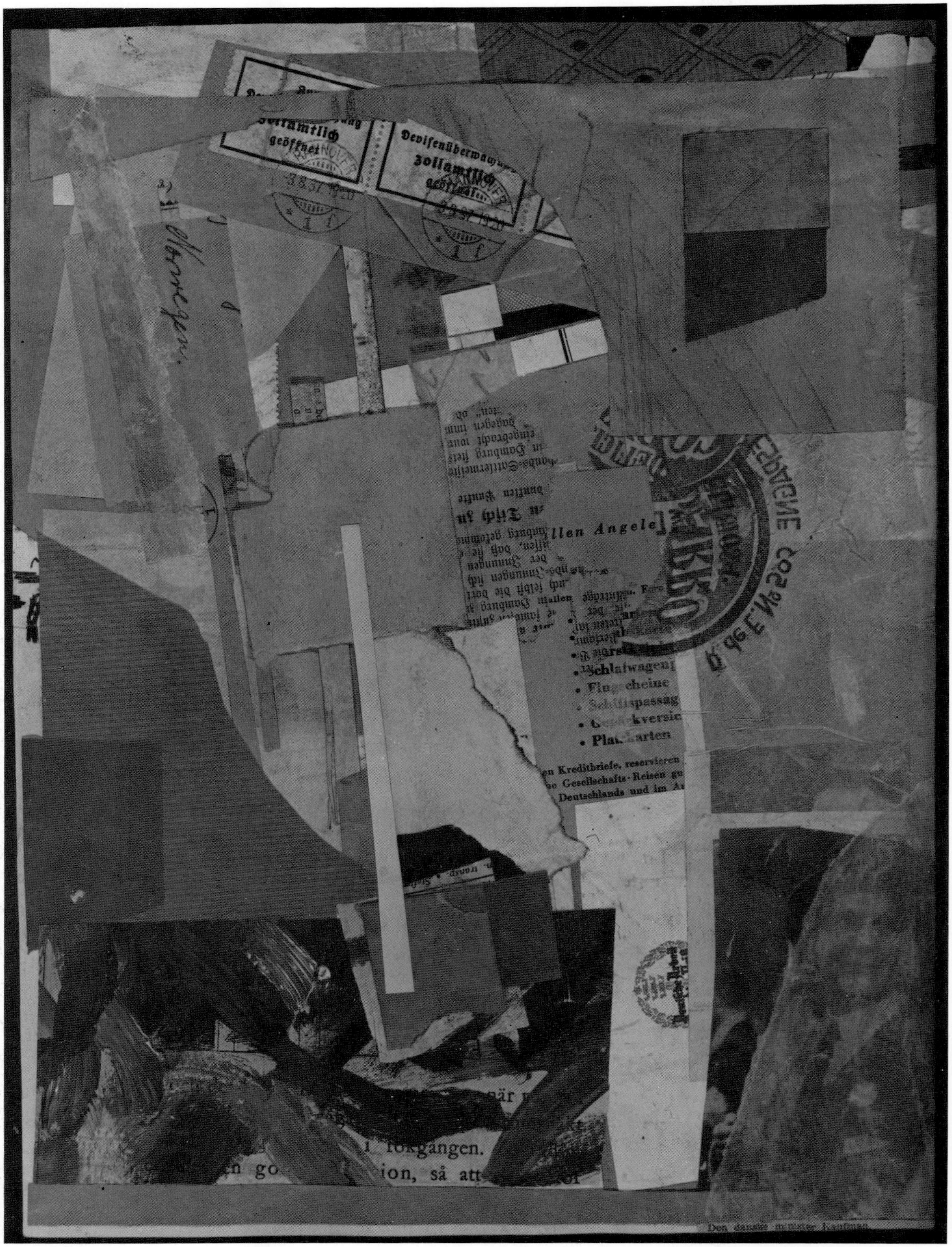
zollamtlich
geöffnet
llen Angele
Platzkarten
Kreditbriefe, reservieren
Gesellschafts-Reisen
Deutschlands und im
fokgangen.
ion, så att
Den danske minister Kaufman

38

Happenings

Geschichte und Entwicklung: Bauhaus, Dada, Surrealisten, Experimente in den 60er Jahren, Ereignisse und Künstler

38 **Happenings** Geschichte und Entwicklung

Erste Formen einer intermediären Aktionskunst entwikkelten sich mit der Performance-Kunst der italienischen Futuristen-Bewegung, als Filippo Marinetti (1876–1944) im Jahre 1909 verkündete, es sei sein Ziel, das Publikum aus seiner Rolle als »stumpfsinniger Betrachter« aufzuscheuchen.

In der von Oskar Schlemmer (1888–1943) geleiteten Bühnenwerkstatt des Bauhauses wurden weitere Charakteristika des Happenings vorweggenommen, indem die traditionellen Schranken zwischen Theater, Tanz, Malerei und Technik niedergerissen und alles in die international berühmten Multimedia-Shows integriert wurde.

Die Bühnenspektakel der dadaistischen und surrealistischen Bewegungen, die die traditionellen künstlerischen Werte revolutionierten und das Absurde und Unerwartete benutzten, um zeitgenössische kulturelle, gesellschaftliche oder politische Phänomene zu kommentieren, standen dem Geist vieler heutiger Happenings allerdings näher.

Die Entwicklung der Environment-Kunst nach dem 2. Weltkrieg brachte den zeitgenössischen Happenings mehr Beachtung. Obwohl schon die Dadaisten und Surrealisten Environment-Arbeiten geschaffen hatten – Marcel Duchamp (1887–1968) beispielsweise hatte 1942 einen mit Bindfaden zugewobenen Raum ausgestellt –, fand die Environment-Kunst erst mit dem New Realism der 50er Jahre und seinen Exponenten wie Claes Oldenburg (geb. 1929) weitere Anerkennung.

Die neuere Aktionskunst, die in den 60er Jahren als Happening- und Fluxus-Bewegung bekannt geworden ist, wurde in der Hauptsache von einer Künstlergruppe am Black Mountain College in den USA inspiriert, wo 1952 die Maler Robert Rauschenberg (geb. 1925) und Jasper Johns (geb. 1930) mit dem Musiker John Cage (geb. 1912) das auf die Bühne brachten, was später als erstes echtes Happening anerkannt wurde: Auf jeden Zuschauersitz wurde eine Tasse gestellt, und nachdem gleichzeitig Musik, Gedichte, und bizarre Geräusche erklungen und Filme und Tanz vorgeführt worden waren, wurden die Tassen von weißgekleideten Akteuren mit Kaffee gefüllt.

Die Simultanaktionen der Black Mountain-Happenings, die es den Zuschauern unmöglich machten, einzelne Beiträge wahrzunehmen, in Verbindung mit scheinbar sinnlosen, langen Perioden des Schweigens und der Inaktivität waren ein Vorgeschmack auf die vielen Happenings, die folgen sollten, als die Künstler versuchten, im Publikum ein Bewußtsein für die Zeit zu erwecken.

Einer der führenden Vertreter und Dokumentator des amerikanischen Happenings war der New Yorker Künstler Allan Kaprow (geb. 1928). Sein Interesse richtete sich auf den Entstehungsprozeß seiner Bilder und Collagen. Er versuchte den Zuschauer aus seiner passiven Rolle aufzurütteln und zum Mitwirken zu bewegen.

Zu den bekannten europäischen Happening-Künstlern gehören u. a. in Deutschland Wolf Vostell (geb. 1932) und Joseph Beuys (1921–1986) sowie in England John Latham (geb. 1921), der von seiner Lehrtätigkeit am College relegiert wurde, weil er ein Buch aus der College-Bücherei verflüssigte und als schmierige Masse in einem Einmachglas zurückgab.

Obwohl die Happenings in den 70er Jahren nachließen, übte der Geist, aus dem sie entstanden waren, immer noch einen weitreichenden Einfluß auf die Kunst der Rauminstallation sowie auf Performance und Konzeptkunst aus.

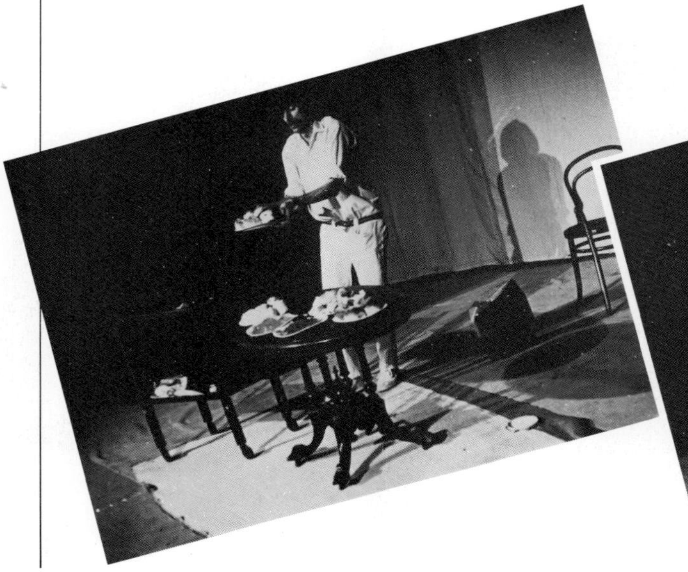

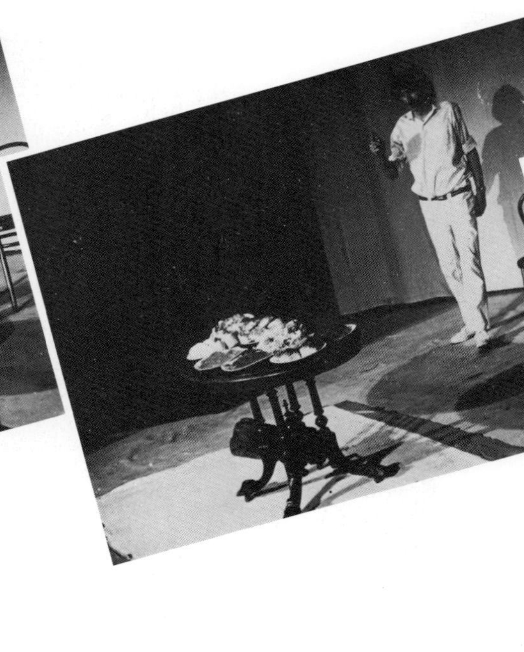

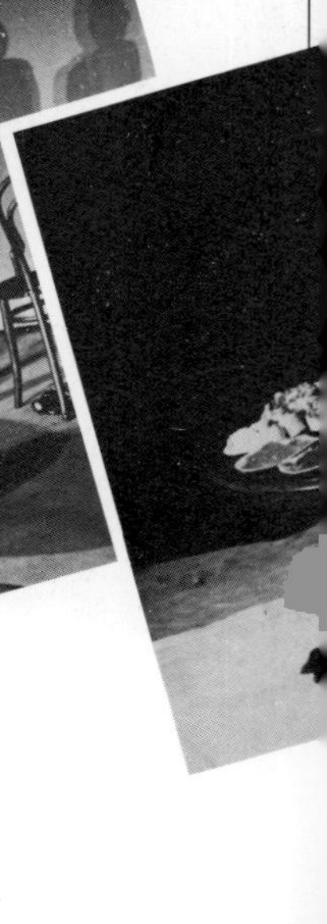

Happenings Der britische Künstler Ian Breakwell hat seit Mitte der 60er Jahre eine Reihe von Performances geschaffen, deren Ursprünge auf die Dada-Künstler zurückzuverfolgen sind. Breakwell versucht, sein Publikum zu verunsichern und die Leute dadurch zu motivieren, ihre Vorstellungen beispielsweise von Sprache und Kommunikation zu überdenken. Dabei bedient er sich verschiedener Ansätze. In *Unword* zum Beispiel, einer Reihe von Performances, die 1969 und 1970 aufgeführt wurden (**rechts**), wirkte die Kulisse wie ein Wald oder eine Mauer aus Sprache. Im Laufe der über eine Stunde dauernden Perfomance wurden die Wörter vom Künstler heruntergerissen und um eine weibliche Figur gewickelt, während eine andere Figur im Hintergrund zu würgen schien und anscheinend nicht in der Lage war, ihre Beschwerden mitzuteilen. Die Bilderserie von einer anderen Performance Breakwells (**unten**) zeigt die *Restaurant Operations* in einer Aufführung von 1967. Hier versuchte der Künstler, eine Rede zu halten, hatte aber anscheinend die Sprache verloren. Dann versuchte er mit zunehmender Verzweiflung, dem Publikum seine Botschaft mitzuteilen – aber erfolglos. Nachdem er es nicht geschafft hatte, einen gedeckten Tisch mit dem Revolver zu zerstören, stürzte sich der Künstler auf das Bankett und zerstörte es in rasender Wut.

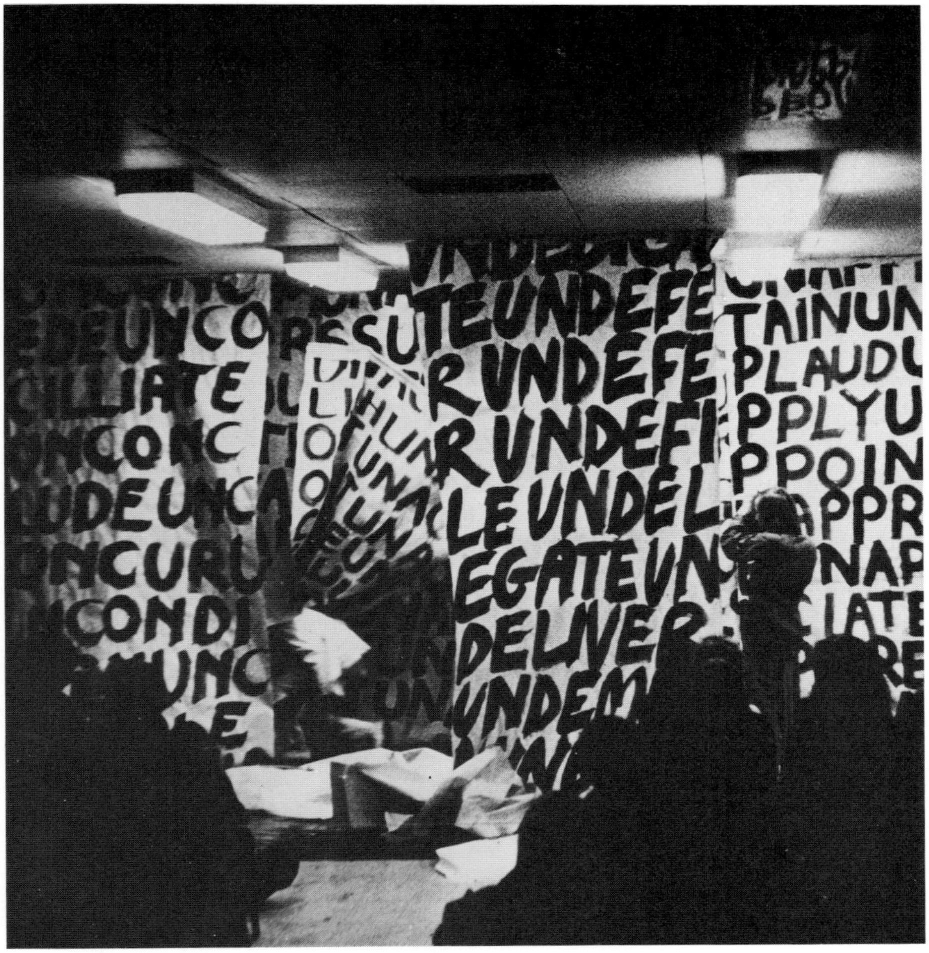

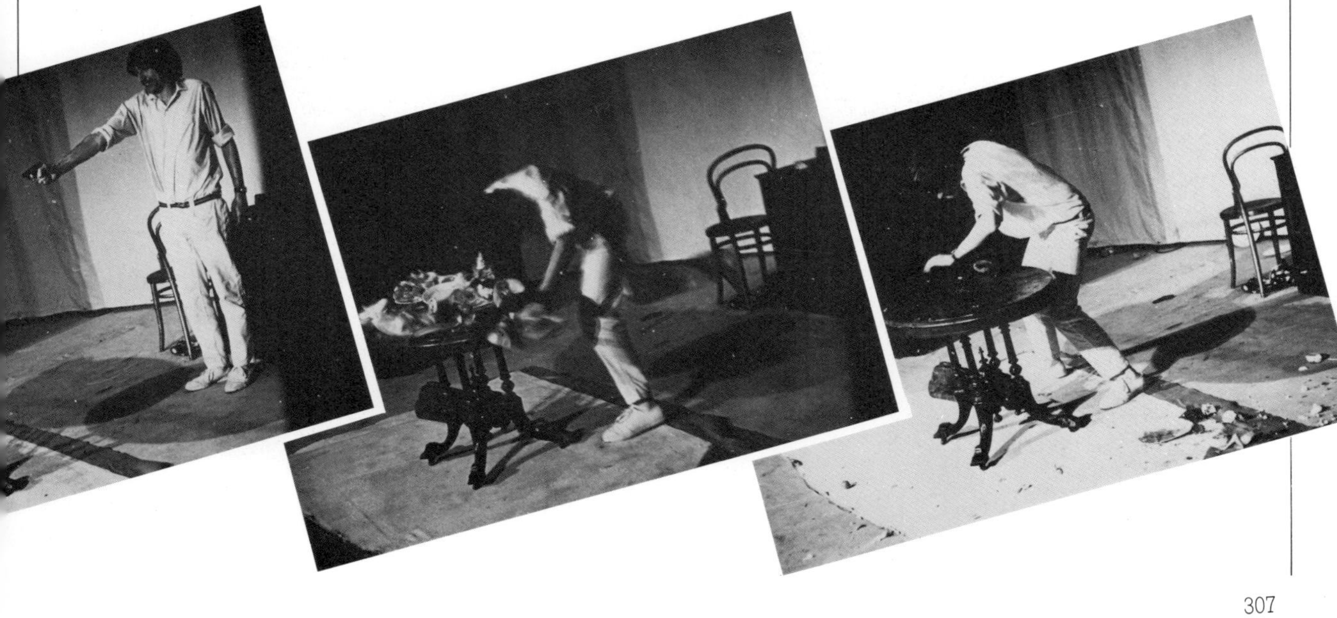

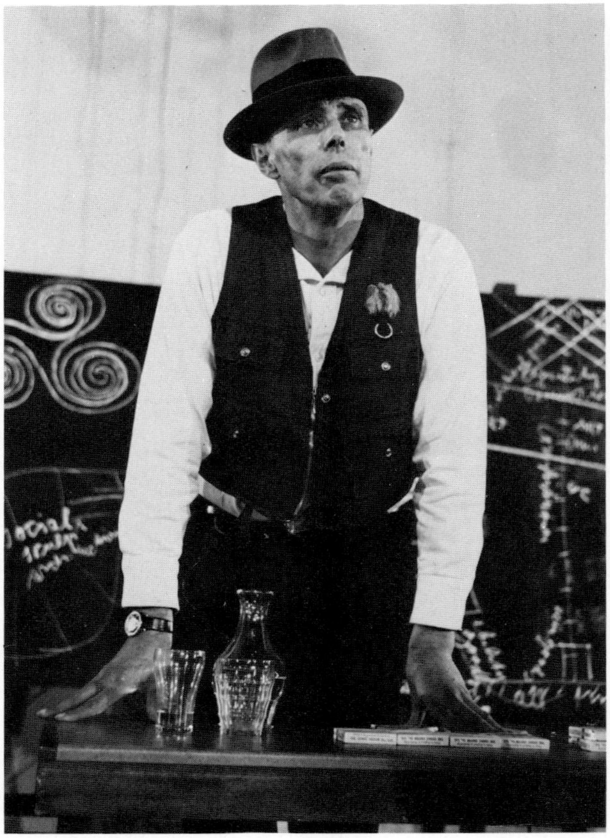

1

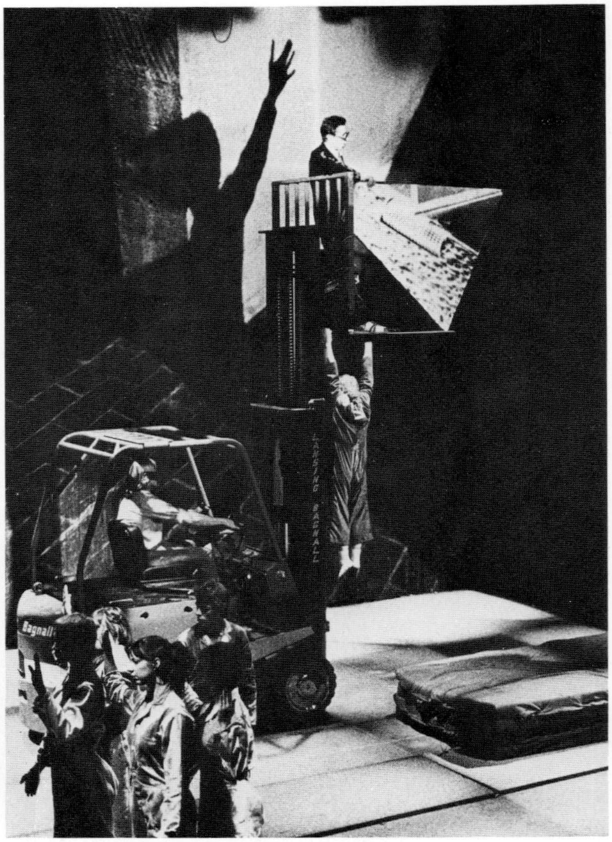

2

Happenings Wolf Vostell, Alan Knowland, Nam June Paik und Joseph Beuys (**1**) gehören zu den ca. 20 bekanntesten modernen Schöpfern des Happenings. Ihr Werk reflektiert das Bedürfnis, die Schranken der Tradition und Konvention niederzureißen, die die Kunst von anderen Disziplinen trennen, und auch sie selbst unterteilt haben. Beuys vermittelte seine Ideen auf sehr persönliche Weise: Hier sieht man ihn bei einer Performance in seiner Ausstellung in Ulster mit dem Titel *A Secret Block for a Secret Person in Ireland* im Jahre 1974. Das *Meisterwerk* (**2**), ein Multi-Media-Ereignis, das 1979 in London stattfand, wurde von den beiden britischen Künstlern Paul Richards und Bruce McLean geschaffen. Die höchst visuelle Performance benutzte auch Elemente des Theaters, zum Beispiel einen Akrobaten, einen Jongleur, einen Tänzer und eine Geräuschpartitur, aber auch einen Gabelstapler. Wie die anderen Künstler, die in diesem Bereich tätig sind, versuchen die Kipper Kids (**3**), kulturelle und gesellschaftliche Vorurteile durch ungewohnte Gegenüberstellungen zu unterminieren.

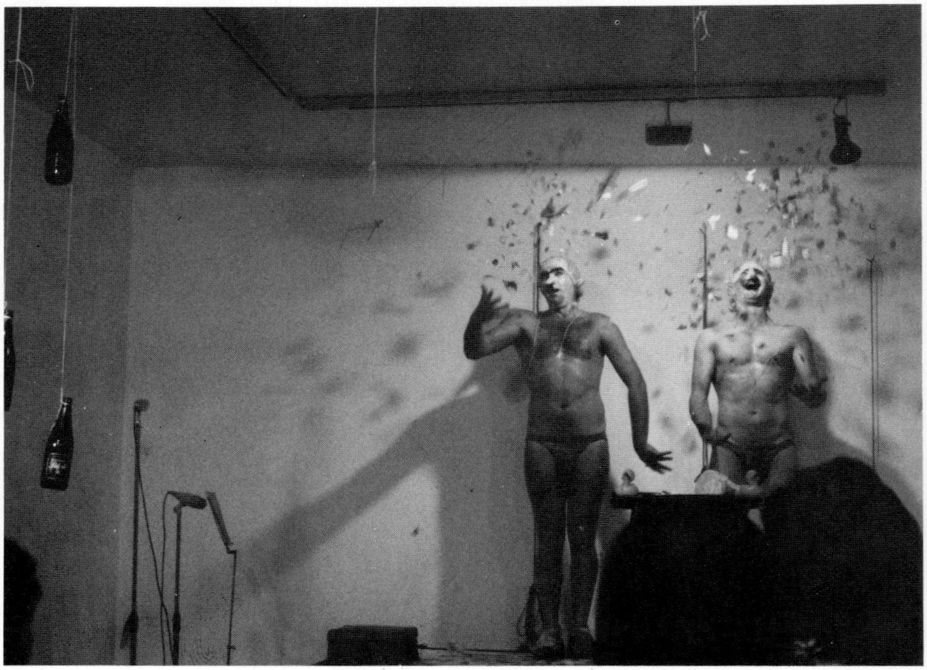

3

39

Präsentation und Transport

Transport: Bewegen von großen Skulpturen, Verpacken einer Skulptur. **Präsentation:** Im Freien, Plazierung in Innenräumen, Licht und Raum.

39 | **Plastik** Transport

Alle Skulpturformen, ob klein und zerbrechlich oder schwer und unhandlich, stellen Verpackungs- und Transportprobleme dar. Wenn sie auseinandergenommen und später wieder zusammengesetzt werden sollen, ist jedes Teil zu numerieren. Man sollte einen Plan oder eine Skizze zeichnen, um die richtige Montage sicherzustellen, und manchmal ist ein Photo hilfreich.

Einteilige Skulpturen wie z. B. Steinstatuen müssen mit Winden und Hebeln an ihren Platz gehoben werden. Die Skulptur muß mit Holzstücken gegen Metallwerkzeuge geschützt werden.

Große Arbeiten sollten mit soviel weichem Material – beispielsweise Decken – wie möglich gepolstert werden. Ecken und Vorsprünge verlangen besonderen Schutz.

Beim Heben von Hand sind Hanfseile oder Lederriemen das Ideale für nicht zu große Stücke. Man sollte Handschuhe tragen, um das Werk vor Fettflecken und sich selbst vor scharfen Materialien zu schützen.

Insbesondere Steinstandbilder kann man im Studio mit Flaschenzügen bewegen. Eines der üblicheren Systeme beinhaltet drei Rollen. Für den Transport schwerer Stücke verwendet man oft einen niedrigen Rollwagen mit kleinen, starken Rädern. Große Skulpturen werden gewöhnlich per Kran und Gabelstapler auf ihren Platz gehievt.

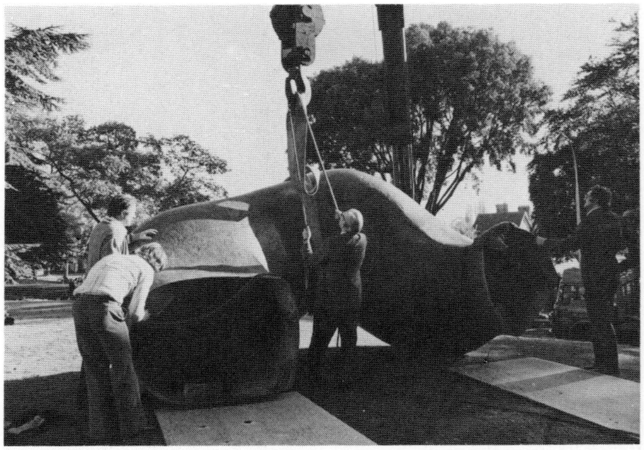

1

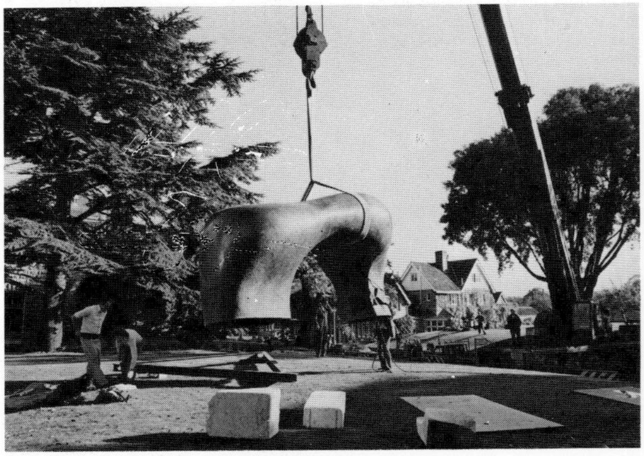

2

3

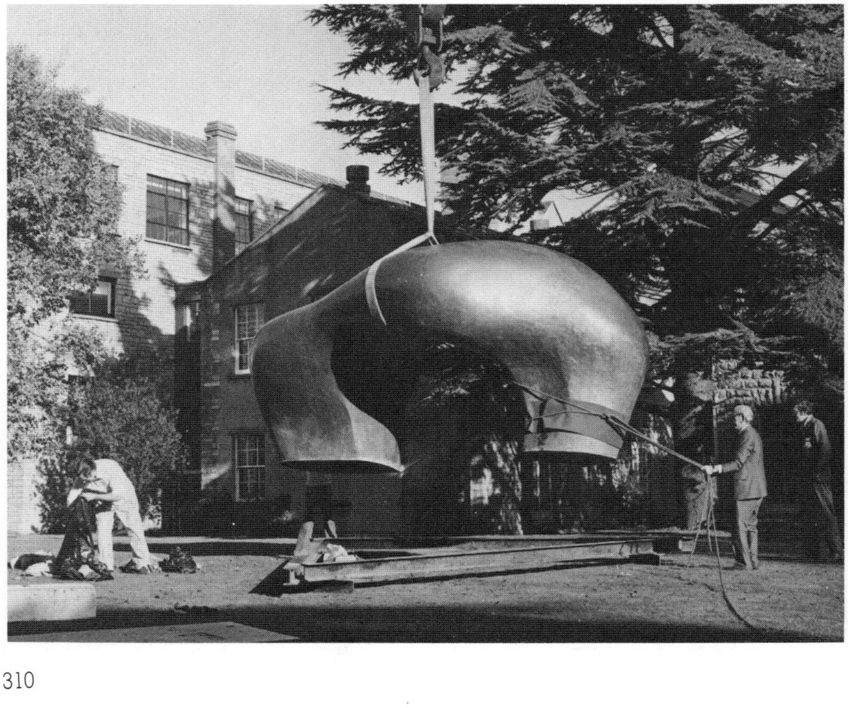

4

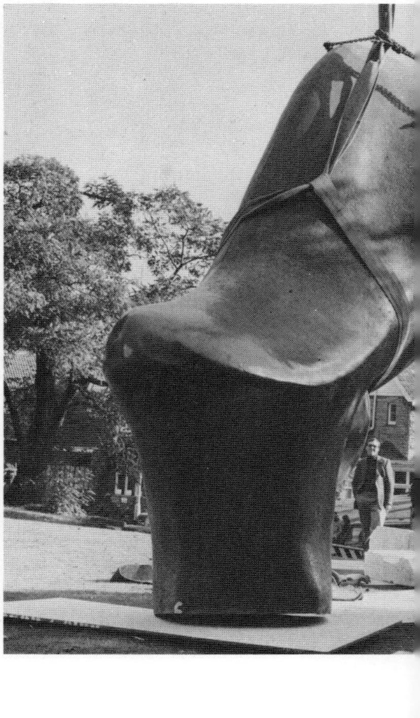

Skulpturen transportieren Diese Bilder (**links**) zeigen den britischen Bildhauer Henry Moore dabei, wie er das Aufstellen seiner großen Skulptur *Sheep Piece* im Freien überwacht (in Street im englischen Somerset). Diese Skulptur besteht aus zwei Teilen, die einzeln transportiert werden mußten. Für das Bewegen großer Teile kann ein Kran erforderlich sein (**1**). Es ist aber äußerst wichtig, daß die Skulptur in Balance gehalten und ihre Oberfläche nicht beschädigt wird. Die Skulptur kommt schließlich auf einem dreieckigen, in den Boden versenkten Fundament (**2**) zum Stehen. Davor muß die genaue Ausrichtung der Skulptur überprüft werden (**3**). Man beachte, wie die Skulptur mit einem Seil dirigiert wird. Die Oberfläche wird von einer Lage aus weichem Material geschützt. Als Sicherheitsvorkehrung verwendet man für das Versetzen des zweiten und größeren Teils der Skulptur zusätzlich eine Kette (**4**).

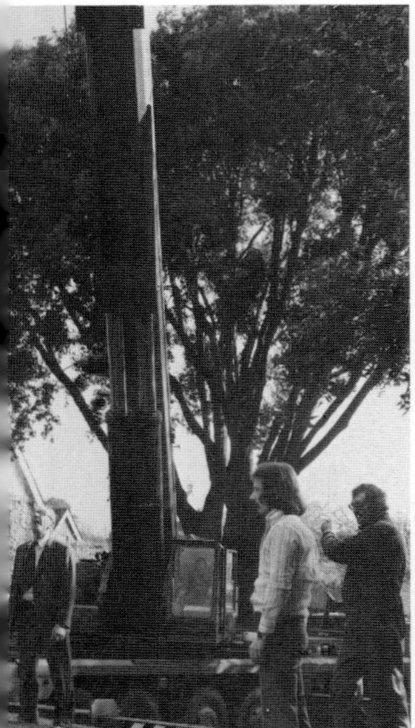

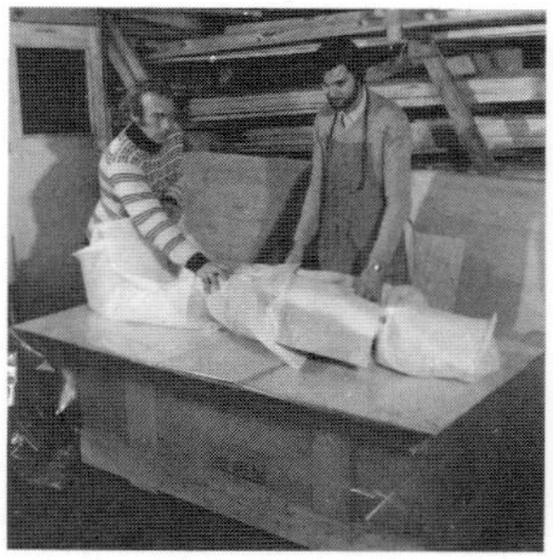

Verpacken einer Skulptur für den Transport 1. Man baut eine Kiste von geeigneter Größe. Zuerst wird die Skulptur in Papier eingewickelt.

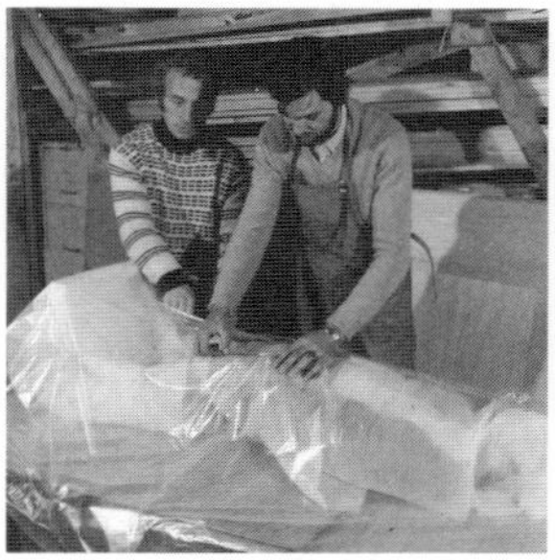

2. Dann wird die Skulptur zur Gänze in Plastikfolie eingeschlagen, die mit Klebeband befestigt wird.

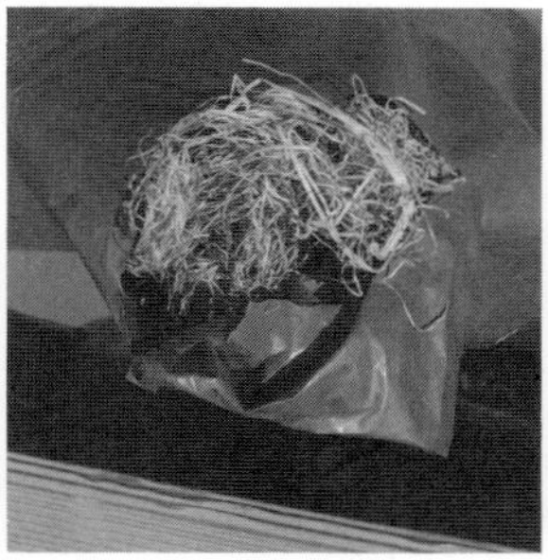

3. Man legt Wellpappe in die Kiste und dann mit Stroh ausgepolsterte Papierkissen.

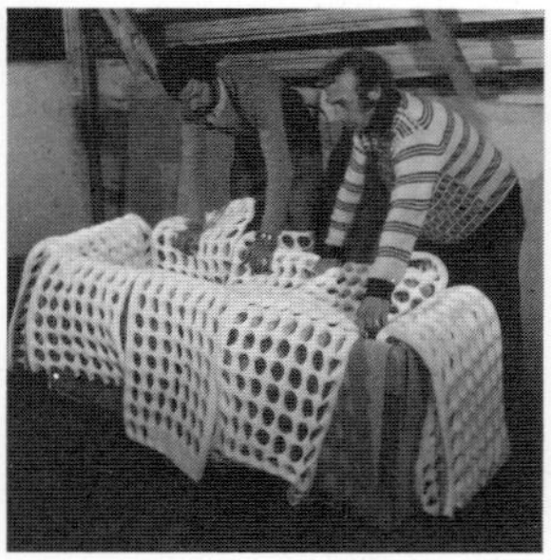

4. Dicke Schaumstoffmatten werden auf das »Bett« gelegt und hängen über die Seitenwände.

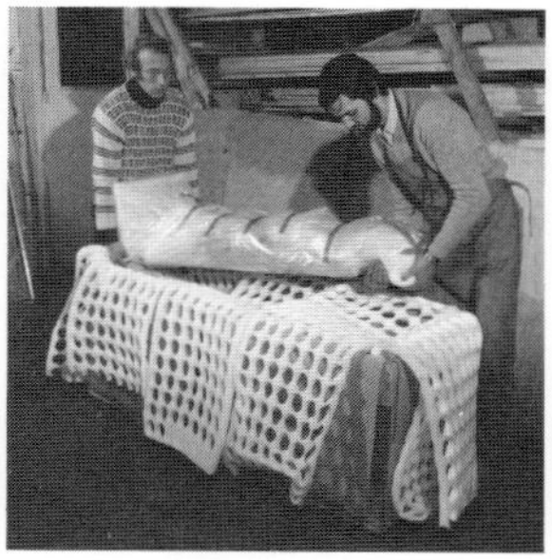

5. Die eingewickelte Skulptur wird auf die Schaumstoffmatten gelegt. Die Verwendung von Verschnittstücken hilft Kosten sparen.

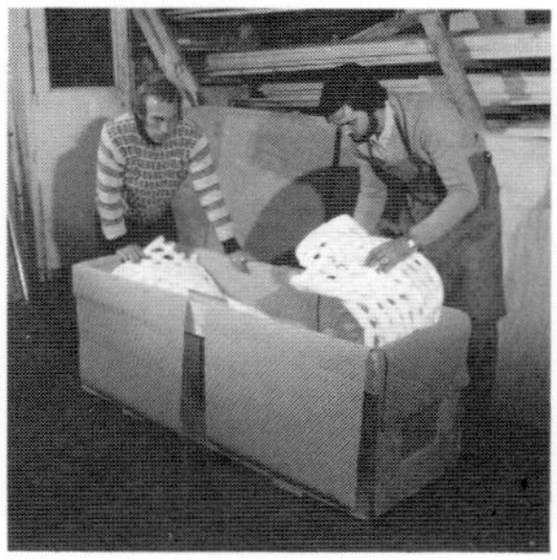

6. Der überhängende Schaumstoff wird eng um die Skulptur in der Kiste gepackt, obenauf gelegt und an den Seiten eingesteckt.

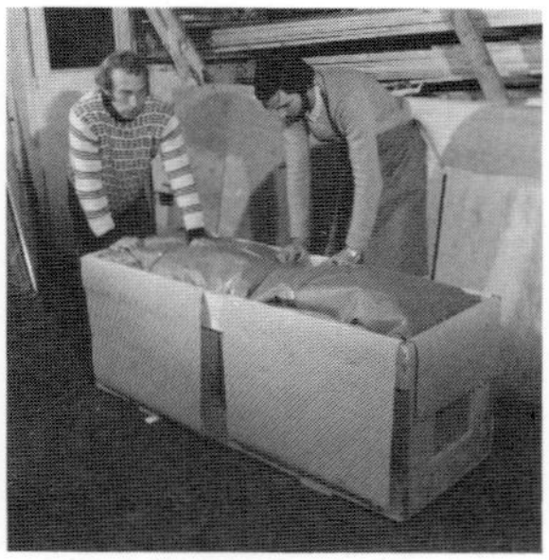

7. Weitere strohgefüllte Papierkissen werden daraufgelegt und fest auf die restliche Verpackung gepreßt.

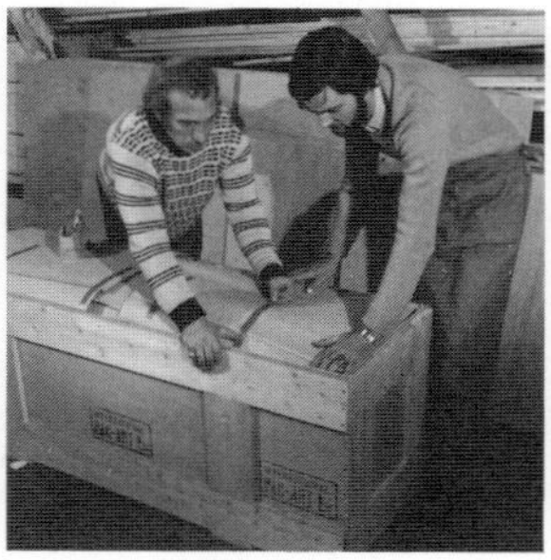

8. Man legt Wellpappe auf das Paket und schlägt sie an den Kistenseiten ein. Jetzt ist die innere Verpackung komplett.

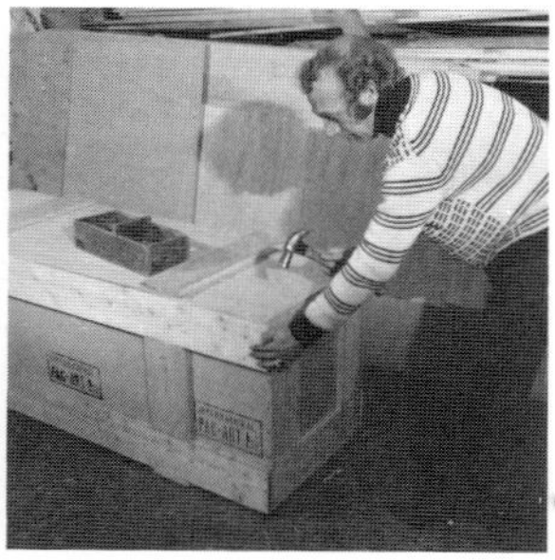

9. Der Kistendeckel wird aufgesetzt und an allen vier Seiten angenagelt, so daß die Kiste stabil und sicher ist.

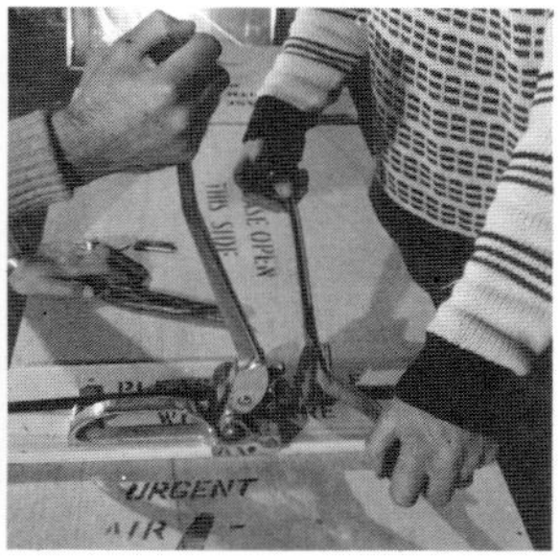

10. Metallbänder werden um die Querlatten der Holzkiste geschlungen, angezurrt und gut befestigt.

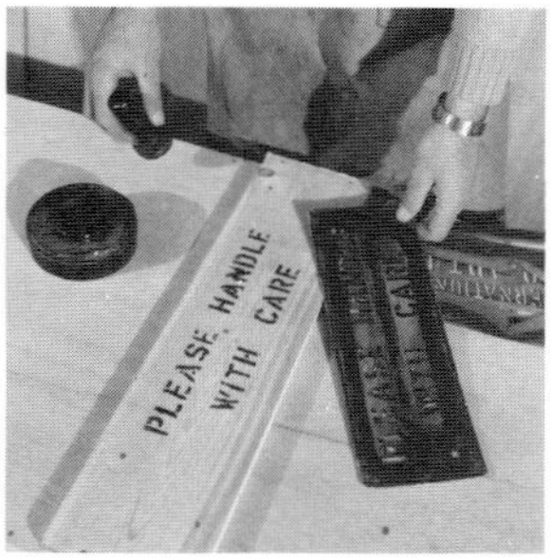

11. Transportanweisungen müssen außen auf der Kiste deutlich erkennbar angebracht werden.

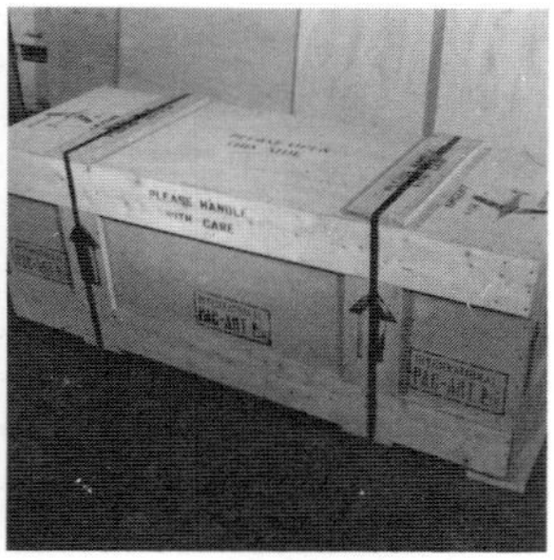

12. Die fertige Verpackung ist recht sicher und solide, deutlich gekennzeichnet und mit Metallbändern zusätzlich geschützt.

Plastik Präsentation

Effektive Beleuchtung ist ein ausschlaggebender Faktor bei der erfolgreichen Präsentation von Skulpturen. Lichtquelle und Lichtton müssen unbedingt bedacht werden.

Größe und Form des Stücks schreiben seine Plazierung vor. Ein Stück kann dadurch in seiner Wirkung beeinträchtigt werden, daß es so niedrig aufgestellt wird, daß man obendrauf sehen kann, oder so hoch, daß die Ansicht verzerrt wird. Sokkelplatten sollten so unauffällig sein, daß sie nicht von der Skulptur ablenken.

Frei stehende Arbeiten werden oft auf ein Gestell montiert – z. B. aus Stein, Metall oder Holz –, das sorgfältig zur Skulptur passend ausgewählt werden muß.

Von höchster Wichtigkeit beim Aufstellen einer Skulptur im Freien ist der »Linienkontrast« – nicht nur der Linien und Konturen des Stückes selbst, sondern auch der Umgebung, beispielsweise des Horizontes und der durch Bäume und Gebäude gebildeten Linien. Es muß genug Platz dasein, um die Arbeit zu präsentieren: Zwei eindrucksvolle Skulpturen, die zu nahe beieinanderstehen, können im Freien und in der Galerie voneinander ablenken.

Man muß auf die Luftverhältnisse achten, da insbesondere Wärme und Feuchtigkeit katastrophale Folgen haben können. Viele Materialien, darunter Holz, Eisenmetalle, Kreide und Gips, müssen versiegelt werden, da die Stücke sonst nicht lange halten. Obwohl auch weiche Gesteine durch die Elemente geschädigt werden können, wird Stein oft wegen seiner relativen Witterungsbeständigkeit bevorzugt.

Maßstab und Umgebung Bei manchen Plastiken kann die Größe der Arbeit, wie sie bei der ursprünglichen Konzeption festgelegt wurde, einen entscheidenden Einfluß auf die Art ihrer Präsentation haben. Während es zuweilen möglich ist, Skulpturen auf ganz verschiedene Weise auszustellen – je nachdem, ob sie in einer Galerie, einem Privathaus oder im Freien präsentiert werden –, enthalten die beiden unten gezeigten Beispiele Maßstab- und Strukturelemente, die eine bestimmte Umgebung für die Arbeiten unerläßlich machen. Anthony Caros *XLIX* (**unten rechts**) gehört zu einer Serie von kleinen Skulpturen, die extra dafür entworfen wurden, auf Tische plaziert zu werden. Auf diese Weise wurde der Maßstab von vornherein festgelegt, und ein Aspekt der völlig abstrakten Entwürfe war, die Höhe der Präsentation im Verhältnis zum Boden und zum Tisch dadurch zu betonen, daß Teile des Werks über den Tisch hinausragen. Henry Moores große Arbeiten werden oft im Freien ausgestellt, in Parks oder städtischen Umgebungen. Die Massivität seines *Bogens* (**unten**) und seine Verbindung zur Architektur lassen ihn gegen die hohen Bäume und auf großen Freiflächen hervortreten.

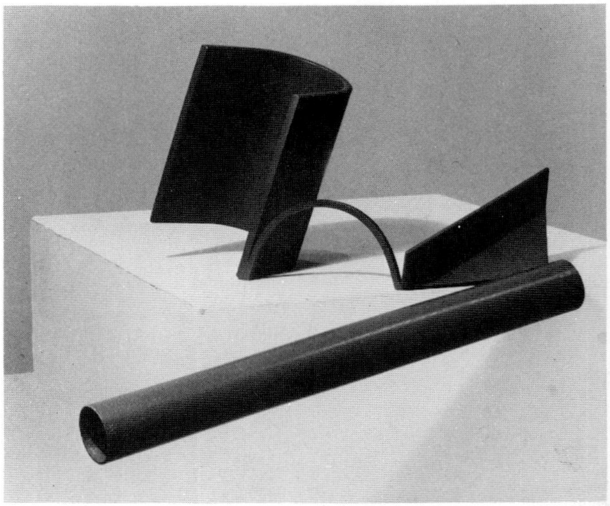

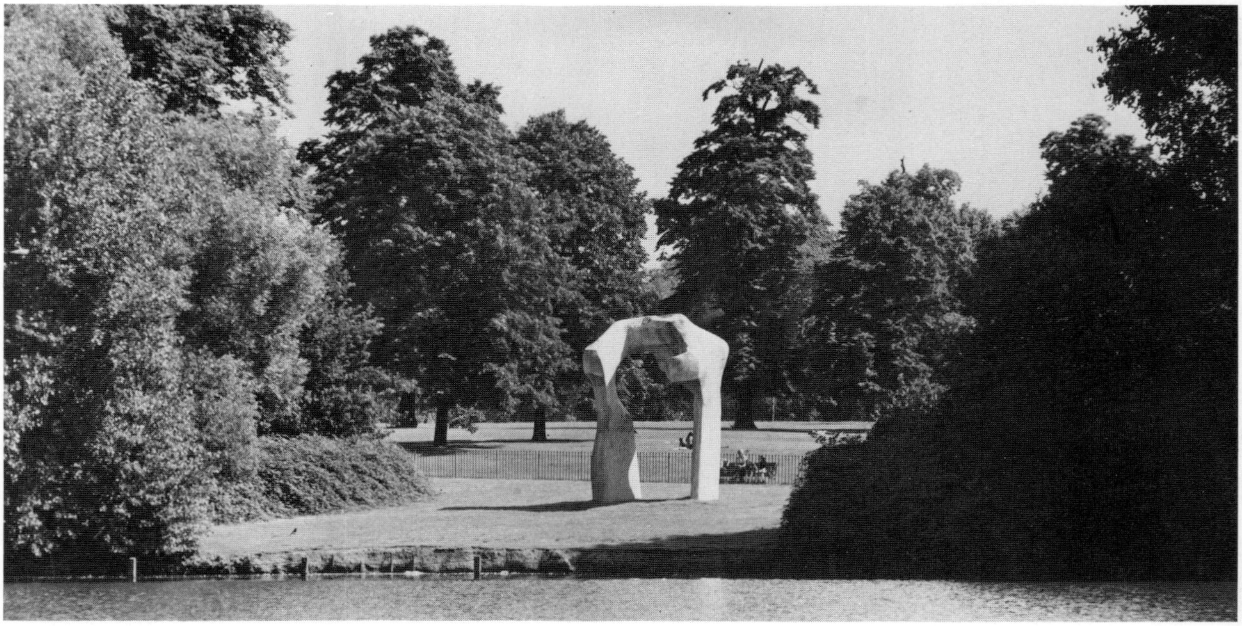

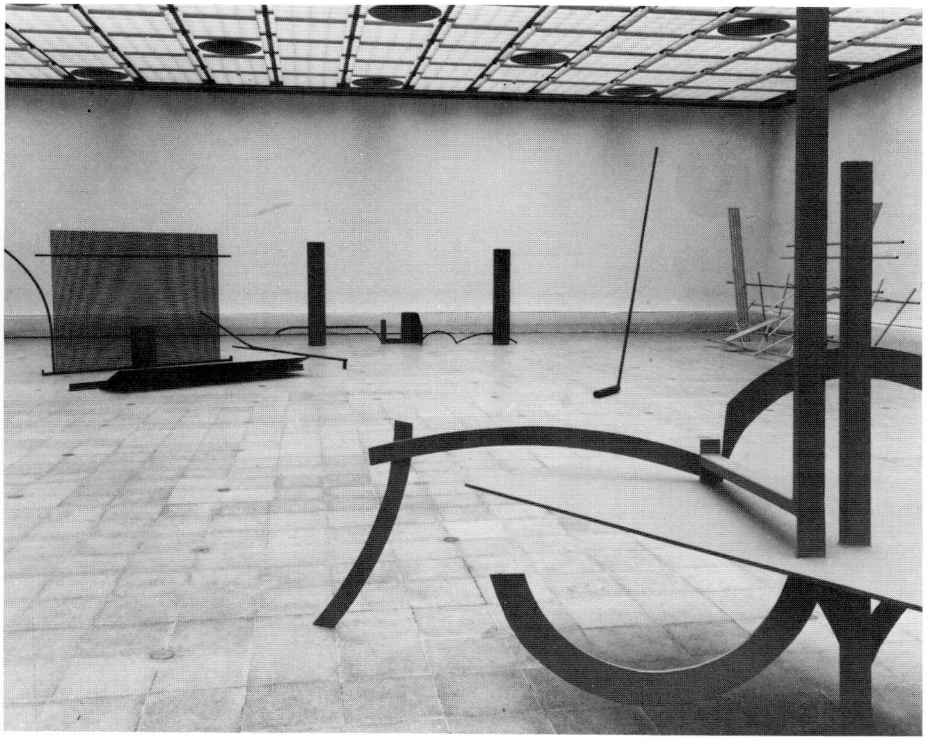

Die Präsentation von Skulpturengruppen Die traditionsreiche Beziehung von Bildhauerei und Architektur hat oft bedeutet, daß Skulpturen für einen vorbestimmten Platz entworfen wurden und daß ihr Sockel oder Piedestal Teil des architektonischen Gebildes oder speziell dafür gemacht sein konnte, ebenso zur Umgebung wie zur Skulptur zu passen. Bis vor kurzem war es üblich, daß Skulpturen in Galerien oder Privatsammlungen irgendeinen Sockel hatten. Caros große Skulpturen haben die Idee vorangetrieben, Arbeiten zu entwerfen, die ohne weiteres Präsentationselement direkt auf dem Boden stehen. Die Ansicht seiner Installation in der Londoner Galerie Hayward aus dem Jahre 1969 (**links**) zeigt eine Reihe seiner Skulpturen in der Präsentation, wie sie dem Künstler vorschwebte. Die Skulpturen von Julio Silva in einem Pariser Einkaufszentrum (**unten**) stehen auf einem Sockel, der die Linien der umgebenden Bauten aufgreift – wenn auch in weniger komplexer Form. Diese stimmen nichtsdestoweniger mit den Formen der Skulpturen überein, und die ganze Szene hat sich von der gewöhnlichen Starre der Architektur befreit, um eine Folge fließender Kurven zu bilden.

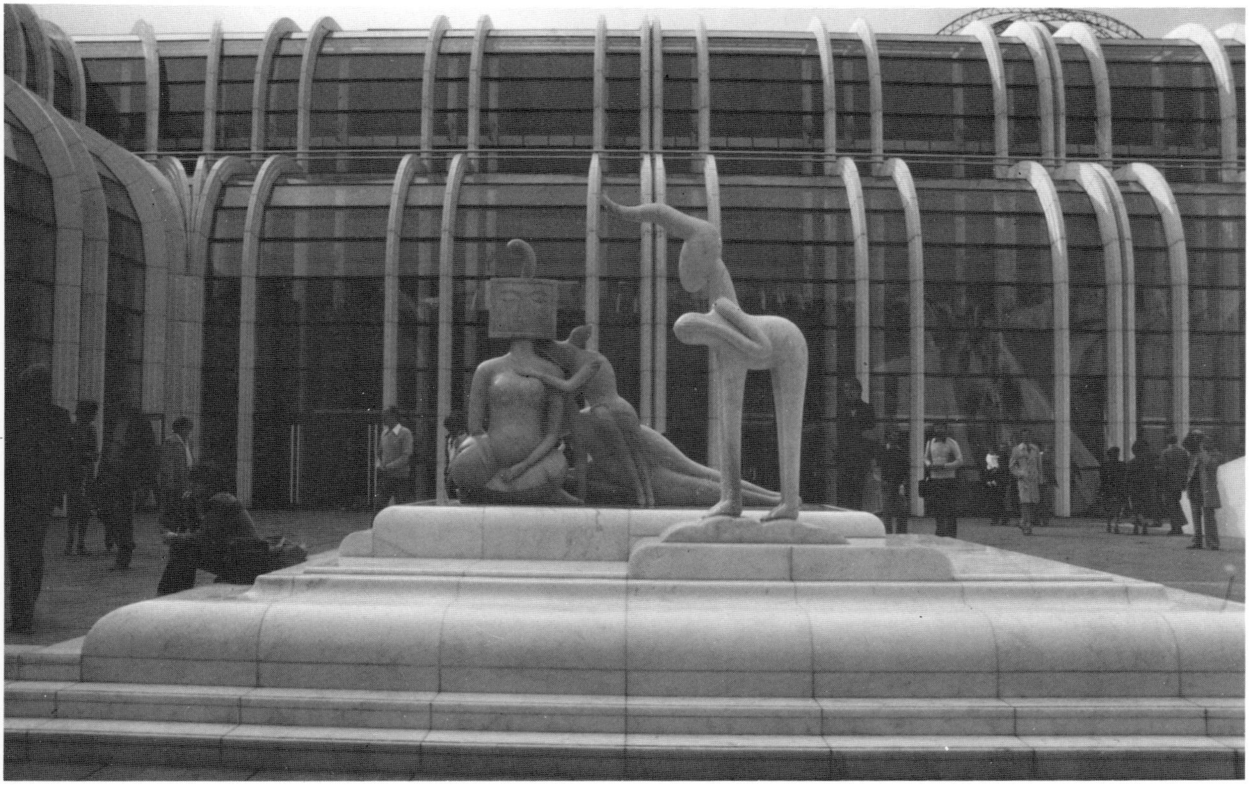

Bildnachweis

S. 14, 15, 16, 22, 28–29, 30–31 Clive Boden;
S. 33 Jon Wyand;
S. 34–35, 36 Clive Boden; **S. 37** Jon Wyand;
S. 39, 40–41 Clive Boden;
S. 44–45, 46–47, 48 Jon Wyand;
S. 51 (links) Clive Boden; (rechts) Jon Wyand;
S. 52, 56 Jon Wyand;
S. 60, 61 (oben) Clive Boden; **S. 61** (unten) Jon Wyand;
S. 62 Clive Boden; **S. 63, 64** Jon Wyand;
S. 65 Clive Boden; **S. 66** Jon Wyand;
S. 70, 71 (oben) Clive Boden; **S. 81, 82–83, 84** Jon Wyand;
S. 73, 74–75, 76–77 Clive Boden; **S. 81, 82–83, 84** Jon Wyand;
S. 87, 88–89 Clive Boden; **S. 90–91, 92** Jon Wyand;
S. 97, 98 (links) Clive Boden; **S. 98** (rechts), **99, 100, 103** (oben) Jon Wyand;
S. 103 (unten) Clive Boden; **S. 104** Jon Wyand;
S. 106–107, 113, 114–115, 118, 122 Clive Boden;
S. 123, 124 Jon Wyand;
S. 128–129, 130, 133, 134–135, 136 Jon Wyand;
S. 137 Clive Boden; **S. 138** Jon Wyand;
S. 140–141, 142, 144–145 Jon Wyand; **S. 154** Alastair Campbell;
S. 155 Clive Boden; **S. 168, 170, 189** Peter Cogram; **S. 190–191** Material: ©Chrysler Corporation, Photo: Clive Boden;
S. 194 Jon Wyand; **S. 195** Clive Boden;
S. 196 (oben rechts) Ian Howes; (unten) Jon Wyand;
S. 197 Clive Boden; **S. 198** (oben) TPR Slavin, (unten) Jon Wyand;
S. 201, 202 (oben) Jon Wyand; **S. 202** (unten) Clive Boden;
S. 206 Abbildungen 1, 3 Chris Kopolka; Abbildungen 2, 4, 5, 6 Michael Freeman;
S. 207 (oben) Robert Unsworth; (unten rechts) Ian Howes;
S. 208 Ian Howes; **S. 209** (links) Robert Unsworth; (Rest) Ian Howes;
S. 210 Ian Howes; **S. 213** Jon Wyand; **S. 214** Clive Boden;
S. 216, 217 (oben) Edward Kinsey; **S. 217** (rechts) Peter Cogram; (unten) Jon Wyand; **S. 223, 226–227** Jon Wyand;
S. 234–235, 237, 238 Tate Gallery; **S. 242** Clive Boden; **S. 243** Peter Cogram; **S. 244** Clive Boden;
S. 245, 246, 249, 250–251, 252–253, 254–255, 256 Peter Cogram;
S. 258–259, 260 Jon Wyand; **S. 263** (oben) Peter Cogram; (unten) Clive Boden;
S. 264, 266 (links) Clive Boden;
S. 266–267, 268 Peter Cogram; **S. 272** Clive Boden;
S. 273, 274–275, 276 Peter Cogram; **S. 278–279** Clive Boden;
S. 280 Peter Cogram; **S. 283, 284** Jon Wyand;
S. 287 Hayward Gallery (Photo) Jon Wyand;
S. 288 Peter Cogram; **S. 291** (oben) Andrew Logan; (unten links) William Pye; GLC (alle Photos) Jon Wyand;
S. 292 Tate Gallery; **S. 294** Clive Boden;
S. 296, 298–299, 300 Jon Wyand; **S. 302–303, 304** Tate Gallery;
S. 306–307 Ian Breakwell; **S. 308** (oben links) Ulster Museum;
S. 310 Henry Moore; **S. 311** Jon Wyand;
S. 312 Art's Council of Great Britain; (unten) Henry Moore;
S. 313 (oben) Art's Council of Great Britain; (unten) Alastair Campbell